O CAPITAL
I

Karl Marx

O CAPITAL
CRÍTICA DA ECONOMIA POLÍTICA

LIVRO I
O processo de produção do capital

Tradução
Rubens Enderle

Copyright desta edição © Boitempo Editorial, 2013
Copyright da ilustração da p. 168 © Rossiiskii gosudarstvennyi arkhiv sotsial'no-politicheskoi istorii (RGASPI)
Copyright de "Advertência aos leitores do Livro I d'O capital", de Louis Althusser @ Éditions Flammarion, Paris, 1985
Traduzido dos originais em alemão: Karl Marx, *Das Kapital, Kritik der politischen Ökonomie* (Hamburgo, 1890), Band 1, em Marx-Engels-Gesamtausgabe (MEGA-2), seção II, v. 10 (Berlim, Dietz, 1991); e Karl Marx, *Das Kapital, Kritik der politischen Ökonomie*, Band 1, em Werke, v. 23 (Berlim, Dietz, 1962)

Direção-geral	Ivana Jinkings
Editora-adjunta	Bibiana Leme
Coordenação de produção	Juliana Brandt
Assistência editorial	Alícia Toffani e Livia Campos
Assistência de produção	Livia Viganó
Tradução	Rubens Enderle (textos de Karl Marx e Friedrich Engels), Celso Naoto Kashiura Jr. e Márcio Bilharinho Naves (texto de Louis Althusser)
Preparação	Jean Xavier (textos de Karl Marx e Friedrich Engels) e Mariana Echalar (texto de Louis Althusser)
Revisão	João Alexandre Peschanski e Thaisa Burani
Capa e diagramação	Antonio Kehl sobre desenho de Loredano

Equipe de apoio Allanis Ferreira, Ana Slade, Elaine Ramos, Erica Imolene, Frank de Oliveira, Frederico Indiani, Glaucia Britto, Higor Alves, Isabella Meucci, Ivam Oliveira, Kim Doria, Luciana Capelli, Marina Valeriano, Marissol Robles, Maurício Barbosa, Pedro Davoglio, Raí Alves, Thais Rimkus, Tulio Candiotto, Victória Lobo, Victória Okubo

---

CIP-BRASIL. CATALOGAÇÃO-NA-FONTE
SINDICATO NACIONAL DOS EDITORES DE LIVROS, RJ

M355c
3. ed.

Marx, Karl, 1818-1883
O capital : crítica da economia política : livro I : o processo de produção do capital / Karl Marx ; tradução Rubens Enderle. – 3. ed. – São Paulo : Boitempo, 2023.
(Marx-Engels)

Tradução de: Das kapital: kritik der politischen ökonomie: buch 1: der produktionsprozess des kapitals
ISBN: 978-65-5717-229-2 (brochura)
ISBN: 978-65-5717-411-1 (capa dura)

1. Economia. 2. Capital (Economia). I. Enderle, Rubens. II. Título.

23-83731
CDD: 335.4
CDU: 330.85

Gabriela Faray Ferreira Lopes - Bibliotecária - CRB-7/6643

É vedada a reprodução de qualquer parte deste livro sem a expressa autorização da editora.

1ª edição: março de 2013; 1ª edição revista: agosto de 2015;
2ª edição: maio de 2017; 3ª edição ampliada: maio de 2023

BOITEMPO
Jinkings Editores Associados Ltda.
Rua Pereira Leite, 373
05442-000 São Paulo SP
Tel.: (11) 3875-7250 / 3875-7285
editor@boitempoeditorial.com.br
boitempoeditorial.com.br | blogdaboitempo.com.br
facebook.com/boitempo | youtube.com/tvboitempo | instagram.com/boitempo

SUMÁRIO

NOTA DA EDIÇÃO 11
TEXTOS INTRODUTÓRIOS
   Apresentação – *Jacob Gorender* 15
   Advertência aos leitores do
   Livro I d'*O capital* – *Louis Althusser* 39
   Considerações sobre o método – *José Arthur Giannotti* 59

O CAPITAL
Crítica da economia política
LIVRO I
O processo de produção do capital

Prefácio da primeira edição 77
Posfácio da segunda edição 83
Prefácio da edição francesa 93
Posfácio da edição francesa 95
Prefácio da terceira edição alemã 97
Prefácio da edição inglesa 101
Prefácio da quarta edição alemã 105

Seção I
Mercadoria e dinheiro

Capítulo 1 – A mercadoria 113
   1. Os dois fatores da mercadoria: valor de uso e valor
   (substância do valor, grandeza do valor) 113
   2. O duplo caráter do trabalho representado nas mercadorias 119
   3. A forma de valor ou o valor de troca 124

  A) A forma de valor simples, individual ou ocasional 125
  B) A forma de valor total ou desdobrada 138
  C) A forma de valor universal 141
  D) A forma-dinheiro 145
 4. O caráter fetichista da mercadoria e seu segredo 146

Capítulo 2 – O processo de troca 159

Capítulo 3 – O dinheiro ou a circulação de mercadorias 169
 1. Medida dos valores 169
 2. O meio de circulação 178
  a) A metamorfose das mercadorias 178
  b) O curso do dinheiro 188
  c) A moeda. O signo do valor 198
 3. Dinheiro 203
  a) Entesouramento 203
  b) Meio de pagamento 208
  c) O dinheiro mundial 215

Seção II
A transformação do dinheiro em capital

Capítulo 4 – A transformação do dinheiro em capital 223
 1. A fórmula geral do capital 223
 2. Contradições da fórmula geral 231
 3. A compra e a venda de força de trabalho 241

Seção III
A produção do mais-valor absoluto

Capítulo 5 – O processo de trabalho e o processo de valorização 255
 1. O processo de trabalho 255
 2. O processo de valorização 263

Capítulo 6 – Capital constante e capital variável 277

Capítulo 7 – A taxa do mais-valor 289
 1. O grau de exploração da força de trabalho 289
 2. Representação do valor do produto em partes
 proporcionais do próprio produto 296

3. A "última hora" de Senior 299
4. O mais-produto 304

Capítulo 8 – A jornada de trabalho 305
1. Os limites da jornada de trabalho..305
2. A avidez por mais-trabalho. O fabricante e o boiardo 309
3. Ramos da indústria inglesa sem limites legais à exploração 317
4. Trabalho diurno e noturno. O sistema de revezamento 329
5. A luta pela jornada normal de trabalho. Leis compulsórias para o prolongamento da jornada de trabalho da metade do século XIV ao final do século XVII 337
6. A luta pela jornada normal de trabalho. Limitação do tempo de trabalho por força de lei. A legislação fabril inglesa de 1833 a 1864 349
7. A luta pela jornada normal de trabalho. Repercussão da legislação fabril inglesa em outros países 369

Capítulo 9 – Taxa e massa do mais-valor...375

Seção IV
A produção do mais-valor relativo

Capítulo 10 – O conceito de mais-valor relativo...387

Capítulo 11 – Cooperação..397

Capítulo 12 – Divisão do trabalho e manufatura...411
1. A dupla origem da manufatura 411
2. O trabalhador parcial e sua ferramenta 414
3. As duas formas fundamentais da manufatura – manufatura heterogênea e manufatura orgânica...416
4. Divisão do trabalho na manufatura e divisão do trabalho na sociedade 425
5. O caráter capitalista da manufatura...433

Capítulo 13 – Maquinaria e grande indústria 445
1. Desenvolvimento da maquinaria..445
2. Transferência de valor da maquinaria ao produto................................459
3. Efeitos imediatos da produção mecanizada sobre o trabalhador 467
   a) Apropriação de forças de trabalho subsidiárias pelo capital. Trabalho feminino e infantil 468
   b) Prolongamento da jornada de trabalho..475
   c) Intensificação do trabalho...481

4. A fábrica...........491
5. A luta entre trabalhador e máquina 499
6. A teoria da compensação, relativa aos trabalhadores deslocados pela maquinaria...........510
7. Repulsão e atração de trabalhadores com o desenvolvimento da indústria mecanizada. Crises da indústria algodoeira...........519
8. O revolucionamento da manufatura, do artesanato e do trabalho domiciliar pela grande indústria...........531
   a) Suprassunção da cooperação fundada no artesanato e na divisão do trabalho 531
   b) Efeito retroativo do sistema fabril sobre a manufatura e o trabalho domiciliar 532
   c) A manufatura moderna 534
   d) O trabalho domiciliar moderno 537
   e) Transição da manufatura e do trabalho domiciliar modernos para a grande indústria. Aceleração dessa revolução mediante a aplicação das leis fabris a esses modos de produzir...........541
9. Legislação fabril (cláusulas sanitárias e educacionais). Sua generalização na Inglaterra...........551
10. Grande indústria e agricultura...........572

Seção V
A produção do mais-valor absoluto e relativo

Capítulo 14 – Mais-valor absoluto e relativo...........577

Capítulo 15 – Variação de grandeza do preço da força de trabalho e do mais-valor 587
   I. Grandeza da jornada de trabalho e intensidade do trabalho: constantes (dadas); força produtiva do trabalho: variável...........588
   II. Jornada de trabalho: constante; força produtiva do trabalho: constante; intensidade do trabalho: variável...........591
   III. Força produtiva e intensidade do trabalho: constantes; jornada de trabalho: variável...........593
   IV. Variações simultâneas na duração, força produtiva e intensidade do trabalho 594

Capítulo 16 – Diferentes fórmulas para a taxa de mais-valor...........599

Seção VI
O salário

Capítulo 17 – Transformação do valor (ou preço)
da força de trabalho em salário 605

Capítulo 18 – O salário por tempo 613

Capítulo 19 – O salário por peça 621

Capítulo 20 – Diversidade nacional dos salários 631

Seção VII
O processo de acumulação do capital

Capítulo 21– Reprodução simples 641

Capítulo 22 – Transformação de mais-valor em capital 655

    1. O processo de produção capitalista em escala ampliada.
Conversão das leis de propriedade que regem a produção de mercadorias em leis
da apropriação capitalista 655

    2. Concepção errônea, por parte da economia política, da reprodução em escala
ampliada 663

    3. Divisão do mais-valor em capital e renda.
A teoria da abstinência 666

    4. Circunstâncias que, independentemente da divisão proporcional
do mais-valor em capital e renda, determinam o volume da
acumulação: grau de exploração da força de trabalho; força
produtiva do trabalho; diferença crescente entre capital aplicado
e capital consumido; grandeza do capital adiantado 674

    5. O assim chamado fundo de trabalho 684

Capítulo 23 – A lei geral da acumulação capitalista 689

    1. Demanda crescente de força de trabalho com a acumulação, conservando-se
igual a composição do capital 689

    2. Diminuição relativa da parte variável do capital à medida que avançam a
acumulação e a concentração que a acompanha 698

    3. Produção progressiva de uma superpopulação relativa ou exército industrial de
reserva 704

    4. Diferentes formas de existência da superpopulação relativa.
A lei geral da acumulação capitalista 716

    5. Ilustração da lei geral da acumulação capitalista 723

        a) Inglaterra de 1846 a 1866 723

b) As camadas mal remuneradas da classe trabalhadora
   industrial britânica 729
   c) A população nômade 738
   d) Efeitos das crises sobre a parcela mais bem remunerada
   da classe trabalhadora 741
   e) O proletariado agrícola britânico 746
   f) Irlanda 770

Capítulo 24 – A assim chamada acumulação primitiva..785
   1. O segredo da acumulação primitiva..785
   2. Expropriação da terra pertencente à população rural 788
   3. Legislação sanguinária contra os expropriados desde
   o final do século XV. Leis para a compressão dos salários 805
   4. Gênese dos arrendatários capitalistas 813
   5. Efeito retroativo da revolução agrícola sobre a indústria.
   Criação do mercado interno para o capital industrial...........................816
   6. Gênese do capitalista industrial 820
   7. Tendência histórica da acumulação capitalista..830

Capítulo 25 – A teoria moderna da colonização 835

APÊNDICE
   Carta de Karl Marx a Friedrich Engels..847
   Carta de Karl Marx a Vera Ivanovna Zasulitch..849

POSFÁCIO À TERCEIRA EDIÇÃO
   A importância do Livro I: o fetichismo como teoria geral das relações de
   produção na economia capitalista – *Leda Paulani*..851

ÍNDICE DE NOMES LITERÁRIOS, BÍBLICOS E MITOLÓGICOS 863

BIBLIOGRAFIA...867

GLOSSÁRIO DA TRADUÇÃO 890

TABELA DE EQUIVALÊNCIAS DE PESOS, MEDIDAS E MOEDAS....................891

CRONOLOGIA RESUMIDA DE MARX E ENGELS 893

NOTA DA EDIÇÃO

O primeiro livro de *O capital: crítica da economia política* (*Das Kapital: Kritik der politischen Ökonomie*), intitulado "O processo de produção do capital" ("Der Produktionsprozess des Kapitals"), é o único volume da principal obra de maturidade de Karl Marx publicado durante a vida do autor, morto em 1883. Seu lançamento pela Boitempo – num investimento editorial de dois anos – marcou a 16ª publicação da coleção Marx-Engels e é parte do ambicioso projeto de traduzir toda a obra dos pensadores alemães a partir das fontes originais, com o auxílio de especialistas renomados. Esta terceira edição marca os 10 anos da publicação desta tradução no Brasil.

Em 1862 Marx muda-se para a Inglaterra a fim de ver de perto o que seria o estágio mais avançado do capitalismo de então e, dessa forma, decifrar suas leis fundamentais. Enfermo e depauperado, passa os dias mergulhado em livros na biblioteca do Museu Britânico e, no ano seguinte, retoma o projeto de escrever *O capital*, sua obra mais sistemática, trabalho de fôlego de análise da estrutura da sociedade capitalista. O Livro I – centrado no processo de produção do capital e finalizado em 1866 – foi publicado em Hamburgo em 1867, mas os seguintes não puderam ser concluídos por Marx em vida. Seus estudos para a magistral obra foram editados pelo parceiro e amigo Engels e publicados em 1885 (Livro II) e 1894 (Livro III).

Esta tradução da Boitempo se insere em um histórico esforço intelectual coletivo de trazer ao público brasileiro, em seu todo ou em versões reduzidas, a principal obra marxiana de crítica da economia política. Desde a década de 1930 circularam pelo Brasil ao menos quinze edições de *O capital*, em geral incompletas e traduzidas de outros idiomas que não o original alemão. Reconhecemos nas palavras do sociólogo Francisco de Oliveira, em depoimento à editora, a importância dessas edições, geralmente lançadas em situações políticas adversas:

> As obras de Marx e Engels tornaram-se acessíveis ao público brasileiro graças aos esforços da antiga Editorial Vitória, uma espécie de braço editorial do Partido Comunista Brasileiro (PCB), mas sempre foram fragmentadas, nunca se atrevendo à edição integral

de *O capital*. Além disso, e da repressão ditatorial, a circulação dessas publicações enfrentou dificuldades – poucos livreiros se atreviam a ter em suas estantes as obras da Editorial Vitória – e as edições eram graficamente muito pobres. Mesmo assim prestaram um enorme serviço à cultura brasileira, de que a esquerda sempre foi uma notável propulsora. As últimas traduções de *O capital* para o português brasileiro de que me recordo deveram-se à antiga editora Civilização Brasileira – liderada então por Ênio Silveira –, a cargo de Reginaldo Sant'Anna [1968]; depois, na coleção Os Pensadores da Abril Cultural, Paul Singer coordenou outra tradução [1983], de Regis Barbosa e Flávio Kothe.

A presente tradução tem como base a quarta edição alemã, editada por Engels e publicada em Hamburgo, em 1890[1]. O estabelecimento do texto segue a edição da Marx-Engels-Gesamtausgabe (MEGA^2). Todas as citações em língua estrangeira são reproduzidas de acordo com o original, acompanhadas de sua tradução em nota ou entre colchetes. As notas do autor são igualmente reproduzidas em sua numeração original. Para o estabelecimento das notas da edição alemã, o tradutor baseou-se também na edição da Marx-Engels-Werke (MEW). As notas de cada edição são identificadas pelas abreviações "(N. E. A. MEW)" e "(N. E. A. MEGA)". As citações no corpo do texto foram mantidas entre aspas, preservando os comentários de Marx intercalados a elas. As supressões em citações foram feitas pelo próprio Marx e estão indicadas por "[...]". O uso de aspas e itálicos segue em geral as normas internas da Boitempo. Por se basear na edição alemã, a numeração de capítulos difere das edições de *O capital* que seguem a publicação francesa.

Abrem a edição três textos introdutórios, assinados por Jacob Gorender, Louis Althusser e José Arthur Giannotti. Por um lado, são análises complementares, que abordam o livro sob perspectivas diversas: metodológica, histórica e filosoficamente. Por outro lado, contradizem-se algumas vezes, o que dá uma pequena mostra da pluralidade de leituras dessa obra fundamental, com impacto marcante na história da humanidade. Estão ainda incluídos os prefácios da primeira (1867), segunda (1873), terceira (1883) e quarta (1890) edições – os dois últimos assinados por Engels –, além do prefácio e do posfácio da edição francesa (respectivamente, 1872 e 1875) e do prefácio da edição inglesa (1886, assinado por Engels).

O apêndice traz duas cartas escritas por Marx: uma a Engels ("Fred"), de 16 de agosto de 1867, e outra à revolucionária russa Vera Ivanovna Zasulitch, de 8 de março de 1881. Essa segunda carta, inédita até 1924, responde a indagações de Zasulitch sobre as perspectivas do desenvolvimento histórico da Rússia e, em especial, sobre o destino das comunas aldeãs. A breve resposta de Marx reafirma que, de acordo com sua teoria, a "fatalidade histórica" de uma transformação revolucionária para

---

[1] Sobre as diferenças da quarta edição em relação às edições anteriores, ver "Prefácio da quarta edição alemã", na p. 105 deste volume.

Nota da edição

além do capital limitava-se aos países da Europa ocidental, que já haviam realizado a transição da *"propriedade privada* fundada no trabalho pessoal" para a "propriedade privada capitalista". Além disso, logo após o apêndice, esta terceira edição vem enriquecida de um texto de Leda Paulani que aborda o fetichismo como uma teoria geral das relações de produção na economia mercantilista. A obra conta ainda com: um índice de nomes literários, bíblicos e mitológicos; a bibliografia dos escritos citados por Marx e Engels; uma tabela de equivalência de pesos, medidas e moedas; e uma cronologia resumida de Marx e Engels – que contém aspectos fundamentais da vida pessoal, da militância política e da obra teórica de ambos –, com informações úteis ao leitor, iniciado ou não na obra marxiana.

A Boitempo Editorial agradece ao tradutor Rubens Enderle; aos professores Agnaldo dos Santos, Emir Sader, Lincoln Secco, Marcio Bilharinho Naves, Celso Naoto Kashiura Jr., Mario Duayer e Ruy Braga, que se dividiram na leitura dos capítulos; a Francisco de Oliveira, Jacob Gorender, José Arthur Giannotti, Louis Althusser (por meio de seu espólio) e Leda Paulani, autores dos textos de capa, introdução e posfácio; ao ilustrador Cássio Loredano; ao diagramador Antonio Kehl; e às revisoras Mariana Echalar e Thaisa Burani. Agradece ainda ao tradutor Nélio Schneider, que conferiu os trechos em grego, à professora de química Rogéria Noronha, pela consultoria a respeito de fórmulas e nomenclaturas, e aos integrantes da MEGA², Gerald Hubmann e Michael Heinrich. A dedicação e o trabalho de cada um deles, assim como os da equipe da Boitempo – Bibiana Leme, Livia Campos, Alicia Toffani e João Alexandre Peschanski –, foram indispensáveis para esta realização editorial basilar, para a qual, lembra Althusser no texto introdutório aqui publicado, Marx sacrificou os últimos anos de sua existência.

Março de 2013

Nota da tradução

Na tradução de termos e conceitos empregados por Marx com um sentido específico e inusual (como, por exemplo, *naturwüchsig, sachlich, dinglich, Materiatur*), inserimos notas explicativas e, sempre que necessário, o termo original entre colchetes. Na p. 878, o leitor encontrará um glossário da tradução dos termos mais importantes.

A tradução do verbo *aufheben* impôs alguns cuidados, pois ele possui três sentidos principais: 1) levantar, sustentar, erguer; 2) suprimir, anular, destruir, revogar, cancelar, suspender, superar; 3) conservar, poupar, preservar². Em *O capital*, Marx

---
[2] Michael Inwood, "Suprassunção", em *Dicionário Hegel* (Rio de Janeiro, Jorge Zahar, 1997), p. 302.

emprega a palavra principalmente na segunda acepção, mas muitas vezes também – do mesmo modo que Hegel e Schiller – como uma combinação da segunda e da terceira acepções. Aqui, traduzimos *aufheben, aufgehoben* e *Aufhebung* por "suprimir, suprimido, supressão", quando o termo aparece apenas na segunda acepção, e por "suprassumir, suprassumido, suprassunção" (acompanhado do original entre colchetes) quando parece evidente se tratar de um amálgama da segunda com a terceira acepção. Assim, por exemplo, fala-se da suprassunção da cooperação do artesanato e do trabalho domiciliar pela grande indústria (como forma superior da cooperação) ou da suprassunção da atividade artesanal pela maquinaria como princípio regulador da produção social (como princípio superior de regulação).

Em alguns dados estatísticos, apresentados nas tabelas entre as páginas 749-53 e 770-83, o leitor eventualmente notará algumas variantes entre os números aqui apresentados e os de outras edições, que se baseiam no texto da MEW.

R. E.

APRESENTAÇÃO*
Jacob Gorender

Em 1867, vinha à luz, na Alemanha, a primeira parte de uma obra intitulada *O capital*. Karl Marx, o autor, viveu então um momento de plena euforia, raro em sua atribulada existência. Durante quase vinte anos, penara duramente a fim de chegar a este momento – o de apresentar ao público, conquanto de maneira ainda parcial, o resultado de suas investigações no campo da economia política.

Não se tratava, contudo, de autor estreante. À beira dos cinquenta anos, já imprimira o nome no frontispício de livros suficientes para lhe assegurar destacado lugar na história do pensamento. Àquela altura, sua produção intelectual abrangia trabalhos de filosofia, teoria social, historiografia e também economia política. Quem já publicara *Miséria da filosofia*, *Manifesto do Partido Comunista*, *As lutas de classes na França de 1848 a 1850*, *O 18 de brumário de Luís Bonaparte* e *Para a crítica da economia política* podia avaliar com justificada sobranceria o próprio currículo. No entanto, Marx afirmava que, até então, apenas escrevera bagatelas. Sentia-se, por isso, autor estreante e, demais, aliviado de um fardo que lhe vinha exaurindo as forças. Também os amigos e companheiros, sobretudo Engels, exultavam com a publicação, pois se satisfazia afinal a expectativa tantas vezes adiada. Na verdade, pouquíssimos livros dessa envergadura nasceram em condições tão difíceis.

I. Do liberalismo burguês ao comunismo

Esse homem, que vivia um intervalo de consciência pacificada e iluminação subjetiva em meio a combates políticos, perseguições e decepções, nascera em 1818, em Trier (Trêves, à francesa), sul da Alemanha. Duas circunstâncias lhe marcaram a origem e a primeira educação.

---

* Este texto, originalmente publicado na edição d'*O capital* pela coleção Os Economistas, da Abril Cultural (1983), coordenada por Paul Singer, é aqui reproduzido em versão reduzida (até "Método e estrutura d'*O capital*") com autorização do autor. (N. E.)

Trier localiza-se na Renânia, então província da Prússia, limítrofe da França e, por isso, incisivamente influenciada pela Revolução Francesa. Ao contrário da maior parte da Alemanha, dividida em numerosos Estados, os camponeses renanos haviam sido emancipados da servidão da gleba, e das antigas instituições feudais não restava muita coisa na província. Firmavam-se nela núcleos da moderna indústria fabril, em torno da qual se polarizavam as duas novas classes da sociedade capitalista: o proletariado e a burguesia. A essa primeira e poderosa circunstância social se vinculava uma outra. As ideias do Iluminismo francês contavam com muitos adeptos nas camadas cultas da Renânia. O pai de Marx – tal a segunda circunstância existencial – era um desses adeptos.

A família Marx pertencia à classe média de origem judaica. Hirschel Marx fizera brilhante carreira de jurista e chegara a conselheiro da Justiça. A ascensão à magistratura obrigara-o a submeter-se a imposições legais de caráter antissemita. Em 1824, quando o filho Karl tinha seis anos, Hirschel converteu a família ao cristianismo e adotou o nome mais germânico de Heinrich. Para um homem que professava o deísmo desvinculado de toda crença ritualizada, o ato de conversão não fez mais do que sancionar a integração no ambiente intelectual dominado pelo laicismo. Karl, que perdeu o pai aos vinte anos, em 1838, recebeu dele orientação formadora vigorosa, da qual guardaria recordação sempre grata.

Durante o curso de direito, iniciado na Universidade de Bonn e prosseguido na de Berlim, o estudante Karl encontrou um ambiente de grande vivacidade cultural e política. O supremo mentor ideológico era Hegel, mas uma parte dos seus seguidores – os jovens hegelianos – interpretava a doutrina no sentido do liberalismo e do regime constitucional democrático, podando os fortes aspectos conservadores do sistema do mestre, em especial sua exaltação do Estado. Marx fez a iniciação filosófica e política com os jovens hegelianos, o que o levou ao estudo preferencial da filosofia clássica alemã e da filosofia em geral. Essa formação filosófica teve influência espiritual duradoura e firmou um dos eixos de sua produção intelectual.

Se foi hegeliano, o que é inegável, nunca chegou a sê-lo de maneira estrita. Não só já encontrou a escola hegeliana numa fase de cisão adiantada, como ao seu espírito inquieto e inclinado a ideias anticonservadoras, na atmosfera opressiva da monarquia absolutista prussiana, o sistema do mestre consagrado devia parecer uma camisa de força. Em carta ao pai, já em 1837, escrevia: "a partir do idealismo [...] fui levado a procurar a Ideia na própria realidade". A esse respeito, também é sintomático que escolhesse a relação entre os filósofos gregos materialistas Demócrito e Epicuro para tema de tese de doutoramento, defendida na Universidade de Iena. Embora inspirada nas linhas mestras da concepção hegeliana da história da filosofia, desponta na tese um impulso para transcendê-la, num sentido que somente mais tarde se tornaria claro.

Apresentação

Em 1841, Ludwig Feuerbach dava a público *A essência do cristianismo*. O livro teve forte repercussão, pois constituía a primeira investida franca e sem contemplações contra o sistema de Hegel. O idealismo hegeliano era desmistificado e se propunha, em seu lugar, uma concepção materialista que assumia a configuração de antropologia naturista. O homem, enquanto ser natural, fruidor dos sentidos físicos e sublimado pelo amor sexual, colocava-se no centro da natureza e devia voltar-se para si mesmo. Estava, porém, impedido de fazê-lo pela alienação religiosa. Tomando de Hegel o conceito de alienação, Feuerbach invertia os sinais. A alienação, em Hegel, era objetivação e, por consequência, enriquecimento. A Ideia se tornava ser-outro na natureza e se realizava nas criações objetivas da história humana. A recuperação da riqueza alienada identificava Sujeito e Objeto e culminava no Saber Absoluto. Para Feuerbach, ao contrário, a alienação era empobrecimento. O homem projetava em Deus suas melhores qualidades de ser genérico (de gênero natural) e, dessa maneira, a divindade, criação do homem, apropriava-se da essência do criador e o submetia. A fim de recuperar tal essência e fazer cessar o estado de alienação e empobrecimento, o homem precisava substituir a religião cristã por uma religião do amor à humanidade.

Causador de impacto e recebido com entusiasmo, o humanismo naturista de Feuerbach foi uma revelação para Marx. Apetrechou-o da visão filosófica que lhe permitia romper com Hegel e transitar do idealismo objetivo deste último em direção ao materialismo. Não obstante, assim como nunca chegou à plenitude de hegeliano, tampouco se tornou inteiramente feuerbachiano. Apesar de jovem e inexperiente, era dotado de excepcional inteligência crítica, que o levava sempre ao exame sem complacência das ideias e das coisas. Ao contrário de Feuerbach, que via na dialética hegeliana apenas fonte de especulação mistificadora, Marx intuiu que essa dialética devia ser o princípio dinâmico do materialismo, o que viria a resultar na concepção revolucionária do materialismo como filosofia da prática.

Entre 1842 e 1843, Marx ocupou o cargo de redator-chefe da *Gazeta Renana*, jornal financiado pela burguesia. A orientação liberal do diário impôs-lhe frequentes atritos com a censura prussiana, que culminaram em seu fechamento arbitrário. Mas a experiência jornalística foi muito útil para Marx, pois o aproximou da realidade cotidiana. Ganhou conhecimento de questões econômicas geradoras de conflitos sociais e se viu diante do imperativo de pronunciar-se acerca das ideias socialistas de vários matizes que vinham da França e se difundiam na Alemanha por iniciativa, entre outros, de Weitling e Moses Hess. Tanto com relação às questões econômicas como às ideias socialistas, o redator-chefe da *Gazeta Renana* confessou com lisura sua ignorância e esquivou-se de comentários improvisados e infundados. Assim, foi a atividade política, no exercício do jornalismo, que o impeliu ao estudo em duas direções marcantes: a da economia política e a das teorias socialistas.

Jacob Gorender

Em 1843, Marx casou-se com Jenny von Westphalen, originária de família recém-aristocratizada, cujo ambiente confortável trocaria por uma vida de penosas vicissitudes na companhia de um líder revolucionário. Marx se transferiu, então, a Paris, onde, em janeiro de 1844, publicou o único número duplo dos *Anais Franco--Alemães*, editados em colaboração com Arnold Ruge, figura destacada da esquerda hegeliana. A publicação dos *Anais* visava a dar vazão à produção teórica e política da oposição democrática radical ao absolutismo prussiano. Naquele número único, veio à luz um opúsculo de Engels intitulado "Esboço de uma crítica da economia política"*, acerca do qual Marx manifestaria sempre entusiástica apreciação, chegando a classificá-lo de genial.

Friedrich Engels (1820-1895) era filho de um industrial têxtil que pretendia fazê-lo seguir a carreira dos negócios e, por isso, afastara-o do curso universitário. Dotado de enorme curiosidade intelectual, que lhe daria saber enciclopédico, Engels completou sua formação como aluno ouvinte de cursos livres e incansável autodidata. Viveu curto período de hegeliano de esquerda e também sentiu o impacto da irrupção materialista feuerbachiana. Mas, antes de Marx, aproximou-se do socialismo e da economia política. O que ocorreu na Inglaterra, onde esteve a serviço dos negócios paternos e entrou em contato com os militantes operários do Partido Cartista. Daí ao estudo dos economistas clássicos ingleses foi um passo.

O "Esboço" de Engels focalizou as obras desses economistas como expressão da ideologia burguesa da propriedade privada, da concorrência e do enriquecimento ilimitado. Ao enfatizar o caráter ideológico da economia política, negou--lhe significação científica. Em especial, recusou a teoria do valor-trabalho e, por conseguinte, não lhe reconheceu o estatuto de princípio explicativo dos fenômenos econômicos. Se essas e outras posições seriam reformuladas ou ultrapassadas, o "Esboço" também continha teses que se incorporaram de maneira definitiva ao acervo marxiano. Entre elas, a argumentação contrária à Lei de Say e à teoria demográfica de Malthus. Mais importante que tudo, porém, foi que o opúsculo de Engels transmitiu a Marx, provavelmente, o germe da orientação principal de sua atividade teórica: a crítica da economia política enquanto ciência surgida e desenvolvida sob inspiração do pensamento burguês.

Os *Anais Franco-Alemães* (assim intitulados com o objetivo de burlar a censura prussiana) estamparam dois ensaios de Marx: "Crítica da filosofia do direito de Hegel – Introdução" e "Sobre a questão judaica". Ambos marcam a virada de perspectiva, que consistiu na transição do liberalismo burguês ao comunismo. Nos anos em que se gestavam as condições para a eclosão da revolução burguesa na

---

* Em José Paulo Netto (org.), *Engels* (São Paulo, Ática, Col. Grandes Cientistas Sociais, v. 17, 1981). (N. E.)

Apresentação

Alemanha, o jovem ensaísta identificou no proletariado a classe-agente da transformação mais profunda, que deveria abolir a divisão da sociedade em classes. Contudo, o procedimento analítico e a formulação literária dessas ideias mostravam que o autor ainda não adquirira ferramentas discursivas e linguagem expositiva próprias, tomando-as de Hegel e de Feuerbach. Do primeiro, os giros dialéticos e a concepção teleológica da história humana. Do segundo, o humanismo naturista. A novidade residia na introdução de um terceiro componente, que seria o fator mais dinâmico da evolução do pensamento do autor: a ideia do comunismo e do papel do proletariado na luta de classes.

O passo seguinte dessa evolução foi assinalado por um conjunto de escritos em fase inicial de elaboração, que deveriam resultar, ao que parece, em vasto ensaio. Este ficou só em projeto, e Marx nunca fez qualquer alusão aos textos que, sob o título de *Manuscritos econômico-filosóficos de 1844,* teriam publicação somente em 1932, na União Soviética.

Sob o aspecto filosófico, tais textos contêm uma crítica incisiva do idealismo hegeliano, ao qual se contrapõe a concepção materialista ainda nitidamente influenciada pela antropologia naturista de Feuerbach. Mas, ao contrário deste último, Marx reteve de Hegel o princípio dialético e começou a elaborá-lo no sentido da criação da dialética materialista.

Sob o aspecto das questões econômicas, os *Manuscritos* reproduzem longas citações de vários autores, sobretudo Smith, Say e Ricardo, acerca das quais são montados comentários e dissertações. No essencial, Marx seguiu a linha diretriz do "Esboço" de Engels e rejeitou a teoria do valor-trabalho, considerando-a inadequada para fundamentar a ciência da economia política. A situação do proletariado, que representa o grau final de desapossamento, tem o princípio explicativo no seu oposto – a propriedade privada. Esta é engendrada e incrementada mediante o processo generalizado de *alienação,* que permeia a sociedade civil (esfera das necessidades e relações materiais dos indivíduos).

Transfigurado ao passar de Hegel a Feuerbach, o conceito de alienação sofria nova metamorfose ao passar deste último a Marx. Pela primeira vez, a alienação era vista enquanto processo da vida econômica. O processo por meio do qual a essência humana dos operários se objetivava nos produtos do seu trabalho e se contrapunha a eles por serem produtos alienados e convertidos em capital. A ideia abstrata do homem autocriado pelo trabalho, recebida de Hegel, concretizava-se na observação da sociedade burguesa real. Produção dos operários, o capital dominava cada vez mais os produtores à medida que crescia por meio da incessante alienação de novos produtos do trabalho. Evidencia-se, portanto, que Marx ainda não podia explicar a situação de desapossamento da classe operária por um processo de *exploração*, no lugar do qual o trabalho alienado constitui, em verdade, um processo de *expropriação*. Daí a impossibilidade de superar a concepção *ética* (não científica) do comunismo.

Nos *Manuscritos*, por conseguinte, alienação é a palavra-chave. Deixaria de sê-lo nas obras de poucos anos depois. Contudo, reformulada e num contexto avesso ao filosofar especulativo, se incorporaria definitivamente à concepção socioeconômica marxiana.

Materialismo histórico, socialismo científico e economia política
Em 1844, em Paris, Marx e Engels deram início à colaboração intelectual e política que se prolongaria durante quatro decênios. Dotado de exemplar modéstia, Engels nunca consentiu que o considerassem senão o "segundo violino" junto a Marx. Mas este, sem dúvida, ficaria longe de criar uma obra tão impressionante pela complexidade e extensão se não contasse no amigo e companheiro com um incentivador, consultor e crítico. Para Marx, excluído da vida universitária, desprezado nos meios cultos e vivendo numa época em que Proudhon, Blanqui e Lassalle eram os ideólogos influentes das correntes socialistas, Engels foi mais do que interlocutor colocado em pé de igualdade: representou, conforme observou Paul Lafargue, o verdadeiro *público* com o qual Marx se comunicava, público exigente para cujo convencimento não poupava esforços. As centenas de cartas do epistolário recíproco registram um intercâmbio de ideias como poucas vezes ocorreu entre dois pensadores, explicitando, ao mesmo tempo, a importância da contribuição de Engels e o respeito de Marx às críticas e conselhos do amigo.

Escrita em 1844 e publicada em princípios de 1845, *A sagrada família* foi o primeiro livro em que Marx e Engels apareceram na condição de coautores. Trata-se de obra caracteristicamente polêmica, que assinala o rompimento com a esquerda hegeliana. O título sarcástico identifica os irmãos Bruno, Edgar e Egbert Bauer e dá o tom do texto. Enquanto a esquerda hegeliana depositava as esperanças de renovação da Alemanha nas camadas cultas, aptas a alcançar uma consciência crítica, o que negava aos trabalhadores, Marx e Engels enfatizaram a impotência da consciência crítica que não se tornasse a consciência dos trabalhadores. E, nesse caso, só poderia ser uma consciência socialista.

O livro contém abrangente exposição da história do materialismo, na qual se percebe o progresso feito no domínio dessa concepção filosófica e a visão original que os autores iam formando a respeito dela, embora ainda não se houvessem desprendido do humanismo naturista de Feuerbach.

Aspecto peculiar do livro reside na defesa de Proudhon, com o qual Marx mantinha amiúde encontros pessoais em Paris. Naquele momento, o texto de *A sagrada família* fazia apreciação positiva da crítica da sociedade burguesa pelo já famoso autor de *O que é a propriedade*, então o de maior evidência na corrente que Marx e

Apresentação

Engels mais tarde chamariam de socialismo utópico e da qual consideravam Owen, Saint-Simon e Fourier os expoentes clássicos.

No processo de absorção e superação de ideias, Marx e Engels haviam alcançado um estágio em que julgaram necessário passar a limpo suas próprias ideias. De 1845 a 1846, em contato com as seitas socialistas francesas e envolvidos com os emigrados alemães na conspiração contra a monarquia prussiana, encontraram tempo para se concentrar na elaboração de um livro de centenas de páginas densas, que recebeu o título de *A ideologia alemã*. Iniciada em Paris, a redação do livro se completou em Bruxelas, onde Marx se viu obrigado a buscar refúgio, pois o governo de Guizot, pressionado pelas autoridades prussianas, o expulsou da França sob acusação de atividades subversivas. O livro não encontrou editor e só foi publicado em 1932, também na União Soviética. Em 1859, Marx escreveria que de bom grado ele e Engels entregaram o manuscrito à crítica roedora dos ratos, dando-se por satisfeitos com terem posto ordem nas próprias ideias.

Na verdade, *A ideologia alemã* encerra a primeira formulação da concepção histórico-sociológica que receberia a denominação de materialismo histórico. Trata-se, pois, da obra que marca o *ponto de virada* ou, na expressão de Althusser, o *corte epistemológico* na evolução do pensamento dos fundadores do marxismo.

A formulação do materialismo histórico desenvolve-se no corpo da crítica às várias manifestações ideológicas de maior consistência que disputavam, então, a consciência da sociedade germânica, às vésperas de uma revolução democrático-burguesa. A crítica dirige-se a um elenco que vai de Hegel a Stirner. A parte mais importante é a inicial, dedicada a Feuerbach. O rompimento com este se dá sob o argumento do caráter abstrato de sua antropologia filosófica. O homem, para Feuerbach, é ser genérico natural, supra-histórico, e não ser social determinado pela história das relações sociais por ele próprio criadas. Daí o caráter contemplativo do materialismo feuerbachiano, quando o proletariado carecia de ideias que o levassem à prática revolucionária da luta de classes. Uma síntese dessa argumentação encontra-se nas Teses sobre Feuerbach, escritas por Marx como anotações para uso pessoal e publicadas por Engels em 1888. A última e undécima tese é precisamente aquela que declara que a filosofia se limitara a interpretar o mundo de várias maneiras, quando era preciso transformá-lo.

A ideologia é, assim, uma consciência equivocada, falsa, da realidade. Desde logo, porque os ideólogos acreditam que as ideias modelam a vida material, concreta, dos homens, quando se dá o contrário: de maneira mistificada, fantasmagórica, enviesada, as ideologias expressam situações e interesses radicados nas relações materiais, de caráter econômico, que os homens, agrupados em classes sociais, estabelecem entre si. Não são, portanto, a Ideia Absoluta, o Espírito, a Consciência Crítica, os conceitos de Liberdade e Justiça, que movem

Jacob Gorender

e transformam as sociedades. Os fatores dinâmicos das transformações sociais devem ser buscados no desenvolvimento das forças produtivas e nas relações que os homens são compelidos a estabelecer entre si ao empregar as forças produtivas por eles acumuladas a fim de satisfazer suas necessidades materiais. Não é o Estado, como pensava Hegel, que cria a sociedade civil: ao contrário, é a sociedade civil que cria o Estado.

A concepção materialista da história implicava a reformulação radical da perspectiva do socialismo. Este seria vão e impotente enquanto se identificasse com utopias propostas às massas, que deveriam passivamente aceitar seus projetos prontos e acabados. O socialismo só seria efetivo se fosse criação das próprias massas trabalhadoras, com o proletariado à frente. Ou seja, se surgisse do movimento histórico real de que participa o proletariado na condição de classe objetivamente portadora dos interesses mais revolucionários da sociedade.

Mas de que maneira substituir a utopia pela ciência? Por onde começar?

Nenhum registro conhecido existe que documente esse momento crucial na progressão do pensamento marxiano. Não obstante, a própria lógica da progressão sugere que tais indagações se colocavam com força no momento preciso em que, alcançada a formulação original do materialismo histórico, surgia a incontornável tarefa de ultrapassar o socialismo utópico. O que não se conseguiria pela negativa retórica e sim pela contraposição de uma concepção baseada na ciência social.

Ora, conforme a tese ontológica fundamental do materialismo histórico, a base sobre a qual se ergueria o edifício teria de ser a ciência das relações materiais de vida – a economia política. Esta já fora criada pelo pensamento burguês e atingira com Ricardo a culminância do refinamento. No entanto, Marx e Engels haviam rejeitado a economia política, vendo nela tão somente a ideologia dos interesses capitalistas. Como se deu que houvessem repensado a economia política e aceito o seu núcleo lógico – a teoria do valor-trabalho?

Cabe supor que a superação da antropologia feuerbachiana teve o efeito de desimpedir o caminho no sentido de nova visão da teoria econômica. Em particular, tal superação permitia pôr em questão o estatuto do conceito de alienação como princípio explicativo da situação da classe operária. Não obstante, esse aspecto isolado não nos esclarece acerca da virada de orientação do pensamento marxiano.

É sabido que, a partir de 1844, Marx concentrou sua energia intelectual no estudo dos economistas. De referências posteriores, ressalta a sugestão de que a mudança de orientação acerca dos economistas clássicos foi mediada pelos ricardianos de esquerda. Neles, certamente, descobriu Marx a *leitura socialista* de Ricardo. Assim como Feuerbach abriu caminho à leitura materialista de Hegel e à elaboração da dialética materialista, Hodgskin, Ravenstone, Thompson, Bray e Edmonds permitiram a leitura socialista de Ricardo e daí começaria a elaboração da economia

Apresentação

política marxiana, de acordo com o princípio ontológico do materialismo histórico e tendo em vista a fundamentação científica do socialismo.

Os ricardianos de esquerda eram inferiores ao próprio Ricardo sob o aspecto da força teórica, porém a perspectiva socialista, conquanto impregnada de ideias utópicas, os encaminhou a interpretar a teoria ricardiana do valor-trabalho e da distribuição do produto social no sentido da demonstração de que a exploração do proletariado constituía o eixo do sistema econômico da sociedade burguesa. A significação do conhecimento desses publicistas na evolução do pensamento marxiano é salientada por Mandel, que, a tal respeito, assinala o quanto deve ter sido proveitosa a temporada passada por Marx na Inglaterra, em 1845. Ali, não só pôde certificar-se da defesa da teoria do valor-trabalho pelos ricardianos ligados ao movimento operário, como, ao revés, o abandono dela pelos epígonos burgueses do grande economista clássico.

Em 1846, Proudhon publicou o livro *Sistema das contradições econômicas ou Filosofia da miséria*, no qual atacou a luta dos operários por objetivos políticos e reivindicações salariais, colocando em seu lugar o projeto do intercâmbio harmônico entre pequenos produtores e da instituição de "bancos do povo", que fariam empréstimos sem juros aos trabalhadores. Tudo isso apoiado na explicação da evolução histórica inspirada num hegelianismo mal-assimilado e retardatário.

Marx respondeu no ano seguinte com *Miséria da filosofia*, que escreveu em francês. À parte a polêmica devastadora contra Proudhon, resumindo a crítica ao socialismo utópico em geral, o livro marcou a plena aceitação da teoria do valor-trabalho, na formulação ricardiana. Sob esse aspecto, *Miséria da filosofia* constituiu *ponto de virada* tão significativo na evolução do pensamento marxiano quanto *A ideologia alemã*. Não importa que Marx também houvesse aceitado, na ocasião, as teses de Ricardo sobre o dinheiro e sobre a renda da terra, das quais se tornaria depois renitente opositor. O fato de consequências essencialíssimas consistiu em que o materialismo histórico encontrava, afinal, o fundamento da economia política, o que vinha definir o caminho da elaboração do socialismo científico. Na própria *Miséria da filosofia,* a aquisição desse fundamento resultou numa exposição muito mais avançada e precisa do materialismo histórico do que em *A ideologia alemã*.

Com base na teoria de Ricardo interpretada pelos seguidores de tendência socialista, Marx empenhou-se na proposição de uma tática de reivindicações salariais para o movimento operário, o que expôs nas conferências proferidas em 1847-1848, mais tarde publicadas em folheto sob o título de *Trabalho assalariado e capital.*

Marx e Engels haviam ingressado numa organização de emigrados alemães denominada Liga dos Comunistas e receberam dela a incumbência de redigir um manifesto que apresentasse os objetivos socialistas dos trabalhadores. A incumbência teve aceitação entusiástica, ainda mais por se avolumarem os indícios da eclosão de uma onda revolucionária no Ocidente europeu. Publicado no começo de 1848, o *Manifesto do Partido Comunista* foi, com efeito, logo submergido pela derrocada da monarquia de Luís Filipe na França, seguida pelos eventos insurrecionais na Alemanha, Hungria, Áustria, Itália e Bélgica. Embora a repercussão de sua primeira edição ficasse abafada por acontecimentos de tão grande envergadura, o *Manifesto* alcançaria ampla difusão e sobrevivência duradoura, tornando-se uma das obras políticas mais conhecidas em numerosas línguas. Num estilo que até hoje brilha pelo vigor e concisão, o *Manifesto* condensou o labor teórico dos autores em termos de estratégia e tática políticas, de tal maneira que o texto se tornou um marco na história do movimento operário mundial.

Na Alemanha, as lutas de massa forçaram a monarquia prussiana a fazer a promessa de uma constituição e a aceitar o funcionamento de uma assembleia parlamentar em Frankfurt. Marx e Engels regressaram de imediato à sua pátria e se lançaram por inteiro no combate. Marx fundou e dirigiu o diário *Nova Gazeta Renana* que, até o fechamento em maio de 1849, defendeu a perspectiva proletária socialista no decurso de uma revolução democrático-burguesa. Depois de ter sido um dos redatores do jornal, Engels engajou-se no exército dos insurretos, em cujas fileiras empunhou armas até a derrota definitiva, que lhe impôs o refúgio na Suíça. Diante da repressão exacerbada, também Marx se retirou da Alemanha. Os governos da França e da Bélgica lhe consentiram pouco tempo de permanência em seus territórios, o que o levou a exilar-se em Londres, nos fins de 1849, ali residindo até a morte.

Em 1850, veio à luz *As lutas de classes na França de 1848 a 1850*. Em 1852, *O 18 de brumário de Luís Bonaparte*. Em ambas as obras, o método do materialismo histórico recém-criado foi posto à prova na interpretação a quente de acontecimentos da atualidade imediata. A brevidade da perspectiva temporal não impediu que Marx produzisse duas obras historiográficas capazes de revelar as conexões subjacentes aos fatos visíveis e de enfocá-los à luz da tese sociológica da luta de classes. Em particular, essas obras desmentem a frequente acusação ao economicismo marxiano. Nelas, são realçados não só fatores econômicos, mas também fatores políticos, ideológicos, institucionais e até estritamente concernentes às pessoas dos protagonistas dos eventos históricos.

II. Os tormentos da criação

Ao aceitar a teoria de Ricardo sobre o valor-trabalho e a distribuição do produto social, Marx não perdeu de vista a necessidade da crítica da economia política, embora não mais sob o enfoque estrito de Engels no seu "Esboço" precursor. Ricardo dera à teoria econômica a elaboração mais avançada nos limites do pensamento burguês. Os ricardianos de esquerda ultrapassaram tais limites, porém não avançaram na solução dos impasses teóricos salientados precisamente pela interpretação socialista aplicada à obra do mestre clássico.

À onda revolucionária desencadeada em 1848 seguira-se o refluxo das lutas democráticas e operárias. Por toda a Europa, triunfava a reação burguesa e aristocrática. Marx relacionou o refluxo à nova fase de prosperidade, que sucedia à crise econômica de 1847-1848, e considerou ser preciso esperar a crise seguinte a fim de recolocar na ordem do dia objetivos revolucionários imediatos. Com uma paixão obsessiva, entregou-se à tarefa que se tornaria a mais absorvente de sua vida: a de elaborar a crítica da economia política enquanto ciência mediada pela ideologia burguesa e apresentar uma teoria econômica alternativa, a partir das conquistas científicas dos economistas clássicos. A residência em Londres favorecia tal empresa, pois constituía o melhor ponto de observação do funcionamento do modo de produção capitalista e de uma formação social tão efetivamente burguesa quanto nenhuma outra do continente europeu. Além disso, o British Museum, do qual Marx se tornou frequentador assíduo, propiciava a consulta a um acervo bibliográfico de incomparável riqueza.

Em contrapartida, as condições materiais de vida foram, durante anos a fio, muito ásperas e, às vezes, simplesmente tétricas para o líder revolucionário e sua família. Não raro, faltaram recursos para satisfação das necessidades mais elementares, e o exilado alemão se viu às bordas do desespero. Sobretudo, não podia dedicar tempo integral às pesquisas econômicas, conforme desejaria, vendo-se forçado a aceitar tarefas de colaboração jornalística, entre as quais a mais regular foi a correspondência política para um jornal de Nova York, mantida até 1862.

Além disso, as intrigas que a seu respeito urdiam os órgãos policiais da Alemanha e de outros países obrigavam-no a desviar a atenção dos estudos teóricos. Durante quase todo o ano de 1860, por exemplo, a maior parte de suas energias se gastou na refutação das calúnias difundidas por Karl Vogt, que o acoimara de chefe de um bando de chantagistas e delatores. Ex-membro esquerdista do Parlamento de Frankfurt, em 1848, Vogt se radicou na Suíça como professor de geologia e se tornou expoente da versão mais vulgar do materialismo mecanicista (é dele a célebre afirmação de que "os pensamentos têm com o cérebro a mesma relação que a bílis com o fígado ou a urina com os rins"). Envolvido em intrigas de projeção internacional nos meios democráticos e socialistas, aceitou – o que depois se comprovou – o papel de escriba mercenário pago pelo serviço secreto de Napoleão III. Apesar de calejado diante de insultos e calúnias, a dose passara, dessa vez, a medida do suportável e Marx se esfalfou na redação de grosso volume, que recebeu o título sumário de *Herr Vogt*. À parte os aspectos polêmicos circunstanciais hoje sem maior interesse, o livro oferece um quadro rico da política internacional europeia em meados do século XIX, tema explorado com os recursos exuberantes do estilo de um grande escritor.

Jacob Gorender

A situação de Marx seria insustentável e sua principal tarefa científica decerto irrealizável se não fosse a ajuda material de Engels. Este fixara residência em Manchester, passando a gerir ali os interesses da firma paterna associada a uma empresa têxtil inglesa. Durante os vinte anos de atividade comercial, a produção intelectual não pôde deixar de se reduzir. Mas Engels achava gratificante sacrificar a própria criatividade, contanto que fornecesse a Marx recursos financeiros que o sustentassem e à família e lhe permitissem dedicar o máximo de tempo às investigações econômicas. Demais disso, Engels incumbiu-se de várias pesquisas especializadas solicitadas pelo amigo. A circunstância de residirem em cidades diferentes deu lugar a copiosa correspondência que registrou, quase passo a passo, a tormentosa via de elaboração d'*O capital*.

No decorrer das investigações, conquanto se mantivesse claro e inalterado o objetivo visado, foi mudando e ganhando novas formas a ideia da obra final. Rosdolsky rastreou na documentação marxiana, entre 1857 e 1868, nada menos de catorze esboços e notas de planos dessa obra. De acordo com o plano inicial, deveria constar de seis livros dedicados aos seguintes temas: 1) o capital; 2) a propriedade territorial; 3) o trabalho assalariado; 4) o Estado; 5) o comércio internacional; 6) o mercado mundial e as crises. À parte, um livro especial faria a história das doutrinas econômicas, dando ao estudo da realidade empírica o acompanhamento de suas expressões teóricas.

A deflagração de nova crise econômica em 1857 levou Marx a apressar-se em pôr no papel o resultado de suas investigações, motivado pela expectativa de que nova onda revolucionária voltaria a agitar a Europa e exigiria dele todo o tempo disponível. Da sofreguidão nesse empenho resultou não mais do que um rascunho, com imprecisões e lapsos de redação. Fruto de um trabalho realizado entre outubro de 1857 e março de 1858, o manuscrito só teve publicação na União Soviética entre 1939 e 1941. Recebeu o título de *Esboços dos fundamentos da crítica da economia política,* porém ficou mais conhecido pela palavra alemã *Grundrisse* (esboços dos fundamentos). Vindos à luz já sob o fogo da Segunda Guerra Mundial, os *Grundrisse* não despertaram atenção. Somente nos anos 1960 suscitaram estudos e comentários, destacando-se, nesse particular, o trabalho pioneiro de Rosdolsky.

Embora se trate de um rascunho, os *Grundrisse* possuem extraordinária relevância, pelas ideias que, no todo ou em parte, só nele ficaram registradas e, sobretudo, pelas informações de natureza metodológica.

Uma dessas ideias é a de que o desenvolvimento das forças produtivas pelo modo de produção capitalista chegaria a um ponto em que a contribuição do trabalho vivo se tornaria insignificante em comparação com a dos meios de produção, de tal maneira que perderia qualquer propósito aplicar a lei do valor como critério de produtividade do trabalho e de distribuição do produto social. Ora, sem lei do

Apresentação

valor, carece de sentido a própria valorização do capital. Assim, o capitalismo deverá extinguir-se não pelo acúmulo de deficiências produtivas, porém, ao contrário, em virtude da pletora de sua capacidade criadora de riqueza. Encontra-se nessa ideia um dos traços característicos da elaboração discursiva marxiana: certos fatores são isolados e desenvolvidos até o extremo, de tal maneira que venha a destacar-se o máximo de suas virtualidades. O resultado não constitui, todavia, a previsão de um curso inelutável, pois o próprio Marx revela, adiante, o jogo contraditório entre os vários fatores postos em interação, o que altera os resultados extraídos da abstração do desenvolvimento isolado de um deles.

Tema de destaque nos *Grundrisse*, abordado em apreciações dispersas e em toda uma seção especial, é o das formas que precedem a separação entre o agente do processo de trabalho e a propriedade dos meios de produção. Tal separação constitui condição prévia indispensável ao surgimento do modo de produção capitalista e lhe marca o caráter de organização social historicamente transitória. Isso porque somente tal separação permite que o agente do processo de trabalho, como pura força de trabalho subjetiva, desprovida de posses objetivas, se disponha ao assalariamento regular, enquanto, para os proprietários dos meios de produção e de subsistência, a exploração da força de trabalho assalariada é a condição básica da acumulação do capital mediante relações de produção já de natureza capitalista. As categorias específicas do modo de produção capitalista não constituíam expressão de uma racionalidade supra-histórica, de leis naturais inalteráveis, conforme pensavam os economistas clássicos, mas, ao contrário, seu surgimento tinha data recente e sua vigência marcaria não mais que certa época histórica delimitada. Em algumas dezenas de páginas, que têm sido editadas separadamente sob o título de "Formas que precederam a produção capitalista", foram compendiadas, a partir do exame de vasto material historiográfico, sugestões de extraordinária fecundidade, às quais o autor, infelizmente, não pôde dar seguimento, delas fazendo emprego esparso n'*O capital*. Nessa obra, a opção metodológica consistiu em concentrar o estudo da acumulação originária nas condições históricas da Inglaterra.

Os *Grundrisse* compõem-se de dois longos capítulos, dedicados ao dinheiro e ao capital. Com formulações menos precisas e sem a mesma organicidade, aí encontramos parte da temática dos Livros I e II d'*O capital*. Seria, contudo, incorreto passar por alto o avanço propriamente teórico cumprido entre os dois textos. Basta ver, por exemplo, que, na questão do dinheiro, Marx ainda se mostra, nos *Grundrisse*, preso a alguns aspectos da teoria ricardiana, contra a qual travará polêmica resoluta logo em seguida, em *Para a crítica da economia política*. De maneira idêntica, a caracterização do escravismo plantacionista americano como *anomalia capitalista* sofrerá radical reformulação n'*O capital*, em cujas páginas a escravidão – a antiga e a moderna – é sempre incompatível com o modo de produção capitalista.

Jacob Gorender

A riqueza peculiar dos *Grundrisse* reside nas numerosas explicitações metodológicas, pouco encontradiças n'*O capital*. Por se tratar de rascunho, os *Grundrisse* exibem os andaimes metodológicos, depois retirados do texto definitivo. E esses andaimes denunciam a forte impregnação hegeliana do pensamento do autor. Precisamente durante a redação do rascunho, Marx releu a *Lógica* de Hegel, conforme escreveu a Engels. Não surpreende, por isso, que a própria linguagem seja, em várias passagens, moldada por termos e giros discursivos do mestre da filosofia clássica alemã. A tal ponto que, a certa altura, ficou anotado o propósito de dar nova redação ao trecho a fim de libertá-lo da forma idealista de exposição.

Enquanto a crise econômica passava sem convulsionar a ordem política europeia, Marx conseguiu chegar à redação final dos dois capítulos de *Para a crítica da economia política*, publicada em 1859[1]. Segundo o plano então em mente, o terceiro capítulo, dedicado ao capital, seria a continuação da *Crítica*, um segundo volume dela. Mas o que apareceu, afinal, oito anos depois, foi algo bem diverso, resultante de substancial mudança de plano.

Em janeiro de 1866, Marx já possuía em rascunho todo o arcabouço de teses, tal qual se tornaram conhecidas nos três livros d'*O capital*, desde o capítulo inicial sobre a mercadoria até a teoria da renda da terra, passando pelas teorias da mais-valia*, da acumulação do capital, do exército industrial de reserva, da circulação e reprodução do capital social total, da transformação do valor em preço de produção, da queda tendencial da taxa média de lucro, dos ciclos econômicos e da distribuição da mais-valia nas formas particulares de lucro industrial, lucro comercial, juro e renda da terra. Nesses três livros, que formariam uma obra única, seriam abordados os temas não só do capital, mas também do trabalho assalariado e da propriedade territorial, que deixaram de constituir objeto de volumes especiais. O Estado, o comércio internacional, o mercado mundial e as crises – planejados também para livros especiais – ficavam postergados. A nova obra seria intitulada *O capital* e somente como subtítulo é que compareceria a repetida *Crítica da economia política*. Por último, copiosos comentários e dissertações já estavam redigidos para o também projetado livro sobre a história das doutrinas econômicas. O autor podia, por conseguinte, lançar-se à redação final de posse de completo conjunto teórico, que devia formar, nas suas palavras, um "todo artístico".

---

[1] Ver Jacob Gorender, "Introdução", em Karl Marx, *Para a crítica da economia política* (São Paulo, Abril Cultural, 1982, Col. Os Economistas).

* Mantivemos o uso de "mais-valia" como tradução de "*Mehrwert*" nesta apresentação, por ser a forma consagrada na época em que foi escrita. Na tradução dos textos do próprio Marx, porém, optamos pelo uso de "mais-valor", que melhor exprime o significado real do termo. Para mais informações sobre essa questão terminológica, ver: Mario Duayer, "Apresentação", em *Grundrisse: manuscritos econômicos de 1857-1858 – Esboços da crítica da economia política* (São Paulo, Boitempo, 2011). (N. E.)

Apresentação

Em 1865, a redação d'*O capital* foi considerada tarefa prioritária acima do comparecimento ao Primeiro Congresso da Associação Internacional dos Trabalhadores, realizado em Genebra sem a presença de Marx. Este, a conselho de Engels, decidiu-se à publicação isolada do Livro I, concentrando-se na sua redação final. Em setembro de 1867, o Livro I vinha a público na Alemanha, lançado pelo editor hamburguês Meissner.

Graças, em boa parte, aos esforços publicitários de Engels, a "conspiração do silêncio" que cercava os escritos marxianos nos meios cultos começou a ser quebrada. Curiosamente, a primeira resenha, aliás favorável, de um professor universitário foi a de Eugen Dühring, o mesmo contra o qual Engels, dez anos depois, travaria implacável polêmica. Elogios calorosos chegaram de Ruge, o antigo companheiro da esquerda hegeliana, e de Feuerbach, o respeitado filósofo que marcara momento tão importante na evolução do pensamento marxiano.

Embora a tradução inglesa não se concretizasse na ocasião, decepcionando as expectativas do autor, houve a compensação da tradução russa já em 1872, lançada com notável êxito de venda. (No seu parecer, a censura czarista declarou tratar-se de livro sem dúvida socialista, mas inacessível à maioria em virtude da forma matemática de demonstração científica, motivo por que não seria possível persegui-lo diante dos tribunais.) Em seguida, veio, editada em fascículos, a tradução francesa, da qual o próprio autor fez a revisão, com o que a tradução ganhou valor de original. Em 1873, foi publicada a segunda edição alemã, que trouxe um posfácio muito importante pelos esclarecimentos de caráter metodológico. Embora a segunda fosse a última em vida do autor, a edição definitiva é considerada a quarta, de 1890, na qual Engels introduziu modificações expressamente indicadas por Marx.

Faltava, no entanto, a redação final dos Livros II e III. Marx trabalhou neles até 1878, sem completar a tarefa. À ânsia insaciável de novos conhecimentos e de rigorosa atualização com os acontecimentos da vida real já não correspondia a habitual capacidade de trabalho. Marx ficava impedido de qualquer esforço durante longos períodos, debilitado por doenças crônicas agravadas.

Além disso, absorviam-no as exigências da política prática. De 1864 a 1873, empenhou-se nas articulações e campanhas da Associação Internacional dos Trabalhadores, que passou à história como a Primeira Internacional. Em 1865, pronunciou a conferência de publicação póstuma intitulada *Salário, preço e lucro*.

Um esforço intenso lhe exigiram, no seio da Associação, as divergências com os partidários de Proudhon e de Bakunin. Em 1871, chefiou a solidariedade internacional à Comuna de Paris e, acerca de sua experiência política, escreveu *A guerra civil na França*. Ocuparam-no em seguida os problemas da social--democracia alemã, liderada, *in loco*, por Bebel e Liebknecht. A fusão dos adeptos da social-democracia de orientação marxista com os seguidores de Lassalle num partido operário único ensejou a Marx, em 1875, a redação de notas, de fundamental significação para a teoria do comunismo, reunidas no pequeno volume intitulado *Crítica do Programa de Gotha*. Em 1881-1882, após as escassas páginas em que foram escritas as "Glosas marginais ao 'Tratado de economia política' de Adolfo Wagner", a pena de Marx, que deslizara através de assombrosa quantidade de folhas de papel, colocava o definitivo ponto final. Esgotado e abatido pela morte da esposa e de uma das filhas, apagou-se, em 1883, o cérebro daquele que Engels, na oração fúnebre, disse ter sido o maior pensador do seu tempo.

Nos doze anos em que sobreviveu ao amigo, Engels continuou criativo até os últimos dias, produzindo obras da altura de *Ludwig Feuerbach e o fim da filosofia clássica alemã*. Sobre os seus ombros pesava a responsabilidade de coordenar o movimento socialista internacional, o que lhe impunha crescente carga de trabalho. No meio de toda essa atividade, nunca deixou de ter por tarefa primordial a de trazer a público os dois livros d'*O capital* ainda inéditos. E cumpriu a tarefa com exemplar competência e probidade.

Os manuscritos de Marx encontravam-se em diversos graus de preparação. Só a menor parte ganhara redação definitiva. Havia, porém, longas exposições com lacunas e desprovidas de vínculos mediadores. Vários assuntos tinham sido abordados tão somente em notas soltas. Por fim, um capítulo imprescindível apenas contava com o título. Tudo isso sem falar na péssima caligrafia dos manuscritos, às vezes incompreensível até para o autor. A tarefa, por conseguinte, ia muito além do que, em regra, se atribui a um editor. Seria preciso que Engels assumisse certo grau de coautoria, o que fez, não obstante, com o máximo escrúpulo. Conforme explicou minuciosamente nos prefácios, evitou substituir a redação de Marx pela sua própria em qualquer parte. Não queria que sua redação, superposta aos manuscritos originais, suscitasse discussões acerca da autenticidade do pensamento marxiano. Limitou-se a ordenar os manuscritos de acordo com as indicações do plano do autor, preenchendo as óbvias lacunas e introduzindo trechos de ligação ou de atualização, sempre entre chaves e identificados pelas iniciais F. E., também presentes nas notas de rodapé destinadas a informações adicionais ou mesmo a desenvolvimentos teóricos. Igualmente assinado com as iniciais F. E., escreveu por inteiro o capítulo 4 do Livro III, sobre a rotação do capital e sua respectiva influência na taxa de lucro. Escreveu ainda vários prefácios, admiráveis pelo tratamento de problemas básicos e pela força polêmica, bem como dois suplementos ao Livro III: sobre a lei do valor e formação da taxa média de lucro e sobre a Bolsa.

Se, dessa maneira, foi possível salvar o legado de Marx e editar o Livro II, em 1885, e o Livro III, em 1894, é evidente que estes não poderiam apresentar a exposição acabada e brilhante do Livro I. Mas Engels, ao morrer pouco depois de

Apresentação

publicado o último livro, havia cumprido a tarefa. Restavam os manuscritos sobre a história das doutrinas econômicas, que deveriam constituir o Livro IV. Ordenou-os e editou-os Kautsky, sob o título de *Teorias da mais-valia*, entre 1905 e 1910. O Instituto de Marxismo-Leninismo (originalmente Instituto Marx-Engels, fundado por D. Riazanov e responsável pela publicação dos manuscritos marxianos na União Soviética) lançou nova edição em 1954, expurgada das intervenções arbitrárias de Kautsky.

Em 1933, o mesmo Instituto havia publicado o texto de um capítulo inédito, planejado para figurar no Livro I d'*O capital* e que Marx resolvera suprimir. Numerado como sexto e sob o título de "Resultados do processo imediato da produção"*, o capítulo contém uma síntese do Livro I e serviria também de transição ao Livro II.

III. Unificação interdisciplinar das ciências humanas

Em primeiro lugar, *O capital* é, sem qualquer dúvida, uma obra de economia política. A amplitude de sua concepção dessa ciência supera, porém, os melhores clássicos burgueses e contrasta com a estrita especialização em que o marginalismo pretendeu confinar a análise econômica. [...]

É que *O capital* constitui, por excelência, uma obra de unificação interdisciplinar das ciências humanas, com vistas ao estudo multilateral de determinada formação social. Unificação entre a economia política e a sociologia, a historiografia, a demografia, a geografia econômica e a antropologia.

As categorias econômicas, ainda quando analisadas em níveis elevados de abstração, se enlaçam, de momento a momento, com os fatores extraeconômicos inerentes à formação social. O Estado, a legislação civil e penal (em especial a legislação referente às relações de trabalho), a organização familial, as formas associativas das classes sociais e seu comportamento em situações de conflito, as ideologias, os costumes tradicionais de nacionalidades e regiões, a psicologia social – tudo isso é focalizado com riqueza de detalhes, sempre que a explicação dos fenômenos propriamente econômicos adquira na interação com fenômenos de outra ordem categorial uma iluminação indispensável ou um enriquecimento cognoscitivo. Assim, ao contrário do que pretendem críticas tão reiteradas, o enfoque marxiano da instância econômica não é economicista, uma vez que não a isola da trama variada do tecido social. O que, convém enfatizar, não representa incoerência, mas, ao contrário, perfeita coerência com a concepção do materialismo histórico enquanto teoria sociológica geral: a concepção segundo a qual a instância econômica, sendo a base da vida social dos homens, não existe senão permeada por todos os aspectos dessa vida social, os

---

* Kark Marx, *Capítulo sexto inédito de* O Capital – *resultados do processo de produção imediata* (São Paulo, Moraes, s.d.). (N. E.)

quais, por sua vez, sob modalidades diferenciadas, são instâncias da superestrutura possuidoras de desenvolvimento autônomo relativo e influência retroativa sobre a estrutura econômica.

Obra de economia política e de sociologia, *O capital* também é obra de historiografia. A tese de que o modo de produção capitalista tem existência histórica, de que nasceu de determinadas condições criadas pelo desenvolvimento social e de que criará, ele próprio, as condições para o seu desaparecimento e substituição por um novo modo de produção – essa tese, já por si mesma, também exige abordagem histórica e, por conseguinte, implica o tratamento por meio de procedimentos característicos da historiografia. Antes de tudo, sem dúvida, trata-se de historiografia econômica, que abrange exposições eruditas sobre o desenvolvimento das forças produtivas, estudos especializados sobre questões de tecnologia, pesquisas inovadoras sobre o comércio, o crédito, as formas de propriedade territorial e a gênese da renda da terra e, com destaque particular, sobre a formação da moderna classe operária. Mas, em relação mesmo com a história econômica, temos outrossim a história das instituições políticas, a evolução das normas jurídicas (veja-se o estudo pioneiro sobre a legislação trabalhista), a história das relações internacionais.

Os estudos sobre a lei da população do modo de produção capitalista, bem como sobre migrações e colonização, focalizam temas de evidente contato entre a economia política e a demografia. Por fim, encontramos incursões e sugestões nos âmbitos da geografia econômica e da antropologia.

A decidida rejeição do geodeterminismo não conduz ao desconhecimento dos condicionamentos geográficos, cuja influência no desenvolvimento das forças produtivas e das formações sociais é posta em destaque.

Em contrapartida, acentua-se a ação transformadora do meio geográfico pelo homem, de tal maneira que as condições geográficas se humanizam à medida que se tornam prolongamento do próprio homem. Mas a *humanização* da natureza nem sempre tem sido um processo harmônico. Marx foi dos primeiros a apontar o caráter predador da burguesia, com reiteradas referências, por exemplo, à destruição dos recursos naturais pela agricultura capitalista. Sob esse aspecto, merece ser considerado precursor dos modernos movimentos de defesa da ecologia em benefício da vida humana.

Do ponto de vista da Antropologia, o que sobreleva é a relação do homem com a natureza por meio do trabalho e a humanização sob o aspecto de autocriação do homem no processo de transformação da natureza pelo trabalho. As mudanças nas formas de trabalho constituem os indicadores básicos da mudança das relações de produção e das formas sociais em geral do intercurso humano. O trabalho é, portanto, o fundamento antropológico das relações econômicas e sociais em geral. Ou seja, em resumo, o que Marx propõe é a Antropologia do *homo faber*.

Apresentação

Embora de maneira de todo inconvencional, *O capital* se credencia como realização filosófica basilar. Como sugeriu Jelezny, o livro marxiano faz parte das obras que assinalaram inovações essenciais na orientação lógica e metodológica do pensamento. Sem qualquer exposição sistemática, porém aplicando-a em tudo e por tudo, Marx desenvolveu a metodologia do materialismo dialético e se situou, a justo título, a par com aqueles criadores de ideias que marcaram época no pensamento sobre o pensamento – de Aristóteles a Descartes, Bacon, Locke, Leibniz, Kant e Hegel.

Para este último, com o qual Marx teve relação direta de sequência e superação, a lógica por si mesma se identifica à ontologia, a Ideia Absoluta é o próprio Ser. Assim, a ontologia só podia ter caráter idealista e especulativo, obrigando a dialética – máxima conquista da filosofia hegeliana – a abrir caminho em meio a esquemas pré-construídos. Com semelhante configuração, a dialética era imprestável ao trabalho científico e, por isso mesmo, foi sepultada no olvido pelos cientistas, que a preteriram em favor do positivismo. Quando deu à dialética a configuração materialista necessária, Marx expurgou-a das propensões especulativas e adequou-a ao trabalho científico. Ao invés de subsumir a ontologia na lógica, são as categorias econômicas e sua história concreta que põem à prova as categorias lógicas e lhes imprimem movimento. A lógica não se identifica à ontologia, o pensamento não se identifica ao ser. A consciência é consciência do ser prático-material que é o homem. A dialética do pensamento se torna a reprodução teórica da dialética originária inerente ao ser, reprodução isenta de esquemas pré-construídos e impostos de cima pela ontologia idealista. Mas, ao contrário de reprodução passiva, de reflexo especular do ser, o pensamento se manifesta através da ativa intervenção espiritual que realiza o trabalho infindável do conhecimento. Trabalho criador de hipóteses, categorias, teoremas, modelos, teorias e sistemas teóricos.

*Método e estrutura d'*O capital

A esta altura, chegamos a uma questão crucial nas discussões marxistas e marxológicas: a da influência de Hegel sobre Marx.

Quando estudava a *Ciência da lógica,* surpreendeu-se Lenin com o máximo de materialismo ao longo da mais idealista das obras de Hegel. Com ênfase peculiar, afirmou que não poderia compreender *O capital* quem não fizesse o prévio estudo da *Lógica* hegeliana.

Oposta foi a posição de Stalin. Considerou a filosofia hegeliana representativa da aristocracia reacionária e minimizou sua influência na formação do marxismo. A desfiguração stalinista da dialética se consumou num esquema petrificado para aplicação sem mediações a qualquer nível da realidade.

Enquanto Rosdolsky ressaltou, por meio de análise minuciosa dos *Grundrisse,* a relação entre Hegel e Marx, quase ao mesmo tempo, Althusser, que nunca deu importância aos *Grundrisse*, enfatizou a suposta ausência do hegelianismo na formação de Marx e a inexistência de traços hegelianos na obra marxiana, acima de tudo em *O capital*. Dentro de semelhante orientação, Althusser não se furtaria de louvar Stalin por haver depurado o materialismo dialético da excrescência hegeliana tão embaraçosa quanto a negação da negação. Segundo Godelier, esta seria uma categoria apenas aceita por Engels e não por Marx. Demais, Godelier considerou embaraçosa a própria contradição dialética e propôs sua subordinação ao conceito de *limite estrutural*, o que, na prática, torna a contradição dialética dispensável ao processo discursivo.

A análise da estrutura lógica d'*O capital* feita por Jelezny confirma, não menos que a de Rosdolsky, o enfoque de Lenin, e não o de Stalin. É impossível captar o jogo das categorias na obra marxiana sem dominar o procedimento da derivação dialética, a partir das contradições internas dos fenômenos, ou seja, a partir de um procedimento lógico inaugurado, com caráter sistemático, por Hegel. Sem dúvida, é preciso frisar também que Marx rejeitou a *identidade* hegeliana dos contrários, distinguindo tal postulado idealista de sua própria concepção materialista da *unidade* dos contrários (a esse respeito, tem razão Godelier quando aponta a confusão em certas formulações de Lenin e Mao Tsé-Tung sobre a "identidade dos contrários").

A derivação dialética materialista é aplicada em todo o trajeto da exposição marxiana, porém provoca impacto logo no capítulo inicial sobre a mercadoria, por isso mesmo causador de tropeços aos leitores desprovidos de familiaridade com o método dialético. Contudo, a derivação dialética, que opera com as contradições imanentes nos fenômenos, não suprime a derivação dedutiva própria da lógica formal, baseada justamente no princípio da não contradição. Em *O capital*, são correntes as inferências dedutivas, acompanhadas de exposições por via lógico-formal. Daí, aliás, o recurso frequente aos modelos matemáticos demonstrativos, que revelam, dentro de estruturas categoriais definidas, o dinamismo das modificações quantitativas e põem à luz suas leis internas. Conquanto considerasse falsas as premissas das quais Marx partiu, Bôhm-Bawerk não deixou de manifestar admiração pela força lógica do adversário. Não obstante, seja frisado, a lógica formal está para a lógica dialética, na obra marxiana, assim como a mecânica de Newton está para a teoria da relatividade de Einstein. Ou seja, a primeira aplica-se a um nível inferior do conhecimento da realidade com relação à segunda.

Marx distinguiu entre investigação e exposição. A investigação exige o máximo de esforço possível no domínio do material fatual. O próprio Marx não descansava enquanto não houvesse consultado todas as fontes informativas de cuja existência tomasse conhecimento. O fim último da investigação consiste em se apropriar em detalhe da matéria investigada, analisar suas diversas formas de desenvolvimento e

Apresentação

descobrir seus nexos internos. Somente depois de cumprida tal tarefa, seria possível passar à exposição, isto é, à reprodução ideal da vida da matéria. A essa altura, advertiu Marx que, se isso for conseguido, "então pode parecer que se está diante de uma construção *a priori*". Por que semelhante advertência?

É que a exposição deve figurar um "todo artístico". Suas diversas partes precisam se articular de maneira a constituírem uma totalidade orgânica, e não um dispositivo em que os elementos se justapõem como somatório mecânico. Ora, a realização do "todo artístico" ou da "totalidade orgânica" pressupunha a aplicação do modo lógico e não do modo histórico de exposição. Ou seja, as categorias deveriam comparecer não de acordo com a sucessão efetiva na história real, porém conforme as relações internas de suas determinações essenciais, no quadro da sociedade burguesa. Por conseguinte, o tratamento lógico da matéria faz da exposição a forma organizacional apropriada do conhecimento a nível categorial-sistemático e resulta na radical superação do historicismo (entendido o historicismo, na acepção mais ampla, como a compreensão da história por seu fluxo singular, consubstanciado na sucessão única de acontecimentos ou fatos sociais). A exposição lógica afirma a orientação anti-historicista na substituição da sucessão histórica pela articulação sistemática entre categorias abstratas, de acordo com suas determinações intrínsecas. Daí que possa assumir a aparência de construção imposta à realidade de cima e por fora.

Na verdade, trata-se apenas de impressão superficial contra a qual é preciso estar prevenido. Porque, se supera o histórico, o lógico não o suprime. Em primeiro lugar, se o lógico é o fio orientador da exposição, o histórico não pode ser dispensado na condição de contraprova. Daí a passagem frequente de níveis elevados de abstração a concretizações fatuais em que a demonstração dos teoremas assume procedimentos historiográficos. Em segundo lugar, porém com ainda maior importância, porque o tratamento histórico se torna imprescindível nos processos de gênese e transição, sem os quais a história será impensável. Em tais processos, o tratamento puramente lógico conduziria aos esquemas arbitrários divorciados da realidade fatual. Por isso mesmo, temas como os da acumulação originária do capital e da formação da moderna indústria fabril foram expostos segundo o modo histórico, inserindo-se em *O capital* na qualidade de estudos historiográficos de caráter monográfico.

Em suma, o lógico não constitui o resumo do histórico, nem há paralelismo entre um e outro (conforme pretendeu Engels), porém entrelaçamento, cruzamento, circularidade.

A interpretação althusseriana conferiu estatuto privilegiado ao modo de exposição e atribuiu às partes históricas d'*O capital* o caráter de mera ilustração empirista. Se bem que com justificadas razões pusesse em relevo a sistematicidade marxiana,

Althusser fez dela uma estrutura formal desprendida da história concreta, o que o próprio Marx explicitamente rejeitou.

O tratamento lógico é também o que melhor possibilita e, no mais fundamental, o único que possibilita alcançar aquele nível da essência em que se revelam as leis do movimento da realidade objetiva. Porque, n'*O capital*, a finalidade do autor consistiu em desvendar a lei econômica da sociedade burguesa ou, em diferente formulação, as leis do nascimento, desenvolvimento e morte do modo de produção capitalista.

Numa época em que prevalecia a concepção mecanicista nas ciências físicas, Marx foi capaz de desvencilhar-se dessa concepção e formular as leis econômicas precipuamente como leis tendenciais. Ou seja, como leis determinantes do curso dos fenômenos em meio a fatores contrapostos, que provocam oscilações, desvios e atenuações provisórias. As leis tendenciais não são, nem por isso, leis estatísticas, probabilidades em grandes massas, porém leis rigorosamente causais. A lei tendencial sintetiza a manifestação direcionada, constante e regular – não ocasional – da interação e oposição entre fatores imanentes na realidade fenomenal.

Como já observamos, o plano da estrutura d'*O capital* foi longamente trabalhado e sofreu modificações à medida que o autor ganhava maior domínio da matéria. O resultado é uma arquitetura imponente, cheia de sutilezas imperceptíveis à primeira vista, cujo estudo já instigou abordagens especializadas.

Sob a perspectiva de conjunto, há uma linha divisória entre os Livros I e II, de um lado, e o Livro III, de outro. Linha divisória que não diz respeito à separação entre questões microeconômicas e macroeconômicas, pois nos três livros encontramos umas e outras, conquanto se possa afirmar que o Livro II é o mais voltado à macroeconomia. A distinção estrutural obedece a critério diferente. Os dois primeiros livros são dedicados ao "capital em geral", ao capital em sua identidade uniforme. O Livro III aborda a concorrência entre os capitais concretos, diferenciados pela função específica e pela modalidade de apropriação da mais-valia.

O "capital em geral" é, segundo Marx, a "quintessência do capital", aquilo que identifica o capital enquanto capital em qualquer circunstância. No Livro I, trata-se do capital em sua relação direta de exploração da força de trabalho assalariada. Por isso mesmo, o *locus* preferencial é a fábrica e o tema principal é o processo de criação e acumulação da mais-valia. A modalidade exponencial do capital é o capital industrial, pois somente ele atua no processo de criação da mais-valia. No Livro II, trata-se da circulação e da reprodução do capital social total. O capital é sempre plural, múltiplo, mas circula e se reproduz como se fosse um só capital social de acordo com exigências que se impõem em meio a inumeráveis flutuações e que dão ao movimento geral do capital uma forma cíclica.

Apresentação

No Livro III, os capitais se diferenciam, se individualizam, e o movimento global é enfocado sob o aspecto da concorrência entre os capitais individuais. Por isso mesmo, é a essa altura que se aborda o tema da formação da taxa média ou geral do lucro e da transformação do valor em preço de produção. De acordo com as funções específicas que desempenham no circuito total da economia capitalista – na produção, na circulação e no crédito –, os capitais individuais apropriam-se de formas distintas de mais-valia: lucro industrial, lucro comercial, juros, cabendo à propriedade territorial a renda da terra, também ela uma forma particular da mais-valia. A lei dinâmica direcionadora desse embate concorrencial entre os capitais individuais pela apropriação da mais-valia é a lei da queda tendencial da taxa média de lucro.

A estrutura d'*O capital*, segundo [Friedrich] Lange, foi montada de acordo com um plano que parte do nível mais alto de abstração, no qual se focalizam fatores isolados ou no menor número possível, daí procedendo por concretização progressiva, à medida que se acrescentam novos fatores, no sentido da aproximação cada vez maior e multilateral com a realidade fatual. A essa interpretação, no geral correta, acrescentamos que o trânsito do abstrato ao concreto se faz em todo o percurso, a começar pelo Livro I. Já nele, encontramos o jogo dialético da passagem do abstrato ao concreto real e vice-versa.

Jacob Gorender, nascido em 1923, é um dos mais importantes historiadores marxistas brasileiros. Autodidata, foi laureado com o título de Doutor *Honoris Causa* pela Universidade da Bahia e atuou como professor visitante do Instituto de Estudos Avançados da Universidade de São Paulo (IEA-USP). Autor, entre outros livros, de *O escravismo colonial* (5. ed., Perseu Abramo, 2011).

ADVERTÊNCIA AOS LEITORES DO LIVRO I D'*O CAPITAL**

Louis Althusser

O que é *O capital*? É a grande obra de Marx, à qual ele dedicou toda a sua vida desde 1850 e sacrificou, em provações cruéis, a maior parte de sua existência pessoal e familiar.

Esta é a obra pela qual Marx deve ser *julgado*. Por ela apenas, não por suas "obras de juventude" ainda idealistas (1841-1844); não por obras ainda muito ambíguas, como *A ideologia alemã* ou mesmo os *Grundrisse*, esboços traduzidos para o francês com o título errôneo de *Fondements de la critique de l'économie politique* [Fundamentos da crítica da economia política][1]; nem pelo célebre *Prefácio* à *Contribuição à crítica da economia política* (1859)[2], em que Marx define em termos muito ambíguos (porque hegelianos) a "dialética" da "correspondência e da não correspondência" entre as forças produtivas e as relações de produção.

Esta obra gigantesca que é *O capital* contém simplesmente uma das três grandes descobertas científicas de toda a história humana: a descoberta do sistema de conceitos (portanto, da *teoria científica*) que abre ao conhecimento científico aquilo que podemos chamar de "Continente-História". Antes de Marx, dois "continentes" de importância comparável já haviam sido "abertos" ao conhecimento científico: o Continente-Matemáticas, pelos gregos do século V a.C., e o Continente-Física, por Galileu.

Estamos ainda muito longe de apreender a dimensão dessa descoberta decisiva e extrair todas as suas consequências teóricas. Em particular, os especialistas que trabalham no campo das "ciências humanas" e (no campo menor) das ciências sociais, ou seja, economistas, historiadores, sociólogos, psicossociólogos, psicó-

---

* Publicado originalmente em Karl Marx, *Le capital*, Livre 1 (Paris, Garnier/Flammarion, 1969). Tradução de Celso Naoto Kashiura Jr. e Márcio Bilharinho Naves. (N. E.)
[1] Karl Marx, *Grundrisse* (Paris, Anthropos, 1967), 2 v. [ed. bras.: *Grundrisse: manuscritos econômicos de 1857-1858 – Esboços da crítica da economia política*, São Paulo, Boitempo, 2011].
[2] Idem, Préface à la *Contribution à la critique de l'économie politique* (1859) (Paris, Éditions Sociales, 1957). [Edições brasileiras pelas editoras Martins Fontes e Expressão Popular, com sucessivas reedições.]

logos, historiadores da arte e da literatura, da religião e de outras ideologias, e até mesmo linguistas e psicanalistas, todos esses especialistas devem saber que não podem produzir conhecimentos verdadeiramente científicos em suas especialidades sem reconhecer que a teoria fundada por Marx lhes é indispensável. Essa é a teoria que, a princípio, "abre" ao conhecimento científico o "continente" em que eles trabalham, em que até agora produziram apenas uns poucos conhecimentos iniciais (a linguística, a psicanálise), uns poucos elementos ou rudimentos de conhecimento (a história, a sociologia e eventualmente a economia) ou ilusões puras e simples que são abusivamente chamadas de conhecimentos.

Somente os militantes da luta de classe proletária extraíram as conclusões d'*O capital*: reconhecendo nele os mecanismos da exploração capitalista e unindo-se em organizações de luta econômica (os sindicatos) e política (os partidos socialistas e, depois, comunistas) que aplicam uma "linha" de massas na luta pela tomada do poder de Estado, uma "linha" fundada na "análise concreta da situação concreta" (Lenin) em que devem combater ("análise" esta efetuada por uma aplicação justa dos conceitos científicos de Marx à "situação concreta").

É um paradoxo que especialistas intelectuais altamente "cultos" não tenham compreendido um livro que contém a teoria de que necessitam em suas "disciplinas" e que, por outro lado, esse mesmo livro tenha sido compreendido, apesar de suas grandes dificuldades, pelos militantes do movimento operário. A explicação desse paradoxo é simples e é dada com toda a clareza por Marx em *O capital* e por Lenin em suas obras[3].

Se os operários "compreenderam" tão facilmente *O capital*, é porque este fala, em termos científicos, da realidade cotidiana com a qual eles lidam: a exploração de que são objeto por conta do sistema capitalista. É por isso que *O capital* se tornou tão rapidamente, como disse Engels em 1886, a "Bíblia" do movimento operário internacional. Por outro lado, se os especialistas em história, economia política, sociologia, psicologia etc. tiveram e ainda têm tanta dificuldade para "compreender" *O capital*, é porque estão submetidos à ideologia dominante (a da classe dominante), que intervém diretamente em sua prática "científica" para falsear seu objeto, sua teoria e seus métodos. Salvo poucas exceções, eles não suspeitam, não podem suspeitar do extraordinário poder e variedade do domínio ideológico a que estão submetidos em sua própria "prática". Salvo poucas exceções, são incapazes de criticar por si mesmos as ilusões em que vivem e que ajudam a manter, porque elas literalmente os cegam. Salvo poucas exceções, são incapazes de realizar a

---

[3] Ver, por exemplo, o início do texto de Lenin, *L'État et la révolution* (Paris, Éditions Sociales, s.d.). [Há diversas edições brasileiras, com sucessivas reedições, das quais destacamos as das editoras Expressão Popular e Hucitec. (N. T.)]

*Advertência aos leitores do Livro I d'*O capital

revolução ideológica e teórica indispensável para reconhecer na teoria de Marx a teoria mesma de que sua prática necessita para enfim tornar-se científica.

Quando se fala da dificuldade d'*O capital*, é necessário fazer uma distinção da mais alta importância. A leitura dessa obra apresenta, de fato, dois tipos de dificuldades, que não têm absolutamente nada a ver um com o outro.

A *dificuldade n. 1*, absoluta e maciçamente determinante, é uma dificuldade ideológica – logo, em última instância, *política*.

Há dois tipos de leitores diante d'*O capital*: aqueles que têm experiência direta da exploração capitalista (sobretudo os proletários ou operários assalariados da produção direta, mas também, com nuances de acordo com seu lugar dentro do sistema produtivo, os trabalhadores assalariados não proletários) e aqueles que não têm experiência direta da exploração capitalista, mas, por outro lado, estão dominados, em sua prática e em sua consciência, pela ideologia da classe dominante, a ideologia burguesa. Os primeiros não têm dificuldade político-ideológica para compreender *O capital*, porque este simplesmente fala de sua vida concreta. Os segundos experimentam uma extrema dificuldade para compreender *O capital* (ainda que sejam muito "eruditos"; eu diria: sobretudo se forem muito "eruditos"), porque há uma *incompatibilidade política* entre o conteúdo teórico do livro e as ideias que eles têm na cabeça, ideias que eles "reencontram" (porque ali as depositam) em suas práticas. Por isso, a dificuldade n. 1 d'*O capital* é, em última instância, uma dificuldade *política*.

Mas *O capital* apresenta outra dificuldade, que não tem absolutamente nada a ver com a primeira: a *dificuldade n. 2* ou dificuldade *teórica*.

Diante dessa dificuldade, os mesmos leitores se dividem em dois novos grupos. Aqueles que têm o hábito do pensamento *teórico* (logo, os verdadeiros eruditos) não experimentam ou não deveriam experimentar dificuldade para ler esse livro *teórico* que é *O capital*. Aqueles que não estão habituados às obras teóricas (os trabalhadores e muitos intelectuais que, mesmo que tenham "cultura", não têm cultura *teórica*) devem ou deveriam experimentar grandes dificuldades para ler uma obra de teoria pura como essa.

Utilizo, como se pode notar, condicionais (não deveriam/deveriam). Faço isso para evidenciar um fato ainda mais paradoxal do que o precedente: mesmo indivíduos sem prática com textos teóricos (como os operários) experimentaram menos dificuldades diante d'*O capital* do que indivíduos habituados à prática da teoria pura (como os eruditos ou pseudoeruditos muito "cultos").

Isso não deve nos eximir de dizer umas poucas palavras sobre um tipo muito particular de dificuldade presente n'*O capital*, enquanto obra de *teoria pura*, tendo sempre em mente o fato fundamental de que não são as dificuldades teóricas, mas as dificuldades *políticas* que são determinantes em última instância para qualquer leitura d'*O capital* e de seu Livro I.

Louis Althusser

Todos sabem que, sem *teoria* científica correspondente, não pode existir prática científica, isto é, prática que produza conhecimentos científicos novos. Toda ciência repousa sobre sua teoria própria. O fato de essa teoria mudar, se complicar e se modificar de acordo com o desenvolvimento da ciência considerada não altera em nada a questão.

Ora, o que é essa teoria indispensável a toda ciência? É um *sistema de conceitos científicos de base*. Basta enunciar essa simples definição para que se destaquem dois aspectos essenciais de toda teoria científica: 1) os conceitos de base e 2) seu sistema.

Esses conceitos são conceitos, ou seja, noções *abstratas*. Primeira dificuldade da teoria: habituar-se à prática da *abstração*. Essa aprendizagem – pois se trata de uma verdadeira aprendizagem, comparável à de uma prática qualquer, por exemplo, a da serralheria – é realizada, antes de tudo, em nosso sistema escolar, pela matemática e pela filosofia. Marx nos adverte desde o prefácio do Livro I que a abstração é não apenas a existência da teoria, mas também seu método de análise. As ciências experimentais dispõem do "microscópio", a ciência marxista não tem "microscópio": ela deve se servir da abstração para "substituí-lo".

Atenção: a abstração científica não é em absoluto "abstrata", ao contrário. Exemplo: quando Marx fala do capital social total, ninguém pode "tocá-lo com as mãos"; quando Marx fala do "mais-valor total", ninguém pode tocá-lo com as mãos ou contá-lo: contudo, esses dois conceitos abstratos designam realidades efetivamente existentes. O que torna científica a abstração é justamente o fato de ela designar uma realidade concreta que existe realmente, mas que não podemos "tocar com as mãos" ou "ver com os olhos". Todo conceito abstrato fornece, portanto, o conhecimento de uma realidade cuja existência ele revela: conceito abstrato quer dizer, então, fórmula aparentemente abstrata, mas, na realidade, terrivelmente concreta pelo objeto que designa. Esse objeto é terrivelmente concreto porque é infinitamente mais concreto, mais eficaz, do que os objetos que podemos "tocar com as mãos" ou "ver com os olhos", contudo não podemos tocá-lo com as mãos ou vê-lo com os olhos. Daí o conceito de valor de troca, o conceito de capital social total, o conceito de trabalho socialmente necessário etc. Tudo isso pode ser facilmente esclarecido.

Outro ponto: os conceitos de base existem na forma de um *sistema* e é isso que os torna uma teoria. Uma teoria é, com efeito, um sistema *rigoroso* de conceitos científicos de base. Numa teoria científica, os conceitos de base não existem numa ordem qualquer, mas numa ordem rigorosa. Portanto, é preciso conhecê-la, e aprender passo a passo a prática do rigor. O rigor (sistemático) não é uma fantasia ou um luxo formal, mas uma necessidade vital para qualquer ciência, para qualquer prática científica. É isso que, em seu prefácio, Marx chama de rigor da "ordem de exposição" de uma teoria científica.

Advertência aos leitores do Livro I d'O capital

Dito isso, é preciso saber ainda qual é o objeto d'*O capital*, em outras palavras, qual é o objeto analisado no Livro I d'*O capital*. Marx diz: é "*o modo de produção capitalista e as relações de produção e de circulação que lhe correspondem*". Ora, trata-se de um objeto abstrato. De fato, e apesar das aparências, Marx não analisa uma "sociedade concreta", nem mesmo a Inglaterra, da qual ele fala insistentemente no Livro I, mas o MODO DE PRODUÇÃO CAPITALISTA e nada mais. Esse objeto é abstrato: isso significa que ele é terrivelmente real e *nunca existe* em estado puro, porque só existe em sociedades capitalistas. Simplesmente: para poder analisar essas sociedades capitalistas concretas (Inglaterra, França, Rússia etc.), é necessário saber que elas são dominadas por essa realidade terrivelmente concreta e "invisível" (a olhos nus) que é o modo de produção capitalista. "Invisível", portanto abstrata.

Naturalmente, isso não acontece sem mal-entendidos, e devemos estar extremamente atentos para evitar as falsas dificuldades que eles causam. Por exemplo, não devemos pensar que Marx analisa a situação concreta da Inglaterra quando fala dela. Marx fala dela apenas para "ilustrar" sua teoria (abstrata) do modo de produção capitalista.

Em resumo: há realmente uma dificuldade de leitura d'*O capital*, e essa dificuldade é teórica. Está ligada à natureza abstrata e sistemática dos conceitos de base da teoria ou da análise teórica. Devemos ter em conta que se trata de uma dificuldade real, objetiva, que só pode ser superada por uma aprendizagem da abstração e do rigor da ciência. É preciso ter em conta que essa aprendizagem não se faz de um dia para o outro.

Daí um *primeiro* conselho de leitura: ter sempre em mente que *O capital* é uma obra de *teoria* cujo objeto são os mecanismos do modo de produção capitalista e apenas dele.

Daí um *segundo* conselho de leitura: não buscar n'*O capital* um livro de história "concreta" ou um livro de economia política "empírica", no sentido em que os historiadores e os economistas entendem esses termos, mas um livro de teoria que analisa o MODO DE PRODUÇÃO CAPITALISTA. A história (concreta) e a economia (empírica) têm outros objetos.

Daí este *terceiro* conselho de leitura: ao encontrar uma dificuldade de leitura de ordem teórica, levar isso em consideração e tomar as medidas necessárias. Não se apressar, mas sim, voltar para trás, cuidadosa e lentamente, e não avançar até que as coisas estejam claras. Ter em conta que a aprendizagem da teoria é indispensável para ler uma obra teórica. Entender que *é andando que se aprende a andar*, desde que as condições citadas sejam escrupulosamente respeitadas. Entender que não se aprende a andar na teoria logo na primeira tentativa, súbita e definitivamente, mas pouco a pouco, com paciência e humildade. Esse é o preço do sucesso.

Na prática, isso quer dizer que, para ser compreendido, o Livro I precisa ser relido quatro ou cinco vezes consecutivas. Esse é o tempo necessário para aprender a andar na teoria.

A presente advertência destina-se a guiar os primeiros passos dos leitores na teoria.

Mas antes devo dizer algumas palavras sobre o público que lerá o Livro I d'*O capital*.

Quem, naturalmente, vai compor esse público?

1) Proletários ou assalariados diretamente empregados na produção de bens materiais.

2) Trabalhadores assalariados não proletários (desde os simples empregados até os administradores de empresas de médio e alto escalão, engenheiros, pesquisadores, professores etc.).

3) Artesãos urbanos e rurais.

4) Profissionais liberais.

5) Estudantes universitários e do ensino médio.

Entre os proletários ou assalariados que lerão o Livro I d'*O capital* figuram certamente homens e mulheres para os quais a prática da luta de classes em organizações sindicais e políticas deu uma "ideia" da teoria marxista. Essa ideia pode ser mais ou menos correta, conforme se vá dos proletários aos assalariados não proletários: ela não está fundamentalmente falseada.

Entre as outras categorias que lerão o Livro I d'*O capital* figuram certamente homens e mulheres que também têm certa "ideia" da teoria marxista. Por exemplo, os universitários e, em especial, os "historiadores", os "economistas" e numerosos ideólogos de disciplinas diversas (pois, como se sabe, hoje em dia todos se declaram "marxistas" nas ciências humanas).

Ora, 90% das ideias que esses intelectuais têm acerca da teoria marxista são falsas. Essas ideias falsas foram expostas enquanto Marx ainda vivia e desde então têm sido incansavelmente repetidas, sem nenhum esforço notável de imaginação. Essas ideias têm sido inventadas e defendidas há um século por todos os economistas e ideólogos burgueses e pequeno-burgueses[4] para "refutar" a teoria marxista.

Essas ideias não encontraram nenhuma dificuldade para "ganhar" um amplo público, porque este já estava "ganho" por conta de seus preconceitos ideológicos antissocialistas e antimarxistas. Esse amplo público é composto, antes de tudo, por intelectuais, mas não por operários, pois, como disse Engels, eles não "se deixam levar", mesmo quando não conseguem penetrar as demonstrações mais abstratas d'*O capital*.

---

[4] Essas fórmulas não são polêmicas, mas conceitos científicos elaborados pelo próprio Marx n'*O capital*.

Advertência aos leitores do Livro I d'O capital

Por outro lado, mesmo os intelectuais e os estudantes mais generosamente "revolucionários" se "deixam levar", de uma maneira ou de outra, porque estão maciçamente submetidos aos preconceitos da ideologia pequeno-burguesa, sem a contrapartida da experiência direta da exploração.

Assim, nesta advertência, sou obrigado a considerar conjuntamente:

1) as duas ordens de dificuldades já assinaladas (dificuldade n. 1: política; dificuldade n. 2: teórica);

2) a distribuição do público em dois grupos essenciais: público operário--assalariado de um lado e público intelectual de outro, levando em conta ainda que esses grupos se sobrepõem em sua margem (alguns assalariados são ao mesmo tempo "trabalhadores intelectuais");

3) a existência, no mercado ideológico, de refutações pretensamente "científicas" d'*O capital*, que afetam mais ou menos profundamente, conforme sua origem de classe, certas partes desse público.

Considerados todos esses dados, minha advertência assumirá a seguinte forma:

Ponto I: conselhos de leitura para evitar provisoriamente as dificuldades mais ásperas. Esse item será breve e claro. Espero que os proletários o leiam, porque foi escrito sobretudo para eles, ainda que se dirija a todos.

Ponto II: indicações sobre a natureza das dificuldades teóricas do Livro I d'*O capital*, para as quais apelam todas as refutações da teoria marxista. Esse item será necessariamente mais árduo em razão das dificuldades teóricas de que trata e dos argumentos das "refutações" da teoria marxista que se apoiam em tais dificuldades.

Ponto I

As maiores dificuldades tanto teóricas como de outros tipos, que impedem uma leitura fácil do Livro I d'*O capital* estão concentradas, infelizmente (ou felizmente), *no início* do livro, mais especificamente na seção I, "Mercadoria e dinheiro". Dessa forma, meu conselho é o seguinte: *deixar* PROVISORIAMENTE ENTRE PARÊNTESES TODA A SEÇÃO I *e* COMEÇAR A LEITURA PELA SEÇÃO II, "A transformação do dinheiro em capital".

A meu ver, só se pode começar (e apenas começar) a compreender a seção I depois de ler e reler todo o Livro I *a partir da seção II*.

Esse conselho é mais do que um conselho: é uma recomendação que me permito apresentar, com todo o respeito que devo aos meus leitores, como uma recomendação *imperativa*.

Cada um pode fazer a experiência na prática.

Se o leitor começar a leitura do Livro I pelo *começo*, isto é, pela seção I, ou não a compreenderá e desistirá, ou então pensará que a compreendeu, e isso é pior, porque existe grande possibilidade de que tenha compreendido algo muito diferente do que há ali para compreender.

A partir da seção II ("A transformação do dinheiro em capital"), as coisas aparecem às claras. O leitor penetra diretamente no coração do Livro I.

Esse coração é a teoria do *mais-valor*, que os proletários compreendem sem nenhuma dificuldade, já que é simplesmente a teoria científica daquilo que eles experimentam no dia a dia: a *exploração de classe*.

Vêm em seguida duas seções muito densas, mas muito claras e decisivas para a luta de classes *ainda nos dias atuais*: a seção III e a seção IV. Elas tratam das duas *formas* fundamentais do *mais-valor* de que a classe capitalista dispõe para levar ao máximo a exploração da classe operária: aquilo que Marx chama de mais-valor *absoluto* (seção III) e mais-valor *relativo* (seção IV).

O mais-valor absoluto (seção III) diz respeito à duração da jornada de trabalho. Marx explica que a classe capitalista inexoravelmente faz pressão para aumentar a duração da jornada de trabalho e que o objetivo da luta de classe operária, mais do que centenária, é conseguir uma *redução* da duração da jornada de trabalho, lutando CONTRA esse aumento.

As etapas históricas dessa luta são conhecidas: jornada de 12 horas, de 10 horas, depois de 8 horas e, finalmente, com a Frente Popular, a semana de 40 horas.

Todos os proletários conhecem por experiência própria aquilo que Marx demonstra na seção III: a tendência irresistível do sistema capitalista ao máximo aumento da exploração por meio do prolongamento da duração da jornada de trabalho (ou da semana de trabalho). Esse resultado é obtido ou a despeito da legislação existente (as 40 horas semanais nunca foram aplicadas de fato), ou por intermédio da legislação existente (por exemplo, as "horas extras"). As horas extras parecem "custar muito caro" aos capitalistas, já que eles pagam 25%, 50% ou mesmo 100% a mais por elas do que pagam pelas horas normais de trabalho. Mas, na realidade, elas são vantajosas para eles, porque possibilitam que as "máquinas", cuja vida é cada vez mais curta por conta dos rápidos progressos da tecnologia, funcionem 24 horas ininterruptas. Em outras palavras, as horas extras permitem aos capitalistas extrair o máximo de lucro da "produtividade". Marx mostra claramente que a classe capitalista não paga e jamais pagará horas extras aos trabalhadores para lhes fazer um agrado ou para permitir que complementem sua renda (em detrimento de sua saúde), mas para explorá-los ainda mais.

O mais-valor *relativo* (seção IV), cuja existência pode ser observada em segundo plano na questão das horas extras, é sem dúvida a forma número 1 da exploração contemporânea. É uma forma muito mais sutil, porque é menos perceptível do que a extensão da duração do trabalho. Os proletários, entretanto, reagem por instinto, se não contra ele, ao menos, como veremos, contra seus efeitos.

Advertência aos leitores do Livro I d'O capital

O mais-valor relativo diz respeito à intensificação da mecanização da produção (industrial e agrícola) e, portanto, ao crescimento da produtividade que daí resulta. A automação é a sua tendência atual. Produzir o máximo de mercadorias pelo preço mais baixo, para extrair daí o máximo de lucro, é a tendência irresistível do capitalismo. Naturalmente, ela vem junto com uma exploração crescente da força de trabalho.

Há uma tendência em falar de "mutação" ou "revolução" na tecnologia contemporânea. Na realidade, Marx afirma desde o *Manifesto Comunista** e demonstra n'*O capital* que o modo de produção capitalista se caracteriza por uma "revolução ininterrupta dos meios de produção", sobretudo dos instrumentos de produção (tecnologia). Tem-se anunciado grandiosamente como "sem precedentes" o que aconteceu nos últimos dez ou quinze anos, e é verdade que, recentemente, as coisas avançaram mais rápido do que antes. Mas é uma simples diferença *de grau*, não de natureza. A história do capitalismo é toda ela a história de um prodigioso desenvolvimento da produtividade por meio do desenvolvimento da tecnologia.

Isso resulta hoje, como também no passado, na introdução de máquinas cada vez mais aperfeiçoadas no processo de trabalho – que permitem produzir a mesma quantidade de produtos em tempo duas, três ou quatro vezes menor – e, portanto, num desenvolvimento manifesto da produtividade. Mas, correlativamente, isso tem efeitos precisos no agravamento da exploração da força de trabalho (aceleração do ritmo de trabalho, supressão de empregos e postos de trabalho), não apenas para os proletários, mas também para os trabalhadores assalariados não proletários, inclusive certos técnicos, até mesmo de alto escalão, que "não estão mais atualizados" com o progresso técnico e, portanto, não têm mais valor de mercado: daí o desemprego subsequente.

É disso que Marx trata, com extremo rigor e precisão, na seção IV ("A produção do mais-valor relativo").

Ele desmonta os mecanismos de exploração pelo desenvolvimento da produtividade em suas formas concretas. Demonstra, assim, que *o desenvolvimento da produtividade nunca pode beneficiar espontaneamente a classe operária*, mas, ao contrário, é feito precisamente para aumentar sua exploração. Demonstra, assim, de maneira irrefutável, que a classe operária não pode esperar nenhum benefício do desenvolvimento da produtividade moderna antes de derrubar o capitalismo e tomar o poder de Estado através de uma revolução socialista. Demonstra que, daqui até a tomada revolucionária do poder que abra a via do socialismo, a classe operária não pode ter outro objetivo, logo também não tem outro recurso, a não ser lutar *contra* os efeitos da exploração gerados pelo desenvolvimento da produ-

---

* São Paulo, Boitempo, 1998. (N. E.)

Louis Althusser

tividade, para *limitar* esses efeitos (luta *contra* a aceleração do ritmo de trabalho, *contra* a arbitrariedade dos bônus de produtividade, *contra* as horas extras, *contra* a supressão de postos de trabalho, *contra* "o desemprego causado pela produtividade"). Luta essencialmente *defensiva* e não ofensiva.

Aconselho o leitor que chegou ao fim da seção IV que deixe provisoriamente de lado a seção V ("A produção do mais-valor absoluto e relativo") e passe diretamente para a luminosa seção VI sobre o salário.

Nela, os proletários estão literalmente *em casa*, porque Marx examina, além da mistificação burguesa que declara que o "trabalho" do operário é "pago de acordo com seu valor", as diferentes *formas* de salário: primeiro, o salário por tempo e, depois, o salário por peça, ou seja, as diferentes *armadilhas* em que a burguesia tenta prender a consciência operária para destruir toda a vontade de luta de classes organizada. Aqui, os proletários reconhecerão que sua luta de classe só pode *se opor de maneira antagônica à tendência de agravamento da exploração capitalista*. Reconhecerão que, no que diz respeito ao salário ou, como dizem os ministros e seus respectivos "economistas", no que diz respeito ao "nível de vida" ou à "renda", a luta de classe econômica dos proletários e de outros assalariados só pode ter um sentido: uma luta *defensiva* contra a tendência objetiva do sistema capitalista ao aumento da exploração em todas as suas formas.

Digo claramente luta *defensiva* e, portanto, luta *contra* a diminuição do salário. É claro que toda luta *contra* a diminuição do salário é, ao mesmo tempo, uma luta *para* aumentar o salário existente. Mas falar apenas de luta *para* aumentar o salário é designar o efeito da luta, arriscando-se a ocultar sua causa e seu objetivo. Diante da tendência inexorável do capitalismo à diminuição do salário, a luta para aumentar o salário é, por seu princípio mesmo, *uma luta defensiva contra a tendência do capitalismo de diminuir o salário*.

Está perfeitamente claro então, como Marx aponta na seção VI, que a questão do salário não pode de modo algum *se resolver "por si mesma" através da "distribuição", entre operários e outros trabalhadores assalariados, dos "benefícios" do desenvolvimento, ainda que espetacular, da produtividade*. A questão do salário é uma questão de luta de classe. Ela se resolve não "por si mesma", mas pela luta de classe, sobretudo pelas diversas formas de greve que mais cedo ou mais tarde levam à greve geral.

Que essa greve geral seja puramente econômica e, portanto, defensiva ("defesa dos interesses materiais e morais dos trabalhadores", luta *contra* a dupla tendência capitalista ao aumento da duração do trabalho e à diminuição do salário) ou tome uma forma política e, portanto, ofensiva (luta pela conquista do poder de Estado, a revolução socialista e a construção do socialismo), todos os que conhecem as distinções de Marx, Engels e Lenin sabem que diferença separa a luta de classe política da luta de classe econômica.

Advertência aos leitores do Livro I d'O capital

A luta de classe econômica (sindical) é defensiva porque é econômica (*contra* as duas grandes tendências do capitalismo). A luta de classe política é ofensiva porque é política (*para* a tomada do poder pela classe operária e seus aliados).

É preciso distinguir bem essas duas lutas, embora, na prática, elas se confundam entre si, mais ou menos segundo a conjuntura.

Uma coisa é certa, e a análise que Marx faz das lutas de classe econômicas na Inglaterra no Livro I é a prova disto: uma luta de classe que queira deliberadamente se restringir ao campo da luta econômica é e sempre será defensiva, portanto sem esperança de derrubar o regime capitalista. Essa é a maior tentação dos reformistas, fabianos, trade-unionistas de que fala Marx e, de maneira geral, da tradição social-democrata da Segunda Internacional. Somente uma luta política pode "mudar o rumo" e superar esses limites, portanto deixar de ser defensiva e se tornar ofensiva. Podemos ler essa conclusão nas entrelinhas d'*O capital*, e podemos lê-la com todas as letras nos textos políticos do próprio Marx, de Engels e de Lenin. É a questão número 1 do movimento operário internacional, desde que ele se "fundiu" com a teoria marxista.

Os leitores poderão passar em seguida à seção VII ("O processo de acumulação do capital"), que é muito clara. Marx explica que a tendência do capitalismo é reproduzir e alargar a própria base do capital, já que consiste em transformar em capital o mais-valor extorquido dos proletários e já que o capital vira uma "bola de neve" para extorquir cada vez mais mais-trabalho (mais-valor) dos proletários. E Marx o mostra em uma magnífica "ilustração" concreta: a Inglaterra de 1846 a 1866.

Quanto ao capítulo 24* ("A assim chamada acumulação primitiva"), que encerra o livro**, ele traz a segunda grande descoberta de Marx. A primeira foi a do "mais-valor". A segunda é a dos meios incríveis pelos quais a "acumulação primitiva" se realiza, graças aos quais, e mediante a existência de uma massa de "trabalhadores livres" (isto é, desprovida de meios de trabalho) e de descobertas tecnológicas, o capitalismo pôde "nascer" e se desenvolver nas sociedades ocidentais. Esses meios são a mais brutal violência, o roubo e os massacres que abriram para o capitalismo sua via régia na história humana. Esse último capítulo contém riquezas prodigiosas que não foram ainda exploradas, em especial a tese (que devemos desenvolver) de que o capitalismo nunca deixou de empregar, e continua a empregar em pleno século XX, nas "margens" de sua existência metropolitana, isto é, nos países coloniais e ex-coloniais, *os meios da mais brutal violência*.

Aconselho insistentemente, portanto, o seguinte método de leitura:

---

* O capítulo 24 deste volume, que tem por base a edição alemã, corresponde à seção VIII da edição francesa. (N. T.)
** A presente edição encerra-se com o capítulo 25: "A teoria moderna da colonização". (N. T.)

1) deixar deliberadamente de lado, em uma primeira leitura, a seção I ("Mercadoria e dinheiro");

2) começar a leitura do Livro I pela seção II ("A transformação do dinheiro em capital");

3) ler com atenção as seções II ["A transformação do dinheiro em capital"], III ("A produção do mais-valor absoluto") e IV ("A produção do mais-valor relativo");

4) deixar de lado a seção V ("A produção do mais-valor absoluto e relativo");

5) ler atentamente as seções VI ("O salário"), VII ("O processo de acumulação do capital") e o capítulo 24 ("A assim chamada acumulação primitiva");

6) começar a ler enfim, com infinitas precauções, a seção I ("Mercadoria e dinheiro"), sabendo que ela continuará extremamente difícil de ser compreendida, mesmo depois de várias leituras das outras seções, se não houver ajuda de um certo número de explicações aprofundadas.

Garanto que os leitores que quiserem observar escrupulosamente essa ordem de leitura, lembrando-se do que foi dito sobre as dificuldades políticas e teóricas de qualquer leitura d'*O capital*, não se arrependerão.

Ponto II

Passo a tratar agora das dificuldades teóricas que impedem uma leitura rápida, ou mesmo, em certos pontos, uma leitura mais atenta do Livro I d'*O capital*.

Lembro que é apoiando-se nessas dificuldades que a ideologia burguesa tenta se convencer – mas consegue realmente? – de que ela "refutou" há muito tempo a teoria de Marx.

A primeira dificuldade é de ordem muito geral. Ela se refere ao simples fato de que o Livro I é somente o *primeiro* de uma obra composta de *quatro* livros.

Eu disse bem: quatro. Se é conhecida a existência dos Livros I, II e III, e mesmo que tenham sido lidos, há um silêncio em geral sobre o Livro IV, supondo-se ao menos que se suspeite de sua existência.

O "misterioso" Livro IV só é misterioso para os que pensam que Marx é um "historiador" entre outros, autor de uma *História das doutrinas econômicas*[5], porque foi com esse título aberrante que Molitor traduziu – se é que se pode chamar assim – uma determinada obra profundamente teórica, denominada, na verdade, *Teorias do mais-valor*.

Sem dúvida, o Livro I d'*O capital* é o único que Marx publicou em vida, os Livros II e III foram publicados depois de sua morte, em 1883, por Engels, e o Livro IV por Kautsky[6]. Em 1886, no prefácio à edição inglesa, Engels pôde dizer

---

[5] Karl Marx, *Histoire des doctrines économiques* (Paris, Costes, 1924-1925).
[6] O Livro II foi publicado em 1885, o Livro III em 1894 e o Livro IV em 1905.

Advertência aos leitores do Livro I d'O capital

que o Livro I "é um todo em si mesmo". De fato, como não se dispunha dos livros seguintes, era preciso "considerá-lo uma obra independente".

Não é mais o caso hoje. Dispomos, com efeito, dos quatro livros em alemão[7] e em francês[8]. Observo àqueles que podem que é de seu interesse reportar-se constantemente ao texto alemão para controlar a tradução não só do Livro IV (que está cheio de erros graves), mas também dos Livros II e III (algumas dificuldades terminológicas nem sempre foram bem resolvidas) e do Livro I, traduzido por Roy, em uma versão que o próprio Marx revisou por completo, retificando-a e até mesmo aumentando-a significativamente em algumas passagens. Marx, duvidando da capacidade teórica dos leitores franceses, em algumas passagens atenuou perigosamente a clareza das expressões conceituais originais.

O conhecimento dos três outros livros permite resolver muitas das grandes dificuldades teóricas do Livro I, sobretudo as que se encontram na terrível seção I ("Mercadoria e dinheiro"), em torno da famosa teoria do "valor-trabalho".

Preso a uma concepção hegeliana da ciência (para Hegel, só há ciência filosófica, e por isso toda verdadeira ciência *deve fundar seu próprio começo*), Marx pensava que em qualquer ciência "todo começo é difícil". De fato, a seção I do Livro I apresenta uma ordem de exposição cuja dificuldade se deve em grande medida a esse preconceito hegeliano. Além disso, Marx redigiu esse começo uma dezena de vezes, antes de lhe dar forma "definitiva" – como se lutasse contra uma dificuldade que não era apenas de simples exposição –, e não sem razão.

Dou em poucas palavras o princípio da solução.

A teoria do "valor-trabalho" de Marx, que todos os "economistas" e ideólogos burgueses criticaram com condenações ridículas, é inteligível, mas só é inteligível como um caso particular de uma teoria que Marx e Engels chamaram de "lei do valor", ou lei de repartição da quantidade de força de trabalho disponível segundo os diversos ramos da produção, repartição indispensável à *reprodução* das condições da produção. "Até uma criança" a compreenderia, diz Marx em 1868, em termos que desmentem, portanto, o inevitável "difícil começo" de toda ciência. Sobre a natureza dessa lei, remeto, entre outros textos, às cartas de Marx a Kugelman de 6 de março e 11 de julho de 1868[9].

A teoria do "valor-trabalho" não é o único ponto difícil no Livro I. É necessário mencionar, naturalmente, a teoria do *mais-valor*, o pesadelo dos economistas e dos ideólogos burgueses, que a acusam de ser "metafísica", "aristotélica", "inope-

---

[7] Edições Dietz, Berlim.
[8] Éditions Sociales, para os livros I, II, III, e Éditions Costes, para o livro IV. [Em português, temos o livro I na edição da Boitempo, os livros I, II e III na edição da Nova Cultural e os livros I, II, III e IV na edição da Civilização Brasileira. (N. T.)]
[9] Ver Karl Marx e Friedrich Engels, *Lettres sur le Capital* (Paris, Éditions Sociales, s.d.), p. 197, 229.

racional" etc. Ora, a teoria do mais-valor só é inteligível como um caso particular de uma teoria mais vasta: a teoria do *mais-trabalho*.

O mais-trabalho existe em toda "sociedade". Nas sociedades sem classe, ele é, uma vez separada a parte necessária à reprodução das condições da produção, *repartido* entre os membros da "comunidade" (primitiva, comunista). Nas sociedades de classes, ele é, uma vez separada a parte necessária à reprodução das condições da produção, *extorquida* das classes exploradas pelas classes dominantes. Na sociedade de classes capitalista, na qual, pela primeira vez na história, a força de trabalho se torna *mercadoria*, o mais-trabalho extorquido assume a forma do *mais-valor*.

Mais uma vez, não vou desenvolver a questão: limito-me a indicar o princípio da solução, cuja demonstração exigiria argumentos detalhados.

O Livro I contém ainda outras dificuldades teóricas, vinculadas às precedentes ou a outros problemas. Por exemplo: a teoria da distinção que deve ser introduzida entre o *valor* e a *forma de valor*; a teoria da quantidade de trabalho *socialmente necessário*; a teoria do trabalho *simples* e do trabalho *complexo*; a teoria das *necessidades sociais* etc. Por exemplo, a teoria da *composição orgânica do capital* ou a famosa teoria do "*fetichismo*" da mercadoria, e de sua ulterior generalização.

Todas essas questões – e muitas outras ainda – constituem dificuldades reais objetivas, às quais o Livro I dá soluções ou provisórias ou parciais. Por que essa insuficiência?

É preciso saber que, quando publicou o Livro I d'*O capital*, Marx já tinha escrito o Livro II e parte do Livro III (este último na forma de rascunho). De todo modo, como prova sua correspondência com Engels[10], ele tinha "tudo na cabeça", ao menos *no fundamental*. Mas era materialmente impossível que pudesse pôr tudo isso no Livro I de uma obra que devia comportar quatro livros. Além disso, embora tivesse "tudo na cabeça", Marx não tinha todas as respostas para as questões que ele tinha em mente – e isso se percebe em certos pontos do Livro I. Não é por acaso que somente em 1868 – portanto, um ano depois da publicação do Livro I – Marx escreva que a compreensão da "lei do valor", da qual depende a compreensão da seção I, está ao alcance de uma "criança".

O leitor do Livro I deve se convencer de um fato, perfeitamente compreensível se consideramos que Marx desbravava, pela primeira vez na história do pensamento humano, um continente virgem: o Livro I contém algumas soluções de problemas que só serão colocados nos Livros II, III e IV – e certos problemas cujas soluções só serão demonstradas nesses volumes.

É essencialmente a esse caráter de "suspense", ou, se se preferir, de "antecipação", que se deve a maior parte das dificuldades objetivas do Livro I. Portanto, é

---

[10] Idem.

preciso ter isso em mente e assumir as consequências, isto é, ler o Livro I levando em conta os Livros II, III e IV.

Existe, no entanto, uma segunda ordem de dificuldades que constituem um obstáculo real à leitura do Livro I e dizem respeito não mais ao fato de que *O capital* compreende quatro livros, mas aos resquícios, na linguagem e mesmo no pensamento de Marx, da influência do pensamento de Hegel.

Talvez o leitor saiba que recentemente[11] tentei defender a ideia de que o pensamento de Marx é fundamentalmente diferente do pensamento de Hegel e, portanto, há entre Hegel e Marx um verdadeiro corte ou, se se preferir, ruptura. Quanto mais o tempo passa, mais penso que essa tese é justa. No entanto, devo reconhecer que dei uma ideia demasiado rígida dessa tese, defendendo que tal ruptura poderia ter ocorrido em 1845 (Teses sobre Feuerbach, *A ideologia alemã**). Na verdade, algo decisivo começa em 1845, mas foi necessário que Marx fizesse um longuíssimo *trabalho* de revolucionarização para chegar a formular em conceitos verdadeiramente novos a ruptura com o pensamento de Hegel. O famoso "Prefácio de 1859" (à *Crítica da economia política*) é ainda profundamente hegeliano-evolucionista. Os *Grundrisse*, que datam dos anos 1857-1859, também são bastante marcados pelo pensamento de Hegel, do qual Marx tinha relido com admiração a *Grande lógica*, em 1858.

Quando é lançado o Livro I d'*O capital* (1867), ele ainda apresenta vestígios da influência hegeliana. Estes só desaparecerão *totalmente* mais tarde: a *Crítica do Programa de Gotha* (1875)[12], assim como as "Glosas marginais ao 'Tratado de economia política' de Adolfo Wagner" (1882)[13], são *total e definitivamente destituídos de qualquer vestígio* de influência hegeliana.

Para nós, portanto, é da maior importância saber *de onde* vinha Marx: ele vinha do neo-hegelianismo, que era um retorno de Hegel a Kant e Fichte, em seguida do feuerbachismo puro e do feuerbachismo impregnado de Hegel (os *Manuscritos* de 1844)[14], antes de reencontrar Hegel em 1858.

E também interessa saber *para onde ele ia*. A *tendência* de seu pensamento o levava irresistivelmente a abandonar *radicalmente,* como se vê na *Crítica do Programa de Gotha* de 1875 e nas "Glosas marginais ao 'Tratado de economia política'

---

[11] Ver Louis Althusser, *Pour Marx* (Paris, Maspero, 1965) [ed. bras.: *A favor de Marx*, Rio de Janeiro, Zahar, 1979].

* Karl Marx, "*Ad* Feuerbach", em Karl Marx e Friedrich Engels, *A ideologia alemã* (São Paulo, Boitempo, 2007), p. 533. (N. E.)

[12] Karl Marx, *Critique du programme de Gotha* (Paris, Éditions Sociales, 1966) [ed. bras.: *Crítica do Programa de Gotha*, São Paulo, Boitempo, 2012].

[13] Idem, *Le capital* (Paris, Éditions Sociales, s.d.), t. III, p. 241-53 [ed. bras.: Karl Marx, "Glosas marginais ao 'Tratado de economia política' de Adolfo Wagner", trad. Evaristo Colmán, *Serviço Social em Revista*, Londrina, v. 13, n. 2, jan./jun. 2011].

[14] Idem, *Manuscrits économico-philosophiques* (Paris, Éditions Sociales, s.d.) [ed. bras.: *Manuscritos econômico-filosóficos*, São Paulo, Boitempo, 2004].

de Adolfo Wagner" de 1882, qualquer sombra de influência hegeliana. Mesmo abandonando irreversivelmente qualquer influência de Hegel, Marx reconhecia uma dívida importante com ele: a de ter concebido pela primeira vez a história como um "processo sem sujeito".

É levando em conta essa tendência que podemos apreciar como vestígios prestes a desaparecer os traços de influência hegeliana que subsistem no Livro I.

Já identifiquei tais vestígios no problema tipicamente hegeliano do "difícil começo" de toda ciência, do qual a seção I do Livro I é a manifestação clara. Mais precisamente, essa influência hegeliana pode ser localizada no *vocabulário* que Marx emprega nessa seção I: no fato de que ele fala de duas coisas *completamente* diferentes, a utilidade social dos produtos e o valor de troca desses mesmos produtos, em termos que só têm *uma palavra em comum*, a palavra "valor": de um lado, *valor* de uso, de outro, *valor* de troca. Se Marx expõe ao ridículo, com o vigor que conhecemos, o tal Wagner (esse *vir obscurus*) nas "Glosas marginais" de 1882, é porque Wagner finge acreditar que, como Marx utiliza nos dois casos a mesma palavra (*valor*), o valor de uso e o valor de troca provêm de uma cisão (hegeliana) do conceito de "valor". O fato é que Marx não tomou o cuidado de eliminar a palavra *valor* da expressão "valor de uso" e falar simplesmente, como deveria, de *utilidade social* dos *produtos*. É por isso que em 1873, no posfácio à segunda edição alemã d'*O capital*, Marx pôde voltar atrás e reconhecer que havia corrido o risco de, "no capítulo sobre a teoria do valor" (justamente a seção I), "coquetear aqui e ali com seus modos peculiares [de Hegel] de expressão". Devemos assumir as consequências disso, o que pressupõe, no limite, reescrever a seção I d'*O capital*, de modo que ela se torne um "começo" que não seja "difícil", mas simples e fácil.

A mesma influência hegeliana se encontra na imprudente fórmula do item 7 do capítulo 24 do Livro I*, no qual Marx, falando da "expropriação dos expropriadores", declara: "é a negação da negação". Imprudente, porque ainda faz estragos, a despeito de Stalin ter tido razão de suprimir, por conta própria, "a negação da negação" das leis da dialética, se bem que em proveito de outros erros ainda mais graves.

Último vestígio da influência hegeliana, e dessa vez flagrante e extremamente prejudicial (já que todos os teóricos da "reificação" e da "alienação" encontraram nele com o que "fundar" suas interpretações idealistas do pensamento de Marx): a teoria do *fetichismo* ("O caráter fetichista da mercadoria e seu segredo", quarto item do capítulo 1 da seção I).

Compreende-se que eu não possa me estender aqui sobre esses diferentes pontos, que exigiriam uma ampla demonstração. Apenas os assinalo, porque, com o mui equivocado e célebre (infelizmente!) prefácio à *Contribuição à crítica da*

---

* O item 7 corresponde ao capítulo 32 da seção VIII da edição francesa. (N. T.)

Advertência aos leitores do Livro I d'O capital

economia política, o hegelianismo e o evolucionismo (sendo o evolucionismo o hegelianismo do pobre) que os impregnam fizeram grandes estragos na história do movimento operário marxista. Assinalo que *nem por um instante sequer* Lenin cedeu à influência dessas páginas hegeliano-evolucionistas, do contrário não teria conseguido combater a traição da Segunda Internacional, construir o partido bolchevique, conquistar, à frente das massas populares russas, o poder de Estado para instaurar a ditadura do proletariado e engajar-se na construção do socialismo.

Assinalo também que, para a infelicidade do mesmo movimento comunista internacional, Stalin fez do prefácio de 1859 *seu texto de referência*, como se pode constatar na *História do Partido Comunista (bolchevique)**, no capítulo intitulado: "Materialismo histórico e materialismo dialético" (1938), o que explica muitas coisas daquilo que se chama por um termo que não tem nada de marxista: "o período do culto da personalidade". Voltaremos a essa questão em outro lugar.

Acrescento ainda uma palavra para evitar ao leitor do Livro I um grande mal-entendido, que dessa vez não tem nada a ver com as dificuldades que acabei de expor, mas refere-se à necessidade de *ler com muita atenção* o texto de Marx.

Esse mal-entendido concerne ao objeto tratado a partir da seção II do Livro I ("A transformação do dinheiro em capital"). Marx fala ali da composição orgânica do capital, dizendo que, na produção capitalista, há, para todo capital dado, uma fração (digamos, 40%) que constitui o capital constante (matéria-prima, edifícios, máquinas, instrumentos) e outra (digamos, 60%) que constitui o capital variável (despesa com a compra da força de trabalho). O capital constante é chamado desse modo porque permanece constante no processo de produção capitalista: ele não produz um novo valor, portanto permanece constante. O capital variável é chamado de variável porque produz um valor novo, superior ao seu valor anterior, pelo jogo da extorsão do mais-valor (que ocorre no uso da força de trabalho).

Ora, a imensa maioria dos leitores – inclusive, é claro, os "economistas", que, ouso dizer, são fadados a esse equívoco por sua deformação profissional como técnicos da política econômica burguesa – acredita que Marx elabora, ao abordar a composição orgânica do capital, uma teoria da empresa, ou, para empregar termos marxistas, uma teoria da unidade da produção. No entanto, Marx diz exatamente o contrário: ele fala sempre da composição orgânica do capital social *total*, mas na forma de um exemplo aparentemente concreto quando *dá cifras* – por exemplo, sobre 100 milhões, capital constante = 40 milhões (40%) e capital variável = 60 milhões (60%). Portanto, Marx não trata, nesse exemplo *cifrado*, de uma ou outra empresa, mas de uma "fração do capital total". Ele raciocina, para a comodidade do leitor e para "fixar as ideias", com um exemplo "concreto" (com

---

* Partido Comunista, Comitê Central, *História do Partido Comunista (bolchevique) da URSS* (Rio de Janeiro, Vitória, 1945). (N. E.)

cifras, portanto), mas esse exemplo concreto serve simplesmente de exemplo para falar do capital social *total*.

Desse ponto de vista, assinalo que não se encontra em lugar algum n'*O capital* uma teoria da unidade de produção ou uma teoria da unidade de consumo capitalistas. Sobre esses dois pontos, a teoria de Marx ainda deve ser completada.

Assinalo também a importância *política* dessa confusão, que foi definitivamente dissipada por Lenin em sua teoria do imperialismo[15]. Sabe-se que Marx planejava tratar n'*O capital* do "mercado mundial", isto é, da extensão tendencial ao mundo inteiro das relações de produção capitalistas. Essa "tendência" encontrou sua forma acabada no imperialismo. É muito importante pesar a importância política decisiva dessa tendência, que Marx e a Primeira Internacional perceberam perfeitamente.

Com efeito, se é verdade que a exploração capitalista (extorsão do mais-valor) existe *nas* empresas capitalistas, onde são contratados os operários assalariados (e os operários são suas vítimas e, portanto, suas testemunhas imediatas), essa exploração *local* somente existe como uma simples parte de um sistema de exploração *generalizado*, que se estende gradualmente das grandes empresas industriais urbanas para as empresas capitalistas agrárias e depois para as formas complexas dos outros setores (artesanato urbano e rural: empreendimentos "agrofamiliares", empregados e funcionários etc.) não somente em *um* país capitalista, mas no conjunto dos países capitalistas, e, por fim, ao resto do mundo (primeiro pela exploração colonial *direta*, apoiada na ocupação militar – colonialismo –, e depois pela *indireta*, sem ocupação militar – neocolonialismo).

Existe, portanto, uma verdadeira internacional capitalista de fato, que desde o fim do século XIX se tornou a internacional imperialista, à qual o movimento operário e seus grandes dirigentes (Marx e depois Lenin) responderam com uma internacional operária (a Primeira, a Segunda e a Terceira Internacional). Os militantes operários reconhecem esse fato em sua prática do internacionalismo proletário. Concretamente, isso significa que eles sabem muito bem que:

1) são diretamente explorados na empresa (unidade de produção) capitalista em que trabalham;

2) não podem travar a luta unicamente no plano de sua própria empresa, mas devem travá-la também no plano da produção nacional correspondente (federações sindicais da metalurgia, da construção, dos transportes etc.), em seguida no plano do conjunto nacional dos diferentes ramos da produção (por exemplo, Confederação Geral dos Trabalhadores) e depois no plano mundial (por exemplo, Federação Sindical Mundial).

Isso no que diz respeito à luta de classe econômica.

---

[15] Vladimir I. Lenin, *L'impérialisme, stade suprême du capitalisme* (Paris, Éditions Sociales, 1945) [ed. bras.: *Imperialismo: estágio superior do capitalismo*, São Paulo, Expressão Popular, 2012].

*Advertência aos leitores do Livro I d'*O capital

Ocorre o mesmo, naturalmente, no que diz respeito à luta de classe política, apesar do desaparecimento formal da Internacional. Essa é a razão por que se deve ler o Livro I à *luz* não somente do *Manifesto* ("Proletários de *todos os países*, uni-vos!"), mas também dos estatutos da Primeira, da Segunda e da Terceira Internacional, e, é claro, à *luz* da teoria leninista do imperialismo.

Dizer isso não significa de modo algum *sair* do Livro I d'*O capital* e começar a "fazer política" a propósito de um livro que parece tratar somente de "economia política". Muito pelo contrário, significa levar a sério o fato de que Marx, por meio de uma descoberta prodigiosa, abriu ao conhecimento científico e à prática consciente dos homens um novo continente, o Continente-História, e, como a descoberta de toda nova ciência, essa descoberta se prolongou na história dessa ciência e na prática dos homens que se reconheceram nela. Se Marx não conseguiu escrever o capítulo d'*O capital* que planejava escrever com o título de "Mercado mundial", fundamento do internacionalismo proletário, em resposta à internacional capitalista e depois imperialista, a Primeira Internacional, fundada por Marx em 1864, já tinha começado a escrever nos fatos, três anos antes da publicação do Livro I d'*O capital*, esse mesmo capítulo, cuja continuação Lenin escreveu em seguida não só em seu livro *Imperialismo, estágio superior do capitalismo*, mas também na fundação da Terceira Internacional (1919).

Tudo isso, é claro, ou é incompreensível, ou é ao menos muito difícil de compreender quando se é um "economista" ou mesmo um "historiador", e mais ainda quando se é um simples "ideólogo" da burguesia. Em compensação, tudo isso é muito fácil de compreender quando se é um proletário, isto é, um operário assalariado "empregado" na produção capitalista (urbana ou agrária).

Por que essa dificuldade? Por que essa relativa facilidade? Creio poder responder a essas perguntas seguindo textos do próprio Marx e esclarecimentos que Lenin faz quando comenta *O capital*, de Marx, nos primeiros tomos de suas *Obras**. O que acontece é que os intelectuais burgueses ou pequeno-burgueses têm um "instinto de classe" burguês (ou pequeno-burguês), ao passo que os proletários têm um instinto de classe proletário. Os primeiros, cegos pela ideologia burguesa, que faz de tudo para escamotear a exploração de classes, não conseguem ver a exploração capitalista. Os segundos, ao contrário, apesar da ideologia burguesa e pequeno-burguesa, que pesa terrivelmente sobre eles, não conseguem *não ver* a exploração capitalista, já que ela constitui sua vida cotidiana.

Para compreender *O capital* e, portanto, seu Livro I, é preciso "adotar as posições de classe proletárias", isto é, situar-se no único ponto de vista que torna *visível* a realidade da exploração da força de trabalho assalariada, que forma todo o capitalismo.

---

* São Paulo, Alfa-Ômega, 1988-2004. 3 v. (N. E.)

Louis Althusser

Guardadas as devidas proporções, e desde que lutem contra a ideologia burguesa e pequeno-burguesa que pesa sobre eles, isso é relativamente fácil para os operários. Como eles têm "por natureza" um "instinto de classe" formado pela rude escola da exploração cotidiana, basta uma educação suplementar, política e teórica, para que compreendam objetivamente o que pressentem de forma subjetiva, instintiva. *O capital* dá esse suplemento de educação teórica na forma de explicação e demonstração objetivas, o que os ajuda a passar do instinto de classe proletário a uma posição (objetiva) de classe proletária.

Mas isso é extremamente difícil para os especialistas e outros "intelectuais" burgueses e pequeno-burgueses (inclusive estudantes). Uma simples *educação* de suas consciências não é suficiente, tampouco uma simples leitura d'*O capital*. Eles devem realizar uma verdadeira *ruptura*, uma verdadeira *revolução* em suas consciências para passar do instinto de classe necessariamente burguês ou pequeno-burguês para posições de classe proletárias. Isso é extremamente difícil, mas não é impossível. A prova é o próprio Marx, filho da boa burguesia liberal (pai advogado), e Engels, da alta burguesia capitalista e, durante vinte anos, capitalista em Manchester. Toda a história intelectual de Marx pode e deve ser compreendida deste modo: como uma longa, difícil e dolorosa ruptura para passar do instinto de classe pequeno-burguesa para posições de classe proletárias, que ele próprio contribuiu para definir, de modo decisivo, n'*O capital*.

Um exemplo sobre o qual podemos e devemos meditar, levando em consideração outros exemplos ilustres: em primeiro lugar, o de Lenin, filho de um pequeno-burguês esclarecido (professor progressista) que se tornou dirigente da Revolução de Outubro e do proletariado mundial, no estágio do imperialismo, o estágio supremo, isto é, o último do capitalismo.

Março de 1969

Louis Althusser (1918-1990), filósofo marxista, foi professor da École Normale Supérieure de Paris. São de sua autoria as obras *Pour Marx* (Maspero, 1965) e *Lire Le capital* (Maspero, 1965), entre outras.

CONSIDERAÇÕES SOBRE O MÉTODO[1]
José Arthur Giannotti

I

O primeiro volume d'*O capital – Crítica da economia política* foi publicado em 1867, na Alemanha. Embora seu autor, Karl Marx, já tivesse emigrado para Londres em 1850, ele continuava a manter profundas relações com os alemães e os líderes dos movimentos operários que participavam das políticas revolucionárias espalhadas por toda a Europa.

O capital não foi escrito com intenções meramente teóricas, não se propunha a elaborar uma nova visão dos acontecimentos econômicos nem aspirava ser mais uma notável publicação do mercado editorial: o que a obra pretendia era criticar um modo de produção da riqueza essencialmente ancorado no mercado, isto é, na troca de produtos sob a forma mercantil. Como é possível que uma troca que equalize produtos possa sistematicamente produzir excedente econômico? Criar tanto riqueza como pobreza? Em sua análise, Marx pretende mostrar que esse excedente provém da diferença entre o valor da força de trabalho e o valor que o trabalhador cria ao pô-la em movimento. Espera, assim, provar cientificamente a especificidade da exploração do trabalho pelo capital, inserida num modo de produção que leva ao extremo o tradicional conflito de classes que marca toda a história. No limite, esse conflito não teria condições de ser superado?

No entanto, se o livro desde logo é arma política, não é por isso que foge dos padrões mais rigorosos que regem as publicações universitárias. O fato de nem sempre ter sido bem acolhido pelos pensadores acadêmicos não quer dizer que sua composição e seus passos analíticos deixem de seguir uma metodologia rigorosa e cuidadosamente traçada, buscando uma nova interpretação que pudesse pôr em xeque o pensamento estabelecido.

---

[1] Devo a cuidadosa avaliação deste texto a Pedro Paulo Poppovic, assim como correções de linguagem a Lidia Goldenstein, Luciano Codato e Marco Giannotti. Meus agradecimentos a todos.

Essa intenção crítica já se evidencia no subtítulo da obra. A economia política foi o primeiro esboço daquela ciência que hoje conhecemos sob o nome de economia. Como veremos, haverá uma ruptura de paradigma entre essa forma antiga e a nova, que a disciplina assume no século XX. Tal ciência nasce estudando como se constrói e se mantém a riqueza das nações, como se desenvolvem o comércio, o crédito, o juro, o sistema bancário, o imposto, o Estado e assim por diante. Lembremos que o Estado, como formação política separada da totalidade da *pólis*, somente se configura de modo pleno no Ocidente a partir do Renascimento. De certo modo, a economia política é a primeira forma de pensar as relações de produção, o metabolismo do homem com a natureza – retomando a linguagem favorita do jovem Marx – que as desliga de intervenções políticas diretas. Note-se que o Estado sempre esteve presente no desenvolvimento capitalista, mas o mercado, principalmente na sua fase adulta, recusa essa interferência acreditando ser mais eficaz do que qualquer intervenção pública.

Nos meados do século XIX, observa o próprio Marx, a nova ciência se apresentava como um bom raciocínio formal: "a produção é a universalidade, a distribuição e a troca, a particularidade, e o consumo, a singularidade na qual o todo se unifica"[2]. Encadeamento superficial, porque deixa de lado a história. Esse comentário aparece numa famosa introdução de 1857, que acompanharia o livro *Contribuição à crítica da economia política*, o qual pretendia estudar à parte o método da nova ciência inspirando-se na lógica hegeliana, cujo debate estava aceso entre os alemães, mas deixou de ser publicado por causa de sua complexidade. Paradoxalmente, porém, tornou-se um dos textos clássicos da dialética materialista. Somente veio à luz, de forma definitiva, na coletânea de escritos inéditos conhecida como *Grundrisse der Kritik der politischen Ökonomie* [Esboços da crítica da economia política]. Ao lê-lo, desde logo percebemos que Marx critica seus pares não apenas porque desenvolvem teorias incompatíveis com os dados empíricos, mas sobretudo porque aceitam uma visão errônea da natureza do próprio fenômeno econômico, tomando como real o que não passa de ilusão criada pelo próprio capital.

Vamos tentar mostrar os primeiros passos dessa crítica de natureza lógica e ontológica, que, por ser a mais radical, muitas vezes tem sido deixada de lado. Por sua complexidade, por certo exigirá do leitor um esforço suplementar.

II

O estudo da produção, distribuição, troca e consumo segue em geral as linhas de um raciocínio correto, mas deixa de lado a íntima conexão das atividades

---

[2] Karl Marx, *Grundrisse: manuscritos econômicos de 1857-1858 – Esboços da crítica da economia política* (São Paulo, Boitempo, 2011), p. 44.

elencadas[3]. Em particular ignora o lado histórico da produção, cuja forma varia ao longo do tempo conforme se moldam seus meios. Além do mais, se a estrutura das atividades econômicas depende de seu tempo, não é por isso que elas seguem uma evolução linear. Depois da quebra do comunismo primitivo, os sistemas produtivos se articularam em *modos* conforme se configurou a propriedade dos meios de produção. Somente no capitalismo todos os seus fatores assumem a forma de mercadoria, o que logo desafia o pensamento: como um sistema nessas condições, quando as partes são trocadas por seus valores, pode gerar um excedente econômico? A mercadoria não se confunde com um objeto de troca tribal, situação em que, por exemplo, um saco de alimentos não pode ser trocado por uma canoa, embora esta possa ser trocada por uma mulher. Nem se confunde com o escambo. Suas primeiras formas se encontram nas trocas regulares e por dinheiro entre comunidades separadas. Uma análise dos fenômenos econômicos deve capturar as diferentes formas dessas trocas de um ponto de vista histórico.

Ao dotar os conceitos de historicidade, Marx atenta para as diferentes vias de suas particularizações, assim como para as diversas maneiras pelas quais o universal e o particular se relacionam. "Se não há produção em geral, também não há igualmente produção universal. A produção é sempre um ramo particular da produção – por exemplo, agricultura, pecuária, manufatura etc. – ou uma totalidade. Mas a economia política não é tecnologia."[4] Essa observação é muito importante para compreender o sentido da totalidade tal como é pensada por Marx. Já lembramos que uma das origens de seu pensamento foi a dialética do idealismo absoluto. É sintomático que durante a redação do primeiro livro d'*O capital* ele tenha relido a *Ciência da lógica* de Hegel. O vocabulário e a inspiração desse livro, que funde lógica e ontologia, provocam nos comentadores de Marx as maiores dores de cabeça e os maiores desatinos.

Para Hegel, um conceito geral, como mesa, não é apenas o que um olhar captura como propriedades comuns de várias mesas. Também não se particulariza somando determinações, propriedades predicáveis (mesa de escrever, mesa de comer...). O conceito fruta, por exemplo, não é o conjunto das propriedades inscritas em geral nas frutas. O conceito hegeliano já traz em si o princípio de sua diferenciação. Nada tem a ver com o freguês que, ao comprar frutas, recusa laranjas, peras e figos, porque não encontra em cada coisa a universalidade que as engloba.

Este exemplo – a relação entre o gênero da fruta e suas espécies – assemelha-se à relação da produção em geral e suas particularizações. Os gêneros vivos passam a existir mobilizando duas forças contrapostas, o masculino e o feminino, que geram indivíduos igualmente polarizados. Não acontece o mesmo com a produção

---

[3] "Esta é certamente uma conexão, mas uma conexão superficial", idem.
[4] Ibidem, p. 41.

que se realiza na agricultura, na pecuária, na indústria, cada uma negando a outra de tal modo que se separam na medida em que conformam a unidade geral? Um modo de produção como um todo (produção, distribuição, troca e consumo) não tem suas partes ligadas por essa mesma negatividade produtora? E o mesmo não acontece com os diversos atos de produzir que se diferenciam desde que possam ser igualizados por um padrão tecnológico comum que se expressa no valor? Por sua vez, não forma uma estrutura dotada de temporalidade própria?

Mas se, ao criticar a economia política positiva, tal como se configurava até o século XIX, Marx se inspira na dialética hegeliana, não é por isso que aceita mergulhar nos mares do idealismo. Seria muito estranho que um materialista pudesse acreditar que tudo o que é venha ser manifestação do Espírito Absoluto. Marx, que tinha formação de jurista, também passara pela crítica que os neo-hegelianos de esquerda haviam feito a seu mestre. O desafio era dar peso ao real quando a dialética tudo reduz ao discurso do Espírito.

III

No posfácio dos *Grundrisse*, Marx explicita sua concepção de concreto, o qual, insiste, seria a síntese de várias determinações, isto é, de propriedades atribuídas a algo posto como sujeito de predicações. Não é por isso que o real resultaria do pensamento como se brotasse do cérebro, mas é o pensar, por meio de suas representações, que isola na *totalidade* do real *aspectos que essa própria totalidade diferenciou*. O conceito deve, pois, nascer do próprio jogo do real acompanhado pelo olhar do cientista. A mais simples categoria econômica, o valor de troca, pressupõe a população, uma população produzindo em determinadas condições, e também certos tipos de famílias, comunidades ou Estados. O erro dos lógicos formais e dos economistas é duplo. Primeiro, fazer do valor de troca uma propriedade de um objeto trocável em qualquer situação histórica, deixando de diferenciar a troca de presentes entre certas etnias indígenas, a troca de indivíduos por dinheiro num mercado de escravos e assim por diante. Aqui cabe investigar como o valor de troca de cada um desses produtos está ligado ao todo do processo produtivo. É preciso, em contrapartida, sublinhar que somente no modo capitalista de produção todos os seus insumos estão sob a forma de mercadoria. Mas isso somente se torna possível, do ponto de vista da formação histórica, quando aparece no mercado uma força de trabalho desligada de qualquer outro vínculo social. No entanto, do ponto de vista formal, cada objeto conformado para ser mercadoria é posto em comparação com qualquer outro que venha ao mercado em busca de uma medida interna de trocabilidade. Numa situação de mercado, os valores de um escravo trazido de Angola e de outro trazido da China podem ser traduzidos na mesma moeda, mas todo o processo de capturá-los e transportá-los pressiona para que eles tenham medidas diferentes. Não é o que tende a acontecer num modo de produção em que todos os insumos provenham da forma da mercadoria.

Nesse sistema, o valor de uso do produto fica bloqueado enquanto estiver no circuito das trocas, e seu valor de troca passa a ser expresso nos termos de *qualquer* outro produto que costuma aparecer no mercado. O valor de uso de um pé de alface que produzo para a venda precisa se exprimir numa certa quantidade de valor correspondente a cada um dos objetos que comparecem ao mercado. Todos os produtos se tornam, assim, comparáveis. Note-se que essa abstração que captura a determinação valor de troca é feita pelo próprio processo de troca – o pensamento apenas recolhe a distinção feita. Além do mais, esse valor, assim constituído, contradiz a existência do valor de uso no qual se assenta. O valor de troca depende do valor de uso, mas o nega, bloqueia seu exercício, coloca-o entre parênteses. Para chegar até o consumo, a fruta deixa de ser comida para se consumir como objeto de troca, objeto cuja produção foi financiada em vista de sua comercialização.

Para Marx, embora o concreto, o real oposto ao pensamento humano, se apresente como síntese de determinações, estas não são aspectos que os observadores encontrariam na realidade sensível para serem, em seguida, alinhavados numa coisa pensada. Por todos os lados assistimos a relações de troca, mas o cientista precisa levar em conta que essa relação depende de produtores que vivem e operam segundo certos costumes, nos quais os indivíduos, sempre socializados, estão ligados a famílias e a outras unidades sociais. Sabemos que antigamente as relações de troca mercantil apareciam *entre* as comunidades, quando essas relações sociais deixavam de operar. Somente no capitalismo é que elas fazem parte do sistema como um todo e se dão em sua pureza formal.

Ao introduzir a categoria de modo de produção, Marx rompe definitivamente com o paradigma seguido pelos economistas de sua época. Se a economia política pretendia estudar como se gera a riqueza social, acreditava-se que ela deveria começar estudando o ato produtivo mais simples, o ato de trabalho. Mas o homem é um ser eminentemente histórico e social, cada totalidade produtiva situa o ato de trabalho num lugar muito determinado. Esse é um princípio de que Marx não abre mão. Desse modo, imaginar que o processo produtivo pudesse se fundar no ato individual de trabalho equivale a considerar a atividade de Robinson Crusoé, isolado em sua ilha, como a matriz da produção de riqueza social. Mas o próprio Crusoé não trabalha segundo moldes que ele aprendeu na Inglaterra de seu tempo? Não podemos, pois, perder de vista que o ato de trabalho se integra na totalidade do processo produtivo segundo a trama das outras determinações primárias: distribuição, troca e consumo. A trama categorial define a totalidade do processo. Ademais, como veremos, nem todo ato de trabalho numa empresa vem a ser socialmente produtivo do ponto de vista da criação de valor.

José Arthur Giannotti

IV

"A riqueza das sociedades onde reina o modo de produção capitalista aparece como uma 'enorme coleção de mercadorias', e a mercadoria singular como sua forma elementar. Nossa investigação começa, por isso, com a análise da mercadoria."* Essa é a primeira frase d'*O capital*. Note-se o caráter histórico da análise, que supõe o conceito de modo de produção. Mas a forma deixa de lado toda a história de sua gênese. Não são diferentes as condições em que o sistema capitalista se instala na Europa, nos Estados Unidos e nos países periféricos, muitos dos quais, aliás, retomaram a escravidão? Não é necessário distinguir assim o movimento das categorias que se repõem a si mesmas e as condições históricas nas quais vêm a ser? Essa dualidade não afeta a própria concepção de história esboçada por Marx?

Cabe então ter o cuidado de não confundir os dois tipos de determinação. Os aspectos formais não são vazios, mas sim aqueles que se reproduzem no ciclo produtivo. Insistimos que no processo capitalista de produção todos os insumos já aparecem sob a forma de mercadoria, sua conjunção resulta na produção de uma quantidade de mercadorias. Daí ser necessário explicar essa categoria antes de perguntar como nasce o excedente. Cabe, então, elucidar como se forma o valor. No primeiro capítulo do livro, Marx segue os passos da interpretação do valor elaborada por David Ricardo, que, no livro *Princípios de economia política e tributação*, pensa a mercadoria no cruzamento de dois fatores: o valor de uso e o valor de troca. Mas a projeta no jogo dialético das determinações hegelianas.

Um dado valor de uso de 10 bananas, por exemplo, se relaciona no mercado com 2 pés de alface, com 100 gramas de pó de café, com $1/x$ de um casaco, com $1/y$ de uma casa e assim por diante. O primeiro passo consiste em tomar uma quantidade de valor de uso e relacioná-la representativamente a qualquer outro objeto que venha ao mercado numa quantidade determinada. O segundo, indicar que entre essas quantidades percola um igual, que passa a ser denominado valor. Qual sua medida? Visto que o trabalho é o que essas quantidades de objetos possuem em comum, essa projeção coloca o valor como uma quantidade de trabalho abstrato (porque indiferente às peculiaridades do ato produtivo), morto (porque inscrito no objeto trocável) e socialmente necessário (porque o consumo mostrará o que necessita a sociedade como um todo). Note-se que não é o observador o responsável pela abstração, mas o próprio processo de troca *em sua generalidade*. Nessas condições, o dinheiro representa essa espécie de valor, que se reproduz a si mesmo no fim de cada ciclo. Cabe ainda observar que, no funcionamento da mercadoria, tal como ocorre em outros modos de produção, importa apenas o que está sendo reposto pelo próprio sistema.

---

*   Ver p. 113 deste volume. (N. E.)

Considerações sobre o método

No fundo, Marx segue os passos de David Ricardo, mas tendo em vista uma objeção crucial, somente formulada em *Teorias da mais-valia*. Esse texto haveria de compor o quarto livro d'*O capital*, publicado postumamente, e reuniria os estudos das teorias econômicas mais relevantes de seu tempo. A objeção é a seguinte: ele e seus discípulos não percebem que "todas as mercadorias, enquanto valores de troca, constituem apenas expressões *relativas* do tempo do trabalho social, sendo que sua relatividade não reside na relação em que se trocam mutuamente, mas na relação de todas com o trabalho social como sua substância"[5]. Como bom empirista inglês, Ricardo considera que os valores de troca se relacionam uns com os outros e se esgotam nessa relação, não precisando encontrar um fundamento. Não leva em consideração que o relacionamento somente se mantém num plano social se possuir uma âncora comum, a substância valor, como algo que se esconde em cada uma de suas determinações singulares.

Na filosofia clássica, a substância é o fundo que recebe todas as predicações, as determinações, que as ampara e as preserva das invasões de seus outros. É a garantia da mesmidade duma coisa, seja ela qual for. Hegel formula esse conceito de substância de um modo muito especial. No parágrafo 151 da pequena lógica que inicia a *Enciclopédia das ciências filosóficas em compêndio*, rompendo com a tradição, ele define substância como uma relação que totaliza os acidentes nos quais ela se revela por sua negatividade absoluta, isto é, que a distingue de tudo o que é outro. A substância da maçã não é aquela energia permanente que irrompe em cada flor da macieira para transformá-la numa fruta específica, mas aquilo que faz com que esse fruto seja o que foi, o que é e o que sempre será. É o processo de demarcar o que na maçã é especificamente revelado pelo dizer da palavra "fruta", revelando que ela resulta de uma flor particular, que recebe um pólen especial, *diferente* de todos os outros seres vivos, vindo a ser em si e para si na medida em que exclui, *nega*, qualquer diferença de modo radical. Não é o que precisamente acontece com o valor? Ele é a mesmidade de todos os valores de troca que como tais estão negando, impedindo, em particular, que se exerçam os valores de uso correspondentes. Uma mesmidade, porém, que vale como tal porque renega qualquer outra determinação que não está sendo reposta pelo ciclo produtivo.

Essa crítica tem enorme importância. Muito se fala sobre o fetichismo da mercadoria, mas em geral não se leva em conta em que condições ele pode ser pensado e aceito como um fenômeno social. O fetichismo da mercadoria não é uma determinação indutiva, nem uma hipótese a ser verificada empiricamente. Por certo se percebe que a mercadoria opera no mercado como se fosse dotada de energia

---

[5] Karl Marx, *Theorien über den Mehrwert* (Berlim, Dietz, 1959), v. 2, p. 159.

própria. A análise científica de Ricardo mostra que ela é medida pelo tempo de trabalho morto, abstrato, socialmente necessário à sua produção. É como se, numa sociedade, durante um ano, todas as horas de trabalho, desenvolvidas segundo um mesmo padrão tecnológico, fossem somadas e repartidas entre os produtos que os membros dessa sociedade consumiriam de fato. Essa massa confere medida de valor a cada produto e faz com que este pareça resultar daquela. Marx salienta a exterioridade que essa medida necessita assumir diante de cada coisa produzida. Ela não é neutra, funciona como se a fruta fosse responsável pela identidade de cada maçã, de cada pera, como se a medida constituísse o mensurado:

> A igualdade dos trabalhos humanos assume a forma material da igual objetividade de valor dos produtos do trabalho; a medida do dispêndio de força humana de trabalho por meio de sua duração assume a forma da grandeza de valor dos produtos do trabalho; finalmente, as relações entre os produtores, nas quais se efetivam aquelas determinações sociais de seu trabalho, assumem a forma de uma relação social entre os produtos do trabalho.*

A igualdade dos atos, a medida das forças gastas e a sociabilidade de tais atos aparecem como se fossem meras propriedades dos objetos postos em ação, amarrados como estão pelo jogo formal das mercadorias, encontrando suas medidas num equivalente que deixa de ser uma delas. O valor é uma substância, mas uma substância enganosa. A dialética hegeliana captura a aparência reificada das relações capitalistas, mas não é por isso que tais relações são de fato para sempre o que parecem. Esse engano, porém, permite que o trabalho compareça na produção como coisa vendável, a força de trabalho, independente da individualidade de cada trabalhador. Para os trabalhadores, o primeiro passo propriamente político contra essa reificação consiste em colocar em questão as condições sociais em que operam.

Por certo a crítica marxiana não se exerce apenas do ponto de vista mais amplo da lógica dialética. Em muitos momentos Marx raciocina como um economista, examina e critica o funcionamento dos mercados. Isso lhe assegura um lugar de destaque entre os fundadores da nova ciência. Mas levar em conta somente essa dimensão de sua crítica é deixar de lado seu projeto maior: a crítica da sociedade burguesa capaz de enriquecer o movimento revolucionário contra o capital. Examina como as formas de dominação e as relações desiguais operantes no mercado de trabalho dependem da reificação das relações sociais, cuja base é o fetichismo da mercadoria, mas se completam nas formas mais desenvolvidas do capital.

---

* Ver p. 147 deste volume. (N. E.)

V

O capital é mais do que uma relação mercantil. Se a mercadoria individual é a forma elementar do produto obtido segundo o modo de produção capitalista, é preciso dar mais um passo formal – no entanto, historicamente determinado – para que o capital revele seu segredo. Uma análise meramente histórica não basta. Marx mostrará como o desenvolvimento do comércio provocou o acúmulo de riqueza monetária, o que permitiu a compra de uma nova mercadoria, a força de trabalho, que se encontrava no mercado por causa da falência do sistema de produção feudal. Isso pelo menos na Europa. O servo fugia para a cidade e lá não se vendia como escravo, mas como trabalhador a ser pago pelo tempo de trabalho que passava para as mãos do comprador.

No entanto, essa condição histórica não explica a origem do excedente que o sistema necessita e começa a produzir. Durante as aventuras marítimas, o lucro provinha da diferença entre o preço do material comprado num país distante e sua venda perto do consumo. O modo de produção capitalista, porém, é circular, visto que todos os seus insumos já devem estar sob a forma mercantil, todos devem provir de diversas relações de compra e venda. Se ele, de fato, instala a escravatura do negro na sua periferia, sobretudo nas Américas, só se completa realmente criando um capital total quando a destrói no século XIX. Mas se conforma a circularidade de um sistema produtor de mercadorias por meio de mercadorias, de onde brotaria o excedente sem o qual esse sistema não funciona? Somente se num dado momento desse circuito a objetidade de um valor particular, o fetiche de ele ser uma coisa expressa em dinheiro, se quebra para se mostrar como atividade criadora. Obviamente essa mercadoria é a força de trabalho. Como isso se processa formalmente?

A troca formal entre as mercadorias mediadas pelo dinheiro (M-D-M) poderia continuar indefinidamente. Mas M agora é uma contradição entre valor de uso e valor. O que Marx entende por ela? Muitas vezes em seus textos não há uma divisão rígida entre contrariedade e contradição, e na lógica hegeliana a primeira naturalmente se desenvolve na segunda, pois ambas fazem parte do devir da ideia.

Na linguagem corrente costumamos dizer que "branco" e "preto" são contrários já que se colocam opostamente no sistema das cores, dando lugar, contudo, a cores intermediárias entre elas. Mas "branco" e "não branco" são contraditórios, porque, um sendo, o outro não pode existir de modo algum. Mas essas oposições são por excelência válidas no plano das proposições, pois é nelas que a questão da existência aparece. No plano da linguagem é fácil distinguir contrariedade de contradição: duas proposições contrárias ("Toda maçã é azul" e "Toda maçã não é azul") têm sentido, embora sejam falsas. Mas duas proposições contraditórias ("Alguma maçã é vermelha" e "Nenhuma maçã é vermelha"), se uma é verdadeira, a outra necessariamente é falsa. É como se a falsidade de uma corroesse integralmente a verdade da outra. Hegel pretende encontrar no real essa negação integralmente corrosiva, mas para isso toda a natureza passa a ser considerada como alienação do *logos*, da razão universal. No jogo de suas oposições, a própria natureza se transformaria em espírito, que, por conservar em seu seio os dois momentos anteriores, o *logos* e a natureza, se mostra então como Espírito Absoluto. Essa trindade do real completo é representada pelo cristianismo no mistério da unidade do Pai, do Filho e do Espírito Santo.

Na lógica hegeliana tais diferenças vão se adensando até formar uma contradição que se resolve constituindo-se numa totalidade superior. A contradição se superaria guardando os elementos anteriores modificados. É a famosa *Aufhebung*. Mesmo do ponto de vista idealista, isto é, de que todo o real é *logos*, espírito, a solução hegeliana não deixa de levantar problemas. F. W. Schelling, que na juventude foi amigo íntimo de Hegel e na velhice se tornou seu mais ferrenho adversário, sempre sustentou que uma contradição nunca se resolveria sem deixar restos. Por certo ambos não advogam a mesma noção da negatividade.

Obviamente a dialética marxiana não poderia almejar um escopo tão vasto. Continua buscando *no concreto* uma negatividade capaz de transformar as oposições, em particular as lutas de classe, numa contradição em que um dos termos fosse capaz de sobrepujar o outro e, por fim, aniquilá-lo por completo, ainda que conservasse o conteúdo das partes. Esse é o sentido mais profundo da *revolução*. *O capital* não estuda a história da luta de classes, mas procura deslindar as articulações do modo de produção capitalista como um todo. Seu objetivo, seu projeto, é conduzir as diversas categorias geradas pelo desenvolvimento do comando do capital sobre o trabalho até aquela contradição máxima entre o capital social total e o trabalhador geral. Essa desenharia o campo de batalha em que os adversários, reduzidos às expressões mais simples, *poderiam* enfrentar o combate final em que eles mesmos perderiam sua identidade e fechariam o processo de conformação do ser humano, que, por ser a história da servidão, se abriria como história da liberdade.

Marx afirma que toda história é a história da luta de classes. No contexto de seu pensamento maduro essa tese encontra guarida na crise do sistema capitalista e espera que a crítica da economia política confirme suas teses de juventude. Ao capital total corresponderia o proletário total (o proletariado organizado em classe revolucionária), mas o desenho dessa figura depende do funcionamento da alienação, principalmente quando ela se desenvolve nas figuras mais complexas do capital e do próprio trabalho. Em sua forma plena, o capital se mostra um processo autônomo no qual ele mesmo gera naturalmente lucro; a terra, renda; e o trabalho, salário. Numa das páginas mais belas do Livro III d'*O capital*, a alienação da mercadoria assume a forma de uma lei natural. Do investimento brota o lucro do mesmo modo que o cogumelo brota da terra fresca. Adquire tal

Considerações sobre o método

autonomia que o dinheiro investido num banco produz juros muitas vezes sem relacionamento direto com o funcionamento da economia como um todo. A crise do sistema financeiro atual que o diga. A relação direta entre trabalho e salário encobre o fato de que esse trabalho deve entrar no sistema como mercadoria e que somente é produtivo de valor sob o comando do capital, na medida em que produz mais valor. Desse modo, o trabalho do capitalista e de todos os serviços não são produtivos desse ponto de vista, a despeito de serem indispensáveis. A mesma aula é produtiva de valor ao ser proferida numa escola particular que visa o lucro, mas deixa de o ser quando ministrada numa escola pública.

Só podemos apontar essas linhas em que se assenta a crítica marxista da sociedade capitalista. Mas convém retomar alguns problemas levantados pelo próprio desdobramento das formas categoriais. No plano do pensamento meramente abstrato é fácil passar do modo de produção simples de mercadoria (M-D-M-D...) para o modo de produção capitalista. Basta cortar a sequência e começar pelo dinheiro (D-M-D...). Mas o processo mudou completamente de sentido. O proprietário de D não é um entesourador, mas alguém que acumula dinheiro para investi-lo em busca de lucro. Sempre tendo um sistema legal a seu lado. A sequência se mostra então como (D-M-D'-M-D'...) em que cada ' representa um delta, um acréscimo ao dinheiro investido, ou melhor, do capital. De onde surge esse delta? Os fisiocratas achavam que a diferença nasceria da produção agrícola, e o próprio Marx, na juventude, acompanhou aqueles que viam o mais-valor – êmbolo do processo – brotando do próprio comércio. A teoria do valor de Ricardo lhe permitiu explicar a diferença entre o capital investido e o capital recebido como fruto do exercício da força de trabalho. Em termos muito gerais, podemos dizer que, tendo o capitalista comprado essa força por seu valor, vale dizer, pela quantidade de trabalho abstrato socialmente necessária para sua produção e reprodução, cria as condições do excedente, ao deixar que o trabalho morto (o valor da força da mercadoria força de trabalho) se transforme em trabalho vivo. A atividade do trabalhador se faz sob o comando do capital segundo suas leis, e o produto lhe pertence *de jure*. O mais--valor, ou mais-valia, resulta, pois, da transformação do valor de uma mercadoria que vem a ser pago depois que seu valor de uso, sob o comando do capital, recria o antigo valor de troca como uma substância capaz de aumentar por si mesma.

Note-se que, no plano formal, categorial, a criação do excedente fica na dependência de que a mercadoria-trabalho se mantenha reificada como fetiche. No plano histórico, porém, esse crescimento aparentemente automático depende da acumulação de riqueza capaz de comprar força de trabalho livre num mercado que, na Europa, se cria com a crise do sistema feudal. Mas essa solução teórica tem resultados políticos extraordinários. Engels e seus companheiros dirão que Marx descobriu a lei da exploração capitalista, pondo assim a nu a natureza econômica e política da exploração da classe trabalhadora. E todo o movimento operário aos poucos foi sendo conquistado por essa ideia.

Na verdade essa prova teórica não basta para alimentar uma política que não esteja associada a uma situação de crise. Em condições normais, a venda e compra da força de trabalho se dá como um intercâmbio justo e juridicamente perfeito – em particular nas condições de subemprego. Além do mais, a mera consciência de que o sistema capitalista produz tanto grande riqueza como a mais triste miséria não cria por si só movimentos revolucionários. Daí a importância da crise do próprio capital, a disfunção e disjunção do sistema para gerar condições políticas capazes de afetar o funcionamento da produção capitalista. É sintomático que os teóricos da revolução sempre tenham sublinhado a necessidade de lideranças que proviessem de fora da classe operária. Não é essa uma das teses de Lenin?

Mesmo do ponto de vista político, entretanto, é preciso ter uma visão panorâmica do modo de produção capitalista para que se compreenda o sentido pleno de sua contradição. Rosa Luxemburgo costumava salientar, em suas lutas contra o leninismo, que os líderes marxistas se contentavam em ler apenas o Livro I d'*O capital*, deixando de lado as formas mais refinadas da reificação. Se este livro, na verdade, junta capítulos mais formais com outros de mera investigação histórica, termina estudando a lei geral da acumulação capitalista sem adentrar-se nas condições de suas crises. O Livro II analisa o processo de circulação do capital e o terceiro é que faz o balanço completo do processo. Neste se examinam as relações da mercadoria e do dinheiro, a transformação do dinheiro em capital, a produção do mais-valor absoluto assim como do mais-valor relativo, a transformação do valor em salário e outros momentos formais muito mais próximos da experiência concreta de quem vive as grandezas e as misérias do mundo capitalista. Mas não se fecha numa teoria da revolução. A política marxista foi construída na base de outros textos de Marx e de Engels, e, como sempre foi posta a serviço da revolução, não é estranho que vários autores reclamem da ausência de uma análise mais completa do jogo político como tal. E nesse campo as divergências se multiplicam.

Marx só publicou o Livro I d'*O capital*. Ao falecer, em 1883, deixou uma fabulosa quantidade de material, que passou a ser trabalhada por Engels; em 1885, este publicou o Livro II e, em 1894, o Livro III. É nesse último que as condições da crise do sistema deveriam eclodir, pois é na sua totalidade que as contrariedades básicas se conformariam em contradições produtivas. Já no Livro I Marx havia mostrado que a constituição do valor da mercadoria depende de que todos os agentes terminem tendo acesso aos progressos tecnológicos que potencializam a produtividade do trabalho. Somente assim é possível que se crie uma única medida do trabalho abstrato socialmente necessário, operando em qualquer ramo produtivo. Sem esse pressuposto, os mercados não tenderiam a se unificar, o alinhavo

Considerações sobre o método

dos diferentes capitais explodiria em direções diversas; por sua vez, o movimento proletário perderia sua dimensão unificadora internacional.

No Livro III, Marx introduz a noção de mais-valor relativo, aquele excedente de que o capitalista se apropria antes que seus concorrentes consigam ter acesso a novas tecnologias. Conforme se desenvolve, o capital se associa ao desenvolvimento tecnológico e à transformação das ciências em forças produtivas. Somente mantendo o pressuposto de que no final do processo todos os capitalistas teriam acesso às inovações tecnológicas é que se cria a tendência a uma redução da taxa de lucro. Essa tendência seria o ponto nevrálgico em que explodiria a contradição. Marx sempre apostou nesse pressuposto, mas o capítulo em que trabalha tal questão descobre tantos fatores que freiam essa tendência que nem todos os intérpretes chegam a uma conclusão definitiva. Até que ponto o mais-valor relativo começa a emperrar a reposição do sistema?

O próprio Marx logo toma consciência dessas forças dissolventes. Já nos *Grundrisse* escreve:

> à medida que a grande indústria se desenvolve, a criação da riqueza efetiva passa a depender menos do tempo de trabalho e do *quantum* de trabalho empregado que do poder dos agentes postos em movimento durante o tempo de trabalho, poder que – sua poderosa efetividade –, por sua vez, não tem nenhuma relação com o tempo de trabalho imediato que custa sua produção, mas que depende, ao contrário, do nível geral da ciência e do progresso da tecnologia, ou da aplicação dessa ciência à produção.[6]

Depois de mais de 150 anos dessa observação, depois da revolução da informática, depois que a própria ciência se transforma em força produtiva, que efeito pode ter o desenvolvimento das ciências na conformação unificadora do capital?

Até mesmo a noção de propriedade privada passa a ser corroída. Conforme o sistema se torna mais complexo, as categorias fundamentais começam a fibrilar. E o monopólio se concentra e mantém relações ambíguas com o Estado:

> Reproduz uma nova aristocracia financeira, nova espécie de parasitas na figura de projetistas, fundadores e meros diretores nominais, fraudadores e mentirosos no que respeita aos empreendimentos, despesas de comércio com ações. É a produção privada, sem o controle da propriedade privada.[7]

Estaria o próprio desenvolvimento do capital colocando em xeque suas bases primordiais, isto é, a homogeneidade do trabalho abstrato socialmente necessário responsável pela determinação do valor, de um lado, e a própria noção de propriedade privada, de outro? A crise do sistema depende da eclosão de um núcleo contraditório ou vai se alinhavando aos poucos pela fibrilação de suas

---

[6] Karl Marx, *Grundrisse*, cit., p. 587-8.
[7] Idem, *Das Kapital*, Buch III: Der Gesamtprozess der kapitalistischen Produktion, Werke 25 (Berlim, Dietz, 2003), p. 454.

categorias principais? Não é um dos momentos em que se coloca o dilema "reforma ou revolução"?

O capital, este livro extraordinário que ajudou a desenhar o espectro do comunismo que rondou a Europa até o final do século XX, que até hoje nos ajuda a ver a pujança da economia de mercado e os desastres de sua atuação, a força que empresta ao desenvolvimento da tecnociência e as aberrações de uma sociedade consumista, também não nos convida a repensar sua problemática pela raiz?

VI

A partir de 1917, com a vitória da Revolução Russa e a derrota dos outros processos revolucionários europeus, e do momento que o internacionalismo dos movimentos proletários se subordinou à política da Terceira Internacional, em que a União Soviética tinha absoluta hegemonia, as obras de Marx e de Engels foram reunidas num sistema fechado. As idas e vindas de um pensamento vivo e desafiador pouco a pouco tenderam a dar lugar a uma visão de mundo esclerosada. Enquanto durou a União Soviética, o marxismo foi ensinado como ideologia oficial e a economia planificada pelo comitê central apresentada como se fosse bom exemplo de uma economia sem mercado. Isso durou até que a União Soviética se desintegrasse e os outros sistemas socialistas passassem a incorporar formas de produção mercantil. Ainda hoje se ouve o mote "socialismo ou barbárie", mas a palavra socialismo é aí empregada nas acepções mais diversas. Voltar aos textos de Marx não é o primeiro passo de quem pretende repensar essas questões?

O capital foi publicado em 1867. Mas já em 1871 Stanley Jevon publica *Theory of Political Economy*, montando uma explicação do valor levando em conta as preferências pessoais pelo uso dos objetos. Nessa mesma década, Carl Menger e Léon Walras aperfeiçoam um novo equipamento conceitual, que termina por ser aceito pela maioria dos economistas. A economia passa a funcionar apoiando-se num paradigma diferente do que aquele em que se apoiava a economia política. Os novos economistas, além dos custos de produção, passam também a considerar graus de demanda e de satisfação moral do consumo, construindo instrumentos matemáticos capazes de medir o valor marginal. Um turista perdido no deserto pagará muito mais por um copo de água do que o cidadão que o compra num bar. Essas diferenças marginais podem ser tabeladas ou expressas por curvas de preferência. Nasce assim a economia marginalista que rompe inteiramente com a clássica economia política. Rompimento considerável, pois coloca no centro do processo o agente racional sempre capaz de escolher os meios para atingir seus fins, otimizando suas satisfações. O *homo economicus* substitui o trabalhador isolado de John Stuart Mill ou o homem social de Marx.

Desse ponto de vista Marx seria considerado apenas um dos precursores da ciência econômica. Mas ele próprio, junto com Engels, já se empenhara em combater outras interpretações do capital e do projeto revolucionário. Pierre-Joseph Proudhon foi eleito o adversário mais perigoso e Mikhail Bakunin, o político mais deletério. Por fim, a Revolução Russa de 1917 assume a teoria marxista como parâmetro de uma economia que pretendia substituir os mecanismos de mercado por uma administração racional operada pelo Comitê Central. Desde aí, pelo menos em tese, na teoria econômica passaram a se enfrentar comunistas, social-democratas e liberais. A derrocada da União Soviética alterou esse quadro. O paradigma do valor trabalho quase desapareceu do pensamento econômico. Até mesmo doutrinas que se inspiravam em Marx não o conservaram. É o caso da teoria crítica, também conhecida por Escola de Frankfurt, na qual se destacam Theodor Adorno, Max Horkheimer, Walter Benjamin e Jürgen Habermas.

Seja como for, se a ciência econômica hoje em dia se alicerça em outros paradigmas – e nada impede que se volte ao antigo, embora seja difícil uma virada tão espetacular –, nunca a obra de Marx perdeu seu interesse e sua relevância, a despeito das idas e vindas das modas atuais do pensar. Como explicar essa permanência? Parece-me que isso ocorre porque ela é mais do que um texto científico. Ao salientar a especificidade das relações fetichizadas do capital, a análise retoma a antiga questão do ser social e de sua historicidade. Mesmo um investigador do porte de Martin Heidegger – um dos maiores de nosso século, embora tenha se deixado encantar pelo nazismo – não deixa de incluir Marx entre os grandes filósofos do século XIX que contribuíram para a compreensão do sentido da história.

No entanto, a questão hoje em dia é mais do que teórica. A grande crise pela qual estamos passando coloca na pauta a alienação do capital, em particular do capital financeiro, e a necessidade de alguma regulamentação internacional dos mercados. No fim das contas, que futuro queremos ter? É possível colocar essa questão sem levar em conta as análises deste livro chamado *O capital*?

Janeiro de 2013

José Arthur Giannotti é professor emérito do departamento de Filosofia da USP e coordenador da área de Filosofia e Política do Centro Brasileiro de Análise e Planejamento (Cebrap).

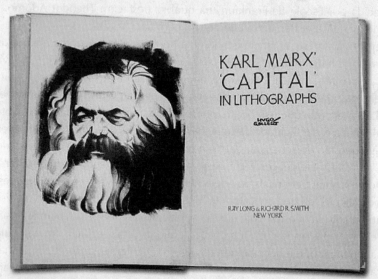

Hugo Gellert, O capital *de Karl Marx em litografias*. Nova York, 1934.

O CAPITAL
CRÍTICA DA ECONOMIA POLÍTICA

LIVRO I
O processo de produção do capital

Dedicado a meu inesquecível amigo,
o impávido, fiel e nobre paladino do proletariado

WILHELM WOLFF

Nascido em Tarnau, a 21 de junho de 1809
Falecido no exílio, em Manchester, a 9 de maio de 1864

Prefácio da primeira edição

A obra, cujo primeiro volume apresento ao público, é a continuação de meu escrito *Contribuição à crítica da economia política**, publicado em 1859. A longa pausa entre começo e continuação se deve a uma enfermidade que me acometeu por muitos anos e interrompeu repetidas vezes meu trabalho.

O conteúdo daquele texto está resumido no primeiro capítulo deste volume**, e isso não só em nome de uma maior coerência e completude. A exposição foi aprimorada. Na medida em que as circunstâncias o permitiram, pontos que antes eram apenas indicados foram aqui desenvolvidos, ao passo que, inversamente, aspectos que lá foram desenvolvidos em detalhes são aqui apenas indicados. As seções sobre a história da teoria do valor e do dinheiro foram naturalmente suprimidas***. No entanto, o leitor do texto anterior encontrará novas fontes para a história daquela teoria nas notas do primeiro capítulo.

Todo começo é difícil, e isso vale para toda ciência. Por isso, a compreensão do primeiro capítulo, em especial da parte que contém a análise da mercadoria, apresentará a dificuldade maior. No que se refere mais concretamente à análise da substância e da grandeza do valor, procurei popularizá-las o máximo possível****. A forma de valor, cuja figura acabada é a forma-dinheiro,

---

* Karl Marx, *Zur Kritik der politschen Ökonomie* (Berlim, 1859) [ed. bras.: *Contribuição à crítica da economia política*, São Paulo, Expressão Popular, 2008].
** Marx refere-se, aqui, ao primeiro capítulo da primeira edição (1867), que trazia o título de "Mercadoria e dinheiro". Para a segunda edição, Marx reelaborou o volume e alterou sua estrutura. O antigo primeiro capítulo foi desmembrado em três capítulos independentes, que agora, sob o mesmo título, passaram a constituir a primeira seção. (N. E. A. MEW)
*** Marx refere-se às seções "Elementos históricos para a análise da mercadoria" e "Teorias sobre o meio de circulação e o dinheiro" de sua obra *Contribuição à crítica da economia política*. Durante a redação do manuscrito de 1863-1865, Marx desistiu de sua intenção inicial de adicionar a cada capítulo teórico um excurso sobre a história da teoria e, em contrapartida, planejou concentrar toda a exposição histórica no Livro IV de *O capital*, cujos rascunhos formam as *Teorias do mais-valor*. (N. E. A. MEGA)
**** Isso pareceu tanto mais necessário porquanto até mesmo o ensaio de F. Lassalle contra Schulze-Delitzsch, na parte em que ele pretende expor "a quintessência intelectual"

é muito simples e desprovida de conteúdo. Não obstante, o espírito humano tem procurado elucidá-la em vão há mais de 2 mil anos, ao mesmo tempo que obteve êxito, ainda que aproximado, na análise de formas muito mais complexas e plenas de conteúdo. Por quê? Porque é mais fácil estudar o corpo desenvolvido do que a célula que o compõe. Além disso, na análise das formas econômicas não podemos nos servir de microscópio nem de reagentes químicos. A força da abstração [*Abstraktionskraft*] deve substituir-se a ambos. Para a sociedade burguesa, porém, a forma-mercadoria do produto do trabalho, ou a forma de valor da mercadoria, constitui a forma econômica celular. Para o leigo, a análise desse objeto parece se perder em vãs sutilezas. Trata-se, com efeito, de sutilezas, mas do mesmo tipo daquelas que interessam à anatomia micrológica.

Desse modo, com exceção da seção relativa à forma de valor, não se poderá acusar esta obra de ser de difícil compreensão. Pressuponho, naturalmente, leitores desejosos de aprender algo de novo e, portanto, de pensar por conta própria.

O físico observa processos naturais, em que eles aparecem mais nitidamente e menos obscurecidos por influências perturbadoras ou, quando possível, realiza experimentos em condições que asseguram o transcurso puro do processo. O que pretendo nesta obra investigar é o modo de produção capitalista e suas correspondentes relações de produção e de circulação. Sua localização clássica é, até o momento, a Inglaterra. Essa é a razão pela qual ela serve de ilustração principal à minha exposição teórica, mas, se o leitor alemão encolher farisaicamente os ombros ante a situação dos trabalhadores industriais ou agrícolas ingleses, ou se for tomado por uma tranquilidade otimista, convencido de que na Alemanha as coisas estão longe de ser tão ruins, então terei de gritar-lhe: *De te fabula narratur* [A fábula refere-se a ti]!*

Na verdade, não se trata do grau maior ou menor de desenvolvimento dos antagonismos sociais decorrentes das leis naturais da produção capitalista. Trata-se dessas próprias leis, dessas tendências que atuam e se impõem com férrea necessidade. O país industrialmente mais desenvolvido não faz mais do que mostrar ao menos desenvolvido a imagem de seu próprio futuro.

---

de minhas ideias sobre esses temas, contém graves equívocos. *En passant*: que F. Lassalle tenha tomado de minhas obras, quase textualmente e sem citar as fontes, todas as teses teóricas gerais de seus trabalhos econômicos, como as teses sobre o caráter histórico do capital, sobre o nexo entre as relações de produção e o modo de produção etc. etc., e tenha até mesmo utilizado a terminologia criada por mim, é um procedimento que se explica por razões propagandísticas. Não me refiro, é evidente, a suas explicações de detalhes e de aplicações práticas, com as quais nada tenho a ver. [O ensaio de Lassale citado por Marx é *Herr Bastiat-Schulze von Delitzsch, der ökonomische Julian, oder: Capital und Arbeit* (Berlim, 1864). (N. E. A. MEGA)]

* "*Mutato nomine de te fabula narratur!*" (Sob outro nome, a fábula refere-se a ti!), Horácio, *Sátiras*, livro I, verso 69. (N. T.)

Mas deixemos isso de lado. Onde a produção capitalista se instalou plenamente entre nós – por exemplo, nas fábricas propriamente ditas –, as condições são muito piores que na Inglaterra, pois aqui não há o contrapeso das leis fabris. Em todas as outras esferas, atormenta-nos, do mesmo modo como nos demais países ocidentais do continente europeu, não só o desenvolvimento da produção capitalista, mas também a falta desse desenvolvimento. Além das misérias modernas, aflige-nos toda uma série de misérias herdadas, decorrentes da permanência vegetativa de modos de produção arcaicos e antiquados, com o seu séquito de relações sociais e políticas anacrônicas. Padecemos não apenas por causa dos vivos, mas também por causa dos mortos. *Le mort saisit le vif!* [O morto se apodera do vivo!]

Comparada com a inglesa, a estatística social da Alemanha e dos demais países ocidentais do continente europeu ocidental é miserável. Não obstante, ela levanta suficientemente o véu para deixar entrever, atrás dele, uma cabeça de Medusa. Ficaríamos horrorizados ante nossa própria situação se nossos governos e parlamentos, como na Inglaterra, formassem periodicamente comissões para investigar as condições econômicas; se a essas comissões fossem conferidas a mesma plenitude de poderes para investigar a verdade de que gozam na Inglaterra; se, para essa missão, fosse possível encontrar homens tão competentes, imparciais e inflexíveis como os inspetores de fábrica na Inglaterra, seus relatores médicos sobre *public health* (saúde pública), seus comissários de inquérito sobre a exploração de mulheres e crianças, sobre as condições habitacionais e nutricionais etc. Perseu necessitava de um elmo de névoa para perseguir os monstros. Nós puxamos o elmo de névoa sobre nossos olhos e ouvidos para poder negar a existência dos monstros.

Não podemos nos iludir sobre isso. Assim como a guerra de independência americana do século XVIII fez soar o alarme para a classe média europeia, a Guerra Civil Americana do século XIX fez soar o alarme para a classe trabalhadora europeia. Na Inglaterra, o processo revolucionário é tangível. Quando atingir certo nível, haverá de repercutir no continente. Ali, há de assumir formas mais brutais ou mais humanas, conforme o grau de desenvolvimento da própria classe trabalhadora. Prescindindo de motivos mais elevados, os interesses mais particulares das atuais classes dominantes obrigam-nas à remoção de todos os obstáculos legalmente controláveis que travem o desenvolvimento da classe trabalhadora. É por isso que, neste volume, reservei um espaço tão amplo à história, ao conteúdo e aos resultados da legislação inglesa relativa às fábricas. Uma nação deve e pode aprender com as outras. Ainda que uma sociedade tenha descoberto a lei natural de seu desenvolvimento – e a finalidade última desta obra é desvelar a lei econômica do movimento da sociedade moderna –, ela não pode saltar suas fases naturais de desenvolvimento, nem suprimi-las por decreto. Mas pode, sim, abreviar e mitigar as dores do parto.

Para evitar possíveis erros de compreensão, ainda algumas palavras. De modo algum retrato com cores róseas as figuras do capitalista e do proprietário fundiário. Mas aqui só se trata de pessoas na medida em que elas constituem a personificação de categorias econômicas, as portadoras de determinadas relações e interesses de classes. Meu ponto de vista, que apreende o desenvolvimento da formação econômica da sociedade como um processo histórico-natural, pode menos do que qualquer outro responsabilizar o indivíduo por relações das quais ele continua a ser socialmente uma criatura, por mais que, subjetivamente, ele possa se colocar acima delas.

No domínio da economia política, a livre investigação científica não só se defronta com o mesmo inimigo presente em todos os outros domínios, mas também a natureza peculiar do material com que ela lida convoca ao campo de batalha as paixões mais violentas, mesquinhas e execráveis do coração humano, as fúrias do interesse privado. A Alta Igreja da Inglaterra*, por exemplo, perdoaria antes o ataque a 38 de seus 39 artigos de fé do que a $1/39$ de suas rendas em dinheiro. Atualmente, o próprio ateísmo é uma *culpa levis* [pecado venial] se comparado com a crítica às relações tradicionais de propriedade. Nesse aspecto, contudo, não se pode deixar de reconhecer certo avanço. Remeto, por exemplo, ao Livro Azul** publicado há poucas semanas: "Correspondence with her Majesty's Missions Abroad, Regarding Industrial Questions and Trade Unions". Os representantes da Coroa inglesa no exterior afirmam aqui, sem rodeios, que na Alemanha, na França, numa palavra, em todos os países civilizados do continente europeu, a transformação das relações vigentes entre o capital e o trabalho é tão perceptível e inevitável quanto na Inglaterra. Ao mesmo tempo, do outro lado do Atlântico, o sr. Wade, vice-presidente dos Estados Unidos da América do Norte, declarava em reuniões públicas: depois da abolição da escravidão, passa à ordem do dia a transformação das relações entre o capital e a propriedade da terra! São sinais dos tempos, que não se deixam encobrir por mantos de púrpura nem por sotainas negras***. Eles não significam que amanhã hão de ocorrer milagres, mas revelam que nas próprias classes dominantes já aponta o pressentimento de que a sociedade atual não é um cristal inalterável, mas um organismo capaz de transformação e em constante processo de mudança.

---

* Igreja Alta da Inglaterra (*High Church* ou também *Anglo-Catholic*): designa os setores da Igreja Anglicana que conservaram uma série de práticas (hierárquicas e litúrgicas) próprias do catolicismo romano. (N. T.)

** Livros Azuis (*Blue Books*) é a designação geral das publicações de materiais do Parlamento inglês e documentos diplomáticos do Ministério das Relações Exteriores. Os Livros Azuis, assim chamados em virtude da cor de suas capas, são publicados na Inglaterra desde o século XVII, constituindo a fonte oficial mais importante para a história da economia e diplomacia desse país. (N. E. A. MEW)

*** Referência aos versos do poema "*Die Albigenser*", de Nicolaus Lenaus. "Nem a luz do céu, nem a aurora/ podem-se apagar com mantos de púrpura ou hábitos sombrios". (N. T.)

Prefácio da primeira edição

O segundo volume deste escrito tratará do processo de circulação do capital (Livro II) e das configurações do processo global (Livro III); o terceiro (Livro IV), da história da teoria*. Todos os julgamentos fundados numa crítica científica serão bem-vindos. Diante dos preconceitos da assim chamada opinião pública, à qual nunca fiz concessões, tomo por divisa, como sempre, o lema do grande florentino:

Segui il tuo corso, e lascia dir le genti! [Segue o teu curso e deixa a gentalha falar!]**

Londres, 25 de julho de 1867

---

* Marx não pôde realizar seu plano. Após sua morte, em 1883, o Livro II e III foram publicados por Engels como volumes II e III d'*O capital*, respectivamente em 1885 e 1894. Engels faleceu antes da planejada publicação do Livro IV d'*O capital*, que só apareceria em 1905-1910, editado por Kautsky, sob o título *Theorien über den Mehrwert* [*Teorias do mais-valor*]. (N. T.)

** Citação modificada de Dante Alighieri, *A divina comédia*, "Purgatório", canto V. (N. E. A. MEW) [Ed. bras.: São Paulo, Editora 34, 2009.]

Capa da primeira edição alemã, publicada em 1867.

Posfácio da segunda edição[*]

Aos leitores da primeira edição tenho, primeiramente, de apresentar esclarecimentos quanto às modificações realizadas nesta segunda edição. Salta aos olhos a subdivisão mais clara do livro. Todas as notas adicionais estão indicadas como notas à segunda edição. Com relação ao texto em si, eis o mais importante:

No capítulo 1, item 1, a dedução do valor mediante a análise das equações nas quais se exprime todo valor de troca é efetuada com maior rigor científico; do mesmo modo, é expressamente destacado o nexo, apenas indicado na primeira edição, entre a substância do valor e a determinação da grandeza deste último por meio do tempo de trabalho socialmente necessário. O capítulo 1, item 3 ("A forma de valor") foi integralmente reelaborado, o que já o exigia a exposição dupla da primeira edição. (Observo, de passagem, que aquela exposição foi-me sugerida por meu amigo, dr. L. Kugelmann, de Hanover. Encontrava-me de visita em sua casa, na primavera de 1867, quando as primeiras provas de impressão chegaram de Hamburgo; ele convenceu-me, então, de que uma discussão suplementar e mais didática da forma do valor seria necessária para a maioria dos leitores.) A última seção do primeiro capítulo, "O caráter fetichista da mercadoria etc.", foi em grande parte modificada. O capítulo 3, item 1 ("Medida dos valores") foi cuidadosamente revisto, porquanto essa parte fora negligenciada na primeira edição, com uma simples remissão à discussão já feita em *Contribuição à crítica da economia política* (Berlim, 1859). O capítulo 7, especialmente a parte 2, foi consideravelmente reelaborado.

Seria inútil discorrer detalhadamente sobre as modificações, com frequência apenas estilísticas, que realizamos em passagens do texto. Elas se encontram dispersas por todo o livro. Porém, após ter revisado a tradução francesa, que se está publicando em Paris, creio que várias partes do original alemão teriam exigido aqui uma reelaboração mais profunda, ali uma revisão

---

[*] Na quarta edição do Livro I d'*O capital* (1890) foram excluídos os quatro primeiros parágrafos deste prefácio. No presente volume, o prefácio é publicado integralmente. (N. E. A. MEW)

estilística mais detalhada ou uma supressão mais cuidadosa de eventuais imprecisões. Para tanto, faltou-me o tempo necessário, pois a notícia de que o livro se havia esgotado e a impressão da segunda edição teria de começar já em janeiro de 1872 chegou-me apenas no outono de 1871, quando me encontrava ocupado com outros trabalhos urgentes.

A acolhida que *O capital* rapidamente obteve em amplos círculos da classe trabalhadora alemã é a melhor recompensa de meu trabalho. Num folheto* publicado durante a Guerra Franco-Alemã, o sr. Mayer, industrial vienense, economicamente situado do ponto de vista burguês, afirmou corretamente que o grande senso teórico, que é tido como um patrimônio alemão, abandonara completamente as ditas classes cultas da Alemanha para, ao contrário, ressuscitar na sua classe trabalhadora.

Na Alemanha, a economia política continua a ser, até o momento atual, uma ciência estrangeira. Em *Exposição histórica do comércio, dos ofícios etc.*, e especialmente nos dois primeiros volumes de sua obra, publicados em 1830, Gustav von Güllich já havia mencionado as circunstâncias históricas que, entre nós, inibiam o desenvolvimento do modo de produção capitalista e, por conseguinte, também a formação da moderna sociedade burguesa. Faltava, portanto, o terreno vivo da economia política. Esta foi importada da Inglaterra e da França como mercadoria acabada; os professores alemães dessa ciência jamais ultrapassaram a condição de discípulos. Em suas mãos, a expressão teórica de uma realidade estrangeira transformou-se numa coleção de dogmas, que eles interpretavam – quer dizer, distorciam – de acordo com o mundo pequeno-burguês que os circundava. A sensação de impotência científica, impossível de ser completamente reprimida, assim como a má consciência por ter de lecionar numa área de fato estranha, buscava ocultar-se sob o fausto de uma erudição histórico-literária ou por meio da mistura de um material estranho, tomado de empréstimo das assim chamadas ciências camerais**: uma mixórdia de conhecimentos por cujo purgatório tem de passar o esperançoso*** candidato à burocracia alemã.

Desde 1848, a produção capitalista tem se desenvolvido rapidamente na Alemanha e hoje já se encontra no pleno florescer de suas fraudes****. Mas, para nossos especialistas, a sorte continuou adversa como antes. Enquanto podiam praticar a economia política de modo imparcial, faltavam à realidade alemã as relações econômicas modernas. Assim que essas relações surgiram,

---

* Referência ao panfleto de Sigmund Mayer, intitulado "*Die sociale Frage in Wien. Studie eines 'Arbeitgebers'. Dem Niederösterreichischen Gewerbeverein gewidmet*" (Viena, 1871). (N. T.)
** *Kameralwissenschaften* (ciências camerais ou cameralísticas): assim eram chamadas as ciências que abrangiam os conhecimentos necessários ao exercício de funções administrativas nos pequenos Estados absolutistas alemães do século XVIII e XIX. (N. T.)
*** Na terceira e quarta edições: "desesperançado". (N. E. A. MEW)
**** No original, "*Schwindelblüte*" (literalmente: "floração de fraudes") (N. T.)

Posfácio da segunda edição

isso se deu sob circunstâncias que já não permitiam seu estudo imparcial dentro do horizonte burguês. Por ser burguesa, isto é, por entender a ordem capitalista como a forma última e absoluta da produção social, em vez de um estágio historicamente transitório de desenvolvimento, a economia política só pode continuar a ser uma ciência enquanto a luta de classes permanecer latente ou manifestar-se apenas isoladamente.

Tomemos o caso da Inglaterra. Sua economia política clássica coincide com o período em que a luta de classes ainda não estava desenvolvida. Seu último grande representante, Ricardo, converte afinal, conscientemente, a antítese entre os interesses de classe, entre o salário e o lucro, entre o lucro e a renda da terra em ponto de partida de suas investigações, concebendo essa antítese, ingenuamente, como uma lei natural da sociedade. Com isso, porém, a ciência burguesa da economia chegara a seus limites intransponíveis. Ainda durante a vida de Ricardo, e em oposição a ele, a crítica a essa ciência apareceu na pessoa de Sismondi[1].

A época seguinte, de 1820 a 1830, destaca-se na Inglaterra pela vitalidade científica no domínio da economia política. Foi o período tanto da vulgarização e difusão da teoria ricardiana, quanto de sua luta contra a velha escola. Celebraram-se magníficos torneios. O que então foi realizado é pouco conhecido no continente europeu, pois a polêmica está dispersa, em grande parte, em artigos de revistas, escritos ocasionais e panfletos. O caráter imparcial dessa polêmica – ainda que a teoria de Ricardo também sirva, excepcionalmente, como arma de ataque contra a economia burguesa – explica-se pelas circunstâncias da época. Por um lado, a própria grande indústria apenas começava a sair da infância, como o comprova o simples fato de que o ciclo periódico de sua vida moderna só se inaugura com a crise de 1825. Por outro lado, a luta de classes entre capital e trabalho ficou relegada ao segundo plano: politicamente, pela contenda entre o grupo formado por governos e interesses feudais congregados na Santa Aliança e a massa popular conduzida pela burguesia; economicamente, pela querela entre o capital industrial e a propriedade aristocrática da terra, que, na França, se ocultava sob o antagonismo entre a propriedade parcelada e a grande propriedade fundiária, e que, na Inglaterra, irrompeu abertamente com as leis dos cereais. Nesse período, a literatura da economia política na Inglaterra lembra o período de *Sturm und Drang* [tempestade e ímpeto]* econômico ocorrido na França após a morte do dr. Quesnay, mas apenas como um veranico de maio lembra a primavera. No ano de 1830, tem início a crise decisiva.

---

[1] Ver meu escrito *Zur Kritik der politschen Ökonomie* [Contribuição à crítica da economia política], cit., p. 39.

* Referência ao movimento pré-romântico que dominou a literatura alemã entre as décadas de 1760 e 1780 e ao qual pertenceram Herder, Goethe e Schiller, entre outros. (N. T.)

Na França e na Inglaterra, a burguesia conquistara o poder político. A partir de então, a luta de classes assumiu, teórica e praticamente, formas cada vez mais acentuadas e ameaçadoras. Ela fez soar o dobre fúnebre pela economia científica burguesa. Não se tratava mais de saber se este ou aquele teorema era verdadeiro, mas se, para o capital, ele era útil ou prejudicial, cômodo ou incômodo, se contrariava ou não as ordens policiais. O lugar da investigação desinteressada foi ocupado pelos espadachins a soldo, e a má consciência e as más intenções da apologética substituíram a investigação científica imparcial. De qualquer forma, mesmo os importunos opúsculos lançados aos quatro ventos pela Anti-Corn Law League [Liga Contra a Lei dos Cereais]*, tendo à frente os fabricantes Cobden e Bright, ainda possuíam um interesse, se não científico, ao menos histórico, por sua polêmica contra a aristocracia fundiária. Mas a legislação livre-cambista, a partir de *sir* Robert Peel**, arrancou à economia vulgar este último esporão crítico.

A revolução continental de 1845-1849*** repercutiu também na Inglaterra. Homens que ainda reivindicavam alguma relevância científica e que aspiravam ser algo mais do que meros sofistas e sicofantas das classes dominantes tentaram pôr a economia política do capital em sintonia com as exigências do proletariado, que não podiam mais ser ignoradas. Daí o surgimento de um sincretismo desprovido de espírito, cujo melhor representante é Stuart Mill. Trata-se de uma declaração de falência da economia "burguesa", tal como o grande erudito e crítico russo N. Tchernichevski já esclarecera magistralmente em sua obra *Lineamentos da economia política segundo Mill*.

Na Alemanha, portanto, o modo de produção capitalista chegou à maturidade depois que seu caráter antagonístico, por meio de lutas históricas, já se havia revelado ruidosamente na França e na Inglaterra, num momento em que o proletariado alemão já possuía uma consciência teórica de classe muito mais firme do que a burguesia desse país. Quando pareceu que uma ciência

---

* Essa união livre-cambista, fundada em 1838 em Manchester e dirigida pelos grandes fabricantes Cobden e Bright, visava abolir as assim chamadas leis dos cereais, que haviam sido introduzidas na Inglaterra em 1815 e limitavam (quando não proibiam) a importação de trigo estrangeiro. Em sua luta contra os grandes latifundiários, a liga procurou obter, por meio de promessas demagógicas, o apoio dos trabalhadores ingleses. As leis combatidas pelos livre-cambistas foram abolidas parcialmente em 1842 e totalmente em junho de 1846. Depois disso, a liga se dissolveu. (N. E. A. MEW) [Na Grã-Bretanha da época, a palavra *corn* (em alemão, *Korn*) possuía o significado mais genérico de "cereal": principalmente trigo, na Inglaterra, e aveia, na Escócia. (N. T.)]

** Nos anos 1842 e 1844, o então primeiro-ministro britânico Robert Peel promoveu uma reforma financeira, que aboliu ou reduziu todas as tarifas de exportação e as tarifas alfandegárias sobre matérias-primas e produtos semifabricados. Como substituição para a queda da receita estatal, foi introduzido um imposto de renda. Em 1853, foram extintas todas as tarifas alfandegárias sobre matérias-primas e produtos semifabricados. (N. E. A. MEGA)

*** Na terceira e quarta edições: "1848". (N. E. A. MEW)

Posfácio da segunda edição

burguesa da economia política seria possível aqui, tal ciência se tornara, uma vez mais, impossível.

Nessas circunstâncias, seus porta-vozes se dividiram em duas colunas. Uns, sagazes, ávidos de lucro e práticos, congregaram-se sob a bandeira de Bastiat, o representante mais superficial e, por isso mesmo, mais bem-sucedido da apologética economia vulgar; os outros, orgulhosos da dignidade professoral de sua ciência, seguiram J. S. Mill na tentativa de conciliar o inconciliável. Tal como na época clássica da economia burguesa, também na época de sua decadência os alemães continuaram a ser meros discípulos, repetidores e imitadores, pequenos mascates do grande atacado estrangeiro.

O desenvolvimento histórico peculiar da sociedade alemã excluía, portanto, a possibilidade de todo desenvolvimento original da economia "burguesa", mas não a sua... crítica. Na medida em que tal crítica representa uma classe específica, ela só pode representar a classe cuja missão histórica é o revolucionamento do modo de produção capitalista e a abolição final das classes: o proletariado.

Num primeiro momento, os porta-vozes eruditos e não eruditos da burguesia alemã procuraram abafar *O capital* sob um manto de silêncio, do mesmo modo como haviam logrado fazer com meus escritos anteriores*. Assim que essa tática deixou de corresponder às condições da época, passaram a publicar, sob o pretexto de criticar meu livro, instruções "para tranquilizar a consciência burguesa", mas encontraram na imprensa operária – vejam, por exemplo, os artigos de Joseph Dietzgen no *Volksstaat*** – paladinos superiores, aos quais devem uma resposta até hoje[2].

---

*   Marx refere-se, aqui, sobretudo à *Contribuição à crítica da economia política*, cuja publicação, em 1859, foi praticamente ignorada pelos jornais alemães à época. (N. E. A. MEGA)

** A resenha de J. Dietzgen "Das Kapital. Kritik der politischen Ökonomie von Karl Marx" (Hamburgo, 1867) foi publicada no *Demokratischen Wochenblatt*, n. 31, 34, 35 e 36. De 1869 a 1876, esse jornal apareceu com o título de *Der Volksstaat*. (N. E. A. MEW)

[2] Os gaguejantes falastrões da economia vulgar alemã reprovam o estilo e o modo de exposição do meu livro. Ninguém pode julgar mais severamente do que eu as deficiências literárias de *O capital*. No entanto, para proveito e alegria desses senhores e de seu público, cito aqui um juízo inglês e um russo. O *Saturday Review*, totalmente hostil às minhas ideias, afirmou, em seu anúncio da primeira edição alemã: o modo de exposição "confere certo encanto (*charm*) até mesmo às mais áridas questões econômicas". O *Jornal de São Petersburgo*, em seu número de 20 de abril de 1872, observa, entre outras coisas: "A exposição, salvo umas poucas partes excessivamente especializadas, distingue-se por ser acessível a todos, pela clareza e, apesar da elevação científica do objeto, por uma vivacidade incomum. Nesse aspecto, o autor [...] nem de longe se assemelha à maior parte dos eruditos alemães, que [...] escreve seus livros numa linguagem tão obscura e árida a ponto de romper a cabeça dos mortais comuns". Porém, o que se rompe nos leitores da literatura professoral nacional-liberal alemã contemporânea é algo muito distinto da cabeça.

Karl Marx – O capital

Uma excelente tradução russa de *O capital* foi publicada em São Petersburgo, na primavera de 1872. A edição, de 3 mil exemplares, já se encontra quase esgotada. Em 1871, em seu escrito *A teoria ricardiana do valor e do capital etc.*, o sr. N. Sieber, catedrático de economia política na Universidade de Kiev, já apontava a minha teoria do valor, do dinheiro e do capital, em suas linhas fundamentais, como a continuação necessária da doutrina de Smith e Ricardo. O que surpreende o europeu ocidental, na leitura dessa obra meritória, é a manutenção coerente do ponto de vista puramente teórico.

O método aplicado em *O capital* foi pouco compreendido, como já o demonstram as interpretações contraditórias que se apresentaram sobre o livro.

Assim, a *Revue Positiviste** me acusa, por um lado, de tratar a economia metafisicamente e, por outro – adivinhem! –, de limitar-me à mera dissecação crítica do dado, em vez de prescrever receitas (comtianas?) para o cardápio da taberna do futuro. Contra a acusação da metafísica, observa o prof. Sieber: "No que diz respeito à teoria propriamente dita, o método de Marx é o método dedutivo de toda a escola inglesa, cujos defeitos e qualidades são comuns aos melhores economistas teóricos"**.

O sr. M. Block, em "Les Théoriciens du Socialisme em Allemagne. Extrait du Journal des Économistes, juillet et août 1872"***, descobre que meu método é analítico e diz, entre outras coisas: "*Par cet ouvrage M. Marx se classe parmi les esprits analytiques les plus éminents*"****.

Os resenhistas alemães bradam, naturalmente, contra a sofística hegeliana*****. O *Correio Europeu*, de São Petersburgo, em um artigo inteiramente dedicado ao método de *O capital* (maio de 1872, p. 427-36), considera meu método de investigação estritamente realista, mas o modo de exposição, desgraçadamente, dialético-alemão. Diz ele:

"À primeira vista, se julgamos pela forma externa de exposição, Marx é o mais idealista dos filósofos, e precisamente no sentido germânico, isto é, no mau sen-

---

*   *La Philosophie Positive. Revue* – Revista publicada em Paris, de 1867 a 1883. No n. 3 (nov.-dez. 1868) incluía-se uma breve recensão sobre o primeiro volume d'*O capital*, escrita por Eugen De Roberty, discípulo de Auguste Comte. (N. E. A. MEW)

** Nikolai Sieber, *Teoríia tsénnosti i kapitala D. Ricardo v sviazi s pózdñeishimi dopolñéñiiami i raziasñéñiiami* (Kiev, 1871), p. 170. (N. E. A. MEW)

*** "Os teóricos do socialismo na Alemanha. Extrato do *Jornal dos Economistas*, julho e agosto de 1872." (N. T.)

**** "*Par cet ouvrage M. Marx se classe parmi les esprits analytiques les plus éminents, et noun n'avons qu'un regret, c'est qu'il ait suivi une fausse direction*" ["Com essa obra, o sr. Marx se classifica entre os espíritos analíticos mais eminentes, e só lamentamos que ele tenha tomado uma falsa direção"]. (N. E. A. MEGA)

***** Referência às resenhas d'*O capital* por Julius Faucher, no *Vierteljahrschrift für Volkswirtschaft und Kulturgeschichte*, Berlim, 1868, v. 20, p. 216, e de Eugen Dühring, no *Ergänzungsblättern zur Kenntniss der Gegenwart*, Hilburghausen, v. 3, 1867, n. 3, p. 182. (N. E. A. MEGA)

Posfácio da segunda edição

tido da palavra. No entanto, ele é, na verdade, infinitamente mais realista do que todos os seus antecessores no campo da crítica econômica [...]. De modo algum se pode chamá-lo de idealista."

Não há como responder melhor ao autor desse artigo* do que por meio de alguns extratos de sua própria crítica, cuja transcrição poderá, além disso, interessar a muitos dos meus leitores para os quais o original russo é inacessível.

Depois de citar uma passagem de meu prefácio à *Contribuição à crítica da economia política* (Berlim, 1859, p. IV-VII), na qual apresento a fundamentação materialista do meu método, prossegue o senhor autor:

"Para Marx, apenas uma coisa é importante: descobrir a lei dos fenômenos com cuja investigação ele se ocupa. E importa-lhe não só a lei que os rege, uma vez que tenham adquirido uma forma acabada e se encontrem numa inter-relação que se pode observar num período determinado. Para ele, importa sobretudo a lei de sua modificação, de seu desenvolvimento, isto é, a transição de uma forma a outra, de uma ordem de inter-relação a outra. Tão logo tenha descoberto essa lei, ele investiga em detalhes os efeitos por meio dos quais ela se manifesta na vida social [...]. Desse modo, o esforço de Marx se volta para um único objetivo: demonstrar, mediante escrupulosa investigação científica, a necessidade de determinadas ordens das relações sociais e, na medida do possível, constatar de modo irrepreensível os fatos que lhe servem de pontos de partida e de apoio. Para tanto, é plenamente suficiente que ele demonstre, juntamente com a necessidade da ordem atual, a necessidade de outra ordem, para a qual a primeira tem inevitavelmente de transitar, sendo absolutamente indiferente se os homens acreditam nisso ou não, se têm consciência disso ou não. Marx concebe o movimento social como um processo histórico-natural, regido por leis que não só são independentes da vontade, consciência e intenção dos homens, mas que, pelo contrário, determinam sua vontade, consciência e intenções [...]. Se o elemento consciente desempenha papel tão subalterno na história da civilização, é evidente que a crítica que tem por objeto a própria civilização está impossibilitada, mais do que qualquer outra, de ter como fundamento uma forma ou resultado qualquer da consciência. Ou seja, o que lhe pode servir de ponto de partida não é a ideia, mas unicamente o fenômeno externo. A crítica terá de limitar-se a cotejar e confrontar um fato não com a ideia, mas com outro fato. O que importa, para ela, é que se examinem ambos os fatos com a maior precisão possível e que estes constituam, uns em relação aos outros, diversas fases de desenvolvimento; mas importa-lhe, acima de tudo, que as séries de ordens, a sucessão e a concatenação em que estas se apresentam nas etapas de desenvolvimento sejam investigadas com a mesma precisão. Dir-se-á, porém, que as leis gerais da vida econômica são as mesmas, sejam elas aplicadas no presente ou no passado. Isso é precisamente o que Marx nega. Para ele, tais leis abstratas não existem [...]. De acordo com sua opinião, ao contrário, cada período histórico possui suas próprias leis [...]. Tão logo a vida tenha esgotado um determinado

---

* Trata-se de Ilarión Ignátievich Kaufmann, economista russo, professor na Universidade de São Petersburgo. (N. E. A. MEW)

Karl Marx – O capital

período de desenvolvimento, passando de um estágio a outro, ela começa a ser regida por outras leis. Numa palavra, a vida econômica nos oferece um fenômeno análogo ao da história da evolução em outros domínios da biologia [...]. Os antigos economistas equivocaram-se sobre a natureza das leis econômicas ao compará-las às leis da física e da química [...]. Uma análise mais profunda dos fenômenos demonstra que os organismos sociais se distinguem entre si tão radicalmente quanto os organismos vegetais se distinguem dos organismos animais [...]. Sim, um e mesmo fenômeno é regido por leis totalmente diversas em decorrência da estrutura geral diversa desses organismos, da diferenciação de alguns de seus órgãos, da diversidade das condições em que funcionam etc. Marx nega, por exemplo, que a lei da população seja a mesma em todas as épocas e em todos os lugares. Ao contrário, ele assegura que cada etapa de desenvolvimento tem sua própria lei da população [...]. Com o desenvolvimento diverso da força produtiva, alteram-se as condições e as leis que as regem. Ao propor a si mesmo a meta de investigar e elucidar, a partir desse ponto de vista, a ordem econômica do capitalismo, Marx apenas formula, de modo rigorosamente científico, a meta que se deve propor toda investigação exata da vida econômica [...]. O valor científico de tal investigação reside na elucidação das leis particulares que regem o nascimento, a existência, o desenvolvimento e a morte de determinado organismo social e sua substituição por outro, superior ao primeiro. E este é, de fato, o mérito do livro de Marx."

Ao descrever de modo tão acertado meu verdadeiro método, bem como a aplicação pessoal que faço deste último, que outra coisa fez o autor senão descrever o método dialético?

Sem dúvida, deve-se distinguir o modo de exposição segundo sua forma, do modo de investigação. A investigação tem de se apropriar da matéria [*Stoff*] em seus detalhes, analisar suas diferentes formas de desenvolvimento e rastrear seu nexo interno. Somente depois de consumado tal trabalho é que se pode expor adequadamente o movimento real. Se isso é realizado com sucesso, e se a vida da matéria é agora refletida idealmente, o observador pode ter a impressão de se encontrar diante de uma construção a priori.

Meu método dialético, em seus fundamentos, não é apenas diferente do método hegeliano, mas exatamente seu oposto. Para Hegel, o processo de pensamento, que ele, sob o nome de Ideia, chega mesmo a transformar num sujeito autônomo, é o demiurgo do processo efetivo, o qual constitui apenas a manifestação externa do primeiro*. Para mim, ao contrário, o ideal não é mais do que o material, transposto e traduzido na cabeça do homem.

---

* De modo semelhante, Marx escrevera a Kugelmann, em 1868: "Ele [Dühring] sabe muito bem que meu método de desenvolvimento *não* é o hegeliano, pois sou materialista, e Hegel, idealista. A dialética de Hegel é a forma fundamental de toda dialética, mas apenas *depois de* despida de sua forma mística, e é exatamente isso que distingue o *meu* método". (N. E. A. MEGA)

Posfácio da segunda edição

Critiquei o lado mistificador da dialética hegeliana há quase trinta anos*, quando ela ainda estava na moda. Mas quando eu elaborava o primeiro volume de *O capital*, os enfadonhos, presunçosos e medíocres epígonos** que hoje pontificam na Alemanha culta acharam-se no direito de tratar Hegel como o bom Moses Mendelssohn tratava Espinosa na época de Lessing: como um "cachorro morto". Por essa razão, declarei-me publicamente como discípulo daquele grande pensador e, no capítulo sobre a teoria do valor, cheguei até a coquetear aqui e ali com seus modos peculiares de expressão. A mistificação que a dialética sofre nas mãos de Hegel não impede em absoluto que ele tenha sido o primeiro a expor, de modo amplo e consciente, suas formas gerais de movimento. Nele, ela se encontra de cabeça para baixo. É preciso desvirá-la, a fim de descobrir o cerne racional dentro do invólucro místico.

Em sua forma mistificada, a dialética esteve em moda na Alemanha porque parecia glorificar o existente. Em sua configuração racional, ela constitui um escândalo e um horror para a burguesia e seus porta-vozes doutrinários, uma vez que, na intelecção positiva do existente, inclui, ao mesmo tempo, a intelecção de sua negação, de seu necessário perecimento. Além disso, apreende toda forma desenvolvida no fluxo do movimento, portanto, incluindo o seu lado transitório; porque não se deixa intimidar por nada e é, por essência, crítica e revolucionária.

O movimento da sociedade capitalista, repleto de contradições, revela-se ao burguês prático, de modo mais contundente, nas vicissitudes do ciclo periódico que a indústria moderna perfaz e em seu ponto culminante: a crise geral. Esta já se aproxima novamente, embora ainda se encontre em seus estágios iniciais e, graças à ubiquidade de seu cenário e à intensidade de seus efeitos, há de inculcar a dialética até mesmo nos *parvenus* [novos ricos] do novo Sacro Império Prussiano-Germânico.

Karl Marx
Londres, 24 de janeiro de 1873

---

* Cf. Karl Marx. *Crítica da filosofia do direito de Hegel*, São Paulo, Boitempo, 2005. (N. E.)
** Marx refere-se aqui aos filósofos Ludwig Büchner, Friedrich Albert Lange, Eugen Karl Dühring, Gustav Theodor Fechner, entre outros. (N. E. A. MEGA)

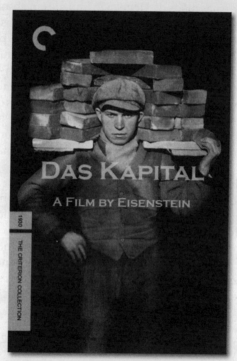

O capital, de Sergei Eisenstein: filme idealizado e nunca concluído pelo cineasta russo.

Prefácio da edição francesa

Ao cidadão Maurice La Châtre

Estimado cidadão,

Aplaudo vossa ideia de publicar a tradução de *O capital* em fascículos. Sob essa forma, o livro será mais acessível à classe trabalhadora e, para mim, essa consideração é mais importante do que qualquer outra.

Esse é o belo lado de vossa medalha, mas eis seu lado reverso: o método de análise que empreguei, e que ainda não havia sido aplicado aos assuntos econômicos, torna bastante árdua a leitura dos primeiros capítulos, e é bem possível que o público francês, sempre impaciente por chegar a uma conclusão, ávido por conhecer a relação dos princípios gerais com as questões imediatas que despertaram suas paixões, venha a se desanimar pelo fato de não poder avançar imediatamente.

Eis uma desvantagem contra a qual nada posso fazer, a não ser prevenir e premunir os leitores ávidos pela verdade. Não existe uma estrada real para a ciência, e somente aqueles que não temem a fadiga de galgar suas trilhas escarpadas têm chance de atingir seus cumes luminosos.

Recebei, caro cidadão, as garantias de meu mais devotado apreço.

Karl Marx
Londres, 18 de março de 1872

Carta de Marx ao editor francês Maurice La Châtre.

Posfácio da edição francesa

Aviso ao leitor

O sr. J. Roy propôs-se realizar uma tradução tão exata e mesmo literal quanto possível; ele cumpriu plenamente sua tarefa, mas justamente seu rigor obrigou-me a modificar a redação, com a finalidade de torná-la mais acessível ao leitor. Esses remanejamentos – feitos aos poucos, pois o livro era publicado em fascículos – foram realizados com uma atenção desigual, o que gerou discrepâncias de estilo.

Após a conclusão desse trabalho de revisão, fui levado a aplicá-lo também no texto original (a segunda edição alemã), simplificando alguns desenvolvimentos, completando outros, apresentando materiais históricos ou estatísticos adicionais, acrescentando observações críticas etc. Sejam quais forem as imperfeições literárias dessa edição francesa, ela possui um valor científico independente do original e deve ser consultada mesmo pelos leitores familiarizados com a língua alemã.

Reproduzo, a seguir, as partes do posfácio da segunda edição alemã que tratam do desenvolvimento da economia política na Alemanha e do método empregado nesta obra.

Karl Marx
Londres, 28 de abril de 1875

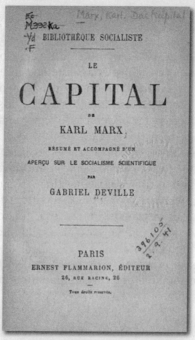

Capa de uma edição resumida (por Gabriel Deville) de *O capital*. Paris, Flammarion, 1883.

Prefácio da terceira edição alemã

Não foi possível a Marx aprontar esta terceira edição para ser impressa. O colossal pensador, ante cuja grandeza se curvam até seus próprios adversários*, morreu no dia 14 de março de 1883.

Sobre mim, que perdi, com ele, o amigo de quatro décadas, o melhor e mais constante dos amigos, a quem devo mais do que se pode expressar com palavras, recai agora o dever de preparar esta terceira edição, bem como a do segundo volume, deixado em manuscrito. Cabe-me, aqui, prestar contas ao leitor de como cumpri a primeira parte desse dever.

Inicialmente, Marx planejava reelaborar extensamente o texto do volume I, formular de modo mais preciso diversos pontos teóricos, acrescentar outros novos e complementar o material histórico e estatístico com dados atualizados. Seu estado precário de saúde e a ânsia de concluir a redação definitiva do volume II obrigaram-no a renunciar a esse plano. Devia-se modificar apenas o estritamente necessário e incorporar tão somente os acréscimos já contidos na edição francesa (*Le capital. Par Karl Marx*, Paris, Lachâtre, 1873**), publicada nesse ínterim.

No espólio, encontrou-se um exemplar da edição alemã, corrigido por Marx em alguns trechos e com referências à edição francesa; encontrou-se também um exemplar da edição francesa, com indicações precisas das passagens a serem utilizadas. Essas modificações e acréscimos se limitam, com poucas exceções, à última parte do livro, à seção "O processo de acumulação do capital". Nesse caso, o texto publicado até agora seguia, mais que em outros, o plano original, ao passo que as seções anteriores haviam sofrido uma reelaboração mais profunda. O estilo era, por isso, mais vivo, mais resoluto,

---

* Por exemplo, o *Kölnische Zeitung*, n. 75, 16 mar. 1883, escreveu: "Nossa escola mais recente de economia política tem um pé calcado sobre os ombros de Marx, que exerceu sobre a política interna de todos os Estados civilizados uma influência mais permanente que qualquer de seus contemporâneos". (N. E. A. MEGA)

** A edição francesa do volume I d'*O capital* foi publicada em fascículos, de 1872 a 1875, em Paris. (N. E. A. MEW)

mas também mais descuidado, salpicado de anglicismos e, em certas passagens, obscuro; o percurso da exposição apresentava lacunas aqui e ali, posto que alguns pontos importantes haviam sido apenas esboçados.

Quanto ao estilo, o próprio Marx submetera vários capítulos a uma cuidadosa revisão, que, juntamente com frequentes indicações transmitidas oralmente, forneceram-me a medida de até onde eu poderia ir na supressão de termos técnicos ingleses e outros anglicismos. Sem dúvida, Marx teria reelaborado os acréscimos e complementos, substituindo o francês polido pelo seu próprio alemão conciso; tive de me contentar em traduzi-los, ajustando-os o máximo possível ao texto original.

Nesta terceira edição, portanto, nenhuma palavra foi alterada sem que eu não tivesse a certeza de que o próprio autor o faria. Jamais sequer me ocorreu introduzir em *O capital* o jargão corrente em que se costumam expressar os economistas alemães, uma mixórdia que, por exemplo, chama de *Arbeitgeber* ["dador" de trabalho] aquele que, mediante pagamento em dinheiro, faz com que outrem lhe forneça trabalho, e *Arbeitnehmer* [receptor de trabalho] aquele de quem o trabalho é tomado em troca do salário*. Também em francês se emprega a palavra *travail*, na linguagem corrente, no sentido de "ocupação". Mas os franceses taxariam de louco, e com razão, o economista que quisesse chamar o capitalista de *donneur de travail* e o trabalhador de *receveur de travail*.

Tampouco tomei a liberdade de reduzir a seus equivalentes alemães atuais as unidades inglesas de moeda, pesos e medidas usadas no texto. Quando da publicação da primeira edição, havia na Alemanha tantos tipos de pesos e medidas quanto dias no ano, e, além disso, circulavam dois tipos de marco (àquela época, o *Reichsmark*** só valia na cabeça de Soetbeer, que o inventara no fim dos anos 1830), dois tipos de florim e ao menos três de táler, entre os quais havia um denominado "novo dois terços" [*neue Zweidrittel*]***. Nas ciências naturais, prevalecia o sistema métrico; no mercado mundial, os pesos e medidas ingleses. Nessas circunstâncias, as unidades inglesas de medida se impunham necessariamente a uma obra cujos dados factuais tinham de se basear quase exclusivamente nas condições industriais inglesas. E essa última razão permanece decisiva ainda hoje, tanto mais que as condições referidas não sofreram maiores modificações no mercado mundial, e particularmente

---

* Antes de 1867, Marx escrevera em seu manuscrito para o primeiro volume d'*O capital*: "No alemão atual, o capitalista, a personificação das *coisas*, aquele que toma o trabalho, é denominado *Arbeitgeber*, e o verdadeiro trabalhador, que dá o trabalho [*Arbeit giebt*], é chamado de *Arbeitnehmer*". (MEGA, II/4.1, p. 82.). (N. E. A. MEGA)

** Somente a partir de 1876 o *Reichsmark* (marco imperial) se tornaria a unidade monetária única do Império alemão, com o valor equivalente a 0,36 gramas de ouro. (N. T.)

*** Moeda de prata no valor de $2/3$ de táler, em circulação em diversos Estados alemães entre o fim do século XVII e a metade do século XIX. (N. E. A. MEW)

Prefácio da terceira edição alemã

nas indústrias mais significativas – ferro e algodão – prevalecem até hoje quase exclusivamente pesos e medidas ingleses*.

Por fim, uma última palavra sobre o método, pouco compreendido, que Marx emprega na realização de citações. Quando se trata de dados e descrições puramente factuais, as citações – como, as dos Livros Azuis ingleses, servem evidentemente como simples referências comprobatórias. O mesmo não ocorre quando são citadas teorias de outros economistas. Nesse caso, a única finalidade da citação é a de estabelecer onde, quando e por quem foi enunciado claramente, pela primeira vez, um pensamento econômico mencionado no decorrer da exposição. A única coisa que importa, nesses casos, é que a ideia econômica em questão tenha relevância para a história da ciência, que seja a expressão teórica mais ou menos adequada da situação econômica de sua época. Mas o fato de ser citado não implica de modo algum que esse enunciado tenha valor absoluto ou relativo do ponto de vista do autor, ou que já se encontre historicamente ultrapassado. Tais citações, pois, não constituem mais do que um comentário ao texto, tomado da história da ciência econômica, e registram cada um dos progressos mais importantes da teoria econômica, de acordo com a data e o autor. E isso era muito necessário numa ciência cujos historiadores até hoje se destacam apenas pela ignorância tendenciosa, quase digna de arrivistas. Compreender-se-á, então, por que Marx, em sintonia com o posfácio da segunda edição, apenas muito excepcionalmente cita economistas alemães.

Espero que o segundo volume possa ser publicado no transcorrer do ano de 1884.

Friedrich Engels
Londres, 7 de novembro de 1883

---

*   Cf. tabela de conversão de pesos e medidas, p. 879. (N. T.)

Edição inglesa, traduzida por Samuel Moore e Edward Aveling.

Prefácio da edição inglesa*

A publicação de uma edição inglesa de *O capital* dispensa qualquer apologia. Pelo contrário, poder-se-ia esperar por uma explicação de por que tal edição inglesa foi postergada até agora, visto que há vários anos as teorias defendidas neste livro têm sido constantemente citadas, atacadas, defendidas, interpretadas e distorcidas na imprensa periódica e na literatura cotidiana tanto da Inglaterra quanto da América.

Quando, pouco após a morte do autor, em 1883, ficou claro que uma edição inglesa desta obra era realmente necessária, o sr. Samuel Moore, há muitos anos amigo de Marx e deste que vos escreve, e que talvez tem mais familiaridade com o próprio livro do que qualquer outra pessoa, consentiu em realizar a tradução que os testamenteiros literários de Marx ansiavam por apresentar ao público. Acertou-se que eu deveria cotejar o manuscrito com a obra original e sugerir as alterações que me parecessem aconselháveis. Quando, pouco a pouco, revelou-se que as ocupações profissionais do sr. Moore o impediam de concluir a tradução com a rapidez que desejávamos, aceitamos com prazer a oferta do dr. Aveling de assumir uma parte do trabalho; ao mesmo tempo, a sra. Aveling, a filha mais jovem de Marx, ofereceu-se para conferir as citações e restaurar o texto original das inúmeras passagens de autores ingleses e dos Livros Azuis, traduzidas por Marx para o alemão. Isso foi plenamente realizado, com exceção de alguns poucos casos inevitáveis.

O dr. Aveling traduziu as seguintes partes do livro: 1) os capítulos 10 ("A jornada de trabalho") e 11 ("Taxa e massa de mais-valor"); 2) a seção VI ("O salário"), do capítulo 19 até o 22; 3) do capítulo 24, seção IV ("Circunstâncias que" etc.) até o final do livro, abrangendo a última parte do capítulo 24, o capítulo 25 e toda a seção VIII (do capítulo 26 até o 33); 4) os dois prefácios do autor**. O restante do livro foi traduzido pelo sr. Moore. Se cada um dos

---
* Traduzido do original inglês. (N. T.)
** A numeração dos capítulos da edição inglesa do volume I d'*O capital* não coincide com a numeração das edições alemãs, mas com a da edição francesa. Nesta, os três

tradutores é responsável apenas por sua parte, a mim recai a responsabilidade pelo conjunto da obra.

A terceira edição alemã, na qual se baseou inteiramente nosso trabalho, foi preparada por mim, em 1883, com auxílio dos apontamentos deixados pelo autor, nos quais ele indicava as passagens da segunda edição que se deviam substituir por determinadas passagens do texto francês, publicado em 1873[3]. As alterações assim efetuadas no texto da segunda edição coincidiam, de modo geral, com as mudanças prescritas por Marx numa série de instruções manuscritas para uma tradução inglesa que se planejara publicar na América dez anos atrás, mas que fora abandonada principalmente por falta de um tradutor capaz e adequado. Esse manuscrito nos foi colocado à disposição por nosso velho amigo, o sr. F. A. Sorge, de Hoboken, Nova Jersey. Nele se encontram indicações adicionais de trechos da edição francesa a serem inseridos no texto-fonte da nova tradução; porém, sendo esse manuscrito anterior em muitos anos às últimas instruções deixadas por Marx para a terceira edição, não me julguei autorizado a fazer uso delas a não ser em raras ocasiões, especialmente quando nos ajudavam a superar dificuldades. Do mesmo modo, o texto francês foi referido, na maioria das passagens difíceis, como um indicador daquilo que o próprio autor estava disposto a sacrificar, sempre que algo do sentido integral do texto original tivesse de ser sacrificado na tradução.

Há, no entanto, uma dificuldade da qual não pudemos poupar o leitor: o uso de certos termos num sentido diferente daquele que eles possuem, não só na vida cotidiana, mas também na economia política corrente. Mas isso foi inevitável. Cada novo aspecto de uma ciência implica uma revolução de seus termos técnicos. Isso é mais bem evidenciado na química, cuja terminologia inteira se modifica radicalmente a cada período de mais ou menos vinte anos e na qual dificilmente se pode encontrar um único composto orgânico que não tenha recebido uma série de nomes diferentes. A economia política geralmente tem se limitado a tomar os termos da vida comercial e industrial tal como eles se apresentam e a operar com eles, sem se dar conta de que, com isso, confina-se a si mesma no círculo estreito das ideias expressas por aqueles termos. Assim, mesmo a economia política clássica, embora perfeitamente consciente de que tanto o lucro quanto a renda não são mais do que subdivisões, fragmentos daquela parte não paga do produto que o trabalhador tem de fornecer ao patrão (seu primeiro apropriador, ainda que não seu possuidor último e exclusivo), jamais foi além das noções correntes de lucro

---

subcapítulos do capítulo 4 da segunda edição alemã se convertem em capítulos (4, 5 e 6), o mesmo ocorre com os sete subcapítulos do capítulo 24, que formam os capítulos 26 a 32 na edição inglesa. (N. E. A. MEW)

[3] *"Le Capital"*, *par Karl Marx. Traduction de M. J. Roy, entièrement revisée par l'auteur* (Paris, Lachâtre). Essa tradução, especialmente em sua última seção, contém consideráveis alterações e acréscimos ao texto da segunda edição alemã.

Prefácio da edição inglesa

e renda, jamais examinou essa parte não paga do produto (que Marx chama de mais-produto) em sua integridade, como um todo, e, por isso, jamais atingiu uma compreensão clara, seja de sua origem e natureza, seja das leis que regulam a distribuição subsequente de seu valor. De modo semelhante, toda indústria que não seja agrícola ou artesanal está indiscriminadamente compreendida no termo "manufatura", com o que se apaga a distinção entre dois grandes períodos essencialmente diversos da história econômica: o período da manufatura propriamente dita, baseado na divisão do trabalho manual, e o período da indústria moderna, baseado na maquinaria. É evidente, no entanto, que uma teoria que considera a moderna produção capitalista como um mero estágio transitório na história econômica da humanidade tem de empregar termos distintos daqueles normalmente usados pelos autores que encaram esse modo de produção como imperecível e definitivo.

Talvez ainda convenha dizer uma palavra sobre o método empregado pelo autor na realização de citações. Na maioria das vezes, as citações servem, como é usual, de evidência documental em apoio às asserções feitas no texto. Em muitos casos, porém, transcrevem-se passagens de autores economistas a fim de indicar quando, onde e por quem determinada proposição foi enunciada claramente pela primeira vez. Isso ocorre quando a proposição citada é importante como expressão mais ou menos adequada das condições sociais de produção e de troca prevalecentes numa dada época, independentemente do fato de Marx aceitá-la ou mesmo de sua validade geral. Tais citações, portanto, suplementam o texto com um comentário corrente extraído da história da ciência.

Nossa tradução compreende apenas o primeiro volume da obra, mas este é, em grande medida, um todo em si mesmo, e foi, por vinte anos, considerado uma obra autônoma. Já o segundo volume, que editei em alemão, em 1885, fica decididamente incompleto sem o terceiro, que não poderá ser publicado antes do final de 1887. Assim, quando o Livro III aparecer no original alemão, teremos tempo suficiente para pensar em preparar uma edição inglesa de ambos.

No continente europeu, O *capital* costuma ser chamado de "a Bíblia da classe trabalhadora". Que as conclusões obtidas nesta obra tornam-se cada vez mais os princípios fundamentais do grande movimento da classe trabalhadora, não só na Alemanha e na Suíça, mas também na França, na Holanda, na Bélgica, na América e até mesmo na Itália e na Espanha; que em todos os lugares a classe trabalhadora reconhece nessas conclusões, cada vez mais, a expressão mais adequada de sua condição e de suas aspirações, é algo que ninguém que esteja a par desse movimento haverá de negar. E também na Inglaterra, neste momento, as teorias de Marx exercem uma poderosa influência sobre o movimento socialista, que se propaga nas fileiras das pessoas "cultas" não menos que naquelas da classe trabalhadora. Mas isso não é tudo. Rapidamente se aproxima o tempo em que uma investigação minuciosa da situação econômica da Inglaterra haverá de se impor como uma irresistível necessidade nacional. A engrenagem do sistema industrial deste país, impossível sem uma expansão rápida e constante da produção e, portanto, dos mercados, está prestes a emperrar.

O livre-câmbio exauriu seus recursos; até mesmo Manchester passa a duvidar desse seu antigo evangelho econômico[4]. A indústria estrangeira, desenvolvendo-se rapidamente, desafia a produção inglesa por toda parte, não só em mercados protegidos, mas também em mercados neutros, e até mesmo deste lado do canal. Enquanto a força produtiva aumenta em progressão geométrica, a expansão dos mercados se dá, quando muito, em progressão aritmética. O ciclo decenal de estagnação, prosperidade, superprodução e crise, sempre recorrente de 1825 a 1867, parece, de fato, ter se esgotado, mas apenas para nos deixar no lodaçal de desesperança de uma depressão crônica e permanente. O almejado período de prosperidade tarda em chegar; toda vez que acreditamos vislumbrar os sintomas que o anunciam, estes desaparecem de novo no ar. Entrementes, cada novo inverno recoloca a grande questão: "que fazer com os desempregados?". Mas, ao mesmo tempo que o número de desempregados continua a aumentar a cada ano, ninguém se habilita a responder a essa pergunta, e quase podemos calcular o momento em que os desempregados, perdendo a paciência, tomarão seu destino em suas próprias mãos. Sem dúvida, num tal momento dever-se-ia ouvir a voz de um homem cuja teoria inteira é o resultado de toda uma vida de estudos da história e da situação econômica da Inglaterra, estudos que o levaram à conclusão de que, ao menos na Europa, a Inglaterra é o único país onde a inevitável revolução social poderia ser realizada inteiramente por meios pacíficos e legais. Certamente, ele jamais se esqueceu de acrescentar que considerava altamente improvável que as classes dominantes inglesas se submetessem a essa revolução pacífica e legal sem promover uma *"proslavery rebellion"* [rebelião em favor da escravatura]*.

Friedrich Engels
5 de novembro de 1886

---

[4] Na reunião trimestral da Câmara de Comércio de Manchester, celebrada nesta tarde, deu-se uma acalorada discussão acerca do livre-câmbio. Apresentou-se uma resolução, segundo a qual, "uma vez que se esperou em vão, durante quarenta anos, que outras nações seguissem o exemplo de livre-câmbio oferecido pela Inglaterra, esta câmara entende que chegou a hora de reconsiderar essa posição". A resolução foi rejeitada por apenas um voto, sendo o resultado da votação: 21 votos a favor, 22 votos contra. (*"Evening Standard"*, 1º de novembro de 1886).

* Revolta desencadeada pelos donos de escravos do sul dos Estados Unidos e que levou à Guerra Civil de 1861-1865. (N. E. A. MEW)

Prefácio da quarta edição alemã

A quarta edição exigiu-me uma configuração a mais definitiva possível, tanto do texto quanto das notas. A seguir, algumas palavras sobre como respondi a essa exigência.

Depois de renovadas consultas à edição francesa e às notas manuscritas de Marx, inseri no texto alemão alguns acréscimos tomados da primeira. Eles se encontram na p. 130 (3. ed., p. 88), p. 517-19 (3. ed., p. 509-10), p. 610-13 (3. ed., p. 600), p. 655-7 (3. ed., p. 644) e na nota 79 da p. 660 (3. ed., p. 648)*. Do mesmo modo, seguindo os precedentes das edições francesa e inglesa, agreguei ao texto (4. ed., p. 519-25**) a longa nota sobre os trabalhadores das minas (3. ed., p. 509-15). As demais modificações, de pouca importância, têm natureza puramente técnica.

Formulei, além disso, algumas notas explicativas, principalmente quando as circunstâncias históricas alteradas pareciam exigi-lo. Todas essas notas adicionais estão colocadas entre colchetes e assinaladas com minhas iniciais ou com "D. H."***.

Uma revisão completa das numerosas citações fez-se necessária em virtude da publicação, nesse ínterim, da edição inglesa. Para essa edição, Eleanor, a filha mais jovem de Marx, deu-se ao trabalho de cotejar com os originais todas as passagens citadas, de modo que nas citações de fontes inglesas, de longe as mais numerosas, não se apresenta uma retradução do alemão, mas o próprio texto original inglês. Ao consultar esse texto para a quarta edição, nele pude encontrar diversas passagens com pequenas imprecisões, como indicações errôneas de páginas, em parte cometidas na transcrição dos cadernos, em parte devidas à acumulação de erros de impressão ao longo de três edições. Aspas ou reticências fora de lugar, o que é inevitável quando se realiza um número tão grande de citações a partir de cadernos de notas. Aqui e ali, uma

---

* Na presente edição, ver p. 189-90, 562-5, 659-62, 702-4, 706-7 (nota 79). (N. T.)

** Na presente edição, ver p. 565-70. (N. T.)

*** D. H. (*Die Herausgeber*): "os editores". (N. T.) Na presente edição, as notas de Engels encontram-se sempre entre chaves {} e indicadas com "F. E.". (N. E. A. MEW)

escolha não muito feliz na tradução de uma palavra. Certas citações, tomadas dos velhos cadernos de Paris (1843-1845), uma época em que Marx não sabia inglês e lia os economistas ingleses em traduções francesas; nesses casos, à dupla tradução correspondia uma leve mudança de colorido – por exemplo, em Steuart, Ure, entre outros – em comparação com o texto inglês que agora foi utilizado. E mais uma série de pequenos lapsos e inexatidões desse tipo. Quem quer que compare esta quarta edição com as anteriores verá que todo esse laborioso processo de correção nada modificou no livro que valha a pena mencionar. Uma única citação não pôde ser localizada, a de Richard Jones (4. ed., p. 562, nota 47)*; Marx provavelmente se equivocou ao transcrever o título do livro. Todas as outras citações, em sua forma atual, exata, conservam ou reforçam seu pleno poder comprobatório.

Mas vejo-me aqui forçado a voltar a uma velha história.

Conheço apenas um caso em que a correção de uma citação de Marx foi posta em dúvida, mas como esse caso continuou a circular mesmo depois de sua morte, não posso deixá-lo passar em branco aqui**.

A 7 de março de 1872, no *Concórdia*, órgão berlinense da União dos Fabricantes Alemães, apareceu um artigo anônimo, intitulado *"Wie Karl Marx citirt"* [Como Karl Marx cita]. Nele se afirmava, com uma afetada ostentação de indignação moral e de expressões indecorosas, que a citação tomada do discurso pronunciado por Gladstone a 16 de abril de 1863 teria sido falseada (na mensagem inaugural da Associação Internacional dos Trabalhadores, de 1864, e repetida n'*O capital*, Livro I, 4. ed., p. 617; 3. ed., p. 670-1***). No relatório estenográfico (oficioso) do *Hansard*****, não constaria nem uma única palavra da frase "esse aumento inebriante de riqueza e poder [...] está inteiramente restrito às classes possuidoras". Lê-se no artigo: "Essa frase não se encontra, porém, em parte alguma do discurso de Gladstone. O que nele se afirma é exatamente o contrário". (E em negrito:) **"Marx interpolou e deturpou essa frase, formal e materialmente."**

Marx, a quem se enviou esse número do *Concórdia* no mês de maio seguinte, respondeu ao autor anônimo no *Volksstaat* de 1º de junho. Como não se lembrava mais de que notícia jornalística havia extraído a citação, Marx limitou-se, num primeiro momento, a apresentar duas publicações inglesas

---

* Na presente edição, ver p. 624, nota 47. (N. T.)

** Em 1891, num volume intitulado *In Sachen Brentano contra Marx wegen angeblicher Citats-fälschung. Geschichtserzählung und Dokumente* [A questão Brentano contra Marx, em torno de uma suposta falsificação de citações. Exposição e documentos], Engels publicou as acusações de Brentano e Taylor Siedley contra Marx, seguidas das respectivas réplicas de Marx, Engels e Eleanor Marx. (N. T.)

*** Na presente edição, ver p. 726-7. (N. T.)

**** Nome dado às transcrições dos debates do parlamento britânico. A palavra deriva de Thomas Curson Hansard, o primeiro editor desses documentos. (N. T.)

Prefácio da quarta edição alemã

que reproduziam exatamente a mesma frase, e, em seguida, citou o relato do *Times*, segundo o qual Gladstone dissera:

> "That is the state of the case as regards the wealth of this country. I must say for one, I should look almost with apprehension and with pain upon this intoxicating augmentation of wealth and power, if it were my belief that it was confined to classes who are in easy circumstances. This takes no cognizance at all of the condition of the labouring population. The augmentation I have described and which is founded, I think, upon accurate returns, is an augmentation entirely confined to classes of property."*

O que Gladstone diz, portanto, é que ele lamentaria que assim fosse, mas que é assim: que esse inebriante aumento de riqueza e poder *é* inteiramente restrito às classes possuidoras. E no tocante ao oficioso *Hansard*, Marx acrescenta:

> "Nesta sua edição posteriormente remendada, o sr. Gladstone foi esperto o suficiente para escamotear a passagem que seria certamente comprometedora na boca de um ministro do Tesouro inglês. Trata-se, de resto, de um procedimento consagrado no Parlamento britânico, não sendo, de modo algum, uma invenção do pequeno Lasker contra Bebel."**

O anônimo se enfurece cada vez mais. Em sua réplica no *Concórdia* de 4 de julho, deixando de lado as fontes de segunda mão, ele sugere, de modo vergonhoso, que é "de praxe" citar discursos parlamentares conforme o registro estenográfico; mas também que o relato do *Times* (no qual se encontra a frase "interpolada e deturpada") e o do *Hansard* (no qual ela não se encontra) "coincidem plenamente no sentido material", além do fato de que o relato do *Times* conteria "exatamente o contrário do que se diz naquela famigerada passagem do discurso inaugural", com o que nosso bom homem cuidadosamente omite que, juntamente com esse pretenso "contrário", ele traz expressamente "aquela famigerada passagem"! Apesar de tudo, o autor anônimo sente que está atolado e que somente um novo subterfúgio pode

---

* "Tal é o estado de coisas no que diz respeito à riqueza deste país. De minha parte, devo dizer que eu veria quase com apreensão e dor esse aumento inebriante de riqueza e poder se eu acreditasse estar ele restrito às classes abastadas. Isso não leva em conta, de modo algum, as condições da população trabalhadora. O aumento que acabo de descrever e que, segundo creio, se fundamenta em dados fidedignos, é um aumento inteiramente restrito às classes proprietárias." (N. T.)

** Na sessão parlamentar do *Reichstag* de 8 de novembro de 1871, o deputado liberal-nacionalista Lasker, numa polêmica contra Bebel, declarou que se os trabalhadores alemães resolvessem imitar o exemplo dos membros da Comuna de Paris, "o cidadão honesto e proprietário os mataria a pauladas". Mas o orador não se decidiu a publicar essas expressões, e no registro estenográfico figuram, em vez de "mataria a pauladas", as palavras "o refreariam com suas próprias forças". Bebel descobriu essa falsificação. Lasker tornou-se objeto de chacota entre os trabalhadores. Em virtude de sua pequena estatura, aplicou-se-lhe o apelido de "pequeno Lasker". (N. E. A. MEW)

salvá-lo. Assim, enquanto criva seu artigo – este, sim, pululante de "mendacidade audaz", como mostramos há pouco – de edificantes vitupérios como *"mala fides"* [má-fé], "desonestidade", "afirmação mentirosa", "aquela citação mentirosa", "mendacidade audaz", "uma citação completamente falseada", "esta falsificação", "simplesmente infame" etc., considera necessário levar a polêmica para outro terreno e, por isso, promete "explicar num segundo artigo o significado que nós" (o não "mentiroso" anônimo) "damos ao conteúdo das palavras de Gladstone". Como se essa sua opinião, absolutamente desimportante, tivesse alguma coisa a ver com o assunto! Esse segundo artigo apareceu no *Concórdia* de 11 de julho.

Marx respondeu mais uma vez, no *Volksstaat* de 7 de agosto, desta feita apresentando também as passagens constantes dos relatos do *Morning Star* e do *Morning Advertiser*, de 17 de abril de 1863. De acordo com ambos, Gladstone diz que veria com apreensão etc. esse inebriante aumento de riqueza e poder se acreditasse estar ele restrito às classes abastadas (*classes in easy circumstances*). Mas que esse aumento *é* inteiramente restrito às classes que possuem propriedade (*entirely confined to classes possessed of property*). De modo que também esses relatos reproduzem quase literalmente a frase supostamente "interpolada e deturpada". Além disso, cotejando os textos do *Times* e o do *Hansard*, Marx constatou que a referida frase constava como autêntica, e com a mesma redação, nos relatos de três jornais, independentes entre si e publicados na manhã seguinte ao discurso, faltando ela apenas no texto do *Hansard*, e justamente porque este fora corrigido segundo a conhecida "praxe", ou seja, porque Gladstone, nas palavras de Marx, "a escamoteara posteriormente"; por fim, declarava não ter mais tempo para perder com o anônimo. Este, ao que parece, também se deu por satisfeito; ao menos não foram enviados a Marx edições novas do *Concórdia*.

Com isso, o assunto parecia estar morto e enterrado. No entanto, desde então nos chegaram, uma ou duas vezes, por pessoas que tinham relações com a Universidade de Cambridge, misteriosos rumores acerca de um inominável crime literário que teria sido cometido por Marx em *O capital*; porém, apesar de todas as nossas investigações, foi absolutamente impossível apurar algo de mais concreto. Mas eis que, a 29 de novembro de 1883, oito meses depois da morte de Marx, apareceu no *Times* uma carta, enviada do Trinity College, de Cambridge, e assinada por Sedley Taylor, na qual esse homenzinho, que chafurda no mais manso cooperativismo, lançou inopinadamente uma luz não só sobre os rumores de Cambridge, como também sobre o anônimo do *Concórdia*.

"O que parece deveras estranho" – diz o homúnculo do Trinity College – "é que estivesse reservado ao *professor Brentano* (àquela época em Breslau, hoje em Estrasburgo) [...] revelar a evidente *mala fides* com que o discurso de Gladstone fora citado na mensagem" (inaugural). "O sr. Karl Marx, que [...] tentou defender a citação, teve a audácia de afirmar, em meio aos espasmos mortais (*deadly shifts*) a que os ataques magistrais de Brentano o lançaram de imediato, que o sr.

Prefácio da quarta edição alemã

Gladstone teria retocado o relato de seu discurso publicado no *Times* de 17 de abril de 1863, antes que ele aparecesse no *Hansard,* a fim de escamotear uma passagem um tanto comprometedora para um ministro do Tesouro inglês. Quando Brentano, por meio de um cotejamento detalhado dos textos, demonstrou que os relatos do *Times* e do *Hansard* coincidiam em excluir inteiramente o sentido que a citação capciosamente isolada imputava às palavras de Gladstone, Marx bateu em retirada, sob o pretexto de falta de tempo!"

Era essa, então, a verdade por detrás de tudo! E com que glória se refletia, na fantasia cooperativista de Cambridge, a campanha anônima do sr. Brentano no *Concórdia*! Assim se erguia, brandindo sua lâmina*, "num ataque magistral", esse São Jorge da Liga dos Fabricantes Alemães, enquanto o dragão dos infernos, Marx, agonizava aos seus pés, "em meio a espasmos mortais"!

Mas toda essa narração épica, digna de um Ariosto, serve apenas para encobrir os subterfúgios de nosso São Jorge. Aqui já não se fala de "interpolação e deturpação", de "falsificação", mas de "citação capciosamente isolada" (*craftily isolated quotation*). A questão inteira fora deslocada, e São Jorge e seu escudeiro de Cambridge sabiam muito bem por quê.

Tendo o *Times* se recusado a publicar a réplica, Eleanor Marx encaminhou-a à revista mensal *To-Day,* em fevereiro de 1884, e assim reconduziu o debate ao único ponto de que se tratava: havia Marx "interpolado e deturpado" aquela frase ou não? O sr. Sedley Taylor treplicou:

"A questão de se uma determinada frase foi ou não pronunciada no discurso do sr. Gladstone era" – na sua opinião – "de importância muito secundária" – na controvérsia entre Marx e Brentano – "se comparada com a questão de se a referida citação fora realizada com o propósito de reproduzir ou de desfigurar o sentido original a ela conferido por Gladstone."

E admite, então, que o relato do *Times* "contém, de fato, uma contradição nas palavras", porém... porém, que o resto do texto, interpretado corretamente, isto é, no sentido liberal-gladstoniano, revelaria aquilo que o sr. Gladstone havia *querido* dizer (*To-Day,* março de 1884). O mais cômico nisso tudo é que agora o nosso homúnculo de Cambridge empenha-se em citar o discurso *não* de acordo com o *Hansard* – como, segundo o anônimo Brentano, seria "de praxe" –, mas com o relato do *Times*, que o mesmo Brentano qualificara de "necessariamente malfeito". É claro, já que no *Hansard* falta a frase fatídica!

Eleanor Marx não teve nenhuma dificuldade em reduzir a pó esses argumentos, no mesmo número do *To-Day*. Ou bem o sr. Taylor lera a controvérsia de 1872 – e, nesse caso, punha-se agora a "deturpar", não só "interpolando", mas também "suprimindo" – ou simplesmente não a lera e, então, tinha a obri-

---

* Engels parafraseia aqui as palavras de Falstaff (*"Here I lay, and thus I bore my point"*) no *Henrique IV* (parte I, ato 2, cena 4), de Shakespeare. (N. T.)

gação de calar a boca. De todo modo, ficava claro que em nenhum momento ele se atreveu a manter de pé a acusação de seu amigo Brentano, segundo a qual Marx teria "interpolado e deturpado" uma frase. Pelo contrário, agora é dito que Marx teria não acrescentado mentiras, mas suprimido uma frase importante. Ocorre, porém, que essa mesma frase é citada na página 5 da "Mensagem inaugural", poucas linhas acima da frase supostamente "interpolada e deturpada". E quanto à "contradição" no discurso de Gladstone, não foi exatamente Marx que, na nota 105 à p. 618* d'*O capital*, (3. ed., p. 672), referiu-se às "sucessivas e gritantes contradições nos discursos de Gladstone sobre o orçamento de 1863 e 1864"? Ocorre que Marx, à diferença de Sedley Taylor, não ousa diluir tais contradições em complacências liberais. E assim arremata Eleanor Marx:

> "Ao contrário, Marx nem ocultou nada digno de menção, nem interpolou e deturpou uma única palavra. O que ele fez foi restabelecer e tirar do esquecimento uma determinada frase do discurso de Gladstone, a qual foi indubitavelmente pronunciada, mas que, de um jeito ou de outro, ficou de fora da versão do *Hansard*."

Com isso, também o sr. Sedley Taylor se deu por satisfeito, e o resultado de todo esse conluio de catedráticos, tramado ao longo de duas décadas e em duas grandes nações, foi o de que não mais se ousou pôr em dúvida a probidade literária de Marx, ao mesmo tempo que o sr. Sedley Taylor, a partir de então, haverá de confiar tão pouco nos boletins literários de batalha do sr. Brentano quanto este último na infalibilidade papal do *Hansard*.

Friedrich Engels
Londres, 25 de junho de 1890

---

* Na presente edição, ver nota 105, p. 727-8. (N. T.)

Seção I
MERCADORIA E DINHEIRO

Capítulo 1

A mercadoria

1. Os dois fatores da mercadoria: valor de uso e valor (substância do valor, grandeza do valor)

A riqueza das sociedades onde reina o modo de produção capitalista aparece [*erscheint*] como uma "enorme coleção de mercadorias"[1], e a mercadoria individual, por sua vez, aparece como sua forma elementar. Nossa investigação começa, por isso, com a análise da mercadoria.

A mercadoria é, antes de tudo, um objeto externo, uma coisa que, por meio de suas propriedades, satisfaz necessidades humanas de um tipo qualquer. A natureza dessas necessidades – se, por exemplo, elas provêm do estômago ou da imaginação – não altera em nada a questão[2]. Tampouco se trata aqui de como a coisa satisfaz a necessidade humana, se diretamente, como meio de subsistência [*Lebensmittel*], isto é, como objeto de fruição, ou indiretamente, como meio de produção.

Toda coisa útil, como ferro, papel etc., deve ser considerada sob um duplo ponto de vista: o da qualidade e o da quantidade. Cada uma dessas coisas é um conjunto de muitas propriedades e pode, por isso, ser útil sob diversos aspectos. Descobrir esses diversos aspectos e, portanto, as múltiplas formas de uso das coisas é um ato histórico[3]. E o mesmo pode ser dito do ato de

---

[1] Karl Marx, *Zur Kritik der politischen Ökonomie* (Berlim, 1859), p. 3 [ed. bras.: *Contribuição à crítica da economia política*, São Paulo, Expressão Popular, 2008].

[2] "*Desire implies want; it is the appetite of the mind, and as natural as hunger to the body* [...] *the greatest number (of things) have their value from supplying the wants of the mind*" ["O desejo faz parte das necessidades; ele é o apetite do espírito, e tão naturalmente como a fome para o corpo, [...] a maioria (das coisas) tem seu valor, porque satisfaz as necessidades do espírito"], Nicholas Barbon, *A Discourse on Coining the New Money Lighter. In Answer to Mr. Locke's Considerations* (Londres), p. 2-3.

[3] "*Things have an intrinsick vertue* [...], *which in all places have the same vertue; as the loadstone to attract iron*" ["As coisas têm uma *intrinsick vertue* [virtude intrínseca]" (este é, para Barbon, o traço específico do valor de uso) "que é igual em toda a parte, tal como a do ímã é atrair o ferro"], ibidem, p. 6. A propriedade do ímã de atrair o ferro só se tornou útil quando, por intermédio dessa mesma propriedade, se descobriu a polaridade magnética.

encontrar as medidas sociais para a quantidade das coisas úteis. A diversidade das medidas das mercadorias resulta, em parte, da natureza diversa dos objetos a serem medidos e, em parte, da convenção.

A utilidade de uma coisa faz dela um valor de uso[4]. Mas essa utilidade não flutua no ar. Condicionada pelas propriedades do corpo da mercadoria, ela não existe sem esse corpo. Por isso, o próprio corpo-mercadoria [*Warenkörper*], como ferro, trigo, diamante etc., é um valor de uso ou um bem. Esse seu caráter não depende do fato de a apropriação de suas qualidades úteis custar muito ou pouco trabalho aos homens. Na consideração do valor de uso será sempre pressuposta sua determinidade [*Bestimmtheit*] quantitativa, como uma dúzia de relógios, 1 braça de linho, 1 tonelada de ferro etc. Os valores de uso das mercadorias fornecem o material para uma disciplina específica, a merceologia[5]. O valor de uso se efetiva apenas no uso ou no consumo. Os valores de uso formam o conteúdo material [*stofflichen Inhalt*] da riqueza, qualquer que seja a forma social desta. Na forma de sociedade que iremos analisar, eles constituem, ao mesmo tempo, os suportes materiais [*stofflische Träger*] do valor de troca.

O valor de troca aparece inicialmente como a relação quantitativa, a proporção na qual valores de uso de um tipo são trocados por valores de uso de outro tipo[6], uma relação que se altera constantemente no tempo e no espaço. Ele parece, assim, ser algo acidental e puramente relativo e, ao mesmo tempo, um valor de troca intríseco, imanente à mercadoria (*valeur intrinsèque*); logo, uma *contradictio in adjecto* [contradição nos próprios termos][7]. Vejamos a coisa mais de perto.

Certa mercadoria, 1 *quarter** de trigo, por exemplo, é trocada por *x* de graxa de sapatos ou por *y* de seda ou *z* de ouro etc., em suma, por outras mercado-

---

[4] *"The natural worth of anything consists in its fitness to supply the necessities, or serve the conveniences of human life"* ["O *worth* natural de cada coisa consiste em sua propriedade de satisfazer necessidades ou de servir às conveniências da vida humana"], John Locke, "Some Considerations of the Consequences of the Lowering of Interest" (1691), em *Works* (Londres, 1777), v. II, p. 28. No século XVII, ainda encontramos com muita frequência, nos escritores ingleses, a palavra *"worth"* para valor de uso e *"value"* para valor de troca, plenamente no espírito de uma língua que gosta de expressar as questões imediatas de modo germânico e as questões abstratas [*reflektierte*] de modo românico.

[5] Na sociedade burguesa, predomina a *fictio juris* [ficção jurídica] de que todo homem possui, como comprador de mercadorias, um conhecimento enciclopédico sobre elas.

[6] *"La valeur consiste dans le rapport d'échange qui se trouve entre telle chose et telle autre, entre telle mesure d'une production et telle mesure d'une autre"* ["O valor consiste na relação de troca que se estabelece entre uma coisa e outra, entre a quantidade de um produto e a quantidade de outro"], Le Trosne, *De l'intérêt social*, em E. Daire (ed.), *Physiocrates* (Paris, 1846), p. 889.

[7] *"Nothing can have an intrinsick value"* ["Nada pode ter um valor intrínseco"], N. Barbon, *A Discourse on Coining the New Money Lighter*, cit., p. 6. Ou, como diz Butler: *"The value of a thing/ Is just as much as it will bring"* ["O valor de uma coisa/ é exatamente o quanto ela renderá"].

* Medida inglesa para cereais, equivalente a 8 alqueires (*bushels*). (N. T.)

rias nas mais diversas proporções. O trigo tem, assim, múltiplos valores de troca em vez de um único. Mas sendo *x* de graxa de sapatos, assim como *y* de seda e *z* de ouro etc. o valor de troca de 1 *quarter* de trigo, então *x* de graxa de sapatos, *y* de seda e *z* de ouro etc. têm de ser valores de troca permutáveis entre si ou valores de troca de mesma grandeza. Disso se segue, em primeiro lugar, que os valores de troca vigentes da mesma mercadoria expressam algo igual. Em segundo lugar, porém, que o valor de troca não pode ser mais do que o modo de expressão, a "forma de manifestação" [*Erscheinungsform*] de um conteúdo que dele pode ser distinguido.

Tomemos, ainda, duas mercadorias, por exemplo, trigo e ferro. Qualquer que seja sua relação de troca, ela é sempre representável por uma equação em que uma dada quantidade de trigo é igualada a uma quantidade qualquer de ferro, por exemplo, 1 *quarter* de trigo = *a* quintais* de ferro. O que mostra essa equação? Que algo comum e de mesma grandeza existe em duas coisas diferentes, em 1 *quarter* de trigo e em *a* quintais de ferro. Ambas são, portanto, iguais a uma terceira, que, em si mesma, não é nem uma nem outra. Cada uma delas, na medida em que é valor de troca, tem, portanto, de ser redutível a essa terceira.

Um simples exemplo geométrico ilustra isso. Para determinar e comparar as áreas de todas as figuras retilíneas, é preciso decompô-las em triângulos. O próprio triângulo é reduzido a uma expressão totalmente distinta de sua figura visível – a metade do produto de sua base pela sua altura. Do mesmo modo, os valores de troca das mercadorias têm de ser reduzidos a algo em comum, com relação ao qual eles representam um mais ou um menos.

Esse algo em comum não pode ser uma propriedade geométrica, física, química ou qualquer outra propriedade natural das mercadorias. Suas propriedades físicas importam apenas na medida em que conferem utilidade às mercadorias, isto é, fazem delas valores de uso. Por outro lado, parece claro que a abstração dos seus valores de uso é justamente o que caracteriza a relação de troca das mercadorias. Nessa relação, um valor de uso vale tanto quanto o outro desde que esteja disponível em proporção adequada. Ou como diz o velho Barbon:

> "Um tipo de mercadoria é tão bom quanto outro se seu valor de troca for da mesma grandeza. Pois não existe nenhuma diferença ou possibilidade de diferenciação entre coisas cujos valores de troca são da mesma grandeza."[8]

---

* No original, "*Zentner*", antiga unidade de medida de peso, equivalente a 50 quilos. A palavra também é normalmente empregada para traduzir o *hundredweight* inglês, que equivale a 50,8 quilos. (N. T.)

[8] "*One sort of wares are as good as another, if the value be equal. There is no difference or distinction in things of equal value* [...]. *One hundred pounds worth of lead or iron, is of as great a value as one hundred pounds worth of silver and gold*" ["Chumbo ou ferro no valor

Como valores de uso, as mercadorias são, antes de tudo, de diferente qualidade; como valores de troca, elas podem ser apenas de quantidade diferente, sem conter, portanto, nenhum átomo de valor de uso.

Abstraindo do valor de uso dos corpos-mercadorias, resta nelas uma única propriedade: a de serem produtos do trabalho. Mas mesmo o produto do trabalho já se transformou em nossas mãos. Se abstraímos de seu valor de uso, abstraímos também dos componentes [*Bestandteilen*] e formas corpóreas que fazem dele um valor de uso. O produto não é mais uma mesa, uma casa, um fio ou qualquer outra coisa útil. Todas as suas qualidades sensíveis foram apagadas. E também já não é mais o produto do carpinteiro, do pedreiro, do fiandeiro ou de qualquer outro trabalho produtivo determinado. Com o caráter útil dos produtos do trabalho desaparece o caráter útil dos trabalhos neles representados e, portanto, também as diferentes formas concretas desses trabalhos, que não mais se distinguem uns dos outros, sendo todos reduzidos a trabalho humano igual, a trabalho humano abstrato.

Consideremos agora o resíduo dos produtos do trabalho. Deles não restou mais do que uma mesma objetividade fantasmagórica, uma simples massa amorfa [*Gallerte*] de trabalho humano indiferenciado, *i.e.*, de dispêndio de força de trabalho humana, que não leva em conta a forma desse dispêndio. Essas coisas representam apenas o fato de que em sua produção foi despendida força de trabalho humana, foi acumulado trabalho humano. Como cristais dessa substância social que lhes é comum, elas são valores – valores de mercadorias.

Na própria relação de troca das mercadorias, seu valor de troca apareceu-nos como algo completamente independente de seus valores de uso. Se abstrairmos agora do valor de uso dos produtos do trabalho, obteremos seu valor tal como ele foi definido anteriormente. O elemento comum, que se apresenta na relação de troca – ou no valor de troca – das mercadorias, é, portanto, seu valor. A continuação da investigação nos reconduzirá ao valor de troca como o modo necessário de expressão ou forma de manifestação do valor, mas este tem de ser, por ora, considerado independentemente dessa forma.

Assim, um valor de uso ou um bem só possui valor porque nele está objetivado ou materializado trabalho humano abstrato. Mas como medir a grandeza de seu valor? Por meio da quantidade de "substância formadora de valor", isto é, da quantidade de trabalho nele contida. A própria quantidade de trabalho é medida por seu tempo de duração, e o tempo de trabalho possui, por sua vez, seu padrão de medida em frações determinadas de tempo, como hora, dia etc.

Poderia parecer que, se o valor de uma mercadoria é determinado pela quantidade de trabalho despendido durante sua produção, quanto mais preguiçoso ou inábil for um homem, maior será o valor de sua mercadoria,

---

de £100 têm o mesmo valor de troca de prata e ouro no valor de £100"], N. Barbon, *A Discourse on Coining the New Money Lighter*, cit., p. 53 e 7.

pois ele necessitará de mais tempo para produzi-la. No entanto, o trabalho que constitui a substância dos valores é trabalho humano igual, dispêndio da mesma força de trabalho humana. A força de trabalho conjunta da sociedade, que se apresenta nos valores do mundo das mercadorias, vale aqui como uma única força de trabalho humana, embora consista em inumeráveis forças de trabalho individuais. Cada uma dessas forças de trabalho individuais é a mesma força de trabalho humana que a outra, na medida em que possui o caráter de uma força de trabalho social média e atua como tal; portanto, na medida em que, para a produção de uma mercadoria, ela só precisa do tempo de trabalho em média necessário ou tempo de trabalho socialmente necessário. Tempo de trabalho socialmente necessário é aquele requerido para produzir um valor de uso qualquer sob as condições normais para uma dada sociedade e com o grau social médio de destreza e intensidade do trabalho. Após a introdução do tear a vapor na Inglaterra, por exemplo, passou a ser possível transformar uma dada quantidade de fio em tecido empregando cerca da metade do trabalho de antes. Na verdade, o tecelão manual inglês continuava a precisar do mesmo tempo de trabalho para essa produção, mas agora o produto de sua hora de trabalho individual representava apenas metade da hora de trabalho social e, por isso, seu valor caiu para a metade do anterior.

Portanto, é unicamente a quantidade de trabalho socialmente necessário ou o tempo de trabalho socialmente necessário para a produção de um valor de uso que determina a grandeza de seu valor[9]. A mercadoria individual vale aqui somente como exemplar médio de sua espécie[10]. Por essa razão, mercadorias em que estão contidas quantidades iguais de trabalho ou que podem ser produzidas no mesmo tempo de trabalho têm a mesma grandeza de valor. O valor de uma mercadoria está para o valor de qualquer outra mercadoria assim como o tempo de trabalho necessário para a produção de uma está para o tempo de trabalho necessário para a produção de outra. "Como valores, todas as mercadorias são apenas medidas determinadas de tempo de trabalho cristalizado."[11]

---

[9] Nota à segunda edição: "*The value of them (the necessaries of life) when they are exchanged the one for another, is regulated by the quantity of labour necessarily required, and commonly taken in producing them*" ["O valor deles (dos meios de subsistência), quando são trocados uns pelos outros, é regulado pela quantidade de trabalho necessariamente requerida para sua produção e geralmente nela empregada"], *Some Thoughts on the Interest of Money in General, and Particularly in the Public Funds*, p. 36-7. Esse notável escrito anônimo do século passado não traz qualquer data. A partir de seu conteúdo, no entanto, pode-se inferir que ele tenha sido escrito sob o reinado de George II, no ano de 1739 ou 1740.

[10] "*Toutes les productions d'un même genre ne forment proprement qu'une masse, dont le prix se détermine en général et sans égard aux circonstances particulières*" ["Todos os produtos do mesmo tipo formam, de fato, uma única massa, cujo preço é determinado em geral e sem consideração às circunstâncias particulares"], Le Trosne, *De l'intérêt social*, cit., p. 893.

[11] K. Marx, *Zur Kritik der politischen Ökonomie* [*Contribuição à crítica da economia política*], cit., p. 6.

Assim, a grandeza de valor de uma mercadoria permanece constante se permanece igualmente constante o tempo de trabalho requerido para sua produção. Mas este muda com cada mudança na força produtiva do trabalho. Essa força produtiva do trabalho é determinada por múltiplas circunstâncias, dentre outras, pelo grau médio de destreza dos trabalhadores, o grau de desenvolvimento da ciência e de sua aplicabilidade tecnológica, a organização social do processo de produção, o volume e a eficácia dos meios de produção e as condições naturais. Por exemplo, a mesma quantidade de trabalho produz, numa estação favorável, 8 alqueires* de trigo, mas apenas 4 alqueires numa estação menos favorável. A mesma quantidade de trabalho extrai mais metais em minas ricas do que em pobres etc. Os diamantes muito raramente se encontram na superfície da terra, e, por isso, encontrá-los exige muito tempo de trabalho. Em consequência, eles representam muito trabalho em pouco volume. Jacob duvida que o ouro tenha alguma vez pago seu pleno valor**. Isso vale ainda mais para o diamante. Segundo Eschwege, em oitenta anos a exploração das minas de diamante brasileiras não havia atingido, em 1823, o preço do produto médio de um ano e meio das plantações brasileiras de açúcar ou café, embora a exploração de diamantes representasse muito mais trabalho e, portanto, mais valor. Com minas mais ricas, a mesma quantidade de trabalho seria representada em mais diamantes, e seu valor cairia. Se com pouco trabalho fosse possível transformar carvão em diamante, seu valor poderia cair abaixo do de tijolos. Como regra geral, quanto maior é a força produtiva do trabalho, menor é o tempo de trabalho requerido para a produção de um artigo, menor a massa de trabalho nele cristalizada e menor seu valor. Inversamente, quanto menor a força produtiva do trabalho, maior o tempo de trabalho necessário para a produção de um artigo e maior seu valor. Assim, a grandeza de valor de uma mercadoria varia na razão direta da quantidade de trabalho que nela é realizado e na razão inversa da força produtiva desse trabalho***.

Uma coisa pode ser valor de uso sem ser valor. É esse o caso quando sua utilidade para o homem não é mediada pelo trabalho. Assim é o ar, a terra virgem, os campos naturais, a madeira bruta etc. Uma coisa pode ser útil e produto do trabalho humano sem ser mercadoria. Quem, por meio de seu produto, satisfaz sua própria necessidade, cria certamente valor de

---

* No original, "*bushel*", unidade de medida inglesa de capacidade para secos, equivalente a 36,3687 litros. (N. T.)

** William Jacob, *An Historical Inquiry into the Production and Consumption of the Precious Metals* (Londres, 1831). (N. E. A. MEW)

*** Na primeira edição, o texto prossegue da seguinte forma: "Conhecemos, agora, a *substância* do valor. Ela é o *trabalho*. Conhecemos sua *medida de grandeza*. Ela é o *tempo de trabalho*. Resta analisar sua *forma*, que fixa o *valor* precisamente como *valor de troca*. Antes, porém, é preciso desenvolver com mais precisão as determinações já encontradas". (N. E. A. MEW)

uso, mas não mercadoria. Para produzir mercadoria, ele tem de produzir não apenas valor de uso, mas valor de uso para outrem, valor de uso social. {E não somente para outrem. O camponês medieval produzia a talha para o senhor feudal, o dízimo para o padre, mas nem por isso a talha ou o dízimo se tornavam mercadorias. Para se tornar mercadoria, é preciso que, por meio da troca, o produto seja transferido a outrem, a quem vai servir como valor de uso.}[11a] Por último, nenhuma coisa pode ser valor sem ser objeto de uso. Se ela é inútil, também o é o trabalho nela contido, não conta como trabalho e não cria, por isso, nenhum valor.

2. O duplo caráter do trabalho representado nas mercadorias

Inicialmente, a mercadoria apareceu-nos como um duplo [*Zwieschlächtiges*] de valor de uso e valor de troca. Mais tarde, mostrou-se que também o trabalho, quando se expressa no valor, já não possui os mesmos traços que lhe cabem como produtor de valores de uso. Essa natureza dupla do trabalho contido na mercadoria foi criticamente demonstrada pela primeira vez por mim[12]. Como esse ponto é o centro em torno do qual gira o entendimento da economia política, ele deve ser examinado mais de perto.

Tomemos duas mercadorias, por exemplo, um casaco e 10 braças de linho. Consideremos que a primeira tenha o dobro do valor da segunda, de modo que se 10 braças de linho = V, o casaco = $2V$.

O casaco é um valor de uso que satisfaz uma necessidade específica. Para produzi-lo, é necessário um certo tipo de atividade produtiva, determinada por seu escopo, modo de operar, objeto, meios e resultado. O trabalho, cuja utilidade se representa, assim, no valor de uso de seu produto, ou no fato de que seu produto é um valor de uso, chamaremos aqui, resumidamente, de trabalho útil. Sob esse ponto de vista, ele será sempre considerado em relação a seu efeito útil.

Assim como o casaco e o linho são valores de uso qualitativamente distintos, também o são os trabalhos que os produzem – alfaiataria e tecelagem. Não fossem valores de uso qualitativamente distintos e, por isso, produtos de trabalhos úteis qualitativamente distintos, essas coisas não poderiam de modo algum se confrontar como mercadorias. O casaco não é trocado por casaco, um valor de uso não se troca pelo mesmo valor de uso.

No conjunto dos diferentes valores de uso ou corpos-mercadorias aparece um conjunto igualmente diversificado, dividido segundo o gênero, a espécie,

---

[11a] Nota à quarta edição: acrescentei o texto entre chaves para evitar a confusão, muito frequente, de que, para Marx, todo produto consumido por outro que não o produtor seria considerado mercadoria. (F. E.)

[12] K. Marx, *Zur Kritik der politischen Ökonomie* [*Contribuição à crítica da economia política*], cit., p. 12-3 *passim*.

a família e a subespécie, de diferentes trabalhos úteis – uma divisão social do trabalho. Tal divisão é condição de existência da produção de mercadorias, embora esta última não seja, inversamente, a condição de existência da divisão social do trabalho. Na antiga comunidade indiana, o trabalho é socialmente dividido sem que os produtos se tornem mercadorias. Ou, para citar um exemplo mais próximo, em cada fábrica o trabalho é sistematicamente dividido, mas essa divisão não implica que os trabalhadores troquem entre si seus produtos individuais. Apenas produtos de trabalhos privados, separados e mutuamente independentes uns dos outros confrontam-se como mercadorias.

Vimos, pois, que no valor de uso de toda mercadoria reside uma determinada atividade produtiva adequada a um fim, ou trabalho útil. Valores de uso não podem se confrontar como mercadorias se neles não residem trabalhos úteis qualitativamente diferentes. Numa sociedade cujos produtos assumem genericamente a forma da mercadoria, isto é, numa sociedade de produtores de mercadorias, essa diferença qualitativa dos trabalhos úteis, executados separadamente uns dos outros como negócios privados de produtores independentes, desenvolve-se como um sistema complexo, uma divisão social do trabalho.

Para o casaco, é indiferente se ele é usado pelo alfaiate ou pelo freguês do alfaiate, uma vez que, em ambos os casos, ele funciona como valor de uso. Tampouco a relação entre o casaco e o trabalho que o produziu é alterada pelo fato de a alfaiataria se tornar uma profissão específica, um elo independente no interior da divisão social do trabalho. Onde a necessidade de vestir-se o obrigou, o homem costurou por milênios, e desde muito antes que houvesse qualquer alfaiate. Mas a existência do casaco, do linho e de cada elemento da riqueza material [*stofflichen Reichtums*] não fornecido pela natureza teve sempre de ser mediada por uma atividade produtiva especial, direcionada a um fim, que adapta matérias naturais específicas a necessidades humanas específicas. Como criador de valores de uso, como trabalho útil, o trabalho é, assim, uma condição de existência do homem, independente de todas as formas sociais, eterna necessidade natural de mediação do metabolismo entre homem e natureza e, portanto, da vida humana.

Os valores de uso casaco, linho etc., em suma, os corpos-mercadorias, são nexos de dois elementos: matéria natural e trabalho. Subtraindo-se a soma total de todos os diferentes trabalhos úteis contidos no casaco, linho etc., o que resta é um substrato material que existe na natureza sem a interferência da atividade humana. Ao produzir, o homem pode apenas proceder como a própria natureza, isto é, pode apenas alterar a forma das matérias[13]. Mais ainda: nesse próprio

---

[13] "*Tutti i fenomeni dell' universo, sieno essi prodotti della mano dell'uomo, ovvero delle universali leggi della fisica, non ci danno idea di attuale creazione, ma unicamente di una modificazione della materia. Accostare e separare sono gli unici elementi che l'ingegno umano ritrova analizzando l'idea della riproduzione; e tanto è riproduzione di valori [...] e di ricchezza se la terra, l'aria e l'acqua ne' campi si trasmutino in grano, come se colla mano dell' uomo il glutine di*

A mercadoria

trabalho de formação ele é constantemente amparado pelas forças da natureza. Portanto, o trabalho não é a única fonte dos valores de uso que ele produz, a única fonte da riqueza material. Como diz William Petty: o trabalho é o pai, e a terra é a mãe da riqueza material.

Passemos, então, da mercadoria, como objeto de uso, para o valor-mercadoria.

De acordo com nossa suposição, o casaco tem o dobro do valor do linho. Essa é, porém, uma diferença meramente quantitativa, que por ora ainda não nos interessa. Recordemos, por isso, que se o valor de um casaco é o dobro de 10 braças de linho, então 20 braças de linho têm a mesma grandeza de valor de um casaco. Como valores, o casaco e o linho são coisas de igual substância, expressões objetivas do mesmo tipo de trabalho. Mas alfaiataria e tecelagem são trabalhos qualitativamente distintos. Há, no entanto, circunstâncias sociais em que a mesma pessoa costura e tece alternadamente, de modo que esses dois tipos distintos de trabalho são apenas modificações do trabalho do mesmo indivíduo e ainda não constituem funções fixas, específicas de indivíduos diferentes, assim como o casaco que nosso alfaiate faz hoje e as calças que ele faz amanhã pressupõem somente variações do mesmo trabalho individual. A evidência nos ensina, além disso, que em nossa sociedade capitalista, a depender da direção cambiante assumida pela procura de trabalho, uma dada porção de trabalho humano será alternadamente oferecida sob a forma da alfaiataria e da tecelagem. Essa variação de forma do trabalho, mesmo que não possa se dar sem atritos, tem necessariamente de ocorrer. Abstraindo da determinidade da atividade produtiva e, portanto, do caráter útil do trabalho, resta o fato de que ela é um dispêndio de força humana de trabalho. Alfaiataria e tecelagem, embora atividades produtivas qualitativamente distintas, são ambas dispêndio produtivo de cérebro, músculos, nervos, mãos etc. humanos e, nesse sentido, ambas são trabalho humano. Elas não são mais do que duas formas diferentes de se despender força humana de trabalho. É verdade que a própria força humana de trabalho tem de estar mais ou menos desenvolvida para poder ser despendida desse ou

---

un insetto si trasmuti in velluto ovvero alcuni pezzetti di metallo si organizzino a formare una ripetizione" ["Todos os fenômenos do universo, sejam eles produzidos pelas mãos do homem ou pelas leis gerais da física, não são, na verdade, criações novas, mas apenas uma transformação da matéria dada. Aglutinar e separar são os únicos elementos que o espírito humano encontra continuamente na análise da reprodução; e o mesmo se dá com a reprodução do valor" (valor de uso, embora aqui, em sua polêmica contra os fisiocratas, Verri não saiba exatamente a que tipo de valor ele se refere) "[...] e da riqueza, quando a terra, o ar e a água se transformam em cereal nos campos, ou quando, pelas mãos do homem, a secreção de um inseto se transforma em seda, ou alguns pequenos pedaços de metal se conjugam para formar um relógio"], Pietro Verri, *Meditazione sulla economia politica* (primeira edição de 1771 – na edição dos economistas italianos realizada por Custodi), t. XV, parte moderna, p. 21-2.

daquele modo. Mas o valor da mercadoria representa unicamente trabalho humano, dispêndio de trabalho humano. Ora, assim como na sociedade burguesa um general ou um banqueiro desempenham um grande papel, ao passo que o homem comum desempenha, ao contrário, um papel muito miserável[14], o mesmo ocorre aqui com o trabalho humano. Ele é dispêndio da força de trabalho simples que, em média, toda pessoa comum, sem qualquer desenvolvimento especial, possui em seu organismo corpóreo. Embora seu caráter varie em diferentes países e épocas culturais, o *trabalho simples médio* está dado em toda e qualquer sociedade existente. O trabalho mais complexo vale apenas como trabalho simples *potenciado* ou, antes, *multiplicado*, de modo que uma quantidade menor de trabalho complexo é igual a uma quantidade maior de trabalho simples. Que essa redução ocorre constantemente é algo mostrado pela experiência. Mesmo que uma mercadoria seja o produto do trabalho mais complexo, seu *valor* a equipara ao produto do trabalho mais simples e, desse modo, representa ele próprio uma quantidade determinada de trabalho simples[15]. As diferentes proporções em que os diferentes tipos de trabalho são reduzidos ao trabalho simples como sua unidade de medida são determinadas por meio de um processo social que ocorre pelas costas dos produtores e lhes parecem, assim, ter sido legadas pela tradição. Para fins de simplificação, de agora em diante consideraremos todo tipo de força de trabalho diretamente como força de trabalho simples, com o que apenas nos poupamos o esforço de redução.

Assim como nos valores casaco e linho está abstraída a diferença entre seus valores de uso, também nos trabalhos representados nesses valores não se leva em conta a diferença entre suas formas úteis, a alfaiataria e a tecelagem. Assim como os valores de uso casaco e linho constituem nexos de atividades produtivas orientadas a um fim e realizadas com o tecido e o fio, ao passo que os valores casaco e linho são, ao contrário, simples massas amorfas de trabalho, também os trabalhos contidos nesses valores não valem pela relação produtiva que guardam com o tecido e o fio, mas tão somente como dispêndio de força humana de trabalho. Alfaiataria e tecelagem são elementos formadores dos valores de uso, casaco e linho, precisamente devido a suas diferentes qualidades; constituem substâncias do valor do casaco e do valor do linho somente na medida em que, abstraídas de suas qualidades específicas, ambas revelam possuir a mesma qualidade: o trabalho humano.

Casaco e linho não são apenas valores em geral, mas valores de determinada grandeza, e, de acordo com nossa suposição, o casaco tem o dobro do valor

---

[14] Cf. G. W. F. Hegel, *Philosophie des Rechts* [*Filosofia do direito*] (Berlim, 1840), p. 250, §190.
[15] O leitor deve notar que não se trata aqui da remuneração ou do valor que o trabalhador recebe por, digamos, uma jornada de trabalho, mas sim do valor das mercadorias nas quais sua jornada se objetiva. A categoria do salário ainda não existe em absoluto nesse estágio de nossa exposição.

A mercadoria

de 10 braças de linho. De onde provém essa diferença de suas grandezas de valor? Do fato de que o linho contém somente a metade do trabalho contido no casaco, pois para a produção do último requer-se um dispêndio de força de trabalho durante o dobro do tempo necessário à produção do primeiro.

Portanto, se em relação ao valor de uso o trabalho contido na mercadoria vale tão somente qualitativamente, em relação à grandeza de valor ele vale apenas quantitativamente, depois de ter sido reduzido a trabalho humano sem qualquer outra qualidade. Lá, trata-se do "como" e do "quê" do trabalho; aqui, trata-se de seu "quanto", de sua duração. Como a grandeza do valor de uma mercadoria expressa apenas a quantidade de trabalho nela contida, as mercadorias devem, em dadas proporções, ser sempre valores de mesma grandeza.

Mantendo-se inalterada a força produtiva, digamos, de todos os trabalhos úteis requeridos para a produção de um casaco, a grandeza de valor do casaco aumenta com sua própria quantidade. Se um casaco contém x dias de trabalho, dois casacos contêm $2x$, e assim por diante. Suponhamos, porém, que o trabalho necessário à produção de um casaco dobre ou caia pela metade. No primeiro caso, um casaco tem o mesmo valor que antes tinham dois casacos; no segundo caso, dois casacos têm o mesmo valor que antes tinha apenas um casaco, embora nos dois casos um casaco continue a prestar os mesmos serviços e o trabalho útil nele contido conserve a mesma qualidade. Alterou-se, porém, a quantidade de trabalho despendida em sua produção.

Uma quantidade maior de trabalho constitui, por si mesma, uma maior riqueza material, dois casacos em vez de um. Com dois casacos podem-se vestir duas pessoas; com um casaco, somente uma etc. No entanto, ao aumento da massa da riqueza material pode corresponder uma queda simultânea de sua grandeza de valor. Esse movimento antitético resulta do duplo caráter do trabalho. Naturalmente, a força produtiva é sempre a força produtiva de trabalho útil, concreto, e determina, na verdade, apenas o grau de eficácia de uma atividade produtiva adequada a um fim, num dado período de tempo. O trabalho útil se torna, desse modo, uma fonte mais rica ou mais pobre de produtos em proporção direta ao aumento ou à queda de sua força produtiva. Ao contrário, por si mesma, uma mudança da força produtiva não afeta em nada o trabalho representado no valor. Como a força produtiva diz respeito à forma concreta e útil do trabalho, é evidente que, tão logo se abstraia dessa sua forma concreta e útil, ela não pode mais afetar o trabalho. Assim, o mesmo trabalho produz, nos mesmos períodos de tempo, sempre a mesma grandeza de valor, independentemente da variação da força produtiva. Mas ele fornece, no mesmo espaço de tempo, diferentes quantidades de valores de uso: uma quantidade maior quando a produtividade aumenta e menor quando ela diminui. A mesma variação da força produtiva, que aumenta a fertilidade do trabalho e, com isso, a massa dos valores de uso por ele produzida, diminui a grandeza de valor dessa massa total aumentada ao reduzir a quantidade de tempo de trabalho necessário à sua produção. E vice-versa.

Todo trabalho é, por um lado, dispêndio de força humana de trabalho em sentido fisiológico, e graças a essa sua propriedade de trabalho humano igual ou abstrato ele gera o valor das mercadorias. Por outro lado, todo trabalho é dispêndio de força humana de trabalho numa forma específica, determinada à realização de um fim, e, nessa qualidade de trabalho concreto e útil, ele produz valores de uso[16].

3. A forma de valor ou o valor de troca

As mercadorias vêm ao mundo na forma de valores de uso ou corpos-mercadorias, como ferro, linho, trigo etc. Essa é sua forma natural originária. Porém, elas só são mercadorias porque são algo duplo: objetos úteis e, ao mesmo tempo, suportes de valor. Por isso, elas só aparecem como mercadorias ou só possuem a forma de mercadorias na medida em que possuem esta dupla forma: a forma natural e a forma de valor.

---

[16] Nota à segunda edição: Para provar "que apenas o trabalho é a medida definitiva e real pela qual o valor de todas as mercadorias em todos os tempos pode ser avaliado e comparado", diz A. Smith: "Quantidades iguais de trabalho têm, em todas as épocas e lugares, de ter o mesmo valor para o próprio trabalhador. Em sua condição normal de saúde, força e atividade, e com o grau médio de destreza que ele pode possuir, o trabalhador tem sempre de fornecer a porção devida de seu descanso, de sua liberdade e de felicidade", *Wealth of Nations* [*A riqueza das nações*], livro I, c. V, [p. 1.045]. Por um lado, A. Smith confunde, aqui (não em toda parte), a determinação do valor por meio da quantidade de trabalho despendido na produção da mercadoria com a determinação dos valores das mercadorias por meio do valor do trabalho e, com isso, procura provar que quantidades iguais de trabalho têm sempre o mesmo valor. Por outro lado, ele pensa que o trabalho, na medida em que se incorpora no valor das mercadorias, vale apenas como dispêndio de força de trabalho, porém apreende esse dispêndio como mero sacrifício de descanso, liberdade e felicidade, mas não também como atividade vital normal. Todavia, ele tem em vista o moderno trabalhador assalariado. Com maior precisão, diz o precursor anônimo de A. Smith, citado na nota 9, p. 117: "*One man has employed himself a week in providing this necessary of life* [...] *and he that gives him some other in exchange, cannot make a better estimate of what is a proper equivalent, than by computing what cost him just as much labour and time: which in effect is no more than exchanging one man's labour in one thing for a time certain, for another man's labour in another thing for the same time*" ["Um homem consumiu uma semana na produção de um objeto útil [...] e outro homem, que em troca desse objeto lhe dá um outro, não encontra outro meio de avaliar corretamente a equivalência de valor que não seja pelo cálculo do *labour* e do tempo que sua produção lhe custou. Isso significa, na verdade, a troca do *labour* empregado por um homem num determinado tempo e num determinado objeto pelo *labour* de outro homem, empregado no mesmo tempo num outro objeto"], *Some Thoughts on the Interest of Money in General etc.*, p. 39. {Nota à quarta edição: A língua inglesa tem a vantagem de ter duas palavras para esses dois diferentes aspectos do trabalho. O trabalho que cria valores de uso e é determinado qualitativamente é chamado de *work*, em oposição a *labour*; o trabalho que cria valor e só é medido quantitativamente se chama *labour*, em oposição a *work*. Ver nota do editor na p. 14 da edição inglesa. (F. E.)}

A objetividade do valor das mercadorias é diferente de Mistress Quickly*, na medida em que não se sabe por onde pegá-la. Exatamente ao contrário da objetividade sensível e crua dos corpos-mercadorias, na objetividade de seu valor não está contido um único átomo de matéria natural [*Naturstoff*]. Por isso, pode-se virar e revirar uma mercadoria como se queira, e ela permanece inapreensível como coisa de valor [*Wertding*]. Lembremo-nos, todavia, de que as mercadorias possuem objetividade de valor apenas na medida em que são expressões da mesma unidade social, do trabalho humano, pois sua objetividade de valor é puramente social e, por isso, é evidente que ela só pode se manifestar numa relação social entre mercadorias. Partimos do valor de troca ou da relação de troca das mercadorias para seguir as pegadas do valor que nelas se esconde. Temos, agora, de retornar a essa forma de manifestação do valor.

Qualquer um sabe, mesmo que não saiba mais nada além disso, que as mercadorias possuem uma forma de valor em comum que contrasta do modo mais evidente com as diversas formas naturais que apresentam seus valores de uso. Tal forma de valor em comum é a forma-dinheiro. Cabe, aqui, realizar o que jamais foi tentado pela economia burguesa, a saber, provar a gênese dessa forma-dinheiro, portanto, seguir de perto o desenvolvimento da expressão do valor contida na relação de valor das mercadorias, desde sua forma mais simples e opaca até a ofuscante forma-dinheiro. Com isso, desaparece, ao mesmo tempo, o enigma do dinheiro.

A relação mais simples de valor é, evidentemente, a relação de valor de uma mercadoria com uma única mercadoria distinta dela, não importando qual seja. A relação de valor entre duas mercadorias fornece, assim, a mais simples expressão de valor para uma mercadoria.

A) A forma de valor simples, individual ou ocasional

x mercadorias A = y mercadorias B, ou: x mercadorias A têm o valor de y mercadorias B.
(20 braças de linho = 1 casaco, ou: 20 braças de linho têm o valor de 1 casaco.)

1. Os dois polos da expressão do valor: forma de valor relativa e forma de equivalente

O segredo de toda forma de valor reside em sua forma de valor simples. Sua análise oferece, por isso, a verdadeira dificuldade.

---

* Mistress Quickly (em alemão, Wittib Hurtig), personagem de diversas peças de Shakespeare, é uma estalajadeira que nega ser prostituta. Nessa passagem, Marx refere-se ao seguinte diálogo de *Henrique IV*: "Falstaff: Por quê? Por não ser nem carne nem peixe; a gente não sabe por onde pegá-la. Estalajadeira: És injusto falando por esse modo; como todo mundo, sabes muito bem por onde pegar-me. Velhaco!", em *Peças históricas* (trad. Carlos Alberto Nunes, Rio de Janeiro, Agir, 2008), parte 1, ato 3, cena 3. (N. T.)

Aqui, duas mercadorias diferentes, *A* e *B* – em nosso exemplo, o linho e o casaco –, desempenham claramente dois papéis distintos. O linho expressa seu valor no casaco; este serve de material para essa expressão de valor. A primeira mercadoria desempenha um papel ativo, a segunda um papel passivo. O valor da primeira mercadoria se apresenta como valor relativo, ou encontra-se na forma de valor relativa. A segunda mercadoria funciona como equivalente, ou encontra-se na forma de equivalente.

Forma de valor relativa e forma de equivalente são momentos inseparáveis, inter-relacionados e que se determinam reciprocamente, mas, ao mesmo tempo, constituem extremos mutuamente excludentes, isto é, polos da mesma expressão de valor; elas se repartem sempre entre mercadorias diferentes, relacionadas entre si pela expressão de valor. Não posso, por exemplo, expressar o valor do linho em linho. 20 braças de linho = 20 braças de linho não é nenhuma expressão de valor. A equação diz, antes, o contrário: 20 braças de linho não são mais do que 20 braças de linho, uma quantidade determinada do objeto de uso linho. O valor do linho só pode, portanto, ser expresso relativamente, isto é, por meio de outra mercadoria. A forma de valor relativa do linho pressupõe, assim, que uma outra mercadoria qualquer se confronte com ela na forma de equivalente. Por outro lado, essa outra mercadoria, que figura como equivalente, não pode estar simultaneamente contida na forma de valor relativa. Ela não expressa seu valor; apenas fornece o material para a expressão do valor de outra mercadoria.

De fato, a expressão 20 braças de linho = 1 casaco ou 20 braças de linho valem 1 casaco também inclui as relações inversas: 1 casaco = 20 braças de linho ou 1 casaco vale 20 braças de linho. Mas, então, tenho de inverter a equação para expressar relativamente o valor do casaco e, assim o fazendo, o linho é que se torna o equivalente, em vez do casaco. A mesma mercadoria não pode, portanto, aparecer simultaneamente em ambas as formas na mesma expressão do valor. Essas formas se excluem, antes, como polos opostos.

Se uma mercadoria se encontra na forma de valor relativa ou na forma contrária, a forma de equivalente, é algo que depende exclusivamente de sua posição eventual na expressão do valor, isto é, se num dado momento ela é a mercadoria cujo valor é expresso ou a mercadoria na qual o valor é expresso.

2. *A forma de valor relativa*

a) Conteúdo da forma de valor relativa

Para descobrir como a expressão simples do valor de uma mercadoria está contida na relação de valor entre duas mercadorias é preciso, inicialmente, considerar essa relação de modo totalmente independente de seu aspecto quantitativo. Na maioria das vezes, percorre-se o caminho contrário e se vislumbra na relação de valor apenas a proporção em que quantidades determinadas de dois tipos de mercadoria se equiparam. Negligencia-se que as grandezas de coisas diferentes só podem ser comparadas quantitativamente depois de reduzidas à mesma unidade. Somente como expressões da mesma unidade são elas grandezas com um denominador comum e, portanto, grandezas comensuráveis[17].

Se 20 braças de linho = 1 casaco ou = 20 ou = x casacos, isto é, se uma dada quantidade de linho vale muitos ou poucos casacos, independentemente de qual seja essa proporção, ela sempre implica que linho e casaco, como grandezas de valor, sejam expressões da mesma unidade, coisas da mesma natureza. A igualdade entre linho e casaco é a base da equação.

Mas as duas mercadorias qualitativamente igualadas não desempenham o mesmo papel. Apenas o valor do linho é expresso. E como? Por meio de sua relação com o casaco como seu "equivalente", ou com seu "permutável" [*Austauschbar*]. Nessa relação, o casaco vale como forma de existência do valor, como coisa de valor, pois somente como tal ele é o mesmo que o linho. Por outro lado, o próprio valor do linho se revela ou alcança uma expressão independente, pois apenas como valor o linho pode-se relacionar com o casaco como equivalente ou algo com ele permutável. Do mesmo modo, o ácido butanoico é um corpo diferente do formiato de propila. Ambos são formados, no entanto, pelas mesmas substâncias químicas – carbono (C), hidrogênio (H) e oxigênio (O) – e combinados na mesma porcentagem, a saber: $C_4H_8O_2$. Ora, se o ácido butanoico fosse equiparado ao formiato de propila, este último seria considerado, em primeiro lugar, como uma mera forma de existência de $C_4H_8O_2$ e, em segundo lugar, poder-se-ia dizer que o ácido butanoico também é composto de $C_4H_8O_2$. A equação do formiato de propila com o ácido butanoico seria, assim, a expressão de sua substância química em contraste com sua forma corpórea.

Como valores, as mercadorias não são mais do que massas amorfas de trabalho humano; por isso, nossa análise as reduz à abstração de valor, mas não lhes confere qualquer forma de valor distinta de suas formas naturais. Diferente é o que ocorre na relação de valor de uma mercadoria com outra. Seu caráter de valor manifesta-se aqui por meio de sua própria relação com outras mercadorias.

Quando o casaco é equiparado ao linho como coisa de valor, o trabalho nele contido é equiparado com o trabalho contido no linho. Ora, a alfaiataria que faz o casaco é um tipo de trabalho concreto diferente da tecelagem que faz o linho. Mas a equiparação com a tecelagem reduz a alfaiataria, de fato, àquilo que é

---

[17] Os poucos economistas que, como S. Bailey, ocuparam-se com a análise da forma de valor não puderam chegar a resultado algum, em primeiro lugar, porque confundiram forma de valor com valor e, em segundo lugar, porque, sob a influência direta do burguês prático, concentraram-se desde o primeiro momento exclusivamente na determinidade quantitativa. *"The command of quantity* [...] *constitutes value"* ["A disposição da quantidade [...] faz o valor"], S. Bailey (org.), *Money and its Vicissitudes* (Londres, 1837), p. 11.

realmente igual nos dois trabalhos, a seu caráter comum de trabalho humano. Por esse desvio, diz-se, então, que também a tecelagem, na medida em que tece valor, não possui nenhuma característica que a diferencie da alfaiataria, e é, portanto, trabalho humano abstrato. Somente a expressão de equivalência de diferentes tipos de mercadoria evidencia o caráter específico do trabalho criador de valor, ao reduzir os diversos trabalhos contidos nas diversas mercadorias àquilo que lhes é comum: o trabalho humano em geral[17a].

Mas não basta expressar o caráter específico do trabalho que cria o valor do linho. A força humana de trabalho em estado fluido, ou trabalho humano, cria valor, mas não é, ela própria, valor. Ela se torna valor em estado cristalizado, em forma objetiva. Para expressar o valor do linho como massa amorfa de trabalho humano, ela tem de ser expressa como uma "objetividade" materialmente [*dinglich*]* distinta do próprio linho e simultaneamente comum ao linho e a outras mercadorias. Com isso, a tarefa está resolvida.

Na relação de valor com o casaco, o linho vale como seu equivalente qualitativo, como coisa da mesma natureza, porque ele é um valor. Desse modo, ele vale como uma coisa na qual se manifesta o valor ou que, em sua forma natural palpável, representa valor. Na verdade, o casaco, o corpo da mercadoria casaco, é um simples valor de uso. Um casaco expressa tão pouco valor quanto a melhor peça de linho. Isso prova apenas que ele significa mais quando se encontra no interior da relação de valor com o linho do que fora dela, assim como alguns homens significam mais dentro de um casaco agaloado do que fora dele.

Na produção do casaco houve dispêndio de força humana de trabalho na forma da alfaiataria. Logo, trabalho humano foi nele acumulado. O casaco é, nesse sentido, "suporte de valor", embora essa sua qualidade não se deixe entrever nem mesmo no casaco mais puído. Ora, na relação de valor com o linho ele só é considerado segundo esse aspecto, isto é, como valor corporificado, como corpo de valor. Apesar de seu aspecto abotoado, o linho reconhece nele a bela alma de valor que lhes é originariamente comum. O casaco, em

---

[17a] Nota à segunda edição: Um dos primeiros economistas a analisar a natureza do valor depois de William Petty, o célebre Franklin, disse: "Como o comércio não é nada mais do que a troca de um trabalho por outro, é no trabalho que o valor de todas as coisas é estimado da melhor forma", *The Works of B. Franklin etc.* (org. Sparks, Boston, 1836), v. II, p. 267. Franklin não tem consciência de que, ao estimar o valor de todas as coisas "no trabalho", ele abstrai da natureza diferente dos trabalhos trocados – e os reduz, assim, a trabalho humano igual. No entanto, o que ele não sabe, ele o diz. Ele fala, inicialmente, de "um trabalho", então "do outro trabalho" e, por fim, do "trabalho" sem ulterior caracterização como substância do valor de todas as coisas.

* O adjetivo/advérbio *dinglich* tem aqui o sentido de "relativo a coisa (*Ding*)". Em outras passagens, Marx emprega a palavra *sachlich* com o mesmo significado. Cf. nota *, na p. 148. Onde não foi possível traduzi-la como "reificado(a)(s)", empregamos "material", "materialmente", sempre acompanhados do original entre colchetes. (N. T.)

relação ao linho, não pode representar valor sem que, para o linho, o valor assuma simultaneamente a forma de um casaco. Analogamente, o indivíduo A não pode se comportar para com o indivíduo B como para com uma majestade, sem que, para A, a majestade assuma a forma corpórea de B e, desse modo, os traços fisionômicos, os cabelos e muitas outras características de A se modifiquem de acordo com o soberano em questão.

Portanto, na relação de valor em que o casaco constitui o equivalente do linho, a forma de casaco vale como forma de valor. O valor da mercadoria linho é, assim, expresso no corpo da mercadoria casaco, ou seja, o valor de uma mercadoria é expresso no valor de uso da outra. Como valor de uso, o linho é uma coisa fisicamente distinta do casaco; como valor, ele é "casaco-idêntico" [*Rockgleiches*] e aparenta, pois, ser um casaco. Assim, o linho recebe uma forma de valor diferente de sua forma natural. Seu ser de valor aparece em sua igualdade com o casaco, assim como a natureza de carneiro do cristão em sua igualdade com o Cordeiro de Deus.

Como se vê, tudo o que a análise do valor das mercadorias nos disse anteriormente é dito pelo próprio linho assim que entra em contato com outra mercadoria, o casaco. A única diferença é que ele revela seus pensamentos na língua que lhe é própria, a língua das mercadorias. Para dizer que seu próprio valor foi criado pelo trabalho, na qualidade abstrata de trabalho humano, ele diz que o casaco, na medida em que lhe equivale – ou seja, na medida em que é valor –, consiste do mesmo trabalho que o linho. Para dizer que sua sublime objetividade de valor é diferente de seu corpo entretelado, ele diz que o valor tem a aparência de um casaco e, com isso, que ele próprio, como coisa de valor, é tão igual ao casaco quanto um ovo é ao outro. Note-se de passagem que a língua das mercadorias tem, além do hebraico, muitos outros dialetos, mais ou menos corretos. Por exemplo, o termo alemão *"Wertsein"** expressa – de modo menos certeiro que o verbo romântico *valere, valer, valoir* – o fato de que a equiparação da mercadoria B com a mercadoria A é a expressão de valor da própria mercadoria A. *Paris vaut bien une messe!* [Paris vale bem uma missa!]**

Por meio da relação de valor, a forma natural da mercadoria B se converte na forma de valor da mercadoria A, ou o corpo da mercadoria B se converte no espelho do valor da mercadoria A[18]. Ao relacionar-se com a mercadoria B

---

* Marx emprega, aqui, a forma substantivada do verbo: o valer, o ter valor. (N. T.)
** Referência ao mote atribuído a Henrique IV da França quando de sua segunda conversão ao catolicismo (1593), a fim de assumir o trono francês. (N. T.)
[18] De certo modo, ocorre com o homem o mesmo que com a mercadoria. Como não vem ao mundo dotado de um espelho, tampouco como filósofo fichtiano – Eu sou Eu –, o homem se espelha primeiramente num outro homem. É apenas por intermédio da relação com Paulo como seu igual que Pedro se relaciona consigo mesmo como ser humano. Além disso, no entanto, Paulo também vale para ele, em carne e osso, em sua corporeidade paulínia, como forma de manifestação do gênero humano.

como corpo de valor, como materialização de trabalho humano, a mercadoria A transforma o valor de uso de B em material de sua própria expressão de valor. O valor da mercadoria A, assim expresso no valor de uso da mercadoria B, possui a forma do valor relativo.

b) A determinidade quantitativa da forma de valor relativa

Toda mercadoria, cujo valor deve ser expresso, é um objeto de uso numa dada quantidade: 15 alqueires de trigo, 100 libras de café etc. Essa dada quantidade de mercadoria contém uma quantidade determinada de trabalho humano. A forma de valor tem, portanto, de expressar não só valor em geral, mas valor quantitativamente determinado, ou grandeza de valor. Na relação de valor da mercadoria A com a mercadoria B, do linho com o casaco, não apenas a espécie de mercadoria casaco é qualitativamente equiparada ao linho, como corpo de valor em geral, mas uma determinada quantidade de linho, por exemplo, 20 braças, é equiparada a uma determinada quantidade do corpo de valor, ou considerada equivalente, por exemplo, a 1 casaco.

A equação "20 braças de linho = 1 casaco, ou: 20 braças de linho valem 1 casaco" pressupõe que 1 casaco contém tanta substância de valor quanto 20 braças de linho; que, portanto, ambas as quantidades de mercadorias custam o mesmo trabalho, ou a mesma quantidade de tempo de trabalho. Mas o tempo de trabalho necessário para a produção de 20 braças de linho ou 1 casaco muda com cada alteração na força produtiva da tecelagem ou da alfaiataria. A influência de tais mudanças na expressão relativa da grandeza de valor tem, por isso, de ser investigada mais de perto.

I. O valor[19] do linho varia, enquanto o valor do casaco permanece constante. Se o tempo de trabalho necessário à produção do linho dobra – por exemplo, em consequência da crescente infertilidade do solo onde o linho é cultivado –, dobra igualmente seu valor. Em vez de 20 braças de linho = 1 casaco, teríamos 20 braças de linho = 2 casacos, pois 1 casaco contém, agora, a metade do tempo de trabalho contido em 20 braças de linho. Se, ao contrário, o tempo de trabalho necessário para a produção do linho cai pela metade – graças, por exemplo, à melhoria dos teares –, cai também pela metade o valor do linho. Temos, agora: 20 braças de linho = ½ casaco. Assim, o valor relativo da mercadoria A, isto é, seu valor expresso na mercadoria B, aumenta e diminui na proporção direta da variação do valor da mercadoria A em relação ao valor constante da mercadoria B.

II. O valor do linho permanece constante, enquanto varia o valor do casaco. Se dobra o tempo de trabalho necessário à produção do casaco – por exemplo, em consequência de tosquias desfavoráveis –, temos, em vez de 20 braças de

---

[19] Aqui, a expressão "valor" [Wert] é empregada, como já ocorreu anteriormente, para denotar o valor quantitativamente determinado, portanto, a grandeza de valor.

linho = 1 casaco, agora: 20 braças de linho = ½ casaco. Ao contrário, se cai pela metade o valor do casaco, temos 20 braças de linho = 2 casacos. Permanecendo constante o valor da mercadoria *A*, aumenta ou diminui, portanto, seu valor relativo, expresso na mercaria *B*, em proporção inversa à variação de valor de *B*.

Ao compararmos os diferentes casos sob I e II, concluímos que a mesma variação de grandeza do valor relativo pode derivar de causas absolutamente opostas. Assim, a equação 20 braças de linho = 1 casaco se transforma: 1) na equação 20 braças de linho = 2 casacos, seja porque o valor do linho dobrou, seja porque o valor dos casacos caiu pela metade; e 2) na equação 20 braças de linho = ½ casaco, seja porque o valor do linho caiu pela metade, seja porque dobrou o valor do casaco.

III. As quantidades de trabalho necessárias à produção de linho e casaco podem variar ao mesmo tempo, na mesma direção e na mesma proporção. Nesse caso, como antes, 20 braças de linho = 1 casaco, sejam quais forem as mudanças ocorridas em seus valores. Sua variação de valor é descoberta tão logo o casaco e o linho sejam comparados com uma terceira mercadoria, cujo valor permaneceu constante. Se os valores de todas as mercadorias aumentassem ou diminuíssem ao mesmo tempo e na mesma proporção, seus valores relativos permaneceriam inalterados. Sua variação efetiva de valor seria inferida do fato de que no mesmo tempo de trabalho passaria agora a ser produzida uma quantidade de mercadorias maior ou menor do que antes.

Os tempos de trabalho necessários à produção do linho e do casaco, respectivamente, e, com isso, seus valores, podem variar simultaneamente, na mesma direção, porém em graus diferentes, ou em direção contrária etc. A influência de todas as combinações possíveis sobre o valor relativo de uma mercadoria resulta da simples aplicação dos casos I, II e III.

As variações efetivas na grandeza de valor não se refletem nem inequívoca nem exaustivamente em sua expressão relativa ou na grandeza do valor relativo. O valor relativo de uma mercadoria pode variar, embora seu valor se mantenha constante. Seu valor relativo pode permanecer constante, embora seu valor varie, e, finalmente, variações simultâneas em sua grandeza de valor e na expressão relativa dessa grandeza não precisam de modo algum coincidir entre si[20].

---

[20] Nota à segunda edição: Essa incongruência entre a grandeza de valor e sua expressão relativa foi explorada pela economia vulgar com a perspicácia que lhe é habitual. Por exemplo: "Admitindo que *A* cai porque *B* – com o qual ela é trocada – aumenta, embora nesse ínterim não se despenda menos trabalho em *A*, então vosso princípio geral do valor cai por terra [...]. Ao se admitir que o valor de *B* cai em relação a *A* porque o valor de *A* aumenta em relação a *B*, derruba-se a base sobre a qual Ricardo assenta sua grandiosa tese de que o valor de uma mercadoria é sempre determinado pela quantidade do trabalho nela incorporado; pois se uma variação nos custos de *A* altera não apenas seu próprio valor em relação a *B*, com o qual ela é trocada, mas também o valor de *B* em relação ao de *A* – embora nenhuma variação tenha ocorrido

3. A forma de equivalente

Vimos: quando uma mercadoria A (o linho) expressa seu valor no valor de uso de uma mercadoria diferente B (o casaco), ela imprime nesta última uma forma peculiar de valor: a forma de equivalente. A mercadoria linho expressa seu próprio valor quando o casaco vale o mesmo que ela sem que este último assuma uma forma de valor distinta de sua forma corpórea. Portanto, o linho expressa sua própria qualidade de ter valor na circunstância de que o casaco é diretamente permutável com ele. Consequentemente, a forma de equivalente de uma mercadoria é a forma de sua permutabilidade direta com outra mercadoria.

No fato de que um tipo de mercadoria, como o casaco, vale como equivalente de outro tipo de mercadoria, como o linho – com o que os casacos expressam sua propriedade característica de se encontrar em forma diretamente permutável com o linho –, não está dada de modo algum a proporção em que casacos e linho são permutáveis. Tal proporção depende da grandeza de valor dos casacos, já que a grandeza de valor do linho é dada. Se o casaco é expresso como equivalente e o linho como valor relativo, ou, inversamente, o linho como equivalente e o casaco como valor relativo, sua grandeza de valor permanece, tal como antes, determinada pelo tempo de trabalho necessário à sua produção e, portanto, independente de sua forma de valor. Mas quando o tipo de mercadoria casaco assume na expressão do valor o lugar de equivalente, sua grandeza de valor não obtém nenhuma expressão como grandeza de valor. Na equação de valor, ela figura, antes, como quantidade determinada de uma coisa.

Por exemplo: 40 braças de linho "valem" – o quê? 2 casacos. Como o tipo de mercadoria casaco desempenha aqui o papel do equivalente, o valor de uso em face do linho como corpo de valor, uma determinada quantidade de casacos é também suficiente para expressar uma determinada quantidade de valor do linho. Portanto, dois casacos podem expressar a grandeza de valor de 40 braças de linho, porém jamais podem expressar sua própria grandeza de valor, a grandeza de valor dos casacos. A interpretação superficial desse fato, de que o equivalente sempre possui, na equação de valor, apenas a forma de uma quantidade simples de uma coisa, confundiu Bailey, assim como muitos

---

na quantidade de trabalho requerida para a produção de B –, então cai por terra não só a doutrina que assegura que é a quantidade de trabalho despendido num artigo que regula seu valor, como também a doutrina segundo a qual são os custos de produção de um artigo que regulam seu valor", J. Broadhurst, *Political Economy* (Londres, 1842), p. 11 e 14.

O sr. Broadhurst poderia dizer, com a mesma razão: consideremos as relações numéricas $^{10}/_{20}$, $^{10}/_{50}$, $^{10}/_{100}$ etc. O número 10 permanece inalterado e, no entanto, diminui progressivamente sua grandeza proporcional, sua grandeza em relação aos denominadores 20, 50, 100. Desse modo, cai por terra o princípio de que a grandeza de um número inteiro – como 10, por exemplo – é "regulada" pelo número de "uns" nele contido.

A mercadoria

de seus predecessores e sucessores, fazendo-o ver na expressão do valor uma relação meramente quantitativa. Ao contrário, a forma de equivalente de uma mercadoria não contém qualquer determinação quantitativa de valor.

A primeira peculiaridade que se sobressai na consideração da forma de equivalente é esta: o valor de uso se torna a forma de manifestação de seu contrário, do valor.

A forma natural da mercadoria torna-se forma de valor. Porém, *nota bene*, esse quiproquó se dá para uma mercadoria *B* (casaco, trigo ou ferro etc.) apenas no interior da relação de valor em que outra mercadoria *A* qualquer (linho etc.) a confronta, apenas no âmbito dessa relação. Como nenhuma mercadoria se relaciona consigo mesma como equivalente e, portanto, tampouco pode transformar sua própria pele natural em expressão de seu próprio valor, ela tem de se reportar a outra mercadoria como equivalente ou fazer da pele natural de outra mercadoria a sua própria forma de valor.

Isso pode ser ilustrado com o exemplo de uma medida que se aplica aos corpos-mercadorias como tais, isto é, como valores de uso. Um pão de açúcar*, por ser um corpo, é pesado e tem, portanto, um peso, mas não se pode ver ou sentir o peso de nenhum pão de açúcar. Tomemos, então, diferentes pedaços de ferro, cujo peso foi predeterminado. A forma corporal do ferro, considerada por si mesma, é tão pouco a forma de manifestação do peso quanto o é a forma corporal do pão de açúcar. No entanto, a fim de expressar o pão de açúcar como peso, estabelecemos uma relação de peso entre ele e o ferro. Nessa relação, o ferro figura como um corpo que não contém nada além de peso. Quantidades de ferro servem, desse modo, como medida de peso do açúcar e representam, diante do corpo do açúcar, a simples figura do peso, a forma de manifestação do peso. Tal papel é desempenhado pelo ferro somente no interior dessa relação, quando é confrontado com o açúcar ou outro corpo qualquer, cujo peso deve ser encontrado. Se as duas coisas não fossem pesadas, elas não poderiam estabelecer essa relação e, por conseguinte, uma não poderia servir de expressão do peso da outra. Quando colocamos as duas sobre os pratos da balança, vemos que, como pesos, elas são a mesma coisa e, por isso, têm também o mesmo peso em determinada proporção. Como medida de peso, o ferro representa, quando confrontado com o pão de açúcar, apenas peso, do mesmo modo como, em nossa expressão de valor, o corpo do casaco representa, quando confrontado com o linho, apenas valor.

Mas aqui acaba a analogia. Na expressão do peso do pão de açúcar, o ferro representa uma propriedade natural comum a ambos os corpos, seu peso, ao passo que o casaco representa, na expressão de valor do linho, uma propriedade supernatural: seu valor, algo puramente social.

---

* Massa de açúcar que, nos antigos engenhos, cristalizava-se em fôrmas cônicas de madeira. (N. T.)

Como a forma de valor relativa de uma mercadoria, por exemplo, o linho, expressa sua qualidade de ter valor como algo totalmente diferente de seu corpo e de suas propriedades, como algo igual a um casaco, essa mesma expressão esconde em si uma relação social. O inverso ocorre com a forma de equivalente, que consiste precisamente no fato de que um corpo-mercadoria, como o casaco, essa coisa imediatamente dada, expressa valor e, assim, possui, por natureza, forma de valor. É verdade que isso vale somente no interior da relação de valor na qual a mercadoria casaco se confronta como equivalente com a mercadoria linho[21]. Mas como as propriedades de uma coisa não surgem de sua relação com outras coisas, e sim apenas atuam em tal relação, também o casaco aparenta possuir sua forma de equivalente, sua propriedade de permutabilidade direta como algo tão natural quanto sua propriedade de ser pesado ou de reter calor. Daí o caráter enigmático da forma de equivalente, a qual só salta aos olhos míopes do economista político quando lhe aparece já pronta, no dinheiro. Então, ele procura escamotear o caráter místico do ouro e da prata, substituindo-os por mercadorias menos ofuscantes, e, com prazer sempre renovado, põe-se a salmodiar o catálogo inteiro da populaça de mercadorias que, em épocas passadas, desempenharam o papel de equivalente de mercadorias. Ele nem sequer suspeita que uma expressão de valor tão simples como 20 braças de linho = 1 casaco já fornece a solução do enigma da forma de equivalente.

O corpo da mercadoria que serve de equivalente vale sempre como incorporação de trabalho humano abstrato e é sempre o produto de um determinado trabalho útil, concreto. Esse trabalho concreto se torna, assim, expressão do trabalho humano abstrato. Se o casaco, por exemplo, é considerado mera efetivação [*Verwirklichung*], então a alfaiataria, que de fato nele se efetiva, é considerada mera forma de efetivação de trabalho humano abstrato. Na expressão de valor do linho, a utilidade da alfaiataria não consiste em fazer roupas, logo, também pessoas*, mas sim em fazer um corpo que reconhecemos como valor e, portanto, como massa amorfa de trabalho, que não se diferencia em nada do trabalho objetivado no valor do linho. Para realizar tal espelho de valor, a própria alfaiataria não tem de espelhar senão sua qualidade abstrata de ser trabalho humano.

Tanto na forma da alfaiataria quanto na da tecelagem, força humana de trabalho é despendida. Ambas possuem, portanto, a propriedade universal do trabalho humano, razão pela qual em determinados casos, por exemplo, na produção de valor, elas só podem ser consideradas sob esse ponto de

---

[21] Tais determinações reflexivas estão por toda parte. Por exemplo, este homem é rei porque outros homens se relacionam com ele como súditos. Inversamente, estes creem ser súditos porque ele é rei.

* Referência ao provérbio alemão "*Kleider machen Leute*" (As roupas fazem as pessoas). (N. T.)

A mercadoria

vista. Nada disso é misterioso. Mas na expressão de valor da mercadoria a coisa é distorcida. Por exemplo, para expressar que a tecelagem cria o valor do linho não em sua forma concreta como tecelagem, mas em sua qualidade universal como trabalho humano, ela é confrontada com a alfaiataria, o trabalho concreto que produz o equivalente do linho, como a forma palpável de efetivação do trabalho humano abstrato.

Assim, constitui uma segunda propriedade da forma de equivalente o fato de o trabalho concreto tornar-se a forma de manifestação de seu contrário, o trabalho humano abstrato.

Mas porque esse trabalho concreto, a alfaiataria, vale como mera expressão de trabalho humano indiferenciado, ele possui a forma da igualdade com outro trabalho, aquele contido no linho e, por isso, embora seja trabalho privado como todos os outros, trabalho que produz mercadorias, ele é trabalho em forma imediatamente social. Justamente por isso, ele se apresenta num produto que pode ser diretamente trocado por outra mercadoria. Assim, uma terceira peculiaridade da forma de equivalente é que o trabalho privado converta-se na forma de seu contrário, trabalho em forma imediatamente social.

As duas peculiaridades por último desenvolvidas da forma de equivalente tornam-se ainda mais tangíveis se recorrermos ao grande estudioso que pela primeira vez analisou a forma de valor, assim como tantas outras formas de pensamento, de sociedade e da natureza. Este é Aristóteles.

De início, Aristóteles afirma claramente que a forma-dinheiro da mercadoria é apenas a figura ulteriormente desenvolvida da forma de valor simples, isto é, da expressão do valor de uma mercadoria em outra mercadoria qualquer, pois ele diz que:

"5 divãs* = 1 casa"
("Κλίναι πέντε ἀντὶ οἰκίας")

"não se diferencia" de:
"5 divãs = certa soma de dinheiro"
("Κλίναι πέντε ἀντὶ... ὅσου αἱ πέντε κλίναι").

Além disso, ele vê que a relação de valor que contém essa expressão de valor condiciona, por sua vez, que a casa seja qualitativamente equiparada ao divã e que, sem tal igualdade de essências, essas coisas sensivelmente distintas não poderiam ser relacionadas entre si como grandezas comensuráveis. "A troca", diz ele, "não pode-se dar sem a igualdade, mas a igualdade não pode-se dar sem a comensurabilidade" (οὔτ' ἰσότης μὴ οὔσης συμμετρίας). Aqui, porém, ele se detém e abandona a análise subsequente da forma de valor. "No entanto, é na verdade impossível (τῇ μὲν οὖν ἀληθείᾳ ἀδύνατον) que coisas tão distintas sejam comensuráveis", isto é, qualitativamente iguais.

---

* Marx traduz κλίναι (divã, leito) por *Polster* (estofado, almofada). (N. T.)

Essa equiparação só pode ser algo estranho à verdadeira natureza das coisas, não passando, portanto, de um "artifício para a necessidade prática".

O próprio Aristóteles nos diz o que impede o desenvolvimento ulterior de sua análise, a saber, a falta do conceito de valor. Em que consiste o igual [*das Gleiche*], isto é, a substância comum que a casa representa para o divã na expressão de valor do divã? Algo assim "não pode, na verdade, existir", diz Aristóteles. Por quê? A casa, confrontada com o divã, representa algo igual na medida em que representa aquilo que há de efetivamente igual em ambas, no divã e na casa. E esse igual é: o trabalho humano.

O fato de que nas formas dos valores das mercadorias todos os trabalhos são expressos como trabalho humano igual e, desse modo, como dotados do mesmo valor é algo que Aristóteles não podia deduzir da própria forma de valor, posto que a sociedade grega se baseava no trabalho escravo e, por conseguinte, tinha como base natural a desigualdade entre os homens e suas forças de trabalho. O segredo da expressão do valor, a igualdade e equivalência de todos os trabalhos porque e na medida em que são trabalho humano em geral, só pode ser decifrado quando o conceito de igualdade humana já possui a fixidez de um preconceito popular. Mas isso só é possível numa sociedade em que a forma-mercadoria [*Warenform*] é a forma universal do produto do trabalho e, portanto, também a relação entre os homens como possuidores de mercadorias é a relação social dominante. O gênio de Aristóteles brilha precisamente em sua descoberta de uma relação de igualdade na expressão de valor das mercadorias. Foi apenas a limitação histórica da sociedade em que ele vivia que o impediu de descobrir em que "na verdade" consiste essa relação de igualdade.

4. O conjunto da forma de valor simples

A forma de valor simples de uma mercadoria está contida em sua relação de valor com uma mercadoria de outro tipo ou na relação de troca com esta última. O valor da mercadoria A é expresso qualitativamente por meio da permutabilidade direta da mercadoria B com a mercadoria A. Ele é expresso quantitativamente por meio da permutabilidade de uma determinada quantidade da mercadoria B por uma dada quantidade da mercadoria A. Em outras palavras: o valor de uma mercadoria é expresso de modo independente por sua representação como "valor de troca". Quando, no começo deste capítulo, dizíamos, como quem expressa um lugar-comum, que a mercadoria é valor de uso e valor de troca, isso estava, para ser exato, errado. A mercadoria é valor de uso – ou objeto de uso – e "valor". Ela se apresenta em seu ser duplo na medida em que seu valor possui uma forma de manifestação própria, distinta de sua forma natural, a saber, a forma do valor de troca, e ela jamais possui essa forma quando considerada de modo isolado, mas sempre apenas na relação de valor ou de troca com uma segunda mercadoria de outro tipo. Uma vez que se sabe isso, no entanto, aquele modo de expressão não causa dano, mas serve como abreviação.

A mercadoria

Nossa análise demonstrou que a forma de valor ou a expressão de valor da mercadoria surge da natureza do valor das mercadorias, e não, ao contrário, que o valor e a grandeza de valor sejam derivados de sua expressão como valor de troca. Esse é, no entanto, o delírio tanto dos mercantilistas e de seus entusiastas modernos, como Ferrier, Ganilh[22] etc., quanto de seus antípodas, os modernos *commis-voyageurs** do livre-câmbio, como Bastiat e consortes. Os mercantilistas priorizam o aspecto qualitativo da expressão do valor e, por conseguinte, a forma de equivalente da mercadoria, que alcança no dinheiro sua forma acabada; já os mascates do livre câmbio, que têm de dar saída à sua mercadoria a qualquer preço, acentuam, ao contrário, o aspecto quantitativo da forma de valor relativa. Consequentemente, para eles não existem nem valor nem grandeza de valor das mercadorias além de sua expressão mediante a relação de troca, ou seja, além do boletim diário da lista de preços. Por sua vez, o escocês Macleod, em sua função de aclarar do modo mais erudito possível o emaranhado confuso das noções que povoam a *Lombard Street***, opera a síntese bem-sucedida entre os mercantilistas supersticiosos e os mascates esclarecidos do livre-câmbio.

A análise mais detalhada da expressão de valor da mercadoria *A*, contida em sua relação de valor com a mercadoria *B*, mostrou que, no interior dessa mesma expressão de valor, a forma natural da mercadoria *A* é considerada apenas como figura de valor de uso, e a forma natural da mercadoria *B* apenas como forma de valor ou figura de valor [*Wertgestalt*]. A oposição interna entre valor de uso e valor, contida na mercadoria, é representada, assim, por meio de uma oposição externa, isto é, pela relação entre duas mercadorias, sendo a primeira – *cujo* valor deve ser expresso – considerada imediata e exclusivamente valor de uso, e a segunda – *na qual* o valor é expresso – imediata e exclusivamente como valor de troca. A forma de valor simples de uma mercadoria é, portanto, a forma simples de manifestação da oposição nela contida entre valor de uso e valor.

O produto do trabalho é, em todas as condições sociais, objeto de uso, mas o produto do trabalho só é transformado em mercadoria numa época historicamente determinada de desenvolvimento: uma época em que o trabalho despendido na produção de uma coisa útil se apresenta como sua qualidade "objetiva", isto é, como seu valor. Segue-se daí que a forma de valor simples

---

[22] Nota à segunda edição: F. L. A. Ferrier (*sous-inspecteur des douanes* [subinspetor da alfândega]), *Du Gouvernement considéré dans ses rapports avec le commerce* (Paris, 1805); e Charles Ganilh, *Des systèmes d'économie politique* (2. ed., Paris, 1821).

* Entre os modernos *commis-voyageurs* (mascates) do livre-câmbio, Marx contava, além de Frédéric Bastiat, também os adeptos da escola livre-cambista na Alemanha, como John Prince-Smith, Viktor Böhmert, Julius Faucher, Otto Michaelis, Max Hirsch e Hermann Schulze-Delitzsch. Tais autores proferiam palestras aos trabalhadores e atuavam, em parte, nos sindicatos, onde propagavam seus objetivos. (N. E. A. MEGA)

** Rua de Londres onde ficavam concentrados os bancos e agiotas ingleses. (N. T.)

da mercadoria é simultaneamente a forma-mercadoria simples do produto do trabalho, e que, portanto, também o desenvolvimento da forma-mercadoria coincide com o desenvolvimento da forma de valor.

O primeiro olhar já mostra a insuficiência da forma de valor simples, essa forma embrionária que só atinge a forma-preço [*Preisform*] através de uma série de metamorfoses.

A expressão numa mercadoria qualquer *B* distingue o valor da mercadoria *A* de seu próprio valor de uso e, com isso, coloca esta última numa relação de troca com uma mercadoria qualquer de outro tipo, em vez de representar sua relação de igualdade qualitativa e proporcionalidade quantitativa com todas as outras mercadorias. A forma de equivalente individual de outra mercadoria corresponde à forma de valor simples e relativa de uma mercadoria. Assim, o casaco possui, na expressão relativa de valor do linho, apenas a forma de equivalente ou a forma de permutabilidade direta no que diz respeito a esse tipo individual de mercadoria: o linho.

Todavia, a forma individual de valor se transforma por si mesma numa forma mais completa. Mediante essa forma, o valor de uma mercadoria *A* só é expresso numa mercadoria de outro tipo. Mas de que tipo é essa segunda mercadoria, se ela é casaco, ou ferro, ou trigo etc., é algo totalmente indiferente. Conforme ela entre em relação de valor com este ou aquele outro tipo de mercadoria, surgem diferentes expressões simples de valor de uma mesma mercadoria[22a]. O número de suas expressões possíveis de valor só é limitado pelo número dos tipos de mercadorias que dela se distinguem. Sua expressão individualizada de valor se transforma, assim, numa série sempre ampliável de suas diferentes expressões simples de valor.

B) A forma de valor total ou desdobrada

z mercadoria $A = u$ mercadoria B, ou $= v$ mercadoria C, ou $= w$ mercadoria D, ou $= x$ mercadoria E, ou $=$ etc.
(20 braças de linho = 1 casaco, ou = 10 libras de chá, ou = 40 libras de café, ou = 1 *quarter* de trigo, ou = 2 onças de ouro, ou = ½ tonelada de ferro, ou = etc.)

1. A forma de valor relativa e desdobrada

O valor de uma mercadoria – do linho, por exemplo – é agora expresso em inúmeros outros elementos do mundo das mercadorias. Cada um dos outros corpos-mercadorias torna-se um espelho do valor do linho[23]. Pela

---

[22a] Nota à segunda edição: Por exemplo, em Homero o valor de uma coisa é expresso numa série de coisas distintas.
[23] Fala-se, por isso, do valor-casaco [*Rockwert*] do linho, quando se quer expressar seu valor em casacos, e do valor-cereal [*Kornwert*], quando se quer expressá-lo em cereais etc.

primeira vez, esse mesmo valor aparece verdadeiramente como massa amorfa de trabalho humano indiferenciado. Pois o trabalho que o cria é, agora, expressamente representado como trabalho que equivale a qualquer outro trabalho humano, indiferentemente da forma natural que ele possua e, portanto, do objeto no qual ele se incorpora, se no casaco, ou no trigo, ou no ferro, ou no ouro etc. Por meio de sua forma de valor, o linho se encontra agora em relação social não mais com apenas outro tipo de mercadoria individual, mas com o mundo das mercadorias. Como mercadoria, ele é cidadão desse mundo. Ao mesmo tempo, a série infinita de suas expressões demonstra que, para o valor das mercadorias, é indiferente a forma específica do valor de uso na qual o linho se manifesta.

Na primeira forma – 20 braças de linho = 1 casaco –, pode ser acidental que essas duas mercadorias sejam permutáveis numa determinada relação quantitativa. Na segunda forma, ao contrário, evidencia-se imediatamente um fundamento essencialmente distinto da manifestação acidental e que a determina. O valor do linho permanece da mesma grandeza, seja ele representado no casaco, ou café, ou ferro etc., em inúmeras mercadorias diferentes que pertencem aos mais diferentes possuidores. A relação acidental entre dois possuidores individuais de mercadorias desaparece. Torna-se evidente que não é a troca que regula a grandeza de valor da mercadoria, mas, inversamente, é a grandeza de valor da mercadoria que regula suas relações de troca.

2. *A forma de equivalente particular*

Na expressão de valor do linho, cada mercadoria, seja ela casaco, chá, trigo, ferro etc., é considerada como equivalente e, portanto, como corpo de valor. A forma natural determinada de cada uma dessas mercadorias é, agora, uma

---

Cada uma dessas expressões diz que seu valor é aquele que se manifesta nos valores de uso casaco, cereal etc. "*The value of any commodity denoting its relation in exchange, we may speak of it as* [...] *corn-value, cloth-value, according to the commodity with which it is compared; and then there are a thousand different kinds of value, as many kinds of value as there are commodities in existence, and all are equally real and equally nominal*" ["Porque o valor de toda mercadoria denota sua relação na troca, podemos denominá-lo valor-cereal, valor-roupa, a depender da mercadoria com que ela é comparada; e, assim, há milhares de tipos diferentes de valores, tantos quanto são as mercadorias que existem, e todos são igualmente reais e igualmente nominais"], *A Critical Dissertation on the Nature, Measures and Causes of Value; Chiefly in Reference to the Writings of Mr. Ricardo and his Followers. By the Author of Essays on the Formation etc. of Opinions* (Londres, 1825), p. 39. Por meio dessa indicação das embaralhadas expressões relativas do mesmo valor das mercadorias, S. Bailey, o editor desse escrito anônimo que tanto barulho fez na Inglaterra de sua época, acredita ter eliminado toda determinação conceitual do valor. De resto, o fato de que ele, apesar de sua própria visão estreita, tenha posto o dedo em algumas feridas da teoria ricardiana explica a acrimônia com que a escola ricardiana o ataca, por exemplo, na *Westminster Review*.

forma de equivalente particular ao lado de muitas outras. Do mesmo modo, os vários tipos de trabalho, determinados, concretos e úteis contidos nos diferentes corpos-mercadorias são considerados, agora, como tantas outras formas de efetivação ou de manifestação particulares de trabalho humano como tal.

3. Insuficiências da forma de valor total ou desdobrada

Em primeiro lugar, a expressão de valor relativa da mercadoria é incompleta, pois sua série de representações jamais se conclui. A cadeia em que uma equiparação de valor se acrescenta a outra permanece sempre prolongável por meio de cada novo tipo de mercadoria que se apresenta, fornecendo, assim, o material para uma nova expressão de valor. Em segundo lugar, ela forma um colorido mosaico de expressões de valor, desconexas e variegadas. E, finalmente, se o valor relativo de cada mercadoria for devidamente expresso nessa forma desdobrada, a forma de valor relativa de cada mercadoria será uma série infinita de expressões de valor, diferente da forma de valor relativa de qualquer outra mercadoria. As insuficiências da forma de valor relativa e desdobrada se refletem na sua correspondente forma de equivalente. Como a forma natural de todo tipo de mercadoria individual é aqui uma forma de equivalente particular ao lado de inúmeras outras formas de equivalentes particulares, conclui-se que existem apenas formas de equivalentes limitadas, que se excluem mutuamente. Do mesmo modo, o tipo de trabalho determinado, concreto e útil contido em cada equivalente particular de mercadorias é uma forma apenas particular e, portanto, não exaustiva de manifestação do trabalho humano. De fato, este possui sua forma completa ou total de manifestação na cadeia plena dessas formas particulares de manifestação. Porém, assim ele não possui qualquer forma de manifestação unitária.

A forma de valor relativa e desdobrada consiste, no entanto, apenas de uma soma de expressões simples e relativas de valor ou de equações da primeira forma, como:

20 braças de linho = 1 casaco
20 braças de linho = 10 libras de chá etc.

Mas cada uma dessas equações também contém, em contrapartida, a equação idêntica:

1 casaco = 20 braças de linho
10 libras de chá = 20 braças de linho etc.

De fato, se alguém troca seu linho por muitas outras mercadorias e, com isso, expressa seu valor numa série de outras mercadorias, os muitos outros possuidores de mercadorias também têm necessariamente de trocar suas mercadorias pelo linho e, desse modo, expressar os valores de suas diferentes mercadorias na mesma terceira mercadoria: o linho. Se, portanto, invertemos a série: 20 braças de linho = 1 casaco, ou = 10 libras de chá, ou = etc., isto é, se expressamos a relação inversa já contida na própria série, obtemos:

C) A forma de valor universal

$$\left. \begin{array}{l} 1 \text{ casaco} = \\ 10 \text{ libras de chá} = \\ 40 \text{ libras de café} = \\ 1 \text{ } quarter \text{ de trigo} = \\ 2 \text{ onças de ouro} = \\ \frac{1}{2} \text{ tonelada de ferro} = \\ x \text{ mercadoria } A = \\ \text{etc. mercadoria} = \end{array} \right\} 20 \text{ braças de linho}$$

1. Caráter modificado da forma de valor

Agora, as mercadorias expressam seus valores 1) de modo simples, porque numa mercadoria singular, e 2) de modo unitário, porque na mesma mercadoria. Sua forma de valor é simples e comum a todas, e, por conseguinte, universal.

As formas I e II só foram introduzidas para expressar o valor de uma mercadoria como algo distinto de seu próprio valor de uso ou de seu corpo-mercadoria.

A primeira forma resultou em equações de valor como: 1 casaco = 20 braças de linho, 10 libras de chá = ½ tonelada de ferro etc. O valor casaco é expresso como igual ao linho, o valor-chá como igual ao ferro etc., mas as igualdades com o linho e com o ferro, essas expressões de valor do casaco e do chá, são tão distintas quanto o linho e o ferro. Tal forma só se revela na prática nos primórdios mais remotos, quando os produtos do trabalho são transformados em mercadorias por meio da troca contingente e ocasional.

A segunda forma distingue o valor de uma mercadoria de seu próprio valor de uso mais plenamente do que a primeira, pois o valor do casaco, por exemplo, confronta-se com sua forma natural em todas as formas possíveis, como igual ao linho, igual ao ferro, igual ao chá etc., mas não como igual ao casaco. Por outro lado, toda expressão comum do valor das mercadorias está aqui diretamente excluída, pois na expressão de valor de cada mercadoria todas as outras aparecem agora na forma de equivalentes. A forma de valor desdobrada se mostra pela primeira vez apenas quando um produto do trabalho, por exemplo, o gado, passa a ser trocado por outras mercadorias diferentes não mais excepcional, mas habitualmente.

A nova forma obtida expressa os valores do mundo das mercadorias num único tipo de mercadoria, separada das outras, por exemplo, no linho, e assim representa os valores de todas as mercadorias mediante sua igualdade com o linho. Como algo igual ao linho, o valor de cada mercadoria é agora distinto não só de seu próprio valor de uso, mas de qualquer valor de uso, sendo, justamente por isso, expresso como aquilo que ela tem em comum com todas as outras mercadorias. Essa forma é, portanto, a primeira que relaciona efetivamente as mercadorias entre si como valores, ou que as deixa aparecer umas para as outras como valores de troca.

As duas formas anteriores expressam, cada uma, o valor de uma mercadoria, seja numa única mercadoria de tipo diferente, seja numa série de muitas mercadorias diferentes dela. Nos dois casos, dar a si mesma uma forma de valor é algo que, por assim dizer, pertence ao foro privado da mercadoria individual, e ela o realiza sem a ajuda de outras mercadorias. Estas representam, diante dela, o papel meramente passivo do equivalente. A forma universal do valor só surge, ao contrário, como obra conjunta do mundo das mercadorias. Uma mercadoria só ganha expressão universal de valor porque, ao mesmo tempo, todas as outras expressam seu valor no mesmo equivalente, e cada novo tipo de mercadoria que surge tem de fazer o mesmo. Com isso, revela-se que a objetividade do valor das mercadorias, por ser a mera "existência social" dessas coisas, também só pode ser expressa por sua relação social universal [*allseitige*], e sua forma de valor tem de ser, por isso, uma forma socialmente válida.

Na forma de iguais ao linho, todas as mercadorias aparecem agora não só como qualitativamente iguais, como valores em geral, mas também como grandezas de valor quantitativamente comparáveis. Por espelharem suas grandezas de valor num mesmo material, o linho, essas grandezas de valor se espelham mutuamente. Por exemplo, 10 libras de chá = 20 braças de linho, e 40 libras de café = 20 braças de linho. Portanto, 10 libras de chá = 40 libras de café. Ou: em 1 libra de café está contida apenas ¼ da substância de valor – de trabalho – contida em 1 libra de chá.

A forma de valor relativa e universal do mundo das mercadorias imprime na mercadoria equivalente que dele é excluída – neste caso, no linho – o caráter de equivalente universal. Sua própria forma natural é a figura de valor comum a esse mundo, sendo o linho, por isso, diretamente permutável por todas as outras mercadorias. Sua forma corpórea é considerada a encarnação visível, a crisalidação [*Verpuppung*] social e universal de todo trabalho humano. A tecelagem, o trabalho privado que produz o linho, encontra-se, ao mesmo tempo, na forma social universal, a forma da igualdade com todos os outros trabalhos. As inúmeras equações em que consiste a forma de valor universal equiparam sucessivamente o trabalho efetivado no linho com todo trabalho contido em outra mercadoria e, desse modo, transformam a tecelagem em forma universal de manifestação do trabalho humano como tal. Assim, o trabalho objetivado no valor das mercadorias não é expresso apenas negativamente como trabalho no qual são abstraídas todas as formas concretas e propriedades úteis dos trabalhos efetivos. Sua própria natureza positiva se põe em destaque: ela se encontra na redução de todos os trabalhos efetivos à sua característica comum de trabalho humano; ao dispêndio de força humana de trabalho.

A forma de valor universal, que apresenta os produtos do trabalho como meras massas amorfas de trabalho humano, mostra, por meio de sua própria estrutura, que ela é a expressão social do mundo das mercadorias. Desse modo, ela revela que, nesse mundo, o caráter humano e universal do trabalho constitui seu caráter especificamente social.

2. A relação de desenvolvimento entre a forma de valor relativa e a forma de equivalente

Ao grau de desenvolvimento da forma de valor relativa corresponde o grau de desenvolvimento da forma de equivalente. Porém, devemos ressaltar que o desenvolvimento da forma de equivalente é apenas expressão e resultado do desenvolvimento da forma de valor relativa.

A forma de valor relativa simples ou isolada de uma mercadoria transforma outra mercadoria em equivalente individual. A forma desdobrada do valor relativo, essa expressão do valor de uma mercadoria em todas as outras mercadorias, imprime nestas últimas a forma de equivalentes particulares de diferentes tipos. Por fim, um tipo particular de mercadoria recebe a forma de equivalente universal porque todas as outras mercadorias fazem dela o material de sua forma de valor unitária, universal.

Mas na mesma medida em que se desenvolve a forma de valor em geral, desenvolve-se também a oposição entre seus dois polos: a forma de valor relativa e a forma de equivalente.

A primeira forma – 20 braças de linho = 1 casaco – já contém essa oposição, porém não explicitada. Conforme a mesma equação seja lida numa direção ou noutra, cada um dos dois extremos de mercadorias, como linho e casaco, encontra-se, na mesma medida, ora na forma de valor relativa, ora na forma de equivalente. Compreender a oposição entre os dois polos demanda-nos ainda um certo esforço.

Na forma II, cada tipo de mercadoria só pode desdobrar totalmente seu valor relativo, ou só possui ela mesma a forma de valor relativa desdobrada, porque e na medida em que todas as outras mercadorias se confrontam com ela na forma de equivalente. Não se pode mais, aqui, inverter os dois lados da equação de valor – como 20 braças de linho = 1 casaco, ou = 10 libras de chá, ou = 1 *quarter* de trigo etc. – sem alterar seu caráter por completo e transformá-la de forma de valor total em forma de valor universal.

Por fim, a última forma, a forma III, dá ao mundo das mercadorias a forma de valor relativa e sociouniversal porque e na medida em que todas as mercadorias que a ela pertencem são, com uma única exceção, excluídas da forma de equivalente universal. Uma mercadoria, o linho, encontra-se, portanto, na forma da permutabilidade direta por todas as outras mercadorias, ou na forma imediatamente social, porque e na medida em que todas as demais mercadorias não se encontram nessa forma[24].

Inversamente, a mercadoria que figura como equivalente universal está excluída da forma de valor relativa unitária e, portanto, universal do mundo das mercadorias. Para que o linho, ou uma mercadoria qualquer que se encontre na forma de equivalente universal, pudesse tomar parte ao mesmo tempo na forma de valor relativa universal, ele teria de servir de equivalente a si mesmo. Teríamos, então, 20 braças de linho = 20 braças de linho, uma tautologia em que não se expressa valor nem grandeza de valor. Para expressar o valor relativo do equivalente universal, temos, antes, de inverter a forma III. Ele não possui qualquer forma de valor relativa em comum com outras mercadorias, mas seu valor é expresso relativamente na série infinita de todos os outros corpos-mercadorias. Assim, a forma de valor relativa e desdobrada, ou forma II, aparece agora como a forma de valor relativa específica da mercadoria equivalente.

3. Transição da forma de valor universal para a forma-dinheiro [Geldform]

A forma de equivalente universal é uma forma do valor em geral e pode, portanto, expressar-se em qualquer mercadoria. Por outro lado, uma mercadoria encontra-se na forma de equivalente universal (forma III) apenas porque, e na medida em que, ela é excluída por todas as demais mercadorias na qualidade de equivalente. E é somente no momento em que essa exclusão se limita definitivamente a um tipo específico de mercadoria que a forma de valor relativa unitária do mundo das mercadorias ganha solidez objetiva e validade social universal.

---

[24] De fato, na forma da permutabilidade direta e universal não se vê de modo algum que ela seja uma forma antitética de mercadoria, tão inseparável da forma da permutabilidade indireta quanto a positividade de um polo magnético é inseparável da negatividade do outro. Por essa razão, pode-se imaginar ser possível imprimir simultaneamente em todas as mercadorias o selo da permutabilidade direta, do mesmo modo como se pode imaginar ser possível transformar todos os católicos em papas. O pequeno-burguês, que vislumbra na produção de mercadorias o *nec plus ultra* [limite inultrapassável] da liberdade humana e da independência individual, desejaria naturalmente ver-se livre dos abusos vinculados a essa forma, especialmente da permutabilidade indireta das mercadorias. O retrato dessa utopia filisteia constitui o socialismo de Proudhon, que, como mostrei em outro lugar [*Miséria da filosofia: resposta à filosofia da miséria do sr. Proudhon*], não possui sequer o mérito da originalidade, pois muito antes dele suas ideias já haviam sido mais bem desenvolvidas por Gray, Bray e outros. Isso não impede que, hoje em dia, uma tal sabedoria grasse em certos círculos sob o nome de *science* [ciência]. Jamais uma escola atribuiu tanto a si mesma a palavra *science* quanto a escola proudhoniana, pois "Onde do conceito há maior lacuna,/ Palavras surgirão na hora oportuna", J. W. F. Goethe, *Fausto* [trad. Jenny Klabin Segall, Belo Horizonte/ Rio de Janeiro, Villa Rica, 1991, p. 92].

O tipo específico de mercadoria, em cuja forma natural a forma de equivalente encarna socialmente, torna-se agora mercadoria-dinheiro [*Geldware*] ou funciona como dinheiro. Desempenhar o papel do equivalente universal no mundo das mercadorias torna-se sua função especificamente social e, assim, seu monopólio social. Entre as mercadorias que, na forma II, figuram como equivalentes particulares do linho e que, na forma III, expressam conjuntamente no linho seu valor relativo, uma mercadoria determinada conquistou historicamente esse lugar privilegiado: o ouro. Assim, se na forma III substituirmos a mercadoria linho pela mercadoria ouro, obteremos:

D) A forma-dinheiro

$$\left.\begin{array}{l} 20 \text{ braças de linho} = \\ 1 \text{ casaco} = \\ 10 \text{ libras de chá} = \\ 40 \text{ libras de café} = \\ 1 \text{ } quarter \text{ de trigo} = \\ \tfrac{1}{2} \text{ tonelada de ferro} = \\ x \text{ mercadoria } A = \end{array}\right\} 2 \text{ onças de ouro}$$

Alterações essenciais ocorrem na transição da forma I para a forma II, e da forma II para a forma III. Em contrapartida, a forma IV não se diferencia em nada da forma III, a não ser pelo fato de que agora, em vez do linho, é o ouro que possui a forma de equivalente universal. O ouro se torna, na forma IV, aquilo que o linho era na forma III: equivalente universal. O progresso consiste apenas em que agora, por meio do hábito social, a forma da permutabilidade direta e geral ou a forma de equivalente universal amalgamou-se definitivamente à forma natural específica da mercadoria ouro.

O ouro só se confronta com outras mercadorias como dinheiro porque já se confrontava com elas anteriormente, como mercadoria. Igual a todas as outras mercadorias, ele também funcionou como equivalente, seja como equivalente individual em atos isolados de troca, seja como equivalente particular ao lado de outros equivalentes-mercadorias [*Warenäquivalenten*]. Com o tempo, ele passou a funcionar, em círculos mais estreitos ou mais amplos, como equivalente universal. Tão logo conquistou o monopólio dessa posição na expressão de valor do mundo das mercadorias, o ouro tornou-se mercadoria-dinheiro [*Geldware*], e é apenas a partir do momento em que ele já se tornou mercadoria-dinheiro que as formas IV e III passam a se diferenciar uma da outra, ou que a forma de valor universal se torna forma-dinheiro.

A expressão de valor relativa simples de uma mercadoria – por exemplo, do linho – na mercadoria que funciona como mercadoria-dinheiro – por exemplo, o ouro – é a forma-preço [*Preisform*]. A "forma-preço" do linho é, portanto:

20 braças de linho = 2 onças de ouro

ou, se £2 for a denominação monetária de 2 onças de ouro:
20 braças de linho = £2

A dificuldade no conceito da forma-dinheiro se restringe à apreensão conceitual da forma de equivalente universal, ou seja, da forma de valor universal como tal, a forma III. A forma III se decompõe, em sentido contrário, na forma II, a forma de valor desdobrada, e seu elemento constitutivo é a forma I: 20 braças de linho = 1 casaco, ou x mercadoria $A = y$ mercadoria B. A forma-mercadoria simples é, desse modo, o germe da forma-dinheiro.

4. O caráter fetichista da mercadoria e seu segredo

Uma mercadoria aparenta ser, à primeira vista, uma coisa óbvia, trivial. Mas sua análise a revela como uma coisa muito intricada, plena de sutilezas metafísicas e caprichos teológicos. Quando é valor de uso, nela não há nada de misterioso, seja do ponto de vista de que ela satisfaz necessidades humanas por meio de suas propriedades, seja do ponto de vista de que ela só recebe essas propriedades como produto do trabalho humano. É evidente que o homem, por meio de sua atividade, altera as formas das matérias naturais de um modo que lhe é útil. Por exemplo, a forma da madeira é alterada quando dela se faz uma mesa. No entanto, a mesa continua sendo madeira, uma coisa sensível e banal. Mas tão logo aparece como mercadoria, ela se transforma numa coisa sensível-suprassensível*. Ela não se contenta em manter os pés no chão, mas põe-se de cabeça para baixo em relação a todas as outras mercadorias, e em sua cabeça de madeira nascem minhocas que nos assombram muito mais do que se ela começasse a dançar por vontade própria[25].

O caráter místico da mercadoria não resulta, portanto, de seu valor de uso. Tampouco resulta do conteúdo das determinações de valor, pois, em primeiro lugar, por mais distintos que possam ser os trabalhos úteis ou as atividades produtivas, é uma verdade fisiológica que eles constituem funções do organismo humano e que cada uma dessas funções, seja qual for seu con-

---

* No original: "*sinnlich übersinnliche*". Referência à fala de Mefistófeles em *Fausto*, de Goethe (primeira parte, "No jardim de Marta"): "*Du übersinnlicher, sinnlicher Freier,/ Ein Mägdelein nasführet dich*" ["Tu, conquistador sensível, suprassensível,/ Uma mocinha te conduz pelo nariz"]. (N. E. A. MEGA)

[25] Vale lembrar que a China e as mesas começaram a dançar quando todo o resto do mundo ainda parecia imóvel – *pour encourager les autres* [para encorajar os outros] [Voltaire, *Cândido, ou o otimismo*, c. 19. (N. T.)]. [Após as revoluções de 1848, a Europa entrou num período de reação política. Enquanto nos círculos aristocráticos e burgueses europeus surgiu um entusiasmo pelo espiritismo, particularmente por práticas com o "tabuleiro Ouija", na China desenvolveu-se um poderoso movimento antifeudal, especialmente entre os camponeses, que ficou conhecido como Rebelião Taiping. (N. E. A. MEGA)]

teúdo e sua forma, é essencialmente dispêndio de cérebro, nervos, músculos e órgãos sensoriais humanos etc. Em segundo lugar, no que diz respeito àquilo que se encontra na base da determinação da grandeza de valor – a duração desse dispêndio ou a quantidade do trabalho –, a quantidade é claramente diferenciável da qualidade do trabalho. Sob quaisquer condições sociais, o tempo de trabalho requerido para a produção dos meios de subsistência havia de interessar aos homens, embora não na mesma medida em diferentes estágios de desenvolvimento[26]. Por fim, tão logo os homens trabalham uns para os outros de algum modo, seu trabalho também assume uma forma social.

De onde surge, portanto, o caráter enigmático do produto do trabalho, assim que ele assume a forma-mercadoria? Evidentemente, ele surge dessa própria forma. A igualdade dos trabalhos humanos assume a forma material da igual objetividade de valor dos produtos do trabalho; a medida do dispêndio de força humana de trabalho por meio de sua duração assume a forma da grandeza de valor dos produtos do trabalho; finalmente, as relações entre os produtores, nas quais se efetivam aquelas determinações sociais de seu trabalho, assumem a forma de uma relação social entre produtos do trabalho.

O caráter misterioso da forma-mercadoria consiste, portanto, simplesmente no fato de que ela reflete aos homens os caracteres sociais de seu próprio trabalho como caracteres objetivos dos próprios produtos do trabalho, como propriedades sociais que são naturais a essas coisas e, por isso, reflete também a relação social dos produtores com o trabalho total como uma relação social entre os objetos, existente à margem dos produtores. É por meio desse quiproquó que os produtos do trabalho se tornam mercadorias, coisas sensíveis-suprassensíveis ou sociais. A impressão luminosa de uma coisa sobre o nervo óptico não se apresenta, pois, como um estímulo subjetivo do próprio nervo óptico, mas como forma objetiva de uma coisa que está fora do olho. No ato de ver, porém, a luz de uma coisa, de um objeto externo, é efetivamente lançada sobre outra coisa, o olho. Trata-se de uma relação física entre coisas físicas. Já a forma-mercadoria e a relação de valor dos produtos do trabalho em que ela se representa não guardam, ao contrário, absolutamente nenhuma relação com sua natureza física e com as relações materiais [*dinglichen*] que derivam desta última. É apenas uma relação social determinada entre os próprios homens que aqui assume, para eles, a forma fantasmagórica de uma relação entre coisas. Desse modo, para encontrarmos uma analogia, temos de

---

[26] Nota à segunda edição: Entre os antigos germanos, a grandeza de uma *manhã* [*Morgen*] de terra era medida de acordo com o trabalho de um dia e, por isso, a *manhã* também era chamada de *Tagwerk* [dia de trabalho] (também *Tagwanne*) (*jurnale* ou *jurnalis*, *terra jurnalis*, *jornalis* ou *diurnalis*), *Mannwerk* [trabalho de um homem], *Mannskraft*, *Mannshauet* etc. Cf. Georg Ludwig von Maurer, *Einleitung zur Geschichte der Mark-*, *Hof- etc. Verfassung* (Munique, 1854), p. 129s.

nos refugiar na região nebulosa do mundo religioso. Aqui, os produtos do cérebro humano parecem dotados de vida própria, como figuras independentes que travam relação umas com as outras e com os homens. Assim se apresentam, no mundo das mercadorias, os produtos da mão humana. A isso eu chamo de fetichismo, que se cola aos produtos do trabalho tão logo eles são produzidos como mercadorias e que, por isso, é inseparável da produção de mercadorias.

Esse caráter fetichista do mundo das mercadorias surge, como a análise anterior já mostrou, do caráter social peculiar do trabalho que produz mercadorias.

Os objetos de uso só se tornam mercadorias porque são produtos de trabalhos privados realizados independentemente uns dos outros. O conjunto desses trabalhos privados constitui o trabalho social total. Como os produtores só travam contato social mediante a troca de seus produtos do trabalho, os caracteres especificamente sociais de seus trabalhos privados aparecem apenas no âmbito dessa troca. Ou, dito de outro modo, os trabalhos privados só atuam efetivamente como elos do trabalho social total por meio das relações que a troca estabelece entre os produtos do trabalho e, por meio destes, também entre os produtores. A estes últimos, as relações sociais entre seus trabalhos privados aparecem como aquilo que elas são, isto é, não como relações diretamente sociais entre pessoas em seus próprios trabalhos, mas como relações reificadas* entre pessoas e relações sociais entre coisas.

Somente no interior de sua troca os produtos do trabalho adquirem uma objetividade de valor socialmente igual, separada de sua objetividade de uso, sensivelmente distinta. Essa cisão do produto do trabalho em coisa útil e coisa de valor só se realiza na prática quando a troca já conquistou um alcance e uma importância suficientes para que se produzam coisas úteis destinadas à troca e, portanto, o caráter de valor das coisas passou a ser considerado no próprio ato de sua produção. A partir desse momento, os trabalhos privados dos produtores assumem, de fato, um duplo caráter social. Por um lado, como trabalhos úteis determinados, eles têm de satisfazer uma determinada necessidade social e, desse modo, conservar a si mesmos como elos do trabalho total, do sistema natural-espontâneo** da divisão social do trabalho. Por outro lado, eles só satisfazem as múltiplas necessidades de seus próprios produtores na medida em que cada trabalho privado e útil particular é permutável por qualquer outro tipo de trabalho privado e útil, ou seja, na medida em que um

---

* O adjetivo/advérbio *sachlich* tem aqui o sentido de "relativo a coisa (*Sache*)". Em outras passagens, Marx emprega a palavra *dinglich* com o mesmo significado. Onde não foi possível traduzi-la como "reificado(a)", empregamos "material", "materialmente", sempre acompanhadas do original entre colchetes. Cf. nota *, p. 128. (N. T.)

** O termo *naturwüchsig*, que traduzimos por "natural-espontâneo", é empregado por Marx no sentido de "desenvolvido de modo espontâneo". Diferente, portanto, de "natural" no sentido de "pertencente à natureza" ou "dado pela natureza". (N. T.)

A mercadoria

equivale ao outro. A igualdade *toto coelo* [plena] dos diferentes trabalhos só pode consistir numa abstração de sua desigualdade real, na redução desses trabalhos ao seu caráter comum como dispêndio de força humana de trabalho, como trabalho humano abstrato. O cérebro dos produtores privados reflete esse duplo caráter social de seus trabalhos privados apenas nas formas em que este se manifesta no intercâmbio prático, na troca dos produtos: de um lado, o caráter socialmente útil de seus trabalhos privados na forma de que o produto do trabalho tem de ser útil, e precisamente para outrem; de outro, o caráter social da igualdade dos trabalhos de diferentes tipos na forma do caráter de valor comum a essas coisas materialmente distintas, os produtos do trabalho.

Os homens não relacionam entre si seus produtos do trabalho como valores por considerarem essas coisas meros invólucros materiais de trabalho humano de mesmo tipo. Ao contrário. Porque equiparam entre si seus produtos de diferentes tipos na troca, como valores, eles equiparam entre si seus diferentes trabalhos como trabalho humano. Eles não sabem disso, mas o fazem[27]. Pois na testa do valor não vai escrito o que ele é*. O valor converte, antes, todo produto do trabalho num hieróglifo social. Mais tarde, os homens tentam decifrar o sentido desse hieróglifo, desvelar o segredo de seu próprio produto social, pois a determinação dos objetos de uso como valores é seu produto social tanto quanto a linguagem. A descoberta científica tardia de que os produtos do trabalho, como valores, são meras expressões materiais do trabalho humano despendido em sua produção fez época na história do desenvolvimento da humanidade, mas de modo algum elimina a aparência objetiva do caráter social do trabalho. O que é válido apenas para essa forma particular de produção, a produção de mercadorias – isto é, o fato de que o caráter especificamente social dos trabalhos privados, independentes entre si, consiste em sua igualdade como trabalho humano e assume a forma do caráter de valor dos produtos do trabalho –, continua a aparecer, para aqueles que se encontram no interior das relações de produção das mercadorias, como algo definitivo, mesmo depois daquela descoberta, do mesmo modo como a decomposição científica do ar em seus elementos deixou intacta a forma do ar como forma física corpórea.

Na prática, o que interessa imediatamente aos agentes da troca de produtos é a questão de quantos produtos alheios eles obtêm em troca de seu próprio produto, ou seja, em que proporções os produtos são trocados. Assim que essas proporções alcançam uma certa solidez habitual, elas aparentam deri-

---

[27] Nota à segunda edição: Por isso, quando Galiani diz "O valor é uma relação entre pessoas" (*"La ricchezza è una ragione tra due persone"*), ele deveria ter acrescentado: uma relação escondida sob um invólucro material [*dinglicher*], Galiani, *Della Moneta*, em [Pietro] Custodi, *Scrittori classici italiani di economia politica* (Milão, 1803), t. III, parte moderna, p. 221.

* Apocalipse 14: 1-9. (N. E. A. MEGA)

var da natureza dos produtos do trabalho, como se, por exemplo, 1 tonelada de ferro e 2 onças de ouro tivessem o mesmo valor do mesmo modo como 1 libra de ouro e 1 libra de ferro têm o mesmo peso, apesar de suas diferentes propriedades físicas e químicas. Na verdade, o caráter de valor dos produtos do trabalho se fixa apenas por meio de sua atuação como grandezas de valor. Estas variam constantemente, independentemente da vontade, da previsão e da ação daqueles que realizam a troca. Seu próprio movimento social possui, para eles, a forma de um movimento de coisas, sob cujo controle se encontram, em vez de eles as controlarem. É preciso que a produção de mercadorias esteja plenamente desenvolvida antes que da própria experiência emerja a noção científica de que os trabalhos privados, executados independentemente uns dos outros, porém universalmente interdependentes como elos naturais-espontâneos da divisão social do trabalho, são constantemente reduzidos a sua medida socialmente proporcional, porquanto nas relações de troca contingentes e sempre oscilantes de seus produtos o tempo de trabalho socialmente necessário a sua produção se impõe com a força de uma lei natural reguladora, assim como a lei da gravidade se impõe quando uma casa desaba sobre a cabeça de alguém[28]. A determinação da grandeza de valor por meio do tempo de trabalho é, portanto, um segredo que se esconde sob os movimentos manifestos dos valores relativos das mercadorias. Sua descoberta elimina dos produtos do trabalho a aparência da determinação meramente contingente das grandezas de valor, mas não elimina em absoluto sua forma reificada [*sachlich*].

A reflexão sobre as formas da vida humana, e, assim, também sua análise científica, percorre um caminho contrário ao do desenvolvimento real. Ela começa *post festum* [muito tarde, após a festa] e, por conseguinte, com os resultados prontos do processo de desenvolvimento. As formas que rotulam os produtos do trabalho como mercadorias, e, portanto, são pressupostas à circulação das mercadorias, já possuem a solidez de formas naturais da vida social antes que os homens procurem esclarecer-se não sobre o caráter histórico dessas formas – que eles, antes, já consideram imutáveis –, mas sobre seu conteúdo. Assim, somente a análise dos preços das mercadorias conduziu à determinação da grandeza do valor, e somente a expressão monetária comum das mercadorias conduziu à fixação de seu caráter de valor. Porém, é justamente essa forma acabada – a forma-dinheiro – do mundo das mercadorias que vela materialmente [*sachlich*], em vez de revelar, o caráter social dos trabalhos privados e, com isso, as relações sociais entre os trabalhadores privados. Quando digo que o casaco,

---

[28] "O que se deve pensar de uma lei que só pode se impor mediante revoluções periódicas?", F. Engels, "Umrisse zu einer Kritik der Nationalökonomie", em *Deutsch-Französische Jahrbücher* [Anais Franco-Alemães], Karl Marx e Arnold Ruge (eds.), Paris, 1844 [ed. bras.: "Esboço de uma crítica da economia política", em José Paulo Netto (org.), *Engels*, São Paulo, Ática, 1981, col. Grandes Cientistas Sociais, v. 17, série "Política"].

a bota etc. se relacionam com o linho sob a forma da incorporação geral de trabalho humano abstrato, salta aos olhos a sandice dessa expressão. Mas quando os produtores de casaco, bota etc. relacionam essas mercadorias ao linho – ou com o ouro e a prata, o que não altera em nada a questão – como equivalente universal, a relação de seus trabalhos privados com seu trabalho social total lhes aparece exatamente nessa forma insana.

Ora, são justamente essas formas que constituem as categorias da economia burguesa. Trata-se de formas de pensamento socialmente válidas e, portanto, dotadas de objetividade para as relações de produção desse modo social de produção historicamente determinado, a produção de mercadorias. Por isso, todo o misticismo do mundo das mercadorias, toda a mágica e a assombração que anuviam os produtos do trabalho na base da produção de mercadorias desaparecem imediatamente, tão logo nos refugiemos em outras formas de produção.

Como a economia política ama robinsonadas[29], lancemos um olhar sobre Robinson em sua ilha. Apesar de seu caráter modesto, ele tem diferentes necessidades a satisfazer e, por isso, tem de realizar trabalhos úteis de diferentes tipos, fazer ferramentas, fabricar móveis, domesticar lhamas, pescar, caçar etc. Não mencionamos orar e outras coisas do tipo, pois nosso Robinson encontra grande prazer nessas atividades, e as considera uma recreação. Apesar da variedade de suas funções produtivas, ele tem consciência de que elas são apenas diferentes formas de atividade do mesmo Robinson e, portanto, apenas diferentes formas de trabalho humano. A própria necessidade o obriga a distribuir seu tempo com exatidão entre suas diferentes funções. Se uma ocupa mais espaço e outra menos em sua atividade total depende da maior ou menor dificuldade que é preciso superar para se obter o efeito útil visado. Isso a experiência lhe ensina, e eis que nosso Robinson, que entre os destroços do navio salvou relógio, livro comercial, tinta e pena, põe-se logo, como bom inglês, a fazer a contabilidade de si mesmo. Seu inventário contém uma relação dos objetos de uso que ele possui, das diversas operações requeridas para sua produção e, por fim, do tempo de trabalho que lhe custa, em média,

---

[29] Nota à segunda edição: Tampouco Ricardo escapa de uma robinsonada: "Ele faz com que o pescador e o caçador primitivos, como possuidores de mercadorias, troquem o peixe e a caça na relação do tempo de trabalho objetivado nesses valores de troca. Com isso, ele cai no anacronismo de fazer com que o caçador e o pescador primitivos consultem, para o cálculo de seus instrumentos de trabalho, as tabelas de anuidade correntes na Bolsa de Londres em 1817. Os 'paralelogramos do sr. Owen' parecem ser a única forma social que ele conhece além da forma burguesa", Karl Marx, *Zur Kritik der politischen Ökonomie* [*Contribuição à crítica da economia política*], cit., p. 38-9. [Ricardo menciona os "paralelogramos do sr. Owen" em seu escrito *On Protection to Agriculture* (Londres, 1822), p. 21. Em seus planos utópicos de reforma social, Robert Owen tentou demonstrar que uma comunidade é economicamente mais viável quando configurada sob a forma de um paralelogramo ou quadrado. (N. E. A. MEGA)]

a obtenção de determinadas quantidades desses diferentes produtos. Aqui, todas as relações entre Robinson e as coisas que formam sua riqueza, por ele mesmo criada, são tão simples que até mesmo o sr. M. Wirth* poderia compreendê-las sem maior esforço intelectual. E, no entanto, nelas já estão contidas todas as determinações essenciais do valor.

Saltemos, então, da iluminada ilha de Robinson para a sombria Idade Média europeia**. Em vez do homem independente, aqui só encontramos homens dependentes – servos e senhores feudais, vassalos e suseranos, leigos e clérigos. A dependência pessoal caracteriza tanto as relações sociais da produção material quanto as esferas da vida erguidas sobre elas. Mas é justamente porque as relações pessoais de dependência constituem a base social dada que os trabalhos e seus produtos não precisam assumir uma forma fantástica distinta de sua realidade. Eles entram na engrenagem social como serviços e prestações *in natura*. A forma natural do trabalho, sua particularidade – e não, como na base da produção de mercadorias, sua universalidade – é aqui sua forma imediatamente social. A corveia é medida pelo tempo tanto quanto o é o trabalho que produz mercadorias, mas cada servo sabe que o que ele despende a serviço de seu senhor é uma quantidade determinada de sua força pessoal de trabalho. O dízimo a ser pago ao padre é mais claro do que a bênção do padre. Julguem-se como se queiram as máscaras*** atrás das quais os homens aqui se confrontam, o fato é que as relações sociais das pessoas em seus trabalhos aparecem como suas próprias relações pessoais e não se encontram travestidas em relações sociais entre coisas, entre produtos de trabalho.

Para a consideração do trabalho coletivo, isto é, imediatamente socializado, não precisamos remontar à sua forma natural-espontânea, que encontramos no limiar histórico de todos os povos civilizados[30]. Um exemplo mais próximo

---

* Marx refere-se provavelmente ao primeiro volume da obra *Grundzüge der National--Oekonomie* (Colônia, 1861), de Max Wirth, onde se lê, à página 218: "O ato dessa apropriação, que pode ser mais ou menos extenuante e demorada – é o *trabalho*. A ação recíproca de todos os materiais e forças – isto é, o processo orgânico vital, a produção e o crescimento das coisas inorgânicas e orgânicas – ocorre por meio da natureza; para o homem, esse processo inteiro é um mistério divino". (N. E. A. MEGA)

** Cf. G. W. F. Hegel, *Vorlesungen über die Philosophie der Geschichte* [Lições sobre a filosofia da História] (Berlim, 1837), p. 415: "Este dia é o dia da universalidade, que raia finalmente, depois da longa e penosa noite da Idade Média [...]". (N. E. A. MEGA)

*** No original: *Charaktermasken*, "máscara de personagem". (N. T.)

[30] Nota à segunda edição: "Nos últimos tempos, difundiu-se o preconceito ridículo de que a forma da propriedade coletiva natural-espontânea é uma forma específica, e até mesmo exclusivamente russa. Ela é a forma primitiva [*Urform*] que podemos encontrar nos romanos, germanos e celtas, mas da qual entre os indianos ainda se vê – mesmo que parcialmente em ruínas – uma série de exemplos de tipos variados. Um estudo mais preciso das formas de propriedade coletiva asiáticas demonstraria como das diferentes formas da propriedade coletiva natural-espontânea resultam diferentes formas de sua dissolução. Assim, por exemplo, diferentes tipos

é o da indústria rural e patriarcal de uma família camponesa que, para seu próprio sustento, produz cereais, gado, fio, linho, peças de roupa etc. Essas coisas diversas confrontam-se com a família como diferentes produtos de seu trabalho familiar, mas não umas com as outras como mercadorias. Os diferentes trabalhos que criam esses produtos, a lavoura, a pecuária, a fiação, a tecelagem, a alfaiataria etc. são, em sua forma natural, funções sociais, por serem funções da família, que, do mesmo modo como a produção de mercadorias, possui sua própria divisão natural-espontânea do trabalho. As diferenças de sexo e idade, assim como das condições naturais do trabalho, variáveis de acordo com as estações do ano, regulam a distribuição do trabalho na família e do tempo de trabalho entre seus membros individuais. Aqui, no entanto, o dispêndio das forças individuais de trabalho, medido por sua duração, aparece desde o início como determinação social dos próprios trabalhos, uma vez que as forças de trabalho individuais atuam, desde o início, apenas como órgãos da força comum de trabalho da família.

Por fim, imaginemos uma associação de homens livres, que trabalhem com meios de produção coletivos e que conscientemente despendam suas forças de trabalho individuais como uma única força social de trabalho. Todas as determinações do trabalho de Robinson reaparecem aqui, mas agora como determinações sociais, e não mais individuais. Todos os produtos de Robinson eram seus produtos pessoais exclusivos e, por isso, imediatamente objetos de uso para ele. O produto total da associação é um produto social, e parte desse produto serve, por sua vez, como meio de produção. Ela permanece social, mas outra parte é consumida como meios de subsistência pelos membros da associação, o que faz com que tenha de ser distribuída entre eles. O modo dessa distribuição será diferente de acordo com o tipo peculiar do próprio organismo social de produção e o correspondente grau histórico de desenvolvimento dos produtores. Apenas para traçar um paralelo com a produção de mercadoria, suponhamos que a cota de cada produtor nos meios de subsistência seja determinada por seu tempo de trabalho, que, assim, desempenharia um duplo papel. Sua distribuição socialmente planejada regula a correta proporção das diversas funções de trabalho de acordo com as diferentes necessidades. Por outro lado, o tempo de trabalho serve simultaneamente de medida da cota individual dos produtores no trabalho comum e, desse modo, também na parte a ser individualmente consumida do produto coletivo. As relações sociais dos homens com seus trabalhos e seus produtos de trabalho permanecem aqui transparentemente simples, tanto na produção quanto na distribuição.

Para uma sociedade de produtores de mercadorias, cuja relação social geral de produção consiste em se relacionar com seus produtos como mercadorias,

---

originais da propriedade privada romana e germânica podem ser derivados de diferentes formas da propriedade coletiva indiana", Karl Marx, *Zur Kritik der politischen Ökonomie* [*Contribuição à crítica da economia política*], cit., p. 10.

Karl Marx – O capital

ou seja, como valores, e, nessa forma reificada [*sachlich*], confrontar mutuamente seus trabalhos privados como trabalho humano igual, o cristianismo, com seu culto do homem abstrato, é a forma de religião mais apropriada, especialmente em seu desenvolvimento burguês, como protestantismo, deísmo etc. Nos modos de produção asiático, antigo etc. a transformação do produto em mercadoria e, com isso, a existência dos homens como produtores de mercadorias, desempenha um papel subordinado, que, no entanto, torna-se cada vez mais significativo à medida que as comunidades avançam em seu processo de declínio. Povos propriamente comerciantes existem apenas nos intermúndios do mundo antigo, como os deuses de Epicuro*, ou nos poros da sociedade polonesa, como os judeus. Esses antigos organismos sociais de produção são extraordinariamente mais simples e transparentes que o organismo burguês, mas baseiam-se ou na imaturidade do homem individual, que ainda não rompeu o cordão umbilical que o prende a outrem por um vínculo natural de gênero [*Gattungszusammenhang*], ou em relações diretas de dominação e servidão. Eles são condicionados por um baixo grau de desenvolvimento das forças produtivas do trabalho e pelas relações correspondentemente limitadas dos homens no interior de seu processo material de produção da vida, ou seja, pelas relações limitadas dos homens entre si e com a natureza.

Essa limitação real se reflete idealmente nas antigas religiões naturais e populares. O reflexo religioso do mundo real só pode desaparecer quando as relações cotidianas da vida prática se apresentam diariamente para os próprios homens como relações transparentes e racionais que eles estabelecem entre si e com a natureza. A configuração do processo social de vida, isto é, do processo material de produção, só se livra de seu místico véu de névoa quando, como produto de homens livremente socializados, encontra-se sob seu controle consciente e planejado. Para isso, requer-se uma base material da sociedade ou uma série de condições materiais de existência que, por sua vez, são elas próprias o produto natural-espontâneo de uma longa e excruciante história de desenvolvimento.

É verdade que a economia política analisou, mesmo que incompletamente[31], o valor e a grandeza de valor e revelou o conteúdo que se esconde nessas for-

---

* Segundo Epicuro, os deuses habitam os "intermúndios" – os espaços que separam os diferentes mundos entre si – e não exercem qualquer influência sobre o desenvolvimento do mundo ou sobre a vida dos homens. (N. E. A. MEGA)

[31] A insuficiência da análise ricardiana da grandeza de valor – e ela é a melhor de todas – será evidenciada no terceiro e quarto livros desta obra. Mas, no que diz respeito ao valor em geral, em nenhum lugar a economia política clássica enuncia expressamente e com clareza a diferença entre o trabalho tal como ele se apresenta no valor e o mesmo trabalho tal como se apresenta no valor de uso de seu produto. De fato, ela estabelece a diferença ao considerar o trabalho ora quantitativa, ora qualitativamente. Mas não lhe ocorre que a diferença meramente quantitativa dos trabalhos pressupõe sua unidade ou igualdade qualitativa, portanto, sua redução a trabalho humano abstrato. Ricardo,

mas. Mas ela jamais sequer colocou a seguinte questão: por que esse conteúdo assume aquela forma, e, portanto, por que o trabalho se representa no valor, e a medida do trabalho, por meio de sua duração temporal, na grandeza de valor do produto do trabalho?[32] Tais formas, em cuja testa está escrito que elas

---

por exemplo, mostra estar de acordo com Destutt de Tracy, quando este diz: "*As it is certain that our physical and moral faculties are alone our original riches, the employment of those faculties, labour of some kind, is our original treasure, and it is always from this employment – that all those things are created which we call riches [...]. It is certain too, that all those things only represent the labour which has created them, and if they have a value, or even two distinct values, they can only derive them from that (the value) of the labour from which they emanate*" ["Como é certo que nossas capacidades corporais e intelectuais são nossa única riqueza originária, o uso dessas capacidades, que é certo tipo de trabalho, é nosso tesouro originário; é sempre esse uso que cria todas aquelas coisas que chamamos de riqueza [...]. É certo também que todas aquelas coisas expressam apenas o trabalho que as criou, e se elas têm um valor, ou mesmo dois valores distintos, elas só podem tê-lo a partir daquele (do valor) do trabalho do qual elas resultam"], Ricardo, *The Principles of Pol. Econ.* (3. ed., Londres, 1821), p. 334. Cabe notar apenas que Ricardo atribui a Destutt sua própria compreensão mais profunda. Na verdade, Destutt diz, por um lado, que todas as coisas que constituem a riqueza "representam o trabalho que as criou"; por outro, porém, que elas obtêm seus "dois valores distintos" (valor de uso e valor de troca) do "valor do trabalho". Ele cai, com isso, na superficialidade da economia vulgar, que pressupõe o valor de uma mercadoria (aqui, o trabalho) como meio para determinar o valor de outras mercadorias. Ao lê-lo, Ricardo entende que o trabalho (não o valor do trabalho) se expressa tanto no valor de uso como no valor de troca. Porém, ele mesmo distingue tão pouco o duplo caráter do trabalho – que se apresenta de modo duplo – que dedica todo o capítulo "Value and Riches: Their Distinctive Properties" [Valor e riqueza: suas propriedades distintivas] ao laborioso exame das trivialidades de um J. B. Say. E, no final, mostra-se bastante impressionado ao notar que Destutt está de acordo com sua própria ideia do trabalho como fonte de valor, mas que, por outro lado, ele se harmoniza com Say no que diz respeito ao conceito de valor.

[32] Uma das insuficiências fundamentais da economia política clássica está no fato de ela nunca ter conseguido descobrir, a partir da análise da mercadoria e, mais especificamente, do valor das mercadorias, a forma de valor que o converte precisamente em valor de troca. Justamente em seus melhores representantes, como A. Smith e Ricardo, ela trata a forma de valor como algo totalmente indiferente ou exterior à natureza do próprio valor. A razão disso não está apenas em que a análise da grandeza do valor absorve inteiramente sua atenção. Ela é mais profunda. A forma de valor do produto do trabalho é a forma mais abstrata mas também mais geral do modo burguês de produção, que assim se caracteriza como um tipo particular de produção social e, ao mesmo tempo, um tipo histórico. Se tal forma é tomada pela forma natural e eterna da produção social, também se perde de vista necessariamente a especificidade não só da forma de valor, como também da forma-mercadoria e, num estágio mais desenvolvido, da forma-dinheiro, da forma-capital etc. Por isso, dentre os economistas que aceitam plenamente a medida da grandeza de valor pelo tempo de trabalho encontram-se as mais variadas e contraditórias noções do dinheiro, isto é, da forma pronta do equivalente universal. Isso se manifesta de modo patente, por exemplo, no tratamento do sistema bancário, em que parece não haver limite para as definições mais triviais do dinheiro. Em contraposição a isso, surgiu um sistema

Karl Marx – O capital

pertencem a uma formação social em que o processo de produção domina os homens, e não os homens o processo de produção, são consideradas por sua consciência burguesa como uma necessidade natural tão evidente quanto o próprio trabalho produtivo. Por essa razão, as formas pré-burguesas do organismo social de produção são tratadas por ela mais ou menos do modo como as religiões pré-cristãs foram tratadas pelos Padres da Igreja*[33].

---

mercantilista restaurado (Ganilh etc.), que vê no valor apenas a forma social ou, antes, sua aparência sem substância. – Para deixar esclarecido de uma vez por todas, entendo por economia política clássica toda teoria econômica desde W. Petty, que investiga a estrutura interna das relações burguesas de produção em contraposição à economia vulgar, que se move apenas no interior do contexto aparente e rumina constantemente o material há muito fornecido pela economia científica a fim de fornecer uma justificativa plausível dos fenômenos mais brutais e servir às necessidades domésticas da burguesia, mas que, de resto, limita-se a sistematizar as representações banais e egoístas dos agentes de produção burgueses como o melhor dos mundos, dando-lhes uma forma pedante e proclamando-as como verdades eternas.

* Padres da Igreja (também Santos Padres ou Pais da Igreja) são chamados os escritores gregos e latinos da Igreja cristã entre os séculos II e VI. O estudo dos escritos dos Padres da Igreja é denominado patrística ou patrologia. (N. T.)

[33] "*Les économistes ont une singulière manière de procéder. Il n'y a pour eux que deux sortes d'institutions, celles de l'art et celles de la nature. Les institutions de la féodalité sont des institutions artificielles, celles de la bourgeoisie sont des institutions naturelles. Ils ressemblent en ceci aux théologiens, qui eux aussi établissent deux sortes de religions. Toute religion qui n'est pas la leur est une invention des hommes, tandis que leur propre religion est une émanation de dieu. – Ainsi il y a eu de l'histoire, mais il n'y en a plus*" ["Os economistas têm uma maneira singular de proceder. Para eles, só existem duas espécies de instituições: as da arte e as da natureza. As instituições feudais são artificiais, as da burguesia são naturais. Nisso, eles se parecem com os teólogos, que também estabelecem dois tipos de religião: toda religião que não é a deles é uma invenção dos homens, ao passo que a deles é uma emanação de Deus. – Assim, houve história, mas não há mais"], Karl Marx, "Misère de la philosophie. Réponse à la philosophie de la misère de M. Proudhon" [ed. bras.: *Miséria da filosofia: resposta à Filosofia da miséria do sr. Proudhon*, trad. José Paulo Netto, São Paulo, Boitempo, 2017, p. 110] (1847), p. 113 [MEW, v. IV, p. 139]. Verdadeiramente patético é o sr. Bastiat, que imagina que os gregos e os romanos tenham vivido apenas do roubo. Mas para que se viva por tantos séculos com base no roubo, é preciso que haja permanentemente algo para roubar ou que o objeto do roubo se reproduza continuamente. Parece, assim, que também os gregos e os romanos possuíam um processo de produção, portanto, uma economia, que constituía a base material de seu mundo tanto quanto a economia burguesa constitui a base material do mundo atual. Ou Bastiat quer dizer que um modo de produção que se baseia no trabalho escravo é um sistema de roubo? Ele adentra, então, um terreno perigoso. Mas se um gigante do pensamento como Aristóteles errou em sua apreciação do trabalho escravo, por que um economista nanico como Bastiat deveria acertar em sua apreciação do trabalho assalariado? – Aproveito a ocasião para refutar brevemente uma acusação que me foi feita por um jornal teuto-americano, quando da publicação de meu escrito *Zur Kritik der politischen Ökonomie* [*Contribuição à crítica da economia política*] (1859). Segundo esse jornal, minha afirmação de que os modos determinados de produção e as relações de produção que lhes correspondem, em suma,

A mercadoria

O quanto uma parte dos economistas é enganada pelo fetichismo que se cola ao mundo das mercadorias ou pela aparência objetiva das determinações sociais do trabalho é demonstrado, entre outras coisas, pela fastidiosa e absurda disputa sobre o papel da natureza na formação do valor de troca. Como este último é uma maneira social determinada de expressar o trabalho realizado numa coisa, ele não pode conter mais matéria natural do que, por exemplo, a taxa de câmbio.

Como a forma-mercadoria é a forma mais geral e menos desenvolvida da produção burguesa, razão pela qual ela já aparece desde cedo, ainda que não com a predominância que lhe é característica em nossos dias, seu caráter fetichista parece ser relativamente fácil de se analisar. Em formas mais concretas, desaparece até mesmo essa aparência de simplicidade. De onde vêm as ilusões do sistema monetário? Para ele, o ouro e a prata, ao servir como dinheiro, não expressam uma relação social de produção, mas atuam na forma de coisas naturais dotadas de estranhas propriedades sociais. E quanto à teoria econômica moderna, que arrogantemente desdenha do sistema monetário, não se torna palpável seu fetichismo quando ela trata do capital? Há quanto tempo desapareceu a ilusão fisiocrata de que a renda fundiária nasce da terra, e não da sociedade?

Para não nos antecipamos, basta que apresentemos aqui apenas mais um exemplo relativo à própria forma-mercadoria. Se as mercadorias pudessem falar, diriam: é possível que nosso valor de uso tenha algum interesse para os homens. A nós, como coisas, ele não nos diz respeito. O que nos diz respeito reificadamente [*dinglich*] é nosso valor. Nossa própria circulação como coisas-

---

de que "a estrutura econômica da sociedade é a base real sobre a qual se ergue uma superestrutura jurídica e política e à qual correspondem determinadas formas sociais de consciência", de que "o modo de produção da vida material condiciona o processo da vida social, política e espiritual em geral" – tudo isso seria correto para o mundo atual, onde dominam os interesses materiais, mas não seria válido nem para a Idade Média, onde dominava o catolicismo, nem para Atenas ou Roma, onde dominava a política. Para começar, é desconcertante que alguém possa pressupor que essas batidas fraseologias sobre a Idade Média e a Antiguidade possam ser desconhecidas de alguém. É claro que a Idade Média não podia viver do catolicismo, assim como o mundo antigo não podia viver da política. Ao contrário, é o modo como eles produziam sua vida que explica por que lá era a política, aqui o catolicismo que desempenhava o papel principal. Além do mais, não é preciso grande conhecimento, por exemplo, da história da República romana para saber que sua história secreta se encontra na história da propriedade fundiária. Por outro lado, Dom Quixote já pagou pelo erro de imaginar que a Cavalaria Andante fosse igualmente compatível com todas as formas econômicas da sociedade. ["*Économistes*" é o termo inicialmente usado para designar os fisiocratas. Em meados do século XIX esse conceito adquiriu um significado tão amplo que já não servia mais para caracterizar uma doutrina econômica específica. O nome "*physiocrates*" já havia sido formulado por François Quesnay e seu discípulo Pierre-Samuel du Pont de Nemours. (N. E. A. MEGA)]

-mercadorias [*Warendinge*] é a prova disso. Relacionamo-nos umas com as outras apenas como valores de troca. Escutemos, então, como o economista fala expressando a alma das mercadorias:

> "Valor" (valor de troca) "é qualidade das coisas, riqueza" (valor de uso) [é qualidade] "do homem. Valor, nesse sentido, implica necessariamente troca, riqueza não."[34] "Riqueza" (valor de uso) "é um atributo do homem, valor um atributo das mercadorias. Um homem, ou uma comunidade, é rico; uma pérola, ou um diamante, é valiosa [...]. Uma pérola ou um diamante tem valor como pérola ou diamante."[35]

Até hoje nenhum químico descobriu o valor de troca na pérola ou no diamante. Mas os descobridores econômicos dessa substância química, que se jactam de grande profundidade crítica, creem que o valor de uso das coisas existe independentemente de suas propriedades materiais [*sachlichen*], ao contrário de seu valor, que lhes seria inerente como coisas*. Para eles, a confirmação disso está na insólita circunstância de que o valor de uso das coisas se realiza para os homens sem a troca, ou seja, na relação imediata entre a coisa e o homem, ao passo que seu valor, ao contrário, só se realiza na troca, isto é, num processo social. Quem não se lembra aqui do bom e velho Dogberry, a doutrinar o vigia noturno Seacoal: "Uma boa aparência é dádiva da sorte; mas saber ler e escrever é dom da natureza"**[36].

---

[34] "*Value is a property of things, riches of man. Value, in this sense, necessarily implies exchange, riches do not*", Observations on some Verbal Disputes in Pol. Econ., Particularly Relating to Value, and to Supply and Demand (Londres, 1821), p. 16.

[35] "*Riches are the attribute of man, value is the attribute of commodities. A man or a community is rich, a pearl or a diamond is valuable* [...]. *A pearl or a diamond is valuable as a pearl or diamond*", S. Bailey, Money and its Vicissitudes, cit., p. 165s.

* Marx refere-se provavelmente à obra de Roscher, *Die Grundlagen der Nationalökonomie* (3. ed., Stuttgart, Augsburg, 1858), p. 5-7. (N. E. A. MEGA)

** William Shakespeare, *Muito barulho por nada*, em *Comédias* (trad. Carlos Alberto Nunes, Rio de Janeiro, Agir, 2008), ato III, cena 3. (N. T.)

[36] O autor das Observations e S. Bailey condenam Ricardo por ter transformado o valor de troca, de algo apenas relativo, em algo absoluto. Ricardo teria reduzido a aparente relatividade própria dessas coisas – diamantes e pérolas, por exemplo – à relação verdadeira que se esconde por trás da aparência, à sua relatividade como meras expressões de trabalho humano. Se os ricardianos respondem a Bailey de modo grosseiro e não convincente, é apenas porque não encontraram no próprio Ricardo uma explanação da conexão interna entre valor e forma de valor ou valor de troca.

Capítulo 2

O processo de troca

As mercadorias não podem ir por si mesmas ao mercado e trocar-se umas pelas outras. Temos, portanto, de nos voltar para seus guardiões, os possuidores de mercadorias. Elas são coisas e, por isso, não podem impor resistência ao homem. Se não se mostram solícitas, ele pode recorrer à violência; em outras palavras, pode tomá-las à força[37]. Para relacionar essas coisas umas com as outras como mercadorias, seus guardiões têm de estabelecer relações uns com os outros como pessoas cuja vontade reside nessas coisas e agir de modo tal que um só pode se apropriar da mercadoria alheia e alienar a sua própria mercadoria em concordância com a vontade do outro, portanto, por meio de um ato de vontade comum a ambos. Têm, portanto, de se reconhecer mutuamente como proprietários privados. Essa relação jurídica, cuja forma é o contrato, seja ela legalmente desenvolvida ou não, é uma relação volitiva, na qual se reflete a relação econômica. O conteúdo dessa relação jurídica ou volitiva é dado pela própria relação econômica[38]. Aqui, as pessoas

---

[37] No século XII, tão célebre por sua piedade, frequentemente aparecem entre tais mercadorias coisas muito delicadas. Assim, um escritor francês daquela época enumera, entre as mercadorias que se encontravam no mercado de Landit, ao lado de peças de roupas, sapatos, couro, instrumentos agrícolas, peles etc., também *"femmes folles de leur corps"* [mulheres com corpos ardentes]. [Não foi localizada a fonte dessa citação. (N. E. A. MEGA)]

[38] Proudhon cria seu ideal de justiça, a *justice éternelle* [justiça eterna], a partir das relações jurídicas correspondentes à produção de mercadorias, por meio do que, diga-se de passagem, também é fornecida a prova, consoladora para todos os filisteus, de que a forma da produção de mercadorias é tão eterna quanto a justiça. Então, em direção inversa, ele procura modelar de acordo com esse ideal a produção real de mercadorias e o direito real que a ela corresponde. O que se pensaria de um químico que, em vez de estudar as leis reais do metabolismo e de resolver determinadas tarefas com base nesse estudo, pretendesse modelar o metabolismo por meio das "ideias eternas" da *"naturalité"* [naturalidade] e da *"affinité"* [afinidade]? Por acaso se sabe mais sobre um agiota quando se diz que ele contraria a *"justice éternelle"*, a *"équité éternelle"* [equidade eterna], a *"mutualité éternelle"* [mutualidade eterna] e outras *"vérités éternelles"* [verdades eternas] do que os padres da Igreja o sabiam quando diziam que ele contradiz a

existem umas para as outras apenas como representantes da mercadoria e, por conseguinte, como possuidoras de mercadorias. Na sequência de nossa exposição, veremos que as máscaras econômicas das pessoas não passam de personificações das relações econômicas, e que as pessoas se defrontam umas com as outras como suportes [*Träger*] dessas relações.

A mercadoria se distingue de seu possuidor pela circunstância de que, para ela, qualquer outro corpo-mercadoria conta apenas como forma de manifestação de seu próprio valor. *Leveller* [niveladora]* e cínica de nascença, ela se encontra, por isso, sempre pronta a trocar não só sua alma, mas também seu corpo por qualquer outra mercadoria, mesmo que esta apresente mais defeitos do que Maritornes**. Se à mercadoria falta esse sentido para a percepção da concretude dos corpos-mercadorias, o possuidor de mercadorias preenche essa lacuna com seus cinco ou mais sentidos. Sua mercadoria não tem, para ele, nenhum valor de uso imediato. Do contrário, ele não a levaria ao mercado. Ela tem valor de uso para outrem. Para ele, o único valor de uso que ela possui diretamente é o de ser suporte de valor de troca e, portanto, meio de troca[39]. Por essa razão, ele quer aliená-la por uma mercadoria cujo valor de uso o satisfaça. Todas as mercadorias são não-valores de uso para seus possuidores e valores de uso para seus não-possuidores. Portanto, elas precisam universalmente mudar de mãos. Mas essa mudança de mãos constitui sua troca, e essa troca as relaciona umas com as outras como valores e as realiza como valores. Por isso, as mercadorias têm de se realizar como valores antes que possam se realizar como valores de uso.

Por outro lado, elas têm de se conservar como valores de uso antes que possam se realizar como valores, pois o trabalho humano que nelas é despendido só conta na medida em que seja despendido numa forma útil para outrem. Mas se o trabalho é útil para outrem, ou seja, se seu produto satisfaz necessidades alheias é algo que somente a troca pode demonstrar.

Cada possuidor de mercadorias só quer alienar sua mercadoria em troca de outra mercadoria cujo valor de uso satisfaça sua necessidade. Nessa medida, a troca é para ele apenas um processo individual. Por outro lado, ele quer realizar sua mercadoria como valor, portanto, em qualquer outra mercadoria do

---

"*grâce éternelle*" [graça eterna], a "*foi éternelle*" [fé eterna] e a "*volonté éternelle de Dieu*" [vontade eterna de Deus]?

* Referência aos *levellers*, corrente política atuante na Inglaterra em meados do século XVII. (N. T.)

** Em *Dom Quixote de la Mancha*, de Miguel de Cervantes, Maritornes é a prostituta que a imaginação do "cavaleiro errante" transforma numa nobre dama. (N. T.)

[39] "Pois o uso de todo bem é duplo. – Um é o uso próprio à coisa como tal, o outro não, como uma sandália pode ser usada para ser calçada ou para ser trocada. Ambos são valores de uso da sandália, pois também aquele que troca a sandália por aquilo que lhe falta – por exemplo, por alimentos – utiliza a sandália como sandália. Mas não em seu modo natural de uso. Pois ela não existe em razão da troca", Aristóteles, *De republica* [Política], livro I, c. 9.

O processo de troca

mesmo valor que seja de seu agrado, não importando se sua mercadoria tem ou não valor de uso para o possuidor da outra mercadoria. Nessa medida, a troca é para ele um processo social geral. Mas não é possível que, simultaneamente para todos os possuidores de mercadorias, o mesmo processo seja exclusivamente individual e, ao mesmo tempo, exclusivamente social geral.

Observando a questão mais de perto, vemos que todo possuidor de mercadorias considera toda mercadoria alheia como equivalente particular de sua mercadoria e, por conseguinte, sua mercadoria como equivalente universal de todas as outras mercadorias. Mas como todos os possuidores de mercadorias fazem o mesmo, nenhuma mercadoria é equivalente universal e, por isso, tampouco as mercadorias possuem qualquer forma de valor relativa geral na qual possam se equiparar como valores e se comparar umas com as outras como grandezas de valor. Elas não se confrontam, portanto, como mercadorias, mas apenas como produtos ou valores de uso.

Em sua perplexidade, nossos possuidores de mercadorias pensam como Fausto. No princípio era a ação*. Por isso, eles já agiram antes mesmo de terem pensado. As leis da natureza das mercadorias atuam no instinto natural de seus possuidores, os quais só podem relacionar suas mercadorias umas com as outras como valores e, desse modo, como mercadorias na medida em que as relacionam antagonicamente com outra mercadoria qualquer como equivalente universal. Esse é o resultado da análise da mercadoria. Mas somente a ação social pode fazer de uma mercadoria determinada um equivalente universal. A ação social de todas as outras mercadorias exclui uma mercadoria determinada, na qual todas elas expressam universalmente seu valor. Assim, a forma natural dessa mercadoria se converte em forma de equivalente socialmente válida. Ser equivalente universal torna-se, por meio do processo social, a função especificamente social da mercadoria excluída. E assim ela se torna – dinheiro.

"*Illi unum consilium habent et virtutem et potestatem suam bestiae tradunt.* [...] *Et ne quis possit emere aut vendere, nisi qui habet characterem aut nomen bestiae, aut numerum nomisis ejus.*"**

O cristal monetário [*Geldkristall*] é um produto necessário do processo de troca, no qual diferentes produtos do trabalho são efetivamente equiparados entre si e, desse modo, transformados em mercadorias. A expansão e o aprofundamento históricos da troca desenvolvem a oposição entre valor de uso e valor que jaz latente na natureza das mercadorias. A necessidade de expressar externamente essa oposição para o intercâmbio impele a uma forma independente do valor da mercadoria e não descansa enquanto não chega a seu objetivo final

---

* Referência a J. W. Goethe, *Fausto*, cit., p. 68. "Era no início o Verbo! [...]/ Do espírito me vale a direção,/ E escrevo em paz: Era no início a Ação!". (N. T.)

** "E foi-lhe concedido também que desse espírito à imagem da Besta [...]. Para que ninguém pudesse comprar ou vender, senão aquele que fosse marcado com o nome da Besta, ou o número do seu nome", Apocalipse, 13:15, 17.

por meio da duplicação da mercadoria em mercadoria e dinheiro. Portanto, na mesma medida em que se opera a metamorfose dos produtos do trabalho em mercadorias, opera-se também a metamorfose da mercadoria em dinheiro[40].

A troca direta de produtos tem, por um lado, a forma da expressão simples do valor e, por outro lado, ainda não a tem. Aquela forma era: x mercadoria $A = y$ mercadoria B. A forma da troca direta de produtos é: x objeto de uso $A = y$ objeto de uso B[41]. Aqui, antes da troca, as coisas A e B ainda não são mercadorias, mas tornam-se mercadorias apenas por meio dela. O primeiro modo como um objeto de uso pode ser valor é por meio de sua existência como não-valor de uso, como quantidade de valor de uso que ultrapassa as necessidades imediatas de seu possuidor. As coisas são, por si mesmas, exteriores [*äusserlich*] ao homem e, por isso, são alienáveis [*veräusserlich*]. Para que essa alienação [*Veräusserung*] seja mútua, os homens necessitam apenas se confrontar tacitamente como proprietários privados daquelas coisas alienáveis e, precisamente por meio delas, como pessoas independentes umas das outras. No entanto, tal relação de alheamento [*Fremdheit*] mútuo não existe para os membros de uma comunidade natural-espontânea, tenha ela a forma de uma família patriarcal, uma comunidade indiana antiga, um Estado inca etc. A troca de mercadorias começa onde as comunidades terminam: no ponto de seu contato com comunidades estrangeiras ou com membros de comunidades estrangeiras. A partir de então, as coisas que são mercadorias no estrangeiro também se tornam mercadorias na vida interna da comunidade. Sua relação quantitativa de troca é, a princípio, inteiramente acidental. Elas são permutáveis por meio do ato volitivo de seus possuidores de aliená-las mutuamente. Ao mesmo tempo, a necessidade de objetos de uso estrangeiros se consolida paulatinamente. A constante repetição da troca transforma-a num processo social regular, razão pela qual, no decorrer do tempo, ao menos uma parcela dos produtos do trabalho tem de ser intencionalmente produzida para a troca. Desse momento em diante, confirma-se, por um lado, a separação entre a utilidade das coisas para a necessidade imediata e sua utilidade para a troca. Seu valor de uso se aparta de seu valor de troca. Por outro lado, a relação

---

[40] Nisso se pode ver a astúcia do socialismo pequeno-burguês, que eterniza a produção de mercadorias ao mesmo tempo que quer abolir a "oposição entre dinheiro e mercadoria", portanto, o próprio dinheiro, pois ele só existe nessa oposição. Do mesmo modo, poder-se-ia abolir o papa preservando-se o catolicismo. Para um tratamento mais detalhado dessa questão, ver meu escrito *Zur Kritik der politischen Ökonomie* [*Contribuição à crítica da economia política*], cit., p. 61s.

[41] Enquanto ainda não são trocados dois objetos de uso diferentes, mas, como se dá frequentemente entre os selvagens, uma massa caótica de coisas é oferecida para a troca como equivalente de uma terceira coisa, a troca direta de produtos encontra-se apenas em seu início.

quantitativa na qual elas são trocadas torna-se dependente de sua própria produção. O costume as fixa como grandezas de valor.

Na troca direta de produtos, cada mercadoria é diretamente meio de troca para seu possuidor e equivalente para seu não-possuidor, mas apenas enquanto ela é valor de uso para este último. O artigo de troca ainda não assume nenhuma forma de valor independente de seu próprio valor de uso ou da necessidade individual dos agentes da troca. A necessidade dessa forma se desenvolve com o número e a variedade crescentes das mercadorias que entram no processo de troca. O problema surge simultaneamente aos meios de sua solução. Uma circulação em que os proprietários de mercadorias comparam mutuamente seus artigos e os trocam por outros artigos diferentes jamais ocorre sem que, em sua circulação, diferentes mercadorias de diferentes possuidores de mercadorias sejam trocadas e comparadas como valores com uma única terceira mercadoria. Essa terceira mercadoria, por servir de equivalente de diversas outras mercadorias, torna-se imediatamente, mesmo que em estreitos limites, a forma de equivalente universal ou social. Essa forma de equivalente universal surge e se esvai com o contato social momentâneo que a trouxe à vida. De modo alternado e transitório, ela se realiza nesta ou naquela mercadoria. Porém, com o desenvolvimento da troca de mercadorias, ela se fixa exclusivamente em tipos particulares de mercadorias ou se cristaliza na forma-dinheiro. Em que tipo de mercadoria ela permanece colada é, de início, algo acidental. No entanto, duas circunstâncias são, em geral, decisivas. A forma-dinheiro se fixa ou nos artigos de troca mais importantes vindos do estrangeiro, que, na verdade, são formas naturais-espontâneas de manifestação do valor de troca dos produtos domésticos, ou no objeto de uso que constitui o elemento principal da propriedade doméstica alienável, como, por exemplo, o gado. Os povos nômades são os primeiros a desenvolver a forma-dinheiro, porque todos os seus bens se encontram em forma móvel e, por conseguinte, diretamente alienável, e também porque seu modo de vida os põe constantemente em contato com comunidades estrangeiras, com as quais eles são chamados a trocar seus produtos. Frequentemente os homens converteram os próprios homens, na forma de escravos, em matéria monetária original, mas jamais fizeram isso com o solo. Tal ideia só pôde surgir na sociedade burguesa já desenvolvida. Ela data do último terço do século XVII, mas sua implementação em escala nacional só foi tentada um século mais tarde, na revolução burguesa dos franceses.

Na mesma proporção em que a troca de mercadorias dissolve seus laços puramente locais e o valor das mercadorias se expande em materialidade* do trabalho humano em geral, a forma-dinheiro se encarna em mercadorias

---

* O termo *Materiatur*, empregado por Hegel nas *Lições sobre a filosofia da natureza*, remete à doutrina hilemórfica escolástico-aristotélica, segundo a qual a forma (*morphê*) se

que, por natureza, prestam-se à função social de um equivalente universal: os metais preciosos.

Ora, que "o ouro e a prata não sejam, por natureza, dinheiro, embora o dinheiro seja, por natureza, de ouro e prata"[42] demonstra uma harmonia entre suas propriedades naturais e suas funções[43]. Até aqui, no entanto, conhecemos apenas a função do dinheiro de servir como forma de manifestação do valor das mercadorias ou como o material no qual as grandezas de valor das mercadorias se expressam socialmente. A forma adequada de manifestação do valor ou da materialidade do trabalho humano abstrato – e, portanto, igual – só pode ser encontrada numa matéria cujos exemplares possuam todos a mesma qualidade uniforme. Por outro lado, como a diferença das grandezas de valor é puramente quantitativa, a mercadoria-dinheiro tem de ser capaz de expressar diferenças puramente quantitativas, podendo ser dividida e ter suas partes novamente reunidas como se queira. O ouro e a prata possuem essas propriedades por natureza.

O valor de uso da mercadoria-dinheiro duplica. Ao lado de seu valor de uso particular como mercadoria – como o uso do ouro no preenchimento de cavidades dentárias, como matéria-prima de artigos de luxo etc. –, ela adquire um valor de uso formal, que deriva de suas funções sociais específicas.

Como todas as mercadorias são apenas equivalentes particulares do dinheiro, que é seu equivalente universal, elas se relacionam com o dinheiro como mercadorias particulares com a mercadoria universal[44].

Vimos que a forma-dinheiro é apenas o reflexo, concentrado numa única mercadoria, das relações de todas as outras mercadorias. Que o dinheiro seja mercadoria[45] é, portanto, uma descoberta que só realiza aquele que toma sua

---

    realiza na matéria (*hylê*), conferindo a esta última sua determinidade (*Bestimmtheit*, na terminologia hegeliana) ontológica. A *Materiatur* é, assim, o princípio que constitui a materialidade em geral e aquilo que resta quando se retira (o que só é possível na imaginação) de uma substância a sua forma determinada. Cf. G. W. F. Hegel, *Vorlesungen über die Philosophie der Natur* (Hamburgo, Felix Meiner, 2007), p. 213. (N. T.)

[42] Karl Marx, *Zur Kritik der politischen Ökonomie* [*Contribuição à crítica da economia política*], cit., p. 135. "*I metalli [...] naturalmente moneta*" ["Os metais [...] são dinheiro por natureza"], Galiani, *Della moneta*, cit., p. 137.

[43] Mais detalhes sobre isso em meu escrito supracitado, na seção: "Os metais preciosos".

[44] "*Il danaro è la merce universale*" ["O dinheiro é a mercadoria universal"], Pietro Verri, *Meditazione sulla economia politica*, cit., p. 16.

[45] "*Silver and gold themselves, which we may call by the general name of Bullion, are [...] commodities [...] raising and falling in [...] value [...]. Bullion then may be reckoned to be of higher value, where the smaller weight will purchase the greater quantity of the product or manufacture of the country etc.*" ["A prata e o ouro em si, que podemos referir com o nome geral de metal precioso, são [...] mercadorias [...] que aumentam e diminuem em [...] valor. Assim, ao metal precioso pode-se atribuir um valor maior quando um peso ínfimo dele pode comprar uma quantidade maior do produto [natural] ou dos bens fabricados do país etc."], S. Clement, *A Discourse of the General Notions of Money*,

forma pronta para, a partir dela, empreender uma análise mais profunda desse objeto. O processo de troca confere à mercadoria, que ele transforma em dinheiro, não seu valor, mas sua forma de valor específica. A confusão entre essas duas determinações gerou o equívoco de considerar o valor do ouro e da prata como imaginário[46]. Do fato de o dinheiro, em funções determinadas, poder ser substituído por simples signos de si mesmo, derivou outro erro, segundo o qual ele seria um mero signo [*Zeichen*]. Por outro lado, nisso residia a noção de que a forma-dinheiro da coisa é externa a ela mesma, não sendo mais do que a forma de manifestação de relações humanas que se escondem por trás dela. Nesse sentido, cada mercadoria seria um signo, uma vez que, como valor, ela é tão somente um invólucro reificado [*sachliche*] do trabalho humano nela despendido[47]. Mas considerar como meros signos os caracteres

---

Trade, and Exchange, as They Stand in Relations to Each Other. By a Merchant (Londres, 1695), p. 7. "*Silver and gold, coined or uncoined, tho' they are used for a measure of all other things, are no less a commodity than wine, oyl, tobacco, cloth or stuffs*" ["É verdade que o ouro e a prata, cunhados ou não cunhados, são utilizados como padrão de medida para todas as outras coisas, mas não são menos mercadorias do que vinho, óleo, tabaco, roupas e tecidos"], J. Child, *A Discourse Concerning Trade, and That in Particular of the East-Indies* (Londres, 1689), p. 2. "*The stock and riches of the kingdom cannot properly be confined to money, nor ought gold and silver to be excluded from being merchandize*" ["O patrimônio e a riqueza do Reino não podem, devidamente considerados, limitar-se a dinheiro, tampouco podem o ouro e a prata ser excluídos como mercadorias"], Th. Papillon, *The East India Trade a Most Profitable Trade* (Londres, 1677), p. 4.

[46] "*L'oro e l'argento hanno valore come metalli anteriore all' essere moneta*" ["Ouro e prata têm valor como metais antes de serem dinheiro"], Galiani, *Della moneta*, cit., p. 72. Locke diz: "O consenso geral entre os homens conferiu um valor imaginário à prata, em razão de suas qualidades, que a tornam adequada a servir como dinheiro", John Locke, "Some Considerations" (1691), cit., p. 15. Já Law, ao contrário, diz: "Como poderiam diferentes nações conferir a uma coisa qualquer um valor imaginário [...] ou como teria sido possível obter esse valor imaginário?". E mostra o quão pouco ele entende dessa questão: "A prata era trocada com base no valor de uso que ela tinha; portanto, de acordo com seu valor efetivo; por meio de sua determinação como dinheiro, ela obteve um valor adicional (*une valeur additionnelle*)", Jean Law, "Considérations sur le numéraire et le commerce", em E. Daire (ed.), *Économistes financiers du XVIIIe. siècle* (Paris, 1843), t. I, p. 469-70.

[47] "*L'argent en* [...] *est le signe*" ["O dinheiro é seu" (das mercadorias) "signo"], V. de Forbonnais, *Éléments du commerce, nouvelle édition* (Leiden, 1766), t. II, p. 143. "*Comme signe il est attiré par les denrées*" ["Como signo, ele é vestido pelas mercadorias"], ibidem, p. 155. "*L'argent est un signe d'une chose et la représente*" ["O dinheiro é um signo para uma mercadoria e a representa"], Montesquieu, *Esprit des lois, Œuvres* (Londres, 1767), t. II, p. 3. "*L'argent n'est pas simple signe car il est lui-même richesse; il ne représente pas les valeurs, il les équivaut*" ["O dinheiro é não um mero signo, pois ele mesmo é riqueza; ele não representa os valores, mas é seu equivalente"], Le Trosne, *De l'intérêt social*, cit., p. 910. "Quando observamos o conceito de valor, a coisa mesma parece ser apenas um signo, e não é considerada como ela mesma, mas como aquilo que ela vale", G. W. F. Hegel, *Philosophie des Rechts* [Lineamentos de Filosofia do Direito], cit., p. 100. Muito antes dos economistas, os juristas colocaram em voga a noção do dinheiro como mero

sociais que as coisas assumem num determinado modo de produção, ou os caracteres reificados [*sachlich*] que as determinações sociais do trabalho assumem nesse modo de produção, significa considerá-las, ao mesmo tempo, como um produto arbitrário da reflexão [*willkürliches Reflexionsprodukt*] humana. Esse foi o modo iluminista pelo qual, no século XVIII, costumou-se tratar das formas enigmáticas das relações humanas, cujo processo de formação ainda não podia ser decifrado, a fim de eliminar delas, ao menos provisoriamente, sua aparência estranha.

Já observamos anteriormente que a forma de equivalente de uma mercadoria não inclui a determinação quantitativa de sua grandeza de valor. Se sabemos que o ouro é dinheiro e, por essa razão, é imediatamente permutável, não sabemos, com isso, o valor de, por exemplo, 10 libras de ouro. Como qualquer outra mercadoria, o dinheiro só pode expressar seu valor de modo relativo, confrontando-se com outras mercadorias. Seu próprio valor é determinado pelo tempo de trabalho requerido para sua produção e se expressa numa dada quantidade de qualquer outra mercadoria em que esteja incorporado o mesmo tempo de trabalho[48]. Essa determinação de sua grandeza relativa

---

signo e do valor apenas imaginário dos metais preciosos, servindo como sicofantas para o poder real, cujo direito de falsificação de moedas eles sustentaram, durante toda a Idade Média, com base nas tradições do Império Romano e no conceito de dinheiro dos Pandectas. "*Qu'aucun puisse ni doive faire doute*" – diz um de seus discípulos mais aplicados, Felipe de Valois, num decreto de 1346 – "*que à nous et à notre majesté royale n'appartienne seulement [...] le mestier, le fait, l'état, la provision et toute l'ordonnance des monnaies, de donner tel cours, et pour tel prix comme il nous plaît et bon nous semble*" ["Ninguém pode levantar dúvidas [...] que apenas a nós e a nossa Majestade Real cabe [...] decidir sobre as questões monetárias: sobre a produção, a qualidade, o estoque e todos os éditos relativos às moedas, podendo colocá-las em circulação pelo preço que nos apraz e convêm"]. Era um dogma do direito romano que o imperador tinha o poder de decretar o valor do dinheiro. Era expressamente proibido negociar o dinheiro como mercadoria. "*Pecunias varo nulli emere fas erit, nam in usu publico constitutas oportet non esse mercem*" ["Porém, a ninguém deve ser permitido comprar dinheiro, pois este, tendo sido criado para o uso geral, não pode ser mercadoria"]. Uma boa discussão sobre esse assunto encontra-se em G. F. Pagnini, *Saggio sopra il giusto pregio delle cose*, em Custodi, *Collezioni* (1751), t. II, parte moderna. Pagnini polemiza com os juristas especialmente na segunda parte do escrito. [Pandectas, ou Digesto, é a coleção das decisões dos jurisconsultos mais célebres, convertidas em lei pelo imperador bizantino Justiniano no ano de 533. (N. T.)]

[48] "*If a man can bring to London an ounce of silver out of the earth in Peru, in the same time that he can produce a bushel of corn, then one is the natural price of the other; now if by reason of new and more easie mines a man can procure two ounces of silver as easily as he formerly did one, the corn will be as cheap at 10 shillings the bushel, as it was before at 5 shillings*, caeteris partibus" ["Se alguém consegue trazer para Londres 1 onça de prata do fundo da terra do Peru no mesmo tempo necessário para a produção de 1 alqueire de cereal, então um é o preço natural do outro; mas se, por meio da exploração de minas novas e mais férteis, ele conseguir extrair duas em vez de 1 onça de prata com o mesmo esforço,

de valor ocorre na fonte de sua produção, na permuta [*Tauschhandel*] direta. Quando entra em circulação, como dinheiro, seu valor já está dado. Quando, já no início da análise do valor, nos últimos decênios do século XVII, concluiu-se que o dinheiro era mercadoria, tal conhecimento dava apenas seus primeiros passos. A dificuldade não está em compreender que dinheiro é mercadoria, mas em descobrir como, por que e por quais meios a mercadoria é dinheiro[49].

Vimos como, já na mais simples expressão de valor x mercadoria $A = y$ mercadoria B, a coisa em que se representa a grandeza de valor de outra coisa parece possuir sua forma de equivalente independentemente dessa relação, como uma qualidade social de sua natureza. Já acompanhamos de perto a consolidação dessa falsa aparência. Ela se consuma no momento em que a forma de equivalente universal se mescla com a forma natural de um tipo particular de mercadoria ou se cristaliza na forma-dinheiro. Uma mercadoria não *aparenta* se tornar dinheiro porque todas as outras mercadorias representam nela seus valores, mas, ao contrário, estas é que aparentam expressar nela seus valores pelo fato de ela ser dinheiro. O movimento mediador desaparece em seu próprio resultado e não deixa qualquer rastro. Sem qualquer intervenção sua, as mercadorias encontram sua própria figura de valor já pronta num corpo-mercadoria existente fora e ao lado delas. Essas coisas, o ouro e a prata, tal como surgem das entranhas da terra, são, ao mesmo tempo, a encarnação imediata de todo trabalho humano. Decorre daí a mágica do dinheiro. O comportamento meramente atomístico dos homens em seu processo social de produção e, com isso, a figura reificada [*sachliche*] de suas relações de produção, independentes de seu controle e de sua ação individual consciente, manifestam-se, de início, no fato de que os produtos de seu trabalho assumem universalmente a forma da mercadoria. Portanto, o enigma do fetiche do dinheiro não é mais do que o enigma do fetiche da mercadoria, que agora se torna visível e ofusca a visão.

---

então o cereal que agora custa 10 xelins por alqueire será tão barato quanto o era antes, quando custava 5 xelins, *caeteris paribus* [os demais fatores permanecendo constantes]"], William Petty, *A Treatise of Taxes and Contributions* (Londres, 1667), p. 31.

[49] Depois de nos informar que "As falsas definições de dinheiro podem ser divididas em dois grupos principais: o daquelas que o tomam por mais do que uma mercadoria, e o das que o tomam por menos do que ela", o sr. professor Roscher apresenta um variado catálogo de escritos sobre o sistema monetário, através do qual não transparece nem o mais remoto conhecimento da verdadeira história da teoria, e conclui com a seguinte moral: "De resto, não se pode negar que a maioria dos economistas políticos recentes não se ocupou o suficiente das particularidades que diferenciam o dinheiro das outras mercadorias [...]" (mas é ele mais ou menos do que mercadoria?). "Nesse sentido, a reação semimercantilista de Ganilh etc. não é de todo infundada", Wilhelm Roscher, *Die Grundlagen der Nationalökonomie* (3. ed., 1858), p. 207-10. Mais – menos – não o suficiente – não de todo! Que determinações conceituais! E é essa algaravia professoral que o sr. Roscher batiza modestamente de "o método anatômico-fisiológico da economia política"! Uma descoberta, no entanto, deve ser-lhe reconhecida: a de que o dinheiro é "uma mercadoria agradável".

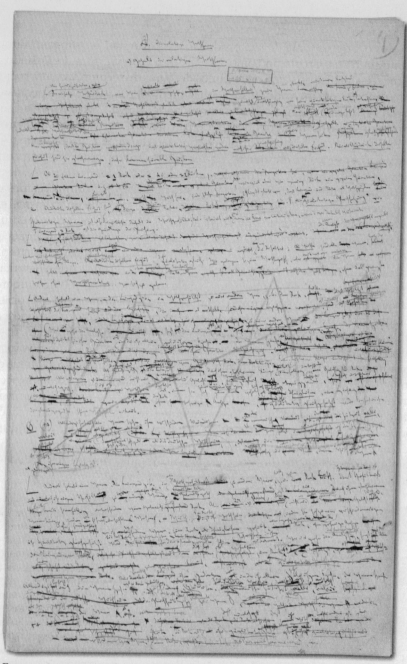

Este manuscrito está desaparecido. Trata-se da primeira página d'*O capital*, escrita à mão, retrabalhada por Marx entre dezembro de 1871 e janeiro de 1872, quando preparava a segunda edição do Livro I.

Capítulo 3

O dinheiro ou a circulação de mercadorias

1. Medida dos valores

Neste escrito, para fins de simplificação, pressuponho sempre o ouro como a mercadoria-dinheiro.

A primeira função do ouro é de fornecer ao mundo das mercadorias o material de sua expressão de valor ou de representar os valores das mercadorias como grandezas de mesmo denominador, qualitativamente iguais e quantitativamente comparáveis. Desse modo, ele funciona como medida universal dos valores, sendo apenas por meio dessa função que o ouro, a mercadoria-equivalente específica, torna-se, inicialmente, dinheiro.

As mercadorias não se tornam comensuráveis por meio do dinheiro. Ao contrário, é pelo fato de todas as mercadorias, como valores, serem trabalho humano objetivado e, assim, serem, por si mesmas, comensuráveis entre si, que elas podem medir conjuntamente seus valores na mesma mercadoria específica e, desse modo, convertê-la em sua medida comum de valor, isto é, em dinheiro. O dinheiro, como medida de valor, é a forma necessária de manifestação da medida imanente de valor das mercadorias: o tempo de trabalho[50].

---

[50] A questão de por que o dinheiro não representa imediatamente o próprio tempo de trabalho, de modo que, por exemplo, uma cédula de dinheiro represente x horas de trabalho, desemboca muito simplesmente na questão de por que, na base da produção de mercadorias, os produtos do trabalho têm de se expressar como mercadorias, pois a representação das mercadorias inclui sua duplicação em mercadoria e mercadoria-dinheiro. Ou na questão de por que o trabalho privado não pode ser tratado como seu contrário, como trabalho imediatamente social. Ocupei-me detalhadamente do utopismo superficial de um "dinheiro-trabalho" [*Arbeitsgeld*] em outro lugar (Karl Marx, *Zur Kritik der politischen Ökonomie* [*Contribuição à crítica da economia política*], cit., p. 61s). Aqui, devo apenas observar que, por exemplo, o "dinheiro-trabalho" de Owen é tão pouco "dinheiro" quanto, digamos, uma máscara de teatro. Owen pressupõe o trabalho imediatamente socializado, uma forma de produção diametralmente oposta à produção de mercadorias. O certificado de trabalho comprova apenas a parte individual do produtor no trabalho comum e seu direito individual ao consumo de uma parte determinada do produto comum. Mas não passa pela cabeça de Owen pressupor a produção de mercadorias e

A expressão de valor de uma mercadoria em ouro – x mercadoria A = y mercadoria-dinheiro – é sua forma-dinheiro, ou seu preço. Uma única equação, tal como 1 tonelada de ferro = 2 onças de ouro, basta agora para expressar o valor do ferro de modo socialmente válido. A equação não precisa mais marchar na mesma fileira das equações de valor das outras mercadorias, porque a mercadoria-equivalente, o ouro, já possui o caráter de dinheiro. A forma de valor relativa universal das mercadorias volta a ter, agora, a configuração de sua forma de valor relativa originária, isto é, sua forma de valor relativa simples ou singular. Por outro lado, a expressão relativa de valor desdobrada ou a série infinita de expressões relativas do valor torna-se a forma de valor especificamente relativa da mercadoria-dinheiro. Porém, agora essa série já está dada socialmente nos preços das mercadorias. Basta ler de trás para a frente as cotações numa lista de preços para encontrar a grandeza de valor do dinheiro, expressa em todas as mercadorias possíveis. Já o dinheiro, ao contrário, não tem preço. Para tomar parte nessa forma de valor relativa unitária das outras mercadorias, ele teria de se confrontar consigo mesmo como seu próprio equivalente.

O preço ou a forma-dinheiro das mercadorias, tal como sua forma de valor em geral, é distinto de sua forma corpórea real e palpável, ou seja, é uma forma apenas ideal ou representada. O valor do ferro, do linho, do trigo etc., apesar de invisível, existe nessas próprias coisas; ele é representado por sua igualdade com o ouro, por uma dada relação com o ouro, a qual só existe em suas cabeças. Por isso, a fim de informar seus preços ao mundo exterior, o detentor das mercadorias tem ou de passar a língua em suas cabeças, ou nelas fixar etiquetas[51]. Como a expressão dos valores das mercadorias em ouro é ideal, nessa operação só pode ser aplicado o ouro representado ou ideal.

---

tentar contornar suas condições necessárias por meio de truques monetários. [Nas novas sociedades a serem fundadas, segundo Owen, seria introduzido um papel representando o valor do trabalho na forma de notas bancárias. Tal papel serviria para a satisfação das necessidades domésticas e para o intercâmbio de bens, seria emitido apenas na proporção dos estoques disponíveis e só poderia ser obtido na troca por produtos reais. (N. E. A. MEGA)]

[51] O selvagem, ou semisselvagem, usa a língua de um outro modo. Por exemplo, o capitão Parry observa sobre os habitantes da costa oeste da Baía de Baffin: "*In this case* [...] *they licked it* [*the thing represented to them*] *twice to their tongues, after which they seemed to consider the bargain satisfactorily concluded*" ["Nessa ocasião [...] [na troca de produtos] eles lambem [o que lhes é oferecido] duas vezes, com o que parecem expressar que o negócio está satisfatoriamente concluído"]. Também os esquimós orientais costumam lamber o artigo no momento em que o recebem na troca. Se no norte a língua aparece como órgão da apropriação, não admira que no sul a barriga seja considerada o órgão da propriedade acumulada e o cafre avalie a riqueza de um homem de acordo com sua pança. Os cafres são sujeitos inteligentes, pois, ao mesmo tempo que o relatório britânico de saúde oficial de 1864 apontava a carência, em grande parte da classe trabalhadora, de substâncias formadoras de gordura, um certo dr. Harvey – não confundir com aquele que descobriu a

O dinheiro ou a circulação de mercadorias

Todo portador de mercadorias sabe que ele não dourou suas mercadorias pelo simples fato de dar a seu valor a forma do preço ou a forma representada do ouro e que ele não necessita da mínima quantidade de ouro real para avaliar em ouro os valores das mercadorias. Em sua função de medida de valor, o ouro serve, portanto, apenas como dinheiro representado ou ideal. Essa circunstância deu vazão às mais loucas teorias[52]. Embora o dinheiro que serve à função de medida de valor seja dinheiro apenas representado, o preço depende inteiramente do material real do dinheiro. O valor, isto é, a quantidade de trabalho humano que, por exemplo, está contida em 1 tonelada de ferro, é expresso numa quantidade representada da mercadoria-dinheiro que contém a mesma quantidade de trabalho. Por isso, a depender do fato de a medida do valor ser o ouro, a prata ou o cobre, o valor da tonelada de ferro obtém expressões de preço inteiramente distintas, ou é representado em quantidades totalmente diferentes de ouro, prata ou cobre.

Portanto, se duas mercadorias, por exemplo, o ouro e a prata, servem simultaneamente como medidas de valor, então todas as mercadorias possuem duas expressões distintas de preço, o preço-ouro e o preço-prata, que coexistirão tranquilamente pelo tempo que permanecer inalterada a relação de valor entre o ouro e a prata, por exemplo = 1:15. Mas qualquer alteração nessa relação de valor perturba a relação entre o preço-ouro e o preço-prata das mercadorias e comprova, na prática, que a duplicação da medida de valor contradiz sua função[53].

---

lei da circulação do sangue – fazia sucesso com suas receitas de bolinhos que prometiam eliminar o excesso de gordura da burguesia e da aristocracia.

[52] Cf. Karl Marx, "Theorien von der Masseinheit des Geldes" [Teorias da unidade de medida do dinheiro], *Zur Kritik der politischen Ökonomie* [*Contribuição à crítica da economia política*], cit., p. 53s.

[53] Nota à segunda edição: "Onde o ouro e a prata exercem por lei a função de dinheiro, isto é, como medida de valor uma ao lado da outra, tentou-se frequentemente, em vão, tratá-las como uma e a mesma matéria. Se admitimos que o mesmo tempo de trabalho tem de se objetivar inalteravelmente na mesma proporção da prata e do ouro, admitimos, na verdade, que a prata e o ouro são a mesma matéria e que determinada massa do metal de valor menor, a prata, constitui a fração inalterada de determinada quantidade de ouro. Do reinado de Eduardo III até a época de George II, a história do sistema monetário inglês se desenrola numa série contínua de turbulências derivadas do conflito entre a determinação legal da relação de valor entre o ouro e a prata e suas oscilações reais de valor. Ora o ouro era muito valorizado, ora a prata o era. O metal de valor muito baixo era retirado de circulação, derretido e exportado. A relação de valor entre os dois metais era, então, novamente alterada por meios legais, mas o novo valor nominal não tardava a entrar no mesmo conflito de antes com a relação real de valor. – Na França, em nossa própria época, a queda muito fraca e transitória no valor do ouro em relação à prata, em consequência da demanda indo-chinesa por esta última, produziu o mesmo fenômeno em escala ampliada: a exportação da prata e sua retirada de circulação, sendo substituída pelo ouro. Durante os anos 1855, 1856 e 1857, a importação de ouro na França excedeu a exportação desse metal em £41.580.000, ao passo que a exportação da prata excedeu sua

As mercadorias dotadas de preços apresentam-se todas na seguinte forma: b mercadoria $B = x$ ouro, c mercadoria $C = z$ ouro, d mercadoria $D = y$ ouro etc., em que b, c e d representam determinadas quantidades dos tipos de mercadorias B, C e D e x, z, e y representam determinadas quantidades de ouro*. Os valores das mercadorias são, assim, convertidos em diferentes quantidades representadas de ouro e, portanto, apesar da variedade confusa dos corpos-mercadorias, em grandezas de mesmo denominador, grandezas de ouro. Na forma de diferentes quantidades de ouro, essas grandezas se comparam e se medem umas com as outras, e desenvolve-se tecnicamente a necessidade de referi-las a uma quantidade fixa de ouro como sua unidade de medida. Tal unidade de medida [*Maßeinheit*] é, por sua vez, desenvolvida em padrão de medida [*Maßstab*] por meio de sua repartição em partes alíquotas. Antes de sua transformação em dinheiro, o ouro, a prata e o cobre já possuem tais padrões de medida em seus pesos metálicos, de modo que, por exemplo, 1 libra serve como unidade de medida e pode, por um lado, ser dividida em onças etc. e, por outro, ser multiplicada para formar 1 quintal etc.[54], razão pela qual, em toda circulação metálica, os nomes dos padrões de peso formam também os nomes do padrão monetário ou padrão de medida dos preços.

Como medida dos valores e padrão dos preços, o ouro desempenha dois papéis completamente distintos. Ele é medida de valor por ser a encarnação social do trabalho humano e padrão de preços por ser um peso metálico estipulado. Como medida de valor, ele serve para transformar as diversas mer-

---

importação em £14.705.000 [o valor correto é: £34.704.000]. Na verdade, em países onde ambos os metais são medidas legais de valor e, por isso, ambos têm de ser adotados para se efetuar pagamentos, podendo-se, no entanto, escolher tanto o ouro quanto a prata conforme se queira, o metal cujo valor é maior carrega um ágio e, como toda outra mercadoria, mede seu preço pelo metal menos valorizado, ao passo que somente este último serve como medida de valor. Todas as experiências históricas nesse terreno se limitam simplesmente a constatar que, onde duas mercadorias exercem por lei a função de medida de valor, apenas uma delas ocupa, de fato, esse lugar", Karl Marx, *Zur Kritik der politischen Ökonomie* [*Contribuição à crítica da economia política*], cit., p. 52-3.

* No original, Marx emprega as variáveis a, b, c (A, B, C). Alteramos para b, c, d (B, C, D) a fim de evitar a confusão entre a variável "a" e o artigo definido. (N. T.)

[54] Nota à segunda edição: O fato curioso de que a onça de ouro na Inglaterra, como unidade do padrão monetário, não seja dividida em partes alíquotas é explicado da seguinte forma: "*Our coinage was originally adapted to the employment of silver only – hence an ounce of silver can always be divided into a certain adequate number of pieces of coin; but as gold was introduced at a later period into a coinage adapted only to silver, an ounce of gold cannot be coined into an adequate number of pieces*" ["Nosso sistema monetário estava originalmente adaptado apenas ao uso da prata, pois 1 onça de prata pode ser sempre dividida num determinado número de frações monetárias; mas quando o ouro foi posteriormente introduzido nesse sistema monetário baseado unicamente na prata, 1 onça de ouro não podia ser cunhada num número fracionado de moedas."], Maclaren, *History of the Currency* (Londres, 1858), p. 16.

cadorias em preços, em quantidades representadas de ouro; como padrão de preços, ele mede essas quantidades de ouro. Pela medida de valor se medem as mercadorias como valores; já pelo padrão de preços, ao contrário, quantidades de ouro se medem por determinada quantidade de ouro, e não o valor de uma quantidade de ouro pelo peso de outra quantidade. Para o padrão de preços é preciso que determinado peso de ouro seja fixado como unidade de medida. Aqui, como em todas as outras determinações de medida de grandezas de mesmo denominador, a fixidez das relações de medida é decisiva, de maneira que o padrão de preços cumpre tanto melhor sua função quanto mais imutavelmente uma e a mesma quantidade de ouro sirva como unidade de medida. O ouro só pode servir como medida de valor porque ele próprio é produto do trabalho e, portanto, um valor que pode ser alterado[55].

Ora, é claro que uma mudança no valor do ouro não afeta de modo algum sua função como padrão de preços. Indiferentemente da variação que o valor do ouro possa sofrer, diferentes quantidades de ouro continuam sempre na mesma relação de valor umas com as outras. Se o valor do ouro caísse em 1.000%, 12 onças de ouro continuariam a valer 12 vezes mais do que 1 onça de ouro, pois os preços representam apenas as relação de diferentes quantidades de ouro entre si. Por outro lado, assim como a queda ou o aumento do valor de 1 onça de ouro não muda em absoluto seu peso, ela tampouco altera o peso de suas partes alíquotas, de modo que o ouro, como padrão fixo dos preços, cumpre sempre a mesma função, indiferentemente das alterações em seu valor.

A mudança de valor do ouro tampouco impede sua função como medida de valor. Ela atinge todas as mercadorias ao mesmo tempo e, *caeteris paribus* [os demais fatores permanecendo iguais], mantém inalterados seus valores relativos recíprocos, mesmo que estes agora se expressem em preços de ouro maiores ou menores do que antes.

Tal como na representação do valor de uma mercadoria no valor de uso de uma outra mercadoria qualquer, também na valoração das mercadorias em ouro pressupõe-se apenas que, numa época determinada, a produção de uma quantidade determinada de ouro custe uma dada quantidade de trabalho. Quanto ao movimento dos preços das mercadorias em geral, valem as leis da expressão relativa simples do valor que expusemos anteriormente.

Mantendo-se igual o valor do dinheiro, os preços das mercadorias só podem subir generalizadamente se os valores das mercadorias sobem; mantendo-se iguais os valores das mercadorias, eles só podem subir se o valor do dinheiro cai. Inversamente: mantendo-se igual o valor do dinheiro, os preços das mercadorias só podem cair em geral se os valores das mercadorias caem; mantendo-se iguais os valores das mercadorias, eles só podem cair se o valor

---

[55] Nota à segunda edição: Na literatura econômica inglesa, impressiona a confusão entre medida de valor (*measure of value*) e padrão de preços (*standard of value*). As funções e, com isso, seus nomes são constantemente confundidos.

do dinheiro sobe. Disso não se segue em absoluto que o valor crescente do dinheiro condicione uma queda proporcional dos preços das mercadorias e que o valor decrescente do dinheiro condicione um aumento proporcional desses preços. Isso vale somente para mercadorias de valor inalterado. Por exemplo, aquelas mercadorias cujo valor aumenta na mesma medida do – e simultaneamente com o – valor do dinheiro conservam os mesmos preços. Se seu valor aumentar mais devagar ou mais rápido que o valor do dinheiro, a queda ou o aumento de seus preços será determinada pela diferença entre o movimento de seu valor e o movimento do dinheiro etc.

Voltemos agora à análise da forma do preço.

As denominações monetárias dos pesos metálicos se separam progressivamente de suas denominações originais por razões diversas, dentre as quais se podem citar, como historicamente decisivas: 1) a introdução de dinheiro estrangeiro em povos pouco desenvolvidos, como na Roma Antiga, onde as moedas de prata e de ouro circulavam inicialmente como mercadorias estrangeiras; 2) com o desenvolvimento da riqueza, o metal menos nobre perdeu sua função de medida de valor para o metal mais nobre. O cobre cedeu à prata, a prata ao ouro, por mais que essa sequência possa contradizer toda cronologia poética*[56]. A libra, por exemplo, era a denominação monetária para 1 libra-peso de prata. Assim que o ouro tomou o lugar da prata como medida de valor, o mesmo nome passou a significar cerca de $1/15$ de 1 libra de ouro, a depender da relação de valor entre o ouro e a prata. Desde então, a libra como denominação monetária e como medida de peso do ouro estão separadas uma da outra[57]; 3) a falsificação do dinheiro, realizada por séculos pelos príncipes, fez com que as moedas não conservassem de seu peso original mais do que o nome[58].

Esses processos históricos transformaram em hábito popular a separação entre a denominação monetária dos pesos metálicos e os nomes de suas medidas habituais de peso. Como o padrão monetário é, por um lado, puramente convencional, mas, por outro, necessita de validade universal, ele acaba sendo regulado por lei. Uma porção determinada de peso de um

---

* Referência à cronologia mitológica das "cinco eras do homem", elaborada por Hesíodo em *Os trabalhos e os dias*. As cinco eras são: do ouro, da prata, do bronze, dos heróis e do ferro. Mais tarde, essa cronologia seria retomada nas *Metamorfoses*, do poeta latino Ovídio, que suprime apenas a era dos "heróis". (N. T.)

[56] De resto, tampouco essa sequência tem validade histórica universal.

[57] Nota à segunda edição: Assim, a libra inglesa designa menos que um terço de seu peso original; a libra escocesa valia, antes da unificação, apenas $1/36$, a libra francesa $1/74$, o maravedi espanhol menos que $1/1000$ e o real português uma proporção ainda muito menor.

[58] Nota à segunda edição: "*Le monete le quali oggi sono ideali sono le più antiche d'ogni nazione, e tutte furono un tempo reali, e perché erano reali con esse si contava*" ["As moedas cujos nomes são hoje apenas ideais são, em todas as nações, as mais antigas; elas foram outrora reais, e justamente porque eram reais é que os homens operavam com elas"], Galiani, *Della moneta*, cit., p. 153.

metal precioso, por exemplo, 1 onça de ouro, é oficialmente dividida em partes alíquotas, que a lei batiza com nomes tais como libra, táler etc. Essa parte alíquota, que então passa a valer como a verdadeira unidade de medida do dinheiro, é subdividida em outras partes alíquotas que a lei batiza com outros nomes, como xelim, *penny* etc.[59] Tal como antes, determinados pesos metálicos continuam a ser padrão do dinheiro metálico. O que mudou foi a divisão das partes alíquotas e os nomes adotados.

Os preços, ou as quantidades de ouro em que os valores das mercadorias foram idealmente convertidos, são, agora, expressos nas denominações monetárias ou nas denominações contábeis legalmente válidas do padrão de medida do ouro. Na Inglaterra, em vez de se dizer que 1 *quarter* de trigo é igual a 1 onça de ouro, dir-se-ia que ele é igual a £3, 17 xelins e 10 ½ *pence*. Assim, em suas denominações monetárias as mercadorias declaram quanto valem, e o dinheiro serve como unidade de conta na medida em que vale para fixar uma coisa como valor e, com isso, expressá-la na forma-dinheiro[60].

O nome de algo é totalmente exterior à sua natureza. Não sei nada sobre o ser humano quando sei apenas que um homem se chama Jacó. Do mesmo modo, nas denominações monetárias libra, táler, franco, ducado etc. desaparece todo sinal da relação de valor. A confusão sobre o sentido oculto desses símbolos cabalísticos é tanto maior porque as denominações monetárias expressam o valor das mercadorias e, ao mesmo tempo, partes alíquotas de um peso metálico, do padrão monetário[61]. Por outro lado, é necessário que o valor, em contraste com os diversos corpos do mundo das mercadorias, desenvolva-se nessa forma reificada [*sachlichen*], sem-conceito [*begriffslos*], mas também simplesmente social[62].

---

[59] Nota à segunda edição: Em sua *Familiar Words*, o sr. David Urquhart observa o fato abominável (!) de que, em nossos dias, £1, a unidade do padrão monetário inglês, vale cerca de ¼ de 1 onça de ouro: "*This is falsifying a measure, not establishing a standard*" ["Isso é falsificar uma medida, e não estabelecer um padrão"], p. 105. Como em toda parte, ele vê nessa "falsa denominação" do peso do ouro a mão falsificadora da civilização.

[60] Nota à segunda edição: "Quando se perguntou a Anacarsis para que os gregos necessitavam do dinheiro, ele respondeu: para contar", Athen[aeus], *Deipn[nosophistae]* (Schweighäuser, 1802), IV, 49, v. 2, p. 120.

[61] Nota à segunda edição: "Porque o ouro [da segunda à quarta edição: dinheiro] como padrão dos preços aparece sob a mesma denominação contábil dos preços das mercadorias – por exemplo, tanto 1 onça de ouro quanto o valor de 1 tonelada de ferro são expressos em £3, 17 xelins e 10½ *pence* –, essas denominações contábeis foram chamadas de seu preço-moeda [*Münzpreis*]. Daí surgiu a noção fantástica de que o ouro (ou a prata) teria seu valor em seu próprio material e que, diferentemente de todas as outras mercadorias, obteria um preço fixo por parte do Estado. Confundiu-se a fixação das denominações contábeis de determinados pesos de ouro com a fixação do valor desses pesos", Karl Marx, *Zur Kritik der politischen Ökonomie* [*Contribuição à crítica da economia política*], cit., p. 52.

[62] Cf. "Theorien von der Masseinheit des Geldes", em Karl Marx, *Zur Kritik der politischen Ökonomie* [*Contribuição à crítica da economia política*], cit., p. 53s. As fantasias sobre o aumento ou a diminuição do "preço-moeda", que consistem em passar das denomi-

Karl Marx – O capital

O preço é a denominação monetária do trabalho objetivado na mercadoria. Por isso, a equivalência entre a mercadoria e a quantidade de dinheiro – cujo nome é seu preço – é uma tautologia[63], assim como a expressão relativa de valor de uma mercadoria é sempre a expressão da equivalência entre duas mercadorias. Mas se o preço, como exponente da grandeza de valor da mercadoria, é exponente da relação de troca desta última com o dinheiro, disso não se conclui a relação inversa, isto é, que o exponente da relação de troca da mercadoria com o dinheiro seja necessariamente o exponente da grandeza de valor da mercadoria. Suponhamos que uma mesma grandeza de trabalho socialmente necessário esteja expressa em 1 *quarter* de trigo e em £2 (aproximadamente ½ onça de ouro). As £2 são, assim, a expressão monetária da grandeza de valor do *quarter* de trigo, ou seu preço. Ora, se as circunstâncias permitirem que essa expressão monetária seja remarcada para £3 ou exija que ela seja reduzida para £1, conclui-se que £1 ou £3, como expressões da grandeza de valor do trigo, são pequenas ou grandes demais, porém constituem, de qualquer forma, os preços do trigo, pois, em primeiro lugar, elas são sua forma de valor, dinheiro, e, em segundo lugar, são exponentes de sua relação de troca com o dinheiro. Em condições constantes de produção ou de produtividade constante do trabalho, é necessário que a mesma quantidade de tempo de trabalho social continue a ser despendida para a reprodução do *quarter* de trigo. Essa circunstância independe da vontade tanto do produtor do trigo quanto dos outros possuidores de mercadorias. A grandeza de valor da mercadoria expressa, portanto, uma relação necessária – e imanente ao seu processo constitutivo – com o tempo de trabalho social. Com a transformação da grandeza de valor em preço, essa relação necessária aparece como relação de troca entre uma mercadoria e a mercadoria-dinheiro existente fora dela. Nessa relação, porém, é igualmente possível que a grandeza de valor

---

nações monetárias aplicadas a frações de peso de ouro e prata fixadas por lei a frações maiores ou menores de peso determinadas pelo Estado, o que possibilitaria passar a cunhar ¼ de ouro em 40 xelins, em vez de em 20 – tais fantasias, na medida em que visam não desastradas operações financeiras contra credores estatais e privados, mas "curas milagrosas" econômicas, foram tratadas por W. Petty em *Quantulumcunque Concerning Money. To the Lord Marquis of Halifax*, 1682 de modo tão exaustivo que já seus sucessores imediatos, *sir* Dudley North e John Locke – para não falar dos que vieram depois deles –, não conseguiram fazer mais do que empobrecê-las. "*If the wealth of a nation [...] could be decupled by a Proclamation, it were strange that such proclamations have not long since been made by our Governors*" ["Se a riqueza de uma nação" – diz ele – "pudesse ser decuplicada por decreto, seria estranho que nossos governos já não tivessem editado tais decretos há muito tempo"], Karl Marx, *Zur Kritik der politischen Ökonomie* [*Contribuição à crítica da economia política*], cit., p. 36.

[63] "*Ou bien, il faut consentir à dire qu'une valeur d'un million en argent vaut plus qu'une valeur égale en marchandises*" ["Ou seria preciso admitir que um milhão em dinheiro vale mais do que um valor igual em mercadorias"], Le Trosne, *De l'intérêt social*, cit., p. 919. E, portanto, "que um valor vale mais do que um outro valor igual".

da mercadoria se expresse como o mais ou o menos pelo qual ela é vendável sob dadas circunstâncias. A possibilidade de uma incongruência quantitativa entre preço e grandeza de valor, ou o desvio do preço em relação à grandeza de valor, reside, portanto, na própria forma-preço. Isso não é nenhum defeito dessa forma, mas, ao contrário, aquilo que faz dela a forma adequada a um modo de produção em que a regra só se pode impor como a lei média do desregramento que se aplica cegamente.

Mas a forma-preço permite não só a possibilidade de uma incongruência quantitativa entre grandeza de valor e preço, isto é, entre a grandeza de valor e sua própria expressão monetária, mas pode abrigar uma contradição qualitativa, de modo que o preço deixe absolutamente de ser expressão de valor, embora o dinheiro não seja mais do que a forma de valor das mercadorias. Assim, coisas que em si mesmas não são mercadorias, como a consciência, a honra etc. podem ser compradas de seus possuidores com dinheiro e, mediante seu preço, assumir a forma-mercadoria, de modo que uma coisa pode formalmente ter um preço mesmo sem ter valor. A expressão do preço torna-se aqui imaginária tal como certas grandezas da matemática. Por outro lado, também a forma-preço imaginária, como o preço do solo não cultivado, que não tem valor porque nele nenhum trabalho humano está objetivado, pode abrigar uma relação efetiva de valor ou uma relação derivada desta última.

Do mesmo modo que a forma de valor relativa em geral, o preço expressa o valor de uma mercadoria, por exemplo, 1 tonelada de ferro, permitindo que determinada quantidade de equivalente, por exemplo, 1 onça de ouro, seja diretamente permutável pelo ferro, mas de modo algum em sentido inverso, de modo que o ferro seja diretamente permutável pelo ouro. A fim de exercer praticamente o efeito de um valor de troca, a mercadoria tem de se despojar de seu corpo natural, transformando-se de ouro apenas representado em ouro real, mesmo que essa transubstanciação possa ser-lhe mais "amarga" do que o é, para o "conceito" hegeliano, a transição da necessidade à liberdade, ou para uma lagosta a perfuração de sua couraça, ou para São Jerônimo a supressão do velho Adão[64]. No preço, a mercadoria pode possuir, ao lado de sua forma real – ferro etc. –, uma figura de valor ideal ou uma forma-ouro representada, porém não pode ser a um só tempo realmente ferro e realmente ouro. Para o estabelecimento de seu preço basta equipará-la ao ouro representado, mas, para servir a seu possuidor como equivalente universal, ela tem de ser

---

[64] Se Jerônimo, que em sua juventude teve de lutar muito com sua carne material – como mostra sua luta no deserto contra belas imagens femininas –, em sua velhice precisou lutar contra a carne espiritual. "Imagino-me" – diz ele, por exemplo – "em espírito, diante do juiz universal." "Quem és tu?", pergunta uma voz. "Sou um cristão." "Mentira!", troa o Juiz universal. "Não passas de um ciceroniano!" [Citação de São Jerônimo, "Epístola a Eustóquio", também conhecida como *De conservanda virginitate* [Sobre a conservação da virgindade]. (N. E. A. MEW)]

substituída realmente pelo ouro. Se, por exemplo, o possuidor do ferro se encontrasse diante do possuidor de outra mercadoria qualquer e lhe referisse o preço do ferro, que se encontra na forma-dinheiro, ele lhe responderia tal como São Pedro respondeu a Dante no Paraíso, depois deste último ter-lhe recitado o credo:

> "Assai bene è trascorsa
> D'esta moneta già la lega e'l peso,
> Ma dimmi se tu l'hai nella tua borsa."*

A forma-preço inclui a possibilidade da venda das mercadorias por dinheiro e a necessidade dessa venda. Por outro lado, o ouro funciona como medida ideal de valor apenas porque ele já se estabeleceu como mercadoria-dinheiro no processo de troca. Sob a medida ideal dos valores esconde-se, à espreita, o dinheiro vivo.

2. O meio de circulação

a) A metamorfose das mercadorias

Vimos que o processo de troca das mercadorias inclui relações contraditórias e mutuamente excludentes. O desenvolvimento da mercadoria não elimina essas contradições, porém cria a forma em que elas podem se mover. Esse é, em geral, o método com que se solucionam contradições reais. Por exemplo, há uma contradição no fato de que um corpo seja atraído por outro e, ao mesmo tempo, afaste-se dele constantemente. A elipse é uma das formas de movimento em que essa contradição tanto se realiza como se resolve.

Na medida em que o processo de troca transfere mercadorias das mãos em que elas não são valores de uso para as mãos em que elas o são, ele é metabolismo social. O produto de um modo útil de trabalho substitui o produto de outro. Quando passa a servir de valor de uso, a mercadoria transita da esfera da troca de mercadorias para a esfera do consumo. Aqui, interessa-nos apenas a primeira dessas esferas. Temos, assim, de considerar o processo inteiro segundo o aspecto formal, isto é, apenas a mudança de forma ou a metamorfose das mercadorias, que medeia o metabolismo social.

A concepção inteiramente errônea dessa mudança de forma resulta, além da falta de clareza sobre o próprio conceito de valor, da circunstância de que toda mudança de forma de uma mercadoria se consuma na troca entre duas mercadorias, uma mercadoria comum e a mercadoria-dinheiro. Se nos concentramos exclusivamente nesse estágio material [*stofflichen Moment*], na

---

* "Bem soubeste dizer/ ora, dessa moeda, a liga e o peso,/ mas dize-me se a tens em seu poder", Dante Alighieri, *A divina comédia*, Paraíso, canto XXIV (trad. Italo Eugenio Mauro, 2. ed., São Paulo, Editora 34, 2010), p. 172. (N. T.)

O dinheiro ou a circulação de mercadorias

troca de mercadoria por ouro, ignoramos justamente aquilo que se deve ver, a saber, o que se passa com a forma. Ignoramos, assim, que o ouro, como simples mercadoria, não é dinheiro e que, em seus preços, as outras mercadorias relacionam-se com o ouro como com sua própria figura monetária.

Inicialmente, as mercadorias entram no processo de troca sem serem douradas, nem açucaradas, mas tal como vieram ao mundo. Esse processo gera uma duplicação da mercadoria em mercadoria e dinheiro, uma antítese externa, na qual elas expressam sua antítese interna entre valor de uso e valor. Nessa antítese, as mercadorias, como valores de uso, confrontam-se com o dinheiro, como valor de troca. Por outro lado, ambos os polos da antítese são mercadorias, portanto, unidades de valor de uso e valor. Mas essa unidade de diferentes se expressa em cada um dos polos de modo inverso e, com isso, expressa, ao mesmo tempo, sua relação recíproca. A mercadoria é realmente [*reell*] valor de uso; seu valor se manifesta apenas idealmente [*ideell*] no preço, que a reporta ao ouro, situado no polo oposto, como sua figura de valor real. Inversamente, o material do ouro vale apenas como materialidade de valor [*Wertmateriatur*], como dinheiro. Ele é, por isso, realmente valor de troca. Seu valor de uso aparece apenas idealmente na série das expressões relativas de valor na qual ele se relaciona com as mercadorias a ele contrapostas, como o círculo de suas figuras reais de uso. Essas formas antitéticas das mercadorias são as formas efetivas de movimento de seu processo de troca.

Acompanhemos agora um possuidor qualquer de mercadorias – por exemplo, nosso velho conhecido tecelão de linho – à cena do processo de troca, o mercado. Sua mercadoria, 20 braças de linho, tem um preço determinado, e seu preço é £2. Ele a troca por £2 e, sendo um homem de grande virtude, troca novamente as £2 por uma Bíblia familiar de mesmo preço. O linho, que para ele é apenas mercadoria, suporte de valor, é alienado por ouro, sua figura de valor, e, a partir desta última, volta a ser alienado por outra mercadoria, a Bíblia, que, no entanto, deve ser levada à casa do tecelão e lá satisfazer a elevadas necessidades. O processo de troca da mercadoria se consuma, portanto, em duas metamorfoses contrapostas e mutuamente complementares: conversão da mercadoria em dinheiro e reconversão do dinheiro em mercadoria[65]. Os momentos da metamorfose das mercadorias são simultaneamente transações dos possuidores de mercadorias – venda, troca da mercadoria por dinheiro; compra, troca do dinheiro por mercadoria –, e a unidade dos dois atos: vender para comprar.

---

[65] "'Εκ δὲ τοῦ πυρὸς τ'ἀνταμείβεσθαι, φησίν ὁ Ἡράκλειτος, καὶ πῦρ ἁπάντων, ὅπωσπερ χρυσοῦ χρήματα καὶ χρημάτων χρυσός" ["Mas do [...] fogo surge tudo, dizia Heráclito, e de tudo surge o fogo, do mesmo modo como do ouro surgem os bens, e dos bens o ouro"], F. Lassalle, *Die Philosophie Herakleitos des Dunkeln* [A filosofia de Heráclito, o Obscuro] (Berlim, 1858), v. I, p. 222. A nota de Lassalle a essa passagem (p. 224, nota 3) explica incorretamente o dinheiro como mero símbolo de valor.

Se, agora, o tecelão de linho considera o resultado da barganha, ele possui uma Bíblia em vez de linho, isto é, em vez de sua mercadoria original, ele possui outra de mesmo valor, porém de utilidade diferente. Desse mesmo modo, ele se apropria de seus outros meios de subsistência e de produção. De seu ponto de vista, o processo inteiro medeia apenas a troca do produto de seu trabalho pelo produto do trabalho de outros, isto é, a troca de produtos.

O processo de troca da mercadoria se consuma, portanto, na seguinte mudança de forma:

Mercadoria-Dinheiro-Mercadoria
M-D-M

Segundo seu conteúdo material [*stofflichen Inhalt*], o movimento é M-M, isto é, troca de mercadoria por mercadoria, ou metabolismo do trabalho social, em cujo resultado extingue-se o próprio processo.

M-D. Primeira metamorfose da mercadoria ou venda. O salto que o valor da mercadoria realiza do corpo da mercadoria para o corpo do ouro, tal como demonstrei em outro lugar*, é o *salto mortale* [salto mortal] da mercadoria. Se esse salto dá errado, não é a mercadoria que se esborracha, mas seu possuidor. A divisão social do trabalho torna seu trabalho tão unilateral quanto multilaterais suas necessidades. Exatamente por isso, seu produto serve-lhe apenas de valor de troca. Mas o que ele pode obter é apenas a forma de equivalente universal, socialmente válida, existente como dinheiro, e este encontra-se no bolso de outrem. Para apoderar-se do dinheiro, a mercadoria precisa, antes de mais nada, ser valor de uso para o possuidor do dinheiro, de modo que o trabalho nela despendido esteja incorporado numa forma socialmente útil ou se confirme como elo da divisão social do trabalho. Mas a divisão do trabalho é um organismo natural-espontâneo da produção, cujos fios foram e continuam a ser tecidos pelas costas dos produtores de mercadorias. Talvez a mercadoria seja o produto de um novo modo de trabalho, que se destina à satisfação de uma necessidade recém-surgida ou pretende ela própria engendrar uma nova necessidade. O que até ontem era uma função entre muitas de um e mesmo produtor de mercadorias, hoje pode gerar uma nova modalidade particular de trabalho, que, separada desse conjunto, autonomizada, manda seu produto ao mercado como mercadoria independente. As circunstâncias podem estar ou não maduras para esse processo de separação. Hoje o produto satisfaz uma necessidade social. Amanhã é possível que ele seja total ou parcialmente deslocado por outro tipo de produto semelhante. Mesmo que o trabalho de nosso tecelão de linho seja um elo permanente da divisão social do trabalho, com isso não está de modo algum garantido o valor de uso de suas 20 braças de linho. Se a demanda social de linho – e essa demanda, tal como as outras coisas,

---

* Cf. Karl Marx, *Zur Kritik der politischen Ökonomie* [Contribuição à crítica da economia política], MEW, v. 13, p. 71. (N. E. A. MEW)

O dinheiro ou a circulação de mercadorias

tem uma dada medida – for satisfeita por tecelões concorrentes, o produto de nosso amigo será excedente, supérfluo e, portanto, inútil. De cavalo dado não se olham os dentes, mas ele não vai ao mercado para distribuir presentes. Suponhamos, porém, que o valor de uso de seu produto se confirme, de modo que o dinheiro seja atraído por sua mercadoria. Pergunta-se, então: quanto dinheiro? A resposta já está antecipada no preço da mercadoria, no expoente de sua grandeza de valor. Desconsideremos eventuais erros de cálculo puramente subjetivos do possuidor de mercadorias, erros que, no mercado, são imediata e objetivamente corrigidos. Suponhamos que ele despendeu em seu produto somente a média socialmente necessária de tempo de trabalho. Desse modo, o preço da mercadoria é apenas a denominação monetária da quantidade de trabalho social nela objetivado. No entanto, sem a autorização e pelas costas de nosso tecelão, as condições de produção da tecelagem de linho, já há muito estabelecidas, entraram em ebulição. O que até ontem era tempo de trabalho socialmente necessário à produção de 1 braça de linho, hoje deixa de sê-lo, como o demonstra prontamente o possuidor de dinheiro, quando exibe ao tecelão as cotações de preços de seus diversos concorrentes. Para sua desgraça, há muitos tecelões no mundo. Suponhamos, por fim, que cada peça de linho existente no mercado contenha apenas o tempo de trabalho socialmente necessário. Apesar disso, a soma total dessas peças pode conter tempo de trabalho despendido de modo supérfluo. Se o estômago do mercado não consegue absorver a quantidade total de linho pelo preço normal de 2 xelins por braça, isso prova que foi despendida uma parte maior de tempo de trabalho socialmente necessário na forma da tecelagem de linho. O efeito é o mesmo que se obteria se cada tecelão individual tivesse aplicado em seu produto individual mais do que o tempo de trabalho socialmente necessário. Aqui vale o provérbio: apanhados juntos, enforcados juntos [*mitgefangen, mitgehangen*]. O conjunto de todas as peças de linho no mercado vale como se fosse um artigo único, sendo cada peça apenas uma parte alíquota desse todo. E, com efeito, também o valor de cada braça individual é apenas a materialidade da mesma quantidade socialmente determinada de trabalho humano de mesmo tipo*.

Como se pode ver, a mercadoria ama o dinheiro, mas *"the course of true love never does run smooth"* [em tempo algum teve um tranquilo curso o verdadeiro amor]**. Tão naturalmente contingente quanto o qualitativo é o nexo quantitativo do organismo social de produção, que apresenta seus *membra*

---

* Numa carta de 28 de novembro de 1878 a N. F. Danielson, o tradutor russo d'*O capital*, Marx modifica a última frase da seguinte forma: "E, de fato, o valor de cada braça individual é apenas a materialidade de uma parte da quantidade social de trabalho despendida na quantidade total de braças". A mesma correção encontra-se também no exemplar pessoal de Marx da segunda edição alemã do Livro I de *O capital*, porém não escrita por ele. (N. E. A. MEW)

** Referência à fala de Lisandro em Shakespeare, "Sonho de uma noite de verão", em *Comédias* (trad. Carlos Alberto Nunes, Rio de Janeiro, Agir, 2008), ato I, cena 1. (N. T.)

disjecta [membros amputados] no sistema da divisão do trabalho. Nossos possuidores de mercadorias descobrem, assim, que a mesma divisão do trabalho que os transforma em produtores privados independentes também torna independente deles o processo social de produção e suas relações nesse processo, e que a independência das pessoas umas das outras se consuma num sistema de dependência material [*sachlich*] e universal.

A divisão do trabalho converte o produto do trabalho em mercadoria e, com isso, torna necessária sua metamorfose em dinheiro. Ao mesmo tempo, ela transforma o sucesso ou insucesso dessa transubstanciação em algo acidental. Aqui, no entanto, o fenômeno deve ser considerado em sua pureza, razão pela qual pressupomos o seu curso normal. Além disso, quando tal fenômeno ocorre – portanto, quando a mercadoria não é invendável –, opera-se sempre sua mudança de forma, ainda que nesse processo possa haver um acréscimo ou uma diminuição anormal de substância, isto é, de grandeza de valor.

O vendedor tem sua mercadoria substituída pelo ouro, e o comprador tem seu ouro substituído por uma mercadoria. O fenômeno que aqui se evidencia é a mudança de mãos ou de lugar entre a mercadoria e o ouro, entre 20 braças de linho e £2, isto é, sua troca. Mas pelo que se troca a mercadoria? Por sua própria figura geral de valor. E pelo que se troca o ouro? Por uma figura particular de seu valor de uso. Por que o ouro se defronta com o linho como dinheiro? Porque seu preço de £2 ou a denominação monetária do linho já o coloca em relação com o ouro como dinheiro. A externalização [*Entäusserung*] da forma original da mercadoria se consuma mediante a alienação [*Veräusserung*] da mercadoria, isto é, no momento em que seu valor de uso atrai efetivamente o ouro que, em seu preço, era apenas representado*. Desse modo, a realização do preço ou da forma de valor apenas ideal da mercadoria é, simultânea e inversamente, a realização do valor de uso apenas ideal do dinheiro, a conversão de mercadoria em dinheiro e, simultaneamente, de dinheiro em mercadoria. É um processo bilateral: do lado do possuidor de mercadorias, venda; do lado do possuidor de dinheiro, compra. Ou, em outras palavras, venda é compra, e M-D é igual a D-M[66].

Até o momento, não conhecemos nenhuma relação econômica dos homens senão aquela entre possuidores de mercadorias, uma relação em que cada um só apropria o produto do trabalho alheio na medida em que se despoja [*entfremdet*] de seu próprio produto. Por conseguinte, um possuidor de mercadoria só pode atuar como possuidor de dinheiro perante outro possuidor de mercadoria na

---

* Isto é, a externalização, realizada no processo de metamorfose da mercadoria, da "antítese interna (à mercadoria) entre valor de uso e valor" na "antítese externa" entre mercadoria e dinheiro (Cf. supra, p. 179). (N. T.)

[66] "*Toute vente est achat*" ["Toda venda é compra"], dr. Quesnay, "Dialogues sur le commerce et les travaux des artisans", em E. Daire (ed.), *Physiocrates* (Paris, 1846), primeira parte, p. 170. Ou, como diz Quesnay em suas *Maximes générales*: "Vender é comprar".

O dinheiro ou a circulação de mercadorias

medida em que seu produto possui, por natureza, a forma-dinheiro – e, portanto, é material-dinheiro [*Geldmaterial*] –, ou na medida em que sua própria mercadoria muda de pele, despojando-se de sua forma de uso original. Para funcionar como dinheiro, o ouro tem, naturalmente, de ingressar no mercado em algum ponto. Tal ponto se encontra em sua fonte de produção, onde ele é trocado como produto direto do trabalho por outro produto de trabalho de mesmo valor. Mas, a partir desse momento, ele passa a representar preços realizados de mercadorias[67]. Excetuando o momento da troca de ouro por mercadoria, em sua fonte de produção, o ouro é, nas mãos de todo possuidor que alienou sua mercadoria, a figura externalizada de sua mercadoria alienada*, o produto da venda ou da primeira metamorfose das mercadorias M-D[68]. O ouro tornou-se dinheiro ideal ou medida de valor porque todas as mercadorias passaram a medir seus valores por ele, convertendo-o, assim, no oposto representado de sua figura de uso, isto é, em sua figura de valor. Ele se torna dinheiro real porque as mercadorias, por meio de sua alienação universal [*allseitige Veräusserung*], fazem dele sua figura de uso efetivamente exteriorizada ou transformada e, desse modo, sua efetiva figura de valor. Em sua figura de valor, a mercadoria se despoja de todo traço de seu valor de uso natural-espontâneo e do trabalho útil particular ao qual ela deve sua origem, a fim de se crisalidar na materialidade social e uniforme do trabalho humano indiferenciado. Não se percebe no dinheiro de que qualidade é a mercadoria que foi nele transformada. Em sua forma-dinheiro, uma mercadoria tem a mesma aparência que a outra. Por isso, o dinheiro pode ser lixo, embora lixo não seja dinheiro. Suponha que as duas moedas de ouro em troca das quais nosso tecelão de linho aliena sua mercadoria sejam a figura transformada de 1 *quarter* de trigo. A venda do linho, M-D, é simultaneamente sua compra, D-M. Como venda do linho, esse processo dá início a um movimento que termina com seu oposto, com a compra da Bíblia; como compra do linho, ele conclui um movimento que começou com seu contrário, a venda do trigo. M-D (linho-dinheiro), essa primeira fase de M-D-M (linho-dinheiro-Bíblia), é, ao mesmo tempo, D-M (dinheiro-linho), a última fase de um último movimento M-D-M (trigo-dinheiro-linho). A primeira metamorfose de uma mercadoria, sua conversão da forma-mercadoria em dinheiro, é sempre, ao mesmo tempo, uma segunda metamorfose contrária de outra mercadoria, sua reconversão de forma-dinheiro em mercadoria[69].

---

[67] *"Le prix d'une marchandise ne pouvant être payé que par le prix d'une autre marchandise"* ["O preço de uma mercadoria só pode ser pago com o preço de uma outra mercadoria"], Mercier de la Rivière, "L'ordre naturel et essentiel des sociétés politiques", em E. Daire (org.), *Physiocrates*, cit., p. 554.

* No original: *"die entäußerte Gestalt seiner veräußerten Ware (...)"* (N. T.)

[68] *"Pour avoir cet argent, il faut avoir vendu"* ["Para ter esse dinheiro, é preciso ter vendido"], ibidem, p. 543.

[69] Com exceção, como mencionamos anteriormente, do produtor do ouro ou da prata, que troca seu produto sem tê-lo vendido anteriormente.

D-M. Segunda e conclusiva metamorfose da mercadoria: a compra. Sendo o dinheiro a figura exteriorizada de todas as outras mercadorias, ou o produto de sua alienação universal, é a mercadoria absolutamente alienável. Ele lê todos os preços de trás para a frente e, assim, espelha-se em todos os corpos-mercadorias como no material que se oferece a seu próprio tornar-se mercadoria [*Warenwerdung*]. Ao mesmo tempo, os preços, os olhos amorosos com que as mercadorias lhe lançam uma piscadela, revelam o limite de sua capacidade de transformação, a saber, sua própria quantidade. Como a mercadoria desaparece ao se transformar em dinheiro, neste não se percebe como ele chegou às mãos de seu possuidor ou qual mercadoria foi nele transformada. O dinheiro *non olet* [não fede]*, seja qual for sua origem. Se por um lado ele representa mercadoria vendida, por outro representa mercadorias compráveis[70].

D-M, a compra, é ao mesmo tempo venda, M-D; por isso, a última metamorfose de uma mercadoria é também a primeira metamorfose de outra mercadoria. Para nosso tecelão de linho, a biografia de sua mercadoria se conclui com a Bíblia, na qual ele transformou as £2. Mas o vendedor da Bíblia converte em aguardente as £2 gastas pelo tecelão de linho. D-M, a fase final de M-D-M (linho-dinheiro-Bíblia), é simultaneamente M-D, a primeira fase de M-D-M (Bíblia-dinheiro-aguardente). Como o produtor de mercadorias produz apenas um único tipo de produto, ele o vende frequentemente em grandes quantidades, ao passo que suas múltiplas necessidades o obrigam constantemente a fragmentar em muitas compras o preço realizado ou a soma de dinheiro recebida. Uma venda resulta, por isso, em muitas compras de diversas mercadorias. De modo que a metamorfose final de uma mercadoria constitui uma soma das primeiras metamorfoses de outras mercadorias.

Ora, se considerarmos a metamorfose total de uma mercadoria, por exemplo, do linho, veremos, primeiramente, que ela consiste em dois movimentos antitéticos e mutuamente complementares, M-D e D-M. Essas duas mutações antitéticas da mercadoria se realizam em dois processos sociais antitéticos do possuidor de mercadorias e se refletem em dois caracteres econômicos antitéticos desse possuidor. Como agente da venda, ele se torna vendedor e, como agente da compra, comprador. Mas como em toda mutação da mercadoria suas duas formas – a forma-mercadoria e a forma-dinheiro – só existem ocupando polos antitéticos, também o mesmo possuidor de mercadorias, como vendedor, confronta-se com outro comprador e, como comprador,

---

* "*Non olet*" foi a resposta de Vespasiano à objeção – feita por seu filho, Tito – ao caráter repugnante do imposto sobre a coleta de fezes e urina na Roma imperial. (N. T.)

[70] "*Si l'argent représente, dans nos mains, les choses que nous pouvons désirer d'acheter, il y représente aussi les choses que nous avons vendues pour* [...] *cet argent*" ["Se o dinheiro em nossas mãos representa as coisas que podemos desejar comprar, ele também representa as coisas que vendemos em troca desse dinheiro"], Mercier de la Rivière, "L'ordre naturel et essentiel des sociétés politiques", cit., p. 586.

com outro vendedor. Como a mesma mercadoria percorre sucessivamente as duas mutações inversas, passando de mercadoria a dinheiro e de dinheiro a mercadoria, assim o mesmo possuidor de mercadorias desempenha alternadamente os papéis de vendedor e comprador. Estes não são fixos, mas, antes, personagens [*Charaktere*] constantemente desempenhados por pessoas [*Personen*] alternadas no interior da circulação de mercadorias.

A metamorfose total de uma mercadoria envolve, em sua forma mais simples, quatro extremos e três *personae dramatis* [atores]. Primeiramente, o dinheiro se defronta com a mercadoria como sua figura de valor, que, no além, no bolso alheio, possui sólida realidade material [*sachlich*]. Desse modo, um possuidor de dinheiro se defronta com o possuidor de mercadorias. Assim que a mercadoria se converte em dinheiro, este se torna sua forma de equivalente evanescente, cujo valor de uso ou conteúdo existe no aquém, nos outros corpos-mercadorias. Como ponto de chegada da primeira mutação da mercadoria, o dinheiro é, ao mesmo tempo, o ponto de partida da segunda mutação. Assim, o vendedor do primeiro ato torna-se comprador no segundo, onde um terceiro possuidor de mercadorias confronta-se com ele como vendedor[71].

Os dois movimentos inversos da metamorfose da mercadoria formam um ciclo: forma-mercadoria, despojamento da forma-mercadoria, retorno à forma-mercadoria. No entanto, a própria mercadoria é aqui determinada de maneira antitética. No ponto de partida, ela é não-valor de uso [*Nicht-Gebrauchswert*]; no ponto de chegada, é valor de uso para seu possuidor. Assim, num primeiro momento o dinheiro aparece como o sólido valor cristalizado em que se transforma a mercadoria, mas o faz apenas para, num segundo momento, diluir-se como simples forma de equivalente dela.

As duas metamorfoses que formam o ciclo de uma mercadoria constituem, ao mesmo tempo, as metamorfoses parciais inversas de duas outras mercadorias. A mesma mercadoria (linho) inaugura a série de suas próprias metamorfoses e finaliza a metamorfose total de outra mercadoria (o trigo). No curso de sua primeira mutação, a venda, o linho desempenha esses dois papéis em sua própria pessoa. Já como crisálida de ouro, forma sob a qual ele próprio cumpre o destino de toda carne*, ela completa, ao mesmo tempo, a primeira metamorfose de uma terceira mercadoria. O ciclo percorrido pela série de metamorfoses de uma mercadoria se entrelaça inextricavelmente com os ciclos de outras mercadorias. O processo inteiro se apresenta como circulação de mercadorias.

---

[71] "*Il y a donc* [...] *quatre termes et trois contractants, dont l'un intervient deux fois*" ["Há, portanto, quatro termos e três contratantes, dos quais um atua duas vezes"], Le Trosne, *De l'intérêt social*, cit., p. 909.

* Gênesis, 6: 12-13. Depois de vendida, a mercadoria, que agora se encontra como "crisálida de ouro" na mão do vendedor, cumpre seu destino final: o consumo de seu corpo (sua "carne") como valor de uso. (N. T.)

A circulação de mercadorias distingue-se da troca direta de produtos não só formalmente, mas também essencialmente. Lancemos um olhar retrospectivo sobre o percurso. O tecelão de linho trocou incondicionalmente o linho pela Bíblia, a mercadoria própria por uma mercadoria alheia. Mas esse fenômeno só é verdadeiro para ele. O vendedor de Bíblias, que prefere o quente ao frio*, não pensou em trocar a Bíblia por linho, assim como o tecelão de linho não sabe que seu linho foi trocado por trigo etc. A mercadoria de B substitui a mercadoria de A, mas A e B não trocam mutuamente suas mercadorias. É possível, de fato, que A e B comprem alternadamente um do outro, mas tal relação particular não é de modo algum condicionada pelas condições gerais da circulação de mercadorias. Vemos, por um lado, como a troca de mercadorias rompe as barreiras individuais e locais da troca direta de produtos e desenvolve o metabolismo do trabalho humano. Por outro, desenvolve-se um círculo completo de conexões que, embora sociais, impõem-se como naturais [*gesellschaftlicher Naturzusammenhänge*], não podendo ser controladas por seus agentes. O tecelão só pode vender o linho porque o camponês já vendeu o trigo, o beberrão** só pode vender a Bíblia porque o tecelão já vendeu o linho, o destilador só pode vender a aguardente porque o outro já vendeu a água da vida eterna etc.

Por isso, diferentemente da troca direta de produtos, o processo de circulação não se extingue com a mudança de lugar ou de mãos dos valores de uso. O dinheiro não desaparece pelo fato de, no final, ficar de fora da série de metamorfoses de uma mercadoria. Ele sempre precipita em algum lugar da circulação deixado desocupado pelas mercadorias. Por exemplo, na metamorfose completa do linho, linho-dinheiro-Bíblia, é o linho que primeiramente sai de circulação, entrando o dinheiro em seu lugar, e então a Bíblia sai de circulação e o dinheiro toma seu lugar. A substituição de uma mercadoria por outra sempre faz com que o dinheiro acabe nas mãos de um terceiro[72]. A circulação transpira dinheiro por todos os poros.

Nada pode ser mais tolo do que o dogma de que a circulação de mercadorias provoca um equilíbrio necessário de vendas e compras, uma vez que cada venda é uma compra, e vice-versa. Se isso significa que o número das vendas efetivamente realizadas é o mesmo das compras, trata-se de pura tautologia.

---

* Alusão à venda da Bíblia (referida, mais adiante, como a "água da vida eterna") para comprar aguardente. (N. T.)

** No original: "*Heisssporn*". Literalmente: "espora ardente", isto é, pessoa temperamental, inflamada. O termo, bastante usual na época de Marx, deriva de Hotspur, cognome de *sir* Henry Percy, personagem impetuoso e beberrão do drama *Henrique IV*, de Shakespeare (parte I, ato II, cena IV). (N. T.)

[72] Nota à segunda edição: Mesmo sendo um fenômeno evidente, ele é na maioria das vezes ignorado pelos economistas políticos, especialmente pelos livre-cambistas *vulgaris* [vulgares].

O dinheiro ou a circulação de mercadorias

Mas o que se pretende provar, com isso, é que o vendedor leva seu próprio comprador ao mercado. Venda e compra são um ato idêntico como relação mútua entre duas pessoas situadas em polos contrários: o possuidor de mercadorias e o possuidor de dinheiro. Como ações da mesma pessoa, porém, eles constituem dois atos frontalmente opostos. Desse modo, a identidade de compra e venda implica que a mercadoria se torna inútil se, uma vez lançada na retorta alquímica da circulação, ela não resulta desse processo como dinheiro, se não é vendida pelo possuidor de mercadorias e, portanto, não é comprada pelo possuidor de dinheiro. Além disso, essa identidade implica que o processo, quando bem-sucedido, constitui um ponto de repouso, um período da vida da mercadoria que pode durar mais ou menos. Como a primeira metamorfose da mercadoria é simultaneamente venda e compra, esse processo parcial é, ao mesmo tempo, um processo autônomo. O comprador tem a mercadoria, o vendedor tem o dinheiro, isto é, uma mercadoria que conserva a forma adequada à circulação, independentemente de, mais cedo ou mais tarde, ela voltar ou não a aparecer no mercado. Ninguém pode vender sem que outro compre. Mas ninguém precisa necessariamente comprar apenas pelo fato de ele mesmo ter vendido. A circulação rompe as barreiras temporais, locais e individuais da troca de produtos precisamente porque provoca uma cisão na identidade imediata aqui existente entre o dar em troca o próprio produto do trabalho e o receber em troca o produto do trabalho alheio, transformando essa identidade na antítese entre compra e venda. Dizer que esses dois processos independentes e antitéticos formam uma unidade interna significa dizer que sua unidade interna se expressa em antíteses externas. Se, completando-se os dois polos um ao outro, a autonomização externa do internamente dependente avança até certo ponto, a unidade se afirma violentamente por meio de uma crise. A antítese, imanente à mercadoria, entre valor de uso e valor, na forma do trabalho privado que ao mesmo tempo tem de se expressar como trabalho imediatamente social, do trabalho particular e concreto que ao mesmo tempo é tomado apenas como trabalho geral abstrato, da personificação das coisas e coisificação das pessoas – essa contradição imanente adquire nas antíteses da metamorfose da mercadoria suas formas desenvolvidas de movimento. Por isso, tais formas implicam a possibilidade de crises, mas não mais que sua possibilidade. O desenvolvimento dessa possibilidade em efetividade requer todo um conjunto de relações que ainda não existem no estágio da circulação simples de mercadorias[73].

---

[73] Cf. minhas considerações sobre James Mill, em *Zur Kritik der politischen Ökonomie* [*Contribuição à crítica da economia política*], cit., p. 74-6. Dois pontos são aqui característicos do método da apologética econômica. Em primeiro lugar, a identificação da circulação de mercadorias com a troca imediata de produtos mediante a simples abstração de suas diferenças. Em segundo lugar, a tentativa de negar as contradições do processo capitalista de produção dissolvendo as relações de seus agentes de produção nas

Como mediador da circulação de mercadorias, o dinheiro exerce a função de meio de circulação.

b) O curso do dinheiro

A mudança de forma em que se realiza o metabolismo dos produtos do trabalho, M-D-M, exige que o mesmo valor, como mercadoria, constitua o ponto de partida do processo e retorne ao mesmo ponto como mercadoria. Esse movimento das mercadorias é, por isso, um ciclo. Por outro lado, a mesma forma exclui o ciclo do dinheiro, e seu resultado é o afastamento constante do dinheiro de seu ponto de partida, e não seu retorno a este último. Enquanto o vendedor retém a figura transformada de sua mercadoria – o dinheiro –, a mercadoria encontra-se no estágio da primeira metamorfose, ou apenas percorreu a primeira metade de sua circulação. Quando o processo de vender para comprar está consumado, o dinheiro é novamente removido das mãos de seu possuidor original. É verdade que o tecelão de linho, depois de ter comprado a Bíblia, vende uma nova peça de linho e, desse modo, o dinheiro retorna a suas mãos. Mas ele não retorna por meio da circulação das primeiras 20 braças de linho, mediante a qual o dinheiro passou das mãos do tecelão para as do vendedor da Bíblia. Ele só retorna por meio da renovação ou repetição, para a nova mercadoria, do mesmo processo de circulação, com o que ele chega ao mesmo resultado do processo anterior. Essa forma de movimento imediatamente conferida ao dinheiro pela circulação de mercadorias é, pois, a de seu distanciamento constante do ponto de partida, sua passagem das mãos de um possuidor de mercadorias às de outro, ou seu curso (*currency, cours de la monnaie*).

O curso do dinheiro mostra uma repetição constante, monótona, do mesmo processo. A mercadoria está sempre do lado do vendedor, o dinheiro sempre do lado do comprador, como meio de compra. Ele funciona como meio de compra na medida em que realiza o preço da mercadoria. Ao realizá-lo, ele transfere a mercadoria das mãos do vendedor para as do comprador, enquanto, ao mesmo tempo, afasta-se das mãos do comprador para as do vendedor, a fim de repetir o mesmo processo com outra mercadoria. Que essa forma unilateral do movimento do dinheiro nasce da forma bilateral do movimento da mercadoria é algo que permanece oculto. A natureza da própria circulação

---

relações simples que surgem da circulação de mercadorias. A produção e a circulação de mercadorias são, porém, fenômenos que pertencem aos mais distintos modos de produção, por mais variados que tais fenômenos possam ser em sua dimensão e alcance. Portanto, enquanto conhecemos apenas suas categorias abstratas, comuns a todos os modos de produção, ainda não sabemos nada da *differentia specifica* [diferença específica] desses modos de produção e, por conseguinte, não podemos julgá-los. Em nenhuma ciência além da economia política impera tal pedantaria acompanhada de lugares-comuns tão elementares. Por exemplo, J. B. Say julga-se no direito de dar um veredito sobre as crises porque ele sabe que a mercadoria é um produto.

das mercadorias gera a aparência contrária. A primeira metamorfose da mercadoria é visível não somente como movimento do dinheiro, mas como seu próprio movimento; sua segunda metamorfose, no entanto, só é visível como movimento do dinheiro. Na primeira metade de sua circulação, a mercadoria troca de lugar com o dinheiro. Com isso, sua forma de uso sai da circulação e entra no consumo[74], e sua figura de valor ou larva monetária [*Geldlarve*] ocupa o seu lugar. A segunda metade de sua circulação ela percorre não mais em sua própria pele natural, mas na pele do ouro. Desse modo, a continuidade do movimento recai inteiramente do lado do dinheiro, e o mesmo movimento que, para a mercadoria, engloba dois processos antitéticos, como movimento próprio do dinheiro engloba sempre o mesmo processo, a sua troca de lugar com uma mercadoria sempre distinta. O resultado da circulação de mercadorias, a substituição de uma mercadoria por outra, não parece ser mediado por sua própria mudança de forma, mas pela função do dinheiro como meio de circulação, que faz circular mercadorias que, por si mesmas, são imóveis, transferindo-as das mãos em que elas são não-valores de uso para as mãos em que elas são valores de uso e, nesse processo, movendo-se sempre em sentido contrário ao seu próprio curso. O dinheiro remove constantemente as mercadorias da esfera da circulação, assumindo seus lugares e, assim, distanciando-se de seu próprio ponto de partida. Por essa razão, embora o movimento do dinheiro seja apenas a expressão da circulação de mercadorias, é esta última que, ao contrário, aparece simplesmente como resultado do movimento do dinheiro[75].

Por outro lado, o dinheiro só desempenha a função de meio de circulação por ser o valor autonomizado das mercadorias. Razão pela qual seu movimento como meio de circulação é, na verdade, apenas o movimento próprio da forma delas. Por isso, tal movimento tem, também, de se refletir sensivelmente no curso do dinheiro. Por exemplo, o linho transforma, primeiramente, sua forma-mercadoria em sua forma-dinheiro. O último extremo de sua primeira metamorfose M-D, a forma-dinheiro, torna-se, então, o primeiro extremo de sua última metamorfose D-M, sua reconversão na Bíblia. Mas cada uma dessas duas mudanças de forma opera-se por meio de uma troca entre mercadoria e dinheiro, por sua troca mútua de lugar. As mesmas peças monetárias chegam às mãos do vendedor como figura externalizada [*entäusserte*] da mercadoria e deixam suas mãos como figura absolutamente alienável [*veräusserliche*] da mercadoria. Elas trocam duas vezes de lugar. A primeira metamorfose do linho traz essas peças monetárias para o bolso do

---

[74] Mesmo que a mercadoria seja vendida repetidas vezes – um fenômeno que aqui ainda não existe para nós –, com a última e definitiva venda ela deixa a esfera da circulação e entra na esfera do consumo, a fim de servir como meio de subsistência ou meio de produção.

[75] "*Il* [...] *n'a d'autre mouvement que celui qui lui est imprimé par les productions*" ["Ele" (o dinheiro) não tem outro movimento senão aquele que lhe é conferido pelos produtos"], Le Trosne, *De l'intérêt social*, cit., p. 885.

tecelão, a segunda retira-as de seu bolso. As duas mudanças antitéticas de forma da mesma mercadoria se refletem, assim, na dupla troca de lugar do dinheiro que ocorre em sentidos contrários.

Se, ao contrário, há apenas metamorfoses unilaterais das mercadorias, seja a simples venda ou a simples compra, o mesmo dinheiro também só troca de lugar uma única vez. Sua segunda troca de lugar expressa sempre a segunda metamorfose da mercadoria, sua reconversão em dinheiro. A frequente repetição da troca de lugar das mesmas peças monetárias reflete não apenas a série de metamorfoses de uma única mercadoria, mas também o entrelaçamento das inúmeras metamorfoses que ocorrem no mundo das mercadorias em geral. De resto, é absolutamente evidente que tudo isso vale apenas para a forma da circulação simples de mercadorias que aqui examinamos.

Toda mercadoria, em seu primeiro passo na circulação, ao sofrer sua primeira mudança de forma, sai de circulação e dá lugar a uma nova mercadoria. Ao contrário, o dinheiro, como meio de circulação, habita continuamente a esfera da circulação e transita sempre no seu interior. Surge, então, a questão de quanto dinheiro essa esfera constantemente absorve.

Num país, ocorrem diariamente, ao mesmo tempo e de modo contíguo, numerosas metamorfoses unilaterais de mercadorias, ou, em outras palavras, simples vendas de um lado, simples compras de outro. Em seus preços, as mercadorias são previamente igualadas a determinadas quantidades representadas de dinheiro. E como a forma direta de circulação aqui considerada contrapõe sempre a mercadoria ao dinheiro de modo palpável, a primeira no polo da venda, o segundo no polo da compra, concluímos que a massa de meios de circulação requerida para o processo de circulação do mundo das mercadorias é determinada de antemão pela soma dos preços das mercadorias. Na verdade, o dinheiro não faz mais do que representar realmente a quantidade de ouro que já está expressa idealmente na soma dos preços das mercadorias. Por isso, é evidente a igualdade dessas duas somas. Sabemos, no entanto, que, mantendo-se constantes os valores das mercadorias, seus preços variam de acordo com o valor do ouro (do material do dinheiro), aumentando na proporção em que ele diminui e diminuindo na proporção em que ele aumenta. Assim, conforme a soma dos preços das mercadorias aumente ou diminua, também a quantidade de dinheiro em circulação tem de aumentar ou diminuir na mesma medida. De fato, a variação na quantidade do meio de circulação surge aqui do próprio dinheiro, mas não de sua função como meio de circulação, e sim de sua função como medida de valor. Primeiramente, o preço das mercadorias varia em proporção inversa ao valor do dinheiro; em segundo lugar, a quantidade de meio de circulação varia em proporção direta ao preço das mercadorias. O mesmo fenômeno ocorreria se, por exemplo, em vez da queda do valor do ouro, tivéssemos a sua substituição pela prata como medida de valor, ou se, em vez de a prata aumentar seu valor, o ouro lhe tomasse sua função de medida de valor. No primeiro caso, seria preciso haver mais prata em circulação do que havia ouro anteriormente; no segundo, mais ouro do que prata. Em ambos os casos, ter-se-ia alterado o valor do material do dinheiro, isto é, o valor da mercadoria que funciona como medida dos valores e, por conseguinte, o valor da expressão de preço dos valores das mercadorias, assim como a quantidade de dinheiro que circula e serve à realização desses preços. Vimos que a esfera da circulação das mercadorias tem uma abertura através da qual o ouro (ou a prata, em suma, o material do dinheiro) nela adentra como mercadoria de um dado valor. Esse valor é pressuposto na função do dinheiro como medida de valor e, portanto, com a determinação do preço. Se, por exemplo, diminui o valor da própria medida de valor, isso se manifesta primeiramente na variação de preço daquelas mercadorias que, na fonte de produção dos metais preciosos, são trocadas imediatamente por eles como mercadorias. Especialmente em condições menos desenvolvidas da sociedade burguesa ocorre que uma grande parte de todas as outras mercadorias continua por mais tempo a ser estimada de acordo com o valor da antiga medida de valor, tornado obsoleto e ilusório. Ocorre que uma mercadoria contagia a outra por meio da relação de valor entre elas, de modo que seus preços, expressos em ouro ou em prata, são gradualmente equalizados nas proporções determinadas por seus próprios valores, até que, por fim, os valores de todas as mercadorias são estimados de acordo com o novo valor do metal monetário. Esse processo de equalização é acompanhado pelo aumento contínuo dos metais preciosos, que afluem em substituição às mercadorias que por eles são diretamente trocadas. Assim, na mesma medida em que se universaliza o processo de conferir às mercadorias seus preços corretos, ou em que seus valores são estimados de acordo com o valor até certo ponto decrescente do metal, já está dada de antemão a quantidade de metal necessária para a realização desses novos preços. No século XVII, e principalmente no século XVIII, uma observação unilateral dos fatos que se seguiram à descoberta das novas fontes de ouro e prata levou à conclusão equivocada de que os preços das mercadorias haviam aumentado pelo fato de que uma quantidade maior de ouro e prata havia passado a funcionar como meio de circulação. Daqui em diante, pressuporemos o valor do ouro tal como ele está efetivamente dado no momento da determinação do preço de uma mercadoria.

Sob esse pressuposto, pois, a quantidade do meio de circulação é determinada pela soma dos preços das mercadorias a serem realizados. Além disso, se pressupomos como dado o preço de todo tipo de mercadoria, a soma dos preços das mercadorias depende nitidamente da quantidade de mercadorias que se encontra em circulação. Não é preciso quebrar muito a cabeça para compreender que se 1 *quarter* de trigo custa £2, então 100 *quarters* custam £200, 200 *quarters* £400 etc., de modo que, com a quantidade do trigo, cresce também a quantidade de dinheiro que troca de lugar com ele em sua venda.

Uma vez pressuposta como dada a quantidade de mercadorias, a quantidade do dinheiro em circulação varia de acordo com as flutuações nos preços das mercadorias. Ela aumenta ou diminui na proporção em que a soma dos preços das mercadorias sobem ou caem em consequência da variação desses preços. Mas não é de modo nenhum necessário que os preços de todas as mercadorias subam ou caiam ao mesmo tempo. O aumento dos preços de um dado número de artigos mais importantes, num caso, ou sua diminuição, num outro, é o bastante para elevar ou diminuir a soma dos preços de todas as mercadorias e, portanto, para pôr mais ou menos dinheiro em circulação. Se a variação nos preços das mercadorias reflete uma variação efetiva de valor ou meras flutuações nos preços de mercado, o efeito sobre a quantidade do meio de circulação permanece o mesmo.

Suponhamos um número de vendas ou de metamorfoses parciais que ocorram de modo conjunto, simultâneo e, desse modo, espacialmente contíguo, como as vendas de 1 *quarter* de trigo, 20 braças de linho, 1 Bíblia e 4 galões* de aguardente. Se o preço de cada artigo é £2, e, portanto, a soma dos preços a serem realizados é £8, então é preciso que uma quantidade de dinheiro de £8 entre em circulação. Se, ao contrário, as mesmas mercadorias constituem elos da série de metamorfoses que já nos é conhecida – 1 *quarter* de trigo = £2, 20 braças de linho = £2, 1 Bíblia = £2, 4 galões de aguardente = £2 –, então £2 faz com que as diferentes mercadorias circulem uma atrás da outra, realizando seus preços sucessivamente e, com isso, também a soma de seus preços, £8, até que, por fim, encontrem seu repouso nas mãos do destilador. As £2 percorrem, assim, 4 cursos. Essa mudança repetida de posição das mesmas peças monetárias representa a dupla mudança de forma da mercadoria, seu movimento através de dois estágios antitéticos da circulação e o entrelaçamento das metamorfoses de diferentes mercadorias[76]. As fases antitéticas e reciprocamente complementares que esse processo percorre não podem se justapor no espaço, mas apenas se suceder no tempo. Os intervalos de tempo formam, assim, a medida de sua duração, ou seja, o número de cursos que as mesmas peças monetárias percorrem num dado tempo mede a velocidade da circulação do dinheiro. Suponha que o processo de circulação daquelas quatro mercadorias dure um dia. Assim, a soma dos preços a serem realizados no dia é £8, o número dos cursos das mesmas peças monetárias durante o dia é 4 e a quantidade do dinheiro em circulação é £2, ou, para um dado intervalo de tempo do processo de circulação, $^{(\text{soma dos preços das mercadorias})}/_{(\text{números de cursos das mesmas peças monetárias})}$ = quantidade do dinheiro que funciona como meio de circu-

---

* O "galão imperial" inglês, medida de capacidade equivalente a 4,54609 litros. (N. T.)
[76] "*Ce sont les productions qui le [...] mettent en mouvement et le font circuler [...]. La célérité de son mouvement [...] supplée à sa quantité. Lorsqu'il en est besoin, il ne fait que glisser d'une main dans l'autre sans s'arrêter un instant*" ["São os produtos que o põem" (o dinheiro) "em movimento e o fazem circular [...]. Sua quantidade é completada mediante a velocidade de seu" (isto é, do dinheiro) "movimento. Se necessário, ele passa de uma a outra mão sem se deter por nenhum instante"], Le Trosne, *De l'intérêt social*, cit., p. 915-6.

lação. O processo de circulação de um país num dado intervalo de tempo compreende, sem dúvida, muitas vendas (ou compras) ou metamorfoses parciais dispersas, simultâneas e espacialmente contíguas, nas quais as mesmas peças monetárias trocam de lugar apenas uma vez ou completam apenas um curso, mas também compreende, por outro lado, muitas séries de metamorfoses mais ou menos encadeadas, em parte adjacentes, em parte entrelaçadas, nas quais as mesmas peças monetárias perfazem um número maior ou menor de cursos. Porém, o número total dos cursos de todas as peças monetárias que se encontram em circulação expressa o número médio dos cursos da peça monetária individual ou a velocidade média do curso do dinheiro. A quantidade de dinheiro lançada, por exemplo, no começo do processo diário de circulação é naturalmente determinada pela soma dos preços das mercadorias que circulam de modo simultâneo e contíguo. Mas no interior do processo uma peça monetária se torna, por assim dizer, responsável pela outra. Se uma acelera sua velocidade de circulação, ela retarda a velocidade da outra ou sai inteiramente da esfera da circulação, pois esta pode absorver apenas uma dada quantidade de ouro, que, multiplicada pelo número de cursos de cada um de seus elementos singulares, é igual à soma dos preços a serem realizados. Assim, aumentando o número de cursos das peças monetárias, diminui sua quantidade em circulação. Diminuindo o número de seus cursos, sua quantidade aumenta. Porque a quantidade de dinheiro que pode funcionar como meio de circulação é determinada por certa velocidade média de curso da moeda, basta pôr em circulação uma determinada quantidade de notas de £1 para tirar de circulação a mesma quantia de *sovereigns**, um truque bem conhecido de todos os bancos.

Assim como no curso do dinheiro em geral aparece apenas o processo de circulação das mercadorias, isto é, sua passagem por uma série de metamorfoses contrárias, também na velocidade do curso do dinheiro aparece apenas a velocidade de sua mudança de forma, o entrelaçamento contínuo das séries de metamorfoses, a pressa do metabolismo, a rápida desaparição das mercadorias da esfera da circulação e sua igualmente rápida substituição por novas mercadorias. Na aceleração do curso do dinheiro se manifesta, portanto, a unidade fluida das fases contrárias e mutuamente complementares, a conversão da figura de uso em figura de valor e a reconversão da figura de valor em figura de uso, ou os dois processos da venda e da compra. Inversamente, na desaceleração do curso do dinheiro manifesta-se a dissociação e a autonomização antitética desses processos, a estagnação da mudança de forma e, com isso, do metabolismo. De onde provém essa estagnação é

---

* *Sovereign*: antiga moeda de investimento (*bullion coin*) britânica, de ouro e com valor nominal de £1. Na era vitoriana, o Banco da Inglaterra tinha a prática frequente de retirar de circulação os *sovereigns* usados a fim de recunhá-los. (N. T.)

Karl Marx – O capital

algo que, naturalmente, a própria circulação não nos informa. Ela se limita a mostrar o fenômeno, razão pela qual o senso comum, que com a desaceleração do curso do dinheiro vê o dinheiro aparecer e desaparecer com menos frequência em todos os pontos periféricos da circulação, atribui o fenômeno à quantidade insuficiente do meio de circulação[77].

---

[77] "*Money being* [...] *the common measure of buying and selling, everybody who has anything to sell, and cannot procure chapmen for it, is presently apt to think, that want of money in the kingdom, or country, is the cause why his goods do not go off; and so, want of money is the common cry; which is a great mistake* [...]. *What do these people want, who cry out for money?* [...] *The Farmer complains* [...] *he thinks that were more money in the country, he should have a price for his goods* [...]. *Then it seems money is not his want, but a price for his corn and cattle, which he would sell, but cannot* [...] *why cannot he get a price?* [...] *1) Either there is too much corn and cattle in the country, so that most who come to market have need of selling, as he has, and few of buying or 2) there wants the usual vent abroad by Transportation* [...] *or, 3) The consumption fails, as when men, by reason of poverty, do not spend so much in their houses as formerly they did, wherefore it is not the increase of specific money, which would at all advance the farmer's goods, but the removal of any of these three causes, which do truly keep down the market* [...]. *The merchant and shopkeeper want money in the same manner, that is, they want a vent for the goods they deal in, by reason that the markets fail* [...] *a nation never thrives better, than when riches are tost from hand to hand*" ["Sendo o dinheiro [...] o meio comum de compra e venda, qualquer um que tenha algo para vender mas não encontre comprador para seu produto é levado a pensar que a demanda por dinheiro no reino ou no país é o que faz com que seus bens não encontrem saída; e é assim que a demanda por dinheiro se torna a reclamação comum, o que é um grande equívoco [...]. O que querem essas pessoas que clamam por dinheiro? [...] O fazendeiro reclama [...] pensando que, se houvesse mais dinheiro no país, ele obteria um melhor preço para seus produtos. Assim, parece que não é dinheiro o que ele quer, mas um bom preço para o seu grão e o seu gado, que ele então venderia, mas presentemente não o pode [...]. Por que ele não obtém um bom preço? [...] 1) Ou há muito cereal e gado no país, de modo que a maioria das pessoas que vem ao mercado necessita vender, tal como ele, e poucas necessitam comprar; ou 2) a venda usual para o mercado externo está interrompida [...]; ou 3) o consumo se torna mais escasso, devido, por exemplo, ao fato de as pessoas, em razão de sua pobreza, não poderem gastar tanto em suas casas quanto o faziam anteriormente. Por essa razão, não é o aumento da quantidade de dinheiro que poderá incrementar as vendas dos produtos dos agricultores, mas a remoção de cada uma dessas três causas, as verdadeiras responsáveis pela estagnação do mercado. O mercador e o comerciante necessitam de dinheiro do mesmo modo, isto é, deixam de vender seus produtos em razão da paralisia do mercado [...]. Uma nação jamais se encontra em melhor posição do que quando a riqueza passa rapidamente de mão em mão"], sir Dudley North, *Discourse upon Trade* (Londres, 1691), p. 11-5. As imposturas de Herrenschwand se resumem todas à ideia de que as contradições que surgem da natureza da mercadoria e se manifestam na circulação das mercadorias podem ser eliminadas por meio do aumento do meio de circulação. Porém, da ilusão popular, que atribui as estagnações do processo de produção e circulação a uma insuficiência de meios de circulação, não se segue, ao contrário, que a insuficiência real de meios de circulação – por exemplo, em consequência de interferências imprudentes na "*regulation of currency*" [regulação monetária] – não seja capaz, por sua vez, de provocar essas estagnações.

O dinheiro ou a circulação de mercadorias

A quantidade total do dinheiro que funciona como meio de circulação em cada período é, portanto, determinada, por um lado, pela soma dos preços do mundo de mercadorias em circulação e, por outro, pelo fluxo mais lento ou mais rápido de seus processos antitéticos de circulação. Da velocidade desse fluxo depende a proporção em que aquela soma de preços pode ser realizada em troca de cada peça monetária singular. Mas a soma dos preços das mercadorias depende tanto da quantidade quanto dos preços de cada tipo de mercadoria. Além disso, os três fatores: o movimento dos preços, a quantidade de mercadorias em circulação e, por fim, a velocidade do curso do dinheiro podem variar em diferentes sentidos e diferentes proporções, de modo que a soma dos preços a realizar e a quantidade dos meios de circulação por ela condicionada podem se apresentar em inúmeras combinações. Enumeramos, a seguir, apenas as combinações mais importantes na história dos preços das mercadorias.

Quando os preços das mercadorias permanecem constantes, a quantidade do meio de circulação pode aumentar em consequência do aumento da quantidade de mercadorias em circulação, da diminuição da velocidade do curso do dinheiro ou da combinação de ambos. A quantidade do meio de circulação pode, ao contrário, diminuir em razão da quantidade decrescente de mercadorias ou da velocidade crescente da circulação.

Com um aumento geral nos preços das mercadorias, a quantidade do meio de circulação pode permanecer constante, desde que a quantidade das mercadorias em circulação diminua na mesma proporção em que aumentam seus preços, ou que a velocidade do curso do dinheiro aumente tanto quanto aumentam seus preços, mantendo-se constante a quantidade das mercadorias em circulação. A quantidade do meio de circulação pode diminuir, seja porque a quantidade de mercadorias torna-se menor, seja porque a velocidade do curso torna-se maior do que os preços.

Ocorrendo uma baixa geral dos preços das mercadorias, a quantidade de meios de circulação pode permanecer igual se a massa de mercadorias crescer na mesma proporção em que o seu preço baixa ou se a velocidade do curso do dinheiro diminuir na mesma proporção que os preços. Ela pode crescer no caso de a quantidade de mercadorias crescer mais rapidamente ou se a velocidade de circulação diminuir mais rapidamente do que a queda dos preços das mercadorias.

As variações dos diferentes fatores podem se compensar mutuamente, de modo que, não obstante sua contínua instabilidade, a quantidade total dos preços das mercadorias a serem realizados permaneça constante e, com ela, também o volume de dinheiro em circulação. É por isso que, especialmente na observação de períodos mais longos, encontramos um nível médio mais constante do volume de dinheiro em circulação em cada país e muito menos desvios desse nível médio do que poderíamos esperar à primeira vista – com exceção de fortes perturbações que surgem periodicamente das crises da produção e do comércio ou, mais raramente, de uma flutuação no valor do dinheiro.

A lei segundo a qual a quantidade do meio de circulação é determinada pela soma dos preços das mercadorias em circulação e pela velocidade média do curso do dinheiro[78] também pode ser expressa dizendo-se que, considerando-se uma dada soma de valor das mercadorias e uma dada velocidade média de suas metamorfoses, o volume de dinheiro ou do material

---

[78] *"There is a certain measure, and proportion of money requisite to drive the trade of a nation, more or less than which would prejudice the same. Just as there is a certain proportion of farthings necessary in a small retail trade, to change silver money, and to even such reckonings as cannot be adjusted with the smallest silver pieces* [...]. *Now as the proportion of the number of farthings requisite in commerce is to be taken from the number of people, the frequency of their exchanges, as also, and principally, from the value of the smallest silver pieces of money; so in like manner, the proportion of money [gold and silver specie] requisite in our trade, is to be likewise taken from the frequency of commutations, and from the bigness of payments"* ["Existe uma determinada medida e proporção de dinheiro que se faz necessária para manter o comércio de uma nação; uma quantidade maior ou menor do que essa medida levaria esse comércio ao colapso. Do mesmo modo como, num pequeno comércio varejista, certa proporção de *farthings* [antiga moeda inglesa de cobre com o valor de $1/4$ de *penny*] se faz necessária para trocar moedas de prata e efetuar aqueles pagamentos que não podem ser feitos nem mesmo com as menores moedas de prata [...]. Ora, assim como a proporção da demanda de *farthings* no comércio depende do número de pessoas, da frequência de suas trocas, bem como, e principalmente, do valor das menores peças monetárias de prata, assim também a proporção da demanda de dinheiro (de ouro e prata) necessária para nosso comércio é determinada pela frequência das comutações e pela grandeza dos pagamentos"], William Petty, *A Treatise of Taxes and Contributions* (Londres, 1667), p. 17-8. A teoria de Hume foi defendida contra J. Steuart e outros autores por A. Young em seu *Political Arithmetic* (Londres, 1774), em que ela ocupa um capítulo próprio: "Prices Depend on Quantitiy of Money" ["Os preços dependem da quantidade de dinheiro"], p. 112s. Em *Zur Kritik der politischen Ökonomie* [*Contribuição à crítica da economia política*], observo na p. 149: "A questão acerca da quantidade de moedas em circulação é tacitamente afastada por ele (A. Smith) quando, de maneira totalmente equivocada, trata o dinheiro como simples mercadoria". Mas isso só ocorre quando A. Smith trata do dinheiro *ex officio* [por dever do cargo]. Em outras passagens, no entanto – por exemplo, em sua crítica dos sistemas anteriores da economia política –, ele expressa a noção correta: *"The quantity of coin in every country is regulated by the value of the commodities which are to be circulated by it. The value of goods annually bought and sold in any country requires a certain quantity of money to circulate and distribute them to their proper consumers, and can give employment to no more. The channel of circulation necessarily draws to itself a sum sufficient to fill it, and never admits any more"* ["A quantidade de moeda metálica é regulada, em cada país, pelo valor das mercadorias cuja circulação ela tem de mediar [...]. O valor dos bens anualmente comprados e vendidos requer uma certa quantidade de dinheiro para que esses bens possam circular e chegar a seus consumidores, porém não é capaz de criar uma aplicação para uma quantidade de dinheiro que ultrapasse essa medida. O canal da circulação absorve necessariamente uma quantia que basta para preenchê-lo, mas jamais uma quantia maior do que a necessária"], *Wealth of Nations*, [v. III,] livro IV, c. I [p. 87, 89]. Do mesmo modo, A. Smith abre sua obra *ex officio* com uma apoteose da divisão do trabalho. Porém, no último livro, ao tratar das fontes das receitas estatais, ele reproduz a denúncia da divisão do trabalho de seu mestre, A. Ferguson.

O dinheiro ou a circulação de mercadorias

do dinheiro em movimento depende de seu próprio valor. Ao contrário, a ilusão de que os preços das mercadorias são determinados pela quantidade do meio de circulação, e de que esta última é, por sua vez, determinada pela quantidade de material de dinheiro que se encontra num país[79] tem suas raízes, em seus primeiros representantes, na hipótese absurda de que, ao entrarem em circulação, as mercadorias não possuem preços e o dinheiro não possui valor, de modo que uma parte alíquota da massa de mercadorias* é trocada por uma parte alíquota da montanha de metais[80].

---

[79] *"The prices of things will certainly rise in every nation, as the gold and silver increase amongst the people and consequently, where the gold and silver decrease in any nation, the prices of all things must fall proportionably, to such decrease of money"* ["Os preços das coisas certamente aumentam em cada país na mesma medida em que aumenta a quantidade de ouro e prata em circulação; do mesmo modo, segue-se necessariamente que, ao diminuir o ouro e a prata num país, os preços de todas as mercadorias tendem a sofrer uma queda correspondente a essa diminuição do dinheiro"], Jacob Vanderlint, *Money Answers All Things* (Londres, 1734), p. 5. Uma comparação mais minuciosa da obra de Vanderlint com os *Essays* de Hume não deixa a menor dúvida de que Hume não só conhecia, como utilizou a obra mais importante de Vanderlint. A visão de que é a quantidade do meio de circulação que determina os preços já se encontra em Barbon e em outros escritores muito mais antigos. *"No inconvenience can arise by an unrestrained trade, but very great advantage; since, if the cash of the nation be decreased by it, which prohibitions are designed to prevent, those nations that get the cash will certainly find everything advance in price, as the cash increases amongst them. And [...] our manufactures and everything else, will soon become so moderate as to turn the balance of trade in our favour, and thereby fetch the money back again"* ["Nenhuma inconveniência" – diz Vanderlint – "pode advir de um comércio irrestrito, mas sim uma enorme vantagem, pois se a quantidade de dinheiro da nação diminui em consequência dele – o que se deve evitar por meio de proibições –, as nações para as quais esse dinheiro flui veem os preços de todas as coisas subirem na mesma medida do aumento da quantidade de dinheiro em circulação. E [...] nossos produtos manufaturados e todas as outras mercadorias se tornam prontamente tão baratas que a balança comercial pesa a nosso favor e, em consequência disso, o dinheiro volta a fluir para nós"], ibidem, p. 43-4.

* No original, *Warenbrei* (literalmente, "mingau de mercadorias"). (N. T.)

[80] Que cada tipo de mercadoria individual constitui, mediante seu preço, um elemento da soma dos preços de todas as mercadorias em circulação, é algo óbvio. Mas como é possível que valores de uso incomensuráveis uns com os outros possam ser trocados em massa pela quantidade de ouro ou prata que se encontra num país, é algo totalmente inconcebível. Se reduzirmos o mundo das mercadorias a uma única mercadoria total, da qual cada mercadoria forma apenas uma parte alíquota, teremos a bela fórmula: mercadoria total = x quintais de ouro. A mercadoria A = parte alíquota da mercadoria total = mesma parte alíquota de x quintais de ouro. Isso é expresso de modo magistral por Montesquieu: *"Si l'on compare la masse de l'or et de l'argent qui est dans le monde, avec la somme des marchandises qui y sont, il est certain que chaque denrée ou marchandise, en particulier, pourra être comparée à une certaine portion [...] de l'autre. Supposons qu'il n'y ait qu'une seule denrée ou marchandise dans le monde, ou qu'il n'y ait qu'une seule qui s'achète, et qu'elle se divise comme l'argent; cette partie de cette marchandise répondra à une partie de la masse de l'argent; la moitié du total de l'une à la moitié du total de l'autre etc. [...] l'établissement du prix des choses dépend toujours fondamen-*

c) A moeda. O signo do valor

Da função do dinheiro como meio de circulação deriva sua figura como moeda. A fração de peso do ouro representada no preço ou na denominação monetária das mercadorias tem de se defrontar com estas na circulação como peças ou moedas de ouro de mesmo nome. Assim como a determinação do padrão dos preços, também a cunhagem de moedas é tarefa que cabe ao Estado. Nos diferentes uniformes nacionais que o ouro e a prata vestem, mas dos quais voltam a se despojar no mercado mundial, manifesta-se a separação entre as esferas internas ou nacionais da circulação das mercadorias e a esfera universal do mercado mundial.

As moedas de ouro e o ouro em barras diferenciam-se, assim, apenas por sua fisionomia, e o ouro pode ser constantemente transformado de uma forma em outra[81]. O caminho pelo qual a moeda deixa a cunhagem é o mesmo que a leva

---

talement de la raison du total des choses au total des signes" ["Se compararmos a quantidade total de ouro e de dinheiro que se encontra no mundo com a soma das mercadorias que nele se encontram, é certo que cada produto ou mercadoria poderá, em particular, ser comparado a uma certa porção do outro. Suponhamos que haja apenas um único produto ou mercadoria no mundo, ou que haja apenas uma única que seja comprada, e que ela se divida tal como o dinheiro: essa parte dessa mercadoria corresponderá a uma parte da quantidade do dinheiro; a metade do total de uma corresponderá à metade do total da outra etc. [...] a determinação do preço das coisas depende sempre fundamentalmente da razão entre a quantidade total das coisas e a quantidade total dos símbolos monetários"], Montesquieu, *Esprit des lois*, cit., t. III, p. 12-3. Sobre o desenvolvimento dessa teoria por Ricardo, seu discípulo James Mill, lorde Overstone e outros, cf. *Zur Kritik der politischen Ökonomie* [*Contribuição à crítica da economia política*], cit., p. 140-6, 150s. O sr. J. S. Mill, com a lógica eclética que lhe é peculiar, mostra estar de acordo com a visão de seu pai, J. Mill, e, ao mesmo tempo, com a visão contrária. Quando se compara o texto de seu compêndio *Principles of Political Economy* com o prefácio (da primeira edição), no qual ele apresenta a si mesmo como o Adam Smith do presente, não se sabe o que é mais impressionante, se a ingenuidade do autor ou a do público, que o compra inocentemente como um Adam Smith, para quem ele está como o general Williams, baronete de Kars está para o duque de Wellington. As investigações originais do sr. J. S. Mill no terreno da economia política, desprovidas tanto de abrangência quanto de riqueza de conteúdo, podem ser encontradas devidamente encadeadas em seu opúsculo publicado em 1844: *Some Unsettled Questions of Political Economy*. Locke exprime diretamente o nexo entre a falta de valor do ouro e da prata e a determinação de seu valor por meio da quantidade. "*Mankind having consented to put an imaginary value upon gold and silver* [...] *the intrinsic value, regarded in these metals,* [...] *is nothing but the quantity*" ["Como os homens concordaram em conferir ao ouro e à prata um valor imaginário [...], o valor intrínseco que se vê nesses metais não é senão sua quantidade"], "Some Considerations...", cit., p. 15.

[81] Obviamente, tratar de detalhes tais como a senhoriagem etc. é algo que escapa ao meu objetivo. No entanto, diante do romântico sicofanta Adam Müller, que se impressiona com "a enorme liberalidade" com que o "governo inglês amoeda gratuitamente", vale citar o seguinte juízo de *sir* Dudley North: "*Silver and gold, like other commodities, have their ebbings and flowings. Upon the arrival of quantities from Spain* [...] *is carried into the*

ao forno de fundição. Pois, na circulação, as moedas de ouro se desgastam, umas mais, outras menos. Título de ouro e substância de ouro, conteúdo nominal e conteúdo real iniciam seu processo de separação. Moedas de ouro de mesma denominação passam a ter valores diferentes, pois diferem em seu peso. O ouro, como meio de circulação, diverge do ouro como padrão dos preços e, com isso, deixa também de ser o equivalente efetivo das mercadorias, cujos preços ele realiza. A história dessas confusões forma a história monetária da Idade Média e da época moderna até o século XVIII. A tendência natural-espontânea do processo de circulação de transformar o ser-ouro [*Goldsein*] da moeda em aparência de ouro ou de converter a moeda num símbolo de seu conteúdo metálico oficial é reconhecida pelas leis mais modernas que fixam o grau de perda do metal suficiente para invalidar ou desmonetizar uma moeda de ouro.

Se o próprio curso do dinheiro separa o conteúdo real da moeda de seu conteúdo nominal, sua existência metálica de sua existência funcional, ele traz consigo, de modo latente, a possibilidade de substituir o dinheiro metálico por moedas de outro material ou por símbolos. As dificuldades de cunhagem de moedas muito pequenas de ouro ou de prata e a circunstância de que metais inferiores foram originalmente usados como medida de valor no lugar dos metais de maior valor – prata em vez de ouro, cobre em vez de prata – e, desse modo, circularam até serem destronados pelos metais mais preciosos, esclarecem historicamente o papel das moedas de prata e cobre como substitutas das moedas de ouro. Tais metais substituem o ouro naquelas esferas da circulação das mercadorias em que a moeda circula com mais rapidez e, por isso, inutiliza-se de modo mais rápido, isto é, onde as compras e as vendas se dão continuamente numa escala muito pequena. Para impedir que esses metais satélites tomem definitivamente o lugar do ouro, determinam-se por lei as proporções muito ínfimas em que eles podem ser usados no lugar desse metal. Naturalmente, as esferas particulares em que circulam os diferentes tipos

---

Tower, and coined. Not long after there will come a demand for bullion, to be exported again. If there is none, but all happens to be in coin, what then? Melt it down again; there's no loss in it, for the coining costs the owner nothing. Thus the nation has been abused, and made to pay for the twisting of straw, for asses to eat. If the merchant [...] had to pay the price of the coinage, he would not have sent his silver to the Tower without consideration; and coined money always keep a value above uncoined silver" ["A prata e o ouro têm, como outras mercadorias, suas marés altas e baixas. Quando um carregamento chega da Espanha, [...] ele é levado à *Tower* e cunhado. Não muito tempo depois, surgirá uma demanda por barras desses metais para exportação. Se não se dispõe de nenhuma, uma vez que todo ouro e prata foi amoedado, o que ocorre? Volta-se a fundi-lo; nesse processo, não há nenhuma perda, pois a cunhagem não custa nada ao proprietário. Mas é a nação que sai prejudicada, pois é ela que paga o entrançamento da palha que, no fim, acaba servindo para alimentar os burros. Se o mercador" (o próprio North era um dos maiores mercadores na época de Carlos II) "tivesse de pagar um preço pelo amoedamento, ele pensaria duas vezes antes de mandar sua prata à *Tower*, e o dinheiro cunhado teria, então, um valor maior do que a prata não cunhada"], *sir* Dudley North, *Discourse upon Trade*, cit., p. 18.

de moedas penetram-se reciprocamente. A moeda divisionária é introduzida, paralelamente ao ouro, para o pagamento de frações da moeda de ouro de menor valor; o ouro entra constantemente na circulação varejista, porém é igualmente dela retirado mediante sua troca por moedas divisionárias[82].

O peso metálico das fichas [*Marken*] de prata ou de cobre é determinado arbitrariamente pela lei. Em seu curso, elas se desgastam ainda mais rapidamente do que as moedas de ouro. De modo que sua função como moeda se torna, na prática, totalmente independente de seu peso, isto é, de todo valor. Assim, a existência do ouro como moeda se separa radicalmente de sua substância de valor. Coisas relativamente sem valor, como notas de papel, podem, portanto, funcionar como moeda em seu lugar. Nas fichas metálicas, o caráter puramente simbólico ainda se encontra de certo modo escondido. No papel-moeda, ele se mostra com toda evidência. Como se vê, *ce n'est que le premier pas que coûte* [difícil é apenas o primeiro passo].

Trata-se, aqui, apenas de papel-moeda emitido pelo Estado e de circulação compulsória. Ele surge imediatamente da circulação metálica. O dinheiro creditício [*Kreditgeld*] implica, por outro lado, condições que nos são totalmente desconhecidas do ponto de vista da circulação simples de mercadorias. Cabe apenas observar, de passagem, que, assim como o papel-moeda surge da função do dinheiro como meio de circulação, também o dinheiro creditício possui suas raízes naturais-espontâneas na função do dinheiro como meio de pagamento[83].

---

[82] "*If silver never exceed what is wanted for the smaller payments, it cannot be collected in sufficient quantities for the larger payments* [...] *the use of gold in the main payments necessarily implies also its use in the retail trade: those who have gold coin, offering them for small purchases, and receiving with the commodity purchased a balance of silver in return; by which means the surplus of silver that would otherwise encumber the retail dealer, is drawn off and dispersed into general circulation. But if there is as much silver as will transact the small payments independent of gold, the retail dealer must then receive silver for small purchases; and it must of necessity accumulate in his hands*" ["Se a prata jamais excede o que é requerido para os pagamentos menores, ela não pode ser coletada em quantidades suficientes para os pagamentos maiores. [...] o uso do ouro nos pagamentos principais também implica necessariamente seu uso no comércio varejista: quem possui moedas de ouro utiliza-as também nas compras pequenas e recebe em prata o troco pela mercadoria comprada; desse modo, o excedente de prata que de outro modo sobrecarregaria o comerciante varejista deixa suas mãos e é dispersado na circulação geral. Mas se há prata suficiente para que os pequenos pagamentos possam ser feitos independentemente do ouro, então o comerciante varejista manterá consigo uma reserva de prata para poder efetuar pequenas compras, e esse metal se acumulará necessariamente em suas mãos"], David Buchanan, *Inquiry into the Taxation and Commercial Policy of Great Britain* (Edimburgo, 1844), p. 248-9.

[83] Um belo dia, o mandarim financeiro Wan-mao-in resolveu apresentar ao Filho do Sol um projeto que visava secretamente converter os *assignats* imperiais chineses em cédulas conversíveis. Então, o Comitê dos *Assignats*, em seu relatório de abril de 1854, aplicou-lhe um corretivo. Se ele também recebeu o tradicional açoite de bambus, não

um. Assim, a potência social torna-se potência privada da pessoa privada. A sociedade antiga o denuncia, por isso, como a moeda da discórdia de sua ordem econômica e moral[92]. A sociedade moderna, que já na sua infância arrancou Pluto das entranhas da terra pelos cabelos[93], saúda no Graal de ouro a encarnação resplandecente de seu princípio vital mais próprio.

A mercadoria, como valor de uso, satisfaz a uma necessidade particular e constitui um elemento particular da riqueza material. Todavia, o valor da mercadoria mede o grau de sua força de atração sobre todos os elementos da riqueza material e, portanto, a riqueza social de seu possuidor. Para um possuidor de mercadorias barbaramente simples, e mesmo para um camponês da Europa Ocidental, o valor é inseparável da forma de valor e, por isso, o aumento do tesouro de ouro e prata é, para ele, aumento de valor. No entanto, o valor do dinheiro aumenta, seja em consequência de sua própria variação de valor, seja em consequência da variação do valor das mercadorias. Mas isso não impede, por um lado, que 200 onças de ouro continuem a conter mais valor que 100, 300 mais que 200 etc., ou que, por outro lado, a forma metálica natural dessa coisa continue a ser a forma de equivalente geral de todas as mercadorias, a encarnação diretamente social de todo trabalho humano. O impulso para o entesouramento é desmedido por natureza. Seja qualitativamente, seja segundo sua forma, o dinheiro é desprovido de limites, quer dizer, ele é o representante universal da riqueza material, pois pode ser imediatamente convertido em qualquer mercadoria. Ao mesmo tempo, porém, toda quantia efetiva de dinheiro é quantitativamente limitada, sendo, por isso, apenas um meio de compra de eficácia limitada. Tal contradição entre a limitação quantitativa e a ilimitação qualitativa do dinheiro empurra constantemente o entesourador de volta ao trabalho de Sísifo da acumulação. Com ele ocorre o mesmo que com o conquistador do mundo, que, com cada novo país, conquista apenas mais uma fronteira a ser transposta.

Para reter o ouro como dinheiro e, desse modo, como elemento do entesouramento, ele tem de ser impedido de circular ou de se dissolver, como meio

---

Timon of Athens [ed. bras.: "Timão de Atenas", em *Tragédias*, trad. Carlos Alberto Nunes, Rio de Janeiro, Agir, 2008, ato IV, cena 3].

[92] "Οὐδὲν γὰρ ἀνθρώποισιν οἷον ἄργυρος/ Κακὸν νόμισμ' ἔβλαστε τοῦτο καὶ πόλεις/ Πορθεῖ, τόδ' ἄνδρας ἐξανίστησιν δόμων./ Τόδ' ἐκδιδάσκει καὶ παραλάσσει φρένας/ Χρηστὰς πρὸς αἰσχρὰ πράγμαθ' ἵστασθαι βροτῶν./ Πανουργίας δ' ἔδειξεν ἀνθρώποις ἔχειν,/ Καὶ παντὸς ἔργου δυσσέβειαν εἰδέναι" ["Nunca entre os homens floresceu uma invenção/ pior que o ouro; até cidades ele arrasa,/ afasta os homens de seus lares, arrebata/ e impele almas honestas ao aviltamento, à impiedade em tudo"], Sófocles, *Antigone* [ed. bras.: "Antígona", em *A trilogia tebana*, trad. Mario da Gama Kury, 9. ed., Rio de Janeiro, Jorge Zahar, 2001, versos 344-50].

[93] "'Ελπιζούσης τῆς πλεονεξίας ἀνάξειν ἐκ τῶν μυχῶν τῆς γῆς αὐτὸν τὸν Πλούτωνα" [Em consequência da avareza, que deseja arrancar o próprio Pluto das entranhas da terra], Athen[aeus], *Deipnos[ophistae]* [,VI, 23].

mercadorias. Aqui ocorre a venda (do lado do possuidor de mercadorias) sem a compra (do lado do possuidor de ouro e prata)[89]. E vendas subsequentes, sem serem seguidas por compras, têm como efeito apenas a distribuição ulterior dos metais preciosos entre todos os possuidores de mercadorias. Desse modo, em todos os pontos do intercâmbio surgem tesouros de ouro e prata, dos mais variados tamanhos. Com a possibilidade de reter a mercadoria como valor de troca ou o valor de troca como mercadoria, surge a cobiça pelo ouro. Com a expansão da circulação das mercadorias, cresce o poder do dinheiro, a forma absolutamente social da riqueza, sempre pronta para o uso.

"O ouro é uma coisa maravilhosa! Quem o possui é senhor de tudo o que deseja. Com o ouro pode-se até mesmo conduzir as almas ao paraíso" (Colombo, em sua carta da Jamaica, 1503).

Como no dinheiro não se pode perceber o que foi nele transformado, tudo, seja mercadoria ou não, transforma-se em dinheiro. Tudo se torna vendável e comprável. A circulação se torna a grande retorta social, na qual tudo é lançado para dela sair como cristal de dinheiro. A essa alquimia não escapam nem mesmo os ossos dos santos e, menos ainda, as mais delicadas *res sacrosanctae, extra commercium hominum* [coisas sagradas, que não são objeto do comércio dos homens][90]. Como no dinheiro está apagada toda diferença qualitativa entre as mercadorias, também ele, por sua vez, apaga, como *leveller* radical, todas as diferenças[91]. Mas o dinheiro é, ele próprio, uma mercadoria, uma coisa externa, que pode se tornar a propriedade privada de qualquer

---

[89] A compra, em sentido categórico, pressupõe que o ouro e a prata já são a forma convertida das mercadorias, ou o produto de uma venda.

[90] Henrique III, o rei mais cristão da França, roubou dos mosteiros etc. suas relíquias a fim de transformá-las em dinheiro. É sabido o papel que o roubo dos tesouros do templo de Delfos pelos fócios desempenhou na história grega. Entre os antigos, os templos serviam como morada dos deuses das mercadorias. Eles eram "bancos sagrados". Para os fenícios, um povo comerciante por excelência, o dinheiro era a forma externalizada de todas as coisas. Por isso, era normal que as virgens, que nas festas da deusa do amor se entregavam a estranhos, ofertassem à deusa o dinheiro recebido.

[91] "*Gold! Yellow, glittering precious gold!/ [...] Thus much of this, will make black white; foul, fair;/ Wrong, right; base, noble; old, young; coward, valiant./ [...] What this, you gods! Why this/ Will lug your priests and servants from your sides;/ Pluck stout men', pillows from below their heads./ This yellow slave/ Will knit and break religions; bless the accours'd;/ Make the hoar leprosy ador'd; place thiaves/ And give them title, knee and approbation/ With senators of the bench; this is it,/ That makes the wappen'd widow wed again/ [...] Come damned earth,/ Thou common whore of mankind*" ["Ouro faiscante, ouro amarelo, o precioso metal. [...] Só com isto eu deixaria o negro, branco; o repelente, belo; o injusto, justo; o baixo, com nobreza; o novo, velho, e corajoso o pulha. Deuses, por que isto? Para que isto, deuses? Oh! Isto desviará de vossas aras sacerdotes e servos, da cabeça dos doentes tirará o travesseiro. Este escravo amarelo os sacrossantos votos anula e quebra, lança a bênção nos malditos, amável deixa a lepra, dá estado aos ladrões e lhes concede títulos e homenagens lado a lado dos senadores, faz que novamente se case a viúva idosa. [...] Vamos, poeira maldita, prostituta comum da humanidade"], William Shakespeare,

sentadas pelo papel. O dinheiro de papel só é signo de valor na medida em que representa quantidades de ouro, que, como todas as outras mercadorias, são também quantidades de valor[84].

Pergunta-se, por fim: como pode o ouro ser substituído por simples signos de si mesmo destituídos de valor? Porém, como vimos, ele só é substituível na medida em que é isolado ou autonomizado em sua função como moeda ou meio de circulação. Ora, a autonomização dessa função não ocorre com todas as moedas de ouro singulares, embora ela se manifeste nas moedas desgastadas que continuam a circular. Cada peça de ouro é simples moeda ou meio de circulação apenas na medida em que circula efetivamente. Todavia, o que não vale para as moedas de ouro singulares vale para a quantidade mínima de ouro que é substituível por papel-moeda. Ela permanece constantemente na esfera da circulação, funciona continuamente como meio de circulação e, assim, existe exclusivamente como portadora dessa função. Seu movimento expressa, portanto, a alternância contínua dos processos antitéticos da metamorfose das mercadorias M-D-M, na qual a mercadoria se confronta com sua figura de valor apenas para voltar a desaparecer imediatamente. A existência autônoma do valor de troca da mercadoria é aqui apenas um momento fugaz. Logo em seguida, ela é substituída por outra mercadoria. De modo que a mera existência simbólica do dinheiro é o suficiente nesse processo que o faz passar de uma a outra mão. Sua existência funcional absorve, por assim dizer, sua existência material. Como reflexo objetivo e transiente dos preços das mercadorias, ele funciona apenas como signo de si mesmo, podendo, por isso, ser substituído por outros signos[85]. Mas o signo do dinheiro necessita de

---

[84] Nota à segunda edição: O quão pouco clara é a concepção das diferentes funções do dinheiro mesmo entre os melhores teóricos do sistema monetário o mostra, por exemplo, a seguinte passagem de Fullarton: *"That, as far as concerns our domestic exchanges, all the monetary functions which are usually performed by gold and silver coins, may have performed as effectually by a circulation of inconvertible notes, having no value but that factitious and conventional value [...] they derive from the law, is a fact, which admits, I conceive, of no denial. Value of this description may be made to answer all the purposes of intrinsic value and supersede even the necessity for a standard, provided only the quantity of [...] issues be kept under due limitation"* ["Que, no que concerne às nossas trocas domésticas, todas as funções monetárias usualmente realizadas por moedas de ouro e prata podem ser igualmente realizadas mediante a circulação de notas inconversíveis, sem nenhum valor além do valor artificial e convencional [...] que a lei lhes confere, é um fato que, admito, não pode ser negado. Um valor desse tipo poderia atender a todos os propósitos de um valor intrínseco e até mesmo tornar supérflua a necessidade de um padrão de medida do valor, sendo apenas necessário manter a quantidade de suas emissões dentro dos limites devidos"], John Fullarton, *Regulation of Currencies* (2. ed., Londres, 1845), p. 21. Desse modo, porque a mercadoria-dinheiro pode ser substituída na circulação por simples símbolos de valor, conclui-se que ela é supérflua como medida do valor e padrão de medida dos preços!

[85] Do fato de que o ouro e a prata, como moedas ou em sua função exclusiva como meios de circulação, tornam-se símbolos de si mesmos, Nicholas Barbon deriva o direito dos

O dinheiro ou a circulação de mercadorias

Cédulas de dinheiro, nas quais se imprimem denominações monetárias como £1, £5 etc., são lançadas no processo de circulação a partir de fora, pelo Estado. Enquanto circulam realmente em lugar da quantidade de ouro de mesma denominação, elas não fazem mais do que refletir, em seu movimento, as leis do próprio curso do dinheiro. Uma lei específica da circulação das cédulas de dinheiro só pode surgir de sua relação de representação com o ouro. E tal lei é simplesmente aquela que diz que a emissão de papel-moeda deve ser limitada à quantidade de ouro (ou prata) – simbolicamente representada pelas cédulas – que teria efetivamente de circular. É verdade que a quantidade de ouro que a esfera da circulação é capaz de absorver oscila constantemente acima ou abaixo de certo nível médio. Mas o volume do meio de circulação num dado país jamais diminui abaixo de um certo mínimo facilmente fixado pela experiência. Que essa quantidade mínima mude constantemente seus componentes, isto é, que ela seja sempre substituída por outras peças de ouro, não altera em nada sua grandeza e seu movimento constante na esfera da circulação. Desse modo, ela pode ser substituída por símbolos de papel. Se hoje todos os canais da circulação fossem preenchidos com papel-moeda até o máximo de sua capacidade de absorção, amanhã eles poderiam ter esse limite excedido em virtude das oscilações da circulação das mercadorias. Perder-se-ia, então, toda medida. Mas se o papel-moeda ultrapassasse a sua medida, isto é, a quantidade de moedas de ouro de mesma denominação que poderia estar em circulação, ele representaria, abstraindo do perigo de descrédito geral, apenas a quantidade de ouro determinada pelas leis da circulação das mercadorias, portanto, apenas a quantidade de ouro que pode ser representada pelo papel-moeda. Se a quantidade total de cédulas de papel passasse a representar, por exemplo, 2 onças de ouro em vez de 1 onça, então £1 se tornaria, por exemplo, a denominação monetária de $1/8$ de onça de em vez de $1/4$. O efeito seria o mesmo que se obteria caso o ouro sofresse uma alteração em sua função como medida dos preços. Os mesmos valores que antes se expressavam no preço de £1 seriam, agora, expressos no preço de £2.

O papel-moeda é signo do ouro, ou signo do dinheiro. Sua relação com os valores das mercadorias consiste apenas em que estes estão idealmente expressos nas mesmas quantidades de ouro simbólica e sensivelmente repre-

---

se sabe ao certo. "O Comitê", lê-se no final do relatório, "examinou detalhadamente o seu projeto e conclui que tudo nele é favorável aos comerciantes, e nada à Coroa.", *Arbeiten der Kaiserlich Russichen Gesandtschaft zu Peking über China* (trad. dr. K. Abel e F. A. Mecklenburg, Berlim, 1858), v. 1, p. 54. Sobre a constante abrasão das moedas de ouro por sua circulação, diz um *Governor* do Banco da Inglaterra, em seu testemunho perante o House of Lord's Committee (sobre os Bank Acts): "Todo ano, uma nova classe de soberanos" (não em sentido político: *sovereign* é o nome da libra esterlina) "torna-se leve demais. A classe que num ano possui seu pleno peso se desgasta o suficiente para, no ano seguinte, fazer com que a balança pese contra si", *House of Lord's Committee* (1848), n. 429.

de compra, em meio de fruição. Ao fetiche do ouro o entesourador sacrifica, assim, seu prazer carnal. Ele segue à risca o evangelho da renúncia. Por outro lado, ele só pode retirar da circulação na forma de dinheiro aquilo que ele nela colocou na forma de mercadorias. Quanto mais ele produz, tanto mais ele pode vender. Trabalho árduo, parcimônia e avareza constituem, assim, suas virtudes cardeais, e vender muito e comprar pouco são a suma de sua economia política[94].

A forma imediata do tesouro é acompanhada de sua forma estética, a posse de mercadorias de ouro e prata. Tal posse aumenta com a riqueza da sociedade civil. *"Soyons riches ou paraissons riches"* (Diderot)*. Assim se forma, por um lado, um mercado cada vez mais ampliado para o ouro e a prata, independentemente de suas funções como dinheiro, e, por outro, uma fonte latente de oferta de dinheiro, que flui principalmente em períodos de convulsão social.

O entesouramento cumpre diferentes funções na economia da circulação metálica. A função mais imediata deriva das condições de circulação das moedas de ouro e de prata. Vimos que a quantidade de dinheiro em circulação sofre altas e baixas em razão das oscilações constantes que a circulação das mercadorias apresenta quanto à sua extensão, seus preços e sua velocidade. Portanto, ela tem de ser capaz de contração e expansão. Ora o dinheiro tem de ser atraído como moeda, ora é preciso repeli-lo. Para que a quantidade de dinheiro efetivamente corrente possa saturar constantemente o poder de absorção da esfera da circulação, é necessário que a quantidade de ouro ou prata num país seja maior que a quantidade absorvida pela função monetária. Essa condição é satisfeita pela forma que o dinheiro assume como tesouro. As reservas servem, ao mesmo tempo, como canais de afluxo e refluxo do dinheiro em circulação, o qual, assim regulado, jamais extravasa seus canais de circulação[95].

---

[94] *"Accrescere quanto più si può il numero de'venditori d'ogni merce, diminuire quanto più si può il numero del compratori, questi sono i cardini sui quali si raggirano tutte le operazioni di economia politica"* ["Aumentar o máximo possível o número de vendedores de cada mercadoria, diminuir o máximo possível o número de compradores: esse é o eixo central em torno do qual giram todas as operações da economia política"], Pietro Verri, *Meditazione sulla economia politica*, cit., p. 52-3.

* "Sejamos ricos ou pareçamos ricos", Denis Diderot, "Le salon de 1767", *Œuvres* (Paris, A. Belin, s. d.), tomo 4, p. 243. (N. T.)

[95] *"There is required for carrying on the trade of the nation, a determinate sum of specifick money, which varies, and is sometimes more, sometimes less, as the circumstances we are in require [...]. This ebbing and flowing of money, supplies and accommodates itself, without any aid of Politicians [...]. The buckets work alternately; when money is scarce, bullion is coined, when bullion is scarce, money is melted"* ["Para viabilizar o comércio de uma nação, faz-se necessária uma determinada soma de um dinheiro específico, soma que varia, sendo às vezes maior, às vezes menor, dependendo das circunstâncias em que nos encontramos [...]. Esse movimento de alta e baixa da quantidade de dinheiro regula a si mesmo sem necessitar de qualquer ajuda de políticos [...]. Os baldes sobem e descem alternadamente; se há escassez de dinheiro, barras de metal são transformadas em moedas; se há escassez de barras, derretem-se moedas"], *sir* Dudley North, *Discourse*

b) Meio de pagamento

Na forma imediata da circulação de mercadorias, que consideramos até o momento, a mesma grandeza de valor esteve presente sempre de um modo duplo: como mercadorias, num polo, e como dinheiro, no outro. Os possuidores de mercadorias, portanto, só entravam em contato entre si como representantes de equivalentes mutuamente existentes. Mas com o desenvolvimento da circulação das mercadorias desenvolvem-se as condições nas quais a alienação da mercadoria é temporalmente apartada da realização de seu preço. Basta, aqui, indicar a mais simples dessas condições. Para ser produzido, um tipo de mercadoria requer mais tempo e outro, menos. A produção de diferentes mercadorias está ligada a diferentes estações do ano. Uma mercadoria é feita para um mercado local, ao passo que outra tem de ser transportada até um mercado distante. Por conseguinte, um possuidor de mercadorias pode surgir como vendedor antes que o outro se apresente como comprador. Com a repetição constante das mesmas transações entre as mesmas pessoas, as condições de venda das mercadorias regulam-se de acordo com suas condições de produção. Por outro lado, o usufruto de certos tipos de mercadorias, como uma casa, é vendida por um período de tempo determinado. Somente após o término desse prazo o comprador obtém efetivamente o valor de uso da mercadoria. Ele a compra, portanto, antes de tê-la pagado. Um possuidor de mercadorias vende mercadorias que já existem, o outro compra como mero representante do dinheiro ou como representante de dinheiro futuro. O vendedor se torna credor, e o comprador, devedor. Como aqui se altera a metamorfose da mercadoria ou o desenvolvimento de sua forma de valor, também o dinheiro recebe outra função. Torna-se meio de pagamento[96].

O papel de credor ou devedor resulta, aqui, da circulação simples de mercadorias. Sua modificação de forma imprime no vendedor e no comprador esse novo rótulo. Inicialmente esses papéis, do mesmo modo como os de

---

upon Trade, cit., ["*Postscript*",] p. 3. John Stuart Mill, por muito tempo funcionário da Companhia das Índias Orientais, confirma que joias de prata continuam a funcionar imediatamente como tesouro. "*Silver ornaments are brought out and coined when there is a high rate of interest, and go back again when the rate of interest falls*" ["Os ornamentos de prata são transformados em moeda quando há uma alta taxa de juros e retrocedem quando essa taxa cai"], "J. S. Mill's Evidence", em "Reports on Bank Acts", 1857, n. 2084-101. Segundo um documento parlamentar de 1864 sobre a importação de ouro e prata para a Índia, em 1863 a importação desses metais ultrapassou suas exportações em £19.367.764. Nos oito anos que antecederam 1864, o excesso da importação sobre a exportação dos metais preciosos atingiu o valor de £109.652.917. Ao longo desse século, foram cunhadas na Índia mais de £200.000.000.

[96] Lutero diferencia o dinheiro como meio de compra e como meio de pagamento. "Assim fazes com que o juro de compensação de perdas [*Schadewacht*] seja duplicado, pois por um lado não sou pago, e, por outro, não posso comprar", Martinho Lutero, *An die Pfarrherrn, wider den Wucher zu predigen* (Wittemberg, 1540).

comprador e vendedor, são evanescentes e desempenhados alternadamente pelos mesmos agentes da circulação. Mas agora a antítese parece menos cômoda e suscetível de uma maior cristalização[97]. Os mesmos personagens também podem se apresentar em cena independentemente da circulação de mercadorias. A luta de classes no mundo antigo, por exemplo, apresenta-se fundamentalmente sob a forma de uma luta entre credores e devedores e conclui-se, em Roma, com a ruína do devedor plebeu, que é substituído pelo escravo. Na Idade Média, a luta tem fim com a derrocada do devedor feudal, que perde seu poder político juntamente com sua base econômica. Nesses casos, a forma-dinheiro – e a relação entre credor e devedor possui a forma de uma relação monetária – reflete apenas o antagonismo entre condições econômicas de existência mais profundas.

Voltemos à esfera da circulação de mercadorias. A aparição simultânea dos equivalentes mercadoria e dinheiro nos dois polos do processo da venda deixou de existir. Agora, o dinheiro funciona, primeiramente, como medida de valor na determinação do preço da mercadoria que será vendida. Seu preço, estabelecido por contrato, mede a obrigação do comprador, isto é, a soma de dinheiro que ele deve pagar num determinado prazo. Em segundo lugar, funciona como meio ideal de compra. Embora exista apenas na promessa de dinheiro do comprador, ele opera na troca de mãos da mercadoria. É apenas no vencimento do prazo que o meio de pagamento entra efetivamente em circulação, isto é, passa das mãos do comprador para as do vendedor. O meio de circulação converteu-se em tesouro porque o processo de circulação se interrompeu logo após a primeira fase, ou porque a figura transformada da mercadoria foi retirada de circulação. O meio de pagamento entra na circulação, mas depois que a mercadoria já saiu dela. O dinheiro não medeia mais o processo. Ele apenas o conclui de modo independente, como forma de existência absoluta do valor de troca ou mercadoria universal. O vendedor converteu mercadoria em dinheiro a fim de satisfazer uma necessidade por meio do dinheiro; o entesourador, para preservar a mercadoria na forma-dinheiro; o devedor, para poder pagar. Se ele não paga, seus bens são confiscados e vendidos. A figura de valor da mercadoria, o dinheiro, torna-se, agora, o fim próprio da venda, e isso em virtude de uma necessidade social que deriva do próprio processo de circulação.

O comprador volta a transformar dinheiro em mercadoria antes de ter transformado mercadoria em dinheiro, ou efetua a segunda metamorfose das mercadorias antes da primeira. A mercadoria do vendedor circula, realiza seu

---

[97] Sobre as relações entre credores e devedores na classe dos negociantes ingleses no início do século XVIII: "*Such a spirit of cruelty reigns here in England among the men of trade, that is not to be met with in any other society of men, nor in any other kingdom of the world*" ["Na Inglaterra reina, entre os homens de negócio, um espírito de crueldade tal que não encontra equivalente em nenhuma outra sociedade humana e nenhum outro reino do mundo"], em *An Essay on Credit and the Bankrupt Act* (Londres, 1707), p. 2.

preço, porém apenas na forma de um título de direito privado que garante a obtenção futura do dinheiro. Ela se converte em valor de uso antes de se ter convertido em dinheiro. A consumação de sua primeira metamorfose se dá apenas posteriormente[98].

Em cada fração de tempo do processo de circulação as obrigações vencidas representam a soma de preços das mercadorias, cuja venda gerou aquelas obrigações. A quantidade de dinheiro necessária à realização dessa soma de preços depende, inicialmente, da velocidade do curso dos meios de pagamento. Ela é condicionada por duas circunstâncias: o encadeamento das relações entre credor e devedor, de modo que *A*, que recebe dinheiro de seu devedor *B*, paga ao seu credor *C* etc., e a distância temporal que separa os dois prazos de pagamento. A cadeia de pagamentos em processo, ou das metamorfoses anteriores e posteriores, distingue-se essencialmente do entrelaçamento das séries de metamorfoses de que tratamos anteriormente. No curso do meio de circulação, a conexão entre vendedores e compradores não é apenas expressa. A própria conexão tem sua origem no curso do dinheiro e só existe em seu interior. Em contrapartida, o movimento do meio de pagamento exprime uma conexão social que já estava dada antes dele.

A simultaneidade e a justaposição das compras limitam a substituição das moedas em virtude da velocidade da circulação. Elas constituem, inversamente, uma nova alavanca na economia dos meios de pagamento. Com a concentração dos pagamentos no mesmo lugar, desenvolvem-se espontaneamente instituições e métodos próprios para sua liquidação. Assim, por exemplo, os *virements* [transferências] na Lyon medieval. As dívidas de *A* para com *B*, de *B* para com *C*, de *C* para com *A*, e assim por diante, precisam apenas ser confrontadas umas com as outras para que se anulem mutuamente, até um determinado grau, como grandezas positivas e negativas. Resta, assim, apenas um saldo devedor a compensar. Quanto maior for a concentração de pagamentos, menor será esse saldo e, portanto, a quantidade dos meios de pagamento em circulação.

A função do dinheiro como meio de pagamento traz em si uma contradição direta. Na medida em que os pagamentos se compensam, ele funciona apenas

---

[98] Nota à segunda edição: Na seguinte citação, extraída de meu escrito publicado em 1859, pode-se ver porque não dedico aqui nenhuma atenção a uma forma contrária: "Inversamente, no processo D-M o dinheiro pode ser externalizado [*entäussert*] como meio efetivo de compra e o preço da mercadoria pode ser realizado antes que o valor de uso do dinheiro seja realizado ou que a mercadoria seja vendida. Isso ocorre, por exemplo, na forma cotidiana dos pré-pagamentos. Ou na forma pela qual o governo inglês compra ópio dos *ryots* na Índia [...]. Nesses casos, no entanto, o dinheiro funciona apenas na forma já conhecida do meio de compra [...]. É claro que o capital também é investido na forma do dinheiro [...]. Mas esse ponto de vista não cabe no horizonte da circulação simples", *Zur Kritik der politischen Ökonomie* [*Contribuição à crítica da economia política*], cit., p. 119-20. [*Ryots*: nome dado aos camponeses ou agricultores indianos. (N. T.)]

idealmente, como moeda de conta [*Rechengeld*] ou medida dos valores. Porém, quando se trata de fazer um pagamento efetivo, o dinheiro não se apresenta como meio de circulação, como mera forma evanescente e mediadora do metabolismo, mas como a encarnação individual do trabalho social, existência autônoma do valor de troca, mercadoria absoluta. Essa contradição emerge no momento das crises de produção e de comércio, conhecidas como crises monetárias[99]. Ela ocorre apenas onde a cadeia permanente de pagamentos e um sistema artificial de sua compensação encontram-se plenamente desenvolvidos. Ocorrendo perturbações gerais nesse mecanismo, venham elas de onde vierem, o dinheiro abandona repentina e imediatamente sua figura puramente ideal de moeda de conta e converte-se em dinheiro vivo. Ele não pode mais ser substituído por mercadorias profanas. O valor de uso da mercadoria se torna sem valor, e seu valor desaparece diante de sua forma de valor própria. Ainda há pouco, o burguês, com a típica arrogância pseudoesclarecida de uma prosperidade inebriante, declarava o dinheiro como uma loucura vã. Apenas a mercadoria é dinheiro. Mas agora se clama por toda parte no mercado mundial: apenas o dinheiro é mercadoria! Assim como o cervo brame por água fresca, também sua alma brame por dinheiro, a única riqueza*[100]. Na crise, a oposição entre a mercadoria e sua figura de valor, o dinheiro, é levada até a contradição absoluta. Por isso, a forma de manifestação do dinheiro é aqui indiferente. A fome de dinheiro é a mesma, quer se tenha de pagar em ouro, em dinheiro creditício ou em cédulas bancárias etc.[101]

---

[99] Nota à terceira edição: A crise monetária, definida como fase particular de toda crise de produção e de comércio, precisa ser diferenciada daquele tipo especial de crise, que, também chamada de crise monetária, pode emergir como um fenômeno independente, que atua apenas indiretamente sobre a indústria e o comércio. É uma crise cujo centro está no capital monetário e que, por isso, tem sua esfera imediata no sistema bancário, financeiro e na bolsa de valores.

* Referência ao salmo 42:1: "Assim como o cervo brame pelas correntes das águas, assim suspira a minha alma por ti, ó Deus". (N. T.)

[100] "Essa transformação repentina do sistema de crédito em sistema monetário adiciona o terror teórico ao pânico prático: e os agentes da circulação tremem diante do mistério insondável de suas próprias relações", Karl Marx, *Zur Kritik der politischen Ökonomie* [*Contribuição à crítica da economia política*], cit., p. 126. "*The poor stand still, because the rich have no money to employ them, though they have the same land and hands to provide victuals and cloaths, as ever they had; which is the true riches of a nation, and not the money*" ["Os pobres não têm trabalho porque os ricos não têm dinheiro para empregá-los, embora disponham, tal como antes, das mesmas terras e da mesma mão de obra para produzir meios de existência e roupas, que são a verdadeira riqueza de uma nação, e não o dinheiro"], John Bellers, *Proposals for Raising a Colledge of Industry* (Londres, 1696), p. 3-4.

[101] A passagem seguinte mostra como tais momentos são explorados pelos "*amis du commerce*" [amigos do comércio]: "*On one occasion (1839) an old grasping banker [...] in his private room raised the lid of the desk he sat over, and displayed to a friend rolls of bank-notes, saying with intense glee there were £600,000 of them, they were held to make money tight, and would all be let out after three o'clock on the same day*" ["Numa dada ocasião

Se considerarmos agora a quantidade total do dinheiro em circulação num período determinado, veremos que, dada a velocidade do curso do meio de circulação e dos meios de pagamentos, ela é igual à soma dos preços das mercadorias a serem realizados mais a soma dos pagamentos devidos, menos os pagamentos que se compensam uns aos outros e, finalmente, menos o número de ciclos nos quais a mesma peça monetária funciona, ora como meio de circulação, ora como meio de pagamento. Por exemplo, o camponês vende seu cereal por £2, que, assim, servem como meio de circulação. Em seguida, ele usa essa soma para pagar o linho que o tecelão lhe fornecera. As mesmas £2 funcionam, agora, como meio de pagamento. Então, o tecelão compra uma Bíblia com dinheiro vivo, e as £2 passam novamente a funcionar como meio de circulação, e assim por diante. Mesmo estando dados os preços, a velocidade do curso e o equilíbrio dos pagamentos, a quantidade de dinheiro deixa de coincidir com a quantidade de mercadorias em circulação durante um certo período, por exemplo, um dia. Continua em curso o dinheiro que representa mercadorias há muito tempo saídas de circulação. Circulam mercadorias cujo equivalente em dinheiro só aparecerá numa data futura. Por outro lado, os débitos contraídos a cada dia e os pagamentos com vencimento no mesmo dia são grandezas absolutamente incomensuráveis[102].

(1839), um velho banqueiro ganancioso" (da *City*), "em seu gabinete particular, abriu a tampa de sua escrivaninha e exibiu ao amigo rolos de notas bancárias, dizendo, com intensa satisfação, ter £600.000 delas, que haviam sido guardadas a fim de provocar a escassez de dinheiro e seriam todas postas em circulação a partir das 3 horas da tarde daquele mesmo dia"], H. Roy, *The Theory of the Exchanges. The Bank Charter Act of 1844* (Londres, 1864), p. 81. No jornal semioficial *The Observer*, lia-se o seguinte parágrafo em 24 de abril de 1864: "*Some very curious rumours are current of the means which have been resorted to in order to create a scarcity of banknotes* [...]. *Questionable as it would seem, to suppose that any trick of the kind would ha adopted, the report has been so universal that it really deserves mention*" ["Alguns rumores muito curiosos circulam sobre os meios que foram utilizados para criar uma escassez de notas bancárias [...]. Por mais questionável que possa ser a suposição de que um truque qualquer tenha sido utilizado, a notícia sobre esse fato foi tão difundida que se faz realmente digna de menção"], *The Observer*, 24 abr. 1864.

[102] "*The amount of sales* [no original: *purchases*] *or contracts entered upon during the course of any given day, will not affect the quantity of money afloat on that particular day, but, in the vast majority of cases, will resolve themselves into multifarious drafts upon the quantity of money which may be afloat at subsequent dates more or less distant* [...]. *The bills granted or credits opened, to-day, need have no resemblance whatever, either in quantity, amount or duration, to those granted or entered upon to-morrow or next day, nay, many of to-day's bills and credits, when due, fall in with a mass of liabilities whose origins traverse a range of antecedent dates altogether indefinite, bills at 12, 6, 3 months or I often aggregating together to swell the common liabilities of one particular day*" ["A quantidade de compras ou contratos fechados durante o curso de um determinado dia não afetará a quantidade de dinheiro em curso nesse dia particular, mas, na grande maioria dos casos, dissolver-se-á em muitas letras de câmbio que serão descontadas sobre a quantidade de dinheiro que estará em curso

O dinheiro ou a circulação de mercadorias

O dinheiro creditício surge diretamente da função do dinheiro como meio de pagamento, quando certificados de dívida relativos às mercadorias vendidas circulam a fim de transferir essas dívidas para outrem. Por outro lado, quando o sistema de crédito se expande, o mesmo ocorre com a função do dinheiro como meio de pagamento. Nessa função, ele assume formas próprias de existência nas quais circula à vontade pela esfera das grandes transações comerciais, enquanto as moedas de ouro e prata são relegadas fundamentalmente à esfera do comércio varejista[103].

Quando a produção de mercadorias atingiu certo grau de desenvolvimento, a função do dinheiro como meio de pagamento ultrapassa a esfera da circulação das mercadorias. Ele se torna a mercadoria universal dos contratos[104]. Rendas, impostos etc. deixam de ser fornecidos *in natura* e pelas atividades

---

num futuro mais ou menos próximo [...]. Os títulos que são emitidos ou os créditos que são abertos no dia de hoje não precisam ter nenhuma semelhança – seja em quantidade, valor ou duração – com aqueles emitidos ou abertos amanhã ou depois de amanhã; antes, muitos dos títulos e créditos de hoje, quando de seu vencimento, misturar-se-ão a uma massa de compromissos cujas origens se espalham por uma série totalmente indefinida de datas anteriores"], *The Currency Theory Reviewed; a Letter to the Scotch People By a Banker in England* (Edimburgo, 1845), p. 29-30 passim.

[103] Como exemplo de quão pouco dinheiro real é requerido nas verdadeiras operações comerciais, apresento abaixo um esquema de uma das maiores casas comerciais de Londres (Morrison, Dillon & Co.) com um detalhamento de suas receitas e pagamentos anuais. Suas transações no ano de 1856, que somam muitos milhões de libras esterlinas, são aqui reduzidas à escala de um milhão.

Receitas		Despesas	
Letras de câmbio de banqueiros e comerciantes, descontadas após a data:	£533.596	Letras de câmbio descontáveis após a data:	£302.674
Cheques de banqueiros etc. ao portador:	£357.715	Cheques aos banqueiros de Londres:	£663.672
Notas de bancos do interior:	£9.627	Notas do Banco da Inglaterra:	£22.743
Notas do Banco da Inglaterra:	£68.554		
Ouro:	£28.089	Ouro:	£9.427
Prata e cobre:	£1.486	Prata e cobre:	£1.484
Ordens de pagamento dos correios:	£933		
Soma total:	£1.000.000	Soma total:	£1.000.000

("Report from the Select Committee on the Bank Acts", jul. 1858, p. LXXI.)

[104] "*The Course of Trade being thus turned, from exchanging of goods for goods, or delivering and taking, to selling and paying, all the bargains* [...] *are now stated upon the foot of a Price in Money*" ["Com a transformação do comércio, que deixa de ser a troca de bens por bens, ou entrega e recebimento, e passa a se caracterizar pelas atividades de vender e pagar, todas as barganhas [...] são agora feitas com base num preço em dinheiro"], em *An Essay upon Publick Credit* (3. ed., Londres, 1710), p. 8.

de vender e pagar em dinheiro. O quanto essa transformação é condicionada pela configuração geral do processo de produção é demonstrado, por exemplo, pela tentativa – duas vezes fracassada – do Império Romano de arrecadar todos os tributos em dinheiro. A miséria atroz da população rural francesa sob Luís XIV, tão eloquentemente denunciada por Boisguillebert, Marschall Vauban etc., teve sua causa não só no aumento dos impostos, mas também na transformação do imposto pago *in natura* em imposto pago em dinheiro[105]. Por outro lado, quando a forma natural da renda do solo, que, na Ásia, constitui o elemento fundamental do imposto estatal, baseia-se em relações de produção que se reproduzem com a imutabilidade de condições naturais, aquela forma de pagamento conserva retroativamente a antiga forma de produção. Tal forma constitui um dos segredos da autoconservação do Império Turco. Se o comércio exterior, imposto ao Japão pela Europa, acarretar a transformação da renda *in natura* em renda monetária*, será o fim de sua agricultura exemplar. Suas estreitas condições econômicas de existência acabarão por se dissolver.

Em todos os países são estabelecidos certos prazos gerais de pagamento. Essas datas dependem, abstraindo-se de outros ciclos da reprodução, de condições naturais da produção, vinculadas às estações do ano. Elas também regulam os pagamentos que não derivam diretamente da circulação de mercadorias, tais como impostos, rendas etc. A quantidade de dinheiro requerida para esses pagamentos, disseminados por toda a superfície da sociedade e espalhados ao longo do ano, provoca perturbações periódicas, porém totalmente superficiais na economia dos meios de pagamento[106].

---

[105] "*L'argent* [...] *est devenu le bourreau de toutes les choses.* [...] *alambic qui a fait évaporer une quantité effroyable de biens et de denrées pour faire ce fatal précis.* [...] *L'argent* [...] *déclare la guerre* [...] *à tout le genre humain*" ["O dinheiro tornou-se o carrasco de todas as coisas. A arte das finanças é a retorta onde se evapora uma quantidade enorme de bens e de mercadorias a fim de se obter esse extrato fatal. [...] O dinheiro declara guerra a todo o gênero humano"], Boisguillebert, "Dissertation sur la nature des richesses, de l'argent et des tributs", em E. Daire (ed.), *Économistes financiers du XVIIIᵉ siècle* (Paris, 1843), t. I, p. 413, 417-9.

* Na terceira e quarta edições: "renda em ouro". (N. E. A. MEW)

[106] "No dia de Pentecostes de 1824", relata o sr. Craig à Comissão parlamentar de inquérito de 1826, "houve uma demanda tão grande de notas bancárias em Edimburgo que às 11 horas da manhã já não tínhamos uma única nota em nossos cofres. Solicitamos empréstimos a vários bancos, mas não pudemos obter nada, e muitas transações só puderam ser feitas por meio de *slips of paper* [papelotes]. Às 3 horas da tarde, porém, muitas notas já haviam retornado aos bancos dos quais haviam saído. Elas não fizeram mais do que trocar de mãos". "Embora a circulação média efetiva das notas bancárias na Escócia não ultrapasse £3 milhões, em certos dias de pagamentos todas as notas em posse dos banqueiros são postas em circulação, o que chega a um total de aproximadamente £7 milhões. Nessa ocasião, as notas têm uma única e específica função a desempenhar, e, uma vez desempenhada essa função, retornam aos respectivos bancos de onde saíram",

O dinheiro ou a circulação de mercadorias

Da lei sobre a velocidade do curso dos meios de pagamento podemos concluir que a quantidade de meios de pagamento requerida para todos os pagamentos periódicos, sejam quais forem suas fontes, está em proporção inversa* à extensão desses períodos de pagamento[107].

O desenvolvimento do dinheiro como meio de pagamento torna necessária a acumulação de dinheiro para a compensação das dívidas nos prazos de vencimento. Assim, se por um lado o progresso da sociedade burguesa faz desaparecer o entesouramento como forma autônoma de enriquecimento, ela o faz crescer, por outro lado, na forma de fundos de reserva de meios de pagamento.

c) O dinheiro mundial

Ao deixar a esfera da circulação interna, o dinheiro se despe de suas formas locais de padrão de medida dos preços, de moeda, de moeda simbólica e de símbolo de valor, e retorna à sua forma original de barra de metal precioso. No comércio mundial, as mercadorias desdobram seu valor universalmente. Por isso, sua figura de valor autônoma as confronta, aqui, como dinheiro mundial. Somente no mercado mundial o dinheiro funciona plenamente como a mercadoria cuja forma natural é, ao mesmo tempo, a forma imediatamente social de efetivação do trabalho humano *in abstracto*. Sua forma de existência torna-se adequada a seu conceito.

John Fullarton, *Regulation of Currencies*, cit., p. 86-87, nota. A título de esclarecimento: na Escócia da época do escrito de Fullarton não se usavam cheques para os depósitos, mas apenas notas.

* Provável deslize de Marx, que escreveu "proporção inversa" em vez de "proporção direta". (N. T.)

[107] "*If there were occasion to raise 40 millions p.a., whether the same 6 millions [...] would suffice for such revolutions and circulations thereof as trade requires? [...] I answer yes: for the expense being 40 millions, if the revolutions were in such short circles, viz, weekly, as happens among poor artizans and labourers, who receive and pay every Saturday, the $^{40}/_{52}$ parts of 1 million of money would answer these ends; but if the circles ha quarterly, according to our custom of paying rent, and gathering taxes, then 10 millions were requisite. Wherefore supposing payments in general to be of a mixed circle between one week and 13, then add 10 millions to $^{40}/_{52}$, the half of the which will be 5½, so as if we have 5½ mill., we have enough*" ["À questão se seria necessário levantar 40 milhões por ano, considerando-se que os mesmos 6 milhões [de ouro] bastariam para as rotações e circulações que o comércio exige", respondeu Petty, com sua maestria habitual: "Respondo que sim: pois sendo a despesa de 40 milhões, no caso de as rotações se darem em ciclos curtos – digamos, semanalmente –, como é o caso entre os pobres artesãos e trabalhadores, que recebem e pagam todo sábado, então $^{40}/_{52}$ partes de 1 milhão bastariam para esse fim; mas se os ciclos forem trimestrais, tal como nosso costume no pagamento da renda e arrecadação de impostos, então serão necessários 10 milhões. Portanto, supondo-se que os pagamentos em geral são realizados num ciclo entre uma e treze semanas, então teremos de adicionar 10 milhões aos $^{40}/_{52}$, metade dos quais será $5^{1}/_{2}$ milhões, de modo que teríamos o suficiente se dispuséssemos de $5^{1}/_{2}$ milhões"], William Petty, *Political Anatomy of Ireland* (1672) (Londres, 1691), p. 13-4.

Karl Marx – O capital

Na esfera da circulação interna, apenas uma mercadoria pode servir como medida de valor e, desse modo, como dinheiro. No mercado mundial, tem-se o domínio de uma dupla medida de valor: o ouro e a prata[108].

---

[108] Isso explica a absurdidade de toda lei que obriga os bancos nacionais a formar reservas apenas daquele metal precioso que funciona como dinheiro no interior do país. São bem conhecidas as "belas dificuldades" que, por exemplo, o Banco da Inglaterra criou para si mesmo por meio dessa política. Sobre as grandes épocas históricas na variação do valor relativo do ouro e da prata, ver Karl Marx, *Zur Kritik der politischen Ökonomie* [*Contribuição à crítica da economia política*], cit., p. 136s. Adendo à segunda edição: *sir* Robert Peel, com sua Bank Act de 1844, tentou superar essas dificuldades permitindo ao Banco da Inglaterra emitir notas com lastro em barras de prata, porém sob a condição de que a reserva de prata jamais excedesse ¼ da reserva de ouro. Para esse fim, o valor da prata era estimado pelo seu preço (em ouro) no mercado de Londres. {Nota à quarta edição: Encontramo-nos novamente numa época de forte variação no valor relativo do ouro e da prata. Há cerca de 25 anos, a razão que expressava o valor do ouro em relação à prata era de 15½ para 1; hoje ela é de aproximadamente 22 para 1, e a prata continua a cair em relação ao ouro. Isso é essencialmente a consequência de uma revolução no modo de produção dos dois metais. Anteriormente, o ouro era obtido quase exclusivamente por sua lavagem em camadas de depósitos aluviais, produtos da erosão de pedras auríferas. Hoje esse método não é mais suficiente e é substituído pelo processamento dos veios de quartzo que contêm ouro, modo de extração que era, antes, de importância secundária, embora já fosse conhecido pelos antigos (Diodoro Sículo, *Historische Bibliothek*, Stuttgart, 1828, livro III, 12-14, p. 258-61). Além disso, não só foram descobertos novos depósitos imensos de prata na América do Norte, na parte oeste das montanhas rochosas, como essas novas minas, juntamente com as minas de prata mexicanas, ganharam novo impulso com as ferrovias, que possibilitaram o transporte de maquinaria moderna e combustível, e, com isso, a extração de prata em grande escala e a custos baixos. Há, no entanto, uma grande diferença no modo como os dois metais ocorrem nos veios das rochas. O ouro é na maioria das vezes puro, porém encontra-se espalhado no quartzo em quantidades diminutas, de modo que é preciso moer o veio inteiro para então extrair o ouro por lavagem ou mediante o uso de mercúrio. De 1.000.000 de gramas de quartzo costuma-se extrair apenas de 1 a 3, muito raramente de 30 a 60 gramas de ouro. A prata dificilmente é encontrada pura, porém ocorre num quartzo relativamente fácil de separar da rocha e que normalmente contém entre 40% a 90% de prata; ela pode, ainda, ser encontrada, em quantidades menores nas pepitas de cobre, chumbo etc., metais que, por si mesmos, apresentam vantagens para sua extração. A partir disso já se pode perceber que o trabalho despendido na produção de ouro aumentou, ao passo que o despendido na produção de prata diminuiu fortemente, o que explica muito naturalmente a queda do valor deste último metal. Essa queda do valor se expressaria numa queda de preços ainda maior se o preço da prata não fosse elevado por meios artificiais, como ainda ocorre atualmente. Porém, as ricas minas de prata da América apenas começaram a ser exploradas, o que permite prever que o valor da prata ainda permanecerá em queda por um longo tempo. Um fator ainda mais decisivo para essa queda é a diminuição relativa da demanda de prata para artigos de uso e de luxo, substituindo-os por mercadorias folhadas, como alumínio etc. Pode-se, assim, avaliar o utopismo da noção bimetalista de que uma cotação internacional compulsória aumentará o valor da prata para sua antiga razão de valor de 1 por 15½. Mais provável é que a prata perca cada vez mais sua qualidade de dinheiro no mercado mundial. (F. E.)}

O dinheiro ou a circulação de mercadorias

O dinheiro mundial funciona como meio universal de pagamento, meio universal de compra e materialidade absolutamente social da riqueza universal (*universal wealth*). O que predomina é sua função como meio de pagamento para o ajuste das balanças internacionais. Daí a palavra-chave dos mercantilistas: balança comercial[109]! O ouro e a prata servem como meios internacionais de compra essencialmente naqueles períodos em que o equilíbrio do metabolismo entre as diferentes nações é repentinamente desfeito. Por fim, ele serve como materialidade social da riqueza, em que não se trata nem de compra nem de pagamento, mas da transferência da riqueza de um país a outro, mais precisamente nos casos em que essa transferência na forma

---

[109] Os oponentes do sistema mercantilista, que tinha no ajuste da balança comercial de ouro e prata a finalidade do comércio internacional, desconheciam completamente a função do dinheiro mundial. Já mostrei detalhadamente (*Zur Kritik der politischen Ökonomie* [*Contribuição à crítica da economia política*], cit., p. 150s.) como, em Ricardo, a concepção errônea das leis que regulam a quantidade dos meios de circulação reflete-se no equívoco acerca do movimento internacional dos metais preciosos. Seu falso dogma – "*An unfavourable balance of trade never arises but from a redundant currency* [...]. *The exportation of the coin is caused by its cheapness, and is not the effect, but the cause of an unfavourable balance*" ["Uma balança comercial desfavorável não pode surgir senão em razão de um excesso de meios de circulação [...]. A exportação de moeda é causada por seu baixo preço, e é não o efeito, mas a causa de uma balança desfavorável"] – já pode ser encontrado em Barbon: "*The Balance of Trade, if there be one, is not the cause of sending away the money out of a nation: but that proceeds from the difference of the value of Bullion in every country*" ["A balança comercial, quando existe, não é causa da evasão de dinheiro de um país. A evasão resulta, antes, da diferença de valor dos metais preciosos em cada país"], N. Barbon, *A Discourse on Coining the New Money Lighter*, cit., p. 59. MacCulloch, em *The Literature of Political Economy: a Classified Catalogue* (Londres, 1845), elogia Barbon por essa antecipação, porém evita prudentemente as formas ingênuas em que os absurdos pressupostos do "*currency principle*" [princípio dos meios de circulação] ainda aparecem em Barbon, para citar apenas um exemplo. A ausência de crítica e mesmo de honestidade dessa obra tem seu ápice nas seções sobre a história da teoria monetária, onde MacCulloch rasteja no papel de sicofanta de *lord* Overstone (*ex-banker* Loyd), que ele chama de "*facile princeps argentariorum*" [o reconhecido rei dos endinheirados]. [*Currency principle*: teoria monetária amplamente difundida na primeira metade do século XIX e que partia da teoria monetária quantitativa. Os representantes da teoria quantitativa defendiam que os preços das mercadorias eram determinados pela quantidade de dinheiro em circulação. Os representantes do "*currency principle*" procuravam imitar as leis da circulação dos metais. Como *currency* (meio de circulação) eles consideravam, além do dinheiro metálico, também o papel-moeda, e acreditavam ser possível obter uma circulação monetária estável garantindo um pleno lastro de ouro ao papel-moeda; a emissão deveria, portanto, ser regulada de acordo com a importação e a exportação de metais preciosos. As tentativas do governo inglês (lei bancária de 1844) de se apoiar nessa teoria não obtiveram qualquer êxito e apenas confirmaram sua insustentabilidade teórica e inutilidade para fins práticos. (N. E. A. MEW)]

das mercadorias é impossibilitada, seja pelas conjunturas do mercado, seja pelo próprio objetivo que se busca realizar[110].

Assim como para sua circulação interna, todo país necessita de um fundo de reserva para a circulação no mercado mundial. As funções dos tesouros derivam, portanto, em parte da função do dinheiro como meio da circulação e dos pagamentos internos, em parte de sua função como dinheiro mundial[110a]. Para essa última função, sempre se requer a genuína mercadoria-dinheiro, o ouro e a prata corpóreos, razão pela qual James Steuart caracteriza expressamente o ouro e a prata como *money of the world* [dinheiro do mundo], em contraste com seus representantes apenas locais.

O movimento da corrente de ouro e prata é um movimento duplo. Por um lado, ele parte de sua fonte e se espalha por todo o mercado mundial, onde ele é absorvido, em graus variados, pelas diferentes esferas nacionais de circulação, a fim de preencher seus canais internos, substituir moedas de ouro e prata desgastadas, fornecer material para mercadorias de luxo e petrificar-se como tesouro[111]. Esse primeiro movimento é mediado pela troca

---

[110] Por exemplo, para subsídios, empréstimos em dinheiro para a realização de guerras ou para permitir aos bancos a cobertura de pagamentos em dinheiro etc., é precisamente a forma-dinheiro que é requerida como valor.

[110a] Nota à segunda edição: "*I would desire, indeed, no more convincing evidence of the competency of the machinery of the hoards in specie-paying countries to perform every necessary office of international adjustment, without any sensible aid from the general circulation, than the facility with which France, when but just recovering from the shock of a destructive foreign invasion, completed within the Space of 27 months the payment of her forced contribution of nearly 20 millions to the allied powers, and a considerable proportion of that sum in specie, without perceptible contraction or derangement of her domestic currency, or even any alarming fluctuation of her exchange*" {"De fato, em se tratando de países que pagam em espécie, eu não desejaria uma prova mais evidente da competência da maquinaria do entesouramento em realizar qualquer ajuste internacional necessário sem recorrer a qualquer ajuda considerável da circulação geral do que a facilidade com que a França, quando apenas se recuperava do choque de uma invasão estrangeira arrasadora, completou no espaço de 27 meses o pagamento de suas contribuições forçadas de cerca de 20 milhões aos poderes aliados, pagando uma considerável proporção dessa quantia em espécie, e sem, com isso, provocar qualquer contração ou distúrbio em sua circulação doméstica, ou mesmo qualquer flutuação preocupante de seu câmbio"], John Fullarton, *Regulation of Currencies*, cit., p. 141. [Nota à quarta edição: Um exemplo ainda mais convincente temos na facilidade com que a mesma França, de 1871 a 1873, foi capaz de pagar em trinta meses uma indenização de guerra dez vezes maior, e a maior parte dela em dinheiro metálico. (F. E.)}

[111] "*L'argent se partage entre les nations relativement au besoin qu'elles en ont* [...] *étant toujours attiré par les productions*" ["O dinheiro se reparte entre as nações de acordo com a necessidade que elas tem dele [...] uma vez que ele é sempre atraído pelos produtos"], Le Trosne, *De l'intérêt social*, cit., p. 916. "*The mines which are continually giving gold and silver, do give sufficient to supply such a needful balance to every nation*" ["As minas que continuamente fornecem ouro e prata dão a cada nação o suficiente para que ela atinja um tal equilíbrio necessário"], Jacob Vanderlint, *Money Answers All Things*, cit., p. 40.

O dinheiro ou a circulação de mercadorias

direta dos trabalhos que as nações realizam nas mercadorias pelo trabalho que é incorporado nos metais preciosos pelos países produtores de ouro e prata. Por outro lado, o ouro e a prata fluem constantemente de um lado para o outro entre as diferentes esferas nacionais de circulação, movimento que segue as oscilações ininterruptas do câmbio[112].

Países onde a produção burguesa se encontra desenvolvida limitam os tesouros massivamente concentrados nas reservas bancárias ao mínimo necessário ao cumprimento de suas funções específicas[113]. Com algumas exceções, o excesso dessas reservas acima de seu nível médio é sinal de estancamento na circulação de mercadorias ou de uma interrupção no fluxo de suas metamorfoses[114].

---

[112] "*Exchanges rise and fall every week, and at some particular times in the year run high against a nation, and at other times run as high on the contrary*" ["As taxas de câmbio aumentam e caem toda semana: em certas épocas do ano, aumentam em prejuízo de uma nação; em outras épocas, aumentam na mesma medida, porém para sua vantagem"], N. Barbon, *A Discourse on Coining the New Money Lighter*, cit., p. 39.

[113] Essas diversas funções podem entrar num perigoso conflito umas com as outras quando o ouro e a prata também têm de servir como um fundo de conversão das notas bancárias.

[114] "*What money is more than of absolute necessity for a Home Trade, is dead stock, and brings no profit to that country it's kept in, but as it is transported in Trade, as well as imported*" ["A quantidade de dinheiro que ultrapassa o que é estritamente necessário para o comércio interno de uma nação é capital morto [...] e não traz ao país que o possui nenhum lucro, a não ser que seja exportada ou importada"], John Bellers, *Essays about the Poor, Manufactures, Trade, Plantations, and Immorality*, cit., p. 13. "*What if we have too much coin? We may malt down the heaviest and turn it into the splendour of plate, vessels or utensils of gold and silver; or send it out as a commodity, where the same is wanted or desired; or let it out at interest, where interest is high*" ["E se tivermos muito dinheiro metálico? Podemos, então, fundir a maior parte dele e transformá-lo num esplendor de pratos, vasos e utensílios de ouro ou prata, ou mandá-lo como mercadoria para onde ele é necessitado ou desejado; ou, então, podemos emprestá-lo onde se pagam altos juros"], W. Petty, *Quantulumcunque Concerning Money. To the Lord Marquis of Halifax*, 1682, cit., p. 39. "*Money is but the fat of the Body-Politick, whereof too much does as often hinder its agility, as too little makes it sick* [...] *as fat lubricates the motion of the muscles, feeds in want of victuals, fills up uneven cavities, and beautifies the body; so doth money in the state quicken its actions, feeds from abroad in time of dearth et home; evens accounts* [...] *and beautifies the whole; although* [...] *more especially the particular persons that have it in plenty*" ["O dinheiro não é senão a gordura do corpo político, razão pela qual uma quantidade muito grande dele prejudica sua mobilidade, e uma quantidade muito pequena o adoece [...] assim como a gordura lubrifica o movimento dos músculos, serve como substituto para a carência de alimento, preenche cavidades irregulares e embeleza o corpo, assim também o dinheiro agiliza a ação do Estado, importa meios de subsistência quando há carestia no interior, salda dívidas [...] e embeleza o todo; embora, concluindo ironicamente, ele embeleze mais especialmente as pessoas que o possuem em abundância"], W. Petty, *Political Anatomy of Ireland*, p. 14.

"Karl Marx no trabalho", desenho do artista
gráfico russo Nikolai Zhukov.

Seção II

A TRANSFORMAÇÃO DO DINHEIRO EM CAPITAL

Capítulo 4

A transformação do dinheiro em capital

1. A fórmula geral do capital

A circulação de mercadorias é o ponto de partida do capital. Produção de mercadorias e circulação desenvolvida de mercadorias – o comércio – formam os pressupostos históricos a partir dos quais o capital emerge. O comércio e o mercado mundiais inauguram, no século XVI, a história moderna do capital.

Se abstrairmos do conteúdo [*stofflichen Inhalt*] da circulação das mercadorias, isto é, da troca dos diversos valores de uso, e considerarmos apenas as formas econômicas que esse processo engendra, encontraremos, como seu produto final, o dinheiro. Esse produto final da circulação das mercadorias é a primeira forma de manifestação do capital.

Historicamente, o capital, em seu confronto com a propriedade fundiária, assume invariavelmente a forma do dinheiro, da riqueza monetária, dos capitais comercial* e usurário[1]. Mas não é preciso recapitular toda a gênese do capital para reconhecer o dinheiro como sua primeira forma de manifestação, pois a mesma história se desenrola diariamente diante de nossos olhos. Todo novo capital entra em cena – isto é, no mercado, seja ele de mercadorias, de trabalho ou de dinheiro – como dinheiro, que deve ser transformado em capital mediante um processo determinado.

Inicialmente, o dinheiro como dinheiro e o dinheiro como capital se distinguem apenas por sua diferente forma de circulação.

A forma imediata da circulação de mercadorias é M-D-M, conversão de mercadoria em dinheiro e reconversão de dinheiro em mercadoria, vender

---

* O termo *Kaufmannskapital* ("capital mercantil" ou, literalmente, "capital do mercador") é empregado por Marx como sinônimo de *Handelskapital* (capital comercial), isto é, como o capital dedicado não só ao intercâmbio de mercadorias (capital mercantil em sentido próprio), mas também ao intercâmbio de dinheiro. Por essa razão, traduzimos ambos igualmente por "capital comercial". (N. T.)

[1] A oposição entre o poder da propriedade fundiária, baseado nas relações de servidão e de dominação pessoais, e o poder impessoal do dinheiro é claramente expressa em dois provérbios franceses: *"Nulle terre sans seigneur"* ["Nenhuma terra sem senhor"] e *"L'argent n'a pas de maître"* ["O dinheiro não tem senhor"].

para comprar. Mas ao lado dessa forma encontramos uma segunda, especificamente diferente: a forma D-M-D, conversão de dinheiro em mercadoria e reconversão de mercadoria em dinheiro, comprar para vender. O dinheiro que circula deste último modo transforma-se, torna-se capital e, segundo sua determinação, já é capital.

Analisemos mais de perto a circulação D-M-D. Ela atravessa, como a circulação simples de mercadorias, duas fases contrapostas: na primeira, D-M, a compra, o dinheiro é convertido em mercadoria e, na segunda, M-D, a venda, a mercadoria volta a se converter em dinheiro. Porém, a unidade das duas fases é o movimento inteiro da troca de dinheiro por mercadoria e desta última novamente por dinheiro, o movimento da compra da mercadoria para vendê-la, ou, caso se desconsiderem as diferenças formais entre compra e venda, da compra de mercadoria com dinheiro e de dinheiro com mercadoria[2]. O resultado, no qual o processo inteiro se apaga, é a troca de dinheiro por dinheiro, D-D. Se compro 2 mil libras de algodão por £100 e revendo as 2 mil libras de algodão por £110, o que faço no fim das contas é trocar £100 por £110, dinheiro por dinheiro.

Ora, é evidente que o processo de circulação D-M-D seria absurdo e vazio se a intenção fosse realizar, percorrendo seu ciclo inteiro, a troca de um mesmo valor em dinheiro pelo mesmo valor em dinheiro, ou seja, £100 por £100. Muito mais simples e seguro seria o método do entesourador, que conserva suas £100 em vez de expô-las aos perigos da circulação. Por outro lado, se o mercador revende por £110 o algodão que comprou por £100, ou se é forçado a liquidá-lo por £100 ou mesmo por £50, de qualquer modo seu dinheiro percorreu um movimento peculiar e original, de um tipo totalmente distinto do movimento que percorre na circulação simples de mercadorias, por exemplo, nas mãos do camponês que vende o cereal e, com o dinheiro assim obtido, compra roupas. Temos, portanto, de examinar as características distintivas das formas dos ciclos D-M-D e M-D-M. Com isso, revelar-se-á, ao mesmo tempo, a diferença de conteúdo que se esconde atrás dessas diferenças formais.

Vejamos, antes de tudo, o que essas formas têm em comum.

As duas formas se decompõem nas duas fases antitéticas, M-D (venda) e D-M (compra). Em cada uma das duas fases confrontam-se um com o outro os mesmos dois elementos reificados [*sachlichen*], mercadoria e dinheiro, e as mesmas duas pessoas, portando as mesmas máscaras econômicas: um comprador e um vendedor. Cada um dos dois ciclos é a unidade das mesmas fases contrapostas, e nos dois casos essa unidade é mediada pela intervenção de três partes contratantes, das quais uma apenas vende, outra apenas compra e a terceira compra e vende alternadamente.

---

[2] "*Avec de l'argent on achète des marchandises, et avec des marchandises on achète de l'argent*" ["Com dinheiro compram-se mercadorias, e com mercadorias compra-se dinheiro"], Mercier de la Rivière, "L'ordre naturel et essentiel des sociétés politiques", cit., p. 543.

A transformação do dinheiro em capital

Mas o que realmente diferencia entre si os dois ciclos M-D-M e D-M-D é a ordem invertida de sucessão das mesmas fases antitéticas de circulação. A circulação simples de mercadorias começa com a venda e termina com a compra, ao passo que a circulação do dinheiro como capital começa com a compra e termina com a venda. Na primeira, o ponto de partida e de chegada do movimento é a mercadoria; na segunda, é o dinheiro. Na primeira forma, o que medeia o curso inteiro da circulação é o dinheiro; na segunda, é a mercadoria.

Na circulação M-D-M, o dinheiro é, enfim, transformado em mercadoria, que serve como valor de uso e é, portanto, gasto de modo definitivo. Já na forma contrária, D-M-D, o comprador desembolsa o dinheiro com a finalidade de receber dinheiro como vendedor. Na compra da mercadoria, ele lança dinheiro na circulação, para dela retirá-lo novamente por meio da venda da mesma mercadoria. Ele liberta o dinheiro apenas com a ardilosa intenção de recapturá-lo. O dinheiro é, portanto, apenas adiantado[3].

Na forma M-D-M, a mesma peça monetária muda duas vezes de lugar. O vendedor a recebe do comprador e a passa a outro vendedor. O processo inteiro, que começa com o recebimento de dinheiro em troca de mercadoria, conclui-se com o dispêndio de dinheiro por mercadoria. O inverso ocorre na forma D-M-D. Aqui não é a mesma peça monetária que muda duas vezes de lugar, mas a mesma mercadoria, e o comprador a recebe das mãos do vendedor e a passa às mãos de outro comprador. Assim como na circulação simples de mercadorias as duas mudanças de lugar da mesma peça monetária implicam sua troca definitiva de mãos, também aqui a dupla mudança de lugar da mesma mercadoria implica o refluxo do dinheiro a seu primeiro ponto de partida.

O refluxo do dinheiro a seu ponto de partida não depende de a mercadoria ser vendida mais cara do que foi comprada. Essa circunstância afeta apenas a grandeza da quantia de dinheiro que reflui. O fenômeno do refluxo propriamente dito ocorre assim que a mercadoria comprada é revendida, ou seja, assim que o ciclo D-M-D é completado. Temos aqui, portanto, uma diferença palpável entre a circulação do dinheiro como capital e sua circulação como mero dinheiro.

O ciclo M-D-M está inteiramente concluído tão logo o dinheiro obtido com a venda de uma mercadoria é novamente empregado na compra de outra mercadoria. Se, no entanto, ocorre um refluxo de dinheiro a seu ponto de partida, isso só pode acontecer por meio da renovação ou repetição do percurso inteiro. Se vendo 1 *quarter* de cereal por £3 e com essa quantia compro roupas, as £3

---

[3] "When a thing is bought, in order to be sold again, the sum employed is called *money advanced*; when it is bought not to be sold, it may be said to be *expended*" ["Quando algo é comprado para ser revendido, a soma assim aplicada é chamada de dinheiro adiantado; quando é comprada não para ser vendida, pode-se denominá-la soma despendida"], James Steuart, *Works etc.*, editado pelo general *sir* James Steuart, seu filho (Londres, 1805), v. I, p. 274.

estão definitivamente gastas para mim. Não tenho mais nenhuma relação com elas. Elas agora pertencem ao comerciante de roupas. Ora, se vendo mais 1 *quarter* de cereal, então o dinheiro retorna para mim, mas não em consequência da primeira transação, e sim apenas de sua repetição. E ele volta a se separar de mim assim que completo a segunda transação e volto a comprar. Na circulação M-D-M, portanto, o gasto do dinheiro não tem nenhuma relação com seu refluxo. Já em D-M-D, ao contrário, o refluxo do dinheiro é condicionado pelo modo como ele é gasto. Sem esse refluxo, a operação está fracassada ou o processo está interrompido, ou, ainda, não concluído, faltando ainda sua segunda fase, a da venda que completa e conclui a compra.

O ciclo M-D-M parte do extremo de uma mercadoria e conclui-se com o extremo de uma outra mercadoria, que abandona a circulação e ingressa no consumo. O consumo, a satisfação de necessidades – em suma, o valor de uso –, é, assim, seu fim último. O ciclo D-M-D, ao contrário, parte do extremo do dinheiro e retorna, por fim, ao mesmo extremo. Sua força motriz e fim último é, desse modo, o próprio valor de troca.

Na circulação simples de mercadorias, os dois extremos têm a mesma forma econômica. Ambos são mercadorias. Eles são, também, mercadorias de mesma grandeza de valor. Porém, são valores de uso qualitativamente diferentes, por exemplo cereal e roupas. A troca de produtos, a variação das matérias nas quais o trabalho social se apresenta é o que constitui, aqui, o conteúdo do movimento. Diferentemente do que ocorre na circulação D-M-D. À primeira vista, ela parece desprovida de conteúdo, por ser tautológica. Ambos os extremos têm a mesma forma econômica. Ambos são dinheiro, portanto, não-valores de uso qualitativamente distintos, uma vez que o dinheiro é justamente a figura transformada das mercadorias, na qual estão apagados seus valores de uso específicos. Trocar £100 por algodão e, em seguida, voltar a trocar esse mesmo algodão por £100, ou seja, trocar dinheiro por dinheiro, o mesmo pelo mesmo, parece ser uma operação tão despropositada quanto absurda[4]. Uma quantia de dinheiro só pode se diferenciar de outra quantia de

---

[4] "*On n'échange pas de l'argent contre de l'argent*" ["Não se troca dinheiro por dinheiro"], diz Mercier de la Rivière aos mercantilistas, em "L'ordre naturel et essentiel des sociétés politiques", cit., p. 486. Numa obra que trata *ex professo* de "comércio" e "especulação", lê-se: "Todo comércio consiste da troca de coisas de tipos diferentes; e a vantagem" (para o mercador?) "advém dessa diferença. Trocar 1 libra de pão por 1 libra de pão não traria nenhuma vantagem [...]. Razão pela qual o comércio leva vantagem se comparado com o jogo, que consiste numa mera troca de dinheiro por dinheiro", Th. Corbet, *An Inquiry into the Causes and Models of the Wealth of Individuals; or the Principles of Trade and Speculation Explained* (Londres, 1841), p. 5. Embora Corbet não perceba que a troca de dinheiro por dinheiro (D-D) é a forma característica da circulação, não apenas do capital comercial, mas de todo capital, ao menos ele reconhece que essa forma do comércio, a especulação, é semelhante ao jogo, mas eis que chega MacCulloch e descobre que comprar para vender é especulação, e assim cai por terra a diferença entre especulação e comércio. "*Every*

dinheiro por sua grandeza. Assim, o processo D-M-D não deve seu conteúdo a nenhuma diferença qualitativa de seus extremos, pois ambos são dinheiro, mas apenas à sua distinção quantitativa. Ao final do processo, mais dinheiro é tirado da circulação do que nela fora lançado inicialmente. O algodão comprado por £100 é revendido por £100 + £10, ou por £110. A forma completa desse processo é, portanto, D-M-D', onde D' = D + ΔD, isto é, à quantia de dinheiro inicialmente adiantada mais um incremento. Esse incremento, ou excedente sobre o valor original, chamo de mais-valor (*surplus value*). O valor originalmente adiantado não se limita, assim, a conservar-se na circulação, mas nela modifica sua grandeza de valor, acrescenta a essa grandeza um mais-valor ou se valoriza. E esse movimento o transforma em capital.

Certamente, também em M-D-M é possível que os dois extremos M-M, digamos, cereal e roupas, sejam grandezas de valor quantitativamente distintas. O camponês pode vender seu cereal acima de seu valor ou comprar roupas abaixo de seu valor. Ele pode, por outro lado, ser ludibriado pelo vendedor de roupas. No entanto, para a forma da circulação que agora consideramos, tal diferença de valor é puramente acidental. O fato de o cereal e as roupas serem equivalentes não priva o processo de seu sentido, como ocorre com o processo D-M-D. A equivalência de seus valores é, antes, uma condição necessária para seu curso normal.

A repetição ou renovação da venda para comprar encontra sua medida, tal como esse processo mesmo, num fim último situado fora dela, a saber, o consumo, a satisfação de determinadas necessidades. Na compra para vender, ao contrário, o início e o fim são o mesmo: dinheiro, valor de troca, e, desse modo, o movimento é interminável. Sem dúvida, D se torna D + ΔD, e £100 se torna £100 + £10. Porém, consideradas de modo puramente qualitativo, £110 são o mesmo que £100, ou seja, dinheiro. E consideradas quantitativamente, £110 são uma quantia limitada de dinheiro tanto quanto £100. Se as £100 fossem gastas como dinheiro, elas deixariam de desempenhar seu papel. Deixariam de ser capital. Retiradas da circulação, elas se petrificariam como tesouro e nem um centavo lhes seria acrescentado, ainda que permanecessem nesse estado até o dia do Juízo Final. Se, portanto, o objetivo é a valorização do valor, há tanta necessidade da valorização de £110 quanto de £100, pois ambas são expressões limitadas do valor

---

transaction in which an individual buys produce in order to sell it again, is, in fact, a speculation" ["Toda transação em que um indivíduo compra produtos para revendê-los é, na verdade, uma especulação"], MacCulloch, *A Dictionary, Practical etc. of Commerce* (Londres, 1847), p. 1009. Com muito mais ingenuidade, Pinto, o Píndaro da Bolsa de Valores de Amsterdã, diz: "*Le commerce est un jeu* [...] *et ce n'est pas avec des gueux qu'on peut gagner. Si l'on gagnait long-temps en tout avec tous, il faudrait rendre de bon accord les plus grandes parties du profit, pour recommencer le jeu*" ["O comércio é um jogo" (frase que ele apropria de Locke) "e de pedintes não se pode ganhar nada. Se por muito tempo se ganhasse tudo de todos, seria necessário devolver aos perdedores a maior parte dos lucros obtidos, a fim da recomeçar o jogo"], Pinto, *Traité de la circulation et du crédit* (Amsterdã, 1771), p. 231.

de troca e têm, portanto, a mesma vocação para se aproximarem da riqueza por meio da expansão de suas grandezas. É verdade que, por um momento, o valor originalmente adiantado de £100 se diferencia do mais-valor de £10 que lhe é acrescentado, mas essa diferença se esvanece imediatamente. No final do processo, não obtemos, de um lado, o valor original de £100 e, de outro lado, o mais-valor de £10. O que obtemos é um valor de £110, que, exatamente do mesmo modo como as £100 originais, encontra-se na forma adequada a dar início ao processo de valorização. Ao fim do movimento, o dinheiro surge novamente como seu início[5]. Assim, o fim de cada ciclo individual, em que a compra se realiza para a venda constitui, por si mesmo, o início de um novo ciclo. A circulação simples de mercadorias – a venda para a compra – serve de meio para uma finalidade que se encontra fora da circulação, a apropriação de valores de uso, a satisfação de necessidades. A circulação do dinheiro como capital é, ao contrário, um fim em si mesmo, pois a valorização do valor existe apenas no interior desse movimento sempre renovado. O movimento do capital é, por isso, desmedido[6].

---

[5] "O capital se divide [...] em capital original e lucro, o incremento do capital [...], embora na prática esse lucro se transforme imediatamente em capital e seja posto em movimento juntamente com este último", F. Engels, "Umrisse zu einer Kritik der Nationalökonomie" [Esboço de uma crítica da economia política], cit., p. 99.

[6] Aristóteles opõe a economia à crematística, partindo da economia. Por ser a arte do ganho, ela se limita à obtenção daquilo que é necessário à vida e dos bens úteis, seja à casa ou ao Estado. "A verdadeira riqueza (ὁ ἀληθινὸς πλοῦτος) consiste em tais valores de uso, pois a quantidade desses bens suficiente para garantir uma boa vida não é ilimitada. Existe, no entanto, uma segunda arte do ganho, que devemos chamar, de preferência e com razão, de crematística, e para esta última parece não haver qualquer limite à riqueza e às posses. O comércio de mercadorias" (ἡ καπηλική significa, literalmente, comércio varejista, e Aristóteles toma essa forma porque nela predominam os valores de uso) "pertence por natureza não à crematística, pois aqui a troca se dá apenas em relação ao que lhes é necessário (ao comprador e ao vendedor)", razão pela qual, continua ele, o escambo foi a forma original do comércio de mercadorias, mas com sua expansão surgiu necessariamente o dinheiro. Com a invenção do dinheiro, o escambo teve necessariamente de se desenvolver em καπηλική, em comércio de mercadorias, e este, em contradição com sua tendência original, desenvolveu-se em crematística, na arte de fazer dinheiro. Ora, a crematística se distingue da economia pelo fato de que, "para ela, a circulação é a fonte da riqueza (ποιητικὴ χρημάτων [...] διὰ χρημάτων μεταβολῆς). E ela parece girar em torno do dinheiro, pois este é o início e o fim desse tipo de troca (τὸ γὰρ νόμισμα στοιχεῖον καὶ πέρας τῆς ἀλλαγῆς ἐστίν), de modo que a riqueza, tal como a crematística se esforça por obter, é ilimitada. Assim como toda arte que não é um meio para um fim, mas um fim em si mesmo, é ilimitada em seus esforços, pois busca sempre se aproximar cada vez mais de seu objetivo último, ao passo que as artes que buscam apenas a consecução de meios para um fim não são ilimitadas, pois o próprio fim almejado impõe-lhes seus limites, assim também, para a crematística, não há qualquer limite a seu objetivo último, que é o enriquecimento absoluto. A economia, e não a crematística, tem um limite [...] a primeira tem como finalidade algo distinto do dinheiro; a segunda visa ao aumento deste último [...]. A confusão entre essas duas formas, que se sobrepõem uma à outra, faz com que

A transformação do dinheiro em capital

Como portador consciente desse movimento, o possuidor de dinheiro se torna capitalista. Sua pessoa, ou melhor, seu bolso, é o ponto de partida e de retorno do dinheiro. O conteúdo objetivo daquela circulação – a valorização do valor – é sua finalidade subjetiva, e é somente enquanto a apropriação crescente da riqueza abstrata é o único motivo de suas operações que ele funciona como capitalista ou capital personificado, dotado de vontade e consciência. Assim, o valor de uso jamais pode ser considerado como finalidade imediata do capitalista[7]. Tampouco pode sê-lo o lucro isolado, mas apenas o incessante movimento do lucro[8]. Esse impulso absoluto de enriquecimento, essa caça apaixonada ao valor[9] é comum ao capitalista e ao entesourador, mas, enquanto o entesourador é apenas o capitalista insano, o capitalista é o entesourador racional. O aumento incessante do valor, objetivo que o entesourador procura atingir conservando seu dinheiro fora da circulação[10], é atingido pelo capitalista, que, mais inteligente, lança sempre o dinheiro de novo em circulação[10a].

As formas independentes, as formas-dinheiro que o valor das mercadorias assume na circulação simples servem apenas de mediação para a troca de mercadorias e desaparecem no resultado do movimento. Na circulação D-M-D, ao contrário, mercadoria e dinheiro funcionam apenas como modos diversos de existência do próprio valor: o dinheiro como seu modo de existência universal, a mercadoria como seu modo de existência particular, por assim dizer, disfarçado[11]. O valor passa constantemente de uma forma

---

alguns concebam como fim último da economia a conservação e o aumento do dinheiro ao infinito", Aristóteles, *De Rep.* [Política], cit., livro I, c. 8, 9 passim.

[7] "*Commodities* [...] *are not the terminating object of the trading capitalist* [...] *money is his terminating object*" ["As mercadorias" (aqui, no sentido de valores de uso), "não são o fim último do capitalista comerciante [...] seu fim último é o dinheiro"], T. Chalmers, *On Politic. Econ. etc.* (2. ed., Glasgow, 1832), p. 165-6.

[8] "*Il mercante non conta quasi per niente il lucro fatto, ma mira sempre al futuro*" ["O mercador quase não leva em conta o lucro já realizado, mas olha sempre para o futuro"], A. Genovesi, *Lezioni di economia civile* (1765), em Custodi, *Collezione*, t. VIII, parte moderna, p. 139.

[9] "A inextinguível paixão pelo ganho, a *auri sacra fames* [maldita fome por ouro] sempre conduzirá o capitalista", MacCulloch, *The Principles of Polit. Econ.* (Londres, 1830), p. 179. É claro que essa concepção não impede que MacCulloch e consortes, quando se encontram em dificuldades teóricas – como ao tratar da superprodução –, transformem o mesmo capitalista num bom cidadão, voltado apenas ao valor de uso e que até mesmo desenvolve uma sede insaciável por botas, chapéus, ovos, tecidos de algodão e outros tipos extremamente familiares de valores de uso.

[10] "Σώζειν" é uma das expressões características dos gregos para o entesouramento. Igualmente, o inglês "*to save*" têm os mesmos dois sentidos: salvar e poupar.

[10a] "*Questo infinito che le cose non hanno in progresso, hanno in giro*" ["A infinitude que as coisas não têm ao progredir, elas têm ao circular"], Galiani, *Della moneta*, cit., p. 156.

[11] "*Ce n'est pas la matière qui fait le capital, mais la valeur de ces matières*" ["Não é a matéria que forma o capital, mas o valor dessas matérias"], J. B. Say, *Traité d'écon. polit.* (3. ed., Paris, 1817), t. II, p. 429.

a outra, sem se perder nesse movimento, e, com isso, transforma-se no sujeito automático do processo. Ora, se tomarmos as formas particulares de manifestação que o valor que se autovaloriza assume sucessivamente no decorrer de sua vida, chegaremos a estas duas proposições: capital é dinheiro, capital é mercadoria[12]. Na verdade, porém, o valor se torna, aqui, o sujeito de um processo em que ele, por debaixo de sua constante variação de forma, aparecendo ora como dinheiro, ora como mercadoria, altera sua própria grandeza e, como mais-valor, repele [*abstösst*] a si mesmo como valor originário, valoriza a si mesmo. Pois o movimento em que ele adiciona mais-valor é seu próprio movimento; sua valorização é, portanto, autovalorização. Por ser valor, ele recebeu a qualidade oculta de adicionar valor. Ele pare filhotes, ou pelo menos põe ovos de ouro.

Como sujeito usurpador de tal processo, no qual ele assume ora a forma do dinheiro, ora a forma da mercadoria, porém conservando-se e expandindo-se nessa mudança, o valor requer, sobretudo, uma forma independente por meio da qual sua identidade possa ser constatada. E tal forma ele possui apenas no dinheiro. Este constitui, por isso, o ponto de partida e de chegada de todo processo de valorização. Ele era £100 e agora é £110 etc. Mas o próprio dinheiro vale, aqui, apenas como uma das duas formas do valor. Se não assume a forma da mercadoria, o dinheiro não se torna capital. Portanto, o dinheiro não se apresenta aqui em antagonismo com a mercadoria, como ocorre no entesouramento. O capitalista sabe que toda mercadoria, por mais miserável que seja sua aparência ou por pior que seja seu cheiro, é dinheiro, não só em sua fé, mas também na realidade; que ela é, internamente, um judeu circuncidado e, além disso, um meio milagroso de se fazer mais dinheiro a partir do dinheiro.

Se na circulação simples o valor das mercadorias atinge no máximo uma forma independente em relação a seus valores de uso, aqui ele se apresenta, de repente, como uma substância em processo, que move a si mesma e para a qual mercadorias e dinheiro não são mais do que meras formas. E mais ainda. Em vez de representar relações de mercadorias, ele agora entra, por assim dizer, numa relação privada consigo mesmo. Como valor original, ele se diferencia de si mesmo como mais-valor, tal como Deus Pai se diferencia de si mesmo como Deus Filho, sendo ambos da mesma idade e constituindo, na verdade, uma única pessoa, pois é apenas por meio do mais-valor de £10 que as £100 adiantadas se tornam capital, e, assim que isso ocorre, assim que é gerado o filho e, por meio do filho, o pai, desaparece sua diferença e eles são apenas um, £110.

---

[12] "*Currency* [...] *employed to productive purposes is capital*" ["O meio de circulação" (!) "que é empregado na produção de artigos [...] é capital"], Macleod, *The Theory and Practice of Banking* (Londres, 1885), v. I, c. 1, p. 55. "*Capital is commodities*" ["Capital é igual a mercadorias"], James Mill, *Elements of Pol. Econ.* (Londres, 1821), p. 74.

A transformação do dinheiro em capital

O valor se torna, assim, valor em processo, dinheiro em processo e, como tal, capital. Ele sai da circulação, volta a entrar nela, conserva-se e multiplica-se em seu percurso, sai da circulação aumentado e começa o mesmo ciclo novamente[13]. D-D', dinheiro que cria dinheiro – *money which begets money* – é a descrição do capital na boca de seus primeiros intérpretes, os mercantilistas.

Comprar para vender, ou, mais acuradamente, comprar para vender mais caro, D-M-D', parece ser apenas um tipo de capital, a forma própria do capital comercial. Mas também o capital industrial é dinheiro que se transforma em mercadoria e, por meio da venda da mercadoria, retransforma-se em mais dinheiro. Eventos que ocorrem entre a compra e a venda, fora da esfera da circulação, não alteram em nada essa forma de movimento. Por fim, no capital a juros, a circulação D-M-D' aparece abreviada, de modo que seu resultado se apresenta sem a mediação ou, dito em estilo lapidar, como D-D', dinheiro que é igual a mais dinheiro, ou valor que é maior do que ele mesmo.

Na verdade, portanto, D-M-D' é a fórmula geral do capital tal como ele aparece imediatamente na esfera da circulação.

2. Contradições da fórmula geral

A forma que a circulação assume quando o dinheiro se transforma em capital contradiz todas as leis que investigamos anteriormente sobre a natureza da mercadoria, do valor, do dinheiro e da própria circulação. O que a distingue da circulação simples de mercadorias é a ordem inversa dos dois processos antitéticos: a venda e a compra. E como poderia uma diferença puramente formal como essa alterar a natureza desses processos como que por mágica?

E mais ainda. Essa inversão só existe para uma das três partes negociantes, que fazem comércio umas com as outras. Como capitalista, compro mercadorias de *A* e as revendo a *B*, ao passo que, como simples possuidor de mercadorias, vendo mercadorias a *B* e compro mercadorias de *A*. Para os negociantes *A* e *B*, não existe essa distinção. Eles aparecem apenas como compradores ou vendedores de mercadorias. Eu mesmo me confronto com eles como simples possuidor, ora de dinheiro, ora de mercadorias, como comprador ou como vendedor e, além disso, em cada uma dessas transações, confronto-me com uma pessoa apenas como comprador, com outra apenas como vendedor, com a primeira apenas como dinheiro, com a segunda apenas como mercadorias, e com nenhuma delas como capital ou capitalista, ou como representante de qualquer coisa que seja mais do que dinheiro ou mercadorias, ou que possa surtir qualquer efeito além daquele do dinheiro ou das mercadorias. Para mim, a compra de *A* e a venda a *B* constituem uma série. Mas a conexão entre

---

[13] "Capital [...] valor que multiplica a si mesmo permanentemente", Sismondi, *Nouveaux principes d'écon. polit.*, t. I, p. 89.

esses dois atos só existe para mim. *A* não se preocupa com minha transação com *B*, e tampouco *B* com minha transação com *A*. E se eu quisesse explicar a eles o mérito particular de minha ação, que consiste em inverter a série, eles me diriam que estou enganado quanto à própria série e que a transação completa não começa com uma compra e conclui-se com uma venda, mas, inversamente, começa com uma venda e conclui-se com uma compra. De fato, meu primeiro ato, a compra, é, do ponto de vista de *A*, uma venda, e meu segundo ato, a venda, é, do ponto de vista de *B*, uma compra. Não satisfeitos com isso, *A* e *B* argumentarão que a série inteira foi supérflua e não passou de um mero truque. *A* venderá a mercadoria diretamente a *B*, e *B* a comprará diretamente de *A*. Com isso, a transação inteira se reduz a um ato unilateral da circulação usual de mercadorias, sendo do ponto de vista de *A* um simples ato de venda e do ponto de vista de *B* um simples ato de compra. Assim, a inversão da série não nos conduz para fora da esfera da circulação simples de mercadorias, de modo que temos, antes, de investigar se nessa circulação simples existe algo a permitir uma expansão do valor que entra na circulação e, por conseguinte, a criação de mais-valor.

Tomemos o processo de circulação na forma em que ele se apresenta como mera troca de mercadorias. Esse é sempre o caso quando dois possuidores de mercadoria compram mercadorias um do outro e, no dia do ajuste de contas, as quantias mutuamente devidas são iguais e cancelam uma à outra. O dinheiro serve, nesse caso, como moeda de conta, para expressar o valor das mercadorias em seus preços, porém não se confronta materialmente com as próprias mercadorias. Na medida em que se trata de valores de uso, é claro que ambas as partes que realizam a troca podem ganhar. Ambas alienam mercadorias que lhes são inúteis como valores de uso e recebem em troca mercadorias de cujo valor de uso elas necessitam. E essa vantagem pode não ser a única. *A*, que vende vinho e compra cereal, produz talvez mais vinho do que o agricultor *B* poderia produzir no mesmo tempo de trabalho, assim como o agricultor *B* poderia produzir mais cereal do que o agricultor *A*, de modo que *A* recebe, pelo mesmo valor de troca, mais cereal, e *B* recebe mais vinho do que a quantidade de vinho e cereal que cada um dos dois teria de produzir para si mesmo sem a troca. Com respeito ao valor de uso, portanto, pode-se dizer que "a troca é uma transação em que ambas as partes saem ganhando"[14]. Mas o mesmo não ocorre com o valor de troca.

> Um homem que possui muito vinho e nenhum cereal negocia com outro homem, que possui muito cereal e nenhum vinho, e entre eles é trocado trigo, no valor de 50, por vinho, no mesmo valor de 50. Tal troca não constitui um aumento do valor

---

[14] "*L'échange est une transaction admirable dans laquelle les deux contractants gagnent – toujours*" (!) ["A troca é uma transação admirável na qual as duas partes contratantes ganham – sempre" (!)], Destutt de Tracy, *Traité de la volonté et de ses effets* (Paris, 1826), p. 68. O mesmo livro também foi publicado como *Traité d'econ. polit.*

A transformação do dinheiro em capital

de troca para nenhuma das partes, pois, antes da troca cada um deles já possuía um valor igual àquele que foi criado por meio dessa operação.[15]

O resultado não se altera em nada se o dinheiro é introduzido como meio de circulação entre as mercadorias, e se os atos de compra e venda são separados um do outro[16]. O valor das mercadorias é expresso em seus preços antes de elas entrarem em circulação, sendo, portanto, o pressuposto, e não o resultado desta última[17].

Considerado abstratamente, isto é, abstraindo das circunstâncias que não decorrem imediatamente das leis imanentes da circulação simples de mercadorias, o que ocorre na troca – além da substituição de um valor de uso por outro – não é mais do que uma metamorfose, uma mera mudança de forma da mercadoria. O mesmo valor, *i.e.*, a mesma quantidade de trabalho social objetivado permanece nas mãos do mesmo possuidor de mercadorias, primeiramente como sua própria mercadoria, em seguida como dinheiro pelo qual ela foi trocada e, por fim, como mercadoria que ele compra com esse dinheiro. Essa mudança de forma não implica qualquer alteração na grandeza do valor, mas a mudança que o valor da mercadoria sofre nesse processo é limitada a uma mudança em sua forma-dinheiro. Ela existe, primeiramente, como preço da mercadoria à venda; em seguida, como uma quantia de dinheiro que, no entanto, já estava expressa no preço; por fim, como o preço de uma mercadoria equivalente. Essa mudança de forma implica, em si mesma, tão pouco uma alteração na grandeza do valor quanto a troca de uma nota de £5 por *sovereigns*, meio *sovereign* e xelins.

Assim, na medida em que a circulação da mercadoria opera tão somente uma mudança formal de seu valor, ela implica, quando o fenômeno ocorre livre de interferências, a troca de equivalentes. Mesmo a economia vulgar, que não sabe praticamente nada sobre o valor, considera, quando deseja tomar o fenômeno em sua pureza, que a oferta e a demanda são iguais, isto é, que o efeito da circulação é nulo. Mas se no que diz respeito ao valor de uso tanto o comprador quanto o vendedor podem igualmente ganhar, o mesmo não ocorre quando se trata do valor de troca. Nesse caso, diz-se, antes: "Onde há igualdade, não há lucro"[18]. É verdade que as mercadorias podem ser vendidas por preços que não correspondem a seus valores, mas esse desvio

---

[15] Mercier de la Rivière, "L'ordre naturel et essentiel des sociétés politiques", cit., p. 544.

[16] *"Que l'une de ces deux valeurs soit argent, ou qu'elles soient toutes deux marchandises usuelles, rien de plus indifférent en soi"* ["Que um desses dois valores seja dinheiro, ou que os dois sejam mercadorias comuns, é algo absolutamente indiferente"], ibidem, p. 543.

[17] *"Ce ne sont pas les contractants qui prononcent sur la valeur; elle est décidée avant la convention"* ["Não são as partes contratantes que decidem sobre o valor; ele é decidido antes da convenção"], Le Trosne, *De l'intérêt social*, cit., p. 906.

[18] *"Dove è egualità non è lucro"*, Galiani, *Della moneta*, cit., t. IV, p. 244.

tem de ser considerado como uma infração da lei da troca de mercadorias[19]. Em sua forma pura, ela é uma troca de equivalentes, não um meio para o aumento do valor[20].

Por trás das tentativas de apresentar a circulação de mercadorias como fonte do mais-valor esconde-se, na maioria das vezes, um quiproquó, uma confusão de valor de uso com valor de troca. Por exemplo, diz Condillac:

> "Não é verdade que na troca de mercadorias troca-se um valor igual por outro valor igual. Ao contrário. Cada um dos dois contratantes dá sempre um valor menor em troca de um valor maior [...]. Se valores iguais fossem trocados, não haveria ganho algum para nenhum dos contratantes, mas as duas partes obtêm um ganho, ou pelo menos deveriam obtê-lo. Por quê? O valor das coisas consiste meramente em sua relação com nossas necessidades. O que para um vale mais, para outro vale menos, e vice-versa [...]. Não colocamos à venda artigos que são indispensáveis para nosso próprio consumo [...]. Abrimos mão de uma coisa inútil para nós em troca de uma coisa que nos é necessária; queremos dar menos por mais [...]. É natural julgar que, na troca, dá-se um valor igual por outro valor igual, sempre que cada uma das coisas trocadas vale a mesma quantidade de ouro [...]. Mas outra consideração tem de entrar nesse cálculo; a questão é se cada uma das partes troca algo supérfluo por algo necessário."[21]

Vê-se como Condillac não apenas confunde valor de uso com valor de troca, como, de modo verdadeiramente pueril, afirma que, numa sociedade em que a produção de mercadorias é bem desenvolvida, cada produtor produz seus próprios meios de subsistência e só põe em circulação o excedente sobre sua própria necessidade, o supérfluo[22]. Mesmo assim, o argumento de Condillac é

---

[19] *"L'échange devient désavantageux pour l'une des parties, lorsque quelque chose étrangère vient diminuer ou exagérer le prix: alors l'égalité est blessée, mais la lésion procède de cette cause et non de l'échange"* ["A troca se torna desavantajosa para uma das partes quando alguma circunstância estranha vem diminuir ou aumentar o preço; então, a igualdade é ferida, mas o ferimento procede dessa causa, e não da troca"], Le Trosne, *De l'intérêt social*, cit., p. 904.

[20] *"L'échange est de sa nature un contrat d'égalité qui se fait de valeur pour valeur égale. Il n'est donc pas un moyen de s'enrichir, puisque l'on donne autant que l'on reçoit"* ["A troca é, por sua natureza, um contrato de igualdade firmado entre dois valores iguais. Ele não é, portanto, um meio de se enriquecer, porquanto se dá tanto quanto se recebe"], Le Trosne, "L'ordre naturel et essentiel des sociétés politiques", cit., p. 903.

[21] Condillac, *Le commerce et le gouvernement* (1776), em Daire e Molinari (orgs.), *Mélanges d'économie politique* (Paris, 1847), p. 267, 291.

[22] Le Trosne responde muito corretamente a seu amigo Condillac: *"Dans la société formée il n'y a pas de surabondant en aucun genre"* ["Numa [...] sociedade formada não há nada que seja supérfluo"]. Ao mesmo tempo, ele observa jocosamente que, "se as duas partes que realizam a troca recebem igualmente mais do que fornecem uma à outra, então ambas obtêm a mesma quantidade". É pelo fato de Condillac não ter a mínima ideia da natureza do valor de troca que ele foi escolhido pelo sr. professor Wilhelm Roscher como a autoridade a fundamentar seus próprios conceitos infantis. Cf. a obra de Roscher, *Die Grundlagen der Nationalökonomie* (3. ed., 1858).

frequentemente repetido por economistas modernos, principalmente quando se trata de mostrar que a forma desenvolvida da troca de mercadorias, o comércio, é produtora de mais-valor. "O comércio" – diz ele [S. P. Newman], por exemplo – "adiciona valor aos produtos, pois os mesmos produtos têm mais valor nas mãos do consumidor do que nas mãos do produtor, e, por isso, ele tem de ser considerado estritamente (*strictly*) um ato de produção."[23]

Mas não se paga duas vezes pelas mercadorias, uma vez por seu valor de uso e outra vez por seu valor. E se o valor de uso da mercadoria é mais útil para o comprador do que para o vendedor, sua forma-dinheiro é mais útil para o vendedor do que para o comprador. Se assim não fosse, ele a venderia? Com a mesma razão, poder-se-ia dizer que o comprador realiza estritamente (*strictly*) um "ato de produção" quando, por exemplo, transforma as meias do comerciante em dinheiro.

Se são trocadas mercadorias, ou mercadorias e dinheiro de mesmo valor de troca, portanto, equivalentes, é evidente que cada uma das partes não extrai da circulação mais valor do que o que nela lançou inicialmente. Não há, então, criação de mais-valor. Ocorre que, em sua forma pura, o processo de circulação de mercadorias exige a troca de equivalentes. Mas as coisas não se passam com tal pureza na realidade. Por isso, admitamos uma troca de não equivalentes.

No mercado de mercadorias confrontam-se apenas possuidores de mercadorias, e o poder que essas pessoas exercem umas sobre as outras não é mais do que o poder de suas mercadorias. A diversidade material [*stoffliche Verschiedenheit*] das mercadorias é a motivação material [*stoffliche Motiv*] para a troca e torna os possuidores de mercadorias dependentes uns dos outros, uma vez que nenhum deles tem em suas mãos o objeto de suas próprias necessidades, e que cada um tem em suas mãos o objeto da necessidade do outro. Além dessa diversidade material de seus valores de uso, existe apenas mais uma diferença entre as mercadorias: a diferença entre sua forma natural e sua forma modificada, entre a mercadoria e o dinheiro. Assim, os possuidores de mercadorias se distinguem simplesmente como vendedores, possuidores de mercadoria, e compradores, possuidores de dinheiro.

Suponhamos, então, que por algum privilégio inexplicável seja permitido ao vendedor vender a mercadoria acima de seu valor, por exemplo, por £110, quando ela vale £100, portanto, com um acréscimo nominal de 10% em seu preço. O vendedor embolsa, assim, um mais-valor de £10. Mas, depois de ter sido vendedor, ele se torna comprador. E eis que um terceiro possuidor de mercadorias confronta-se com ele como vendedor e usufrui, por sua vez, do privilégio de vender a mercadoria 10% mais cara do que seu valor. Nosso homem ganhou £10 como vendedor apenas para perder £10 como comprador[24]. Assim, cada

---

[23] S. P. Newman, *Elements of Polit. Econ.* (Andover e Nova York, 1835), p. 175.

[24] "*By the augmentation of the nominal value of the produce* [...] *sellers not enriched* [...] *since what they gain as sellers, they precisely expend in the quality of buyers*" ["Por meio do aumento

um dos possuidores de mercadorias vende seus artigos aos outros possuidores de mercadorias a um preço 10% acima de seu valor, o que, na verdade, produz o mesmo resultado que se obteria se cada um deles vendesse as mercadorias pelos seus valores. O mesmo efeito de tal aumento nominal dos preços das mercadorias seria obtido se os valores das mercadorias fossem expressos em prata, em vez de ouro. As denominações monetárias, isto é, os preços das mercadorias aumentariam, mas suas relações de valor permaneceriam inalteradas.

Agora suponhamos, ao contrário, que o comprador disponha do privilégio de comprar as mercadorias abaixo de seu valor. Não precisamos, aqui, recordar que o comprador se tornará vendedor. Ele o era antes de se tornar comprador. Ele perdeu 10% como vendedor antes de ganhar 10% como comprador[25]. Tudo permanece como estava.

Portanto, a criação de mais-valor e, por conseguinte, a transformação de dinheiro em capital não pode ser explicada nem pelo fato de que uns vendem as mercadorias acima de seu valor, nem pelo fato de que outros as compram abaixo de seu valor[26].

O problema não é de modo algum simplificado com a introdução de elementos estranhos, como faz o coronel Torrens:

"A demanda efetiva consiste no poder e na inclinação (!) dos consumidores, seja por meio da troca direta ou indireta, a dar pelas mercadorias uma porção de ingredientes do capital numa quantidade maior do que o custo de produção dessas mesmas mercadorias."[27]

Na circulação, produtores e consumidores se confrontam apenas como vendedores e compradores. Dizer que o mais-valor obtido pelos produtores tem origem no fato de que os consumidores compram a mercadoria acima de

---

do valor nominal dos produtos [...] os vendedores não enriquecem [...], uma vez que aquilo que eles ganham como vendedores eles gastam como compradores"], J. Gray, *The Essential Principles of the Wealth of Nations etc.* (Londres, 1797), p. 66.

[25] "*Si l'on est forcé de donner pour 18 livres une quantité de telle production qui en valait 24, lorsqu'on employera ce même argent à acheter, on aura également pour 18 l. ce que l'on payait 24*" ["Se se é forçado a vender por £18 uma quantidade de produtos que valem £24, obter-se-á – caso se utilize esse mesmo dinheiro para comprar – igualmente por £18 aquilo que vale £24"], Le Trosne, *De l'intérêt social*, cit., p. 897.

[26] "*Chaque vendeur ne peut donc parvenir à renchérir habituellement ses marchandises, qu'en se soumettant aussi à payer habituellement plus cher les marchandises des autres vendeurs; et par la même raison, chaque consommateur ne peut [...] payer habituellement moins cher ce qu'il achète, qu'en se soumettant aussi à une diminution semblable sur le prix des choses qu'il vend*" ["Por isso, nenhum vendedor pode aumentar os preços de suas mercadorias sem que tenha igualmente de pagar mais caro pelas mercadorias dos outros vendedores; e, pela mesma razão, nenhum consumidor pode habitualmente comprar mais barato sem ter de abaixar o preço das coisas que ele mesmo vende"], Mercier de la Rivière, "L'ordre naturel et essentiel des sociétés politiques", cit., p. 555.

[27] R. Torrens, *An Essay on the Production of Wealth* (Londres, 1821), p. 349.

A transformação do dinheiro em capital

seu valor é apenas mascarar algo que é bastante simples: como vendedor, o possuidor de mercadorias dispõe do privilégio de vender mais caro. O próprio vendedor produziu suas mercadorias ou representa seus produtores, mas também o comprador produziu as mercadorias representadas em seu dinheiro ou representa seus produtores. Assim, um produtor se confronta com outro, e o que os diferencia é que um compra e o outro vende. Que o possuidor de mercadorias, no papel de produtor, vende a mercadoria acima de seu valor e, no papel de consumidor, paga mais caro por ela é algo aqui irrelevante[28].

Em nome da coerência, os representantes da ideia de que o mais-valor provém de um aumento nominal dos preços ou de um privilégio de que o vendedor dispõe de vender a mercadoria mais cara do que seu valor teriam de admitir a existência de uma classe que apenas compra, sem vender – portanto, que apenas consome, sem produzir. A existência de tal classe é ainda inexplicável neste estágio de nossa exposição, a saber, o da circulação simples. Todavia, podemos antecipar algumas ideias. O dinheiro com que tal classe constantemente compra tem de fluir para ela diretamente dos bolsos dos possuidores de mercadorias, de modo constante, sem nenhuma troca, gratuitamente, seja pelo direito ou pela força. Para essa classe, vender mercadorias acima de seu valor significa apenas reembolsar gratuitamente parte do dinheiro previamente gasto[29]. É assim que as cidades da Ásia Menor pagavam um tributo em dinheiro à Roma Antiga. Com esse dinheiro, Roma comprava mercadorias dessas cidades, e as comprava mais caras do que seu valor. Desse modo, as províncias ludibriavam os romanos, subtraindo aos conquistadores, por meio do comércio, uma parte do tributo anteriormente pago. No entanto, os conquistados permaneciam sendo os verdadeiros ludibriados. Suas mercadorias eram pagas com seu próprio dinheiro, e esse não é o método correto para enriquecer ou criar mais-valor.

Mantenhamo-nos, portanto, nos limites da troca de mercadorias, em que vendedores são compradores, e compradores, vendedores. Talvez nossa dificuldade provenha do fato de termos tratado os atores apenas como categorias personificadas, e não individualmente.

O possuidor de mercadorias *A* pode ser esperto o suficiente para ludibriar seus colegas *B* ou *C* de um modo que estes não possam oferecer uma retaliação,

---

[28] "A ideia de que os lucros são pagos pelos consumidores é, certamente, muito absurda. Quem são os consumidores?", G. Ramsay, *An Essay on the Distribution of Wealth* (Edimburgo, 1836), p. 183.

[29] "*When a man is in want of demand, does Mr. Malthus recommend him to pay some other person to take off his goods?*" ["Quando alguém necessita de uma *demanda*, recomenda-lhe o sr. Malthus que ele pague a outra pessoa para que esta compre seus produtos?"]. Isso é o que pergunta a Malthus um indignado ricardiano, que, tal como seu discípulo, padre Chalmers, glorifica economicamente essa classe de simples compradores ou consumidores. Ver *An Inquiry into those Principles, Respecting the Nature of Demand and the Necessity of Consumption, Lately Advocated by Mr. Malthus etc.* (Londres, 1821), p. 55.

apesar de terem toda a vontade de fazê-lo. *A* vende vinho a *B* pelo valor de £40 e, com esse dinheiro, compra cereais no valor de £50*. *A* transformou suas £40 em £50, menos dinheiro em mais dinheiro, e sua mercadoria em capital. Observemos a transação mais detalhadamente. Antes da troca, tínhamos vinho no valor de £40 nas mãos de *A*, e cereais no valor de £50 nas mãos de *B*, o que forma um total de £90. Após a troca, temos o mesmo valor total de £90. O valor em circulação não aumentou seu tamanho em nem um átomo, mas alterou-se sua distribuição entre *A* e *B*. O que aparece como mais-valor para um lado é menos-valor para o outro; o que aparece como "mais" para um, é "menos" para outro. A mesma mudança teria ocorrido se *A*, sem o eufemismo formal da troca, tivesse roubado diretamente £10 de *B*. Está claro que a soma do valor em circulação não pode ser aumentada por nenhuma mudança em sua distribuição, tão pouco quanto um judeu pode aumentar a quantidade de metal precioso num país ao vender um *farthing* da época da rainha Ana por um guinéu**. A totalidade da classe capitalista de um país não pode se aproveitar de si mesma[30].

Pode-se virar e revirar como se queira, e o resultado será o mesmo. Da troca de equivalentes não resulta mais-valor, e tampouco da troca de não equivalentes resulta mais-valor[31]. A circulação ou a troca de mercadorias não cria valor nenhum[32].

---

*   Isto é, A paga £40 por cereais que, na verdade, valem £50. (N. T.)
**   Antiga moeda inglesa de ouro, com valor de 1 libra-peso, o equivalente a 20 (mais tarde, 21) xelins. (N. T.)
[30]   Destutt de Tracy, embora – ou talvez justamente por isso – fosse um *membre de l'Institut*, era de opinião contrária. Segundo ele, o lucro dos capitalistas provém do fato de eles "venderem tudo mais caro do que seu custo de produção. E para quem eles vendem? Primeiramente, uns para os outros", *Traité de la volonté et de ses effets*, cit., p. 239. [*Membre de l'Institut*: referência ao Institute National des Sciences et Arts, fundado pela Convenção em 1795 em substituição às academias francesas. (N. T.)]
[31]   "*L'échange qui se fait de deux valeurs égales n'augmente ni ne diminue la masse des valeurs subsistantes dans la société. L'échange de deux valeurs inégales [...] ne change rien non plus à la somme des valeurs sociales, bien qu'il ajoute à la fortune de l'un ce qu'il ôte de la fortune de l'autre*" ["A troca que se realiza de dois valores iguais não aumenta nem diminui a massa dos valores subsistentes na sociedade. A troca de dois valores desiguais [...] também não altera em nada a soma dos valores sociais, apenas acrescentando à fortuna de um aquilo que ela retira da fortuna do outro"], J. B. Say, *Traité d'écon. polit.*, cit., t. II, p. 443-4). Say, naturalmente sem se preocupar com as consequências dessa tese, toma-a de empréstimo, quase literalmente, dos fisiocratas. Os seguintes exemplos mostram como ele explorou os escritos dos fisiocratas, à época esquecidos, a fim de aumentar o "valor" de sua própria obra. A frase "mais célebre" do sr. Say, "*On n'achète des produits qu'avec des produits*" ["Produtos só podem ser comprados com produtos"], ibidem, t. II, p. 438, está escrita assim no original fisiocrata: "*Les productions ne se paient qu'avec des productions*" ["Produtos só podem ser pagos com produtos"], Le Trosne, *De l'intérêt social*, cit., p. 899.
[32]   "*Exchange confers no value at all upon products*" ["A troca não confere valor algum aos produtos"], F. Wayland, *The Elements of Pol. Econ.* (Boston, 1843), p. 169.

A transformação do dinheiro em capital

Compreende-se, assim, por que, em nossa análise da forma básica do capital, forma na qual ele determina a organização econômica da sociedade moderna, deixamos inteiramente de considerar suas formas populares e, por assim dizer, antediluvianas: o capital comercial e o capital usurário.

É no genuíno capital comercial que a forma D-M-D', comprar para vender mais caro, aparece de modo mais puro. Por outro lado, seu movimento inteiro ocorre no interior da esfera da circulação. Mas como é impossível explicar a transformação de dinheiro em capital – isto é, a criação do mais-valor – a partir da própria circulação, o capital comercial aparenta ser impossível, porquanto se baseia na troca de equivalentes[33], de modo que ele só pode ter sua origem na dupla vantagem obtida, tanto sobre o produtor que compra quanto sobre o produtor que vende, pelo mercador que se interpõe como um parasita entre um e outro. Nesse sentido, diz Franklin: "Guerra é roubo, comércio é trapaça"[34]. Se é evidente que a valorização do capital comercial não pode ser explicada pela mera trapaça entre os produtores de mercadorias, um tratamento devido dessa questão exigiria uma longa série de elos intermediários, de que carecemos no presente estágio de nossa exposição, ainda dedicado inteiramente à circulação de mercadorias e seus momentos simples.

O que dissemos sobre o capital comercial vale ainda mais para o capital usurário. No capital comercial, os dois extremos – o dinheiro que é lançado no mercado e o capital que é retirado do mercado – são, ao menos, mediados pela compra e venda, pelo movimento da circulação. Já no capital usurário, a forma D-M-D' é simplificada nos extremos imediatos D-D', como dinheiro que se troca por mais dinheiro, uma forma que contradiz a natureza do dinheiro e, por isso, é inexplicável do ponto de vista da troca de mercadorias. Diz Aristóteles:

> "Porque a crematística é uma dupla ciência, a primeira parte pertencendo ao comércio, a segunda à economia, sendo esta última necessária e louvável, ao passo que a primeira se baseia na circulação e é desaprovada com razão (por não se fundar na natureza, mas na trapaça mútua), o usurário é odiado com a mais plena justiça, pois aqui o próprio dinheiro é a fonte do ganho e não é usado para a finalidade para a qual foi inventado, pois ele surgiu para a troca de mercadorias, ao passo que o juro transforma dinheiro em mais dinheiro. Isso explica seu nome" (τόκος: juro e prole), "pois os filhos são semelhantes aos genitores. Mas o

---

[33] *"Under the rule of invariable equivalents commerce would be impossible"* ["Sob o domínio de equivalentes invariáveis, o comércio seria impossível"], G. Opdyke, *A Treatise on Polit. Economy* (Nova York, 1851), p. 66-9. "A diferença entre valor real e valor de troca se baseia no seguinte fato, a saber, que o valor de uma coisa é diferente do assim chamado equivalente que por ela é dado no comércio, isto é, que esse equivalente não é equivalente algum", F. Engels, "Umrisse zu einer Kritik der Nationalökonomie" [Esboço de uma crítica da economia política], cit., p. 95-6.

[34] Benjamin Franklin, *Works*, v. II, em Sparks (org.), *Positions to be Examined Concerning National Wealth* [p. 376].

juro é dinheiro de dinheiro, de maneira que, de todas as formas de ganho, essa é a mais contrária à natureza."[35]

No curso de nossa investigação, veremos que tanto o capital comercial como o capital portador de juros [*zinstragende Kapital*] são formas derivadas; ao mesmo tempo, veremos por que elas surgem historicamente antes da moderna forma básica do capital.

Mostramos que o mais-valor não pode ter origem na circulação, sendo necessário, portanto, que pelas suas costas ocorra algo que nela mesma é invisível[36]. Mas pode o mais-valor surgir de alguma outra fonte que não a circulação? Esta é a soma de todas as relações mercantis* travadas entre os possuidores de mercadorias. Fora da circulação, o possuidor de mercadorias encontra-se em relação apenas com sua própria mercadoria. No que diz respeito a seu valor, essa relação se limita ao fato de que a mercadoria contém uma quantidade de seu próprio trabalho, quantidade que é medida segundo determinadas leis sociais. Tal quantidade de trabalho se expressa na grandeza de valor de sua mercadoria e, uma vez que a grandeza de valor se exprime em moeda de conta, num preço de, por exemplo, £10. Porém, seu trabalho não se expressa no valor da mercadoria acompanhado de um excedente acima de seu próprio valor, num preço de £10 que é, ao mesmo tempo, um preço de £11, isto é, num valor que é maior do que ele mesmo. O possuidor de mercadorias pode, por meio de seu trabalho, criar valores, mas não valores que valorizam a si mesmos. Ele pode aumentar o valor de uma mercadoria acrescentando ao valor já existente um novo valor por meio de novo trabalho, por exemplo, transformando o couro em botas. O mesmo material tem, agora, mais valor, porque contém uma quantidade maior de trabalho. Por isso, as botas têm mais valor do que o couro, mas o valor do couro permanece como era. Ele não se valorizou, não incorporou um mais-valor durante a fabricação das botas. Assim, encontrando-se o produtor de mercadorias fora da esfera da circulação, sem travar contato com outros possuidores de mercadorias, é impossível que ele valorize o valor e, por conseguinte, transforme dinheiro ou mercadoria em capital.

Portanto, o capital não pode ter origem na circulação, tampouco pode não ter origem na circulação. Ele tem de ter origem nela e, ao mesmo tempo, não ter origem nela.

Temos, assim, um duplo resultado.

---

[35] Aristóteles, *De Rep.* [Política], livro I, c. 10.
[36] "*Profit, in the usual condition of the market, is not made by exchanging. Had it not existed before, neither could it after that transaction*" ["O lucro, nas condições normais do mercado, não é produzido pela troca. Se ele não existisse antes, tampouco poderia passar a existir depois dessa transação"], Ramsay, *An Essay on the Distribution of Wealth*, cit., p. 184.
* Na primeira e na segunda edições: "relações de troca". (N. T.)

A transformação do dinheiro em capital tem de ser explicada com base nas leis imanentes da troca de mercadorias, de modo que a troca de equivalentes seja o ponto de partida[37]. Nosso possuidor de dinheiro, que ainda é apenas um capitalista em estado larval, tem de comprar as mercadorias pelo seu valor, vendê-las pelo seu valor e, no entanto, no final do processo, retirar da circulação mais valor do que ele nela lançara inicialmente. Sua metamorfose de larva em borboleta [*Schmetterlingsentfaltung*] tem de se dar na esfera da circulação e não pode se dar na esfera da circulação. Essas são as condições do problema. *Hic Rhodus, hic salta!**

3. A compra e a venda de força de trabalho

A mudança de valor do dinheiro destinado a se transformar em capital não pode ocorrer nesse mesmo dinheiro, pois em sua função como meio de compra e de pagamento ele realiza apenas o preço da mercadoria que ele compra ou pela qual ele paga, ao passo que, mantendo-se imóvel em sua própria forma, ele se petrifica como um valor que permanece sempre o mesmo[38]. Tampouco pode a mudança ter sua origem no segundo ato da circulação, a revenda da mercadoria, pois esse ato limita-se a transformar a

---

[37] A partir da presente investigação, o leitor pode compreender que o que está em questão é o seguinte: a formação do capital tem de ser possível mesmo que o preço e o valor de uma mercadoria sejam iguais. Sua formação não pode ser atribuída a um desvio do preço em relação ao valor das mercadorias. Se o preço realmente difere do valor, é preciso, antes de tudo, reduzir o primeiro ao último, isto é, considerar a diferença como acidental a fim de poder observar em sua pureza o fenômeno da formação do capital sobre a base da troca de mercadorias, sem que essa observação seja perturbada por circunstâncias secundárias ao processo propriamente dito. Sabe-se, além disso, que essa redução não é de modo algum um mero procedimento científico. As constantes oscilações dos preços de mercado, suas altas e baixas, compensam umas às outras, anulam-se mutuamente e se reduzem a um preço médio, que funciona como seu regulador interno. Tal preço médio é a estrela-guia, por exemplo, do comerciante ou do industrial em todo empreendimento que abrange um período de tempo mais longo. Ele sabe, assim, que, no longo prazo, as mercadorias não serão vendidas nem abaixo, nem acima, mas pelo seu preço médio. Se o pensamento desinteressado fosse de seu interesse, ele teria de elaborar o problema da formação do capital do seguinte modo: como pode o capital surgir quando se considera que a regulação dos preços se dá por meio do preço médio, isto é, em última instância, pelo valor da mercadoria? Digo "em última instância" porque os preços médios não coincidem diretamente com os valores das mercadorias, ao contrário do que creem Smith, Ricardo etc.

* Referência a *Hic Rhodus, hic saltus* [Aqui é Rodes, aqui deves saltar!], tradução latina de um trecho da fábula "O atleta fanfarrão", de Esopo. (N. T.)

[38] "*In the form of money* [...] *capital is productive of no profit*" ["Na forma do dinheiro [...] o capital não produz lucro nenhum"], Ricardo, *Princ. of Pol. Econ.*, cit., p. 267.

mercadoria de sua forma natural em sua forma-dinheiro. A mudança tem, portanto, de ocorrer na mercadoria que é comprada no primeiro ato D-M, porém não em seu valor, pois equivalentes são trocados e a mercadoria é paga pelo seu valor pleno. Desse modo, a mudança só pode provir de seu valor de uso como tal, isto é, de seu consumo. Para poder extrair valor do consumo de uma mercadoria, nosso possuidor de dinheiro teria de ter a sorte de descobrir no mercado, no interior da esfera da circulação, uma mercadoria cujo próprio valor de uso possuísse a característica peculiar de ser fonte de valor, cujo próprio consumo fosse, portanto, objetivação de trabalho e, por conseguinte, criação de valor. E o possuidor de dinheiro encontra no mercado uma tal mercadoria específica: a capacidade de trabalho, ou força de trabalho.

Por força de trabalho ou capacidade de trabalho entendemos o conjunto das capacidades físicas e mentais que existem na corporeidade [*Leiblichkeit*], na personalidade viva de um homem e que ele põe em movimento sempre que produz valores de uso de qualquer tipo.

No entanto, para que o possuidor de dinheiro encontre a força de trabalho como mercadoria no mercado, é preciso que diversas condições estejam dadas. A troca de mercadorias por si só não implica quaisquer outras relações de dependência além daquelas que resultam de sua própria natureza. Sob esse pressuposto, a força de trabalho só pode aparecer como mercadoria no mercado na medida em que é colocada à venda ou é vendida pelo seu próprio possuidor, pela pessoa da qual ela é a força de trabalho. Para vendê-la como mercadoria, seu possuidor tem de poder dispor dela, portanto, ser o livre proprietário de sua capacidade de trabalho, de sua pessoa[39]. Ele e o possuidor de dinheiro se encontram no mercado e estabelecem uma relação mútua como iguais possuidores de mercadorias, com a única diferença de que um é comprador e o outro, vendedor, sendo ambos, portanto, pessoas juridicamente iguais. A continuidade dessa relação requer que o proprietário da força de trabalho a venda apenas por um determinado período, pois, se ele a vende inteiramente, de uma vez por todas, vende a si mesmo, transforma-se de um homem livre num escravo, de um possuidor de mercadoria numa mercadoria. Como pessoa, ele tem constantemente de se relacionar com sua força de trabalho como sua propriedade e, assim, como sua própria mercadoria, e isso ele só pode fazer na medida em que a coloca à disposição do comprador apenas transitoriamente, oferecendo-a ao consumo por um período determinado, portanto,

---

[39] Em enciclopédias sobre a Antiguidade clássica, encontramos a afirmação absurda de que, no mundo antigo, o capital estava plenamente desenvolvido, "carecendo apenas do trabalho livre e de um sistema de crédito". Também o sr. Mommsen, em sua *História de Roma*, comete, a esse respeito, uma confusão atrás da outra.

sem renunciar, no momento em que vende sua força de trabalho, a seus direitos de propriedade sobre ela[40].

A segunda condição essencial para que o possuidor de dinheiro encontre no mercado a força de trabalho como mercadoria é que o possuidor desta última, em vez de poder vender mercadorias em que seu trabalho se objetivou, tenha, antes, de oferecer como mercadoria à venda sua própria força de trabalho, que existe apenas em sua corporeidade viva.

Para que alguém possa vender mercadorias diferentes de sua força de trabalho, ele tem de possuir, evidentemente, meios de produção, por exemplo, matérias-primas, instrumentos de trabalho etc. Ele não pode fabricar botas sem couro. Necessita, além disso, de meios de subsistência. Ninguém, nem mesmo um músico do futuro*, pode viver de produtos do futuro, tampouco, portanto, de valores de uso cuja produção ainda não esteja acabada, e tal como nos primeiros dias de sua aparição sobre o palco da Terra, o homem tem de consumir a cada dia, tanto antes como no decorrer de seu ato de produção. Se os produtos são produzidos como mercadorias, eles têm de ser vendidos

---

[40] Por essa razão, diferentes legislações fixam um teto máximo para o contrato de trabalho. Todos os códigos de nações em que a regra é o trabalho livre estabelecem normas para a rescisão do contrato. Em alguns países, especialmente no México (antes da Guerra Civil Americana, também nos territórios tomados do México, assim como nas províncias do Danúbio até a Revolução de Kusa), a escravatura se esconde sob a forma da *peonage*. Por meio de adiantamentos, que devem ser pagos com trabalho e que se acumulam de geração a geração, não só o trabalhador individual, mas também sua família, torna-se, de fato, a propriedade de outras pessoas e de suas famílias. Juárez aboliu a *peonage*. O assim chamado imperador Maximiliano a reinstituiu mediante um decreto, corretamente denunciado na Casa dos Representantes de Washington como decreto de reinstituição da escravatura no México. "Posso vender a outro, por um tempo limitado, minhas aptidões corporais e mentais e minhas possibilidades de atividade, pois estas, em consequência dessa restrição, conservam-se numa relação externa com minha totalidade e universalidade. Mas se vendesse a totalidade de meu tempo concreto de trabalho e de minha produção, eu converteria em propriedade de outrem aquilo mesmo que é substancial, isto é, minha atividade e efetividade universais, minha personalidade", Hegel, *Philosophie des Rechts* [Filosofia do direito], cit., p. 104, §67. [Revolução de Kusa – Em janeiro de 1859, Alexander Kusa foi eleito hospodar da Moldávia e, pouco depois, também da Valáquia. Com a unificação desses dois principados do Danúbio, que permanecera por um longo período sob o domínio do Império Otomano, foi criado um Estado romeno unitário. Kusa propôs-se o objetivo de realizar uma série de reformas burguesas-democráticas. Sua política encontrou, no entanto, a resistência dos proprietários fundiários e de uma parcela da burguesia. Em 1864, Kusa dissolveu a Assembleia Nacional, dominada pelos grandes proprietários e que rejeitara um projeto de reforma agrária proposto pelo governo. Uma constituição foi promulgada, o círculo de eleitores ampliado e o poder do governo fortalecido. A reforma agrária aprovada nessa nova situação política previa a abolição da servidão e a distribuição de terras devolutas aos trabalhadores. (N. E. A. MEW)]

* Indivíduo sonhador, utopista. (N. T.)

depois de produzidos, e somente depois de sua venda podem satisfazer as necessidades dos produtores. O tempo necessário para a sua venda é adicionado ao tempo necessário para a sua produção.

Para transformar dinheiro em capital, o possuidor de dinheiro tem, portanto, de encontrar no mercado de mercadorias o trabalhador livre, e livre em dois sentidos: de ser uma pessoa livre, que dispõe de sua força de trabalho como sua mercadoria, e de, por outro lado, ser alguém que não tem outra mercadoria para vender, estando livre e solto e carecendo absolutamente de todas as coisas necessárias à realização de sua força de trabalho.

Por que razão esse trabalhador livre se confronta com o possuidor de dinheiro na esfera da circulação é algo que não interessa a este último, para quem o mercado é uma seção particular do mercado de mercadorias. No momento, essa questão tampouco tem interesse para nós. Ocupamo-nos da questão do ponto de vista teórico, assim como o possuidor de dinheiro ocupa-se dela do ponto de vista prático. Uma coisa, no entanto, é clara: a natureza não produz possuidores de dinheiro e de mercadorias, de um lado, e simples possuidores de suas próprias forças de trabalho, de outro. Essa não é uma relação histórico-natural [*naturgeschichtliches*], tampouco uma relação social comum a todos os períodos históricos, mas é claramente o resultado de um desenvolvimento histórico anterior, o produto de muitas revoluções econômicas, da destruição de toda uma série de formas anteriores de produção social.

Também as categorias econômicas que consideramos anteriormente trazem consigo as marcas da história. Na existência do produto como mercadoria estão presentes determinadas condições históricas, pois, para se tornar mercadoria, o produto não pode ser produzido como meio imediato de subsistência para o próprio produtor. Se tivéssemos avançado em nossa investigação e posto a questão "sob que circunstâncias todos os produtos – ou apenas a maioria deles – assumem a forma da mercadoria?", teríamos descoberto que isso só ocorre sobre a base de um modo de produção específico, o modo de produção capitalista. No entanto, tal investigação estaria distante da análise da mercadoria. A produção e a circulação de mercadorias podem ocorrer mesmo quando a maior parte dos produtos é destinada à satisfação das necessidades imediatas de seus próprios produtores, não é transformada em mercadoria e, portanto, o valor de troca ainda não dominou o processo de produção em toda sua extensão e profundidade. A apresentação do produto como mercadoria pressupõe uma divisão do trabalho tão desenvolvida na sociedade que a separação entre valor de uso e valor de troca, que tem início no escambo, já tem de estar realizada. No entanto, tal grau de desenvolvimento é comum às mais diversas e historicamente variadas formações econômicas da sociedade.

Por outro lado, se consideramos o dinheiro, vemos que ele pressupõe um estágio definido da troca de mercadorias. As formas específicas do dinheiro, seja como mero equivalente de mercadorias ou como meio de circulação, seja

A transformação do dinheiro em capital

como meio de pagamento, tesouro ou dinheiro mundial, remetem, de acordo com a extensão e a preponderância relativa de uma ou outra função, a estágios muito distintos do processo social de produção. No entanto, uma circulação de mercadorias relativamente pouco desenvolvida é suficiente para a constituição de todas essas formas, diferentemente do que ocorre com o capital, cujas condições históricas de existência não estão de modo algum dadas com a circulação das mercadorias e do dinheiro. O capital só surge quando o possuidor de meios de produção e de meios de subsistência encontra no mercado o trabalhador livre como vendedor de sua força de trabalho, e essa condição histórica compreende toda uma história mundial. O capital anuncia, portanto, desde seu primeiro surgimento, uma nova época no processo social de produção[41].

Temos, agora, de analisar mais de perto essa mercadoria peculiar, a força de trabalho. Como todas as outras mercadorias, ela possui um valor[42]. Como ele é determinado?

O valor da força de trabalho, como o de todas as outras mercadorias, é determinado pelo tempo de trabalho necessário para a produção – e, consequentemente, também para a reprodução – desse artigo específico. Como valor, a força de trabalho representa apenas uma quantidade determinada do trabalho social médio nela objetivado. A força de trabalho existe apenas como disposição do indivíduo vivo. A sua produção pressupõe, portanto, a existência dele. Dada a existência do indivíduo, a produção da força de trabalho consiste em sua própria reprodução ou manutenção. Para sua manutenção, o indivíduo vivo necessita de certa quantidade de meios de subsistência. Assim, o tempo de trabalho necessário à produção da força de trabalho corresponde ao tempo de trabalho necessário à produção desses meios de subsistência, ou, dito de outro modo, o valor da força de trabalho é o valor dos meios de subsistência necessários à manutenção de seu possuidor. Porém, a força de trabalho só se atualiza [*verwirklicht*] por meio de sua exteriorização, só se aciona por meio do trabalho. Por meio de seu acionamento, o trabalho, gasta-se determinada quantidade de músculos, nervos, cérebro etc. humanos que tem de ser reposta. Esse gasto aumentado implica uma renda aumentada[43]. Se o proprietário da força de trabalho trabalhou

---

[41] O que caracteriza a época capitalista é, portanto, que a força de trabalho assume para o próprio trabalhador a forma de uma mercadoria que lhe pertence, razão pela qual seu trabalho assume a forma do trabalho assalariado. Por outro lado, apenas a partir desse momento universaliza-se a forma-mercadoria dos produtos do trabalho.

[42] "*The value or worth of a man, is as of all other things, his price: that is to say, so much as would be given for the use of his power*" ["O valor de um homem é, como o de todas as outras coisas, seu preço – quer dizer, tanto quanto é pago pelo uso de sua força"], T. Hobbes, *Leviathan*, em Molesworth (org.), *Works* (Londres, 1839-1844), v. III, p. 76.

[43] O *villicus* da Roma Antiga, que controlava o trabalho dos escravos agrícolas, recebia "uma quantia inferior à dos servos, pois seu trabalho era mais leve do que o deles", T. Mommsen, *História de Roma* (1856), p. 810.

hoje, ele tem de poder repetir o mesmo processo amanhã, sob as mesmas condições no que diz respeito a sua saúde e força. A quantidade dos meios de subsistência tem, portanto, de ser suficiente para manter o indivíduo trabalhador como tal em sua condição normal de vida. As próprias necessidades naturais, como alimentação, vestimenta, aquecimento, habitação etc., são diferentes de acordo com o clima e outras peculiaridades naturais de um país. Por outro lado, a extensão das assim chamadas necessidades imediatas, assim como o modo de sua satisfação, é ela própria um produto histórico e, por isso, depende em grande medida do grau de cultura de um país, mas também, entre outros fatores, de sob quais condições e, por conseguinte, com quais costumes e exigências de vida constituiu-se a classe dos trabalhadores livres num determinado local[44]. Diferentemente das outras mercadorias, a determinação do valor da força de trabalho contém um elemento histórico e moral. No entanto, a quantidade média dos meios de subsistência necessários ao trabalhador num determinado país e num determinado período é algo dado.

O proprietário da força de trabalho é mortal. Portanto, para que sua aparição no mercado de trabalho seja contínua, como pressupõe a contínua transformação do dinheiro em capital, é preciso que o vendedor de força de trabalho se perpetue, "como todo indivíduo vivo se perpetua pela procriação"[45]. As forças de trabalho retiradas do mercado por estarem gastas ou mortas têm de ser constantemente substituídas, no mínimo, por uma quantidade igual de novas forças de trabalho. A quantidade dos meios de subsistência necessários à produção da força de trabalho inclui, portanto, os meios de subsistência dos substitutos dos trabalhadores, isto é, de seus filhos, de modo que essa descendência [*Race*] de peculiares possuidores de mercadorias possa se perpetuar no mercado[46].

Para modificar a natureza humana de modo que ela possa adquirir habilidade e aptidão num determinado ramo do trabalho e se torne uma força de trabalho desenvolvida e específica, faz-se necessária uma formação ou um treinamento determinados, que, por sua vez, custam uma soma maior ou menor de equivalentes de mercadorias. Esses custos de formação variam de

---

[44] Cf. W. T. Thornton, *Over-Population and its Remedy* (Londres, 1846).
[45] Petty.
[46] "*Its*" [...] "*natural price* [...] *consists in such a quantity of necessaries, and comforts of life, as, from the nature of the climate, and the habits of the country, are necessary to support the labourer, and to enable him to rear such a family as may preserve, in the market, an undiminished supply of labour*" ["Seu" (do trabalho) "preço natural [...] consiste numa quantidade de meios de subsistência e de conforto que, num determinado clima e de acordo com os costumes de um país, é suficiente para manter o trabalhador e permitir que ele sustente sua família, de modo a assegurar uma constante oferta de trabalho no mercado"], R. Torrens, *An Essay on the External Corn Trade* (Londres, 1815), p. 62. A palavra "trabalho" é, aqui, erroneamente empregada para designar "força de trabalho".

acordo com o caráter mais ou menos complexo da força de trabalho. Assim, os custos dessa educação, que são extremamente pequenos no caso da força de trabalho comum, são incluídos no valor total gasto em sua produção.

O valor da força de trabalho se reduz ao valor de uma quantidade determinada de meios de subsistência e varia, portanto, com o valor desses meios de subsistência, isto é, de acordo com a magnitude do tempo de trabalho requerido para a sua produção.

Uma parte dos meios de subsistência, por exemplo, a alimentação, o aquecimento etc., é consumida diariamente e tem de ser reposta diariamente. Outros meios de subsistência, como roupas, móveis etc., são consumidos em períodos mais longos e, por isso, só precisam ser substituídos em intervalos maiores de tempo. Algumas mercadorias têm de ser compradas ou pagas diariamente, outras semanalmente, trimestralmente, e assim por diante. Porém, independentemente de como se divida a soma desses gastos no período de, por exemplo, um ano, ela deve ser coberta diariamente pela receita média. Se a quantidade de mercadorias requeridas para a produção da força de trabalho por um dia = A, por uma semana = B e por um trimestre = C, e assim por diante, então a média diária dessas mercadorias seria = $^{365A\,+\,52B\,+\,4C\,+\,etc.}/_{365}$. Supondo-se que nessa quantidade de mercadorias necessárias à jornada média de trabalho estão incorporadas 6 horas de trabalho social, então objetiva-se diariamente, na força de trabalho, meia jornada de trabalho social médio*, ou, dito de outro modo, meia jornada de trabalho é requerida para a produção diária da força de trabalho. Essa quantidade de trabalho requerida para sua produção diária forma o valor diário da força de trabalho ou o valor da força de trabalho diariamente reproduzida. Se meia jornada de trabalho social média é expressa numa quantidade de ouro de 3 xelins ou 1 táler, então 1 táler é o preço correspondente ao valor diário da força de trabalho. Se o possuidor da força de trabalho a coloca à venda pelo preço de 1 táler por dia, então seu preço de venda é igual a seu valor e, de acordo com nosso pressuposto, o possuidor de dinheiro, ávido por transformar seu táler em capital, paga esse valor.

O limite último ou mínimo do valor da força de trabalho é constituído pelo valor de uma quantidade de mercadorias cujo fornecimento diário é imprescindível para que o portador da força de trabalho, o homem, possa renovar seu processo de vida; tal limite é constituído, portanto, pelo valor dos meios de subsistência fisicamente indispensáveis. Se o preço da força de trabalho é reduzido a esse mínimo, ele cai abaixo de seu valor, pois, em tais circunstâncias, a força de trabalho só pode se manter e se desenvolver de forma precária. Mas o valor de toda mercadoria é determinado pelo tempo de trabalho requerido para fornecê-la com sua qualidade normal.

---

* Considerando uma jornada de trabalho de 12 horas. (N. T.)

É de um sentimentalismo extraordinariamente barato afirmar que esse método de determinação do valor da força de trabalho, que decorre da natureza da coisa, é um método brutal e, em coro com Rossi, lamuriar-se:

> "Captar a capacidade de trabalho (*puissance de travail*), ao mesmo tempo que fazemos abstração dos meios de subsistência do trabalho durante o processo de produção, significa captar uma quimera mental (*être de raison*). Quem diz trabalho, ou capacidade de trabalho, diz, ao mesmo tempo, trabalhador e meios de subsistência, trabalhador e salário."[47]

Dizer capacidade de trabalho não é o mesmo que dizer trabalho, assim como dizer capacidade de digestão não é o mesmo que dizer digestão. Para a realização do processo digestório é preciso mais do que um bom estômago. Quem diz capacidade de trabalho não faz abstração dos meios necessários a sua subsistência. O valor destes últimos é, antes, expresso no valor da primeira. Se não é vendida, ela não serve de nada para o trabalhador, que passa a ver como uma cruel necessidade natural o fato de que a produção de sua capacidade de trabalho requer uma quantidade determinada de meios de subsistência, quantidade que tem de ser sempre renovada para sua reprodução. Ele descobre, então, com Sismondi: "A capacidade de trabalho [...] não é nada quando não é vendida"[48].

Da natureza peculiar dessa mercadoria específica, a força de trabalho, resulta que, com a conclusão do contrato entre comprador e vendedor, seu valor de uso ainda não tenha passado efetivamente às mãos do comprador. Seu valor, como o de qualquer outra mercadoria, estava fixado antes de ela entrar em circulação, pois uma determinada quantidade de trabalho social foi gasta na produção da força de trabalho, porém seu valor de uso consiste apenas na exteriorização posterior dessa força. Por essa razão, a alienação da força e sua exteriorização efetiva, isto é, sua existência como valor de uso, são separadas por um intervalo de tempo. Mas em tais mercadorias[49], em que a alienação formal do valor de uso por meio da venda e sua transferência efetiva ao comprador não são simultâneas, o dinheiro do comprador funciona, na maioria das vezes, como meio de pagamento. Em todos os países em que reina o modo de produção capitalista, a força de trabalho só é paga depois de já ter

---

[47] Rossi, *Cours d'écon. polit.* (Bruxelas, 1842), p. 370.
[48] Sismondi, *Nouv. princ. etc.*, t. I, p. 113.
[49] "*All labour is paid, after it has ceased*" ["Todo trabalho é pago depois de ter sido concluído"], *An Inquiry into those Principles Respecting the Nature of Demand etc.*, p. 104. "*Le crédit commercial a dû commencer au moment où l'ouvrier, premier artisan de la production, a pu, au moyen de ses économies, attendre le salaire de son travail jusqu'à la fin de la semaine, de la quinzaine, du mois, du trimestre etc.*" ["O crédito comercial teve de ser instituído para que o trabalhador, por meio de suas economias, pudesse esperar pelo pagamento de seu salário até o fim da semana, da quinzena, do mês, do trimestre etc."], C. Ganilh, *Des systèmes d'écon. polit.* (2. ed., Paris, 1821), t. II, p. 150.

A transformação do dinheiro em capital

funcionado pelo período fixado no contrato de compra, por exemplo, ao final de uma semana. Desse modo, o trabalhador adianta ao capitalista o valor de uso da força de trabalho; ele a entrega ao consumo do comprador antes de receber o pagamento de seu preço e, com isso, dá um crédito ao capitalista. Que esse crédito não é nenhuma alucinação vã é demonstrado não só pela perda ocasional do salário quando da falência do capitalista[50], mas também por uma série de efeitos mais duradouros[51]. No entanto, se o dinheiro funciona

---

[50] "*L'ouvrier prête son industries* [...] *de perdre son salaire* [...] *l'ouvrier ne transmet rien de matériel*" ["O trabalhador empresta sua destreza", mas, acrescenta Storch, "ele não arrisca nada a não ser perder o seu salário [...] o trabalhador não transfere nada material"], Storch, *Cours d'écon. polit.* (São Petersburgo, 1815), t. II, p. 36-7).

[51] Um exemplo. Em Londres, existem dois tipos de padeiros, os "*full priced*", que vendem o pão por seu valor inteiro, e os "*undersellers*", que o vendem abaixo desse valor. Essa última classe constitui mais do que ³/₄ do total de padeiros (p. XXXII do "Report" do comissário governamental H. S. Tremenheere sobre as *Grievances Complained of by the Journeymen Bakers etc.*, Londres, 1862). Esses *undersellers* vendem, quase sem exceção, um pão falsificado pela adição de alume, sabão, potassa, calcário, pó de pedra de Derbyshire e outros agradáveis, nutritivos e saudáveis ingredientes. Ver o supracitado *Blue Book*, bem como o relatório do Committee of 1885 on the Adulteration of Bread e o relatório do dr. Hassall, *Adulterations Detected* (2. ed., Londres, 1861). *Sir* John Gordon afirmou, perante a comissão de 1855, que, "em consequência dessas falsificações, o pobre, que vive diariamente de 2 libras de pão, agora não obtém a quarta parte de seu real valor nutritivo, sem falar nos efeitos nocivos à sua saúde". Como razão pela qual "uma grande parte da classe trabalhadora", muito embora bem informada sobre essas falsificações, aceita alume, pó de pedra etc. como parte de sua compra, Tremenheere (*Grievances Complained of by the Journeymen Bakers etc.*, cit., p. XLVIII) argumenta que, para esses trabalhadores, "é uma questão de necessidade aceitar o pão do padeiro ou do *chandler's shop* [merceeiro] do modo como eles o fornecem". Uma vez que são pagos apenas ao final da semana de trabalho, eles também só podem "pagar no final da semana o pão que é consumido pela sua família durante a semana"; e acrescenta Tremenheere, citando testemunhas: "É notório que o pão preparado com tais misturas é feito expressamente para ser vendido dessa maneira" ("*It is notorious that bread composed of those mixtures, is made expressly for sale in this manner*"). "Em muitos distritos agrícolas ingleses" (e mais ainda nos escoceses) "o salário é pago a cada catorze dias, ou até mesmo mensalmente. Com esse longo prazo de pagamento, o trabalhador tem de comprar suas mercadorias a crédito [...]. Ele tem de pagar preços mais altos e está, de fato, preso ao estabelecimento que lhe fornece crédito. Assim, em Horningham, por exemplo, onde o salário é pago mensalmente, a mesma quantidade de farinha que ele poderia comprar em outro lugar por 1 xelim e 10 *pence* custa-lhe 2 xelins e 4 *pence*", "Sixth Report on Public Health by The Medical Officer of the Privy Council etc." (Londres, 1864), p. 264. "Em 1853, os trabalhadores das estamparias de calico de Paisley e Kilmarnock" (oeste da Escócia) "forçaram, por meio de uma greve, a redução do prazo de pagamento de um mês para catorze dias", "Reports of the Inspectors of Factories for 31 Oct. 1853", p. 34. Como um resultado adicional do crédito que o trabalhador dá ao capitalista pode-se considerar também o método empregado em muitas minas de carvão inglesas, onde o trabalhador só é pago ao final do mês e, nesse intervalo, recebe adiantamentos do capitalista, frequentemente em mercadorias, que

como meio de compra ou meio de pagamento, isso é algo que não altera em nada a natureza da troca de mercadorias. O preço da força de trabalho está fixado por contrato, embora ele só seja realizado posteriormente, como o preço do aluguel de uma casa. A força de trabalho está vendida, embora ela só seja paga posteriormente. Para uma clara compreensão da relação entre as partes, pressuporemos, provisoriamente, que o possuidor da força de trabalho, ao realizar sua venda, recebe imediatamente o preço estipulado por contrato.

Sabemos, agora, como é determinado o valor que o possuidor de dinheiro paga ao possuidor dessa mercadoria peculiar, a força de trabalho. O valor de uso que o possuidor de dinheiro recebe na troca mostra-se apenas na utilização efetiva, no processo de consumo da força de trabalho. O possuidor de dinheiro compra no mercado todas as coisas necessárias a esse processo, como matérias-primas etc., e por elas paga seu preço integral. O processo de consumo da força de trabalho é simultaneamente o processo de produção da mercadoria e do mais-valor. O consumo da força de trabalho, assim como o consumo de qualquer outra mercadoria, tem lugar fora do mercado ou da esfera da circulação. Deixemos, portanto, essa esfera rumorosa, onde tudo se passa à luz do dia, ante os olhos de todos, e acompanhemos os possuidores de dinheiro e de força de trabalho até o terreno oculto da produção, em cuja entrada se lê: *No admittance except on business* [Entrada permitida apenas para tratar de negócios]. Aqui se revelará não só como o capital produz, mas como ele mesmo, o capital, é produzido. O segredo da criação de mais-valor tem, enfim, de ser revelado.

A esfera da circulação ou da troca de mercadorias, em cujos limites se move a compra e a venda da força de trabalho, é, de fato, um verdadeiro Éden dos direitos inatos do homem. Ela é o reino exclusivo da liberdade, da igualdade, da propriedade e de Bentham. Liberdade, pois os compradores e vendedores de uma mercadoria, por exemplo, da força de trabalho, são movidos apenas por seu livre-arbítrio. Eles contratam como pessoas livres, dotadas dos mesmos direitos. O contrato é o resultado, em que suas vontades

---

ele é obrigado a pagar acima de seu preço de mercado (*truck system*). "*It is a common practice with the coal masters to pay once a month, and advance cash to their workmen at the end of each intermediate week. The cash is given in the shop* [...]; *the men take it on one side and lay it out on the other*" ["É uma prática comum aos donos de minas de carvão pagar os trabalhadores uma vez por mês e, nesse ínterim, ao final de cada semana, dar a eles um adiantamento. Tal adiantamento lhes é dado na loja" (isto é, no almoxarifado da mina ou na mercearia que pertence ao próprio patrão). "Os trabalhadores recebem o dinheiro de um lado da loja e o devolvem do outro lado"], Children's Employment Commission, "III. Report" (Londres, 1864), p. 38, n. 192. ["Greve": no original consta "*strike*". Em *O capital*, Marx utiliza esse termo ora em sua forma original inglesa, ora em sua forma germanizada (*Strike*), usual na época. A palavra alemã "*Streik*" surgiria apenas mais tarde, em 1890. Na presente tradução empregamos "greve" em todas as ocorrências do termo, sem diferenciação das formas adotadas por Marx. (N. T.)]

A transformação do dinheiro em capital

recebem uma expressão legal comum a ambas as partes. Igualdade, pois eles se relacionam um com o outro apenas como possuidores de mercadorias e trocam equivalente por equivalente. Propriedade, pois cada um dispõe apenas do que é seu. Bentham, pois cada um olha somente para si mesmo. A única força que os une e os põe em relação mútua é a de sua utilidade própria, de sua vantagem pessoal, de seus interesses privados. E é justamente porque cada um se preocupa apenas consigo mesmo e nenhum se preocupa com o outro que todos, em consequência de uma harmonia preestabelecida das coisas ou sob os auspícios de uma providência todo-astuciosa, realizam em conjunto a obra de sua vantagem mútua, da utilidade comum, do interesse geral.

Ao abandonarmos essa esfera da circulação simples ou da troca de mercadorias, de onde o livre-cambista *vulgaris* [vulgar] extrai noções, conceitos e parâmetros para julgar a sociedade do capital e do trabalho assalariado, já podemos perceber uma certa transformação, ao que parece, na fisionomia de nossas *dramatis personae* [personagens teatrais]. O antigo possuidor de dinheiro se apresenta agora como capitalista, e o possuidor de força de trabalho, como seu trabalhador. O primeiro, com um ar de importância, confiante e ávido por negócios; o segundo, tímido e hesitante, como alguém que trouxe sua própria pele ao mercado e, agora, não tem mais nada a esperar além da... esfola.

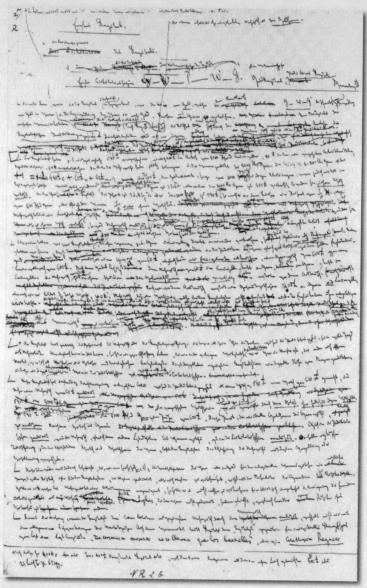

Página manuscrita de *O capital*.

Seção III

A PRODUÇÃO DO MAIS-VALOR ABSOLUTO

Capítulo 5

O processo de trabalho e o processo de valorização

1. O processo de trabalho

A utilização da força de trabalho é o próprio trabalho. O comprador da força de trabalho a consome fazendo com que seu vendedor trabalhe. Desse modo, este último se torna *actu* [em ato] aquilo que antes ele era apenas *potentia* [em potência], a saber, força de trabalho em ação, trabalhador. Para incorporar seu trabalho em mercadorias, ele tem de incorporá-lo, antes de mais nada, em valores de uso, isto é, em coisas que sirvam à satisfação de necessidades de algum tipo. Assim, o que o capitalista faz o trabalhador produzir é um valor de uso particular, um artigo determinado. A produção de valores de uso ou de bens não sofre nenhuma alteração em sua natureza pelo fato de ocorrer para o capitalista e sob seu controle, razão pela qual devemos, de início, considerar o processo de trabalho independentemente de qualquer forma social determinada.

O trabalho é, antes de tudo, um processo entre o homem e a natureza, processo este em que o homem, por sua própria ação, medeia, regula e controla seu metabolismo com a natureza. Ele se confronta com a matéria natural como com uma potência natural [*Naturmacht*]. A fim de se apropriar da matéria natural de uma forma útil para sua própria vida, ele põe em movimento as forças naturais pertencentes a sua corporeidade: seus braços e pernas, cabeça e mãos. Agindo sobre a natureza externa e modificando-a por meio desse movimento, ele modifica, ao mesmo tempo, sua própria natureza. Ele desenvolve as potências que nela jazem latentes e submete o jogo de suas forças a seu próprio domínio. Não se trata, aqui, das primeiras formas instintivas, animalescas [*tierartig*], do trabalho. Um incomensurável intervalo de tempo separa o estágio em que o trabalhador se apresenta no mercado como vendedor de sua própria força de trabalho daquele em que o trabalho humano ainda não se desvencilhou de sua forma instintiva. Pressupomos o trabalho numa forma em que ele diz respeito unicamente ao homem. Uma aranha executa operações semelhantes às do tecelão, e uma abelha envergonha muitos arquitetos com a estrutura de sua colmeia. Porém, o que desde o início distingue o pior arquiteto da melhor abelha é o fato de que o primeiro tem a colmeia em sua mente antes de construí-la com a cera. No final do processo de trabalho, chega-se a um resultado que já estava presente na representação do trabalhador no início do processo, ou seja, um resultado que já existia idealmente. Isso não significa que ele se limite a uma alteração da forma do elemento natural; ele realiza neste último, ao mesmo tempo, a finalidade pretendida, que, como ele bem o sabe, determina o modo de sua atividade com a força de uma lei, à qual ele tem de subordinar sua vontade. E essa subordinação não é um ato isolado. Além do esforço dos órgãos que trabalham, a atividade laboral exige a vontade orientada a um fim, que se manifesta como atenção do trabalhador durante a realização de sua tarefa, e isso tanto mais quanto menos esse trabalho, pelo seu próprio conteúdo e pelo modo de sua execução, atrai o trabalhador, portanto, quanto menos este último usufrui dele como jogo de suas próprias forças físicas e mentais.

Os momentos simples do processo de trabalho são, em primeiro lugar, a atividade orientada a um fim, ou o trabalho propriamente dito; em segundo lugar, seu objeto e, em terceiro, seus meios.

A terra (que, do ponto de vista econômico, também inclui a água), que é para o homem uma fonte originária de provisões, de meios de subsistência prontos[1], preexiste, independentemente de sua interferência, como objeto universal do trabalho humano. Todas as coisas que o trabalho apenas separa de sua conexão imediata com a totalidade da terra são, por natureza, objetos de trabalho preexistentes. Assim é o peixe, quando pescado e separado da água, que é seu elemento vital, ou a madeira que se derruba na floresta virgem, ou o minério arrancado de seus veios. Quando, ao contrário, o próprio objeto do trabalho já é, por assim dizer, filtrado por um trabalho anterior, então o chamamos de matéria-prima, como, por exemplo, o minério já extraído da mina e que agora será lavado. Toda matéria-prima é objeto do trabalho, mas nem todo objeto do trabalho é matéria-prima. O objeto de trabalho só é matéria-prima quando já sofreu uma modificação mediada pelo trabalho.

O meio de trabalho é uma coisa ou um complexo de coisas que o trabalhador interpõe entre si e o objeto do trabalho e que lhe serve de guia de sua atividade sobre esse objeto. Ele utiliza as propriedades mecânicas, físicas e químicas das coisas para fazê-las atuar sobre outras coisas, de acordo com o seu propósito[2].

---

[1] *"The earth's spontaneous productions being in small quantity, and quite independent of man, appear, as it were, to be furnished by nature, in the same way as a small sum is given to a young man, in order to put him in a way of industry, and of making his fortune"* ["Os frutos espontâneos da terra, sendo em pequena quantidade e inteiramente independentes do homem, parecem, por assim dizer, ser fornecidos pela natureza, do mesmo modo como se dá a um jovem uma pequena soma de dinheiro para que ele se inicie na indústria e faça fortuna"], James Steuart (ed.), *Principles of Polit. Econ.* (Dublin, 1770), v. I, p. 116.

[2] "A razão é tão astuciosa quanto poderosa. Sua astúcia consiste principalmente em sua atividade mediadora, que, fazendo com que os objetos ajam e reajam uns sobre os outros

O processo de trabalho e o processo de valorização

O objeto de que o trabalhador se apodera imediatamente – desconsiderando-se os meios de subsistência encontrados prontos na natureza, como as frutas, por exemplo, em cuja coleta seus órgãos corporais servem como únicos meios de trabalho – é não o objeto do trabalho, mas o meio de trabalho. É assim que o próprio elemento natural se converte em órgão de sua atividade, um órgão que ele acrescenta a seus próprios órgãos corporais, prolongando sua forma natural, apesar daquilo que diz a Bíblia. Do mesmo modo como a terra é seu armazém original de meios de subsistência, ela é também seu arsenal originário de meios de trabalho. Ela lhe fornece, por exemplo, a pedra, para que ele a arremesse, ou a use para moer, comprimir, cortar etc. A própria terra é um meio de trabalho, mas pressupõe, para servir como tal na agricultura, toda uma série de outros meios de trabalho e um grau relativamente alto de desenvolvimento da força de trabalho[3]. Mal o processo de trabalho começa a se desenvolver e ele já necessita de meios de trabalho previamente elaborados. Nas mais antigas cavernas, encontramos ferramentas e armas de pedra. Além de pedra, madeira, ossos e conchas trabalhados, também os animais domesticados desempenharam um papel fundamental como meios de trabalho nos primeiros estágios da história humana[4]. O uso e a criação de meios de trabalho, embora já existam em germe em certas espécies de animais, é uma característica específica do processo de trabalho humano, razão pela qual Franklin define o homem como *"a toolmaking animal"*, um animal que faz ferramentas. A mesma importância que as relíquias de ossos têm para o conhecimento da organização das espécies de animais extintas têm também as relíquias de meios de trabalho para a compreensão de formações socioeconômicas extintas. O que diferencia as épocas econômicas não é "o que" é produzido, mas "como", "com que meios de trabalho"[5]. Estes não apenas fornecem uma medida do grau de desenvolvimento da força de trabalho, mas também indicam as condições sociais nas quais se trabalha. Entre os próprios meios de trabalho, os de natureza mecânica, que formam o que podemos chamar de sistema de ossos e músculos da produção, oferecem características muito mais decisivas de uma época social de produção do que aqueles meios de trabalho que servem apenas de recipientes do objeto

---

de acordo com sua própria natureza, realiza seu propósito sem intervir diretamente no processo", G. W. F. Hegel, *Enzyklopädie* [Enciclopédia das ciências filosóficas], primeira parte, "Die Logik" [A lógica] (Berlim, 1840), p. 382.

[3] Em seu – de resto, miserável – escrito *Théorie de l'écon. polit.* (Paris, 1815), Ganilh enumera, em contraposição aos fisiocratas, a longa série dos processos de trabalho que formam o pressuposto da agricultura propriamente dita.

[4] Em *Réflexions sur la formation et la distribution des richesses* (1766), Turgot demonstra corretamente a importância dos animais domesticados para os inícios da civilização.

[5] De todas as mercadorias, são os artigos de luxo os menos importantes para a comparação tecnológica entre as diferentes épocas de produção.

do trabalho e que podemos agrupar sob o nome de sistema vascular da produção, como tubos, barris, cestos, jarros etc. Apenas na fabricação química tais instrumentos passam a desempenhar um papel importante[5a].

Num sentido mais amplo, o processo de trabalho inclui entre seus meios, além das coisas que medeiam o efeito do trabalho sobre seu objeto e, assim, servem de um modo ou de outro como condutores da atividade, também todas as condições objetivas que, em geral, são necessárias à realização do processo. Tais condições não entram diretamente no processo, mas sem elas ele não pode se realizar, ou o pode apenas de modo incompleto. O meio universal de trabalho desse tipo é, novamente, a terra, pois ela fornece ao trabalhador o *locus standi* [local] e, a seu processo de trabalho, o campo de atuação (*field of employment*). Meios de trabalho desse tipo, já mediados pelo trabalho, são, por exemplo, oficinas de trabalho, canais, estradas etc.

No processo de trabalho, portanto, a atividade do homem, com ajuda dos meios de trabalho, opera uma transformação do objeto do trabalho segundo uma finalidade concebida desde o início. O processo se extingue no produto. Seu produto é um valor de uso, um material natural adaptado às necessidades humanas por meio da modificação de sua forma. O trabalho se incorporou a seu objeto. Ele está objetivado, e o objeto está trabalhado. O que do lado do trabalhador aparecia sob a forma do movimento, agora se manifesta, do lado do produto, como qualidade imóvel, na forma do ser. Ele fiou, e o produto é um fio.

Se consideramos o processo inteiro do ponto de vista de seu resultado, do produto, tanto o meio como o objeto do trabalho aparecem como meios de produção[6], e o próprio trabalho aparece como trabalho produtivo[7].

Quando um valor de uso resulta do processo de trabalho como produto, nele estão incorporados, como meios de produção, outros valores de uso, produtos de processos de trabalho anteriores. O mesmo valor de uso que é produto desse trabalho constitui o meio de produção de um trabalho ulterior,

---

[5a] Nota à segunda edição: Por mais ínfimo que seja o conhecimento que a historiografia de nossos dias possui do desenvolvimento da produção material, portanto, da base de toda vida social e, por conseguinte, de toda história efetiva, ao menos a época pré-histórica tem sido classificada com base não em assim chamadas pesquisas históricas, mas em pesquisas das ciências naturais, de acordo com os materiais de que eram feitos os instrumentos e as armas na Idade da Pedra, do Bronze e do Ferro.

[6] Parece paradoxal, por exemplo, considerar o peixe ainda não pescado como um meio de produção da pesca. Porém, até o momento, ainda não se inventou a arte de pescar peixes em águas onde eles não se encontrem.

[7] Essa determinação do trabalho produtivo, tal como ela resulta do ponto de vista do processo simples de trabalho, não é de modo algum suficiente para ser aplicada ao processo capitalista de produção.

de modo que os produtos são não apenas resultado, mas também condição do processo de trabalho.

Com exceção da indústria extrativa, cujo objeto de trabalho é dado imediatamente pela natureza, tal como a mineração, a caça, a pesca etc. (a agricultura, apenas na medida em que, num primeiro momento, explora a terra virgem), todos os ramos da indústria manipulam um objeto, a matéria-prima, isto é, um objeto de trabalho já filtrado pelo trabalho, ele próprio produto de um trabalho anterior, tal como a semente na agricultura. Animais e plantas, que se costumam considerar como produtos naturais, são, em sua presente forma, não só produtos do trabalho, digamos, do ano anterior, mas o resultado de uma transformação gradual, realizada sob controle humano, ao longo de muitas gerações e mediante o trabalho humano. No que diz respeito aos meios de trabalho, a maioria deles evidencia, mesmo ao olhar mais superficial, os traços do trabalho anterior.

A matéria-prima pode constituir a substância principal de um produto ou tomar parte nele apenas como matéria auxiliar. Esta pode ser consumida pelos meios de trabalho, como o carvão pela máquina a vapor, o óleo pela engrenagem, o feno pelo cavalo, ou ser adicionada à matéria-prima a fim de nela produzir alguma modificação material [*stofflich*], como o cloro é adicionado ao linho ainda não alvejado, o carvão ao ferro, a tintura à lã, ou pode, ainda, auxiliar na realização do próprio trabalho, como, por exemplo, as matérias utilizadas na iluminação e no aquecimento da oficina de trabalho. A diferença entre matéria principal e matéria auxiliar desaparece na fabricação química propriamente dita, porque nela nenhuma das matérias-primas utilizadas reaparece como substância do produto[8].

Como toda coisa possui várias qualidades e, consequentemente, é capaz de diferentes aplicações úteis, o mesmo produto pode servir como matéria-prima de processos de trabalho muito distintos. O cereal, por exemplo, é matéria-prima para o moleiro, para o fabricante de goma, para o destilador, para o criador de gado etc. Como semente, ele se torna matéria-prima de sua própria produção. Também o carvão é tanto produto como meio de produção da indústria de mineração.

O mesmo produto pode, no mesmo processo de trabalho, servir de meio de trabalho e de matéria-prima. Na engorda do gado, por exemplo, o animal é ao mesmo tempo a matéria-prima trabalhada e o meio de obtenção do adubo.

---

[8] Storch distingue entre a matéria-prima propriamente dita, a *"matière"*, e as matérias auxiliares, os *"matériaux"*; Cherbuliez denomina as matérias auxiliares de *"matières instrumentales"*. [Henri Storch, *Cours d'économie politique, ou exposition des principes qui determinent la prospérité des nations*, São Petersburgo, 1815, v. 1, p. 228; A. Cherbuliez, *Richesse ou pauvreté. Exposition des causes et des effets de la distribution actuelle des richesses sociales*, Paris, 1841, p. 14. (N. E. A. MEW)]

Um produto que existe numa forma pronta para o consumo pode se tornar matéria-prima de outro produto, tal como a uva se torna matéria-prima do vinho. Em outros casos, o trabalho elabora seu produto em formas tais que ele só pode ser reutilizado como matéria-prima. A matéria-prima se chama, então, produto semifabricado, e seria melhor denominá-la produto intermediário, tal como o algodão, o fio, o estame etc. Embora já seja produto, a matéria-prima original pode ter de passar por toda uma série de diferentes processos, nos quais, sob forma cada vez mais alterada, ela funciona sempre de novo como matéria-prima, até chegar ao último processo de trabalho, que a entrega como meio acabado de subsistência ou meio acabado de trabalho.

Vemos, assim, que o fato de um valor de uso aparecer como matéria-prima, meio de trabalho ou produto final é algo que depende inteiramente de sua função determinada no processo de trabalho, da posição que ele ocupa nesse processo, e com a mudança dessa posição mudam também as determinações desse valor de uso.

Ao ingressar como meios de produção em novos processos de trabalho, os produtos perdem seu caráter de produtos. Agora eles funcionam simplesmente como fatores objetivos do trabalho vivo. O fiandeiro trata o fuso apenas como meio da fiação e o linho apenas como objeto dessa atividade. É verdade que não se pode fiar sem fusos e sem a matéria-prima da fiação. A existência desses produtos* é, portanto, pressuposta ao se começar a fiar. Mas nesse processo é indiferente se o linho e os fusos são produtos de trabalhos anteriores, do mesmo modo como, no ato da alimentação, é indiferente que o pão seja o produto dos trabalhos anteriores do agricultor, do moleiro, do padeiro etc. Ao contrário, é geralmente por suas imperfeições que os meios de produção deixam entrever, no processo de trabalho, seu caráter de produtos de trabalhos anteriores. Uma faca que não corta, um fio que constantemente arrebenta etc. fazem-nos lembrar do ferreiro A e do fiandeiro E. Ao passo que, no produto bem elaborado, apaga-se o fato de que suas propriedades úteis nos chegam mediadas por trabalhos anteriores.

Uma máquina que não serve no processo de trabalho é inútil. Além disso, ela se torna vítima das forças destruidoras do metabolismo natural. O ferro enferruja, a madeira apodrece. O fio que não é tecido ou enovelado é algodão desperdiçado. O trabalho vivo tem de apoderar-se dessas coisas e despertá-las do mundo dos mortos, convertê-las de valores de uso apenas possíveis em valores de uso reais e efetivos. Uma vez tocadas pelo fogo do trabalho, apropriadas como partes do corpo do trabalho, animadas pelas funções que, por seu conceito e sua vocação, exercem no processo laboral, elas serão, sim, consumidas, porém segundo um propósito, como elementos constitutivos de novos valores de uso, de novos produtos, aptos a ingressar na esfera do

---

* Na quarta edição: "desse produto". (N. E. A. MEW)

consumo individual como meios de subsistência ou em um novo processo de trabalho como meios de produção.

Portanto, se por um lado os produtos existentes são não apenas resultados, mas também condições de existência do processo de trabalho, por outro lado, sua entrada nesse processo, seu contato com o trabalho vivo, é o único meio de conservar e realizar como valores de uso esses produtos de um trabalho anterior.

O trabalho consome seus elementos materiais [*stofflichen*], seu objeto e seu meio; ele os devora e é, assim, processo de consumo. Esse consumo produtivo se diferencia do consumo individual pelo fato de que este último consome os produtos como meios de subsistência do indivíduo vivo, ao passo que o primeiro os consome como meios de subsistência do trabalho, da força ativa de trabalho do indivíduo. O produto do consumo individual é, por isso, o próprio consumidor, mas o resultado do consumo produtivo é um produto distinto do consumidor.

Na medida em que seu meio e objeto são, eles mesmos, produtos, o trabalho digere produtos a fim de criar produtos, ou consome produtos como meios de produção de outros produtos. Mas como o processo de trabalho tem lugar originalmente apenas entre o homem e a terra que lhe é preexistente, nele continuam a servir-lhe meios de produção fornecidos diretamente pela natureza e que não apresentam qualquer combinação de matéria natural com trabalho humano.

O processo de trabalho, como expusemos em seus momentos simples e abstratos, é atividade orientada a um fim – a produção de valores de uso –, apropriação do elemento natural para a satisfação de necessidades humanas, condição universal do metabolismo entre homem e natureza, perpétua condição natural da vida humana e, por conseguinte, independente de qualquer forma particular dessa vida, ou melhor, comum a todas as suas formas sociais. Por isso, não tivemos necessidade de apresentar o trabalhador em sua relação com outros trabalhadores, e pudemos nos limitar ao homem e seu trabalho, de um lado, e à natureza e suas matérias, de outro. Assim como o sabor do trigo não nos diz nada sobre quem o plantou, tampouco esse processo nos revela sob quais condições ele se realiza, se sob o açoite brutal do feitor de escravos ou sob o olhar ansioso do capitalista, se como produto das poucas *jugera*** de terra cultivadas por Cincinnatus ou da ação do selvagem que abate uma fera com uma pedra[9].

---

* Plural de *jugerum*, unidade de medida romana, equivalente a 25,29 acres. (N. T.)
[9] É a partir desse fundamento extremamente lógico que o coronel Torrens descobre na pedra do selvagem a origem do capital. "Na primeira pedra que [o selvagem] arremessa contra a fera que ele persegue, no primeiro varapau que ele pega para arrancar o fruto que sua mão não consegue alcançar, vemos a apropriação de um artigo para o

Voltemos, agora, a nosso capitalista *in spe* [aspirante]. Quando o deixamos, ele havia acabado de comprar no mercado todos os fatores necessários ao processo de trabalho, tanto seus fatores objetivos, os meios de produção, quanto seu fator pessoal, ou a força de trabalho. Com o olhar arguto de um experto, ele selecionou a força de trabalho e os meios de produção adequados a seu negócio, seja ele a fiação, seja a fabricação de botas etc. Nosso capitalista põe-se, então, a consumir a mercadoria por ele comprada, a força de trabalho, isto é, faz com que o portador da força de trabalho, o trabalhador, consuma os meios de produção mediante seu trabalho. Obviamente, a natureza universal do processo de trabalho não se altera em nada pelo fato de o trabalhador realizá-lo para o capitalista, e não para si mesmo. Tampouco o modo determinado como se fabricam as botas ou se fiam os fios é imediatamente alterado pela intervenção do capitalista. Ele tem, inicialmente, de tomar a força de trabalho tal como ele a encontra no mercado e, portanto, tem também de aceitar o trabalho tal como ele se originou num período em que ainda não havia capitalistas. A transformação do próprio modo de produção por meio da subordinação do trabalho ao capital só pode ocorrer posteriormente, razão pela qual deve ser tratada mais adiante.

Como processo de consumo da força de trabalho pelo capitalista, o processo de trabalho revela dois fenômenos característicos.

O trabalhador labora sob o controle do capitalista, a quem pertence seu trabalho. O capitalista cuida para que o trabalho seja realizado corretamente e que os meios de produção sejam utilizados de modo apropriado, a fim de que a matéria-prima não seja desperdiçada e o meio de trabalho seja conservado, isto é, destruído apenas na medida necessária à consecução do trabalho.

Em segundo lugar, porém, o produto é propriedade do capitalista, não do produtor direto, do trabalhador. O capitalista paga, por exemplo, o valor da força de trabalho por um dia. Portanto, sua utilização, como a de qualquer outra mercadoria – por exemplo, um cavalo – que ele aluga por um dia, pertence-lhe por esse dia. Ao comprador da mercadoria pertence o uso da mercadoria, e o possuidor da força de trabalho, ao ceder seu trabalho, cede, na verdade, apenas o valor de uso por ele vendido. A partir do momento em que ele entra na oficina do capitalista, o valor de uso de sua força de trabalho, portanto, seu uso, o trabalho, pertence ao capitalista. Mediante a compra da força de trabalho, o capitalista incorpora o próprio trabalho, como fermento vivo, aos elementos mortos que constituem o produto e lhe pertencem igualmente. De seu ponto de vista, o processo de trabalho não é mais do que o consumo da mercadoria por ele comprada, a força de trabalho, que, no entanto, ele só pode consumir desde que lhe acrescente os meios de produção. O processo

---

propósito da aquisição de outro e, assim, descobrimos a origem do capital", R. Torrens, *An Essay on the Production of Wealth* (Londres, 1821), p. 70-1.

de trabalho se realiza entre coisas que o capitalista comprou, entre coisas que lhe pertencem. Assim, o produto desse processo lhe pertence tanto quanto o produto do processo de fermentação em sua adega[10].

2. O processo de valorização

O produto – a propriedade do capitalista – é um valor de uso, como o fio, as botas etc. Mas apesar de as botas, por exemplo, constituírem, de certo modo, a base do progresso social e nosso capitalista ser um "progressista" convicto, ele não as fabrica por elas mesmas. Na produção de mercadorias, o valor de uso não é, de modo algum, a coisa *qu'on aime pour lui-même* [que se ama por ela mesma]. Aqui, os valores de uso só são produzidos porque e na medida em que são o substrato material, os suportes do valor de troca. E, para nosso capitalista, trata-se de duas coisas. Primeiramente, ele quer produzir um valor de uso que tenha um valor de troca, isto é, um artigo destinado à venda, uma mercadoria. Em segundo lugar, quer produzir uma mercadoria cujo valor seja maior do que a soma do valor das mercadorias requeridas para sua produção, os meios de produção e a força de trabalho, para cuja compra ele adiantou seu dinheiro no mercado. Ele quer produzir não só um valor de uso, mas uma mercadoria; não só valor de uso, mas valor, e não só valor, mas também mais-valor.

Porque se trata aqui da produção de mercadorias, consideramos, até este momento, apenas um aspecto do processo. Assim como a própria mercadoria é unidade de valor de uso e valor, seu processo de produção tem de ser a unidade de processo de trabalho e o processo de formação de valor.

Vejamos, agora, o processo de produção também como processo de formação de valor.

Sabemos que o valor de toda mercadoria é determinado pela quantidade de trabalho materializado em seu valor de uso, pelo tempo de trabalho

---

[10] "Os produtos são apropriados antes de serem transformados em capital; essa transformação não os livra de tal apropriação", Cherbuliez, *Richesse ou Pauvreté*, cit., p. 54. "O proletário, ao vender seu trabalho por uma determinada quantidade de meios de subsistência (*approvisionnement*), renuncia completamente a qualquer participação no produto. A apropriação do produto permanece a mesma que antes; ela não se altera em nada pela convenção mencionada. O produto pertence exclusivamente ao capitalista, que fornece a matéria-prima e o *approvisionnement*. Essa é uma rigorosa consequência da lei da apropriação, cujo princípio fundamental era, ao contrário, o de que todo trabalhador tem o exclusivo direito de propriedade sobre seu produto", ibidem, p. 58. E diz James Mill, em *Elements of Pol. Econ. etc.*, p. 70-1: "Quando os trabalhadores trabalham em troca de salários, o capitalista é proprietário não só do capital" (que significa, aqui, os meios de produção), "mas também do trabalho (*of the labour also*). Se o que é pago como salário está incluído – como costuma ser o caso – no conceito de capital, então é absurdo falar de trabalho separado do capital. A palavra capital inclui, nesse sentido, tanto o capital quanto o trabalho".

socialmente necessário a sua produção. Isso vale também para o produto que reverte para nosso capitalista como resultado do processo de trabalho. A primeira tarefa é, portanto, calcular o trabalho objetivado nesse produto.

Tomemos como exemplo o fio.

Para a produção do fio foi necessária, primeiramente, sua matéria-prima, por exemplo, 10 libras de algodão. Nesse caso, não precisamos investigar o valor do algodão, pois supomos que o capitalista o tenha comprado no mercado pelo valor de, digamos, 10 xelins. No preço do algodão, o trabalho requerido para sua produção já está incorporado como trabalho socialmente necessário. Suponhamos, além disso, que a quantidade de fusos consumida no processamento do algodão, que representa para nós todos os outros meios de trabalhos empregados nessa produção, tenha um valor de 2 xelins. Se uma quantidade de ouro de 12 xelins é o produto de 24 horas de trabalho ou de 2 jornadas de trabalho, conclui-se, então, que no fio estão objetivadas duas jornadas de trabalho.

Não podemos nos deixar confundir pela circunstância de o algodão ter alterado sua forma e uma determinada quantidade de fusos ter desaparecido completamente. De acordo com a lei geral do valor, se o valor de 40 libras de fio = ao valor de 40 libras de algodão + o valor de um fuso inteiro, isto é, se o mesmo tempo de trabalho é necessário para produzir cada um dos dois lados dessa equação, então 10 libras de fio equivalem a 10 libras de algodão e $1/4$ de fuso. Nesse caso, o mesmo tempo de trabalho se expressa, de um lado, no valor de uso do fio e, de outro, nos valores de uso do algodão e do fuso. O valor permanece o mesmo, não importando onde ele aparece, se no fio, no fuso ou no algodão. O fato de que o fuso e o algodão, em vez de permanecerem em repouso um ao lado do outro, integrem conjuntamente o processo de fiação, que modifica suas formas de uso e os transforma em fio, afeta tão pouco seu valor quanto seria o caso se eles tivessem sido trocados por um equivalente em fio.

O tempo de trabalho requerido para a produção do algodão, que é a matéria-prima do fio, é parte do tempo de trabalho requerido para a produção do fio e, por isso, está contido neste último. O mesmo se aplica ao tempo de trabalho requerido para a produção da quantidade de fusos cujo desgaste ou consumo é indispensável à fiação do algodão[11].

Assim, quando se considera o valor do fio, ou o tempo de trabalho requerido para sua produção, todos os diferentes processos particulares de trabalho,

---

[11] "Not only the labour applied immediately to commodities affects their value, but the labour also which is bestowed on the implements, tools, and buildings with which such labour is assisted" ["Não só o trabalho imediatamente aplicado nas mercadorias afeta o valor destas últimas, mas também aquele empregado nos implementos, ferramentas e edifícios que funcionam como auxiliares nesse trabalho"], Ricardo, *The Princ. of Pol. Econ.*, cit., p. 16.

O processo de trabalho e o processo de valorização

que, separados no tempo e no espaço, têm de ser realizados para, primeiramente, produzir o próprio algodão e a quantidade de fusos necessária à fiação e, posteriormente, para obter o fio a partir do algodão e dos fusos, podem ser considerados fases diferentes e sucessivas de um e mesmo processo de trabalho. Todo o trabalho contido no fio é trabalho passado. Que o tempo de trabalho requerido para a produção de seus elementos constitutivos tenha ocorrido anteriormente, que ele se encontre no tempo mais-que-perfeito, ao passo que o trabalho imediatamente empregado no processo final, na fiação, encontra-se mais próximo do presente, no passado perfeito, é uma circunstância totalmente irrelevante. Se uma quantidade determinada de trabalho, por exemplo, 30 jornadas de trabalho, é necessária para a construção de uma casa, o fato de que a última jornada de trabalho seja realizada 29 dias depois da primeira jornada é algo que não altera em nada a quantidade total de tempo de trabalho incorporado na casa. E, desse modo, o tempo de trabalho contido no material e nos meios de trabalho pode ser considerado como se tivesse sido gasto num estágio anterior do processo de fiação, antes de iniciado o trabalho final, sob a forma da fiação propriamente dita.

Os valores dos meios de produção, isto é, do algodão e do fuso, expressos no preço de 12 xelins, são, assim, componentes do valor do fio ou do valor do produto.

Apenas duas condições têm de ser satisfeitas. Em primeiro lugar, é necessário que o algodão e o fuso tenham servido efetivamente à produção de um valor de uso. É preciso que, no caso presente, eles tenham sido transformados em fio. Para o valor, é indiferente qual valor de uso particular o fio possui; ele tem, no entanto, de possuir algum valor de uso. Em segundo lugar, pressupõe-se que o tempo de trabalho empregado não ultrapasse o tempo necessário de trabalho sob dadas condições sociais de produção. Portanto, se apenas 1 libra de algodão é necessária para fiar 1 libra de fio, então não se deve consumir mais do que 1 libra de algodão na produção de 1 libra de fio. A mesma regra se aplica ao fuso. Mesmo que o capitalista tenha a fantasia de, em vez de fusos de ferro, empregar fusos de ouro na produção, o único trabalho que conta no valor do fio é o trabalho socialmente necessário, isto é, o tempo de trabalho necessário para a produção de fusos de ferro.

Sabemos, agora, qual parte do valor do fio é formada pelos meios de produção, pelo algodão e pelo fuso. Ela soma 12 xelins, ou a materialização de duas jornadas de trabalho. Trata-se, agora, de determinar a parte do valor que o trabalho do próprio fiandeiro acrescenta ao algodão.

Devemos, aqui, considerar esse trabalho sob um aspecto totalmente distinto daquele que ele assume durante o processo de trabalho. Lá, tratava-se da atividade orientada à transformação do algodão em fio. Quanto mais o trabalho é orientado a esse fim, tanto melhor é o fio, pressupondo-se inalteradas todas as demais circunstâncias. O trabalho do fiandeiro é especificamente distinto dos outros trabalhos produtivos, e a diferença se revela subjetiva e objetivamente na finalidade particular do ato de fiar, em seu modo particular de operação, na natureza particular de seus meios de produção, no valor de uso particular de seu produto. Algodão e fuso servem como meios de subsistência do trabalho de fiação, mas com eles não se podem produzir canhões. Na medida em que o trabalho do fiandeiro cria valor, isto é, na medida em que é fonte de valor, ele não difere em absolutamente nada do trabalho do produtor de canhões, ou, para empregar um exemplo que nos é mais próximo, ele não difere em nada do trabalho – incorporado nos meios de produção do fio – dos plantadores de algodão e dos produtores de fusos. É apenas em razão dessa identidade que o plantio de algodão, a fabricação de fusos e a fiação podem integrar o mesmo valor total, o valor do fio, como partes que se diferenciam umas das outras apenas quantitativamente. Não se trata mais, aqui, da qualidade, do caráter e do conteúdo específicos do trabalho, mas apenas de sua quantidade. É apenas esta última que cabe calcular. Supomos, aqui, que o trabalho de fiação é trabalho simples, trabalho social médio. Veremos posteriormente que a suposição contrária não altera em nada a questão.

Durante o processo de trabalho, este passa constantemente da forma da agitação [*Unruhe*] à forma do ser, da forma do movimento para a da objetividade. Ao final de 1 hora, o movimento da fiação está expresso numa certa quantidade de fio, o que significa que uma determinada quantidade de trabalho, 1 hora de trabalho, está objetivada no algodão. Dizemos hora de trabalho, isto é, dispêndio da força vital do fiandeiro durante 1 hora, pois o trabalho de fiação só tem validade aqui como dispêndio de força de trabalho, e não como trabalho específico de fiação.

Durante o processo, isto é, durante a transformação do algodão em fio, é de extrema importância que não seja consumido mais do que o tempo de trabalho socialmente necessário. Se, sob condições sociais normais de produção, isto é, médias, uma quantidade de a libras de algodão é transformada em b libras de fio durante 1 hora de trabalho, só se pode considerar como jornada de trabalho de 12 horas aquela em que $12 \times a$ libras de algodão são transformadas em $12 \times b$ libras de fio, pois apenas o tempo de trabalho socialmente necessário é computado na formação do valor.

Assim como o próprio trabalho, também a matéria-prima e o produto aparecem, aqui, de uma maneira totalmente distinta daquela em que se apresentam no processo de trabalho propriamente dito. A matéria-prima é considerada, aqui, apenas como matéria que absorve uma quantidade determinada de trabalho. Por meio dessa absorção, ela se transforma, de fato, em fio, porque a força de trabalho, na forma da fiação, é despendida e adicionada a ela. Mas o produto, o fio, é agora nada mais do que uma escala de medida do trabalho absorvido pelo algodão. Se em 1 hora $1^2/_3$ libra de algodão é fiada e transformada em $1^2/_3$ libra de fio, então 10 libras de fio indicam a absorção de 6 horas de trabalho. Quantidades determinadas de produto, fixadas pela experiência, não representam agora mais do que quantidades determinadas

O processo de trabalho e o processo de valorização

de trabalho, massas determinadas de tempo de trabalho cristalizado. Não são mais do que a materialização de 1 hora, 2 horas, 1 dia de trabalho social.

Que o trabalho seja a fiação, seu material o algodão e seu produto o fio é aqui tão indiferente quanto o fato de o material do trabalho ser ele próprio um produto e, portanto, matéria-prima. Se o trabalhador, em vez de fiar, trabalhasse na mineração de carvão, o material do trabalho, o carvão, seria fornecido pela natureza. No entanto, uma quantidade determinada de carvão minerado, por exemplo, 1 quintal, representaria uma quantidade determinada de trabalho absorvido.

Ao tratar da venda da força de trabalho, supusemos que o valor diário da força de trabalho é = 3 xelins, e que nesse valor estão incorporadas 6 horas de trabalho, sendo esta, portanto, a quantidade de trabalho requerida para produzir a quantidade média dos meios de subsistência diários do trabalhador. Assim, se em 1 hora de trabalho nosso fiandeiro transforma $1^2/_3$ libra de algodão em $1^2/_3$ de fio[12], em 6 horas de trabalho ele transformará 10 libras de algodão em 10 libras de fio. Durante o processo de fiação, portanto, o algodão absorve 6 horas de trabalho. Esse mesmo tempo de trabalho é expresso numa quantidade de ouro de 3 xelins. Assim, por meio da fiação, acrescenta-se ao algodão um valor de 3 xelins.

Vejamos, então, o valor total do produto, as 10 libras de fio, nas quais estão objetivadas 2½ jornadas de trabalho: 2 jornadas de trabalho contidas no algodão e nos fusos, mais ½ jornada absorvida no processo de fiação. O mesmo tempo de trabalho representa-se em 15 xelins de ouro. Desse modo, o preço adequado às 10 libras de fio é 15 xelins, e o preço de 1 libra de fio é 1 xelim e 6 *pence*.

Nosso capitalista fica perplexo. O valor do produto é igual ao valor do capital adiantado. O valor adiantado não se valorizou, não gerou mais-valor e, portanto, não se transformou em capital. O preço das 10 libras de fio é 15 xelins, e 15 xelins foram desembolsados no mercado em troca dos elementos constitutivos do produto, ou, o que é o mesmo, dos fatores do processo de trabalho: 10 xelins pelo algodão, 2 xelins pelos fusos e 3 xelins pela força de trabalho. O valor dilatado do fio não serve para nada, pois seu valor é apenas a soma dos valores anteriormente distribuídos no algodão, nos fusos e na força de trabalho, e do valor obtido com essa simples adição jamais poderia resultar um mais-valor[13]. Tais valores estão concentrados,

---

[12] As cifras são aqui totalmente arbitrárias.

[13] Tal é a tese fundamental, irrefutável para a economia ortodoxa, sobre a qual se baseia a doutrina fisiocrata da improdutividade de todo trabalho agrícola. "*Cette façon d'imputer à une seule chose la valeur de plusieurs autres*" [...] "*d'appliquer, pour ainsi dire, couche sur couche, plusieurs valeurs sur une seule, fait que celle-ci grossit d'autant* [...]. *Le terme d'addition peint très-bien la manière dont se forme le prix des ouvrages de main d'œuvre; ce prix n'est qu'un total de plusieurs valeurs consommées et additionnées ensemble; or, additionner n'est pas multiplier*"

agora, numa única coisa; mas eles já o estavam na soma de 15 xelins, antes que esta se fragmentasse em três compras de mercadorias.

Não há, na realidade, nada estranho nesse resultado. Como o valor de 1 libra de fio é 1 xelim e 6 *pence,* por 10 libras de fio o capitalista teria de pagar 15 xelins no mercado. Quer ele compre sua casa pronta no mercado, quer a mande construir, nenhuma dessas operações fará crescer o dinheiro investido na aquisição da casa.

É possível que o capitalista, instruído pela economia vulgar, diga que adiantou seu dinheiro com a intenção de fazer mais dinheiro. Mas o caminho para o inferno é pavimentado com boas intenções, e sua intenção poderia ser, igualmente, a de fazer dinheiro sem produzir nada[14]. Ele ameaça todo tipo de coisa e está resolvido a não se deixar apanhar novamente. De agora em diante, em vez de ele próprio fabricá-la, comprará a mercadoria pronta no mercado. Mas se todos os seus irmãos capitalistas fizerem o mesmo, onde ele encontrará mercadoria no mercado? E dinheiro ele não pode comer. Prega, então, um sermão. Diz que é preciso levar em conta sua abstinência. Ele poderia ter desbaratado seus 15 xelins. Em vez disso, consumiu-os produtivamente e transformou-os em fio, e justamente por isso ele possui agora o fio, e não a consciência pesada. Ele não precisa se rebaixar ao papel do entesourador, que já nos mostrou a que fim leva tal ascetismo. Além disso, como diz o provérbio: onde não há, el-rei o perde*. Qualquer que seja o mérito de sua abstinência, não há nada com o que se possa recompensá-la, pois o valor do produto que resulta do processo não é mais do que a soma dos valores das mercadorias lançadas na produção. Portanto, que ele se contente com o pensamento de que a virtude compensa. Em vez disso, ele continua a importunar. O fio, diz, não lhe serve de nada. Ele o produziu para a venda. Que assim seja, então! Que ele venda o fio, ou, ainda mais simplesmente, que ele produza, de agora em diante, apenas coisas para sua própria necessidade, uma receita que seu médico MacCulloch já lhe havia prescrito como meio comprovado contra a epidemia da superprodução. Ele

---

["Essa forma de imputar a uma única coisa o valor de muitas outras" (por exemplo, imputar ao linho o consumo do tecelão), "de aplicar, por assim dizer, em camadas, diversos valores sobre um único, faz com que este último aumente na mesma medida dessas camadas [...]. O termo adição serve muito bem para descrever a maneira pela qual se forma o preço dos produtos manufaturados; tal preço é apenas uma soma total de diversos valores consumidos e agrupados; porém, adicionar não é multiplicar"], Mercier de la Rivière, "L'ordre naturel et essentiel des sociétés politiques", cit., p. 599.

[14] Assim, por exemplo, entre 1844 e 1847 ele retirou parte de seu capital do setor produtivo a fim de especular em ações ferroviárias. Do mesmo modo, durante a Guerra Civil Americana, ele fechou sua fábrica e abandonou seus operários à indigência a fim de especular em ações de algodão de Liverpool.

* Esse antigo provérbio lusitano é o equivalente exato do provérbio alemão: *"wo nichts ist, hat der Kaiser sein Recht verloren"* ("Onde não há nada, o imperador perde seu direito"). Isto é: o governante não pode cobrar nenhum tributo de quem nada possui. (N. T.)

se empertiga, desafiante, apoiando-se nas patas traseiras. Poderia o trabalhador, apenas com seus próprios meios corporais, criar no éter configurações do trabalho, mercadorias? Não é verdade que ele, nosso capitalista, forneceu ao trabalhador os materiais com os quais – e nos quais – ele pode dar corpo a seu trabalho? E considerando-se que a maior parte da sociedade consiste de tais pés-rapados [*Habenichtsen*], não prestou ele um inestimável serviço à sociedade por meio de seus meios de produção, seu algodão e seus fusos, para não falar do serviço prestado ao próprio trabalhador, ao qual, além de tudo, ele ainda providenciou os meios de subsistência? E não deve ele cobrar por esse serviço prestado? Além do mais, aqui não se trata propriamente de serviços[15]. Um serviço nada mais é do que o efeito útil de um valor de uso, seja da mercadoria, seja do trabalho[16]. Mas aqui se trata do valor de troca. O capitalista pagou ao trabalhador o valor de 3 xelins, e este lhe retribuiu com um equivalente exato: o valor de 3 xelins adicionado ao algodão. Trocou-se valor por valor. E eis que nosso amigo, até aqui tão soberbo, assume repentinamente a postura modesta de seu próprio trabalhador. Ele próprio, o capitalista, não trabalhou? Não realizou ele o trabalho de controle e supervisão do tecelão? E esse seu trabalho também não gera valor? Mas seu próprio *overlooker* [supervisor] e seu gerente dão de ombros. Enquanto isso, ele já assumiu, com um largo sorriso, sua fisionomia usual. Ele nos rezou toda essa ladainha, mas não dá por ela nem um tostão. Esses e outros subterfúgios e truques baratos ele deixa aos professores de economia política, que são pagos para isso. Já ele, ao contrário, é um homem prático, que nem sempre sabe o que diz quando se encontra fora de seu negócio, mas sabe muito bem o que faz dentro dele.

Vejamos a questão mais de perto. O valor diário da força de trabalho é de 3 xelins porque nela própria está objetivada meia jornada de trabalho, isto é, porque os meios de subsistência necessários à produção diária da força de trabalho custam meia jornada de trabalho. Mas o trabalho anterior, que está

---

[15] "Deixe que eles se exaltem, adornem e enfeitem [...]. Mas quem toma algo melhor ou em quantidade maior" (do que o que dá) "é um usurário, e o que ele faz não é prestar serviço, mas trazer prejuízo a seu próximo, como seria o caso se ele furtasse e roubasse. Nem tudo o que se chama serviço e boa ação ao próximo é realmente serviço e benefício, pois um adúltero e uma adúltera prestam um ao outro um grande serviço e benefício. Um cavaleiro presta um grande serviço cavaleiresco a um assassino e incendiário quando o ajuda a roubar nas estradas e a arruinar terras e gentes. Os papistas prestam um grande serviço ao nosso povo ao não afogá-lo, queimá-lo, assassiná-lo e deixá-lo apodrecer na prisão, mas permitir que alguns vivam, e então bani-los ou despojá-los de tudo o que possuem. Até mesmo o diabo presta a seus servidores um grande e inestimável serviço [...]. Em suma, o mundo está cheio de grandes e excelentes serviços e boas ações cotidianas", Martinho Lutero, *An die Pfarrherrn, wider den Wucher zu predigen* (Wittenberg, 1540).

[16] Em *Zur Kritik der Pol. Ök.* [Contribuição à crítica da economia política], cit., p. 14, observo, entre outras coisas, o seguinte: "Compreende-se qual 'serviço' a categoria 'serviço' (*service*) tem de prestar a economistas do tipo de J. B. Say e F. Bastiat".

incorporado na força de trabalho, e o trabalho vivo que ela pode prestar, isto é, seus custos diários de manutenção e seu dispêndio diário, são duas grandezas completamente distintas. A primeira determina seu valor de troca, a segunda constitui seu valor de uso. O fato de que meia jornada de trabalho seja necessária para manter o trabalhador vivo por 24 horas de modo algum o impede de trabalhar uma jornada inteira. O valor da força de trabalho e sua valorização no processo de trabalho são, portanto, duas grandezas distintas. E é essa diferença de valor que o capitalista tem em vista quando compra a força de trabalho. Sua qualidade útil, sua capacidade de produzir fio ou botas, é apenas uma *conditio sine qua non* [condição indispensável], já que o trabalho, para criar valor, tem necessariamente de ser despendido de modo útil. Mas o que é decisivo é o valor de uso específico dessa mercadoria, o fato de ela ser fonte de valor, e de mais valor do que aquele que ela mesma possui. Esse é o serviço específico que o capitalista espera receber dessa mercadoria e, desse modo, ele age de acordo com as leis eternas da troca de mercadorias. Na verdade, o vendedor da força de trabalho, como o vendedor de qualquer outra mercadoria, realiza seu valor de troca e aliena seu valor de uso. Ele não pode obter um sem abrir mão do outro. O valor de uso da força de trabalho, o próprio trabalho, pertence tão pouco a seu vendedor quanto o valor de uso do óleo pertence ao comerciante que o vendeu. O possuidor de dinheiro pagou o valor de um dia de força de trabalho; a ele pertence, portanto, o valor de uso dessa força de trabalho durante um dia, isto é, o trabalho de uma jornada. A circunstância na qual a manutenção diária da força de trabalho custa apenas meia jornada de trabalho, embora a força de trabalho possa atuar por uma jornada inteira, e, consequentemente, o valor que ela cria durante uma jornada seja o dobro de seu próprio valor diário – tal circunstância é, certamente, uma grande vantagem para o comprador, mas de modo algum uma injustiça para com o vendedor.

    Nosso capitalista previu esse estado de coisas, e o caso o faz rir*. O trabalhador encontra na oficina os meios de produção necessários não para um processo de trabalho de 6, mas de 12 horas. Assim como 10 libras de algodão absorveram 6 horas de trabalho e se transformaram em 10 libras de fio, 20 libras de algodão absorverão 12 horas de trabalho e se transformarão em 20 libras de fio. Consideremos o produto do processo prolongado de trabalho. Nas 20 libras de fio estão objetivadas, agora, 5 jornadas de trabalho, das quais 4 foram empregadas na produção do algodão e dos fusos e 1 foi absorvida pelo algodão durante o processo de fiação. A expressão em ouro das 5 jornadas de trabalho é 30 xelins ou £1 e 10 xelins. Esse é, portanto, o preço das 20 libras de fio. A libra de fio continua a custar 1 xelim e 6 *pence*, mas a quantidade de valor das mercadorias lançadas no processo soma

---

* Paráfrase das palavras de Fausto: "*Der Kasus macht mich lachen*" ["O caso me faz rir"], J. W. Goethe, "Quarto de estudos", em *Fausto*. (N. T.)

27 xelins. O valor do fio é de 30 xelins. O valor do produto aumentou $1/9$ sobre o valor adiantado em sua produção. Desse modo, 27 xelins transformaram-se em 30 xelins, criando um mais-valor de 3 xelins. No final das contas, o truque deu certo. O dinheiro converteu-se em capital.

Todas as condições do problema foram satisfeitas, sem que tenha ocorrido qualquer violação das leis da troca de mercadorias. Trocou-se equivalente por equivalente. Como comprador, o capitalista pagou o devido valor em troca de cada mercadoria: algodão, fusos, força de trabalho. Em seguida, fez o mesmo que costuma fazer todo comprador de mercadorias: consumiu seu valor de uso. Do processo de consumo da força de trabalho, que é ao mesmo tempo processo de produção da mercadoria, resultou um produto de 20 libras de fio com um valor de 30 xelins. Agora, o capitalista retorna ao mercado, mas não para comprar, como antes, e sim para vender mercadoria. Ele vende a libra de fio por 1 xelim e 6 *pence*, nem um centavo acima ou abaixo de seu valor. E, no entanto, ele tira de circulação 3 xelins a mais do que a quantia que nela colocou. Esse ciclo inteiro, a transformação de seu dinheiro em capital, ocorre no interior da esfera da circulação e, ao mesmo tempo, fora dela. Ele é mediado pela circulação, porque é determinado pela compra da força de trabalho no mercado. Mas ocorre fora da circulação, pois esta apenas dá início ao processo de valorização, que tem lugar na esfera da produção. E assim está *"tout pour le mieux dans le meilleur des mondes possibles"* [Tudo ocorre da melhor maneira no melhor dos mundos possíveis]*.

Ao transformar o dinheiro em mercadorias, que servem de matérias para a criação de novos produtos ou como fatores do processo de trabalho, ao incorporar força viva de trabalho à sua objetividade morta, o capitalista transforma o valor – o trabalho passado, objetivado, morto – em capital, em valor que se autovaloriza, um monstro vivo que se põe a "trabalhar" como se seu corpo estivesse possuído de amor**.

Ora, se compararmos o processo de formação de valor com o processo de valorização, veremos que este último não é mais do que um processo de formação de valor que se estende para além de certo ponto. Se não ultrapassa o ponto em que o valor da força de trabalho pago pelo capital é substituído por um novo equivalente, ele é simplesmente um processo de formação de valor. Se ultrapassa esse ponto, ele se torna processo de valorização.

Se, além disso, compararmos o processo de formação de valor com o processo de trabalho, veremos que este último consiste no trabalho útil, que produz valores de uso. O movimento é, aqui, considerado qualitativamente, em sua

---

* Aforismo do romance satírico de Voltaire, *Cândido, ou o otimismo*. (N. E. A. MEW)
** "Como se estivesse possuído de amor" – no original, *"als hätt'es Lieb'im Leibe"* (literalmente: "como se tivesse amor no corpo"). Citação de J. W. Goethe, *Fausto*, primeira parte, quadro VI, cena I, que aparece no contexto da reação de uma ratazana recém-envenenada. (N. T.)

especificidade, segundo sua finalidade e conteúdo. Mas o mesmo processo de trabalho se apresenta, no processo de formação de valor, apenas sob seu aspecto quantitativo. Aqui, o que importa é apenas o tempo que o trabalho necessita para a sua operação, ou o período durante o qual a força de trabalho é despendida de modo útil. As mercadorias que tomam parte no processo também deixam de importar como fatores materiais [*stoffliche*], funcionalmente determinados, da força de trabalho que atua orientada para um fim. Elas importam tão somente como quantidades determinadas de trabalho objetivado. Seja contido nos meios de produção, seja adicionado pela força de trabalho, o trabalho só importa por sua medida temporal. Ele dura tantas horas, dias etc.

No entanto, o trabalho só importa na medida em que o tempo gasto na produção do valor de uso é socialmente necessário, o que implica diversos fatores. A força de trabalho tem de funcionar sob condições normais. Se a máquina de fiar é o meio de trabalho dominante na fiação, seria absurdo fornecer ao trabalhador uma roda de fiar. Ou, em vez de algodão de qualidade normal, fornecer-lhe um refugo de algodão, que a toda hora arrebenta. Em ambos os casos, seu trabalho ocuparia um tempo de trabalho maior do que o tempo socialmente necessário para a produção de 1 libra de fio, mas esse trabalho excedente não geraria valor ou dinheiro. Contudo, o caráter normal dos fatores objetivos de trabalho não depende do trabalhador, e sim do capitalista. Uma outra condição é o caráter normal da própria força de trabalho. No ramo de produção em que é empregada, ela tem de possuir o padrão médio de habilidade, eficiência e celeridade. Mas aqui supomos que nosso capitalista comprou força de trabalho de qualidade normal. Tal força tem de ser aplicada com a quantidade média de esforço e com o grau de intensidade socialmente usual, e o capitalista controla o trabalhador para que este não desperdice nenhum segundo de trabalho. Ele comprou a força de trabalho por um período determinado, e insiste em obter o que é seu. Não quer ser furtado. Por fim – e é para isso que esse mesmo senhor possui seu próprio *code penal* [código penal] –, é vedado qualquer consumo desnecessário de matéria-prima e meios de trabalho, pois material e meios de trabalho desperdiçados representam o dispêndio desnecessário de certa quantidade de trabalho objetivado, portanto, trabalho que não conta e não toma parte no produto do processo de formação de valor[17].

---

[17] Essa é uma das circunstâncias que encarecem a produção baseada na escravidão. Nesta, segundo a expressão certeira dos antigos, o trabalhador é um *instrumentum vocale* [ferramenta falante], distinto do animal (o *instrumentum semivocale* [ferramenta semifalante]) e da ferramenta morta (o *instrumentum mutum* [ferramenta muda]). Mas ele mesmo faz questão de deixar claro ao animal e à ferramenta que não é um deles, mas um homem. Ele alimenta em si mesmo a convicção de sua diferença em relação a eles, tratando-os com impiedade e arruinando-os *con amore*. É por isso que, nesse modo de produção, vale o princípio econômico de empregar apenas os instrumentos

O processo de trabalho e o processo de valorização

Vê-se que a diferença, anteriormente obtida com a análise da mercadoria, entre o trabalho como valor de uso e o mesmo trabalho como criador de valor, apresenta-se, agora, como distinção dos diferentes aspectos do processo de produção.

O processo de produção, como unidade dos processos de trabalho e de formação de valor, é processo de produção de mercadorias; como unidade dos processos de trabalho e de valorização, é processo de produção capitalista, forma capitalista da produção de mercadorias.

---

de trabalho mais rudes e pesados, porém difíceis de danificar justamente em virtude desse seu irremediável desajeitamento. Até o início da guerra civil [norte-americana], ainda se podiam encontrar, nos estados escravistas do Golfo do México, arados construídos segundo o modelo dos antigos arados chineses, que reviravam a terra como um porco ou uma toupeira, em vez de sulcá-la. Cf. J. E. Cairnes, *The Slave Power* (Londres, 1862), p. 46s. Em seu *Seaboard Slave States* [p. 46], relata Olmsted: "*I am here shown tools that no man in his senses, with us, would allow a labourer, for whom he was paying wages, to be encumbered with; and the excessive weight and clumsiness of which, I would judge, would make work at least ten per cent greater than with those ordinarily used with us. And I am assured that, in the careless and clumsy way they must be used by the slaves, anything lighter or less rude could not be furnished them with good economy, and that such tools as we constantly give our labourers, and find our profit in giving them, would not last out a day in a Virginia cornfield – much lighter and more free from stones though it be than ours. So, too, when I ask why mules are so universally substituted for horses on the farm, the first reason given, and confessedly the moat conclusive one, is that horses cannot bear the treatment that they always must get from the negroes; horses are always soon foundered or crippled by them, while mules will bear cudgelling, or lose a meal or two now and then, and not be materially injured, and they do not take cold or get sick, if neglected or overworked. But I do not need to go further than to the window of the room in which I am writing, to see at almost any time, treatment of cattle that would insure the immediate discharge of the driver by almost any farmer owning them in the North*" ["Deparei-me, aqui, com ferramentas que, entre nós, ninguém em sã consciência forneceria a seu trabalhador assalariado; e creio que o peso excessivo e o desajeitamento de tais ferramentas tornam o trabalho no mínimo dez vezes mais dificultoso do que com as ferramentas normalmente usadas entre nós. E estou certo de que, pela forma descuidada e desajeitada com que elas têm de ser usadas pelos escravos, não se poderia fornecer a eles, de modo economicamente proveitoso, nada mais leve ou menos rude, e que ferramentas tais como a que fornecemos constantemente a nossos trabalhadores e que nos são lucrativas não durariam um dia sequer numa lavoura da Virgínia – cuja terra é muito mais leve e livre de pedras do que a nossa. Do mesmo modo, quando pergunto por que as mulas substituem os cavalos em todas as fazendas, a primeira resposta que recebo, e de fato a mais convincente, é a de que os cavalos não são capazes de aguentar o tratamento que recebem constantemente dos negros; os cavalos são rapidamente estropiados e aleijados por eles, ao passo que as mulas aguentam os maus-tratos e podem ficar sem um ou dois repastos sem que isso lhes prejudique materialmente, e tampouco se resfriam ou adoecem quando descuidadas ou sobrecarregadas. Mas não preciso ir além da janela do quarto de onde escrevo para ver, a qualquer hora do dia, um tratamento do gado que, em quase qualquer fazenda do Norte, provocaria o imediato afastamento do empregado pelo fazendeiro"].

Observamos, anteriormente, que para o processo de valorização é completamente indiferente se o trabalho apropriado pelo capitalista é trabalho social médio não qualificado ou trabalho complexo, dotado de um peso específico mais elevado. O trabalho que é considerado mais complexo e elevado do que o trabalho social médio é a exteriorização de uma força de trabalho com custos mais altos de formação, cuja produção custa mais tempo de trabalho e que, por essa razão, tem um valor mais elevado do que a força simples de trabalho. Como o valor dessa força é mais elevado, ela também se exterioriza num trabalho mais elevado, trabalho que cria, no mesmo período de tempo, valores proporcionalmente mais altos do que aqueles criados pelo trabalho inferior. Mas qualquer que seja a diferença de grau entre o trabalho de fiação e de joalheria, a porção de trabalho com a qual o trabalhador joalheiro apenas repõe o valor de sua própria força de trabalho não se diferencia em nada, em termos qualitativos, da porção adicional de trabalho com a qual ele cria mais-valor. Tal como antes, o mais-valor resulta apenas de um excedente quantitativo de trabalho, da duração prolongada do mesmo processo de trabalho: num caso, do processo de produção do fio, noutro, do processo de produção de joias[18].

---

[18] A diferença entre trabalho superior e inferior, trabalho "qualificado" e "não qualificado", repousa, em parte, em meras ilusões ou, no mínimo, diferenças que há muito deixaram de ser reais e continuam a existir apenas em convenção tradicional, e, em parte, no desamparo de certas camadas da classe trabalhadora, que dispõem de menos condições do que as outras de se beneficiar do valor de sua força de trabalho. Circunstâncias acidentais desempenham nisso um papel tão grande que esses dois tipos de trabalho às vezes trocam de lugar. Onde, por exemplo, a substância física da classe trabalhadora está enfraquecida e relativamente esgotada, como é o caso em todos os países de produção capitalista desenvolvida, os trabalhos geralmente brutais, que exigem grande força muscular, passam a ser considerados superiores em comparação a formas de trabalho muito mais refinadas, que são, assim, rebaixadas ao grau de trabalho inferior. Por exemplo, o trabalho de um *bricklayer* (pedreiro) na Inglaterra ocupa um grau muito superior ao trabalho de um tecelão de damasco. Por outro lado, o trabalho de um *fustian cutter* (tosador de fustão), embora custe muito esforço físico e seja, além de tudo, extremamente insalubre, é considerado trabalho "simples". E seria um erro pensar que o assim chamado "trabalho qualificado" ocupa um espaço quantitativamente mais significativo no trabalho nacional. Laing calcula que, na Inglaterra (e País de Gales), existam 11 milhões de pessoas ocupadas com trabalhos simples. Se dos 18 milhões de pessoas que à época de seu escrito constituíam a população total deduzirmos um milhão de aristocratas, um milhão e meio de miseráveis, vagabundos, criminosos, prostitutas etc., e uma classe média de 4.650.000, obteremos os 11 milhões mencionados. Ocorre que, nessa classe média, ele inclui pessoas que vivem da renda de pequenos investimentos, funcionários, escritores, artistas, professores etc., e, para chegar a esses $4^2/_3$ milhões, também inclui na parte trabalhadora da classe média, além dos banqueiros etc., aqueles "trabalhadores fabris" que recebem salários maiores! Também os *bricklayers* estão incluídos entre os "trabalhadores potencializados", S. Laing, *National Distress: Its Causes and Remedies* (Londres, 1844), [p. 49-52 passim], "*The*

Por outro lado, em todo processo de formação de valor, o trabalho superior tem sempre de ser reduzido ao trabalho social médio; por exemplo, uma jornada de trabalho superior tem de ser reduzida a x jornadas de trabalho simples[19]. Poupa-se, com isso, uma operação supérflua e simplifica-se a análise, por meio do pressuposto de que o trabalhador empregado pelo capital realiza o trabalho social médio não qualificado.

---

great class, who have nothing to give for food but ordinary labour, are the great bulk of the people" ["A grande classe, que não tem nada a oferecer em troca de comida a não ser o trabalho comum, forma a grande massa do povo"], James Mill, "Colony", suplemento na *Encyclopedia Britannica* (1831).

[19] "*Where reference is made to labour as a measure of value, it necessarily implies labour of one particular kind [...] the proportion which the other kinds bear to it being easily ascertained*" ["Onde se faz referência ao trabalho como uma medida de valor, está necessariamente implicado o trabalho de um tipo particular [...] podendo-se facilmente estabelecer a proporção em que outros trabalhos se relacionam com ele"], J. Cazenove, *Outlines of Polit. Economy* (Londres, 1832), p. 22-3.

Capítulo 6

Capital constante e capital variável

Os diferentes fatores do processo de trabalho participam de diferentes modos na formação do valor dos produtos.

O trabalho adiciona novo valor ao objeto do trabalho por meio da adição de uma quantidade determinada de trabalho, não importando o conteúdo determinado, a finalidade e o caráter técnico de seu trabalho. Por outro lado, os valores dos meios de produção consumidos reaparecem como componentes do valor dos produtos, por exemplo, os valores do algodão e dos fusos incorporados no valor do fio. Desse modo, o valor dos meios de produção é conservado por meio de sua transferência ao produto, a qual ocorre durante a transformação dos meios de produção em produto – isto é, no processo de trabalho – e é mediada pelo trabalho. Mas como?

O trabalhador não trabalha duas vezes ao mesmo tempo, uma vez para acrescentar valor ao algodão, outra para conservar seu valor anterior ou, o que é o mesmo, para transferir ao produto – o fio – o valor do algodão que ele trabalha e o valor dos fusos com os quais ele trabalha. Pelo contrário, é pelo mero acréscimo de novo valor que ele conserva o valor anterior. Mas como a adição de novo valor ao objeto de trabalho e a conservação dos valores anteriores incorporados no produto são dois resultados completamente distintos que o trabalhador atinge ao mesmo tempo, durante o qual ele trabalha, no entanto, uma única vez, conclui-se que essa duplicidade do resultado só pode ser explicada pela duplicidade de seu próprio trabalho. Um lado do trabalho tem de criar valor ao mesmo tempo que seu outro lado tem de conservar ou transferir valor.

De que maneira cada trabalhador adiciona tempo de trabalho e, por conseguinte, valor? Evidentemente, apenas na forma de seu modo peculiar de trabalho produtivo. O fiandeiro só adiciona tempo de trabalho quando fia, o tecelão quando tece, o ferreiro quando forja. É, portanto, por meio de uma forma determinada da adição de trabalho e de valor novo, isto é, por meio da fiação, da tecelagem, da forjadura etc., que os meios de produção, o algodão e o fuso, o fio e a máquina de fiar, o ferro e a bigorna se tornam elementos formadores de um produto, de um novo valor de uso[20]. A antiga forma de seu valor de uso desaparece, mas apenas para reaparecer numa nova forma. Ora, ao tratarmos do processo de formação do valor, vimos que, quando um valor de uso é efetivamente consumido na produção de um novo valor de uso, o tempo de trabalho necessário à produção de um valor de uso já consumido é parte do tempo necessário à produção do novo valor de uso, e constitui, portanto, o tempo de trabalho transferido ao novo produto pelo meio de produção consumido. Assim, se o trabalhador conserva os valores dos meios de produção consumidos ou os transfere ao produto como seus componentes de valor, ele não o faz por meio da adição de trabalho em geral, mas por meio do caráter particularmente útil desse trabalho adicional, por meio de sua forma produtiva específica. É na forma de uma atividade produtiva orientada a um determinado fim, como a fiação, a tecelagem ou a forjadura, que o trabalho, por seu simples contato com os meios de produção, desperta-os do mundo dos mortos, anima-os em fatores do processo de trabalho e se combina com eles para formar novos produtos.

Se o trabalho produtivo específico do trabalhador não fosse a fiação, ele não poderia transformar o algodão em fio e, portanto, tampouco poderia transferir ao fio os valores do algodão e dos fusos. Se, ao contrário, o mesmo trabalhador trocar de ramo e se tornar carpinteiro, ele continuará a adicionar valor a seu material por meio de uma jornada de trabalho. Ele adiciona valor ao material por meio de seu trabalho, não como trabalho de fiação ou de carpintaria, mas como trabalho abstrato, trabalho social em geral, e adiciona uma grandeza determinada de valor não porque seu trabalho tenha um conteúdo útil particular, mas porque dura um tempo determinado. Portanto, é por sua qualidade abstrata, geral, como dispêndio de força humana de trabalho, que o trabalho do fiandeiro adiciona um valor novo aos valores do algodão e dos fusos, e é em sua qualidade concreta, particular e útil como processo de fiação que ele transfere ao produto o valor desses meios de produção e, com isso, conserva seu valor no produto. Daí decorre a duplicidade de seu resultado no mesmo tempo.

Por meio da adição meramente quantitativa de trabalho, um valor novo é adicionado; por meio da qualidade do trabalho adicionado, os valores antigos dos meios de produção são conservados no produto. Esse efeito duplo do mesmo trabalho, decorrência de seu caráter duplo, pode ser detectado em vários fenômenos.

Suponhamos que, em consequência de uma invenção qualquer, o fiandeiro possa fiar em 6 horas a mesma quantidade de algodão que ele antes fiava em 36 horas. Como atividade adequada a um fim, útil e produtiva, seu trabalho sextuplicou sua força. Seu produto é seis vezes maior, 36 libras de fio em vez

---

[20] *"Labour gives* [...] *a new creation for one extinguished"* ["O trabalho substitui uma nova criação [...] a outra que foi extinguida"], em *An Essay on the Polit. Econ. of Nations* (Londres, 1821), p. 13.

Capital constante e capital variável

de 6. Mas as 36 libras de algodão absorvem agora apenas o mesmo tempo de trabalho antes absorvido por 6 libras. A quantidade de trabalho novo que lhes é adicionada é 6 vezes menor do que com o método antigo, portanto apenas $1/6$ do valor anterior. Por outro lado, o valor de algodão agora contido no produto é 6 vezes maior, isto é, 36 libras. Nas 6 horas de fiação é conservado e transferido ao produto um valor de matéria-prima 6 vezes maior, embora à mesma matéria-prima seja adicionado um novo selo, 6 vezes menor. Isso revela a diferença essencial entre as duas propriedades do trabalho, que agem simultaneamente, uma conservando, a outra criando valor. Quanto mais tempo de trabalho necessário é incorporado na mesma quantidade de algodão durante a fiação, maior é o valor novo adicionado ao algodão; porém, quanto mais libras de algodão são fiadas no mesmo tempo de trabalho, maior é o valor antigo conservado no produto.

Agora suponhamos, ao contrário, que a produtividade do trabalho de fiação se mantenha inalterada, e que o fiandeiro continue a necessitar do mesmo tempo de trabalho que antes para transformar 1 libra de algodão em fio. Suponhamos, também, que ocorra uma variação no valor de troca do algodão, de modo que o preço de 1 libra de algodão aumente ou caia 6 vezes. Em ambos os casos, o fiandeiro continuará a adicionar o mesmo tempo de trabalho e, assim, o mesmo valor à mesma quantidade de algodão; e em ambos os casos ele produzirá a mesma quantidade de fio no mesmo tempo. No entanto, o valor que ele transferirá do algodão ao fio será ou um sexto do valor anterior, ou seu sêxtuplo. O mesmo ocorreria se o valor dos meios de trabalho aumentasse ou caísse, porém continuando a prestar o mesmo serviço no processo de trabalho.

Se as condições técnicas do processo de fiação permanecerem as mesmas e não ocorrer nenhuma variação de valor nos meios de produção, o fiandeiro continuará a consumir, no mesmo tempo de trabalho, a mesma quantidade de matéria-prima e maquinaria, cujos valores terão permanecido os mesmos. O valor que ele conserva no produto permanece na razão direta do novo valor que ele lhe adiciona. Em duas semanas, ele incorpora ao produto o dobro de trabalho – e, assim, o dobro de valor – de uma semana de trabalho; ao mesmo tempo, ele consome o dobro de material que vale o dobro e desgasta duas vezes mais maquinaria, que também vale o dobro, de maneira que, no produto de duas semanas, ele conserva o dobro de valor que é conservado no produto de uma semana. Sob condições invariáveis de produção, o trabalhador conserva tanto mais valor quanto mais valor ele adiciona, mas conserva mais valor não porque adiciona mais valor, e sim porque o adiciona sob condições invariáveis e independentes de seu próprio trabalho.

Em certo sentido, pode-se dizer que o trabalhador sempre conserva valores anteriores na mesma proporção em que adiciona novo valor. Se o algodão aumenta de 1 para 2 xelins ou cai para 6 *pence*, o trabalhador continua a conservar no produto de 1 hora de trabalho apenas a metade do valor do algodão que ele conserva no produto de 2 horas de trabalho, independentemente da variação daquele valor. Se, além disso, a produtividade de seu próprio trabalho variar, seja para cima ou para baixo, ele poderá fiar mais ou menos algodão que antes e, desse modo, conservar no produto de 1 hora de trabalho mais ou menos valor em algodão. Contudo, em duas horas de trabalho ele conservará o dobro de valor do que em uma.

O valor, se desconsideramos sua expressão meramente simbólica nos signos de valor, existe apenas num valor de uso, numa coisa. (O próprio homem, considerado como mera existência de força de trabalho, é um objeto natural, uma coisa, embora uma coisa viva, autoconsciente, sendo o próprio trabalho a exteriorização material dessa força.) Por isso, a perda do valor de uso implica a perda do valor. Com a perda de seu valor de uso, os meios de produção não perdem, ao mesmo tempo, seu valor, uma vez que, por meio do processo de trabalho, eles só perdem a figura originária de seu valor de uso para, no produto, ganhar a figura de outro valor de uso. Mas do mesmo modo que para o valor é importante que ele exista num valor de uso qualquer, também lhe é indiferente em qual valor de uso determinado ele existe, como fica evidente na metamorfose das mercadorias. Disso se segue que, no processo de trabalho, o valor do meio de produção só se transfere ao produto na medida em que o meio de produção, juntamente com seu valor de uso independente, perde também seu valor de troca. Ele só cede ao produto o valor que perde como meio de produção. A esse respeito, porém, nem todos os fatores objetivos do processo de trabalho se comportam do mesmo modo.

O carvão que serve de combustível para a máquina desaparece sem deixar rastros, do mesmo modo que o óleo usado na lubrificação da engrenagem. As tintas e outras matérias auxiliares também se consomem, porém reaparecem como propriedades do produto. A matéria-prima constitui a substância do produto, mas sua forma foi modificada. Desse modo, a matéria-prima e as matérias auxiliares perdem a figura independente com que ingressaram no processo de trabalho como valores de uso, diferentemente do que ocorre com os meios de trabalho propriamente ditos. Uma ferramenta, uma máquina, o edifício de uma fábrica, um barril etc. servem no processo de trabalho apenas na medida em que conservam sua configuração original, podendo entrar amanhã no processo de trabalho com a mesma forma com que entraram ontem. Depois de sua morte, os meios de trabalho conservam sua figura independente em relação ao produto tanto quanto a conservavam durante sua vida, isto é, ao longo do processo de trabalho. Os cadáveres das máquinas, ferramentas, edifícios industriais etc. continuam a existir separados dos produtos que eles mesmos ajudaram a criar. Ora, se considerarmos o período inteiro durante o qual tal meio de trabalho serve na produção, desde sua introdução na oficina até o dia de seu banimento ao depósito de sucata, veremos que, durante esse período, seu valor de uso foi integralmente consumido pelo trabalho e, portanto, seu valor de troca foi completamente transferido ao produto. Se, por exemplo, uma máquina de fiar durou 10 anos, deduz-se que, durante esse processo de

Capital constante e capital variável

trabalho, seu valor total foi gradualmente transferido ao produto desses 10 anos. O tempo de vida de um meio de trabalho compreende, portanto, sua repetida utilização num número maior ou menor de processos de trabalho sucessivos. E com o meio de trabalho ocorre o mesmo que com o homem. Todo homem morre 24 horas a cada dia. Porém, apenas olhando para um homem não é possível perceber com exatidão quantos dias ele já morreu, o que, no entanto, não impede que companhias de seguros, baseando-se na expectativa média de vida dos homens, possam chegar a conclusões muito seguras e, mais ainda, muito lucrativas. O mesmo ocorre com o meio de trabalho. A experiência nos ensina quanto tempo dura, em média, um meio de trabalho, por exemplo, uma máquina de certo tipo. Suponhamos que seu valor de uso, no processo de trabalho, dure apenas 6 dias. Desse modo, a cada dia de trabalho ele perde, em média, $1/6$ de seu valor de uso e, por conseguinte, transfere $1/6$ de seu valor a seu produto diário. Assim é calculada a depreciação de todos os meios de trabalho, isto é, por exemplo, sua perda diária de valor de uso e sua correspondente transferência diária de valor ao produto.

Esse exemplo demonstra claramente que um meio de produção jamais transfere ao produto um valor maior do que aquele que ele perde no processo de trabalho por meio da destruição de seu valor de uso. Não tivesse valor algum a perder, isto é, não fosse ele mesmo produto do trabalho humano, o meio de produção não poderia transferir qualquer valor ao produto. Ele serviria de criador de valor de uso sem servir de criador de valor de troca. Tal é o caso de todos os meios de produção que preexistem na natureza sem a intervenção humana, tais como a terra, o vento, a água, o ferro nos veios das rochas, a madeira nas florestas virgens etc.

Aqui, outro fenômeno interessante se apresenta. Suponha que uma máquina tenha, por exemplo, o valor de £1.000 e se consuma em 1.000 dias. Nesse caso, $1/1.000$ do valor da máquina é transferido diariamente a seu produto. Ao mesmo tempo, a máquina inteira continua a atuar, embora com vitalidade decrescente, no processo de trabalho. Evidencia-se, assim, que um fator do processo de trabalho, um meio de produção, entra inteiramente no processo de trabalho, mas apenas parcialmente no processo de valorização. A diferença entre processo de trabalho e processo de valorização se reflete, aqui, em seus fatores objetivos, uma vez que, no mesmo processo de produção, o meio de produção atua de modo inteiro como elemento do processo de trabalho e de modo apenas fracionado como elemento da formação de valor[21].

---

[21] Não se trata, aqui, de reparos nos meios de trabalho, nas máquinas, nas instalações das fábricas etc. Uma máquina que está em conserto não funciona como meio de trabalho, mas como material de trabalho. Não se trabalha com ela, mas ela mesma é trabalhada, a fim de restaurar seu valor de uso. Para nossos fins, podemos incluir tais trabalhos de reparação como parte do trabalho requerido para a produção dos meios de trabalho. Em nossa exposição, porém, trata-se do desgaste que nenhum doutor pode curar e que

Karl Marx – O capital

Por outro lado, um meio de produção pode entrar de modo inteiro no processo de valorização, embora entre apenas de modo fracionado no processo de trabalho. Suponhamos que, no processo de fiação, para cada 115 libras de algodão diariamente utilizadas sejam desperdiçadas 15 libras, que não se transformam em fio, mas em *devil's dust**. No entanto, na medida em que esse resíduo é considerado como um elemento normal e inseparável da fiação em suas condições médias, essas 15 libras, embora não constituam elemento do fio, passam a compor o valor do fio tanto quanto as 100 libras que constituem sua substância. O valor de uso de 15 libras de algodão tem de ser transformado em pó para que sejam produzidas 100 libras de fio. A destruição desse algodão é, portanto, uma condição necessária para a produção do fio, e é justamente por isso que ele transfere seu valor ao fio. Isso vale para todos os detritos do processo de trabalho, ao menos na medida em que tais detritos não constituem novos meios de produção e, por conseguinte, valores de uso novos e independentes. Tal uso de detritos pode ser observado nas grandes fábricas de máquinas de Manchester, onde montanhas

---

acarreta gradualmente a morte, "*that kind of wear which cannot be repaired from time to time, and which, in the case of a knife, would ultimately reduce it to a state in which the cutler would say of it, it is not worth a new blade*" [daquele tipo de desgaste que não pode ser reparado de tempos em tempos e que, no caso de uma faca, acabaria por reduzi-la a um estado tal que o faqueiro diria não valer mais a pena refazer sua lâmina]. Em nossa exposição, vimos, por exemplo, que uma máquina entra de modo inteiro em todo processo singular de trabalho, mas apenas de modo fracionado no processo simultâneo de valorização. A partir daí, podemos julgar a confusão conceitual presente na seguinte passagem: "*Mr. Ricardo speaks of the portion of the labour of the engineer in making stocking machines*" ["O sr. Ricardo fala que a porção de trabalho que um engenheiro mecânico gasta na construção de uma máquina de confecção de meias"] está contida, por exemplo, no valor de um par de meias. "*Yet the total labour that produced each single pair of stockings [...] includes the whole labour of the engineer, not a portion; for one machine makes many pairs, and none of those pairs could have been done without any part of the machine*" ["No entanto, o trabalho total que produziu cada par de meias [...] inclui o trabalho total do engenheiro, não apenas uma porção dele; pois uma máquina confecciona muitos pares, e nenhum desses pares poderia ter sido confeccionado sem qualquer uma das partes da máquina"], em *Observations on Certain Verbal Disputes in Pol. Econ., Particularly Relating to Value, and to Demand and Supply* (Londres, 1821), p. 54. O autor, um "*wiseacre*" [sabichão] incomumente autossatisfeito, está certo em sua confusão – e, consequentemente, em sua polêmica – apenas na medida em que nem Ricardo nem qualquer outro economista antes ou depois dele distinguiu com exatidão os dois aspectos do trabalho, e menos ainda, portanto, analisou seus diferentes papéis na formação do valor.

* *Devil's dust* ("pó do diabo") é o nome dado à fibra obtida a partir do algodão de baixa qualidade. Em *A situação da classe trabalhadora na Inglaterra* (São Paulo, Boitempo, 2007), p. 108-9, diz Engels: "E se alguma vez, excepcionalmente, o operário pode comprar um paletó de lã para uso dominical, vai às lojas mais barateiras – onde lhe oferecem um tecido ordinário chamado *devil's dust*, feito 'só para ser vendido, não para ser usado', e que ao fim de quinze dias está esgarçado ou rasgado". (N. T.)

Capital constante e capital variável

de resíduos de ferro, reduzido a pequenas lascas por máquinas ciclópicas, são transportados à noite em grandes vagões até o forno de fundição e, no dia seguinte, retornam à fábrica como barras maciças de ferro.

Os meios de produção só transferem valor à nova figura do produto na medida em que, durante o processo de trabalho, perdem valor na figura de seus antigos valores de uso. O máximo de perda de valor que eles podem suportar no processo de trabalho é claramente limitado pela grandeza de valor original com a qual ingressaram no processo de trabalho, ou, em outras palavras, pelo tempo de trabalho requerido para sua própria produção. Por isso, os meios de produção jamais podem adicionar ao produto um valor maior do que o que eles mesmos possuem, independentemente do processo de trabalho no qual tomam parte. Por mais útil que possa ser um material de trabalho, uma máquina, um meio de produção – custe ele £150 ou, digamos, 500 jornadas de trabalho –, ele jamais poderá adicionar ao produto total mais do que £150. Seu valor é determinado não pelo processo de trabalho no qual ele entra como meio de produção, mas pelo processo de trabalho do qual ele resulta como produto. No processo de trabalho, ele serve apenas como valor de uso, como coisa dotada de propriedades úteis, que não poderia transferir nenhum valor ao produto se já não possuísse valor antes de sua entrada no processo[22].

Quando o trabalho produtivo transforma os meios de produção em elementos constituintes de um novo produto, o valor desses meios de produção sofre

---

[22] Percebe-se, assim, o absurdo de J. B. Say, que quer derivar o mais-valor (juro, lucro, renda) dos *"services productifs"* [serviços produtivos] que os meios de produção, a terra, os instrumentos, o couro etc. prestam ao processo de trabalho por meio de seus valores de uso. O sr. Wilhelm Roscher, que dificilmente perde uma ocasião de deixar registradas suas fantasias apologéticas, exclama: "J. B. Say (*Traité*, t. 1, c. 4) observa muito corretamente que o valor produzido por um moinho de óleo, após a dedução de todos os custos, é algo novo, algo essencialmente distinto do trabalho por meio do qual o próprio moinho de óleo foi produzido", Wilhelm Roscher, *Die Grundlagen der Nationalökonomie*, cit., p. 82, nota. Muito correto! O "óleo" produzido pelo moinho é de fato algo muito diferente do trabalho realizado para a construção do moinho. E por "valor" o sr. Roscher entende coisas como o "óleo", pois o "óleo" tem valor, apesar de "a natureza" produzir petróleo, mesmo que relativamente "em pequena quantidade", fato que ele parece referir em sua próxima observação: "Ela" (a natureza!) "não produz quase nenhum valor de troca" [ibidem, p. 79]. Em Roscher, a natureza se relaciona com o valor de troca do mesmo modo como a virgem que admite ter dado à luz um filho, mas afirma que este era "bem pequenininho". O mesmo "sério erudito" (*"savant sérieux"*) observa ainda, na continuação da passagem anteriormente citada: "A escola de Ricardo também costuma subsumir o capital ao conceito de trabalho, como 'trabalho poupado'. Isso é inabilidoso" (!) "porque" (!), "de fato" (!), "o possuidor de capital" (!) "realizou, no final das contas," (!) "mais" (!) "do que a mera" (?!) "criação" (?) "e" (??) "conservação deste" (que este?): "justamente" (?!?) "a abstenção das próprias fruições, para a qual ele cobra, por exemplo" (!!!), "juros" [ibidem, p. 82]. Que "habilidoso" esse "método anatômico-fisiológico" da economia política, que a partir do mero "desejo" desenvolve, de fato, no final das contas, justamente, o "valor"!

uma metempsicose [*Seelenwanderung*]. Ele transmigra do corpo consumido ao novo corpo criado. Mas essa metempsicose se dá como que pelas costas do trabalho efetivo. O trabalhador não pode adicionar novo trabalho, criar novo valor, sem conservar valores antigos, pois ele tem sempre de adicionar trabalho numa forma útil determinada, e não tem como adicioná-lo numa forma útil sem transformar os produtos em meios de produção de um novo produto e, desse modo, transferir ao novo produto o valor desses meios de produção. A capacidade de conservar valor ao mesmo tempo que adiciona valor é um dom natural da força de trabalho em ação, do trabalho vivo, um dom que não custa nada ao trabalhador, mas é muito rentável para o capitalista, na medida em que conserva o valor existente do capital[22a]. Enquanto o negócio vai bem, a atenção do capitalista está absorvida demais na criação de lucro para que ele perceba essa dádiva gratuita do trabalho. Apenas interrupções violentas do processo de trabalho, crises, tornam-no sensível a esse fato[23].

O que é realmente consumido nos meios de produção é seu valor de uso, e é por meio desse consumo que o trabalho cria produtos. Seu valor não é, de fato, consumido[24], e tampouco pode ser reproduzido. Ele é conservado,

---

[22a] "*Of all the instruments of the farmer's trade, the labour of man* [...] *is that on which he is most to rely for the re-payment of his capital. The other two – the working stock of the cattle, and the* [...] *carts, ploughs, spades, and so forth – without a given portion of the first, are nothing at all*" ["De todos os instrumentos do negócio agrícola, o trabalho do homem [...] é o principal fator em que o agricultor deve se basear para a reposição de seu capital. Os outros dois fatores – o gado e os [...] carros, arados, enxadas etc. – não são absolutamente nada sem uma dada porção do primeiro"], Edmund Burke, *Thoughts and Details on Scarcity, Originally Presented to the Rt. Hon. W. Pitt in the Month of November 1795* (Londres, 1800), p. 10.

[23] No *Times* de 26 de novembro de 1862, um fabricante, cuja fábrica de fiação emprega 800 trabalhadores e consome semanalmente, em média, 150 fardos de algodão das Índias Orientais ou cerca de 130 fardos de algodão americano, vem a público reclamar dos custos anuais de sua fábrica quando esta não está produzindo. Ele estima esses custos em £6.000 anuais. Entre esses gastos encontram-se muitos itens que não nos concernem aqui, como renda fundiária, impostos, taxas de seguros, salários pagos aos trabalhadores fixos, ao gerente, ao contador, ao engenheiro etc. A isso ele acrescenta, então, £150 de carvão para o aquecimento esporádico da fábrica e para o funcionamento eventual da máquina a vapor, além dos salários dos operários que trabalham apenas ocasionalmente para manter a maquinaria "em forma". Por fim, são computadas £1.200 para a depreciação da maquinaria, pois "[...] *the weather and the natural principle of decay do not suspend their operations because the steam-engine ceases to revolve*" ["o tempo e as causas naturais de degradação não suspendem sua ação pelo fato de a máquina a vapor ter cessado de funcionar"]. E ainda afirma enfaticamente que sua estimativa do valor da depreciação em apenas £1.200 se deve ao fato de sua maquinaria já estar altamente desgastada.

[24] "*Productive Consumption: where the consumption of a commodity is a part of the process of production* [...]. *In these instances there is no consumption of value*" ["Consumo produtivo: quando o consumo de uma mercadoria é uma parte do processo de produção [...].

Capital constante e capital variável

não porque ele próprio seja objeto de uma operação no processo de trabalho, mas porque o valor de uso no qual ele originalmente existia desaparece, embora apenas para se incorporar em outro valor de uso. O valor dos meios de produção reaparece, assim, no valor do produto, porém não se pode dizer que ele seja reproduzido. O que é produzido é o novo valor de uso, no qual reaparece o antigo valor de troca[25].

Diferente é o que ocorre com o fator subjetivo do processo de trabalho, a força de trabalho em ação. Enquanto o trabalho, mediante sua forma orientada a um fim, transfere ao produto o valor dos meios de produção e nele o conserva, cada momento de seu movimento cria valor adicional, valor novo. Suponhamos, por exemplo, que o processo de produção seja interrompido no momento em que o trabalhador tenha produzido um equivalente do valor de sua própria força de trabalho, tendo adicionado ao produto, em 6 horas de trabalho, digamos, um valor de 3 xelins. Tal valor constitui o excedente do valor do produto acima da parcela desse valor que é devida aos meios de produção. Ele é o único valor original surgido no interior desse processo, a única parte do valor do produto criada pelo próprio processo. Não podemos nos esquecer, é claro, de que esse novo valor não faz mais do que repor o dinheiro desembolsado pelo capitalista na compra de força de trabalho e gasto pelo trabalhador em meios de subsistência. Quanto aos 3 xelins gastos, o novo valor de 3 xelins aparece apenas como reprodução, mas ele é efetivamente reproduzido, e não apenas aparentemente, como

---

Nesses casos, não há nenhum consumo de valor"], S. P. Newman, *Elements of Polit. Econ.*, cit., p. 296.

[25] Num compêndio norte-americano, que talvez tenha sido reeditado umas vinte vezes, lê-se: "It matters not in what form capital re-appears. [...] The various Kinds of food, clothing, and shelter, necessary for the existence and comfort of the human being, are also changed. They are consumed from time to time, and their value re-appears, in that new vigour imparted to his body and mind, forming fresh capital, to be employed again in the work of production" ["Não importa sob que forma o capital reaparece." Depois de uma prolixa enumeração de todos os ingredientes possíveis da produção, cujos valores reaparecem no produto, a passagem conclui que: "Os vários tipos de alimentos, roupas e habitação necessários à existência e ao conforto do ser humano também se modificam. Eles são consumidos de tempos em tempos, e seu valor reaparece naquele vigor renovado que conferem ao corpo e à mente de quem os consome, formando, assim, capital novo a ser novamente empregado no trabalho produtivo"], F. Wayland, *The Elements of Pol. Econ.*, cit., p. 32. Abstraindo-se de todas as outras extravagâncias, basta observar que o que reaparece na força renovada não é o preço do pão, mas suas substâncias formadoras do sangue. O que, ao contrário, reaparece como valor dessa força não é o conjunto dos meios de subsistência, mas seu valor. Os mesmos meios de subsistência, se custassem apenas a metade, produziriam a mesma quantidade de músculos, ossos etc., em suma, a mesma força, porém não de mesmo valor. Essa confusão de "valor" com "força", somada a toda a indefinição farisaica de nosso autor, escondem a tentativa, certamente vã, de obter um mais-valor a partir de meras reaparições de valores preexistentes.

ocorre com o valor dos meios de produção. A reposição de um valor por outro é mediada, aqui, por uma nova criação de valor.

Já sabemos, no entanto, que o processo de trabalho pode durar além do tempo necessário para reproduzir e incorporar no objeto de trabalho um mero equivalente do valor da força de trabalho. Em vez de 6 horas que aqui seriam suficientes para essa reprodução, o processo dura, digamos, 12 horas. Assim, por meio da ação da força de trabalho, não apenas seu próprio valor é reproduzido, mas também um valor excedente. Esse mais-valor constitui o excedente do valor do produto sobre o valor dos elementos formadores do produto, isto é, dos meios de produção e da força de trabalho.

Em nossa exposição dos diferentes papéis desempenhados pelos diversos fatores do processo de trabalho na formação do valor do produto, caracterizamos as funções dos diversos componentes do capital em seu próprio processo de valorização. O excedente do valor total do produto sobre a soma dos valores de seus elementos formadores é o excedente do capital valorizado sobre o valor do capital originalmente desembolsado. Meios de produção, de um lado, e força de trabalho, de outro, não são mais do que diferentes formas de existência que o valor do capital originário assume ao se despojar de sua forma-dinheiro e se converter nos fatores do processo de trabalho.

Portanto, a parte do capital que se converte em meios de produção, isto é, em matérias-primas, matérias auxiliares e meios de trabalho, não altera sua grandeza de valor no processo de produção. Por essa razão, denomino-a parte constante do capital, ou, mais sucintamente: capital constante.

Por outro lado, a parte do capital constituída de força de trabalho modifica seu valor no processo de produção. Ela não só reproduz o equivalente de seu próprio valor, como produz um excedente, um mais-valor, que pode variar, sendo maior ou menor de acordo com as circunstâncias. Essa parte do capital transforma-se continuamente de uma grandeza constante numa grandeza variável. Denomina-o, por isso, parte variável do capital ou, mais sucintamente: capital variável. Os mesmos componentes do capital, que, do ponto de vista do processo de trabalho, distinguem-se como fatores objetivos e subjetivos, como meios de produção e força de trabalho, distinguem-se, do ponto de vista do processo de valorização, como capital constante e capital variável.

O conceito do capital constante não exclui em absoluto uma revolução no valor de seus componentes. Suponha que 1 libra de algodão custe, hoje, 6 *pence* e, amanhã, passe a custar 1 xelim, em consequência de uma queda na colheita de algodão. O algodão comprado por 6 *pence* a libra e que continua a ser trabalhado após o aumento de seu valor adiciona ao produto, agora, o valor de 1 xelim. Do mesmo modo, o algodão já fiado antes do aumento, e que talvez já circule no mercado como fio, adiciona ao produto o dobro de seu valor original. Vê-se, no entanto, que essas mudanças de valor são independentes da valorização do algodão no próprio processo

Capital constante e capital variável

de fiação. Se o antigo algodão ainda não tivesse sido introduzido no processo de trabalho, ele poderia, agora, ser revendido por 1 xelim, em vez de 6 *pence*. Ao contrário: quanto menos processos de trabalho o algodão tiver de percorrer, tanto mais certo será esse resultado. Por isso, constitui uma lei da especulação, em tais revoluções do valor, especular com a matéria-prima em sua forma menos trabalhada; portanto, com o fio, mais do que com o tecido, e com o próprio algodão, mais do que com o fio. A alteração no valor tem origem, aqui, no processo que produz o algodão, e não no processo em que ele funciona como meio de produção e, por conseguinte, como capital constante. O valor de uma mercadoria é, de fato, determinado pela quantidade de trabalho nela contido, mas essa própria quantidade é socialmente determinada. A alteração no tempo de trabalho socialmente necessário para a sua produção – e a mesma quantidade de algodão, por exemplo, incorpora uma quantidade maior de trabalho em colheitas desfavoráveis do que em favoráveis – exerce um efeito retroativo sobre a antiga mercadoria, que vale sempre como exemplo singular de sua espécie[26], cujo valor é sempre medido pelo trabalho socialmente necessário, isto é, pelo trabalho necessário para sua produção sob as condições sociais presentes.

Assim como o valor da matéria-prima, também pode variar o valor dos meios de produção – da maquinaria etc. – que servem no processo de produção, e, com ele, a parcela de valor que esses meios de produção transferem ao produto. Se, por exemplo, em consequência de uma nova invenção, uma maquinaria do mesmo tipo é reproduzida com menor dispêndio de trabalho, a velha maquinaria se desvaloriza em maior ou menor grau e, assim, transfere relativamente menos valor ao produto. Mas também aqui a mudança no valor tem origem fora do processo de produção, em que a máquina funciona como meio de produção. Nesse processo, ela jamais cede um valor maior do que o que ela possui independentemente dele.

Assim como uma mudança no valor dos meios de produção, mesmo que ocorrendo posteriormente à atuação destes últimos no processo, não altera seu caráter como capital constante, tampouco uma mudança na proporção entre capital constante e variável afeta as respectivas funções dessas duas formas de capital. As condições técnicas do processo de trabalho podem ser revolucionadas de modo que, por exemplo, se antes dez trabalhadores, usando dez ferramentas de baixo valor, trabalhavam uma quantidade relativamente pequena de matéria-prima, agora apenas um trabalhador, usando uma máquina mais cara, trabalha uma quantidade de matéria-prima cem

---

[26] "*Toutes les productions d'un même genre ne forment proprement qu'une masse, dont le prix se détermine en général et sans égard aux circonstances particulières*" ["Todos os produtos de um mesmo gênero formam, na verdade, apenas uma massa cujo preço é determinado em geral e independentemente de circunstâncias particulares"], Le Trosne, *De l'intérêt social*, cit., p. 893.

vezes maior. Nesse caso, tem-se um grande aumento de capital constante, isto é, da quantidade de valor dos meios de produção empregados, e uma grande diminuição da parte variável do capital, investida na força de trabalho. Tal mudança, no entanto, altera apenas a relação quantitativa entre o capital constante e o variável, ou a proporção em que o capital total se decompõe em seus componentes constante e variável, mas não afeta em nada a diferença entre os dois.

Capítulo 7

A taxa do mais-valor

1. O grau de exploração da força de trabalho

O mais-valor que o capital adiantado C gerou no processo de produção, ou, em outras palavras, a valorização do valor do capital adiantado C, apresenta-se, de início, como excedente do valor do produto sobre a soma de valor de seus elementos de produção.

O capital C decompõe-se em duas partes: uma quantia de dinheiro c, gasta em meios de produção, e uma quantia v, gasta em força de trabalho; c representa a parte do valor transformada em capital constante, e v a parte transformada em capital variável. Originalmente, portanto, $C = c + v$, de modo que, se o capital adiantado é £500, temos, por exemplo, £500 = £410 (capital constante) + £90 (capital variável). Ao final do processo de produção, resulta uma mercadoria cujo valor é = $(c + v) + m$, onde m representa o mais-valor, por exemplo, (£410 const. + £90 var.) + £90 mais-val. O capital original C transformou-se em C', de £500 ele passou a £590. A diferença entre os dois é = m, um mais-valor de 90. Como o valor dos elementos de produção é igual ao valor do capital adiantado, é uma mera tautologia dizer que o excedente do valor do produto sobre o valor de seus elementos de produção é igual à valorização do capital adiantado ou ao mais-valor produzido.

Essa tautologia requer, no entanto, uma análise mais detalhada. O que é comparado com o valor do produto é o valor dos elementos consumidos em sua produção. Ora, vimos que a parte do capital constante investido que é constituída de meios de trabalho transfere apenas uma porção de seu valor ao produto, ao passo que outra porção é conservada em sua antiga forma de existência. Como esta última não desempenha nenhum papel na formação do valor, ela pode, aqui, ser deixada de lado. Sua inclusão no cálculo não faria nenhuma diferença. Tomemos nosso exemplo anterior, segundo o qual c = £410, e suponhamos que essa quantia consista de £312 de matéria-prima, £44 de matéria auxiliar e £54 do desgaste da maquinaria usada no processo, sendo £1.054 o valor total da maquinaria empregada. Como valor adiantado para a formação do valor do produto temos de calcular, assim, apenas as £54 que a maquinaria perde devido a seu funcionamento e, desse modo, transfere ao produto. Se calculássemos nessa soma as £1.000 que continuam a existir em sua forma antiga, como máquina a vapor etc., também teríamos de calculá-la como parte do valor adiantado, de modo que ela apareceria nos dois lados da equação, do lado do valor adiantado e do lado do valor do produto[26a], e obteríamos, respectivamente, £1.500 e £1.590. A diferença ou o mais-valor seria, tal como antes, £90. Por capital constante, adiantado para a produção de valor, entendemos sempre, salvo exceções evidentes, o valor dos meios de produção consumidos na produção.

Dito isso, retornemos à fórmula $C = c + v$, que vimos se transformar em $C' = (c + v) + m$, de modo que C se transformou em C'. Sabe-se que o valor do capital constante apenas reaparece no produto. O produto de valor [*Wertprodukt*] efetivamente criado no processo é, portanto, diferente do valor do produto [*Prokutenwert*] que resulta do processo; ele não é, como parece à primeira vista, $(c + v) + m$, ou £410 (capital constante) + £90 (capital variável) + £90 (mais-valor), mas $v + m$, ou £90 (capital variável) + £90 (mais-valor); não £590, mas £180. Se c, o capital constante, fosse $= 0$, em outras palavras, se existisse algum ramo da indústria em que o capitalista não empregasse nenhum meio de produção produzido, nem matéria-prima, nem matérias auxiliares, nem instrumentos de trabalho, mas tão somente matérias preexistentes na natureza e mais força de trabalho, não haveria nenhuma parte de valor constante a ser transferida ao produto. Esse elemento do valor do produto, que em nosso exemplo soma £410, seria eliminado, mas o produto de valor de £180, que contém £90 de mais-valor, permaneceria com a mesma grandeza que teria se c representasse o maior valor imaginável. Teríamos $C = (0 + v) = v$, e C', o capital valorizado, $= v + m$, e, desse modo, $C - C'$ seria, tal como antes $= m$. Se, ao contrário, $m = 0$, ou, em outras palavras, se a força de trabalho, cujo valor é adiantado na forma de capital variável, não produzisse mais do que um equivalente, então $C = c + v$, e C' (o valor do produto) $= (c + v) + 0$, de modo que $C = C'$. O capital adiantado não se teria, então, valorizado.

Já sabemos que o mais-valor é uma mera consequência de uma mudança de valor de v, a parte do capital transformada em força de trabalho, e que, portanto, $v + m = v + \Delta v$ (v mais um incremento de v). Mas a verdadeira mudança de valor, bem como as condições dessa mudança, é obscurecida pelo fato de que, em consequência do crescimento de seu componente variável, tem-se também um crescimento do capital total adiantado. Ele era £500 e agora é £590. A análise pura do processo exige, portanto, que se faça total abstração da parte do valor do produto em que apenas reaparece o valor do capital constante; ela exige que se pressuponha o capital constante $c = 0$

[26a] "*If we reckon the value of the fixed capital employed as a part of the advances, we must reckon the remaining value of such capital at the end of the year as a part of the annual returns*" ["Se incluímos o valor do capital fixo empregado no processo na parte do capital adiantado, temos, no final do ano, de computar o valor restante desse capital como uma parte da receita anual"], Malthus, *Princ. of Pol. Econ.* (2. ed., Londres, 1836), p. 269.

e se aplique uma lei da matemática adequada a casos em que se opera com grandezas variáveis e constantes, e em que estas só estejam ligadas entre si por meio da adição e da subtração.

Outra dificuldade resulta da forma original do capital variável. No exemplo anterior, C' = £410 de capital constante + £90 de capital variável + £90 de mais--valor. Mas £90 são uma grandeza dada e, portanto, constante, razão pela qual parece absurdo tratá-la como grandeza variável. Mas £90, ou £90 de capital variável são aqui, na verdade, tão somente um símbolo do processo que esse valor percorre. A parte do capital adiantada na compra da força de trabalho é uma quantidade determinada de trabalho objetivado, portanto, uma grandeza constante de valor, como o valor da força de trabalho comprada. No próprio processo de produção, porém, o lugar das £90 adiantadas é ocupado pela força de trabalho em ação, o trabalho morto é substituído pelo trabalho vivo e uma grandeza imóvel e constante cede lugar a uma grandeza fluida e variável. O resultado é a reprodução de v mais o incremento de v. Do ponto de vista da produção capitalista, esse ciclo inteiro é o movimento espontâneo do valor originalmente constante, transformado em força de trabalho. Imputa-se a esse valor tanto o processo quanto seu resultado, de modo que, se as expressões "£90 de capital variável" ou "valor que valoriza a si mesmo" parecem contraditórias, elas expressam apenas uma contradição imanente à produção capitalista.

À primeira vista, parece estranho igualar o capital constante a zero. No entanto, é o que fazemos constantemente no dia a dia. Se, por exemplo, queremos calcular o lucro obtido pela Inglaterra com a indústria de algodão, temos de começar por descontar os valores pagos pelo algodão aos Estados Unidos, à Índia, ao Egito etc.; isto é, temos de igualar a zero o valor do capital que apenas reaparece no valor do produto.

A relação do mais-valor não só com a parte do capital de onde ele resulta diretamente e cuja mudança de valor ele representa, mas também com o capital total adiantado é de extrema importância econômica. Por essa razão, trataremos detalhadamente desse assunto no Livro III desta obra. Para valorizar uma parte do capital por meio de sua transformação em força de trabalho, outra parte do capital tem de ser transformada em meios de produção. Para que o capital variável funcione, o capital constante tem de ser adiantado nas proporções devidas, de acordo com o caráter técnico determinado do processo de trabalho. No entanto, a circunstância de que para um processo químico sejam necessárias retortas e outros tipos de recipientes não obriga o químico a incluir esses meios no resultado da análise. Se observarmos a criação e a variação do valor em si mesmas, isto é, em sua pureza, veremos que os meios de produção, essas configurações materiais [*stofflichen Gestalten*] do capital constante, fornecem apenas a matéria [*Stoff*] em que se deve fixar a força fluida, criadora de valor. A natureza dessa matéria é, por isso, indiferente, se algodão ou ferro. Também o valor dessa matéria é indiferente. Ela tem apenas de existir em volume suficiente para absorver a quantidade de trabalho a ser despendido durante o processo de produção. Dado esse volume, seu valor pode aumentar ou diminuir, ou ela pode não ter valor, como a terra e o mar, e isso não afetará em nada o processo de criação e de alteração do valor[27].

Inicialmente, portanto, igualamos a 0 a parte constante do capital. Desse modo, o capital adiantado é reduzido de $c + v$ a apenas v, e o valor do produto $(c + v) + m$ ao produto-valor $(v + m)$. Dado o produto-valor = £180, no qual está representado o trabalho despendido durante todo o processo de produção, temos de descontar o valor do capital variável = £90 para obter o mais-valor = £90. O valor de £90 = m expressa, aqui, a grandeza absoluta do mais-valor produzido, mas sua grandeza proporcional, isto é, a proporção em que se valorizou o capital variável, é obviamente determinada pela relação entre o mais-valor e o capital variável, sendo expressa em m/v. No exemplo anterior, portanto, essa proporção é de 90:90 = 100%. Essa valorização proporcional do capital variável, ou grandeza proporcional do mais-valor, denomino taxa de mais-valor[28].

Vimos que o trabalhador, durante uma parte do processo de trabalho, produz apenas o valor de sua força de trabalho, isto é, o valor dos meios necessários à sua subsistência. Produzindo sob condições baseadas na divisão social do trabalho, ele produz seus meios de subsistência não diretamente, mas na forma de uma mercadoria particular, por exemplo, do fio, e num montante equivalente ao valor de seus meios de subsistência, ou ao dinheiro com o qual ele os compra. A parte da jornada de trabalho de que ele necessita para isso pode ser maior ou menor a depender do valor de seus meios de subsistência diários médios ou, o que é o mesmo, do tempo médio de trabalho diário requerido para sua produção. Se o valor de seus meios diários de subsistência representa em média 6 horas de trabalho objetivado, o trabalhador tem de trabalhar, em média, 6 horas diárias para produzi-los. Se não trabalhasse para o capitalista, mas para si mesmo, de maneira autônoma, ele continuaria a dedicar, mantendo-se iguais as demais circunstâncias, a mesma média diária de horas de sua jornada à produção do valor de sua força de trabalho e, desse modo, à obtenção dos meios de subsistência necessários à sua manutenção ou reprodução contínua. Mas como na parte de sua jornada de trabalho em que produz o valor diário da força de trabalho, digamos, 3 xelins, o trabalhador produz apenas um equivalente do valor já pago pelo capitalista[28a] – e, desse

---

[27] Nota à segunda edição: É evidente, como diz Lucrécio, que *"nil posse creari de nihilo"*. Do nada não se pode criar nada. [*De rerum natura* [Sobre a natureza das coisas], livro 1, versos 156-7]. "Criação de valor" é transformação da força de trabalho em trabalho. Por sua vez, a força de trabalho é, antes, matéria natural [*Naturstoff*] transferida ao organismo humano.

[28] Assim como os ingleses empregam os termos *"rate of profits"*, *"rate of interest"* etc. No Livro III desta obra, veremos que, quando se conhecem as leis do mais-valor, a taxa de lucro é fácil de ser compreendida. Do contrário, não se compreende *ni l'un, ni l'autre* [nem uma, nem outra].

[28a] Nota à terceira edição: O autor recorre, aqui, à linguagem econômica usual. Lembremos que, na p. 248-50, é demonstrado que, na realidade, é o trabalhador quem "adianta" ao capitalista, e não este ao trabalhador. (F. E.)

modo, apenas repõe, por meio do novo valor criado, o valor do capital variável adiantado –, essa produção de valor aparece como mera reprodução. Por isso, denomino "tempo de trabalho necessário" a parte da jornada de trabalho em que se dá essa reprodução, e "trabalho necessário" o trabalho despendido durante esse tempo[29]. Ele é necessário ao trabalhador, porquanto é independente da forma social de seu trabalho, e é necessário ao capital e seu mundo, porquanto a existência contínua do trabalhador forma sua base.

O segundo período do processo de trabalho, em que o trabalhador trabalha além dos limites do trabalho necessário, custa-lhe, de certo, trabalho, dispêndio de força de trabalho, porém não cria valor algum para o próprio trabalhador. Ele gera mais-valor, que, para o capitalista, tem todo o charme de uma criação a partir do nada. A essa parte da jornada de trabalho denomino tempo de trabalho excedente [*Surplusarbeitszeit*], e ao trabalho nela despendido denomino mais-trabalho [*Mehrarbeit*] (*surplus labour*). Do mesmo modo como, para a compreensão do valor em geral, é indispensável entendê-lo como mero coágulo de tempo de trabalho, como simples trabalho objetivado, para a compreensão do mais-valor é igualmente indispensável entendê-lo como mero coágulo de tempo de trabalho excedente, como simples mais-trabalho objetivado. O que diferencia as várias formações econômicas da sociedade, por exemplo, a sociedade da escravatura daquela do trabalho assalariado, é apenas a forma pela qual esse mais-trabalho é extraído do produtor imediato, do trabalhador[30].

---

[29] Até o momento, empregamos neste escrito o termo "tempo de trabalho necessário" para o tempo socialmente necessário à produção de uma mercadoria. A partir de agora, também o utilizamos para designar o tempo de trabalho necessário à produção desta mercadoria específica, a força de trabalho. O uso dos mesmos *termini technici* [termos técnicos] em sentidos diferentes é inconveniente, porém impossível de ser evitado em qualquer ciência. Basta comparar, por exemplo, as áreas mais elevadas com as mais baixas da matemática.

[30] Com uma genialidade digna de Gottsched, o sr. Wilhelm Tucídides Roscher descobre que, se por um lado a formação de mais-valor, ou mais-produção, e a acumulação que dela decorre, é atualmente devida à "abstinência" do capitalista, que por ela "cobra, por exemplo, juros", por outro lado, "nos estágios mais baixos da civilização [...] são os mais fortes que obrigam os mais fracos a economizar", *Die Grundlagen der Nationalökonomie*, cit., p. 82, 78. Economizar trabalho? Ou produtos supérfluos, que não existem? Além da ignorância, é o recuo apologético diante de uma análise devida do valor e do mais-valor, e o medo de chegar a resultados indesejáveis, que força autores como Roscher a apresentar como razões do surgimento do mais-valor as justificativas mais ou menos plausíveis que o próprio capitalista apresenta para sua apropriação do mais-valor. ["Genialidade digna de Gottsched": referência irônica ao escritor e crítico literário alemão Johann Christoph Gottsched, que, mesmo tendo desempenhado um papel relativamente positivo na literatura, deu mostras de uma extraordinária intolerância em relação a novas correntes literárias. Seu nome se tornou, por isso, sinônimo de arrogância e estupidez na literatura. (N. E. A. MEW)] No prefácio à primeira edição de seu livro *Fundamentos da economia política*, Wilhelm Roscher proclamara a si mesmo – com muita modéstia, diz Marx – como "o Tucídides da economia política". Cf. Karl Marx, *Theorien über den*

Como, por um lado, o valor do capital variável é igual ao valor da força de trabalho por ele comprada, e o valor dessa força de trabalho determina a parte necessária da jornada de trabalho, enquanto o mais-valor, por outro lado, é determinado pela parte excedente da jornada de trabalho, concluímos que o mais-valor está para o capital variável como o mais-trabalho está para o trabalho necessário, ou, em outras palavras, que a taxa de mais-valor $^m/_v$ = (mais-trabalho)/(trabalho necessário). Ambas as proporções expressam a mesma relação de modo diferente, uma na forma de trabalho objetivado, a outra na forma de trabalho fluido.

A taxa de mais-valor é, assim, a expressão exata do grau de exploração da força de trabalho pelo capital ou do trabalhador pelo capitalista[30a].

De acordo com nosso exemplo, o valor do produto é = £410 (capital constante) + £90 (capital variável) + £90 (mais-valor), e o capital adiantado é = £500. Como o mais-valor é = 90 e o capital adiantado é = 500, teríamos, de acordo com o modo habitual de cálculo, uma taxa de mais-valor (geralmente confundida com a taxa de lucro) = 18%, um taxa suficientemente baixa para deixar emocionado o sr. Carey e outros harmonistas*. Na realidade, porém, a taxa de mais-valor não é = $^m/_C$, ou $^m/_{(c+m)}$, mas = $^m/_v$, portanto, não $^{90}/_{500}$, mas $^{90}/_{90}$ = 100%, mais do que o quíntuplo do grau aparente de exploração. Embora, no caso em questão, desconheçamos a grandeza absoluta da jornada de trabalho, bem como o período do processo de trabalho (dia, semana etc.), e tampouco saibamos o número de trabalhadores que põem em movimento o capital variável de £90, a taxa de mais-valor $^m/_v$ nos mostra com exatidão, por meio de sua convertibilidade em (mais-trabalho)/(trabalho necessário), a relação mútua entre as duas partes da jornada de trabalho. Ela é de 100%. De modo que o operário trabalha metade da jornada para si e a outra metade para o capitalista.

O método de cálculo da taxa de mais-valor pode, portanto, ser resumido da seguinte forma: tomamos o valor total do produto e igualamos a zero o capital constante que meramente reaparece nesse produto. A soma de valor

---

Mehrwert (Berlim, Dietz, 1962), terceira parte, p. 499. Por essa razão, Marx aplica a ele a alcunha irônica de Wilhelm Tucídides Roscher.

[30a] Nota à segunda edição: Embora seja a expressão exata do grau de exploração da força de trabalho, a taxa de mais-valor não serve como expressão da grandeza absoluta da exploração. Por exemplo, se o trabalho necessário é = 5 horas e o mais-trabalho é = 5 horas, o grau de exploração é = 100%. A grandeza da exploração é medida aqui, em 5 horas. Se o trabalho necessário é = 6 horas e o mais-trabalho é = 6 horas, o grau de exploração continua a ser de 100%, enquanto a grandeza da exploração cresceu 20%, de 5 para 6 horas.

* O termo "harmonistas" refere-se às obras de Henry Charles Carey e Claude Frédéric Bastiat, intituladas, respectivamente, *The Harmony of Interests: Agricultural, Manufacturing & Commercial* (Filadélfia, 1851) e *Harmonies économiques* (Paris, 1851). Em ambas as obras, partindo da ideia de que os interesses de todos os membros da sociedade são harmônicos, os autores defendem a tese liberal clássica de que o mercado pode e deve operar sem a necessidade de qualquer intervenção governamental. (N. T.)

restante é o único produto-valor efetivamente criado no processo de produção da mercadoria. Estando dado o mais-valor, temos de deduzi-lo desse produto de valor, a fim de encontrarmos o capital variável. Se, ao contrário, dispomos deste último, temos, então, de encontrar o mais-valor. Se ambos estão dados, basta realizar a operação final, isto é, o cálculo da relação do mais-valor com o capital variável: $^m/_v$.

Por simples que seja esse método, parece-nos recomendável exercitar o leitor na aplicação de seus princípios, por meio de alguns exemplos.

Comecemos pelo exemplo de uma fiação dotada de 10.000 fusos de *mule* e que fabrica o fio n. 32 a partir do algodão americano, produzindo semanalmente 1 libra de fio por fuso. O resíduo é de 6%. Portanto, a cada semana são trabalhadas 10.600 libras de algodão, que são transformadas em 10.000 libras de fio e 600 libras de resíduo. Em abril de 1871, esse algodão custava $7^3/_4$ *pence* a libra, de modo que o preço arredondado de 10.600 libras é de £342. Os 10.000 fusos, incluindo a maquinaria preparatória da fiação e a máquina a vapor, custam £1 por fuso, portanto, £10.000 no total. Sua depreciação é de 10% desse valor, isto é, £1.000, ou £20 semanais. O aluguel do edifício da fábrica é £300, ou £6 semanais. O carvão consumido (4 libras por hora e por cavalo-vapor, a 100 cavalos-vapor (indicador) e 60 horas por semana, inclusive o aquecimento do edifício) que chega a 11 toneladas por semana, ao preço de 8 xelins e 6 *pence* por tonelada, custa, em valores arredondados, £$4^1/_2$ por semana; gás, £1 por semana; óleo, £$4^1/_2$ por semana, de modo que todas as matérias auxiliares somam um total de £10 por semana. A parte constante do valor é de £378 por semana. O salário custa £52 por semana. O preço do fio é de $12^1/_4$ *pence* por libra, ou 10.000 libras = £510, sendo o mais-valor, portanto, 510 - 430 = £80. Igualamos a zero a parte constante do valor, que é de £378, pois ela não participa na formação semanal de valor. Resta o produto-valor semanal de £132 = £52 (capital variável) + £80 (mais-valor). A taxa de mais-valor é, assim, $^{80}/_{52} = 153^{11}/_{13}$%. Para uma jornada de trabalho média de 10 horas, o resultado é: trabalho necessário = $3^{31}/_{33}$ horas, e mais-trabalho = $6^2/_{33}$ horas[31].

Jacob nos apresenta, para o ano de 1815, o seguinte cálculo, que, devido à compensação prévia de vários itens, é bastante defeituoso, mas serve a nosso propósito*. Ele supõe um preço do trigo de 80 xelins por *quarter* e uma colheita média de 22 alqueires por acre, de modo que cada acre produz £11.

---

[31] Nota à segunda edição: O exemplo dado na primeira edição, que se baseava numa fábrica de fiação no ano de 1860, continha um erro fático. Os dados corretos, que ora apresento, foram-me fornecidos por um fabricante de Manchester. É importante ressaltar que, na Inglaterra, o antigo cavalo-vapor era calculado de acordo com o diâmetro de seu cilindro, ao passo que o novo é calculado segundo a potência efetiva mostrada por um diagrama indicador.

* William Jacob, *A Letter to Samuel Withbread, Being a Sequel to Considerations on the Protection Required by British Agriculture* (Londres, 1815), p. 33. (N. E. A. MEW)

Karl Marx – O capital

Valor produzido por acre

Sementes (trigo)	£1 9 xelins	Dízimos, *rates*, *taxes* [taxas, impostos]	£1 1 xelim
Adubo	£2 10 xelins	Renda	£1 8 xelins
Salário	£3 10 xelins	Lucro e juros do fazendeiro	£1 2 xelins
Total	£7 9 xelins	Total	£3 11 xelins

O mais-valor, sempre pressupondo que o preço do produto é igual a seu valor, é distribuído, aqui, entre as diferentes rubricas "lucro", "juros", "dízimos" etc. Tais rubricas nos são indiferentes. O que importa é que, somando-as, obtemos um mais-valor de £3 11 xelins. Os £3 19 xelins gastos em sementes e adubo, como parte constante do capital, igualamos a zero. Resta o valor que foi adiantado, o capital variável de £3 10 xelins, em lugar do qual foi produzido um novo valor de £3 10 xelins + £3 11 xelins. Temos, assim, $^m/_v =$ $^{(£3\ 11\ xelins)}/_{(£3\ 10\ xelins)}$, mais de 100%. O trabalhador emprega mais da metade de sua jornada de trabalho para produzir um mais-valor que pessoas diversas, sob pretextos diversos, repartem entre si[31a].

2. Representação do valor do produto em partes proporcionais do próprio produto

Voltemos, agora, ao exemplo que nos mostrou como o capitalista transforma dinheiro em capital. O trabalho necessário de seu fiandeiro era de 6 horas, o mais-trabalho era o mesmo, de modo que o grau de exploração da força de trabalho era 100%.

O produto da jornada de trabalho de 12 horas são 20 libras de fio, com um valor de 30 xelins. Do valor desse fio (24 xelins), nada menos que $^8/_{10}$ são formados pelo valor dos meios de produção consumidos (20 libras de algodão a 20 xelins, fusos etc. a 4 xelins), que apenas reaparecem no valor do produto, ou consistem de capital constante. Os $^2/_{10}$ restantes constituem o novo valor de 6 xelins, surgido durante o processo de fiação e do qual uma metade repõe o valor adiantado de um dia de força de trabalho, ou seja, o capital variável, enquanto a outra metade constitui um mais-valor de 3 xelins. O valor total das 20 libras de fio se compõe, portanto, do modo seguinte:

30 xelins de fio = 24 xelins (capital constante) + 3 xelins (capital variável) + 3 xelins (mais-valor).

[31a] Os cálculos aqui apresentados servem apenas como ilustração. Neles, pressupomos que preços = valores. No Livro III desta obra, veremos que essa equiparação não pode ser feita dessa forma simples, nem mesmo no caso de preços médios.

Como esse valor total se representa no produto total de 20 libras de fio, também deve ser possível representar os diferentes elementos desse valor em partes proporcionais do produto.

Se o valor de 30 xelins está contido em 20 libras de fio, então $^8/_{10}$ desse valor, ou sua parte constante de 24 xelins, está contida em $^8/_{10}$ do produto, ou em 16 libras de fio. Destas, $13^1/_3$ libras representam o valor da matéria-prima, o algodão fiado por 20 xelins, e $2^2/_3$ libras representam o valor de 4 xelins referente às matérias auxiliares e meios de trabalho consumidos no processo, como fusos etc.

Assim, $13^1/_3$ libras de fio representam o algodão fiado no produto total de 20 libras de fio, isto é, a matéria-prima do produto total, porém nada mais do que isso. Nesse produto total estão contidas, é verdade, apenas $13^1/_3$ libras de algodão no valor de $13^1/_3$ xelins, mas seu valor adicional de $6^2/_3$ xelins constitui um equivalente do algodão consumido na fiação das $6^2/_3$ libras de fio restantes. É como se destas últimas se houvesse arrancado o algodão, e todo o algodão do produto total tivesse sido comprimido nas $13^1/_3$ libras de fio. Ao contrário, essas $13^1/_3$ libras de fio não contêm, agora, nem um único átomo do valor das matérias auxiliares e dos meios de trabalho, nem tampouco do novo valor criado no processo de fiação.

Do mesmo modo, as $2^2/_3$ libras de fio, nas quais está incorporado o que resta do capital constante (4 xelins), representam apenas o valor das matérias auxiliares e dos meios de trabalho despendidos no produto total das 20 libras de fio.

Assim, $^8/_{10}$ do produto, ou 16 libras de fio, ainda que, se considerados do ponto de vista físico, como valor de uso, como fio, sejam um resultado do trabalho de fiação tanto quanto o são as partes restantes do produto, não contêm, nesse contexto, nenhum trabalho de fiação, nenhum trabalho que tenha sido absorvido durante o próprio processo de fiação. É como se tivessem se transformado em fio sem terem sido fiados e como se sua figura de fio fosse pura enganação. De fato, quando o capitalista os vende por 24 xelins e, com esse valor, repõe seus meios de produção, evidencia-se que as 16 libras de fio não são mais do que um disfarce do algodão, dos fusos, do carvão etc.

Inversamente, agora os $^2/_{10}$ restantes do produto, ou 4 libras de fio, representam apenas o novo valor de 6 xelins produzido no processo de fiação de 12 horas. O que eles continham do valor das matérias-primas e meios de trabalho consumidos nessas 4 libras de fio já foi extirpado e incorporado às 16 libras de fio iniciais. O trabalho incorporado nas 20 libras de fio está concentrado em $^2/_{10}$ do produto. É como se o fiandeiro tivesse produzido 4 libras de fio a partir do nada ou os tivesse fiado com algodão e fusos que, preexistentes na natureza e inalterados pelo trabalho humano, não transferissem nenhum valor ao produto.

Das 4 libras de fio, que contém o produto de valor total do processo diário de fiação, metade representa apenas o valor de reposição da força de trabalho consumida, ou seja, o capital variável de 3 xelins, e a outra metade, o mais-valor de 3 xelins.

Se 12 horas de trabalho do fiandeiro se objetivam em 6 xelins, conclui-se que em 30 xelins de fio estão objetivadas 60 horas de trabalho. Essa quantidade de tempo de trabalho existe em 20 libras de fio, das quais $^8/_{10}$ ou 16 libras são a materialização de 48 horas de trabalho anteriores ao processo de fiação, isto é, do trabalho objetivado nos meios de produção do fio, e $^2/_{10}$ ou 4 libras são a materialização das 12 horas de trabalho despendidas no próprio processo de fiação.

Vimos anteriormente que o valor do fio é igual à soma do novo valor criado em sua produção mais o valor que já existia anteriormente em seus meios de produção. Agora verificamos como os diversos componentes do valor do produto, componentes que se distinguem de acordo com sua função ou seu conceito, podem ser representados em partes proporcionais do próprio produto.

Essa decomposição do produto – do resultado do processo de produção – numa quantidade de produto que representa apenas o trabalho contido nos meios de produção, ou a parte constante do capital; em outra quantidade que representa apenas o trabalho necessário adicionado durante o processo de produção, ou a parte variável do capital; e numa última quantidade que representa apenas o mais-trabalho adicionado durante esse mesmo processo, ou o mais-valor; tal decomposição é tão simples quanto importante, como ficará claro mais adiante, quando a aplicarmos no tratamento de problemas complicados e ainda não resolvidos.

Já pudemos observar o produto total como o resultado da jornada de trabalho de 12 horas. Mas também é possível acompanhar esse produto ao longo de seu processo de formação e, no entanto, representar os produtos parciais como partes do produto funcionalmente distintas.

O fiandeiro produz 20 libras de fio em 12 horas, ou 1$^2/_3$ libra em 1 hora e 13$^1/_3$ libras em 8 horas, ou seja, um produto parcial do valor total do algodão fiado durante a jornada inteira de trabalho. Do mesmo modo, o produto parcial do período seguinte de 1 hora e 36 minutos é = 2$^2/_3$ libras de fio e representa o valor dos meios de trabalho consumidos durante as 12 horas de trabalho. No período seguinte de 1 hora e 12 minutos, o fiandeiro produz 2 libras de fio = 3 xelins, um valor do produto igual ao produto-valor inteiro que ele cria em 6 horas de trabalho necessário. Por fim, nas últimas $^6/_5$ horas, ele produz outras 2 libras de fio, cujo valor é igual ao mais-valor gerado por sua meia jornada de mais-trabalho. Esse modo de calcular serve ao fabricante inglês para seu uso doméstico, demonstrando, por exemplo, que nas primeiras 8 horas ou $^2/_3$ da jornada de trabalho o fabricante repõe o valor de seu algodão etc. Como vemos, a fórmula é correta; na verdade, é a mesma fórmula anterior, com a única diferença de que, em vez de aplicada ao espaço, onde as partes do produto encontram-se prontas, uma ao lado da outra, é aplicada ao tempo, onde elas se sucedem. Mas essa mesma fórmula também pode estar acompanhada de noções muito bárbaras, especialmente no cérebro daqueles cujo interesse prático no domínio do processo de valorização não fica abaixo do interesse teórico em compreendê-lo mal. Assim, pode-se imaginar, por exemplo, que nosso fiandeiro, nas primeiras 8 horas de sua jornada de trabalho, produz ou repõe o valor do algodão; no período seguinte, de 1 hora e 36 minutos, repõe o valor dos meios de trabalho consumidos, no período subsequente, de 1 hora e 12 minutos, repõe o valor do salário, até chegar, enfim, à famigerada "última hora", que ele dedica ao patrão, à produção do mais-valor. Desse modo, o fiandeiro é sobrecarregado com a tarefa de realizar o duplo milagre de produzir algodão, fusos, máquina a vapor, carvão, óleo etc. ao mesmo tempo que com eles fia, e de transformar uma jornada de trabalho de dado grau de intensidade em cinco dessas jornadas. Pois, no exemplo que aqui consideramos, a produção de matéria-prima e de meios de trabalho demanda $^{24}/_6$ = 4 jornadas de trabalho de 12 horas, e a conversão deles em fio demanda mais uma jornada de 12 horas. Que a rapacidade creia em tais milagres e que nunca falte doutrinário sicofanta para prová-lo é o que mostraremos agora, com ajuda de um exemplo célebre na história.

3. A "última hora" de Senior

Numa bela manhã do ano de 1836, Nassau W. Senior, célebre por sua ciência econômica e seu belo estilo, praticamente o Clauren dos economistas ingleses, foi transferido de Oxford para Manchester, a fim de aprender economia política nesta cidade, em vez de ensiná-la em Oxford. Os fabricantes o elegeram seu espadachim, não só contra a Factory Act* recentemente promulgada, mas também contra a crescente agitação pela jornada de 10 horas. Com sua perspicácia prática habitual, eles perceberam que o sr. professor *"wanted a good deal of finishing"* [precisava de um bom polimento final]. Por isso, enviaram-no a Manchester. O sr. professor, por sua vez, estilizou a lição recebida dos fabricantes de Manchester num panfleto intitulado "Letters on the Factory Act, as it affects the cotton manufacture" (Londres, 1837). Nele, pode-se ler, entre outras coisas, o seguinte trecho edificante:

"Sob a lei atual, nenhuma fábrica que emprega pessoas menores de 18 anos pode ultrapassar 11^1/$_2$ horas diárias de produção, isto é, 12 horas durante os primeiros 5 dias da semana e 9 horas no sábado. A análise (!) seguinte mostra que, numa tal fábrica, o lucro líquido total é derivado da última hora trabalhada. Um fabricante desembolsa £100.000, sendo £80.000 em edifícios fabris e máquinas, £20.000

---

* As Factory Acts (leis fabris) foram uma série de leis elaboradas pelo Parlamento Inglês para a regulação do trabalho nas fábricas (como a duração da jornada de trabalho, o trabalho infantil etc.). Marx se refere, aqui, à lei de 1833, que introduziu importantes limitações ao trabalho infantil. (N. T.)

em matérias-primas e salários. A venda anual da fábrica, pressupondo-se que o capital gire uma vez por ano e o lucro bruto seja de 15%, consiste em mercadorias no valor de £115.000 [...]. Dessas £115.000, cada uma das 23 meias horas de trabalho produz diariamente $^5/_{115}$, ou $^1/_{23}$. Desses $^{23}/_{23}$, que constituem o total das £115.000 (*constituting the whole £115.000*), $^{20}/_{23}$, isto é, £100.000 das £115.000, apenas repõem o capital; $^1/_{23}$, ou £5.000 do lucro bruto (!) de £15.000, repõem o desgaste da fábrica e da maquinaria. Os $^2/_{23}$ restantes, isto é, as duas últimas meias horas de cada jornada de trabalho, produzem um lucro líquido de 10%. De modo que, se a fábrica – os preços permanecendo iguais – pudesse trabalhar 13 horas em vez de 11$^1/_2$, isso significaria um acréscimo de cerca de £2.600 ao capital circulante e um lucro líquido mais do que duas vezes maior. Por outro lado, se o tempo de trabalho sofresse uma redução de 1 hora por dia, o lucro líquido desapareceria e, se a redução fosse de 1$^1/_2$ hora por dia, desapareceria também o lucro bruto.[32]

E o sr. professor chama isso de "análise"! Se, dando voz ao lamento dos fabricantes, ele acreditasse que os trabalhadores desperdiçam a melhor parte do dia na produção e, assim, na reprodução ou reposição do valor das instalações, máquinas, algodão, carvão etc., então toda sua análise seria supérflua. Ele teria apenas de responder: "Senhores! Se colocardes vossas fábricas para trabalhar por 10 horas em vez de 11$^1/_2$ horas, mantendo-se inalteradas as de-

---

[32] Nassau W. Senior, *Letters on the Factory Act, as It Affects the Cotton Manufacture* (Londres, 1837), p. 12-3. Deixaremos de lado algumas curiosidades que não importam para nosso propósito, como a afirmação de que os fabricantes incluem a reposição da maquinaria desgastada etc. – portanto, de um componente do capital – no ganho, seja ele bruto ou líquido. Também deixaremos de lado a questão da correção ou falsidade dos números apresentados. Que eles têm tanto valor quanto a assim chamada "análise" de Senior é algo que foi demonstrado por Leonard Horner em *A Letter to Mr. Senior etc.* (Londres, 1837). Leonard Horner, um dos *factory inquiry comissioners* [comissários para a inspeção das fábricas] de 1833, e ocupando o cargo de inspetor, ou melhor, "censor de fábricas" até 1859, prestou um serviço inestimável à classe trabalhadora inglesa. Ao longo de toda sua vida, Horner travou uma luta não só contra os ferozes fabricantes, mas também contra os ministros, para quem os "votos" dos fabricantes na Câmara Baixa tinham muito mais importância do que o número de horas que a "mão de obra" trabalhava nas fábricas. Adendo à nota 32: Como se não bastasse a falsidade de seu conteúdo, a exposição de Senior ainda é confusa. O que ele realmente quer dizer é o seguinte: o fabricante emprega os trabalhadores por 11½ ou $^{23}/_2$ horas diárias. Tal como a jornada de trabalho singular, também o trabalho anual consiste em 11½ ou $^{23}/_2$ horas (multiplicadas pelo número de jornadas de trabalho em um ano). A partir desse pressuposto, as $^{23}/_2$ horas de trabalho produzem um valor anual de £115.000; ½ hora de trabalho produz $^1/_{23}$ x £115.000; $^{20}/_2$ horas de trabalho produzem $^{20}/_{23}$ x £115.000 = £100.000, *i.e.*, apenas repõem o capital adiantado. Sobram $^3/_2$ horas de trabalho, que produzem $^3/_{23}$ x £115.000 = £15.000, *i.e.*, o ganho bruto. Dessas $^3/_2$ horas de trabalho, ½ hora de trabalho produz $^1/_{23}$ x £115.000 = £5.000, isto é, produz apenas o valor de reposição do desgaste da fábrica e da maquinaria. As duas últimas meias horas de trabalho, isto é, a última hora de trabalho, produz $^2/_{23}$ x £115.000 = £10.000, isto é, o ganho líquido. No texto que citamos, Senior converte os últimos $^2/_{23}$ do produto em porções da própria jornada de trabalho.

mais circunstâncias, o consumo diário de algodão, maquinaria etc. sofrerá uma redução de 1^{1}/$_{2}$ hora. Ganharíeis, portanto, tanto quanto perderíeis. No futuro, vossos trabalhadores desperdiçarão 1^{1}/$_{2}$ hora menos para reproduzir ou repor o valor do capital adiantado". Se, ao contrário, não acreditasse nas palavras desses fabricantes, mas, como experto, julgasse necessária uma análise da questão, então ele teria de solicitar-lhes, sobretudo por se tratar de uma questão que diz respeito exclusivamente à relação do ganho líquido com a grandeza da jornada de trabalho, que não embaralhem a maquinaria, os edifícios, a matéria-prima e o trabalho, mas façam o obséquio de colocar, de um lado, o capital constante investido em edifícios, maquinaria, matéria-prima etc. e, de outro, o capital desembolsado em salários. Se disso resultasse que, de acordo com o cálculo dos fabricantes, o trabalhador reproduz ou repõe o salário em ^{2}/$_{2}$ horas de trabalho, ou seja, em 1 hora, então o analista teria de prosseguir:

"De acordo com vossos números, o trabalhador produz seu salário na penúltima hora, e vosso mais-valor – ou lucro líquido – na última hora. Ora, como ele produz valores iguais em períodos iguais, o produto da penúltima hora tem o mesmo valor do da última. Além disso, ele só produz valor na medida em que despende trabalho, e a quantidade de seu trabalho é medida pelo seu tempo de trabalho. Este último totaliza, segundo vossos números, 11^{1}/$_{2}$ horas diárias. Uma parte dessas 11^{1}/$_{2}$ ele aplica na produção ou reposição de seu salário, e a outra parte na produção de vosso lucro líquido. E não faz mais nada além disso durante a jornada de trabalho. Porém, como, de acordo com esses números, o seu salário e o mais--valor que ele cria têm o mesmo valor, é evidente que ele produz seu salário em 5^{3}/$_{4}$ horas, e vosso lucro líquido em outras 5^{3}/$_{4}$ horas. E como, além disso, o valor do fio produzido em 2 horas é igual à soma de valor de seu salário mais o vosso lucro líquido, a medida do valor desse fio tem de ser de 11^{1}/$_{2}$ jornadas de trabalho, das quais 5^{3}/$_{4}$ horas medem o valor do fio produzido na penúltima hora, e 5^{3}/$_{4}$ o valor do fio produzido na última hora. Chegamos, assim, a um ponto crucial. Portanto, atenção! A penúltima hora de trabalho é, tal como a primeira, uma hora comum de trabalho. *Ni plus, ni moins* [nem mais, nem menos]. Assim, como pode o fiandeiro, em 1 hora de trabalho, produzir uma quantidade de fio cujo valor representa 5^{3}/$_{4}$ horas de trabalho? Ele não opera, de fato, nenhum milagre. O valor de uso que ele produz em 1 hora de trabalho é uma determinada quantidade de fio. O valor desse fio é medido por 5^{3}/$_{4}$ horas de trabalho, das quais 4^{3}/$_{4}$ se encontram, sem sua interferência, nos meios de produção consumidos por hora, no algodão, na maquinaria etc., e somente o ^{4}/$_{4}$ restante, ou 1 hora, é adicionado ao produto pelo fiandeiro. Portanto, como seu salário é produzido em 5^{3}/$_{4}$ horas e o produto de 1 hora de fiação também contém 5^{3}/$_{4}$ horas de trabalho, não é absolutamente nenhuma bruxaria que o produto-valor de suas 5^{3}/$_{4}$ horas de fiação seja igual ao valor do produto de 1 hora de fiação. Mas enganai-vos se pensais que ele perde um único átomo de tempo de sua jornada de trabalho com a reprodução ou a 'reposição' dos valores do algodão, da maquinaria etc. É por seu trabalho de produzir fio a partir do algodão e do fuso, isto é, por sua atividade de fiar, que o valor do algodão e do fuso é transferido por si mesmo ao fio. Isso se deve à qualidade de seu trabalho, não à quantidade. De fato, em 1 hora ele transferirá mais valor do algodão etc. ao fio do que em $1/2$ hora, mas isso apenas porque, em 1 hora, ele fia mais algodão do que em $1/2$ hora. Compreendeis, portanto: vossa expressão de que o trabalhador produz na penúltima hora de trabalho o valor de seu salário e na última hora vosso lucro líquido corresponde a dizer que no fio produzido em 2 horas de sua jornada de trabalho, não importando se essas 2 horas se encontram no início ou no fim da jornada, estão incorporadas $11^1/_2$ horas de trabalho, exatamente a mesma quantidade de horas que formam sua jornada inteira de trabalho. E a expressão de que o fiandeiro produz seu salário nas primeiras $5^3/_4$ horas e vosso lucro líquido nas últimas $5^3/_4$ horas corresponde, por sua vez, a dizer que pagais ao fiandeiro as primeiras $5^3/_4$ horas, mas não lhe pagais as últimas $5^3/_4$ horas. Se falo de pagamento do trabalho, e não de pagamento da força de trabalho, é apenas para me expressar em vosso jargão. Ora, senhores, se examinardes agora a relação entre o tempo de trabalho que pagais e o que não pagais, vereis que eles estão um para o outro como meia jornada está para meia jornada, portanto, numa proporção de 100%, que é, de fato, uma bela porcentagem. Tampouco resta a mínima dúvida de que, se explorardes sua 'mão de obra' por 13 horas em vez de $11^1/_2$ e – o que vos parece tão semelhante quanto um ovo a outro – juntardes simplesmente a $1^1/_2$ hora excedente ao mais-trabalho, então este último aumentará de $5^3/_4$ horas para $7^1/_4$ horas, e a taxa de mais-valor de 100% para $126^2/_{23}$%. Mas seríeis demasiadamente otimistas se esperásseis que, adicionando $1^1/_2$ hora à jornada de trabalho, a taxa de mais-valor aumentasse de 100% para 200% e até mesmo ultrapassasse os 200%, isto é, fosse 'mais do que duas vezes maior'. Por outro lado – e o coração do homem é algo fascinante, sobretudo quando ele o traz na bolsa –, sois demasiado pessimistas se temeis que, com a redução da jornada de trabalho de $11^1/_2$ para $10^1/_2$ horas, vosso inteiro lucro líquido será perdido. De modo algum! Mantendo-se inalteradas as demais circunstâncias, o mais-trabalho cairá de $5^3/_4$ para $4^3/_4$ horas, o que continua a gerar uma taxa de mais-valor bastante lucrativa: $82^{14}/_{23}$%. Mas a fatídica 'última hora', sobre a qual tendes fabulado mais do que os quiliastas* sobre o fim do mundo, é *'all bosh'* [pura bobagem]. A perda dessa última hora nem vos custará o 'lucro líquido', nem roubará a 'pureza da alma' às crianças de ambos os sexos que explorais à exaustão[32a]. Quando vossa 'última horazinha' realmente soar, pensai em vosso

---

* Os quiliastas (do grego χιλιοί: "mil") pregavam a doutrina místico-religiosa do retorno de Cristo e do estabelecimento do "Reino Milenar" sobre a terra. Essa crença, surgida na época da decadência da ordem escravocrata, retornou mais tarde sob a forma de diversas seitas medievais. (N. E. A. MEW)

[32a] Se, por um lado, Senior provou que o ganho líquido dos fabricantes, a existência da indústria inglesa de algodão e o domínio inglês no mercado mundial dependem da "última hora de trabalho", o dr. Andrew Ure [*The Philosophy of Manufactures*, Londres, 1835, p. 406] provou que, se crianças e jovens menores de 18 anos, em vez de permanecerem 12 horas na atmosfera acolhedora e pura da fábrica, forem expulsas "1 hora" mais cedo e jogadas no hostil e frívolo mundo exterior, elas serão privadas, pelo ócio e pelo vício, de toda esperança de salvação para suas almas. Desde 1848, os inspetores de fábricas, em seus "Reports" semestrais, não se cansam de ridicularizar os fabricantes e sua "última hora", a "hora fatal". Assim, diz o sr. Howell em seu relatório de 31 de maio de 1855: "Se este cálculo engenhoso estivesse correto" (ele cita Senior) "todo fabricante de algodão do

A taxa do mais-valor

professor de Oxford." E, então: "espero poder compartilhar de vossa inestimável companhia no além! *Addio* [Adeus]!"³³...

O sinal da "última hora", descoberto por Senior em 1836, voltou a soar no *London Economist*, em 15 de abril de 1848, por um dos principais mandarins da economia, James Wilson, num ataque à "lei da jornada de 10 horas".

Reino Unido teria tido um prejuízo constante desde 1850" ("Reports of the Insp. Of Fact. for the Half Year Ending 30th April 1855", p. 19-20). Em 1848, após a aprovação da Lei das 10 Horas pelo Parlamento, os donos de fiações de linho espalhadas entre os condados de Dorset e Somerset impuseram a alguns de seus trabalhadores a assinatura de uma petição contrária, que dizia, entre outras coisas, o seguinte: "Os peticionários, que são pais, creem que 1 hora adicional de lazer não terá outro efeito senão a desmoralização de seus filhos, pois o ócio é a porta de entrada de todo vício". Sobre isso, diz o relatório de 31 de outubro de 1848: "Nas fábricas de fiação em que trabalham os filhos desses virtuosos e carinhosos pais, a atmosfera é carregada de tantas partículas de poeira e fibras de matéria-prima que é extremamente desagradável permanecer em seu interior por apenas 10 minutos, pois, para isso, é preciso suportar a mais terrível sensação de ter os olhos, os ouvidos, as narinas e a boca imediatamente invadidos por densas nuvens de poeira de linho, das quais ninguém ali pode escapar. O próprio trabalho requer, em virtude do funcionamento febril da maquinaria, uma incessante aplicação de habilidade e movimento, mantendo-se sempre a máxima atenção, e parece ser um pouco duro demais fazer com que pais apliquem o termo 'ociosidade' a seus próprios filhos, que, após a refeição, são presos por 10 horas numa tal ocupação, numa tal atmosfera [...]. Essas crianças trabalham mais tempo do que os servos rurais nas aldeias vizinhas [...]. Esse palavrório cruel sobre 'ócio e vício' deveria ser condenado como a mais pura falsidade e a mais desbriada hipocrisia [...]. A parte do público que, há cerca de 12 anos, presenciou a proclamação pública e solene, sob a sanção da alta autoridade, de que o 'ganho líquido' do fabricante derivava da 'última hora' de trabalho, de modo que a redução da jornada de trabalho em 1 hora eliminaria o ganho líquido, essa parte do público, como dizíamos, não poderá acreditar no que seus olhos veem, quando, agora, souber que a descoberta original sobre as virtudes da 'última hora' sofreu desde então uma evolução tal que hoje engloba não só o 'ganho', mas também a 'moral', de modo que, se a duração do trabalho infantil for reduzida para 10 horas, a moral das crianças se perderá juntamente com o ganho líquido de seus empregadores, uma vez que ambos dependem dessa hora última e fatal" ("Repts. of Insp. of Fact. For 31st Oct. 1848", p. 101). O mesmo relatório de fábrica fornece, então, alguns exemplos da "moral" e da "virtude" desses senhores fabricantes, dos truques, artifícios, armadilhas, ameaças, falsificações etc. que eles empregavam a fim de forçar alguns indefesos trabalhadores a assinar petições como essas e, em seguida, apresentá-las ao Parlamento como petições que representavam um ramo inteiro da indústria ou um condado inteiro. Altamente característico do presente estado da assim chamada "ciência" econômica é o fato de que nem o próprio Senior, que posteriormente, para o bem de sua honra, apoiou energicamente a legislação fabril, nem seus opositores de então, nem seus críticos pósteros jamais foram capazes de demonstrar a falsidade dessa "descoberta original". Eles apelaram à experiência fatual. Mas o *why* [por que] e o *wherefore* [para que] permaneceram um mistério.

³³ No entanto, o sr. professor lucrou algo com sua viagem a Manchester! Nas *Letters on the Factory Act*, ele faz com que o ganho líquido inteiro, incluindo o "lucro", os "juros" e até "*something more*" [algo mais] dependam de uma única hora de trabalho não paga

4. O mais-produto

Chamamos de mais-produto (*surplus produce, produit net*) a parte do produto ($^1/_{10}$ de £20 ou £2 de fio, no exemplo apresentado no item 2 deste capítulo) em que se representa o mais-valor. Assim como a taxa de mais-valor é determinada por sua relação não com a soma total, mas com o componente variável do capital, também a grandeza do mais-produto é determinada por sua relação não com o resto do produto total, mas com a parte do produto em que está incorporado o trabalho necessário. Como a produção de mais-valor é o objetivo determinante da produção capitalista, o que mede o grau de riqueza não é a grandeza absoluta do produto, mas a grandeza relativa do mais-produto[34].

A soma do trabalho necessário e do mais-trabalho, isto é, dos períodos em que o trabalhador produz o valor de reposição de sua força de trabalho e o mais-valor, constitui a grandeza absoluta de seu tempo de trabalho – a jornada de trabalho (*working day*).

---

dos trabalhadores! Um ano antes, em sua *Outlines of Political Economy*, escrita para a instrução de seus estudantes de Oxford e demais filisteus cultos, ele já havia "descoberto", em oposição à determinação ricardiana do valor por meio do tempo de trabalho, que o lucro provém do trabalho do capitalista e os juros resultam de seu ascetismo, de sua "abstinência". A bobagem era velha, mas a palavra "abstinência" era nova. O sr. Roscher a traduz corretamente por "*Enthaltung*". Alguns de seus compatriotas, broncos e matutos alemães, menos versados em latim do que ele, deram ao termo uma versão monacal: "*Entsagung*" [renúncia].

[34] "Para um indivíduo com um capital de £20.000, cujos lucros foram de £2.000 por ano, é algo totalmente indiferente se seu capital emprega 100 ou 1.000 trabalhadores, se as mercadorias são vendidas por £10.000 ou £20.000, sempre pressupondo-se que seus lucros não caiam, em hipótese alguma, abaixo de £2.000. Ora, não se dá o mesmo com o interesse real de uma nação? Pressupondo-se que sua receita líquida, suas rendas e seus lucros permaneçam os mesmos, não tem importância alguma se a nação consiste de 10 ou 12 milhões de habitantes", Ricardo, *The Princ. of Pol. Econ.*, cit., p. 416. Muito tempo antes de Ricardo, Arthur Young, um fanático defensor do mais-produto e, de resto, um escritor prolixo e acrítico, cuja fama é inversamente proporcional ao seu mérito, dizia: "De que serviria, num moderno reino, uma província inteira cujo solo fosse cultivado ao modo da Roma Antiga, isto é, por pequenos e independentes agricultores? Para que serviria um tal trabalho, senão para o mero propósito de criar os homens ('*the mere purpose of breeding men*'), o que é, no fim das contas, um propósito dos mais inúteis ('*is a most useless purpose*')", Arthur Young, *Political Arithmetic etc.* (Londres, 1774), p. 47. Adendo à nota 34: Muito curiosa é "*the strong inclination* [...] *to represent net wealth as beneficial to the labouring class* [...] *though it is evidently not on account of being net*" [a forte inclinação [...] a representar a riqueza líquida como benéfica à classe trabalhadora, [...] embora fique evidente que isso não se deve ao fato de ela ser líquida], T. Hopkins, *On Rent of Land etc.* (Londres, 1828), p. 126.

Capítulo 8

A jornada de trabalho

1. Os limites da jornada de trabalho

Partimos do pressuposto de que a força de trabalho é comprada e vendida pelo seu valor, o qual, como o de qualquer outra mercadoria, é determinado pelo tempo de trabalho necessário à sua produção. Assim, se a produção dos meios de subsistência médios diários do trabalhador requer 6 horas de trabalho, então ele tem de trabalhar 6 horas por dia para produzir diariamente sua força de trabalho ou para reproduzir o valor recebido em sua venda. A parte necessária de sua jornada de trabalho soma, então, 6 horas e é, mantendo-se inalteradas as demais circunstâncias, uma grandeza dada. Com isso, no entanto, ainda não está dada a grandeza da própria jornada de trabalho.

Suponha que a linha a_____b represente a duração ou a extensão do tempo de trabalho necessário, digamos, 6 horas. Conforme o trabalho seja prolongado em 1, 3 ou 6 horas, obtemos 3 outras linhas, que representam jornadas de trabalho de 7, 9 e 12 horas:

Jornada de trabalho I
a_____b__c

Jornada de trabalho II
a_____b_____c

Jornada de trabalho III
a_____b_____c

O prolongamento bc representa a duração do mais-trabalho. Como a jornada de trabalho = ab + bc ou ac, ela varia com a grandeza variável bc. Como ab é dado, a relação de bc com ab pode ser sempre medida. Na jornada de trabalho I, ela é $1/6$, na jornada de trabalho II, $3/6$ e na jornada de trabalho III, $6/6$ de ab. Além disso, como a proporção $^{\text{tempo de mais-trabalho}}/_{\text{tempo de trabalho necessário}}$ determina a taxa de mais-valor, esta é dada por aquela proporção. Nas três diferentes jornadas de trabalho, ela é de, respectivamente, $16^2/_3$, 50 e 100%. Inversamente, a taxa de mais-valor só não nos daria a grandeza da jornada de trabalho. Se, por exemplo, ela fosse de 100%, a jornada de trabalho poderia ser de 8, 10, 12 horas etc. Ela indicaria que os dois componentes da jornada de trabalho, o trabalho necessário e o mais-trabalho, são iguais, mas não a grandeza de cada uma dessas partes.

A jornada de trabalho não é, portanto, uma grandeza constante, mas variável. Uma de suas partes é, de fato, determinada pelo tempo de trabalho requerido para a reprodução contínua do próprio trabalhador, mas sua grandeza total varia com a extensão ou duração do mais-trabalho. A jornada de trabalho é, pois, determinável, mas é, em verdade, indeterminada[35].

Embora a jornada de trabalho não seja uma grandeza fixa, mas fluida, ela só pode variar dentro de certos limites. Seu limite mínimo é, no entanto, indeterminável. É verdade que, se igualamos a zero a linha b_c, ou o mais-trabalho, obtemos um limite mínimo, isto é, a parte do dia que o trabalhador tem necessariamente de trabalhar para sua autoconservação. Porém, com base no modo de produção capitalista, o trabalho necessário só pode constituir uma parte de sua jornada de trabalho, de modo que esta jamais pode ser reduzida a esse mínimo. Por outro lado, a jornada de trabalho possui um limite máximo, não podendo ser prolongada para além de certo limite. Esse limite máximo é duplamente determinado. Em primeiro lugar, pela limitação física da força de trabalho. Durante um dia natural de 24 horas, uma pessoa despende apenas uma determinada quantidade de força vital. Do mesmo modo, um cavalo pode trabalhar apenas 8 horas diárias. Durante uma parte do dia, essa força tem de descansar, dormir; durante outra parte do dia, a pessoa tem de satisfazer outras necessidades físicas, como alimentar-se, limpar-se, vestir-se etc. Além desses limites puramente físicos, há também limites morais que impedem o prolongamento da jornada de trabalho. O trabalhador precisa de tempo para satisfazer as necessidades intelectuais e sociais, cuja extensão e número são determinados pelo nível geral de cultura de uma dada época. A variação da jornada de trabalho se move, assim, no interior de limites físicos e sociais, porém ambas as formas de limites são de natureza muito elástica e permitem as mais amplas variações. Desse modo, encontramos jornadas de trabalho de 8, 10, 12, 14, 16, 18 horas, ou seja, das mais distintas durações.

O capitalista comprou a força de trabalho por seu valor diário. A ele pertence seu valor de uso durante uma jornada de trabalho. Ele adquiriu, assim, o direito de fazer o trabalhador trabalhar para ele durante um dia. Mas o que é uma jornada de trabalho?[36] Em todo caso, menos que um dia natural

---

[35] *"A day's labour is vague, it may be long or short"* ["Uma jornada de trabalho é vaga, podendo ser longa ou curta"], em *An Essay on Trade and Commerce, Containing Observations on Taxation etc.* (Londres, 1770), p. 73.

[36] Essa pergunta é infinitamente mais importante do que a famosa pergunta que *sir* Robert Peel fez à Câmara de Comércio de Birmingham: *"What is a pound?"* ["O que é

de vida. Quanto menos? O capitalista tem sua própria concepção sobre essa *ultima thule**, o limite necessário da jornada de trabalho. Como capitalista, ele é apenas capital personificado. Sua alma é a alma do capital. Mas o capital tem um único impulso vital, o impulso de se autovalorizar, de criar mais-valor, de absorver, com sua parte constante, que são os meios de produção, a maior quantidade possível de mais-trabalho[37]. O capital é trabalho morto, que, como um vampiro, vive apenas da sucção de trabalho vivo, e vive tanto mais quanto mais trabalho vivo ele suga. O tempo durante o qual o trabalhador trabalha é o tempo durante o qual o capitalista consome a força de trabalho que comprou do trabalhador[38]. Se este consome seu tempo disponível para si mesmo, ele furta o capitalista[39].

£1?"], questão que só pôde ser formulada porque Peel tinha tão pouco conhecimento da natureza do dinheiro quanto os *"little shilling men"* de Birmingham. ["*Little shilling men*" (homens do xelim pequeno) de Birmingham: representantes de uma teoria monetária na primeira metade do século XIX. Seus adeptos professavam a doutrina da quantidade ideal de moeda e, consequentemente, concebiam o dinheiro apenas como uma unidade contábil. Os representantes dessa escola, os irmãos Thomas e Matthias Attwood, Spooner e outros, apresentaram um projeto sobre a diminuição da quantidade de ouro contida nas moedas inglesas que recebeu a alcunha de *"little shilling project"*. A partir de então, o termo foi aplicado à própria escola. Ao mesmo tempo, os *"little shilling men"* eram contrários às medidas governamentais voltadas à redução da quantidade de moeda em circulação. Sua opinião era a de que a aplicação de sua teoria, provocando o aumento artificial dos preços, impulsionaria a indústria e asseguraria a prosperidade geral da nação. Na realidade, porém, a desvalorização monetária proposta serviu apenas para saldar as dívidas do Estado e dos grandes empresários, que eram os principais possuidores dos mais diversos créditos. Marx também trata dos *"little shilling men"* em sua *Contribuição à crítica da economia política*. (N. E. A. MEW)]

* Termo usado nos mapas medievais para designar os limites do mundo conhecido. (N. T.)

[37] *"D'obtenir du capital dépensé la plus forte somme de travail possible"* ["A tarefa do capitalista é obter, com o capital gasto, a maior quantidade possível de trabalho"], J. G. Courcelle-Seneuil, *Traité théorique et pratique des entreprises industrielles* (2. ed., Paris, 1857), p. 62.

[38] *"An Hour's Labour lost in a day is a prodigious injury to a commercial state"* ["A perda de 1 hora de trabalho num dia é uma prodigiosa injúria a um Estado comercial"]. *"There is a very great consumption of luxuries among the labouring poor of this kingdom; particularly among the manufacturing populace; by which they also consume their time, the most fatal of consumption"* ["Há um enorme consumo de artigos de luxo entre os pobres trabalhadores deste reino, particularmente entre os operários das manufaturas; com isso, porém, eles também consomem o seu tempo, e este é o mais fatal dos consumos"], em *An Essay on Trade and Commerce etc.*, cit., p. 47, 153.

[39] *"Si le manouvrier libre prend un instant de repos, l'économie sordide qui le suit des yeux avec inquiétude, prétend qu'il la vole"* ["Se o operário livre desfruta de um instante de repouso, a economia sórdida, que o segue com olhos inquietos, afirma que ele está a furtá-la"], N. Linguet, *Théorie des lois civiles etc.* (Londres, 1767), t. II, p. 466.

O capitalista se apoia, portanto, na lei da troca de mercadorias. Como qualquer outro comprador, ele busca tirar o maior proveito possível do valor de uso de sua mercadoria. Mas eis que, de repente, ergue-se a voz do trabalhador, que estava calada no frenesi* do processo de produção:

"A mercadoria que te vendi distingue-se da massa das outras mercadorias pelo fato de seu uso criar valor e, mais do que isso, um valor maior do que aquele que ela mesma custou. Foi por isso que a compraste. O que do teu lado aparece como valorização do capital, do meu lado aparece como dispêndio excedente de força de trabalho. Tu e eu só conhecemos, no mercado, uma lei, a da troca de mercadorias. E o consumo da mercadoria pertence não ao vendedor que a aliena, mas ao comprador que a adquire. A ti pertence, por isso, o uso de minha força de trabalho diária. Mas mediante o preço pelo qual a vendo diariamente, tenho de reproduzi-la a cada dia, pois só assim posso vendê-la novamente. Desconsiderando o desgaste natural pela idade etc., tenho de ser capaz de trabalhar amanhã com o mesmo nível normal de força, saúde e disposição que hoje. Não cansas de pregar-me o evangelho da 'parcimônia' e da 'abstinência'. Pois bem! Desejo, como um administrador racional e parcimonioso, gerir meu próprio patrimônio, a força de trabalho, abstendo-me de qualquer desperdício irrazoável desta última. Quero, a cada dia, fazê-la fluir, pô-la em movimento apenas na medida compatível com sua duração normal e seu desenvolvimento saudável. Por meio de um prolongamento desmedido da jornada de trabalho, podes, em um dia, fazer fluir uma quantidade de minha força de trabalho maior do que a que posso repor em três dias. O que assim ganhas em trabalho eu perco em substância do trabalho. A utilização de minha força de trabalho e o roubo dessa força são coisas completamente distintas. Se o período médio que um trabalhador médio pode viver executando uma quantidade razoável de trabalho é de 30 anos, o valor de minha força de trabalho, que me pagas diariamente, é de $1/_{365 \times 30}$, ou $1/_{10.950}$ de seu valor total. Mas se a consomes em 10 anos, pagas-me diariamente $1/_{10.950}$ em vez de $1/_{3.650}$ de seu valor total; portanto, apenas $1/_3$ de seu valor diário, e me furtas, assim, diariamente, $2/_3$ do valor de minha mercadoria. Pagas-me pela força de trabalho de um dia, mas consomes a de 3 dias. Isso fere nosso contrato e a lei da troca de mercadorias. Exijo, portanto, uma jornada de trabalho de duração normal, e a exijo sem nenhum apelo a teu coração, pois em assuntos de dinheiro cessa a benevolência. Podes muito bem ser um cidadão exemplar, até mesmo membro da Sociedade para a Abolição dos Maus-Tratos aos Animais, e viver em odor de santidade, mas o que representas diante de mim é algo em cujo peito não bate um coração. O que ali parece ecoar é o batimento de meu próprio coração. Exijo a jornada de trabalho normal porque, como qualquer outro vendedor, exijo o valor de minha mercadoria."[40]

---

* No original, *"Sturm und Drang"* (tempestade e ímpeto). Ver nota *, na p. 85. (N. T.)

[40] Durante a grande greve dos *builders* [trabalhadores da construção civil] de Londres em 1860-1861 para a redução da jornada de trabalho para 9 horas, o comitê de greve publicou um manifesto que continha, em certa medida, o mesmo conteúdo da defesa de nosso trabalhador. O manifesto alude, não sem ironia, ao fato de que o mais cúpido dos

Vemos que, abstraindo de limites extremamente elásticos, a natureza da própria troca de mercadorias não impõe barreira alguma à jornada de trabalho e, portanto, nenhuma limitação ao mais-trabalho. O capitalista faz valer seus direitos como comprador quando tenta prolongar o máximo possível a jornada de trabalho e transformar, onde for possível, uma jornada de trabalho em duas. Por outro lado, a natureza específica da mercadoria vendida implica um limite de seu consumo pelo comprador, e o trabalhador faz valer seu direito como vendedor quando quer limitar a jornada de trabalho a uma duração normal determinada. Tem-se aqui, portanto, uma antinomia, um direito contra outro direito, ambos igualmente apoiados na lei da troca de mercadorias. Entre direitos iguais, quem decide é a força. E assim a regulamentação da jornada de trabalho se apresenta, na história da produção capitalista, como uma luta em torno dos limites da jornada de trabalho – uma luta entre o conjunto dos capitalistas, *i.e.*, a classe capitalista, e o conjunto dos trabalhadores, *i.e.*, a classe trabalhadora.

2. A avidez por mais-trabalho. O fabricante e o boiardo

O capital não inventou o mais-trabalho. Onde quer que uma parte da sociedade detenha o monopólio dos meios de produção, o trabalhador, livre ou não, tem de adicionar ao tempo de trabalho necessário a sua autoconservação um tempo de trabalho excedente a fim de produzir os meios de subsistência para o possuidor dos meios de produção[41], seja esse proprietário o καλός κἀγαθός [belo e bom]* ateniense, o teocrata etrusco, o *civis romanus* [cidadão romano], o barão normando, o escravocrata americano, o boiardo valáquio, o *landlord* [senhor rural] moderno ou o capitalista[42]. No entanto, é evidente que em toda formação econômica da sociedade onde predomina não o valor de troca, mas o valor de uso do produto, o mais-trabalho é limitado por um círculo mais amplo ou mais estreito de necessidades, mas nenhum carecimento descomedido de mais-trabalho surge do próprio caráter da produção. Razão pela qual,

---

"*building masters*" [empresários da construção] – um certo *sir* M. Peto – vivia "em odor de santidade". (Esse mesmo Peto, depois de 1867, teve o mesmo fim de... Strousberg!)

[41] "*Those who labour* [...] *in reality feed both the pensioners called the rich, and themselves*" ["Na realidade, aqueles que trabalham [...] alimentam tanto os pensionários, chamados de ricos, como também a si mesmos"], Edmund Burke, *Thoughts and Details on Scarcity, Originally Presented to the Rt. Hon. W. Pitt in the Month of November 1795*, cit., p. 2-3.

* Designação do ideal grego de excelência na vida militar e civil. O termo é empregado por Marx no sentido estrito de "aristocrata". (N. T.)

[42] Com extrema ingenuidade, observa Niebuhr em sua *História romana*: "É evidente que obras como as etruscas, cujas ruínas tanto nos impressionam, pressupõem, em pequenos" (!) "Estados, a existência de senhores e servos". Sismondi, com muito mais profundidade, disse que "as rendas de Bruxelas" pressupõem a existência de senhores do salário e servidores assalariados.

na Antiguidade, o sobretrabalho só é repudiado quando seu objetivo é obter o valor de troca em sua figura autônoma de dinheiro, na produção de ouro e prata. O trabalho forçado até a morte é, aqui, a forma oficial de sobretrabalho. Basta ler Diodoro Sículo[43]. Mas essas são exceções no mundo antigo. Assim que os povos, cuja produção ainda se move nas formas inferiores do trabalho escravo, da corveia etc., são arrastados pela produção capitalista e pelo mercado mundial, que faz da venda de seus produtos no exterior o seu principal interesse, os horrores bárbaros da escravidão, da servidão etc. são coroados com o horror civilizado do sobretrabalho. Isso explica por que o trabalho dos negros nos estados sulistas da União Americana conservou certo caráter patriarcal, enquanto a produção ainda se voltava sobretudo às necessidades locais imediatas. Mas à medida que a exportação de algodão tornou-se o interesse vital daqueles estados, o sobretrabalho dos negros, e, por vezes, o consumo de suas vidas em sete anos de trabalho, converteu-se em fator de um sistema calculado e calculista. O objetivo já não era extrair deles uma certa quantidade de produtos úteis. O que importava, agora, era a produção do próprio mais-valor. Algo semelhante ocorreu com a corveia, por exemplo, nos Principados do Danúbio.

A comparação da avidez por mais-trabalho nos Principados do Danúbio com a mesma avidez nas fábricas inglesas tem um interesse especial, visto que o mais trabalho na corveia apresenta uma forma independente, palpável.

Suponhamos que a jornada de trabalho seja de 6 horas de trabalho necessário e 6 horas de mais-trabalho. Assim, o trabalhador livre fornece ao capitalista, semanalmente, 6 × 6, ou 36 horas de mais-trabalho. É o mesmo que se obteria se ele trabalhasse semanalmente 3 dias para si e 3 dias gratuitamente para o capitalista. Mas isso não é visível. O mais-trabalho e o trabalho necessário confundem-se um com o outro. É possível exprimir a mesma relação, por exemplo, dizendo que o trabalhador, em cada minuto, trabalha 30 segundos para si e 30 segundos para o capitalista etc. Com a corveia, no entanto, é diferente. O trabalho necessário que, por exemplo, o camponês valáquio realiza para sua autossubsistência está espacialmente separado de seu mais-trabalho para o boiardo. Um ele realiza em seu próprio campo, o outro no campo de seu senhor. As duas partes do tempo de trabalho existem, por isso, de modo independente, uma ao lado da outra. Na forma da corveia, o mais-trabalho está nitidamente separado do trabalho necessário, mas essa forma distinta de manifestação não altera em nada a relação quantitativa entre

---

[43] "É impossível vermos esses infelizes" (nas minas de ouro entre o Egito, a Etiópia e a Arábia) "que não podem sequer manter seus corpos limpos, nem cobrir sua nudez, sem nos compadecermos de seu destino lastimável. Pois lá não há indulgência ou compaixão pelo doente, pelo debilitado, pelo ancião, pela fraqueza feminina. Abaixo de açoite, todos são forçados a continuar a trabalhar até que a morte venha dar um fim a seus suplícios e padecimentos", Diod. Sic., *Historische Bibliothek*, cit., livro 3, c. 13.

mais-trabalho e trabalho necessário. Três dias de mais-trabalho na semana continuam a ser três dias de trabalho que não cria equivalente algum para o próprio trabalhador, seja esse trabalho chamado de corveia ou de trabalho assalariado. Mas a avidez do capitalista por mais-trabalho se manifesta como ímpeto por um prolongamento ilimitado da jornada de trabalho, ao passo que a do boiardo mais simplesmente como caça direta por dias de corveia[44].

Nos Principados do Danúbio, a corveia estava vinculada a rendas naturais e a outras formas acessórias de servidão, porém constituía o tributo mais importante pago à classe dominante. Onde esse é o caso, a corveia raramente teve origem na servidão; ao contrário, foi a servidão que, na maior parte das vezes, teve origem na corveia[44a]. Foi o que ocorreu nas províncias romenas. Seu modo original de produção estava fundado na propriedade comum do solo, mas não em sua forma eslava, e muito menos indiana. Uma parte das terras era cultivada de modo independente, como propriedade privada livre, pelos membros da comunidade; outra parte – o *ager publicus* [campo público] – era cultivada em comum. Os produtos desse trabalho em comum serviam, em parte, como fundo de reserva para colheitas perdidas ou outras casualidades e, em parte, como tesouro estatal para cobrir os custos de guerra, religião e outras despesas da comunidade. Com o tempo, dignitários militares e eclesiásticos passaram a usurpar, juntamente com a propriedade comum, também as prestações devidas a ela. O trabalho dos camponeses livres sobre sua terra comunal se converteu na corveia para os ladrões da terra comunal. Com isso, desenvolveram-se, ao mesmo tempo, relações de servidão, ainda que apenas de fato, não de direito, até que a Rússia, a libertadora do mundo, legalizou essas relações sob o pretexto de abolir a servidão. O código da corveia, proclamado em 1831 pelo general russo Kisselev, foi, naturalmente, ditado pelos próprios boiardos. Assim, a Rússia conquistou, com um só golpe, os magnatas dos Principados do Danúbio e o aplauso dos liberais cretinos de toda a Europa.

---

[44] O que segue refere-se às condições das províncias romenas antes da revolução ocorrida desde a Guerra da Crimeia.

[44a] Nota à terceira edição: Isso vale também para a Alemanha e especialmente para a Prússia a Leste do Elba. No século XV, quase em toda parte, o camponês alemão, embora submetido ao pagamento de certas rendas em produtos e trabalho, era um homem praticamente livre. Os colonos alemães nas regiões de Brandemburgo, Pomerânia, Silésia e Prússia Oriental eram até mesmo reconhecidos legalmente como livres. A vitória da nobreza nas guerras camponesas pôs um fim a essa situação. Não apenas os vencidos camponeses do Sul da Alemanha foram reduzidos à servidão, como também, a partir de meados do século XVI, os livres camponeses da Prússia Oriental, de Brandemburgo, da Pomerânia e da Silésia, e, logo depois, também os de Schleswig-Holstein. Maurer, *Frohnhöfe*, v. IV; Meitzen, *Der Boden des preussischen Staats*; Hanssen, *Leibeigenschaft in Schleswig-Holstein*. (F. E.)

Karl Marx – O capital

De acordo com o *Règlement organique**, que é como se intitula o código da corveia, todo camponês valáquio deve ao assim chamado proprietário da terra, além de uma determinada quantidade de pagamentos *in natura*: 1) 12 jornadas de trabalho geral, 2) 1 jornada de trabalho no campo e 3) 1 jornada para o carregamento de lenha. *Summa summarum* [no total], 14 dias por ano. Um olhar mais aprofundado na economia política nos mostra, no entanto, que a jornada de trabalho não é considerada em seu sentido comum, mas como a jornada de trabalho necessária para a elaboração de um produto médio diário; ocorre que o produto médio diário é determinado de maneira tão ladina que nem mesmo um ciclope conseguiria produzi-lo em 24 horas. Nas secas palavras da mais legítima ironia russa, o próprio *Règlement* declara que 12 dias de trabalho significam, na verdade, 36 dias de trabalho manual; 1 dia de trabalho no campo, 3 dias; e 1 dia de carregamento de madeira, do mesmo modo, 3 dias. *Summa* [total]: 42 dias de corveia. A isso ainda se acrescenta o assim chamado *jobagie*, um serviço que deve ser prestado ao senhor em ocasiões extraordinárias. Em proporção ao tamanho de sua população, cada aldeia tem de fornecer anualmente um determinado contingente de trabalhadores para o *jobagie*. Essa corveia adicional é estimada em 14 dias para cada camponês valáquio. Assim, a corveia prescrita soma 56 jornadas anuais. Mas o ano agrícola na Valáquia, em razão das más condições climáticas, é de apenas 210 dias, dos quais ainda se devem subtrair 40 dias para os domingos e feriados e, em média, 30 dias de intempérie, ou seja, 70 dias no total. Restam 140 jornadas de trabalho. A proporção entre a corveia e o trabalho necessário, que é de $^{56}/_{84}$ ou $66^2/_3\%$, expressa uma taxa de mais-valor muito menor do que aquela que regula o trabalho agrícola ou fabril do trabalhador inglês. Isso se refere, no entanto, apenas à corveia legalmente prescrita. E, como se isso não bastasse, movido por um espírito ainda mais "liberal" do que o da legislação fabril inglesa, o *Règlement organique* soube deixar aberto o caminho para sua própria transgressão. Depois de ter transformado 12 dias em 54, ele volta a definir o trabalho diário nominal de cada

---

* "*Règlement organique de 1831*": nome da primeira constituição dos Principados do Danúbio (Moldávia e Valáquia), ocupados pelas tropas russas em consequência do tratado de paz de Adrianópolis, de 14 de setembro de 1829, que pôs fim à guerra russo-turca de 1828-1829. De acordo com o *Règlement*, elaborado por D. P. Kisselev, chefe da administração desses principados, o poder legislativo em cada principado ficava reservado à assembleia eleita pelos proprietários fundiários, e o poder executivo era transferido aos hospodares eleitos vitaliciamente pelos representantes dos proprietários fundiários, do clero e das municipalidades. A antiga ordem feudal, incluindo a corveia, era conservada, e o poder político ficava concentrado nas mãos dos proprietários. Ao mesmo tempo, o *Règlement* introduzia uma série de reformas pró-burguesas: as barreiras alfandegárias internas eram abolidas, passava a vigorar o livre-câmbio, os tribunais eram separados da administração; aos camponeses ficava permitido trocar de senhor, e abolia-se a tortura. O *Règlement organique* foi suprimido durante a Revolução de 1848. (N. E. A. MEW)

uma dessas 54 jornadas de corveia de tal modo que uma porção dele tem de ser completada no dia seguinte. Por exemplo, digamos que em um dia deva ser ceifada uma área que, sobretudo nas plantações de milho, exige o dobro desse tempo. Em alguns tipos de trabalhos agrícolas, o dia de trabalho legal pode ser interpretado como começando em maio e terminando em outubro. Na Moldávia, as condições são ainda mais duras. "Os 12 dias de corveia do *Règlement organique*" – exclamou um boiardo extasiado – "correspondem aos 365 dias do ano!"[45]

Se o *Règlement organique* dos Principados do Danúbio foi uma expressão positiva da avidez por mais-trabalho, legalizada a cada parágrafo, as Factory Acts inglesas são uma expressão negativa dessa mesma avidez. Essas leis refreiam o impulso do capital por uma sucção ilimitada da força de trabalho, mediante uma limitação compulsória da jornada de trabalho pelo Estado e, mais precisamente, por um Estado dominado pelo capitalista e pelo *landlord*. Além de impulsionada por um movimento dos trabalhadores que se torna a cada dia mais ameaçador, a limitação da jornada de trabalho nas fábricas foi ditada pela mesma necessidade que forçou a aplicação do guano nos campos ingleses. A mesma rapacidade cega que, num caso, exauriu o solo, no outro matou na raiz a força vital da nação. Epidemias periódicas são, aqui, tão eloquentes quanto a diminuição da altura dos soldados na Alemanha e na França[46].

A Factory Act de 1850, ainda hoje (1867) em vigor, estabelece para os dias de semana uma jornada de trabalho média de 10 horas, isto é, 12 horas para cada um dos primeiros 5 dias da semana, das 6 horas da manhã às 6 da tarde, descontando-se, por lei, ½ hora para o café da manhã e 1 hora para o almoço,

---

[45] Mais detalhes podem ser encontrados em E. Regnault, *Histoire politique et sociale des Principautés Danubiennes* (Paris, 1855).

[46] "Em geral, e dentro de certos limites, ultrapassar o tamanho médio de sua espécie é algo favorável à constituição de um ser orgânico. No ser humano, sua massa corporal diminui quando seu processo de crescimento é prejudicado, seja por condições físicas, seja por condições sociais. Em todos os países europeus que introduziram o recrutamento militar, a massa corporal média dos homens adultos diminuiu e, com ela, também a aptidão desses homens para o serviço militar. Antes da revolução (1789), a estatura mínima para os soldados da infantaria francesa era de 165 centímetros; em 1818 (lei de 10 de março), ela passou para 157 e, com a lei de 21 de março de 1832, para 156 centímetros; na França, em média, mais da metade dos homens é rejeitada em razão de estatura insuficiente ou fraqueza física. Em 1780, o padrão militar na Saxônia era de 178 centímetros; agora, é de 155 centímetros. Na Prússia, ele é de 157 centímetros. De acordo com a afirmação do dr. Meyer no *Bayrischen Zeitung* de 9 de maio de 1862, o resultado de uma média de 9 anos mostra que, na Prússia, 716 dos 1.000 recrutados foram declarados inaptos para o serviço militar: 317 por causa da baixa estatura e 399 por fraqueza corporal [...]. Em 1858, Berlim não pôde fornecer seu contingente de recrutas: faltavam 156 homens", J. von Liebig, *Die Chemie in ihrer Anwendung auf Agrikultur und Physiologie* (7. ed., 1862, v. I), p. 117-8.

de modo que restam $10^1/_2$ horas de trabalho; aos sábados, 8 horas de trabalho, das 6 da manhã às 2 da tarde, descontando-se $^1/_2$ hora para o café da manhã. Sobram 60 horas de trabalho, $10^1/_2$ para os primeiros 5 dias da semana, $7^1/_2$ para o último dia[47]. São nomeados os guardiões dessa lei, os inspetores de fábrica, diretamente subordinados ao Ministério do Interior e cujos relatórios são publicados semestralmente por ordem do Parlamento. Tais relatórios fornecem uma estatística contínua e oficial da avidez capitalista por mais-trabalho.

Ouçamos, por um momento, o que dizem os inspetores de fábrica[48].–

"O fabricante fraudulento inicia o trabalho ¼ de hora antes das 6 da manhã – às vezes antes, às vezes depois – e o termina ¼ de hora após as 6 da tarde – às vezes antes, às vezes depois. Ele subtrai 5 minutos tanto no início como no final da ½ hora nominalmente reservada ao café da manhã, e mais 10 minutos tanto no início como no final da hora destinada ao almoço. Aos sábados, ele trabalha até ¼ de hora depois das 2 da tarde – às vezes mais, às vezes menos. Desse modo, seu ganho é de:

Antes das 6 horas da manhã ...... 15 minutos		
Depois das 6 horas da tarde .... 15 "		Soma em 5 dias:
Na hora do café da manhã .... 10 "		300 minutos
Na hora do almoço .... 20 "		
Total: .... 60 minutos		

Aos sábados

Antes das 6 horas da manhã ...... 15 minutos		Total do ganho sèmanal:
Na hora do café da manhã .... 10 "		340 minutos
Depois das 2 horas da tarde .... 15 "		

---

[47] A história da lei fabril de 1850 será tratada no decorrer deste capítulo.
[48] O período que vai do começo da grande indústria na Inglaterra até 1845 é tratado, aqui, apenas em linhas gerais. Sobre esse assunto, remeto o leitor à obra *Die Lage der arbeitenden Klasse in England* [*A situação da classe trabalhadora na Inglaterra*], de Friedrich Engels (Leipzig, 1845). O quão profunda é a compreensão que Engels tem do espírito do modo de produção capitalista o demonstram os "Factory Reports", "Reports on Mines" etc., publicados a partir de 1845, e o quão admirável é sua descrição detalhada das condições da classe trabalhadora fica evidente quando se compara sua obra com os relatórios oficiais da Children's Employment Commission (1863-1867), publicados de 18 a 20 anos depois. Tais relatórios tratam especialmente de ramos da indústria nos quais a legislação fabril de 1862 ainda não fora introduzida, e, na verdade, até hoje só foi introduzida parcialmente. Em tais ramos, portanto, as condições retratadas por Engels não haviam sofrido nenhuma ou quase nenhuma alteração por interferência externa. Meus exemplos são extraídos principalmente do período de livre-câmbio após 1848, aquele tempo paradisíaco com o qual os mascates do livre-câmbio, tão falastrões quanto cientificamente degenerados, tanto faucherizam os alemães. De resto, a Inglaterra só aparece aqui em primeiro plano por ser a representante clássica da produção capitalista e a única a possuir uma estatística oficial contínua dos objetos aqui tratados. [O verbo "*Vorfauchen*", aqui traduzido como "faucherizar", foi criado por Marx em referência às ideias do jornalista alemão Julius Faucher, representante do livre-cambismo e do liberalismo de Manchester. (N. T.)]

A jornada de trabalho

Ou 5 horas e 40 minutos por semana, o que, multiplicado por 50 semanas de trabalho no ano, depois de subtraídas 2 semanas relativas aos feriados e a interrupções eventuais, totaliza 27 jornadas de trabalho."[49]
"Se a jornada de trabalho é prolongada diariamente em 5 minutos além de sua duração normal, obtém-se, no ano, um acréscimo de 2½ dias de produção."[50]
"1 hora adicional por dia, ganha com o furto de um pequeno intervalo de tempo aqui, outro pequeno intervalo ali, converte os 12 meses do ano em 13."[51]

As crises em que a produção é interrompida e as fábricas trabalham apenas "por pouco tempo", durante alguns dias na semana, não afetam em nada, naturalmente, o empenho pelo prolongamento da jornada de trabalho. Quanto menos negócios são feitos, maior deve ser o ganho sobre o negócio feito. Quanto menos tempo se trabalha, maior é o tempo excedente de trabalho a ser extraído. Informam os inspetores de fábrica sobre o período da crise de 1857-1858:

"Pode-se julgar como uma inconsequência o fato de haver qualquer tipo de sobretrabalho numa época em que o comércio se encontra em condições tão ruins, mas é essa mesma precariedade de sua situação que incita pessoas inescrupulosas a praticar transgressões; com isso, elas extraem um lucro extra [...]. Ao mesmo tempo que" – diz Leonard Horner – "122 fábricas em meu distrito interromperam completamente suas atividades, 143 continuam a produzir e as restantes trabalham por pouco tempo, o sobretrabalho acima do tempo legalmente determinado continua a ocorrer normalmente."[52] "Embora" – diz o sr. Howell – "na maioria das fábricas, em virtude da depressão do comércio, trabalhe-se apenas meio período, continuo a receber a mesma quantidade habitual de queixas de que ½ ou ¾ de horas são diariamente furtados (*snatched*) dos trabalhadores por meio da usurpação das pausas para refeições e descanso que a lei lhes garante."[53]

O mesmo fenômeno se repetiu, em escala menor, durante a terrível crise do algodão, de 1861 a 1865[54].

"Muitas vezes, quando flagramos pessoas trabalhando durante a hora da refeição ou em outras horas ilegais, ouvimos a evasiva de que esses trabalhadores não querem de modo algum deixar a fábrica e precisam ser forçados a interromper o seu trabalho" (limpeza das máquinas etc.), "especialmente aos sábados. Mas se os braços permanecem na fábrica depois de as máquinas terem parado, isso só acontece porque nenhum tempo lhes é concedido para a execução dessas ta-

---

[49] "Suggestions etc. by Mr. L. Horner, Inspector of Factories", em *Factories Regulation Acts. Ordered by the House of Commons to be printed 9*, ago. 1859, p. 4-5.
[50] "Reports of the Insp. of Fact. for the Half Year, Oct. 1856", p. 35.
[51] "Report etc. 30th April 1858", p. 9.
[52] Ibidem, p. 10.
[53] Ibidem, p. 25.
[54] "Reports etc., for the half year ending 30th April 1861". Ver apêndice n. 2; "Reports etc. 31st Octob. 1862", p. 7, 52-3. As transgressões se tornam mais numerosas a partir da segunda metade de 1863. Cf. "Reports etc. Ending 31st Oct. 1863", p. 7.

refas nas horas de trabalho estabelecidas por lei, isto é, entre 6 horas da manhã e 6 da tarde."[55]

"Para muitos fabricantes, o lucro extra a ser obtido com o sobretrabalho além do tempo legalmente estabelecido parece ser uma tentação grande demais para que possam resistir a ela. Eles consideram a probabilidade de serem descobertos e calculam que, mesmo que sejam apanhados, o pequeno valor das multas e dos custos judiciais ainda lhes garante uma boa margem de ganho."[56]

"Nos casos em que o tempo adicional é obtido pela multiplicação de pequenos furtos (*a multiplication of small thefts*) no decorrer do dia, os inspetores se deparam com dificuldades quase intransponíveis para a obtenção de provas da infração."[57]

Esses "pequenos furtos" que o capital realiza do tempo reservado às refeições e ao descanso do trabalhador também são designados pelos inspetores de fábrica como "*petty pilferings of minutes*", pequenos surrupios de minutos[58], "*snatching a few minutes*", furtadelas de alguns minutos[59] ou, na linguagem técnica dos trabalhadores, "*nibbling and cribbling at meal times*" [roer e peneirar o tempo das refeições][60].

Vê-se que, nessa atmosfera, a formação do mais-valor por meio do mais-trabalho não é nenhum segredo.

---

[55] "Reports etc. 31st Oct. 1860", p. 23. Com que fanatismo, de acordo com os depoimentos dos fabricantes nos tribunais, sua mão de obra fabril se recusava a interromper seu trabalho é demonstrado pelo seguinte fato curioso. No início de junho de 1836, os magistrados de Dewsbury (Yorkshire) foram informados de que os proprietários de 8 grandes fábricas nas proximidades de Batley haviam violado a legislação fabril. Uma parte desses senhores foi acusada de ter obrigado 5 meninos, entre 12 e 15 anos de idade, a trabalhar das 6 horas da manhã de sexta-feira até as 4 horas da manhã de sábado, sem lhes permitir qualquer pausa para descanso além de 1 hora para a refeição e 1 hora de sono à meia-noite. E essas crianças tiveram de executar o incessante trabalho de 30 horas no "*shoddyhole*", que é o nome dado a esse buraco, onde restos de algodão são triturados e um mar de poeira, dejetos etc. obriga até mesmo o trabalhador adulto a manter sempre amarrado um lenço sobre a boca, a fim de proteger seus pulmões! Os senhores acusados asseguraram – em vez de jurar, pois, como quacres, eles eram religiosos demais para prestar um juramento – que, com toda sua compaixão, eles teriam permitido que as pobres crianças dormissem por 4 horas, mas as obstinadas crianças não quiseram de modo algum ir para a cama! Os senhores quacres foram condenados a pagar uma multa de £20. Dryden já pressentia esses quacres: "*Fox full fraught in seeming sanctity/ That feared an oath,/ but like the devil would lie/ That look'd like Lent, and had the holy leer./ And durst not sin! before he said his prayer!*" ["Uma raposa, plena de falsa santidade,/ que mente como o diabo, mas tem medo de um juramento,/ que aparenta penitência, mas lança um olhar lascivo./ E que não ousa pecar antes de ter rezado!", Dryden, *The Cock and the Fox: or, the Tale of the Nun's Priest*].

[56] "Rep. etc. 31st Oct. 1856", p. 34.
[57] Ibidem, p. 35.
[58] Ibidem, p. 48.
[59] Idem.
[60] Idem.

A jornada de trabalho

"Se permitires" – disse-me um fabricante muito respeitável – "que eu faça com que meus operários trabalhem diariamente apenas 10 minutos além do tempo da jornada de trabalho, colocarás em meu bolso £1.000 por ano."[61] "Os pequenos momentos são os elementos que formam o lucro."[62]

Nesse sentido, nada pode ser mais característico do que a denominação de *"full times"* aplicada aos trabalhadores que trabalham jornadas inteiras, e de *"half times"* aplicada às crianças menores de 13 anos, que só podem trabalhar 6 horas[63].

O trabalhador, aqui, não é mais do que tempo de trabalho personificado. Todas as diferenças individuais se dissolvem na distinção entre trabalhadores de "jornada integral" e de "meia jornada".

3. Ramos da indústria inglesa sem limites legais à exploração

Até aqui, nosso tratamento do impulso de prolongamento da jornada de trabalho, da voracidade de lobisomem por mais-trabalho, limitou-se a uma área em que abusos desmedidos – que, no dizer de um economista burguês da Inglaterra, não ficam aquém das crueldades dos espanhóis contra os peles-vermelhas da América[64] – fizeram com que o capital fosse submetido aos grilhões da regulação legal. Lancemos, agora, um olhar sobre aqueles ramos da produção em que a sucção da força de trabalho ocorre livremente até nossos dias, ou assim ocorria até muito recentemente.

"O sr. Broughton, *county magistrate* [magistrado municipal], declarou, como presidente de uma assembleia ocorrida na Câmara Municipal de Nottingham, em 14 de janeiro de 1860, que entre a população ocupada com a fabricação de rendas reina um grau de sofrimento e privação inéditos no restante do mundo civilizado [...]. Crianças entre 9 e 10 anos de idade são arrancadas de suas camas imundas às 2, 3, 4 horas da manhã e forçadas a trabalhar, para sua mera subsistência, até as 10, 11, 12 horas da noite, enquanto seus membros se atrofiam, seus corpos definham, suas faces desbotam e sua essência humana se enrijece inteiramente num torpor pétreo, cuja mera visão já é algo terrível. Não nos surpreende que o sr. Mallett e outros fabricantes se manifestem em protesto contra

---

[61] Idem.
[62] *"Moments are the Elements of profit"*, "Rep. of the Insp. etc. 30th April 1860", p. 56.
[63] Essa é a expressão oficial, tanto nas fábricas quanto nos relatórios de fábricas.
[64] *"The cupidity of mill-owners, whose cruelties in pursuit of gain, have hardly been exceeded by those perpetrated by the Spaniards on the conquest of America, in the pursuit of gold"* ["A cupidez dos proprietários de fábricas, cujas crueldades na busca do ganho não ficam aquém daquelas perpetradas pelos espanhóis na conquista da América, em busca do ouro"], John Wade, *History of the Middle and Working Classes* (3. ed., Londres, 1835), p. 114. A parte teórica desse livro, uma forma de "Elementos de economia política", contém, para a sua época, algo de original, por exemplo, a respeito das crises comerciais. Já a parte histórica é um plágio descarado de *sir* F. M. Edens, *The State of the Poor* (Londres, 1797).

qualquer discussão sobre esse assunto [...]. O sistema, tal como o reverendo Montagu Valpy o descreveu, é de ilimitada escravidão, e escravidão em sentido social, físico, moral e intelectual [...]. O que se deve pensar de uma cidade que realiza uma assembleia pública para peticionar que a jornada de trabalho para os homens deve ser limitada a 18 horas? [...] Protestamos contra os plantadores de algodão da Virgínia e da Carolina. Mas seria seu mercado de escravos, com todos os horrores dos açoitamentos e da barganha pela carne humana, mais detestável do que essa lenta imolação de seres humanos que ocorre para que se fabriquem véus e colarinhos em benefício dos capitalistas?"[65]

Ao longo dos últimos 22 anos, as olarias (*potteries*) de Staffordshire foram objeto de três inquéritos parlamentares. Os resultados foram apresentados no relatório do sr. Scriven aos Children's Employment Commissioners (1841), no relatório do dr. Greenhow, publicado em 1860 por ordem do departamento médico do Privy Council* (Public Health, "3rd Report", I, 112-113), e, por fim, no relatório do sr. Longe, publicado como "First Report of the Children's Employment Commission", em 13 de junho de 1863. Para meu propósito, bastam alguns testemunhos fornecidos pelas próprias crianças exploradas e que constam dos relatórios de 1860 e 1863. A partir da situação dessas crianças, podemos ter uma ideia do que se passa com os adultos, principalmente moças e mulheres, num ramo da indústria que faz atividades como a fiação de algodão e outras semelhantes parecerem negócios muito agradáveis e saudáveis[66].

Wilhelm Wood, de 9 anos de idade, "tinha 7 anos e 10 meses quando começou a trabalhar". Desde o começo, ele "*ran moulds*" (carregava as mercadorias já moldadas para a sala de secagem e voltava trazendo os moldes vazios). Chega ao trabalho todos os dias às 6 horas da manhã e o deixa por volta das 9 da noite. "Trabalho até as 9 horas da noite todos os dias da semana. Assim foi, por exemplo, durante as últimas 7 ou 8 semanas." Portanto, 15 horas de trabalho para uma criança de 7 anos! J. Murray, um menino de 12 anos, declara:

> "*I run moulds and turn jigger*" (giro a roda). "Chego às 6, às vezes às 4 horas da manhã. Trabalhei esta noite inteira, até as 6 horas da manhã de hoje. Não dormi desde a última noite. Além de mim, outros 8 ou 9 meninos trabalharam a noite inteira sem parar. Todos, com exceção de um, voltaram ao trabalho nesta manhã.

---

[65] *Daily Telegraph* (Londres), 17 jan. 1860.

* Her Majesty's Most Honourable Privy Council (Muito Honorável Conselho Privado de Sua Majestade): corpo de conselheiros do monarca britânico, composto de ministros e outros altos funcionários, além de personalidades condecoradas. Criado no século XIII, o Privy Council exerceu por muito tempo direitos legislativos, sendo responsável apenas perante o rei, mas não perante o Parlamento. Nos séculos XVIII e XIX, a importância do Privy Council diminuiu consideravelmente, e hoje perdeu toda e qualquer relevância prática na Inglaterra. (N. E. A. MEW)

[66] Cf. F. Engels, Die Lage der arbeitenden Klasse in England, cit., p. 249-51 [ed. bras.: *A situação da classe trabalhadora na Inglaterra*, cit., p. 239-41].

A jornada de trabalho

Recebo 3 xelins e 6 *pence*" (1 táler e 5 centavos) "por semana. Quando trabalho a noite inteira, não recebo nada a mais por isso. Na última semana, trabalhei duas noites sem parar." Fernyhough, um menino de 10 anos: "Nem sempre tenho 1 hora inteira para o almoço; com frequência, apenas meia hora, às quintas, sextas e sábados."[67]

O dr. Grennhow afirma que a expectativa média de vida nos distritos das olarias de Stoke-upon-Trent e Wolstanton é extraordinariamente curta. Embora no distrito de Stoke apenas 36,6% e em Wolstanton apenas 30,4% da população masculina acima de 20 anos esteja empregada nas olarias, no primeiro distrito mais da metade e no segundo cerca de $^2/_5$ do total de óbitos entre homens dessa faixa etária são devidos às doenças pulmonares que acometem os oleiros. O dr. Boothroyd, médico prático em Haley, diz: "Cada geração sucessiva de oleiros é mais raquítica e fraca do que a anterior".

Outro médico, o sr. McBean, declara: "Desde que, há 25 anos, comecei a exercer a medicina entre os oleiros, evidenciou-se uma progressiva degeneração dessa classe sob a forma de uma diminuição de estatura e peso".

Essas declarações são extraídas do relatório do dr. Greenhow, de 1860[68].

No relatório dos comissários de 1863, o dr. J. T. Arledge, médico-chefe do hospital de North Staffordshire, diz:

"Como classe, os oleiros, homens e mulheres, representam [...] uma população degenerada, tanto física como moralmente. São, em regra, raquíticos, mal constituídos e apresentam com frequência uma má-formação dos pulmões. Envelhecem prematuramente e têm vida curta; fleumáticos e anêmicos, denunciam a fraqueza de sua constituição com pertinazes ataques de dispepsia, problemas hepáticos e renais, além de reumatismo. Mas sofrem, sobretudo, de doenças pulmonares, como pneumonia, tuberculose, bronquite e asma. Um tipo de asma lhes é peculiar, sendo conhecida como 'asma de oleiro' ou 'tísica de oleiro'. A escrofulose, que atinge as amígdalas, os ossos ou outras partes do corpo, acomete mais de dois terços dos oleiros. A degeneração (*degenerescence*) das populações deste distrito só não é maior graças ao recrutamento constante de trabalhadores nos distritos rurais adjacentes e a sua miscigenação com raças mais saudáveis."

O sr. Charles Parsons, até pouco tempo atrás *house surgeon* [médico cirurgião] desse mesmo hospital, escreve numa carta ao comissário Longe, entre outras coisas: "Posso falar apenas com base em minhas observações pessoais, e não estatisticamente, mas não hesito em afirmar que minha indignação cresceu cada vez mais ao olhar para essas pobres crianças, cuja saúde foi sacrificada para satisfazer a cupidez de seus pais e de seus empregadores".

Enumera as causas das doenças dos oleiros e conclui a lista com as palavras: "*long hours*" ("longas horas de trabalho"). O relatório da comissão fabril espera que "uma manufatura que ocupa uma posição tão proeminente aos

---

[67] Children's Employment Commission, "First Report etc." (1863, apêndice), p. 16, 18-9.
[68] Public Health, "3rd Report etc.", cit., p. 103, 105.

olhos do mundo não queira mais carregar a mácula de ter seu grande sucesso acompanhado pela degradação física, por amplos sofrimentos corporais e pela morte prematura de sua população trabalhadora, por meio de cujo trabalho e habilidade tão grandes resultados foram atingidos"[69].

E o que vale para as olarias da Inglaterra vale também para as da Escócia[70].

A manufatura de palitos de fósforo data de 1833, quando foi inventado o método de aplicação do fósforo no palito. Desde 1845, essa manufatura desenvolveu-se rapidamente na Inglaterra e, depois de se espalhar pelas partes densamente povoadas de Londres, expandiu-se principalmente para Manchester, Birmingham, Liverpool, Bristol, Norwich, Newcastle e Glasgow, levando consigo o tétano, que, já em 1845, um médico de Viena detectara como doença peculiar aos fosforeiros. A metade dos trabalhadores são crianças menores de 13 e jovens menores de 18 anos. Em virtude de sua insalubridade e repugnância, a manufatura é tão mal-afamada que apenas a parte mais miserável da classe trabalhadora, como viúvas semifamélicas etc., entregam seus filhos a essas fábricas: "crianças esfarrapadas, semifamélicas, totalmente desamparadas e sem instrução"[71]. Das testemunhas ouvidas pelo comissário White (1863), 270 eram menores de 18 anos, 40 eram menores de 10 anos, 10 tinham apenas 8 anos e 5 apenas 6 anos de idade. A jornada de trabalho variava entre 12, 14 e 15 horas, com trabalho noturno e horários irregulares de refeições, normalmente realizadas no próprio local de trabalho, empestado com fósforo. Nessa manufatura, Dante veria superadas suas fantasias mais cruéis sobre o inferno.

Na fábrica de papéis de parede, os tipos mais grosseiros são impressos com máquinas, e os mais finos, manualmente (*block printing*). O período de atividade mais intensa é entre o começo de outubro e o fim de abril, quando esse trabalho é realizado quase sem interrupção das 6 horas da manhã às 10 da noite ou ainda mais tarde.

J. Leach declara:

"No último inverno" (1862), "6 das 19 moças foram dispensadas em decorrência de doenças provocadas por excesso de trabalho. Para mantê-las acordadas, tenho de gritar em seus ouvidos." W. Duffy: "Frequentemente, as crianças estavam tão cansadas que não podiam manter seus olhos abertos durante o trabalho; na verdade, nós mesmos quase não o conseguimos." J. Lightbourne: "Tenho 13 anos [...]. Durante o inverno passado, trabalhamos até as 9 horas da noite e, no inverno anterior, até as 10 da noite. No último inverno, quase todas as noites eu costumava gritar de dor em meus pés machucados". G. Aspden: "Quando este meu filho tinha 7 anos de idade, eu costumava carregá-lo nas costas para toda parte, atravessando a neve, e ele costumava trabalhar 16 horas por dia! [...] Frequentemente eu tinha

---

[69] Children's Employm., "Commission, 1863", cit., p. 22, 24 e XI.
[70] Ibidem, p. XLVII.
[71] Ibidem, p. LIV.

de ajoelhar-me para alimentá-lo, enquanto ele permanecia junto à máquina, pois não lhe era permitido abandoná-la ou pará-la". Smith, o sócio-diretor de uma fábrica de Manchester: "Nós" (quer dizer, a "mão de obra" que trabalha para "nós") "trabalhamos sem interrupção para as refeições, de modo que o trabalho diário de 10 horas e meia é concluído às 4 e meia da tarde, e o que ultrapassa esse tempo é computado como hora extra"[72]. (Será verdade que esse sr. Smith fica sem refeições durante 10 horas e meia?) "Nós" (o mesmo Smith) "raramente paramos antes das 6 horas da tarde" (ele se refere ao consumo de "nossas" máquinas de força de trabalho), "de maneira que nós" (*iterum Crispinus* [Eis outra vez Crispino]*), "na realidade, trabalhamos além da jornada normal durante todo o ano [...] Tanto as crianças quanto os adultos" (152 crianças e adolescentes menores de 18 anos e 140 adultos) "trabalharam igualmente, em média, durante os últimos 18 meses, um mínimo de 7 jornadas e 5 horas na semana, ou $78^1/_2$ horas semanais. Nas 6 semanas que se completam em 2 de maio deste ano" (1863), "a média foi maior: 8 jornadas ou 84 horas na semana!"

Mas esse mesmo sr. Smith, que tanto aprecia o *pluralis majestatis* [plural majestático], acrescenta sorridente: "O trabalho mecanizado é leve". Já os empregados na *block printing* dizem: "o trabalho manual é mais saudável do que o mecanizado". Em conjunto, os senhores fabricantes declaram sua indignação contra a proposta "de parar as máquinas ao menos durante as refeições".

"Uma lei" – diz o sr. Ottley, gerente de uma fábrica de papéis de parede de Borough (Londres) – "que permitisse um horário de trabalho das 6 horas da manhã às 9 da noite nos (!) contentaria muito, mas a jornada de 7 horas da manhã às 6 da tarde, estabelecida pelo Factory Act, não nos (!) é adequada [...]. Nossa máquina permanece parada durante o almoço" (quanta generosidade!). "A interrupção não causa qualquer perda considerável de papel ou tinta. Mas" – acrescenta, de modo simpático – "posso compreender que o prejuízo que isso acarreta não seja bem-aceito."

O relatório afirma ingenuamente que o medo de algumas "firmas importantes" de perder tempo, isto é, o tempo de apropriação do trabalho alheio, e, desse modo, "perder lucro" não é "razão suficiente" para fazer com que crianças menores de 13 e jovens menores de 18 anos, que trabalham de 12 a 16 horas por dia, "sejam privados de suas refeições", tampouco justifica que elas sejam alimentadas durante o próprio processo de produção, como se suas

---

[72] Isso não deve ser entendido no nosso sentido de tempo de mais-trabalho. Esses senhores consideram a jornada de trabalho de $10^1/_2$ horas como jornada normal, que, portanto, também inclui o mais-trabalho normal. Apenas depois disso é que tem início o "tempo excedente", que é um pouco mais bem pago. Em outra ocasião, veremos que a utilização da força de trabalho durante a assim chamada jornada normal é paga abaixo de seu valor, de modo que o "tempo excedente" é um mero truque capitalista para extorquir uma quantidade maior de "mais-trabalho", e que ele continuaria a ser "mais-trabalho" mesmo que a força de trabalho empregada durante a "jornada normal" fosse integralmente paga.

* Juvenal, *Sátiras*, IV. (N. T.)

refeições fossem mera matéria auxiliar do meio de trabalho, tal como o carvão e a água servem à máquina a vapor, o sabão à lã, o óleo à engrenagem etc.[73]

Nenhum ramo da indústria na Inglaterra (não levamos em conta a maquinaria recentemente introduzida na fabricação de pão) conservou até nossos dias um modo de produção tão arcaico – até mesmo pré-cristão, como revelam os poetas do Império Romano – quanto a panificação. Mas o capital, como dissemos anteriormente, é de início indiferente ao caráter técnico do processo de trabalho do qual se apossa. No começo, ele o toma tal como o encontra.

A inacreditável adulteração do pão, especialmente em Londres, foi revelada pela primeira vez pelo comitê da House of Commons [Câmara dos Comuns] "sobre a adulteração de alimentos" (1855-1856) e pela obra do dr. Hassall, *Adulterations detected*[74]. A consequência dessas revelações foi a lei de 6 de agosto de 1860: *"for preventing the adulteration of articles of food and drink"* [pela prevenção da adulteração de produtos alimentícios e bebidas], uma lei inócua, pois, como é natural, trata com a mais terna delicadeza todo *free-trader* [livre-cambista] que demonstra comprar e vender mercadorias adulteradas *"to turn an honest penny"* [para ganhar um centavo honesto][75]. O próprio comitê formulou, de modo mais ou menos ingênuo, sua convicção de que o livre-comércio significa essencialmente o comércio com matérias falsificadas, ou, como os ingleses a elas se referem jocosamente, "matérias sofisticadas". Na verdade, esse tipo de "sofística" sabe melhor que Protágoras como fazer do branco preto e do preto branco, e melhor que os eleatas* sabe demonstrar *ad oculos* [aos olhos] a mera aparência de todo real[76].

---

[73] Children's Employm., "Commission, 1863", cit., apêndice, p. 123-5, 140 e LXIV.

[74] Alume, ralado ou misturado com sal, é um artigo normal de comércio que leva o nome significativo de *"baker's stuff"* [coisa do padeiro]. (N. T.)

[75] A fuligem é sabidamente uma forma muito enérgica de carbono e constitui um adubo que os limpadores de chaminés capitalistas vendem a arrendatários ingleses. Em 1862, o *juryman* [jurado] britânico teve de decidir, num processo, se a fuligem à qual se mistura – sem o conhecimento do comprador – 90% de pó e areia é fuligem "verdadeira" em sentido "comercial" ou fuligem "adulterada" em sentido "legal". Os *"amis du commerce"* [amigos do comércio] decidiram que ela é fuligem comercial "verdadeira" e julgaram improcedente a queixa do arrendatário, que ainda teve de pagar os custos do processo.

* Referência à escola filosófica grega (séculos VI e V a. C.) cujos principais representantes foram Xenófanes, Parmênides e Zenão. (N. T.)

[76] O químico francês Chevallier, num tratado sobre as *"sophistications"* [sofisticações] das mercadorias, encontrou, em muitos dos mais de 600 artigos que fez passar em revista, 10, 20, 30 métodos diferentes de adulteração. Acrescenta, ainda, que não conhece todos os métodos e não menciona todos que conhece. Para o açúcar, há 6 tipos de adulteração, 9 para o azeite de oliva, 10 para a manteiga, 12 para o sal, 19 para o leite, 20 para o pão, 23 para a aguardente, 24 para a farinha, 28 para o chocolate, 30 para o vinho, 32 para o café etc. Nem mesmo Deus Todo-Poderoso escapa desse destino. Ver Rouard de Card, *De la falsification des substances sacramentelles* (Paris, 1856).

A jornada de trabalho

De todo modo, o comitê abriu os olhos do público para o seu "pão de cada dia" e, com isso, também para a panificação. Ao mesmo tempo, em reuniões públicas e em petições ao Parlamento, ouviu-se o clamor dos oficiais padeiros de Londres, denunciando o sobretrabalho etc. O clamor tornou-se tão intenso que o sr. H. S. Tremenheere, membro da muitas vezes citada comissão de 1863, foi nomeado comissário real de inquérito. Seu relatório[77], assim como os testemunhos nele contidos, tocou não o coração, mas o estômago do público. O inglês, tão apegado à Bíblia, sabia que o homem, quando não se torna capitalista, proprietário rural ou sinecurista pela Graça Divina, é vocacionado a comer seu pão com o suor de seu rosto, mas ele não sabia que esse homem, em seu pão diário, tinha de comer certa quantidade de suor humano, misturada com supurações de abscessos, teias de aranha, baratas mortas e fermento podre alemão, além de alume, arenito e outros agradáveis ingredientes minerais. Sem qualquer consideração por sua santidade o *"Free Trade"*, a panificação "livre", até então desobrigada, foi submetida à supervisão de inspetores estatais (final da legislatura de 1863); pela mesma lei, ficou proibido o horário de trabalho de 9 horas da noite até as 5 da manhã aos oficiais padeiros menores de 18 anos. A última cláusula do relatório vale por volumes inteiros quanto ao sobretrabalho nesse ramo de negócio que nos é tão patriarcalmente familiar.

"O trabalho de um oficial padeiro londrino começa geralmente às 11 horas da noite. Nesse horário, ele faz a massa, um processo muito laborioso que dura de meia hora até 45 minutos, conforme o tamanho da fornada e seu grau de elaboração. Ele deita-se, então, sobre a tábua de amassar, que serve ao mesmo tempo como tampa da amassadeira onde é feita a massa, e dorme algumas horas tendo um saco de farinha sob a cabeça e outro a cobrir seu corpo. Em seguida, dá início a um frenético e ininterrupto trabalho de 5 horas: jogar a massa, pesá-la, modelá-la, levá-la ao forno, retirá-la do forno etc. A temperatura numa padaria varia de 75 a 90 graus*, sendo ainda maior nas pequenas padarias. Terminado o trabalho de feitura dos pães, pãezinhos etc., começa a sua distribuição, e uma porção considerável dos trabalhadores, depois de realizado o árduo trabalho noturno acima descrito, distribui ao longo do dia o pão em cestos, ou em carrinhos de mão, de porta em porta, muitas vezes trabalhando na padaria entre uma viagem e outra. A depender da estação do ano e do volume de negócios, o trabalho termina entre 1 e 6 horas da tarde, enquanto outros oficiais padeiros continuam ocupados na padaria até o fim da tarde"[78]. "Durante a assim chamada *London season***, os trabalhadores das padarias de West End que vendem pão a preço

---

[77] "Report etc. relating to the Grievances complained of by the Jorneymen Bakers etc." (Londres, 1862) e "Second Report etc." (Londres, 1863).
* Em Fahrenheit (o correspondente a 23,8 e 32,2 graus Celsius). (N. T.)
[78] "First Report etc.", p. VI-VII.
** Período do ano em que a elite britânica, majoritariamente composta por aristocratas rurais, instalava-se na capital a fim de travar contatos sociais e engajar-se na política.

'integral' começam a trabalhar regularmente às 11 horas da noite e se ocupam da panificação até as 8 horas da manhã seguinte, realizando apenas uma ou duas pausas bastante curtas. Em seguida, são encarregados da entrega do pão até 4, 5, 6 horas da tarde, e mesmo até 7 horas da noite, ou, às vezes, permanecem na padaria para a produção de biscoitos. Depois de concluído o trabalho, desfrutam de 6 horas de sono, mas, com frequência, de apenas 5 ou 4 horas. Às sextas-feiras, o trabalho começa sempre mais cedo, cerca de 10 horas da noite, e prossegue sem interrupção, seja na preparação do pão, seja em sua distribuição, até as 8 horas da noite do sábado seguinte, mas, na maior parte das vezes, até as 4 ou 5 horas da manhã de domingo. Também nas padarias de luxo, que vendem pão por seu 'preço integral', os oficiais padeiros são obrigados a executar, aos domingos, de 4 a 5 horas de trabalho preparatório para o dia seguinte [...]. Os oficiais padeiros que trabalham para '*underselling masters*'" (que vendem o pão abaixo de seu preço), "– e estes constituem, como observamos anteriormente, mais de ¾ dos oficiais padeiros londrinos – têm jornadas de trabalho ainda mais longas, mas seu trabalho é quase inteiramente limitado ao interior da padaria, pois seus mestres, com exceção do fornecimento a pequenas mercearias, vendem apenas em seu próprio estabelecimento. Ao final da semana [...] isto é, na quinta-feira, o trabalho começa às 10 horas da noite e prossegue, apenas com uma ou outra pequena interrupção, até bem tarde no domingo à noite."[79]

Até o intelecto burguês entende a posição dos "*underselling masters*": "o trabalho não pago dos oficiais (*the unpaid labour of the men*) constitui a base de sua concorrência"[80]. E o "*full priced baker*" denuncia seus concorrentes "*underselling*" à Comissão de Inquérito como ladrões de trabalho alheio e falsificadores.

"Eles só têm sucesso fraudando o público e extraindo 18 horas de seus oficiais por um salário de 12 horas."[81]

A adulteração do pão e a formação de uma classe de padeiros que vendem o pão abaixo de seu preço integral desenvolveram-se na Inglaterra desde o início do século XVIII, tão logo decaiu o caráter corporativo desse ofício e o capitalista, na figura do moleiro ou do comerciante de farinha, passou a atuar por trás do mestre-padeiro nominal[82]. Com isso, estava preparado o

---

A *season* londrina coincidia com o início das atividades do Parlamento e estendia-se por aproximadamente cinco meses, começando no fim de dezembro e encerrando-se no fim de junho. (N. T.)

[79] "First Report etc.", p. LXXI.
[80] George Read, *The History of Baking* (Londres, 1848), p. 16.
[81] "Report (First) etc. Evidence", declaração do "*full priced baker*", Cheesman, p. 108.
[82] George Read, *The History of Baking*, cit. No fim do século XVII e início do século XVIII, os *factors* (atravessadores), que se faziam presentes em todo comércio possível, ainda eram oficialmente denunciados como "*public nuisances*" [moléstias públicas]. Assim, por exemplo, na reunião quinzenal dos juízes de paz do Condado de Somerset, o Grand Jury emitiu uma "*presentment*" [representação] à Câmara Baixa, onde se diz, entre outras coisas, "*that these factors of Blackwell Hall are a Publick Nuisance and Prejudice*

A jornada de trabalho

terreno para a produção capitalista, para o prolongamento desmedido da jornada de trabalho e para o trabalho noturno, embora este último só se tenha firmado, mesmo em Londres, a partir de 1824[83].

Pelo que foi dito anteriormente, pode-se compreender por que o relatório da comissão classifica os oficiais padeiros entre os trabalhadores de vida curta, que, quando têm a sorte de escapar à normal dizimação das crianças que aflige todas as partes da classe trabalhadora, dificilmente chegam à idade de 42 anos. E, mesmo assim, a indústria de pães está sempre abarrotada de novos candidatos. As fontes de oferta dessas "forças de trabalho" para Londres são a Escócia, os distritos agrícolas do Oeste da Inglaterra e – a Alemanha.

Nos anos 1858-1860, os oficiais padeiros da Irlanda organizaram, por sua própria conta, grandes manifestações contra o trabalho noturno e dominical. O público, como ocorreu, por exemplo, na manifestação de maio de 1860 em Dublin, apoiou-os com entusiasmo irlandês. Por meio desse movimento, conseguiu-se estabelecer, de fato, a exclusividade do trabalho diurno em Wexford, Kilkenny, Clonmel, Waterford etc.

> "Em Limerick, onde é sabido que os sofrimentos dos oficiais assalariados ultrapassaram todas as medidas, esse movimento fracassou diante da oposição dos mestres padeiros, especialmente dos padeiros-moleiros. O exemplo de Limerick levou ao recuo em Ennis e Tipperary. Em Cork, onde a indignação pública se manifestou com mais força, os mestres conseguiram derrotar o movimento por meio de seu poder de demitir os oficiais. Em Dublin, os mestres opuseram a mais decidida resistência e, perseguindo os oficiais que lideravam o movimento, obrigaram os restantes a capitular, a conformar-se com o trabalho noturno e dominical."[84]

A comissão do governo inglês, que na Irlanda estava armado até os dentes, protestou amargamente contra os impávidos mestres padeiros de Dublin, Limerick, Cork etc.:

> "O comitê acredita que as horas de trabalho estão limitadas por leis naturais, que não podem ser violadas impunemente. Os mestres, ao usar a ameaça de demissão como meio para forçar seus trabalhadores a violarem suas convicções religiosas, a desobedecerem às leis de seu país e a desprezarem a opinião pública" (isso tudo se refere ao trabalho dominical), "instauram a discórdia entre o capital e o trabalho e dão um exemplo perigoso para a religião, a moralidade e a ordem pública [...]. O comitê acredita que o prolongamento da jornada de trabalho além de 12 horas é um atentado usurpador à vida privada e doméstica do trabalhador e conduz a resultados morais desastrosos, interferindo na vida doméstica de um homem e

---

to the Clothing Trade and ought to be put down as a Nuisance" ["que atravessadores de Blackwell Hall são uma moléstia pública e causam prejuízo ao comércio de tecidos, devendo, por isso, ser combatidos como elementos daninhos"], *The Case of our English Wool etc.* (Londres, 1865), p. 6-7.

[83] "First Report etc.", p. VIII.
[84] "Report of Committee on the Baking Trade in Ireland for 1861".

no cumprimento de suas obrigações familiares como filho, irmão, marido e pai. O trabalho além da jornada de 12 horas tende a minar a saúde dos trabalhadores, provocando seu envelhecimento precoce e morte prematura, para a desgraça de suas famílias, que, assim, são privadas (*are deprived*) do cuidado e do apoio do chefe da família no momento em que mais necessitam deles."[85]

Falamos há pouco da Irlanda. Do outro lado do canal, na Escócia, o trabalhador agrícola, o homem do arado, denuncia sua jornada de trabalho de 13 até 14 horas, no mais rigoroso dos climas, com um trabalho adicional de 4 horas aos domingos (nesse país de sabatistas!)[86], enquanto, ao mesmo tempo, encontram-se perante um *"grand jury"* de Londres três trabalhadores ferroviários: um condutor, um maquinista e um sinalizador. Um grande desastre ferroviário despachou centenas de passageiros para o outro mundo. A displicência dos trabalhadores ferroviários é a causa do desastre. Perante os jurados, eles declararam unanimemente, que há 10 ou 12 anos sua jornada de trabalho era de apenas 8 horas. Mas durante os últimos 5 ou 6 anos ela foi aumentada para 14, 18, 20 horas e, em épocas de fluxo muito intenso de viajantes, como nos períodos dos trens de excursões, chegava muitas vezes a 40 ou 50 horas ininterruptas. Eles são homens comuns, não ciclopes, dizem. Além de certo ponto, sua força de trabalho começa a falhar. O torpor os domina, seu cérebro para de pensar e seus olhos param de ver. O totalmente *"respectable British Juryman"* [respeitável jurado britânico] responde com um veredito que os manda para o banco dos réus, acusados de *"manslaughter"* (homicídio) e, num suave adendo, expressa o piedoso desejo de que, no futuro, os senhores magnatas capitalistas da ferrovia sejam mais pródigos na compra do número necessário de "forças de trabalho" e "mais parcimoniosos", ou "abstinentes", ou "econômicos" no ato de sugar a força de trabalho paga[87].

---

[85] Idem.
[86] Reunião pública dos trabalhadores agrícolas em Lasswade, na região de Glasgow, de 5 de janeiro de 1866. (Ver *Workman's Advocate*, 13 jan. 1866). A formação, a partir do final de 1865, de um *trade union* [sindicato] dos trabalhadores agrícolas, começando pela Escócia, é um acontecimento histórico. Num dos distritos agrícolas mais oprimidos da Inglaterra, em Buckinghamshire, os trabalhadores assalariados realizaram, em março de 1867, uma grande greve pela elevação do salário semanal de 9-10 xelins para 12 xelins. Adendo à terceira edição: Vê-se, a partir dos fatos mencionados, que o movimento do proletariado agrícola inglês, que se encontrava destroçado desde a repressão aos seus violentos protestos após 1830, e principalmente depois da introdução da nova lei de assistência aos pobres, ganha nova vida nos anos 1860, para, enfim, vir a marcar época em 1872. Retornarei a esse assunto no Livro II, assim como aos *Blue Books* – publicados desde 1867 – sobre a situação dos trabalhadores rurais ingleses.
[87] *Reynolds's Paper*, [21] jan. 1866. Toda semana o mesmo jornal traz, entre as *"sensational headings"* [manchetes sensacionais]: *"Fearful and fatal accidents"* [acidentes temíveis e fatais], *"Appalling tragedies"* [tragédias terríveis] etc., toda uma lista de novas catástrofes ferroviárias. Sobre isso, comenta um trabalhador da linha de North Stafford: "Qualquer um sabe as consequências que se podem obter caso a atenção do maquinista e

A jornada de trabalho

Da variada multidão de trabalhadores de todas as profissões, idades e sexos que nos atropelam com mais sofreguidão do que as almas dos mortos a Ulisses, e nos quais se reconhece à primeira vista – sem que tragam sob seus braços os *Blue Books* – as marcas do sobretrabalho, selecionamos ainda duas figuras, cujo contraste evidente prova que, diante do capital, todos os seres humanos são iguais: uma modista e um ferreiro.

Nas últimas semanas de junho de 1863, todos os jornais londrinos trouxeram um parágrafo com a *"sensational"* manchete: *"Death from simple Overwork"* (morte por simples sobretrabalho). Tratava-se da morte da modista Mary Anne Walkley, de 20 anos de idade, empregada numa manufatura de modas deveras respeitável, fornecedora da Corte e explorada por uma senhora com o agradável nome de Elise. A velha história, muitas vezes contada, foi agora redescoberta[88] e nos diz que essas moças cumprem uma jornada de, em média, $16^1/_2$ horas e que, durante a *season*, chegam frequentemente a trabalhar 30 horas ininterruptas, quando sua evanescente "força de trabalho" costuma ser reanimada com a oferta eventual de xerez, vinho do Porto ou café. E se estava então justamente no ponto alto da *season*. Impunha-se concluir, num piscar de olhos, os vestidos luxuosos das nobres damas para o baile em honra da recém-importada Princesa de Gales. Mary Anne Walkley trabalhara $26^1/_2$ sem interrupção, juntamente com outras 60 moças, divididas em dois grupos de 30, cada grupo num quarto cujo tamanho mal chegava para conter $1/_3$ do ar necessário, enquanto à noite partilhavam, duas a duas, uma cama num dos buracos sufocantes onde tábuas de madeira serviam como divisórias entre os quartos de dormir[89]. E essa era uma das melhores casas de moda de

---

do foguista se desvie um instante de sua tarefa. E como poderia ser diferente, dado o prolongamento desmedido do trabalho, no clima mais rigoroso, sem pausa e períodos de descanso? Tomemos como exemplo, como ocorre diariamente, o seguinte caso. Na última segunda-feira, um foguista começou seu dia de trabalho muito cedo e o terminou após 14 horas e 50 minutos. Antes que tivesse tempo de ao menos tomar seu chá, foi chamado novamente ao trabalho. Assim, teve de trabalhar ininterruptamente por 29 horas e 15 minutos. No restante da semana, seu horário de trabalho foi o seguinte: na quarta-feira, 15 horas e 35 minutos; na sexta-feira, $14^1/_2$ horas; no sábado, 14 horas e 10 minutos; total da semana: 88 horas e 30 minutos. E agora imaginem sua surpresa quando recebeu apenas por 6 jornadas de trabalho. O homem era um novato e perguntou o que se entendia por uma jornada de trabalho. Resposta: 13 horas, portanto, 78 horas por semana. E quanto ao pagamento dessas 10 horas e 30 minutos adicionais? Depois de uma longa contenda, ele recebeu um bônus de 10 *pence*" (menos de 10 *Silbergroschen* [tostões de prata]), *Reynolds's Paper*, 4 fev. 1866.

[88] Cf. F. Engels, *Die Lage der arbeitenden Klasse in England*, cit., p. 253-4 [ed. bras.: *A situação da classe trabalhadora na Inglaterra*, cit.].

[89] Dr. Letheby, médico do Board of Health [Departamento de Saúde], declarou então: "O mínimo de ar necessário para um adulto num quarto de dormir é 300 pés cúbicos e, numa sala de estar, 500 pés cúbicos". Dr. Richardson, médico-chefe de um hospital de Londres: "Costureiras de todos os tipos, modistas, bordadeiras de alta-costura e

Londres. Mary Anne Walkley adoeceu na sexta-feira e morreu no domingo, sem que, para a surpresa da sra. Elise, tivesse terminado a última peça. O médico, sr. Keys, chamado tarde demais ao leito de morte, testemunhou perante o Coroner's Jury*, com áridas palavras: "Mary Anne Walkley morreu devido às longas horas de trabalho numa oficina superlotada e por dormir num cubículo demasiadamente estreito e mal ventilado".

Para dar ao médico uma lição de boas maneiras, o Coroner's Jury declarou: "A falecida morreu de apoplexia, mas há razões para suspeitar que sua morte tenha sido apressada pelo sobretrabalho numa oficina superlotada etc.".

Nossos "escravos brancos", clamou o *Morning Star*, órgão dos livre-cambistas Cobden e Bright, "nossos escravos brancos são conduzidos ao túmulo pelo trabalho e definham e morrem sem canto nem glória"[90].

---

costureiras comuns sofrem de uma tríplice desventura: sobretrabalho, falta de ar e carência de alimentação ou de digestão. De modo geral, esse tipo de trabalho é mais adequado às mulheres do que aos homens. Desgraçadamente, porém, esse negócio, principalmente na capital, é monopolizado por uns 26 capitalistas, que, com as armas que decorrem do capital ("*that spring from capital*"), extraem forçadamente economia do trabalho ("*force economy out of labour*"; em outras palavras, economizam os gastos devidos ao desperdício da força de trabalho). Seu poder se faz sentir em todo o âmbito dessa classe de trabalhadoras. Se uma costureira conquista um pequeno círculo de clientes, a concorrência a obriga a matar-se de trabalhar em casa a fim de conservá-lo, e esse mesmo sobretrabalho ela tem de impor a suas auxiliares. Se seu negócio fracassa ou ela não consegue se estabelecer de modo independente, ela tem de procurar uma empresa onde o trabalho não é menor, mas o pagamento é seguro. Assim, ela se torna uma pura escrava, sendo jogada de lá para cá segundo as flutuações da sociedade; ora está em casa, num cubículo, passando fome ou quase, ora está de novo ocupada por 15, 16 e até 18 horas numa atmosfera quase insuportável e com uma alimentação que, mesmo quando boa, não pode ser digerida em virtude da ausência de ar puro. É dessas vítimas que se alimenta a tuberculose, que não é nada mais que uma doença do ar", dr. Richardson, "Work and Overwork", *Social Science Review*, 18 jul. 1863.

* Júri que, no Reino Unido, averiguava a causa da morte e determinava se uma pessoa devia ser julgada por homicídio. (N. T.)

[90] *Morning Star*, 23 jun. 1863. O *Times* usou o ocorrido para defender os escravocratas americanos contra Bright etc. "Muitos de nós", diz o jornal, "pensamos que, enquanto fizermos nossas próprias mulheres trabalharem até a morte por meio do flagelo da fome no lugar do estalo do chicote, não teremos o direito de tratar a ferro e fogo famílias que já nasceram escravocratas e que ao menos alimentam bem seus escravos e os fazem trabalhar moderadamente" (*Times*, 2 jul. 1863). Do mesmo modo, o *Standard*, um jornal *tory*, repreendeu o reverendo Newman Hall: "Ele excomunga os escravocratas, mas reza com a brava gente que fazia os condutores e cocheiros de Londres trabalharem por 16 horas diárias em troca de um salário de cão". Por fim, falou o oráculo, o sr. Thomas Carlyle, sobre quem escrevi, em 1850, as seguintes palavras: "O gênio foi para o diabo e só restou o culto" [Marx refere-se a sua resenha do livro *Latter-Day Pamphlets*, de Carlyle (cf. MEW, v. 7, p. 255-65). (N. E. A. MEW)]. Numa curta parábola, ele reduz o único acontecimento grandioso da história contemporânea, a Guerra Civil Americana, à seguinte trama: Pedro do Norte quer esmagar com toda violência o crânio de

"Trabalhar até a morte está na ordem do dia, não só nas oficinas das modistas, mas em milhares de outros lugares; na verdade, em todo lugar em que o negócio prospera. [...] Tomemos como exemplo o ferreiro. Se nos é dado acreditar nos poetas, não existe nenhum homem tão cheio de vida e alegre quanto o ferreiro. Ele levanta cedo e já produz suas faíscas antes do sol; come, bebe e dorme como nenhum outro homem. Considerado do ponto de vista puramente físico, ele se encontra, por trabalhar moderadamente, num das melhores posições humanas. Mas se o seguirmos até a cidade, veremos a sobrecarga de trabalho que recai sobre esse homem forte, e o lugar que ele ocupa na estatística de mortalidade em nosso país. Em Marylebone" (um dos maiores bairros de Londres), "os ferreiros morrem numa proporção anual de 31 por 1.000, ou 11 acima da média de mortalidade dos homens adultos na Inglaterra. A ocupação, uma arte quase instintiva da humanidade, irrepreensível em si mesma, converte-se, devido ao excesso de trabalho, em destruidora do homem. Ele pode dar tantas marteladas por dia, caminhar tantos passos, respirar tantas vezes, realizar tanto trabalho e viver em média, digamos, 50 anos. Mas ele é diariamente forçado a martelar tantas vezes mais, a caminhar tantos passos a mais, a respirar com mais frequência, e tudo isso faz com que seu dispêndio vital seja diariamente aumentado em $1/4$. Ele cumpre a meta, e o resultado é que, por um período limitado, realiza $1/4$ a mais de trabalho; e morre aos 37 anos, em vez de aos 50."[91]

4. Trabalho diurno e noturno. O sistema de revezamento

O capital constante, os meios de produção, considerados do ponto de vista do processo de valorização, só existem para absorver trabalho e, com cada gota de trabalho, uma quantidade proporcional de mais-trabalho. Se não fazem isso, sua simples existência constitui uma perda negativa para o capitalista, uma vez que, durante o tempo em que estão ociosos, eles representam um desembolso inútil de capital, e essa perda se torna positiva tão logo a interrupção torne necessária a realização de gastos adicionais para o reinício do trabalho. O prolongamento da jornada de trabalho além dos limites do dia natural, adentrando a madrugada, funciona apenas como paliativo, pois não faz mais do que abrandar a sede vampírica por sangue vivo do trabalho. Apropriar-se de trabalho 24 horas por dia é, assim, o impulso imanente da produção capitalista. Mas como é fisicamente impossível sugar as mesmas forças de trabalho continuamente dia e noite, ela necessita, a fim de superar esse obstáculo físico, do revezamento entre as forças de trabalho consumidas de dia e de noite, o que se pode realizar por métodos

---

Pedro do Sul, porque Pedro do Norte aluga seu trabalhador "diariamente", ao passo que Pedro do Sul o aluga "vitaliciamente", "Ilias Americana in Nuce", *Macmillan's Magazine*, ago. 1863. E assim, finalmente, estourou a bolha de sabão da simpatia dos *tories* pelos trabalhadores assalariados urbanos – mas de modo algum pelos rurais! O cerne da questão tem um nome: escravatura!

[91] Dr. Richardson, "Work and Overwork", cit.

distintos, podendo, por exemplo, ser organizado de tal modo que uma parte dos operários realize numa semana o trabalho diurno, noutra o trabalho noturno etc. Sabemos que esse sistema de revezamento, essa economia de alternância, prevalecia no período juvenil da indústria inglesa do algodão etc. e que atualmente ele floresce, por exemplo, nas fiações de algodão do distrito de Moscou. Como sistema, esse processo de produção de 24 horas existe, ainda hoje, em muitos ramos industriais britânicos que continuam a ser "livres", como altos-fornos, forjas, oficinas de laminagem e outras manufaturas metalúrgicas da Inglaterra, País de Gales e Escócia. Aqui, além das 24 horas dos 6 dias úteis da semana, o processo de trabalho compreende também, em muitos casos, as 24 horas do domingo. Os trabalhadores consistem em adultos e crianças de ambos os sexos. A idade das crianças e jovens abrange todos os estágios intermediários desde 8 (em alguns casos, desde 6) até 18 anos[92]. Em alguns ramos, meninas e mulheres trabalham também no turno da noite com o pessoal masculino[93].

Abstraindo dos efeitos nocivos gerais do trabalho noturno[94], a duração ininterrupta do processo de produção por 24 horas oferece a oportunidade al-

---

[92] Children's Employment Commission, "Third Report" (Londres, 1864), p. IV-VI.

[93] "*Both in Staffordshire and in South Wales young girls and women are employed on the pit banks and on the coke heaps, not only by day, but also by night. This practice has been often noticed in Reports presented to Parliament, as being attended with great and notorious evils. These females, employed with the men, hardly distinguished from them in their dress, and begrimed with dirt and smoke, are exposed to the deterioration of character arising from the loss of self-respect which can hardly fail to follow from their unfeminine occupation*" ["Em Staffordshire, assim como no sul de Gales, meninas e mulheres são empregadas em minas de carvão e em depósitos de coque, não apenas de dia, mas também de noite. Essa prática foi frequentemente noticiada nos relatórios apresentados ao Parlamento como a causa de males notórios. Essas mulheres, empregadas com os homens, dificilmente deles se distinguindo por suas roupas e sujas de poeira e fumaça, são expostas à deterioração do caráter causada pela sua perda de respeito próprio, consequência praticamente inevitável dessa sua ocupação não feminina"], ibidem, p. 194, p. XXVI. Cf. "Fourth Report" (1865), 61, p. XIII. O mesmo nas fábricas de vidros.

[94] "Parece natural", observou um fabricante de aço que emprega crianças no trabalho noturno, "que os meninos que trabalham à noite não consigam dormir durante o dia e tampouco encontrem qualquer repouso regular, mas perambulem sem cessar por todo o dia seguinte", "Fourth Rep.", cit., 63, p. XIII. Sobre a importância da luz do sol para a conservação e desenvolvimento do corpo, observa um médico, entre outras coisas: "A luz também atua diretamente sobre os tecidos do corpo, ao qual dá firmeza e elasticidade. Os músculos dos animais privados da quantidade normal de luz tornam-se esponjosos e inelásticos, a força dos nervos perde seu tônus por causa da falta de estímulo, e tudo o que se encontra em processo de crescimento acaba atrofiado [...]. No caso das crianças, o acesso frequente à luz natural e diretamente aos raios solares durante uma parte do dia é absolutamente essencial para a saúde. A luz ajuda a transformar os alimentos em bom sangue plástico e endurece a fibra depois de formada. Ela também estimula os órgãos da visão e provoca, assim, uma maior

tamente bem-vinda de ultrapassar os limites da jornada nominal de trabalho. Por exemplo, nos ramos da indústria extremamente fatigantes que citamos anteriormente, a jornada de trabalho oficial é, na maioria das vezes, de 12 horas, noturnas ou diurnas. Em muitos casos, porém, o sobretrabalho além desse limite é, para usar a expressão do relatório oficial inglês, "realmente aterrador" (*"truly fearful"*)[95]. "Nenhuma mente humana", diz esse documento, "pode conceber a quantidade de trabalho que, segundo testemunhos, é realizada por crianças de 9 a 12 anos, sem chegar à inevitável conclusão de que não se pode mais permitir esse abuso de poder dos pais e dos empregadores."[96]

"O método de fazer meninos trabalhar alternadamente de dia e de noite leva ao prolongamento maléfico da jornada de trabalho, tanto em períodos de pressão sobre os negócios, quanto no curso normal das coisas. Esse prolongamento é, em muitos casos, não só cruel, mas simplesmente inacreditável. É inevitável que, vez ou outra, uma criança falte ao revezamento por algum motivo. Então, um ou mais dos meninos presentes, que já concluíram sua jornada de trabalho, têm de preencher essa ausência. Esse sistema é tão conhecido que o gerente de uma fábrica de laminagem respondeu da seguinte forma à minha pergunta de como a posição dos meninos ausentes seria preenchida: 'Sei que o senhor sabe disso tão bem quanto eu', e não hesitou em reconhecer o fato."[97]

"Numa fábrica de laminagem onde a jornada nominal de trabalho se estendia das 6 horas da manhã às 5$^{1}/_{2}$ da tarde, um menino trabalhava 4 noites toda semana, no mínimo até as 8$^{1}/_{2}$ da noite do dia seguinte [...] e isso durante 6 meses." "Outro, de 9 anos de idade, trabalhava às vezes 3 turnos seguidos, de 12 horas cada e, tendo atingido a idade de 10 anos, passou a trabalhar 2 dias e 2 noites consecutivos." "Um terceiro, agora com 10 anos, trabalhava das 6 horas da manhã até a meia-noite por 3 noites seguidas, e até as 9 horas da noite durante as outras noites." "Um quarto, agora com 13 anos, trabalhava durante toda a semana, das 6 horas da tarde às 12 horas do dia seguinte, e às vezes em 3 turnos seguidos, por exemplo, da manhã de segunda-feira até a noite de terça-feira." "Um quinto, agora com 12 anos, trabalhava numa fundição de ferro em Stavely, das 6 horas da manhã até a meia-noite durante 14 dias, e não conseguiu continuar." George Allinworth, de nove anos, relata: "Vim para cá na sexta-feira passada. No dia seguinte, tivemos de começar

---

    atividade em diversas funções cerebrais". O sr. W. Strange, médico-chefe do General Hospital de Worcester, de cuja obra sobre "saúde" (1864) [W. Strange, *The Seven Sources of Health* (Londres, 1864), p. 84 (N. E. A. MEW)] extraímos essa passagem, escreve o seguinte numa carta a um dos comissários de inquérito, o sr. White: "Anteriormente, em Lancashire, tive a oportunidade de observar os efeitos do trabalho noturno sobre as crianças das fábricas e não hesito em afirmar, contrariando as mais diletas garantias de alguns empregadores, que a saúde das crianças foi rapidamente afetada", Children's Employment Commission, "Fourth Report", cit., 284, p. 55. Que coisas assim possam ser objeto de sérias controvérsias é a maior evidência de como a produção capitalista atua sobre as "funções cerebrais" dos capitalistas e seus *retainers* [lacaios].

[95] "Fourth Report", cit., 57, p. XII.
[96] Ibidem, 58, p. XII.
[97] Idem.

às 3 horas da manhã. Por isso, fiquei aqui a noite inteira. Moro a 5 milhas daqui. Dormi no chão sobre um avental e coberto com uma pequena jaqueta. Nos dois outros dias, cheguei aqui às 6 horas da manhã. Sim! Este lugar é quente! Antes de vir para cá, trabalhei durante um ano inteiro num alto-forno, uma grande usina no campo. Lá eu também começava às 3 horas da manhã de sábado, mas pelo menos podia ir dormir em casa, porque era perto. Nos outros dias, eu começava às 6 horas da manhã e terminava às 6 ou 7 da noite" etc.[98]

---

[98] Ibidem, p. XIII. É natural que o grau de instrução dessas "forças de trabalho" seja tal como se revela nos seguintes diálogos com um dos comissários de inquérito. Jeremiah Haynes, de 12 anos de idade: "[...] quatro vezes quatro são oito, quatro quartos (*4 fours*) são 16 [...]. Um rei é aquele que tem todo o dinheiro e ouro ("*A king is him that has all the money and gold*"). "Temos um rei, dizem que ele é uma rainha, chamam-na princesa Alexandra. Dizem que ela se casou com o filho da rainha. Uma princesa é um homem". William Turner, 12 anos: "Não moro na Inglaterra. Acho que é um país, mas não sabia disso". John Morris, 14 anos: "Ouvi dizer que Deus fez o mundo e que todo mundo se afogou, menos um; ouvi dizer que foi um passarinho". William Smith, 15 anos: "Deus fez o homem; o homem fez a mulher". Edward Taylor, 15 anos: "Não sei nada de Londres". Henry Marrhewman, 17 anos: "Às vezes vou à igreja [...]. Um nome que eles falam no sermão é um tal de Jesus Cristo, mas não sei dizer nenhum outro nome e também não sei dizer alguma coisa sobre ele. Ele não foi morto, mas morreu como as outras pessoas. Ele não era como as outras pessoas, de certo modo, porque ele era religioso de certo modo, e outros não são" ("*He was not the same as other people in some ways, because he was religious in some ways, and others isn's*"), ibidem, 74, p. XV. "O diabo é uma boa pessoa. Não sei onde ele vive. Cristo foi um mau sujeito" ("*The devil is a good person. I don't know where he lives. Christ was a wicked man*"). "Essa menina (10 anos) soletra *God* como se fosse *dog* e não sabia o nome da rainha", Ch. Empl. Comm., "V. Rep." (1866), n. 278, p. 55. O mesmo sistema da manufatura metalúrgica também vigora nas fábricas de vidro e papel. Nas fábricas onde o papel é fabricado com máquinas, o trabalho noturno é a regra para todos os processos, exceto para a seleção dos trapos. Em alguns casos, o trabalho noturno por revezamento prossegue a semana inteira sem cessar, geralmente de domingo à noite até a meia-noite do sábado seguinte. A turma escalada para o turno diurno trabalha semanalmente 5 dias de 12 horas e um dia de 18 horas, e a turma escalada para o turno da noite trabalha 5 noites de 12 horas e uma de 6 horas. Em outros casos, cada turma trabalha 24 horas, uma depois da outra, em dias alternados. Para completar as 24 horas, uma turma trabalha 6 horas na segunda-feira e 18 horas no sábado. Em outros casos, introduziu-se um sistema intermediário, em que todos os empregados na maquinaria de fabricação de papel trabalham todos os dias da semana, por 15-16 horas. Esse sistema, diz o comissário de inquérito Lord, parece unir todos os males dos revezamentos de 12 e de 24 horas. Crianças menores de 13 anos, jovens menores de 18 e mulheres trabalham sob esse sistema noturno. Às vezes, no sistema de 12 horas, eles eram obrigados, por conta da ausência de quem iria rendê-los, a trabalhar o turno duplo de 24 horas. Depoimentos de testemunhas provam que meninos e meninas trabalham com muita frequência além do tempo da jornada de trabalho, que não raro se estende a 24, e até mesmo a 36 horas. No processo "contínuo e inalterável" das oficinas de fabricação de vidro, encontram-se meninas de 12 anos que trabalham o mês inteiro por 14 horas diárias, "sem nenhum descanso ou pausa regular além de duas, no máximo 3 meias horas para as refeições". Em algumas fábricas em que se

A jornada de trabalho

Ouçamos, agora, como o próprio capital concebe esse sistema de 24 horas. Ele silencia, naturalmente, sobre os excessos do sistema, sobre seu abuso visando um prolongamento "cruel e inacreditável" da jornada de trabalho. Ele fala apenas do sistema em sua forma "normal".

Os senhores Naylor e Vickers, fabricantes de aço, que empregam de 600 a 700 pessoas, dentre as quais apenas 10% menores de 18 anos e, destas, não mais que 20 meninos no trabalho noturno, declaram o seguinte:

> "Os rapazes não sofrem em absoluto com o calor. A temperatura varia, provavelmente, entre 86° e 90°* [...]. Nas forjas e oficinas de laminagem, a mão de obra trabalha dia e noite em sistema de revezamento, mas todos os demais trabalhos são, ao contrário, diurnos, das 6 horas da manhã às 6 da tarde. Na forja, trabalha-se do meio-dia à meia-noite. Uma parte da mão de obra trabalha continuamente no horário noturno, sem revezamento entre os turnos diurno e noturno [...]. Não achamos que o trabalho diurno ou noturno tenham alguma diferença com relação à saúde" (dos senhores Naylor e Vickers?), "e é provável que as pessoas durmam melhor quando gozam do mesmo período de descanso do que quando ele varia [...]. Cerca de 20 rapazes menores de 18 anos trabalham com a turma da noite [...]. Não teríamos como fazer bem (*not well do*) sem o trabalho noturno de rapazes menores de 18 anos. Nossa objeção é ao aumento dos custos de produção. Mãos habilidosas e chefes de departamento são difíceis de achar, mas jovens se conseguem tantos quantos se queira [...]. Naturalmente, considerando-se a escassa proporção de jovens que empregamos, qualquer limitação do trabalho noturno seria de pouca importância ou interesse para nós."[99]

O sr. J. Ellis, da firma dos senhores John Brown & Co., usinas de aço e ferro que empregam 3 mil homens adultos e adolescentes, dos quais parte realiza o trabalho pesado com aço e ferro "de dia e de noite, por revezamento", declara que, no trabalho pesado nas usinas de aço, há 1 ou 2 adolescentes para cada homem adulto. Em seu negócio, são empregados 500 rapazes menores de 18 anos, dos quais cerca de ⅓, ou 170, são menores de 13 anos. Com relação à proposta de alteração da lei, o sr. Ellis observa:

> "Não creio que seria muito objetável (*very objectionable*) a proposta de proibir que qualquer pessoa menor de 18 anos trabalhe mais do que 12 horas em cada 24. Mas tampouco creio que se possa traçar uma linha qualquer para dispensar do trabalho noturno jovens maiores de 12 anos. Uma lei que proibisse o emprego de qualquer jovem menor de 13 anos, ou até mesmo menor de 15 anos, ainda nos seria preferível a uma proibição de utilizar durante a noite os jovens que já temos. Os jovens que trabalham no turno do dia também têm de trabalhar alternadamente no turno da noite, pois os homens não podem realizar apenas trabalho noturno;

---

    aboliu totalmente o trabalho noturno regular, trabalham-se muitas horas adicionais, e "isso frequentemente nos processos mais sujos, quentes e monótonos", Children's Employment Commision, "Fourth Report", cit., p. XXXVIII, XXXIX.

*   Em Fahrenheit (o equivalente a 30° e 32,2° Celsius). (N. T.)

[99] "Fourth Report etc.", cit., 79, p. XVI.

isso arruinaria sua saúde. Cremos, no entanto, que o trabalho noturno, em semanas alternadas, não causa dano algum."

(Já os senhores Naylor e Vickers, em consonância com os interesses de seu negócio, acreditavam que o trabalho noturno com revezamento podia causar mais danos que o trabalho noturno contínuo.)

"Achamos que as pessoas que realizam trabalho noturno alternado são tão saudáveis quanto as que trabalham apenas durante o dia [...]. Nossas objeções contra a não utilização de jovens menores de 18 anos para o trabalho noturno são feitas levando-se em conta o aumento da despesa, mas essa é também a única razão." (Que cínica ingenuidade!) "Cremos que um tal aumento seria maior do que aquele que o negócio (*the trade*) poderia razoavelmente suportar, levando-se devidamente em conta a sua realização bem-sucedida. (*As the trade with due regard to etc. could fairly bear!*)" (Que fraseologia pastosa!) "O trabalho aqui é raro e poderia tornar-se insuficiente sob uma tal regulação" (isto é, Ellis, Brown & Co., poderiam se ver na incômoda situação de serem obrigados a pagar integralmente o valor da força de trabalho).[100]

As usinas da "Cyclops Ferro e Aço", dos senhores Cammel & Co., atuam na mesma escala das supracitadas usinas de John Brown & Co. O diretor-gerente apresentou seu testemunho por escrito ao comissário governamental White, mas depois achou que convinha extraviar o manuscrito que lhe fora devolvido para revisão. No entanto, o sr. White tem uma boa memória. Ele se lembra muito bem de que, para esses senhores ciclopes, a proibição do trabalho noturno para crianças e adolescentes "seria algo impossível, praticamente o mesmo que parar suas usinas", ainda que se considere que seu negócio conta com pouco mais do que 6% de jovens menores de 18 e apenas 1% de menores de 13 anos![101]

Sobre o mesmo objeto, declara o sr. E. F. Sanderson, da firma Sanderson, Bros. & Co., que possui usinas de aço, laminagem e forja, em Attercliffe:

"Grandes dificuldades resultariam da proibição do trabalho noturno para jovens menores de 18 anos, sendo a principal delas o aumento dos custos, que acarretaria necessariamente uma substituição do trabalho dos jovens pelo trabalho de homens adultos. Quanto isso custaria eu não saberia dizer com exatidão, mas provavelmente não seria tanto a permitir que o fabricante aumentasse o preço do aço, o que faria com que o prejuízo recaísse sobre ele, já que os trabalhadores" (que gente insolente!) "naturalmente [se] recusariam a suportá-lo."

O sr. Sanderson não sabe dizer quanto ele paga às crianças, mas

"talvez isso dê semanalmente a soma de 4 a 5 xelins por cabeça [...]. O trabalho dos meninos é de um tipo para o qual geralmente" ("*generally*", mas de modo algum "especialmente", é claro) "a força dos jovens é suficiente, de modo que da

---

[100] Ibidem, 80, p. XVI, XVII.
[101] Ibidem, 82, p. XVII.

A jornada de trabalho

força maior dos trabalhadores adultos não resultaria um ganho capaz de compensar o prejuízo, a não ser nos poucos casos em que o metal é muito pesado. Os trabalhadores adultos também não gostariam muito de não ter meninos entre seus subordinados, pois os adultos são menos obedientes. Além disso, os jovens têm de começar cedo para aprender o ofício. A limitação dos jovens ao simples trabalho diurno não cumpriria essa finalidade."

E por que não? Por que os jovens não podem aprender seu ofício no turno do dia? Suas razões?

"Porque os homens adultos que trabalham em semanas alternadas, ora de dia, ora de noite, ficariam separados dos jovens de seu turno durante o mesmo tempo e, assim, seriam privados de metade do lucro que extraem deles. A orientação que eles dão aos jovens é calculada como parte do salário desses jovens e possibilita aos adultos obterem o trabalho dos jovens por um preço menor. Cada adulto perderia a metade de seu lucro."

Em outras palavras, os senhores Sanderson teriam de pagar de seu próprio bolso uma parte do salário dos trabalhadores adultos, em vez de pagá-la com o trabalho noturno dos jovens. Nesse caso, o lucro dos senhores Sanderson cairia um pouco, e essa é a boa razão sandersoniana para o fato de os jovens não poderem aprender seu ofício no turno do dia[102]. Ademais, isso faria com que esse trabalho noturno regular recaísse sobre os adultos, que agora se revezariam com os jovens, e aqueles não o suportariam. Em suma, as dificuldades seriam tão grandes que muito provavelmente provocariam a abolição total do trabalho noturno. "Quanto à produção de aço propriamente dita", diz E. F. Sanderson, "isso não faria a menor diferença!". Mas os senhores Sanderson têm mais o que fazer do que fabricar aço. A produção de aço é mero pretexto para a produção de mais-valor. Os fornos de fundição, as oficinas de laminagem etc., os edifícios, a maquinaria, o ferro, o carvão etc. têm mais a fazer do que se transformar em aço. Eles estão lá para sugar mais-trabalho e, naturalmente, sugam-no mais em 24 horas do que em 12. Na realidade, eles dão aos Sanderson, em nome de Deus e do Direito, um cheque no valor do tempo de trabalho de determinada "mão de obra" por todas as 24 horas do dia, com o que perdem seu caráter de capital e, tão logo sua função de sugar trabalho seja interrompida, transformam-se em puro prejuízo para os Sanderson: "Mas então haveria o prejuízo de uma maquinaria tão cara permanecer ociosa por metade do tempo, e para obter a mesma quantidade de produtos que somos capazes de fabricar com o sistema atual teríamos de duplicar as instalações e as máquinas das usinas, o que duplicaria os gastos".

---

[102] "Em nossa época, rica em reflexão e raciocínio, jamais alguém conseguiu ir muito longe sem saber oferecer uma boa razão para tudo, mesmo para a pior e mais errada das coisas. Tudo o que foi corrompido neste mundo o foi por boas razões", G. W. F. Hegel, *Enzyklopädie* [*Enciclopédia das ciências filosóficas*], cit., p. 249.

Mas por que reivindicam esses Sanderson um privilégio em relação aos demais capitalistas, que só podem empregar trabalhadores no trabalho diurno e cujos edifícios, maquinaria e matéria-prima permanecem, por isso, "ociosos" durante a noite?

"É verdade", responde E. F. Sanderson em nome de todos os Sanderson, "é verdade que esse prejuízo proveniente da maquinaria ociosa atinge todas as manufaturas em que só se trabalha durante o dia. Mas o consumo dos fornos de fundição causaria, em nosso caso, um prejuízo adicional. Se a maquinaria é mantida em funcionamento, desperdiça-se combustível" (agora, em vez disso, é a matéria vital dos trabalhadores que é desperdiçada), "e se não é mantida em funcionamento, há perda de tempo para reacender os fornos e alcançar o grau necessário de calor" (ao passo que a perda de tempo de sono, mesmo para crianças de 8 anos, é ganho de tempo de trabalho para o clã dos Sanderson), "e os próprios fornos sofreriam avarias com a variação de temperatura" (enquanto esses mesmos fornos nada sofrem com o revezamento do trabalho diurno e noturno).[103]

---

[103] Children's Employment Commission, "Fourth Report", cit., 85, p. XVII. A similares escrúpulos amáveis do sr. fabricante de vidro, segundo o qual seria impossível oferecer às crianças "horários regulares de refeições" porque, com isso, uma determinada quantidade de calor que os fornos irradiam se tornaria "puro prejuízo" ou seria "desperdiçada", responde o comissário de inquérito White, não como o responderiam Ure, Senior etc. e seus pequenos macaqueadores alemães, tais como Roscher etc., comovido com a "abstinência", a "renúncia" e a "parcimônia" dos capitalistas no gasto de seu dinheiro e com sua "prodigalidade" tamerlaniana no consumo de vidas humanas, mas, antes, com as seguintes palavras: "Uma certa quantidade de calor acima da que é atualmente usual poderia ser desperdiçada para que sejam garantidas refeições em horários regulares, mas mesmo em valor monetário isso não é nada se comparado com o desperdício de força vital (*the waste of animal power*) que hoje o reino sofre pelo fato de as crianças em fase de crescimento empregadas nas vidrarias não terem nem um momento de paz para poder ingerir e digerir comodamente seus alimentos", ibidem, p. XLV. E isso em 1865, no "ano do progresso"! Abstraindo do dispêndio de força para erguer e carregar objetos pesados, tal criança caminha, durante a realização contínua de seu trabalho nas fábricas que produzem garrafas e *flint-glass* [vidro flint], de 15 a 20 milhas (inglesas) em 6 horas! E o trabalho costuma durar de 14 a 15 horas! Em muitas dessas fábricas vigora, como nas fiações de Moscou, o sistema de revezamento por turnos de 6 horas. "Durante o tempo de trabalho da semana, o mais longo período ininterrupto de descanso é de 6 horas, das quais é preciso deduzir o tempo para ir à fábrica e voltar, lavar-se, vestir-se, comer, todas elas atividades que custam tempo. E assim resta, na verdade, apenas um tempo de descanso extremamente curto. Nenhum tempo para brincar e respirar ar puro, a não ser à custa do sono, tão indispensável a crianças que realizam um trabalho tão extenuante numa atmosfera tão quente [...]. Mesmo o breve sono é interrompido, seja porque a criança tem de acordar a si mesma de madrugada, seja porque é despertada por ruídos externos durante o dia." O sr. White apresenta casos em que um jovem trabalhou 36 horas seguidas; outro, em que meninos de 12 anos se extenuam até as 2 horas da manhã e, então, dormem nas fábricas até as 5 da manhã (3 horas!), para depois reiniciar sua jornada de trabalho! "A quantidade de trabalho", dizem Tremenheere e Tufnell, os redatores do relatório geral, "realizada por meninos, meninas e mulheres no decorrer de sua sequência diurna ou noturna de trabalho (*spell of labour*) é fabulosa", ibidem, p. XLIII,

5. A luta pela jornada normal de trabalho. Leis compulsórias para o prolongamento da jornada de trabalho da metade do século XIV ao final do século XVII

"Que é uma jornada de trabalho?" Quão longo é o tempo durante o qual o capital pode consumir a força de trabalho cujo valor diário ele paga? Por quanto tempo a jornada de trabalho pode ser prolongada além do tempo de trabalho necessário à reprodução da própria força de trabalho? A essas questões, como vimos, o capital responde: a jornada de trabalho contém 24 horas inteiras, deduzidas as poucas horas de repouso sem as quais a força de trabalho ficaria absolutamente incapacitada de realizar novamente seu serviço. Desde já, é evidente que o trabalhador, durante toda sua vida, não é senão força de trabalho, razão pela qual todo o seu tempo disponível é, por natureza e por direito, tempo de trabalho, que pertence, portanto, à autovalorização do capital. Tempo para a formação humana, para o desenvolvimento intelectual, para o cumprimento de funções sociais, para relações sociais, para o livre jogo das forças vitais físicas e intelectuais, mesmo o tempo livre do domingo – e até mesmo no país do sabatismo[104] –, tudo isso é pura futilidade! Mas em seu impulso cego e desmedido, sua voracidade de lobisomem por mais-trabalho, o capital transgride não apenas os limites morais da jornada de trabalho, mas também seus limites puramente físicos. Ele usurpa o tempo para o crescimento, o desenvolvimento e a manutenção saudável do corpo. Rouba o tempo requerido para o consumo de ar puro e de luz solar. Avança sobre o horário das refeições e os incorpora, sempre que possível, ao processo de produção,

---

XLIV. Enquanto isso, o sr. Capital do Vidro cambaleia, talvez tarde da noite, voltando do clube para casa, "pleno de abstinência" e de vinho do Porto, a cantarolar idiotamente: "*Britons never, never shall be slaves!*" [ingleses jamais, jamais serão escravos!].

[104] Na Inglaterra, por exemplo, eventualmente ainda se condena, no campo, um trabalhador à prisão por ter profanado o sábado, ao trabalhar no pequeno jardim à frente de sua casa. O mesmo trabalhador é punido por quebra de contrato caso falte ao trabalho aos domingos em sua fábrica de metal, papel ou vidro, mesmo se a falta for motivada por beatice religiosa. O ortodoxo Parlamento não quer ouvir falar de profanação do sábado quando isso ocorre no "processo de valorização" do capital. Num memorial (agosto de 1863) em que os diaristas londrinos das peixarias e casas de aves reivindicam a abolição do trabalho dominical, lê-se que seu trabalho dura, nos primeiros 6 dias da semana, uma média de 15 horas diárias e, no domingo, de 8 a 10 horas. Por esse memorial também ficamos sabendo que a delicada *gourmandise* [glutonaria] dos beatos aristocráticos de Exeter Hall incentiva esse "trabalho dominical". Esses "santos", tão avidamente "*in cute curanda*" [preocupados com seu bem-estar corporal], dão provas de seu cristianismo pela resignação com que suportam o sobretrabalho, as privações e a fome de outrem. "*Obsequium ventris istis [...] perniciosius est*" ["A glutonaria é mais perniciosa aos seus" (dos trabalhadores) "estômagos". Paráfrase de um verso de Horácio. (N. T.)]. [Exeter Hall: prédio localizado em Londres, onde se reúnem sociedades religiosas e filantrópicas. (N. T.)]

fazendo com que os trabalhadores, como meros meios de produção, sejam abastecidos de alimentos do mesmo modo como a caldeira é abastecida de carvão, e a maquinaria, de graxa ou óleo. O sono saudável, necessário para a restauração, renovação e revigoramento da força vital, é reduzido pelo capital a não mais que um mínimo de horas de torpor absolutamente imprescindíveis ao reavivamento de um organismo completamente exaurido. O que determina os limites da jornada de trabalho não é a manutenção normal da força de trabalho, mas, ao contrário, o maior dispêndio diário possível de força de trabalho, não importando quão insalubre, compulsório e doloroso ele possa ser, é que determina os limites do período de repouso do trabalhador. O capital não se importa com o tempo de vida da força de trabalho. O que lhe interessa é única e exclusivamente o máximo de força de trabalho que pode ser posta em movimento numa jornada de trabalho. Ele atinge esse objetivo por meio do encurtamento da duração da força de trabalho, como um agricultor ganancioso que obtém uma maior produtividade da terra roubando dela sua fertilidade.

Assim, a produção capitalista, que é essencialmente produção de mais-valor, sucção de mais-trabalho, produz, com o prolongamento da jornada de trabalho, não apenas a debilitação da força humana de trabalho, que se vê roubada de suas condições normais, morais e físicas, de desenvolvimento e atuação. Ela produz o esgotamento e a morte prematuros da própria força de trabalho[105]. Ela prolonga o tempo de produção do trabalhador durante certo período mediante o encurtamento de seu tempo de vida.

Mas o valor da força de trabalho inclui o valor das mercadorias requeridas para a reprodução do trabalhador ou para a procriação da classe trabalhadora. Assim, se o prolongamento antinatural [*naturwidrige*] da jornada de trabalho, que o capital tem necessariamente por objetivo em seu impulso desmedido de autovalorização, encurta o tempo de vida do trabalhador singular e, com isso, a duração de sua força de trabalho, torna-se necessária uma substituição mais rápida dos trabalhadores que foram desgastados e, portanto, a inclusão de custos de depreciação maiores na reprodução da força de trabalho, do mesmo modo como a parte do valor a ser diariamente reproduzida de uma máquina é tanto maior quanto mais rapidamente ela se desgaste. A jornada de trabalho normal parece, assim, ser do próprio interesse do capital.

O senhor de escravos compra seu trabalhador como compra seu cavalo. Se perde seu escravo, ele perde um capital que tem de ser reposto por meio de um novo gasto no mercado de escravos. Mas

---

[105] "*We have given in our previous reports the statements of several experienced manufacturers to the affect that over-hours [...] certainly tend prematurely to exhaust the working power of the men*" ["Em nossos relatórios anteriores, reproduzimos as constatações de vários experientes fabricantes, que afirmam que as horas adicionais [*over-hours*] [...] certamente tendem a exaurir prematuramente a força de trabalho dos homens"], Children's Employment Comission, "Fourth Report", cit., 64, p. XIII.

A jornada de trabalho

"os campos de arroz da Geórgia e os pântanos do Mississípi podem fatalmente exercer uma ação destrutiva sobre a constituição humana; no entanto, esse desperdício de vida humana não é tão grande que não possa ser compensado pelas abundantes reservas da Virgínia e do Kentucky. Precauções econômicas, que poderiam oferecer uma espécie de segurança para o tratamento humano do escravo, porquanto identificam o interesse do senhor em sua conservação, transformaram-se, após a introdução do tráfico escravista, em razões para a mais extrema deterioração do escravo, pois, a partir do momento em que seu lugar pôde ser preenchido por contingentes das reservas estrangeiras de negros, a duração de sua vida passou a ser menos importante do que sua produtividade enquanto ele estiver vivo. Por isso, é uma máxima da economia escravista, em países importadores de escravos, que a economia mais eficaz está em extrair do gado humano (*human cattle*) a maior quantidade possível de trabalho no menor tempo possível. Justamente nas culturas tropicais, nas quais os lucros anuais frequentemente igualam o capital total das plantações, a vida dos negros é sacrificada da forma mais inescrupulosa. É na agricultura das Índias Ocidentais, há séculos o berço de uma fabulosa riqueza, que milhões de indivíduos da raça africana têm sido devorados. É atualmente em Cuba, onde as rendas somam milhões e os plantadores são verdadeiros príncipes, que podemos ver, além da alimentação mais grosseira e da labuta mais extenuante e interminável, uma grande parte da classe escrava ser diretamente destruída a cada ano pela lenta tortura do sobretrabalho e da falta de sono e de descanso."[106]

*Mutato nomine de te fabula narratur!** Basta ler, no lugar de mercado de escravos, mercado de trabalho, no lugar de Kentucky e Virgínia, Irlanda e distritos agrícolas da Inglaterra, Escócia e País de Gales e, no lugar de África, Alemanha! Ouvimos como o sobretrabalho dizima os padeiros em Londres, e ainda assim o mercado de trabalho londrino está sempre abarrotado de alemães e outros candidatos à morte nas padarias. A olaria, como vimos, é um dos ramos industriais em que a vida é mais curta. Faltam, por isso, oleiros? Em 1785, Josiah Wedgwood, o inventor da olaria moderna, um simples trabalhador de origem, declarou perante à Câmara dos Comuns que a manufatura inteira empregava de 15 a 20 mil pessoas[107]. Em 1861, só a população das sedes urbanas dessa indústria na Grã-Bretanha chegava a 101.302 pessoas.

"A indústria do algodão existe há 90 anos [...]. Em três gerações da raça inglesa, ela devorou nove gerações de trabalhadores algodoeiros."[108]

É verdade que, em algumas épocas de prosperidade febril, o mercado de trabalho mostrou falhas preocupantes, como em 1834. Mas então os senhores fabricantes propuseram aos *Poor Law Commissioners* [comissários da Lei dos Pobres] deslocar para o Norte o "excesso de população" dos distritos agrícolas,

---

[106] J. E. Cairnes, *The Slave Power*, cit., p. 110-1.
*   A fábula fala de ti, só que com outro nome!. Horácio, *Sátiras*, I, 1. (N. T.)
[107] John Ward, *History of the Borough of Stoke-upon-Trent etc.* (Londres, 1843), p. 42.
[108] Discurso de Ferrand na House of Commons, em 27 de abril de 1863.

com o argumento de que lá "os fabricantes os absorveriam e consumiriam". Tais foram exatamente suas palavras[109].

"Agentes foram designados para Manchester com a anuência dos *Poor Law Commissioners*. Listas de trabalhadores agrícolas foram preparadas e entregues a esses agentes. Os fabricantes vinham aos escritórios e escolhiam os trabalhadores que lhes convinham; em seguida, as famílias eram despachadas do sul da Inglaterra. Esses pacotes de gente eram transportados com etiquetas, como fardos de mercadorias, por via fluvial ou em vagões de carga – alguns iam a pé e muitos erravam semifamélicos pelos distritos industriais. Isso tornou-se um verdadeiro ramo de comércio. A Câmara dos Comuns terá dificuldade em acreditar nisso. Esse comércio regular, esse regateio de carne humana prosseguiu, e essa gente foi comprada e vendida pelos agentes de Manchester aos fabricantes dessa cidade com tanta regularidade quanto os negros eram vendidos aos plantadores de algodão dos Estados sulistas [...]. O ano de 1860 marca o zênite da indústria do algodão [...]. Houve, uma vez mais, escassez de mão de obra. Os fabricantes voltaram a procurar os agentes de carne [humana] [...] e estes esquadrinharam as dunas de Dorset, os cerros de Devon e as planícies de Wilts, mas a população excedente já havia sido devorada."

O *Bury Guardian* lastimou que, com a conclusão do acordo comercial anglo-francês, 10 mil braços adicionais poderiam ser absorvidos e não tardaria até que outros 30 ou 40 mil se fizessem necessários. Em 1860, depois que os agentes e subagentes do comércio de carne [humana] varreram os distritos agrícolas quase sem resultado, "uma delegação de fabricantes dirigiu-se ao sr. Villiers, presidente do *Poor Law Board* [Conselho da Lei dos Pobres], com a solicitação de que se voltasse a permitir o fornecimento de crianças pobres e órfãs saídas das *workhouses**"[110].

---

[109] "*That the manufacturers would absorb it and use it up. Those were the very words used by the cotton manufacturers*" ["Que os fabricantes os absorveriam e os consumiriam. Essas foram as próprias palavras usadas pelos fabricantes algodoeiros"], discurso de Ferrand na House of Commons, cit.

* Na Inglaterra, instituições públicas onde crianças e adultos desamparados podiam viver e trabalhar. (N. T.)

[110] Discurso de Ferrand na House of Commons, cit. Malgrado seu, Villiers estava "legalmente" obrigado a recusar as solicitações dos fabricantes, mas os senhores alcançaram seu objetivo graças à condescendência dos Conselhos das Leis dos Pobres locais. O sr. A. Redgrave, inspetor de fábrica, assegura que desta vez o sistema – no qual crianças órfãs e pobres são consideradas "legalmente" *apprentices* (aprendizes) – "não está mais acompanhado dos velhos abusos" (sobre esses "abusos", cf. F. Engels, *A situação da classe trabalhadora na Inglaterra*, cit.), apesar de que, num caso, tenha certamente ocorrido um "abuso com esse sistema em relação ao número de meninas e moças que foram levadas dos distritos agrícolas escoceses para Lancashire e Cheshire". Nesse "sistema", o fabricante firma um contrato com as autoridades das *workhouses* por períodos determinados. Ele alimenta, veste e aloja as crianças, dando-lhes também um pouco de dinheiro. Soa estranha a afirmação do sr. Redgrave, principalmente quando se leva em conta que, mesmo durante os anos de prosperidade da indústria inglesa de algodão, o ano de 1860 foi um ano único, e que, além disso, os salários estavam altos, porquanto

A jornada de trabalho

O que a experiência mostra aos capitalistas é, em geral, uma constante superpopulação, isto é, um excesso de população em relação às necessidades momentâneas de valorização do capital, embora esse fluxo populacional seja formado por gerações de seres humanos atrofiados, de vida curta, que se substituem uns aos outros rapidamente e são, por assim dizer, colhidos antes de estarem maduros[111]. No entanto, a experiência mostra ao observador atento, por outro lado, quão rápida e profundamente a produção capitalista, que, em escala histórica, data quase de ontem, tem afetado a força do povo em sua raiz vital, como a degeneração da população industrial só é retardada pela absorção contínua de elementos vitais naturais-espontâneos do campo, e como mesmo os trabalhadores rurais já começam a perecer, apesar do ar puro e do *principle of natural selection* [princípio da seleção natural] que reina tão

---

a extraordinária demanda por trabalho coincidira com o despovoamento da Irlanda, com uma emigração sem precedente dos distritos agrícolas ingleses e escoceses para a Austrália e a América, com o encolhimento positivo da população em alguns distritos agrícolas ingleses, em parte devido à aniquilação bem-sucedida das forças vitais, em parte ao esgotamento da população disponível pelos mercadores de carne humana. E, apesar de tudo, diz o sr. Redgrave: "Mas esse tipo de trabalho" (das crianças das *workhouses*) "só é buscado quando não se pode encontrar outro, pois é um trabalho caro (*high-priced labour*). O salário normal para um jovem de 13 anos é de aproximadamente 4 xelins por semana; mas alojar, vestir e alimentar 50 ou 100 desses jovens, garantindo-lhes assistência médica e supervisionando-os devidamente, e ainda por cima ter de dar-lhes um pequeno adicional em dinheiro, não é algo que se possa conseguir com 4 xelins por cabeça, semanalmente", "Rep. of the Insp. of Factories for 30th April 1860", p. 27. O sr. Redgrave esquece de dizer como pode o próprio trabalhador prover tudo isso a seus filhos com seu salário de 4 xelins, se o fabricante não pode fazê-lo a 50 ou 100 jovens que são alojados, nutridos e supervisionados coletivamente. Para evitar que se tirem falsas conclusões do texto, tenho de observar, aqui, que a indústria inglesa de algodão, desde sua submissão à Factory Act de 1850, com sua regulamentação da jornada de trabalho etc., tem de ser considerada a indústria modelo da Inglaterra. O trabalhador algodoeiro inglês encontra-se, em todos os sentidos, num patamar superior ao de seus companheiros de infortúnio no continente. "O operário fabril prussiano trabalha pelo menos 10 horas a mais por semana do que seu rival inglês, e quando trabalha em casa, em seu próprio tear, desaparece até mesmo esse limite a suas horas adicionais de trabalho", "Rep. of the Insp. of Factories for 30th April 1860", p. 27. O supracitado inspetor de fábrica Redgrave viajou ao continente depois da exposição industrial de 1851, especialmente à França e à Prússia, a fim de investigar as condições das fábricas nesses países. Sobre o trabalhador de fábrica prussiano, afirma: "Ele recebe seu salário, o bastante para lhe proporcionar uma alimentação simples e o pouco conforto a que está habituado e com o que se satisfaz [...]. Vive pior e trabalha mais duramente do que seu rival inglês", "Rep. of Insp. of Fact. 31st Oct. 1853", p. 85.

[111] "Os forçados ao sobretrabalho morrem com estranha rapidez; mas os postos daqueles que perecem são imediatamente preenchidos, e uma troca frequente de pessoas não provoca nenhuma alteração na cena", E. G. Wakefield, *England and America* (Londres, 1833), t. I, p. 55.

soberano entre eles e só permite a sobrevivência dos indivíduos mais fortes[112]. O capital, que tem tão "boas razões" para negar os sofrimentos das gerações de trabalhadores que o circundam, é, em seu movimento prático, tão pouco condicionado pela perspectiva do apodrecimento futuro da humanidade e seu irrefreável despovoamento final quanto pela possível queda da Terra sobre o Sol. Em qualquer manobra ardilosa no mercado acionário, ninguém ignora que uma hora ou outra a tempestade chegará, mas cada um espera que o raio atinja a cabeça do próximo, depois de ele próprio ter colhido a chuva de ouro e o guardado em segurança. *Après moi le déluge!* [Depois de mim, o dilúvio]* é o lema de todo capitalista e toda nação capitalista. O capital não tem, por isso, a mínima consideração pela saúde e duração da vida do trabalhador, a menos que seja forçado pela sociedade a ter essa consideração.[113] Às queixas sobre a degradação física e mental, a morte prematura, a tortura do sobretrabalho, ele responde: deveria esse martírio nos martirizar, ele que aumenta nosso gozo (o lucro)**? De modo geral, no entanto, isso tampouco depende da boa ou má vontade do capitalista individual. A livre-concorrência impõe ao capitalista individual, como leis eternas inexoráveis, as leis imanentes da produção capitalista[114].

---

[112] Ver Public Health, "Sixth Report of the Medical Officer of the Privy Council. 1863", cit. Esse relatório trata principalmente dos trabalhadores agrícolas. "Sutherland costuma ser descrito como um condado muito desenvolvido, mas uma nova investigação revelou que mesmo lá, em distritos outrora famosos por seus belos homens e corajosos soldados, os habitantes degeneraram numa raça esquelética e retardada. Nas condições mais saudáveis, nas encostas à beira-mar, os rostos das crianças são tão magros e pálidos como só poderiam sê-lo na atmosfera pestilenta de um beco londrino", W. T. Thornton, *Over-Population and its Remedy*, cit., p. 74-5. Eles lembram, de fato, os 30 mil *"gallant Highlanders"* [galantes montanheses] que se amontoam promiscuamente com prostitutas e ladrões nos *wynds* e *closes* [becos e pátios] de Glasgow.

* Citação modificada da frase *"Après nous le déluge!"* [Depois de nós, o dilúvio!], que madame de Pompadour teria proferido em resposta à advertência, feita por um membro da corte, de que o esbanjamento da realeza teria como efeito um forte aumento da dívida pública francesa. (N. E. A. MEW)

[113] "Embora a saúde da população seja um elemento tão importante do capital nacional, temos de confessar que os capitalistas não se sentem de modo algum inclinados a conservar esse tesouro e dar-lhe o seu devido valor [...]. A consideração pela saúde dos trabalhadores foi imposta aos fabricantes", *Times*, 5 nov. 1861. "Os homens de West Riding tornaram-se os produtores de tecido da humanidade [...] a saúde do povo trabalhador foi sacrificada, e em poucas gerações sua raça teria se degenerado, porém ocorreu uma reação. As horas do trabalho infantil foram limitadas etc.", "Twenty-Second Annual Report of the Registrar-Generali", 1861.

** J. W. Goethe, *Suleika*. (N. E. A. MEW)

[114] Assim, constatamos, por exemplo, que, no início de 1863, 26 firmas, proprietárias de grandes olarias em Staffordshire, entre elas J. Wedgwood e Filhos, assinaram uma petição pela "intervenção firme do Estado". A "concorrência com outros capitalistas" não lhes permite estabelecer nenhuma limitação "voluntária" do tempo de trabalho

A consolidação de uma jornada de trabalho normal é o resultado de uma luta de 400 anos entre capitalista e trabalhador. Mas a história dessa luta mostra duas correntes antagônicas. Compare-se, por exemplo, a legislação fabril inglesa de nossa época com os estatutos ingleses do trabalho desde o século XIV até meados do século XVIII[115]. Enquanto a moderna legislação fabril encurta compulsoriamente a jornada de trabalho, aqueles estatutos a prolongam de forma igualmente compulsória. Decerto, as pretensões do capital em estado embrionário – quando, em seu processo de formação, ele garante seu direito à absorção de uma quantidade suficiente de mais-trabalho não apenas mediante a simples força das relações econômicas, mas também por meio da ajuda do poder estatal – parecem ser muito modestas se comparadas com as concessões que ele, rosnando e relutando, é obrigado a fazer quando adulto. Foi preciso esperar séculos para que o trabalhador "livre", em consequência de um modo de produção capitalista desenvolvido, aceitasse livremente – isto é, fosse socialmente coagido a – vender a totalidade de seu tempo ativo de vida, até mesmo sua própria capacidade de trabalho, pelo preço dos meios de subsistência que lhe são habituais, e sua primogenitura por um prato de lentilhas. É natural, assim, que o prolongamento da jornada de trabalho, que o capital, desde o século XIV até o fim do século XVII, procurou impor aos trabalhadores adultos por meio da coerção estatal, coincida aproximadamente com a limitação do tempo de trabalho que, na segunda metade do século XIX, foi imposta aqui e ali pelo Estado para impedir a transformação do sangue das crianças em capital. O que hoje, por exemplo, no estado de Massachusetts, até recentemente o estado mais livre da república norte-americana, proclama-se como o limite estatal imposto ao trabalho de crianças menores de 12 anos, era na Inglaterra, ainda em meados do século

---

das crianças etc. "Por mais que deploremos os males anteriormente mencionados, seria impossível evitá-los mediante qualquer tipo de acordo entre os fabricantes [...]. Considerando todos esses pontos, formamos a convicção de que se faz necessária uma lei coercitiva", Children's Emp. Comm., "Rep. 1" (1863), p. 322. Adendo à nota 114: Um exemplo muito mais significativo ofereceu-nos o passado recente. A alta dos preços do algodão numa época de atividade econômica febril induziu os proprietários de tecelagens de algodão em Blackburn a diminuir, por consenso mútuo, o tempo de trabalho em suas fábricas durante determinado período. Esse período acabou no final de novembro de 1871. Enquanto isso, os fabricantes mais ricos, que combinam a fiação com a tecelagem, usaram a diminuição da produção resultante desse acordo para expandir seu próprio negócio e, assim, obter grandes lucros à custa dos pequenos mestres. Estes se viram, então, na necessidade de se dirigir aos trabalhadores fabris, convocando-os a tomar parte seriamente nos protestos pelo sistema de 9 horas e prometendo-lhes contribuições em dinheiro para essa finalidade!

[115] Esses estatutos do trabalho, que também se encontram ao mesmo tempo na França, nos Países Baixos etc., só foram formalmente abolidos em 1813, muito tempo depois que as mudanças nas relações de produção os haviam tornado obsoletos.

XVII, a jornada normal de trabalho de artesãos vigorosos, robustos servos rurais e gigantescos ferreiros[116].

O primeiro "*Statute of Labourer*" [Estatuto dos Trabalhadores] (23 Eduardo III, 1349) teve como pretexto imediato (não sua causa, pois esse tipo de legislação durou por séculos depois de desaparecido o pretexto de seu surgimento) na grande peste* que dizimou a população ao ponto de, como diz um escritor *tory*, "a dificuldade de se empregar trabalhadores por preços razoáveis" (isto é, por preços que deixem a seus empregadores uma quantidade razoável de mais-trabalho) "ter-se tornado, de fato, intolerável"[117]. Salários razoáveis foram, assim, fixados compulsoriamente por lei, assim como os limites da jornada de trabalho. O último ponto, o único que aqui nos interessa, é repetido no estatuto de 1496 (sob Henrique VII). A jornada de trabalho para todos os artesãos (*artificers*) e trabalhadores agrícolas, de março a setembro, deveria durar – o que, no entanto, jamais foi praticado – de 5 horas da manhã até entre 7 e 8 da noite, mas o tempo para as refeições era de 1 hora para o café da manhã, 1½ hora para o almoço e ½ hora para o lanche da tarde, portanto, exatamente o dobro do estipulado pela lei fabril

---

[116] "*No child under the age of 12 years shall be employed in any manufacturing establishment more than 10 hours in one day*" ["Nenhuma criança menor de 12 anos pode ser empregada em nenhum estabelecimento fabril por mais de 10 horas diárias"], *General Statutes of Massachusetts*, seção 3, c. 60. (Os estatutos foram aprovados entre 1836 e 1858.) "*Labour performed during a period of 10 hours on any day in all cotton, woollen, silk, paper, glass, and flax factories, or in manufactories of iron and brass, shall be considered a legal day's labour. And be it enacted, that hereafter no minor engaged in any factory shall be holden or required to work more than 10 hours in any day, or 60 hours in any week; and that thereafter no minor shall be admitted as a worker under the age of 10 years in any factory within this state*" ["O trabalho realizado num período de 10 horas diárias em toda fábrica de algodão, lã, seda, papel, vidro e linho ou em manufaturas de ferro e bronze deve ser considerado uma jornada de trabalho legal. Além disso, fica legalmente estabelecido que, de ora em diante, nenhum menor de idade empregado em qualquer fábrica pode ser solicitado ou obrigado a trabalhar mais do que 10 horas diárias ou 60 horas semanais; e que nenhum menor de 10 anos pode ser admitido como trabalhador numa fábrica situada no território deste Estado"], *State of New Jersey. An Act to Limit the Hours of Labours etc.*, §1 e 2, lei de 18 de março de 1851. "*No minor who has attained the age of 12 years, and is under the age of 15 years, shall be employed in any manufacturing establishment more than 11 hours in any one day, nor before 5 o'clock in the morning, nor after 7½ in the evening*" ['Nenhum menor de idade entre 12 e 15 anos pode trabalhar em nenhuma fábrica por mais de 11 horas diárias, nem antes das 5 da manhã, nem depois das 7½ da noite"], *Revised Statutes of the State of Rhode Island etc.*, c. 129, §23, 1º jul. 1857.

* Epidemia que assolou a Europa ocidental entre 1347 e 1350 e deixou 25 milhões de mortos, isto é, ¼ da população europeia de então. (N. E. A. MEW)

[117] [J. B. Byles,] *Sophism of Free Trade* (7. ed., Londres, 1850), p. 205. O mesmo *tory* ainda admite: "Leis parlamentares que regulavam os salários, porém contra os trabalhadores e a favor dos empregadores, duraram pelo longo período de 464 anos. A população aumentou. Essas leis se tornaram, então, supérfluas e inconvenientes", ibidem, p. 206.

atualmente em vigor[118]. No inverno, devia-se trabalhar das 5 horas da manhã até o anoitecer, com os mesmos intervalos. Em 1562, um estatuto da rainha Elizabeth deixou intocada a duração da jornada de trabalho para todos os trabalhadores "empregados por salário diário ou semanal", mas procurou restringir os intervalos a 2½ horas no verão e a 2 horas no inverno. O almoço devia durar apenas 1 hora e a "meia hora de sono após o almoço" só devia ser permitida entre a metade de maio e a metade de agosto. Para cada hora de ausência devia ser descontado 1 *penny* (cerca de 8 centavos) do salário. Na prática, porém, as condições eram muito mais favoráveis aos trabalhadores do que o previsto nos estatutos. William Petty, o pai da economia política e, de certo modo, o inventor da estatística, afirma num escrito publicado no último terço do século XVII:

> "Os trabalhadores" (*labouring men*, que significava, então, os trabalhadores agrícolas) "trabalham 10 horas por dia e fazem 20 refeições semanais, isto é, três refeições diárias nos dias laborais e duas aos domingos; isso mostra claramente que, se aceitassem jejuar nas noites de sexta-feira e almoçar durante 1 hora e meia, em vez das 2 horas que atualmente gastam para essa refeição, das 11 da manhã à 1 da tarde, e se, portanto, trabalhassem ¹/₂₀ mais e comessem ¹/₂₀ menos, poder-se-ia obter um décimo do imposto acima mencionado."[119]

Não estava certo o dr. Andrew Ure ao clamar contra a lei das 12 horas de 1833, chamando-a de retorno à Idade das trevas? É verdade que as regras contidas nos estatutos citados por Petty valem também para os *"apprentices"* (aprendizes). Mas as condições do trabalho infantil ainda no final do século XVII se evidenciam na seguinte queixa: "Nossos jovens, aqui na Inglaterra, não fazem absolutamente nada até a época em que se tornam aprendizes e, então, necessitam naturalmente de um longo tempo – sete anos – para se formarem plenamente como artesãos".

A Alemanha, ao contrário, é louvada porque lá as crianças são educadas desde o berço "para ao menos um pouquinho de ocupação"[120].

---

[118] Em relação a esse estatuto, J. Wade observa corretamente: "Do estatuto de 1846 depreende-se que a alimentação era considerada como o equivalente a ⅓ do ganho de um artesão e metade do ganho de um trabalhador agrícola, e isso mostra um grau maior de independência entre os trabalhadores do que o que existe atualmente, quando a alimentação dos trabalhadores na agricultura e manufatura corresponde a uma porção muito maior dos seus salários do que anteriormente", J. Wade, *History of the Middle and Working Classes*, cit., p. 25. A opinião de que essa diferença é devida à diferença na relação de preço entre os alimentos e as peças de vestuário agora e anteriormente é refutada pela leitura mais superficial de *Chronicon Preciosum etc.*, do bispo Fleetwood (1. ed., Londres, 1707; 2. ed., Londres, 1745).

[119] W. Petty, *Political Anatomy of Ireland 1672*, cit., p. 10.

[120] *A Discourse on the Necessity of Encouraging Mechanick Industry* (Londres, 1690), p. 13. Macaulay, que falsificou a história inglesa em nome dos interesses dos *whigs* e da burguesia, declama da seguinte maneira: "A prática de pôr as crianças a trabalhar

Ainda durante a maior parte do século XVIII, até a época da grande indústria, o capital na Inglaterra não havia logrado apossar-se da semana inteira do trabalhador – com exceção dos trabalhadores agrícolas – por meio do pagamento do valor semanal da força de trabalho. O fato de que conseguiam viver uma semana inteira com o salário de 4 dias não parecia aos trabalhadores uma razão suficiente para que ainda trabalhassem mais dois dias para os capitalistas. Uma parte dos economistas ingleses, em nome dos interesses do capital, denunciou furiosamente essa contumácia, e outra parte defendeu os trabalhadores. Ouçamos, por exemplo, a polêmica entre Postlethwayt, cujo *Dicionário do Comércio* gozava à época da mesma fama de que hoje gozam escritos semelhantes de MacCulloch e MacGregor, e o já citado autor do *Essay on Trade and Commerce*[121].

Postlethwayt diz, entre outras coisas:

---

prematuramente predominou no século XVII num grau quase inacreditável para o estado da indústria à época. Em Norwich, o centro da indústria da lã, uma criança de 6 anos foi considerada apta para o trabalho. Diversos escritores daquela época, muitos deles considerados como extremamente benevolentes, mencionam com '*exultation*' (exultação) o fato de que, nessa cidade, meninos e meninas criam uma riqueza que ultrapassa o necessário para sua subsistência em £12.000 por ano. Quanto mais investigamos a história do passado, tanto mais razões encontramos para rejeitar a visão daqueles que consideram nossa época como fértil em novos males sociais. O que é novo é a inteligência que descobre os males e a humanidade que os remedia", *History of England*, v. I, p. 417. Macaulay poderia ter continuado a relatar que os "extremamente benevolentes" *amis du commerce* [amigos do comércio] contam com "*exultation*" como, numa *workhouse* na Holanda, uma criança de 4 anos foi empregada, e que tais exemplos de "*vertue mise en pratique*" [virtudes postas em prática] podem ser encontrados em todos os escritos de humanistas à la Macaulay até a época de A. Smith. É verdade que, com a substituição do artesanato [*Handwerk*] pela manufatura, começam a aparecer as marcas da exploração infantil, que sempre existiu, até certo grau, entre os camponeses, sendo tanto mais desenvolvida quanto mais pesado o jugo sobre o senhor. A tendência do capital é incontestável, mas os próprios fatos continuam a ser tão isolados quanto a aparição de crianças de duas cabeças. Por isso, eles foram notados "com *exultation*", pelos visionários "*amis du commerce*", como fatos especialmente notáveis e admiráveis, e recomendados como modelos para seu próprio tempo e para a posteridade. O mesmo sicofanta e empolado Macaulay diz: "Hoje só se escuta falar de retrocesso, e o que se vê, por toda parte, é o progresso progresso". Que olhos! E, principalmente, que ouvidos!

[121] Entre os acusadores dos trabalhadores, o mais irado é o autor anônimo citado no texto de *An Essay on Trade and Commerce*, cit. Ele já tratara dessa questão anteriormente, em sua obra *Consideration on Taxes* (Londres, 1765). Também Polonius Arthur Young, o inefável falastrão estatístico, segue a mesma linha. Entre os defensores dos trabalhadores encontram-se, na linha de frente: *Money Answers All Things* (Londres, 1734), de Jacob Vanderlint, *An Enquiry into the Causes of the Present [High] Price of Provisions* (Londres, 1767), do Rev. Nathaniel Forster, e o dr. Price, e especialmente Postlethwayt, tanto num suplemento a seu *Universal Dictionary of Trade and Commerce* quanto em *Great-Britain's Commercial Interest Explained and Improved* (2. ed., Londres, 1759). Os próprios fatos são confirmados por muitos outros escritores da época, dentre os quais Josiah Tucker.

A jornada de trabalho

"Não posso concluir essas poucas observações sem registrar a opinião, trivial na boca de muitos, de que se o trabalhador (*industrious poor* [pobre industrioso]) conseguir obter em cinco dias o suficiente para viver, ele não trabalhará os seis dias completos. A partir disso, eles inferem a necessidade de encarecer os meios de subsistência mediante impostos ou qualquer outra medida, para forçar o artesão e o trabalhador da manufatura a trabalhar seis dias seguidos na semana. Peço licença para discordar desses grandes políticos, que lutam pela escravidão perpétua da população trabalhadora desse reino (*the perpetual slavery of the working people*); eles esquecem o ditado de que "*all work and no play*" (só trabalho e nenhuma recreação) imbeciliza. Não se jactam os ingleses da genialidade e habilidade de seus artesãos e trabalhadores nas manufaturas, que até agora trouxeram crédito e fama em geral às mercadorias britânicas? A que circunstância se deveu isso? Provavelmente, a nenhuma outra que não o modo como nosso povo trabalhador sabe divertir-se à sua maneira. Se estivessem obrigados a trabalhar o ano inteiro, seis dias por semana, repetindo continuamente a mesma operação, não acabaria isso por sufocar sua genialidade e torná-los estúpidos e lerdos, em vez de atentos e hábeis? E, em decorrência dessa eterna escravidão, não perderiam nossos trabalhadores sua reputação, em vez de conservá-la? [...] Que tipo de habilidade artística poderíamos esperar de tais animais extenuados (*hard driven animals*)? [...] Muitos deles realizam em quatro dias a mesma quantidade de trabalho que um francês realiza em cinco ou seis dias. Mas se os ingleses devem ser eternos trabalhadores forçados, há razões para temer que eles ainda venham a se degenerar (*degenerate*) mais do que os franceses. Se nosso povo é célebre por sua valentia na guerra, não dizemos que isso se deve, por um lado, ao bom rosbife e pudim ingleses em seu corpo, mas, por outro, também ao nosso espírito constitucional de liberdade? E por que não se deveria atribuir a maior genialidade, energia e destreza de nossos artesãos e trabalhadores nas manufaturas à liberdade com que se divertem à sua maneira? Espero que eles jamais percam esses privilégios, tampouco a boa vida da qual decorrem, na mesma medida, sua habilidade no trabalho e sua coragem!"[122]

A isso responde o autor de *Essay on Trade and Commerce*:

"Se descansar no sétimo dia da semana é uma instituição divina, isso significa que os demais dias pertencem ao trabalho" (ele quer dizer ao capital, como logo se verá) "e não se pode considerar como crueldade a obrigação de cumprir esse mandamento de Deus [...]. Que a humanidade em geral se incline, por natureza, à comodidade e ao ócio é algo que podemos verificar fatalmente no comportamento de nossa plebe manufatureira, que, em média, não trabalha mais que 4 dias por semana, a não ser no caso de um encarecimento dos meios de subsistência [...]. Suponhamos que 1 alqueire de trigo no valor de 5 xelins represente todos os meios de subsistência do trabalhador, e que este último receba diariamente 1 xelim por seu trabalho. Ele só precisa trabalhar, então, 5 dias na semana, e apenas 4 se o alqueire custar 4 xelins [...]. Mas como o salário neste reino está muito mais alto se comparado com o preço dos meios de subsistência, o trabalhador da manufatura, que só trabalha 4 dias, dispõe de um excedente de dinheiro, com o qual vive ociosamente o resto da semana [...]. Espero

---

[122] Postlethwayt, "First Preliminary Discourse", em *Great-Britain's Commercial Interest Explained and Improved*, cit., p. 14.

ter dito o suficiente para deixar claro que o trabalho moderado durante os 6 dias da semana não é nenhuma escravidão. Nossos trabalhadores agrícolas fazem isso e são, segundo toda aparência, os mais felizes dos trabalhadores (*labouring poor*)[123], também os holandeses fazem o mesmo nas manufaturas e aparentam ser um povo muito feliz. Os franceses o fazem quando não há muitos feriados interpostos[124]. [...] Mas nossa populaça encasquetou a ideia de que, por serem ingleses, possuem por direito de nascença o privilégio de ser mais livres e independentes do que" (o povo trabalhador) "em qualquer outro país da Europa. Ora, essa ideia, porquanto afeta a valentia de nossos soldados, pode ser de alguma utilidade; mas quanto menos ela influenciar os trabalhadores das manufaturas, tanto melhor para eles mesmos e para o Estado. Os trabalhadores jamais deveriam considerar-se independentes de seus superiores (*independent of their superiors*) [...]. É extraordinariamente perigoso encorajar a plebe num Estado comercial como o nosso, onde talvez $^7/_8$ da população total disponha de pouca ou nenhuma propriedade[125] [...]. A cura não estará completa até que nossos pobres operários aceitem trabalhar 6 dias pela mesma quantia que agora recebem por 4 dias de trabalho."[126]

Para esse fim, e para a "extirpação da preguiça, da licenciosidade e do devaneio romântico de liberdade", *ditto* "para a redução do número de pobres, o fomento do espírito da indústria e a diminuição do preço do trabalho nas manufaturas", nosso fiel Eckart do capital propõe este instrumento de eficácia comprovada: trancafiar esses trabalhadores, que dependem da beneficência pública, numa palavra, os *paupers*, numa "casa ideal de trabalho" (*an ideal workhouse*). "Tal *workhouse* ideal deve ser transformada numa Casa do Terror (*House of Terror*)."[127] Nessa "Casa do Terror", esse "ideal de uma casa de trabalho" [*workhou*se], devem-se trabalhar "14 horas diárias, com as devidas pausas para as refeições, de modo que restem 12 horas completas de trabalho"[128].

---

[123] *An Essay etc*. Ele próprio relata, na p. 96, em que consistia, já em 1770, "a felicidade" dos trabalhadores agrícolas ingleses. "Suas forças de trabalho (*their working powers*) estão sempre tencionadas ao máximo (*on the stretch*); eles não podem viver com maior parcimônia (*they cannot live cheaper than they do*), nem trabalhar mais duro (*nor work harder*) do que já o fazem".

[124] O protestantismo, já em sua transformação de quase todos os feriados tradicionais em dias de trabalho, desempenha um papel importante na gênese do capital.

[125] *An Essay etc*., cit., p. 41, 15, 96-7, 55-7.

[126] Em 1734, Jacob Vanderlint já declarava que o segredo das queixas dos capitalistas sobre a preguiça do povo trabalhador estava no fato de que eles exigiam, pelo mesmo salário, 6 jornadas de trabalho em vez de 4.

[127] *An Essay etc*., cit., p. 242-3: "*Such ideal workhouse must be made a 'House of Terror'* [...] *and not an asylum for the poor, where they are to be plentifully fed, warmly and decently clothed, and where they do but little work*" "Tal *workhouse* ideal deve ser transformada numa Casa do Terror [...] e não num asilo para os pobres, onde eles sejam fartamente alimentados, confortável e decentemente vestidos e trabalhem pouco".

[128] "*In this ideal workhouse the poor shall work 14 hours in a day, allowing proper time for meals, in such manner that there shall remain 12 hour of neat labour*", ibidem, [p. 260]. "Os franceses", diz ele, "riem-se de nossas entusiásticas ideias de liberdade", ibidem, p. 78.

A jornada de trabalho

12 horas de trabalho diário numa *"workhouse* ideal", na Casa do Terror de 1770! Sessenta e três anos mais tarde, em 1833, quando o Parlamento inglês reduziu, em quatro ramos da indústria, a jornada de trabalho de crianças de 13 a 18 anos para 12 horas completas de trabalho, foi como se a hora do Juízo Final tivesse soado para a indústria inglesa! Em 1852, quando L. Bonaparte, tentando consolidar sua posição com relação à burguesia, interferiu na jornada legal de trabalho, o povo* francês gritou numa só voz: "A lei que reduz a jornada de trabalho para 12 horas é o único bem que nos restou da legislação da República!"[129] Em Zurique, o trabalho de crianças maiores de 10 anos é limitado a 12 horas; na Argóvia, em 1862, o trabalho de crianças entre 13 e 16 anos foi reduzido de 12$^{1}/_{2}$ para 12 horas; na Áustria, em 1860, ele foi igualmente reduzido a 12 horas para crianças entre 14 e 16 anos[130]. Que "progresso desde 1770", bradaria Macaulay com *"exultation"*!

A "Casa do Terror" para *paupers*, com a qual a alma do capital ainda sonhava em 1770, ergueu-se alguns anos mais tarde como uma gigante "casa de trabalho" para os próprios trabalhadores da manufatura. Chamou-se fábrica. E, dessa vez, o ideal empalideceu diante da realidade.

6. A luta pela jornada normal de trabalho. Limitação do tempo de trabalho por força de lei. A legislação fabril inglesa de 1833 a 1864

Depois de o capital ter levado séculos para prolongar a jornada de trabalho até seu limite normal e, então, ultrapassá-lo até o limite do dia natural de 12 horas[131], ocorreu, desde o nascimento da grande indústria no último ter-

---

* Nas primeira e segunda edições: povo trabalhador. (N. E. A. MEW)

[129] "Eles se recusavam especialmente a trabalhar mais de 12 horas diárias, porque a lei que fixara essa jornada de trabalho é o único bem que lhes restava da legislação da República", "Rep. of Insp. of Fact. 31st Octob. 1855", p. 80. A lei francesa das 12 horas, de 5 de setembro de 1850, uma edição burguesa do decreto do Governo Provisório de 2 de março de 1848, estende-se a todos os ateliês sem exceção. Antes dessa lei, a jornada de trabalho na França era ilimitada. Ela durava, nas fábricas, 14, 15 ou mais horas. Ver *Des classes ouvrières en France, pendant l'année 1848. Par M. Blanqui*. O sr. Blanqui, o economista, não o revolucionário, fora encarregado pelo governo de um estudo sobre as condições dos trabalhadores.

[130] A Bélgica é o Estado burguês modelar também no que concerne à regulação da jornada de trabalho. *Lord* Howard de Walden, plenipotenciário inglês em Bruxelas, relata ao Foreign Office [Ministério das Relações Exteriores], em 12 de maio de 1862: "O ministro Rogier informou-me que nenhuma lei geral nem regulações locais limitam de nenhuma forma o trabalho infantil; que o governo, durante os últimos três anos, tentou, a cada seção, propor uma lei sobre o assunto, mas encontrou sempre um insuperável obstáculo no temor ciumento diante de qualquer legislação em contradição com o princípio da plena liberdade de trabalho"!

[131] "É certamente muito lamentável que uma classe qualquer de pessoas tenha de esfalfar-se diariamente por 12 horas. Se a esse tempo acrescentamos os horários das refeições

ço do século XVIII, um violento e desmedido desmoronamento, qual uma avalanche. Derrubaram-se todas as barreiras erguidas pelos costumes e pela natureza, pela idade e pelo sexo, pelo dia e pela noite. Mesmo os conceitos de dia e noite, de uma simplicidade rústica nos antigos estatutos, tornaram-se tão complicados que ainda em 1860 um juiz inglês precisava de uma sagacidade talmúdica para explicar "judicialmente" o que era dia e o que era noite[132]. O capital celebrou suas orgias.

Assim que a classe trabalhadora, inicialmente aturdida pelo ruído da produção, recobrou em alguma medida seus sentidos, teve início sua resistência, começando pela terra natal da grande indústria, a Inglaterra. Por três décadas, no entanto, as concessões obtidas pela classe trabalhadora permaneceram puramente nominais. De 1802 a 1833, o Parlamento aprovou cinco leis trabalhistas, mas foi esperto o bastante para não destinar nem um centavo para sua aplicação compulsória, para a contratação dos funcionários necessários ao cumprimento das leis etc.[133] Estas permaneceram letra morta. "O fato é que, antes da lei de 1833, crianças e adolescentes eram postos a trabalhar (*were worked*) a noite toda, o dia todo, ou ambos, *ad libitum* [à vontade]."[134]

Somente com a lei fabril de 1833 – que incluía as indústrias de algodão, lã, linho e seda – foi instituída na indústria moderna uma jornada normal de trabalho. Nada caracteriza melhor o espírito do capital do que a história da legislação fabril inglesa de 1833 a 1864!

---

e o tempo para ir à fábrica e voltar, ele soma, na verdade, 14 das 24 horas do dia [...]. Abstraindo da saúde, ninguém hesitará, assim espero, em admitir que, do ponto de vista moral, uma tão completa absorção do tempo das classes trabalhadoras, sem interrupções, desde a tenra idade de 13 anos, e nos ramos industriais 'livres' ainda mais prematuramente, é algo extremamente prejudicial e um mal terrível [...]. No interesse da moral pública, para a formação de uma população capaz e para proporcionar à grande massa do povo uma fruição racional da vida, é necessário estabelecer obrigatoriamente que em todos os ramos de negócio uma parte de cada jornada de trabalho seja reservada para o descanso e o lazer", Leonard Horner, em "Reports of Insp. of Fact. (31st Dec. 1841)".

[132] Ver *Judgment of Mr. J. H. Otway, Belfast, Hilary Sessions, County Antrim, 1860*.

[133] É muito característico do regime de Luís Filipe, o rei burguês, que a única lei fabril aprovada durante seu reino, em 22 de março de 1841, jamais tenha sido implementada. Essa lei trata unicamente do trabalho infantil. Ela estabelece uma jornada de trabalho de 8 horas para crianças entre 8 e 12 anos, 12 horas para crianças entre 12 e 16 anos etc., com muitas exceções, que permitem o trabalho noturno até mesmo para crianças de 8 anos. Num país onde qualquer rato está sob administração policial, a supervisão e a coerção na implementação dessa lei foram deixadas à vontade dos *"amis du commerce"*. Apenas a partir de 1853, num único departamento – o *Département du Nord* –, passou a ser nomeado um inspetor governamental pago. Não menos característico do desenvolvimento da sociedade francesa em geral é o fato de a lei de Luís Filipe ter permanecido, até a Revolução de 1848, como um produto solitário da fábrica francesa de leis que abarca tudo!

[134] "Rep. of Insp. of Fact. 30th April 1860", p. 50.

A jornada de trabalho

A lei de 1833 estabelecia que a jornada normal de trabalho na fábrica devia começar às 5 e meia da manhã e terminar às 8 e meia da noite, e que dentro desses limites, num período de 15 horas, era legalmente permitido empregar adolescentes (isto é, pessoas entre 13 e 18 anos) para trabalhar em qualquer hora do dia, sempre sob o pressuposto de que um mesmo adolescente não trabalhasse mais que 12 horas num dia, com exceção de casos especiais. A sexta seção da lei determinava "que no decorrer de cada dia, para cada pessoa, um mínimo de 1 hora e meia desse tempo de trabalho deve ser reservado para as refeições". Ficava proibido o emprego de crianças menores de 9 anos, com exceções que mencionaremos mais adiante, e o trabalho de crianças entre 9 e 13 anos era limitado a 8 horas diárias. O trabalho noturno, isto é, segundo essa lei, o trabalho entre 8 e meia da noite e 5 e meia da manhã, ficava proibido para toda pessoa entre 9 e 18 anos.

Os legisladores estavam tão longe de querer tocar na liberdade do capital de sugar a força de trabalho adulto, ou, como eles a chamavam, "a liberdade do trabalho", que conceberam um sistema especial para prevenir as consequências tão horrendas da lei fabril.

"O grande mal do sistema fabril, tal como ele se configura no presente" – lê-se no primeiro relatório do Conselho Central da comissão de 25 de junho de 1833 –, "está no fato de ele criar a necessidade de expandir o trabalho infantil até a duração máxima da jornada de trabalho dos adultos. O único remédio para esse mal, sem que se tenha de limitar o trabalho dos adultos, o que provocaria um mal ainda maior do que aquele que se pretende evitar, parece ser o plano de empregar turmas duplas de crianças."

Sob o nome de sistema de revezamento ("*system of relays*"; *relay* significa, tanto em inglês como em francês, a troca dos cavalos de correio em diferentes estações), esse plano foi, portanto, realizado de tal forma que, por exemplo, uma turma de crianças de 9 a 13 anos era atrelada ao trabalho das 5 e meia da manhã à 1 e meia da tarde, outra turma de 1 e meia da tarde às 8 e meia da noite etc.

Como recompensa pelo fato de nos últimos 22 anos os senhores fabricantes terem ignorado do modo mais insolente todas as leis promulgadas sobre o trabalho infantil, a pílula foi-lhes, então, dourada. O parlamento decretou que, depois de 1º de março de 1834, nenhuma criança menor de 11 anos, depois de 1º de março de 1835, nenhuma criança menor de 12 anos, e depois de 1º de março de 1836, nenhuma criança menor de 13 anos podia trabalhar mais de 8 horas numa fábrica! Esse "liberalismo" tão indulgente com o "capital" é ainda mais digno de nota pelo fato de que o dr. Farre, *sir* A. Carlisle, *sir* B. Brodie, *sir* C. Bell, o sr. Guthrie etc., em suma, os mais distintos *physicians and surgeons* [médicos e cirurgiões] de Londres, terem declarado, em seus testemunhos perante a Câmara dos Comuns, que havia *periculum in mora* [perigo na demora]*!

---

* Referência à obra do historiador romano Tito Lívio (*Ab urbe condita*, livro 38, c. 25, verso 13). (N. E. A. MEW)

O dr. Farre se expressou de modo ainda mais grosseiro: "A legislação é igualmente necessária para a prevenção da morte em todas as formas em que ela pode ser prematuramente infligida, e esse" (o modo da fábrica) "tem certamente de ser considerado como um dos métodos mais cruéis de infligi-la"[135].

O mesmo parlamento "reformado" que, em sua delicada consideração pelos senhores fabricantes, condenara crianças menores de 13 anos, por longos anos, ao inferno de 72 horas de trabalho semanal na fábrica, por outro lado estabeleceu – na Lei de Emancipação, que também concedia a liberdade gota a gota – que os plantadores ficavam doravante proibidos de fazer seus escravos negros trabalharem por mais de 45 horas semanais!

De modo algum pacificado, o capital deu início, então, a uma longa e rumorosa agitação. Esta girava principalmente em torno da idade das categorias que, sob a rubrica "crianças", estavam limitadas a 8 horas de trabalho e submetidas a certa obrigação escolar. De acordo com a antropologia capitalista, a idade infantil acabava aos 10 ou, no máximo, aos 11 anos. Quanto mais se aproximava a data estipulada para a vigência plena da lei fabril, o ano fatídico de 1836, tanto mais se agitava a turba dos fabricantes. Eles conseguiram, de fato, intimidar o governo ao ponto de este, em 1835, propor reduzir o limite de idade da infância de 13 para 12 anos. No entanto, a *pressure from without* [pressão vinda de fora] aumentou, assumindo proporções ameaçadoras. Faltou coragem à Câmara Baixa, que se recusou a lançar sob as rodas do carro de Jagrená* do capital crianças de 13 anos por mais de 8 horas diárias, e assim a lei de 1833 entrou em pleno vigor, permanecendo inalterada até junho de 1844.

Durante o decênio em que esta lei regulou o trabalho fabril, primeiro parcialmente, depois totalmente, os relatórios oficiais dos inspetores de fábrica transbordaram de queixas sobre a impossibilidade de sua aplicação. Como a lei de 1833, na realidade, reservava aos senhores do capital a determinação de quando, no período de 15 horas entre 5 e meia da manhã e 8 e meia da noite, cada "adolescente" e cada "criança" deveria iniciar, interromper e encerrar a jornada de, respectivamente, 12 e 8 horas de trabalho, assim como a determinação de horários de refeições distintos para pessoas distintas, esses senhores não tardaram a descobrir um novo "sistema de revezamento" no

---

[135] *"Legislation is equally necessary for the prevention of death, in any form in which it can be prematurely inflicted, and certainly this must be viewed as a most cruel mode of inflicting it"*, "Factories Inquiry Commission, First Report of the Central Board of His Majesty's Commissioners. Ordered, by the House of Commons, to be printed, 28 June 1833", p. 53.

* Juggernaut (Dschagannat): uma das formas do deus Vishnu. O culto de Jagrená se caracterizava por um elevado grau de fanatismo religioso, incluindo rituais de autoflagelação e autossacrifício extremos. Em certos dias festivos, os fiéis se jogavam sob as rodas de um carro (o "carro de Jagrená"), sobre o qual se encontrava uma figura de Vishnu-Dschagannat. (N. E. A. MEW)

A jornada de trabalho

qual os cavalos de trabalho não são trocados em estações determinadas, mas sempre novamente atrelados em estações alternadas. Não nos demoraremos mais na beleza desse sistema, pois teremos de retornar a ele mais adiante. À primeira vista, porém, fica claro que ele aboliu por completo a lei fabril, não só em seu espírito, mas também em sua letra. Com uma contabilidade tão complicada, como poderiam os inspetores de fábrica forçar o cumprimento do tempo de trabalho e dos horários de refeições determinados por lei para cada criança e adolescente singulares? Em grande parte das fábricas, o velho e brutal abuso voltou a florescer impune. Numa reunião com o ministro do Interior (1844), os inspetores de fábrica demonstraram a impossibilidade de qualquer controle sob o sistema de revezamento recentemente urdido[136]. Nesse ínterim, porém, as circunstâncias haviam mudado. Os trabalhadores das fábricas, especialmente depois de 1838, fizeram da Lei das 10 Horas sua palavra de ordem econômica, e da *people's charter* [carta do povo]* sua palavra de ordem política. Mesmo uma parte dos fabricantes que haviam regulado o trabalho em suas fábricas de acordo com a lei de 1833 inundou o Parlamento com petições contra a "concorrência" imoral dos "falsos irmãos", aos quais uma maior insolência ou circunstâncias locais mais afortunadas permitiam a violação da lei. Além disso, por mais que o fabricante individual quisesse dar rédea larga à sua antiga rapacidade, os porta-vozes e líderes políticos da classe dos fabricantes ordenavam uma atitude e uma linguagem diferentes diante dos trabalhadores. Eles se encontravam em plena campanha pela abolição das leis dos cereais e necessitavam da ajuda dos trabalhadores para a vitória! Por isso, prometeram-lhes não só a duplicação do tamanho do pão**, mas a adoção da Lei das 10 Horas sob o milênio do *free trade*[137]. Não lhes era permitido, portanto, combater uma medida cuja única finalidade era tornar efetiva a lei de 1833. Os *tories*, vendo-se ameaçados em seu mais sagrado interesse, a renda fundiária, terminaram por bradar, com indignação filantrópica, contra as "práticas infames"[138] de seus inimigos.

---

[136] "Rep. of Insp. of Fact. 31st October 1848", p. 98.

* Documento que continha as exigências dos cartistas, publicado a 8 de maio de 1838 como projeto de lei a ser apresentado ao Parlamento. As exigências eram: 1) sufrágio universal (para homens acima de 21 anos); 2) eleições parlamentares anuais; 3) voto secreto; 4) proporcionalidade entre os distritos eleitorais; 5) abolição do censo de patrimônio para os candidatos às eleições parlamentares; 6) remuneração para os membros do Parlamento. (N. E. A. MEW)

** Os partidários da Liga Contra a Lei dos Cereais (ver nota *, na p. 86) tentaram convencer os trabalhadores de que a introdução do livre-câmbio aumentaria seus salários reais e duplicaria o tamanho do pão (*"big loaf"*). (N. E. A. MEW)

[137] "Rep. of Insp. of Fact. 31st October 1848", p. 98.

[138] Leonard Horner usa a expressão *"nefarious practices"* em seus relatórios oficiais ("Reports of Insp. of Fact. 31st October 1859", p. 7).

Assim surgiu a lei fabril adicional de 7 de junho de 1844, que entrou em vigor em 10 de setembro desse mesmo ano. Ela acolhia uma nova categoria de trabalhadores entre os protegidos: as mulheres maiores de 18 anos. Estas foram equiparadas aos adolescentes em todos os aspectos, seu tempo de trabalho foi limitado a 12 horas, o trabalho noturno lhes foi vetado etc. Pela primeira vez, a legislação se viu compelida a controlar direta e oficialmente também o trabalho dos adultos. No relatório de fábrica de 1844-1845, diz-se ironicamente: "Não nos foi apresentado nem um único caso em que mulheres adultas tivessem se queixado de uma tal interferência em seus direitos"[139].

O trabalho de crianças menores de 13 anos foi reduzido para 6 horas e meia e, sob certas condições, para 7 horas diárias[140].

Para eliminar os abusos do falso "sistema de revezamento", a lei estabeleceu, entre outras, regras importantes como esta: "A jornada de trabalho para crianças e adolescentes deverá ser contada a partir do horário em que qualquer criança ou adolescente começar a trabalhar na fábrica no turno da manhã".

Desse modo, se A, por exemplo, começa a trabalhar às 8 horas da manhã e B às 10 horas, a jornada de trabalho de B tem, de qualquer forma, de terminar no mesmo horário da jornada de trabalho de A. O começo da jornada de trabalho deve ser regulado por um relógio público, por exemplo, o relógio da estação ferroviária mais próxima, de acordo com o qual os relógios da fábrica devem ser acertados. O fabricante é obrigado a afixar na fábrica um aviso, impresso em letras grandes, no qual são informados os horários de início, fim e pausas da jornada de trabalho. As crianças que começam seu trabalho da manhã antes do meio-dia não podem continuar a trabalhar depois da 1 da tarde. O turno da tarde tem, portanto, de ser preenchido por crianças diferentes das do turno da manhã. A pausa de 1 hora e meia para a refeição tem de ser concedida a todos os trabalhadores protegidos nos mesmos períodos do dia, pelo menos 1 hora antes das 3 horas da tarde. Crianças ou adolescentes não podem ser empregados por mais de 5 horas antes da 1 hora da tarde sem que tenham pelo menos uma pausa de meia hora para a refeição. Durante o horário de qualquer uma das refeições, crianças, jovens ou mulheres não podem permanecer em nenhuma instalação da fábrica onde esteja em curso qualquer processo de trabalho etc.

Vimos que essas determinações minuciosas, que regulam os limites, as pausas do trabalho com uma uniformidade militar, de acordo com o sino do relógio, não foram de modo algum produto das lucubrações parlamentares. Elas se desenvolveram paulatinamente a partir das circunstâncias, como leis naturais do modo de produção moderno. Sua formulação, seu reconhecimento oficial e sua proclamação estatal foram o resultado de longas lutas de

---
[139] "Rep. etc. for 30th Sept. 1844", p. 15.
[140] A lei permite empregar crianças por 10 horas se elas não trabalharem um dia após o outro, mas em dias alternados. No geral, essa cláusula permaneceu sem efeito.

A jornada de trabalho

classes. Uma de suas consequências imediatas foi que, na prática, também a jornada de trabalho dos operários masculinos adultos foi submetida aos mesmos limites, uma vez que a cooperação de crianças, jovens e mulheres era indispensável à maioria dos processos de produção. E assim, durante o período entre 1844 e 1847, a jornada de trabalho de 12 horas foi implementada geral e uniformemente em todos os ramos da indústria submetidos à legislação fabril.

Mas os fabricantes não permitiram esse "progresso" sem exigir um "retrocesso" como recompensa. Por eles pressionada, a Câmara Baixa reduziu a idade mínima das crianças aptas a serem exploradas de 9 para 8 anos, visando assegurar o "fornecimento adicional de crianças de fábrica [*Fabrikkinder*]"[141] a que o capital tem direito segundo a lei de Deus e dos homens.

Os anos 1846-1847 marcaram época na história econômica da Inglaterra. Revogaram-se as leis dos cereais, aboliram-se as tarifas de importação de algodão e outras matérias-primas, proclamou-se o livre-câmbio como estrela-guia da legislação! Em suma, foi o advento do milênio. Por outro lado, nesses mesmos anos o movimento cartista e a agitação pela Lei das 10 Horas atingiram seu auge. Eles encontraram aliados nos *tories*, sedentos por vingança. Apesar da resistência fanática do exército dos livre-cambistas perjuradores, liderados por Bright e Cobden, a Lei das 10 Horas, por tanto tempo almejada, foi aprovada pelo Parlamento.

A nova lei fabril de 8 de junho de 1847 determinou que, a partir de 1º de julho de 1847, haveria uma redução preliminar da jornada de trabalho dos "jovens" (de 13 a 18 anos) e de todas as trabalhadoras para 11 horas, e que, em 1º maio de 1848, entraria em vigor a limitação definitiva em 10 horas. Quanto ao restante de seu texto, a lei não era mais que uma emenda às leis de 1833 e 1844.

O capital deu início, então, a uma campanha prévia para impedir a plena aplicação da lei em 1º de maio de 1848. E caberia aos próprios trabalhadores, supostamente escaldados pela experiência, ajudar a destruir sua própria obra. O momento fora habilmente escolhido.

> "Deve-se recordar que, em consequência da terrível crise de 1846-1847, abateu-se uma grande miséria entre os trabalhadores fabris, já que muitas fábricas passaram a operar apenas em tempo reduzido, muitas delas estando completamente paralisadas. Um número considerável de trabalhadores encontrava-se, assim, na mais difícil situação, e muitos deles endividados. Por essa razão, podia-se presumir, com um certo grau de certeza, que eles prefeririam uma jornada de trabalho mais

---

[141] "*As a reduction in their hours of work would cause a large number*" [...] "*to be employed, it was thought that the additional supply of children from eight to nine years of age, would meet the increased demand*" ["Como uma redução em suas horas de trabalho faria com que um número maior" (de crianças) "fosse empregado, pensou-se que o fornecimento adicional de crianças de oito a nove anos de idade atenderia à demanda aumentada"], "Rep. etc. for 30th Sept. 1844", p. 13.

longa, pois assim poderiam recuperar-se das perdas passadas, talvez saldar suas dívidas, resgatar seus móveis da casa de penhores, repor os bens vendidos ou adquirir novas roupas para si mesmos e para sua família."[142]

Os senhores fabricantes tentaram agravar o efeito natural dessas circunstâncias por meio de uma redução geral dos salários em 10%. Isso se deu, por assim dizer, para celebrar o advento da nova era do livre-câmbio. Seguiu-se, então, mais uma redução de $8^{1}/_{3}$%, assim que a jornada de trabalho foi reduzida para 11 horas, e do dobro, assim que foi definitivamente reduzida para 10 horas. Onde as circunstâncias o permitiram, houve uma redução salarial de, no mínimo, 25%[143]. Sob condições tão favoravelmente preparadas, teve início, entre os trabalhadores, o movimento pela revogação da lei de 1847. Mentira, suborno, ameaça: nenhum meio foi poupado para esse fim, porém tudo em vão. Quanto à meia dúzia de petições em que os trabalhadores foram obrigados a se queixar de "sua opressão pela lei", os próprios peticionários atestaram, em interrogatório oral, que suas assinaturas haviam sido obtidas à força. "Eles eram oprimidos, mas por algum outro que não a lei fabril."[144] Os fabricantes, não conseguindo fazer com que os trabalhadores falassem o que eles queriam, passaram a gritar ainda mais alto, na imprensa e no Parlamento, em nome dos trabalhadores. Denunciaram os inspetores de fábricas como uma espécie de comissários da Convenção*, que sacrificavam impiedosamente os desditosos trabalhadores a seus delírios de reforma do mundo. Também essa manobra fracassou. O inspetor de fábrica Leonard Horner colheu, pessoalmente e por meio de seus subinspetores, inúmeros depoimentos de testemunhas nas fábricas de Lancashire. Cerca de 70% dos trabalhadores ouvidos declararam-se pelas 10 horas, uma porcentagem muito menor pelas 11 horas e uma minoria absolutamente insignificante pelas velhas 12 horas[145].

---

[142] "Rep. of Insp. of Fact. 31st Oct. 1848", p. 16.

[143] "Verifiquei que pessoas que ganhavam 10 xelins por semana, mesmo tendo sofrido uma perda de 1 xelim por conta da redução geral dos salários em 10% e de 1 xelim e 6 *pence* por conta da diminuição do tempo de trabalho – o que dá um total de 2 xelins e 6 *pence* –, mantiveram-se firmemente a favor da Lei das 10 Horas", idem.

[144] "'Quando assinei a petição, afirmei imediatamente que estava fazendo algo errado.' 'Então por que a assinaste?' 'Porque, se recusasse, teriam me posto na rua.' O peticionário sentia-se, de fato, 'oprimido', mas não exatamente pela lei fabril", ibidem, p. 102.

* Assim eram chamados, durante a Revolução Francesa, os representantes da Convenção Nacional que, investidos de poderes especiais, atuavam nos departamentos e nas fileiras militares. (N. E. A. MEW)

[145] "Rep. of Insp. of Fact. 31st Oct. 1848, p. 17. No distrito do sr. Horner, foram ouvidos 10.270 trabalhadores masculinos adultos em 181 fábricas. Suas declarações podem ser encontradas no apêndice do relatório de fábrica do semestre com fim em outubro de 1848. Esses testemunhos também oferecem um valioso material em outros aspectos.

A jornada de trabalho

Outra "amigável" manobra foi a de deixar que operários masculinos adultos trabalhassem de 12 até 15 horas e, então, declarar esse fato como a melhor expressão dos mais profundos desejos proletários. Mas o "implacável" inspetor de fábrica Leonard Horner estava novamente de prontidão. A maioria dos que trabalham horas adicionais declarou "que preferiam muito mais trabalhar 10 horas por um salário menor, porém não tinham escolha; havia tantos deles desempregados, tantos fiandeiros forçados a trabalhar como meros *piecers* [trabalhadores por peças] que, se rejeitassem o tempo de trabalho mais longo, outros ocupariam imediatamente seu lugar, de modo que a questão para eles era: ou trabalhar por mais tempo, ou ficar na rua"[146].

A campanha prévia do capital malogrou, e a Lei das 10 Horas entrou em vigor em 1º de maio de 1848. Nesse ínterim, porém, o fiasco do partido cartista, com seus líderes encarcerados e sua organização fragmentada, já havia abalado a autoconfiança da classe trabalhadora inglesa. Logo depois disso, a insurreição de Junho em Paris e sua sangrenta repressão provocaram, na Inglaterra do mesmo modo que na Europa continental, a união de todas as frações das classes dominantes, proprietários fundiários e capitalistas, chacais das bolsas de valores e varejistas, protecionistas e livre-cambistas, governo e oposição, padres e livres-pensadores, jovens prostitutas e velhas freiras, sob a bandeira comum da salvação da propriedade, da religião, da família e da sociedade! A classe trabalhadora foi por toda parte execrada, proscrita, submetida à *"loi des suspects"* [lei sobre os suspeitos]*. Os senhores fabricantes já não tinham mais por que se constranger. Revoltaram-se abertamente não só contra a Lei das 10 Horas, mas contra toda a legislação que, desde 1833, procurava de algum modo restringir a "livre" exploração da força de trabalho. Foi uma rebelião *pro-slavery* [pró-escravidão] em miniatura, conduzida por mais de dois anos com um cínico despudor e uma energia terrorista, ambos tanto mais banalizados pelo fato de que o capitalista rebelde não arriscava nada além da pele de seus trabalhadores.

Para a compreensão do que se segue, devemos recordar que as leis fabris de 1833, 1844 e 1847 estavam todas em vigor, porquanto uma não emendara a outra; que nenhuma delas restringia a jornada de trabalho do operário masculino maior de 18 anos e que, desde 1833, o período de 15 horas entre as 5 e meia da manhã e as 8 e meia da noite fora fixado como o "dia" legal, em cujos limites

---

[146] Idem. Ver as declarações colhidas pelo próprio Leonard Horner, n. 69, 70, 71, 72, 92, 93 e as colhidas pelo subinspetor A., n. 51, 52, 58, 59, 62, 70 do "apêndice". Até mesmo um fabricante confessou a verdade. Ver n. 14 e 265, cit.

* Leis sobre medidas para a segurança geral, aprovadas pelo Corps Législativ [Poder Legislativo] a 19 de fevereiro de 1858. A lei conferia ao imperador e seu governo o direito irrestrito de deter qualquer pessoa suspeita de ter uma postura hostil ao Segundo Império, podendo mantê-la na prisão por tempo indeterminado, bani-la para a Argélia ou expulsá-la do território francês. (N. E. A. MEW)

tinham de ser realizadas, primeiramente, as 12 e, mais tarde, as 10 horas de trabalho dos adolescentes e das mulheres, de acordo com as condições prescritas.

Os fabricantes começaram, aqui e ali, a dispensar uma parte, às vezes a metade dos adolescentes e trabalhadoras por eles empregados, e, em contrapartida, restabeleceram o já quase extinto trabalho noturno entre os operários masculinos adultos. A Lei das 10 Horas, clamavam, não lhes deixava outra alternativa![147]

O segundo passo foi relativo às pausas legais para as refeições. Ouçamos o que dizem os inspetores de fábrica.

"Desde a limitação da jornada de trabalho em 10 horas, os fabricantes, embora ainda não tenham levado seu ponto de vista até as últimas consequências, afirmam que, por exemplo, quando se trabalha de 9 horas da manhã às 7 da noite, eles cumprem os preceitos legalmente estabelecidos, concedendo 1 hora para a refeição antes das 9 horas da manhã e meia hora após as 7 da noite, o que perfaz, portanto, um total de 1 hora e meia para as refeições. Em alguns casos, eles permitem meia hora ou 1 hora inteira para o almoço, mas insistem que não são de modo algum obrigados a incluir qualquer parte da 1 hora e meia no decorrer da jornada de trabalho de 10 horas."[148]

Os senhores fabricantes sustentavam, portanto, que as determinações extremamente detalhadas da lei de 1844 sobre as refeições davam aos trabalhadores apenas a permissão para comer e beber antes de sua entrada na fábrica e depois de sua saída, ou seja, em casa! E por que não podiam os trabalhadores almoçar antes das 9 horas da manhã? Os juristas da Coroa decidiram que as refeições prescritas "devem ser realizadas nas pausas durante a jornada de trabalho, sendo ilegal permitir que se trabalhe 10 horas consecutivas, das 9 horas da manhã às 7 da noite, sem intervalo"[149].

Após essas amigáveis demonstrações, o capital dirigiu sua revolta por um caminho que correspondia à letra da lei de 1844, sendo, portanto, legal.

A lei de 1844 proibia que crianças de 8 a 13 anos, que tivessem sido ocupadas pela manhã antes das 12 horas, voltassem a ser ocupadas depois de 1 hora da tarde. Mas ela não regulava de modo algum as 6 horas e meia de trabalho das crianças cuja jornada de trabalho começava ao meio-dia ou mais tarde! Desse modo, crianças de 8 anos, se começassem a trabalhar ao meio-dia, podiam ser empregadas das 12 horas à 1 da tarde, 1 hora; das 2 às 4 da tarde, 2 horas, e das 5 às 8 e meia da noite, 3 horas e meia; no total, as 6 horas e meia determinadas por lei! Ou melhor ainda. A fim de fazer seu trabalho coincidir com o dos trabalhadores masculinos adultos até as 8 e meia da noite, os fabricantes só precisavam não dar a elas nenhum trabalho

---

[147] "Reports etc. for 31st October 1848", cit., p. 133-4.
[148] "Reports etc. for 30th April 1848", cit., p. 47.
[149] Ibidem, p. 130.

A jornada de trabalho

antes das 2 horas da tarde, podendo, a partir de então, mantê-las na fábrica ininterruptamente até as 8 e meia da noite!

> "E agora é expressamente admitido que, em razão da ganância dos fabricantes, que querem manter sua maquinaria em funcionamento por mais de 10 horas, introduziu-se na Inglaterra a prática de empregar crianças de 8 a 13 anos, de ambos os sexos, até as 8 e meia da noite, ao lado de homens adultos, após todos os adolescentes e mulheres terem deixado a fábrica."[150]

Trabalhadores e inspetores de fábrica protestaram por razões higiênicas e morais. Mas o capital respondeu: "Que os meus atos me caiam na cabeça. Só reclamo a aplicação da lei, a pena justa cominada na letra já vencida"*.

Na verdade, estatísticas apresentadas à Câmara Baixa em 26 de julho de 1850 mostram que, apesar de todos os protestos, em 15 de julho de 1850 havia 3.732 crianças submetidas a essa "prática", em 257 fábricas[151]. E ainda não era o bastante! O olhar de lince do capital descobriu que a lei de 1844 não permitia que se trabalhasse 5 horas antes do meio-dia sem uma pausa de, no mínimo, 30 minutos para descanso, mas não prescrevia nada nesse sentido para o trabalho após o meio-dia. Dessa forma, o capital exigiu e teve o prazer não só de esfalfar crianças trabalhadoras de 8 anos de idade das 2 da tarde às 8 e meia da noite sem nenhum intervalo, como também de fazê-las passar fome durante esse tempo!

"Sim, o peito, tal como está na letra."**[152]

---

[150] Ibidem, p. 142.
* William Shakespeare, *O mercador de Veneza* (trad. Carlos Alberto Nunes, Rio de Janeiro, Ediouro, 2005), ato IV, cena 1. (N. T.)
[151] "Reports etc. for 31st Oct. 1850", cit., p. 5-6.
** William Shakespeare, *O mercador de Veneza*, cit., ato IV, cena 1. (N. T.)
[152] A natureza do capital permanece a mesma, tanto em sua forma não desenvolvida como em sua forma desenvolvida. No código legal que a influência dos escravocratas impôs ao território do Novo México pouco antes da deflagração da Guerra Civil Americana, diz-se que o trabalhador, na medida em que o capitalista comprou sua força de trabalho, "é seu (do capitalista) dinheiro" ("*The labourer is his (the capitalist's) money*"). A mesma visão era corrente entre os patrícios romanos: o dinheiro que eles adiantavam aos devedores plebeus havia se transformado, por intermédio de seus meios de subsistência, na carne e no sangue do devedor. Essa "carne e sangue" eram, assim, "seu dinheiro". Disso decorre a lei shylockiana das dez tábuas! A hipótese de Linguet, de que os credores patrícios realizavam, de tempos em tempos, do outro lado do Tibre, banquetes com a carne cozida dos devedores permanece tão incerta quanto a hipótese de Daumer sobre a eucaristia cristã. [1] Lei shylockiana das dez tábuas: referência à lei romana das "doze tábuas", que protegia a propriedade privada e punia os devedores insolventes com prisão, escravidão ou esquartejamento. Essa lei serviu de ponto de partida para o direito romano. 2) A hipótese do historiador francês Linguet é exposta em seu trabalho *Thèorie des lois civiles, ou principes fondamentaux de la société* (Londres, 1767, v. 2, livro 5, c. 20). 3) Daumer, em sua obra *Geheimnisse des christlichen Altertums*, defende a hipótese de que os primeiros cristãos comiam carne humana na eucaristia. (N. E. A. MEW)]

Mas esse apego shylockiano à letra da lei de 1844, na parte que regula o trabalho infantil, era apenas o prenúncio de uma revolta aberta contra essa mesma lei, na parte que regula o trabalho de "jovens e mulheres". É importante lembrar que a abolição do "falso sistema de revezamento" era o escopo e o conteúdo principal dessa lei. Os fabricantes iniciaram sua revolta com a simples declaração de que as partes da lei de 1844 que proibiam o abuso indiscriminado de adolescentes e mulheres em pequenas frações da jornada, arbitrariamente estabelecidas pelo empregador, eram "comparativamente inofensivas (*comparatively harmless*), porquanto o tempo de trabalho está limitado a 12 horas. Mas sob a Lei das 10 Horas elas representam um sofrimento (*hardship*) insuportável"[153].

Com a mais extrema frieza, deixaram claro aos inspetores que eles, os fabricantes, estavam acima da lei e que reimplantariam o antigo sistema por sua própria conta[154]. E diziam agir no interesse dos próprios mal-aconselhados trabalhadores, "a fim de poder pagar-lhes salários maiores".

"É o único plano possível para manter a supremacia industrial da Grã-Bretanha sob a Lei das 10 Horas."[155] "Pode ser um pouco difícil descobrir irregularidades sob o sistema de revezamento, mas e daí (*what of that*)? Deve o grande interesse fabril deste país ser tratado como algo secundário, apenas para poupar um pouquinho de incômodo (*some little trouble*) aos inspetores e subinspetores de fábrica?"[156]

Naturalmente, todo esse falatório não serviu para nada. Os inspetores de fábrica apelaram aos tribunais. Mas logo uma nuvem de petições dos fabricantes foi dirigida ao ministro do Interior, o sr. George Grey, que, numa circular de 5 de agosto de 1848, recomendou aos inspetores, "em geral, não autuar por violação da letra da lei enquanto não houvesse infração comprovada do sistema de revezamento com a finalidade de fazer adolescentes e mulheres trabalhar mais de 10 horas".

Como consequência, o inspetor de fábrica J. Stuart autorizou o assim chamado sistema de revezamento durante o período de 15 horas da jornada fabril em toda a Escócia, onde o sistema logo voltou a florescer, em sua velha forma. Já os inspetores de fábrica ingleses, ao contrário, declararam que o ministro não dispunha de poder ditatorial para suspender as leis e deram continuidade aos processos judiciais contra os rebeldes *pro-slavery* [pró-escravidão].

Mas para que servia todas aquelas intimações ao tribunal, se os *county magistrates*[157] os absolviam? Nesses tribunais, os próprios senhores fabricantes sentavam-se para julgar a si mesmos. Um exemplo. Um certo

---

[153] "Reports etc. for 31st Oct. 1848", cit., p. 133.
[154] Assim escreve, entre outros, o filantropo Aschworth a Leonard Horner, numa repugnante carta em estilo quacre. "Rep. Apr. 1849", cit., p. 4.
[155] "Reports etc. for 31st Oct. 1848", cit., p. 138.
[156] Ibidem, p. 140.
[157] Esses "*county magistrates*", os "*great unpaid*" [grandes não remunerados], como W. Cobbett os chama, são uma espécie de juízes de paz não remunerados, escolhidos entre os

A jornada de trabalho

Eskrigge, fabricante de fios de algodão, da firma Kershaw, Leese & Co., apresentara ao inspetor de fábrica de seu distrito a planilha de um sistema de revezamento elaborado para sua fábrica. Ao receber uma recusa, comportou-se, de início, passivamente. Alguns meses mais tarde, um indivíduo de nome Robinson, também fabricante de fios de algodão e, se não seu Sexta-Feira, de todo modo um parente de Eskrigge, apresentou-se aos *Borough Justices* [juízes de paz locais] em Stockport sob a acusação de haver implementado um sistema de revezamento idêntico ao de Eskrigge. Quatro juízes formaram o tribunal, entre eles três fabricantes de fios de algodão, tendo à frente o infalível Eskrigge. Este último absolveu Robinson e declarou, ainda, que o que era de direito para Robinson era justo para Eskrigge. Baseado em sua própria decisão judicial, Eskrigge implementou imediatamente o sistema em sua fábrica[158]. Sem dúvida, a composição desses tribunais já era por si só uma violação aberta da lei[159].

"Esse tipo de farsas judiciais", exclamou o inspetor Howell, "clama urgentemente por um remédio [...] que a lei seja alterada para se adequar a essas sentenças, ou que seja administrada por um tribunal menos falível, cujas decisões sejam conformes à lei [...] em todos os casos desse tipo. Que bom seria se tivéssemos um juiz remunerado!"[160]

Os juristas da Coroa declararam como absurda as interpretações que os fabricantes faziam da lei de 1848, mas os salvadores da sociedade não se deixaram intimidar.

> "Depois de haver tentado" – relata Leonard Horner – "forçar a aplicação da lei por meio de 10 ações em 7 diferentes comarcas, e tendo recebido o apoio dos magistrados apenas em um caso, [...] considero inúteis ações subsequentes por infrações à lei. A parte da lei elaborada para promover a uniformidade nas horas de trabalho [...] já deixou de existir em Lancashire. Tampouco possuo, com meus subagentes, quaisquer meios de assegurar que fábricas onde vigora o assim chamado sistema de revezamento não ocupem adolescentes e mulheres por mais de 10 horas [...]. No final de abril de 1849, 114 fábricas em meu distrito já trabalhavam de acordo com esse método, e seu número aumentou fortemente nos últimos tempos. Em geral, esses jovens trabalham agora 13 horas e meia, das 6 horas da manhã às 7 e meia da noite; em alguns casos, 15 horas, das 5 e meia da manhã às 8 e meia da noite."[161]

---

cidadãos honoráveis dos condados. Eles formam, na realidade, as cortes patrimoniais das classes dominantes.

[158] "Reports etc. for 30th April 1849", p. 21-2. Cf. exemplos semelhantes, ibidem, p. 4-5.
[159] Pelos artigos 1 e 2 de Guilherme IV, c. 29, p. 10, conhecido como "Lei fabril de *sir* John Hobhouse", fica proibido a qualquer proprietário de fiação ou tecelagem de algodão ou pai, filho e irmão de um tal dono atuar como juiz de paz em questões relacionadas à lei fabril.
[160] "Reports etc. for 30th April 1849", p. 22.
[161] Ibidem, p. 5.

Já em dezembro de 1848 possuía Leonard Horner uma lista de 65 fabricantes e 29 supervisores que declaravam unanimemente que nenhum sistema de fiscalização poderia evitar a prática do mais extensivo sobretrabalho sob esse sistema de revezamento[162]. As mesmas crianças e adolescentes eram deslocados (*shifted*) ora da fiação para a tecelagem etc., ora de uma fábrica para outra, por 15 horas[163]. Como controlar um sistema "que abusa da palavra revezamento para embaralhar os operários como cartas, em infinitas combinações, alterando diariamente as horas de trabalho e de descanso dos diferentes indivíduos de tal modo que um mesmo sortimento completo de braços jamais atue em conjunto no mesmo lugar e ao mesmo tempo"[164]?

Porém, abstraindo inteiramente do sobretrabalho real, esse assim chamado sistema de revezamento era um aborto da fantasia do capital que nem mesmo Fourier, em seus esboços humorísticos das *"courtes séances"* [sessões curtas]*, conseguiu superar, com a única diferença de que a "atração do trabalho" foi transformada na atração do capital. Veja-se, por exemplo, os esquemas daqueles fabricantes que a boa imprensa louvava como modelo "daquilo que um grau razoável de cuidado e método pode realizar" (*what a reasonable degree of care and method can accomplish*). Os trabalhadores eram eventualmente divididos em categorias que, por sua vez, trocavam constantemente seus componentes. Durante o período de 15 horas da jornada fabril, o capital ocupava o trabalhador, ora por 30 minutos, ora por 1 hora, e voltava a dispensá-lo, a fim de empregá-lo na fábrica, e depois o dispensava novamente, empurrando-o de lá para cá em porções fragmentadas de tempo, sem jamais deixar de tê-lo sob seu domínio até que estivessem completas as 10 horas de trabalho. Como sobre um palco, as mesmas pessoas tinham de atuar alternadamente nas diversas cenas dos diversos atos. Mas assim como um ator pertence ao palco durante toda a duração do drama, também os trabalhadores pertenciam à fábrica durante as 15 horas da jornada de trabalho, sem incluir o tempo de ida e volta. As horas de descanso se transformavam, assim, em horas de ócio forçado, que empurravam os jovens para a taberna e as jovens trabalhadoras para o bordel. A cada novo plano tramado diariamente pelo capitalista para manter sua maquinaria funcionando por 12 ou 15 horas sem aumento de pessoal, o trabalhador se via forçado a engolir sua refeição,

---

[162] "Rep. etc. for 31st Oct. 1849", p. 6.
[163] "Rep. etc. for 30th April 1849", p. 21.
[164] "Rep. etc. for 31st Oct. 1848", p. 95.
* Fourier criou a imagem de uma sociedade futura na qual o homem poderia desempenhar diversas atividades durante uma jornada de trabalho, pois esta seria dividida em *courtes séances* de no máximo 2 horas. Com isso, segundo ele, a produtividade do trabalho aumentaria ao ponto de que o mais pobre trabalhador teria suas necessidades satisfeitas na mesma medida que qualquer capitalista em épocas anteriores. (N. E. A. MEW)

ora nesse pedaço de tempo não utilizado, ora noutro. À época da agitação pela Lei das 10 Horas, os fabricantes gritavam que a malta dos trabalhadores fazia petições na esperança de receber um salário de 12 horas por 10 horas de trabalho. Agora eles haviam invertido a medalha e pagavam um salário de 10 horas em troca de 12 a 15 horas de disposição sobre as forças de trabalho[165]! Esse era o xis da questão, essa era a versão que os fabricantes apresentavam da Lei das 10 Horas! Eram os mesmos melífluos livre-cambistas, exalando amor à humanidade, que, por 10 anos inteiros, durante a *anti-corn law agitation* [agitação contra a lei dos cereais], haviam assegurado aos trabalhadores, calculando até o último tostão, que, com a livre importação de cereais e com os meios da indústria inglesa, apenas 10 horas de trabalho seriam suficientes para enriquecer os capitalistas[166].

A revolta do capital, que durou dois anos, foi finalmente coroada pela sentença de um dos quatro tribunais superiores da Inglaterra, a Court of Exchequer, que, num dos casos levados a ela, decidiu, em 8 de fevereiro de 1850, que os fabricantes haviam agido, de fato, contra o sentido da lei de 1844, mas que essa mesma lei continha certas palavras que a tornavam sem sentido. "Com essa decisão, a Lei das 10 Horas estava revogada."[167] Uma massa de fabricantes, que até então receara aplicar o sistema de revezamento a adolescentes e trabalhadoras, agora se agarrava a ele com as duas mãos[168].

Mas a esse triunfo aparentemente definitivo do capital seguiu-se imediatamente uma reviravolta. Até então, os trabalhadores haviam oferecido uma resistência passiva, ainda que inflexível e diariamente renovada. Eles protestavam, agora, em ameaçadores comícios em Lancashire e Yorkshire. A suposta Lei das 10 Horas era, para eles, mera impostura, uma trapaça parlamentar, e jamais teria existido! Os inspetores de fábricas alertaram urgentemente o governo de que o antagonismo de classes chegara a um grau de tensão inacreditável. Uma parte dos próprios fabricantes murmurou:

> "Devido às decisões contraditórias dos magistrados, reina um estado de coisas totalmente anormal e anárquico. Uma lei vigora em Yorkshire, outra em Lancashire, outra lei numa paróquia de Lancashire, outra em sua vizinhança imediata. O

---

[165] Ver "Reports etc. for 30th April 1849", p. 6, e a discussão pormenorizada do *"shifting system"* [sistema de turnos] pelos inspetores de fábrica Howell e Saunders em "Reports etc. for 31st Oct. 1848". Ver também a petição do clero de Ashton e arredores (primavera de 1849) à rainha, contra o *"shift system"*.

[166] Cf., por exemplo, R. H. Greg, *The Factory Question and the Ten Hours Bill* (1837).

[167] F. Engels, "Die englische Zehnstundenbill" [Lei das 10 Horas inglesa] (na revista por mim editada, *Neue Rh. Zeitung. Politisch-ökonomische Revue* [Nova Gazeta Renana. Revista de Economia Política], abr. 1850, p. 13). A mesma "alta" corte também descobriu, durante a Guerra Civil Americana, uma ambiguidade verbal que transformava em seu exato oposto a lei contra o armamento de navios piratas.

[168] "Rep. etc. for 30th April 1850".

fabricante nas grandes cidades pode burlar a lei, o das áreas rurais não encontra a mão de obra necessária para o sistema de revezamento e menos ainda para o deslocamento dos trabalhadores de uma fábrica para outra etc."

E o direito à igual exploração da força de trabalho é o primeiro direito humano do capital.

Sob essas circunstâncias, fabricantes e trabalhadores chegaram a um compromisso, que recebeu o selo parlamentar na nova lei fabril adicional de 5 de agosto de 1850. A jornada de trabalho para "jovens e mulheres" foi prolongada, nos primeiros cinco dias da semana, de 10 para 10 horas e meia, e diminuída para 7 horas e meia aos sábados. O trabalho deve ser realizado no período entre 6 da manhã e 6 da tarde[169], com 1 hora e meia de pausas para as refeições, que devem ser as mesmas para todos, e em conformidade com as regras de 1844. Com isso, pôs-se fim, de uma vez por todas, ao sistema de revezamento[170]. Para o trabalho infantil, continuou em vigor a lei de 1844.

Dessa vez, assim como antes, uma categoria de fabricantes garantiu para si direitos senhoriais especiais sobre as crianças proletárias. Tal categoria foi a dos fabricantes de seda. No ano de 1833, eles haviam uivado ameaçadoramente: caso "fossem privados da liberdade de explorar crianças de qualquer idade por 10 horas diárias, isso paralisaria suas fábricas" ("*if the liberty of working children of any age for 10 hours a day was taken away, it would stop their works*"). Argumentavam que lhes seria impossível comprar um número suficiente de crianças maiores de 13 anos. E, assim, lograram extorquir o privilégio desejado. Numa investigação posterior, esse pretexto se revelou como pura mentira[171], mas isso não os impediu de, durante toda uma década, fabricar fios de seda, 10 horas por dia, com o sangue de crianças pequenas, que, para poderem trabalhar, tinham de ser colocadas em pé em cima de cadeiras[172]. Se a lei de 1844 lhes "roubara" a "liberdade" de fazer crianças de 11 anos trabalharem por mais de 6 horas e meia, ela lhes garantira, em contrapartida, o privilégio de explorar crianças de 11 a 13 anos por 10 horas diárias, cassando a obrigatoriedade escolar prescrita para todas as outras crianças de fábricas. Dessa vez, o pretexto foi de que "a delicadeza do tecido

---

[169] Podendo ser substituído, no inverno, pelo período de 7 horas da manhã às 7 da noite.
[170] "*The present law*" [...] "*was a compromise whereby the employed surrendered the benefit of the Ten Hours' Act for the advantage of one uniform period for the commencement and termination of the labour of those whose labour is restricted*" ["A lei atual" (de 1850) "foi um compromisso no qual os trabalhadores abriram mão dos benefícios da Lei das 10 Horas em troca da vantagem de uma uniformidade de início e término do trabalho daqueles cujo trabalho é legalmente limitado"], "Reports etc. for 30th April 1852", p. 14.
[171] "Reports etc. for 30th Sept. 1844", p. 13.
[172] Idem.

A jornada de trabalho

requeria uma leveza de toque que só poderia ser garantida por meio de uma admissão prematura nessas fábricas"[173].

Pela delicadeza de seus dedos, crianças foram completamente sacrificadas, como o gado no sul da Rússia é sacrificado por sua pele e seu sebo. Finalmente, em 1850, o privilégio concedido em 1844 foi limitado aos departamentos de torcedura e enrolamento da seda, mas aqui, a título de compensação da "liberdade" roubada ao capital, o tempo de trabalho das crianças de 11 a 13 anos de idade foi elevado de 10 para 10 horas e meia. Pretexto: "Nas fábricas de seda, o trabalho é mais leve que nas outras fábricas e de modo algum é tão prejudicial à saúde"[174]. Mais tarde, uma investigação médica oficial demonstrou que, ao contrário, "a taxa média de mortalidade nos distritos produtores de seda é excepcionalmente alta e, entre a população feminina, chega a ser maior do que nos distritos algodoeiros de Lancashire"[175].

---

[173] *"The delicate texture of the fabric in which they were employed requiring a lightness of touch, only to be acquired by their early introduction to these factories"*, "Rep. etc. for 31st Oct. 1846", p. 20.
[174] "Reports etc. for 31st Oct. 1861", p. 26.
[175] Ibidem, p. 27. Em geral, a população trabalhadora submetida à lei fabril melhorou muito fisicamente. Todos os testemunhos médicos concordam a esse respeito e minha observação pessoal em diferentes períodos convenceu-me disso. No entanto, e abstraindo da enorme taxa de mortalidade infantil nos primeiros anos de vida, os relatórios oficiais do dr. Greenhow mostram as desfavoráveis condições de saúde nos distritos fabris quando comparados com os "distritos agrícolas de saúde normal". Como uma prova disso, entre outras, apresentamos a seguinte tabela de seu relatório de 1861:

Porcentagem dos homens adultos ocupados na indústria	Taxa de mortalidade por doenças pulmonares por 100 mil homens	Nome do distrito	Taxa de mortalidade por doenças pulmonares por 100 mil mulheres	Porcentagem de mulheres adultas empregadas na indústria	Tipo de ocupação das mulheres
14,9	598	Wigan	644	18	Algodão
42,6	708	Blackburn	734	34,9	Algodão
37,3	547	Halifax	564	20,4	Fiação
41,9	611	Bradford	603	30	Fiação
31	691	Macclesfield	804	26	Seda
14,9	588	Leek	705	17,2	Seda
36,6	721	Stoke-upon-Trent	665	19,3	Cerâmica
30,4	726	Woolstanton	727	13,9	Cerâmica
–	305	Oito distritos agrícolas saudáveis	340	–	–

Karl Marx – O capital

Apesar dos repetidos protestos semestrais dos inspetores de fábricas, o abuso continua até nossos dias[176].

A lei de 1850 transformou, apenas para "jovens e mulheres", o período de 15 horas, entre 5 e meia da manhã e 8 e meia da noite, no período de 12 horas, de 6 da manhã às 6 da tarde. Isso não valia, portanto, para as crianças, que continuaram a ser empregadas meia hora antes do começo e 2 horas e meia após o término desse período, mesmo que a duração inteira de seu trabalho não devesse ultrapassar 6 horas e meia. Durante a discussão da lei, os inspetores de fábrica apresentaram ao Parlamento uma estatística sobre os abusos infames cometidos graças àquela anomalia. Mas em vão. No fundo, escondia-se a intenção de voltar a elevar para 15 horas, em anos de prosperidade, a jornada dos trabalhadores adultos, com a ajuda das crianças. A experiência dos três anos seguintes mostrou que tal tentativa estava fadada ao fracasso diante da resistência dos trabalhadores masculinos adultos[177]. Por essa razão, a lei de 1850 foi finalmente emendada, em 1853, com a proibição de "empregar crianças, no turno da manhã, antes, e no turno da noite, depois dos jovens e das mulheres". A partir de então, a lei fabril de 1850 passou a regular, com poucas exceções, a jornada de trabalho de todos os trabalhadores dos ramos da indústria submetidos a essa lei[178]. Meio século já havia decorrido desde a aprovação da primeira lei fabril[179].

Com o Printwork's Act (lei sobre as estamparias etc.) de 1845, a legislação ultrapassou pela primeira vez sua esfera original. A relutância com que o capital aceitou essa nova "extravagância" está expressa em cada linha da lei!

---

[176] É sabido com que relutância os "livre-cambistas" ingleses abriram mão da proteção alfandegária para a manufatura de seda. Em vez da proteção contra a importação francesa, eles se servem, agora, da falta de proteção das crianças de fábrica inglesas.
[177] "Reports etc. for 30th April 1853", p. 30.
[178] Durante os anos de 1859 e 1860, o zênite da indústria do algodão, alguns fabricantes tentaram, por meio da isca de salários maiores por horas extras, fazer com que os fiandeiros adultos etc. aceitassem o prolongamento da jornada de trabalho. Os *"hand-mule spinners"* [fiandeiros manuais] e os *"self-actor minders"* [operadores de máquinas automáticas de fiar] puseram um fim no experimento mediante uma petição a seus empregadores, onde se lia, entre outras coisas: "Para falar francamente, nossa vida é um fardo para nós, e enquanto ficamos encerrados na fábrica por quase 2 dias a mais na semana" (20 horas) "do que os outros trabalhadores, sentimo-nos como hilotas no campo e nos censuramos por eternizar um sistema que prejudica física e moralmente a nós mesmos e a nossos descendentes [...]. Com isso, informamos-lhe respeitosamente que, a partir do ano-novo, não trabalharemos nem um minuto além das 60 horas semanais, de 6 horas da manhã às 6 da tarde, com o desconto das pausas legais de 1 hora e meia", "Reports etc. for 30th April 1860", p. 30.
[179] Sobre os meios que a redação dessa lei oferece para sua violação, cf. o *Parliamentary Return "Factories Regulation Acts"* (9 ago. 1859) e, nele, "Suggestions for Amending the Factory Acts to Enable the Inspectors to Prevent Illegal Working, Now Become Very Prevalent", de Leonard Horner.

A jornada de trabalho para crianças de 8 a 13 anos e para mulheres passava a ser limitada a 16 horas, entre 6 horas da manhã e 10 da noite, sem qualquer intervalo legal para as refeições. Operários masculinos maiores de 13 anos podiam ser postos para trabalhar dia e noite, como bem se aprouvesse[180]. Era um aborto parlamentar[181].

No entanto, o princípio* triunfou, impondo-se vitoriosamente nos grandes ramos da indústria, que constituem a criatura mais característica do moderno modo de produção. Seu admirável desenvolvimento entre 1853 e 1860, lado a lado com o renascimento físico e moral dos trabalhadores fabris, saltava mesmo aos olhos mais cegos. Os próprios fabricantes, aos quais as limitações e regulações legais da jornada de trabalho foram gradualmente arrancadas ao longo de meio século de guerra civil, apontavam jactanciosos para o contraste com os setores da exploração que ainda se conservavam "livres"[182]. Os fariseus da "economia política" proclamaram, então, a compreensão da necessidade de uma jornada de trabalho fixada por lei como uma nova conquista característica de sua "ciência"[183]. Compreende-se facilmente que, depois de os magnatas das fábricas terem-se resignado e reconciliado com o inevitável, a força de resistência do capital tenha se enfraquecido gradualmente, ao mesmo tempo que o poder de ataque da classe trabalhadora cresceu a par do número de seus aliados nas camadas sociais não diretamente interessadas. Daí o progresso relativamente rápido ocorrido a partir de 1860.

Em 1860, as tinturarias e branquearias[184] foram todas submetidas à lei fabril de 1850 e, em 1861, foi a vez das fábricas de renda e de meias. Em consequência

---

[180] "Crianças de 8 anos e maiores que isso foram, de fato, esfalfadas em meu distrito, durante o último semestre" (1857), "das 6 horas da manhã às 9 da noite", "Reports etc. for 31st Oct. 1857", p. 39.

* Isto é, o princípio da limitação da jornada de trabalho imposta pelas leis fabris. (N. T.)

[181] "*The Printworks' Act is admitted to be a failure, both with reference to its educational and protective provisions*" ["A lei sobre as estamparias é confessadamente um fracasso no que diz respeito às suas disposições tanto educacionais quanto protetoras"], "Reports etc. for 31st Oct. 1862", p. 52.

[182] Assim, por exemplo, escreve E. Potter numa carta ao *Times*, de 24 de março de 1863. O *Times* lembrou-lhe das revoltas dos fabricantes contra a Lei das 10 Horas.

[183] Assim, entre outros, o sr. W. Newmarch, colaborador e editor de *History of Prices*, de Tooke. Pode-se chamar de avanço científico fazer concessões covardes à opinião pública?

[184] A lei sobre branquearias e tinturarias aprovada em 1860 determinava que a jornada de trabalho deveria ser fixada provisoriamente, em 1º de agosto de 1861, em 12 horas e, em 1º de agosto de 1862, reduzida definitivamente em 10 horas, isto é, 10 horas e meia para dias úteis e 7 horas e meia para os sábados. Mas quando chegou o ano fatal de 1862, a velha farsa se repetiu. Os senhores fabricantes encaminharam uma petição ao Parlamento, para que fosse permitido por mais um ano o emprego de jovens e mulheres em jornadas de 12 horas: "Dada a atual situação do negócio" (na época da carestia de algodão) "seria uma grande vantagem para o trabalhador se lhe fosse permitido trabalhar 12 horas diárias e obter um salário tão grande quanto possível

do primeiro relatório da "Comissão sobre a ocupação das crianças" (1863), o mesmo ocorreu com todas as manufaturas de artigos de cerâmica (não só as olarias), palitos de fósforo, estopilhas, cartuchos, fábricas de papéis de parede, oficinas de tosa de fustão *(fustian cutting)* e inúmeros processos que são resumidos com a expressão *"finishing"* (acabamento). Em 1863, as "branquearias ao ar livre"[185] e as padarias foram submetidas a leis específicas, das quais a

---

[...]. Já se conseguira apresentar um projeto nesse sentido na Câmara Baixa. Ele caiu diante da agitação dos trabalhadores nas branquearias da Escócia", "Reports etc. for 31st Oct. 1862", p. 14-5. Derrotado pelos próprios trabalhadores, em cujo nome ele pretendia falar, o capital descobriu, então, com ajuda de óculos jurídicos, que a lei de 1860, assim como todas as leis parlamentares para a "proteção do trabalho", por estar redigida numa linguagem ambígua e retorcida, fornecia um pretexto para excluir de sua aplicação os *"calenderers"* e os *"finishers"* [calandreiros e rematadores]. A jurisdição inglesa, sempre uma serva fiel do capital, sancionou a rabulice por meio da corte dos Common Pleas [Corte de Justiça Civil]. "Provocou grande insatisfação entre os trabalhadores, e é muito lamentável que a clara intenção da legislação tenha fracassado sob o pretexto de uma definição defeituosa das palavras", ibidem, p. 18.

[185] As "branquearias ao ar livre" haviam escapado da lei de 1860 sobre as "branquearias" lançando mão da mentira de que não empregavam mulheres no turno da noite. A mentira foi exposta pelos inspetores de fábrica, ao mesmo tempo que o Parlamento, por meio de petições dos trabalhadores, viu-se roubado da imagem que, até então, ele fazia dessas "branquearias ao ar livre" como frescos prados perfumados. Nesses estabelecimentos são utilizadas câmaras de secagem com temperaturas de 90 até 100 °F [de 32,2 até 37,8 °C], onde trabalham principalmente moças. *"Cooling"* (resfriamento) é a expressão técnica para as ocasionais escapadas dos trabalhadores de dentro das câmaras de secagem para respirar ar fresco. "Quinze moças nas câmaras de secagem. Calor de 80 a 90 graus para o linho, de 100 graus ou mais para a *cambrics* [cambraia]. Doze moças passam e estendem (as *cambrics* etc.) numa pequena câmara de cerca de 10 pés quadrados, e no meio há um forno inteiramente fechado. As moças estão em pé em torno do fogão, que irradia um calor terrível e seca rapidamente as *cambrics* para as passadeiras. O número de horas para essa mão de obra é ilimitado. Quando há muito movimento, elas trabalham até 9 ou 12 horas da noite, por muitos dias consecutivos", "Reports etc. for 31st Oct. 1862", p. 56. Um médico declara: "para o resfriamento não são permitidas horas especiais, mas se a temperatura torna-se insuportável, ou se as mãos das trabalhadoras se encharcam de suor, é-lhes permitido retirar-se por alguns minutos [...]. Minha experiência no tratamento das doenças dessas trabalhadoras me obriga a constatar que seu estado de saúde encontra-se muito abaixo do das fiandeiras de algodão" (e o capital, em suas petições ao Parlamento, as havia pintado com excesso de saúde, à maneira de Rubens!). "Suas doenças mais frequentes são a tísica, a bronquite, as doenças uterinas, a histeria em sua forma mais horrenda e o reumatismo. Todas elas são causadas, creio eu, direta ou indiretamente pelo ar superaquecido de suas câmaras de trabalho e pela falta de roupas suficientemente confortáveis para protegê-las da atmosfera úmida e fria que enfrentavam ao voltar para casa nos meses de inverno", ibidem, p. 56-7. Sobre a lei de 1863, que foi arrancada desses joviais "branqueadores ao ar livre", observam os inspetores de fábrica: "Essa lei não apenas fracassou em oferecer aos trabalhadores a proteção que aparentava lhes oferecer [...] como ainda está formulada de tal modo que a proteção só ocorre quando crianças e mulheres são

primeira proibia, entre outras coisas, o trabalho noturno (de 8 horas da noite às 6 da manhã) para crianças, jovens e mulheres, e a segunda, o emprego de oficiais padeiros menores de 18 anos, entre 9 horas da noite e 5 da manhã. Voltaremos mais adiante às propostas posteriores da citada comissão, que, com exceção da agricultura, das minas e dos meios de transporte, ameaçavam roubar a "liberdade" a todos os ramos importantes da indústria inglesa[185a].

7. A luta pela jornada normal de trabalho. Repercussão da legislação fabril inglesa em outros países

O leitor se recorda que a produção de mais-valor ou a extração de mais-trabalho constitui o conteúdo e a finalidade específicos da produção capitalista, abstraindo das transformações do próprio modo de produção decorrentes da subordinação do trabalho ao capital. Recorda-se que, segundo o que foi exposto até agora, apenas o trabalhador independente e, portanto, legalmente emancipado pode, como vendedor de mercadorias, firmar contrato com o capitalista. Assim, se em nosso esboço histórico desempenham um papel central, de um lado, a indústria moderna e, de outro, o trabalho daqueles que são física e juridicamente menores, a primeira se apresenta apenas como uma esfera especial, e o segundo como exemplo particularmente convincente da exploração do trabalho. Sem antecipar o subsequente desenvolvimento de nossa investigação, a simples conexão entre os fatos históricos nos mostra:

Primeiro: nas indústrias inicialmente revolucionadas pela força da água, do vapor e da maquinaria, nessas primeiras criações do moderno modo de produção, nas fiações e tecelagens de algodão, lã, linho e seda, o impulso do capital para o prolongamento a todo custo da jornada de trabalho é primeiramente satisfeito. O modo de produção material modificado, ao qual correspondem as relações sociais modificadas entre os produtores[186], engendra, de início, abusos desmedidos e provocam, como reação, o controle social que limita,

---

flagradas trabalhando após as 8 horas da noite, e mesmo assim o método de prova é tão abstruso que dificilmente pode resultar em alguma punição", ibidem, p. 52. "Como uma lei com propósitos humanitários e educativos, ela fracassou inteiramente. Dificilmente se pode chamar de humanitário permitir – ou, o que vem a ser o mesmo, obrigar – que mulheres e crianças trabalhem 14 horas diariamente, com ou sem horários de refeições conforme o caso, e talvez ainda por mais tempo, sem limite de idade, sem diferença de sexo e sem levar em conta os hábitos sociais das famílias da localidade onde se situam as oficinas de branqueamento", "Reports etc. for 30th April 1863", p. 40.

[185a] Nota à segunda edição: Desde 1866, quando escrevi essa passagem, voltou a ocorrer uma reação.

[186] *"The conduct of each of these classes"* [...] *"has been the result of the relative situation in which they have been placed"* ["A conduta de cada uma dessas classes" (capitalistas e trabalhadores) "tem sido o resultado da situação relativa em que elas têm sido postas"], "Reports etc. for 31st Oct. 1848", p. 113.

regula e uniformiza legalmente a jornada de trabalho e suas pausas. Por isso, durante a primeira metade do século XIX, esse controle aparece como mera legislação de exceção[187]. Mal essa legislação se aplicara sobre o terreno original do novo modo de produção e se verificou que, nesse ínterim, não só muitos outros ramos da produção se haviam incorporado ao regime propriamente fabril, mas que manufaturas com métodos de funcionamento mais ou menos obsoletos, tais como olarias, vidrarias etc., ofícios arcaicos, como panificação e, por fim, mesmo o trabalho esparso, chamado de trabalho domiciliar, como a fabricação de agulhas etc.[188], há muito já haviam caído sob a exploração capitalista tanto quanto a fábrica. A legislação foi, por isso, obrigada a livrar-se progressivamente de seu caráter excepcional, ou, onde ela é aplicada segundo a casuística romana, como na Inglaterra, a declarar arbitrariamente como fábrica (*factory*) toda e qualquer casa onde algum trabalho é executado[189].

Segundo: a história da regulação da jornada de trabalho em alguns modos de produção, bem como a luta que, em outros, ainda se trava por essa regulação, provam palpavelmente que, quando o modo de produção capitalista atinge certo grau de amadurecimento, o trabalhador isolado, o trabalhador como "livre" vendedor de sua força de trabalho, sucumbe a ele sem poder de resistência. A criação de uma jornada normal de trabalho é, por isso, o produto de uma longa e mais ou menos oculta guerra civil entre as classes capitalista e trabalhadora. Como a luta teve início no âmbito da indústria moderna, ela foi travada, inicialmente, na pátria dessa indústria, a Inglaterra[190]. Os trabalhadores fabris ingleses foram os paladinos não só

---

[187] *"The employments placed under restriction were connected with the manufacture of textile fabrics by the aid of steam or water power. There were two conditions to which an employment must be subject to cause it to be inspected, viz, the use of steam or water power, and the manufacture of certain specified fibres"* ["As ocupações postas sob restrição estavam conectadas à manufatura de produtos têxteis com ajuda do vapor ou da força hidráulica. Uma ocupação laboral tinha de preencher duas condições para estar sujeita à inspeção fabril, a saber, a aplicação do vapor ou da força hidráulica e a manufatura de certas fibras específicas"], "Reports etc. for 31st October 1864", p. 8.

[188] Sobre a situação dessa assim chamada indústria doméstica, materiais extremamente valiosos podem ser encontrados nos últimos relatórios da Children's Employment Commision.

[189] *"The Acts of last Session"* [...] *"embrace a diversity of occupations the customs in which differ greatly, and the use of mechanical power to give motion to machinery is no longer one of the elements necessary, as formerly, to constitute in legal phrase a Factory"* ["As leis da última sessão legislativa" (1864) "abrangem uma diversidade de ocupações, cujos costumes diferem enormemente, e o uso de força mecânica para movimentar a maquinaria deixou de ser um dos elementos necessários para constituir uma fábrica em sentido legal"], ibidem, p. 8.

[190] Tampouco a Bélgica, o paraíso do liberalismo continental, mostra qualquer marca desse movimento. Mesmo em suas minas de carvão e de metal os trabalhadores de ambos os sexos e de todas as idades são consumidos com plena "liberdade" por qualquer duração e período de tempo. Para cada 1.000 pessoas ali empregadas, há 733 homens,

A jornada de trabalho

da classe trabalhadora inglesa, mas da classe trabalhadora em geral, assim como seus teóricos foram os primeiros a desafiar a teoria do capital[191]. Por essa razão, o filósofo da fábrica, Ure, denuncia como um irremediável opróbrio para a classe trabalhadora inglesa que ela tenha inscrito em sua bandeira "a escravidão das leis fabris", manifestando com isso sua oposição ao capital, que lutava de modo viril pela "liberdade plena do trabalho"[192].

A França se arrasta, claudicante, atrás da Inglaterra. Foi necessária a Revolução de Fevereiro para trazer à luz a Lei das 12 Horas[193], muito mais defeituosa que a original inglesa. Apesar disso, o método revolucionário francês também mostra suas vantagens peculiares. De um só golpe, ele estabelece para todos os ateliês e fábricas, sem distinção, os mesmos limites da jornada de trabalho, ao passo que a legislação inglesa cede à pressão das circunstâncias, ora nesse ponto, ora noutro, e está no melhor caminho para se perder em meio a novos imbróglios jurídicos[194]. Por outro lado, a lei francesa

---

88 mulheres, 135 rapazes e 44 moças menores de 16 anos; nos altos-fornos etc. há, para cada 1.000 trabalhadores, 668 homens, 149 mulheres, 98 rapazes e 85 moças menores de 16 anos. A isso se acrescenta ainda o baixo salário para a enorme exploração de forças de trabalho mais ou menos maduras, numa média diária de 2 xelins e 8 *pence* para os homens, 1 xelim e 8 *pence* para as mulheres e 1 xelim e 2½ *pence* para os jovens. Como resultado disso, em 1863 a Bélgica quase duplicou, em comparação com 1850, a quantidade e o valor de suas exportações de carvão, ferro etc.

[191] Quando Robert Owen, pouco depois da primeira década de nosso século, não apenas defendeu teoricamente a necessidade de uma limitação da jornada de trabalho, mas introduziu a jornada de 10 horas em sua fábrica em New Lanark, o fato foi ridicularizado como uma utopia comunista, do mesmo modo como sua "combinação do trabalho produtivo com a educação das crianças" e as cooperativas de trabalhadores por ele fundadas. Hoje, a primeira utopia é lei fabril, a segunda figura como texto oficial em todas as "leis fabris" e a terceira já é usada até mesmo como disfarce para imposturas reacionárias.

[192] A. Ure, *Philosophie des manufactures* (Paris, 1836), t. II, p. 39-40, 67, 77.

[193] Na *compte rendu* [ata] do "Congresso Internacional de Estatística em Paris, 1855", lê-se, entre outras coisas: "A lei francesa, que limita em 12 horas a duração do trabalho diário nas fábricas e oficinas, não restringe esse trabalho a determinadas horas fixas" (períodos de tempo), "pois apenas para o trabalho infantil é prescrito o horário de trabalho entre 5 horas da manhã e 9 da noite. Desse modo, uma parte dos fabricantes dispõe do direito que esse silêncio fatal lhes confere de fazer seus trabalhadores trabalhar todos os dias, sem interrupção, talvez com exceção dos domingos. Eles empregam, para isso, duas turmas de trabalhadores, das quais nenhuma trabalha mais do que 12 horas nas oficinas, porém o trabalho é executado dia e noite no estabelecimento. A lei está cumprida, mas também o está, do mesmo modo, a humanidade?". Além da "influência destruidora do trabalho noturno sobre o organismo humano", também é ressaltada a "influência fatal da associação noturna de ambos os sexos nas oficinas mal iluminadas".

[194] "Por exemplo, em meu distrito, no mesmo estabelecimento fabril, o mesmo fabricante é branqueador e tintureiro sob a Lei das Branquearias e Tinturarias, estampador sob a Printwork's Act e rematador sob a Lei Fabril", "Report of Mr. Baker", em "Reports

proclama como um princípio aquilo que a Inglaterra conquistou apenas em nome das crianças, dos menores e das mulheres, e que só recentemente foi reivindicado como um direito universal[195].

Nos Estados Unidos da América do Norte, todo movimento operário independente ficou paralisado durante o tempo em que a escravidão desfigurou uma parte da república. O trabalho não pode se emancipar na pele branca onde na pele negra ele é marcado a ferro. Mas da morte da escravidão brotou imediatamente uma vida nova e rejuvenescida. O primeiro fruto da guerra civil foi o movimento pela jornada de trabalho de 8 horas, que percorreu, com as botas de sete léguas da locomotiva, do Atlântico até o Pacífico, da Nova Inglaterra à Califórnia. O Congresso Geral dos Trabalhadores, em Baltimore (agosto de 1866)*, declarou: "A primeira e maior exigência do presente para libertar o trabalho deste país da escravidão capitalista é a aprovação de uma lei que estabeleça uma jornada de trabalho normal de 8 horas em todos os Estados da União americana. Estamos decididos a empenhar todas as nossas forças até que esse glorioso resultado seja alcançado"[196].

Ao mesmo tempo (início de setembro de 1866), o "Congresso da Associação Internacional dos Trabalhadores", em Genebra, decidiu, por proposta do Conselho Geral de Londres: "Declaramos a limitação da jornada de trabalho

---

etc. 31st Oct 1861", p. 20. Depois da enumeração das diferentes disposições dessas leis e da complicação que delas se segue, diz o sr. Baker: "Vê-se o quão difícil é garantir o cumprimento dessas três leis parlamentares quando o proprietário de fábrica costuma burlá-las", ibidem, p. 21. Com isso, o que se garante são processos aos senhores juristas.

[195] Assim, os inspetores de fábrica ganham coragem, finalmente, para dizer: "Essas objeções" (do capital contra a limitação legal do tempo de trabalho) "têm de sucumbir diante do grande princípio dos direitos trabalhistas [...] chega um momento em que cessa o direito do empregador sobre o trabalho de seu operário e este último pode dispor de seu tempo, mesmo que ainda não esteja exausto", "Reports etc. for 31st Oct. 1862", p. 54.

* O Congresso Geral da Congregação Americana de Trabalhadores foi realizado em Baltimore, entre 20 e 25 de agosto de 1866. Dele participaram 60 delegados, que representavam mais de 60 mil trabalhadores. O congresso tratou das seguintes questões: introdução legislativa da jornada de trabalho de 8 horas, atividade política dos trabalhadores, sociedades cooperativas, sindicalização de todos os trabalhadores, entre outras. Além disso, decidiu-se pela criação da National Labor Union, uma organização política da classe trabalhadora. (N. E. A. MEW)

[196] "Nós, os trabalhadores de Dunquerque, declaramos que a duração do tempo de trabalho exigida sob o atual sistema é muito longa e não deixa ao trabalhador nenhum tempo para sua recuperação e desenvolvimento, o que o rebaixa a uma condição de servidão que é pouco melhor do que a escravidão (*a condition of servitude but little better than slavery*). Por essa razão, decidimos que 8 horas é o tempo suficiente para uma jornada de trabalho e deve ser reconhecido legalmente como suficiente; que invocamos em nosso apoio a imprensa, essa poderosa alavanca [...] e que consideramos todos os que recusam esse apoio como inimigos da reforma trabalhista e dos direitos dos trabalhadores", *Resolução dos trabalhadores de Dunquerque* (Nova York, 1866).

A jornada de trabalho

como uma condição prévia sem a qual todos os demais esforços pela emancipação estão fadados ao fracasso [...]. Propomos 8 horas de trabalho como limite legal da jornada de trabalho".

Assim, em ambos os lados do Oceano Atlântico, o movimento dos trabalhadores, tendo crescido instintivamente a partir das próprias relações de produção, endossou as palavras do inspetor de fábrica inglês R. J. Saunders: "nenhum passo adiante em direção à reforma da sociedade pode ser dado com qualquer perspectiva de sucesso a menos que se limite a jornada de trabalho e se imponha o cumprimento do limite prescrito"[197].

Temos de reconhecer que nosso trabalhador sai do processo de produção diferente de quando nele entrou. No mercado, ele, que possui a mercadoria força de trabalho, defronta-se com outros possuidores de mercadorias: um possuidor de mercadoria diante de outros possuidores de mercadorias. O contrato pelo qual ele vende sua força de trabalho ao capitalista prova – por assim dizer, põe o preto no branco – que ele dispõe livremente de si mesmo. Fechado o negócio, porém, descobre-se que ele não era "nenhum agente livre", que o tempo de que livremente dispõe para vender sua força de trabalho é o tempo em que é forçado a vendê-la[198], que, na verdade, seu parasita [*Sauger*] não o deixará "enquanto houver um músculo, um nervo, uma gota de sangue para explorar"[199]. Para "se proteger" contra a serpente de suas aflições*, os trabalhadores têm de se unir e, como classe, forçar a aprovação de uma lei, uma barreira social intransponível que os impeça a si mesmos de, por meio de um contrato voluntário com o capital, vender a si e a suas famílias à mor-

---

[197] "Reports etc. for 31st Oct. 1848", p. 112.
[198] "*These proceedings* [...] *have afforded, moreover, incontrovertible proof of the fallacy of the assertion so often advanced, that operatives need no protection, but may be considered as free agents in the disposal of the only property they possess, the labour of their hands, and the sweat of their brows*" ["Esses procedimentos" (as manobras do capital, por exemplo, no período de 1848-1850) "forneceram, além disso, uma prova incontroversa da falácia da afirmação, feita com tanta frequência, de que os operários não necessitam de proteção alguma, mas podem ser considerados agentes livres para dispor da única propriedade que possuem, o trabalho de suas mãos e o suor de seus rostos"], "Reports etc. for 30th April 1850", p. 45. "*Free labour, if so it may be termed, even in a free country requires the strong arm of the law to protect it*" ["O trabalho livre, se assim ele pode ser chamado, requer, mesmo num país livre, o braço forte da lei para protegê-lo"], "Reports etc. for 31st Oct. 1864", p. 34. "*To permit, which is tantamount to compelling* [...] *to work 14 hours a day with or without meals etc.*" ["Permitir, o que significa o mesmo que forçar alguém a [...] trabalhar 14 horas diárias com ou sem refeições etc."], "Reports etc. for 30th April 1863", p. 40.
[199] F. Engels, "Die englische Zehnstundenbill" [Lei das 10 Horas inglesa], cit., p. 5.
* Do poema "Heinrich", de Heinrich Heine. *Du, mein liebes treues Deutschland,/ Du wirst auch den Mann gebären,/ Der die Schlange meiner Qualen/ Niederschmettert mit der Streitaxt* [Tu, Alemanha amada e fiel/ Darás à luz também o homem/ Que abaterá a machadadas/ A serpente de minhas aflições]. (N. T.)

te e à escravidão[200]. No lugar do pomposo catálogo dos "direitos humanos inalienáveis", tem-se a modesta *Magna Charta** de uma jornada de trabalho legalmente limitada, que "afinal deixa claro quando acaba o tempo vendido pelo trabalhador e quando começa o tempo que lhe pertence"[201]. *Quantum mutatus ab illo!* [Quanto se mudou do que era!]**

---

[200] A Lei das 10 Horas, em todos os ramos da indústria a ela submetidos, "tem salvado os trabalhadores da total degeneração e protegido sua condição física", "Reports etc. for 31st Oct. 1859", p. 47. "O capital" (nas fábricas) "jamais pode manter a maquinaria em movimento além de um período limitado sem prejudicar a saúde e a moral dos trabalhadores empregados; e estes não se encontram numa situação em que possam proteger a si mesmos", ibidem, p. 8.

* *Magna Charta Libertatum*: documento imposto ao rei inglês João I (chamado "sem terra") pelos grandes senhores feudais, barões e príncipes eclesiásticos, apoiados pela nobreza rural e pelas municipalidades. A *Charta*, assinada em 15 de junho de 1215, limitava o poder do rei principalmente em favor dos senhores feudais e fazia várias concessões à nobreza rural; à massa da população, os camponeses servos, a *Charta* não concedia qualquer direito. Marx refere-se aqui à lei para a limitação da jornada de trabalho, pela qual a classe trabalhadora inglesa tivera de travar uma longa e persistente luta. (N. E. A. MEW)

[201] "*A still greater boon is the distinction at last made clear between the worker's own time and his master's. The worker knows now when that which he sells is ended, and when his own begins, and by possessing a sure foreknowledge of this, is enabled to pre-arrange his own minutes for his own purposes*" ["Uma vantagem ainda maior é a distinção que enfim se torna clara entre o tempo do próprio trabalhador e o de seu empregador. O trabalhador sabe, agora, quando está consumado o tempo que ele vendeu e quando começa seu próprio tempo, e porque possui uma previsão certa disso ele pode projetar seus próprios minutos para seus propósitos"], *Magna Charta Libertatum*, p. 52. "*By making them masters of their own time, they [...] have given them a moral energy which is directing them to the eventual possession of political power*" ["Ao torná-los senhores de seu próprio tempo, elas" (as leis fabris) "deram-lhe a energia moral que os direciona à posse final do poder político"], ibidem, p. 47. Com ironia contida e expressões muito cuidadosas, os inspetores de fábrica insinuam que a atual Lei das 10 Horas também liberta o capitalista, de alguma maneira, de sua brutalidade natural como mera corporificação do capital, dando-lhe tempo para sua própria "formação". Antes "*the Master had no time for anything but money: the servant had no time for anything but labour*" ["o senhor não tinha tempo para nada a não ser o dinheiro, e o servo não tinha tempo para nada a não ser o trabalho"], ibidem, p. 48.

** Virgílio, *Eneida*, livro 2, verso 274. (N. T.)

Capítulo 9

Taxa e massa do mais-valor

Neste capítulo, como anteriormente, o valor da força de trabalho, isto é, da parte da jornada de trabalho necessária para a reprodução ou conservação da força de trabalho, é pressuposto como uma grandeza constante, dada.

Com a taxa de mais-valor é dada, ao mesmo tempo, a massa de mais-valor que o trabalhador individual fornece ao capitalista num determinado período de tempo. Se, por exemplo, o trabalho necessário é de 6 horas diárias, expressas numa quantidade de ouro de 3 xelins = 1 táler, então 1 táler é o valor diário de uma força de trabalho ou o valor do capital adiantado na compra de uma força de trabalho. Se, além disso, a taxa de mais-valor é de 100%, esse capital variável de 1 táler produz uma massa de mais-valor de 1 táler, ou, em outras palavras, o trabalhador fornece diariamente uma massa de mais-trabalho igual a 6 horas.

Mas o capital variável é a expressão monetária do valor total de todas as forças de trabalho que o capitalista emprega simultaneamente. Seu valor é, assim, igual ao valor médio de uma força de trabalho, multiplicado pelo número de forças de trabalho empregadas. Dado o valor da força de trabalho, a grandeza do capital variável está, pois, na razão direta do número de trabalhadores simultaneamente empregados. Se o valor diário de uma força de trabalho = 1 táler, um capital de 100 táleres precisa ser desembolsado para explorar 100 e de n táleres para explorar n forças de trabalho diariamente.

Da mesma forma, se um capital variável de 1 táler, o valor diário de uma força de trabalho, produz um mais-valor diário de 1 táler, um capital variável de 100 táleres produz um mais-valor diário de 100, e um de n táleres produzirá um mais-valor diário de 1 táler x n. A massa do mais-valor produzido é, assim, igual ao mais-valor fornecido pela jornada de trabalho do trabalhador individual, multiplicado pelo número de trabalhadores empregados. Mas como, além disso, dado um certo valor da força de trabalho, a massa do mais-valor produzido pelo trabalhador individual é determinada pela taxa de mais-valor, segue-se a primeira lei: a massa do mais valor produzido é igual à grandeza do capital variável adiantado multiplicada pela taxa de mais-valor, ou é determinada pela relação composta entre o número das forças de trabalho simultaneamente exploradas pelos mesmos capitalistas e o grau de exploração da força de trabalho individual*.

Chamemos, portanto, M a massa do mais-valor, m o mais-valor fornecido pelo trabalhador individual no dia médio, v o capital variável diariamente adiantado na compra da força de trabalho individual, V a soma total do capital variável, f o valor de uma força de trabalho média, t'/t (trabalho excedente/ trabalho necessário) o seu grau de exploração e n, o número de trabalhadores empregados. Temos, então:

$$M = \begin{cases} m/v \times V \\ f \times t'/t \times n \end{cases}$$

Aqui está pressuposto não só que o valor de uma força de trabalho média é constante, mas que os trabalhadores empregados por um capitalista se reduzem aos trabalhadores médios. Em casos excepcionais, o mais-valor produzido não aumenta na mesma proporção do número dos trabalhadores explorados, mas então tampouco o valor da força de trabalho permanece constante.

Na produção de uma dada massa de mais-valor, portanto, a diminuição de um fator pode ser compensada pelo aumento do outro. Se o capital variável diminui e, ao mesmo tempo, a taxa de mais-valor aumenta na mesma proporção, a massa do mais-valor produzido se mantém inalterada. Se, conforme nossa suposição anterior, o capitalista adianta 100 táleres para explorar diariamente 100 trabalhadores, e a taxa de mais-valor é de 50%, esse capital variável de 100 táleres gera, então, um mais-valor de 50 táleres ou 100 × 3 horas de trabalho. Se a taxa de mais-valor dobra, ou a jornada de trabalho é aumentada não de 6 para 9, mas de 6 para 12 horas, então o capital variável – agora reduzido à metade, 50 táleres – gera, igualmente, um mais-valor de 50 táleres, ou 50 × 6 horas de trabalho. A diminuição do capital variável é, assim, compensável por um aumento proporcional no grau de exploração da força de trabalho, ou, em outras palavras, a diminuição no número de trabalhadores empregados é compensável por um prolongamento proporcional da jornada de trabalho. Dentro de certos limites, a oferta de trabalho que o capital pode explorar se torna, pois, independente da oferta de trabalhadores[202]. Por outro lado, uma queda na taxa de mais-valor deixa inalterada a massa do mais-

---

* Na edição francesa autorizada, a segunda parte dessa frase foi redigida da seguinte forma: "ou é igual ao valor de uma força de trabalho multiplicada pelo grau de sua exploração e multiplicada pelo número das forças de trabalho simultaneamente exploradas". (N. E. A. MEW)

[202] Essa lei elementar parece ser desconhecida aos senhores da economia vulgar, que, ao contrário de Arquimedes, acreditam ter encontrado na determinação dos preços do

-valor produzido toda vez que a grandeza do capital variável ou o número dos trabalhadores empregados aumente na mesma proporção.

No entanto, a compensação do número de trabalhadores empregados ou da grandeza do capital variável por meio de um aumento da taxa de mais-valor ou do prolongamento da jornada de trabalho tem limites insuperáveis. Qualquer que seja o valor da força de trabalho, se o tempo de trabalho necessário para sustentar o trabalhador é de 2 ou 10 horas, o valor total que um trabalhador pode produzir diariamente é sempre menor do que o valor em que estão incorporadas 24 horas de trabalho, menos, portanto, do que 12 xelins, ou 4 táleres, sendo 12 xelins a expressão monetária de 24 horas de trabalho objetivado. Segundo nossa suposição anterior, de acordo com a qual 6 horas diárias de trabalho são necessárias para reproduzir a própria força de trabalho ou repor o valor do capital adiantado em sua compra, um capital variável de 500 táleres, que emprega 500 trabalhadores a uma taxa de mais-valor de 100% ou com uma jornada de trabalho de 12 horas, produz diariamente um mais-valor de 500 táleres ou 6 × 500 horas de trabalho. Um capital de 100 táleres, que empregue diariamente 100 trabalhadores a uma taxa de mais-valor de 200% ou com uma jornada de trabalho de 18 horas, produzirá apenas uma massa de mais-valor de 200 táleres ou 12 × 100 horas de trabalho. E seu produto-valor total, equivalente ao capital variável adiantado mais o mais-valor, jamais poderá alcançar a soma de 400 táleres ou 24 × 100 horas de trabalho. O limite absoluto da jornada média de trabalho, que é por natureza sempre menor do que 24 horas, constitui um limite absoluto ao expediente de repor o capital variável reduzido lançando mão de uma taxa aumentada de mais-valor ou, em outras palavras, de compensar a redução do número de trabalhadores explorados com um aumento no grau de exploração da força de trabalho. Essa segunda lei, mais palpável, é importante para o esclarecimento de muitos fenômenos que decorrem da tendência do capital, que analisaremos mais adiante, de reduzir ao máximo o número de trabalhadores por ele empregados, ou seu componente variável convertido em força de trabalho, o que entra em contradição com sua outra tendência, de produzir a maior massa possível de mais-valor. Inversamente, se a massa das forças de trabalho empregadas ou a grandeza do capital variável cresce, mas não na mesma proporção da queda na taxa de mais-valor, diminui a massa do mais-valor produzido.

A terceira lei resulta da determinação da massa do mais-valor produzido pelos dois fatores, taxa de mais-valor e grandeza do capital variável adiantado. Dados a taxa de mais-valor ou o grau de exploração da força de trabalho e o valor da força de trabalho ou a grandeza do tempo de trabalho necessário, é evidente que, quanto maior o capital variável, tanto maior a massa do

---

trabalho por meio da oferta e da demanda não o ponto para alavancar o mundo de seu eixo, mas para paralisá-lo.

valor e do mais-valor produzidos. Se o limite da jornada de trabalho é dado como o limite de seu componente necessário, a massa de valor e mais-valor que um capitalista individual produz depende exclusivamente da massa de trabalho que ele põe em movimento. Esta, no entanto, depende, sob dados pressupostos, da massa da força de trabalho ou do número de trabalhadores que ele explora, e esse número, por sua vez, é determinado pela grandeza do capital variável por ele adiantado. Dados a taxa do mais-valor e o valor da força de trabalho, as massas do mais-valor produzido estarão na razão direta da grandeza dos capitais variáveis adiantados. Ora, sabe-se que o capitalista divide seu capital em duas partes. Uma parte ele aplica em meios de produção, e essa é a parte constante de seu capital. A outra parte ele investe em força viva de trabalho, e essa parte constitui seu capital variável. Num mesmo modo de produção, ocorre em diferentes ramos da produção uma divisão diferente entre as partes constante e variável do capital. No interior do mesmo ramo de produção, essa proporção varia conforme a modificação da base técnica e da combinação social do processo de produção. Mas independentemente do modo como um dado capital venha a se decompor em suas partes constante e variável, seja a proporção da última para a primeira de 1 por 2, 1 por 10 ou 1 por x, a lei que acabamos de formular não é afetada em nada, pois, de acordo com a análise anterior, o valor do capital constante reaparece no valor do produto, porém não integra o novo produto-valor criado. Para empregar mil fiandeiros, decerto são necessários mais matérias-primas, fusos etc. do que para empregar cem. Mas o valor desses meios de produção adicionais pode subir, cair, manter-se inalterado, ser grande ou pequeno, e, ainda assim, permanecer sem influência alguma sobre o processo de valorização das forças de trabalho que os põem em movimento. A lei há pouco enunciada assume, pois, a seguinte forma: as massas de valor e mais-valor produzidas por diferentes capitais – com dado valor da força de trabalho e o grau de exploração desta última permanecendo constante – estão na razão direta da grandeza dos componentes variáveis desses capitais, isto é, de seus componentes convertidos em força viva de trabalho.

Essa lei contradiz flagrantemente toda a experiência baseada na aparência. Qualquer um sabe que um fiador de algodão, que, calculando a porcentagem do capital total aplicado, emprega muito capital constante e pouco capital variável, não embolsa, por causa disso, um lucro ou mais-valor menor do que um padeiro que põe em movimento muito capital variável e pouco capital constante. Para a solução dessa contradição aparente são necessários muitos elos intermediários, do mesmo modo como, do ponto de vista da álgebra elementar, muitos elos intermediários são necessários para se compreender que $^0/_0$ pode representar uma grandeza real. A economia clássica, embora jamais a tenha formulado, apega-se instintivamente a essa lei, por ser ela uma consequência necessária da lei do valor em geral. Seus representantes tentam salvá-la por meio de uma abstração forçada das contradições do fenômeno.

Taxa e massa do mais-valor

Veremos mais adiante[203] como a escola ricardiana tropeçou nessa pedra. A economia vulgar, que "realmente não aprendeu nada"*, apega-se aqui, como em tudo, à aparência [*Schein*] contra a lei do fenômeno [*Erscheinung*]. Em oposição a Espinosa, ela acredita que "a ignorância é uma razão suficiente"**.

O trabalho posto diariamente em movimento pelo capital total de uma sociedade pode ser considerado uma única jornada de trabalho. Se, por exemplo, o número dos trabalhadores é de 1 milhão, e a jornada de trabalho média de um trabalhador é de 10 horas, a jornada de trabalho social será de 10 milhões de horas. Com uma dada duração dessa jornada de trabalho, sejam seus limites traçados física ou socialmente, a massa do mais-valor só pode ser aumentada por meio do aumento do número de trabalhadores, isto é, da população trabalhadora. O crescimento dessa população constitui, aqui, o limite matemático da produção do mais-valor por meio do capital social total. Inversamente, com uma grandeza constante da população trabalhadora, esse limite será constituído pelo prolongamento possível da jornada de trabalho[204]. No próximo capítulo, ver-se-á que essa lei vale apenas para a forma de mais-valor de que tratamos até este momento.

Da consideração da produção de mais-valor que realizamos até agora resulta que nem toda quantia de dinheiro ou valor pode ser convertida em capital, pois, para isso, pressupõe-se, antes, um determinado mínimo de dinheiro ou de valor de troca nas mãos do possuidor individual de dinheiro ou mercadorias. O mínimo de capital variável é o preço de custo de uma força de trabalho individual, que, para a obtenção de mais-valor, é consumida dia a dia, durante o ano inteiro. Se esse trabalhador possuísse seu próprio meio de produção e se contentasse em viver como trabalhador, bastar-lhe-ia o tempo de trabalho necessário para a reprodução de seus meios de subsistência,

---

[203] Mais detalhes sobre isso no Livro IV.

* "Não aprenderam nada, nem esqueceram nada", disse Talleyrand sobre os emigrantes aristocráticos que, retornando à França após a restauração do domínio dos Bourbons, tentaram recuperar suas propriedades fundiárias e submeter os camponeses às velhas obrigações feudais. (N. E. A. MEW)

** No apêndice à primeira parte de sua *Ética*, Espinosa diz que a ignorância não é uma razão suficiente. Com isso, ele combate a concepção clerical e teleológica da natureza, que defendia que a "vontade de Deus" é a causa fundamental de todos os acontecimentos com base no argumento de que não se conhecem outras causas últimas. (N. E. A. MEW)

[204] "*The labour, that is the economic time, of society, is a given portion, say ten hours a day of a million of people or ten million hours* [...] *Capital has its boundary of increase. The boundary may, at any given period, be attained in the actual extent of economic time employed*" ["O trabalho de uma sociedade, isto é, o tempo empregado na economia, representa uma dada grandeza, digamos, de 10 horas diárias de 1 milhão de pessoas, ou 10 milhões de horas [...]. O capital é limitado em seu crescimento. Em cada período dado, esse limite consiste na extensão real do tempo empregado na economia"], em *An Essay on the Political Economy of Nations*, cit., p. 47-9.

digamos, 8 horas por dia. Ele só precisaria, portanto, dos meios de produção para 8 horas de trabalho. Já o capitalista, que o põe para executar, além dessas 8 horas, digamos, um mais-trabalho de 4 horas, necessita de uma quantidade de dinheiro adicional para o fornecimento dos meios de produção adicionais. Segundo nosso pressuposto, no entanto, ele teria de empregar dois trabalhadores para poder viver do mais-valor apropriado diariamente, como um trabalhador, isto é, para poder satisfazer suas necessidades básicas. Nesse caso, a finalidade de sua produção seria a mera subsistência, e não o aumento da riqueza, e esta última é o pressuposto da produção capitalista. Para que pudesse viver duas vezes melhor do que um trabalhador comum e reconverter a metade do mais-valor produzido em capital, ele teria de multiplicar por oito tanto o número de trabalhadores quanto o mínimo do capital adiantado. No entanto, ele mesmo pode, tal como seu trabalhador, tomar parte diretamente no processo de produção, mas então ele será apenas um intermediário entre o capitalista e o trabalhador, um "pequeno patrão". Certo grau de desenvolvimento da produção capitalista impõe que o capitalista possa aplicar todo o tempo – durante o qual ele funciona como capitalista, isto é, como capital personificado – à apropriação e, assim, ao controle do trabalho alheio e à venda dos produtos desse trabalho[205]. As corporações de ofício da Idade Média procuraram impedir pela força a transformação do mestre-artesão em capitalista, limitando a um máximo muito exíguo o número de trabalhadores que um mestre individual podia empregar. O possuidor de dinheiro ou de mercadorias só se transforma realmente num capitalista quando a quantidade desembolsada para a produção ultrapassa em muito o máximo medieval. Aqui, como na ciência da natureza, mostra-se a exatidão da lei, descoberta

---

[205] *"The farmer cannot rely on his own labour; and if he does, I will maintain, that he is a loser by it. His employment should be a general attention to the whole: his thrasher must be watched, or he will soon lose his wages in corn not thrashed out; his mowers, reapers etc. must be looked after; he must constantly go round his fences; he must see there is no neglect; which would be the case if he was confined to any one spot"* ["O agricultor não deve depender de seu próprio trabalho; e se assim o fizer, ele sairá perdendo, em minha opinião. Sua atividade deveria consistir na supervisão do todo: ele tem de atentar para seu debulhador, pois do contrário em breve se desperdiçará o salário pago pelo cereal que não foi debulhado; do mesmo modo, têm de ser vigiados seus ceifeiros, segadores etc.; ele tem de conferir constantemente suas cercas; tem de cuidar para que nada seja negligenciado, o que acontecerá caso ele se limite a um único ponto"], J. Arbuthnot, *An Enquiry Into the Connection Between the Price of Provisions, and the Size of Farms etc. By a Farmer* (Londres, 1773), p. 12. Esse escrito é muito interessante. Nele, pode-se estudar a gênese do *"capitalist farmer"* [agricultor capitalista] ou *"merchant farmer"* [agricultor mercador], como ele é expressamente chamado, e escutar sua autoglorificação em contraste com o *"small farmer"* [pequeno agricultor], cuja atividade é essencialmente dedicada à subsistência. "A classe capitalista é liberada – de início parcialmente e por fim totalmente – da necessidade do trabalho manual", *Textbook of Lectures on the Polit. Economy of Nations. By the Rev. Richard Jones* (Hertford, 1852), lecture III, p. 39.

por Hegel em sua *Lógica*, de que alterações meramente quantitativas, tendo atingido um determinado ponto, convertem-se em diferenças qualitativas[205a].

O mínimo de quantidade de valor que o possuidor individual de dinheiro ou mercadorias tem de dispor para se metamorfosear num capitalista varia de acordo com os diferentes estágios de desenvolvimento da produção capitalista, e é, num dado estágio, diferente em diferentes esferas da produção, de acordo com suas condições técnicas específicas. Certas esferas da produção requerem, já nos primórdios da produção capitalista, um mínimo de capital que ainda não se encontra nas mãos dos indivíduos isolados. Isso leva, em parte, ao subsídio estatal a tais particulares, como na França de Colbert e em muitos Estados alemães até a nossa época, e, em parte, à formação de sociedades com monopólio legal para explorar certos ramos da indústria e do comércio[206] – as precursoras das modernas sociedades por ações.

Não nos ocuparemos em detalhes com as modificações que a relação entre capitalista e trabalhador assalariado sofreu no curso do processo de produção, tampouco com as determinações subsequentes do próprio capital. Cabe, aqui, destacar apenas alguns pontos principais.

No interior do processo de produção, o capital se desenvolveu para assumir o comando sobre o trabalho, isto é, sobre a força de trabalho em atividade, ou, em outras palavras, sobre o próprio trabalhador. O capital personificado, o capitalista, cuida para que o trabalhador execute seu trabalho ordenadamente e com o grau apropriado de intensidade.

O capital desenvolveu-se, ademais, numa relação coercitiva, que obriga a classe trabalhadora a executar mais trabalho do que o exigido pelo círculo estreito de suas próprias necessidades vitais. E como produtor da laboriosidade alheia, extrator de mais-trabalho e explorador de força de trabalho, o capital excede em energia, exorbitância e eficiência todos os sistemas de produção anteriores, baseados no trabalho direto compulsório.

[205a] A teoria molecular, aplicada na química moderna e desenvolvida cientificamente pela primeira vez por Laurent e Gerhardt, não se baseia senão nessa lei. {Adendo à terceira edição: A título de esclarecimento desta nota, bastante obscura para quem não é químico, observamos que o autor se refere, aqui, às "séries homólogas" dos compostos de hidrocarbonetos, assim denominados pela primeira vez por C. Gerhardt, em 1843, e possuindo, cada uma delas, uma fórmula algébrica própria de composição. Assim, a série das parafinas: C_nH_{2n+2}; a dos álcoois normais: $C_nH_{2n+2}O$; a dos ácidos graxos normais: $C_nH_{2n}O_2$ e muitas outras. Nos exemplos anteriores, a simples adição quantitativa de CH_2 à fórmula molecular forma a cada vez um corpo qualitativamente diferente. Sobre o papel – superestimado por Marx – de Laurent e Gerhardt na determinação desse fato importante, cf. Kopp, *Entwicklung der Chemie* (Munique, 1873), p. 709-16, e Schorlemmer, *Rise and Progress of Organic Chemistry* (Londres, 1879), p. 54. (F. E.)}

[206] Martinho Lutero chama tais instituições de "A Sociedade Monopolia".

Inicialmente, o capital subordina o trabalho conforme as condições técnicas em que historicamente o encontra. Portanto, ele não altera imediatamente o modo de produção. Razão pela qual a produção de mais-valor, na forma como a consideramos até agora, mostrou-se independente de qualquer mudança no modo de produção. Ela não era menos efetiva nas obsoletas padarias do que nas modernas fiações de algodão.

Observando-se o processo de produção do ponto de vista do processo de trabalho, o trabalhador se relaciona com os meios de produção não como capital, mas como mero meio e material de sua atividade produtiva orientada para um fim. Num curtume, por exemplo, ele trata as peles como seu mero objeto de trabalho. Não é para o capitalista que ele curte a pele. Diferentemente de quando observamos o processo de produção do ponto de vista do processo de valorização. Os meios de produção convertem-se imediatamente em meios para a sucção de trabalho alheio. Não é mais o trabalhador que emprega os meios de produção, mas os meios de produção que empregam o trabalhador. Em vez de serem consumidos por ele como elementos materiais de sua atividade produtiva, são eles que o consomem como fermento de seu próprio processo vital, e o processo vital do capital não é mais do que seu movimento como valor que valoriza a si mesmo. Fornos de fundição e oficinas que permanecem parados à noite, sem sugar trabalho vivo, são "simples perda" ("*mere loss*") para o capitalista. Por isso, fornos de fundição e oficinas de trabalho constituem um "direito de exigir trabalho noturno" das forças de trabalho. A simples transformação do dinheiro em fatores objetivos do processo de produção, em meios de produção, converte estes últimos em títulos legais e compulsórios ao trabalho e mais-trabalho alheios. De que maneira essa inversão peculiar e característica da produção capitalista, essa distorção da relação entre trabalho morto e vivo, entre valor e força criadora de valor, reflete-se na consciência dos cérebros capitalistas é finalmente evidenciada por mais um exemplo. Durante a revolta dos fabricantes ingleses de 1848-1850, um cavalheiro extremamente inteligente, "chefe da fiação de linho e algodão em Paisley, uma das firmas mais antigas e respeitáveis do oeste da Escócia, a companhia Carlyle, Filhos & Cia., que existe desde 1752 e é dirigida pela mesma família geração após geração", publicou, no *Glasgow Daily Mail* de 25 de abril de 1849, uma carta[207] sob o título: "O sistema de revezamento", em que se podem ler, entre outras, a seguinte passagem grotescamente ingênua:

> "Vejamos, agora, os males que decorrem de uma redução do tempo de trabalho de 12 para 10 horas [...]. Eles 'chegam' ao dano mais sério das perspectivas e da propriedade do fabricante. Se ele" (quer dizer, sua "mão de obra") "trabalhava 12 horas e é limitado a 10, então cada 12 máquinas ou fusos em seu estabelecimento encolhem para 10 (*then every 12 machines or spindles, in his establishment, shrink to 10*),

---

[207] "Reports of Insp. of Fact. for 30th April 1849", p. 59.

Taxa e massa do mais-valor

e se ele quisesse vender sua fábrica, eles seriam avaliados apenas como 10, de modo que, em todo o país, uma sexta parte do valor de cada fábrica seria subtraída."[208]

Para esse cérebro hereditariamente capitalista do oeste da Escócia, o valor dos meios de produção, dos fusos etc. confunde-se tanto com sua capacidade de, como capital, valorizar a si mesmo ou engolir diariamente uma determinada quantidade de trabalho alheio gratuito, que o chefe da casa Carlyle & Cia. realmente imagina que, com a venda de sua fábrica, lhe será pago não o valor dos fusos, mas, além dele, sua valorização, ou seja, não só o trabalho neles contido e necessário para a produção de fusos do mesmo tipo, mas também o mais-trabalho que eles ajudam a extrair diariamente dos bravos escoceses ocidentais de Paisley, e, justamente por isso, ele pensa que, se a jornada de trabalho encolher 2 horas, o preço de venda de 12 máquinas também será reduzido para o preço de 10!

---

[208] Ibidem, p. 60. O inspetor de fábrica Stuart, também escocês e, ao contrário dos inspetores de fábrica ingleses, totalmente dominado pelo modo de pensar capitalista, observa expressamente que essa carta, que ele incorpora em seu relatório, "é a informação mais útil feita por qualquer um dos fabricantes que utilizam o sistema de revezamento e a mais bem concebida para remover os preconceitos e reservas contra aquele sistema".

Extrato de um dos cadernos de Marx, com anotações em inglês.

Seção IV

A PRODUÇÃO DO MAIS-VALOR RELATIVO

Capítulo 10

O conceito de mais-valor relativo

A parte da jornada de trabalho que produz apenas um equivalente do valor da força de trabalho pago pelo capital foi tratada até este momento da exposição como uma grandeza constante, o que ela de fato o é, sob dadas condições de produção e num dado grau de desenvolvimento econômico da sociedade. Vimos também que, além desse tempo de trabalho necessário, o trabalhador podia trabalhar 2, 3, 4, 6 etc. horas. A taxa de mais-valor e a duração da jornada de trabalho dependiam da grandeza desse prolongamento. Se o tempo de trabalho necessário era constante, a jornada de trabalho total era, ao contrário, variável. Suponhamos, agora, uma jornada de trabalho com uma dada duração e divisão entre trabalho necessário e mais-trabalho. Se a linha a_c, a _____ b ____ c, representa, por exemplo, uma jornada de trabalho de 12 horas, a seção a_b, 10 horas de trabalho necessário, e a seção b_c, 2 horas de mais-trabalho, como pode, então, a produção de mais-valor aumentar, isto é, como se pode prolongar o mais-trabalho, sem – ou independente de – qualquer prolongamento de a_c?

Não obstante os limites dados da jornada de trabalho a_c, b_c parece ser prolongável sem que se tenha de estendê-lo além de seu ponto final c, que é igualmente o ponto final da jornada de trabalho a_c, mas deslocando seu ponto inicial b em sentido contrário, em direção a a. Suponhamos que b'_b em a ____ b'_b ____ c seja igual à metade de b_c, ou seja, igual a 1 hora de trabalho. Se na jornada de trabalho de 12 horas a_c deslocamos o ponto b para b', b_c se prolonga em b'_c; o mais-trabalho aumenta uma metade, de 2 para 3 horas, embora a jornada de trabalho continue a durar 12 horas. Mas essa extensão do mais-trabalho de b_c para b'_c, de 2 para 3 horas, é obviamente impossível sem a simultânea contração do trabalho necessário de ab para ab', de 10 para 9 horas. Ao prologamento do mais-trabalho corresponderia o encurtamento do trabalho necessário, ou, em outras palavras, a parte do tempo de trabalho que o trabalhador até agora utilizava para si mesmo seria convertida em tempo de trabalho para o capitalista. A mudança estaria não na duração da jornada de trabalho, mas em sua divisão em trabalho necessário e mais-trabalho.

Por outro lado, com dada grandeza da jornada de trabalho e dado valor da força de trabalho, a grandeza do mais-trabalho é evidentemente dada.

Karl Marx – O capital

O valor da força de trabalho, isto é, o tempo de trabalho requerido para sua produção, determina o tempo de trabalho necessário para a reprodução de seu valor. Se 1 hora de trabalho se representa numa quantidade de ouro de $^1\!/_2$ xelim ou 6 *pence*, e se o valor diário da força de trabalho é de 5 xelins, o trabalhador tem de trabalhar 10 horas diárias para repor o valor diário que o capital lhe pagou por sua força de trabalho ou para produzir um equivalente do valor dos meios de subsistência que lhe são diariamente necessários. Com o valor de seus meios de subsistência está dado o valor de sua força de trabalho[1], e com o valor de sua força de trabalho está dada a grandeza de seu tempo de trabalho necessário. A duração do mais-trabalho, no entanto, é obtida subtraindo da jornada de trabalho total o tempo de trabalho necessário. 10 horas subtraídas de 12 resultam em 2 horas, e não se vê como, nas condições dadas, pode-se prolongar o mais-trabalho mais do que 2 horas. Certamente, o capitalista pode pagar ao trabalhador, em vez de 5 xelins, apenas 4 xelins e 6 *pence*, ou menos ainda. Para a reprodução desse valor de 4 xelins e 6 *pence* bastariam 9 horas de trabalho, obtendo-se assim 3 horas de mais-trabalho em vez de 2 e aumentando-se o próprio mais-valor de 1 xelim para 1 xelim e 6 *pence*. Mas só se chegaria a tal resultado por meio da compressão do salário do trabalhador abaixo do valor de sua força de trabalho. Com os 4 xelins e 6 *pence* que produz em 9 horas, o trabalhador dispõe de $^1\!/_{10}$ menos meios de subsistência do que antes, o que resulta na reprodução atrofiada de sua força de trabalho. Nesse caso, o mais-trabalho só seria prolongado se ultrapassasse seus limites normais, seus domínios só seriam expandidos mediante a invasão usurpatória do domínio do tempo de trabalho necessário. Apesar do importante papel

---

[1] O valor do salário médio diário é determinado por aquilo que o trabalhador precisa "[...] *so as to live, labour, and generate*" ["para viver, trabalhar e procriar"], William Petty, *Political Anatomy of Ireland*, cit., p. 64. "*The Price of Labour is always constituted of the Price of necessaries* [...] *whenever* [...] *the labouring man's wages will not, suitably to his low rank and station, as a labouring man, support such a family as is often the lot of many of them to have*" ["O preço do trabalho é sempre determinado pelo preço dos meios de subsistência necessários [...] o salário do trabalhador não é o bastante quando não chega [...] para alimentar uma família tão grande, como costuma ser o fado de muitos deles, de acordo com sua baixa condição como trabalhadores"], Jacob Vanderlint, *Money Answers All Things*, cit., p. 15. "*Le simple ouvrier, qui n'a que ses bras et son industrie, n'a rien qu'autant qu'il parvient à vendre à d'autres sa peine* [...] *En tout genre de travail il doit arriver et il arrive en effet, que le salaire de l'ouvrier se borne à ce qui lui est nécessaire pour lui procurer la subsistance*" ["O simples trabalhador, que não possui mais do que seus braços e sua força, nada tem a não ser que consiga vender a outrem seu trabalho [...]. Por isso, em qualquer tipo de trabalho tem de ocorrer, e de fato assim ocorre, que o salário do trabalhador seja limitado àquilo que ele necessita para seu sustento"], Turgot, *Réflexions* etc., cit., p. 10. "*The price of the necessaries of life is, in fact, the cost of producing labour*" ["O preço dos meios de subsistência é, de fato, igual aos custos da produção do trabalho"], Malthus, *Inquiry into etc. Rent* (Londres, 1815), p. 48, nota.

que desempenha no movimento real do salário, esse método é aqui excluído pelo pressuposto de que as mercadorias, portanto também a força de trabalho, sejam compradas e vendidas por seu valor integral. Partindo-se desse pressuposto, o tempo de trabalho necessário para a produção da força de trabalho ou para a reprodução de seu valor pode ser reduzido, não fazendo com que o salário do trabalhador caia abaixo do valor de sua força de trabalho, mas apenas na medida em que haja uma queda desse valor. Dada a duração da jornada de trabalho, o prolongamento do mais-trabalho tem de resultar da redução do tempo de trabalho necessário, em vez de, ao contrário, a redução do tempo de trabalho necessário resultar do prolongamento do mais-trabalho. Em nosso exemplo, é preciso que o valor da força de trabalho caia efetivamente em $^1/_{10}$ para que o tempo de trabalho necessário diminua em $^1/_{10}$, de 10 para 9 horas, e, com isso, o mais-trabalho seja prolongado de 2 para 3 horas.

Mas tal queda do valor da força de trabalho em $^1/_{10}$ exige, por sua vez, que a mesma massa de meios de subsistência que antes era produzida em 10 horas seja agora produzida em 9 horas. Ocorre que isso é impossível sem uma elevação da força produtiva do trabalho. Por exemplo, suponhamos que um sapateiro, com dados meios, fabrique um par de botas numa jornada de trabalho de 12 horas. Para fabricar dois pares de botas no mesmo tempo, a força produtiva de seu trabalho tem de ser duplicada, e ela não pode ser duplicada sem que se alterem seus meios de trabalho, ou seu método de trabalho, ou ambos. É preciso, portanto, que ocorra uma revolução nas condições de produção de seu trabalho, isto é, em seu modo de produção e, assim, no próprio processo de trabalho. Por elevação da força produtiva do trabalho entendemos precisamente uma alteração no processo de trabalho por meio da qual o tempo de trabalho socialmente necessário para a produção de uma mercadoria é reduzido, de modo que uma quantidade menor de trabalho é dotada da força para produzir uma quantidade maior de valor de uso[2]. Assim, enquanto na produção de mais-valor, na forma até aqui considerada, o modo de produção foi pressuposto como dado, para a produção de mais-valor por meio da transformação do trabalho necessário em mais-trabalho é absolutamente insuficiente que o capital se apodere do processo de trabalho tal como ele foi historicamente

---

[2] "*Quando si perfezionano le arti, che non è altro che la scoperta di nuove vie, onde si possa compiere una manufattura con meno gente o (che è lo stesso) in minor tempo di prima*" ["Quando as indústrias se aperfeiçoam, o que não é senão a descoberta de novos caminhos pelos quais se pode criar uma manufatura com menos homens ou (o que é o mesmo) num tempo mais curto do que antes"], Galiani, *Della moneta*, cit. (p. 158-9). "*L'économie sur les frais de production ne peut être autre chose que l'économie sur la quantité de travail employé pour produire*" ["A economia dos custos de produção não pode ser senão a economia da quantidade de trabalho empregado para produzi-la"], Sismondi, *Études*, t. I, p. 22.

herdado ou tal como ele já existe, limitando-se a prolongar a sua duração. Para aumentar a produtividade do trabalho, reduzir o valor da força de trabalho por meio da elevação da força produtiva do trabalho e, assim, encurtar parte da jornada de trabalho necessária para a reprodução desse valor, ele tem de revolucionar as condições técnicas e sociais do processo de trabalho, portanto, revolucionar o próprio modo de produção.

Ao mais-valor obtido pelo prolongamento da jornada de trabalho chamo de mais-valor absoluto; ao mais-valor que, ao contrário, deriva da redução do tempo de trabalho necessário e da correspondente alteração na proporção entre as duas partes da jornada de trabalho chamo de mais-valor relativo.

Para reduzir o valor da força de trabalho, o aumento da força produtiva tem de afetar os ramos da indústria cujos produtos determinam o valor da força de trabalho, portanto, aqueles ramos que ou pertencem ao círculo dos meios de subsistência habituais, ou podem substituí-los por outros meios. Porém, o valor de uma mercadoria não é determinado apenas pela quantidade de trabalho que lhe confere sua forma última, mas também pela massa de trabalho contida em seus meios de produção. O valor de uma bota, por exemplo, não é determinado só pelo trabalho do sapateiro, mas também pelo valor do couro, do piche, do cordão etc. Portanto, a queda no valor da força de trabalho também é causada por um aumento na força produtiva do trabalho e por um correspondente barateamento das mercadorias naquelas indústrias que fornecem os elementos materiais do capital constante, isto é, os meios e os materiais de trabalho para a produção dos meios de subsistência. Em contrapartida, nos ramos de produção que não fornecem nem meios de subsistência nem meios de produção para fabricá-los, a força produtiva aumentada deixa intocado o valor da força de trabalho.

Naturalmente, a mercadoria mais barata diminui o valor da força de trabalho apenas *pro tanto*, isto é, na proporção em que essa mercadoria participa na reprodução da força de trabalho. Camisas, por exemplo, constituem meios necessários de subsistência, mas apenas um dentre muitos. Seu barateamento reduz apenas o gasto do trabalhador com camisas. No entanto, a totalidade dos meios necessários de subsistência compõe-se de várias mercadorias, cada uma delas o produto de uma indústria distinta, e o valor de cada uma dessas mercadorias constitui uma alíquota do valor da força de trabalho. Tal valor diminui com o tempo de trabalho necessário para sua reprodução, cuja redução total é igual à soma de suas reduções em cada um dos ramos particulares da produção. Esse resultado geral é tratado, aqui, como se fosse o resultado e a finalidade imediatos em cada caso singular. Se, por exemplo, um capitalista individual barateia camisas por meio do aumento da força produtiva do trabalho, isso de modo algum implica que ele tenha em vista reduzir o valor da força de trabalho e, com isso, o tempo de trabalho necessário *pro tanto*, mas, na medida em que acaba por contribuir para esse resultado, ele contribui

O conceito de mais-valor relativo

para aumentar a taxa geral do mais-valor[3]. É preciso que as tendências gerais e necessárias do capital sejam diferenciadas de suas formas de manifestação.

Não nos ocuparemos, por ora, do modo como as leis imanentes da produção capitalista se manifestam no movimento externo dos capitais, impondo-se como leis compulsórias da concorrência e apresentando-se à mente do capitalista individual como a força motriz de suas ações. Porém, esclareçamos de antemão: só é possível uma análise científica da concorrência depois que se apreende a natureza interna do capital, assim como o movimento aparente dos corpos celestes só pode ser compreendido por quem conhece seu movimento real, apesar de sensorialmente imperceptível. No entanto, para que se compreenda a produção do mais-valor relativo com base apenas nos resultados já obtidos, devemos proceder às seguintes observações.

Se 1 hora de trabalho se representa numa quantidade de ouro de 6 *pence* ou $^1/_2$ xelim, numa jornada de trabalho de 12 horas será produzido um valor de 6 xelins. Suponhamos que, com dada força produtiva do trabalho, sejam produzidas 12 peças de mercadorias nessas 12 horas de trabalho. E que seja de 6 *pence* o valor dos meios de produção, matéria-prima etc. gastos em cada peça. Nessas circunstâncias, cada mercadoria custa 1 xelim, sendo 6 *pence* pelo valor dos meios de produção e 6 *pence* pelo valor novo adicionado em sua confecção. Agora, suponhamos que um capitalista consiga duplicar a força produtiva do trabalho e, desse modo, produzir, durante as mesmas 12 horas de trabalho, 24 peças dessa mercadoria, em vez de 12. Permanecendo inalterado o valor dos meios de produção, o valor de cada mercadoria cai agora para 9 *pence*, sendo 6 *pence* pelo valor dos meios de produção e 3 *pence* pelo valor novo agregado pelo último trabalho. Mesmo com a força produtiva duplicada, a jornada de trabalho continua a criar, como antes, apenas um novo valor de 6 xelins, que agora se distribui, no entanto, sobre duas vezes mais produtos. Desse valor total, cada produto incorpora apenas $^1/_{24}$, em vez de $^1/_{12}$, 3 *pence* em vez de 6 ou, o que é o mesmo, apenas meia hora de trabalho, em vez de 1 hora inteira, é agora adicionada aos meios de produção em sua transformação em cada produto singular. O valor individual dessa mercadoria se encontra, agora, abaixo de seu valor social, isto é, ela custa menos tempo de trabalho do que a grande quantidade do mesmo artigo produzida em condições sociais médias. Cada peça custa, em média, 1 xelim ou representa 2 horas de trabalho social; sob o modo alterado de produção, ela custa apenas 9 *pence*, ou contém apenas 1 hora e meia de trabalho. Mas o valor efetivo de uma mercadoria não é seu valor individual, mas seu valor social, isto é, ele não é medido pelo tempo de trabalho que ela de fato custa

---

[3] "Se o fabricante dobrar sua produção mediante o melhoramento da maquinaria, [...] ele ganhará (por fim) apenas se conseguir vestir seus trabalhadores de modo barato, [...] de modo que uma parte menor do ganho total seja gasta com os trabalhadores"], Ramsay, *An Essay on the Distribution of Wealth*, cit., p. 168-9.

ao produtor em cada caso singular, mas pelo tempo de trabalho socialmente requerido para sua produção. Assim, se o capitalista que emprega o novo método vende sua mercadoria por seu valor social de 1 xelim, ele a vende 3 *pence* acima de seu valor individual e, desse modo, realiza um mais-valor adicional de 3 *pence*. Por outro lado, agora a jornada de trabalho de 12 horas se representa, para ele, em 24 artigos, em vez de 12. De modo que, para vender o produto de uma jornada de trabalho, ele necessita do dobro da demanda, ou de um mercado duas vezes maior. Mantendo-se inalteradas as demais circunstâncias, suas mercadorias só conquistarão uma fatia maior do mercado por meio da contração de seus preços. Ele as venderá, por isso, acima de seu valor individual, porém abaixo de seu valor social, digamos, por 10 *pence* cada uma. Desse modo, ele ainda obtém de cada produto um mais-valor adicional de 1 *penny*. Esse aumento do mais-valor é igualmente obtido mesmo que sua mercadoria não esteja entre os itens que compõem os meios básicos de subsistência, isto é, mesmo que ela não seja parte determinante do valor total da força de trabalho. Independentemente desta última circunstância, existem, para cada capitalista individual, razões para baratear a mercadoria mediante o aumento da força produtiva do trabalho.

Mesmo nesse caso, no entanto, a produção aumentada de mais-valor é decorrente da redução do tempo de trabalho necessário e do correspondente prolongamento do mais-trabalho[3a]. Suponhamos que 10 horas sejam o tempo de trabalho necessário, 5 xelins o valor diário da força de trabalho, 2 horas o tempo de mais-trabalho e 1 xelim o mais-valor produzido diariamente. Mas nosso capitalista produz agora 24 peças, que ele vende a 10 *pence* cada uma, ou por um valor total de 20 xelins. Como o valor dos meios de produção é de 12 xelins, $14^2/_5$ peças da mercadoria apenas repõem o capital constante adiantado. A jornada de trabalho de 12 horas se representa nas $9^3/_5$ peças restantes. Como o preço da força de trabalho = 5 xelins, o tempo de trabalho necessário se incorpora em 6 peças, e o mais-trabalho, em $3^3/_5$ peças. A proporção entre o trabalho necessário e o mais-trabalho, que nas condições sociais médias é de 5 para 1, é agora de 5 para 3. O mesmo resultado é obtido da seguinte forma: o valor do produto da jornada de trabalho de 12 horas é

[3a] "*A man's profit does not depend upon his command of the produce of other men's labour, but upon his command of labour itself. If he can sell his goods at a higher price, while his workmen's wages remain unaltered, he is clearly benefited* [...] *A smaller proportion of what he produces is sufficient to put that labour into motion, and a larger proportion consequently remains for himself*" ["O lucro de um homem não depende de seu comando sobre o produto do trabalho de outrem, mas de seu comando sobre o próprio trabalho. Se pode vender suas mercadorias por um preço mais alto, enquanto os salários de seus trabalhadores permanecem inalterados, ele lucra claramente com isso [...]. Uma parte menor daquilo que ele produz lhe é suficiente para pôr aquele trabalho em movimento, restando-lhe, consequentemente, uma parte maior"], J. Cazenove, *Outlines of Polit. Econ.* (Londres, 1832), p. 49-50.

O conceito de mais-valor relativo

20 xelins. Desta soma, 12 xelins pertencem ao valor dos meios de produção, que apenas reaparece no produto final. Restam, assim, 8 xelins como expressão monetária do valor no qual se representa a jornada de trabalho. Essa expressão monetária é maior do que a do trabalho social médio de mesmo tipo, em que 12 horas desse trabalho se representam em apenas 6 xelins. O trabalho excepcionalmente produtivo atua como trabalho potenciado ou cria, no mesmo tempo, valores maiores do que o trabalho social médio de mesmo tipo. Mas nosso capitalista continua a pagar, como antes, apenas 5 xelins pelo valor diário da força de trabalho. E como agora o trabalhador necessita, em vez das 10 horas de antes, apenas de $7^1/_2$ horas para reproduzir esse valor, seu mais-trabalho aumenta $2^1/_2$ horas, e o mais-valor por ele produzido sobe de 1 para 3 xelins. O capitalista que emprega o método de produção aperfeiçoado é, portanto, capaz de apropriar-se de uma parte maior da jornada de trabalho para o mais-trabalho do que os demais capitalistas no mesmo ramo de produção. Ele realiza individualmente o que o capital realiza em larga escala, na produção do mais-valor relativo. Por outro lado, esse mais-valor adicional desaparece assim que o novo método de produção se universaliza e apaga-se a diferença entre o valor individual das mercadorias barateadas e seu valor social. A mesma lei da determinação do valor pelo tempo de trabalho, que se apresentou ao capitalista, juntamente com o novo método de produção, sob a forma de que ele é obrigado a vender sua mercadoria abaixo de seu valor social, força seus concorrentes, como lei coercitiva da concorrência, a aplicar esse novo método[4]. Desse modo, o processo inteiro só afeta a taxa geral do mais-valor se o aumento da força produtiva do trabalho afetar os diferentes ramos da produção e, portanto, baratear as mercadorias que integram o círculo dos meios básicos de subsistência e, por isso, constituem elementos do valor da força de trabalho.

O valor das mercadorias é inversamente proporcional à força produtiva do trabalho, e o mesmo vale para o valor da força de trabalho, por ser determinado pelos valores das mercadorias. Já o mais-valor relativo, ao contrário, é diretamente proporcional à força produtiva do trabalho. Ele cresce com

---

[4] "*If my neighbour by doing much with little labour, can sell cheap, I must contrive to sell as cheap as he. So that every art, trade, or engine, doing work with labour of fewer hands, and consequently cheaper, begets in others a kind of necessity and emulation, either of using the same art, trade, or engine, or of inventing something like it, that every man may be upon the square, that no man may be able to undersell his neighbour*" ["Se meu vizinho pode vender barato produzindo muito com pouco trabalho, sou obrigado a vender tão barato quanto ele. É assim que toda arte, todo método ou toda máquina que possibilita trabalhar com mão de obra menor e, consequentemente, torna o trabalho mais barato, cria para os outros uma espécie de obrigação e uma concorrência, seja para empregar a mesma arte, o mesmo método ou a mesma máquina, seja para inventar algo semelhante a fim de que todos fiquem no mesmo patamar e ninguém esteja em condições de vender mais barato que seu vizinho"], em *The Advantages of the East-India Trade to England* (Londres, 1720), p. 67.

Karl Marx – O capital

o aumento e decresce com a queda da força produtiva. Uma jornada de trabalho social média de 12 horas, pressupondo-se como constante o valor monetário do dinheiro, produz sempre o mesmo produto-valor de 6 xelins, independentemente de como essa soma seja distribuída entre o equivalente do valor da força de trabalho e o mais-valor. Mas se, em consequência do aumento da força produtiva, o valor dos meios de subsistência diários e, por conseguinte, o valor diário da força de trabalho cair de 5 para 3 xelins, o mais-valor aumentará de 1 para 3 xelins. Para reproduzir o valor da força de trabalho são necessárias, agora, apenas 6 horas de trabalho, em vez das 10 horas anteriores. 4 horas de trabalho foram liberadas e podem ser agregadas ao domínio do mais-trabalho. Vê-se, assim, o impulso imanente e a tendência constante do capital a aumentar a força produtiva do trabalho para baratear a mercadoria e, com ela, o próprio trabalhador[5].

O valor absoluto da mercadoria é, por si mesmo, indiferente para o capitalista que a produz, pois a este só interessa o mais-valor nela incorporado e realizável na venda. A realização do mais-valor traz consigo necessariamente a reposição do valor adiantado. Ora, como o mais-valor relativo aumenta na proporção direta do desenvolvimento da força produtiva do trabalho, ao passo que o valor das mercadorias cai na proporção inversa desse mesmo desenvolvimento, e como, portanto, o mesmo processo barateia as mercadorias e aumenta o mais-valor nelas contido, temos a solução do enigma de por que o capitalista, cuja única preocupação é a produção de valor de troca, esforça-se continuamente para diminuir o valor de troca das mercadorias, uma contradição com que Quesnay, um dos fundadores

---

[5] *"In whatever proportion the expenses of a labourer are diminished, in the same proportion will his wages be diminished, if the restraints upon industry are at the same time taken off"* ["Qualquer que seja a proporção em que se diminuam as despesas de um trabalhador, seu salário será reduzido na mesma proporção se, ao mesmo tempo, forem removidas as restrições à indústria"], *Considerations Concerning Taking off the Bounty on Corn Exported* etc. (Londres, 1753), p. 7. *"The interest of trade requires, that coin and all provisions should be as cheap as possible; for whatever makes them dear, must make labour dear also* [...] *in all countries, where industry is not restrained, the price of provisions must affect the Price of Labour. This will always be diminished when the necessaries of life grow cheaper"* ["O interesse da indústria exige que os cereais e todos os meios de subsistência custem o menos possível; pois o que os encarece também tem de encarecer o trabalho [...] o preço dos meios de subsistência afeta o preço do trabalho em todos os países em que a indústria não se submete a quaisquer restrições. O preço do trabalho diminuirá sempre que os meios básicos de subsistência se tornarem mais baratos"], ibidem, p. 3. *"Wages are decreased in the same proportion as the powers of production increase. Machinery, it is true, cheapens the necessaries of life, but it also cheapens the labourer too"* ["Os salários caem na mesma proporção em que aumentam as forças de produção. A maquinaria barateia, é verdade, os meios básicos de subsistência, mas também barateia o trabalhador"], *A Prize Essay on the Comparative Merits of Competition and Cooperation* (Londres, 1834), p. 27.

O conceito de mais-valor relativo

da economia política, torturava seus oponentes e à qual eles jamais conseguiram dar uma resposta.

> "Eles admitem" – diz Quesnay – "que quanto mais se pode, sem prejuízo da produção, economizar nos gastos ou nos dispendiosos trabalhos realizados na fabricação de produtos industriais, tanto mais vantajosa é essa redução, porquanto diminui o preço desses produtos. E, apesar disso, creem que a produção da riqueza, que resulta do trabalho dos industriais, consiste no aumento do valor de troca de seus produtos."[6]

Na produção capitalista, portanto, a economia do trabalho por meio do desenvolvimento de sua força produtiva[7] não visa em absoluto a redução da jornada de trabalho. Seu objetivo é apenas a redução do tempo de trabalho necessário para a produção de determinada quantidade de mercadorias. Que o trabalhador, com o aumento da força produtiva de seu trabalho, produza em 1 hora, digamos, 10 vezes mais mercadorias do que antes, e, consequentemente, precise de 10 vezes menos tempo de trabalho para cada artigo, não o impede em absoluto de trabalhar as mesmas 12 horas de antes, tampouco de produzir, nessas 12 horas, 1.200 artigos em vez de 120. Mais ainda, sua jornada de trabalho pode ser prolongada, ao mesmo tempo, de modo que ele passe a produzir 1.400 artigos em 14 horas etc. Por essa razão, em economistas do calibre de MacCulloch, Ure, Senior e *tutti quanti*, podemos ler, numa página, que o trabalhador tem uma dívida de gratidão ao capital pelo desenvolvimento das forças produtivas, pois este reduz o tempo de trabalho necessário, e, na página seguinte, que ele tem de dar provas dessa gratidão trabalhando, doravante, 15 horas em vez de 10. O desenvolvimento da força produtiva do trabalho no interior da produção capitalista visa encurtar a parte da jornada de trabalho que o trabalhador tem de trabalhar para si

---

[6] "*Ils conviennent que plus on peut, sans préjudice, épargner de frais ou de travaux dispendieux dans la fabrication des ouvrages des artisans, plus cette épargne est profitable par la diminution des prix de ces ouvrages. Cependant ils croient que la production de richesse qui résulte des travaux des artisans consiste dans l'augmentation de la valeur vénale de leurs ouvrages*", Quesnay, *Dialogues sur le commerce et sur les travaux des artisans*, p. 188-9.

[7] "*Ces spéculateurs si économes du travail des ouvriers qu'il faudrait qu'ils payassent*" ["Esses especuladores, que tanto poupam o trabalho daqueles trabalhadores que eles deveriam pagar"], J. N. Bidaut, *Du monopole qui s'établit dans les arts industriels et le commerce* (Paris 1828), p. 13. "*The employer will be always on the stretch to economise time and labour*" ["O empregador buscará sempre economizar tempo e trabalho"], Dugald Stewart, em *sir* Hamilton (org.), *Works* (Edimburgo, 1855, Lectures on Polit. Econ., v. VIII), p. 318. "*Their*" (*the capitalists'*) "*interest is that the productive powers of the labourers they employ should be the greatest possible. On promoting that power their attention is fixed and almost exclusively fixed*" ["Eles" (os capitalistas) "têm interesse em que a força produtiva dos trabalhadores que eles empregam seja a maior possível. Sua atenção se volta quase exclusivamente para o aumento dessa força"], R. Jones, *An Essay on the Distribution of Wealth* (Londres, 1831) (*Lecture III*).

Karl Marx – O capital

mesmo precisamente para prolongar a parte da jornada de trabalho durante a qual ele pode trabalhar gratuitamente para o capitalista. Em que medida esse resultado também pode ser obtido sem o barateamento das mercadorias será mostrado nos métodos particulares de produção do mais-valor relativo a cujo exame passaremos a seguir.

Capítulo 11

Cooperação

Como vimos, a produção capitalista só começa, de fato, quando o mesmo capital individual emprega simultaneamente um número maior de trabalhadores; quando, portanto, o processo de trabalho aumenta seu volume e fornece produtos numa escala quantitativa maior que antes. A atividade de um número maior de trabalhadores, ao mesmo tempo e no mesmo lugar (ou, se se preferir, no mesmo campo de trabalho), para a produção do mesmo tipo de mercadoria, sob o comando do mesmo capitalista: tal é histórica e conceitualmente o ponto de partida da produção capitalista. Com relação ao próprio modo de produção, a manufatura, por exemplo, em seus primórdios, mal se diferencia da indústria artesanal da corporação, a não ser pelo número maior de trabalhadores simultaneamente ocupados pelo mesmo capital. A oficina do mestre-artesão é apenas ampliada.

Inicialmente, portanto, a diferença é meramente quantitativa. Vimos que a massa do mais-valor produzida por um dado capital é igual ao mais-valor gerado pelo trabalhador individual, multiplicado pelo número de trabalhadores simultaneamente ocupados. Por si só, esse número não altera em nada a taxa do mais-valor ou o grau de exploração da força de trabalho, e no que diz respeito à produção de valor da mercadoria em geral, toda mudança qualitativa do processo de trabalho parece indiferente. Isso se segue da natureza do valor. Se uma jornada de trabalho de 12 horas se objetiva em 6 xelins, 1.200 de tais jornadas se objetivarão em 6 xelins × 1.200. Num caso, incorporam-se ao produto 12 horas de trabalho e no outro, 12 × 1.200 horas. Na produção de valor, um conjunto de trabalhadores conta apenas como tantos indivíduos. Para a produção de valor, é indiferente se 1.200 trabalhadores produzem isoladamente ou unificados sob o comando do mesmo capital.

No entanto, ocorre uma modificação, dentro de certos limites. O trabalho objetivado em valor é trabalho de qualidade social média e, portanto, a exteriorização de uma força de trabalho média. Mas uma grandeza média só existe como média de diferentes grandezas individuais da mesma espécie. Em cada ramo da indústria o trabalhador individual, Pedro ou Paulo, difere mais ou menos do trabalhador médio. Esses desvios individuais, que matematicamente se chamam "erros", compensam-se mutuamente e desaparecem assim que se considere um número maior de trabalhadores. Edmund Burke, o célebre sofista e sicofanta, tem a pretensão de saber, a partir de suas experiências práticas como arrendatário, que num "pelotão tão ínfimo" como o de cinco servos rurais toda diferença individual do trabalho já desaparece, de modo que um grupo qualquer de cinco servos rurais ingleses, no melhor da idade adulta, executarão em conjunto, no mesmo tempo, a mesma quantidade de trabalho que quaisquer outros grupos de cinco servos rurais ingleses[8]. Seja como for, está claro que a jornada de trabalho total de um número maior de trabalhadores empregados simultaneamente, dividida pelo número desses trabalhadores, resulta numa jornada de trabalho social média. Digamos que a jornada de trabalho do indivíduo seja de 12 horas. A jornada de trabalho total dos doze homens simultaneamente empregados será, então, de 144 horas, e mesmo que o trabalho de cada um dos doze homens possa se desviar mais ou menos do trabalho social médio, pois cada um consome mais ou menos tempo para realizar a mesma operação, ainda assim a jornada de trabalho de cada indivíduo, como $1/12$ da jornada de trabalho total de 144 horas, possuirá a qualidade social média. Mas para o capitalista que emprega uma dúzia de trabalhadores o que existe é a jornada de trabalho como jornada de trabalho total da dúzia. A jornada de trabalho de cada indivíduo existe como parte alíquota da jornada de trabalho total, não importando se os doze homens cooperam uns com os outros no trabalho ou se a conexão entre seus trabalhos se resume ao fato de trabalharem para o mesmo capitalista.

Se, ao contrário, os doze homens forem empregados em seis pares por seis pequenos mestres, será mero acidente se cada um desses mestres produzir a mesma massa de valor e, consequentemente, realizar a taxa geral do mais-valor. Ocorreriam desvios individuais. Se um trabalhador consumisse

---

[8] *"Unquestionably, there is a great deal of difference between the value of one man's labour and that of another, from strength, dexterity and honest application. But I am quite sure, from my best observation, that any given five men will, in their total, afford a proportion of labour equal to any other five within the period of life I have stated; that is, that among such five men there will be one possessing all the qualifications of a good workman, one bad, and the other three middling, and approximating to the first and the last. So that in so small a platoon as that of even five, you will find the full complement of all that five men can earn"* ["Inquestionavelmente, há uma considerável diferença entre o valor do trabalho de um homem e outro no que concerne à força, à destreza e ao empenho honesto. Mas estou certo, baseado em minhas observações, de que qualquer grupo dado de cinco homens executará, em seu total, uma proporção de trabalho igual a qualquer outro grupo de cinco homens no interior dos citados períodos de vida; isto é, que em tal grupo de cinco homens haverá um que possua todas as qualificações de um bom trabalhador, outro será um mau trabalhador, e os outros três serão medianos, mais ou menos próximos do melhor e do pior. Desse modo, num pequeno grupo de cinco homens encontrareis a plenitude de tudo o que cinco homens podem produzir"], Edmund Burke, *Thoughts and Details on Scarcity, Originally Presented to the Rt. Hon. W. Pitt in the Month of November 1795*, cit., p. 15-6. Cf. Quételet sobre o indivíduo médio.

Cooperação

significativamente mais tempo na produção de uma mercadoria do que o socialmente necessário, se o tempo de trabalho de que ele individualmente necessita se desviasse significativamente do tempo de trabalho socialmente necessário ou tempo de trabalho médio, seu trabalho não seria considerado trabalho médio, tampouco sua força de trabalho como força de trabalho média. Esta não seria vendida, ou o seria apenas abaixo do valor médio da força de trabalho. Um determinado mínimo de eficiência do trabalho é, portanto, pressuposto, e veremos posteriormente que a produção capitalista encontra meios para medir esse mínimo. Tampouco esse mínimo deixa de se desviar da média, embora, por outro lado, o valor médio da força de trabalho tenha de ser pago. Logo, dos seis pequenos mestres, um obteria mais, outro menos que a taxa geral do mais-valor. As desigualdades se compensariam para a sociedade, mas não para o mestre individual. Assim, a lei geral da valorização só se realiza plenamente para o produtor individual quando ele produz como capitalista, emprega muitos trabalhadores simultaneamente e, desse modo, põe em movimento, desde o início, o trabalho social médio[9].

Mesmo quando o modo de trabalho permanece o mesmo, o emprego simultâneo de um número maior de trabalhadores opera uma revolução nas condições objetivas do processo de trabalho. Edifícios onde muitos trabalham juntos, depósitos de matérias-primas etc., recipientes, instrumentos, aparelhos etc. que servem a muitos de forma simultânea ou alternada, em suma, uma parte dos meios de produção é agora consumida em comum no processo de trabalho. Por um lado, o valor de troca das mercadorias e, portanto, também dos meios de produção, não aumenta em decorrência de uma exploração qualquer aumentada de seu valor de uso. Por outro, cresce a escala dos meios de produção utilizados em comum. Uma sala em que trabalham vinte tecelões com seus vinte teares tem de ser mais ampla do que a sala em que trabalham um único tecelão independente e seus dois ajudantes. Mas como a produção de uma oficina para vinte pessoas custa menos trabalho do que a produção de dez oficinas para cada duas pessoas, o valor dos meios de produção coletivos e massivamente concentrados não aumenta, em geral, na proporção de seu volume e efeito útil. Meios de produção consumidos em comum transferem uma parte menor de seu valor ao produto individual, em parte porque o valor total que transferem é simultaneamente repartido por uma massa maior de produtos e em parte porque, em comparação com meios de produção isolados, entram no processo de produção com um valor certamente maior em termos

---

[9] O senhor professor Roscher [*Die Grundlagen der Nationalökonomie*, 3. ed., Stuttgart/Augsburg, 1858, p. 88-9] pretende ter descoberto que uma costureira empregada durante dois dias pela senhora professora realiza mais trabalho do que duas costureiras empregadas pela senhora professora no mesmo dia. O senhor professor não deveria realizar suas observações sobre o processo de produção capitalista no quarto das crianças, tampouco em circunstâncias em que falta o personagem principal, o capitalista.

absolutos, porém relativamente menor quando se considera seu raio de ação. Com isso, diminui não apenas um componente do capital constante como também, na proporção de sua grandeza, o valor total da mercadoria. O efeito é o mesmo que se obteria caso os meios de produção da mercadoria fossem produzidos de forma mais barata. Essa economia na utilização dos meios de produção deriva apenas de seu consumo coletivo no processo de trabalho de muitos indivíduos, e estes assumem tal caráter de condições do trabalho social ou condições sociais do trabalho em contraste com os meios de produção dispersos e de custo relativamente alto de trabalhadores autônomos isolados ou pequenos mestres, mesmo quando os muitos indivíduos apenas trabalham no mesmo local, sem trabalhar uns com os outros. Parte dos meios de trabalho assume esse caráter social antes que o próprio processo de trabalho o faça.

A economia no uso dos meios de produção deve ser considerada, em geral, sob um duplo ponto de vista. Em primeiro lugar, como barateamento de mercadorias e, com isso, diminuição do valor da força de trabalho. Em segundo, como modificação da proporção entre o mais-valor e o capital total adiantado, isto é, a soma de valor de seus componentes constante e variável. Este último ponto só será examinado na primeira seção do Livro III desta obra, na qual, em nome do conjunto, também trataremos de outros assuntos que aqui se fariam pertinentes. O curso da análise impõe essa quebra do objeto, a qual corresponde igualmente ao espírito da produção capitalista. Como aqui as condições de trabalho de fato se confrontam com o trabalhador de forma autônoma, também a economia dessas condições aparece como uma operação particular, que não lhe diz respeito e é, por isso, separada dos métodos que fazem aumentar sua produtividade pessoal.

A forma de trabalho em que muitos indivíduos trabalham de modo planejado, uns ao lado dos outros e em conjunto, no mesmo processo de produção ou em processos de produção diferentes porém conexos chama-se cooperação[10].

Assim como o poder ofensivo de um esquadrão de cavalaria ou o poder defensivo de um regimento de infantaria são essencialmente diferentes dos poderes ofensivos e defensivos de cada um dos cavaleiros ou soldados de infantaria tomados individualmente, também a soma total das forças mecânicas exercidas por trabalhadores isolados difere da força social gerada quando muitas mãos atuam simultaneamente na mesma operação indivisa, por exemplo, quando se trata de erguer um fardo pesado, girar uma manivela ou remover um obstáculo[11]. Nesses casos, o efeito do trabalho combinado ou

---

[10] Destutt de Tracy, "Concours de forces", em *Traité de la volonté et de ses effets*, cit., p. 80.
[11] *"There are numerous operations of so simple a kind as not to admit a division into parts, which cannot be performed without the cooperation of many pairs of bands. For instance the lifting of a large tree on a wain [...] every thing in short, which cannot be done unless a great many pairs of hands help each other in the same undivided employenent, and at the same time"*

Cooperação

não poderia em absoluto ser produzido pelo trabalho isolado, ou o poderia apenas em um período de tempo muito mais longo, ou em escala muito reduzida. Aqui não se trata somente do aumento da força produtiva individual por meio da cooperação, mas da criação de uma força produtiva que tem de ser, por si mesma, uma força de massas[11a].

Sem considerar a nova potência que surge da fusão de muitas forças numa força conjunta, o simples contato social provoca, na maior parte dos trabalhos produtivos, emulação e excitação particular dos espíritos vitais (*animal spirits*), que elevam o rendimento dos trabalhadores individuais, fazendo com que uma dúzia de indivíduos forneça, numa jornada de trabalho simultânea de 144 horas, um produto total muito maior que o de doze trabalhadores isolados, cada um deles trabalhando 12 horas, ou que o de um trabalhador que trabalhe 12 dias consecutivos[12]. A razão disso está em que o homem é, por natureza, se não um animal político, como diz Aristóteles, em todo caso um animal social[13].

["Há inúmeras operações de tipo tão simples que não admitem uma divisão em partes, não podendo ser realizadas sem a cooperação de muitos pares de mãos. Eu citaria, como exemplo, a operação de colocar um grande tronco de árvore sobre um carro [...] em suma, tudo aquilo que não pode ser feito a não ser com a ajuda mútua de muitos pares de mãos, empregadas na execução da mesma tarefa e ao mesmo tempo"], E. G. Wakefield, *A View of the Art of Colonisation* (Londres, 1849), p. 168.

[11a] "*As one man cannot, and 10 men must strain, to lift a tun of weight, yet one hundred men can do it only by the strength of a finger of each of them*" ["Enquanto um homem não é capaz de erguer um fardo de 1 tonelada, e 10 homens têm de se esforçar muito para isso, 100 homens conseguem fazê-lo usando cada um deles apenas um de seus dedos"], John Bellers, *Proposals for Raising a Colledge of Industry*, cit., p. 21.

[12] "*There is also [...] an advantage in the proportion of servants, which will not easily be understood but by practical men; for it is natural to say, as 1 is to 4, so are 3 : 12: but this will not hold good in practice; for in harvest-time and many other operations which require that kind of despatch, by the throwing many hands together, the work is better, and more expeditiously done: f.i., in harvest, 2 drivers, 2 loaders, 2 pitchers, 2 rakers, and the rest at the rick, or in the barn, will despatch double the work, that the same number of hands would do, if divided into different gangs, on different farms*" ["Há também" (quando o mesmo número de homens é empregado por um fazendeiro em 300 acres de terra, em vez de por 10 fazendeiros, cada um distribuindo uma parte dos homens numa área de 30 acres) "uma vantagem na proporção dos servos que não será compreendida facilmente a não ser por homens práticos. Diz-se, naturalmente, que 1 está para 4 assim como 3 está para 12; mas isso não se confirma na prática, pois, em épocas de colheita e em muitas outras operações que exigem um esforço semelhante, o trabalho é realizado melhor e mais rapidamente quando muitas forças de trabalho operam em conjunto. Por exemplo, numa colheita, dois carroceiros, dois carregadores, dois enfeixadores, dois recolhedores e o restante dos trabalhadores no palheiro ou no celeiro realizam juntos o dobro do trabalho que o mesmo número realizaria se divididos em grupos e separados em diferentes fazendas"], J. Arbuthnot, *An Inquiry into the Connection between the Present Price of Provisions and the Size of Farms. By a Farmer* (Londres, 1773), p. 7-8.

[13] A definição de Aristóteles é, na verdade, a de que o homem é cidadão por natureza. Ela é tão característica da Antiguidade clássica quanto a definição de Franklin,

Karl Marx — O capital

Embora muitos indivíduos possam executar simultânea e conjuntamente a mesma tarefa, ou o mesmo tipo de tarefa, o trabalho de cada um, como parte do trabalho total, pode representar diferentes fases do próprio processo de trabalho, fases que o objeto do trabalho percorre com maior rapidez graças à cooperação. Por exemplo, quando pedreiros formam uma fila de mãos para levar tijolos da base até o alto do andaime, cada um deles realiza a mesma tarefa, mas as ações individuais constituem partes contínuas de uma ação conjunta, fases particulares que cada tijolo tem de percorrer no processo de trabalho e mediante as quais, por exemplo, as 24 mãos do trabalhador coletivo o transportam com mais rapidez do que o fariam as duas mãos de cada trabalhador individual que tivesse de subir e descer o andaime[14]. O objeto de trabalho percorre o mesmo espaço em menos tempo. Por outro lado, uma combinação de trabalho ocorre quando, por exemplo, uma construção é executada simultaneamente por diferentes lados, embora também nesse caso os trabalhadores que cooperam realizem tarefas iguais ou da mesma espécie. A jornada de trabalho combinada de 144 horas, que ataca o objeto de trabalho por vários lados – pois nela o trabalhador combinado ou coletivo tem olhos e mãos na frente e atrás, sendo, em certa medida, onipresente – faz avançar o produto total mais rapidamente do que 12 jornadas de trabalho de 12 horas de trabalhadores mais ou menos isolados e que tenham de realizar sua obra de modo mais unilateral. As partes do produto separadas no espaço amadurecem ao mesmo tempo.

Ressaltamos anteriormente que os muitos indivíduos que se complementam mutuamente realizam tarefas iguais ou da mesma espécie, o que demonstra que essa forma mais simples do trabalho coletivo desempenha um grande papel mesmo na forma mais elaborada da cooperação. Se o processo de trabalho é complexo, a simples massa dos que trabalham em conjunto permite distribuir as diferentes operações entre diferentes braços e, desse

---

segundo a qual o homem é por natureza um fazedor de instrumentos, é característica da sociedade ianque.

[14] *"On doit encore remarquer que cette division partielle du travail peut se faire quand même les ouvriers sont occupés d'une même besogne. Des maçons par exemple, occupés de faire passer de mains en mains des briques à un échafaudage supérieur, font tous la même besogne, et pourtant il existe parmi eux une espèce de division de travail, qui consiste en ce que chacun d'eux fait passer la brique par un espace donné, et que tous ensemble la font parvenir beaucoup plus promptement à l'endroit marqué qu'ils ne feraient si chacun d'eux portait sa brique séparément jusqu'à l'échafaudage supérieur"* ["Deve-se notar, ainda, que essa divisão parcial do trabalho pode ser realizada também quando os trabalhadores se ocupam de uma mesma tarefa. Os pedreiros, por exemplo, que levam tijolos de mão em mão até um patamar superior do andaime, realizam todos a mesma tarefa e, no entanto, há entre eles uma espécie de divisão do trabalho, que consiste no fato de que cada um deles faz o tijolo avançar um certo espaço e que todos juntos fazem com que ele alcance o lugar intencionado mais rapidamente do que se cada um deles levasse em separado seu tijolo até o patamar superior"], F. Skarbek, *Théorie des richesses sociales* (2. ed., Paris, 1839), t. I, p. 97-8.

modo, executá-las simultaneamente, encurtando, assim, o tempo de trabalho necessário para a fabricação do produto total[15].

Em muitos ramos da produção há momentos críticos, isto é, épocas determinadas pela própria natureza do processo de trabalho, nas quais se devem obter certos resultados do trabalho. Por exemplo, se é preciso tosquiar um rebanho de ovelhas ou ceifar e colher uma dada plantação de trigo, a quantidade e a qualidade do produto dependem de a operação começar e terminar num determinado momento. Nesse caso, o período de tempo que o processo de trabalho deve ocupar é um período prescrito, tal como ocorre, por exemplo, na pesca do arenque. Um indivíduo não pode recortar de seu dia uma jornada de trabalho maior que, digamos, 12 horas, mas a cooperação de 100 indivíduos, por exemplo, expande uma jornada de 12 horas a uma jornada de trabalho de 1.200 horas. A brevidade do prazo de trabalho é compensada pela grande massa de trabalho que, no momento decisivo, é lançada no campo de produção. A realização da tarefa no tempo apropriado depende, aqui, da aplicação simultânea de muitas jornadas de trabalho combinadas; a amplitude do efeito útil depende do número de trabalhadores, sendo tal número, porém, sempre menor do que o número de trabalhadores que realizariam isoladamente a mesma quantidade de trabalho no mesmo período de tempo[16]. É por falta dessa cooperação que, na parte oeste dos Estados Unidos, uma grande quantidade de cereal é anualmente desperdiçada; o mesmo ocorre com o algodão naquelas partes da Índia Oriental onde o domínio inglês destruiu o antigo sistema comunal[17].

---

[15] *"Est-il question d'exécuter un travail compliqué, plusieurs choses doivent être faites simultanément. L'un en fait une pendant que l'autre en fait une autre, et tous contribuent à l'effet qu'un seul homme n'aurait pu produire. L'un rame pendant que l'autre tient le gouvernail, et qu'un troisième jette le filet ou harponne le poisson, et la pêche a un succès impossible sans ce concours"* ["Quando se trata da execução de uma trabalho complexo, várias coisas têm de ser feitas simultaneamente. Um faz uma coisa, enquanto outro faz outra, e todos contribuem para o resultado que um único homem não poderia ter produzido. Um rema enquanto o outro segura o leme, e um terceiro joga a rede ou arpoa o peixe, e assim a pesca atinge um sucesso que seria impossível sem essa cooperação"], Destutt de Tracy, *Traité de la volonté et de ses effets*, cit., p. 78.

[16] *"The doing of it [...] at the critical juncture, is of so much the greater consequence"* ["Sua realização (do trabalho na agricultura) no momento decisivo tem um efeito ainda maior"] J. Arbuthnot, *An Inquiry into the Connection between the Present Price*, cit., p. 7). "Na agricultura não há nenhum fator mais importante do que o fator do tempo", Justus von Liebig, *Ueber Theorie und Praxis in der Landwirthschaft* (1856), p. 23.

[17] *"The next evil is one which one would scarcely expect to find in a country which exports more labour than any other in the world – with the exception perhaps of China and England – the impossibility of procuring a sufficient number of hands to clean the cotton. The consequence of this is that large quantities of the crop are left unpicked, while another portion is gathered from the ground, when it has fallen, and is of course discoloured and partially rotted, so that for want of labour at the proper season the cultivator is actually forced to submit to the loss of a large*

Karl Marx – O capital

Por um lado, a cooperação possibilita estender o âmbito espacial do trabalho, razão pela qual é exigida em certos processos, devido à própria configuração espacial do objeto de trabalho, como na drenagem da terra, no represamento, na irrigação, na construção de canais, estradas, ferrovias etc. Por outro lado, ela torna possível, em proporção à escala da produção, o estreitamento espacial da área de produção. Essa limitação do âmbito espacial do trabalho e a simultânea ampliação de sua esfera de atuação, que poupa uma grande quantidade de *faux frais* [custos mortos], é resultado da aglomeração dos trabalhadores, da reunião de diversos processos de trabalho e da concentração dos meios de produção[18].

Comparada com uma quantidade igual de jornadas de trabalho isoladas e individuais, a jornada de trabalho combinada produz uma massa maior de valor de uso, reduzindo, assim, o tempo de trabalho necessário para a produção de determinado efeito útil. Se a jornada de trabalho combinada obtém essa força produtiva mais elevada por meio da intensificação da potência mecânica do trabalho, ou pela expansão de sua escala espacial de atuação, ou pelo estreitamento da área de produção em relação à escala da produção, ou porque, no momento crítico, ela mobiliza muito trabalho em pouco tempo, ou desperta a concorrência entre os indivíduos e excita seus espíritos vitais [*Lebensgeister*], ou imprime às operações semelhantes de muitos indivíduos a marca da continuidade e da multiplicidade, ou executa diversas operações simultaneamente, ou economiza os meios de produção por meio de seu uso coletivo, ou confere ao trabalho individual o caráter de trabalho

---

part of that crop for which England is so anxiously looking" ["Outro mal que dificilmente se espera encontrar num país que exporta mais trabalho do que qualquer outro no mundo – com exceção, talvez, da China e da Inglaterra – consiste na impossibilidade de se conseguir um número suficiente de mão de obra para a colheita do algodão. Em consequência disso, grandes quantidades de algodão permanecem sem ser colhidas, enquanto uma outra parte é recolhida da terra depois de caída e, obviamente, já amarelada e parcialmente apodrecida, de modo que, em virtude da falta de trabalhadores na estação certa, o plantador é obrigado a conformar-se com a perda de uma grande parte daquela colheita tão aguardada na Inglaterra"], Bengal Hurkaru, *Bi-Monthly Overland Summary of News*, 22 jul. 1861.

[18] "*In the progress of culture all, and perhaps more than all the capital and labour which once loosely occupied 500 acres, are now concentrated for the more complete tillage of 100*". [...] "*relatively to the amount of capital and labour employed, space is concentrated, it is an enlarged sphere of production, as compared to the sphere of production formerly occupied or worked upon by one single, independent agent of production*" ["Com o progresso no cultivo, todo capital e todo trabalho que antes estavam dispersos por 500 acres, e talvez por uma área ainda maior, concentram-se agora no cultivo mais intensivo de 100 acres." Embora "em relação ao montante de capital e trabalho empregados o espaço tenha diminuído, ele representa uma esfera de produção maior em comparação com a esfera de produção que antes era ocupada ou cultivada por um único produtor autônomo"], R. Jones, *An Essay on the Distribution of Wealth*, cit., parte I, p. 191.

Cooperação

social médio – de qualquer forma a força produtiva específica da jornada de trabalho combinada é força produtiva social do trabalho ou força produtiva do trabalho social. Ela deriva da própria cooperação. Ao cooperar com outros de modo planejado, o trabalhador supera suas limitações individuais e desenvolve sua capacidade genérica [*Gattungsvermögen*][19].

Se os trabalhadores não podem cooperar diretamente uns com os outros sem estar juntos, de modo que sua aglomeração num determinado local é condição de sua cooperação, os trabalhadores assalariados não podem cooperar sem que o mesmo capital, o mesmo capitalista os empregue simultaneamente, comprando ao mesmo tempo, portanto, suas forças de trabalho. O valor total dessas forças de trabalho, ou a soma dos salários dos trabalhadores por um dia, uma semana etc., tem, pois, de estar reunido no bolso do capitalista antes de as próprias forças de trabalho serem reunidas no processo de produção. O pagamento de 300 trabalhadores de uma vez, ainda que por um só dia, exige um dispêndio maior de capital do que o pagamento de poucos trabalhadores, semanalmente, durante o ano inteiro. Portanto, o número de trabalhadores que cooperam, ou a escala da cooperação, depende inicialmente da grandeza do capital que o capitalista individual pode desembolsar na compra de força de trabalho, isto é, da medida em que cada capitalista dispõe dos meios de subsistência de muitos trabalhadores.

E com o capital constante dá-se o mesmo que com o capital variável. A despesa com matéria-prima, por exemplo, é 30 vezes maior para um capitalista que emprega 300 trabalhadores do que para cada um dos 30 capitalistas que empregam 10 trabalhadores de cada vez. Ainda que o volume de valor e a massa material dos meios de trabalho utilizados coletivamente não cresçam na mesma proporção do número de trabalhadores empregados, eles crescem consideravelmente. A concentração de grandes quantidades de meios de produção nas mãos de capitalistas individuais é, pois, a condição material para a cooperação de trabalhadores assalariados, e a extensão da cooperação, ou a escala da produção, depende do grau dessa concentração.

Num primeiro momento, certa grandeza mínima de capital individual pareceu ser necessária para que o número de trabalhadores simultaneamente explorados – e, consequentemente, a massa do mais-valor produzido – fosse suficiente para libertar o próprio empregador do trabalho manual, para convertê-lo de pequeno patrão em capitalista e, assim, estabelecer formalmente

---

[19] "*La forza di ciascuno uomo è minima, ma la riunione delle minime forze forma una forza totale maggiore anche della somma delle fortezze medesime fino a che le forze par essere riunite possono diminuere il tempo ed accrescere lo spazio della loro azione*" ["A força do homem individual é mínima, mas a reunião das forças mínimas forma uma força total maior do que a soma dessas forças, de modo que as forças, pelo fato de estarem reunidas, podem diminuir o tempo e aumentar o espaço de sua ação"], G. R. Carli, citado em P. Verri, *Meditazione sulla economia politica*, cit., t. XV, p. 196.

a relação capitalista. Agora, essa grandeza mínima aparece como condição material para a transformação de muitos processos de trabalho individuais, dispersos e mutuamente independentes, num processo de trabalho social e combinado.

Do mesmo modo, o comando do capital sobre o trabalho parecia inicialmente ser apenas uma decorrência formal do fato de o trabalhador trabalhar não para si, mas para o capitalista e, portanto, sob o capitalista. Com a cooperação de muitos trabalhadores assalariados, o comando do capital se converte num requisito para a consecução do próprio processo de trabalho, numa verdadeira condição da produção. O comando do capitalista no campo de produção torna-se agora tão imprescindível quanto o comando do general no campo de batalha.

Todo trabalho imediatamente social ou coletivo em grande escala requer, em maior ou menor medida, uma direção que estabeleça a harmonia entre as atividades individuais e cumpra as funções gerais que resultam do movimento do corpo produtivo total em contraste com o movimento de seus órgãos autônomos. Um violinista isolado dirige a si mesmo, mas uma orquestra requer um regente. Essa função de direção, supervisão e mediação torna-se função do capital assim que o trabalho a ele submetido converte-se em trabalho cooperativo. Como função específica do capital, a direção assume características específicas.

Primeiramente, o motivo que impulsiona e a finalidade que determina o processo de produção capitalista é a maior autovalorização possível do capital[20], isto é, a maior produção possível de mais-valor e, portanto, a máxima exploração possível da força de trabalho pelo capitalista. Conforme a massa dos trabalhadores simultaneamente ocupados aumenta, aumenta também sua resistência e, com ela, a pressão do capital para superá-la. O comando do capitalista não é apenas uma função específica, derivada da natureza do processo social de trabalho e, portanto, peculiar a esse processo, mas, ao mesmo tempo, uma função de exploração de um processo social de trabalho, determinada pelo antagonismo inevitável entre o explorador e a matéria-prima de sua exploração. Da mesma forma, com o volume dos meios de produção, que se apresentam ao trabalhador assalariado como propriedade alheia, aumenta também a necessidade do controle sobre sua utilização adequada[21]. A

---

[20] *"Profits* [...] *is the sole end of trade"* ["Lucros [...] são a única finalidade do negócio"], J. Vanderlint, *Money Answers All Things*, cit., p. 11.

[21] O jornal filisteu inglês *Spectator*, de 26 de maio de 1866, relata que após a introdução de um tipo de parceria entre capitalistas e trabalhadores na Wirework Company of Manchester [companhia de fabricação de arames de Manchester], *"the first result was a sudden decrease in waste, the men not seeing why they should waste their own property any more than any other master's, and waste is perhaps, next to bad debts, the greatest source of manufacturing loss"* ["o primeiro resultado foi uma redução repentina do desperdício de material, pois os trabalhadores não compreendiam por que deveriam desperdiçar mais sua propriedade do que a dos capitalistas, e desperdício de material talvez seja, ao lado de dívidas não

Cooperação

cooperação dos assalariados é, além disso, um mero efeito do capital que os emprega simultaneamente. A interconexão de suas funções e sua unidade como corpo produtivo total reside fora deles, no capital, que os reúne e os mantêm unidos. Por isso, a conexão entre seus trabalhos aparece para os trabalhadores, idealmente, como plano preconcebido e, praticamente, como autoridade do capitalista, como o poder de uma vontade alheia que submete seu agir ao seu próprio objetivo.

Se a direção capitalista é dúplice em seu conteúdo, em razão da duplicidade do próprio processo de produção a ser dirigido – que é, por um lado, processo social de trabalho para a produção de um produto e, por outro, processo de valorização do capital –, ela é despótica em sua forma. Com o desenvolvimento da cooperação em escala ampliada, esse despotismo desenvolve suas formas próprias. Assim como o capitalista é inicialmente emancipado do trabalho manual tão logo seu capital tenha atingido aquela grandeza mínima com a qual tem início a produção verdadeiramente capitalista, agora ele transfere a função de supervisão direta e contínua dos trabalhadores individuais e dos grupos de trabalhadores a uma espécie particular de assalariados. Do mesmo modo que um exército necessita de oficiais militares, uma massa de trabalhadores que coopera sob o comando do mesmo capital necessita de oficiais (dirigentes, gerentes) e suboficiais (capatazes, *foremen, overlookers, contre-maîtres*) industriais que exerçam o comando durante o processo de trabalho em nome do capital. O trabalho de supervisão torna-se sua função fixa e exclusiva. Ao comparar o modo de produção de camponeses independentes ou de artesãos autônomos com a economia das plantações baseada na escravidão, o economista político computa esse trabalho de supervisão como parte dos *faux frais de production* [custos mortos de produção] [21a]. Quando considera o modo de produção capi-

---

recebidas, a maior fonte de prejuízos nas fábricas"]. O mesmo jornal descobriu, como falha principal dos *Rochdale cooperative experiments* [experimentos cooperativistas de Rochdale]: "*They showed that associations of workmen could manage shops, mills, and almost all forms of industry with success, and they immensely improved the condition of the men, but then they did not leave a clear place for masters*" ["Eles comprovaram que as associações de trabalhadores podem gerir com sucesso lojas, fábricas e quase toda forma de indústria, e melhoraram imensamente a condição dos homens, porém não deixaram nenhum lugar visível para os patrões"]. *Quelle horreur!* [Que horror!] – [Em 1844, sob a influência das ideias dos socialistas utópicos, os trabalhadores de Rochdale (ao norte de Manchester) formaram a Society of Equitable Pioneers (Sociedade dos Pioneiros Justos). Originalmente uma cooperativa de consumo, essa sociedade se expandiu rapidamente e instaurou formas cooperativas de produção. Com os "pioneiros" de Rochdale teve início um novo período do movimento cooperativista na Inglaterra e em outros países. (N. E. A. MEW)]

[21a] Depois de apresentar a *superintendence of labour* [supervisão do trabalho] como um caráter central da produção escravista nos Estados sulistas da América do Norte, o professor Cairnes prossegue: "*The peasant proprietor* [...], *appropriating the whole produce of his soil, needs no other stimulus to exertion. Superintendence is here completely dispensed with.*" ["Como o proprietário camponês" (do norte) "apropria o produto total de seu

talista, ao contrário, ele identifica a função de direção proveniente da natureza do processo coletivo de trabalho com a mesma função, porém condicionada pelo caráter capitalista – e, por isso, antagônico – desse processo[22]. O capitalista não é capitalista por ser diretor da indústria; ao contrário, ele se torna chefe da indústria por ser capitalista. O comando supremo na indústria torna-se atributo do capital do mesmo modo como, no feudalismo, o comando supremo na guerra e no tribunal era atributo da propriedade fundiária[22a].

O trabalhador é o proprietário de sua força de trabalho enquanto barganha a venda desta última com o capitalista, e ele só pode vender aquilo que possui: sua força de trabalho individual, isolada. Esse estado de coisas não se altera de modo algum pelo fato de o capitalista comprar cem forças de trabalho em vez de uma, ou contratar cem trabalhadores independentes entre si em vez de apenas um. Ele pode empregar os cem trabalhadores sem fazê-los cooperar. Desse modo, o capitalista paga o valor das cem forças de trabalho independentes, mas não paga a força de trabalho combinada dessa centena. Como pessoas independentes, os trabalhadores são indivíduos isolados, que entram numa relação com o mesmo capital, mas não entre si. Sua cooperação começa somente no processo de trabalho, mas então eles já não pertencem mais a si mesmos. Com a entrada no processo de trabalho, são incorporados ao capital. Como cooperadores, membros de um organismo laborativo, eles próprios não são mais do que um modo de existência específico do capital. A força produtiva que o trabalhador desenvolve como trabalhador social é, assim, força produtiva do capital. A força produtiva social do trabalho se desenvolve gratuitamente sempre que os trabalhadores se encontrem sob determinadas condições, e é o capital que os coloca sob essas condições. Pelo fato de a força produtiva social do trabalho não custar nada ao capital e, por outro lado, não ser desenvolvida pelo trabalhador antes que seu próprio trabalho pertença ao capital, ela aparece como força produtiva que o capital possui por natureza, como sua força produtiva imanente.

O efeito da cooperação simples se apresenta de modo colossal nas obras gigantescas dos antigos asiáticos, egípcios, etruscos etc.

---

solo" [Em Cairnes: "de seu trabalho" (N. E. A. MEW)], ele não precisa de nenhum estímulo especial para se esforçar. A supervisão é aqui totalmente desnecessária"], J. E. Cairnes, *The Slave Power*, cit., p. 48-9.

[22] *Sir* James Steuart, que se sobressai por seu olhar atento às diferenças caracteristicamente sociais entre vários modos de produção, observa: *"Why do large undertakings in the manufacturing way ruin private industry, but by coming nearer to the simplicity of slaves?"* ["Por que grandes empresas manufatureiras destroem as oficinas domésticas, senão pelo fato de estarem mais próximas da simplicidade do trabalho escravo?"], em *Princ. of Pol. Econ.* (Londres, 1767), v. I, p. 167-8.

[22a] Assim, Auguste Comte e sua escola poderiam ter provado a necessidade eterna dos senhores feudais do mesmo modo como o fizeram com relação aos senhores do capital.

Cooperação

Em épocas passadas, ocorreu que esses Estados asiáticos, depois do custeio de seus gastos civis e militares, encontraram-se em posse de um excedente de meios de subsistência que podiam empregar em obras de suntuosidade ou utilidade. Seu comando sobre as mãos e os braços de quase toda a população não agrícola e a exclusividade que o monarca e os sacerdotes detinham na gerência de tal excedente garantiram-lhes os meios para a construção daqueles portentosos monumentos, com os quais cobriram o país [...] No deslocamento de estátuas colossais e massas enormes, cujo transporte causa assombro, empregou-se quase exclusivamente trabalho humano, e com grande prodigalidade. O número de trabalhadores e a concentração de seus esforços eram suficientes. Do mesmo modo, vemos enormes recifes de corais emergindo das profundezas do oceano, formando ilhas e se constituindo em terra firme, embora cada depositante [*depositary*] individual seja ínfimo, débil e desprezível. Os trabalhadores não agrícolas de uma monarquia asiática tinham muito pouco a contribuir para uma obra além de seus esforços físicos individuais, mas seu número era sua força, e foi o poder da direção sobre essas massas que originou aquelas obras prodigiosas. O que possibilitou tais empreendimentos foi a concentração, em uma ou poucas mãos, das rendas das quais vivem os trabalhadores.[23]

Na sociedade moderna, esse poder dos reis asiáticos e egípcios ou teocratas etruscos etc. migrou para o capitalista, quer ele se apresente como capitalista isolado, quer, como nas sociedades por ações, como capitalista combinado.

A cooperação no processo de trabalho, tal como a encontramos predominantemente nos primórdios da civilização humana, entre os povos caçadores ou, por exemplo, na agricultura da comunidade indiana, baseia-se, por um lado, na propriedade comum das condições de produção e, por outro, no fato de que o indivíduo isolado desvencilhou-se tão pouco do cordão umbilical da tribo ou da comunidade quanto uma abelha da colmeia. Essas duas características distinguem essa cooperação da cooperação capitalista. A aplicação esporádica da cooperação em grande escala no mundo antigo, na Idade Média e nas colônias modernas repousa sobre relações imediatas de domínio e servidão, principalmente sobre a escravidão. A forma capitalista, ao contrário, pressupõe desde o início o trabalhador assalariado, livre, que vende sua força de trabalho ao capital. Historicamente, porém, ela se desenvolve em oposição à economia camponesa e à produção artesanal independente, assumindo esta última a forma da guilda ou não[24]. Diante

---

[23] R. Jones, *Textbook of Lectures etc.*, cit., p. 77-8. As coleções da antiga Assíria, Egito etc. em Londres e outras capitais europeias nos transformam em testemunhas oculares desses processos cooperativos de trabalho.

[24] A pequena economia camponesa e a produção das oficinas independentes, que, em parte, são a base do modo de produção feudal e, em parte, aparecem ao lado do modo de produção capitalista depois da dissolução do feudalismo, constituem, ao mesmo tempo, a base econômica da comunidade clássica em sua melhor época, depois de ter-se dissolvido a primitiva propriedade comum oriental e antes de a escravatura ter-se apoderado seriamente da produção.

delas, não é a cooperação capitalista que aparece como uma forma histórica específica da cooperação, mas, ao contrário, é a própria cooperação que aparece como uma forma histórica peculiar do modo de produção capitalista, como algo que o distingue especificamente.

Assim como a força produtiva social do trabalho desenvolvida pela cooperação aparece como força produtiva do capital, também a própria cooperação aparece como uma forma específica do processo de produção capitalista, contraposta ao processo de produção de trabalhadores autônomos e isolados, ou mesmo de pequenos mestres. É a primeira alteração que o processo de trabalho efetivo experimenta em sua subsunção ao capital. Tal alteração ocorre natural e espontaneamente. Seu pressuposto, a ocupação simultânea de um número maior de trabalhadores assalariados no mesmo processo de trabalho, constitui o ponto de partida da produção capitalista, que por sua vez coincide com a existência do próprio capital. Assim, se por um lado o modo de produção capitalista se apresenta como uma necessidade histórica para a transformação do processo de trabalho num processo social, por outro lado essa forma social do processo de trabalho se apresenta como um método empregado pelo capital para explorá-lo de maneira mais lucrativa, por meio do aumento de sua força produtiva.

Em sua configuração simples, que consideramos até o momento, a cooperação coincide com a produção em escala ampliada, porém não constitui uma forma fixa, característica de um período particular de desenvolvimento do modo de produção capitalista. No máximo, ela se aproxima dessa forma nos primórdios ainda artesanais da manufatura[25] e em toda espécie de grande agricultura, que corresponde ao período manufatureiro e só se distingue essencialmente da economia camponesa pela quantidade de trabalhadores simultaneamente empregados e pelo volume de meios de produção concentrados. A cooperação simples continua a predominar naqueles ramos de produção em que o capital opera em grande escala, sem que a divisão do trabalho ou a maquinaria desempenhem um papel significativo.

A cooperação continua a ser a forma básica do modo de produção capitalista, embora sua própria configuração simples apareça como forma particular ao lado de suas formas mais desenvolvidas.

---

[25] "Whether the united skill, industry and emulation of many together on the same work be not the way to advance it? And whether it had been otherwise possible for England, to have carried on her Woollen Manufacture to so great a perfection?" ["Não é a união da habilidade, diligência e emulação de muitos trabalhando juntos na mesma obra o caminho para levá-la adiante? E de outro modo teria sido possível à Inglaterra elevar sua manufatura de lã a tal grau de perfeição?"], Berkeley, *The Querist* (Londres, 1750), p. 56, §521.

Capítulo 12

Divisão do trabalho e manufatura

1. A dupla origem da manufatura

A cooperação fundada na divisão do trabalho assume sua forma clássica na manufatura. Como forma característica do processo de produção capitalista, ela predomina ao longo do período propriamente manufatureiro, que, em linhas gerais, estende-se da metade do século XVI até o último terço do século XVIII.

A manufatura surge de dois modos.

No primeiro, reúnem-se numa mesma oficina, sob o controle de um mesmo capitalista, trabalhadores de diversos ofícios autônomos, por cujas mãos tem de passar um produto até seu acabamento final. Uma carruagem, por exemplo, era o produto total dos trabalhos de um grande número de artesãos independentes, como segeiro, seleiro, costureiro, serralheiro, correeiro, torneiro, passamaneiro, vidraceiro, pintor, envernizador, dourador etc. A manufatura de carruagens reúne todos esses diferentes artesãos numa oficina, onde eles trabalham simultaneamente e em colaboração mútua. É verdade que não se pode dourar uma carruagem antes de ela estar feita, mas, se muitas carruagens são feitas ao mesmo tempo, uma parte pode passar constantemente pelo douramento, enquanto outra parte percorre uma fase anterior do processo de produção. Até aqui, permanecemos ainda no terreno da cooperação simples, que encontra já dado seu material humano e de coisas. Mas logo ocorre uma modificação essencial. O costureiro, o ferreiro, o correeiro etc., que se dedicam apenas à fabricação de carruagens perdem gradualmente, com o costume, a capacidade de exercer seu antigo ofício em toda sua amplitude. Por outro lado, sua atividade tornada unilateral assume, agora, a forma mais adequada para sua esfera restrita de atuação. Originalmente, a manufatura de carruagens apareceu como uma combinação de ofícios independentes. Pouco a pouco, ela se transformou em divisão da produção de carruagens em suas diversas operações específicas, processo no qual cada operação se cristalizou como função exclusiva de um trabalhador, sendo sua totalidade executada pela união desses trabalhadores parciais. Desse mesmo modo surgiram a manufatura de tecidos e toda uma série de outras manufaturas: da combinação de diversos ofícios sob o comando do mesmo capital[26].

Mas a manufatura também surge por um caminho oposto. Muitos artesãos que fabricam produtos iguais ou da mesma espécie, como papel, tipos para imprensa ou agulhas, são reunidos pelo mesmo capital, simultaneamente e na mesma oficina. Tem-se, aqui, a cooperação em sua forma mais simples. Cada um desses artesãos (talvez com um ou dois ajudantes) produz a mercadoria inteira, executando sucessivamente todas as diversas operações requeridas para sua fabricação. Ele continua a trabalhar conforme seu antigo modo artesanal, mas circunstâncias externas logo fazem com que a concentração dos trabalhadores no mesmo local e a simultaneidade de seus trabalhos sejam utilizadas de outro modo. Uma quantidade maior de mercadorias acabadas deve, por exemplo, ser fornecida num determinado prazo e, por esse motivo, o trabalho é dividido. Em vez de o mesmo artesão executar as diversas operações numa sequência temporal, elas são separadas umas das outras, isoladas, justapostas espacialmente, sendo cada uma delas confiada a um artesão diferente e executadas ao mesmo tempo pelos trabalhadores em cooperação. Essa divisão acidental se repete, exibe as vantagens que lhe são próprias e se ossifica gradualmente numa divisão sistemática do trabalho. De produto individual de um artesão independente, que faz várias coisas, a mercadoria converte-se no produto social de uma união de artesãos, em que cada um executa continuamente apenas uma e sempre a mesma operação parcial. As mesmas operações que se conectavam umas às outras como atos sucessivos do fabricante de papel nas guildas alemãs tornaram-se mais tarde

---

[26] Para dar um exemplo mais recente dessa configuração da manufatura, citamos a seguinte passagem. A fiação e tecelagem de seda de Lyon e Nîmes *"est toute patriarcale; elle emploie beaucoup de femmes et d'enfants, mais sans les épuiser ni les corrompre; elle les laisse dans leurs belles vallées de la Drôme, du Var, de l'Isère, de Vaucluse, pour y élever des vers et dévider leurs cocons; [...] jamais elle n'entre dans une véritable fabrique. Pour être aussi bien observé [...] le principe de la division du travail, s'y revêt d'un caractère spécial. Il y a bien des dévideuses, des moulineurs, des teinturiers, des encolleurs, puis des tisserands; mais ils ne sont pas réunis dans un même établissement, ne dépendent pas d'un même maître; tous ils sont indépendants"* ["é totalmente patriarcal; emprega muitas mulheres e crianças, porém sem esgotá-los ou corrompê-los; permite que eles permaneçam em seus belos vales de Drôme, Var, Isère e Vaucluse, para lá cultivar bichos da seda e enovelar seus casulos; ela jamais se transforma numa verdadeira fábrica. Para ser aplicado devidamente [...] o princípio da divisão do trabalho assume aqui um caráter especial. Decerto, existem dobadouras, torcedores de seda, tintureiros, encoladores, além de tecelões; mas eles não são reunidos num mesmo estabelecimento, dependentes do mesmo mestre: todos são independentes"], A. Blanqui, *Cours d'écon. industrielle* (Paris, 1838-1839), p. 79. Desde que Blanqui escreveu isso, os vários trabalhadores independentes foram reunidos, em parte, em fábricas. {Adendo à quarta edição: E desde que Marx escreveu a passagem anterior, o tear a vapor consolidou-se nas fábricas, expulsando rapidamente o tear manual. A indústria de sedas de Krefeld é a prova viva desse processo. (F. E.)}

Divisão do trabalho e manufatura

independentes na manufatura holandesa de papel, como operações parciais, executadas uma ao lado das outras por muitos trabalhadores em cooperação. O agulheiro das guildas de Nuremberg é o elemento fundamental da manufatura inglesa de agulhas. Mas, enquanto aquele agulheiro isolado executava uma série de, talvez, vinte operações sucessivas, na Inglaterra não tardou até que houvesse vinte agulheiros um ao lado do outro, cada um executando apenas uma das vinte operações, que, em consequência de experiências ulteriores, ainda seriam muito mais subdivididas, isoladas e autonomizadas como funções exclusivas de trabalhadores individuais.

O modo de surgimento da manufatura, sua formação a partir do artesanato, é portanto duplo. Por um lado, ela parte da combinação de ofícios autônomos e diversos, que são privados de sua autonomia e unilateralizados até se converterem em meras operações parciais e mutuamente complementares no processo de produção de uma única e mesma mercadoria. Por outro lado, ela parte da cooperação de artesãos do mesmo tipo, decompõe o mesmo ofício individual em suas diversas operações particulares, isolando-as e autonomizando-as até que cada uma delas se torne uma função exclusiva de um trabalhador específico. Por um lado, portanto, a manufatura introduz a divisão do trabalho num processo de produção, ou desenvolve a divisão do trabalho já existente; por outro, ela combina ofícios que até então eram separados. Mas seja qual for seu ponto de partida particular, sua configuração final é a mesma: um mecanismo de produção, cujos órgãos são seres humanos.

Para o correto entendimento da divisão do trabalho na manufatura, é essencial apreender os seguintes pontos: primeiramente, a análise do processo de produção em suas fases particulares coincide plenamente com a decomposição de uma atividade artesanal em suas diversas operações parciais. Composta ou simples, a execução permanece artesanal e, portanto, continua a depender da força, da destreza, da rapidez e da precisão do trabalhador individual no manuseio de seu instrumento. O trabalho artesanal permanece sendo a base, e essa base técnica limitada exclui uma análise verdadeiramente científica do processo de produção, pois cada processo parcial que o produto percorre tem de ser executável como trabalho parcial artesanal. É justamente porque a habilidade artesanal permanece como a base do processo de produção que cada trabalhador passa a dedicar-se exclusivamente a uma função parcial, e sua força de trabalho é então transformada em órgão vitalício dessa função parcial. Por fim, essa divisão do trabalho é um tipo particular da cooperação, e várias de suas vantagens resultam da essência geral da cooperação, e não dessa sua forma particular.

2. O trabalhador parcial e sua ferramenta

Adentrando agora nos detalhes dessa questão, é desde logo claro que um trabalhador que executa uma mesma operação simples durante toda sua vida transforma seu corpo inteiro num órgão automaticamente unilateral dessa operação e, consequentemente, precisa de menos tempo para executá-la do que o artesão que executa alternadamente toda uma série de operações. Mas o trabalhador coletivo combinado, que constitui o mecanismo vivo da manufatura, consiste de muitos desses trabalhadores parciais e unilaterais. Por isso, em comparação com o ofício autônomo, produz-se mais em menos tempo, ou a força produtiva do trabalhador é aumentada[27]. Também o método do trabalho parcial se aperfeiçoa depois de estar autonomizado como função exclusiva de uma pessoa. Como a experiência o demonstra, a contínua repetição da mesma ação limitada e a concentração da atenção nessa ação ensinam a atingir o efeito útil visado com o mínimo de dispêndio de força. Mas como diferentes gerações de trabalhadores convivem simultaneamente e cooperam nas mesmas manufaturas, os artifícios [*Kunstgriffe*] técnicos assim obtidos consolidam-se, acumulam-se e são transmitidos com rapidez[28].

A manufatura produz, com efeito, a virtuosidade do trabalhador detalhista, quando, no interior da oficina, reproduz e leva sistematicamente ao extremo a diferenciação natural-espontânea dos ofícios. Por outro lado, sua transformação do trabalho parcial em profissão [*Beruf*] por toda a vida de um homem corresponde à tendência, presente em sociedades anteriores, de tornar hereditários os ofícios, de petrificá-los em castas caso determinadas condições históricas produzissem nos indivíduos uma variabilidade em contradição com o sistema de castas, de ossificá-los em corporações. Castas e corporações têm origem na mesma lei natural que rege a distinção de plantas e animais em espécies e subespécies, com a única diferença de que, num certo grau de desenvolvimento, a hereditariedade das castas ou a exclusividade das corporações é decretada como lei social[29].

---

[27] "*The more any manufacture of much variety shall be distributed and assigned to different artists, the same must needs be better done and with greater expedition, with less loss of time and labour*" ["Quanto mais um trabalho altamente variado é subdividido e atribuído a diferentes trabalhadores parciais, tanto mais ele tem necessariamente de ser executado melhor e mais depressa, com menos perda de tempo e de trabalho"], *The Advantages of the East India Trade* (Londres, 1720), p. 71.

[28] "*Easy labour is* [...] *transmitted skill*" ["O trabalho realizado facilmente é habilidade transmitida"], T. Hodgskin, *Popular Political Economy*, p. 48.

[29] "No Egito, também as artes alcançaram [...] o devido grau de perfeição. Pois somente nesse país os artesãos não podem intervir de modo algum nos negócios de outra classe de cidadãos, e sim devem apenas seguir a vocação que, por lei, é hereditária em sua tribo [...] Em outros países, observa-se que os trabalhadores [*Gewerbsleute*] dividem sua atenção entre muitos objetos [...] Ora tentam a agricultura, ora dedicam-se ao comércio, ora ocupam-se com duas ou três artes simultaneamente. Em Estados livres,

Divisão do trabalho e manufatura

As musselinas de Dakka em sua finura, as chitas e outros tecidos de Coromandel em esplendor e durabilidade das cores jamais foram superados. E, no entanto, eles são produzidos sem capital, maquinaria, divisão do trabalho ou qualquer um dos outros meios que tantas vantagens atribuem à fabricação na Europa. O tecelão é um indivíduo isolado, que fabrica o tecido por encomenda de um cliente e com um tear da mais simples construção, muitas vezes consistindo apenas de hastes de madeira unidas de modo grosseiro. Ele nem sequer dispõe de um mecanismo para puxar a corrente, o que faz com que o tear tenha de permanecer esticado em todo seu comprimento, tornando-se assim tão disforme e longo que não encontra lugar no casebre do produtor, que, por isso, tem de executar seu trabalho ao ar livre, onde é interrompido por qualquer intempérie.[30]

É somente a destreza acumulada de geração a geração e legada de pai para filho que confere ao indiano, assim como à aranha, essa virtuosidade. E, no entanto, tal tecelão executa um trabalho muito mais complicado do que o da maioria dos trabalhadores da manufatura.

Um artesão que executa sucessivamente os diversos processos parciais da produção de um artigo é obrigado a mudar ora de lugar, ora de instrumentos. A passagem de uma operação para outra interrompe o fluxo de seu trabalho, formando, em certa medida, poros em sua jornada de trabalho. Tais poros se fecham assim que ele passa a executar continuamente uma única e mesma operação o dia inteiro, ou desaparecem à medida que diminuem as mudanças de sua operação. A força produtiva aumentada se deve aqui ou ao dispêndio crescente de força de trabalho num dado período de tempo – portanto, à intensidade crescente do trabalho –, ou ao decréscimo do consumo improdutivo de força de trabalho. O excesso de dispêndio de força exigido em cada passagem do repouso ao movimento é compensado pela duração maior da velocidade normal, depois de esta ter sido alcançada. Por outro lado, a continuidade de um trabalho uniforme aniquila a força tensional e impulsiva dos espíritos vitais, que encontram na própria mudança de atividade seu descanso e estímulo.

A produtividade do trabalho depende não só da virtuosidade do trabalhador, mas também da perfeição de suas ferramentas. Ferramentas do mesmo tipo, como instrumentos para cortar, perfurar, pilar, bater etc., são utilizadas em diversos processos de trabalho, e no mesmo processo de trabalho o mesmo instrumento serve para diferentes operações. Mas assim que

---

    eles frequentam, na maioria das vezes, as assembleias populares [...] No Egito, ao contrário, qualquer artesão é duramente punido se se intromete nos negócios do Estado ou se exerce várias artes simultaneamente. Assim, nada pode perturbar sua dedicação à sua profissão [...] Além disso, como recebem muitas regras de seus antepassados, são ávidos por descobrir ainda novas vantagens", Diodoro Sículo, *Historische Bibliothek*, cit., livro I, c. 74.

[30] Hugh Murray, James Wilson et al. *Historical and Descriptive Account of Brit. India etc.* (Edimburgo, 1832, v. II), p. 449-50. O tear indiano fica de pé, isto é, a corrente é esticada verticalmente.

as diferentes operações de um processo de trabalho são dissociadas umas das outras e cada operação parcial adquire nas mãos do trabalhador parcial a forma mais adequada possível e, portanto, exclusiva, torna-se necessário modificar as ferramentas que anteriormente serviam para outros fins diversos. A direção que assume sua mudança de forma é resultado da experiência das dificuldades específicas provocadas pela forma inalterada. A diferenciação dos instrumentos de trabalho, por meio da qual instrumentos de mesmo tipo assumem formas particulares e fixas para cada aplicação útil particular, e sua especialização, que faz com que cada um desses instrumentos especiais só funcione em toda plenitude nas mãos de trabalhadores parciais específicos, caracterizam a manufatura. Apenas em Birmingham são produzidas cerca de quinhentas variedades de martelos, e muitas delas servem não só a um processo particular de produção, mas, com frequência, a diferentes operações no interior de um mesmo processo. O período da manufatura simplifica, melhora e diversifica as ferramentas de trabalho por meio de sua adaptação às funções específicas e exclusivas dos trabalhadores parciais[31]. Com isso, ela cria, ao mesmo tempo, uma das condições materiais da maquinaria, que consiste numa combinação de instrumentos simples.

O trabalhador detalhista e seu instrumento formam os elementos simples da manufatura. Voltemo-nos, agora, à sua figura inteira.

3. As duas formas fundamentais da manufatura – manufatura heterogênea e manufatura orgânica

A articulação da manufatura possui duas formas fundamentais, que, não obstante seu eventual entrelaçamento, compõem duas espécies essencialmente distintas e que desempenham papéis totalmente diferentes, especialmente na transformação posterior da manufatura em grande indústria, movida pela maquinaria. Esse duplo caráter provém da natureza do próprio produto. Este ou é constituído por mera composição mecânica de produtos parciais independentes, ou deve sua configuração acabada a uma sequência de processos e manipulações encadeadas.

Uma locomotiva, por exemplo, consiste de mais de 5 mil partes independentes. Mas por ser um produto da grande indústria, ela não pode servir de

---

[31] Em sua marcante obra *A origem das espécies*, Darwin observa, com relação aos órgãos naturais das plantas e dos animais: "Dado que um mesmo órgão tem de executar diferentes trabalhos, pode-se talvez encontrar um motivo para sua variabilidade no fato de a seleção natural preservar ou suprimir cada pequeno desvio de forma menos cuidadosa do que seria o caso se o mesmo órgão fosse destinado apenas a uma finalidade particular. Assim, facas destinadas a cortar qualquer coisa podem possuir, no geral, a mesma forma, ao passo que uma ferramenta destinada a uma aplicação específica tem de ter para cada uso distinto uma forma igualmente distinta".

Divisão do trabalho e manufatura

exemplo para a primeira espécie de manufatura propriamente dita; tomemos, por isso, o exemplo do relógio, de que também se serviu William Petty para ilustrar a divisão do trabalho na manufatura. De obra individual de um artesão de Nuremberg, o relógio transformou-se no produto social de um sem-número de trabalhadores parciais, como o fazedor das peças brutas, o fazedor das molas, o fazedor dos mostradores, o fazedor da corda, o fazedor dos mancais para as pedras e os rubis das alavancas, o fazedor dos ponteiros, o fazedor da caixa, o fazedor dos parafusos, o dourador, e com muitas subdivisões, como o fazedor de rodas (rodas de latão e de aço, também em separado), o fazedor do rotor, o fazedor do eixo dos ponteiros, o *acheveur de pignon* (aquele que fixa as rodas no trem de engrenagens e pule as facetas), o fazedor do pivô, o *planteur de finissage* (que monta diversas rodas e carretes na máquina), o *finisseur de barrillet* (que entalha os dentes nas rodas, ajusta as dimensões dos furos, aperta as posições e travas), o fazedor da âncora, o fazedor do cilindro para a âncora, o fazedor da roda de escape, o fazedor do volante, o fazedor da roda de balanço, o fazedor da coroa (mecanismo com que se regula o relógio), o *planteur d'échappement* (que faz o escapamento), o *repasseur de barrillet* (que finaliza a caixa da mola e a posição), o polidor do aço, o polidor das rodas, o polidor dos parafusos, o pintor dos números, o esmaltador do mostrador (que aplica o esmalte sobre o cobre), o *fabricant de pendants* (que faz apenas as argolas do relógio), o *finisseur de charnière* (que coloca o eixo de latão no centro da caixa etc.), o *faiseur de secret* (que coloca na caixa as molas que fazem abrir a tampa), o *graveur* [gravador], o *ciseleur* [cinzelador], o *polisseur de boîte* [polidor da caixa] etc., etc., e, finalmente, o *repasseur*, que monta todo o relógio e o entrega funcionando. Apenas algumas poucas partes do relógio passam por diversas mãos, e todos esses *membra disjecta* só são reunidos nas mãos que finalmente os combinam num todo mecânico. Aqui, como em outras fabricações semelhantes, essa relação exterior do produto acabado com seus diferentes elementos torna acidental a combinação dos trabalhadores parciais na mesma oficina. Tanto é possível a execução dos trabalhos parciais como ofícios independentes entre si, como no cantão de Vaud e Neuchâtel, quanto a cooperação direta dos trabalhadores parciais sob o comando de um capital, como ocorre, por exemplo, em Genebra, onde há grandes manufaturas de relógios. Também no último caso é raro que mostrador, mola e caixa sejam feitos na própria manufatura. A empresa manufatureira combinada só é lucrativa, aqui, sob condições excepcionais, já que a concorrência entre os trabalhadores que querem trabalhar em casa é extrema, o fracionamento da produção em inúmeros processos heterogêneos permite pouca aplicação de meios coletivos de trabalho e o capitalista, com a fabricação fragmentada, economiza os gastos com instalações fabris etc.[32] No entanto, a

---

[32] Em 1854, Genebra produziu 80 mil relógios, menos de $1/5$ da produção do cantão de Neuchâtel. Apenas Chaux-de-Fonds, que se pode considerar uma única manufatura de relógios, produz sozinha, anualmente, o dobro de Genebra. De 1850-1861, Genebra

posição desses trabalhadores detalhistas, que trabalham em casa, porém para um capitalista (fabricante, *établisseur*), é totalmente distinta daquela do artesão independente, que trabalha para seus próprios clientes[33].

O segundo tipo de manufatura, sua forma acabada, produz artigos que passam por fases interconexas de desenvolvimento, uma sequência de processos graduais, como o arame, que, na manufatura de agulhas de costura, passa pelas mãos de 72 – e até 92 – trabalhadores parciais específicos.

Ao combinar ofícios originalmente dispersos, tal manufatura reduz a separação espacial entre as fases particulares de produção do artigo. O tempo de sua passagem de um estágio para outro é reduzido, assim como o trabalho que medeia essa passagem[34]. Em comparação com o artesanato obtém-se, com isso, um acréscimo de força produtiva, sendo tal acréscimo derivado, na verdade, do caráter cooperativo geral da manufatura. Por outro lado, seu princípio peculiar da divisão do trabalho provoca um isolamento das diferentes fases da produção, que, como diversos outros trabalhos parciais artesanais, se autonomizam mutuamente. Estabelecer e manter a conexão entre as funções isoladas exige o transporte constante do artigo de uma mão para outra e de um processo para outro. Do ponto de vista da grande indústria, isso se revela uma limitação característica, dispendiosa e imanente ao princípio da manufatura[35].

Quando observamos uma quantidade determinada de matéria-prima, por exemplo, de trapos na manufatura de papel ou de arame na manufatura de alfinetes, vemos que ela percorre, nas mãos dos diferentes trabalhadores

---

forneceu 720 mil relógios. Ver "Report from Geneva on the Watch Trade", em *Reports by H. M.'s Secretaries of Embassy and Legation on the Manufactures, Commerce etc.*, n. 6, 1863. Se a falta de conexão entre os processos em que se fraciona a produção de artigos apenas justapostos dificulta em muito a transformação de tais manufaturas em produção mecanizada da grande indústria, no caso dos relógios acrescentam-se, ainda, dois outros obstáculos: a pequena dimensão e delicadeza de seus elementos e seu caráter de luxo, portanto, sua variedade, de modo que, por exemplo, nas melhores casas de Londres dificilmente se chega à produção de uma dúzia de relógios por ano que sejam parecidos. A fábrica de relógios de Vacheron & Constantin, que emprega maquinaria com sucesso, também produz um máximo de três a quatro diferentes variedades em tamanho e forma.

[33] Na fabricação de relógios, esse exemplo clássico da manufatura heterogênea, pode-se estudar com muita precisão as já referidas diferenciação e especialização, que resultam da decomposição da atividade artesanal.

[34] "*In so close a cohabitation of the people, the carriage must needs be less*" ["Numa coabitação tão densa de pessoas, o transporte tem necessariamente de ser menor"], *The Advantages of the East India Trade*, p. 106.

[35] "*The isolation of the different stages of manufacture consequent upon the employment of the manual labour adds immensely to the cost of production, the loss mainly arising from the mere removals from one process to another*" ["O isolamento dos diferentes estágios da produção na manufatura, que decorre do emprego do trabalho manual, eleva imensamente os custos de produção, originando-se a perda principalmente do mero transporte de um processo de trabalho para outro"], *The Industry of Nations* (Londres, 1855), parte II, p. 200.

Divisão do trabalho e manufatura

parciais, uma série cronológica de fases de produção até atingir sua forma final. Mas quando, ao contrário, observamos a oficina como um mecanismo total, vemos que a matéria-prima encontra-se simultaneamente em todas as suas fases de produção. Com uma parte de suas muitas mãos munidas de instrumentos, o trabalhador coletivo, resultado da combinação de trabalhadores detalhistas, puxa o arame ao mesmo tempo que, com outras mãos e outras ferramentas, o estica, com outras o corta, o aponta etc. De uma sucessão temporal, os diversos processos graduais se convertem numa justaposição espacial. Disso resulta o fornecimento de mais mercadorias acabadas no mesmo espaço de tempo[36]. Se é verdade que essa simultaneidade decorre da forma cooperativa geral do processo total, também é verdade que a manufatura não se limita a encontrar dadas condições para a cooperação, mas as cria, em parte, mediante a decomposição da atividade artesanal. Por outro lado, ela só alcança essa organização social do processo de trabalho ao soldar o mesmo trabalhador ao mesmo detalhe.

Por ser o produto parcial de cada trabalhador parcial apenas um grau particular de desenvolvimento do mesmo artigo, cada trabalhador ou grupo de trabalhadores fornece ao outro sua matéria-prima. No resultado do trabalho de um está o ponto de partida para o trabalho do outro. Assim, um trabalhador ocupa diretamente o outro. O tempo de trabalho necessário para se obter o efeito útil visado em cada processo parcial é fixado conforme a experiência, e o mecanismo inteiro da manufatura repousa sobre o pressuposto de que, em dado tempo de trabalho, obtém-se um dado resultado. Apenas sob esse pressuposto os processos de trabalho diferentes e mutuamente complementares podem prosseguir justapostos espacialmente, de modo simultâneo e ininterrupto. É evidente que essa dependência imediata dos trabalhos e, por conseguinte, dos trabalhadores entre si, força cada indivíduo a empregar em sua função não mais do que o tempo necessário, gerando-se assim uma continuidade, uniformidade, regularidade, ordenamento[37] e, mais ainda,

---

[36] "It [the division of labour] produces also an economy of time, by separating the work into its different branches, all of which may be carried on into execution at the same moment [...] By carrying on all the different processes at once, which an individual must have executed separately, it becomes possible to produce a multitude of pins for instance completely finished in the same time as a single pin might have been either cut or pointed" ["Ela (a divisão do trabalho) produz também uma economia de tempo ao separar o trabalho em seus ramos diferentes, que podem todos ser executados ao mesmo tempo [...] Por meio da execução simultânea de todos os diferentes processos que um indivíduo teria de executar separadamente, torna-se possível produzir uma grande quantidade de alfinetes completamente acabados no mesmo tempo que seria necessário para cortar ou apontar um único alfinete"], Dugald Stewart, em *Works*, cit., p. 319.

[37] "They more variety of artists to every manufacture [...] the greater the order and regularity of every work, the same must needs be done in less time, the labour must be less." ["Quanto maior a variedade de trabalhadores especiais em cada manufatura [...] tanto mais

uma intensidade de trabalho absolutamente distintos daqueles vigentes no ofício autônomo ou mesmo no regime de cooperação simples. Que numa mercadoria seja aplicado apenas o tempo de trabalho socialmente necessário para sua produção é algo que aparece na produção de mercadorias em geral como coerção externa da concorrência, dado que, expresso superficialmente, cada produtor individual é obrigado a vender a mercadoria pelo seu preço de mercado. Na manufatura, ao contrário, o fornecimento de uma dada quantidade de produtos em dado tempo de trabalho torna-se uma lei técnica do próprio processo de produção[38].

Ocorre que operações diferentes exigem períodos desiguais de tempo e, por isso, fornecem, no mesmo intervalo de tempo, quantidades desiguais de produtos parciais. Portanto, se o mesmo trabalhador deve executar sempre a mesma operação dia após dia, então é preciso que, em operações diferentes, sejam empregados números proporcionalmente diferentes de trabalhadores, por exemplo, que numa manufatura de tipos de imprensa sejam empregados quatro fundidores e dois quebradores para um polidor, e que o fundidor funda 2 mil tipos por hora, o quebrador quebre 4 mil e o polidor pula 8 mil. Aqui reaparece o princípio da cooperação em sua forma mais simples, a da ocupação simultânea de muitos indivíduos que executam operações da mesma espécie, porém agora como expressão de uma relação orgânica. A divisão manufatureira do trabalho, portanto, não só simplifica e diversifica os órgãos qualitativamente diferentes do trabalhador coletivo social, como também cria uma proporção matemática fixa para a extensão quantitativa desses órgãos, isto é, para o número relativo de trabalhadores ou grandeza relativa dos grupos de trabalhadores em cada função específica. Ela desenvolve, com a subdivisão qualitativa do processo de trabalho social, a regra quantitativa e a proporcionalidade desse processo.

Estando fixada, pela experiência, a proporção mais adequada dos diferentes grupos de trabalhadores parciais para uma determinada escala da produção, esta só pode ser ampliada por meio do emprego de um múltiplo de cada grupo particular de trabalhadores[39]. A isso se acrescenta que o mesmo

---

ordenado e regular é cada trabalho, este tem necessariamente de ser feito em menos tempo, e o trabalho tem de ser menor"], *The Advantages etc.*, cit., p. 68.

[38] Em muitos ramos, no entanto, o sistema manufatureiro só alcança esse resultado de modo imperfeito, pelo fato de não saber controlar com segurança as condições físicas e químicas gerais do processo de produção.

[39] "Quando a experiência, segundo a natureza peculiar dos produtos de cada manufatura, revela o número de processos nos quais é mais vantajoso dividir a fabricação, assim como o número de trabalhadores a serem nela empregados, então todas as outras manufaturas que não empreguem um múltiplo exato desse número produzirão o artigo com custos maiores. [...] Daí surge uma das causas do grande número de estabelecimentos manufatureiros", C. Babbage, *On the Economy of Machinery* (Londres, 1832), c. XXI, p. 172-3.

Divisão do trabalho e manufatura

indivíduo pode executar igualmente bem certos trabalhos em maior ou menor escala, como o trabalho de supervisão, o transporte dos produtos parciais de uma fase de produção para outra etc. A autonomização dessas funções ou sua atribuição a trabalhadores específicos só passa a representar uma vantagem com a ampliação do número de trabalhadores ocupados, e desde que essa ampliação atinja de imediato e de maneira proporcional todos os grupos.

O grupo individual, um número de trabalhadores que executam a mesma função parcial, consiste de elementos homogêneos e forma um órgão particular do mecanismo total. Nas diferentes manufaturas, porém, o próprio grupo é um corpo articulado de trabalho, enquanto o mecanismo total é formado pela repetição ou multiplicação desses organismos produtivos elementares. Consideremos, por exemplo, a manufatura de garrafas de vidro. Ela se decompõe em três fases essencialmente distintas. Primeiramente, há a fase preparatória, que consiste na preparação da composição do vidro – mistura de areia, cal etc. – e na fundição dessa composição numa massa fluida de vidro[40]. Nessa primeira fase, diferentes trabalhadores parciais se ocupam, tanto quanto na fase final, em retirar as garrafas dos fornos de secagem, selecioná-las, embalá-las etc. No meio das duas fases é que está a confecção propriamente dita do vidro, ou a elaboração de sua massa fluida. Na mesma boca de forno trabalha um grupo, na Inglaterra chamado de *hole* (buraco) e constituído por um *bottle maker* [fazedor de garrafas] ou *finisher* [acabador], um *blower* [soprador], um *gatherer* [coletor], um *putter up* [carregador] ou *whetter off* [separador] e um *taker* [entregador]. Esses cinco trabalhadores parciais formam outros tantos órgãos particulares de um único corpo de trabalho, que só pode atuar como uma unidade, isto é, por meio da cooperação direta de todos os seus cinco membros. Na ausência de um desses membros, o corpo de trabalho fica paralisado. Mas o mesmo forno de vidro tem várias aberturas – na Inglaterra, por exemplo, elas variam de quatro a seis –, cada uma delas com um cadinho de barro contendo massa fluida de vidro, no qual trabalha um grupo de trabalhadores, igualmente composto de cinco membros. A articulação de cada grupo individual funda-se, aqui, diretamente na divisão do trabalho, ao passo que o vínculo entre os diversos grupos do mesmo tipo é a cooperação simples, que economiza meios de produção – no caso presente, o forno de vidro – mediante seu consumo coletivo. Tal forno de vidro reúne de quatro a seis grupos de trabalhadores e constitui uma vidraria; uma manufatura de vidro é formada por uma multiplicidade de tais vidrarias, juntamente com as instalações e os trabalhadores necessários para as fases preparatórias e finais da produção.

Finalmente, uma vez que a manufatura tem origem na combinação de diversos ofícios, ela pode se desenvolver numa combinação de diversas manufaturas.

---

[40] Na Inglaterra, o forno de fundição é separado do forno de vidro, no qual o vidro é trabalhado; na Bélgica, por exemplo, o mesmo forno serve para os dois processos.

As maiores vidrarias inglesas, por exemplo, fabricam elas próprias seus cadinhos de barro, pois da qualidade desses instrumentos depende essencialmente o sucesso ou insucesso da produção. A manufatura de um meio de produção é vinculada, aqui, à manufatura do produto. Inversamente, é também possível que a manufatura do produto se vincule a manufaturas às quais ele serve, por sua vez, de matéria-prima, ou a cujos produtos ele é acoplado posteriormente. Assim, por exemplo, a manufatura de *flint glass* é combinada com a do polimento de vidro e a da fundição de latão, este último sendo utilizado para a moldura metálica de diversos artigos de vidro, de modo que as diferentes manufaturas combinadas formam, no interior de uma manufatura total, departamentos mais ou menos separados espacialmente e, ao mesmo tempo, processos de produção autônomos, cada um com sua própria divisão do trabalho. Não obstante algumas vantagens oferecidas pela manufatura combinada, ela jamais chega a adquirir uma verdadeira unidade técnica sobre seu próprio fundamento. Tal unidade só ocorre com sua transformação em indústria mecanizada.

O período da manufatura, que logo proclama como seu princípio[41] consciente a diminuição do tempo de trabalho necessário para a produção de mercadorias, também desenvolve eventualmente o uso de máquinas, sobretudo em certos processos iniciais e simples, que têm de ser executados massivamente e com grande aplicação de força. Assim, por exemplo, a manufatura de papel começa com a trituração de trapos, realizada por moinhos específicos, e na metalurgia o britamento do minério é feito pelos assim chamados moinhos de pilões[42]. A forma elementar de toda maquinaria foi-nos transmitida pelo Império romano, com o moinho d'água[43]. O período do artesanato deixou como legado grandes invenções: a bússola, a pólvora, a impressão de livros e o relógio automático. Em geral, no entanto, a maquinaria exerce aquela função secundária que Adam Smith lhe atribui, em comparação com a divisão do trabalho[44]. O uso esporádico da maquinaria tornou-se muito importante no

---

[41] Isso pode ser visto, entre outros, em W. Petty, John Bellers, Andrew Yarranton, *The Advantages of the East-India Trade*, cit., e em J. Vanderlint, *Money Answers All Things*, cit.

[42] Na França, ainda no final do século XVI utilizava-se o almofariz e a peneira para triturar e lavar o minério.

[43] A história inteira do desenvolvimento da maquinaria pode ser seguida por meio da história dos moinhos de cereais. Em inglês, a fábrica continua a chamar-se *mill* [moinho]. Em escritos tecnológicos alemães dos primeiros decênios do século XIX encontra-se ainda a expressão "moinho" como designação não só de toda maquinaria movida por forças naturais como também de todas as manufaturas que empregam aparatos mecânicos.

[44] Como se verá mais detalhadamente no Livro IV desta obra, A. Smith não concebeu nenhuma tese nova sobre a divisão do trabalho. Mas o que o caracteriza como economista político que sintetiza o período da manufatura é o acento que ele coloca sobre a divisão do trabalho. O papel subordinado que confere à maquinaria provocou, no começo da grande indústria, a polêmica de Lauderdale e, numa época mais desenvolvida, a de Ure. A. Smith também confunde a diferenciação dos instrumentos, na qual os próprios

Divisão do trabalho e manufatura

século XVII, pois ela oferecia aos grandes matemáticos daquela época pontos de apoio práticos e estímulos para a criação da mecânica moderna.

A maquinaria específica do período da manufatura permanece sendo o próprio trabalhador coletivo, que resulta da combinação de muitos trabalhadores parciais. As diversas operações que o produtor de uma mercadoria executa alternadamente e que se entrelaçam na totalidade de seu processo de trabalho colocam-lhe exigências diferentes. Numa ele tem de desenvolver mais força, noutra, mais destreza, numa terceira, mais concentração mental etc., e o mesmo indivíduo não dispõe dessas qualidades no mesmo grau. Depois da separação, autonomização e isolamento das diferentes operações, os trabalhadores são separados, classificados e agrupados de acordo com suas qualidades predominantes. Se suas especificidades naturais constituem a base sobre a qual se ergue a divisão do trabalho, a manufatura, uma vez introduzida, desenvolve forças de trabalho que, por natureza, servem apenas para funções específicas unilaterais. O trabalhador coletivo dispõe agora de todas as qualidades produtivas no mesmo grau de virtuosidade e as despende, ao mesmo tempo, do modo mais econômico, concentrando todos os seus órgãos, individualizados em trabalhadores ou grupos de trabalhadores especializados, no desempenho exclusivo de suas funções específicas[45]. A unilateralidade e mesmo a imperfeição do trabalhador parcial convertem-se em sua perfeição como membro do trabalhador coletivo[46]. O hábito de exercer uma função unilateral transforma o trabalhador parcial em órgão natural – e de atuação segura – dessa função, ao mesmo tempo que sua conexão com o mecanismo total o compele a operar com a regularidade de uma peça de máquina[47].

Como as diferentes funções do trabalhador coletivo podem ser mais simples ou mais complexas, inferiores ou superiores, seus órgãos, as forças de trabalho individuais, requerem diferentes graus de formação e possuem,

---

trabalhadores parciais da manufatura participaram muito ativamente, com a invenção das máquinas. Não são os trabalhadores das manufaturas, mas os estudiosos, os artesãos, e mesmo os camponeses (Brindley) etc., que desempenham aqui um papel importante.

[45] "O mestre-manufatureiro, ao dividir a obra a ser executada em vários processos distintos, cada um deles exigindo graus diferentes de habilidade e força, pode obter exatamente a quantidade precisa de força e habilidade necessária para cada processo, ao passo que, se a obra inteira tivesse de ser executada por um só operário, esta pessoa teria de possuir habilidade suficiente para as operações mais delicadas e força suficiente para as mais laboriosas", C. Babbage, *On the Economy of Machinery*, cit., c. XIX.

[46] Por exemplo, o desenvolvimento unilateral dos músculos, o encurvamento dos ossos etc.

[47] Muito corretamente responde o sr. W. Marschall, *general manager* [gerente geral] de uma manufatura de vidros, à pergunta do comissário de inquérito, acerca de como se conseguia manter a produtividade dos jovens trabalhadores: "*They cannot well neglect their work; when they once begin, they must go on; they are just the same as parts of a machine*" ["Eles não podem, de modo algum, negligenciar seu trabalho; tendo começado a trabalhar, têm de prosseguir; são exatamente como partes de uma máquina"], Child. Empl. Comm., "Fourth Report", 1865, p. 247.

por isso, valores muito diferentes. A manufatura desenvolve, assim, uma hierarquia das forças de trabalho, a que corresponde uma escala de salários. Se de um lado o trabalhador individual é apropriado e anexado vitaliciamente a uma função unilateral, de outro as diferentes operações laborais daquela hierarquia são adaptadas às suas habilidades naturais e adquiridas[48]. Todo processo de produção requer, no entanto, certas operações simples, que qualquer ser humano é normalmente capaz de executar. Também tais operações são agora destacadas de sua conexão fluida com os momentos mais plenos de conteúdo da atividade e ossificadas em funções exclusivas.

Em todo ofício de que se apodera, a manufatura cria, portanto, uma classe dos chamados trabalhadores não qualificados, antes rigorosamente excluídos pelo artesanato. Ao mesmo tempo que desenvolve, à custa da capacidade total de trabalho, a especialidade totalmente unilateralizada, que chega ao ponto da virtuosidade, ela já começa a transformar numa especialidade a falta absoluta de desenvolvimento. Juntamente com a gradação hierárquica, surge a simples separação dos trabalhadores em qualificados e não qualificados. Para estes últimos, os custos de aprendizagem desaparecem por completo, e para os primeiros esses custos são menores, em comparação com o artesão, devido à função simplificada. Em ambos os casos diminui o valor da força de trabalho[49]. Exceções ocorrem na medida em que a decomposição do processo de trabalho gera funções novas e abrangentes que no artesanato não existiam, ou pelo menos não na mesma extensão. A desvalorização relativa da força de trabalho, decorrente da eliminação ou redução dos custos de aprendizagem, implica imediatamente uma maior valorização do capital, pois tudo o que encurta o tempo de trabalho necessário para a reprodução da força de trabalho estende, ao mesmo tempo, os domínios do mais-trabalho.

---

[48] O dr. Ure, em sua apoteose da grande indústria, compreende as características peculiares da manufatura mais nitidamente do que os economistas anteriores, que não tinham seu interesse polêmico, e mesmo mais do que seus contemporâneos, como Babbage, que, embora lhe seja superior como matemático e mecânico, concebe a grande indústria, na verdade, apenas do ponto de vista da manufatura. Diz Ure: "O ajustamento dos trabalhadores a cada operação específica constitui a essência da distribuição dos trabalhos". Por outro lado, ele designa essa distribuição como "adaptação dos trabalhos às diferentes capacidades individuais" e, por fim, caracteriza todo o sistema da manufatura como "um sistema de gradações segundo o nível de destreza [...] uma divisão do trabalho segundo os diferentes graus de destreza". Ver Ure, *Philos. of Manuf.*, cit., p. 19-23s.

[49] "*Each handicraftsman, being [...] enabled to perfect himself by practice in one point, became [...] a cheaper workman*" ["Todo artesão, que [...] dispunha dos meios de aperfeiçoar a si mesmo por meio da prática numa operação específica, [...] tornou-se um trabalhador mais barato"], ibidem, p. 19.

4. Divisão do trabalho na manufatura e divisão do trabalho na sociedade

Começamos nossa análise pela origem da manufatura, passando por seus elementos simples – o trabalhador parcial e sua ferramenta – até chegar a seu mecanismo total. Trataremos agora, brevemente, da relação entre a divisão manufatureira e a divisão social do trabalho, que constitui a base geral de toda a produção de mercadorias.

Se tomamos em consideração apenas o trabalho, podemos caracterizar a separação da produção social em seus grandes gêneros – agricultura, indústria etc. – como divisão do trabalho no universal, a diferenciação desses gêneros de produção em espécies e subespécies como divisão do trabalho no particular e a divisão do trabalho no interior de uma oficina como divisão do trabalho no singular[50].

A divisão do trabalho na sociedade e a correspondente limitação dos indivíduos a esferas profissionais particulares se desenvolve, como a divisão do trabalho na manufatura, a partir de pontos opostos. Numa família ou, com o desenvolvimento ulterior, numa tribo, surge uma divisão natural-espontânea do trabalho fundada nas diferenças de sexo e de idade, ou seja, sobre uma base puramente fisiológica, que amplia seu material com a expansão da comunidade, com o aumento da população e, especialmente, com o conflito entre as diversas tribos e a subjugação de uma tribo por outra. Por outro lado, como observei anteriormente*, a troca de produtos surge nos pontos em que diferentes famílias, tribos e comunidades entram mutuamente em contato, pois, nos primórdios da civilização, são famílias, tribos, etc. que se

---

[50] "A divisão do trabalho vai desde a separação das profissões as mais diversas até aquela divisão em que vários dividem entre si a preparação de um único e mesmo produto, como na manufatura", Storch, *Cours d'écon. pol.* (Paris), t. I, p. 173. "*Nous rencontrons chez les peuples parvenus à un certain degré de civilisation trois genres de divisions d'industrie: la première, que nous nommons générale, amène la distinction des producteurs en agriculteurs, manufacturiers et commerçants, elle se rapporte aux trois principales branches d'industrie nationale; la seconde, qu'on pourrait appeler spéciale, est la division de chaque genre d'industrie en espèces* [...] *la troisième division d'industrie, celle enfin qu'on devrait qualifier de division de la besogne ou du travail proprement dit, est celle qui s'établit dans les arts et les métiers séparés* [...] *qui s'établit dans la plupart des manufactures et des ateliers*" ["Nos povos que alcançaram certo grau de civilização, encontramos três gêneros de divisão da indústria: a primeira, que chamaremos de geral, leva à distinção dos produtores em agricultores, fabricantes e comerciantes, correspondendo aos três ramos principais da indústria nacional; a segunda, que se poderia chamar especial, é a divisão de cada gênero da indústria em espécies [...] a terceira divisão da indústria, aquela que, por fim, dever-se-ia qualificar como divisão de tarefas, ou do trabalho propriamente dito, é a que se estabelece nos ofícios e profissões separados [...] que se estabelece na maior parte das manufaturas e das oficinas"], Skarbek, *Théorie des richesses sociales*, cit., p. 84-5.

* Ver p. 162. (N. T.)

defrontam de forma autônoma, e não pessoas privadas. Comunidades diferentes encontram em seu ambiente natural meios diferentes de produção e de subsistência. Por isso, também são diferentes seus modos de produção, seus modos de vida e seus produtos, e é essa diferenciação natural-espontânea que, no contato entre as comunidades, provoca a troca dos produtos recíprocos e, por conseguinte, a transformação progressiva desses produtos em mercadorias. A troca não cria a diferença entre as esferas de produção, mas coloca em relação esferas de produção diferentes e as transforma, assim, em ramos mais ou menos interdependentes de uma produção social total. A divisão social do trabalho surge aqui da troca entre esferas de produção originalmente distintas e independentes entre si. No primeiro caso, em que a divisão fisiológica do trabalho é o ponto de partida, os órgãos particulares de um todo imediatamente compacto desprendem-se uns dos outros, decompõem-se, e o impulso principal para esse processo de decomposição é dado pela troca de mercadorias com comunidades estrangeiras, que faz com que esses órgãos se autonomizem ao ponto de que o nexo entre os diferentes trabalhos passa a ser mediado pela troca dos produtos como mercadorias. Num caso, tem-se o tornar-se dependente [*Verunselbständigung*] daquilo que antes era independente; no outro, tem-se a independentização do que antes era dependente.

A base de toda divisão do trabalho desenvolvida e mediada pela troca de mercadorias é a separação entre cidade e campo[51]. Pode-se dizer que a história econômica inteira da sociedade está resumida no movimento dessa antítese, da qual, no entanto, não trataremos aqui.

Assim como a divisão do trabalho na manufatura tem como pressuposto material um certo número de trabalhadores empregados simultaneamente, a divisão do trabalho na sociedade tem como pressuposto material a grandeza da população e sua densidade, que ocupa aqui o lugar correspondente à aglomeração na mesma oficina[52]. Mas tal densidade é relativa. Um país de povoamento relativamente esparso, com meios de comunicação desenvol-

---

[51] *Sir* James Steuart foi quem melhor tratou dessa questão. O quão pouco conhecida, hoje em dia, é sua obra, publicada dez anos antes da *Riqueza das nações*, é algo que se pode constatar, entre outras coisas, pelo fato de os admiradores de Malthus nem sequer saberem que este último, na primeira edição de sua obra sobre a *"population"*, abstraindo-se de sua parte puramente declamatória, limita-se quase exclusivamente a copiar Steuart, ao lado dos padres Wallace e Townsend.

[52] *"There is a certain density of population which is convenient, both for social intercourse, and for that combination of powers by which the produce of labour is increased"* ["Há certa densidade de população que é conveniente, tanto para o intercurso social quanto para a combinação das forças pelas quais a produtividade do trabalho é aumentada"], James Mill, *Elements of Pol. Econ.*, cit., p. 50. *"As the number of labourers increases, the productive power of society augments in the compound ratio of that increase, multiplied by the effects of the division of labour"* ["Se o número de trabalhadores cresce, a força produtiva da

Divisão do trabalho e manufatura

vidos, possui um povoamento mais denso do que um país mais povoado, porém com meios de comunicação pouco desenvolvidos, de modo que, por exemplo, os Estados setentrionais da União Americana são mais densamente povoados do que a Índia[53].

Como a produção e a circulação de mercadorias é o pressuposto geral do modo de produção capitalista, a divisão manufatureira do trabalho requer uma divisão do trabalho amadurecida até certo grau de desenvolvimento no interior da sociedade. Inversamente, por efeito retroativo, a divisão manufatureira do trabalho desenvolve e multiplica aquela divisão social do trabalho. Com a diferenciação dos instrumentos de trabalho diferenciam-se cada vez mais os ofícios que produzem esses instrumentos[54]. Quando a empresa manufatureira se apossa de um ofício que até então se conectava a outros, como ofício principal ou acessório, e que era exercido pelo mesmo produtor, tal ofício torna-se imediatamente separado e independente. Se ela se apossa de um estágio particular da produção de uma mercadoria, seus diferentes estágios de produção se convertem em ofícios distintos e independentes. Já observamos que, quando o artigo consiste meramente de um composto de produtos parciais unidos de modo mecânico, os trabalhos parciais podem se autonomizar, por sua vez, como ofícios próprios. Para efetuar mais perfeitamente a divisão do trabalho numa manufatura, o mesmo ramo de produção é dividido em manufaturas diversas e, em parte, inteiramente novas, segundo a diversidade de suas matérias-primas ou das diferentes formas que essa matéria-prima pode assumir. Assim, já na primeira metade do século XVIII, somente na França se produziam mais de cem variedades de seda, e em Avignon, por exemplo, era lei que "todo aprendiz só podia se dedicar a uma única espécie de fabricação, não lhe sendo permitido aprender a confecção de vários tipos de tecido ao mesmo tempo". A divisão territorial do trabalho, que concentra ramos particulares de produção em distritos particulares de um país, obtém um novo impulso da indústria manufatureira, que explora todas as particularidades[55]. A ampliação do mercado mundial e o sistema colonial,

---

      sociedade aumenta na mesma proporção, multiplicada pelos efeitos da divisão do trabalho"], T. Hodgskin, *Popular Political Economy*, cit., p. 120.

[53] A partir de 1861, em alguns distritos muito populosos da Índia Oriental, a grande demanda por algodão fez com que se ampliasse sua produção à custa da de arroz. Isso gerou a escassez de alimentos em certas partes, pois devido à falta de meios de comunicação e, portanto, de conexão física, não se podia compensar a falta de arroz num distrito com o suprimento de outros distritos.

[54] Assim, a fabricação de lançadeiras já constituía um ramo particular da Indústria no século XVII, na Holanda.

[55] "*Whether the Woollen Manufacture of England is not divided into several parts or branches appropriated to particular places, where they are only or principally manufactured; fine cloths in Somersetshire, coarse in Yorkshire, long ells at Exeter, soies at Sudbury, crapes at Norwich, linseys at Kendal, blankets at Whitney, and so forth!*" ["Não está a manufatura de lã da Inglaterra

que integram as condições gerais de existência do período da manufatura, fornecem a este último um rico material para o desenvolvimento da divisão do trabalho na sociedade. Não cabe aqui prosseguirmos com a demonstração de como essa divisão se apossa não apenas da esfera econômica, mas de todas as outras esferas da sociedade, firmando por toda parte as bases para aquele avanço da especialização, das especialidades, de um parcelamento do homem que já levara A. Ferguson, professor de A. Smith, a exclamar: "Estamos criando uma nação de hilotas, e já não há homens livres entre nós"[56].

Mas, apesar das inúmeras analogias e nexos entre a divisão do trabalho na sociedade e a divisão do trabalho na oficina, a diferença entre elas é não apenas de grau, mas de essência. A analogia se evidencia do modo mais cabal onde um vínculo interno entrelaça diferentes ramos de negócios. O criador de gado produz peles, que o curtidor transforma em couro, que o sapateiro transforma em botas. Cada um deles produz, aqui, um produto gradual, e a configuração final, acabada, é o produto combinado de seus trabalhos específicos. A isso se acrescentam os múltiplos ramos de trabalho que fornecem os meios de produção ao criador de gado, ao curtidor e ao sapateiro. Decerto, podemos imaginar, com A. Smith, que essa divisão social do trabalho se distingue da divisão manufatureira apenas subjetivamente, em especial para aquele que, ao observar esta última, vislumbra no mesmo espaço a variedade dos trabalhos parciais, ao passo que, na observação da primeira, essa conexão é obscurecida por sua dispersão por grandes áreas e pelo grande número de trabalhadores ocupados em cada ramo específico[57]. Mas o que estabelece a conexão entre

---

dividida em diferentes partes ou ramos apropriados a lugares específicos, onde cada produto é manufaturado exclusiva ou principalmente; tecidos finos em Somersetshire, grosseiros em Yorkshire, enfestados em Exeter, seda em Sudbury, crepes em Norwich, meia-lã em Kendal, cobertores em Whitney etc.?"], Berkeley, *The Querist*, cit., §520.

[56] A. Ferguson, *History of Civil Society* (Edimburgo, 1767), parte IV, seção II, p. 285.

[57] Nas manufaturas propriamente ditas, diz ele, a divisão do trabalho parece ser maior, porque *"those employed in every different branch of the work can often be collected into the same workhouse, and placed at once under the view the spectator. In those great manufactures [...] on the contrary, which are destined to supply the great wants of the great body of the people, every different branch of the work employs so great a number of workmen, that it is impossible to collect them all into the same workhouse [...] the division is not near so obvious"* ["aqueles empregados em cada ramo de trabalho podem ser frequentemente reunidos numa mesma oficina e colocados imediatamente sob o olhar do observador. Ao contrário, naquelas grandes manufaturas" (!) "destinadas a satisfazer às principais necessidades da grande massa da população, cada ramo de trabalho emprega um número tão grande de trabalhadores que se torna impossível reuni-los na mesma oficina [...] a divisão, neste caso, está longe de ser tão evidente], A. Smith, *Wealth of Nations*, cit., livro I, c. 1. O célebre parágrafo no mesmo capítulo, que começa com as palavras: *"Observe the accomodation of the most common artificer or day labourer in a civilized and thriving country etc."* ["Observem-se os bens do mais comum dos artesãos ou dos jornaleiros num país civilizado e florescente etc."] e, então, descreve de que modo um sem-número de ofícios variados contribui para a

os trabalhos autônomos do criador de gado, do curtidor e do sapateiro? A existência de seus respectivos produtos como mercadorias. O que caracteriza, ao contrário, a divisão manufatureira do trabalho? Que o trabalhador parcial não produz mercadoria[58]. Apenas o produto comum dos trabalhadores parciais converte-se em mercadoria[58a]. Enquanto a divisão do trabalho na sociedade é mediada pela compra e venda dos produtos de diferentes ramos de trabalho, a conexão dos trabalhos parciais na manufatura o é pela venda de diferentes forças de trabalho ao mesmo capitalista, que as emprega como força de trabalho combinada. Enquanto a divisão manufatureira do trabalho pressupõe a concentração dos meios de produção nas mãos de um capitalista, a divisão social do trabalho pressupõe a fragmentação dos meios de produção entre muitos produtores de mercadorias independentes entre si. Diferentemente da manufatura, onde a lei de bronze da proporção ou da proporcionalidade submete determinadas massas de trabalhadores a determinadas funções, na sociedade é o diversificado jogo do acaso e do arbítrio que determina a distribuição dos produtores de mercadorias e de seus meios de produção entre os diferentes ramos sociais de trabalho. É verdade que as diferentes esferas de produção procuram constantemente pôr-se em equilíbrio uma com as outras, já que, por um lado, se cada produtor

---

satisfação das necessidades de um trabalhador comum é copiado quase literalmente dos *remarks* [comentários] de B. de Mandeville à sua *Fable of the Bees, or, Private Vices, Publick Benefits* (1. ed., sem os *remarks*, 1705; com os *remarks*, 1714).

[58] "There is no longer anything which we can call the natural reward of individual labour. Each labourer produces only some part of a whole, and each part, having no value or utility of itself, there is nothing on which the labourer can seize, and say: it is my product, this I will keep for myself" ["Não há mais nada que possamos chamar de recompensa natural do trabalho individual. Cada trabalhador produz apenas certa parte de um todo, e como cada parte não tem qualquer valor ou utilidade por si mesma, não há nada que o trabalhador possa se apropriar e dizer: este é meu produto e o conservarei comigo"], T. Hodgskin, *Labour Defended Against the Claims of Capital* (Londres, 1825), p. 25.

[58a] Nota à segunda edição: Essa diferença entre divisão social e manufatureira do trabalho foi ilustrada, na prática, para os ianques. Um dos novos impostos planejados em Washington durante a Guerra Civil foi a taxa de 6% sobre "todos os produtos industriais". Pergunta: o que é um produto industrial? Resposta do legislador: uma coisa é produzida "quando é feita" (*when it is made*), e é feita quando está pronta para a venda. Ora, vejamos um exemplo, entre muitos. As manufaturas de Nova York e da Filadélfia costumavam "fazer" guarda-chuvas com todos os seus acessórios. Mas sendo um guarda-chuva um *mixtum compositum* [composto variado] de partes totalmente heterogêneas, estas se tornaram progressivamente artigos produzidos por indústrias independentes entre si e situadas em lugares diferentes. Seus produtos parciais passaram, então, a ser introduzidos na manufatura de guarda-chuvas como mercadorias independentes, tendo apenas de ser reunidos num todo. Os ianques batizaram tais artigos de *assembled articles* [artigos reunidos], nome que lhes é adequado por serem uma reunião de impostos. Desse modo, o guarda-chuva "reunia" 6% de taxas sobre o preço de cada um de seus elementos, e mais 6% sobre seu preço total.

de mercadorias tem de produzir um valor de uso e, portanto, satisfazer uma necessidade social particular, o âmbito dessas necessidades é quantitativamente distinto, e um vínculo interno concatena as diferentes massas de necessidades num sistema natural-espontâneo, ao passo que, por outro lado, a lei do valor das mercadorias determina quanto do tempo total de trabalho disponível a sociedade pode gastar na produção de cada tipo particular de mercadoria. Mas essa tendência constante das diferentes esferas de produção de se pôr em equilíbrio é exercida apenas como reação contra a constante supressão desse mesmo equilíbrio. A regra *a priori* e planejadamente seguida na divisão do trabalho no interior da oficina atua na divisão do trabalho no interior da sociedade apenas *a posteriori*, como necessidade natural, interna, muda, que controla o arbítrio desregrado dos produtores de mercadorias e pode ser percebida nas flutuações barométricas dos preços do mercado. A divisão manufatureira do trabalho supõe a autoridade incondicional do capitalista sobre homens que constituem meras engrenagens de um mecanismo total que a ele pertence; a divisão social do trabalho confronta produtores autônomos de mercadorias, que não reconhecem outra autoridade senão a da concorrência, da coerção que sobre eles é exercida pela pressão de seus interesses recíprocos, assim como, no reino animal, o *bellum omnium contra omnes* [guerra de todos contra todos]* preserva em maior ou menor grau as condições de existência de todas as espécies. Por essa razão, a consciência burguesa que festeja a divisão manufatureira do trabalho, a anexação vitalícia do trabalhador a uma operação detalhista e a subordinação incondicional dos trabalhadores parciais ao capital como uma organização do trabalho que aumenta a força produtiva, é a mesma consciência que denuncia, com igual alarde, todo e qualquer controle e regulação social consciente do processo social de produção como um ataque aos invioláveis direitos de propriedade, liberdade e à "genialidade" autodeterminante do capitalista individual. É muito característico que os mais entusiasmados apologistas do sistema fabril não saibam dizer nada mais ofensivo contra toda organização geral do trabalho social além de que ela transformaria a sociedade inteira numa fábrica.

Se na sociedade do modo de produção capitalista a anarquia da divisão social do trabalho e o despotismo da divisão manufatureira do trabalho se condicionam mutuamente, as formas sociais anteriores – nas quais a particularização dos ofícios se desenvolve espontaneamente, depois se cristalizam e, por fim, consolidam-se por lei – apresentam, por um lado, o quadro de uma organização do trabalho social submetida a um planejamento e a uma autoridade, enquanto, por outro, excluem inteiramente a divisão do trabalho na oficina, ou só a desenvolvem numa escala ínfima, ou ainda apenas de forma esporádica, acidental[59].

---

*   Expressão de Thomas Hobbes, em seu *Leviatã*. (N. T.)
[59]   "*On peut* [...] *établir en règle générale, que moins l'autorité préside à la division du travail dans l'intérieur de la société, plus la division du travail se développe dans l'intérieur de l'atelier, et plus*

Divisão do trabalho e manufatura

Por exemplo, aquelas pequenas comunidades indianas, extremamente antigas, algumas das quais continuam a existir até hoje, baseiam-se na posse comum da terra, na conexão direta entre agricultura e artesanato e numa divisão fixa do trabalho que serve de plano e esquema geral no estabelecimento de novas comunidades. Cada uma delas forma um todo autossuficiente de produção, cuja área produtiva varia de 100 a alguns milhares de acres. A maior parte dos produtos é destinada à subsistência imediata da comunidade, e não constitui mercadoria, de modo que a própria produção independe da divisão do trabalho mediada pela troca de mercadorias que impera no conjunto da sociedade indiana. Apenas o excedente dos produtos é transformado em mercadoria, e uma parte dele somente depois de chegar às mãos do Estado, para o qual flui como renda natural, desde tempos imemoriais, certa quantidade desses produtos. Diferentes regiões da Índia apresentam diferentes formas de comunidades. Naquelas cuja forma é mais simples, a terra é cultivada em comum e seus produtos são distribuídos entre seus membros, enquanto cada família exerce a fiação, a tecelagem etc. como indústrias domésticas subsidiárias. Ao lado dessa massa ocupada com as mesmas tarefas, encontramos "o habitante principal", que reúne numa só pessoa as funções de juiz, polícia e coletor de impostos; o guarda-livros, que faz a contabilidade do cultivo, cadastrando e registrando tudo o que lhe diz respeito; um funcionário a quem cabe perseguir criminosos e proteger viajantes estrangeiros, escoltando-os de uma aldeia a outra; o guarda de fronteira, que vigia os limites entre sua comunidade e as comunidades vizinhas; o inspetor de águas, que distribui para a irrigação agrícola a água dos reservatórios comunais; o brâmane, responsável pelo culto religioso; o mestre-escola, que ensina as crianças da comunidade a ler e a escrever na areia; o brâmane do calendário, que, como astrólogo, indica as épocas favoráveis para a semeadura, a colheita e os bons e maus momentos para todos o trabalhos agrícolas particulares; um ferreiro e um carpinteiro, que produzem e consertam todos os instrumentos agrícolas; o ceramista, que confecciona todos os vasilhames da aldeia; o barbeiro, o lavador de roupas, o ourives da prata, um ou outro poeta, que em algumas comunidades assume o lugar do ourives de prata e, em outras, do mestre-escola. Essa dúzia de pessoas é sustentada a expensas de toda a comunidade. Aumentando a população, uma nova comunidade se assenta em terras não cultivadas, conforme o mo-

---

elle y est soumise à l'autorité d'un seul. Ainsi l'autorité dans l'atelier et celle dans la société, par rapport à la division du travail, sont en raison inverse l'une de l'autre" ["Pode-se [...] estabelecer como regra geral que, quanto menos autoridade preside à divisão do trabalho no interior da sociedade, mais a divisão do trabalho se desenvolve no interior da fábrica e mais está submetida à autoridade de uma só pessoa. Portanto, em relação à divisão do trabalho, a autoridade na fábrica e a autoridade na sociedade estão reciprocamente em *razão inversa*."], Karl Marx, *Misère de la philosophie*, cit., p. 130-1 [ed. bras.: *Miséria da filosofia*, cit., p. 120].

delo da anterior. O mecanismo comunal apresenta uma divisão planejada do trabalho, mas sua divisão manufatureira é impossibilitada pelo fato de o mercado do ferreiro, do carpinteiro etc. permanecer inalterado, de modo que, a depender do tamanho da aldeia, podemos encontrar no máximo, em vez de um ferreiro, um oleiro etc., dois ou três deles[60]. A lei que regula a divisão do trabalho comunal atua aqui com a autoridade inquebrantável de uma lei natural, ao passo que cada artesão particular, como o ferreiro etc., executa todas as operações referentes a seu ofício de modo tradicional porém independente e sem reconhecer qualquer autoridade em sua oficina. O organismo produtivo simples dessas comunidades autossuficientes, que se reproduzem constantemente da mesma forma e, sendo ocasionalmente destruídas, voltam a ser construídas[61] no mesmo lugar, com os mesmos nomes, fornece a chave para o segredo da imutabilidade das sociedades asiáticas, que contrasta de forma tão acentuada com a contínua dissolução e reconstrução dos Estados asiáticos e com as incessantes mudanças dinásticas. A estrutura dos elementos econômicos fundamentais da sociedade permanece intocada pelas tormentas que agitam o céu da política.

As leis das corporações, como já observamos, impediam deliberadamente, por meio da mais estrita limitação do número de ajudantes que um único mestre de corporação podia empregar, a transformação deste último em capitalista. Além disso, só lhe era permitido empregar ajudantes naquele ofício exclusivo em que ele próprio era mestre. A corporação repelia zelosamente qualquer intrusão do capital comercial, a única forma livre de capital com que ela se defrontava. O mercador podia comprar todas as mercadorias, menos o trabalho como mercadoria. Ele era aceito unicamente como distribuidor dos produtos artesanais. Como as circunstâncias externas clamavam por

---

[60] Tenente-coronel Mark Wilks, *Historical Sketches on the South of India* (Londres, 1810-1817, v. I), p. 118-20. Uma boa descrição das diversas formas da comunidade indiana pode ser encontrada em George Campbell, *Modern India* (Londres, 1852).

[61] "*Under this simple form* [...] *the inhabitants of the country have lived since time immemorial. The boundaries of the villages have been but seldom altered; and though the villages themselves have been sometimes injured, and even desolated by war, famine, and disease, the same name, the same limits, the same interests, and even the same families, have continued for ages. The inhabitants give themselves no trouble about the breaking up and division of kingdoms; while the village remains entire, they care not to what power it is transferred or to what sovereign it devolves; its internal economy remains unchanged*" ["Sob essa forma simples [...] viveram os habitantes do país desde tempos imemoriais. As fronteiras das aldeias foram raramente alteradas; e embora tenham sido repetidamente assoladas, e mesmo devastadas pela guerra, pela fome e por pestes, nessas aldeias se conservaram, ao longo das gerações, as mesmas fronteiras, os mesmos interesses e inclusive as mesmas famílias. Os habitantes não se deixam afetar pela queda e pela divisão dos reinos; desde que a aldeia permaneça inteira, não lhes importa a que poder ela passa a estar submetida ou a que soberano ela está vinculada; sua economia interna permanece inalterada"], T. Stamford Raffles, antigo tenente-governador de Java, *The History of Java* (Londres, 1817, v. I), p. 285.

uma progressiva divisão do trabalho, as corporações existentes cindiram-se em subespécies ou novas corporações foram criadas ao lado das antigas, mas sem a concentração de diferentes ofícios numa mesma oficina. Assim, a organização corporativa, por mais que sua especialização, seu isolamento e o aperfeiçoamento dos ofícios compusessem as condições materiais de existência do período de manufatura, excluía a divisão manufatureira do trabalho. Em geral, o trabalhador e seus meios de produção permaneciam colados um ao outro como o caracol e sua concha, faltando, assim, a base principal da manufatura, a independentização dos meios de produção como capital diante do trabalhador.

Enquanto a divisão do trabalho no todo de uma sociedade, seja ela mediada ou não pela troca de mercadorias, pode ser encontrada nas mais diversas formações socioeconômicas, a divisão manufatureira do trabalho é uma criação absolutamente específica do modo de produção capitalista.

5. O caráter capitalista da manufatura

Um número maior de trabalhadores sob o comando do mesmo capital constitui o ponto de partida natural-espontâneo tanto da cooperação em geral quanto da manufatura. Por outro lado, a divisão manufatureira do trabalho transforma numa necessidade técnica o aumento do número de trabalhadores empregados. O mínimo de trabalhadores que um capitalista individual tem de empregar é agora prescrito pela divisão do trabalho previamente dada. Por outro lado, as vantagens de uma divisão ulterior são condicionadas pelo aumento do número de trabalhadores, que só pode ser realizado por múltiplos. Mas com a parte variável também tem de crescer a parte constante do capital, e não só o volume das condições comuns de produção, como instalações, fornos etc., mas também (e principalmente) a matéria-prima, cuja demanda cresce muito mais aceleradamente do que o número de trabalhadores. A quantidade de capital constante consumida num dado tempo por uma dada quantidade de trabalho apresenta um crescimento proporcional ao da força produtiva do trabalho em decorrência da divisão deste último. O aumento crescente do volume mínimo de capital em mãos de capitalistas individuais ou a transformação crescente dos meios sociais de subsistência e dos meios de produção em capital é, assim, uma lei decorrente do caráter técnico da manufatura[62].

---

[62] "Não basta que o capital necessário" (o autor deveria ter dito: os meios de subsistência e de produção necessários) "para a subdivisão dos ofícios já se encontre dado na sociedade; além disso, é necessário que ele esteja acumulado nas mãos dos empregadores em quantidades suficientemente grandes para capacitá-los a executar trabalhos em grande escala [...] Quanto mais aumenta a divisão, maior é a quantidade de capital – em ferramentas, matérias-primas etc. – exigida pela ocupação constante de um

Na manufatura, tal como no regime de cooperação simples, o corpo de trabalho em funcionamento é uma forma de existência do capital. O mecanismo social de produção integrado por muitos trabalhadores parciais individuais pertence ao capitalista. Por isso, a força produtiva que nasce da combinação dos trabalhos aparece como força produtiva do capital. A manufatura propriamente dita não só submete ao comando e à disciplina do capital o trabalhador antes independente, como também cria uma estrutura hierárquica entre os próprios trabalhadores. Enquanto a cooperação simples deixa praticamente intocado o modo de trabalho dos indivíduos, a manufatura o revoluciona desde seus fundamentos e se apodera da força individual de trabalho em suas raízes. Ela aleija o trabalhador, converte-o numa aberração, promovendo artificialmente sua habilidade detalhista por meio da repressão de um mundo de impulsos e capacidades produtivas, do mesmo modo como, nos Estados da bacia do Prata, um animal inteiro é abatido apenas para a retirada da pele ou do sebo. Não só os trabalhos parciais específicos são distribuídos entre os diversos indivíduos, como o próprio indivíduo é dividido e transformado no motor automático de um trabalho parcial[63], conferindo assim realidade à fábula absurda de Menênio Agripa*, que representa um ser humano como mero fragmento de seu próprio corpo[64]. Se o trabalhador vende inicialmente sua força de trabalho ao capital porque lhe faltam os meios materiais para a produção de uma mercadoria, agora sua força individual de trabalho falha no cumprimento de seu serviço caso não seja vendida ao capital. Ela só funciona num contexto que existe apenas depois de sua venda, na oficina do capitalista. Por sua própria natureza incapacitado para fazer algo autônomo, o trabalhador manufatureiro só desenvolve atividade

---

mesmo número de trabalhadores", Storch, *Cours d'écon. poli.* (Paris), t. I, p. 250-1. "*La concentration des instruments de production et la division du travail sont aussi inséparables l'une de l'autre que le sont, dans le régime politique, la concentration des pouvoirs publics et la division des intérêts privés*" ["A concentração dos instrumentos de produção e a divisão do trabalho são tão inseparáveis uma da outra quanto o são, no regime político, a concentração dos poderes públicos e a divisão dos interesses privados."], Karl Marx, *Misère de la philosophie*, cit., p. 134 [ed. bras.: *Miséria da filosofia*, cit., p. 122].

[63] Dugald Stewart chama o trabalhador manual de "*living automatons* [...] *employed in the details of the work*" ["autômatos vivos [...] que são empregados em trabalhos parciais"], em *Works*, cit., p. 318.

* Em 494 d.C. ocorreu o primeiro grande conflito entre patrícios e plebeus. Segundo a lenda, o patrício Menênio Agripa teria usado de uma parábola para convencer os plebeus a uma conciliação. A revolta dos plebeus se assemelharia a uma recusa dos membros do corpo humano a permitir que o alimento chegasse ao estômago, o que tinha como consequência que os próprios membros definhassem fortemente. A recusa dos plebeus a cumprir suas obrigações levaria, assim, à ruína do Estado romano. (N. E. A. MEW)

[64] Nos corais, cada indivíduo constitui, de fato, o estômago de todo o grupo. Mas esse indivíduo fornece alimento ao grupo, em vez de, como o patrício romano, privá-lo desse alimento.

Divisão do trabalho e manufatura

produtiva como elemento acessório da oficina do capitalista[65]. Assim como na fronte do povo eleito estava escrito que ele era propriedade de Jeová, também a divisão do trabalho marca o trabalhador manufatureiro a ferro em brasa, como propriedade do capital.

Os conhecimentos, a compreensão e a vontade que o camponês ou artesão independente desenvolve, ainda que em pequena escala, assim como aqueles desenvolvidos pelo selvagem, que exercita toda a arte da guerra como astúcia pessoal, passam agora a ser exigidos apenas pela oficina em sua totalidade. As potências intelectuais da produção, ampliando sua escala por um lado, desaparecem por muitos outros lados. O que os trabalhadores parciais perdem concentra-se diante deles no capital[66]. Constitui um produto da divisão manufatureira do trabalho opor-lhes as potências intelectuais do processo material de produção como propriedade alheia e como poder que os domina. Esse processo de cisão começa na cooperação simples, em que o capitalista representa diante dos trabalhadores individuais a unidade e a vontade do corpo social de trabalho, desenvolve-se na manufatura, que mutila o trabalhador, fazendo dele um trabalhador parcial, e se completa na grande indústria, que separa do trabalho a ciência como potência autônoma de produção e a obriga a servir ao capital[67].

Na manufatura, o enriquecimento do trabalhador coletivo e, por conseguinte, do capital em sua força produtiva social é condicionado pelo empobrecimento do trabalhador em suas forças produtivas individuais.

> A ignorância é mãe tanto da indústria quanto da superstição. A reflexão e a imaginação estão sujeitas ao erro; mas o hábito de mover o pé ou a mão não depende nem de uma nem de outra. Por essa razão, as manufaturas prosperam mais onde mais se prescinde do espírito, de modo que a oficina pode ser considerada uma máquina cujas partes são homens.[68]

---

[65] "*L'ouvrier qui porte dans ses bras tout un métier, peut aller partout exercer son industrie et trouver des moyens de subsister: l'autre* [...] *n'est qu'un accessoire qui, séparé de ses confrères, n'a plus ni capacité, ni indépendance, et qui se trouve forcé d'accepter la loi qu'on juge à propos de lui imposer*" ["O trabalhador que carrega nos braços todo um ofício ainda pode exercer sua indústria e encontrar meios de subsistir: já o outro [o trabalhador da manufatura] é apenas um acessório que, separado de seus colegas de trabalho, vê-se privado de toda capacidade e independência e é forçado a aceitar a lei que se julgue correto lhe impor"], Storch, *Cours d'écon. poli.*, cit. (São Petersburgo, 1815), t. I, p. 204.

[66] "*The former may have gained what the other has lost*" ["Um pode ter ganhado o que o outro perdeu"]. A. Ferguson, *History of Civil Society*, cit., p. 281.

[67] "O homem do saber e o trabalhador produtivo estão longinquamente separados um do outro, e a ciência, em vez de aumentar nas mãos do trabalhador suas próprias forças produtivas para ele mesmo, contrapõe-se a ele em quase toda parte. [...] O conhecimento torna-se um instrumento que pode ser separado do trabalho e oposto a ele", W. Thompson, *An Inquiry into the Principles of the Distribution of Wealth* (Londres, 1824), p. 274.

[68] A. Ferguson, *History of Civil Society*, cit., p. 280.

De fato, algumas manufaturas na metade do século XVIII tinham preferência por empregar indivíduos semi-idiotas em certas operações simples, mas que constituíam segredos de fábrica[69]. Diz A. Smith:

> A mente da grande maioria dos homens desenvolve-se necessariamente a partir e por meio de suas ocupações diárias. Um homem que consome toda a sua vida na execução de umas poucas operações simples [...] não tem nenhuma oportunidade de exercitar sua inteligência. [...] Ele se torna, em geral, tão estúpido e ignorante quanto é possível a uma criatura humana.

E, depois de descrever a estupidificação do trabalhador parcial, Smith prossegue:

> A uniformidade de sua vida estacionária também corrompe, naturalmente, a coragem de sua mente. [...] Ela aniquila até mesmo a energia de seu corpo e o torna incapaz de empregar sua força de modo vigoroso e duradouro, a não ser na operação detalhista para a qual foi adestrado. Sua destreza em seu ofício particular parece, assim, ter sido obtida à custa de suas virtudes intelectuais, sociais e guerreiras. Mas em toda sociedade industrial e civilizada é esse o estado a que necessariamente tem de se degradar o pobre que trabalha (*the labouring poor*), isto é, a grande massa do povo.[70]

Como modo de evitar a degeneração completa da massa do povo decorrente da divisão do trabalho, A. Smith recomendava o ensino popular, a cargo do Estado, embora em doses cautelosamente homeopáticas. Quem polemizou de modo consistente contra essa ideia foi seu tradutor e comentador francês, G. Garnier, que, no Primeiro Império francês, metamorfoseou-se em senador. O ensino popular contraria as leis primeiras da divisão do trabalho; com ele, "nosso sistema social inteiro seria proscrito".

"Como todas as outras divisões do trabalho, aquela entre o trabalho manual e o intelectual[71] torna-se mais evidente e resoluta à medida que a sociedade" (ele aplica corretamente essa expressão para designar o capital, a propriedade da terra e o Estado que lhes corresponde) "se torna mais rica. Essa divisão do trabalho,

---

[69] J. D. Tuckett, *A History of the Past and Present State of the Labouring Population* (Londres, 1846), v. I, p. 148.

[70] A. Smith, *A riqueza das nações*, livro V, c. I, art. II. Como aluno de A. Ferguson, que expusera as consequências desfavoráveis da divisão do trabalho, A. Smith possuía total clareza sobre esse ponto. Na abertura de sua obra, na qual a divisão do trabalho é festejada *ex professo*, ele a menciona apenas de passagem, como fonte das desigualdades sociais. Somente no livro V, dedicado à receita do Estado, ele reproduz Ferguson. Em *Miséria da filosofia*, expus o necessário sobre a conexão histórica entre Ferguson, A. Smith, Lemontey e Say no que diz respeito a suas críticas da divisão do trabalho, e também mostrei, pela primeira vez, que a divisão manufatureira do trabalho é uma forma específica do modo de produção capitalista. *Misère de la philosophie* [*Miséria da filosofia*], cit., p. 122s.

[71] Ferguson diz: "E o próprio pensamento pode, nessa era da divisão do trabalho, converter-se num ofício particular".

como qualquer outra, é efeito de progressos passados e causa de progressos futuros. [...] Sendo assim, pode o governo contrariar essa divisão do trabalho e detê-la em seu curso natural? Pode ele utilizar parte da receita pública para tentar confundir e misturar duas classes de trabalho que se esforçam por sua divisão e separação?"[72]

Certo atrofiamento espiritual e corporal é inseparável mesmo da divisão do trabalho em geral na sociedade. Mas como o período manufatureiro leva muito mais longe essa cisão social dos ramos de trabalho e, por outro lado, somente por meio dessa divisão peculiar consegue alcançar o indivíduo em suas raízes vitais, ele é o primeiro a fornecer o material e o impulso para a patologia industrial[73].

"Subdividir um homem é o mesmo que executá-lo, caso mereça a pena de morte, ou assassiná-lo, caso não a mereça. A subdivisão do trabalho é o assassínio de um povo."[74]

A cooperação fundada na divisão do trabalho ou a manufatura é, em seus primórdios, uma formação natural-espontânea. Tão logo tenha adquirido alguma consistência e amplitude de existência, ela se converte na forma cons-

---

[72] G. Garnier, t. V de sua tradução, p. 4-5.

[73] Ramazzini, professor de medicina prática em Pádua, publicou em 1713 sua obra *De morbis artificum*, traduzida para o francês em 1777 e reimpressa em 1841 na *Encyclopédie des Sciences Médicales*, 7 me Div. Auteurs Classiques. O período da grande indústria ampliou grandemente, é claro, seu catálogo de doenças dos trabalhadores. Ver, entre outras obras, *Hygiène physique et morale de l'ouvrier dans les grandes villes en général, et dans la ville de Lyon en particulier. Par le Dr. A. L. Fonteret* (Paris, 1858) e R. H. Rohatzsch, *Die Krankheiten, welche verschiednen Ständen, Altern und Geschlechtern eigenthümlich sind*, (Ulm, 1840, 6 v.). Em 1854, a Society of Arts nomeou uma comissão de inquérito sobre patologia industrial. A lista dos documentos reunidos por essa comissão encontra-se no catálogo do Twickenham Economic Museum. Muito importante são os "Reports on Public Health" oficiais. Ver também Eduard Reich, *Ueber die Entartung des Menschen* (Erlangen, 1868). [A Society of Arts and Trades (Sociedade das Artes e Ofícios) foi uma sociedade filantrópica fundada em 1754, inspirada nas ideias do Iluminismo. Durante a década de 1850, a sociedade foi conduzida pelo príncipe Albert. O objetivo da sociedade, alardeado com grande pompa, era "o incentivo das artes, dos ofícios e do comércio" e a "premiação daqueles que contribuíram para dar emprego aos pobres, expandir o comércio, aumentar as riquezas da nação etc." No esforço de deter o desenvolvimento do movimento de greves de massa na Inglaterra, a sociedade tentou atuar como mediadora entre os trabalhadores e os empresários. Marx a chamava ironicamente de Society of Arts and Tricks (Sociedade das Artes e Trapaças). (N. E. A. MEW)]

[74] "To subdivide a man is to execute him, if he deserves the sentence, to assassinate him, if he does not [...] the subdivision of labour is the assassination of a people", D. Urquhart, *Familiar Words* (Londres, 1855), p. 119. Hegel tinha ideias bastante heréticas sobre a divisão do trabalho. "Por homens cultos, pode-se entender aqueles que podem fazer tudo o que os outros fazem", diz ele em sua *Filosofia do direito*. [Hegel, *Grundlinien der Philosophie des Rechts, oder Naturrecht und Staatswissenschaft im Grundrisse* (Berlim, 1840), §187). (N. E. A. MEW)]

ciente, planejada e sistemática do modo de produção capitalista. A história da manufatura propriamente dita revela como, inicialmente, sua divisão peculiar do trabalho assume, por meio da experiência, e como que operando por detrás dos agentes, as formas adequadas, mas depois, tal como o artesanato corporativo, visa conservar tradicionalmente a forma já descoberta e, em casos isolados, logra fazê-lo por séculos. Essa forma, excetuando seus aspectos secundários, só se altera graças a uma revolução nos instrumentos de trabalho. A manufatura moderna – não me refiro aqui à grande indústria baseada na maquinaria – ou encontra os *disjecta membra poetae* [os membros dispersos do poeta]* já prontos, como é o caso, por exemplo, da confecção de vestuário nas grandes cidades onde a manufatura surge, e tem apenas de juntá-los de sua dispersão, ou o princípio da divisão é evidente e as diferentes operações da produção artesanal (por exemplo, da encadernação) são atribuídas exclusivamente a trabalhadores específicos. Nem uma semana de experiência é necessária para descobrir, em tais casos, a proporção de braços necessários para cada função[75].

A divisão manufatureira do trabalho cria, por meio da análise da atividade artesanal, da especificação dos instrumentos de trabalho, da formação dos trabalhadores parciais, de seu agrupamento e combinação num mecanismo total, a articulação qualitativa e a proporcionalidade quantitativa dos processos sociais de produção – portanto, uma determinada organização do trabalho social – ao mesmo tempo em que, com isso, desenvolve uma nova força produtiva social do trabalho. Como forma especificamente capitalista do processo de produção social – e, sobre as bases preexistentes, ela não podia se desenvolver de outra forma que não a capitalista –, tal divisão é apenas um método particular de produzir mais-valor relativo ou aumentar a autovalorização do capital – que também pode ser chamada de riqueza social, *Wealth of Nations* etc. – a expensas dos trabalhadores. Ela não só desenvolve a força produtiva social do trabalho exclusivamente para o capitalista, em vez de para o trabalhador, como o faz por meio da mutilação do trabalhador individual. Ela produz novas condições de dominação do capital sobre o trabalho. E assim ela aparece, por um lado, como progresso histórico e momento necessário de desenvolvimento do processo de formação econômica da sociedade e, por outro, como meio para uma exploração civilizada e refinada.

A economia política, que só surge como ciência própria no período da manufatura, considera a divisão social do trabalho do ponto de vista exclu-

---

* Horácio, *Sátiras*, livro I, sátira 4. (N. E. A. MEW)

[75] A cômoda fé no gênio inventivo que o capitalista individual exerceria *a priori* na divisão do trabalho encontra-se, hoje, apenas em professores alemães, tais como o sr. Roscher, que, em agradecimento pela divisão do trabalho que salta pronta da cabeça de Júpiter do capitalista, dedica a este último "diversos salários". A maior ou menor aplicação da divisão do trabalho depende do tamanho da bolsa, não da grandeza do gênio.

sivo da divisão manufatureira do trabalho[76], isto é, como meio de produzir mais mercadorias com a mesma quantidade de trabalho e, por conseguinte, baratear as mercadorias e acelerar a acumulação do capital. Na mais estrita oposição a essa acentuação da quantidade e do valor de troca, os escritores da Antiguidade clássica dedicam-se exclusivamente à qualidade e ao valor de uso[77]. Em decorrência da separação dos ramos sociais da produção, as mercadorias são mais bem-feitas, os diversos impulsos e talentos dos homens escolhem suas esferas correspondentes de atuação[78], pois, sem limitação, nada significativo pode ser realizado em parte alguma[79]. Assim,

---

[76] Mais do que A. Smith, escritores anteriores, como Petty, assim como o autor anônimo de *Advantages of the East India Trade etc.*, fixaram o caráter capitalista da divisão manufatureira do trabalho.

[77] Entre os modernos, excetuam-se alguns escritores do século XVIII, como Beccaria e James Harris, que, em relação à divisão do trabalho, limitam-se quase exclusivamente a repetir os antigos. Assim, observa Beccaria: "*Ciascuno prova coll'esperienza, che applicando la mano e l'ingegno sempre allo stesso genere di opere e di produtti, egli più facili, più abbondanti e migliori ne traca resultati, di quello che se ciascuno isolatamente le cose tutte a se necessarie soltanto facesse* [...] *Dividendosi in tal maniera par la comune e privata utilità gli uomini in varie classe e condizioni*" ["Cada um encontra em sua própria experiência a prova de que, aplicando a mão e o engenho sempre no mesmo gênero de trabalhos e de produtos, os resultados são mais fáceis, mais abundantes e melhores do que os que seriam obtidos se cada um fizesse isoladamente todas as coisas que lhes são necessárias [...]. Desse modo, os homens se dividem em várias classes e condições para a utilidade comum e privada"], Cesare Beccaria, *Elementi di econ. pubblica* (Ed. Custodi), t. XI, parte moderna, p. 28. James Harris, mais tarde conde de Malmesbury, célebre pelos *Diaries* [Diários] de sua embaixada em São Petersburgo, diz, numa nota a seu *Dialogue Concerning Happiness* (Londres, 1741), reimpresso mais tarde em *Three Treatises etc.* (3. ed., Londres, 1772): "*The whole argument, to prove society natural* [...] *is taken from the second book of Plato's Republic*" ["A prova plena de que a sociedade é algo natural (isto é, pela "divisão das ocupações") foi extraída do segundo livro da *República* de Platão"]. [O autor de *Dialogue Concerning Happiness* é não o diplomata James Harris (autor dos *Diários e correspondência*), mas o pai dele, que também se chamava James Harris. Marx cita aqui a partir de *Three Treatises* (Londres, 1772). (N. E. A. MEW)]

[78] Assim, na *Odisseia*, XIV, 228, lê-se: "Ἄλλος γάρ τ' ἄλλοισιν ἀνὴρ ἐπιτέρπεται ἔργοις" ["Pois outro homem se deleita também em outros trabalhos"], e Arquíloco, em Sexto Empírico: "Ἄλλος ἄλλῳ ἐπ' ἔργῳ καρδίην ἰαίνεται" ["Cada um recreia seus sentidos com um trabalho diferente"]. [Marx extrai essa expressão de Arquíloco, da obra *Adversus mathematicos* (livro II, 44), de Sexto Empírico. (N. E. A. MEW)]

[79] "Πολλ' ἠπίστατο ἔργα, κακῶς δ' ἠπίστατο πάντα" ["Ele sabia realizar muitos trabalhos, mas sabia todos mal"] – Como produtor de mercadorias, o ateniense sentia-se superior ao espartano, porque este, na guerra, podia dispor de homens, mas não de dinheiro, de acordo com o que, segundo Tucídides, teria dito Péricles no discurso em que incita os atenienses à guerra do Peloponeso. "[...] Σώμασί τε ἑτοιμότεροι οἱ αὐτουργοὶ τῶν ἀνθρώπων ἢ χρήμασι πολεμεῖν" ["Aqueles que produzem para sua subsistência estão mais preparados para fazer guerra com seus corpos do que com dinheiro"], Tucídides, *História da guerra do Peloponeso*, livro I, c. 141. Entretanto, também na produção material, a αὐτάρκεια [autarquia], que se opõe à divisão do trabalho, permaneceu como

Karl Marx – O capital

o produto e o produtor são aperfeiçoados pela divisão do trabalho. Quando eventualmente se alude também ao aumento da quantidade de produtos, é apenas em relação ao volume maior do valor de uso. Não se faz qualquer menção ao valor de troca, ao barateamento das mercadorias. Esse ponto de vista do valor de uso é predominante tanto em Platão[80], que trata a divisão do trabalho como a base da divisão social dos estamentos, como em Xenofonte[81], que com seu instinto caracteristicamente burguês já se aproxima

---

seu ideal, "pois com esta há prosperidade, mas com aquela há independência". É preciso mencionar que, à época da queda dos "trinta tiranos", não chegavam a 5 mil os atenienses sem propriedade de terra. [Trinta tiranos – Conselho instituído em Atenas após a Guerra do Peloponeso (404 a.C.), a fim de preparar uma nova constituição. Porém, essa corporação não tardou a tomar todo o poder e a instaurar um regime de terror. Depois de oito meses de domínio violento, os trinta tiranos foram derrubados e a democracia escravista foi restaurada em Atenas. (N. E. A. MEW)]

[80] Platão desenvolve a divisão do trabalho na comunidade a partir da multilateralidade das necessidades e da unilateralidade das capacidades dos indivíduos. O aspecto principal, para ele, é que o trabalhador tem de se ajustar à obra, e não a obra ao trabalhador, o que é inevitável quando este exerce diversas artes ao mesmo tempo e uma ou outra delas se torna ofício secundário. "Οὐ γὰρ οἶμαι ἐθέλειτὸ τὸ πραττόμενον τὴν τοῦ πράττοντος σχολὴν περιμένειν, ἀλλ' ἀνάγκη τὸν πράττοντα τῷ πραττομένῳ ἐπακολουθεῖν μὴ ἐν παρέργου μέρει. – 'Ανάγκη. — Ἐκ δὴ τούτων πλείω τε ἕκαστα γίγνεται καὶ κάλλιον καὶ ῥᾶον, ὅταν εἷς ἓν κατὰ φύσιν καὶ ἐν καιρῷ, σχολὴν τῶν ἄλλων ἄγων, πράττῃ" [Pois o trabalho não quer esperar pelo tempo livre daquele que o executa, mas é o trabalhador que tem de se ater ao trabalho, porém não de modo leviano. – Isto é necessário. – Daí se segue, portanto, que se produz mais de cada coisa, e o trabalho é realizado com mais beleza e facilidade quando cada um faz apenas uma coisa, adequada a seu talento natural e no momento certo, estando livre de outras ocupações], *De Republica*, II, 2 (Baiter, Orelli etc.) Encontramos algo semelhante em Tucídides, *História da guerra do Peloponeso*, cit., p. 142: "A navegação é uma arte como outra qualquer e não pode, caso as circunstâncias o exijam, ser exercida como ofício acessório, mas, ao contrário, são as outras ocupações que não podem ser exercidas ao lado dela como ofícios acessórios". Se a obra, diz Platão, "tiver de esperar pelo trabalhador, o momento crítico da produção será frequentemente perdido e o produto se estragará" – ἔργου καιρὸν διόλλυται [perde-se o tempo correto para o trabalho]. A mesma ideia platônica pode ser novamente encontrada no protesto dos proprietários ingleses de branquearias contra a cláusula da lei fabril que estabelece determinado horário para as refeições de todos os trabalhadores. Seu negócio não poderia adequar-se aos trabalhadores, pois "*in the various operations of singeing, washing, bleaching, mangling, calendering, and dyeing. none of them can be stopped at a given moment without risk of damage [...] to enforce the same dinner hour for all the workpeople might occasionally subject valuable goods to the risk of danger by incomplete operations*" ["as diferentes operações de chamuscar, lavar, alvejar, passar, calandrar e tingir não podem ser interrompidas por momento algum sem o perigo de danos. [...] A imposição da mesma hora de refeição para todos os trabalhadores poderia ocasionalmente expor bens valiosos ao perigo, pois o processo de trabalho ficaria inacabado"]. *Le platonisme, où va-t-il se nicher!* [O platonismo, onde ele vai parar!]

[81] Xenofonte relata que é não apenas honroso receber alimentos da mesa do rei persa, mas que esses alimentos são muito mais saborosos que os outros. "E isso não é nada

Divisão do trabalho e manufatura

da divisão do trabalho na oficina. A *República* de Platão, na medida em que nela a divisão do trabalho é desenvolvida como o princípio formador do Estado, não é mais do que uma idealização ateniense do sistema de castas do antigo Egito, que servia como país industrial modelar também para outros contemporâneos, como, por exemplo, Isócrates[82], e até mesmo para os gregos da era do Império romano[83].

Durante o período manufatureiro propriamente dito, isto é, o período em que a manufatura foi a forma dominante do modo de produção capitalista, a plena realização de suas tendências próprias se chocou com vários tipos de obstáculos. Embora, como vimos, ela tenha criado, ao lado do encadeamento hierárquico dos trabalhadores, uma divisão simples entre trabalhadores qualificados e não qualificados, a quantidade destes últimos permaneceu muito restrita em razão da influência predominante dos primeiros. Mesmo ajustando as operações específicas aos diversos graus de maturidade, força e desenvolvimento dos seus órgãos vivos de trabalho – e assim induzindo à exploração produtiva de mulheres e crianças – essa tendência fracassou, no geral, em consequência dos hábitos e da resistência dos trabalhadores masculinos. Embora a decomposição da atividade artesanal tenha reduzido os custos de formação do trabalhador – e, com isso, o valor deste último –, continuou a ser necessário, para o trabalho detalhista que impunha maior dificuldade, um tempo maior

---

extraordinário, pois assim como as demais artes são especialmente aperfeiçoadas nas grandes cidades, também os alimentos reais são preparados de um modo inteiramente original. Isso porque, nas pequenas cidades, o mesmo indivíduo faz a cama, as portas, o arado, a mesa; além disso, ele frequentemente constrói casas e se considera satisfeito quando encontra uma clientela suficiente para garantir sua subsistência. É impossível que um homem que faz tantas coisas diferentes faça tudo bem. Mas nas grandes cidades, onde cada indivíduo encontra muitos compradores, um ofício é suficiente para alimentar um homem. Muitas vezes, nem é necessário um ofício inteiro, podendo um indivíduo fazer sapatos masculinos e o outro, sapatos femininos. Aqui e ali, um vive simplesmente da costura, o outro do corte de sapatos, um somente corta as roupas, o outro apenas junta suas partes. É necessário, pois, que o executor do trabalho mais simples o faça da melhor maneira. O mesmo vale para a culinária", Xenofonte, *Ciropédia*, livro VIII, c. 2. Aqui é fixada a excelência do valor de uso a ser atingida, embora Xenofonte já saiba que a escala da divisão do trabalho depende da extensão do mercado.

[82] "Ele" (Busíris) "dividiu-os todos em castas particulares [...] ordenou que eles sempre executassem os mesmos ofícios, porque sabia que os que variam suas ocupações não se aprofundam em nenhuma, ao passo que aqueles que permanecem nas mesmas ocupações realizam tudo do modo mais perfeito. De fato, podemos verificar que suas artes e ofícios superaram as de seus rivais numa medida maior do que o mestre supera o sarrafaçal, e seus mecanismos para conservar a monarquia e o restante das instituições estatais são tão admiráveis que os mais célebres filósofos que trataram desse assunto louvaram a constituição do Estado egípcio mais do que todas as outras", Isócrates, *Busíris* (c. 8).

[83] Cf. Diod. Sic. [Diodoro Sículo, *Historische Bibliothek*, cit.].

de aprendizagem, e mesmo quando este último se tornava supérfluo os trabalhadores insistiam zelosamente em preservá-lo. Na Inglaterra, por exemplo, as *laws of apprenticeship* [leis de aprendizagem], com seus sete anos de instrução, podem ser encontradas em pleno vigor até o fim do período da manufatura, e só foram descartadas pela grande indústria. E, como a habilidade artesanal permanece a base da manufatura e o mecanismo global que nela funciona não possui qualquer esqueleto objetivo independente dos próprios trabalhadores, o capital trava uma luta constante com a insubordinação deles.

"A fraqueza da natureza humana", exclama o amigo Ure, "é tão grande que, quanto mais hábil é o trabalhador, mais voluntarioso e intratável ele se torna, causando, assim, grandes danos ao mecanismo global em razão de seus caprichos insolentes."[84]

A queixa sobre a falta de disciplina dos trabalhadores atravessa então todo o período da manufatura[85], e se não tivéssemos os testemunhos dos escritores da época, os simples fatos de que do século XVI até a época da grande indústria o capital não havia conseguido se apoderar da totalidade do tempo disponível dos trabalhadores manufatureiros, que as manufaturas tinham vida curta e, conforme a imigração ou emigração, os trabalhadores tinham de deixar um país para se instalar em outro, já falariam por bibliotecas inteiras. "A ordem tem de ser estabelecida, de uma maneira ou de outra", exclama em 1770 o autor, repetidamente citado, de *Essay on Trade and Commerce*. E, 66 anos mais tarde, a palavra "ordem" volta a ecoar da boca do dr. Andrew Ure, para quem "ordem" foi o que teria faltado na manufatura fundada no "dogma escolástico da divisão do trabalho". E acrescenta: "Arkwright criou a ordem"*.

Ao mesmo tempo, a manufatura nem podia se apossar da produção social em toda a sua extensão, nem revolucioná-la em suas bases. Como obra de arte econômica, ela se erguia apoiada sobre o amplo pedestal do artesanato urbano e da indústria doméstica rural. Sua própria base técnica estreita, tendo atingido certo grau de desenvolvimento, entrou em contradição com as necessidades de produção que ela mesma criara.

Um de seus produtos mais acabados foi a oficina para a produção dos próprios instrumentos de trabalho – e especialmente dos aparelhos mecânicos mais complexos que já começavam a ser utilizados.

"Essa oficina", diz Ure, "exibia a divisão do trabalho em suas múltiplas gradações. A furadeira, o cinzel, o torno tinham, cada um, seus próprios trabalhadores, hierarquicamente articulados conforme o grau de sua habilidade."**

---

[84] A. Ure, *Philos. of Manuf.*, cit., p. 20.
[85] Isso vale mais para a Inglaterra do que para a França, e mais para a França do que para a Holanda.
* Ibidem, p. 21. (N. E. A. MEGA)
** Idem. (N. T.)

Esse produto da divisão manufatureira do trabalho produziu, por sua vez... máquinas. Estas suprassumem [*aufheben*] a atividade artesanal como princípio regulador da produção social. Por um lado, portanto, é removido o motivo técnico da anexação vitalícia do trabalhador a uma função parcial. Por outro, caem as barreiras que o mesmo princípio ainda erguia contra o domínio do capital.

Capítulo 13

Maquinaria e grande indústria

1. Desenvolvimento da maquinaria

John Stuart Mill, em seus *Princípios da economia política*, observa: "É questionável que todas as invenções mecânicas já feitas tenham servido para aliviar a faina diária de algum ser humano"[86].

Mas essa não é em absoluto a finalidade da maquinaria utilizada de modo capitalista. Como qualquer outro desenvolvimento da força produtiva do trabalho, ela deve baratear mercadorias e encurtar a parte da jornada de trabalho que o trabalhador necessita para si mesmo, a fim de prolongar a outra parte de sua jornada, que ele dá gratuitamente para o capitalista. A maquinaria é meio para a produção de mais-valor.

Na manufatura, o revolucionamento do modo de produção começa com a força de trabalho; na grande indústria, com o meio de trabalho. Devemos começar, portanto, examinando de que modo o meio de trabalho é transformado de ferramenta em máquina, ou em que a máquina difere do instrumento artesanal. Trata-se, aqui, apenas dos traços característicos mais evidentes, universais, pois as épocas da história da sociedade são tão pouco demarcadas por limites abstratamente rigorosos quanto as épocas da história da Terra.

Matemáticos e mecânicos – e isso é repetido aqui e ali por economistas ingleses – definem ferramenta como uma máquina simples, e máquina como uma ferramenta composta. Não detectam aí nenhuma diferença essencial e chegam ao ponto de chamar de máquinas as simples potências mecânicas, como a alavanca, o plano inclinado, o parafuso, a cunha etc.[87] De fato, toda máquina é constituída dessas potências simples, independentemente do

---

[86] "*It is questionable, if all the mechanical inventions yet made have lightened the day's toil of any human being.*" Mill devia ter dito: "*of any human being not fed by other people's labour*" ["de algum ser humano que não se alimenta do trabalho de outrem"], pois a maquinaria aumentou indubitavelmente o número dos honrados ociosos.

[87] Ver, por exemplo, o *Course of Mathematics*, de Hutton.

disfarce sob o qual elas se apresentam e do modo como são combinadas. Do ponto de vista econômico, no entanto, essa definição não tem qualquer validade, pois carece do elemento histórico. Por outro lado, procura-se a diferença entre ferramenta e máquina no fato de que, na ferramenta, o homem seria a força motriz, ao passo que a máquina seria movida por uma força natural diferente da humana, como aquela derivada do animal, da água, do vento etc.[88] De modo que um arado puxado por bois, pertencente às mais diversas épocas da produção, seria uma máquina, mas o *circular loom* [tear circular] de Claussen, que, movido pelas mãos de um único trabalhador, confecciona 96 mil malhas por minuto, seria uma mera ferramenta. Sim, o mesmo *loom* seria ferramenta se movido manualmente e máquina se movido a vapor. Sendo a utilização de força animal uma das mais antigas invenções da humanidade, a produção com máquinas teria precedido a produção artesanal. Quando, em 1735, John Wyatt anunciou sua máquina de fiar e, com ela, a revolução industrial do século XVIII, em nenhum momento insinuou que, em vez de um homem, seria um burro a mover a máquina, e, no entanto, esse papel acabou por recair sobre o burro. Tratava-se apenas, segundo seu prospecto, de uma máquina "para fiar sem os dedos"[89].

Toda maquinaria desenvolvida consiste em três partes essencialmente distintas: a máquina motriz, o mecanismo de transmissão e, por fim, a

---

[88] "Desse ponto de vista, pois, pode-se traçar uma nítida fronteira entre ferramenta e máquina: pá, martelo, cinzel etc., alavancas e chaves de fenda, para os quais, mesmo sendo artificiais, o homem é a força motriz [...] tudo isso entra no conceito de ferramenta; ao passo que o arado, com a força animal que o move, os moinhos de vento etc. devem ser contados entre as máquinas", Wilhelm Schulz, *Die Bewegung der Produktion* (Zurique, 1843), p. 38. Uma obra louvável em vários sentidos.

[89] Antes dela, ainda que muito imperfeitas, foram utilizadas máquinas para torcer o fio, provavelmente na Itália pela primeira vez. Uma história crítica da tecnologia provaria o quão pouco qualquer invenção do século XVIII pode ser atribuída a um único indivíduo. Até então, tal obra inexiste. Darwin atraiu o interesse para a história da tecnologia natural, isto é, para a formação dos órgãos das plantas e dos animais como instrumentos de produção para a vida. Não mereceria igual atenção a história da formação dos órgãos produtivos do homem social, da base material de toda organização social particular? E não seria ela mais fácil de ser compilada, uma vez que, como diz Vico, a história dos homens se diferencia da história natural pelo fato de fazermos uma e não a outra? A tecnologia desvela a atitude ativa do homem em relação à natureza, o processo imediato de produção de sua vida e, com isso, também de suas condições sociais de vida e das concepções espirituais que delas decorrem. Mesmo toda história da religião que abstrai dessa base material é acrítica. De fato, é muito mais fácil encontrar, por meio da análise, o núcleo terreno das nebulosas representações religiosas do que, inversamente, desenvolver, a partir das condições reais de vida de cada momento, suas correspondentes formas celestializadas. Este é o único método materialista e, portanto, científico. O defeito do materialismo abstrato da ciência natural, que exclui o processo histórico, pode ser percebido já pelas concepções abstratas e ideológicas de seus porta--vozes, onde quer que eles se aventurem além dos limites de sua especialidade.

máquina-ferramenta ou máquina de trabalho. A máquina motriz atua como força motora do mecanismo inteiro. Ela gera sua própria força motora, como a máquina a vapor, a máquina calórica*, a máquina eletromagnética etc., ou recebe o impulso de uma força natural já existente e externa a ela, como a roda-d'água o recebe da queda-d'água, as pás do moinho, do vento etc. O mecanismo de transmissão, composto de volantes, eixos, rodas dentadas, polias, hastes, cabos, correias, mancais e engrenagens dos mais variados tipos, regula o movimento, modifica sua forma onde é necessário – por exemplo, de perpendicular em circular – e o distribui e transmite à máquina-ferramenta. Ambas as partes do mecanismo só existem para transmitir o movimento à máquina-ferramenta, por meio do qual ela se apodera do objeto de trabalho e o modifica conforme a uma finalidade. É dessa parte da maquinaria, a máquina--ferramenta, que nasce a revolução industrial no século XVIII. Ela continua a constituir um ponto de partida, diariamente e em constante renovação, sempre que o artesanato ou a manufatura se convertem em indústria mecanizada.

Ora, se examinamos mais detalhadamente a máquina-ferramenta, ou máquina de trabalho propriamente dita, nela reencontramos, no fim das contas, ainda que frequentemente sob forma muito modificada, os aparelhos e ferramentas usados pelo artesão e pelo trabalhador da manufatura, porém não como ferramentas do homem, mas ferramentas de um mecanismo, ou ferramentas mecânicas. Ou a máquina inteira é uma edição mecânica mais ou menos modificada do antigo instrumento artesanal, como no tear mecânico[90], ou os órgãos ativos anexados à armação da máquina de trabalho são velhos conhecidos, como os fusos na máquina de fiar, as agulhas no tear para a confecção de meias, as serras na máquina de serrar, as lâminas na máquina de picar etc. A diferença entre essas ferramentas e o corpo propriamente dito da máquina de trabalho existe desde o nascimento delas, pois continuam, em sua maior parte, a ser produzidas de modo artesanal ou manufatureiro e apenas posteriormente são afixadas no corpo da máquina de trabalho, o qual constitui o produto da maquinaria[91]. A máquina-ferramenta é, assim, um mecanismo que, após receber a transmissão do movimento correspondente, executa com

---

* Máquina que obtinha a expansão e contração do volume habitual de ar por meio do aquecimento e resfriamento. Em comparação com a máquina a vapor, a máquina calórica era pesada e pouco eficiente. Foi inventada no começo do século XIX, mas já no fim daquele mesmo século perdeu toda importância prática. (N. E. A. MEW)

[90] Especialmente na forma primitiva do tear mecânico pode-se reconhecer, à primeira vista, o tear antigo. Este aparece essencialmente modificado em sua forma moderna.

[91] É somente por volta de 1850 que se passa a fabricar mecanicamente uma parte cada vez maior das ferramentas empregadas nas máquinas de trabalho, embora não pelos mesmos fabricantes dessas. As máquinas para fabricação das ferramentas mecânicas são, por exemplo a *automatic bobbin-making engine*, a *card-setting engine*, as máquinas para a produção de lançadeiras, as máquinas para soldar os fusos da *mule* e a *throstle* [antiga máquina de fiar lã e algodão].

suas ferramentas as mesmas operações que antes o trabalhador executava com ferramentas semelhantes. Se a força motriz provém do homem ou de uma máquina, portanto, é algo que não altera em nada a essência da coisa. A partir do momento em que a ferramenta propriamente dita é transferida do homem para um mecanismo, surge uma máquina no lugar de uma mera ferramenta. A diferença salta logo à vista, ainda que o homem permaneça como o primeiro motor. O número de instrumentos de trabalho com que ele pode operar simultaneamente é limitado pelo número de seus instrumentos naturais de produção, seus próprios órgãos corporais. Na Alemanha, tentou-se inicialmente fazer com que um fiandeiro movesse duas rodas de fiar, o que o obrigava a trabalhar simultaneamente com as duas mãos e os dois pés, mas isso era cansativo demais. Mais tarde, inventou-se uma roda de fiar com pedal e dois fusos, mas encontrar virtuoses da fiação capazes de fiar dois fios ao mesmo tempo era quase tão difícil quanto encontrar homens com duas cabeças. A "Jenny"*, ao contrário, fia, desde seu surgimento, com 12 a 18 fusos, e o tear para confecção de meias tricoteia com muitos milhares de agulhas de uma só vez etc. O número de ferramentas que a máquina--ferramenta manipula simultaneamente está desde o início livre dos limites orgânicos que restringem a ferramenta manual de um trabalhador.

Em muitas ferramentas manuais, a diferença entre o homem como mera força motriz e como trabalhador ou operador propriamente dito manifesta uma existência corpórea à parte. Na roda de fiar, por exemplo, o pé atua apenas como força motriz, enquanto a mão, que trabalha no fuso, puxa e torce, executando a operação de fiar propriamente dita. É exatamente dessa última parte do instrumento artesanal que a Revolução Industrial se apropria em primeiro lugar, deixando para o homem, além do novo trabalho de vigiar a máquina com os olhos e corrigir os erros dela com as mãos, o papel puramente mecânico de força motriz. Ao contrário, as ferramentas em que o homem atua desde o início apenas como simples força motriz, por exemplo, ao girar a manivela de um moinho[92], ou bombear, ou mover para cima e para baixo o braço de um fole, ou bater com um pilão etc. suscitam primeiro a utilização de animais, de água, de vento[93] como forças motrizes.

---

* Máquina de fiar inventada por James Hargreaves nos anos 1764-1767 e por ele batizada com o nome de sua filha. (N. E. A. MEW)

[92] Moisés do Egito diz: "Não atarás a boca do boi quando ele pisar o grão" [Deuteronômio 25:4]. Os filantropos germânicos cristãos, ao contrário, costumavam fixar um grande disco de madeira ao redor do pescoço do servo, por eles empregado como força motriz na moenda, para impedi-lo de levar farinha à boca com a mão.

[93] Em parte foi a falta de quedas d'água naturais e em parte a luta contra inundações que forçaram os holandeses à utilização do vento como força motriz. O próprio moinho de vento eles obtiveram da Alemanha, onde essa invenção provocou uma galante luta entre a nobreza, o clero e o imperador, em torno da questão de a qual dos três "pertencia" o vento. O ar torna o homem servo, exclamava-se na Alemanha, enquanto

Maquinaria e grande indústria

Elas ascendem, em parte no período manufatureiro, e esporadicamente já muito antes dele, à condição de máquinas, mas não revolucionam o modo de produção. Que em sua forma artesanal elas já sejam máquinas é algo que se evidencia no período da grande indústria. Por exemplo, as bombas hidráulicas com que os holandeses, em 1836-1837, drenaram o lago de Harlem, eram construídas segundo os princípios das bombas comuns, com a única diferença de que seus pistões eram movidos por ciclópicas máquinas a vapor, em vez de mãos humanas. Na Inglaterra, o comum e muito imperfeito fole do ferreiro ainda é ocasionalmente transformado numa bomba de ar mecânica mediante a simples conexão de seu braço com uma máquina a vapor. A própria máquina a vapor, tal como foi inventada no fim do século XVII, no período da manufatura, e tal como continuou a existir até o começo dos anos 1780[94], não provocou nenhuma revolução industrial. O que se deu foi o contrário: a criação das máquinas-ferramentas é que tornou necessária a máquina a vapor revolucionada. Tão logo o homem, em vez de atuar com a ferramenta sobre o objeto de trabalho, passa a exercer apenas o papel de força motriz sobre uma máquina-ferramenta, o fato de a força de trabalho se revestir de músculos humanos torna-se acidental, e o vento, a água, o vapor etc. podem assumir seu lugar. Isso não exclui, é claro, que tal mudança exija frequentemente grandes modificações técnicas no mecanismo originalmente construído apenas para a força motriz humana. Nos dias de hoje, todas as máquinas que ainda precisam abrir caminho, como as máquinas de costura, as máquinas panificadoras etc., quando sua própria natureza não exclui sua aplicação em pequena escala, são construídas para a força motriz humana e, ao mesmo tempo, puramente mecânica.

A máquina da qual parte a Revolução Industrial substitui o trabalhador que maneja uma única ferramenta por um mecanismo que opera com uma massa de ferramentas iguais ou semelhantes de uma só vez e é movido por uma única força motriz, qualquer que seja sua forma[95]. Temos, aqui, a máquina, mas apenas como elemento simples da produção mecanizada.

O aumento do tamanho da máquina de trabalho e da quantidade de suas ferramentas simultaneamente operantes requer um mecanismo motor mais volumoso, e tal mecanismo, a fim de vencer sua própria resistência,

---

o vento torna a Holanda livre. O que o vento reduzia à servidão, nesse caso, não era o holandês, mas o solo para o holandês. Ainda em 1836 empregavam-se na Holanda 12 mil moinhos de vento de 6 mil cavalos de força para impedir que dois terços do país voltasse a se transformar em pântano.

[94] Ela já foi muito melhorada com a primeira máquina a vapor de Watt, a assim chamada máquina de ação simples, porém permaneceu, sob essa forma, como mera máquina para drenagem de água e salmoura.

[95] "A reunião de todos esses instrumentos simples movidos por um único motor constitui uma máquina", Babbage, *On the Economy of Machinery and Manufactures*, cit., p. 136.

necessita de uma força motriz mais possante do que a humana, desconsiderando-se o fato de que o homem é um instrumento muito imperfeito para a produção de um movimento contínuo e uniforme. Pressupondo-se que ele atue tão somente como simples força motriz e que, portanto, sua ferramenta dê lugar a uma máquina-ferramenta, forças naturais também podem agora substituí-lo nessa função. De todas as grandes forças motrizes legadas pelo período da manufatura, a força do cavalo foi a pior, em parte porque um cavalo tem sua própria cabeça, em parte por conta de seu alto custo e do âmbito limitado em que pode ser utilizado nas fábricas[96]. E, no entanto, o cavalo foi frequentemente utilizado durante a infância da grande indústria, como o demonstra, além das lamúrias dos agrônomos da época, a expressão, até hoje tradicional, da força mecânica em cavalo-vapor. O vento era demasiado inconstante e incontrolável, e, além disso, no período manufatureiro a utilização da força hidráulica já predominava na Inglaterra, berço da grande indústria. Já no século XVII realizaram-se tentativas de colocar em movimento duas correias e, portanto, também dois pares de mós com uma única roda hidráulica. Mas o tamanho aumentado do mecanismo de transmissão entrou em conflito com a força hidráulica tornada insuficiente, e foi essa uma das circunstâncias que conduziram à investigação mais aprofundada das leis da fricção. Do mesmo modo, a irregularidade da força motriz nos moinhos, movidos pelo empurrar e puxar de pistões, levou à teoria e à aplicação da roda volante[97], que mais tarde desempenharia papel tão importante na grande indústria. Assim, o

---

[96] Em dezembro de 1859, na Society of Arts, John C. Morton apresentou um trabalho sobre "as forças utilizadas na agricultura". Entre outras coisas, ele dizia: "Toda melhoria que contribua para a uniformização do solo possibilita a utilização da máquina a vapor na produção da força puramente mecânica. [...] A força do cavalo é exigida onde sebes irregulares e outros obstáculos impedem a ação uniforme. Tais obstáculos desaparecem progressivamente a cada dia. Em operações que requerem um exercício maior da vontade e menos força efetiva, a única força aplicável é aquela dirigida minuto a minuto pelo espírito humano, portanto, a força humana". O sr. Morton reduz, então, a força do vapor, do cavalo e a humana à unidade de medida usual em máquinas a vapor, a saber, a força necessária para erguer 33 mil libras por minuto a 1 pé, e calcula os custos de 1 cavalo-vapor em 3 *pence* por hora para a máquina a vapor e em 5,5 *pence* para o cavalo. Além disso, o cavalo, em condições plenas de saúde, só pode ser utilizado por 8 horas diárias. Por meio da força do vapor, podem ser poupados, durante o ano inteiro, um mínimo de três de cada sete cavalos sobre a terra cultivada, a um preço de custo que não ultrapassa o preço dos cavalos dispensados durante os três ou quatro meses em que são efetivamente utilizados. Por fim, nas operações agrícolas em que a força do vapor pode ser aplicada, esta melhora a qualidade do produto, se comparada com a força do cavalo. Para executar o trabalho da máquina a vapor, teriam de ser empregados 66 trabalhadores, a um preço total de 15 xelins por hora, e para executar o trabalho dos cavalos, seriam necessários 32 homens, a um preço total de 8 xelins por hora.

[97] Faulhaber, 1625; De Cous, 1688.

Maquinaria e grande indústria

período da manufatura desenvolveu os primeiros elementos científicos e técnicos da grande indústria. A fiação com *throstle* de Arkwright foi inicialmente movida a água, mas também o uso da força hidráulica como força motriz predominante apresentava suas dificuldades. Ela não podia ser aumentada à vontade, e a falta de água não podia ser corrigida; às vezes ela faltava e, sobretudo, era de natureza puramente local[98]. Somente com a segunda máquina a vapor de Watt, a assim chamada máquina a vapor de ação dupla, encontrou-se um primeiro motor capaz de produzir sua própria força motriz por meio do consumo de carvão e água, um motor cuja potência encontra-se plenamente sob controle humano, que é móvel e um meio de locomoção, e que, ao contrário da roda d'água, é urbano, e não rural, permitindo a concentração da produção nas cidades, ao invés de dispersá-la[99] pelo interior. Além disso, ela é universal em sua aplicação tecnológica, e sua instalação depende relativamente pouco de circunstâncias locais. O grande gênio de Watt se evidencia na especificação da patente, obtida em abril de 1784, na qual sua máquina a vapor é descrita não como uma invenção para fins específicos, mas como agente universal da grande indústria. Nesse documento, ele menciona várias aplicações que só seriam introduzidas mais de meio século depois, como o martelo-pilão a vapor. Ele duvidava, no entanto, da aplicabilidade da máquina a vapor à navegação marítima. Coube a seus sucessores, Boulton e Watt, apresentar, na exposição industrial de Londres de 1851, a mais colossal máquina a vapor para *ocean steamers* [transatlânticos a vapor].

---

[98] A moderna invenção das turbinas liberta de muitas dessas limitações a exploração industrial da força hidráulica.

[99] *"In the early days of textile manufactures, the locality of the factory depended upon the existence of a stream having a sufficient fall to turn a water wheel; and, although the establishment of the water mills was the commencement of the breaking up of the domestic system of manufacture, yet the mills necessarily situated upon streams, and frequently at considerable distances the one from the other, formed part of a rural rather than an urban system; and it was not until the introduction of the steam-power as a substitute for the stream, that factories were congregated in towns and localities where the coal and water required for the production of steam were found in sufficient quantities. The steam-engine is the parent of manufacturing towns"* ["Nos inícios da manufatura têxtil, a localização da fábrica dependia da existência de um curso d'água que tivesse uma queda suficiente para fazer girar uma roda hidráulica; e, embora o estabelecimento dos moinhos d'água significasse o início da dissolução do sistema da indústria doméstica, os moinhos, que tinham necessariamente de ser instalados próximo a cursos d'água e frequentemente se situavam a uma distância considerável uns dos outros, representavam uma parte de um sistema mais rural do que urbano; apenas com a introdução da força do vapor em substituição ao curso d'água é que as fábricas foram concentradas em cidades e em localidades onde carvão e água, necessários à produção do vapor, estavam disponíveis em quantidade suficiente. A máquina a vapor é a mãe das cidades industriais"], A. Redgrave, em "Reports of the Insp. of Fact, 30th April 1860", p. 36.

Foi somente depois que as ferramentas se transformaram de ferramentas do organismo humano em ferramentas de um aparelho mecânico, isto é, em máquina-ferramenta, que também a máquina motriz adquiriu uma forma autônoma, totalmente emancipada dos limites da força humana. Com isso, a máquina-ferramenta individual, que examinamos até aqui, foi reduzida a um simples elemento da produção mecanizada. Uma máquina motriz podia agora mover muitas máquinas de trabalho ao mesmo tempo. Com o número das máquinas de trabalho movidas simultaneamente, cresceu também a máquina motriz, e o mecanismo de transmissão se transformou num aparelho de consideráveis proporções.

É preciso agora distinguir entre a cooperação de muitas máquinas de um mesmo tipo e o sistema de maquinaria.

No primeiro caso, o produto inteiro é feito pela mesma máquina de trabalho, a qual realiza todas as diversas operações que antes um artesão realizava com sua ferramenta, por exemplo, o tecelão com seu tear, ou que artesãos executavam sucessivamente, com ferramentas diferentes, seja de modo autônomo ou como membros de uma manufatura[100]. Por exemplo, na manufatura moderna de envelopes, um trabalhador dobrava o papel com a dobradeira, outro passava a cola, um terceiro dobrava a aba sobre a qual se imprime a divisa, um quarto gravava a divisa etc., e para cada uma dessas operações parciais era preciso que cada envelope trocasse de mãos. Uma única máquina de fazer envelopes realiza todas essas operações de uma só vez e produz 3 mil envelopes ou mais em 1 hora. Uma máquina americana para a produção de sacolas de papel, apresentada na exposição industrial de Londres de 1862, corta, cola, dobra o papel e faz 300 peças por minuto. O processo inteiro, dividido e realizado numa dada sequência no interior da manufatura, é aqui realizado por uma máquina de trabalho que opera mediante a combinação de diferentes ferramentas. Ora, na medida em que tal máquina de trabalho é apenas o renascimento mecânico de uma ferramenta manual mais complexa, ou, em outras palavras, a combinação de diferentes instrumentos mais simples particularizados pela manufatura – uma combinação que tem lugar na fábrica, isto é, na oficina baseada na utilização da máquina –, nessa oficina a cooperação simples reaparece (abstraímos aqui do trabalhador) sob a forma

---

[100] Do ponto de vista da divisão manufatureira do trabalho, a tecelagem não é um trabalho simples, mas, antes, um complexo trabalho artesanal, de modo que o tear mecânico é uma máquina que executa operações muito variadas. É absolutamente falsa a concepção de que a maquinaria moderna se apropria originalmente de operações que a divisão manufatureira do trabalho havia simplificado. As operações de fiar e tecer foram, durante o período da manufatura, diversificadas em novas espécies, e suas ferramentas foram aperfeiçoadas e diversificadas, mas o processo de trabalho em si não foi de modo nenhum dividido, mantendo seu caráter artesanal. Não é do trabalho que a máquina surge, mas do meio de trabalho.

espacial de máquinas de trabalho do mesmo tipo e que operam simultaneamente em conjunto. Assim, uma tecelagem é formada pela justaposição de muitos teares mecânicos, e uma fábrica de costuras pela justaposição de muitas máquinas de costura no mesmo local de trabalho. Aqui, porém, existe uma unidade técnica, uma vez que as muitas máquinas de trabalho do mesmo tipo recebem seu impulso, simultaneamente e na mesma medida, das pulsações do primeiro motor comum, por intermédio do mecanismo de transmissão, que, em parte, é também comum a todos elas, pois dele ramificam-se apenas saídas individuais para cada máquina-ferramenta. Do mesmo modo como muitas ferramentas constituem os órgãos de uma máquina de trabalho, muitas máquinas de trabalho constituem, agora, simples órgãos do mesmo tipo de um mesmo mecanismo motor.

Mas um sistema de máquinas propriamente dito só assume o lugar da máquina autônoma individual onde o objeto de trabalho percorre uma sequência conexa de diferentes processos gradativos e realizados por uma cadeia de máquinas-ferramentas diversificadas, porém mutuamente complementares. Aqui, por meio da divisão do trabalho, reaparece a cooperação peculiar à manufatura, mas agora como combinação de máquinas de trabalho parciais. As ferramentas específicas dos diferentes trabalhadores parciais – na manufatura da lã, por exemplo, a do batedor, do cardador, do tosador, do fiandeiro etc. – transformam-se agora em ferramentas de máquinas de trabalho especializadas, cada uma delas constituindo um órgão particular para uma função particular no sistema do mecanismo combinado de ferramentas. Em geral, a própria manufatura fornece ao sistema da maquinaria, nos ramos em que este é primeiramente introduzido, a base natural-espontânea da divisão e, por conseguinte, da organização do processo de produção[101]. Aqui se intro-

---

[101] Antes da época da grande indústria, a manufatura da lã dominava na Inglaterra, razão pela qual realizaram-se nesse país, durante a primeira metade do século XVIII, a maioria dos experimentos. O algodão, cujo processamento mecanizado exige preparativos menos trabalhosos, foi beneficiado pelas experiências feitas na lã de ovelha, assim como, mais tarde, a indústria mecânica da lã se desenvolverá com base na fiação e na tecelagem mecânicas do algodão. Apenas nas últimas décadas elementos isolados da manufatura da lã foram incorporados ao sistema fabril, como a cardagem de lã. *"The application of power to the process of combing wool [...] extensively in operation since the introduction of the 'combing machine', especially Lister's [...] undoubtedly had the effect of throwing a very large number of men out of work. Wool was formerly combed by hand, most frequently in the cottage of the comber. It is now very generally combed in the factory, and hand labour is superseded, except in some particular kinds of work, in which hand-combed wool is still preferred. Many of the handcombers found employment in the factories, but the produce of the handcomber bears so small a proportion to that of the machine, that the employment of a very large number of combers has passed away"* ["A aplicação de força mecânica ao processo de cardagem [...], que desde a introdução da 'máquina de cardar', especialmente a de Lister, deu-se em grande escala [...], teve indubitavelmente como efeito que um grande número de trabalhadores fossem dispensados de seu trabalho. Anteriormente, a lã era cardada a mão, na maioria

duz, no entanto, uma diferença essencial. Na manufatura, os trabalhadores, individualmente ou em grupos, têm de executar cada processo parcial específico com sua ferramenta manual. Se o trabalhador é adaptado ao processo, este último também foi previamente adaptado ao trabalhador. Esse princípio subjetivo da divisão deixa de existir na produção mecanizada. O processo total é aqui considerado objetivamente, por si mesmo, e analisado em suas fases constitutivas, e o problema de executar cada processo parcial e de combinar os diversos processos parciais é solucionado mediante a aplicação técnica da mecânica, da química etc.[102], com o que, naturalmente, a concepção teórica precisa, também nesse caso, ser aperfeiçoada em larga escala pela experiência prática acumulada. Cada máquina parcial fornece à máquina seguinte sua matéria-prima, e uma vez que todas atuam simultaneamente, o produto encontra-se tanto nos diversos estágios de seu processo de formação como na transição de uma fase da produção a outra. Assim como na manufatura a cooperação direta dos trabalhadores parciais cria determinadas proporções entre os grupos particulares de trabalhadores, também o sistema articulado da maquinaria, no qual uma máquina parcial é constantemente empregada por outra, cria uma relação determinada entre seu número, seu tamanho e sua velocidade. A máquina de trabalho combinada, agora um sistema articulado que reúne tanto máquinas de trabalho individuais de vários tipos quanto diversos grupos dessas máquinas, é tanto mais perfeita quanto mais contínuo for seu processo total, quer dizer, quanto menos interrupções a matéria-prima sofrer ao passar de sua primeira à sua última fase e, portanto, quanto mais essa passagem de uma fase a outra for efetuada não pela mão humana, mas pela própria maquinaria. Se na manufatura o isolamento dos processos particulares é um princípio dado pela própria divisão do trabalho, na fábrica desenvolvida predomina, ao contrário, a continuidade dos processos particulares.

Um sistema de maquinaria, seja ele fundado na mera cooperação de máquinas de trabalho do mesmo tipo, como na tecelagem, ou numa combinação de tipos diferentes, como na fiação, passa a constituir, por si mesmo, um grande autômato tão logo seja movido por um primeiro motor semovente. Mas o sistema inteiro pode ser movido, por exemplo, pela máquina a vapor, em-

---

das vezes no *cottage* [casebre] do cardador. Agora, ela é geralmente cardada na fábrica, e o trabalho manual foi eliminado, com exceção de alguns tipos particulares de trabalho em que ainda se prefere lã cardada a mão. Muitos dos cardadores manuais encontraram emprego nas fábricas, mas o produto do trabalho do cardador manual é tão pequeno em comparação com o da máquina que um grande número de cardadores permaneceu sem ocupação"], A. Redgrave, "Rep. of Insp. of Fact. for 31st Oct. 1856", p. 16.

[102] *"The principle of the factory system, then, is to substitute [...] the partition of a process into its essential constituents, for the division or gradation of labour among artisans"* ["O princípio do sistema de fábrica consiste, então, em substituir [...] a divisão ou gradação do trabalho entre os artesãos pela divisão do processo de trabalho em suas partes essenciais"], Ure, *The Philosophy of Manufactures*, cit., p. 20.

Maquinaria e grande indústria

bora ainda ocorra que máquinas-ferramentas singulares precisem do trabalhador para certos movimentos – como aquele que, antes da introdução da *self-acting mule* [máquina automática de fiar], era necessário para dar partida à *mule* [máquina de fiar], e que ainda se faz necessário na fiação fina –, ou, então, que determinadas partes da máquina, para realizar sua função, tenham de ser manejadas pelo trabalhador como uma ferramenta manual, tal como ocorria na construção de máquinas antes da transformação do *slide rest* [torno] em *self-actor* [autômato]. A partir do momento em que a máquina de trabalho executa todos os movimentos necessários ao processamento da matéria-prima sem precisar da ajuda do homem, mas apenas de sua assistência, temos um sistema automático de maquinaria, capaz de ser continuamente melhorado em seus detalhes. Assim, por exemplo, o aparelho que freia automaticamente a máquina de fiar assim que um único fio se rompe e o *self-acting stop* [freio automático], que paralisa o tear a vapor quando acaba o fio na bobina da lançadeira, são invenções absolutamente modernas. Como exemplo tanto da continuidade da produção quanto da implementação do princípio da automação, podemos recorrer à moderna fábrica de papel. Na produção de papel em geral, é possível estudar em seus pormenores não apenas o que distingue os diferentes modos de produção, fundados em diferentes meios de produção, como também a conexão entre as relações sociais de produção e esses modos de produção, uma vez que a antiga produção alemã de papel nos fornece o modelo da produção artesanal; a Holanda no século XVII e a França no século XVIII, o modelo da manufatura propriamente dita; e a Inglaterra moderna, o modelo da fabricação automática nesse ramo, além da existência, na China e na Índia, de duas antigas formas asiáticas da mesma indústria.

A produção mecanizada atinge sua forma mais desenvolvida como sistema articulado de máquinas de trabalho movidas por um autômato central através de uma maquinaria de transmissão. No lugar da máquina isolada surge, aqui, um monstro mecânico, cujo corpo ocupa fábricas inteiras e cuja força demoníaca, inicialmente escondida sob o movimento quase solenemente comedido de seus membros gigantescos, irrompe no turbilhão furioso e febril de seus incontáveis órgãos de trabalho propriamente ditos.

Já havia *mules*, máquinas a vapor etc. antes de haver quaisquer trabalhadores ocupados exclusivamente com a construção de máquinas a vapor, *mules* etc., assim como o homem usava roupas antes de existirem alfaiates. Mas as invenções de Vaucanson, Arkwright, Watt etc. só puderam ser realizadas porque esses inventores encontraram à sua disposição, previamente fornecida pelo período manufatureiro, uma quantidade considerável de hábeis trabalhadores mecânicos. Uma parte desses trabalhadores era formada de artesãos autônomos de diversas profissões, e outra parte já se encontrava reunida em manufaturas, onde, como já mencionado, a divisão do trabalho dominava com especial rigor. Com o aumento das invenções e a demanda cada vez maior por máquinas recém-inventadas, desenvolveu-se progressivamente, por um lado, a compartimentação da fabricação de máquinas em diversos ramos autônomos, e, por outro, a divisão do trabalho no interior das manufaturas de máquinas. Na manufatura, portanto, vemos a base técnica imediata da grande indústria. Aquela produziu a maquinaria, com a qual esta suprassumiu [*aufhob*] os sistemas artesanal e manufatureiro nas esferas de produção de que primeiro se apoderou. O sistema mecanizado ergueu-se, portanto, de modo natural-espontâneo sobre uma base material que lhe era inadequada. Ao atingir certo grau de desenvolvimento, ele teve de revolucionar essa base – encontrada já pronta e, depois, aperfeiçoada de acordo com sua antiga forma – e criar para si uma nova, apropriada a seu próprio modo de produção. Assim como a máquina isolada permaneceu limitada enquanto foi movida apenas por homens, e assim como o sistema da maquinaria não pôde se desenvolver livremente até que a máquina a vapor tomasse o lugar das forças motrizes preexistentes – animal, vento e até mesmo água –, também a grande indústria foi retardada em seu desenvolvimento enquanto seu meio característico de produção, a própria máquina, existiu graças à força e à habilidade pessoais, dependendo, assim, do desenvolvimento muscular, da acuidade visual e da virtuosidade da mão com que o trabalhador parcial na manufatura e o artesão fora dela operavam seu instrumento limitado. Abstraindo do encarecimento das máquinas em consequência desse seu modo de surgimento – circunstância que domina o capital como sua motivação consciente –, a expansão da indústria já movida a máquina e a penetração da maquinaria em novos ramos de produção continuaram inteiramente condicionadas pelo crescimento de uma categoria de trabalhadores que, dada a natureza semiartística de seu negócio, só podia ser aumentada de modo gradual, e não aos saltos. A partir de certo grau de desenvolvimento, porém, a grande indústria também entrou tecnicamente em conflito com sua base artesanal e manufatureira. A ampliação do tamanho das máquinas motrizes, do mecanismo de transmissão e das máquinas-ferramentas; a maior complexidade, multiformidade e a regularidade mais precisa de seus componentes, à medida que a máquina-ferramenta se distanciava do modelo artesanal (que originalmente dominava sua construção) e assumia uma forma livre[103],

---

[103] O tear mecânico, em sua primeira forma, é feito fundamentalmente de madeira, e sua forma melhorada, moderna, de ferro. O quanto, inicialmente, a velha forma do meio de produção domina sua nova forma, mostra-o, entre outras coisas, a comparação mais superficial do moderno tear a vapor com o antigo, dos modernos instrumentos de sopro empregados nas fundições de ferro com as primeiras e ineficientes reproduções do fole comum, e, talvez de modo mais evidente que qualquer outro, com as tentativas, antes da invenção das locomotivas atuais, de construir uma locomotiva que tinha, de fato, duas patas, que ela erguia alternadamente como um cavalo. Somente depois do desenvolvimento da mecânica, e com a experiência prática acumulada, é que a forma de uma máquina passa a ser determinada inteiramente de acordo com princípios

Maquinaria e grande indústria

determinada apenas por sua tarefa mecânica; o aperfeiçoamento do sistema automático e a aplicação, cada vez mais inevitável, de um material difícil de ser trabalhado, como o ferro em vez da madeira – a solução de todas essas tarefas surgidas espontaneamente chocou-se por toda parte com as limitações pessoais, que mesmo os trabalhadores combinados na manufatura só conseguiam superar até certo grau, mas não em sua essência. Máquinas como a impressora, o tear a vapor e a máquina de cardar modernos não podiam ser fornecidas pela manufatura.

O revolucionamento do modo de produção numa esfera da indústria condiciona seu revolucionamento em outra. Isso vale, antes de mais nada, para os ramos da indústria isolados pela divisão social do trabalho – cada um deles produzindo, por isso, uma mercadoria autônoma –, porém entrelaçados como fases de um processo global. Assim, a fiação mecanizada tornou necessário mecanizar a tecelagem, e ambas tornaram necessária a revolução mecânico-química no branqueamento, na estampagem e no tingimento. Por outro lado, a revolução na fiação do algodão provocou a invenção da *gin* para separar a fibra do algodão da semente, o que finalmente possibilitou a produção de algodão na larga escala agora exigida[104]. Mas a revolução no modo de produção da indústria e da agricultura provocou também uma revolução nas condições gerais do processo de produção social, isto é, nos meios de comunicação e transporte. Como os meios de comunicação e de transporte de uma sociedade – cujo pivô, para usar uma expressão de Fourier, eram a pequena agricultura, com sua indústria doméstica auxiliar, e o artesanato urbano – já não podiam atender absolutamente às necessidades de produção do período da manufatura, com sua divisão ampliada do trabalho social, sua concentração de meios de trabalho e trabalhadores e seus mercados coloniais – razão pela qual eles também foram, de fato, revolucionados –, assim também os meios de transporte e de comunicação legados pelo período manufatureiro logo se transformaram em insuportáveis estorvos para a grande indústria, com sua velocidade febril de produção, sua escala maciça, seu constante deslocamento de massas de capital e de trabalhadores de uma esfera da produção para a outra e suas recém-criadas conexões no mercado mundial. Assim, abstraindo da construção de veleiros, que foi inteiramente revolucionada, o sistema de comunicação e transporte foi gradualmente ajustado ao modo de produção da grande indústria por meio de um sistema de navios fluviais transatlânticos a vapor, ferrovias e

---

mecânicos e, por conseguinte, emancipa-se plenamente da forma corpórea tradicional da ferramenta que se metamorfoseou em máquina.

[104] Até recentemente, a *cotton gin* do ianque Eli Whitney fora menos modificada em sua essência do que qualquer outra máquina do século XVIII. Somente nas últimas década (antes de 1867) um outro americano, o sr. Emery, de Albany, Nova York, tornou antiquada a máquina de Whitney mediante uma melhoria tão simples quanto eficaz.

telégrafos. Entretanto, as terríveis quantidades de ferro que tinham de ser forjadas, soldadas, cortadas, furadas e moldadas exigiam, por sua vez, máquinas ciclópicas, cuja criação estava além das possibilidades da construção manufatureira de máquinas.

A grande indústria teve, pois, de se apoderar de seu meio característico de produção, a própria máquina, e produzir máquinas por meio de máquinas. Somente assim ela criou sua base técnica adequada e se firmou sobre seus próprios pés. Com a crescente produção mecanizada das primeiras décadas do século XIX, a maquinaria se apoderou gradualmente da fabricação de máquinas-ferramentas. No entanto, foi apenas nas últimas décadas que a colossal construção de ferrovias e a navegação oceânica a vapor deram à luz as ciclópicas máquinas empregadas na construção dos primeiros motores.

A condição mais essencial de produção para a fabricação de máquinas por meio de máquinas era uma máquina motriz capaz de gerar qualquer potência e que fosse, ao mesmo tempo, inteiramente controlável. Ela já existia na máquina a vapor, mas ainda faltava produzir mecanicamente as rigorosas formas geométricas necessárias às partes individuais da máquina, como a linha, o plano, o círculo, o cilindro, o cone e a esfera. Esse problema foi resolvido por Henry Maudslay na primeira década do século XIX, com a invenção do *slide-rest* [suporte móvel], originalmente destinado ao torno, mas que, sob forma modificada, foi automatizado e adaptado a outras máquinas de construção. Esse dispositivo mecânico não substitui nenhuma ferramenta específica, mas a própria mão humana, que produz uma forma determinada por meio da aproximação, ajuste e condução da lâmina de instrumentos cortantes etc. contra ou sobre o material de trabalho – por exemplo, o ferro – possibilitando, assim, produzir as formas geométricas das peças das máquinas "com um grau de facilidade, precisão e rapidez que nem a experiência acumulada da mão do mais hábil trabalhador poderia alcançar"[105].

Se examinarmos agora a parte da maquinaria aplicada à construção de máquinas, que constitui a máquina-ferramenta propriamente dita, veremos reaparecer o instrumento artesanal, porém em dimensão ciclópica. A

---

[105] *The Industry of Nations* (Londres, 1855), parte II, p. 239. Onde também se lê: *"Simple and outwardly unimportant as this appendage to lathes may appear, it is not, we believe, averring too much to state, that its influence in improving and extending the use of machinery has been as great as that produced by Watt's improvements of the steam-engine itselss. Its introduction went at once to perfect all machinery, to cheapen it, and to stimulate invention and improvement"* ["Por mais simples e exteriormente pouco importante que possa parecer esse acessório do torno, cremos não ser exagerado constatar que sua influência na melhoria e ampliação do emprego de máquinas foi tão grande quanto os aperfeiçoamentos realizados por Watt na máquina a vapor. Sua introdução teve como consequência imediata uma melhoria e o barateamento de todas as máquinas, estimulando invenções e melhorias ulteriores"].

Maquinaria e grande indústria

parte operante da perfuratriz, por exemplo, é uma broca colossal, movida por uma máquina a vapor e sem a qual, inversamente, não se poderiam produzir os cilindros das grandes máquinas a vapor e das prensas hidráulicas. O torno mecânico é o renascimento ciclópico do torno comum de pedal, e a acepilhadora é um carpinteiro de ferro, que trabalha o ferro com as mesmas ferramentas com que o carpinteiro trabalha a madeira; a ferramenta que corta chapas nos estaleiros londrinos é uma gigantesca navalha de barbear; a ferramenta da máquina de cortar, que corta o ferro como a tesoura do alfaiate corta o pano, é uma monstruosa tesoura, e o martelo a vapor opera com uma cabeça comum de martelo, porém de peso tal que nem mesmo Thor seria capaz de brandi-lo[106]. Por exemplo, um desses martelos a vapor, inventados por Nasmyth, pesa mais de 6 toneladas e cai perpendicularmente de uma altura de 7 pés sobre uma bigorna de 36 toneladas. Ele pulveriza, sem qualquer dificuldade, um bloco de granito, mas nem por isso é menos capaz de enfiar um prego na madeira macia com uma sequência de golpes leves[107].

Como maquinaria, o meio de trabalho adquire um modo de existência material que provoca a substituição da força humana por forças naturais e da rotina baseada na experiência pela aplicação consciente da ciência natural. Na manufatura, a articulação do processo social de trabalho é puramente subjetiva, combinação de trabalhadores parciais; no sistema da maquinaria, a grande indústria é dotada de um organismo de produção inteiramente objetivo, que o trabalhador encontra já dado como condição material da produção. Na cooperação simples, e mesmo na cooperação especificada pela divisão do trabalho, a suplantação do trabalhador isolado pelo socializado aparece ainda como mais ou menos acidental. Já a maquinaria, com algumas exceções a serem mencionadas posteriormente, funciona apenas com base no trabalho imediatamente socializado ou coletivo. O caráter cooperativo do processo de trabalho se converte agora, portanto, numa necessidade técnica ditada pela natureza do próprio meio de trabalho.

2. Transferência de valor da maquinaria ao produto

Vimos que as forças produtivas que decorrem da cooperação e da divisão do trabalho não custam nada ao capital. São forças naturais do trabalho social. Forças naturais, como o vapor, a água etc., que são apropriadas para uso nos processos produtivos, também não custam nada, mas, assim como o

---

[106] Em Londres, uma dessas máquinas para a forja de *paddle-wheel shafts* [eixos de rodas de pás] traz o nome de "Thor". Ela forja um eixo de 16,5 toneladas com a mesma facilidade com que o ferreiro forja uma ferradura.
[107] A maioria das máquinas que trabalham a madeira, que podem ser aplicadas em pequena escala, é invenção americana.

homem necessita de um pulmão para respirar, ele também necessita de uma "criação da mão humana" para poder consumir forças da natureza de modo produtivo. A roda-d'água é necessária para explorar a força motriz da água; a máquina a vapor, para explorar a elasticidade do vapor. O que sucede com as forças da natureza sucede igualmente com a ciência. Uma vez descobertas, a lei que regula a variação da agulha magnética no campo de ação de uma corrente elétrica ou a lei da indução do magnetismo no ferro, em torno do qual circula uma corrente elétrica, já não custam mais um só centavo[108]. Mas, para que essas leis sejam exploradas pela telegrafia etc., faz-se necessária uma aparelhagem muito custosa e extensa. Como vimos, a ferramenta não é eliminada pela máquina. De uma ferramenta limitada do organismo humano, ela se transforma, em dimensão e número, na de um mecanismo criado pelo homem. Em vez de uma ferramenta manual, agora o capital põe o trabalhador para operar uma máquina que maneja por si mesma suas próprias ferramentas. Contudo, se à primeira vista está claro que a grande indústria tem de incrementar extraordinariamente a força produtiva do trabalho por meio da incorporação de enormes forças naturais e das ciências da natureza ao processo de produção, ainda não está de modo algum claro, por outro lado, que essa força produtiva ampliada não seja obtida mediante um dispêndio aumentado de trabalho. Como qualquer outro componente do capital constante, a maquinaria não cria valor nenhum, mas transfere seu próprio valor ao produto, para cuja produção ela serve. Na medida em que tem valor e, por isso, transfere valor ao produto, ela se constitui num componente deste último. Ao invés de barateá-lo, ela o encarece na proporção de seu próprio valor. E é evidente que a máquina e a maquinaria sistematicamente desenvolvidas, o meio de trabalho característico da grande indústria, contém um valor desproporcionalmente maior que o dos meios de trabalho da empresa artesanal e manufatureira.

Agora, devemos observar, inicialmente, que a maquinaria entra sempre por inteiro no processo de trabalho e apenas parcialmente no processo de valorização. Ela jamais adiciona um valor maior do que aquele que perde, em média, devido a seu próprio desgaste, de modo que há uma grande diferença entre o valor da máquina e a parcela de valor que ela transfere periodicamente ao produto. Ou seja, há uma grande diferença entre a máquina como formadora de valor e como elemento formador do produto, e

---

[108] A ciência não custa ao capitalista absolutamente "nada", o que não o impede de explorá-la. A ciência "alheia" é incorporada ao capital como trabalho alheio, mas a apropriação "capitalista" e a apropriação "pessoal", seja da ciência ou da riqueza material, são coisas totalmente díspares. O próprio dr. Ure lamentava o grosseiro desconhecimento que seus queridos fabricantes exploradores de máquinas demonstravam em relação à mecânica, e Liebig relata a desesperadora ignorância dos fabricantes ingleses em relação à química.

Maquinaria e grande indústria

essa diferença é tanto maior quanto mais longo for o período durante o qual a mesma maquinaria serve repetidamente no mesmo processo de trabalho. Como vimos anteriormente, todo meio de trabalho ou de produção propriamente dito entra sempre por inteiro no processo de trabalho, ao passo que no processo de valorização ele entra sempre por partes, na proporção de seu desgaste diário médio. Mas essa diferença entre uso e desgaste é muito maior na maquinaria do que na ferramenta, primeiramente porque, por ser construída com material mais duradouro, a primeira vive por mais tempo; em segundo lugar, porque sua utilização, sendo regulada por rígidas leis científicas, permite uma maior economia no desgaste de seus componentes e meios de consumo; e, finalmente, porque seu âmbito de produção é incomparavelmente maior do que o da ferramenta. Se subtraímos de ambas, da maquinaria e da ferramenta, seus custos médios diários ou a porção de valor que agregam ao produto por meio de seu desgaste médio diário e o consumo de matérias acessórias, como óleo, carvão etc., veremos então que elas atuam de graça, exatamente como as forças naturais que preexistem à intervenção do trabalho humano. Quanto maior a esfera de atuação produtiva da maquinaria em relação ao da ferramenta, tanto maior a esfera de seu serviço não remunerado em comparação com o da ferramenta. É somente na grande indústria que o homem aprende a fazer com que o produto de seu trabalho anterior, já objetivado, atue gratuitamente, em larga escala, como uma força da natureza[109].

Da análise da cooperação e da manufatura resultou que certas condições gerais de produção, como os edifícios etc., se comparadas com as de produção dispersas de trabalhadores isolados, são economizadas mediante o consumo coletivo e, por isso, encarecem menos o produto. Na maquinaria, não só o corpo de uma máquina de trabalho é coletivamente consumido por suas múltiplas ferramentas, mas a mesma máquina motriz, além de ser uma parte do mecanismo de transmissão, é coletivamente consumida por muitas máquinas de trabalho.

---

[109] Ricardo coloca tanta ênfase nesse efeito das máquinas – com o qual, de resto, ele se ocupa tão pouco quanto com a distinção geral entre o processo de trabalho e o processo de valorização – que acaba perdendo de vista o valor que elas conferem ao produto, tratando delas no mesmo plano das forças naturais. Assim, por exemplo, ele escreve: "*Adam Smith nowhere undervalues the services which the natural agents and machinery perform for us, but he very justly distinguishes the nature of the value which they add to commodities [...] as they perform their work gratuitously, [...] the assistance which they afford us, adds nothing to value in exchange*" ["Adam Smith jamais subestima os serviços que nos prestam as forças naturais e a maquinaria, porém identifica muito corretamente a natureza do valor que elas adicionam às mercadorias [...] À medida que realizam seu trabalho gratuitamente, [...] a assistência que elas nos prestam não acrescenta nada ao valor de troca"], Ricardo, *The Princ. of Pol. Econ.*, cit., p. 336-7. A observação de Ricardo é naturalmente correta na medida em que é dirigida contra J. B. Say, que imagina que as máquinas prestam o "serviço" de criar valor, que constitui uma parte do "lucro".

Dada a diferença entre o valor da maquinaria e a parcela de valor transferida a seu produto diário, o grau em que essa parcela de valor o encarece depende, antes de tudo, da dimensão e da superfície desse produto. Numa conferência publicada em 1875, o sr. Baynes, de Blackburn, calcula que "cada cavalo-vapor mecânico e real[109a] impulsiona 450 fusos da *self-acting mule* e seus acessórios, ou 200 fusos de *throstle*, ou 15 teares para 40 *inch cloth* [pano de 40 polegadas de largura], incluindo seus acessórios para levantar a urdidura, desenredar o fio etc.*";

Os custos diários de 1 cavalo-vapor e o desgaste da maquinaria que por ele é posta em movimento se repartem, no primeiro caso, no produto de 450 fusos de *mule*; no segundo, no de 200 fusos de *throstle*; no terceiro, no de 15 teares mecânicos, de modo que, em razão disso, apenas uma parcela ínfima de valor é transferida a 1 onça de fio ou a 1 vara de tecido. O mesmo ocorre no exemplo anterior com o martelo a vapor. Como seu desgaste diário, consumo de carvão etc. se repartem pelas enormes massas de ferro que ele martela diariamente, a cada quintal de ferro só é agregado uma parcela ínfima de valor, que seria muito grande se esse instrumento ciclópico fosse utilizado para inserir pequenos pregos.

Portanto, dada a escala de ação da máquina de trabalho, o número de suas ferramentas – ou, em se tratando de força, dado seu tamanho, a massa de produtos – dependerá da velocidade com que ela opera, isto é, por exemplo,

---

[109a] Nota à terceira edição: Um "cavalo-vapor" é igual à força de 33 mil libras-pé por minuto, isto é, à força necessária para erguer 33 mil libras em 1 minuto a um pé (inglês) de altura, ou 1 libra a 33 mil pés. Esse é o cavalo-vapor anteriormente mencionado. Porém, na linguagem comum dos negócios, e ocasionalmente em algumas citações deste livro, distingue-se entre cavalos-vapor "nominais" e cavalos-vapor "comerciais" ou "indicados" de uma mesma máquina. O cavalo-vapor antigo ou nominal é calculado exclusivamente pelo percurso do êmbolo e pelo diâmetro do cilindro, e desconsidera completamente a pressão do vapor e a velocidade do êmbolo. De fato, o que o cavalo-vapor expressa é o seguinte: essa máquina a vapor tem, por exemplo, 50 cavalos-vapor sempre que funciona com a mesma baixa pressão do vapor e uma velocidade do êmbolo tão baixa quanto aquela dos tempos de Boulton e Watt. Ocorre que, desde aquela época, estes dois últimos fatores aumentaram enormemente. Em nossos dias, para medir a força mecânica realmente fornecida por uma máquina inventou-se o indicador, que informa a pressão do vapor. A velocidade do êmbolo pode ser facilmente determinada. Assim, a medida do cavalo-vapor "indicado" ou "comercial" de uma máquina é uma fórmula matemática que considera simultaneamente o diâmetro do cilindro, o curso percorrido pelo êmbolo, a velocidade do êmbolo e a pressão do vapor, e, com isso, indica quantas vezes a máquina desenvolve realmente uma força de 33 mil libras-pé por minuto. Um cavalo-vapor nominal pode, na realidade, render três, quatro ou mesmo cinco cavalos-vapor indicados ou reais. Isso serve como explicação para diversas citações posteriores. (F. E.)

* J. B. Baynes, *The Cotton Trade: Two Lectures on the Above Subject, Delivered Before the Members of the Blackburn Literary, Scientific and Mechanics' Institution* (Blackburn/Londres, 1857), p. 48. (N. E. A. MEW)

da velocidade com que gira o fuso ou do número de golpes que o martelo dá em 1 minuto. Muitos desses martelos colossais dão 70 golpes por minuto, e a máquina de forjar patenteada por Ryder, que emprega martelos a vapor menores para forjar fusos, dá 700 golpes.

Dada a proporção em que a maquinaria transfere valor ao produto, a grandeza dessa parcela de valor depende da própria grandeza de valor da maquinaria[110]. Quanto menos trabalho ela contém em si, tanto menor é o valor que agrega ao produto. Quanto menos valor transfere, mais produtiva ela é e mais seu serviço se aproxima daquele prestado pelas forças naturais. Todavia, a produção de maquinaria por meio da maquinaria reduz seu valor proporcionalmente à sua extensão e eficácia.

Uma análise comparativa entre os preços das mercadorias produzidas de modo artesanal ou manufatureiro e os preços das mesmas mercadorias como produtos da maquinaria resulta, em geral, que, no produto da maquinaria, o componente do valor derivado do meio de trabalho cresce em termos relativos, mas decresce em termos absolutos. Isso significa que sua grandeza absoluta diminui, mas sua grandeza aumenta em relação ao valor total do produto, por exemplo, 1 libra de fio[111].

---

[110] O leitor impregnado de concepções capitalistas certamente sentirá falta, aqui, do "juro" que a máquina adiciona ao produto *pro rata* [proporcionalmente] ao valor de seu capital. No entanto, é fácil de compreender que a máquina, que, assim como os demais componentes do capital constante, não produz nenhum valor novo, não pode agregar ao produto esse valor sob a denominação de "juro". Além disso, é evidente que, em se tratando aqui da produção do mais-valor, nenhuma parcela deste último pode ser pressuposta *a priori* sob a denominação de "juro". O modo capitalista de cálculo, que *prima facie* parece absurdo e em contradição com as leis da formação do valor, encontra sua explicação no livro terceiro desta obra.

[111] Esse componente do valor adicionado pela máquina diminui, em termos absolutos e relativos, lá onde ela substitui os cavalos ou, em geral, outros animais de trabalho que são utilizados unicamente como força motriz, e não como máquinas de metabolismo [*Stoffwechselmachinen*]. Descartes, diga-se de passagem, com sua definição dos animais como meras máquinas, enxerga com os olhos do período manufatureiro, em contraste com a Idade Média, época em que se considera o animal como auxiliar do homem, tal como, posteriormente, ele será considerado pelo sr. Von Haller em sua *Restauration der Staatswissenschaften*. Que Descartes, do mesmo modo que Bacon, via na forma modificada da produção, assim como no domínio prático da natureza pelo homem, um resultado das modificações operadas no método de pensar, é evidente em seu *Discours de la méthode*, no qual, entre outras coisas, se lê: "*Il est possible* [...] *de parvenir à des connaissances fort utiles à la vie, et qu'au lieu de cette philosophie spéculative qu'on enseigne dans les écoles, on en peut trouver une pratique, par laquelle, connaissant la force et les actions du feu, de l'eau, de l'air, des astres, et de tous les autres corps qui nous environnent, aussi distinctement que nous connaissons les divers métiers de nos artisans, nous les pourrions employer en même façon à tous les usages auxquels ils sont propres, et ainsi nous rendre comme maîtres et possesseurs de la nature* [...] *contribuer au perfectionnement de la vie humaine*" ["É possível" (por meio do método por ele introduzido na filosofia)

É verdade que, quando a produção de uma máquina custa a mesma quantidade de trabalho que se economiza em sua aplicação, o que se tem é um mero deslocamento do trabalho, de modo que a soma total do trabalho requerido para a produção de uma mercadoria não é diminuída, ou a força produtiva do trabalho não é aumentada. Mas a diferença entre o trabalho que ela custa e o trabalho que economiza, ou o grau de sua produtividade, não depende, evidentemente, da diferença entre seu próprio valor e o valor da ferramenta que ela substitui. A diferença perdura tanto tempo quanto os custos de trabalho da máquina, de modo que a parcela de valor por ela adicionada ao produto permanece menor do que o valor que o trabalhador, com sua ferramenta, agrega ao objeto do trabalho. A produtividade da máquina é medida, assim, pelo grau em que ela substitui a força humana de trabalho. De acordo com o sr. Baynes, são necessários 2,5 trabalhadores[112] para operar os 450 fusos de *mule* e seus acessórios, que são movidos por 1 cavalo-vapor, e com cada *self-acting mule spindle* são fiadas, em 10 horas de trabalho diário, 13 onças de fio (em média), portanto 365^{5}/$_{8}$ libras de fio semanalmente, por 2,5 trabalhadores. Em sua transformação em fio, cerca de 366 libras de algodão (para fins de simplificação, desconsideramos o desperdício) absorvem, assim, apenas 150 horas de trabalho, ou 15 dias de trabalho de 10 horas, enquanto com a roda de fiar, caso o fiandeiro manual fornecesse 13 onças de fio em 60 horas, a mesma quantidade de algodão absorveria 2.700 jornadas de trabalho de 10 horas ou 27 mil horas de trabalho[113]. Onde o velho método

---

"atingir conhecimentos que são muito úteis para a vida, e no lugar daquela filosofia especulativa que se aprende nas escolas, encontrar uma filosofia prática mediante a qual, conhecendo a força e os efeitos do fogo, da água, do ar, dos astros e de todos os demais corpos que nos rodeiam, e conhecendo-os tão precisamente quanto conhecemos os diversos ofícios de nossos artesãos, poderíamos empregá-los da mesma forma para todas as finalidades que lhes são próprias, convertendo-nos, assim, em donos e senhores da natureza, contribuindo então para o aperfeiçoamento da vida humana"]. No prefácio aos *Discourses upon Trade* (1691), de *sir* Dudley North, diz-se que a aplicação do método cartesiano à economia política começou a libertá-la de velhas fábulas e ideias supersticiosas sobre o dinheiro, o comércio etc. Na média geral, no entanto, os economistas ingleses da primeira época seguiram os passos de Bacon e Hobbes em filosofia, ao passo que, num período posterior, foi Locke quem se converteu em "o filósofo" κατ' ἐξοχήν [*por excelência*] da economia política na Inglaterra, na França e na Itália.

[112] Com base num relatório anual da Câmara de Comércio de Essen (outubro de 1863), em 1862 a fábrica Krupp produziu 13 milhões de libras de aço fundido, empregando para isso 161 fornos de fundição, fornalhas de incandescência e fornos de cimento, 32 máquinas a vapor (em 1800, este era, aproximadamente, o número total das máquinas a vapor empregadas em Manchester) e 14 martelos a vapor, que representam, juntos, 1.236 cavalos-vapor, 49 fornalhas, 203 máquinas-ferramentas e cerca de 2.400 trabalhadores. Portanto, menos de 2 trabalhadores para cada cavalo-vapor.

[113] Babbage calcula que em Java o trabalho de fiação agrega, quase exclusivamente, 117% ao valor do algodão. Na mesma época (1832), o valor total que a maquinaria e o trabalho

Maquinaria e grande indústria

do *blockprinting* ou da estampagem manual de tecidos foi substituído pela impressão mecânica, uma única máquina, assistida por um homem adulto ou mesmo um rapaz, estampa tanta chita de quatro cores quanto antigamente o faziam duzentos homens[114]. Antes de Ely Whitney ter inventado, em 1793, a *cottongin* [debulhadora de algodão], separar 1 libra de algodão da semente consumia uma jornada média de trabalho. Sua invenção tornou possível obter diariamente, com o trabalho de uma negra, 100 libras de algodão, com o que a eficiência da *gin* foi, desde então, consideravelmente aumentada. 1 libra de fibra de algodão, antes produzida a 50 *cents*, passa a ser vendida a 10 *cents*, com um lucro maior, isto é, com a inclusão de mais trabalho não pago. Na Índia, para separar a fibra da semente, emprega-se um instrumento semimecânico, a churca, com a qual um homem e uma mulher debulham diariamente 28 libras. Com a nova churca inventada há alguns anos pelo dr. Forbes, um homem adulto e um rapaz produzem 250 libras diárias; onde bois, vapor ou água são usados como forças motrizes, exigem-se apenas poucos rapazes e moças como *feeders* (que alimentam a máquina com material). Dezesseis dessas máquinas, movidas por bois, executam num dia a tarefa média que antigamente era executada, no mesmo período de tempo, por 750 pessoas[115].

Como já mencionado, em 1 hora a máquina a vapor realiza, no arado a vapor, a um custo de 3 *pence* ou ¹/₄ de xelim, o mesmo trabalho que antes era realizado por 66 homens, a um custo de 15 xelins por hora. Retorno a esse exemplo a fim de refutar uma ideia falsa. Os 15 xelins não são de modo algum a expressão do trabalho realizado durante 1 hora pelos 66 homens. Sendo de 100% a proporção entre o mais-valor e o trabalho necessário, esses 66 trabalhadores produziram por hora um valor de 30 xelins, ainda que, num equivalente para eles mesmos, isto é, em seu salário de 15 xelins, não estejam representadas mais que 33 horas. Supondo-se, portanto, que uma máquina custe tanto quanto o salário anual de 150 trabalhadores por ela substituídos, digamos £3.000, esse valor não é de modo algum a expressão monetária do trabalho fornecido por 150 trabalhadores e agregado ao objeto do trabalho, mas tão somente a expressão da parcela de seu trabalho anual que se apresenta a eles mesmos como salário. Por outro lado, o valor monetário da máquina de £3.000 expressa todo o trabalho realizado durante sua produção, seja qual for a relação com base na qual esse trabalho gere salário para o trabalhador e mais-valor para o capitalista. Se, portanto, a máquina custa tanto quanto a

---

agregavam ao algodão na Inglaterra, na fiação fina, chegava a cerca de 33% do valor da matéria-prima, Babbage, *On the Economy of Machinery*, cit., p. 165-6.

[114] Na estampagem mecânica, além disso, economiza-se tinta.

[115] Cf. "Paper Read by Dr. Watson, Reporter on Products to the Government of India, before the Society of Arts", 17 abr. 1860.

força de trabalho por ela substituída, então o trabalho que nela mesma está objetivado é sempre muito menor do que o trabalho vivo por ela substituído[116].

Considerada exclusivamente como meio de barateamento do produto, o limite para o uso da maquinaria está dado na condição de que sua própria produção custe menos trabalho do que o trabalho substituído por sua aplicação. Para o capital, no entanto, esse limite se expressa de forma mais estreita. Como ele não paga o trabalho aplicado, mas o valor da força de trabalho aplicada, o uso da máquina lhe é restringido pela diferença entre o valor da máquina e o valor da força de trabalho por ela substituída. Considerando-se que a divisão da jornada de trabalho em trabalho necessário e mais-trabalho é diversa em diferentes países, assim como no mesmo país em diferentes períodos ou durante o mesmo período em diferentes ramos de negócios; e considerando-se, além disso, que o verdadeiro salário do trabalhador ora cai abaixo do valor de sua força de trabalho, ora sobe acima dele, a diferença entre o preço da maquinaria e o preço da força de trabalho a ser por ela substituída pode variar muito, mesmo que a diferença entre a quantidade de trabalho necessário à produção da máquina e a quantidade total de trabalho por ela substituído continue igual[116a]. Mas é apenas a primeira diferença que determina os custos de produção da mercadoria para o próprio capitalista e o influencia mediante as leis coercitivas da concorrência. Isso explica por que hoje, na Inglaterra, são inventadas máquinas que só encontram aplicação na América do Norte, assim como na Alemanha dos séculos XVI e XVII inventaram-se máquinas que só foram utilizadas pela Holanda, ou como várias invenções francesas do século XVIII, que só foram exploradas na Inglaterra. Em países há mais tempo desenvolvidos, a própria máquina produz, por meio de sua aplicação em alguns ramos de negócios, uma tal superabundância de trabalho (*redundancy of labour*, diz Ricardo) em outros ramos, que a queda do salário abaixo do valor da força de trabalho impede aí a aplicação da maquinaria, tornando-a supérflua e frequentemente impossível do ponto de vista do capital, cujo lucro provém da diminuição não do trabalho aplicado, mas do trabalho pago. Ao longo dos últimos anos, em alguns ramos da manufatura inglesa de lã, diminuiu muito o trabalho infantil, que foi quase inteiramente suprimido em alguns lugares. Por quê? A lei fabril tornou necessários dois turnos de crianças, dos quais uma trabalha 6 horas e a outra 4, ou cada uma trabalha 5 horas. Mas os pais não aceitavam vender os *half-times* (meios-turnos) mais baratos do que anteriormente os *full-times*

---

[116] "*These mute agents* [...] *are always the produce of much less labour than that which they displace, even when they are of the same money value*" ["Esses agentes mudos [as máquinas] são sempre o produto de muito menos trabalho do que aquele que eles substituem, mesmo quando possuem o mesmo valor monetário"], Ricardo, *The Princ. of Pol. Econ.*, cit., p. 40.

[116a] Nota à segunda edição: Numa sociedade comunista, portanto, a maquinaria teria um campo de atuação totalmente distinto do que na sociedade burguesa.

(turnos inteiros). Daí a substituição dos *half-times* pela maquinaria[117]. Antes da proibição do trabalho de mulheres e crianças (menores de 10 anos) nas minas, o capital considerava o método de utilizar-se de mulheres e moças nuas, frequentemente unidas aos homens, em tão perfeito acordo com seu código moral, e sobretudo com seu livro-caixa, que somente depois de sua proibição ele recorreu à maquinaria. Os ianques inventaram máquinas britadeiras, mas os ingleses não as utilizam porque o "miserável" ("*wretch*" é a expressão que a economia política inglesa emprega para o trabalhador agrícola) que executa esse trabalho recebe como pagamento uma parte tão ínfima de seu trabalho que a maquinaria encareceria a produção para o capitalista[118]. Na Inglaterra, ocasionalmente ainda se utilizam, em vez de cavalos, mulheres para puxar etc. os barcos nos canais[119], porquanto o trabalho exigido para a produção de cavalos e máquinas é uma quantidade matematicamente dada, ao passo que o exigido para a manutenção das mulheres da população excedente está abaixo de qualquer cálculo. Por essa razão, em nenhum lugar se encontra um desperdício mais desavergonhado de força humana para ocupações miseráveis do que justamente na Inglaterra, o país das máquinas.

3. Efeitos imediatos da produção mecanizada sobre o trabalhador

A revolução do meio de trabalho constitui, como vimos, o ponto de partida da grande indústria, e o meio de trabalho revolucionado assume sua forma mais

---

[117] "*Employers of labour would not unnecessarily retain two sets of children under thirteen* [...] *In fact one class of manufacturers, the spinners of woollen yarn, now rarely employ children under thirteen years of ages, i.e. half-times. They have introduced improved and new machinery of various kinds which altogether supersedes* [...] *the employment of children* [...] *ss.i.: I will mention one process as an illustration of this diminution in the number of children, wherein, by the addition of an apparatus, called a piecing machine, to existing machines, the work of six or four half-times, according to the peculiarity of each machine, can be performed by one young person* [...] *the half-time system* [...] *the invention of the piecing machine*" ["Aos empregadores não interessa manter desnecessariamente dois grupos de crianças menores de treze anos [...]. De fato, uma classe de fabricantes, os fiadores de fio de lã, raramente emprega crianças abaixo de 13 anos de idade, isto é, trabalhadores de tempo parcial. Introduziram maquinaria aperfeiçoada e novas máquinas de vários tipos, que tornaram supérfluo [...] o emprego de crianças (isto é, menores de 13 anos); como exemplo, mencionarei um processo de trabalho que ilustra essa diminuição do número de crianças, no qual, adicionando-se às máquinas existentes um aparelho chamado máquina de emendar, um jovem (maior de 13 anos) pode, conforme as características da máquina, realizar o trabalho de 6 ou 4 meios-turnos. [...] O sistema de meio turno estimulou a invenção da máquina de emendar"], "Reports of Insp. of Fact. for 31st Oct., 1858", p. 42-3.

[118] "*Machinery* [...] *can frequently not be employed until labour* [...] *rises*" ["A maquinaria [...] frequentemente não pode ser empregada até que haja um aumento do trabalho" (ele quer dizer: dos salários)], Ricardo, *The Princ. of Pol. Econ.*, cit., p. 479.

[119] Ver "Report of the Social Science Congress at Edinburgh. Oct. 1863".

desenvolvida no sistema articulado de máquinas da fábrica. Antes de vermos como a esse organismo objetivo se incorpora material humano, examinemos algumas repercussões gerais dessa revolução sobre o próprio trabalhador.

a) Apropriação de forças de trabalho subsidiárias pelo capital. Trabalho feminino e infantil

À medida que torna prescindível a força muscular, a maquinaria converte-se no meio de utilizar trabalhadores com pouca força muscular ou desenvolvimento corporal imaturo, mas com membros de maior flexibilidade. Por isso, o trabalho feminino e infantil foi a primeira palavra de ordem da aplicação capitalista da maquinaria! E foi assim que esse poderoso meio de substituição do trabalho e de trabalhadores transformou-se prontamente num meio de aumentar o número de assalariados, submetendo ao comando imediato do capital todos os membros da família dos trabalhadores, sem distinção de sexo nem idade. O trabalho forçado para o capitalista usurpou não somente o lugar da recreação infantil, mas também o do trabalho livre no âmbito doméstico, dentro de limites decentes e voltado às necessidades da própria família[120].

O valor da força de trabalho estava determinado pelo tempo de trabalho necessário à manutenção não só do trabalhador adulto individual, mas do núcleo familiar. Ao lançar no mercado de trabalho todos os membros da família do trabalhador, a maquinaria reparte o valor da força de trabalho do homem entre sua família inteira. Ela desvaloriza, assim, sua força de trabalho. É possível, por exemplo, que a compra parcelada das quatro forças de trabalho de uma família custe mais do que anteriormente a compra da força de trabalho de seu chefe, mas, em compensação, temos agora quatro jornadas de trabalho no lugar de uma, e o preço delas cai na proporção do excedente de mais-trabalho dos quatro trabalhadores em relação ao mais-trabalho de um. Para que uma família possa viver, agora são quatro pessoas que têm de fornecer ao capital não só trabalho, mas mais-trabalho.

---

[120] Durante a crise do algodão que acompanhou a Guerra Civil Americana, o governo inglês enviou o dr. Edward Smith a Lancashire, Cheshire etc., para informar sobre a condição sanitária dos trabalhadores da indústria algodoeira. Ele relata, entre outras coisas: no que diz respeito à higiene, a crise, abstraindo do fato de ter banido os trabalhadores da atmosfera da fábrica, teria várias outras vantagens. As mulheres operárias encontravam, agora, tempo livre necessário para amamentar suas crianças, em vez de envenená-las com Godfrey's Cordial (um opiato), e dispunham de tempo para aprender a cozinhar. Lamentavelmente, essa arte culinária lhes chegou num momento em que nada tinham para comer. Vê-se, pois, como o capital, visando sua autovalorização, usurpou o trabalho familiar necessário para o consumo. Mesmo assim, a crise foi usada para, em escolas especiais, ensinar as filhas dos operários a costurar. Enfim, para que jovens trabalhadoras, que fiam para o mundo inteiro, aprendessem a costurar, foram necessárias uma revolução na América do Norte e uma crise mundial!

Maquinaria e grande indústria

Desse modo, a maquinaria desde o início amplia, juntamente com o material humano de exploração, ou seja, com o campo de exploração propriamente dito do capital[121], também o grau de exploração.

Além disso, a maquinaria revoluciona radicalmente a mediação formal da relação capitalista, o contrato entre trabalhador e capitalista. Com base na troca de mercadorias, o primeiro pressuposto era de que capitalista e trabalhador se confrontassem como pessoas livres, como possuidores independentes de mercadorias, sendo um deles possuidor de dinheiro e de meios de produção e o outro possuidor de força de trabalho. Agora, porém, o capital compra menores de idade, ou pessoas desprovidas de maioridade plena. Antes, o trabalhador vendia sua própria força de trabalho, da qual dispunha como pessoa formalmente livre. Agora, ele vende mulher e filho. Torna-se mercador de escravos[122]. A demanda por trabalho infantil assemelha-se com

---

[121] *"The numerical increase of labourers has been great, through the growing substitution of female for male, and above all of childish for adult, labour. Three girls of 13, at wages from of 6 sh. to 8 sh. a week, have replaced the one man of mature age, of wages varying from 18 sh. to 45 sh."* ["O número dos trabalhadores aumentou muito por meio da substituição crescente do trabalho feminino por masculino e sobretudo do trabalho infantil por trabalho adulto. Três meninas de 13 anos, com salários de 6 a 8 xelins por semana, substituíam agora um homem de idade madura e cujo salário variava entre 16 e 45 xelins"], T. de Quincey, *The Logic of Politic. Econ.* (Londres, 1844), nota à p. 147. Como certas funções da família, por exemplo, cuidar das crianças e amamentá-las etc., não podem ser inteiramente suprimidas, as mães de família confiscadas pelo capital têm de arranjar quem as substitua em maior ou menor medida. É necessário substituir por mercadorias prontas os trabalhos domésticos que o consumo da família exige, como costurar, remendar etc. A um dispêndio menor de trabalho doméstico corresponde, portanto, um dispêndio maior de dinheiro, de modo que os custos de produção da família operária crescem e contrabalançam a receita aumentada. A isso se acrescenta que a economia e a eficiência no uso e na preparação dos meios de subsistência se tornam impossíveis. Sobre esses fatos, encobertos pela economia política oficial, encontra-se um abundante material nos "Reports" dos inspetores de fábrica e da Children's Employment Commission, e, particularmente, nos "Reports on Public Health".

[122] Em contraste com o grande fato de a limitação do trabalho feminino e infantil nas fábricas inglesas ter sido conquistada ao capital pelos trabalhadores masculinos adultos, ainda se leem nos relatórios mais recentes da Children's Employment Commission atitudes verdadeiramente revoltantes, próprias de comerciantes de escravos, por parte de pais trabalhadores, no que concerne ao tráfico de crianças. Mas o fariseu capitalista, como se pode ver nesses mesmos "Reports", denuncia essa bestialidade, por ele mesmo criada, eternizada e explorada, e que, em outras ocasiões, ele denomina "liberdade de trabalho". *"Infant labour has been called into aid [...] even to work for their own daily bread. Without strength to endure such disproportionate toil, without instruction to guide their future life, they have been thrown into a situation physically and morally polluted. [...] The Jewish historian has remarked upon the overthrow of Jerusalem by Titus, that is was no wonder it should have been destroyed, with such a signal destruction, when an inhuman mother sacrificed her own offspring to satisfy the cravings of absolute hunger"* ["Recorreu-se ao trabalho infantil [...] até mesmo para que as crianças trabalhem por seu próprio pão de

frequência, também em sua forma, à demanda por escravos negros, como se costumava ler em anúncios de jornais americanos.

"Chamou minha atenção", diz, por exemplo, um inspetor de fábrica inglês, "um anúncio na folha local de uma das mais importantes cidades manufatureiras de meu distrito, que aqui reproduzo: precisa-se de 12 a 20 garotos, crescidos o suficiente para que possam se passar por 13 anos. Salário: £4 por semana. Contatar etc."[123].

A frase "possam se passar por 13 anos" refere-se a que, conforme o *Factory Act*, crianças menores de 13 anos só podem trabalhar 6 horas. Um médico oficialmente qualificado (*certifying surgeon*) tem de certificar a idade. O fabricante exige, por isso, jovens que aparentem já ter 13 anos. Segundo o depoimento dos inspetores de fábrica, a diminuição, às vezes súbita, do número de crianças menores de 13 anos ocupadas pelos fabricantes devia-se, em grande parte, à atuação dos *certifying surgeons*, que aumentavam a idade das crianças de acordo com o afã explorador dos capitalistas e a necessidade de barganha dos pais. No mal-afamado distrito londrino de Bethnal Green, tem lugar, todas as segundas e terças-feiras pela manhã, um mercado público, onde crianças de ambos os sexos, a partir de 9 anos de idade, alugam a si mesmas para as manufaturas de seda londrinas. "As condições habituais são 1 xelim e 8 *pence* por semana" (soma que pertence aos pais) "e 2 *pence* para mim mesmo, além de chá". Os contratos valem apenas por uma semana. As cenas e o linguajar, durante o funcionamento desse mercado são verdadeiramente revoltantes[124]. Na Inglaterra ainda ocorre de mulheres "pegarem crianças da *workhouse* e as alugarem para qualquer comprador por 2 xelins e 6 *pence* por semana"[125]. Apesar da legislação, pelo menos 2 mil adolescentes continuam a ser vendidos por seus próprios pais como máquinas vivas para a limpeza de chaminés (embora existam máquinas para substituí-los)[126]. A revolução que a maquinaria provocou na relação jurídica entre comprador e vendedor de força de trabalho, de modo que a transação inteira perdeu até mesmo a aparência de um contrato entre pessoas livres, conferiu ao Parlamento inglês, posteriormente, a escusa jurídica para a ingerência estatal no sistema fabril. Toda vez que a lei fabril limita a 6 horas

---

cada dia. Sem forças para suportar faina tão desproporcional, sem instrução para guiar sua vida futura, foram jogadas numa situação física e moralmente corrompida. [...] O historiador judeu observou, com respeito à destruição de Jerusalém por Tito, que não era de admirar que a cidade tivesse de ser destruída, e de maneira tão terrível, quando lá uma mãe desumana sacrificara seu próprio rebento para saciar aos impulsos de uma fome absoluta"], *Public Economy Concentrated* (Carlisle, 1833), p. 66.

[123] A. Redgrave, em "Reports of Insp. of Fact., for 31st October 1858", p. 40-1.
[124] Children's Employment Commission, "V. Report", Londres, 1866, p. 81, n. 31. {Nota à quarta edição: A indústria da seda de Bethnal Green está agora praticamente aniquilada (F. E.)}
[125] Idem, "III. Report", Londres, 1864, p. 53, n. 15.
[126] Idem, "V. Report", p. XXII, n. 137.

o trabalho infantil em ramos da indústria até então intocados, voltam sempre a ecoar as lamúrias dos fabricantes: que parte dos pais retiraria as crianças da indústria agora regulamentada, a fim de vendê-las naquelas em que ainda reina a "liberdade do trabalho", isto é, onde crianças menores de 13 anos são forçadas a trabalhar como adultos e podem, por conseguinte, ser vendidas a um preço maior. Mas como o capital é um *leveller* [nivelador] por natureza – isto é, exige, em todas as esferas da produção, como seu direito humano inato, condições iguais para a exploração do trabalho –, a limitação legal do trabalho infantil num ramo da indústria torna-se a causa de sua limitação em outro.

Já mencionamos a deterioração física das crianças e dos adolescentes, bem como das trabalhadoras adultas, que a maquinaria submete à exploração do capital, primeiro diretamente, nas fábricas que se erguem sobre seu fundamento, e, em seguida, indiretamente, em todos os outros ramos industriais. Por isso, detemo-nos aqui num único ponto: a monstruosa taxa de mortalidade de filhos de trabalhadores em seus primeiros anos de vida. Na Inglaterra, há 16 distritos de registro civil que apresentam, na média anual, apenas 9.085 casos de óbito (em um distrito, apenas 7.047) para cada 100 mil crianças vivas com menos de 1 ano de idade; em 24 distritos, entre 10 e 11 mil; em 39 distritos, entre 11 e 12 mil; em 48 distritos, entre 12 e 13 mil; em 22 distritos, mais de 20 mil; em 25 distritos, mais de 21 mil; em 17, mais de 22 mil; em 11, mais de 23 mil; em Hoo, Wolverhampton, Ashton-under-Lyne e Preston, mais de 24 mil; em Nottingham, Stockport e Bradford, mais de 25 mil; em Wisbeach, 26.001, e em Manchester, 26.125[127]. Como evidenciou uma investigação médica oficial em 1861, desconsiderando-se as circunstâncias locais, as altas taxas de mortalidade se devem preferencialmente à ocupação extradomiciliar das mães, que acarreta o descuido e os maus-tratos infligidos às crianças, aí incluindo, entre outras coisas, uma alimentação inadequada ou a falta dela, a administração de opiatos etc., além do inatural* estranhamento da mãe em relação a seus filhos, que resulta em sua esfomeação e envenenamento intencionais[128]. Já nos distritos agrícolas, "em que a ocupação feminina é mínima, a taxa de mortalidade é, ao contrário, a menor de todas"[129]. Porém, a comissão de inquérito de

---

[127] "Sixth Report on Public Health" (Londres, 1864), p. 34.
* Nas terceira e quarta edições: "natural". (N. E. A. MEW)
[128] "It [...] showed, moreover, that while, with the described circumstances, infants perish under the neglect and mismanagement which their mothers' occupations imply, the mothers become to a grievous extent denaturalized towards their offspring – commonly not troubling themselves much at the death, and even sometimes [...] taking direct measures to ensure it" ["Ele" (o inquérito de 1861) "mostrou, além disso, que enquanto nas circunstâncias descritas as crianças pequenas perecem sob a negligência e os maus-tratos implicados pelas ocupações de suas mães, estas se tornam, num grau assustador, desnaturadas em relação a seus rebentos – comumente não se incomodando muito com a morte deles e, às vezes, até mesmo [...] tomando medidas diretas para provocá-la"], idem.
[129] Ibidem, p. 454.

1861 chegou ao resultado inesperado de que, em alguns distritos puramente agrícolas situados na costa do mar do Norte, a taxa de mortalidade de crianças menores de 1 ano quase alcançou a dos distritos fabris de pior fama. Isso fez com que o dr. Julian Hunter fosse incumbido de investigar esse fenômeno *in loco*. Seu relatório está incorporado ao "VI Report on Public Health"[130]. Até então, supunha-se que a malária e outras doenças típicas de áreas baixas e pantanosas eram as responsáveis pela dizimação das crianças. A investigação revelou exatamente o contrário, a saber: "que a mesma causa que erradicou a malária, isto é, a transformação do solo pantanoso durante o inverno e de áridas pastagens durante o verão em terra fértil para a plantação de cereais, provocou a extraordinária taxa de mortalidade entre os lactantes"[131].

Os 70 clínicos gerais ouvidos pelo dr. Hunter naqueles distritos foram "impressionantemente unânimes" quanto a esse ponto. Com a revolução no cultivo do solo foi introduzido, com efeito, o sistema industrial.

> "Mulheres casadas, que, divididas em bandos, trabalham junto com moças e rapazes, são postas à disposição do arrendatário por um homem, chamado de 'mestre do bando' [*Gangmeister*], que aluga o bando inteiro por certa quantia. Esses bandos costumam se deslocar muitas milhas para longe de suas aldeias, podendo ser encontrados pelas estradas rurais de manhã e ao anoitecer, as mulheres vestindo anáguas curtas e saias e botas correspondentes, e às vezes calças, muito fortes e saudáveis na aparência, mas arruinadas pela depravação habitual e indiferentes às consequências nefastas que sua predileção por esse modo de vida ativo e independente acarreta a seus rebentos, que definham em casa."[132]

Nesses distritos agrícolas, reproduzem-se todos os fenômenos dos distritos fabris e, em grau ainda maior, o infanticídio disfarçado e a administração de opiatos às crianças[133].

> "Meu conhecimento do mal por ele causado" – diz o dr. Simon, médico do Privy Council inglês e redator-chefe dos relatórios sobre *Public Health* – "deve servir como justificativa da profunda repugnância que me inspira todo emprego industrial, em grande escala, de mulheres adultas"[134]. "De fato" – proclama o inspetor de fábrica R. Baker num relatório oficial – "será uma felicidade para os distritos

---

[130] "Reports by Dr. Henry Julian Hunter on the Excessive Mortality of Infants in some Rural Districts of England".
[131] Ibidem, p. 35, 455-6.
[132] Ibidem, p. 456.
[133] Tal como nos distritos fabris ingleses, também nos distritos agrícolas o consumo de ópio aumenta dia a dia entre os trabalhadores e trabalhadoras adultos. "*To push the sale of opiate* [...] *is the great aim of some enterprising wholesale merchants. By druggists it is considered the leading article*" ["Promover a venda de opiatos [...] é o grande objetivo de alguns grandes comerciantes. Os farmacêuticos os consideram como o artigo de maior saída"], ibidem, p. 460. Veja como a Índia e a China se vingam da Inglaterra.
[134] Ibidem, p. 37.

manufatureiros da Inglaterra quando se proibir a toda mulher casada, com filhos, de trabalhar em qualquer tipo de fábrica."[135]

A corrupção moral decorrente da exploração capitalista do trabalho de mulheres e crianças foi exposta de modo tão exaustivo por F. Engels – em *A situação da classe trabalhadora na Inglaterra* – e por outros autores que aqui me limito apenas a recordá-la. Mas a devastação intelectual, artificialmente produzida pela transformação de seres humanos imaturos em meras máquinas de fabricação de mais-valor – devastação que não se deve confundir com aquela ignorância natural-espontânea que deixa o espírito inculto sem estragar sua capacidade de desenvolvimento, sua própria fecundidade natural – acabou por obrigar até mesmo o Parlamento inglês a fazer do ensino elementar a condição legal para o uso "produtivo" de crianças menores de 14 anos em todas as indústrias sujeitas à lei fabril. O espírito da produção capitalista resplandece com toda claridade na desleixada redação das assim chamadas cláusulas educacionais das leis fabris, na falta de um aparato administrativo, sem o qual esse ensino compulsório se torna, em grande parte, ilusório, na oposição dos fabricantes até mesmo a essa lei do ensino e nos subterfúgios e trapaças práticas a que recorrem para burlá-la.

> "A culpa cabe unicamente ao poder legislativo, por ter aprovado uma lei enganosa (*delusive law*), que, sob a aparência de cuidar da educação das crianças, não contém um único dispositivo que assegure o cumprimento desse pretenso objetivo. Nada determina, salvo que as crianças, durante certa quantidade de horas diárias" (3 horas), "devem permanecer encerradas entre as quatro paredes de um lugar chamado escola, e que o patrão da criança deve receber semanalmente um certificado emitido por uma pessoa que assina na qualidade de professor ou professora."[136]

Antes que se promulgasse a lei fabril emendada de 1844, não era raro que os certificados de frequência escolar viessem assinados com uma cruz pelo professor ou professora, pois eles mesmos não sabiam escrever. "Ao visitar uma escola que expedia tais certificados, impressionou-me tanto a ignorância do professor que lhe perguntei: 'Desculpe, mas o senhor sabe ler?' Sua resposta foi: 'Bom... alguma coisa (*summat*)'. Para se justificar, acrescentou: 'De qualquer modo, estou à frente de meus alunos'."

Durante a elaboração da lei de 1844, os inspetores de fábrica denunciaram a situação vergonhosa dos locais chamados de escolas e cujos certificados eles tinham de aceitar como plenamente válidos do ponto de vista legal. Tudo o que lograram foi que, a partir de 1844, "os números no certificado escolar tinham de ser preenchidos pelo próprio professor, que também tinha de assiná-lo com seu nome e sobrenome"[137].

---

[135] "Reports of Insp. of Fact. for 31st Oct. 1862", p. 59. Este inspetor de fábrica havia sido médico.
[136] Leonard Horner, em "Reports of Insp. of Fact. for 30th April 1857", p. 17.
[137] Idem, em "Reports of Insp. of Fact. for 31st Oct. 1855", p. 18-9.

Sir John Kincaid, inspetor de fábrica na Escócia, relata experiências semelhantes no exercício de sua função.

"A primeira escola que visitamos era mantida por uma tal de Mrs. Ann Killin. Respondendo à minha solicitação de que soletrasse seu nome, ela logo cometeu um deslize, ao começar com a letra C, mas, corrigindo-se de pronto, disse que seu sobrenome é que começava com K. Olhando sua assinatura nos livros de certificados escolares, reparei, no entanto, que ela o escrevia de diferentes maneiras, ao mesmo tempo que sua caligrafia não deixava qualquer dúvida acerca de sua inépcia para o magistério. Ela própria reconheceu que não sabia preencher o registro. [...] Numa segunda escola, encontrei uma sala de aula de 15 pés de comprimento e 10 pés de largura, e contei nesse espaço 75 crianças a grunhir algo incompreensível"[138]. "No entanto, não é apenas nesses antros lamentáveis que as crianças recebem certificados escolares sem nenhuma instrução, pois em muitas outras escolas, apesar de o professor ser competente, seus esforços fracassam quase que por completo em meio à turba desnorteante de crianças de todas as idades, a partir de 3 anos. Seus ganhos, miseráveis no melhor dos casos, dependem inteiramente do número de *pence* que ele recebe do maior número possível de crianças que possam ser espremidas numa sala. A isso se acrescenta o módico mobiliário escolar, a falta de livros e outros materiais didáticos e o efeito deprimente que exerce sobre as pobres crianças uma atmosfera viciada e fétida. Estive em muitas dessas escolas, onde vi turmas inteiras de crianças fazendo absolutamente nada; e isso é atestado como frequência escolar, e tais crianças figuram, na estatística oficial, como educadas (*educated*)."[139]

Na Escócia, os fabricantes procuram, na medida do possível, excluir as crianças obrigadas a frequentar a escola, "o que basta para evidenciar o grande repúdio dos fabricantes contra as cláusulas educacionais"[140].

Isso se mostra de maneira grotesca e repulsiva nas estamparias de chita etc., que são regulamentadas por uma lei fabril própria. Conforme os dispositivos dessa lei:

"toda criança, para que possa ser empregada numa dessas estamparias, precisa ter frequentado a escola por pelo menos 30 dias e por não menos de 150 horas durante os 6 meses imediatamente anteriores ao primeiro dia de seu emprego. Ao longo do período de seu emprego na estamparia, ela também precisa frequentar a escola por um período de 30 dias e de 150 horas a cada semestre letivo. [...] A frequência à escola tem de ocorrer entre 8 horas da manhã e 6 horas da tarde. Nenhuma frequência inferior a $2^1/_2$ horas nem superior a 5 horas no mesmo dia deve ser computada como parte das 150 horas. Em circunstâncias normais, as crianças frequentam a escola pela manhã e à tarde por 30 dias, 5 horas por dia e, decorridos os 30 dias, atingido o total estatuído de 150 horas, quando, para falar sua própria língua, elas terminaram seu livro, retornam à estamparia, onde permanecem de novo por 6 meses, até que vença o próximo prazo de frequência

---

[138] *Sir* John Kincaid, em "Reports of Insp. of Fact. for 31st Oct. 1858", p. 31-2.
[139] Leonard Horner, em "Reports etc. for 30th Apr. 1857", p. 17-8.
[140] *Sir* John Kincaid, em "Rep. Insp. Fact. for 31st Oct. 1856", p. 66.

escolar, quando então retornam à escola e lá permanecem até que o livro esteja novamente terminado. [...] Muitos jovens que frequentam a escola durante as 150 horas regulamentares, ao retornar à escola após a permanência de 6 meses na estamparia, encontram-se no mesmo ponto em que estavam no começo [...] Naturalmente, perderam tudo que haviam adquirido com sua frequência escolar anterior. Em outras estamparias de chita, a frequência escolar é tornada inteiramente dependente das necessidades de trabalho na fábrica. O número requerido de horas é preenchido ao longo de cada período semestral em prestações de 3 a 5 horas por vez, que podem ser dispersas pelos 6 meses. Por exemplo, num dia a escola é frequentada das 8 às 11 horas da manhã, noutro dia da 1 às 4 horas da tarde, e depois que a criança se ausenta por alguns dias consecutivos, retorna subitamente à escola das 3 às 6 horas da tarde; é possível que ela compareça, então, por 3 a 4 dias consecutivos, ou por 1 semana, mas apenas para voltar a desaparecer por 3 semanas ou por 1 mês inteiro, retornando apenas por algumas horas poupadas nos dias restantes, caso seu empregador não necessite dela; e assim a criança é, por assim dizer, chutada (*buffeted*) da escola para a fábrica, da fábrica para a escola, até que se tenha cumprido a soma de 150 horas."[141]

Com a incorporação massiva de crianças e mulheres ao pessoal de trabalho combinado, a maquinaria termina por quebrar a resistência que, na manufatura, o trabalhador masculino ainda opunha ao despotismo do capital[142].

b) Prolongamento da jornada de trabalho

Se a maquinaria é o meio mais poderoso de incrementar a produtividade do trabalho, isto é, de encurtar o tempo de trabalho necessário à produção de uma mercadoria, ela se converte, como portadora do capital nas indústrias de que imediatamente se apodera, no meio mais poderoso de prolongar a jornada de

---

[141] A. Redgrave, em "Reports... 31st October 1857", p. 41-3. Nos ramos da indústria inglesa há muito tempo submetidos à lei fabril propriamente dita (não à *Print Works Act*, que se mencionou por último), os obstáculos opostos às cláusulas educacionais nos últimos anos foram, em certa medida, superados. Nas indústrias não submetidas à lei fabril, ainda prevalecem em grande parte os critérios do fabricante de vidro J. Geddes, que esclarece o comissário de inquérito White nos seguintes termos: "até onde posso julgar, o maior volume de instrução de que uma parte da classe trabalhadora usufruiu nos últimos anos teve um efeito negativo. É algo perigoso, pois os torna independentes", Children's Empl. Commission, "IV. Report" (Londres, 1865), p. 253.

[142] "O sr. E., um fabricante, informou-me que empregava exclusivamente mulheres em seus teares mecânicos, dando preferência às mulheres casadas e especialmente àquelas que tinham em casa uma família de que delas dependia para sua manutenção; tais mulheres são mais atentas e dóceis que as solteiras e se submetem aos esforços mais extremos para obter seu sustento. Desse modo, as virtudes, mais especificamente as virtudes peculiares do caráter feminino, pervertem-se em detrimento da própria mulher – e, assim, tudo o que é moral e terno em sua natureza converte-se num meio de sua escravização e sofrimento", *Ten Hours Factory Bill. The Speech of Lord Ashley, March 15th* (Londres, 1844), p. 20.

Karl Marx – O capital

trabalho para além de todo limite natural. Ela cria, por um lado, novas condições que permitem ao capital soltar as rédeas dessa sua tendência constante e, por outro, novos incentivos que aguçam sua voracidade por trabalho alheio.

Primeiramente, na maquinaria adquirem autonomia, em face do operário, o movimento e a atividade operativa do meio de trabalho. Este se transforma, por si mesmo, num *perpetuum mobile* industrial, que continuaria a produzir ininterruptamente se não se chocasse com certos limites naturais inerentes a seus auxiliares humanos: debilidade física e vontade própria. Como capital, e como tal o autômato tem no capitalista consciência e vontade, a maquinaria é movida pela tendência a reduzir ao mínimo as barreiras naturais humanas, resistentes, porém elásticas[143]. Tal resistência é, de todo modo, reduzida pela aparente facilidade do trabalho na máquina e pela maior ductibilidade e flexibilidade do elemento feminino e infantil[144].

A produtividade da maquinaria, como vimos, é inversamente proporcional à grandeza da parcela de valor por ela transferida ao produto. Quanto mais tempo ela funciona, maior é a massa de produtos sobre a qual se reparte o valor por ela adicionado, e menor é a parcela de valor que ela adiciona à mercadoria individual. Mas o tempo de vida ativa da maquinaria é claramente determinado pela duração da jornada de trabalho ou do processo de trabalho diário multiplicado pelo número de dias em que ele se repete.

Entre o desgaste das máquinas e seu tempo de uso não existe em absoluto uma correspondência matematicamente exata. E mesmo partindo-se desse

---

[143] "Desde a introdução geral da cara maquinaria, a natureza humana foi forçada muito além de sua força média", Robert Owen, *Observations on the Effects of the Manufacturing System* (2. ed., Londres, 1817), p. 16.

[144] Os ingleses, acostumados a tomar a primeira forma de manifestação empírica de uma coisa como seu fundamento, costumam considerar como causa do longo tempo de trabalho nas fábricas o grande roubo das crianças que o capital, à maneira de Herodes, cometeu nos inícios do sistema fabril nos abrigos de pobres e de órfãos. Assim, por exemplo, Fielden, ele mesmo um fabricante inglês, declara: "*It is evident* [...] *that the long hours of work were brought about by the circumstance of so great a number of destitute children being supplied from different parts of the country, that the masters were independent of the hands, and that, having once established the custom by means of the miserable materials they had procured in this way, they could impose it on their neighbours with the greater facility*" ["É evidente [...] que as longas horas de trabalho foram instituídas pela circunstância de que um número tão grande de crianças desamparadas eram fornecidas por diferentes regiões do país, de modo que os patrões não dependiam dos operários, e que, depois de terem estabelecido esse tempo de trabalho como costume, com ajuda desse material humano miserável que assim haviam obtido, eles puderam impô-lo a seus vizinhos com a maior facilidade"], J. Fielden, *The Curse of the Factory System* (Londres, 1836), p. 11. Quanto ao trabalho feminino, diz o inspetor de fábricas Saunders no relatório fabril de 1844: "Entre as trabalhadoras, há mulheres que, por muitas semanas consecutivas, excetuando-se uns poucos dias, trabalham das 6 da manhã até a meia-noite, com menos de 2 horas de pausas para as refeições, de modo que, em 5 dias da semana, restam-lhes somente 6 horas de 24 para ir à casa e deitar-se".

pressuposto, uma máquina que funciona 16 horas por dia durante 7 anos e abrange um período de produção tão grande e adiciona ao produto tanto valor quanto a mesma máquina o faria se funcionasse apenas 8 horas por dia durante 15 anos. No primeiro caso, porém, o valor da máquina seria reproduzido duas vezes mais rapidamente do que no segundo e, por meio dela, o capitalista teria apropriado em 7 anos e meio tanto mais-trabalho quanto no segundo caso em 15 anos.

O desgaste material da máquina é duplo. Um deles decorre de seu uso, como moedas se desgastam com a circulação; o outro, de seu não uso, como uma espada inativa enferruja na bainha. Esse é seu consumo pelos elementos. O desgaste do primeiro tipo se dá na proporção mais ou menos direta de seu uso; o segundo, até certo ponto, na proporção inversa a seu uso[145].

Mas, além do desgaste material, a máquina sofre, por assim dizer, um desgaste moral. Ela perde valor de troca na medida em que máquinas de igual construção podem ser reproduzidas de forma mais barata, ou que máquinas melhores passam a lhe fazer concorrência[146]. Em ambos os casos, seu valor, por mais jovem e vigorosa que a máquina ainda possa ser, já não é determinado pelo tempo de trabalho efetivamente objetivado nela mesma, mas pelo tempo de trabalho necessário à sua própria reprodução ou à reprodução da máquina aperfeiçoada. É isso que a desvaloriza, em maior ou menor medida. Quanto mais curto o período em que seu valor total é reproduzido, tanto menor o perigo da depreciação moral, e quanto mais longa a jornada de trabalho, tanto mais curto é aquele período. À primeira introdução da maquinaria em qualquer ramo da produção seguem-se gradativamente novos métodos para o barateamento de sua reprodução[147], além de aperfeiçoamentos que afetam não apenas partes ou mecanismos isolados, mas sua estrutura inteira. Razão pela qual, em seu primeiro período de vida, esse motivo especial para se prolongar a jornada de trabalho atua de maneira mais intensa[148].

---

[145] "*Occasion* [...] *injury to the delicate moving parts of metallic mechanism by inaction*" ["A causa [...] da deterioração das delicadas partes móveis do mecanismo metálico pode residir na inatividade"], Ure, *The Philosophy of Manufactures*, cit., p. 281.

[146] O já mencionado *Manchester Spinner* (*Times*, 26 nov. 1862) inclui, entre os custos da maquinaria, o seguinte: "*It (namely, 'allowance for deterioration of machinery') is also intended to cover the loss which is constantly arising from the superseding of machines before they are worn out by others of a new and better construction*" ["Ele" (isto é, o 'desconto pelo desgaste da maquinaria') "tem também a finalidade de cobrir a perda que deriva do fato de máquinas mais novas e de construção aperfeiçoada substituírem constantemente as máquinas antigas antes que estas estejam desgastadas"].

[147] "Calcula-se, *grosso modo*, que construir uma única máquina segundo um modelo novo tem o mesmo custo da reconstrução da mesma máquina segundo esse mesmo modelo", Babbage, *On the Economy of Machinery*, cit., p. 211-2.

[148] "Nos últimos anos, introduziram-se tantas e tão importantes melhorias na fabricação de tules que uma máquina bem conservada, cujo preço de custo original fora de £1.200,

Permanecendo inalteradas as demais circunstâncias, e com uma jornada de trabalho dada, a exploração do dobro de trabalhadores exige igualmente a duplicação da parcela do capital constante investida em maquinaria e edifícios, assim como daquela investida em matéria-prima, matérias auxiliares etc. Com a jornada de trabalho prolongada, amplia-se a escala da produção, enquanto o capital investido em maquinaria e edifícios permanece inalterado[149]. Por isso, não só cresce o mais-valor como decrescem os gastos necessários para sua extração. É verdade que isso também ocorre, em maior ou menor medida, em todo prolongamento da jornada de trabalho, mas aqui ele tem um peso mais decisivo, porquanto a parte do capital transformada em meio de trabalho é, em geral, mais importante[150]. Com efeito, o desenvolvimento da produção mecanizada fixa uma parte sempre crescente do capital numa forma em que ele, por um lado, pode ser continuamente valorizado e, por outro, perde valor de uso e valor de troca tão logo seu contato com o trabalho vivo seja interrompido.

"Quando um trabalhador agrícola", ensina o sr. Ashworth, magnata inglês do algodão, ao professor Nassau W. Senior, "põe de lado sua pá, ele torna inútil, por esse período, um capital de 18 *pence*. Quando um dos nossos" (isto é, um dos operários fabris) "abandona a fábrica, ele torna inútil um capital que custou £100.000."[151]

Ora, onde já se viu! Tornar "inútil", mesmo que por um instante apenas, um capital que custou £100.000! É, de fato, uma atrocidade que um de nossos homens abandone a fábrica por uma única vez! O volume crescente da ma-

---

foi vendida, alguns anos depois, por £60 [...] Os aperfeiçoamentos se sucediam numa velocidade tal que as máquinas restavam inacabadas nas mãos de seus construtores, tendo se tornado antiquadas pelos inventos mais bem-sucedidos." Por esse motivo, nesse período de tempestade e ímpeto [*Sturm und Drang*], os fabricantes de tule estenderam a jornada de trabalho, das 8 horas originais, para 24 horas, com dois turnos de pessoal. Ibidem, p. 233.

[149] "*It is self-evident, that, amid the ebbings and flowings of the market, and the alternate expansions and contractions of demand, occasions will constantly recur, in which the manufacturer may employ additional floating capital without employing additional fixed capital* [...] *if additional quantities of raw material can be worked up without incurring an additional expense for buildings and machinery*" ["É evidente por si só que, com as oscilações do mercado e as expansões e contrações alternadas da demanda, haverá constantemente ocasiões em que o fabricante poderá empregar capital circulante adicional sem empregar capital fixo adicional [...] sempre que se puder trabalhar quantidades adicionais de matéria-prima sem incorrer em despesas adicionais com edifícios e maquinaria"], R. Torrens, *On Wages and Combination* (Londres, 1834), p. 64.

[150] A circunstância mencionada no texto serve apenas para tornar mais completa a exposição, uma vez que só no Livro III tratarei da taxa de lucro, isto é, da relação do mais-valor com o capital total adiantado.

[151] "*When a labourer lays down his spade, he renders useless, for that period, a capital worth 18 d. When one of our people leaves the mill, he renders useless a capital that has cost 100.000 pounds*", Senior, *Letters on the Factory Act.* (Londres, 1837), p. 14.

quinaria, como o adverte Senior, doutrinado por Ashworth, torna "desejável" um prolongamento cada vez maior da jornada de trabalho[152].

A máquina produz mais-valor relativo não só ao desvalorizar diretamente a força de trabalho e, indiretamente, baratear esta última por meio do barateamento das mercadorias que entram em sua reprodução, mas também porque, em sua primeira aplicação esporádica, ela transforma o trabalho empregado pelo dono das máquinas em trabalho potenciado, eleva o valor social do produto da máquina acima de seu valor individual e, assim, possibilita ao capitalista substituir o valor diário da força de trabalho por uma parcela menor de valor do produto diário. Durante esse período de transição, em que a indústria mecanizada permanece uma espécie de monopólio, os ganhos são extraordinários, e o capitalista procura explorar ao máximo esse "primeiro tempo do jovem amor"* por meio do maior prolongamento possível da jornada de trabalho. A grandeza do ganho aguça a voracidade por mais ganho.

Com a generalização da maquinaria num mesmo ramo de produção, o valor social do produto da máquina decresce até atingir seu valor individual e, assim, estabelece a lei de que o mais-valor não provém das forças de trabalho que o capitalista substituiu pela máquina, mas, inversamente, das forças de trabalho que ele emprega para operar esta última. O mais-valor provém unicamente da parcela variável do capital, e vimos que a massa do mais-valor é determinada por dois fatores: a taxa do mais-valor e o número de trabalhadores simultaneamente ocupados. Dada a extensão da jornada de trabalho, a taxa de mais-valor é determinada pela proporção em que a jornada de trabalho se divide em trabalho necessário e mais-trabalho. O número de trabalhadores simultaneamente ocupados depende, por sua vez, da proporção entre as partes variável e constante do capital. Ora, é claro que a indústria mecanizada, por mais que, à custa do trabalho necessário, expanda o mais-trabalho mediante o aumento da força produtiva do trabalho, só chega a esse resultado ao diminuir

---

[152] "*The great proportion of fixed to circulating capital* [...] *makes long hours of work desirable*" ["A grande proporção do capital fixo em relação ao capital circulante [...] torna desejável uma longa jornada de trabalho"]. Com o uso crescente da maquinaria etc., "*the motives to long hours of work will become greater, as the only means by which a large proportion of fixed capital can be made profitable*" ["intensificam-se os motivos para prolongar a jornada de trabalho, já que esse é o único meio de tornar lucrativa uma grande proporção de capital fixo"], ibidem, p. 11-4. "Numa fábrica, há diversos gastos que se mantêm constantes, independentemente de ela trabalhar mais ou menos tempo, como o aluguel dos edifícios, os impostos locais e nacionais, o seguro contra incêndios, o salário pago a diversos trabalhadores permanentes, o desgaste da maquinaria, além de várias outras despesas, cuja proporção em relação ao lucro decresce na mesma razão em que o volume da produção aumenta", "Reports of the Insp. of Fact. for 31st Oct. 1862", p. 19.

* Citação modificada de Schiller, *Das Lied von der Glocke* [A canção do sino], versos 78-9: "Ah, que dure para sempre o frescor,/ Do belo tempo do jovem amor!". (N. T.)

o número de trabalhadores ocupados por um dado capital. Ela transforma em maquinaria, isto é, em capital constante, que não produz mais-valor, uma parcela do capital que antes era variável, isto é, que antes se convertia em força de trabalho viva. É impossível, por exemplo, extrair de 2 trabalhadores o mesmo mais-valor que de 24. Se cada um dos 24 trabalhadores fornece somente 1 hora de mais-trabalho em 12 horas, eles fornecem, em conjunto, 24 horas de mais-trabalho, ao passo que 24 horas é o tempo de trabalho total dos 2 trabalhadores. Na aplicação da maquinaria à produção de mais-valor reside, portanto, uma contradição imanente, já que dos dois fatores que compõem o mais-valor fornecido por um capital de dada grandeza, um deles, a taxa de mais-valor, aumenta somente na medida em que reduz o outro fator, o número de trabalhadores. Essa contradição imanente se manifesta assim que, com a generalização da maquinaria num ramo industrial, o valor da mercadoria produzida mecanicamente se converte no valor social que regula todas as mercadorias do mesmo tipo, e é essa contradição que, por sua vez, impele o capital, sem que ele tenha consciência disso[153], a prolongar mais intensamente a jornada de trabalho, a fim de compensar a diminuição do número proporcional de trabalhadores explorados por meio do aumento não só do mais-trabalho relativo, mas também do absoluto.

Se, portanto, o emprego capitalista da maquinaria cria, por um lado, novos e poderosos motivos para o prolongamento desmedido da jornada de trabalho, revolucionando tanto o modo de trabalho como o caráter do corpo social de trabalho e, assim, quebrando a resistência a essa tendência, ela produz, por outro lado, em parte mediante o recrutamento para o capital de camadas da classe trabalhadora que antes lhe eram inacessíveis, em parte liberando os trabalhadores substituídos pela máquina, uma população operária redundante[154], obrigada a aceitar a lei ditada pelo capital. Daí este notável fenômeno na história da indústria moderna, a saber, de que a máquina joga por terra todas as barreiras morais e naturais da jornada de trabalho. Daí o paradoxo econômico de que o meio mais poderoso para encurtar a jornada de trabalho se converte no meio infalível de transformar todo o tempo de vida do trabalhador e de sua família em tempo de trabalho disponível para a valorização do capital.

"Sonhava Aristóteles, o maior pensador da Antiguidade: se cada ferramenta, obedecendo a nossas ordens ou mesmo pressentindo-as, pudesse executar a tarefa que lhe é atribuída, do mesmo modo como os artefatos de Dédalo se moviam por

---

[153] A razão pela qual essa contradição imanente não se torna consciente para o capitalista individual – e, assim, tampouco para a economia política que se move no interior de suas concepções – será exposta nas primeiras seções do Livro III.

[154] Um dos grandes méritos de Ricardo consiste em ter conceituado a maquinaria não apenas como meio de produção de mercadorias, mas também de *"redundant population"* [população redundante].

Maquinaria e grande indústria

si mesmos, ou como as trípodes de Hefesto se dirigiam por iniciativa própria ao trabalho sagrado; se, assim, as lançadeiras tecessem por si mesmas, nem o mestre--artesão necessitaria de ajudantes, nem o senhor necessitaria de escravos[155]."

E Antípatro, poeta grego da época de Cícero, elogiava a invenção do moinho hidráulico para a moagem de cereais, essa forma elementar de toda maquinaria produtiva, como libertadora das escravas e criadora da Idade do Ouro[156]! "Os pagãos, sim, os pagãos!" Como descobriu o sagaz Bastiat e, antes dele, o ainda mais arguto MacCulloch, esses pagãos não entendiam nada de economia política, nem de cristianismo. Não entendiam, entre outras coisas, que a máquina é o meio mais eficaz para o prolongamento da jornada de trabalho. Justificavam ocasionalmente a escravidão de uns como meio para o pleno desenvolvimento humano de outros. Mas pregar a escravidão das massas como meio para transformar alguns arrivistas toscos ou semicultos em *eminent spinners* [fiandeiros proeminentes], *extensive sausagemakers* [grandes fabricantes de embutidos] e *influential shoe black dealers* [influentes comerciantes de graxa de sapatos], para isso lhes faltava o órgão especificamente cristão.

c) Intensificação do trabalho

O prolongamento desmedido da jornada de trabalho, que a maquinaria provoca em mãos do capital, suscita mais adiante, como vimos, uma reação da sociedade, ameaçada em sua raízes vitais, e, com isso, a fixação de uma jornada normal de trabalho legalmente limitada. Com base nesta última, desenvolve-se um fenômeno de importância decisiva, com que já nos deparamos anteriormente: a intensificação do trabalho. Na análise do mais-valor absoluto, tratava-se inicialmente da grandeza extensiva do trabalho, ao passo que seu grau de intensidade era pressuposto como dado. Cabe examinar, agora, a transformação da grandeza extensiva em grandeza intensiva ou de grau.

---

[155] F. Biese, *Die Philosophie des Aristoteles* (Berlim, 1842, v. 2), p. 408.
[156] Apresento, aqui, o poema na tradução [alemã] de Stolberg, pois, tanto quanto as citações anteriores sobre a divisão do trabalho, ele caracteriza a antítese entre a visão antiga e a moderna. "*Schonet der mahlenden Hand, o Müllerinnen, und schlafet/ Sanft! es verkünde der Hahn euch den Morgen umsonst!/ Däo hat die Arbeit der Mädchen den Nymphen befohlen,/ Und itzt hüpfen sie leicht über die Räder dahin,/ Dass die erschütterten Achsen mit ihren Speichen sich wälzen,/ Und im Kreise die Last drehen des wälzenden Steins./ Lasst uns leben das Leben der Väter, und lasst uns der Gaben/ Arbeitslos uns freun, welche die Göttin uns schenkt*" ["Poupem a mão moedora, ó moleiras!, e durmam/ Em paz! Que o galo lhes anuncie a manhã em vão!/ Às ninfas ordenou Deméter o trabalho das moças,/ E lá se vão elas, a saltar sobre as rodas,/ Pois que rodem os eixos com suas varas/ E em círculo movam a peso da pedra giratória./ Mas nos deixem viver a vida dos pais, e alegrar-nos,/ Sem trabalho, com a dádiva que a deusa nos traz"].

Karl Marx – O capital

É evidente que, com o progresso do sistema da maquinaria e a experiência acumulada de uma classe própria de operadores de máquinas, aumenta natural-espontaneamente a velocidade e, com ela, a intensidade do trabalho. Assim, na Inglaterra o prolongamento da jornada de trabalho andou durante meio século de mãos dadas com a intensificação crescente do trabalho fabril. Contudo, é facilmente compreensível que, no caso de um trabalho constituído não de paroxismos transitórios, mas de uma uniformidade regular, repetida dia após dia, é preciso alcançar um ponto nodal em que o prolongamento da jornada de trabalho e a intensidade do trabalho se excluam reciprocamente, de modo que o prolongamento da jornada de trabalho só seja compatível com um grau menor de intensidade do trabalho e, inversamente, um grau maior de intensidade só seja compatível com a redução da jornada de trabalho. Assim que a revolta crescente da classe operária obrigou o Estado a reduzir à força o tempo de trabalho e a impor à fábrica propriamente dita uma jornada normal de trabalho, ou seja, a partir do momento em que a produção crescente de mais-valor mediante o prolongamento da jornada de trabalho estava de uma vez por todas excluída, o capital lançou-se com todo seu poder e plena consciência à produção de mais-valor relativo por meio do desenvolvimento acelerado do sistema da maquinaria. Ao mesmo tempo, operou-se uma modificação no caráter do mais-valor relativo. Em geral, o método de produção do mais-valor relativo consiste em fazer com que o trabalhador, por meio do aumento da força produtiva do trabalho, seja capaz de produzir mais com o mesmo dispêndio de trabalho no mesmo tempo. O mesmo tempo de trabalho agrega ao produto total o mesmo valor de antes, embora esse valor de troca inalterado se incorpore agora em mais valores de uso, provocando, assim, uma queda no valor da mercadoria individual. Diferente, porém, é o que ocorre quando a redução forçada da jornada de trabalho, juntamente com o enorme impulso que ela imprime no desenvolvimento da força produtiva e à redução de gastos com as condições de produção, impõe, no mesmo período de tempo, um dispêndio aumentado de trabalho, uma tensão maior da força de trabalho, um preenchimento mais denso dos poros do tempo de trabalho, isto é, impõe ao trabalhador uma condensação do trabalho num grau que só pode ser atingido com uma jornada de trabalho mais curta. Essa compressão de uma massa maior de trabalho num dado período de tempo mostra-se, agora, como ela é: uma quantidade maior de trabalho. Ao lado da medida do tempo de trabalho como "grandeza extensiva" apresenta-se agora a medida de seu grau de condensação[157]. A hora mais intensa da

---

[157] Em geral, existem diferenças, como é natural, na intensidade dos trabalhos pertencentes a diferentes ramos da produção. Tais diferenças se compensam parcialmente, como já o mostrou Adam Smith, pelas circunstâncias secundárias próprias a cada tipo de trabalho. Aqui, porém, um efeito sobre o tempo de trabalho como medida de valor só ocorre

Maquinaria e grande indústria

jornada de trabalho de 10 horas encerra tanto ou mais trabalho, isto é, força de trabalho despendida, que a hora mais porosa da jornada de trabalho de 12 horas. Seu produto tem, por isso, tanto ou mais valor que o produto da 1$^{1}/_{5}$ hora mais porosa. Desconsiderando a elevação do mais-valor relativo pela força produtiva aumentada do trabalho, podemos dizer, por exemplo, que 3$^{1}/_{3}$ horas de mais-trabalho sobre 6$^{2}/_{3}$ horas de trabalho necessário fornecem agora ao capitalista a mesma massa de valor que antes lhe era fornecida por 4 horas de mais-trabalho sobre 8 horas de trabalho necessário.

Ora, pergunta-se, como o trabalho é intensificado?

O primeiro efeito da jornada de trabalho reduzida decorre da lei óbvia de que a eficiência da força de trabalho é inversamente proporcional a seu tempo de operação. Assim, dentro de certos limites, o que se perde em duração ganha-se no grau de esforço realizado. Mas o capital assegura, mediante o método de pagamento, que o trabalhador efetivamente movimente mais força de trabalho[158]. Em manufaturas, como na olaria, onde a maquinaria desempenha papel nenhum ou insignificante, a introdução da lei fabril demonstrou de modo cabal que a mera redução da jornada de trabalho provoca um admirável aumento da regularidade, uniformidade, ordem, continuidade e energia do trabalho[159]. Esse efeito parecia, no entanto, algo duvidoso na fábrica propriamente dita, pois nela a dependência do trabalhador em relação ao movimento contínuo e uniforme da máquina já criara a mais rigorosa disciplina. Por isso, em 1844, quando se discutiu a redução da jornada de trabalho para menos de 12 horas, os fabricantes declararam quase unanimemente que

> "seus capatazes vigiavam cuidadosamente, nas diversas dependências de trabalho, para que a mão de obra não perdesse um só instante" [...] "dificilmente se poderia aumentar o grau de vigilância e atenção por parte dos trabalhadores (*the extent of vigilance and attention on the part of the workmen*) e que, pressupondo-se como constantes todas as demais circunstâncias, tais como o funcionamento da maquinaria etc. "seria, portanto, absurdo esperar, nas fábricas bem administradas, qualquer resultado importante derivado de uma maior atenção etc. por parte dos trabalhadores."[160]

Essa afirmação foi refutada por diversos experimentos. Em suas duas grandes fábricas, em Preston, o sr. R. Gardner determinou, a partir de 20 de abril de 1844, que se trabalhasse apenas 11 horas por dia, em vez de 12. Transcorrido um prazo de mais ou menos um ano, o resultado foi que "se

---

na medida em que as grandezas intensiva e extensiva se apresentam como expressões contrapostas e reciprocamente excludentes da mesma quantidade de trabalho.

[158] Principalmente por meio do salário por peça [*Stücklohn*], forma que será examinada na seção 6.
[159] Ver "Reports of Insp. of Fact. for 31st Oct. 1865".
[160] "Reports of Insp. of Fact. for 1844 and the quarter ending 30th April 1845", p. 20-1.

obtivera a mesma quantidade de produto ao mesmo custo, e que o conjunto dos trabalhadores ganhara tanto salário em 11 horas quanto antes em 12"[161].

Passo aqui por alto os experimentos feitos nos setores de fiação e cardagem, pois estes estavam associados a um aumento (cerca de 2%) na velocidade da maquinaria. Já no setor de tecelagem, ao contrário, onde, além disso, eram tecidos tipos muitos diversos de artigos de fantasia, com mais figuras, não houve modificação alguma nas condições objetivas de produção. O resultado foi que: "de 6 de janeiro a 20 de abril de 1844, estando a jornada de trabalho fixada em 12 horas, o salário semanal médio de cada operário era de 10 xelins e 1,5 *penny*; de 20 de abril a 29 de junho de 1844, com a jornada de trabalho de 11 horas, o salário semanal médio era de 10 xelins e 3,5 *pence*"[162].

Nesse caso, em 11 horas produziu-se mais do que antes em 12, exclusivamente por causa da maior constância e uniformidade no trabalho dos operários e à maior economia de seu tempo. Enquanto estes recebiam o mesmo salário e ganhavam 1 hora de tempo livre, o capitalista obtinha a mesma massa de produtos e poupava 1 hora de gastos com carvão, gás etc. Experiências semelhantes foram realizadas, com igual êxito, nas fábricas dos senhores Horrocks e Jacson[163].

Tão logo a redução da jornada de trabalho – que cria a condição subjetiva para a condensação do trabalho, ou seja, a capacidade do trabalhador de exteriorizar mais força num tempo dado – passa a ser imposta por lei, a máquina se converte, nas mãos do capitalista, no meio objetivo e sistematicamente aplicado de extrair mais trabalho no mesmo período de tempo. Isso se dá de duas maneiras: pela aceleração da velocidade das máquinas e pela ampliação da escala da maquinaria que deve ser supervisionada pelo mesmo operário, ou do campo de trabalho deste último. A construção aperfeiçoada da maquinaria é, em parte, necessária para que se possa exercer uma maior pressão sobre o trabalhador e, em parte, acompanha por si mesma a intensificação do trabalho, uma vez que a limitação da jornada de trabalho obriga o capitalista a exercer o mais rigoroso controle sobre os custos de produção. O aperfeiçoamento da máquina a vapor aumenta o número de golpes que

---

[161] Ibidem, p. 19. Como o salário por peça mantinha-se inalterado, o volume do salário semanal dependia da quantidade do produto.
[162] Ibidem, p. 20.
[163] Ibidem, p. 21. O elemento moral desempenhou um papel importante nos experimentos anteriormente mencionados: "*We work with more spirit, we have the reward ever before us of getting away sooner at night, and one active and cheerful spirit pervades the whole mill, from the youngest piecer to the oldest hand, and we can greatly help each other*" ["Trabalhamos com mais entusiasmo", disseram os operários ao inspetor de fábrica, "pensamos continuamente na recompensa de sair mais cedo à noite, um espírito mais ativo e mais alegre impregna a fábrica inteira, desde o ajudante mais jovem até o operário mais antigo, e podemos nos ajudar melhor uns aos outros"], idem.

seu pistão dá por minuto, ao mesmo tempo que torna possível, por meio de uma maior economia de força, acionar com o mesmo motor um mecanismo maior e com um consumo igual ou até menor de carvão. O aperfeiçoamento do mecanismo de transmissão diminui o atrito e, o que distingue com tanta evidência a maquinaria moderna da antiga, reduz progressivamente o diâmetro e o peso das árvores de transmissão grandes e pequenas. Por último, os aperfeiçoamentos da maquinaria de trabalho, ao mesmo tempo que aumentam sua velocidade e eficácia, diminuem seu tamanho, como no caso do moderno tear a vapor, ou aumentam, juntamente com o tamanho do corpo da máquina, o volume e o número de ferramentas que ela opera, como no caso da máquina de fiar, ou ainda ampliam a mobilidade dessas ferramentas por meio de imperceptíveis modificações de detalhes, como aquelas que, na metade dos anos 1850, aumentaram em $^1/_5$ a velocidade dos fusos da *self-acting mule*.

Na Inglaterra, a redução da jornada de trabalho para 12 horas data de 1832. Já em 1836 declarava um fabricante inglês: "comparado com o de outrora, o trabalho que agora se executa nas fábricas cresceu muito em virtude da atenção e da atividade maiores que a velocidade aumentada da maquinaria exige do operário"[164].

Em 1844, *lord* Ashley, hoje conde de Shaftesbury, realizou na Câmara dos Comuns a seguinte exposição, baseada em documentos:

"O trabalho realizado pelos ocupados nos processos fabris é, agora, três vezes maior do que quando da introdução dessas operações. Sem dúvida, a maquinaria tem realizado uma tarefa que substitui os tendões e músculos de milhões de seres humanos, mas também tem aumentado prodigiosamente (*prodigiously*) o trabalho daqueles submetidos a seu terrível movimento [...]. Em 1815, o trabalho de acompanhar por 12 horas o vaivém de um par de *mules* a fiar o fio Ne 40* requeria caminhar uma distância de 8 milhas. Em 1832, acompanhar um par de *mules* a produzir por 12 horas o fio de mesmo título exigia percorrer 20 milhas ou mais. Em 1825, o fiandeiro tinha de realizar, no período de 12 horas, 820 tiradas em cada *mule*, o que resultava num total de 1.640 tiradas em 12 horas. Em 1832, durante sua jornada de trabalho de 12 horas, ele tinha de realizar 2.200 tiradas em cada *mule*, o que dava um total de 4.400 tiradas; em 1844, 2.400 em cada *mule*, num total de 4.800, sendo que, em alguns casos, o montante de trabalho (*amount of labor*) exigido é ainda maior [...]. Disponho, aqui, de um outro documento de 1842, que prova que o trabalho aumenta progressivamente não só porque é preciso percorrer uma distância maior, mas porque a quantidade de mercadorias produzidas aumenta enquanto diminui proporcionalmente a mão de obra; e, além disso, porque agora o algodão é frequentemente de qualidade inferior, exigindo mais trabalho para sua

---

[164] John Fielden, *The Curse of the Factory System*, cit., p. 32.

* "Ne" é a sigla utilizada na numeração da espessura do fio de algodão segundo o sistema inglês. O fio Ne 40 possui 40 metros em 0,59 gramas dele mesmo, o fio Ne 30 possui 30 metros, e assim por diante. (N. T.)

fiação [...]. No setor de cardagem também houve um grande aumento de trabalho. Uma pessoa executa, agora, o trabalho que antes era compartilhado por duas. [...] Na tecelagem, que emprega um grande número de pessoas, sobretudo do sexo feminino, o trabalho cresceu, nos últimos anos, no mínimo 10% em consequência da maior velocidade da maquinaria. Em 1838, o número de *hanks* [novelas] fiados semanalmente era de 18 mil; em 1843, ele alcançou 21 mil. Em 1819, o número de *picks* [passadas na lançadeira] no tear a vapor era de 60 por minuto; em 1842, era de 140, o que indica um grande aumento de trabalho."[165]

Diante da notável intensidade que o trabalho atingira já em 1844 sob a vigência da lei das 12 horas, pareceu justificada, naquela ocasião, a declaração dos fabricantes ingleses, segundo a qual seria impossível realizar qualquer progresso ulterior nessa direção, de modo que qualquer nova diminuição do tempo de trabalho equivaleria doravante à redução da produção. A aparente correção de seu raciocínio é demonstrada da melhor forma pelas seguintes afirmações, feitas na mesma época por seu intrépido censor, o inspetor de fábrica Leonard Horner:

"Como a quantidade produzida é regulada sobretudo pela velocidade da maquinaria, é necessariamente do interesse do fabricante fazê-la funcionar com o grau máximo de velocidade, o que impõe as seguintes condições: preservação da maquinaria contra desgaste precoce, conservação da qualidade do artigo fabricado e capacidade do operário de acompanhar o movimento das máquinas sem um esforço maior do que pode realizar continuamente. Ocorre com frequência que o fabricante, em sua pressa, acelera demais o movimento. Com isso, as quebras e o trabalho malfeito contrapesam a velocidade, e ele é obrigado a moderar o ritmo da maquinaria. Considerando que um fabricante ativo e inteligente encontra, por fim, o máximo exequível, chego à conclusão de que é impossível produzir em 11 horas tanto quanto em 12. Suponho, além disso, que o operário pago por peça se esforça ao máximo enquanto pode suportar de modo contínuo o mesmo grau de trabalho."[166]

Horner conclui, assim, que, apesar dos experimentos de Gardner etc., uma redução ulterior da jornada de trabalho abaixo de 12 horas teria de diminuir a quantidade do produto[167]. Ele mesmo cita, 10 anos mais tarde, suas reflexões de 1845 como prova de quão pouco ele compreendia, àquela época, a elasticidade da maquinaria e da força de trabalho humana, ambas estendidas ao máximo pela redução forçada da jornada de trabalho.

Passemos, agora, ao período que se segue à introdução, em 1847, da Lei das 10 Horas nas fábricas inglesas de algodão, lã, seda e linho.

"O aumento da velocidade dos fusos nas *throstles* foi de 500, e nas *mules*, de mil rotações por minuto, quer dizer, a velocidade dos fusos das *throstles*, que era de

---

[165] Lord Ashley, *Ten Hours Factory Bill. The Speech of Lord Ashley, March 15th*, cit., p. 6-9s.
[166] "Reports of Insp. of Fact. to 30th April 1845", p. 20.
[167] Ibidem, p. 22.

4.500 rotações por minuto em 1839, atinge agora [1862] 5 mil, e a dos fusos de *mule*, que era de 5 mil, atinge agora 6 mil rotações por minuto, o que representa, no primeiro caso, uma velocidade adicional de $^1/_{10}$ e no segundo, de $^1/_5$."[168]

James Nasmyth, o célebre engenheiro civil de Patricroft, nos arredores de Manchester, expôs em 1852, numa carta a Leonard Horner, os aperfeiçoamentos introduzidos de 1848 a 1852 na máquina a vapor. Depois de observar que a força em cavalos-vapor, que nas estatísticas fabris são estimadas sempre de acordo com o rendimento dessas máquinas em 1828[169], é apenas um valor nominal e não pode servir senão de índice de sua força real, ele afirma, entre outras coisas:

> "Não resta dúvida de que maquinaria a vapor de mesmo peso, e muitas vezes máquinas idênticas, nas quais apenas foram adaptados os aperfeiçoamentos modernos, executam, em média, 50% mais trabalho do que antes e de que, em muitos casos, as mesmas máquinas a vapor que nos tempos da velocidade limitada a 228 pés por minuto forneciam 50 cavalos de força, hoje, com consumo menor de carvão, fornecem mais de 100 [...]. A moderna máquina a vapor, com a mesma potência nominal em cavalos-vapor, funciona com uma potência maior do que antes em virtude dos aperfeiçoamentos realizados em sua construção, do tamanho menor e da disposição da caldeira etc. [...] Por isso, ainda que, proporcionalmente aos cavalos-vapor nominais, empregue-se o mesmo número de trabalhadores que antes, menos braços são agora utilizados em relação à maquinaria de trabalho."[170]

Em 1850, as fábricas do Reino Unido utilizavam 134.217 cavalos-vapor nominais para mover 25.638.716 fusos e 301.445 teares. Em 1856, o número de fusos e de teares era, respectivamente, de 33.503.580 e 369.205. Se a potência exigida tivesse permanecido a mesma que em 1850, seriam necessários, em 1856, 175.000 cavalos-vapor. Porém, de acordo com os dados oficiais, ela só chegava a 161.435, portanto, mais de 10 mil cavalos-vapor a menos do que a estimativa feita sobre a base de 1850[171].

> "Os fatos constatados pelo último *return* de 1856" (estatística oficial) "dão conta que o sistema fabril se expande com enorme velocidade; que o número de operários diminuiu em proporção à maquinaria; que a máquina a vapor, graças à economia de força e a outros métodos, movimenta um peso mecânico maior e que se produz

---

[168] "Reports of Insp. of Fact. for 31st Oct. 1862", p. 62.
[169] Isso se alterou com o *Parliamentary Return* de 1862. Aqui são levados em consideração os cavalos-vapor reais das máquinas a vapor e rodas hidráulicas modernas, e não os cavalos-vapor nominais (ver nota 109a, na p. 462). Tampouco se misturam os fusos de torcer com os de filar propriamente ditos (como se fazia nos *Returns* de 1839, 1850 e 1856); além disso, no caso das fábras de lã, inclui-se o número de *gigs* [máquinas cardadoras], distingue-se entre as fábricas que processam a juta e o cânhamo, de um lado, e aquelas que trabalham o linho, de outro; além disso, no relatório figuram pela primeira vez as fábricas de meias.
[170] "Reports of Insp. of Fact. for 31st Oct. 1856", p. 14, 20.
[171] Ibidem, p. 14-5.

em maior quantidade por conta das máquinas de trabalho aperfeiçoadas, dos métodos modificados de fabricação, da velocidade mais elevada da maquinaria e de muitos outros fatores."[172]

"As grandes melhorias introduzidas em máquinas de todo tipo aumentaram em muito sua força produtiva. Não resta dúvida de que a redução da jornada de trabalho [...] deu o impulso para esses aperfeiçoamentos. Estes últimos e o esforço mais intenso do trabalhador fazem com que seja fornecido ao menos tanto produto durante a jornada de trabalho reduzida" (em 2 horas, ou $^1/_6$) "quanto anteriormente durante a jornada de trabalho mais longa."[173]

Que o enriquecimento dos fabricantes aumentou com a exploração mais intensiva da força de trabalho é demonstrado já pela circunstância de que, no período entre 1838 e 1850, o crescimento médio das fábricas inglesas de algodão etc. foi de 32% por ano, ao passo que, entre 1850 e 1856, ele foi de 86% por ano*.

Por maior que tenha sido o progresso da indústria inglesa nos 8 anos entre 1848 e 1856, sob o regime da jornada de trabalho de 10 horas, ele foi superado de longe nos 6 anos seguintes, de 1856 a 1862. Na fabricação de seda, por exemplo, havia, em 1856, 1.093.799 fusos; em 1862, 1.388.544; em 1856, havia 9.260 teares; em 1862, 10.709. Em contrapartida, o número de operários era de 56.137 em 1856, e de 52.429 em 1862. Isso significa um aumento de 26,9% no número de fusos e de 15,6% no de teares, contra uma redução simultânea de 7% no número de operários. Em 1850, as fábricas de *worsted* [estame] empregavam 875.830 fusos; em 1856, 1.324.549 (aumento de 51,2%) e em 1862, 1.289.172 (diminuição de 2,7%). Porém, deduzidos os fusos de torcer, que figuram no censo de 1856, mas não no de 1862, o número de fusos permaneceu aproximadamente estacionário desde 1856. Desde 1850, no entanto, a velocidade dos fusos e teares foi, em muitos casos, duplicada. O número de teares a vapor na fabricação de *worsted* era, em 1850, de 32.617; em 1856, 38.956 e em 1862, 43.048. Nessa indústria estavam ocupadas, em 1850, 79.737 pessoas; em 1856, 87.794 e em 1862, 86.063; entre elas, porém, as crianças menores de 14 anos somavam, em 1850, 9.956; em 1856, 11.228 e, em 1862, 13.178. Não obstante o número muito maior de teares, a comparação de 1862 com 1856 mostra que o número global de operários ocupados diminuiu e o de crianças exploradas aumentou[174].

---

[172] Ibidem, p. 20.
[173] "Reports etc. for 31st Oct. 1858", p. 10. Cf. "Reports etc. for 30th Apr. 1860", p. 30s.
* Na edição de *Werke*, esse parágrafo é corrigido da seguinte maneira: "Que o enriquecimento dos fabricantes aumentou com a exploração mais intensiva da força de trabalho é demonstrado já pela circunstância de que, no período entre 1838 e 1850, o crescimento médio das fábricas inglesas de algodão etc. foi de 32 [fábricas] por ano, ao passo que, entre 1850 e 1856, ele foi de 86 por ano". A modificação se baseia nos dados do "Report of the Inspectors of Factories for 31st October 1856", p. 12, que teria sido a fonte utilizada por Marx. (N. T.)
[174] "Reports of Insp. of Fact. for 31st Oct. 1862", p. 100, 103, 129, 130.

A 27 de abril de 1863, declarava o deputado Ferrand na Câmara Baixa:

"Delegados dos trabalhadores de 16 distritos de Lancashire e Cheshire, em nome dos quais eu falo, informaram-me que o trabalho nas fábricas, em razão do aperfeiçoamento da maquinaria, tem aumentado constantemente. Onde antes uma pessoa, com ajudantes, cuidava de dois teares, agora ela cuida, sem ajudantes, de três, e não é nada incomum que uma pessoa chegue a cuidar de quatro teares etc. Dos fatos informados se depreende, pois, que 12 horas de trabalho são agora espremidas em menos de 10 horas. Evidencia-se, assim, em que proporção monstruosa aumentou a faina dos operários fabris nos últimos anos."[175]

Por isso, embora os inspetores de fábrica não se cansem de elogiar, e com toda razão, os resultados favoráveis das leis fabris de 1844 e 1850, eles reconhecem que a redução da jornada de trabalho provocou uma intensificação do trabalho perniciosa à saúde dos trabalhadores e, portanto, à própria força de trabalho.

"Na maioria das fábricas de algodão, de *worsted* e de seda, o extenuante estado de agitação necessário para o trabalho na maquinaria, cujo movimento nos últimos anos foi acelerado de modo tão extraordinário, parece ser uma das causas do excesso de mortalidade por doenças pulmonares, fato que o dr. Greenhow comprovou em seu mais recente e tão admirável relatório."[176]

Não resta a mínima dúvida de que a tendência do capital, tão logo o prolongamento da jornada de trabalho lhe esteja definitivamente vedado por lei, de ressarcir-se mediante a elevação sistemática do grau de intensidade do trabalho e transformar todo aperfeiçoamento da maquinaria em meio de extração de um volume ainda maior de força de trabalho, não tardará a atingir um ponto crítico, em que será inevitável uma nova redução das horas de trabalho[177]. Por outro lado, a enérgica marcha da indústria inglesa de 1848 até os dias de hoje, isto é, no período da jornada de trabalho de 10 horas, superou o período de 1833 a 1837, ou seja, o período da jornada de trabalho de 12 horas, numa proporção muito maior do que o último período superara

---

[175] Hoje, com o moderno tear a vapor, um tecelão fabrica, trabalhando 60 horas por semana e com dois teares, 26 peças de certo tipo e de determinado comprimento e largura, das quais ele só podia fabricar quatro com o antigo tear a vapor. Já no início da década de 1850, os custos de fabricação de uma dessas peças haviam diminuído de 2 xelins e 9 *pence* para $5^{1}/_{8}$ *pence*. Adendo à segunda edição: "Há 30 anos [1841] exigia-se de um fiandeiro de algodão, com 3 ajudantes, que se encarregasse apenas de um par de *mules* com 300 a 324 fusos. Hoje [final de 1871], com 5 ajudantes, ele tem de cuidar de *mules* com 2.200 fusos e que produzem no mínimo 7 vezes mais fio do que em 1841", Alexander Redgrave, inspetor de fábrica, em *Journal of the Soc. of Arts*, 5 jan. 1872.

[176] "Reports of Insp. of Fact. for 31st Oct. 1861", p. 25-6.

[177] Entre os operários fabris de Lancashire teve início, agora [1867], a agitação pelas 8 horas.

o meio século transcorrido desde a introdução do sistema fabril, ou seja, o período da jornada de trabalho ilimitada[178].

---

[178] Os números seguintes mostram o progresso das factories [fábricas] propriamente ditas no Reino Unido desde 1848.

	Exportação: quantidade			
	1848	1851	1860	1865
Fábricas de algodão				
Fio de algodão (libras)	135.831.162	143.966.106	197.343.655	103.751.455
Linha de costura (libras)	–	4.392.176	6.297.554	4.648.611
Tecidos de algodão (jardas)	1.091.373.930	1.543.161.789	2.776.218.427	2.015.237.851
Fábricas de linho e cânhamo				
Fio (libras)	11.722.182	18.841.326	31.210.612	36.777.334
Tecidos (jardas)	88.901.519	129.106.753	143.996.773	247.012.329
Fábricas de seda				
Fio liso, *twist*, estame (libras)	194.815	462.513	897.402	812.589
Tecidos (jardas)	–	1.181.455 (libras)	1.307.293 (libras)	2.869.837
Fábricas de lã				
Fio de lã e *worsted* (libras)	–	14.670.880	27.533.968	31.669.267
Tecidos (jardas)	–	151.231.153	190.371.537	278.837.418

	Exportação: valor (em libras esterlinas)			
	1848	1851	1860	1865
Fábricas de algodão				
Fio de algodão	5.927.831	6.634.026	9.870.875	10.351.049
Tecidos de algodão	16.753.369	23.454.810	42.141.505	46.903.796
Fábricas de linho e cânhamo				
Fio	493.449	951.426	1.801.272	2.505.497
Tecidos	2.802.789	4.107.396	4.804.803	9.155.358
Fábricas de seda				
Fio liso, *twist*, estame	77.789	196.380	826.107	768.064
Tecidos	–	1.130.398	1.587.303	1.409.221
Fábricas de lã				
Fio de lã e *worsted*	776.975	1.484.544	3.843.450	5.424.047
Tecidos	5.733.828	8.377.183	12.156.998	20.102.259

Cf. os *Blue Books, Statistical Abstract for the U. Kingd.*, n. 8, 13 (Londres, 1861 e 1866). Em Lancashire, de 1839 a 1850, as fábricas aumentaram apenas 4%; entre 1850 e 1856, 19%; entre 1856 e 1862, 33%, enquanto nos dois períodos de onze anos o número de pessoas ocupadas aumentou em termos absolutos, mas diminuiu relativamente. Cf. "Reports of Insp. of Fact. for 31st Oct. 1862", p. 63. Em Lancashire predomina a indústria algodoeira. Mas é possível ter uma ideia do espaço proporcional que ela ocupa na fabricação de fio e tecido quando se considera que ela representa 45,2% de todas as fábricas dessa espécie na Inglaterra, no País de Gales, na Escócia e na Irlanda, 83,3% de todos os fusos, 81,4% de todos os teares a vapor, 72,6% de todos os cavalos-vapor que os movimentam e 58,2% do total de pessoas ocupadas. Ibidem, p. 62-3.

4. A fábrica

No início deste capítulo, tratamos do corpo da fábrica, da articulação do sistema de máquinas. Vimos, então, como a maquinaria, apropriando-se do trabalho de mulheres e crianças, aumenta o material humano sujeito à exploração pelo capital, de que maneira ela confisca todo o tempo vital do operário mediante a expansão desmedida da jornada de trabalho e como seu progresso, que permite fornecer um produto imensamente maior num tempo cada vez mais curto, acaba por servir como meio sistemático de liberar, em cada momento, uma quantidade maior de trabalho, ou de explorar a força de trabalho cada vez mais intensamente. Passemos agora à consideração do conjunto da fábrica, precisamente em sua forma mais desenvolvida.

O dr. Ure, o Píndaro da fábrica automática, descreve-a, de um lado, como "a cooperação de diversas classes de trabalhadores, adultos e menores, que com destreza e diligência vigiam um sistema de maquinaria produtiva movido ininterruptamente por uma força central (o primeiro motor)" e, de outro, como "um autômato colossal, composto por inúmeros órgãos mecânicos, dotados de consciência própria e atuando de modo concertado e ininterrupto para a produção de um objeto comum, de modo que todos esses órgãos estão subordinados a uma força motriz, semovente".

Essas duas descrições não são de modo nenhum idênticas. Na primeira, o trabalhador coletivo combinado, ou corpo social de trabalho, aparece como sujeito dominante e o autômato mecânico, como objeto; na segunda, o próprio autômato é o sujeito, e os operários só são órgãos conscientes pelo fato de estarem combinados com seus órgãos inconscientes, estando subordinados, juntamente com estes últimos, à força motriz central. A primeira descrição vale para qualquer aplicação possível da maquinaria em grande escala; a outra caracteriza sua aplicação capitalista e, por conseguinte, o moderno sistema fabril. Esta é a razão pela qual Ure também gosta de apresentar a máquina central, da qual parte o movimento, não só como autômato, mas como autocrata. "Nessas grandes oficinas, a potência benigna do vapor reúne suas miríades de súditos em torno de si."[179]

Com a ferramenta de trabalho, também a virtuosidade em seu manejo é transferida do trabalhador para a máquina. A capacidade de rendimento da ferramenta é emancipada das limitações pessoais da força humana de trabalho. Com isso, supera-se a base técnica sobre a qual repousa a divisão do trabalho na manufatura. No lugar da hierarquia de trabalhadores especializados que distingue a manufatura, surge na fabrica automática a tendência à equiparação ou nivelamento dos trabalhos que os auxiliares

---
[179] Ure, *The Philosophy of Manufactures*, cit., p. 18.

da maquinaria devem executar[180]; no lugar das diferenças geradas artificialmente entre os trabalhadores, vemos predominar as diferenças naturais de idade e sexo.

A divisão do trabalho que reaparece na fábrica automática consiste, antes de mais nada, na distribuição dos trabalhadores entre as máquinas especializadas, bem como de massas de trabalhadores que, entretanto, não chegam a formar grupos articulados entre os diversos departamentos da fábrica, onde trabalham em máquinas-ferramentas do mesmo tipo, enfileiradas uma ao lado da outra, de modo que, entre eles, ocorre apenas a cooperação simples. O grupo articulado da manufatura é substituído pela conexão entre o trabalhador principal e alguns poucos auxiliares. A distinção essencial é entre operários que se ocupam efetivamente com as máquinas-ferramentas (a eles se adicionam alguns operários para vigiar ou abastecer a máquina motriz) e meros operários subordinados (quase exclusivamente crianças) a esses operadores de máquinas. Entre os operários subordinados incluem-se, em maior ou menor grau, todos os *feeders* (que apenas alimentam as máquinas com o material de trabalho). Ao lado dessas classes principais, figura um pessoal numericamente insignificante, encarregado do controle de toda a maquinaria e de sua reparação constante, como engenheiros, mecânicos, carpinteiros etc. Trata-se de uma classe superior de trabalhadores, com formação científica ou artesanal, situada à margem do círculo dos operários fabris e somente agregada a eles[181]. Essa divisão do trabalho é puramente técnica.

Todo trabalho na máquina exige instrução prévia do trabalhador para que ele aprenda a adequar seu próprio movimento ao movimento uniforme e contínuo de um autômato. Como a própria maquinaria coletiva constitui um sistema de máquinas diversas, que atuam simultânea e combinadamente, a cooperação que nela se baseia exige também uma distribuição de diferentes grupos de trabalhadores entre as diversas máquinas. Mas a produção mecanizada suprime a necessidade de fixar essa distribuição à maneira como isso se realizava na manufatura, isto é, por meio da designação permanente do mesmo trabalhador ao exercício da mesma função[182].

---

[180] Ibidem, p. 20. Cf. Karl Marx, *Misère de la philosophie* [*Miséria da filosofia*], cit., p. 140-1.

[181] A intenção da fraude estatística – que, aliás, também poderia ser comprovada detalhadamente em outros casos – fica evidente no fato de a legislação fabril inglesa excluir expressamente de seu âmbito de aplicação, como trabalhadores não fabris, os trabalhadores por último mencionados, ao passo que, por outro lado, os *Returns* publicados pelo Parlamento incluem expressamente na categoria de operários fabris não só engenheiros, mecânicos etc., mas também dirigentes de fábrica, vendedores, mensageiros, supervisores de estoques, embaladores etc., em suma, todas as pessoas, com exceção do próprio dono da fábrica.

[182] Ure admite esse fato. Ele diz que os trabalhadores, "em caso de necessidade, podem deslocar-se de uma máquina a outra, de acordo com a vontade do diretor", e exclama,

Maquinaria e grande indústria

Como o movimento total da fábrica não parte do trabalhador e sim da máquina, é possível que ocorra uma contínua mudança de pessoal sem a interrupção do processo de trabalho. A prova mais contundente disso nos é fornecida pelo sistema de revezamento [*Relaissystem*], que começou a funcionar na Inglaterra durante a revolta dos fabricantes ingleses, de 1848 a 1850*. Por fim, a velocidade com que o trabalho na máquina é aprendido na juventude descarta também a necessidade de empregar uma classe especial de trabalhadores exclusivamente no trabalho mecânico[183]. Na fábrica, os serviços dos simples ajudantes podem, em parte, ser substituídos por máquinas[184] e, em parte, permitem, em virtude de sua total simplicidade, a troca rápida e constante das pessoas condenadas a essa faina.

---

    em tom triunfal: "Tal mudança está em flagrante contradição com a velha rotina que divide o trabalho e designa a um trabalhador a tarefa de moldar a cabeça de um alfinete, a outro a de afilar sua ponta" [A. Ure, *The Philosophy of Manufactures* (Londres, 1835), p. 22. (N. E. A. MEW)]. Ele teria, antes, de se perguntar por que essa "velha rotina" só é abandonada na fábrica automática "em caso de necessidade".

*   Ver p. 360s. (N. E. A. MEW)

[183] Em casos de emergência, como durante a Guerra Civil Americana, o operário de fábrica é excepcionalmente empregado pelo burguês nos trabalhos mais grosseiros, como construção de estradas etc. Os *ateliers nationaux* [ateliês nacionais] ingleses de 1862 em diante, instituídos para os trabalhadores algodoeiros desempregados, distinguem-se dos seus similares franceses de 1848 pelo fato de que nestes o trabalhador tinha de executar tarefas improdutivas às expensas do Estado, ao passo que naqueles ele tinha de executar trabalhos urbanos produtivos em benefício do burguês, por salários menores do que os dos trabalhadores normais, com os quais ele entrava, assim, em competição. "*The physical appearance of the cotton operatives is unquestionably improved. This I attribute* [...] *as to the men, to outdoor labour on public work*" ["A aparência física dos operários algodoeiros melhorou, sem dúvida. Atribuo isso [...], no que diz respeito aos homens, ao trabalho realizado ao ar livre nas obras públicas"]. Trata-se, aqui, dos operários fabris de Preston, empregados no Preston Moor [pântano de Preston]. "Rep. Of Insp. of Fact., Oct. 1863", p. 59.

[184] Exemplo: os diversos aparelhos mecânicos que, desde a Lei de 1844, foram introduzidos na fabricação de lã para substituir o trabalho infantil. Tão logo os filhos dos próprios senhores fabricantes tiveram de cursar a "escola" da fábrica como ajudantes, esse setor da mecânica, praticamente inexplorado, experimentou um notável impulso. "É possível que as *self-acting mules* sejam máquinas tão perigosas quanto quaisquer outras. A maior parte dos acidentes ocorrem com crianças pequenas, e precisamente porque engatinham por baixo das *mules* para varrer o chão, enquanto as máquinas ainda estão em movimento. Diversos *minders*" (trabalhadores que operam as *mules*) "foram processados judicialmente" (pelos inspetores de fábrica) "e condenados ao pagamento de multas em razão desse procedimento, porém sem que disso resultasse qualquer benefício geral. Se os fabricantes de máquinas pudessem ao menos inventar um varredor automático, cujo uso dispensasse essas crianças pequenas de engatinhar por baixo da maquinaria, eles dariam uma bela contribuição a nossas medidas preventivas", "Reports of Insp. of Factories for 31st October. 1866", p. 63.

Karl Marx – O capital

Embora a maquinaria descarte tecnicamente o velho sistema da divisão do trabalho, este persiste na fábrica, num primeiro momento, como tradição da manufatura fixada no hábito, até que, sob uma forma ainda mais repugnante, ele acaba reproduzido e consolidado de modo sistemático pelo capital como meio de exploração da força de trabalho. Da especialidade vitalícia em manusear uma ferramenta parcial surge a especialidade vitalícia em servir a uma máquina parcial. Abusa-se da maquinaria para transformar o trabalhador, desde a tenra infância, em peça de uma máquina parcial[185]. Desse modo, não apenas são consideravelmente reduzidos os custos necessários à reprodução do operário como também é aperfeiçoada sua desvalida dependência em relação ao conjunto da fábrica e, portanto, ao capitalista. Aqui, como em toda parte, é preciso distinguir entre a maior produtividade que resulta do desenvolvimento do processo social de produção e aquela que resulta da exploração capitalista desse desenvolvimento.

Na manufatura e no artesanato, o trabalhador se serve da ferramenta; na fábrica, ele serve à máquina. Lá, o movimento do meio de trabalho parte dele; aqui, ao contrário, é ele quem tem de acompanhar o movimento. Na manufatura, os trabalhadores constituem membros de um mecanismo vivo. Na fábrica, tem-se um mecanismo morto, independente deles e ao qual são incorporados como apêndices vivos.

"A morna rotina de um trabalho desgastante e sem fim (*drudgery*), no qual se repete sempre e infinitamente o mesmo processo mecânico, assemelha-se ao suplício de Sísifo – o peso do trabalho, como o da rocha, recai sempre sobre o operário exausto."[186]

Enquanto o trabalho em máquinas agride ao extremo o sistema nervoso, ele reprime o jogo multilateral dos músculos e consome todas as suas energias físicas e espirituais[187]. Mesmo a facilitação do trabalho se torna um

---

[185] É de admirar, por isso, a fabulosa intuição de Proudhon, que "constrói" a maquinaria não como síntese de meios de trabalho, mas como síntese de trabalhos parciais para o próprio trabalhador. [Karl Marx, *Miséria da filosofia* (São Paulo, Global, 1989), p. 125-6. (N. T.)]

[186] F. Engels, *Die Lage der arbeitender in England*, p. 21s [ed. bras.: *A situação da classe trabalhadora na Inglaterra*, cit., p. 213, nota 17]. Mesmo um livre-cambista bastante ordinário e otimista como o sr. Molinari, observa: "*Un homme s'use plus vite en surveillant quinze heures par jour l'évolution uniforme d'un mécanisme, qu'en exerçant dans le même espace de temps, sa force physique. Ce travail de surveillance, qui servirait peut-être d'utile gymnastique à l'intelligence, s'il n'était pas trop prolongé, détruit à la longue, par son excès, et l'intelligence et le corps même*" ["Um homem se desgasta mais rapidamente quando vigia por 15 horas diárias o movimento uniforme de um mecanismo do que quando exerce sua própria força física nesse mesmo intervalo de tempo. Esse trabalho de vigilância, que, se não fosse prolongado em demasia, talvez pudesse servir como uma ginástica útil para o intelecto, aos poucos destrói, em razão de seu excesso, tanto o intelecto quanto o próprio corpo"], G. de Molinari, *Études économiques* (Paris, 1846), p. 49.

[187] F. Engels, *Die Lage der arbeitender in England*, cit., p. 216 [ed. bras.: *A situação da classe trabalhadora na Inglaterra*, cit., p. 212-3].

Maquinaria e grande indústria

meio de tortura, pois a máquina não livra o trabalhador do trabalho, mas seu trabalho de conteúdo. Toda produção capitalista, por ser não apenas processo de trabalho, mas, ao mesmo tempo, processo de valorização do capital, tem em comum o fato de que não é o trabalhador quem emprega as condições de trabalho, mas, ao contrário, são estas últimas que empregam o trabalhador; porém, somente com a maquinaria essa inversão adquire uma realidade tecnicamente tangível. Transformado num autômato, o próprio meio de trabalho se confronta, durante o processo de trabalho, com o trabalhador como capital, como trabalho morto a dominar e sugar a força de trabalho viva. A cisão entre as potências intelectuais do processo de produção e o trabalho manual, assim como a transformação daquelas em potências do capital sobre o trabalho, consuma-se, como já indicado anteriormente, na grande indústria, erguida sobre a base da maquinaria. A habilidade detalhista do operador de máquinas individual, esvaziado, desaparece como coisa diminuta e secundária perante a ciência, perante as enormes potências da natureza e do trabalho social massivo que estão incorporadas no sistema da maquinaria e constituem, com este último, o poder do "patrão" (*master*). Por isso, em casos conflituosos, esse patrão, em cujo cérebro estão inextricavelmente ligados a maquinaria e seu monopólio sobre ela, proclama à "mão de obra", repleno de desdém:

> "Os operários fabris fariam muito bem em guardar na memória o fato de que seu trabalho é, na realidade, uma espécie inferior de trabalho qualificado, e que não há nenhum outro trabalho que seja mais fácil de se dominar, nem que, considerando-se sua qualidade, seja mais bem pago; que nenhum outro trabalho pode ser suprido tão rápida e abundantemente com um rápido treinamento dos menos experientes. [...] A maquinaria do patrão desempenha, de fato, um papel muito mais importante no negócio da produção do que o trabalho e a destreza do operário, trabalho que se pode ensinar em seis meses de instrução e que qualquer peão pode aprender."[188]

A subordinação técnica do trabalhador ao andamento uniforme do meio de trabalho e a composição peculiar do corpo de trabalho, constituído de indivíduos de ambos os sexos e pertencentes às mais diversas faixas etárias, criam uma disciplina de quartel, que evolui até formar um regime fabril

---

[188] "*The factory operatives should keep in wholesome remembrance the fact that theirs is really a low species of skilled labour; and that there is none which is more easily acquired or of its quality more amply remunerated, or which, by a short training of the least expert can be more quickly as well as abundantly acquired* [...]. *The master's machinery really plays a far more important part in the business of production than the labour and the skill of the operative, which six months' education can teach, and a common labourer can learn*", "The Master Spinners' and Manufacturers' Defence Fund. Report of the Committee" (Manchester, 1854), p. 17. Veremos, mais adiante, que o "patrão" muda de tom assim que se vê ameaçado de perder seus autômatos "vivos".

completo, no qual se desenvolve plenamente o já mencionado trabalho de supervisão e, portanto, a divisão dos trabalhadores em trabalhadores manuais e capatazes, em soldados rasos da indústria e suboficiais industriais.

> "Na fábrica automática, a principal dificuldade estava na disciplina necessária para fazer com que os indivíduos renunciassem a seus hábitos inconstantes de trabalho e se identificassem com a regularidade invariável do grande autômato. Mas inventar um código de disciplina fabril adequado às necessidades e à velocidade do sistema automático e aplicá-lo com êxito foi uma tarefa digna de Hércules, e nisso consiste a nobre obra de Arkwright! Mesmo hoje, quando o sistema está organizado em toda sua perfeição, é quase impossível encontrar, entre os trabalhadores que atingiram a idade adulta, auxiliares úteis para o sistema automático."[189]

O código fabril, em que não figura a divisão de poderes tão prezada pela burguesia, e tampouco seu ainda mais prezado sistema representativo, de modo que o capital, como um legislador privado e por vontade própria, exerce seu poder autocrático sobre seus trabalhadores, é apenas a caricatura capitalista da regulação social do processo de trabalho, regulação que se torna necessária com a cooperação em escala ampliada e o uso de meios coletivos de trabalho, especialmente a maquinaria. No lugar do chicote do feitor de escravos, surge o manual de punições do supervisor fabril. Todas as punições se convertem, naturalmente, em multas pecuniárias e descontos de salário, e a sagacidade legislativa desses Licurgos fabris faz com que a transgressão de suas leis lhes resulte, sempre que possível, mais lucrativa do que sua observância[190].

---

[189] Ure, *The Philosophy of Manufactures*, cit., p. 15. Quem quer que conheça a biografia de Arkwright jamais lançará a palavra "nobre" ao rosto desse barbeiro genial. De todos os grandes inventores do século XVIII, ele foi, indiscutivelmente, o maior ladrão de inventos alheios e o sujeito mais ordinário.

[190] "A escravidão que a burguesia impõe ao proletariado revela-se em toda a sua evidência no regime fabril. Aqui, de direito e de fato, cessa toda liberdade. O trabalhador deve chegar à fábrica às 5h30 da manhã; se se atrasa por alguns minutos, é multado; se o atraso é superior a dez minutos, não pode entrar até a hora da primeira pausa para comer e assim perde um quarto do salário da jornada (embora o período em que não trabalhou corresponda a 2 horas e meia de uma jornada de 12 horas). Come, bebe e dorme sob o comando de outrem. [...] a sirene tirânica da fábrica arranca-o da cama, apressa seu café e seu almoço. E, na fábrica, o patrão é o legislador absoluto. Determina, a seu bel-prazer, os regulamentos; altera os contratos conforme sua vontade e, quando introduz as cláusulas mais absurdas, o operário ouve dos tribunais: 'Você é livre para decidir, só deve aceitar os contratos que lhe interessarem. Mas agora que subscreveu livremente esse contrato, tem de cumpri-lo'. [...] os operários estão condenados, da infância à morte, a viver sob o látego físico e espiritual", F. Engels, *A situação da classe trabalhadora na Inglaterra*, cit., p. 211-3. Gostaria de esclarecer com dois exemplos o que "dizem os tribunais". Um dos casos ocorreu em Shefield, no final de 1866. Lá um operário foi empregado por dois anos numa fábrica metalúrgica. Devido a um desentendimento com o fabricante, deixou a fábrica e declarou que em nenhuma circunstância voltaria

Maquinaria e grande indústria

Apontamos, aqui, apenas as condições materiais nas quais o trabalho fabril é realizado. Todos os órgãos dos sentidos são igualmente feridos pela temperatura artificialmente elevada, pela atmosfera carregada de resíduos de matéria-prima, pelo ruído ensurdecedor etc., para não falar do perigo mortal de se trabalhar num ambiente apinhado de máquinas, que, com a regulari-

---

a trabalhar para ele. Foi, então, processado por quebra de contrato e condenado a dois meses de prisão. (Se o fabricante rompe o contrato, ele só pode ser processado *civiliter* [civilmente] e arrisca tão somente uma multa pecuniária.) Depois de cumprir os dois meses de prisão, o mesmo fabricante, baseando-se no antigo contrato, intimou-o a retornar à fábrica. O trabalhador recusou-se. Ele já pagou pela quebra de contrato. O fabricante o processa novamente, o tribunal o condena novamente, embora um dos juízes, o sr. Shee, denuncie isso publicamente como uma monstruosidade jurídica, de acordo com a qual um homem poderia ser periódica e repetidamente punido durante toda sua vida pela mesma falta ou delito. Tal sentença não a proferiram os *great unpaid* [ver nota 157, p. 360], os *Dogberries* provincianos [Em *Muito barulho por nada*, de Shakespeare, Dogberry é um oficial de polícia cuja comicidade reside em seu uso constante de paronímias. (N. T.)], mas um dos tribunais superiores sediados em Londres. {Adendo à quarta edição: Atualmente, essa prática foi abolida. Na Inglaterra, agora, com exceções de alguns poucos casos – por exemplo, em usinas públicas de gás –, o trabalhador, em caso de rompimento de contrato, está equiparado ao empregador e só pode ser processado civilmente. (F. E.)} O segundo caso ocorreu em Wiltshire, no final de novembro de 1863. Cerca de trinta tecelãs que operavam teares a vapor na empresa de um certo Harrupp, fabricante de pano em Leower's Mill, Westbury Leigh, realizaram uma greve porque este Harrupp tinha o agradável costume de efetuar descontos em seus salários, por atrasos na hora de entrada, de acordo com a seguinte escala: 6 *pence* para 2 minutos, 1 xelim para 3 minutos e 1 xelim e 6 *pence* para 10 minutos. Isso totaliza 9 xelins por hora, ou £4 e 10 xelins por dia, enquanto o salário médio anual dessas trabalhadoras jamais ultrapassava de 10 a 12 xelins por semana. Harrupp também encarregou um jovem de soar a sirene da fábrica, o que ele às vezes fazia mesmo antes das 6 horas da manhã e, estando ausente a mão de obra, assim que acaba de tocar a sirene, os portões são fechados e os que ficam do lado de fora são punidos pecuniariamente; e como não há relógio no prédio da fábrica, a infeliz mão de obra encontra-se sob o poder do jovem guardião do tempo instituído por Harrupp. A mão de obra envolvida na greve, mães de família e moças, declararam que só voltariam ao trabalho se o guardião do tempo fosse substituído por um relógio, e uma escala mais razoável de multas fosse estabelecida. Harrupp denunciou aos magistrados 19 mulheres e moças por rompimento de contrato. Cada uma delas foi condenada a pagar 6 *pence* de multa e 2 xelins e 6 *pence* de custas de processo, o que provocou a ruidosa indignação do auditório. Harrupp retirou-se do tribunal acompanhado por uma multidão que o vaiava.
Um dos expedientes prediletos dos fabricantes é punir os operários com descontos salariais por falhas do material que lhes é fornecido. Esse procedimento provocou, em 1866, uma greve geral nos distritos oleiros ingleses. Os relatórios da Ch. Employm. Commiss. (1863-1866) registram casos em que o trabalhador não só não recebe o salário por seu trabalho, como ainda se converte, por meio do regulamento de penalidades, em devedor do seu ilustre *master*. Edificantes traços da sagacidade dos autocratas fabris em relação aos descontos salariais também nos são fornecidos pela mais recente crise do algodão. "Eu mesmo", diz o inspetor de fábrica R. Baker, "tive, há pouco, de iniciar uma

dade das estações do ano, produz seus boletins de batalha industrial[190a]. Ao mesmo tempo, a economia nos meios sociais de produção, que no sistema de fábrica atingiu pela primeira vez sua maturidade, transforma-se, nas mãos do capital, em roubo sistemático das condições de vida do operário durante o trabalho: roubo de espaço, ar, luz e meios de proteção pessoal contra as circunstâncias do processo de produção que apresentem perigo para a vida ou sejam insalubres, para não falar de instalações destinadas a aumentar a

---

ação judicial contra um fabricante de algodão pelo fato de ele, nesses tempos duros e difíceis, ter descontado o salário de alguns de seus empregados adolescentes" (maiores de 13 anos) "em 10 *pence* pelo certificado médico que lhe custa apenas 6 *pence* e pelo qual a lei só lhe autoriza um desconto de 3 *pence* e o costume não lhe autoriza desconto algum. [...] Outro fabricante, para alcançar o mesmo objetivo sem entrar em conflito com a lei, desconta 1 xelim de cada uma das pobres crianças que trabalham para ele, a título de taxa pelo aprendizado da arte e do ofício do fiar, assim que o certificado médico as declare maduras para essa atividade. Existem, portanto, correntes subterrâneas que se deve conhecer a fim de compreender fenômenos tão extraordinários como greves em épocas tais como o presente". Trata-se de uma greve na fábrica de Darven, em junho de 1863, entre os tecelões mecânicos. "Reports of Insp. of Fact. for 30th April 1863", p. 50-1. (Os relatórios de fábrica sempre excedem sua data oficial.)

[190a] As leis de proteção contra maquinaria perigosa tiveram um efeito benéfico. "Mas [...] agora existem novas fontes de acidentes que não existiam há vinte anos, especialmente a velocidade aumentada da maquinaria. Rodas, cilindros, fusos e teares são, agora, movidos com uma força maior, e em constante aumento; os dedos têm de agarrar o fio quebrado com mais rapidez e segurança porque, se colocados com hesitação ou descuido, são sacrificados. [...] Um grande número de acidentes é causado pela pressa dos trabalhadores em executar sua tarefa. Devemos recordar que é da maior importância para os fabricantes que sua maquinaria seja mantida ininterruptamente em movimento, isto é, produzindo fio e tecido. Cada parada de um minuto é não apenas uma perda de força motriz, mas de produção. Por isso, os trabalhadores são incitados pelos supervisores, interessados na quantidade da produção, a manterem a maquinaria em movimento – e isso não é de pouca importância para operários que são pagos por peso ou por peça. Embora na maioria das fábricas seja formalmente proibido limpar as máquinas quando estas se encontram em movimento, tal prática é geral. Só essa causa produziu, durante os últimos seis meses, 906 acidentes. [...] Embora a tarefa de limpeza seja realizada diariamente, o sábado é geralmente reservado para a limpeza completa da maquinaria, e isso ocorre, na maior parte do tempo, enquanto ela está em movimento. [...] Por ser esta uma operação não remunerada, os operários procuram concluí-la o mais rápido possível, razão pela qual o número de acidentes às sextas-feiras e especialmente aos sábados é muito maior do que nos outros dias da semana. Às sextas-feiras, o excedente de acidentes ultrapassa em cerca de 12% o número médio dos quatro primeiros dias da semana; aos sábados, esse número é 25% maior do que a média dos 5 dias anteriores; porém, levando-se em conta que a jornada de trabalho fabril aos sábados é de somente $7^{1}/_{2}$ horas e de $10^{1}/_{2}$ horas nos demais dias da semana, o excedente sobe para mais de 65%", "Reports of Insp. of Factories for 31st Oct. 1866" (Londres, 1867), p. 9, 15-7.

Maquinaria e grande indústria

comodidade do trabalhador[191]. Não tinha razão Fourier quando chamava as fábricas de *"bagnos* mitigados"*[192]?

5. A luta entre trabalhador e máquina

A luta entre capitalista e trabalhador assalariado começa com a própria relação capitalista, e suas convulsões atravessam todo o período manufatureiro[193]. Mas é só a partir da introdução da maquinaria que o trabalhador luta contra o próprio meio de trabalho, contra o modo material de existência do capital.

---

[191] Na primeira seção do Livro III, relatarei uma recente campanha dos fabricantes ingleses contra as cláusulas da lei fabril voltadas à proteção dos membros da "mão de obra" contra a maquinaria perigosa para a vida. Bastará, aqui, uma citação extraída de um relatório oficial do inspetor de fábrica Leonard Horner: "Ouvi fabricantes falar com inescusável frivolidade de alguns dos acidentes; a perda de um dedo, por exemplo, seria uma ninharia. A vida e as perspectivas de um operário dependem em tal medida de seus dedos que uma tal perda é, para ele, um acontecimento da mais extrema gravidade. Quando ouço tal palavrório insensato, costumo perguntar: suponhamos que o senhor necessite de mais um operário, e se apresentem dois candidatos igualmente capacitados à vaga, porém um deles não possua o polegar ou o indicador; nesse caso, qual dos dois o senhor escolheria? Eles nunca hesitavam em escolher o que tivesse todos os dedos. [...] Esses senhores fabricantes têm falsos preconceitos contra o que chamam de legislação pseudofilantrópica", "Reports of Insp. of Fact. for 31st Oct. 1855", p. 6-7. Esses senhores são "gente sagaz", e não é à toa que se entusiasmam com a rebelião dos escravocratas!

* Prisões mitigadas (*les bagnes mitigés*): assim Fourier denomina as fábricas em sua obra *La fausse industrie morcelée, répugnante, mensongère, et l'antidote, l'industrie naturelle, combinée, attrayante, véridique, donnant quadruple produit* [A falsa indústria, fragmentada, repugnante, mentirosa, e seu antídoto, a indústria natural, combinada, atraente, verídica e com produção quadruplicada] (Paris, 1835), v. I, p. 59. (N. E. A. MEW) [Ao traduzir o francês *bagne* pelo italiano *bagno*, Marx remete à origem do termo: o *bagno dei forzati*, fortaleza de Livorno onde se mantinham encarcerados os escravos turcos e que assim era chamada por estar situada abaixo do nível do mar. (N. T.)]

[192] Nas fábricas submetidas há mais tempo à lei fabril, com sua restrição compulsória do tempo de trabalho e suas demais regulações, muitos dos velhos abusos desapareceram. O aperfeiçoamento da maquinaria exige, ao atingir um certo ponto, uma "construção melhorada dos edifícios fabris", o que traz benefícios aos operários. Cf. "Reports etc. for 31st Oct. 1863", p. 109.

[193] Ver, entre outros, John Houghton, *Husbandry and Trade Improved* (Londres, 1727); *The Advantage of the East Indian Trade*, cit.; John Bellers, *Proposals for Raising a Colledge of Industry*, cit. "The masters and the men are unhappily in a perpetual war with each other. The invariable object of the former is to get their work done as cheap as possibly; and they do not fail to employ every artifice to this purpose, whilst the latter are equally attentive to every occasion of distressing their masters into a compliance with higher demands" [Os patrões e os trabalhadores se encontram, infelizmente, em perpétuo estado de guerra uns contra os outros. Os primeiros têm o objetivo inalterável de obter o trabalho deste últimos o mais barato possível e, para tanto, não hesitam em lançar mão de qualquer artimanha, ao passo que os últimos estão igualmente atentos para não perder nenhuma ocasião de impor a seus patrões a aceitação de suas demandas mais elevadas], Foster, *An Inquiry*

Karl Marx – O capital

Ele se revolta contra essa forma determinada do meio de produção como base material do modo de produção capitalista.

Durante o século XVII, quase toda a Europa presenciou revoltas de trabalhadores contra a assim chamada *Bandmühle* (também chamada de *Schnurmühle* ou *Mühlenstuhl*), uma máquina de tecer fitas e galões[194]. No final do primeiro terço do século XVII, uma máquina de serrar movida por um moinho de vento e instalada nos arredores de Londres por um holandês sucumbiu em virtude dos excessos da ralé [*Pöbel*]. Ainda no começo do século XVIII, na Inglaterra, as máquinas hidráulicas de serrar só superaram com muita dificuldade a resistência popular, respaldada pelo Parlamento. Quando, em 1758, Everet construiu a primeira máquina de tosquiar movida a água, ela foi queimada pelas 100 mil pessoas que deixara sem trabalho. Os *scribbling mills* [moinhos de cardar] e as máquinas de cardar de Arkwright provocaram uma petição ao Parlamento, apresentada pelos 50 mil trabalhadores que até então

---

into the Causes of the Present High Prices of Provisions (1767), p. 61-2 (o autor, rev. Nathaniel Forster, coloca-se completamente do lado dos trabalhadores).

[194] A *Bandmühle* foi inventada na Alemanha. O abade italiano Lancellotti narra, em seu escrito publicado em Veneza, em 1636: "Há cerca de cinquenta anos [Lancelloti escrevia em 1629], Anton Müller, de Danzig, viu uma máquina muito engenhosa, que fabricava de quatro a seis tecidos de uma só vez; mas como o Conselho Municipal temia que esse invento transformasse em mendigos uma grande quantidade de trabalhadores, suprimiu sua aplicação e mandou secretamente estrangular ou afogar o inventor" [Marx cita a obra de Secondo Lancelloti, intitulada *L'Hoggidi overo gl'ingegni non inferiori a'passati* a partir de Johann Beckmann, *Beyträge zur Geschichte der Erfindungen* (Leipzig, 1786), v. 1, p. 125-32. As subsequentes referências na nota 194 foram igualmente extraídas desse livro (N. T.)]. Em Leyden, a mesma máquina foi empregada pela primeira vez em 1629. As revoltas dos tecelões de galões forçaram os magistrados a proibi-la; diversas disposições dos Estados Gerais, de 1623, 1639 etc., procuraram limitar seu uso, até que, finalmente, ele foi permitido, sob certas condições, por uma disposição de 15 de dezembro de 1661. "Nesta cidade", diz Boxhorn (*Inst[itutiones]. Pol[iticae]*., 1663) sobre a introdução da *Bandmühle* em Leyden, "certas pessoas inventaram, há cerca de 20 anos, um instrumento para tecer com o qual um indivíduo podia produzir mais tecido e mais facilmente do que, sem este instrumento, várias pessoas no mesmo tempo. Isso provocou distúrbios e queixas dos tecelões, até que o uso desse instrumento foi proibido pelas autoridades etc." Essa mesma máquina foi proibida, em 1676, em Colônia, ao passo que sua introdução na Inglaterra provocou, na mesma época, distúrbios entre os trabalhadores. Um édito imperial de 19 de fevereiro de 1685 proscreveu seu uso em toda a Alemanha. Em Hamburgo, a máquina foi queimada publicamente por ordem das autoridades. A 9 de fevereiro de 1719, Carlos VI renovou o édito de 1685, e o eleitorado da Saxônia só permitiu seu uso público em 1765. Essa máquina, que tanto alvoroço provocou no mundo, foi, na realidade, a precursora das máquinas de fiar e tecer e, portanto, da revolução industrial do século XVIII. Ela possibilitava que um jovem sem qualquer experiência em tecelagem, simplesmente puxando e empurrando uma alavanca, colocasse em movimento um tear completo, com todas as suas lançadeiras, e, em sua forma aperfeiçoada, produzia de quarenta a cinquenta peças de uma só vez.

viviam de cardar lã. A destruição massiva de máquinas que, sob o nome de ludismo*, ocorreu nos distritos manufatureiros ingleses durante os quinze primeiros anos do século XIX e que foi provocada sobretudo pela utilização do tear a vapor, ofereceu ao governo antijacobino de um Sidmouth, Castlereagh etc. o pretexto para a adoção das mais reacionárias medidas de violência. Foi preciso tempo e experiência até que o trabalhador distinguisse entre a maquinaria e sua aplicação capitalista e, com isso, aprendesse a transferir seus ataques, antes dirigidos contra o próprio meio material de produção, para a forma social de exploração desse meio[195].

As lutas por salário no interior da manufatura pressupunham esta última e não se voltavam de modo algum contra sua existência. Se a formação das manufaturas foi combatida, isso ocorreu por parte dos mestres das corporações e das cidades privilegiadas, não dos trabalhadores assalariados. Por isso, os escritores do período manufatureiro geralmente concebem a divisão do trabalho como meio de substituição virtual dos trabalhadores, mas não de deslocá-los efetivamente. Essa diferença é evidente. Quando se diz, por exemplo, que na Inglaterra seriam necessárias 100 milhões de pessoas para fiar, com a velha roda de fiar, a quantidade de algodão que agora 500 mil pessoas bastam para fiar com a máquina, isso naturalmente não significa que a máquina tomou o lugar desses milhões, que nunca existiram. Significa apenas que muitos milhões de trabalhadores seriam necessários para substituir a maquinaria de fiação. Quando se diz, ao contrário, que na Inglaterra o tear a vapor pôs 800 mil tecelões no olho da rua, não se trata, aqui, de uma maquinaria existente que teria de ser substituída por determinado número de trabalhadores, mas de um número de trabalhadores existentes que foram efetivamente substituídos ou deslocados por uma determinada maquinaria. Durante o período da manufatura, a produção artesanal continuou a ser a base, ainda que desagregada. Em razão do número relativamente baixo de trabalhadores urbanos legados pela Idade Média, as demandas dos novos mercados coloniais não podiam ser satisfeitas, ao mesmo tempo que as manufaturas propriamente ditas abriam novas áreas de produção à população rural, expulsa da terra com a dissolução do feudalismo. Nessa época, portanto, destacou-se mais o aspecto positivo da divisão do trabalho e da cooperação nas oficinas, graças

---

*   Na Inglaterra do século XIX, movimento dos operários da indústria têxtil que protestava – frequentemente destruindo os teares mecânicos – contra as mudanças introduzidas pela Revolução Industrial. O nome do movimento deriva de Ned Ludd, um jovem que supostamente teria destruído duas máquinas de fiar em 1779. (N. T.)

[195] Nas manufaturas antiquadas ainda hoje se repetem, às vezes, a forma primitiva das revoltas operárias contra a maquinaria. Assim, por exemplo, em 1865, entre os esmerilhadores de Sheffield.

às quais os trabalhadores ocupados se tornavam mais produtivos[196]. Em alguns países, muito antes do período da grande indústria, a cooperação e a combinação dos meios de trabalho em mãos de alguns poucos provocaram, aplicadas à agricultura, grandes, súbitas e violentas revoluções no modo de produção e, por conseguinte, nas condições de vida e nos meios de ocupação da população rural. Mas essa luta trava-se originalmente mais entre grandes e pequenos proprietários fundiários do que entre capital e trabalho assalariado; por outro lado, quando os trabalhadores são deslocados pelos meios de trabalho, como ovelhas, cavalos etc., atos diretos de violência passam a constituir, em primeira instância, o pressuposto da Revolução Industrial. Primeiro os trabalhadores são expulsos das terras, e em seguida vêm as ovelhas. O roubo de terras em grande escala, como na Inglaterra, cria para a grande agricultura, pela primeira vez, seu campo de aplicação[196a]. Em sua fase inicial, esse revolucionamento da agricultura tem mais a aparência de uma revolução política.

Como máquina, o meio de trabalho logo se converte num concorrente do próprio trabalhador[197]. A autovalorização do capital por meio da máquina

---

[196] *Sir* James Steuart também capta o efeito da maquinaria inteiramente nesse sentido. "*Je considère donc les machines comme des moyens d'augmenter (virtuellement) le nombre des gens industrieux qu'on n'est pas obligé de nourrir* [...] *En quoi l'effet d'une machine diffère-t-il de celui de nouveaux habitants?*" ["Considero as máquinas meios de aumentar (virtualmente) o número de pessoas industriosas que não se tem a obrigação de alimentar. [...]. Em que o efeito de uma máquina difere daquele de novos habitantes?"], *Recherche des principes de l'économie politique, ou essai sur la science de la police intérieure des nations libres*, tradução francesa, t. I, l. I, c. XIX. Muito mais ingênuo é Petty, que diz que ela substitui a "poligamia". Esse ponto de vista é, no máximo, adequado para algumas partes dos Estados Unidos. Ao contrário: "*Machinery can seldom be used with success to abrigde the labour of an individual; more time would be loost in its construction than could be saved by its application. It is only really useful when it acts on great masses, when a single machine can assist the work of thousands. It is accordingly in the most populous countries, where there are most idle men, that it is most abundant* [...]. *It is not called into use by a scarcity of men, but by the facility with which they can be brought to work in masses*" ["Raramente se pode usar com êxito a maquinaria para abreviar o trabalho de um indivíduo; perder-se-ia mais tempo com sua construção do que se ganharia com sua utilização. Ela só é realmente útil quando atua em larga escala, quando uma única máquina pode apoiar o trabalho de outras milhares. Daí que ela seja mais utilizada nos países mais populosos, onde há mais desempregados. [...] Ela é utilizada não por falta de trabalhadores, mas pela facilidade com que pode levá-los a trabalhar em massa"], Piercy Ravenstone, *Thoughts on the Funding System and its Effects* (Londres, 1824), p. 45.

[196a] Nota à quarta edição: Isso vale também para a Alemanha. Onde em nosso país existe agricultura em grande escala, isto é, especialmente no Leste, ela só se tornou possível por meio da *Bauernlegen* [expulsão dos camponeses], praticada a partir do século XVI, e principalmente a partir de 1648. (F. E.)

[197] "*Machinery and labour are in constant competition*" [Maquinaria e trabalho estão em constante concorrência], Ricardo, *The Princ. of Pol. Econ.*, cit., p. 479.

Maquinaria e grande indústria

é diretamente proporcional ao número de trabalhadores cujas condições de existência ela aniquila. O sistema inteiro da produção capitalista baseia-se no fato de que o trabalhador vende sua força de trabalho como mercadoria. A divisão do trabalho unilateraliza tal força, convertendo-a numa habilidade absolutamente particularizada de manusear uma ferramenta parcial. Assim que o manuseio da ferramenta é transferido para a máquina, extingue-se, juntamente com o valor de uso, o valor de troca da força de trabalho. O trabalhador se torna invendável, como o papel-moeda tirado de circulação. A parcela da classe trabalhadora que a maquinaria transforma em população supérflua, isto é, não mais diretamente necessária para a autovalorização do capital, sucumbe, por um lado, na luta desigual da velha produção artesanal e manufatureira contra a indústria mecanizada e, por outro, inunda todos os ramos industriais mais acessíveis, abarrota o mercado de trabalho, reduzindo assim o preço da força de trabalho abaixo de seu valor. Um grande lenitivo para os trabalhadores pauperizados deve ser acreditar que, por um lado, seu sofrimento seja apenas "temporário" (*"a temporary inconvenience"*), e, por outro, que a maquinaria só se apodere gradualmente de um campo inteiro da produção, o que contribui para reduzir o tamanho e a intensidade de seu efeito destruidor. Um lenitivo anula o outro. Onde a máquina se apodera pouco a pouco de um setor da produção se produz uma miséria crônica nas camadas operárias que concorrem com ela. Onde a transição é rápida, seu efeito é massivo e agudo. A história mundial não oferece nenhum espetáculo mais aterrador do que a paulatina extinção dos tecelões manuais de algodão ingleses, processo que se arrastou por décadas até ser consumado em 1838. Muitos deles morreram de fome, enquanto outros vegetaram por muitos anos com suas famílias, vivendo com 2,5 *pence* por dia[198]. Igualmente,

---

[198] Na Inglaterra, a concorrência entre tecelagem manual e mecânica pôde ser prolongada, antes da introdução da Lei dos Pobres de 1834, graças à prática de complementar com subsídios paroquiais os salários, que então caíra muito abaixo do mínimo. "*The Rev. Mr. Turner was in 1827 rector of Wilmslow, in Cheshire, a manufacturing district. The questions of the Committee on Emigration, and Mr. Turner's answers show how the competition of human labour is maintained against machinery. Question: 'Has not the use of the power-loom superseded the use of the handloom?' Answer: 'Undoubtedly; it would have superseded them much more than it has done, if the hand-loom weavers were not enabled to submit to a reduction of wages.' Question: 'But in submitting he has accepted wages which are insufficient to support him, and looks to parochial contribution as the remainder of his support?' Answer: 'Yes, and in fact the competition between the hand-loom and the power-loom is maintained out of the poor-rates.' Thus degrading pauperism or expatriation, is the benefit which the industrious receive from the introduction of machinery, to be reduced from the respectable and in some degree independent mechanic, to the cringing wretch who lives on the debasing bread of charity. This they call a temporary inconvenience*" ["O reverendo sr. Turner era, em 1827, pároco de Wilmslow, em Cheshire, um distrito industrial. As perguntas do Comitê de Emigração e as respostas do sr. Turner mostram como é mantida a competição do trabalho manual contra a maquinaria. Pergunta: 'Não teria o uso do tear mecânico

agudos foram os efeitos da maquinaria algodoeira inglesa sobre as Índias Orientais, cujo governador-geral constatava, em 1834-1835: "Dificilmente uma tal miséria encontra paralelo na história do comércio. As ossadas dos tecelões de algodão alvejam as planícies da Índia".

Sem dúvida, despachando esses tecelões deste mundo temporal, a máquina não fazia mais do que lhes ocasionar uma "inconveniência temporária". Além do mais, o efeito "temporário" da maquinaria é permanente, porquanto se apodera constantemente de novas áreas da produção. A figura autonomizada e estranhada que o modo de produção capitalista em geral confere às condições de trabalho e ao produto do trabalho, em contraposição ao trabalhador, desenvolve-se com a maquinaria até converter-se numa antítese completa[199]. Daí que a revolta brutal do trabalhador contra o meio de trabalho irrompa, pela primeira vez, juntamente com maquinaria.

O meio de trabalho liquida o trabalhador. Sem dúvida, esta antítese direta aparece de modo mais evidente quando a maquinaria recém-introduzida concorre com a tradicional produção artesanal ou manufatureira. No interior da própria grande indústria, no entanto, o melhoramento constante da maquinaria e o desenvolvimento do sistema automático produzem efeitos análogos.

> "O objetivo permanente da maquinaria aperfeiçoada é diminuir o trabalho manual ou completar um elo na cadeia da produção fabril, substituindo aparelhos humanos por aparelhos de ferro."[200]

---

suprimido o uso do tear manual?' Resposta: 'Sem dúvida; e tê-lo-ia suprimido ainda mais se os tecelões manuais não se tivessem submetido a uma redução de salários'. Pergunta: 'Mas o tecelão manual, ao submeter-se, contentou-se com um salário que é insuficiente para sustentá-lo e conta com a contribuição paroquial para o complemento desse sustento?' Resposta: 'Sim, e, de fato, a competição entre o tear manual e o mecânico é mantida pela assistência aos pobres'. Assim, o pauperismo degradante ou a expatriação é o benefício que o operário recebe da introdução da maquinaria, sendo rebaixados de artesãos respeitáveis, e até certo ponto independentes, a miseráveis rastejantes que vivem do pão degradante da caridade. E é a isso que eles chamam de inconveniência temporária"], *A Prize Essay on the Comparative Merits of Competition and Co-operation* (Londres, 1834), p. 29.

[199] "*The same cause which may increase the revenue of the country*" ["A mesma causa que pode aumentar a receita de um país"] (isto é, como explica Ricardo na mesma passagem, *the revenues of landlords and capitalists* cuja *wealth*, considerada economicamente, é, em geral = *Wealth of the Nation*) "*may at the same time render the population redundant and deteriorate the condition of the labourer*" ["pode, ao mesmo tempo, gerar um excedente de população e piorar a situação do trabalhador"], Ricardo, *The Princ. of Pol. Econ.*, cit., p. 469. "A finalidade constante e a tendência de todo aperfeiçoamento do mecanismo é, de fato, eliminar completamente o trabalho do homem ou reduzir seu preço por meio da substituição do trabalho de homens adultos pelo de mulheres e de crianças, ou o de operários qualificados pelo de não qualificados", Ure, *The Philosophy of Manufactures*, cit., p. 23.

[200] "Reports of Insp. of Fact. 31st Oct. 1858", p. 43.

Maquinaria e grande indústria

"A aplicação da força do vapor ou da água à maquinaria, que até então era movida manualmente, é um evento corriqueiro [...] Os pequenos aperfeiçoamentos na maquinaria, que visam economizar força motriz, melhorar o produto, aumentar a produção no mesmo tempo ou substituir o trabalho de uma criança, de uma mulher ou de um homem, são constantes e, embora não pareçam ter grande peso, seus resultados são, todavia, consideráveis.[201]
Onde quer que uma operação exija muita habilidade e precisão manual, ela é retirada o mais rápido possível das mãos do trabalhador demasiado qualificado, e com frequência inclinado a irregularidades de toda espécie, para ser confiada a um mecanismo específico, tão bem regulado que uma criança é capaz de vigiá-lo.[202] No sistema automático, o talento do trabalhador é progressivamente suprimido*.[203]
O aperfeiçoamento da maquinaria não só exige a diminuição do número de trabalhadores adultos ocupados para obter um resultado determinado, como substitui uma classe de indivíduos por outra classe, uma classe mais qualificada por uma menos qualificada, adultos por crianças, homens por mulheres. Todas essas alterações causam flutuações constantes no nível do salário.[204]
A maquinaria expulsa incessantemente trabalhadores adultos da fábrica*."[205]

A extraordinária elasticidade do sistema da maquinaria, por conta da experiência prática acumulada, da escala preexistente dos meios mecânicos e do progresso constante da técnica foi-nos evidenciada por sua enérgica marcha sob a pressão de uma jornada de trabalho reduzida. Mas quem, em 1860, ano do zênite da indústria inglesa do algodão, poderia ter previsto os

---

[201] "Reports... 31st October 1856", p. 15.
[202] Ure, *The Philosophy of Manufactures*, cit., p. 19. "A grande vantagem da maquinaria utilizada na fabricação de tijolos consiste em tornar o empregador inteiramente independente de trabalhadores qualificados", Ch. Empl. Comm., "V. Report", 1866, p. 130, n. 46. Adendo à segunda edição: O sr. Surrock, superintendente do departamento de máquinas da *Great Northern Railway*, diz, em referência à construção de máquinas (locomotivas etc.): "Trabalhadores ingleses caros (*expensive*) são a cada dia menos usados. A produção é incrementada com a aplicação de instrumentos aperfeiçoados, e tais instrumentos, por sua vez, são operados por uma classe baixa de trabalho (*a low class of labour*). [...] Antes, o trabalho qualificado produzia necessariamente todas as peças da máquina a vapor. Agora, as mesmas peças são produzidas por trabalho menos qualificado, mas com bons instrumentos. [...] Por instrumentos entendo as máquinas utilizadas na construção de máquinas", *Royal Commission on Railways. Minutes of Evidence* (Londres, 1867), n. 17.862 e 17.863.
* No original inglês, o texto de Ure diz: "*On the automatic plan skilled labour gets progressively superseded*" ["No sistema automático, o trabalho qualificado é progressivamente suprimido"]. (N. T.)
[203] Ure, *The Philosophy of Manufactures*, cit., p. 20.
[204] Ibidem, p. 321.
* No original inglês, o texto de Ure diz: "*The effect of substituting the self-acting mule for the common mule, is to discharge the greater part of the men spinners, and to retain adolescents and children*" ["O efeito da substituição do tear comum pelo tear automático é o de descartar a maior parte dos tecelões homens e reter adolescentes e crianças"]. (N. T.)
[205] Ure, *The Philosophy of Manufactures*, cit., p. 23.

aperfeiçoamentos galopantes da maquinaria e o correspondente deslocamento do trabalho manual que os três anos seguintes provocariam sob o aguilhão da Guerra Civil Americana? Sobre esse ponto, basta citar alguns exemplos fornecidos pelos informes oficiais dos inspetores de fábrica ingleses. Um fabricante de Manchester declara: "Em vez de 75 máquinas de cardar, agora necessitamos de apenas 12, que fornecem a mesma quantidade de produtos, de qualidade igual, se não superior [...] A economia em salários é de £10 por semana, e o desperdício de algodão caiu 10%".

Numa fiação fina de Manchester,

> "mediante a aceleração do movimento e da introdução de diversos processos *self-acting* [automáticos], afastou-se ¹/₄ do pessoal de um departamento, mais da metade em outro, ao mesmo tempo que a substituição da máquina de pentear pela segunda máquina de cardar reduziu consideravelmente a mão de obra até então empregada na oficina de cardagem."

Outra fiação estima em 10% sua economia geral de "mão de obra". Os senhores Gilmore, proprietários de uma fiação em Manchester, declaram:

> "Em nosso *blowing department* [departamento de sopro], estimamos em ¹/₃ a economia de mão de obra e salários obtida graças à nova maquinaria. [...] *No jack frame* e *drawing frame room* [salas de máquinas de bobinar e estirar o feno], cerca de ¹/₃ a menos de gastos e mão de obra; na oficina de fiação, cerca de ¹/₃ a menos em gastos. Mas isso não é tudo; quando nosso fio vai para os tecelões, sua qualidade é tão superior graças ao emprego da nova maquinaria, que eles produzem mais tecidos e de melhor qualidade do que com o fio das máquinas antigas."[206]

Sobre isso, observa o inspetor de fábrica A. Redgrave:

> "A redução do número de trabalhadores acompanhada do aumento da produção avança rapidamente; nas fábricas de lã, há pouco teve início uma nova redução da mão de obra, que continua a minguar; há poucos dias, um mestre-escola, residente nos arredores de Rochdale, disse-me que a grande evasão nas escolas para moças não se deve apenas à pressão da crise, mas também às modificações efetuadas na maquinaria das fábricas de lã, em consequência das quais houve uma redução média de 70 operários de meia jornada."[207]

---

[206] "Reports of Insp. of Fact., 31st Oct. 1863", p. 108.

[207] Ibidem, p. 109. O rápido aperfeiçoamento da maquinaria durante a crise do algodão permitiu aos fabricantes ingleses, logo após o término da Guerra Civil Americana, abarrotar novamente, num abrir e fechar de olhos, o mercado mundial. Já durante o último semestre de 1866, os tecidos eram quase invendáveis. Teve início, então, a consignação das mercadorias para a China e a Índia, o que naturalmente só serviu para tornar ainda mais intensa a *"glut"* [saturação]. No começo de 1867, os fabricantes recorreram a seu expediente habitual em situações de emergência: a compressão dos salários em 5%. Os trabalhadores se opuseram e declararam, com toda razão do ponto de vista teórico, que o único remédio seria trabalhar menos tempo, 4 dias por semana. Após uma longa insubordinação, os autonomeados capitães da indústria

Maquinaria e grande indústria

A tabela a seguir mostra o resultado total dos aperfeiçoamentos mecânicos introduzidos na indústria algodoeira em virtude da Guerra Civil Americana*.

Número de fábricas	1856	1861	1868
Inglaterra e País de Gales	2.046	2.715	2.405
Escócia	152	163	131
Irlanda	12	9	13
Reino Unido	2.210	2.887	2.549
Número de teares a vapor	**1856**	**1861**	**1868**
Inglaterra e País de Gales	275.590	368.125	344.719
Escócia	21.624	30.110	31.864
Irlanda	1.633	1.757	2.746
Reino Unido	298.847	399.992	379.329
Número de fusos	**1856**	**1861**	**1868**
Inglaterra e País de Gales	25.818.576	28.352.125	30.478.228
Escócia	2.041.129	1.915.398	1.397.546
Irlanda	150.512	119.944	124.240
Reino Unido	28.010.217	30.387.467	32.000.014
Número de pessoas empregadas	**1856**	**1861**	**1868**
Inglaterra e País de Gales	341.170	407.598	357.052
Escócia	34.698	41.237	39.809
Irlanda	3.345	2.734	4.203
Reino Unido	379.213	452.569	401.064

De 1861 a 1868 desapareceram, assim, 338 fábricas de algodão, o que significa que uma maquinaria mais produtiva e potente concentrou-se nas mãos de um número menor de capitalistas. O número de teares a vapor

---

tiveram de aceitar essa solução, em alguns lugares com, em outros sem a compressão salarial de 5%.

* A tabela se baseia em dados dos três seguintes relatórios parlamentares, reunidos sob o título de *Factories* [fábricas]: *Return to an Address of the Honourable the House of Commons*, de 15 de abril de 1856, de 24 de abril de 1861 e 5 de dezembro de 1867. (N. E. A. MEW)

diminuiu em 20.663; ao mesmo tempo, porém, seu produto aumentou, de modo que um tear aperfeiçoado produzia agora mais do que um antigo. Por fim, o número de fusos aumentou em 1.612.547, enquanto o número de trabalhadores ocupados diminuiu em 50.505. O progresso rápido e constante da maquinaria intensificou e consolidou, assim, a miséria "temporária" com que a crise algodoeira oprimiu os trabalhadores.

Mas a maquinaria não atua apenas como uma poderosa concorrente, sempre pronta a tornar "supérfluo" o trabalhador assalariado. O capital, de maneira aberta e tendencial, proclama e maneja a maquinaria como potência hostil ao trabalhador. Ela se converte na arma mais poderosa para a repressão das periódicas revoltas operárias, greves etc. contra a autocracia do capital[208]. De acordo com Gaskell, a máquina a vapor foi, desde o início, um antagonista da "força humana", o rival que permitiu aos capitalistas esmagar as crescentes reivindicações dos trabalhadores, que ameaçavam conduzir à crise o incipiente sistema fabril[209]. Poder-se-ia escrever uma história inteira dos inventos que, a partir de 1830, surgiram meramente como armas do capital contra os motins operários. Recordemos, sobretudo, a *self-acting mule*, pois ela inaugura uma nova era do sistema automático[210].

Em seu depoimento perante a *Trades Unions Commission*, Nasmyth, o inventor do martelo a vapor, informa o seguinte sobre os aperfeiçoamentos por ele introduzidos na maquinaria em consequência da grande e longa greve dos operários de máquinas em 1851:

"O traço característico de nossos modernos aperfeiçoamentos mecânicos é a introdução de máquinas-ferramentas automáticas. O que agora um operário mecânico tem de fazer, e pode ser feito por qualquer menino, não é ele próprio trabalhar, mas vigiar o belo trabalho da máquina. Toda a classe de trabalhadores que depende exclusivamente de sua própria habilidade está atualmente marginalizada. Antes, eu empregava 4 meninos para cada mecânico. Graças a essas novas combinações mecânicas, pude reduzir o número de operários adultos de 1.500 para 750. A consequência foi um considerável aumento de meu lucro."*

A respeito de uma máquina para estampar chita, diz Ure:

---

[208] "A relação entre patrões e mão de obra nas fábricas de cristais e garrafas de vidro soprado consiste numa greve crônica. Isso explica o auge da manufatura de vidro prensado, em que a maquinaria realiza as principais operações. Uma firma de Newcastle, que antes produzia anualmente 350 mil libras de cristal soprado, produz agora, em vez disso, 3.000.500 libras de vidro prensado", Ch. Empl. Comm., "IV Rep.", 1865, p. 262-3.

[209] Gaskell, *The Manufacturing Population of England* (Londres, 1833), p. 11-2.

[210] Em decorrência de greves em sua própria fábrica de máquinas, o sr. Fairbain descobriu algumas aplicações muito significativas de máquinas na construção de maquinaria.

* "Tenth Report of the Commissioners Appointed to Inquire into the Organization and Rules of Trades Unions and other Associations: Together with Minutes of Evidence" (Londres, 1868), p. 63-4. (N. E. A. MEW)

Maquinaria e grande indústria

"Por fim, os capitalistas buscaram se libertar dessa escravidão insuportável" (ou seja, das condições contratuais dos trabalhadores, incômodas para os capitalistas) "invocando o auxílio dos recursos da ciência, e logo estavam restabelecidos em seus legítimos direitos: os da cabeça sobre as demais partes do corpo."

Referindo-se a uma invenção para preparar urdiduras e que fora imediatamente motivada por uma greve, diz ele: "A horda dos descontentes, que se imaginava invencível, entrincheirada atrás das velhas linhas da divisão do trabalho, viu-se então assaltada pelos flancos, e suas defesas foram aniquiladas pela moderna tática mecânica. Tiveram de render-se incondicionalmente". Acerca da invenção da *self-acting mule*, diz ele: "Ela estava destinada a restaurar a ordem entre as classes industriais. [...] Tal invenção confirma a doutrina já desenvolvida por nós, de que o capital, quando põe a ciência a seu serviço, constrange sempre à docilidade o braço rebelde do trabalho"[211]. Embora tenha sido publicado em 1835, portanto na época de um sistema fabril ainda relativamente pouco desenvolvido, o escrito de Ure permanece como a expressão clássica do espírito fabril, não só por seu franco cinismo, mas também pela ingenuidade com que deixa escapar as contradições irrefletidas que habitam o cérebro do capital. Depois de, por exemplo, desenvolver a "doutrina" de que o capital, com o auxílio da ciência por ele posta a soldo, "constrange sempre à docilidade o braço rebelde do trabalho", mostra-se indignado porque "há quem acuse a ciência físico-mecânica de servir ao despotismo* dos ricos capitalistas e de se oferecer como meio de opressão das classes pobres"**. Depois de pregar aos quatro ventos o quão vantajoso é para os operários o rápido desenvolvimento da maquinaria, ele os adverte de que, com sua resistência, suas greves etc., só fazem acelerar o desenvolvimento dela. "Revoltas violentas dessa natureza", diz ele, "evidenciam a miopia humana em seu caráter mais desprezível, o caráter de um homem que se converte em seu próprio carrasco". Poucas páginas antes, ele diz o contrário: "Não fossem os violentos conflitos e interrupções causados pelas ideias errôneas dos trabalhadores e o sistema fabril ter-se-ia desenvolvido com muito mais rapidez e de modo muito mais útil para todas as partes interessadas". Mais adiante, ele volta a exclamar:

> "Felizmente para a população dos distritos fabris da Grã-Bretanha, os aperfeiçoamentos realizados na maquinaria só ocorrem aos poucos [...]. Injustamente", diz, "acusam-se as máquinas de reduzirem o salário dos adultos, desempregando parte deles, com o que seu número acaba por exceder a necessidade de trabalho. Mas elas aumentam a demanda de trabalho infantil e, com ela, a taxa salarial *dos adultos*."

---

[211] Ure, *The Philosophy of Manufactures*, cit., p. 367-70.
* No original inglês: "de se submeter aos ricos capitalistas". (N. E. A. MEGA)
** No original inglês: "meio de atormentar [*harassing*] os pobres". (N. E. A. MEGA)

O mesmo consolador defende, por outro lado, o nível baixo dos salários das crianças, pois graças a isso "os pais se abstêm de enviar seus filhos prematuramente às fábricas". Seu livro inteiro é uma apologia da jornada ilimitada de trabalho, e quando a legislação proíbe esgotar crianças de menos de 13 anos por mais de 12 horas diárias, a alma liberal de Ure a compara com os tempos mais sombrios da Idade Média. Mas isso não o impede de exortar os trabalhadores fabris a elevarem uma oração de graças à Providência, que, por meio da maquinaria, "proporcionou-lhes o ócio necessário para meditar sobre seus interesses imortais"[212].

6. A teoria da compensação, relativa aos trabalhadores deslocados pela maquinaria

Uma série inteira de economistas burgueses, como James Mill, MacCulloch, Torrens, Senior, John Stuart Mill etc., sustenta que toda maquinaria que desloca trabalhadores sempre libera, simultânea e necessariamente, um capital adequado para ocupar esses mesmos trabalhadores[213].

Suponha, por exemplo, que um capitalista empregue cem trabalhadores numa manufatura de papel de parede, cada homem a £30 por ano. O capital variável anualmente gasto por ele importa, portanto, em £3 mil. Suponha, agora, que ele dispense cinquenta trabalhadores e empregue os cinquenta restantes com uma maquinaria que lhe custe £1.500. A título de simplificação, não levaremos em conta as construções, o carvão etc. Além disso, admitamos que a matéria-prima anualmente consumida custe sempre £3 mil[214]. Mediante essa metamorfose, algum capital foi "liberado"? No sistema industrial anterior, a soma total despendida era de £6 mil, sendo metade constituída de capital constante, metade de capital variável. Ela totaliza, agora, £4.500 de capital constante (£3 mil para a matéria-prima e £1.500 para maquinaria) e £1.500 de capital variável. Em vez de metade, a parte do capital variável, ou a parcela investida em força de trabalho viva, constitui apenas um quarto do capital total. Em vez da liberação, temos aqui a sujeição do capital a uma forma em que ele cessa de se intercambiar com a força de trabalho, isto é, a transformação de capital variável em capital constante. Mantendo-se inalteradas as demais circunstâncias, agora o capital de £6 mil não poderá ocupar mais de cinquenta trabalhadores. A cada aperfeiçoamento da maquinaria, ele ocupará cada vez menos trabalhadores. Se a maquinaria recém-introduzida custa menos do que a soma da força de trabalho e das

---

[212] Ure, *The Philosophy of Manufactures*, cit., p. 7, 280-1, 321-2, 368, 370, 475.

[213] Inicialmente, Ricardo compartilhava desse ponto de vista, porém retratou-se expressamente mais tarde, com a imparcialidade científica e o amor pela verdade que lhe são característicos. Ver "On Machinery", *The Princ. of Pol. Econ.*, cit.

[214] N. B. Dou este exemplo inteiramente à maneira dos economistas citados.

Maquinaria e grande indústria

ferramentas de trabalho por ela deslocadas – por exemplo, somente £1.000 em vez de £1.500 –, então um capital variável de £1.000 se converterá em capital constante, ou permanecerá vinculado, ao passo que um capital de £500 será liberado. Este último, supondo-se que se mantenha inalterado o salário anual, constituiria um fundo para dar ocupação a cerca de dezesseis trabalhadores, quando cinquenta é o número de trabalhadores despedidos; na realidade, para muito menos do que 16 trabalhadores, já que, para serem transformadas em capital, as £500 têm novamente de ser convertidas, em parte, em capital constante, de modo que também só possam ser transformadas parcialmente em força de trabalho.

Mas mesmo supondo que a construção da nova maquinaria ocupe um número maior de mecânicos, isso é alguma compensação para os produtores de papel de parede postos na rua? Na melhor das hipóteses, sua fabricação ocupa menos trabalhadores do que o número daqueles deslocados por sua utilização. A quantia de £1.500, que representava apenas o salário dos produtores de papel de parede dispensados, representa agora, na figura da maquinaria: 1) o valor dos meios de produção necessários para sua fabricação; 2) o salário dos mecânicos que a fabricam; 3) o mais-valor que cabe a seu "patrão". Ademais, uma vez pronta, a máquina não precisa mais ser renovada até sua morte. Portanto, para ocupar de maneira duradoura o número adicional de trabalhadores mecânicos, será necessário que sucessivos fabricantes de papéis de parede desloquem trabalhadores por meio de máquinas.

De fato, tais apologistas não se referem a essa espécie de liberação de capital. O que eles têm em mente são os meios de subsistência dos trabalhadores liberados. Não se pode negar que, no caso anterior, por exemplo, a maquinaria não só libera cinquenta trabalhadores, tornando-os assim "disponíveis", como, ao mesmo tempo, suprime a conexão desses trabalhadores com meios de subsistência no valor de £1.500 e, desse modo, "libera" esses meios. O fato simples, e de modo algum novo, de que a maquinaria libera os trabalhadores de sua dependência em relação aos meios de subsistência significa apenas, em termos econômicos, que a maquinaria libera meios de subsistência para o trabalhador ou converte esses meios em capital para lhe dar emprego. Como vemos, tudo depende do modo de expressão. *Nominibus mollire licet mala* [é lícito atenuar com palavras o mal]*.

De acordo com essa teoria, os meios de subsistência no valor de £1.500 eram um capital valorizado por meio do trabalho dos cinquenta produtores de papel de parede dispensados. Consequentemente, esse capital perde sua ocupação assim que os cinquenta estejam de folga, e não sossega enquanto não encontrar uma nova "aplicação" em que esses trabalhadores possam

---

*   Ovídio, *A arte de amar*, livro 2, verso 657. (N. T.)

voltar a consumi-lo produtivamente. Assim, mais cedo ou mais tarde, capital e trabalho têm de se reencontrar, e é então que ocorre a compensação. Os sofrimentos dos trabalhadores deslocados pela maquinaria são, portanto, tão transitórios quanto as riquezas deste mundo.

Os meios de subsistência no valor de £1.500 jamais se confrontaram, na forma de capital, com os trabalhadores dispensados. O que se confrontou com estes últimos como capital foram as £1.500 agora transformadas em maquinaria. Consideradas mais de perto, essas £1.500 representam apenas uma parte dos papéis de parede produzidos anualmente pelos cinquenta trabalhadores dispensados e que seu empregador lhes entregava como salário, sob a forma de dinheiro, em vez de *in natura*. Com os papéis de parede transformados em £1.500, eles adquiriam meios de subsistência da mesma importância. Estes, portanto, existiam para eles não como capital, mas como mercadorias, e eles mesmos existiam para essas mercadorias não como assalariados, mas como compradores. A circunstância de que a maquinaria se tenha "liberado" dos meios de compra transforma esses trabalhadores, de compradores, em não compradores. Decorre daí a procura menor por aquelas mercadorias. *Voilà tout* [isso é tudo]. Se essa demanda diminuída não é compensada com uma demanda aumentada em outro setor, cai o preço de mercado das mercadorias. Se essa situação se prolonga e ganha maior amplitude, ocorre um deslocamento dos trabalhadores ocupados na produção daquelas mercadorias. Parte do capital, que antes produzia meios necessário de subsistência, passa a ser reproduzida de outro modo. Durante a queda dos preços de mercado e o deslocamento de capital, também os trabalhadores ocupados na produção dos meios necessários de subsistência são "liberados" de parte de seu salário. Assim, em vez de provar que a maquinaria, ao liberar os trabalhadores dos meios de subsistência, transforma estes últimos, ao mesmo tempo, em capital para o emprego dos primeiros, o sr. Apologista prova, com a inquestionável lei da oferta e da demanda, que a maquinaria põe trabalhadores na rua, e não só no ramo da produção em que é introduzida, mas também nos ramos da produção em que não é introduzida.

Os fatos reais, travestidos pelo otimismo econômico, são estes: os trabalhadores deslocados pela maquinaria são jogados da oficina para o mercado de trabalho, engrossando o número de forças de trabalho já disponíveis para a exploração capitalista. Na seção VII desta obra, mostraremos que esse efeito da maquinaria, que aqui se nos apresenta como uma compensação para a classe trabalhadora, atinge o trabalhador, ao contrário, como o mais terrível dos suplícios. Por ora, basta o seguinte: os operários expulsos de um ramo da indústria podem, sem dúvida, procurar emprego em qualquer outro ramo. Se o encontram e, com isso, reata-se o vínculo entre eles e os meios de subsistência com eles liberados, isso se dá por meio de um capital novo, suplementar, que busca uma aplicação, mas de modo algum por meio do capital que já funcionava anteriormente e agora se converteu em maquinaria. E, mesmo assim, que perspectiva miserável têm eles! Mutilados pela divisão do trabalho, esses pobres diabos valem tão pouco fora de seu velho círculo de atividade que só logram o acesso a alguns poucos ramos laborais inferiores e, por isso, constantemente saturados e sub-remunerados[215]. Ademais, cada ramo da indústria atrai a cada ano um novo afluxo de seres humanos, que lhe fornece o contingente necessário para substituir as baixas e crescer de modo regular. Assim que a maquinaria libera uma parte dos trabalhadores até então ocupados em determinado ramo industrial, distribui-se também o pessoal de reserva, que é absorvido em outros ramos de trabalho, enquanto as vítimas originais definham e sucumbem, em sua maior parte, durante o período de transição.

É um fato indubitável que a maquinaria não é, por si mesma, responsável por "liberar" os trabalhadores de sua dependência em relação aos meios de subsistência. Ela barateia o produto e aumenta sua quantidade no ramo de que se apodera, deixando intocada, num primeiro momento, a massa de meios de subsistência produzida em outros ramos da indústria. Depois de sua introdução, portanto, a sociedade dispõe de tantos ou mais meios de subsistência para os trabalhadores deslocados do que dispunha antes, e isso sem considerar a enorme parcela do produto anual que é dilapidada pelos não trabalhadores. E esse é o argumento central da apologética econômica! As contradições e os antagonismos inseparáveis da utilização capitalista da maquinaria inexistem, porquanto têm origem não na própria maquinaria, mas em sua utilização capitalista! Como, portanto, considerada em si mesma, a maquinaria encurta o tempo de trabalho, ao passo que, utilizada de modo capitalista, ela aumenta a jornada de trabalho; como, por si mesma, ela facilita o trabalho, ao passo que, utilizada de modo capitalista, ela aumenta sua intensidade; como, por si mesma, ela é uma vitória do homem sobre as forças da natureza, ao passo que, utilizada de modo capitalista, ela subjuga o homem por intermédio das forças da natureza; como, por si mesma, ela aumenta a riqueza do produtor, ao passo que, utilizada de modo capitalista, ela o empobrece etc. – o economista burguês declara simplesmente que a observação da maquinaria, considerada em si mesma, demonstra com absoluta precisão que essas contradições palpáveis não são mais do que a aparência da realidade comum, não existindo

---

[215] Um ricardiano observa a esse respeito, refutando as sandices de J. B. Say: "Onde a divisão do trabalho está bem desenvolvida, a qualificação do trabalhador só encontra aplicação no ramo particular em que ela foi adquirida: eles mesmos são uma espécie de máquina. Por isso, não adianta absolutamente nada repetir como um papagaio que as coisas têm uma tendência a encontrar seu nível. Olhando ao nosso derredor, é impossível deixar de ver coisas que durante muito tempo não conseguem encontrar seu nível e que, quando o encontram, ele está mais baixo do que no começo do processo", *An Inquiry into those Principles Respecting the Nature of Demand etc.* (Londres, 1821), p. 72.

por si mesmas e, portanto, tampouco na teoria. Ele se poupa, assim, da necessidade de continuar a quebrar a cabeça e, além disso, imputa a seu adversário a tolice de combater não a utilização capitalista da maquinaria, mas a própria maquinaria.

O economista burguês não nega em absoluto que, com isso, surjam também alguns inconvenientes temporários; mas que medalha haverá sem seu reverso? Para ele, é impossível outra utilização da maquinaria que não a capitalista. A exploração do trabalhador pela máquina é, a seu ver, idêntica à exploração da máquina pelo trabalhador. De modo que quem revela o que ocorre na realidade com a utilização capitalista da maquinaria é alguém que se opõe a sua utilização em geral, é um inimigo do progresso social![216] Exatamente igual ao raciocínio do célebre degolador Bill Sikes:

> "Senhores jurados! Sem dúvida, esse caixeiro-viajante teve sua garganta cortada. Desse fato, porém, não é minha a culpa, e sim da faca. Deveríamos, em razão de tais inconvenientes temporários, abolir o uso da faca? Refleti sobre isso! Que seria da agricultura e do artesanato sem a faca? Não é ela tão benéfica na cirurgia quanto sábia na anatomia? E, além disso, uma auxiliar tão prestimosa em alegres festins? Eliminai a faca, e lançar-nos-eis de volta à mais profunda barbárie."[216a]

Apesar de a maquinaria necessariamente deslocar trabalhadores nos ramos de atividade em que é introduzida, ela pode, no entanto, gerar um aumento da ocupação em outros ramos do trabalho. Mas esse efeito nada tem em comum com a assim chamada teoria da compensação. Como todo produto da máquina, por exemplo, uma vara de tecido, é mais barato do que o produto manual similar por ele deslocado, segue-se, como lei absoluta, que se a quantidade total do artigo produzido mecanicamente permanece igual à quantidade total do artigo – substituído pelo primeiro – produzido manual ou artesanalmente, então a soma total do trabalho aplicado diminui. O aumento de trabalho exigido para a produção do próprio meio de trabalho – maquinaria, carvão etc. – tem de ser menor do que a diminuição de trabalho ocasionada pela utilização da maquinaria. Não fosse assim, o produto da máquina seria tão ou mais caro do que o produto manual. Porém, em vez de permanecer igual, a massa total do artigo confeccionado à máquina por um

---

[216] Um virtuose desse cretinismo desmedido é, entre outros, MacCulloch. "Se é vantajoso", diz ele, com a ingenuidade afetada de uma criança de 8 anos, "desenvolver cada vez mais a destreza do trabalhador, de modo que ele se torne capaz de produzir uma quantidade cada vez maior de mercadorias com uma quantidade igual ou menor de trabalho, então deve ser igualmente vantajoso que ele se sirva dessa maquinaria do modo mais eficaz para atingir esse resultado", MacCulloch, *Princ. of Pol. Econ.* (Londres, 1830), p. 182.

[216a] "O inventor da máquina de fiar arruinou a Índia, o que, contudo, pouco nos importa", A. Thiers, *De la propriété* (Paris, 1848), p. 275. O sr. Thiers confunde, aqui, a máquina de fiar com o tear mecânico, "o que, contudo, pouco nos importa".

Maquinaria e grande indústria

número reduzido de trabalhadores aumenta, de fato, muito além da massa total do artigo artesanal deslocado. Suponha que 400 mil varas de tecido feito à máquina sejam produzidas por menos trabalhadores do que 100 mil varas de tecido feito à mão. O produto quadruplicado contém quatro vezes mais matéria-prima, e a produção desta tem, portanto, de ser quadruplicada. Mas no que concerne aos meios de trabalho consumidos, como construções, carvão, máquinas etc., o limite dentro do qual se pode acrescentar o trabalho adicional necessário à sua produção varia com a diferença entre a massa do produto feito pela máquina e a massa do produto manual que pode ser fabricado pelo mesmo número de trabalhadores.

Assim, com a expansão do sistema fabril num ramo industrial, aumenta inicialmente a produção em outros ramos que lhe fornecem seus meios de produção. Até que ponto isso provocará o crescimento da massa de trabalhadores ocupados depende, dadas a duração da jornada de trabalho e a intensidade do trabalho, da composição dos capitais aplicados, isto é, da proporção entre seus componentes constante e variável. Essa proporção, por sua vez, varia muito com a extensão na qual a maquinaria já se apoderou ou venha a se apoderar desses mesmos ramos. O número de homens condenados a trabalhar nas minas de carvão e de metal cresceu enormemente com o progresso do sistema inglês da maquinaria, embora nas últimas décadas esse crescimento tenha se tornado mais lento em razão do uso de nova maquinaria para a mineração[217]. Com a máquina, nasce uma nova espécie de trabalhador: seu produtor. Já sabemos que a indústria mecanizada se apoderou mesmo desse ramo da produção, e em escala cada vez maior[218]. Além disso, quanto à matéria-prima[219], não resta dúvida, por exemplo, de que a marcha acelerada da fiação de algodão alavancou artificialmente a cultura de algodão nos Estados Unidos e, com ela, não só incentivou o tráfico de escravos africanos

---

[217] De acordo com o censo de 1861 (Londres, 1863, v. II), o número de trabalhadores ocupados nas minas de carvão da Inglaterra e País de Gales era de 246.613, dos quais 73.546 menores de 20 anos de idade e 173.067 maiores de 20 anos. À primeira categoria pertencem 835 trabalhadores entre 5 e 10 anos de idade, 30.701 entre 10 e 15 anos e 42.010 entre 15 e 19 anos. O número de ocupados em minas de ferro, cobre, chumbo, zinco e todos os outros metais é de 319.222.

[218] Na Inglaterra e no País de Gales, em 1861, a produção de maquinaria ocupava 60.807 pessoas, aí incluídos os fabricantes e seus caixeiros-viajantes etc., *ditto* todos os agentes e comerciantes nesse setor. Porém, dessa soma estão excluídos os produtores de máquinas menores, como máquinas de costura etc., assim como os produtores de ferramentas para as máquinas de trabalho, como fusos etc. O número de engenheiros civis chegava a 3.329.

[219] Como o ferro é uma das principais matérias-primas, registremos aqui que, em 1861, havia na Inglaterra e País de Gales 125.771 fundidores de ferro, dos quais 123.430 homens e 2.341 mulheres. Dos primeiros, 30.810 eram menores de 20 anos, e 92.620 maiores dessa idade.

como, ao mesmo tempo, fez da criação de negros o principal negócio dos assim chamados estados escravistas fronteiriços*. Quando, em 1790, realizou-se nos Estados Unidos o primeiro censo de escravos, o número deles era de 697 mil; em 1861, eles chegavam a 4 milhões. Por outro lado, não é menos certo que o florescimento da fábrica mecanizada de lã, com a transformação progressiva das terras antes cultivadas em pastagens para ovelhas, provocou a expulsão em massa dos trabalhadores agrícolas e sua "transformação em supranumerários [*Überzähligmachung*]". Ainda em nossos dias, a Irlanda atravessa o processo de ver sua população, já reduzida quase à metade desde 1845, diminuir ainda mais, até atingir a exata medida correspondente às necessidades de seus *landlords* [proprietários fundiários] e dos senhores fabricantes de lã ingleses.

Quando a maquinaria se apodera dos graus preliminares ou intermediários que um objeto de trabalho tem de percorrer até sua forma final, o aumento do material de trabalho é acompanhado do aumento da demanda de trabalho naquelas atividades ainda exploradas sobre uma base artesanal ou manufatureira, nas quais é agora introduzido o produto fabricado à máquina. A fiação mecânica, por exemplo, fornecia o fio a um preço tão baixo e com tal abundância que os tecelões manuais podiam inicialmente trabalhar em tempo integral e sem grandes despesas. Com isso, sua renda aumentou[220]. Daí o afluxo de pessoal para a tecelagem de algodão, que duraria até que os 800 mil tecelões de algodão que, na Inglaterra, haviam encontrado ocupação graças à "Jenny", ao *throstle* e à *mule*, fossem novamente liquidados pelo tear a vapor. Do mesmo modo, a abundância de gêneros de vestuário produzidos à máquina fez crescer o número de alfaiates, modistas, costureiras etc. até surgir a máquina de costura.

À medida que a indústria mecanizada, com um número de trabalhadores relativamente menor, fornece uma massa cada vez maior de matérias-primas, produtos semiacabados, instrumentos de trabalho etc., a elaboração dessas matérias-primas e produtos intermediários se divide em inúmeras subespécies e incrementa, assim, a diversidade dos ramos da produção social. A indústria mecanizada impulsiona a divisão social do trabalho muito mais do que a manufatura, pois amplia em grau incomparavelmente maior a força produtiva dos setores de que se apodera.

---

* O termo "estados fronteiriços" designa os cinco estados escravistas (Delaware, Kentucky, Maryland, Missouri e Virgínia do Oeste) que faziam fronteira com os estados abolicionistas e integravam a "União" durante a Guerra de Secessão. (N. T.)

[220] "Uma família de quatro pessoas adultas (tecelões de algodão), com duas crianças como *winders* [enoveladores], ganhava, no final do século passado e início do atual, £4 por semana para uma jornada de trabalho de 10 horas. Se o trabalho era muito urgente, podiam ganhar mais. [...] Antes disso, haviam sempre padecido com o suprimento deficiente de fio", Gaskell, *The Manufacturing Population of England*, cit., p. 34-5.

Maquinaria e grande indústria

O resultado imediato da maquinaria é aumentar o mais-valor e, ao mesmo tempo, a massa de produtos em que ele se representa – portanto, aumentar, também, juntamente com a substância de que a classe dos capitalistas e seus sequazes se alimentam, essas próprias camadas sociais. Sua riqueza crescente e a diminuição relativamente constante do número de trabalhadores requeridos para a produção dos meios de subsistência geram, ao mesmo tempo, além de novas necessidades de luxo, também novos meios para sua satisfação. Uma parcela maior do produto social é transformada em produto excedente, e uma parcela maior deste último é reproduzida e consumida sob formas mais refinadas e variadas. Em outras palavras: cresce a produção de artigos de luxo[221]. O refinamento e a diversificação dos produtos provêm igualmente das novas relações do mercado mundial, criadas pela grande indústria. Não só se troca uma quantidade maior de artigos de luxo estrangeiros por produtos locais, mas uma massa maior de matérias-primas, ingredientes, produtos semiacabados etc. estrangeiros ingressa na indústria doméstica como meio de produção. A par dessas relações do mercado mundial, aumenta a demanda de trabalho na indústria do transporte, que, por sua vez, divide-se em inúmeras subespécies novas[222].

O aumento dos meios de produção e de subsistência, acompanhado da diminuição relativa do número de trabalhadores, leva à expansão do trabalho em ramos da indústria cujos produtos – como canais, docas, túneis, pontes etc. – só trazem retorno num futuro mais distante. Eles se formam, seja diretamente sobre a base da maquinaria, seja em consequência da revolução industrial geral que ela provoca, como ramos inteiramente novos da produção e, portanto, como novos campos de trabalho. O espaço que lhes corresponde na produção total não é de modo algum significativo, mesmo nos países mais desenvolvidos. O número de trabalhadores ocupados nesses ramos aumenta na proporção direta em que se reproduz a necessidade de trabalho manual mais rudimentar. Atualmente, podem-se considerar como indústrias principais desse tipo as usinas de gás, o telégrafo, a fotografia, a navegação a vapor e o sistema ferroviário. Segundo o censo de 1861 (para Inglaterra e País de Gales), na indústria de gás (usinas de gás, produção dos aparelhos mecânicos, agentes das companhias de gás etc.) trabalham 15.211 pessoas; no telégrafo, 2.399; na fotografia, 2.366; no serviço de navegação a vapor, 3.570 e nas ferrovias, 70.599, entre as quais há cerca de 28.000 trabalhadores "não qualificados", empregados de modo mais ou menos permanente em obras de

---

[221] F. Engels, em *A situação etc.*, demonstra a situação lamentável de grande parte desses trabalhadores do luxo. Uma enorme quantidade de novos dados documentais em relação a essa questão se encontra nos relatórios da Child. Empl. Comm.

[222] Em 1861, na Inglaterra e no País de Gales, havia 94.665 marinheiros empregados na marinha mercante.

terraplanagem, além de todo o pessoal administrativo e comercial. Portanto, o número total de indivíduos nessas cinco indústrias novas é de 94.145.

Por último, o extraordinário aumento da força produtiva nas esferas da grande indústria, acompanhado como é de uma exploração intensiva e extensivamente ampliada da força de trabalho em todas as outras esferas da produção, permite empregar de modo improdutivo uma parte cada vez maior da classe trabalhadora e, desse modo, reproduzir massivamente os antigos escravos domésticos, agora rebatizados de "classe serviçal", como criados, damas de companhia, lacaios etc. Segundo o censo de 1861, a população total da Inglaterra e do País de Gales somava 20.066.224 pessoas, sendo 9.776.259 do sexo masculino e 10.289.965 do sexo feminino. Descontando-se disso os muito velhos ou muitos jovens para o trabalho, todas as mulheres, adolescentes e crianças "improdutivos", seguidos dos estamentos "ideológicos", como governo, clero, juristas, militares etc., além de todos aqueles cuja ocupação exclusiva é consumir trabalho alheio sob a forma de renda da terra, juros etc. e, por fim, os indigentes, vagabundos, delinquentes etc., restam, então, num cálculo aproximado, 8 milhões de pessoas de ambos os sexos e das mais variadas idades, inclusive todos os capitalistas que, de uma maneira ou de outra, desempenham funções na produção, no comércio, nas finanças etc. Esses 8 milhões são assim distribuídos:

Trabalhadores agrícolas (inclusive pastores, bem como peões e criadas que vivem nas casas dos arrendatários)	1.098.261
Todos os ocupados na fabricação de algodão, lã, estame, linho, cânhamo, seda e juta, e na confecção mecanizada de meias e fabricação de rendas	642.607[223]
Todos os ocupados em minas de carvão e de metais	565.835
Todos os ocupados em usinas metalúrgicas (altos-fornos, laminações etc.) e em manufaturas metalúrgicas de toda espécie	396.998[224]
Classe serviçal	1.208.648[225]

---

[223] Dos quais apenas 177.596 do sexo masculino são maiores de 13 anos.
[224] Dos quais 30.501 são do sexo feminino.
[225] Dos quais 137.447 são do sexo masculino. Excluído dos 1.208.648 todo o pessoal que não presta serviços em residências particulares. Adendo à segunda edição: De 1861 a 1870, o número de serviçais masculinos quase dobrou, aumentando para 267.671. Em 1847, havia 2.694 guardas-florestais (para as áreas de caça dos aristocratas); em 1869,

Se considerarmos os ocupados em todas as fábricas têxteis somados ao pessoal das minas de carvão e de metais, teremos 1.208.442, e se aos primeiros agregarmos o pessoal de todas as metalúrgicas e manufaturas de metais, o total será de 1.039.605; em ambos os casos, pois, um número menor do que o de escravos domésticos modernos. Que edificante resultado da maquinaria explorada de modo capitalista!

7. Repulsão e atração de trabalhadores com o desenvolvimento da indústria mecanizada. Crises da indústria algodoeira

Todos os representantes responsáveis da economia política admitem que a primeira introdução da maquinaria age como uma peste sobre os trabalhadores dos artesanatos e manufaturas tradicionais, com os quais ela inicialmente concorre. Quase todos deploram a escravidão do operário fabril. E qual é o grande trunfo que todos eles põem à mesa? Que a maquinaria, depois dos horrores de seu período de introdução e desenvolvimento, termina por aumentar o número dos escravos do trabalho, ao invés de diminuí-lo! Sim, a economia política se regozija com o abjeto teorema, abjeto para qualquer "filantropo" que acredite na eterna necessidade natural do modo de produção capitalista, de que mesmo a fábrica fundada na produção mecanizada, depois de certo período de crescimento, depois de um maior ou menor "período de transição", esfola mais trabalhadores do que ela inicialmente pôs na rua![226]

---

porém, seu número era de 4.921. As adolescentes que prestam serviços nas casas dos pequeno-burgueses londrinos são chamadas, na linguagem popular, de *little slaveys*, isto é, "escravinhas".

[226] Ganilh considera, ao contrário, que resultado final da indústria mecanizada consiste num número absolutamente reduzido de escravos do trabalho, à custa dos quais um número maior de *gens honnêtes* [pessoas honestas] vive e desenvolve sua conhecida *perfectibilité perfectible* [perfectibilidade perfectível]. Por pouco que compreenda o movimento da produção, ao menos ele sente que a maquinaria é uma instituição extremamente funesta se sua introdução transforma trabalhadores ocupados em indigentes e seu desenvolvimento faz surgir mais escravos do trabalho do que os que ela eliminou anteriormente. O cretinismo de seu próprio ponto de vista só pode ser expresso por suas próprias palavras: "*Les classes condamnées à produire et à consommer diminuent, et les classes qui dirigent le travail, qui soulagent, consolent et éclairent toute la population, se multiplient [...] et s'appropient tous les bienfaits qui résultent de la diminution des frais du travail, de l'abondance des productions et du bon marché des consommations. Dans cette direction, l'espèce humaine s'élève aux plus hautes conceptions du génie, pénètre dans les profondeurs mystérieuses de la religion, établit les principes salutaires de la morale [...], les lois tutélaires de la liberté [...] et du pouvoir, de l'obéissance et de la justice, du devoir et de l'humanité.*" ["As classes condenadas a produzir e a consumir diminuem, e as classes que dirigem o trabalho, que trazem a toda a população a assistência, o consolo e o esclarecimento, multiplicam-se [...] e apropriam-se de todos os benefícios resultantes da diminuição dos custos do trabalho, da abundância dos produtos e dos baixos preços dos bens de

Certamente, alguns casos já demonstravam – como, por exemplo, o das fábricas inglesas de estame e de seda – que, quando a expansão extraordinária de ramos fabris alcança certo grau de desenvolvimento, tal processo pode estar acompanhado não só de uma redução relativa do número de trabalhadores ocupados, como de uma redução em termos absolutos*. Em 1860, quando se realizou, por ordem do Parlamento, um censo especial de todas as fábricas do Reino Unido, a seção dos distritos fabris de Lancashire, Cheshire e Yorkshire, adjudicada ao inspetor fabril R. Baker, contava com 652 fábricas; destas, 570 continham 85.622 teares a vapor, 6.819.146 fusos (excluindo os fusos de torcer), 27.439 cavalos-vapor em máquinas a vapor, 1.390 em rodas-d'água e 94.119 pessoas ocupadas. Em 1865, em contrapartida, as mesmas fábricas dispunham de 95.163 teares a vapor, 7.025.031 fusos, 28.925 cavalos-vapor em máquinas a vapor, 1.445 em rodas-d'água e 88.913 pessoas ocupadas. De 1860 a 1865, portanto, ocorreu nessas fábricas um aumento de 11% em teares a vapor, 3% em fusos, 5% em cavalos-vapor, ao passo que o número de pessoas ocupadas diminuiu 5,5%[227]. Entre 1852 e 1862, assistiu-se a um considerável crescimento da fabricação inglesa de lã, enquanto o número de trabalhadores empregados permaneceu quase estacionário. "Isso mostra em que grande medida a maquinaria recém-introduzida havia deslocado o trabalho de épocas anteriores."[228]

Em certos casos empíricos, o aumento de trabalhadores fabris ocupados é, com frequência, apenas aparente, isto é, não se deve à expansão da fábrica já fundada na produção mecanizada, mas à anexação gradual de ramos auxiliares. Por exemplo, entre 1838 e 1858, nas fábricas da indústria algodoeira (britânica),

---

consumo. Nessa direção, a espécie humana se eleva às mais altas criações do gênio, penetra nas profundezas misteriosas da religião, estabelece os princípios salutares da moral" (que consiste em "apropriar-se de todos os benefícios" etc.), "as leis tutelares da liberdade" (liberdade para as "classes condenadas a produzir"?) "e do poder, da obediência e da justiça, do dever e da humanidade"], extraímos esse palavrório de M. C. Ganilh, *Des systèmes d'économie politique etc*. (2. ed., Paris, 1821, t. I), p. 212, 224.

* Ver p. 487-8. (N. T.)

[227] "Reports of Insp. of Fact. 31st Oct. 1865", p. 58s. Ao mesmo tempo, porém, já estava dada a base material para a ocupação de um número crescente de trabalhadores em 110 novas fábricas com 11.625 teares a vapor, 628.576 fusos, 2.695 cavalos-vapor em força de vapor e hidráulica (idem).

[228] "Reports etc. for 31st Oct. 1862", p. 79. Adendo à segunda edição: Ao final de dezembro de 1871, dizia o inspetor de fábricas A. Redgrave, numa conferência celebrada em Bradford, na New Mechanics Institution: "O que tem me surpreendido há algum tempo é a aparência modificada das fábricas de lã. Antes, estavam todas repletas de mulheres e crianças; agora, a maquinaria parece efetuar todo o trabalho. Por mim questionado, o fabricante deu a seguinte explicação: 'No sistema antigo, eu empregava 63 pessoas; depois da introdução da maquinaria aperfeiçoada, reduzi minha mão de obra para 33 e, recentemente, em consequência de novas e grandes mudanças, pude reduzi-los de 33 para 13 pessoas'".

Maquinaria e grande indústria

o aumento dos teares mecânicos e dos trabalhadores fabris neles ocupados foi ocasionado simplesmente pela expansão desse ramo de atividades; nas outras fábricas, ao contrário, isso se deveu à introdução da força do vapor nos teares de tapetes, fitas, linho etc., cuja força motriz era, até então, a força muscular humana[229]. De modo que o aumento desses operários fabris não era mais do que a expressão de uma redução do número total de trabalhadores ocupados. Por fim, não levamos em conta, aqui, o fato de que por toda parte, com exceção das fábricas metalúrgicas, trabalhadores adolescentes (menores de 18 anos), mulheres e crianças constituem o elemento amplamente preponderante do pessoal fabril.

Compreende-se, porém, não obstante a massa trabalhadora deslocada de fato e virtualmente substituída pela indústria maquinizada, que, com o crescimento desta última, expresso no número aumentado de fábricas da mesma espécie ou nas dimensões ampliadas das fábricas existentes, os operários fabris possam ser, no fim das contas, mais numerosos do que os trabalhadores manufatureiros ou os artesãos por eles deslocados. Suponha que, no velho método de produção, o capital de £500 aplicado semanalmente consista, por exemplo, em $2/5$ de capital constante e $3/5$ de capital variável, isto é, que £200 sejam investidas em meios de produção, £300 em força de trabalho, digamos, à razão de £1 por trabalhador. Com a produção mecanizada, a composição do capital total se transforma. Este se decompõe agora, por exemplo, numa parte constante de $4/5$ e numa parte variável de $1/5$, ou, dito de outro modo, apenas £100 são investidas em força de trabalho. Portanto, $2/3$ dos trabalhadores anteriormente ocupados são dispensados. Se essa indústria fabril se expandir e o capital total investido, permanecendo inalteradas as demais condições de produção, aumentar de 500 para 1.500, teremos trezentos trabalhadores ocupados, tantos quantos antes da Revolução Industrial. Se o capital aplicado aumentar até 2 mil, então quatrocentos trabalhadores serão empregados, portanto, $1/3$ a mais que no método de produção anterior. Em termos absolutos, o número de trabalhadores empregados aumentou em 100; em termos relativos, isto é, em proporção ao capital total adiantado, ele caiu em 800, uma vez que no método de produção anterior o capital de £2 mil teria ocupado 1.200, em vez de quatrocentos trabalhadores. A diminuição relativa do número de trabalhadores é, assim, compatível com seu aumento absoluto. Anteriormente, partimos do pressuposto de que, ao crescer o capital total, sua composição permanecia constante, pois tampouco se modificavam as condições de produção. Mas já sabemos que, a cada progresso do sistema da maquinaria, aumenta a parte constante do capital, isto é, a parte composta de maquinaria, matéria-prima etc., ao mesmo tempo que diminui o capital variável, investido em força de trabalho; e sabemos também que em nenhum

---

[229] "Reports etc. for 31st Oct. 1856", p. 16.

outro método de produção o aperfeiçoamento é tão constante e, por isso, a composição do capital total é tão variável. Essa mudança contínua é, no entanto, interrompida de modo igualmente constante por intervalos de parada e por uma expansão meramente quantitativa sobre uma dada base técnica. Com isso, aumenta o número de trabalhadores ocupados. Assim, por exemplo, o número de todos os operários nas fábricas de algodão, lã, estame, linho e seda no Reino Unido somava, em 1835, apenas 354.684, enquanto em 1861, só o número de tecelões operando teares a vapor (de ambos os sexos e das mais diferentes idades, a partir dos 8 anos) chegava a 230.654. De fato, esse crescimento não parece tão grande quando se leva em conta que, em 1838, os tecelões manuais britânicos de algodão, juntamente com os familiares que eles ocupavam, somavam 800 mil[230], para não mencionar os tecelões deslocados na Ásia e no continente europeu.

Nas poucas observações que ainda nos restam fazer sobre esse ponto, trataremos, em parte, de relações puramente fatuais, ainda não alcançadas por nossa exposição teórica.

Enquanto a produção mecanizada se expande num ramo industrial à custa do artesanato ou da manufatura tradicionais, seus êxitos são tão seguros quanto seriam os de um exército armado com fuzis de agulha contra um exército de arqueiros. Esse período inicial, em que a máquina conquista pela primeira vez seu campo de ação, é de importância decisiva devido aos extraordinários lucros que ajuda a produzir. Estes não só constituem, por si mesmos, uma fonte de acumulação acelerada, como atraem à esfera favorecida da produção grande parte do capital social adicional que se forma constantemente e busca novas aplicações. As vantagens particulares do período inicial, caracterizado por um avanço impetuoso, repetem-se constantemente nos ramos da produção em que a maquinaria é introduzida pela primeira vez. Mas assim que o sistema fabril conquista certa base existencial e determinado grau de maturidade; assim que seu próprio fundamento técnico, a própria maquinaria, passa, por sua vez, a ser produzido por máquinas; assim que se revolucionam a extração de carvão e ferro, bem como a metalurgia e os meios de transportes e, em suma, são estabelecidas as condições gerais de produção correspondentes à grande indústria, esse modo de produzir adquire uma elasticidade, uma súbita capacidade de se expandir por saltos que só encontra limites na insuficiência de matéria-prima e de mercado por onde escoar seus próprios produtos. A

---

[230] "Os sofrimentos dos tecelões manuais" (de algodão e de materiais misturados com algodão) "foram objeto de investigação de uma Comissão da Coroa, mas embora a miséria desses trabalhadores tenha sido reconhecida e lamentada, a melhora" (!) "de sua situação foi deixado à cargo da sorte e das mudanças dos tempos, e podemos esperar agora" (vinte anos depois!) "que esses sofrimentos se tenham quase (*nearly*) extinguido, para o que, com toda probabilidade, contribuiu a grande expansão atual do tear a vapor", "Rep. Insp. Fact. 31st Oct. 1856", p. 15.

Maquinaria e grande indústria

maquinaria promove, por um lado, um incremento direto da matéria-prima, tal como ocorreu, por exemplo, com a *cotton gin*, que aumentou a produção de algodão[231]. Por outro lado, o barateamento dos produtos feito à máquina e os sistemas revolucionados de transporte e de comunicação são armas para a conquista de mercados estrangeiros. Ao arruinar o produto artesanal desses mercados, a indústria mecanizada os transforma compulsoriamente em campos de produção de sua matéria-prima. Assim, por exemplo, as Índias Orientais foram obrigadas a produzir algodão, lã, cânhamo, juta, anil etc. para a Grã-Bretanha[232]. A constante "transformação em supranumerários" dos trabalhadores nos países da grande indústria estimula de modo artificial a emigração e a colonização de países estrangeiros, transformando-os em celeiros de matérias-primas para a metrópole, como ocorreu com a Austrália, convertida num centro de produção de lã[233]. Cria-se, assim, uma nova divisão internacional do trabalho, adequada às principais sedes da indústria mecanizada, divisão que transforma uma parte do globo terrestre em campo de produção preferencialmente agrícola voltado a suprir as necessidades de outro campo, preferencialmente industrial. Tal revolução é acompanhada de profundas modificações na agricultura, das quais não nos ocuparemos por ora[234].

---

[231] Outros métodos pelos quais a maquinaria afeta a produção da matéria-prima serão mencionados no Livro III.

[232] Exportação de algodão das Índias Orientais para a Grã-Bretanha (em libras-peso)

| 1846 | 34.540.143 | 1860 | 204.141.168 | 1865 | 445.947.600 |

[233] Exportação de lã das Índias Orientais para a Grã-Bretanha (em libras-peso)

| 1846 | 4.570.581 | 1860 | 20.214.173 | 1865 | 20.679.111 |

[234] O desenvolvimento econômico dos Estados Unidos é, ele próprio, um produto da grande indústria europeia ou, mais precisamente, inglesa. Em sua atual configuração (1866), eles devem ser considerados uma colônia da Europa. {Adendo à quarta edição: Desde então, os Estados Unidos se transformaram no segundo país mais industrializado do mundo, sem que, com isso, tenham perdido por completo seu caráter colonial. (F. E.)}
Exportação de algodão dos Estados Unidos para a Grã-Bretanha (em libras-peso)

| 1846 | 401.949.393 | 1852 | 765.630.544 |
| 1859 | 961.707.264 | 1860 | 1.115.890.608 |

Exportação de grãos etc. dos Estados Unidos para a Grã-Bretanha (1850 e 1862) [em quintais]

	1850	1862
Trigo	16.202.312	41.033.503
Cevada	3.669.653	6.624.800
Centeio	3.174.801	4.426.994
Farinha de trigo	388.749	7.108
Milho	3.819.440	7.207.113

Por iniciativa do sr. Gladstone, a Câmara dos Comuns ordenou, a 18 de fevereiro de 1867, que se efetuasse uma estatística de todo grão, cereal e farinha de qualquer espécie, importados e exportados do Reino Unido, entre 1831 e 1866. Apresento, mais adiante, a síntese dos resultados. A farinha está reduzida a *quarters* de grão* (ver tabela a seguir).

Períodos quinquenais e ano de 1866

	1831-1835	1836-1840	1841-1845	1846-1850
Importação anual média (*quarters*)	1.096.373	2.389.729	2.843.865	8.776.552
Exportação anual média (*quarters*)	225.263	251.770	139.056	155.461
Excedente da importação sobre a exportação nas médias anuais	871.110	2.137.959	2.704.809	8.621.091
População anual média em cada período	24.621.107	25.929.507	27.262.559	27.797.598
Média de grãos etc. (em *quarters*), acima da produção doméstica, consumida anualmente por habitante, em divisão igual entre a população	0,036	0,082	0,099	0,310

	1851-1855	1856-1860	1861-1865	1866
Importação anual média (*quarters*)	8.345.237	10.913.612	15.009.871	16.457.340
Exportação anual média (*quarters*)	307.491	341.150	302.754	216.218
Excedente da importação sobre a exportação nas médias anuais	8.037.746	10.572.462	14.707.117	16.241.122
População anual média em cada período	27.572.923	28.391.544	29.381.760	29.935.404
Média de grãos etc. (em *quarters*), acima da produção doméstica, consumida anualmente por habitante, em divisão igual entre a população	0,291	0,372	0,501	0,543

A enorme capacidade, própria do sistema fabril, de expandir-se aos saltos e sua dependência do mercado mundial geram necessariamente uma produção em ritmo febril e a consequente saturação dos mercados, cuja contração acarreta um período de estagnação. A vida da indústria se converte numa sequên-

	1850	1862
Trigo-mouro	1.054	19.571
Milho	5.473.161	11.694.818
Bere ou bigg (variedade especial de cevada)	2.039	7.675
Ervilha	811.620	1.024.722
Feijão	1.822.972	2.037.137
Total importado	35.365.801	74.083.441

* Os dados apresentados por Marx são extraídos do relatório parlamentar "Corn, Grain and Meal. Return to an Order of the Honourable House of Commons, Dated 18 February 1867". (N. E. A. MEW)

cia de períodos de vitalidade mediana, prosperidade, superprodução, crise e estagnação. A insegurança e a instabilidade a que a indústria mecanizada submete a ocupação e, com isso, a condição de vida do trabalhador tornam-se normais com a ocorrência dessas oscilações periódicas do ciclo industrial. Descontadas as épocas de prosperidade, grassa entre os capitalistas a mais encarniçada luta por sua participação individual no mercado. Tal participação é diretamente proporcional ao baixo preço do produto. Além da rivalidade que essa luta provoca pelo uso de maquinaria aperfeiçoada, substitutiva de força de trabalho, e pela aplicação de novos métodos de produção, chega-se sempre a um ponto em que se busca baratear a mercadoria por meio da redução forçada dos salários abaixo do valor da força de trabalho[235].

O crescimento do número de trabalhadores fabris é, portanto, condicionado pelo crescimento proporcionalmente muito mais rápido do capital total investido nas fábricas. Mas esse processo só se realiza nos períodos de alta e baixa do ciclo industrial. Ademais, ele é constantemente interrompido pelo progresso técnico, que ora substitui virtualmente os trabalhadores, ora os desloca de fato. Essa mudança qualitativa na indústria mecanizada expulsa constantemente trabalhadores da fábrica ou cerra seus portões

---

[235] Numa proclamação às Trade Societies of England, realizada em julho de 1866 pelos trabalhadores postos na rua pelos fabricantes de calçados de Leicester por meio de um "*lockout*", lê-se, entre outras coisas: "Há cerca de 20 anos, a fabricação de calçados de Leicester foi revolucionada pela introdução do rebitamento no lugar da costura. Àquele tempo, podia-se ganhar bons salários. Logo esse novo negócio se expandiu consideravelmente. Estabeleceu-se uma grande concorrência entre as diversas firmas, cada uma delas esforçando-se para apresentar o artigo mais elegante. Pouco depois, no entanto, surgiu um tipo pior de concorrência, a saber, a de cada firma vender no mercado a um preço mais baixo do que a outra (*undersell*). As danosas consequências dessa prática não tardaram a se manifestar na forma de redução de salários, e a queda do preço do trabalho foi tão rápida e impetuosa que atualmente muitas firmas pagam apenas a metade do salário original. Não obstante, apesar de os salários continuarem a cair, os lucros parecem aumentar com cada alteração na taxa dos salários". – Mesmo os períodos desfavoráveis da indústria são aproveitados pelos fabricantes para obterem lucros extraordinários por meio de reduções exorbitantes de salários, isto é, do roubo direto dos meios de subsistência mais imprescindíveis ao trabalhador. A título de exemplo, com relação à crise na tecelagem de seda em Coventry: "Segundo informações que obtive tanto de fabricantes como de trabalhadores, não cabe dúvidas de que os salários têm sido rebaixados numa medida maior do que o impunha a concorrência dos produtores estrangeiros ou outras circunstâncias. [...] A maior parte dos tecelões trabalha com salários reduzidos em 30 e até 40%. Uma peça de fita, para cuja confecção o tecelão recebia 6 ou 7 xelins há 5 anos, agora não lhe rende mais do que 3 xelins e 3 *pence*, ou 3 xelins e 6 *pence*; outro trabalho, que anteriormente era remunerado com 4 xelins, e até mesmo 4 xelins e 3 *pence*, agora é pago com apenas 2 xelins ou, no máximo, 2 xelins e 3 *pence*. A baixa salarial é maior do que a requerida para estimular a demanda. De fato, no caso de muitos tipos de fita, a baixa salarial não foi nem mesmo acompanhada de alguma redução do preço do artigo", relatório do comissário F. D. Longes em Ch. Emp. Comm., "V Rep.", 1866, p. 114, n. 1.

ao novo afluxo de recrutas, ao mesmo tempo que a expansão meramente quantitativa das fábricas absorve, juntamente com aqueles expulsos, novos contingentes de trabalhadores. Desse modo, os trabalhadores são continuamente repelidos e atraídos, jogados de um lado para outro, e isso em meio a uma mudança constante no que diz respeito ao sexo, idade e destreza dos recrutados.

As vicissitudes do operário fabril podem ser melhor evidenciadas por meio de uma rápida análise das vicissitudes da indústria algodoeira inglesa.

De 1770 a 1815, a indústria algodoeira esteve em depressão ou estagnação por 5 anos. Durante esse primeiro período de 45 anos, os fabricantes ingleses desfrutavam do monopólio da maquinaria e do mercado mundial. De 1815 a 1821, depressão; em 1822 e 1823, prosperidade; em 1824, são abolidas as leis de coalizão*, grande expansão geral das fábricas; em 1825, crise; em 1826, grande miséria e levantes entre os trabalhadores do algodão; em 1827, leve melhora; em 1828, grande aumento dos teares a vapor e das exportações; em 1829, a exportação, particularmente para a Índia, supera a de todos os anos anteriores; em 1830, mercados saturados, grande calamidade; de 1831 a 1833, depressão contínua; a Companhia das Índias Orientais é privada do monopólio do comércio com o Extremo Oriente (Índia e China). Em 1834, grande incremento de fábricas e maquinaria, escassez de mão de obra. A nova Lei dos Pobres promove o êxodo dos trabalhadores agrícolas para os distritos fabris. Grande busca de crianças nos condados rurais. Tráfico de escravos brancos. Em 1835, grande prosperidade. Ao mesmo tempo, os tecelões manuais de algodão morrem de fome. Em 1836, grande prosperidade. Em 1837 e 1838, depressão e crise. Em 1839, recuperação. Em 1840, grande depressão, insurreições, intervenção do Exército. Em 1841 e 1842, terríveis sofrimentos dos operários fabris. Em 1842, os fabricantes expulsam os operários das fábricas, a fim de forçar a revogação das leis dos cereais. Milhares de trabalhadores vão para Yorkshire, onde são repelidos pelo Exército e seus líderes sendo levados a julgamento em Lancaster. Em 1843, grande miséria. Em 1844, recuperação. Em 1845, grande prosperidade. Em 1846, primeiramente ascensão contínua; em seguida, sintomas de reação. Revogação das leis dos cereais. Em 1847, crise. Redução geral dos salários em 10%, ou mais, para a festa do *"big loaf"* [duplicação do tamanho do pão]. Em 1848, continua a depressão. Manchester sob ocupação militar. Em 1849, recuperação. Em 1850, prosperidade. Em 1851, preço das mercadorias em

---

* Em 1799 e 1800, uma série de leis do Parlamento inglês proibiu a fundação e a atividade de quaisquer organizações de trabalhadores, as quais foram novamente revogadas pelo Parlamento em 1824. No entanto, mesmo depois disso as autoridades continuaram a limitar ao máximo a atividade das organizações operárias. Especialmente a agitação para que os operários ingressassem numa organização e participassem de greves foi considerada como "intimidação" e punida como crime. (N. E. A. MEW)

Maquinaria e grande indústria

baixa, salários baixos, greves frequentes. Em 1852, tem início um processo de melhora. Continuam as greves, os fabricantes ameaçam importar trabalhadores estrangeiros. Em 1853, exportações em alta. Greve de oito meses e grande miséria em Preston. Em 1854, prosperidade, saturação dos mercados. Em 1855, chegam notícias de falências provenientes dos Estados Unidos, do Canadá e dos mercados da Ásia oriental. Em 1856, grande prosperidade. Em 1857, crise. Em 1858, melhora. Em 1859, grande prosperidade, aumento das fábricas. Em 1860, apogeu da indústria algodoeira inglesa. Os mercados indiano, australiano e de outros países encontram-se tão saturados que, ainda em 1863, mal haviam conseguido absorver todo o encalhe. Tratado comercial com a França. Enorme crescimento das fábricas e da maquinaria. Em 1861, a melhora continua por algum tempo; reação, Guerra Civil Americana, escassez de algodão. De 1862 a 1863, colapso total.

A história da escassez de algodão é característica demais para que não nos ocupemos dela por um instante. Os indicadores das condições do mercado mundial de 1860 a 1861 mostram que a crise do algodão foi oportuna e parcialmente vantajosa para os fabricantes, fato reconhecido nos relatórios da Câmara de Comércio de Manchester, proclamado no Parlamento por Palmerston e Derby, e confirmado pelos acontecimentos[236]. Certamente, em 1836, muitas dentre as 2.887 fábricas algodoeiras do Reino Unido eram pequenas. Segundo o relatório do inspetor de fábrica A. Redgrave, cujo distrito administrativo compreendia 2.109 dessas 2.887 fábricas, 392 delas, ou seja 19%, empregavam menos de 10 cavalos-vapor; 345 delas, ou 16%, empregavam entre 10 e 20 cavalos-vapor, ao passo que 1.372 empregavam 20 ou mais cavalos-vapor[237]. A maioria das pequenas fábricas eram tecelagens, construídas a partir de 1858, durante o período de prosperidade, a maior parte delas por especuladores, dos quais um fornecia o fio, outro a maquinaria e um terceiro, o prédio, sob a direção de antigos *overlookers* [capatazes] ou de outras pessoas desprovidas de recursos. A maior parte desses pequenos fabricantes se arruinou. O mesmo destino lhes teria reservado a crise comercial, evitada pela crise algodoeira. Embora constituíssem um terço do número de fabricantes, suas fábricas absorviam uma parte incomparavelmente menor do capital investido na indústria algodoeira. Quanto à magnitude da paralisação, segundo estimativas fidedignas, 60,3% dos fusos e 58% dos teares estavam parados em outubro de 1862. Isso se refere a todo o ramo industrial e, naturalmente, modificava-se muito em cada distrito individual. Apenas algumas poucas fábricas trabalhavam em tempo integral (60 horas semanais); as demais trabalhavam com interrupções. Mesmo no que diz respeito aos poucos trabalhadores ocupados em tempo integral e que

---

[236] Cf. "Reports of Insp. of Fact. for 31st Oct. 1862", p. 30.
[237] Ibidem, p. 18-9.

habitualmente recebiam por peça, seu salário semanal era necessariamente reduzido devido à substituição do algodão de melhor qualidade pelo pior, das Sea Islands* pelo egípcio (nas fiações finas), do americano e egípcio pelo *surat* (das Índias Orientais), e do algodão puro por misturas de restos de algodão com *surat*. A fibra mais curta do algodão *surat*, a impureza que lhe é natural, a maior fragilidade das fibras e a substituição da farinha, a fim de engomar os fios da urdidura etc., por todo tipo de ingredientes mais pesados diminuíam a velocidade da maquinaria ou o número de teares que um tecelão podia vigiar, aumentando o trabalho destinado a corrigir os erros da máquina e reduzindo, juntamente com a quantidade menor dos produtos, a remuneração por peça. Com o uso de *surat* e o trabalho em tempo integral, a perda do trabalhador aumentou em 20-30% e até mais. Porém, a maioria dos fabricantes também rebaixou a taxa de salário por peça em 5, 7,5 e 10%. Compreende-se, portanto, a situação daqueles que só estavam ocupados por 3, 3^1/$_2$ ou 4 dias por semana, ou apenas 6 horas por dia. Em 1863, já depois de uma melhoria relativa, os salários semanais dos tecelões, fiandeiros etc. eram de 3 xelins e 4 *pence*, 3 xelins e 10 *pence*, 4 xelins e 6 *pence*, 5 xelins e 1 *peeny* etc.[238] Mesmo nessas condições angustiosas, não se esgotava o espírito inventivo do fabricante em matéria de descontos salariais. Estes eram impostos, em parte, como multas por defeitos no produto, provocados pela má qualidade do algodão, maquinaria inadequada etc. Mas onde o fabricante era o proprietário dos *cottages* [casebres] dos trabalhadores, ele cobrava os aluguéis por meio de descontos no salário nominal. O inspetor de fábrica Redgrave narra o caso de *self-acting minders* (que supervisionam várias *self-acting mules*) que, "ao término de 14 dias de trabalho integral, recebiam 8 xelins e 11 *pence*, de cuja soma se descontava o aluguel da casa, ainda que o fabricante lhes devolvesse a metade como presente, de modo que os *minders* levavam para casa 6 xelins e 11 *pence*. Ao final de 1862, o salário semanal dos tecelões variava de 2 xelins e 6 *pence* para cima"[239].

Mesmo quando a mão de obra trabalhava apenas em horário reduzido, o aluguel era frequentemente descontado de seus salários[240]. Não é de admirar, portanto, que em alguns distritos de Lancashire se alastrasse uma espécie de peste de fome! Mas o mais característico de tudo isso é como o revolucionamento do processo de produção se realizou à custa do trabalhador. Assistiu-se a verdadeiros *experimenta in corpore vili* [experimentos num corpo sem valor], como aqueles que os anatomistas realizam em rãs.

---

* Variedade de algodão produzida nas Sea Islands, grupo de ilhas menores que se estende do rio Santee, na Carolina do Sul, até a desembocadura do rio San Juan, no norte da Flórida. (N. T.)
[238] "Reports of Fact. for 31st Oct. 1863", p. 41-5, 51.
[239] Ibidem, p. 41-2.
[240] Ibidem, p. 57.

"Embora" – diz o inspetor de fábrica Redgrave – "eu tenha informado as quantias de fato recebidas pelos operários em muitas fábricas, disso não se deve concluir que eles recebam a mesma quantia a cada semana. Os operários estão à mercê das maiores flutuações em razão das constantes experimentações (*experimentalizing*) dos fabricantes [...]. As remunerações dos trabalhadores aumentam ou diminuem segundo a qualidade da mistura do algodão; ora ficam 15% abaixo de seus ganhos antigos, ora caem, duas semanas depois, a 50 ou 60% daquele valor."[241]

Esses experimentos não eram feitos somente à custa dos meios de subsistência dos trabalhadores. Eles tinham de pagar por isso com todos os seus cinco sentidos.

"Os trabalhadores ocupados em abrir os fardos de algodão informaram que o odor insuportável lhes causava náuseas [...]. Nas oficinas de mistura, *scribbling* [carduçar] e cardagem, o pó e a sujeira que se desprendem irritam todos os orifícios da cabeça, provocam tosse e dificultam a respiração [...]. Como a fibra é muito curta, engomá-la requer a adição de uma grande quantidade de material, e todo tipo de substitutos para a farinha anteriormente usada. Isso provoca náusea e dispepsia nos tecelões. Por causa do pó, a bronquite está generalizada, assim como a inflamação da garganta e também uma doença da pele, causada pela irritação provocada pela sujeira contida no *surat*."

Por outro lado, os substitutos da farinha, aumentando o peso do fio, eram para os senhores fabricantes uma sacola de Fortunato*. Eles faziam "15 libras de matéria-prima pesarem 20 libras depois de tecidas"[242]. No relatório dos inspetores de fábrica de 30 de abril de 1864, lê-se:

"A indústria explora atualmente essa fonte auxiliar numa proporção de fato indecente. Sei, de fonte confiável, que um tecido de 8 libras é fabricado com 5¼ libras de algodão e 2¾ libras de goma. Outro tecido, de 5¼ libras, continha 2 libras de goma. Tratava-se, neste caso, de *shirtings* [tecido para camisas] ordinários para exportação. Em gêneros de outros tipos, agrega-se, por vezes, 50% de goma, de forma que os fabricantes podem se vangloriar, e realmente o fazem, de que enriquecem com a venda de tecidos por um preço menor do que custa o fio contido neles nominalmente".[243]

Não foram apenas os operários que tiveram de sofrer com as experimentações dos fabricantes nas fábricas e das municipalidades fora das fábricas, com a redução de salários e com o desemprego, com a escassez e as esmolas, com os discursos laudatórios dos lordes e dos membros da Câmara dos Comuns.

---

[241] "Reports etc. 31st Oct. 1863", p. 50-1.
* Personagem de um livro popular alemão do século XVI: Fortunato possui uma sacola de dinheiro que nunca se esvazia e um chapéu que o leva para onde deseja. (N. T.)
[242] Ibidem, p. 62-3.
[243] "Reports etc. 30th April 1864", p. 27.

Karl Marx – O capital

"Infortunadas mulheres, desempregadas em decorrência da crise do algodão, tornaram-se párias da sociedade e continuaram a sê-lo [...]. O número de jovens prostituídas cresceu mais do que nos últimos 25 anos."[244]

Portanto, nos primeiros 45 anos da indústria algodoeira britânica, de 1770 a 1815, encontramos apenas cinco anos de crise e estagnação, mas esse foi o período de seu monopólio mundial. O segundo período, ou seja, os 48 anos que vão de 1815 a 1863, conta apenas vinte anos de recuperação e prosperidade contra 28 de depressão e estagnação. De 1815 a 1830, tem início a concorrência com a Europa continental e os Estados Unidos. A partir de 1833, a expansão dos mercados asiáticos se impõe por meio da "destruição da raça humana"*. Desde a revogação das leis dos cereais, de 1846 a 1863, houve oito anos de vitalidade e prosperidade médias contra nove de depressão e estagnação. A nota que inserimos abaixo permite julgar a situação dos trabalhadores masculinos adultos nas fábricas algodoeiras, mesmo durante as épocas de prosperidade[245].

---

[244] De uma carta do *chief constable* [chefe de polícia] Harris, de Bolton, em "Reports of Insp. of Fact. 31st Oct. 1856", p. 61-2.

* Marx refere-se à intensidade com que os comerciantes privados ingleses tomaram conta do mercado chinês após a supressão do monopólio da Companhia das Índias Orientais no comércio com a China (1833). Para esse fim, qualquer meio lhes era lícito. A primeira Guerra do Ópio (1839-1842), uma guerra de agressão da Inglaterra contra a China, deveria abrir o mercado chinês ao comércio inglês. Com ela teve início a transformação da China numa nação semicolonial. Desde o início do século XIX, a Inglaterra, contrabandeando para a China o ópio produzido na Índia, tentou equilibrar o passivo de sua balança comercial com aquele país, porém encontrou a oposição das autoridades chinesas, que em 1839 confiscaram carregamentos inteiros de ópio a bordo de navios estrangeiros em Cantão e os mandaram incinerar. Esse foi o pretexto para a guerra na qual a China acabou derrotada. Os ingleses se aproveitaram dessa derrota da China feudal e retrógrada e impuseram-lhe o espoliador tratado de paz de Nanquim (agosto de 1842). O Tratado de Nanquim determinava a abertura de cinco portos chineses (Cantão, Hanói, Futchu, Ningpo e Xangai) ao comércio inglês, a concessão de Hong Kong à Inglaterra para todo sempre e o pagamento de altos tributos a essa nação. Com o protocolo adicional do Tratado de Nanquim, a China também foi obrigada a reconhecer aos estrangeiros em seu país o direito da extraterritorialidade. (N. E. A. MEW)

[245] Num chamamento aos trabalhadores do algodão, na primavera de 1863, para a formação de uma sociedade de emigração, é dito, entre outras coisas: "Que uma grande emigração de trabalhadores fabris é, agora, absolutamente necessária, poucos hão de negar. Mas que em todos os tempos é necessário um fluxo contínuo de emigração, sem o qual é impossível manter nossa posição em circunstâncias normais, é algo demonstrado pelos seguintes fatos: no ano de 1814, o valor oficial" (que não é mais do que um índice da quantidade) "dos artigos de algodão exportados foi de £17.665.378, enquanto seu valor real de mercado foi de £20.070.824. Em 1858, o valor oficial dos artigos de algodão exportados subiu para £182.221.681, mas seu valor real de mercado não ultrapassou £43.001.322, de modo que a decuplicação da quantidade foi acompanhada apenas de pouco mais do que a duplicação do equivalente. Diversas

8. O revolucionamento da manufatura, do artesanato e do trabalho domiciliar pela grande indústria

a) Suprassunção da cooperação fundada no artesanato e na divisão do trabalho

Vimos como a maquinaria suprassume [*aufhebt*] a cooperação baseada no artesanato e a manufatura baseada na divisão do trabalho artesanal. Um exemplo do primeira tipo é a máquina de ceifar, que substitui a cooperação de ceifeiros. Um exemplo cabal do segundo tipo é a máquina para fabricação de agulhas de costura. Segundo Adam Smith, à sua época dez homens fabricavam diariamente, por meio da divisão do trabalho, mais de 48 mil agulhas de costura. Mas uma única máquina fornece 145 mil agulhas numa jornada de trabalho de 11 horas. Uma mulher ou uma moça supervisiona, em média, quatro dessas máquinas e, assim, produz com a maquinaria 600 mil por dia, isto é, mais de 3 milhões de agulhas de costura por semana[246]. Na medida em que uma única máquina de trabalho assume o lugar da cooperação ou da manufatura, ela mesma pode servir novamente de base para a produção de tipo artesanal. Mas essa reprodução do artesanato com base na maquinaria constitui apenas a transição para a produção fabril, que, em regra, surge sempre que a força motriz mecânica, vapor ou água, substitui os músculos humanos na tarefa de movimentar da máquina. Esporadicamente, e também de modo apenas transitório, a pequena indústria pode vincular-se à força motriz mecânica por meio do aluguel de vapor, como em algumas manufaturas de Birmingham, por meio do uso de pequenas máquinas calóricas, como em certos ramos da tecelagem etc.[247]. Na tecelagem

---

causas cooperaram para produzir resultados tão funestos para o país de modo geral e para os trabalhadores fabris em particular. Uma das mais óbvias é a constante superabundância de trabalho, indispensável nesse ramo industrial, que, sob pena de aniquilação, requer uma expansão constante do mercado. Nossas fábricas de algodão poderiam ser paralisadas por causa da estagnação periódica do comércio, estagnação que, sob o ordenamento atual, é tão inevitável quanto a própria morte. Mas nem por isso adormece o espírito inventivo da humanidade. Ainda que 6 milhões de trabalhadores, calculando por baixo, tenham abandonado este país nos últimos 25 anos, há uma grande percentagem de homens adultos que, em consequência do constante deslocamento de trabalhadores para baratear a produção, não consegue encontrar nas fábricas nenhum tipo de ocupação, sob quaisquer condições, e mesmo nas épocas de maior prosperidade", "Reports of Insp. of Fact. 30th April 1863", p. 51-2. Num capítulo posterior, veremos como os senhores fabricantes, durante a catástrofe do algodão, procuraram impedir a emigração dos operários fabris a todo custo, recorrendo, para isso, até mesmo à interferência estatal.

[246] Ch. Empl. Comm., "III Report", 1864, p. 108, n. 447.
[247] Nos Estados Unidos, é frequente essa reprodução da produção artesanal fundada na maquinaria. Justamente por isso, a concentração, quando ocorre a inevitável transição

de seda em Coventry, desenvolveu-se, de forma natural, o experimento das "fábricas-*cottages*". No meio de fileiras de *cottages*, dispostas em quadrado, construiu-se uma assim chamada *engine-house* [casa de máquinas] para a máquina a vapor, e esta, por meio de cabos, foi ligada aos teares dentro dos *cottages*. Em todos os casos, o vapor era alugado, por exemplo, a 2^1/$_2$ xelins por tear. Essa renda do vapor tinha de ser paga semanalmente, quer os teares estivessem em funcionamento, quer não. Cada *cottage* continha de 2 a 6 teares, pertencentes aos trabalhadores, comprados a crédito ou alugados. A luta entre a fábrica-*cottage* e a fábrica propriamente dita se arrastou por mais de 12 anos, e terminou com a ruína total das 300 *cottage factories*[248]. Onde a natureza do processo não condicionava desde o início a produção em larga escala, as novas indústrias implantadas nas últimas décadas, como a da fabricação de envelopes, de penas de aço etc., percorreram, em geral, primeiro a empresa artesanal, depois a empresa manufatureira, como fases transitórias e efêmeras até a empresa fabril. Essa metamorfose permanece a mais difícil, na qual a produção manufatureira do artigo não inclui qualquer sequência de processos de desenvolvimento, mas uma multiplicidade de processos diferentes. Tal foi, por exemplo, o grande obstáculo à fabricação de penas de aço. No entanto, há uns 15 anos já foi inventado um autômato que executa 6 processos distintos ao mesmo tempo. Em 1820, a produção artesanal forneceu as primeiras 12 dúzias de penas de aço ao preço de £7 e 4 xelins; em 1830, a manufatura já as fornecia a 8 xelins e hoje a fábrica as fornece ao comércio atacadista a um preço entre 2 a 6 *pence*[249].

b) Efeito retroativo do sistema fabril sobre a manufatura e o trabalho domiciliar

Com o desenvolvimento do sistema fabril e o conseguinte revolucionamento da agricultura, não só se amplia a escala da produção nos demais ramos da indústria como também se modifica seu caráter. Por toda parte torna-se determinante o princípio da produção mecanizada, a saber, analisar o processo de produção em suas fases constitutivas e resolver os problemas assim dados por meio da aplicação da mecânica, da química etc.,

---

para a produção fabril, avançará com botas de sete léguas, em comparação com o que ocorre na Europa e mesmo na Inglaterra.

[248] Cf. "Reports of Insp. of Fact., 31st Oct. 1865", p. 64.

[249] O sr. Gillot instalou em Birmingham a primeira manufatura de penas de aço em larga escala. Já em 1851 ela fornecia mais de 180 milhões de penas e consumia 120 toneladas de chapas de aço por ano. Birmingham, que monopoliza essa indústria no Reino Unido, produz hoje anualmente bilhões de penas de aço. Segundo o censo de 1861, o número de pessoas ocupadas chegava a 1.428, das quais 1.268 operárias de 5 anos de idade em diante.

em suma, das ciências naturais. Logo, a maquinaria se impõe, ora neste, ora naquele processo parcial no interior das manufaturas. Com isso, a cristalização rígida da organização manufatureira, que tem origem na velha divisão do trabalho, é dissolvida e dá lugar a uma modificação incessante. Além disso, a composição do trabalhador coletivo ou do pessoal combinado de trabalho é revolucionada desde seus fundamentos. Contrariamente ao período da manufatura, agora o plano da divisão do trabalho se baseia, sempre que possível, na utilização do trabalho feminino, do trabalho de crianças de todas as idades, de trabalhadores não qualificados, em suma, do *"cheap labour"*, o "trabalho barato", como o inglês o denomina de modo tão característico. Isso vale não só para toda a produção combinada em larga escala, quer empregue maquinaria ou não, mas também para a assim chamada indústria domiciliar, tenha ela lugar nas residências privadas dos trabalhadores ou em pequenas oficinas. Essa assim chamada indústria domiciliar moderna nada tem a ver, exceto pelo nome, com a indústria domiciliar antiga, que pressupunha um artesanato urbano e uma economia camponesa independentes, além de, sobretudo, um lar da família trabalhadora. Atualmente, essa indústria se converteu no departamento externo da fábrica, da manufatura ou da grande loja. Além dos trabalhadores fabris, dos trabalhadores manufatureiros e dos artesãos, que ele concentra espacialmente em grandes massas e comanda diretamente, o capital movimenta, por fios invisíveis, um outro exército: o dos trabalhadores domiciliares, espalhados pelas grandes cidades e pelo campo. Exemplo: a fábrica de camisas do sr. Tillie, em Londonderry, Irlanda, que emprega mil trabalhadores na fábrica e 9 mil trabalhadores domiciliares dispersos pelo campo[250].

A exploração de forças de trabalho baratas e imaturas torna-se mais inescrupulosa na manufatura moderna do que na fábrica propriamente dita, pois a base técnica existente nesta última, a substituição da força muscular por máquinas e a facilidade do trabalho é algo que inexiste, em grande parte, na primeira, que, ao mesmo tempo, submete o corpo de mulheres e crianças, com a maior naturalidade, à influência de substâncias tóxicas etc. Essa exploração se torna ainda mais inescrupulosa no assim chamado trabalho domiciliar do que na manufatura, porque a capacidade de resistência dos trabalhadores diminui em consequência de sua dispersão, porque toda uma série de parasitas rapaces se interpõe entre o verdadeiro patrão e o trabalhador, porque o trabalho domiciliar compete em toda parte e no mesmo ramo da produção com a indústria mecanizada ou, ao menos, manufatureira; porque a pobreza rouba do trabalhador as condições de trabalho mais essenciais, como espaço, luz, ventilação etc.; porque cresce a instabilidade

---

[250] Ch. Empl. Comm., "II Rep.", 1864, p. lxviii, n. 415.

do emprego e, finalmente, porque a concorrência entre os trabalhadores atinge necessariamente seu grau máximo nesses últimos refúgios daqueles que a grande indústria e a grande agricultura transformaram em "supranumerários [*überzählig*]". A economia dos meios de produção, que a produção mecanizada desenvolve sistematicamente pela primeira vez e que consiste, ao mesmo tempo, no desperdício mais inescrupuloso de força de trabalho e no roubo dos pressupostos normais da função do trabalho, revela agora tanto mais esse seu aspecto antagônico e homicida quanto menos estiverem desenvolvidas, num ramo industrial, a força produtiva social do trabalho e a base técnica dos processos combinados de trabalho.

c) A manufatura moderna

Ilustrarei agora, com alguns exemplos, as proposições anteriormente enunciadas. O leitor já conhece uma massiva documentação apresentada na seção sobre a jornada de trabalho. As manufaturas metalúrgicas em Birmingham e adjacências empregam, em grande parte para trabalhos muito pesados, 30 mil crianças e adolescentes, além de 10 mil mulheres. Aí podemos encontrá-los nas insalubres fundições de latão, fábricas de botões, oficinas de esmaltação, galvanização e laqueamento[251]. O excesso de trabalho, para maiores e menores de idade, garantiu a diversas gráficas de jornais e livros de Londres a honrosa alcunha de "matadouro"[251a]. Os mesmos excessos, cujas vítimas são principalmente mulheres, moças e crianças, ocorrem no ramo da encadernação de livros. Trabalho pesado para menores nas cordoarias, trabalho noturno em salinas, em manufaturas de velas e outras manufaturas químicas; utilização assassina de adolescentes como força motriz de teares nas tecelagens de seda não movidas mecanicamente[252]. Um dos trabalhos mais infames, abjetos e mal pagos, para o qual são preferencialmente empregados rapazes e mulheres, é o de classificar farrapos. É sabido que a Grã-Bretanha, além de seus inúmeros esfarrapados* próprios, constitui o empório para o comércio de farrapos do mundo inteiro. Eles afluem do Japão, dos mais longínquos Estados da América do Sul e das ilhas Canárias. Mas as principais fontes de suprimento são Alemanha, França, Rússia, Itália, Egito, Turquia, Bélgica e Holanda. Servem como adubo, para a fabricação

---

[251] E em Sheffield, atualmente, ocorre até mesmo o emprego de crianças nas oficinas de esmerilhamento!

[251a] Ch. Empl. Comm., "V. Rep.", 1866, p. 3, n. 24; p. 6, n. 55-6; p. 7, n. 59-60.

[252] Ibidem, p. 114-5, n. 6-7. O comissário observa corretamente que, embora o habitual seja a máquina substituir o homem, aqui é o jovem que, *verbatim* [literalmente], substitui a máquina.

* Marx joga, aqui, com a palavra *Lumpen*, que significa tanto farrapo, trapo, quanto (indivíduo) esfarrapado, maltrapilho, vadio. (N. T.)

de estofo (para roupa de cama), *shoddy* (lã artificial) e como matéria-prima do papel. Os classificadores de farrapos servem como transmissores de varíola e de outras epidemias, cujas primeiras vítimas são eles mesmos[253]. Como exemplo clássico de sobretrabalho, trabalho pesado e inadequado e da consequente brutalização dos trabalhadores consumidos desde a infância, podemos citar, além da mineração e da produção de carvão, a fabricação de tijolos, ramos nos quais, na Inglaterra, a máquina recém-inventada só é usada esporadicamente (1866). Entre maio e setembro, o trabalho dura de 5 horas da manhã até 8 da noite e, onde a secagem é feita ao ar livre, ele com frequência se estende de 4 horas da manhã às 9 da noite. A jornada de trabalho de 5 horas da manhã às 7 da noite é considerada "reduzida", "moderada". Crianças de ambos os sexos são empregadas a partir do sexto ou até mesmo do quarto ano de idade. Elas trabalham o mesmo número de horas dos adultos, e frequentemente mais do que eles. O trabalho é árduo e o calor do verão aumenta ainda mais o cansaço. Numa olaria em Mosley, por exemplo, uma moça de 24 anos fabricava diariamente 2 mil tijolos, tendo por auxiliares duas moças menores de idade, que traziam a argila e empilhavam os tijolos. Essas moças carregavam 10 toneladas de argila por dia, percorrendo um trajeto de 210 pés, por um aclive escorregadio de uma escavação de 30 pés de profundidade.

> "É impossível que uma criança passe pelo purgatório de uma olaria sem experimentar uma grande degradação moral. [...] A linguagem indigna que ela tem de ouvir desde a mais terna infância, os hábitos obscenos, indecentes e desavergonhados entre os quais as crianças crescem, ignorantes e até selvagens, fazem delas, para o resto da vida, pessoas desaforadas, vis e dissolutas. [...] Uma terrível fonte de desmoralização são as condições em que moram. Cada *moulder* (moldador)" (o trabalhador verdadeiramente qualificado e chefe de um grupo de trabalho) "fornece, a seu grupo de sete pessoas, alojamento e refeições em seu casebre ou *cottage*. Pertencendo ou não a sua família, dormem em seu casebre homens, adolescentes e moças. O casebre consiste em dois (excepcionalmente, três) quartos, todos térreos, com pouca ventilação. Os corpos estão tão exaustos pela grande transpiração durante o dia que não se observam quaisquer regras de higiene, limpeza ou decência. Muitos desses casebres são verdadeiros modelos de desordem, sujeira e pó. [...] O maior mal desse sistema, que emprega moças nesse tipo de trabalho, está em que ele geralmente as agrilhoa, desde a infância e por toda a vida, à corja mais depravada. Elas se convertem em rapazes rudes e desbocados (*rough, foul-mouthed boys*) antes mesmo que a natureza lhes tenha ensinado que são mulheres. Vestidas com uns poucos farrapos imundos, pernas desnudas até bem acima dos joelhos, cabelos e rostos tisnados, aprendem a desdenhar de todos os sentimentos de decência e recato. Durante as horas das refeições, deitam-se pelos campos ou espiam os rapazes que se banham

---

[253] Ver relatório sobre o comércio de trapos e inúmeros documentos: Public Health, "VIII Report" (Londres, 1866). Apêndice, p. 196-208.

num canal próximo. Por fim, concluída sua árdua faina cotidiana, vestem trajes melhores e acompanham os homens às tabernas."

Nada mais natural do que a enorme ocorrência de alcoolismo, já desde a infância, nessa classe inteira. "O pior é que o oleiros desesperam de si mesmos. Um dos melhores desses trabalhadores declarou ao vicário de Southallfield: 'é tão fácil conseguir educar e melhorar o diabo quanto o oleiro, senhor!' ('*You might as well try to raise and improve the devil as a brickie, Sir!*')."[254]

Sobre o modo como os capitalistas economizam condições de trabalho na manufatura moderna (que inclui, aqui, todos as oficinas em larga escala, com exceção das fábricas propriamente ditas), encontra-se farto material oficial nos "Public Health Reports IV" (1861) e VI (1864). A descrição dos *workshops* (ateliês de trabalho), especialmente o dos impressores e alfaiates londrinos, vai além das fantasias mais repulsivas de nossos romancistas. As consequências sobre o estado de saúde dos trabalhadores é evidente. O dr. Simon, o mais graduado funcionário médico do Privy Council* e editor oficial dos "Public Health Reports", diz, entre outras coisas:

> "Em meu quarto relatório (1861) mostrei como é praticamente impossível para os trabalhadores obter o cumprimento daquilo que é seu primeiro direito em matéria de saúde, a saber, que o trabalho, qualquer que seja a atividade para a qual os trabalhadores são reunidos, esteja livre de todas as condições insalubres que possam ser evitadas pelo empregador. Demonstrei que, enquanto os trabalhadores forem praticamente incapazes de impor eles mesmos essa justiça sanitária, não poderão obter nenhuma ajuda eficaz dos funcionários nomeados da polícia sanitária. [...] Atualmente, a vida de miríades de trabalhadores e trabalhadoras é inutilmente torturada e abreviada por intermináveis sofrimentos físicos causados por sua mera ocupação."[255]

A fim de ilustrar a influência dos locais de trabalho sobre o estado de saúde dos trabalhadores, o dr. Simon inclui em seu relatório a seguinte tabela de mortalidade[256]:

---

[254] Child. Empl. Comm., "V. Report", 1866, p. XVI-XVIII, n. 86-97; p. 130-3, n. 39-71. Cf. também idem, "III Report", 1864, p. 48, 56.

* Ver nota * na p. 318. (N. E. A. MEW)

[255] Public Health, "Sixth Report", cit., p. 29, 31.

[256] Ibidem, p. 30. O dr. Simon observa que a mortalidade entre os alfaiates e impressores entre 25 e 35 é, na verdade, muito maior, pois seus patrões de Londres obtêm no campo um grande número de jovem de até 30 anos, que fazem trabalhar como "aprendizes" e "*improvers*" (aqueles que querem se aperfeiçoar em seu ofício). Estes figuram no censo como londrinos, incham o número de pessoas com base no qual se calcula a taxa de mortalidade em Londres, porém sem contribuir proporcionalmente para o número de casos de morte nessa cidade. Grande parte deles, com efeito, retorna ao campo, e muito especialmente em casos de doenças graves. Cf. idem.

Número de pessoas de todas as faixas etárias empregadas na indústria	Indústrias comparadas no que diz respeito à saúde	Taxa de mortalidade por 100 mil homens nas respectivas indústrias e nas faixas etárias indicadas		
		25 a 35 anos	35 a 45 anos	45 a 55 anos
958.265	Agricultores na Inglaterra e no País de Gales	743	805	1.145
22.301 homens 12. 377 mulheres	Alfaiates de Londres	958	1.262	2.093
13.803	Impressores de Londres	894	1.747	2.367

d) O trabalho domiciliar moderno

Passo, agora, ao assim chamado trabalho domiciliar. Uma ideia dessa esfera de exploração do capital, erigida na retaguarda da grande indústria, bem como de suas monstruosidades, é dada, por exemplo, pela fabricação de pregos[257], de aparência tão idílica, em alguns vilarejos longínquos da Inglaterra. Bastarão, aqui, alguns exemplos extraídos da fabricação de rendas e de palha trançada, ramos ainda não mecanizados de modo algum, ou que concorrem com a indústria mecanizada e manufatureira.

Das 150 mil pessoas ocupadas na produção inglesa de rendas, cerca de 10 mil enquadram-se na Lei Fabril de 1861. A imensa maioria das 140 mil restantes são mulheres, adolescentes e crianças de ambos os sexos, embora o sexo masculino só esteja parcamente representado. O estado de saúde desse material "barato" de exploração pode ser constatado na seguinte tabela do dr. Trueman, médico na *General Dispensary* [policlínica geral] de Nottingham. De cada 686 pacientes rendeiras, a maioria entre 17 e 24 anos de idade, o número de tuberculosas era:

1852 – 1 de cada 45	1857 – 1 de cada 13
1853 – 1 de cada 28	1858 – 1 de cada 15
1854 – 1 de cada 17	1859 – 1 de cada 9
1855 – 1 de cada 18	1860 – 1 de cada 8
1856 – 1 de cada 15	1861 – 1 de cada 8[258]

---

[257] Trata-se, aqui, de pregos feitos a martelo, diferentemente daqueles produzidos à máquina. Ver Child. Empl. Comm., "III Report", p. XI, XIX, n. 125-30; p. 52, n. 11; p. 113-4, n. 487; p. 137, n. 674.
[258] Ibidem, p. XXII, n. 166.

Essa progressão na taxa de casos de tuberculose há de ser suficiente para o mais otimista dos progressistas e o mais mentiroso dos mascates alemães do livre-câmbio.

A Lei Fabril de 1861 regulamenta a fabricação de rendas propriamente dita quando realizada à máquina, o que é a regra na Inglaterra. Os ramos, que aqui examinaremos brevemente, incluindo somente aqueles nos quais os trabalhadores, em vez de estarem concentrados em manufaturas, estabelecimentos comerciais etc., atuam apenas como os assim chamados trabalhadores domiciliares e dividem-se em 1) *finishing* (último acabamento das rendas feitas a máquina, um ramo que, por sua vez, compreende inúmeras subdivisões) e 2) rendas de bilros.

O *lace finishing* [acabamento da renda] é realizado como trabalho domiciliar, seja nas assim chamadas *mistresses houses* [casas de mestras], ou por mulheres que trabalham em suas próprias casas, sozinhas ou com seus filhos. As mulheres que mantêm as *mistresses houses* são igualmente pobres. O local de trabalho é uma parte de sua residência privada. Elas recebem encomendas de fabricantes, proprietários de grandes lojas etc. e empregam mulheres, moças e crianças pequenas, conforme o tamanho dos aposentos disponíveis e a demanda flutuante do negócio. O número de trabalhadoras ocupadas varia de vinte a quarenta em alguns locais, e de dez a vinte em outros. Seis anos é a média da idade mínima com que as crianças começam a trabalhar, mas algumas o fazem com menos de 5 anos. O tempo de trabalho habitual é das 8 horas da manhã às 8 da noite, com 1 hora e meia para as refeições, feitas de modo irregular e muitas vezes nos próprios buracos fétidos onde se trabalha. Se os negócios vão bem, o trabalho costuma durar das 8 horas (às vezes, das 6 horas) da manhã até as 10, 11 ou 12 horas da noite. Nas casernas inglesas, o espaço regulamentar de cada soldado é de 500 a 600 pés cúbicos; nos lazaretos militares, é de 1.200. Naqueles buracos de trabalho, em contrapartida, cada pessoa dispõe de 67 a 100 pés cúbicos. Ao mesmo tempo, a iluminação a gás consome o oxigênio do ambiente. Para manter as rendas limpas, as crianças têm frequentemente de tirar os sapatos, mesmo no inverno, sendo o assoalho revestido de lajota ou ladrilho.

> "Em Nottingham, não é nada incomum encontrar de quinze a vinte crianças amontoadas num cubículo de talvez não mais que 12 pés quadrados, ocupadas durante 15 das 24 horas do dia num trabalho por si mesmo extenuante por seu fastio e monotonia, e, além disso, executado nas condições mais insalubres possíveis [...]. Mesmo as crianças mais jovens trabalham com atenção redobrada e numa velocidade espantosa, quase nunca podendo descansar seus dedos ou movimentar-se mais lentamente. Quando se lhes pergunta algo, jamais erguem os olhos do serviço por receio de perder um só instante."

À medida que a jornada avança, as *mistresses* usam de uma "vara longa" para incentivar as rendeiras a manterem o ritmo de trabalho.

Maquinaria e grande indústria

"Ao final de sua longa prisão numa atividade monótona, prejudicial à visão e estafante por causa da uniformidade da postura corporal, as crianças se cansam cada vez mais, tornando-se inquietas como pássaros. É um verdadeiro trabalho escravo" (*"Their work is like slavery"*)[259].

Onde as mulheres trabalham em casa com seus próprios filhos, isto é, em sentido moderno, num quarto alugado, frequentemente num sótão, as condições são, quando isso é possível, ainda piores. Esse tipo de trabalho é distribuído num raio de 80 milhas em torno de Nottingham. Quando a criança ocupada nos estabelecimentos comerciais deixa o trabalho às 9 ou 10 horas da noite, é comum que ela ainda receba um pacote para aprontar em casa. O fariseu capitalista, representado por um de seus lacaios assalariados, faz isso com naturalidade, proferindo a untuosa frase: "isto é para a mamãe", porém plenamente consciente de que a pobre criança terá de ajudar no trabalho[260].

A indústria das rendas de bilros concentra-se principalmente em dois distritos agrícolas ingleses, o distrito rendeiro de Honiton, que ocupa de 20 a 30 milhas ao longo da costa meridional de Devonshire e inclui uns poucos lugares de North Devon, e outro distrito, que se estende sobre grande parte dos condados de Buckingham, Bedford, Northampton e as localidades vizinhas de Oxfordshire e Huntingdonshire. Os *cottages* dos diaristas agrícolas constituem geralmente os locais de trabalho. Alguns donos de manufatura chegam a empregar mais de 3 mil desses trabalhadores domiciliares, sobretudo crianças e adolescentes, unicamente do sexo feminino. Aqui se repetem as condições descritas no *lace finishing*. A diferença é que, no lugar das *mistresses houses*, surgem as assim chamadas *lace schools* (escolas de rendado), mantidas por mulheres pobres em seus casebres. As crianças trabalham nessas escolas a partir dos 5 anos de idade, às vezes menos, até os 12 ou 15 anos; durante o primeiro ano, os mais jovens trabalham de 4 a 8 horas; depois, das 6 horas da manhã até as 8 ou 10 horas da noite.

> "Os recintos são geralmente salas de estar comuns de pequenos *cottages*, com a chaminé tapada para evitar correntes de ar, os ocupantes mantendo-se aquecidos, também no inverno, apenas por seu próprio calor animal. Em outros casos, essas assim chamadas salas de aula são pequenas despensas, sem lareira. [...] A superlotação desses buracos e a poluição do ar assim causada são frequentemente extremas. Acrescenta-se a isso o efeito nocivo dos canais de esgotos, latrinas, substâncias em decomposição e de outras imundícies que se acumulam nas vias de acesso aos *cottages* menores."

Com relação ao espaço: "Numa escola de rendado, 18 moças e a mestra, 33 pés cúbicos por pessoa; em outra, onde o mau cheiro era insuportável, 18

---

[259] Child. Empl. Comm., "II. Report", 1864, p. XIX-XXI.
[260] Ibidem, p. XXI-XXII.

pessoas, 24,5 pés cúbicos por cabeça. Nessa atividade, podemos encontrar crianças de 2 e 2,5 anos de idade"[261].

Onde acaba a renda de bilros nos condados rurais de Buckingham e Bedford, começa o entrançado de palha. Ele compreende grande parte de Hertfordshire e regiões ocidentais e setentrionais de Essex. Em 1861, havia 48.043 pessoas ocupadas no entrançado de palha e na confecção de chapéus de palha, sendo 3.815 do sexo masculino em todas as faixas etárias, e as demais do sexo feminino, das quais 14.913 menores de 20 anos de idade, e 7 mil delas crianças. No lugar das escolas de rendado, surgem as *straw plait schools* (escolas de entrançado de palha). Nelas as crianças aprendem a entrançar a palha a partir dos 4 anos de idade, às vezes entre os 3 e os 4 anos. Educação, é claro, elas não recebem nenhuma. As próprias crianças chamam as escolas primárias de *natural schools* (escolas naturais), para diferenciá-las dessas instituições sugadoras de sangue, nas quais são obrigadas a trabalhar até que concluam a tarefa – geralmente 30 jardas por dia – exigida por suas mães semifamélicas. Essas mães costumam fazê-las trabalhar em casa até as 10, 11, 12 horas da noite. A palha lhes corta os dedos e a boca, com a qual a umedecem constantemente. Segundo o ponto de vista comum aos funcionários médicos de Londres, resumido pelo dr. Ballard, o espaço mínimo para cada pessoa num dormitório ou sala de trabalho é de 300 pés cúbicos. Nas escolas de entrançado de palha, porém, o espaço é distribuído ainda mais escassamente do que nas escolas de rendado, variando entre $12^2/_3$, 17, $18^1/_2$ e 22 pés cúbicos por pessoa.

"Os menores desses números", diz o comissário White, "representam um espaço menor do que aquele que uma criança ocuparia se empacotada numa caixa de 3 pés em todas as dimensões".

Assim desfrutam da vida essas crianças até os 12 ou 14 anos de idade. Os pais, miseráveis e degradados, só pensam em arrancar o máximo possível de seus filhos. Estes, por sua vez, quando crescidos, não dão mais a mínima para seus pais e os abandonam.

"Não admira que a ignorância e o vício abundem numa população criada dessa maneira. [...] Sua moralidade está no mais baixo nível. [...] Grande parte das mulheres têm filhos ilegítimos, e muitas numa idade tão precoce que até mesmo os familiarizados com estatística criminal ficam horrorizados."[262]

E a pátria dessas famílias-modelos, segundo afirma o conde de Montalembert, sem dúvida autoridade competente em matéria de cristianismo, é o país cristão modelar da Europa!

O salário, que já é miserável nos ramos de atividades que abordamos anteriormente (o salário máximo excepcionalmente pago às crianças nas escolas

---

[261] Ibidem, p. XXIX-XXX.
[262] Ibidem, p. XL-XLI.

de entrançado de palha é de 3 xelins), é ainda reduzido a muito menos do que seu montante nominal, por meio do *truck system* [sistema de pagamento com bônus], que prepondera de modo geral nos distritos rendeiros[263].

e) Transição da manufatura e do trabalho domiciliar modernos para a grande indústria. Aceleração dessa revolução mediante a aplicação das leis fabris a esses modos de produzir

O barateamento da força de trabalho por meio do simples abuso de forças de trabalho femininas e imaturas, do roubo de todas as condições normais de trabalho e de vida e da brutalidade nua e crua do trabalho excessivo e do trabalho noturno acaba por se chocar contra certas barreiras naturais que já não se podem transpor, assim como ocorre com o barateamento das mercadorias e a exploração capitalista em geral, que repousam sobre esses fundamentos. Assim que esse ponto é finalmente alcançado, e isso demora bastante, soa a hora para a introdução da maquinaria e a transformação, agora rápida, da produção domiciliar dispersa (ou inclusive da manufatura) em produção fabril.

O mais colossal exemplo desse movimento nos é fornecido pela produção de *wearing apparel* (acessórios de vestuário). Segundo a classificação da Children's Employment Commission, essa indústria compreende produtores de chapéus de palha e de chapéus femininos, produtores de gorros, alfaiates, *milliners* e *dressmakers*[264], camiseiros e costureiras, espartilheiros, luveiros, sapateiros, além de muitos ramos menores, como a fabricação de gravatas, colarinhos etc. O pessoal feminino ocupado nessas indústrias na Inglaterra e no País de Gales chegava, em 1861, a 586.298 pessoas, das quais pelo menos 115.242 eram menores de 20 anos e 16.560, menores de 15 anos. O número dessas trabalhadoras no Reino Unido (1861) era de 750.334. A quantidade de trabalhadores do sexo masculino ocupados à mesma época na confecção de chapéus, calçados, luvas e alfaiataria na Inglaterra e no País de Gales era de 437.969, dos quais 14.964 menores de 15 anos, 89.285 entre 15 a 20 anos e 333.117 maiores de 20 anos de idade. Nesses dados, não figuram muitos ramos menores que aí deveriam estar incluídos. Porém, se tomamos esses números tal como eles se apresentam, o resultado é, só para a Inglaterra e o País de Gales, segundo o censo de 1861, uma soma de 1.024.267 pessoas, portanto, aproximadamente tantas quantas são absorvidas pela agricultura e pela criação de gado. Começamos a entender por que a maquinaria ajuda a criar, como num passe de mágica, massas tão enormes de produtos e a "liberar" massas tão enormes de trabalhadores.

---

[263] Children's..., "First Report", 1863, p. 185.
[264] *Millinery* diz respeito, a rigor, apenas à confecção de toucados, porém compreende também a confecção de mantos e mantilhas, ao passo que as *dressmakers* são idênticas às nossas modistas.

A produção de *wearing apparel* é realizada por manufaturas, que apenas reproduziram em seu interior a divisão do trabalho, cujos *membra disjecta* já encontraram prontos; por mestres-artesãos menores, que já não trabalham, como antigamente, para consumidores individuais, mas para manufaturas e grandes lojas, de modo que cidades e regiões inteiras do país frequentemente se especializam em tais atividades, como fabricação de calçados etc.; por fim, e em maior medida, pelos assim chamados trabalhadores domiciliares, que constituem o departamento exterior das manufaturas, das grandes lojas e mesmo dos mestres-artesãos[265]. As massas de material de trabalho, matéria-prima, produtos semiacabados etc. são fornecidas pela grande indústria, e a massa do material humano barato (*taillable à merci et miséricorde* [disposta como bem se aprouver]) é composta por pessoas "liberadas" pela grande indústria e agricultura. As manufaturas dessa esfera devem seu nascimento principalmente à necessidade do capitalista de ter à sua disposição um exército sempre preparado para entrar em ação em qualquer flutuação da demanda[266]. Essas manufaturas, no entanto, deixam que a seu lado subsista, como sua ampla base, a dispersa produção artesanal e domiciliar. A grande produção de mais-valor nesses ramos de trabalho, juntamente com o barateamento progressivo de seus artigos, foi e é devida principalmente ao fato de que o salário é o mínimo necessário para vegetar de modo miserável, ao mesmo tempo que o tempo de trabalho é o máximo humanamente possível. Foi precisamente o baixo preço de sangue e suor humanos, transformados em mercadoria, que expandiu constantemente e continua a expandir a cada dia o mercado de escoamento dos produtos, e para a Inglaterra, em particular, também o mercado colonial, onde, além de tudo, predominam os hábitos e gostos ingleses. Chegou-se, por fim, a um ponto nodal. A base do velho método, a mera exploração brutal do material de trabalho, acompanhada em maior ou menor medida de uma divisão do trabalho sistematicamente desenvolvida, já não bastava a um mercado em expansão e à concorrência cada vez mais acirrada entre os capitalistas. Era chegada a hora da maquinaria. A máquina decisivamente revolucionária, que se apodera indistintamente de todos os inumeráveis ramos dessa esfera da produção, como as confecções de trajes finos, a alfaiataria, a fabricação de sapatos, a costura, a chapelaria etc., é a máquina de costura.

---

[265] A *millinery* e a *dressmaking* inglesas são geralmente exercidas nas residências dos patrões, em parte por operárias que aí residem e trabalham, em parte por trabalhadoras diaristas que residem fora.

[266] O comissário White visitou uma manufatura de uniformes militares que empregava entre 1.000 e 1.200 pessoas, quase todas do sexo feminino, uma manufatura de calçados com 1.300 pessoas, das quais praticamente a metade constituída por crianças e adolescentes etc., Child. Empl. Comm., "II Rep.", p. XLVII, n. 319.

Maquinaria e grande indústria

Seu efeito imediato sobre os trabalhadores é mais ou menos o de toda maquinaria que, no período da grande indústria, conquista novos ramos de atividade. Crianças muito pequenas são excluídas. O salário dos operários mecânicos se eleva comparativamente ao dos trabalhadores domiciliares, muitos dos quais pertencem aos "mais pobres dos pobres" (*the poorest of the poor*). Cai o salário dos artesãos mais bem colocados, com os quais a máquina concorre. Os novos operários mecânicos são exclusivamente meninas e moças. Com ajuda da força mecânica, elas acabam com o monopólio do trabalho masculino em tarefas pesadas e expulsam das tarefas mais leves multidões de mulheres idosas e crianças imaturas. A concorrência avassaladora abate os trabalhadores manuais mais fracos. Em Londres, ao longo da última década, o horrendo aumento da morte por inanição (*death from starvation*) transcorreu paralelamente à expansão da costura à máquina[267]. As novas operárias que trabalham com máquinas de costura movidas por elas com o pé e a mão, ou só com a mão – operação que elas realizam sentadas ou em pé, segundo o peso, o tamanho e a especialidade da máquina – despendem uma força de trabalho considerável. Sua ocupação se torna insalubre por conta da duração do processo, embora esta seja geralmente menor do que no sistema anterior. Onde quer que invada oficinas já por si acanhadas e superlotadas, como na confecção de calçados, espartilhos, chapéus etc., a máquina de costura multiplica as influências insalubres.

> "O efeito", – diz o comissário Lord –, "que se experimenta ao adentrar essas oficinas de teto baixo, onde trinta a quarenta operários mecânicos trabalham juntos, é intolerável [...]. E é horrível o calor, em parte por causa dos fogões a gás usados para aquecer os ferros de passar [...]. Mesmo quando em tais locais prevalecem horários de trabalho tidos por moderados, isto é, das 8 horas da manhã às 6 da tarde, é normal a ocorrência de desmaios de três a quatro pessoas por dia."[268]

O revolucionamento do modo social de produzir, esse resultado necessário da transformação do meio de produção, consuma-se num emaranhado caótico de formas de transição. Elas variam de acordo com o grau em que a máquina de costura se apodera de um ou outro ramo industrial, com o período em que tal processo ocorre, com a situação preexistente dos trabalhadores, com a preponderância da manufatura, do artesanato ou da

---

[267] Um exemplo. No dia 26 de fevereiro de 1864, o relatório semanal de óbitos do *Register General* contém 5 casos de morte por inanição. Nesse mesmo dia, o *Times* relata um novo caso de morte por inanição. Seis vítimas de morte por inanição numa semana! [*Register General* (Registrador geral): na Inglaterra, o chefe do registro civil. Suas competências abrangiam o sistema inteiro de registros de nascimentos, óbitos e divórcios. (N. E. A. MEW)]
[268] Child. Empl. Comm., "II. Rep.", 1864, p. LXVII, n. 406-9; p. 84, n. 124; p. LXXIII, n. 441; p. 68, n. 6; p. 84, n. 126; p. 78, n. 85; p. 76, n. 69; p. LXXII, n. 438.

produção domiciliar, com o aluguel dos locais de trabalho[269] etc. Por exemplo, na confecção de trajes finos, em que o trabalho, na maioria das vezes, já se encontrava organizado, principalmente sobre a base da cooperação simples, a máquina de costura constitui, de início, apenas um novo fator da produção manufatureira. Na alfaiataria, na camisaria, na confecção de calçados etc., todas as formas se entrecruzam. Aqui, há produção fabril propriamente dita. Lá, os intermediários recebem do capitalista *en chef* [em chefe] a matéria-prima e agrupam de dez a cinquenta ou mais assalariados em "câmaras" ou "sótãos", ao redor de máquinas de costura. Por fim, como no caso de toda maquinaria que não constitui um sistema articulado e só pode ser utilizada em escala diminuta, artesãos ou trabalhadores domiciliares também empregam, com ajuda da própria família ou alguns poucos trabalhadores estranhos, máquinas de costura que pertencem a eles mesmos[270]. De fato, atualmente prevalece na Inglaterra o sistema no qual o capitalista concentra um número maior de máquinas em suas instalações e, então, reparte o produto das máquinas entre o exército de trabalhadores domiciliares para sua elaboração ulterior[271]. A diversidade das formas de transição não esconde, porém, a tendência à transformação dessas formas em sistema fabril propriamente dito. Essa tendência é fomentada pelo caráter da própria máquina de costura, cuja multiplicidade de aplicações induz à unificação no mesmo prédio, e sob o comando do mesmo capital, de ramos de atividade anteriormente separados; em virtude das circunstâncias em que os trabalhos de costura preparatórios e algumas outras operações são executadas de modo mais adequado no local onde se encontra a máquina; e, por fim, por causa da inevitável expropriação dos artesãos e trabalhadores domiciliares que produzem com suas próprias máquinas. Em parte, esse fado já se abateu sobre eles atualmente. A massa cada vez maior de capital investido em máquinas de costura[272] fomenta a produção e provoca a saturação do mercado, que fazem soar o sinal para que os trabalhadores domiciliares vendam suas máquinas de costura. A própria superprodução de tais máquinas obriga seus produtores, ávidos de encontrar escoamento

---

[269] *"The rental of premises required for work rooms seems the element which ultimately determines the point, and consequently it is in the metropolis, that the old system of giving work out to small employers and families has been longest retained, and earliest returned to"* ["O preço do aluguel dos locais de trabalho parece ser o fator decisivo, razão pela qual é na capital que o velho sistema de delegar trabalho a pequenos empresários e a suas famílias foi conservado por mais tempo e retomado mais cedo"], ibidem, p. 83, n. 123. A última frase refere-se exclusivamente à produção de calçados.

[270] Isso não ocorre na confecção de luvas etc., em que a situação dos trabalhadores se distingue muito pouco da dos indigentes.

[271] Children's..., "Second Report", 1864, p. 83, n. 122.

[272] Em 1864, apenas em Leicester estavam em uso 800 máquinas de costura na fabricação de botas e sapatos para a venda em atacado.

Maquinaria e grande indústria

para seu produto, a alugá-las por um pagamento semanal[273], criando, com isso, uma concorrência fatal para os pequenos proprietários de máquinas. As constantes alterações na construção e o barateamento das máquinas depreciam de modo igualmente constante seus modelos antigos e fazem com que estes só sejam lucrativos quando, comprados a preços irrisórios, são utilizados em massa por grandes capitalistas. Por último, como em todos os processos similares de revolucionamento, o elemento decisivo é, aqui, a substituição do homem pela máquina a vapor. A aplicação da força do vapor se choca, inicialmente, com obstáculos puramente técnicos, como a vibração das máquinas, as dificuldades em controlar sua velocidade, o desgaste acelerado das máquinas mais leves etc., obstáculos que, em sua totalidade, a experiência logo ensina a superar[274]. Se, por um lado, a concentração de muitas máquinas de trabalho em grandes manufaturas promove a aplicação da força do vapor, por outro, a concorrência do vapor com a musculatura humana acelera a concentração de operários e máquinas de trabalho em grandes fábricas. Assim, atualmente a Inglaterra vivencia, tanto na colossal esfera de produção de *wearing apparel* como na maior parte dos setores da indústria, o revolucionamento da manufatura, do artesanato e do trabalho domiciliar em sistema fabril, depois de todas essas formas, inteiramente modificadas, decompostas e desfiguradas sob a influência da grande indústria, já terem reproduzido – e até mesmo ampliado – há muito tempo todas as monstruosidades do sistema fabril, porém sem os momentos positivos de seu desenvolvimento[275].

Essa revolução industrial, que transcorre de modo natural-espontâneo, é artificialmente acelerada pela expansão das leis fabris a todos os ramos da indústria em que trabalhem mulheres, adolescentes e crianças. A regulamentação compulsória da jornada de trabalho em relação a sua duração, pausas,

---

[273] Child. Empl. Comm., "II Rep.", 1864, p. 84, n. 124.

[274] Assim ocorre, por exemplo, no almoxarifado de indumentária militar de Pimlico, em Londres, na fábrica de camisas de Tillie e Henderson em Londonderry, na fábrica de vestidos da firma Tait, em Limerick, que utiliza cerca de 1.200 "braços".

[275] Child. Empl. Comm., "Tendency to factory system" [Tendência em direção ao sistema fabril], "II. Rep.", 1864, p. lxvii. *"The whole employment is at this time in a state of transition, and is undergoing the same change as that effected in the lace trade, weaving etc."* ["Neste momento, a indústria inteira se encontra numa fase de transição e experimenta as mesmas mudanças que experimentaram a indústria de rendas, a tecelagem etc."], ibidem., n. 405. "A Complete Revolution" [Uma revolução completa], ibidem, p. XLVI, n. 318. À época da Child. Empl. Comm. de 1840, a confecção de meias era ainda um trabalho manual. A partir de 1846, introduziu-se maquinaria diversificada, atualmente movida a vapor. Em 1862, o número total de pessoas de ambos os sexos e todas as faixas etárias, a partir dos 3 anos de idade, empregadas na confecção inglesa de meias, chegava a cerca de 120 mil. Destas, segundo o *Parliamentary Return* de 11 de fevereiro de 1862, apenas 4.063 se encontravam no âmbito de aplicação da lei fabril.

início e término, o sistema de revezamento para crianças, a exclusão de toda criança abaixo de certa idade etc. exigem, por um lado, o incremento da maquinaria[276] e a substituição de músculos pelo vapor como força motriz[277]. Por outro, para ganhar em espaço o que se perde em tempo, tem-se a ampliação dos meios de produção utilizados em comum: os fornos, os edifícios etc., portanto, em suma, uma maior concentração dos meios de produção e, por conseguinte, uma maior aglomeração de trabalhadores. A objeção principal, repetida de modo inflamado por toda manufatura ameaçada pela lei fabril, é, em verdade, a da necessidade de um investimento maior de capital para que o negócio se mantenha em sua escala anterior. Porém, no que diz respeito tanto às formas intermediárias entre a manufatura e a produção domiciliar quanto a esta última propriamente, a verdade é que o solo sobre a qual elas se alicerçam afunda quando se limitam a jornada de trabalho e o trabalho infantil. A exploração ilimitada de forças de trabalho a baixo preço constitui o único fundamento de sua competitividade.

A condição essencial do sistema fabril, sobretudo quando submetido à regulação da jornada de trabalho, é uma segurança normal do resultado, isto é, da produção de determinada quantidade de mercadoria, ou do efeito útil intencionado, num dado espaço de tempo. As pausas fixadas por lei em sua regulação da jornada de trabalho pressupõem, além disso, que o trabalho seja interrompido súbita e periodicamente sem prejuízo para o artigo que se encontra em produção. Naturalmente, essa segurança quanto ao resultado e a capacidade de interrupção do trabalho são mais fáceis de se alcançar em atividades puramente mecânicas do que naquelas em que processos químicos e físicos desempenham um papel importante, como na olaria, na branquearia, na tinturaria, na panificação e na maioria das manufaturas metalúrgicas. Com a prática da jornada de trabalho ilimitada, do trabalho noturno e da livre devastação de seres humanos, todo obstáculo natural-espontâneo é logo considerado uma eterna "barreira natural" [*Naturschranke*] à produção. Nenhum veneno elimina pragas com mais segurança do que a lei fabril remove tais "barreiras naturais". Ninguém vociferou com tanta força sobre "impossibilidades" quanto os donos das cerâmicas. Em 1864 foi-lhes imposta a lei fabril, e dezesseis meses mais tarde já haviam desaparecido todas as impossibilidades.

---

[276] Assim, por exemplo, na produção de cerâmica, a firma Cochran, da Brittania Pottery, de Glasgow, informa: "*To keep up our quantity, we have gone extensively into machines wrought by unskilled labour, and every day convinces us that we can produce a greater quantity than by the old method*" [Para mantermos nossa escala de produtividade, usamos agora extensivamente máquinas manejadas por operários não qualificados, e a cada dia que passa estamos mais convictos de que podemos produzir uma quantidade maior do que pelo método antigo], "Rep. of Insp. of Fact., 31st Oct. 1865", p. 13. "O efeito da lei fabril é contribuir para uma maior introdução de maquinaria", ibidem, p. 13-4.

[277] Assim, logo após a introdução da lei fabril nas olarias, verifica-se um grande aumento dos *power jiggers* [tornos mecânicos], no lugar dos *hand moved jiggers* [tornos manuais].

Maquinaria e grande indústria

O "método aperfeiçoado, que consistia em preparar a pasta de argila (*slip*) por pressão, e não por evaporação, na construção de novos fornos para secagem das peças não queimadas etc.", todas essas melhorias introduzidas pela lei fabril "são acontecimentos de grande importância na arte da cerâmica e que evidenciam um progresso com que o século anterior não pôde rivalizar. [...] Reduziu-se consideravelmente a temperatura dos fornos, com uma considerável redução no consumo de carvão e ação mais rápida sobre a mercadoria"[278].

Não obstante todas as profecias, não houve aumento do preço de custo dos artigos de cerâmica, mas sim da massa dos produtos, ao ponto de a exportação dos doze meses entre dezembro de 1864 e dezembro de 1865 ter resultado num excedente de valor de £138.628 acima da média dos três anos anteriores. Na fabricação de palitos de fósforos, considerava-se uma lei natural que os adolescentes, ao mesmo tempo que engoliam seu almoço, molhassem os palitos num composto de fósforo quente, cujo vapor venenoso lhes subia até o rosto. Premida pela necessidade de economizar tempo, a lei fabril (1864) forçou a criação de uma *dipping machine* (máquina de imersão), cujos vapores não atingem o trabalhador[279]. Assim, nos ramos da manufatura de rendas ainda não sujeitos à lei fabril, afirma-se agora que os horários das refeições não podem ser regulares, uma vez que são diferentes os intervalos de tempo que diferentes materiais rendeiros necessitam para secar, variando de 3 minutos a 1 hora e até mais. A isso respondem os comissários da Children's Employment Commission:

> "As circunstâncias desse caso são as mesmas da estamparia de papéis de parede. Alguns dos principais fabricantes nesse ramo afirmavam veementemente que a natureza dos materiais empregados e a diversidade dos processos que eles percorrem não permitiriam qualquer interrupção súbita do trabalho sem que isso acarretasse uma grande perda. [...] De acordo com a 6ª cláusula da 6ª seção da Factory Acts Extension Act [Lei de Extensão da Lei Fabril]" (1864), "foi-lhes concedido um prazo de dezoito meses, a partir da data de promulgação da lei, depois do qual teriam de se ajustar às pausas para descanso especificadas pela lei fabril."[280]

Mal a lei recebera a sanção parlamentar, e os senhores fabricantes também descobriram: "Os males que esperávamos da introdução da lei fabril não se efetivaram. Não achamos que a produção esteja de modo algum paralisada. Na verdade, produzimos mais no mesmo tempo"[281].

Como se vê, o Parlamento inglês, a quem certamente ninguém há de acusar de genialidade, chegou por meio da experiência à conclusão de que uma

---

[278] "Rep. Insp. Fact., 31st Oct., 1865", p. 96, 127.
[279] A introdução dessa e de outras máquinas na fábrica de palitos de fósforos substituiu, num de seus departamentos, 230 jovens por 32 rapazes e moças de 14 a 17 anos de idade. Em 1865, essa economia de trabalhadores foi incrementada com a utilização do vapor.
[280] Child. Empl. Comm., "II Rep.", 1864, p. IX, n. 50.
[281] "Reports of Insp. of Fact., 31st Oct. 1865", p. 22.

lei coercitiva pode simplesmente remover todas as assim chamadas barreiras naturais da produção contrárias à limitação e regulamentação da jornada de trabalho, razão pela qual, com a introdução da lei fabril num ramo industrial, é fixado um prazo de 6 a 18 meses, dentro do qual o fabricante é incumbido de eliminar os obstáculos técnicos. O dito de Mirabeau *"Impossible? Ne me dites jamais ce bête de mot!"* [Impossível? Jamais me digam esta palavra imbecil!] vale particularmente para a tecnologia moderna. Mas se, desse modo, a lei fabril acelera artificialmente a maturação dos elementos materiais necessários à transformação da produção manufatureira em fabril, ela ao mesmo tempo acelera, em virtude da necessidade de um dispêndio aumentado de capital, a ruína dos pequenos mestres e a concentração do capital[282].

Além dos obstáculos puramente técnicos e tecnicamente superáveis, a regulamentação da jornada de trabalho se choca com hábitos irregulares dos próprios trabalhadores, especialmente onde predomina o salário por peça e onde o desperdício de tempo numa parte do dia ou da semana pode ser compensado posteriormente por trabalho adicional ou trabalho noturno, método que embrutece o trabalhador masculino adulto e arruína seus companheiros de idade imatura ou do sexo feminino[283]. Embora essa irregularidade no dispêndio de força de trabalho seja uma reação primitiva e natural-espontânea contra o fastio próprio de um trabalho monótono e maçante, ela também surge, em grau incomparavelmente maior, da anarquia da própria produção, que, por sua vez, pressupõe uma exploração desenfreada da força de trabalho pelo capital. Além das variações periódicas gerais do ciclo industrial e das oscilações particulares do mercado em cada ramo de produção, ocorrem também a assim chamada temporada [*Saison*], regulada seja pela periodicidade das estações do ano mais favoráveis à navegação, seja pela moda, e a urgência de atender no menor prazo possível a encomendas surgidas repentinamente. O hábito dessas encomendas súbitas se expande com as ferrovias e a telegrafia.

---

[282] "Em muitas manufaturas antigas, os aperfeiçoamentos necessários [...] não podem ser introduzidos sem que haja um dispêndio de capital acima dos meios de muitos dos proprietários atuais [...] Uma desorganização transitória acompanha necessariamente a introdução das leis fabris. O grau dessa desorganização está em proporção direta com a grandeza dos abusos a serem remediados."

[283] Nos altos-fornos, por exemplo, "o tempo de trabalho é, em geral, muito prolongado na parte final, em decorrência do hábito dos trabalhadores de folgarem às segundas-feiras e, eventualmente, em parte ou totalmente, também na terça-feira". Child. Empl. Comm., "III Rep.", p. VI. "Os pequenos mestres têm geralmente horários de trabalho muito irregulares. Perdem dois ou três dias e depois trabalham toda a noite para se ressarcirem. [...] Quando têm filhos, eles sempre os empregam", ibidem, p. VII. "A falta de regularidade para começar o trabalho é estimulada pela possibilidade e a prática de compensar o prejuízo mediante o sobretrabalho", ibidem, p. XVIII. "Em Birmingham [...] perde-se um tempo enorme [...] folgando parte do tempo e esfalfando-se durante o restante", ibidem, p. XI.

Maquinaria e grande indústria

"A expansão do sistema ferroviário por todo o país" – diz, por exemplo, um fabricante londrino – "estimulou muito o hábito das encomendas de curto prazo. Agora os compradores vêm de Glasgow, Manchester e Edimburgo, a cada duas semanas, ou então compram por atacado nos grandes armazéns da *City*, aos quais fornecemos as mercadorias. Fazem encomendas que têm de ser atendidas imediatamente, em vez de comprarem as mercadorias do estoque, como antes era o costume. Em anos anteriores, sempre conseguíamos adiantar o serviço durante a estação baixa para a demanda da temporada seguinte, mas agora ninguém pode prever qual será, então, o objeto da demanda."[284]

Nas fábricas e manufaturas ainda não sujeitas à lei fabril, reina periodicamente, durante a assim chamada temporada, o mais terrível sobretrabalho, realizado num fluxo intermitente, em decorrência de encomendas súbitas. No departamento exterior da fábrica, da manufatura ou do grande estabelecimento comercial, na esfera do trabalho domiciliar, por sua própria natureza totalmente irregular e, para a obtenção de matéria-prima e de encomendas, completamente dependente do humor do capitalista – o qual se encontra, aqui, livre de qualquer preocupação com a valorização de prédios, máquinas etc., e não arrisca senão a pele do próprio trabalhador –, cria-se sistematicamente um exército industrial de reserva sempre disponível, dizimado durante parte do ano pelo mais desumano trabalho forçado e, durante a outra parte, degradado pela falta de trabalho.

"Os empregadores", diz a Child. Empl. Comm., "exploram a irregularidade habitual do trabalho domiciliar para, nos períodos em que se faz necessário trabalho adicional, forçarem-no a prosseguir noite adentro até 2 horas da madrugada, ou, como se costuma dizer, por horas a fio", e isso em locais "onde o fedor é suficiente para vos desfalecer (*the stench is enough to knock you down*). Podeis ir, talvez, até a porta e abri-la, mas recuaríeis apavorados em vez de prosseguir."[285] "Gente esquisita, esses nossos patrões" – diz um sapateiro, uma das testemunhas ouvidas – "pensam que a um rapaz não lhe causa mal algum se ele se mata trabalhando durante metade do ano e na outra metade é quase obrigado a vagabundear."[286]

Como no caso dos obstáculos técnicos, esses assim chamados "hábitos do negócio" (*usages which have grown with the growth of trade*) foram e são declarados, por capitalistas interessados, como "barreiras naturais" opostas à produção, um clamor predileto dos lordes algodoeiros à época em que a

---

[284] Child. Empl. Comm., "IV Rep.", p. XXXII. "*The extension of the railway system is said to have contributed greatly to this custom of giving sudden orders, and the consequent hurry, neglect of mealtimes, and late hours of the workpeople*" ["A expansão do sistema ferroviário, segundo se afirma, contribuiu em grande medida para esse costume de formular encomendas repentinas; para os trabalhadores, as consequências disso são o ritmo acelerado, a negligência quanto aos horários das refeições e a realização de horas extras"], ibidem, p. XXXI.
[285] Ibidem, p. XXXV, n. 235, 237.
[286] Ibidem, p. 127, n. 56.

lei fabril os ameaçava pela primeira vez. Embora sua indústria, mais do que qualquer outra, esteja fundada no mercado mundial e, portanto, na navegação, a experiência prática os desmentiu. Desde então, todo pretenso "obstáculo ao negócio" é tratado pelos inspetores de fábrica ingleses como pura impostura[287]. As investigações profundamente conscienciosas da Child. Empl. Comm. demonstram, de fato, que em algumas indústrias a regulamentação da jornada de trabalho não fez mais do que distribuir uniformemente, ao longo de todo o ano, a massa de trabalho já empregada[288]; que tal regulação foi o primeiro freio racional aplicado aos volúveis caprichos da moda[289], homicidas, carentes de sentido e por sua própria natureza incompatíveis com o sistema da grande indústria; que o desenvolvimento da navegação transoceânica e dos meios de comunicação em geral suprassumiu a base propriamente técnica do trabalho sazonal[290]; que todas as demais circunstâncias pretensamente incontroláveis são varridas pela construção de novos edifícios,

---

[287] "With respect to the loss of trade by the non-completion of shipping orders in time, I remember that this was the pet argument of the factory masters in 1832 und 1833. Nothing that can be advanced now on this subject could have the force that it had then, before steam had halved all distances and established new regulations for transit. It quite failed at that time of proof when put to the test, and again it will certainly fail should it have to be tried" ["No que diz respeito à perda de negócios em virtude do não cumprimento de pedido de embarque no prazo devido, recordo que esse era o argumento preferido dos donos de fábricas em 1832 e 1833. Nada do que agora se pudesse alegar sobre esse assunto teria a força que tinha antes de o vapor ter reduzido pela metade todas as distâncias e estabelecido novas normas para o tráfego. Submetida a verificação, essa afirmação mostrou-se outrora como defeituosa, e isso certamente não seria diferente se fosse agora submetida a uma nova prova"], "Reports of Insp. of Fact., 31st Oct. 1862", p. 54-5.

[288] Chil. Empl. Comm., "III Rep.", p. XVIII, n. 118.

[289] Já em 1699, John Bellers observava: *"The uncertainty of fashions does increase necessitous poor. It has two great mischiefs in it: 1st) The journeymen are miserable in winter for want of work, the mercers and masterweavers not daring to lay out their stocks to keep the journeymen imployed before the spring comes and they know what the fashion will then be; 2dly) In the spring the journeymen are not sufficient, but the master-weavers must draw in many prentices, that they may supply the trade of the kingdom in a quarter or half a year, which robs the plow of hands, drains the country of labourers, and in a great part stocks the city with beggars, and starves some in winter that are ashamed to beg"* ["A incerteza da moda aumenta o número dos indigentes. Ela causa dois grandes males: primeiro, os oficiais passam a sofrer com a miséria no inverno por falta de trabalho, já que os comerciantes varejistas e os mestres tecelões não se arriscam a investir seus capitais para manter ocupados os oficiais até que chegue a primavera e saibam qual será, então, a próxima moda; segundo, na primavera, não há oficiais o bastante, de modo que os mestres tecelões têm de atrair muitos aprendizes para poderem abastecer o comércio do reino por um quarto ou metade do ano, o que arranca o lavrador do arado, esvazia o campo de trabalhadores, em grande parte abarrota a cidade de mendigos e, no inverno, mata de fome alguns que se envergonham de mendigar"], John Bellers, *Essays About the Poor, Manufactures etc.*, cit., p. 9.

[290] Child. Empl. Comm., "V Rep.", p. 171, n. 34.

pelo incremento de maquinaria, pelo aumento do número de trabalhadores simultaneamente empregados[291] e pelo efeito retroativo que isso produz sobre o sistema do comércio atacadista[292]. Entretanto, o capital, como ele mesmo reiteradamente declara pela boca de seus representantes, só consente em tal revolucionamento "sob a pressão de uma lei geral do Parlamento"[293] que regule coercitivamente a jornada de trabalho.

9. Legislação fabril (cláusulas sanitárias e educacionais). Sua generalização na Inglaterra

A legislação fabril, essa primeira reação consciente e planejada da sociedade à configuração natural-espontânea de seu processo de produção, é, como vimos, um produto tão necessário da grande indústria quanto o algodão, as *self-actors* e o telégrafo elétrico. Antes de tratarmos de sua generalização na Inglaterra, temos de mencionar brevemente algumas cláusulas da lei fabril inglesa não relacionadas ao número de horas da jornada de trabalho.

Além de sua redação, que facilita ao capitalista transgredi-las, as cláusulas sanitárias são extremamente exíguas, limitando-se, na verdade, a estabelecer regras para o branqueamento das paredes e algumas outras medidas de limpeza, ventilação e proteção contra máquinas perigosas. No Livro III, voltaremos a examinar a luta fanática dos fabricantes contra a cláusula que lhes impõe um pequeno desembolso para a proteção dos membros de sua "mão de obra". Aqui volta a se confirmar, de maneira brilhante, o dogma libre-cambista de que, numa sociedade com interesses antagônicos, cada um promove o bem comum ao buscar sua própria vantagem. Basta citar um exemplo. Sabemos que, durante os últimos vinte

---

[291] Assim se afirma, por exemplo, nos depoimentos de exportadores de Bradford: "Sob essas circunstâncias, obviamente, não parece necessário que rapazes trabalhem nos grandes armazéns mais do que das 8 horas da manhã às 7 ou 7h30 da noite. Trata-se simplesmente de uma questão de mão de obra adicional e de mais investimentos. Os rapazes não precisariam trabalhar até tão tarde da noite se seus patrões não fossem tão ávidos por lucros; uma máquina adicional não custa mais do que £16 ou £18. [...] Todas as dificuldades provêm da insuficiência de instalações e falta de espaço", ibidem, p. 171, n. 35-6, 38).

[292] Ibidem, p. 81, n. 32. Um fabricante londrino, que, de resto, considera a regulamentação forçada da jornada de trabalho um meio de proteção dos trabalhadores contra os fabricantes e dos próprios fabricantes contra o comércio atacadista, afirma: "A pressão em nosso negócio é causada pelos exportadores, que querem, por exemplo, enviar mercadorias num veleiro para que alcancem seu destino em determinada temporada, e, ao mesmo tempo, pretendem embolsar a diferença do frete entre um veleiro e um navio a vapor, ou que, entre dois navios a vapor, escolhem aquele que zarpa primeiro visando chegar ao mercado estrangeiro antes de seus competidores".

[293] "Isso se poderia evitar" – diz um fabricante – "por meio da ampliação das instalações, sob a pressão de uma lei geral do Parlamento", ibidem, p. X, n. 38.

anos, a indústria do linho e, com ela, as *scutching mills* (fábricas para bater e quebrar o linho) aumentaram consideravelmente na Irlanda. Em 1864, havia naquele país cerca de 1.800 dessas *mills*. Periodicamente, no outono e no inverno, retiram-se do trabalho no campo sobretudo adolescentes e mulheres, filhos, filhas e mulheres dos pequenos arrendatários das localidades vizinhas, em suma, pessoas que nada sabem de maquinaria, para que alimentem com linho as máquinas laminadoras das *scutching mills*. Em dimensão e intensidade, os acidentes são absolutamente sem precedentes na história da maquinaria. Numa única *scutching mill* em Kildinan (nos arredores de Cork) foram registrados, de 1852 a 1856, seis acidentes fatais e sessenta mutilações graves, ocorrências que poderiam ter sido evitadas por meio dos mais simples dispositivos, ao preço de poucos xelins. O dr. W. White, *certifying surgeon* [cirurgião certificado] das fábricas de Downpatrick, afirma, num relatório oficial de 16 de dezembro de 1865:

> "Os acidentes nas *scutching mills* são da natureza mais terrível. Em muitos casos, um quarto do corpo é arrancado do tronco. A morte ou um futuro de miserável invalidez e sofrimento são as consequências habituais dos ferimentos. A multiplicação das fábricas neste país certamente ampliará esses resultados aterradores. Estou convencido de que grandes sacrifícios de vidas e corpos poderiam ser evitados por meio de uma adequada fiscalização estatal das *scutching mills*."[294]

O que poderia caracterizar melhor o modo de produção capitalista do que a necessidade de lhe impor as mais simples providências de higiene e saúde por meio da coação legal do Estado?

> "A Lei Fabril de 1864 caiou e limpou, nas olarias, mais de duzentas oficinas, algumas das quais não passavam por uma operação desse tipo há vinte anos, e outras a experimentavam pela primeira vez" (essa é a "abstinência" do capital!), "e isso em locais onde estão ocupados 27.878 trabalhadores. Até então, estes respiravam, durante seu excessivo trabalho diurno, e muitas vezes noturno, uma atmosfera mefítica que impregnava de doença e morte uma atividade que, não fosse por isso, seria comparativamente inócua. A lei melhorou muito os meios de ventilação."[295]

Ao mesmo tempo, esse ramo da lei fabril mostra de modo contundente como o modo de produção capitalista, segundo sua essência, exclui, a partir de certo ponto, toda melhoria racional. Observamos reiteradamente que os médicos ingleses declaram em uníssono que 500 pés cúbicos de ar por pessoa constituem o mínimo parcamente suficiente em condições de trabalho continuado. Pois bem! Se a lei fabril, por meio de todas as suas medidas coercitivas, acelera indiretamente a transformação das oficinas menores em fábricas, interferindo, assim, indiretamente no direito de propriedade dos capitalistas menores e garantindo o monopólio aos grandes, a imposição legal

---
[294] Child. Empl. Comm., "V Rep.", p. XV, n. 72s.
[295] "Reports of Insp. of Fact., 31st Oct. 1865", p. 127.

do volume de ar necessário para cada trabalhador na oficina expropriaria diretamente, de um só golpe, milhares de pequenos capitalistas! Ela atingiria a raiz do modo de produção capitalista, isto é, a autovalorização do capital, seja grande ou pequeno, por meio da "livre" compra e o consumo da força de trabalho. Por isso, diante desses 500 pés cúbicos de ar, a lei fabril perde o fôlego. As autoridades sanitárias, as comissões de inquérito industrial, os inspetores de fábrica repetem reiteradamente a necessidade dos 500 pés cúbicos e a impossibilidade de impô-los ao capital. Com isso, eles declaram, na realidade, que a tuberculose e outras doenças pulmonares que atingem os trabalhadores são condições vitais do capital[296].

Por mais mesquinhas que pareçam quando tomadas em conjunto, as cláusulas educacionais da lei fabril proclamam o ensino primário como condição obrigatória para o trabalho[297]. Seu sucesso demonstrou, antes de mais nada, a viabilidade de conjugar o ensino e a ginástica[298] com o trabalho manual e, portanto, também o trabalho manual com o ensino e a ginástica. Os inspetores de fábrica logo descobriram, com base em depoimentos de mestres-escolas, que as crianças das fábricas, apesar de só receberem a metade do ensino oferecido a alunos regulares, de tempo integral, aprendem tanto quanto estes, e às vezes até mais.

"A questão é simples. Aqueles que só permanecem metade do dia na escola estão sempre vivazes e quase sempre capacitados e dispostos a receber instrução. O sistema dividido em metade trabalho e metade escola converte cada uma dessas atividades em descanso e recreação em relação à outra e, por conseguinte, muito

---

[296] Verificou-se experimentalmente que um indivíduo médio, em bom estado de saúde, consome cerca de 25 polegadas cúbicas de ar a cada respiração de intensidade média e respira cerca de vinte vezes por minuto. De acordo com isso, o consumo de ar de um indivíduo, em 24 horas, seria de aproximadamente 720 mil polegadas cúbicas ou 416 pés cúbicos. Porém, é sabido que o ar, uma vez inspirado, já não pode servir para o mesmo processo antes de se purificar no grande laboratório da natureza. Segundo os experimentos de Valentin e Brunner, um homem saudável parece expirar cerca de 1.300 polegadas cúbicas de gás carbônico por hora, o que equivale a aproximadamente 8 onças de carvão sólido expelidas pelo pulmão em 24 horas. "Cada pessoa teria de dispor de, pelo menos, 800 pés cúbicos." (Huxley)

[297] De acordo com a lei fabril inglesa, os pais não podem mandar crianças menores de 14 anos para as fábricas "controladas" sem fazer com que, ao mesmo tempo, recebam ensino primário. O fabricante é responsável pelo cumprimento da lei. "*Factory education is compulsory, and it is a condition of labour*" ["A instrução fabril é obrigatória e faz parte das condições de trabalho"], "Reports of Insp. of Fact., 31st Oct. 1865", p. 111.

[298] Sobre os resultados mais vantajosos da combinação de ginástica (e, no caso dos rapazes, também de exercícios militares) com ensino obrigatório das crianças das fábricas e colegiais pobres, ver o discurso de N. W. Senior no VII Congresso Anual da National Association for the Promotion of Social Science, em "Report of Proceedings etc." (Londres, 1863), p. 63-4, e também o relatório dos inspetores de fábrica de 31 de outubro de 1865, p. 118-20, 126s.

mais adequadas para a criança do que uma única dessas atividades exercida de modo ininterrupto. Um menino que desde manhã fica sentado na escola não pode rivalizar, especialmente quando faz calor, com outro que chega animado e plenamente disposto de seu trabalho."[299]

Documentos adicionais podem ser encontrados no discurso de Senior durante o Congresso de Sociologia, realizado em Edimburgo, em 1863, em ele mostra, entre outras coisas, como a jornada escolar unilateral, improdutiva e prolongada das crianças das classes mais elevadas e média aumenta inutilmente o trabalho dos professores, "enquanto ele desperdiça o tempo, a saúde e a energia das crianças de um modo não só infrutífero, como absolutamente prejudicial"[300]. Do sistema fabril, como podemos ver em detalhe na obra de Robert Owen, brota o germe da educação do futuro, que há de conjugar, para todas as crianças a partir de certa idade, o trabalho produtivo com o ensino e a ginástica, não só como forma de incrementar a produção social, mas como único método para a produção de seres humanos desenvolvidos em suas múltiplas dimensões.

Como vimos, ao mesmo tempo que a grande indústria suprime tecnicamente a divisão manufatureira do trabalho e sua anexação vitalícia de um ser humano inteiro a uma operação detalhista, a forma capitalista da grande indústria reproduz aquela divisão do trabalho de maneira ainda mais monstruosa, na fábrica propriamente dita, por meio da transformação do trabalhador em acessório autoconsciente de uma máquina parcial e, em todos os outros lugares, em parte mediante o uso esporádico das máquinas e do trabalho mecânico[301], em parte graças à introdução de trabalho

---

[299] "Reports of Insp. of Fact.", cit., p. 118-9. Um ingênuo fabricante de seda esclarece aos comissários de inquérito da Child. Empl. Comm.: "Estou plenamente convencido de que o verdadeiro segredo da produção de operários eficientes se encontra na união entre trabalho e instrução a partir da infância. Naturalmente, o trabalho não pode ser estafante demais, nem repulsivo ou insalubre. Gostaria que meus próprios filhos alternassem o trabalho e recreação com a atividade escolar", Child. Empl. Comm., "V Rep.", p. 82, n. 36.

[300] Senior, discurso em "Report of Proceedings", cit., p. 66. Até que ponto a grande indústria, em certo estágio de desenvolvimento, ao revolucionar o modo de produção material e as relações sociais de produção, revoluciona também as cabeças, mostra-o de modo contundente a comparação entre o discurso de N. W. Senior, proferido em 1863, e sua filípica contra a lei fabril de 1833, ou entre os pontos de vista do citado congresso com o fato de que, em certas partes rurais da Inglaterra, ainda se proíbe aos pais pobres educarem seus filhos, sob pena de morrerem de inanição. Assim, por exemplo, o sr. Snell relata como uma prática costumeira em Somersetshire que, quando uma pessoa pobre solicita um auxílio da paróquia, é forçada a retirar suas crianças da escola. Assim, o sr. Wollaston, pároco em Feltham, relata casos em que se negou todo apoio a certas famílias "porque mandavam seus filhos à escola"!

[301] Onde máquinas artesanais, movidas por força humana, concorrem direta ou indiretamente com maquinaria mais desenvolvida e que, consequentemente, pressupõe

feminino, infantil e não qualificado como nova base da divisão do trabalho. A contradição entre a divisão manufatureira do trabalho e a essência da grande indústria impõe-se com toda sua força. Ela se manifesta, entre outras coisas, no fato terrível de que grande parte das crianças empregadas nas fábricas e manufaturas modernas, agrilhoadas desde a mais tenra idade às manipulações mais simples, sejam exploradas por anos a fio sem que lhes seja ensinado um trabalho sequer, que as torne úteis, mais tarde, mesmo permanecendo nessa mesma manufatura ou fábrica. Nas gráficas inglesas, por exemplo, antigamente ocorria que, em conformidade com o sistema da velha manufatura e do artesanato, os aprendizes passavam dos trabalhos mais fáceis para os mais complicados. Cumpriam todo um ciclo de aprendizagem até se transformarem em impressores de pleno direito. Saber ler e escrever era, para todos eles, uma exigência do ofício. Tudo isso mudou com a máquina impressora. Ela emprega dois tipos de trabalhadores: um adulto, o supervisor da máquina e assistentes jovens, a maioria de 11 a 17 anos de idade, cuja tarefa consiste exclusivamente em introduzir na máquina uma folha de papel ou retirar dela a folha impressa. Sobretudo em Londres, eles executam essa faina por 14, 15, 16 horas ininterruptas durante vários dias da semana, e frequentemente por 36 horas consecutivas, tendo apenas 2 horas de descanso para comer e dormir[302]! Grande parte deles não sabe ler e, em geral, são criaturas absolutamente embrutecidas e anormais.

> "Para capacitá-los a executar sua tarefa, não se requer nenhum tipo de formação intelectual; eles têm poucas oportunidades para o exercício da habilidade e, menos ainda, do juízo; o salário, embora comparativamente alto para adolescentes, não cresce na mesma proporção de seu próprio crescimento, e a grande maioria não tem qualquer perspectiva de chegar ao posto de supervisor de máquina, mais bem pago e de maior responsabilidade, já que, para cada máquina, há apenas um supervisor, e frequentemente quatro rapazes."[303]

Assim que se tornam velhos demais para esse trabalho pueril, ou seja, no mais tardar aos 17 anos, são despedidos da gráfica, tornando-se recrutas

---

força motriz mecânica, ocorre uma grande mudança com relação ao trabalhador que movimenta a máquina. Originalmente, a máquina a vapor substituía esse trabalhador, mas agora é ele que deve substituí-la. Por isso, a tensão e o dispêndio de sua força de trabalho tornam-se monstruosos, e principalmente para aqueles de idade imatura, condenados a essa tortura! Assim, em Coventry e redondezas, o comissário Longe encontrou jovens de 10 a 15 anos de idade empregados na atividade de girar teares de fitas, para não falar de crianças mais jovens a girar teares menores. É um trabalho extraordinariamente cansativo. *"The boy is a mere substitute for steam power"* ["O menino é um mero substituto da força do vapor"], Child. Empl. Comm., "V Report, 1866", p. 114, n. 6. Sobre as consequências homicidas "desse sistema de escravidão", como o denomina o relatório, ver ibidem, p. 114s.

[302] Ibidem, p. 3, n. 24.
[303] Ibidem, p. 7, n. 60.

do crime. Diversas tentativas de arranjar-lhes ocupação em outro lugar fracassam por causa de sua ignorância, seu embrutecimento e sua degradação física e espiritual.

O que é válido para a divisão manufatureira do trabalho na oficina vale também para a divisão do trabalho na sociedade. Enquanto artesanato e manufatura constituem a base geral da produção social, a subsunção do produtor a um ramo exclusivo da produção, a supressão da diversidade original de suas ocupações[304] é um momento necessário do desenvolvimento. Sobre essa base, cada ramo particular da produção encontra empiricamente a configuração técnica que lhe corresponde, aperfeiçoa-a lentamente e, num certo grau de maturidade, cristaliza-a rapidamente. Além dos novos materiais de trabalho fornecidos pelo comércio, a única coisa que provoca modificações aqui e ali é a variação gradual do meio de trabalho. Uma vez alcançada a forma adequada à experiência, também ela se ossifica, como o comprova sua transmissão, muitas vezes milenar, de uma geração a outra. É característico que, no século XVIII, ainda se denominassem *mysteries* (*mystères*) [mistérios][305] os diversos ofícios em cujos arcanos só podia penetrar o iniciado por experiência e por profissão. A grande indústria rasgou o véu que ocultava aos homens seu próprio processo social de produção e que convertia os diversos ramos da produção, que se haviam particularizado de modo natural-espontâneo, em enigmas uns em relação aos outros, e inclusive para o iniciado em cada um desses ramos. O princípio da grande indústria, a saber, o de dissolver cada processo de produção propriamente dito em seus elementos constitutivos, e, antes de tudo, fazê-lo sem nenhuma consideração para com a mão humana, criou a mais moderna ciência da tecnologia. As formas variegadas, aparentemente desconexas e ossificadas do processo social de produção se dissolveram, de acordo com o efeito útil almejado, nas aplicações conscientemente planificadas e sistematicamente

---

[304] "Segundo o *Statistical Account*, em algumas partes montanhosas da Escócia [...] havia muitos pastores de ovelhas e *cotters* [Camponeses parceleiros nas terras altas escocesas], com suas mulheres e seus filhos, calçando sapatos feitos por eles mesmos, de couro curtido por eles mesmos, com roupas que não haviam sido tocadas exceto por suas próprias mãos e cuja matéria-prima era a lã e o linho que eles mesmos haviam respectivamente tosquiado e plantado. Na confecção de suas vestimentas dificilmente entrava algum artigo comprado, exceto a sovela, a agulha, o dedal e algumas peças de ferro utilizadas para tecer. As tinturas eram obtidas, pelas próprias mulheres, de árvores, arbustos e ervas", Dugal Stewart, em *Works*, cit., v. VIII, p. 327-8.

[305] No célebre *Livre des métiers*, de Étienne Boileau, é prescrito, entre outras coisas, que um oficial, ao ser admitido entre os mestres, deve prestar juramento de "amar fraternalmente a seus irmãos e apoiá-los, cada um em seu *métier* [ofício], [...] não revelar voluntariamente os segredos do ofício e até mesmo, no interesse da coletividade, não chamar a atenção de um comprador para os defeitos de artigos de outrem com o objetivo de recomendar sua própria mercadoria".

Maquinaria e grande indústria

particularizadas das ciências naturais. A tecnologia descobriu as poucas formas fundamentais do movimento, sob as quais transcorre necessariamente, apesar da diversidade dos instrumentos utilizados, toda ação produtiva do corpo humano, exatamente do mesmo modo como a mecânica não deixa que a maior complexidade da maquinaria a faça perder de vista a repetição constante das potências mecânicas simples. A indústria moderna jamais considera nem trata como definitiva a forma existente de um processo de produção. Sua base técnica é, por isso, revolucionária, ao passo que a de todos os modos de produção anteriores era essencialmente conservadora[306]. Por meio da maquinaria, de processos químicos e outros métodos, ela revoluciona continuamente, com a base técnica da produção, as funções dos trabalhadores e as combinações sociais do processo de trabalho. Desse modo, ela revoluciona de modo igualmente constante a divisão do trabalho no interior da sociedade e não cessa de lançar massas de capital e massas de trabalhadores de um ramo de produção a outro. A natureza da grande indústria condiciona, assim, a variação do trabalho, a fluidez da função, a mobilidade pluridimensional do trabalhador. Por outro lado, ela reproduz, em sua forma capitalista, a velha divisão do trabalho com suas particularidades ossificadas. Vimos como essa contradição absoluta suprime toda tranquilidade, solidez e segurança na condição de vida do trabalhador, a quem ela ameaça constantemente com privar-lhe, juntamente com o meio de trabalho, de seu meio de subsistência[307]; como, juntamente com sua função parcial, ela torna supérfluo o próprio trabalhador; como essa contradição desencadeia um rito sacrificial ininterrupto da classe trabalhadora, o desperdício mais exorbitante de forças de trabalho e as devastações da anarquia social. Esse é o aspecto negativo. Mas se agora a variação do trabalho impõe-se apenas como lei natural avassaladora e com o efeito cegamente

---

[306] "A burguesia não pode existir sem revolucionar incessantemente os instrumentos de produção, por conseguinte, as relações de produção e, com isso, todas as relações sociais. A conservação inalterada do antigo modo de produção era, pelo contrário, a primeira condição de existência de todas as classes industriais anteriores. Essa subversão contínua da produção, esse abalo constante de todo o sistema social, essa agitação permanente e essa falta de segurança distinguem a época burguesa de todas as precedentes. Dissolvem-se todas as relações sociais antigas e cristalizadas, com seu cortejo de concepções e de ideias secularmente veneradas; as relações que as substituem tornam-se antiquadas antes de se consolidarem. Tudo o que era sólido e estável se desmancha no ar, tudo o que era sagrado é profanado e os homens são obrigados finalmente a encarar sem ilusões a sua posição social e as suas relações com os outros homens", F. Engels e Karl Marx, *Manifesto Comunista* [São Paulo, Boitempo, trad. Álvaro Pina, 1998, p. 43].

[307] *"You take my life/ When you do take the means whereby I live"* ["Tirais minha vida, quando tirais os meios de que vivo"], William Shakespeare, *O mercador de Veneza*, ato IV, cena I.

destrutivo de uma lei natural, que se choca com obstáculos por toda parte[308], a grande indústria, precisamente por suas mesmas catástrofes, converte em questão de vida ou morte a necessidade de reconhecer como lei social geral da produção a mudança dos trabalhos e, consequentemente, a maior polivalência possível dos trabalhadores, fazendo, ao mesmo tempo, com que as condições se adaptem à aplicação normal dessa lei. Ela transforma numa questão de vida ou morte a substituição dessa realidade monstruosa, na qual uma miserável população trabalhadora é mantida como reserva, pronta a satisfazer as necessidades mutáveis de exploração que experimenta o capital, pela disponibilidade absoluta do homem para cumprir as exigências variáveis do trabalho; a substituição do indivíduo parcial, mero portador de uma função social de detalhe, pelo indivíduo plenamente desenvolvido, para o qual as diversas funções sociais são modos alternantes de atividade. Uma fase desse processo de revolucionamento, constituída espontaneamente com base na grande indústria, é formada pelas escolas politécnicas e agronômicas, e outra pelas *écoles d'enseignement professionnel* [escolas profissionalizantes], em que filhos de trabalhadores recebem alguma instrução sobre tecnologia e manuseio prático de diversos instrumentos de produção. Se a legislação fabril, essa primeira concessão penosamente arrancada ao capital, não vai além de conjugar o ensino fundamental com o trabalho fabril, não resta dúvida de que a inevitável conquista do poder político pela classe trabalhadora garantirá ao ensino teórico e prático da tecnologia seu devido lugar nas escolas operárias. Mas tampouco resta dúvida de que a forma capitalista de produção e as condições econômicas dos trabalhadores que lhe correspondem encontram-se na mais diametral contradição com tais fermentos revolucionários e sua meta: a superação da antiga divisão do trabalho. O desenvolvimento das contradições de uma forma histórica de produção constitui, todavia, o único caminho histórico de sua dissolução e reconfiguração. A sentença *"ne sutor ultra crepidam!"** [sapateiro, não vá além de tuas sandálias!], que é o *"nec plus ultra"* [limite insuperável] da sabedoria artesanal, tornou-se uma tremenda asneira depois

---

[308] Um trabalhador francês escreve, ao regressar de São Francisco: "Jamais eu teria acreditado que seria capaz de exercer todos os ofícios que pratiquei na Califórnia. Estava convencido de que, salvo a tipografia, eu não servia para nada [...]. Certa vez, em meio a esse mundo de aventureiros, que trocam mais facilmente de profissão do que de camisa, agi – e juro que assim o foi! – como os outros. Como a mineração não se mostrou suficientemente rentável, abandonei-a e me dirigi à cidade, onde trabalhei sucessivamente como tipógrafo, telhador, fundidor de chumbo etc. Depois de ter tido essa experiência de ser apto para todo tipo de trabalho, sinto-me menos molusco e mais homem", A. Corbon, *De l'enseignement professionnel*, (2. ed., Paris, 1860), p. 50.

* Com essas palavras, segundo Valério Máximo (*Facta et dicta memorabilia*, 8, 12), o pintor grego Apeles teria respondido às críticas que um sapateiro fazia à sua pintura. (N. T.)

Maquinaria e grande indústria

que o relojoeiro Watt inventou a máquina a vapor, o barbeiro Arkwright, o tear contínuo, e o joalheiro Fulton, o navio a vapor[309].

O fato de a legislação fabril regular o trabalho em fábricas, manufaturas etc. faz com que ela apareça, inicialmente, como uma simples intromissão nos direitos de exploração do capital. Em contrapartida, toda regulamentação do assim chamado trabalho domiciliar[310] apresenta-se de imediato como usurpação da *patria potestas*, isto é, interpretada modernamente, da autoridade paterna, passo diante do qual o afetuoso Parlamento inglês fingiu titubear por um longo tempo. Mas a força dos fatos obrigou, enfim, a reconhecer que a grande indústria dissolveu, juntamente com a base econômica do antigo sistema familiar e do trabalho familiar a ele correspondente, também as próprias relações familiares antigas. Era necessário proclamar o direito das crianças.

"Infelizmente", diz o relatório final, de 1866, da Child. Empl. Comm., "a totalidade dos depoimentos evidencia que as crianças de ambos os sexos carecem de mais proteção contra seus pais do que contra qualquer outra pessoa". O sistema da exploração desmedida do trabalho infantil em geral e do trabalho domiciliar em particular é "mantido porque os pais exercem sobre seus jovens e impúberes rebentos um poder arbitrário e funesto, sem freios nem controle [...]. Os pais não deveriam deter o poder absoluto de transformar seus filhos em simples máquinas com o objetivo de extrair deles certa quantia de salário semanal. As crianças e os adolescentes têm direito que a legislação os proteja contra o abuso da autoridade paterna, que alquebra prematuramente sua força física e os rebaixa na escala dos seres morais e intelectuais."[311]

---

[309] John Bellers, um verdadeiro fenômeno na história da economia política, compreendeu com toda clareza, já no final do século XVII, a necessidade de superar a educação e a divisão do trabalho atuais, que produzem a hipertrofia e a atrofia nos dois extremos da sociedade, ainda que em direções opostas. Entre outras coisas, diz ele corretamente: "*An idle learning being little better than the Learning of Idleness* [...] *Bodily Labour, it's a primitive institution of God* [...]. *Labour being as proper for the bodies health, as eating is for its living; for what pains a man saves by Ease, he will find in Disease* [...] *labour adds oyl to the lamp of life when thinking inflames it* [...]. *A childish silly employ* [...] *leaves the children's minds silly*" ["Aprender ociosamente é pouco melhor do que aprender a ociosidade [...]. O trabalho corporal foi originalmente instituído pelo próprio Deus [...]. O trabalho é tão necessário para a saúde do corpo quanto comer o é para sua vida; pois as dores que se poupam com o ócio serão adquiridas por doença [...]. O trabalho é o óleo da lamparina da vida, mas quem a acende é o pensamento [...]. Uma ocupação infantilmente estúpida" (afirma Bellers, pleno de pressentimento sobre os Basedows e seus imitadores modernos) "estupidifica o espírito das crianças"], *Proposals for Raising a Colledge of Industry of all useful Trades and Husbandry*, cit., p. 12, 14, 16, 18.

[310] Aliás, isso também ocorre, em grande parte, em oficinas menores, como vimos no caso da manufatura de rendas e no entrançado de palha, e como também se poderia mostrar em detalhes, especialmente nas manufaturas metalúrgicas de Sheffield, Birmingham etc.

[311] Child. Empl. Comm., "V. Rep.", p. XXV, n. 162 e "II. Rep.", p. XXXVIII, n. 285, 289, p. XXV, XXVI, n. 191.

Não foi, no entanto, o abuso da autoridade paterna que criou a exploração direta ou indireta de forças de trabalho imaturas pelo capital, mas, ao contrário, foi o modo capitalista de exploração que, suprimindo a base econômica correspondente à autoridade paterna, converteu esta última num abuso. Mas por terrível e repugnante que pareça a dissolução do velho sistema familiar no interior do sistema capitalista, não deixa de ser verdade que a grande indústria, ao conferir às mulheres, aos adolescentes e às crianças de ambos os sexos um papel decisivo nos processos socialmente organizados da produção situados fora da esfera doméstica, cria o novo fundamento econômico para uma forma superior da família e da relação entre os sexos. Naturalmente, é tão absurdo aceitar como absoluta a forma cristã-germânica da família quanto o seria considerar como tal a forma da família romana antiga, ou a grega antiga, ou a oriental, todas as quais, aliás, sucedem-se numa progressão histórica de desenvolvimento. Também é evidente que a composição do pessoal operário por indivíduos de ambos os sexos e das mais diversas faixas etárias, que em sua forma capitalista, natural-espontânea e brutal – em que o trabalhador existe para o processo de produção, e não o processo de produção para o trabalhador –, é uma fonte pestífera de degeneração e escravidão, pode se converter, sob as condições adequadas, em fonte de desenvolvimento humano[312].

A necessidade de generalizar a lei fabril, transformando-a de uma lei de exceção para fiações e tecelagens, essas primeiras criações da indústria mecanizada, numa lei para toda a produção social, decorre, como vimos, do curso histórico de desenvolvimento da grande indústria, em cuja esteira é inteiramente revolucionada a configuração tradicional da manufatura, do artesanato e do trabalho domiciliar; a manufatura transforma-se progressivamente em fábrica, o artesanato em manufatura e, por último, as esferas do artesanato e do trabalho domiciliar se transfiguram, num prazo que, em termos relativos, é assombrosamente curto, em antros miseráveis, em que grassam livremente as mais espantosas monstruosidades da exploração capitalista. Duas são as circunstâncias que, em última análise, tornam-se decisivas: primeiro, a experiência sempre renovada de que o capital, tão logo seja submetido ao controle estatal em alguns pontos da periferia social, ressarce a si mesmo tanto mais desenfreadamente nos demais pontos[313]; segundo, a gritaria dos próprios capitalistas por igualdade nas condições de concorrência, isto é, por limitações iguais à exploração do trabalho[314].

---

[312] *"Factory labour may be as pure and as excellent [...] as domestic labour, and perhaps more so"* ["O trabalho fabril pode ser tão puro e excelente quanto o trabalho domiciliar, e talvez ainda mais"], "Reports of Insp. of Fact., 31st Oct. 1865", p. 129.
[313] Ibidem, p. 27, 32.
[314] Uma grande quantidade de dados a esse respeito encontra-se nos "Reports of the Inspectors of Factories".

Ouçamos, a esse respeito, dois gritos saídos do imo peito. Os senhores W. Cooksley (fabricantes de pregos, correntes etc., em Bristol) introduziram voluntariamente a regulamentação fabril em seu negócio.

"Como o sistema antigo e irregular continua a vigorar nas oficinas vizinhas, os senhores Cooksley ficam expostos ao prejuízo de que seus jovens trabalhadores sejam tentados (*enticed*) a seguir trabalhando noutro local após as 6 horas da tarde." "Isto", dizem eles com naturalidade, "é uma injustiça contra nós e uma perda, já que esgota parte da força desses jovens, da qual devemos usufruir plenamente".[315]

O sr. J. Simpson (*Paper-box bag maker* [fabricante de caixas de papelão e sacolas de papel], de Londres) declara aos comissários da Child. Empl. Comm. que

"subscreveria qualquer petição pela implantação das leis fabris. Pois de qualquer modo, após fechar sua oficina, ele jamais consegue repousar à noite (*he always felt restless at night*), tomado pelo pensamento de que outros põem seus operários para trabalhar por mais tempo e assim lhe privam de suas encomendas diante de seu nariz."[316] "Seria uma injustiça" – sintetiza a Child. Empl. Comm. – "para com os empregadores maiores submeter suas fábricas à regulamentação quando, em seu próprio ramo de atividade, a pequena empresa não está sujeita a nenhuma limitação legal do tempo de trabalho. E à injustiça derivada de condições desiguais de concorrência em relação às horas de trabalho, caso as oficinas menores permanecessem isentas desse controle, somar-se-ia ainda outra desvantagem para os grandes fabricantes: a de que seu suprimento de trabalho juvenil e feminino seria desviado para as oficinas poupadas da legislação. Por fim, isso daria impulso à multiplicação das oficinas menores, que, quase sem exceção, são as que menos favorecem a saúde, comodidade, educação e melhoria geral do povo."[317]

Em seu relatório final, a Children's Employment Commission propõe submeter à lei fabril mais de 1,4 milhão de crianças, adolescentes e mulheres, das quais aproximadamente a metade é explorada pela pequena empresa e pelo trabalho domiciliar[318].

---

[315] Child. Empl. Comm., "V. Rep.", p. X, n. 35.
[316] Ibidem, p. IX, n. 28.
[317] Ibidem, p. XXV, n. 165-7. Cf. acerca das vantagens das indústrias grandes sobre as pequenas, Child. Empl. Comm., "III. Rep.", p. 13, n. 144; p. 25, n. 121; p. 26, n. 125; p. 27, n. 140 etc.
[318] Os ramos industriais que a comissão propõe regulamentar são: manufatura de rendas, confecção de meias, entrançado de palha, manufatura de *wearing apparel* [acessório de vestuário] com suas inúmeras subdivisões, confecção de flores artificiais, fabricação de calçados, chapéus e luvas, alfaiataria, todas as fábricas metalúrgicas, dos altos-fornos até as fábricas de agulhas etc., fabricação de papel, manufatura de vidro, de tabaco, fábricas de *Indian rubber* [borracha], fabricação de liço (para a tecelagem), tecelagem manual de tapetes, manufaturas de guarda-chuvas e sombrinhas, fabricação de fusos e de lançadeiras, tipografias, oficinas de encadernação, comércio de material de escritório (*stationery*, com a correspondente confecção de caixas de papelão, cartões, tintas

"Se o Parlamento" – diz o relatório – "aceitasse nossa proposta em toda sua amplitude, é indubitável que tal legislação exerceria a mais benéfica influência não só sobre os jovens e os fracos, que constituem seus objetos mais imediatos, mas também sobre a massa ainda maior de trabalhadores adultos, que se encontrariam em sua esfera direta" (mulheres) "e indireta" (homens) "de influência. Ela os forçaria a cumprir um horário de trabalho regular e moderado, economizaria e incrementaria essas reservas de força física, das quais tanto depende seu próprio bem-estar e o do país, protegeria a nova geração desse esforço excessivo, realizado em idade imatura, que mina sua constituição e leva à decadência prematura; por fim, assegurar-lhes-ia, ao menos até os 13 anos de idade, a oportunidade de receberem educação elementar e, desse modo, pôr um fim a essa incrível ignorância [...] tão fielmente descrita nos relatórios da comissão e que não se pode considerar sem experimentar o sofrimento mais torturante e um sentimento profundo de degradação nacional."[319]

No discurso do trono de 5 de fevereiro de 1867, o ministério *tory* anunciou ter formulado como *"bills"* [projetos de lei] as recomendações[319a] da comissão de inquérito industrial. Para tanto, ele tivera de realizar vinte anos de *experimentum in corpore vili* [experimentos num corpo sem valor]. Já em 1840 fora nomeada uma comissão parlamentar para investigar o trabalho infantil. Seu relatório de 1842 apresentava, segundo as palavras de N. W. Senior,

> o quadro mais aterrador de avareza, egoísmo e crueldade por parte dos capitalistas e pais, de miséria, degradação e aniquilamento de crianças e adolescentes que jamais se apresentou aos olhos do mundo [...]. Há quem possa supor que o relatório descreva horrores de uma era passada. Infelizmente, certos relatos evidenciam que esses horrores continuam mais intensos do que nunca. Uma brochura, publicada há dois anos por Hardwicke, afirma que os abusos denunciados em 1842 encontram-se hoje" (1863) "em plena florescência [...]. Esse relatório" (de 1842) "foi ignorado por 20 anos, período no qual se permitiu que aquelas crianças, que cresceram sem a mínima noção daquilo a que chamamos moral, carentes de formação escolar, religião e afeto familiar natural, se tornassem os pais da geração atual."[320]

---

para papéis etc.), cordoaria, manufatura de adornos de azeviche, olarias, manufatura manual de seda, tecelagem de Coventry, salinas, fábricas de velas, de cimento, refinaria de açúcar, produção de biscoitos, trabalhos em madeira e outros trabalhos variados.

[319] Child. Empl. Comm., "III. Rep.", p. XXV, n. 169.

[319a] A Factory Acts Extension Act [Lei para a extensão das leis fabris] foi aprovada em 12 de agosto de 1867. Ela regula todas as fundições, forjas e manufaturas metalúrgicas, incluindo as fábricas de máquinas, além de manufaturas de vidro, papel, guta-percha, borracha e tabaco, gráficas, oficinas de encadernação, enfim, todas as oficinas que empreguem mais de cinquenta pessoas. A Hours of Labour Regulation Act [Lei para a regulamentação do tempo de trabalho], aprovada a 17 de agosto de 1867, regulamenta as oficinas menores e o assim chamado trabalho domiciliar. No Livro II, voltarei a tratar dessa lei, da nova Mining Act [Lei da mineração] de 1872 etc.

[320] Senior, *Social Science Congress*, cit., p. 55-8.

Maquinaria e grande indústria

Nesse ínterim, a situação social havia-se modificado. O Parlamento não ousou rechaçar as propostas da comissão de 1863, como o fizera, anteriormente, com as de 1842. Por isso, já em 1864, mal a comissão publicara parte de seus relatórios e a indústria de cerâmica (inclusive as olarias), a confecção de papéis de paredes, palitos de fósforos, cartuchos e estopins, bem como a aparação de veludo foram submetidas às leis que se aplicavam à indústria têxtil. No discurso do trono de 5 de fevereiro de 1867, o gabinete *tory* de então anunciou outros *bills*, baseados nas propostas finais da comissão, que, entrementes, em 1866, concluíra sua tarefa.

A 15 de agosto de 1867, a coroa sancionou a Factory Acts Extension Act e, a 21 de agosto, a Workshops' Regulation Act [Lei para regulamentação das oficinas]; a primeira lei regulamenta os grandes, a segunda, os pequenos ramos de negócio.

A Factory Acts Extension Act regulamenta os altos-fornos, usinas de ferro e de cobre, fundições, fábricas de máquinas, oficinas metalúrgicas, fábricas de guta-percha, papel, vidro, tabaco, além de gráficas, oficinas de encadernação e, em geral, todas as oficinas industriais desse tipo, nas quais estejam ocupadas cinquenta ou mais pessoas ao mesmo tempo durante pelo menos cem dias por ano.

Para dar uma ideia do âmbito abrangido por essa lei, seguem, aqui, algumas das definições nela estabelecidas:

> "Por *artesanato* se entende" (nessa lei) "qualquer trabalho manual exercido como negócio ou como fonte de ganho, ou, ocasionalmente, a confecção, reforma, ornamentação, conserto ou acabamento para a venda de qualquer artigo ou de parte dele."
> "Por *oficina* se entende qualquer quarto ou local, coberto ou ao ar livre, no qual qualquer criança, trabalhador adolescente ou mulher exerça um 'trabalho artesanal' e sobre o qual tenha o direito de acesso e controle aquele que empregue tal criança, trabalhador adolescente ou mulher."
> "Por *empregado* se entende aquele que trabalha num 'artesanato', em troca de salário ou não, sob um patrão ou um dos pais, como mais baixo é definido de modo mais pormenorizado."
> "Por *pais* se entende: o pai, a mãe, o tutor ou outra pessoa que detenha a tutela ou controle sobre qualquer [...] criança ou trabalhador adolescente."

A cláusula 7, que pune a ocupação de crianças, adolescentes e mulheres em violação dos dispositivos dessa lei, estipula multas não só para o dono da oficina, seja ele um dos pais ou não, mas também para "os pais ou outras pessoas que detenham a tutela da criança, do adolescente ou da mulher, ou que obtenham do trabalho deles qualquer benefício direto".

A Factory Acts Extension Act, que afeta os grandes estabelecimentos, é inferior à lei fabril devido a um sem-número de exceções miseráveis e compromissos covardes com os capitalistas.

A Workshops' Regulation Act, deplorável em seus mínimos detalhes, permaneceu letra morta nas mãos das autoridades citadinas e locais encarregadas de sua aplicação. Quando o Parlamento, em 1871, privou-lhes dessa prerrogativa e a transferiu para os inspetores de fábrica, cujo campo de atividade foi ampliado, de um só golpe, em mais de 100 mil oficinas, além de 300 olarias, ele teve o máximo cuidado em aumentar em apenas 8 assistentes seu pessoal, cuja quantidade já era, então, bastante defasada[321].

Assim, o que chama a atenção nessa legislação inglesa de 1867 é o contraste entre, por um lado, a necessidade, imposta ao Parlamento das classes dominantes, de adotar, em princípio, medidas tão extraordinárias e amplas contra os excessos da exploração capitalista, e, por outro lado, as meias tintas, a má vontade e a *mala fides* [má-fé] com que ela pôs efetivamente em prática tais medidas.

A comissão de inquérito de 1862 também propôs uma nova regulamentação da indústria de mineração, indústria que se distingue de todas as outras porque nela os interesses dos proprietários fundiários e dos capitalistas industriais coincidem. O antagonismo entre esses dois interesses favorecera a legislação fabril; a ausência desse antagonismo basta para explicar o atraso e as chicanas que caracterizam a legislação sobre a mineração.

A comissão de inquérito de 1840 fizera revelações tão aterradoras e revoltantes, provocara tal escândalo perante toda a Europa que o Parlamento se viu obrigado a tranquilizar sua consciência com a *Mining Act* [Lei sobre a mineração] de 1842, que se limitou a proibir a utilização de mulheres e crianças menores de dez anos em trabalho subterrâneo.

Até que, em 1860, veio a *Mines' Inspection Act* [Lei de inspeção de minas], segundo a qual a inspeção das minas caberia a funcionários públicos especialmente nomeados para a tarefa e proibia a utilização de meninos entre 10 e 12 anos, exceto quando estes possuíssem um atestado escolar ou frequentassem a escola por certo número de horas. Essa lei permaneceu inteiramente como letra morta, graças ao número ridiculamente exíguo de inspetores nomeados, à insignificância de suas prerrogativas e a outras causas que veremos mais detalhadamente no curso da exposição.

Um dos mais recentes Livros Azuis sobre mineração é o "Report from the Select Committee on Mines, together with [...] Evidence, 23 July 1866". Trata-se da obra de uma comissão de membros da Câmara dos Comuns, com plenos poderes para convocar testemunhas e interrogá-las; um grosso volume in-fólio, no qual o "Report" propriamente dito ocupa apenas cinco linhas, afirmando que a comissão não tem condições de concluir nada e que mais testemunhas precisam ser ouvidas!

---

[321] O pessoal de inspeção das fábricas consistia de 2 inspetores, 2 inspetores auxiliares e 41 subinspetores. Oito subinspetores adicionais foram nomeados em 1871. O custo total de execução das leis fabris na Inglaterra, Escócia e Irlanda somavam, em 1871-1872, apenas £25.347, incluindo os custos judiciais dos processos contra infrações.

Maquinaria e grande indústria

O modo de interrogar as testemunhas lembra, ali, os *cross examinations* [inquéritos cruzados] perante os tribunais ingleses, nos quais o advogado, por meio de perguntas oblíquas, desavergonhadas e capciosas, procura confundir a testemunha, distorcendo o sentido de suas palavras. Os advogados são, aqui, os próprios inquiridores parlamentares, entre os quais figuram proprietários e exploradores de minas; as testemunhas são trabalhadores mineiros, geralmente de minas de carvão. Toda essa farsa caracteriza o espírito do capital de modo tão perfeito que não podemos deixar de ilustrá-la, aqui, com alguns extratos. Para facilitar a visão geral, apresento os resultados do inquérito etc. em rubricas. Lembro que, nos *Blue Books* ingleses, a pergunta e a resposta obrigatória são numeradas e que as testemunhas, cujos depoimentos são aqui citados, são trabalhadores empregados em minas de carvão.

1. Ocupação de jovens a partir dos 10 anos nas minas. O trabalho, incluindo o tempo gasto em ir às minas e voltar delas, dura normalmente de 14 a 15 horas, excepcionalmente mais. Começa às 3, 4, 5 horas da manhã e se estende até 4 ou 5 da tarde. (n. 6, 452, 83.) Os operários adultos trabalham em dois turnos, ou seja, 8 horas, mas para economizar custos nenhum revezamento é feito entre os jovens. (n. 80, 203, 204.) As crianças pequenas são empregadas principalmente na tarefa de abrir e fechar as portas de ventilação nos diversos compartimentos da mina; as crianças mais velhas, em trabalho mais pesado, como o transporte de carvão etc. (n. 122, 739, 740.) O horário prolongado de trabalho debaixo da terra dura até que os jovens cumpram 18 ou 22 anos, quando passam a realizar o trabalho de mineração propriamente dito (n. 161). Hoje em dia, as crianças e os adolescentes são mais duramente esfalfados do que em qualquer período anterior. (n. 1663-1667.) Os mineiros reivindicam quase unanimemente uma lei parlamentar que proíba o trabalho nas minas aos menores de 14 anos. E, então, pergunta Hussey Vivian (ele mesmo um explorador de minas):

> "Essa reivindicação não depende da maior ou menor pobreza dos pais?" – E o Mr. Bruce: "Não seria excessivamente rigoroso, estando o pai morto ou mutilado etc., tirar da família esses recursos? E, no entanto, é preciso haver uma regra geral. Quereis proibir em todos os casos a ocupação das crianças menores de 14 anos em trabalhos subterrâneos?" – Resposta: "Em todos os casos". (n. 107-110.) Vivian: "Se o trabalho nas minas fosse proibido até os catorze anos, isso não faria com que os pais enviassem as crianças para fábricas etc.?" – "Em regra geral, não." (n. 174.) Um trabalhador: "Abrir e fechar as portas parece fácil. Mas é um trabalho muito penoso. Além da constante corrente de ar, o jovem fica aprisionado, exatamente como se estivesse num calabouço escuro." O burguês Vivian: "O jovem não pode ler enquanto vigia a porta, caso possua uma luz?" – "Em primeiro lugar, ele teria de comprar as velas. Mas, além disso, isso não lhe seria permitido. Ele está ali para atentar em sua tarefa; tem um dever a cumprir. Jamais vi um jovem a ler dentro da mina." (n. 139, 141-160.)

2. Educação. Os mineiros reivindicam uma lei para o ensino obrigatório das crianças, como nas fábricas. Consideram como puramente ilusória a cláusula da lei de 1860, que institui a exigência de certificado escolar para o emprego de meninos de 10 a 12 anos de idade. O "embaraçoso" procedimento interrogativo dos juízes de instrução capitalistas assume, aqui, uma feição verdadeiramente cômica.

> (n. 115.) "A lei é mais necessária contra os patrões ou contra os pais? – Contra os dois." (n. 116.) "Mais contra um que contra o outro? – Como devo responder a isso?" (n. 137.) "Mostram os patrões algum desejo de adequar o horário de trabalho ao ensino escolar? – Jamais." (n. 211.) "Os mineiros melhoram, posteriormente, sua educação? – Em geral, pioram; adquirem maus hábitos, entregam-se à bebida, ao jogo e coisas semelhantes e sucumbem totalmente." (n. 454.) "Por que não enviam as crianças a escolas noturnas? – Na maioria dos distritos carvoeiros, tais escolas não existem. Mas o principal é que elas estão tão exaustas devido ao excesso de trabalho que seus olhos se fecham de cansaço." "Mas então", conclui o burguês, "sois contra o ensino? – De forma alguma, mas etc." (n. 443.) "Os donos das minas etc. não estão obrigados, pela lei de 1860, a exigir certificado escolar quando empregam crianças entre 10 e 12 anos? – Pela lei, sim, mas os patrões não o fazem." (n. 444.) "Em sua opinião, essa cláusula legal não é geralmente aplicada? – Ela não é aplicada jamais." (n. 717.) "Os mineiros se interessam muito pela questão educacional? – A grande maioria." (n. 718.) "Desejam ansiosamente a aplicação da lei? – A grande maioria." (n. 720.) "Por que, então, eles não forçam sua aplicação? – Muitos deles gostariam que fossem recusadas crianças sem certificado escolar, mas ele se torna um homem marcado (*a marked man*)." (n. 721.) "Marcado por quem? – Por seu patrão." (n. 722.) "Acreditais, por acaso, que os patrões perseguiriam um homem por sua obediência à lei? – Creio que o fariam." (n. 723.) "Por que os trabalhadores não se negam a empregar tais jovens? – Isso não é deixado à escolha deles." (n. 1634.) "Exigis a intervenção do Parlamento? – Se algo eficaz deve ser feito pela educação dos filhos dos mineiros, terá de ser compulsoriamente, por uma lei do Parlamento." (n. 1636.) "Isso deve ser feito para os filhos de todos os trabalhadores da Grã-Bretanha ou apenas para os trabalhadores das minas? – Estou aqui para falar em nome dos trabalhadores das minas." (n. 1638.) – "Por que distinguir entre as crianças das minas e as outras? – Porque elas constituem uma exceção à regra." (n. 1639.) "Em que sentido? – Em sentido físico." (n. 1640.) "Por que a educação seria mais preciosa para elas do que para os meninos de outras classes? – Não digo que seja mais preciosa para elas, mas por causa de seu excesso de trabalho nas minas elas têm menos chance de obter educação nas escolas diurnas e dominicais." (n. 1644.) "Não é verdade que é impossível tratar questões dessa natureza de uma maneira absoluta?" (n. 1646.) "Há escolas suficientes nos distritos? – Não." (n. 1647.) "Se o Estado exigisse que toda criança fosse mandada à escola, de onde sairiam, então, escolas para todas as crianças? – Creio que, assim que as circunstâncias o imponham, as escolas surgirão por si mesmas." "A grande maioria, não só das crianças, mas também dos mineiros adultos, não sabe ler nem escrever." (n. 705, 726.)

3. Trabalho feminino. Desde 1842 já não se empregam mulheres em trabalho subterrâneo, mas sim na superfície, para carregar carvão etc., arrastar as cubas

até os canais ou vagões ferroviários, selecionar o carvão etc. Seu emprego aumentou muito nos últimos 3 ou 4 anos. (n. 1727.) Em sua maior parte, são esposas, filhas ou viúvas de mineiros, e suas idades variam de 12 até 50 ou 60 anos. (n. 647, 1779, 1781.)

(n. 648.) "O que pensam os mineiros do emprego de mulheres nas minas? – Em geral, eles o condenam." (n. 649.) "Por quê? – Consideram-no degradante para o sexo [...]. Elas vestem uma roupa de tipo masculino. Em muitos casos, todo pudor é deixado de lado. Várias mulheres fumam. O trabalho é tão sujo quanto o que se efetua no subterrâneo. Muitas delas são mulheres casadas, que não conseguem cumprir suas obrigações domésticas." (n. 651s, 701.) (n. 709.) "Poderiam as viúvas encontrar em outro lugar ocupação tão rentável (de 8 a 10 xelins semanais)? – Nada sei dizer a esse respeito." (n. 710.) "E ainda assim" (coração de pedra!) "estais dispostos a cortar-lhes esse meio de vida? – Certamente." (n. 1715.) "De onde vem essa disposição? – Nós, os mineiros, temos demasiado respeito pelo belo sexo para vê-lo condenado à mina de carvão [...]. Esse trabalho é, em sua maior parte, muito pesado. Muitas dessas moças erguem 10 toneladas por dia." (n. 1732.) "Credes que as trabalhadoras ocupadas nas minas são mais imorais do que as ocupadas nas fábricas? – A percentagem das depravadas [*Schlechten*] é maior do que entre as moças das fábricas." (n. 1733.) "Mas também não estais satisfeito com o nível de moralidade nas fábricas? – Não." (n. 1734.) "Quereis, então, que também se proíba o trabalho feminino nas fábricas? – Não, eu não quero." (n. 1735.) "Por que não? – Porque é uma ocupação mais honrada e adequada para o sexo feminino." (n. 1736.) "Apesar disso, ela é prejudicial à moralidade delas, como dizeis? – Não, não tanto quanto o trabalho na mina. Aliás, não falo só de razões morais, mas também físicas e sociais. A degradação social das moças é deplorável e extrema. Quando se tornam esposas de mineiros, os homens padecem muito sob essa degradação, e isso os leva a abandonar a casa e entregar-se à bebida." (n. 1737.) "Mas o mesmo não seria igualmente válido para as mulheres ocupadas nas usinas siderúrgicas? – Não posso falar por outros ramos de atividade." (n. 1740.) "Mas que diferença há entre as mulheres empregadas em usinas siderúrgicas e as empregadas em minas? – Não me ocupei dessa questão." (n. 1741.) "Poderíeis descobrir alguma diferença entre uma classe e outra? – Não estou certo de que exista, mas conheço, por minhas visitas de casa em casa, o deplorável estado de coisas em nosso distrito." (n. 1750.) "Não vos causaria um grande prazer abolir a ocupação feminina onde quer que ela seja degradante? – Sim [...] os melhores sentimentos das crianças têm de vir da criação materna." (n. 1751.) "Mas isso também se aplica à ocupação agrícola de mulheres? – Esta só dura duas estações do ano, ao passo que nas minas elas trabalham as quatro estações, muitas vezes dia e noite, totalmente encharcadas, com sua constituição debilitada e a saúde alquebrada." (n. 1753.) "Não estudastes a questão" (isto é, da ocupação feminina) "de modo geral? – Tenho olhado ao meu redor e o que posso dizer é que em nenhum lugar encontrei nada que se compare à ocupação feminina nas minas de carvão. [n. 1793, 1794, 1808.] É um trabalho para homens, e para homens fortes. A melhor classe dos mineiros, que procura se elevar e humanizar, em vez de encontrar algum apoio em suas mulheres, são empurradas por elas para baixo."

Karl Marx – O capital

Depois de os burgueses terem continuado a inquirir em todas as direções, revela-se finalmente o segredo de sua "compaixão" pelas viúvas, pelas pobres famílias etc.

> "O proprietário da mina de carvão designa certos *gentlemen* [cavalheiros] para a tarefa de supervisão, e a política destes últimos, a fim de colherem aplausos dos patrões, consiste em fazer tudo do modo mais econômico possível. As moças ocupadas recebem de 1 xelim a 1 xelim e 6 *pence* por dia, ao passo que um homem teria de receber 2 xelins e 6 *pence*." (n. 1816.)

4. Júris de autópsias.

> (n. 360.) "No que diz respeito aos *coroner's inquests* [inquéritos em casos de óbito], em vossos distritos, estão os trabalhadores satisfeitos com o processo judicial em caso de acidentes? – Não, não estão." (n. 361-375.) "Por que não? – Antes de tudo, porque as pessoas que se nomeiam para os júris não sabem absolutamente nada de minas. Trabalhadores nunca são convocados, salvo como testemunhas. Em geral, são escolhidos os merceeiros das vizinhanças, que se encontram sob a influência dos proprietários das minas, seus clientes, e que não compreendem sequer os termos técnicos empregados pelas testemunhas. Reivindicamos que os mineiros formem parte dos júris. Em grande parte dos casos, a sentença está em contradição com os depoimentos das testemunhas." (n. 378.) "Mas os júris não devem ser imparciais? – Sim." (n. 379.) "Os trabalhadores o seriam? – Não vejo motivos para que não sejam imparciais. Eles têm conhecimento de causa." (n. 310.) "Mas eles não teriam a tendência de emitir sentenças injustamente severas no interesse dos trabalhadores? – Não, não o creio."

5. Pesos e medidas falsos etc. Os trabalhadores reivindicam pagamento semanal, em vez de a cada catorze dias, que a medição seja feita por peso, e não pela medida de capacidade das cubas, proteção contra o uso de pesos falsos etc.

> (n. 1071.) "Se as cubas são aumentadas fraudulentamente, não pode o trabalhador abandonar a mina após catorze dias de aviso prévio? – Sim, mas se for para outro lugar, ele encontrará a mesma situação." (n. 1.072) "Mas não pode ele abandonar o local onde a injustiça é cometida? – Essa injustiça existe por toda parte." (n. 1.073) "Mas não é verdade que o trabalhador pode deixar seu posto depois de 14 dias de aviso prévio? – Sim."

É o suficiente!

6. Inspeção de minas. Os trabalhadores não sofrem apenas com os acidentes causados por explosões de gases.

> (n. 234s.) "Temos igualmente de reclamar da má ventilação das galerias das minas de carvão, dentro das quais as pessoas mal podem respirar; os operários se tornam, assim, incapazes de qualquer tipo de ocupação. Por exemplo, agora mesmo, no setor em que trabalho, o ar pestilento pôs muitas pessoas de cama durante semanas. As galerias principais são, em geral, suficientemente ventiladas, mas não os lugares onde trabalhamos. Se algum trabalhador apresenta queixa ao inspetor quanto à ventilação, é despedido e se torna um homem 'marcado', que não encontrará

ocupação em outros lugares. A *Mining Inspection Act* de 1860 não é mais do que um pedaço de papel. O inspetor, e o número de inspetores é pequeno demais, realiza, quando muito, uma visita formal a cada sete anos. Nosso inspetor é um homem absolutamente incapaz, de 70 anos, encarregado de mais de 130 minas de carvão. Além de mais inspetores, precisamos de subinspetores." (n. 280.) "Deveria o governo, então, manter um tal exército de inspetores, que pudesse fazer sozinho, sem informações dos operários, tudo o que exigis? – Isso é impossível, mas deveriam vir buscar as informações nas próprias minas." (n. 285.) "Não credes que o resultado seria transferir aos funcionários governamentais a responsabilidade (!) pela ventilação etc., responsabilidade que hoje é dos proprietários das minas? – De modo nenhum; sua tarefa deveria ser exigir o cumprimento das leis já vigentes." (n. 294.) "Quando falais de subinspetores, vos referis a pessoas com salário menor e de caráter inferior ao dos atuais inspetores? – De modo algum os desejaria inferiores, se podeis conseguir melhores." (n. 295.) "Quereis mais inspetores ou um tipo de gente inferior aos inspetores? – Precisamos de gente disposta a entrar efetivamente nas minas, gente que não tema arriscar a própria pele." (n. 297.) "Se fosse atendido vosso desejo de que se nomeiem inspetores de um tipo inferior, sua falta de habilitação para a tarefa não criaria perigos etc.? – Não; é atribuição do governo nomear sujeitos aptos."

Ao final, esse tipo de interrogatório se tornou estúpido demais até mesmo para o presidente da comissão de inquérito.

"O que quereis" – intervém ele – "é gente prática, que observem pessoalmente o que se passa nas minas e relatem aos inspetores, que poderão, então, aplicar sua ciência superior." (n. 531.) "A ventilação de todas essas velhas minas não acarretaria muitas despesas? – Sim, é possível que as despesas aumentassem, mas vidas humanas seriam protegidas."

(n. 581.) Um mineiro de carvão protesta contra a 17ª seção da Lei de 1860:

"Atualmente, quando o inspetor de minas encontra uma parte da mina fora das condições de trabalho, ele tem de relatar o fato ao proprietário da mina e ao ministro do Interior. Depois disso, o proprietário da mina tem 20 dias para meditar sobre o assunto; ao cabo dos 20 dias, ele pode recusar qualquer alteração. Ao fazê-lo, porém, ele tem de escrever ao ministro do Interior e indicar-lhe cinco engenheiros de minas, entre os quais cabe ao ministro escolher os árbitros. Afirmamos que, nesse caso, o proprietário da mina praticamente nomeia seus próprios juízes."

(n. 586.) O examinador burguês, ele mesmo proprietário de minas:

"Esta é uma objeção puramente especulativa." (n. 588.) "Quer dizer que tendes em tão pouca conta a integridade dos engenheiros de minas? – O que digo é que isso é muito iníquo e injusto." (n. 589.) "Não possuem os engenheiros de minas uma espécie de caráter público, que eleva suas decisões acima da parcialidade que temeis? – Recuso-me a responder a perguntas sobre o caráter pessoal dessas pessoas. Tenho a convicção de que em muitos casos eles atuam de modo muito parcial e que esse poder lhes deveria ser retirado sempre que vidas humanas estejam em jogo."

O mesmo burguês ainda tem o desplante de perguntar: "Não credes que também os proprietários de minas têm prejuízos com as explosões?"

Por fim (n. 1042): "Não poderíeis vós, os trabalhadores, cuidar de vossos próprios interesses sem recorrer à ajuda do Governo? – Não".

Em 1865, havia 3.217 minas de carvão na Grã-Bretanha e... doze inspetores. Até mesmo um proprietário de minas de Yorkshire (*Times*, 26 jan. de 1867) calcula que, sem considerar as atividades puramente burocráticas dos inspetores, que absorvem todo o tempo deles, cada mina só poderia ser inspecionada uma vez a cada dez anos. Não é de admirar, portanto, que as catástrofes tenham aumentado cada vez mais nos últimos anos (sobretudo em 1866 e 1867), tanto em número quanto em magnitude (às vezes com o sacrifício de 200 a 300 trabalhadores). São essas as maravilhas da "livre" produção capitalista!

Em todo caso, a Lei de 1872, por defeituosa que seja, é a primeira a regulamentar o horário de trabalho das crianças ocupadas nas minas e que, em certa medida, responsabiliza os exploradores e proprietários das minas pelos assim chamados acidentes.

A comissão real de 1867, cuja tarefa era investigar a ocupação de crianças, adolescentes e mulheres na agricultura, publicou alguns relatórios muito significativos. Diversas tentativas foram feitas de aplicar à agricultura, sob forma modificada, os princípios da legislação fabril, mas até agora todas elas fracassaram totalmente. Mas cabe chamar a atenção, aqui, para a existência de uma tendência irresistível à universalização desses princípios.

Se a universalização da legislação fabril tornou-se inevitável como meio de proteção física e espiritual da classe trabalhadora, tal universalização, por outro lado, e como já indicamos anteriormente, universaliza e acelera a transformação de processos laborais dispersos, realizados em escala diminuta, em processos de trabalho combinados, realizados em larga escala, em escala social; ela acelera, portanto, a concentração do capital e o império exclusivo do regime de fábrica. Ela destrói todas as formas antiquadas e transitórias, embaixo das quais a domínio do capital ainda se esconde em parte, e as substitui por seu domínio direto, indisfarçado. Com isso, ela também generaliza a luta direta contra esse domínio. Ao mesmo tempo que impõe nas oficinas individuais uniformidade, regularidade, ordem e economia, a legislação fabril, por meio do imenso estímulo que a limitação e a regulamentação da jornada de trabalho dão à técnica, aumenta a anarquia e as catástrofes da produção capitalista em seu conjunto, assim como a intensidade do trabalho e a concorrência da maquinaria com o trabalhador. Juntamente com as esferas da pequena empresa e do trabalho domiciliar, ela aniquila os últimos refúgios dos "supranumerários" e, com eles, a válvula de segurança até então existente de todo o mecanismo social. Amadurecendo as condições materiais e a combinação social do processo de produção, ela também amadurece as contradições e os antagonismos de sua forma capitalista e, assim, ao mesmo tempo, os elementos criadores de uma nova sociedade e os fatores que revolucionam a sociedade velha[322].

---

[322] Robert Owen, o pai das fábricas e armazéns cooperativos, que, no entanto, como já observamos, não compartilhava de modo algum das ilusões de seus sucessores quanto ao alcance desses elementos isolados de transformação, em seus experimentos não só tinha no sistema fabril seu ponto de partida prático, como também teoricamente considerava-o o ponto de partida da revolução social. O sr. Vissering, professor de economia política na Universidade de Leyden, parece ter suspeitado de algo assim quando, em seu *Handboek van Praktische Staathuishoudkunde* (1860-1862), que expõe do modo mais adequado as trivialidades da economia vulgar, declara-se a favor do artesanato e contra a grande indústria. {Adendo à quarta edição: Os "novos imbróglios jurídicos" [ver nota 194, na p. 371-2] que a legislação inglesa criou por meio das reciprocamente contraditórias Factory Acts, Factory Acts Extension e Workshops' Acts acabaram por se tornar insuportáveis, o que levou ao surgimento da Factory and Workshop Act de 1878, uma codificação de toda a legislação sobre essa matéria. Naturalmente, não podemos realizar, aqui, uma crítica detalhada desse código industrial, hoje vigente na Inglaterra. Bastarão, portanto, as seguintes considerações. A lei compreende: 1) fábricas têxteis. Aqui tudo permanece praticamente como antes: o tempo de trabalho permitido a crianças maiores de 10 anos é de 5½ horas por dia, ou de 6 horas se o sábado é livre; adolescentes e mulheres: 10 horas nos primeiros 5 dias da semana e um máximo de 6½ horas aos sábados. 2) Fábricas não têxteis. Neste caso, as disposições legais estão mais próximas do ponto "1)" do que antes, mas ainda subsistem várias exceções favoráveis aos capitalistas, exceções que, muitas vezes, ainda podem ser ampliadas por meio de licenças especiais do ministro do Interior. 3) *Workshops*, definidas aproximadamente como na lei anterior; quando nelas trabalham crianças, adolescentes ou mulheres, as *workshops* são colocadas quase em pé de igualdade com as fábricas não têxteis, porém, uma vez mais, com exigências menos severas em alguns aspectos. 4) *Workshops* em que não trabalham crianças nem adolescentes, mas só pessoas de ambos os sexos maiores de 18 anos; para essa categoria, vigoram ainda outras atenuações. 5) *Domestic workshops* [oficinas domiciliares], onde trabalham apenas membros da família no domicílio familiar; determinações ainda mais elásticas e, ao mesmo tempo, a limitação de que o inspetor, desprovido de expressa autorização ministerial ou judicial, só pode visitar os aposentos que não sejam utilizados ao mesmo tempo como moradia; e, finalmente, a liberação irrestrita, no âmbito familiar, do entrançado de palha e da confecção da renda de bilros e de luvas. Com todos os seus defeitos, essa lei, juntamente com a lei federal suíça de 23 de março de 1877, continua a ser de longe a melhor lei sobre a matéria. Uma comparação dessa lei com a referida lei federal suíça é de particular interesse, pois põe em relevo tanto as vantagens como as desvantagens dos dois métodos de legislar: o inglês, "histórico", que intervêm de caso em caso, e o continental, mais generalizador, alicerçado nas tradições da Revolução Francesa. Infelizmente, o código inglês, quanto à sua aplicação nos *workshops*, continua a ser, em grande parte, letra morta – por falta de pessoal suficiente para a inspeção. (F. E.)}

10. Grande indústria e agricultura

A revolução que a grande indústria acarreta na agricultura e nas condições sociais de seus agentes de produção só será examinada mais adiante. Por ora, basta antecipar brevemente alguns resultados. Se o uso da maquinaria na agricultura está em grande parte isento dos prejuízos físicos que ela acarreta ao trabalhador fabril[323], não é menos verdade que, no que diz respeito a "tornar supranumerários" os trabalhadores, ela atua de modo ainda mais intenso e sem nenhum contrapeso, como veremos em detalhes mais à frente. Nos condados de Cambridge e Suffolk, por exemplo, a área cultivada cresceu muito nos últimos vinte anos, enquanto a população rural, no mesmo período, decresceu não só em termos relativos, mas também absolutos. Nos Estados Unidos da América do Norte, por enquanto, as máquinas agrícolas só substituem os trabalhadores virtualmente, ou seja, permitem que o produtor cultive uma superfície maior, mas sem expulsar os trabalhadores efetivamente ocupados. Na Inglaterra e no País de Gales, em 1861, o número de pessoas que participavam na fabricação de máquinas agrícolas era de 1.034, ao passo que o número de trabalhadores agrícolas ocupados no manejo de máquinas a vapor e de trabalho era de apenas 1.205.

É na esfera da agricultura que a grande indústria atua do modo mais revolucionário, ao liquidar o baluarte da velha sociedade, o "camponês", substituindo-o pelo trabalhador assalariado. Desse modo, as necessidades sociais de revolucionamento e os antagonismos do campo são niveladas às da cidade. O método de produção mais rotineiro e irracional cede lugar à aplicação consciente e tecnológica da ciência. O modo de produção capitalista consume a ruptura do laço familiar original que unia a agricultura à manufatura e envolvia a forma infantilmente rudimentar de ambas. Ao mesmo tempo, porém, ele cria os pressupostos materiais de uma nova síntese, superior, entre agricultura e indústria sobre a base de suas configurações antiteticamente desenvolvidas. Com a predominância sempre crescente da população urbana, amontoada em grandes centros pela produção capitalista, esta, por um lado, acumula a força motriz histórica da sociedade e, por outro lado, desvirtua o metabolismo entre o homem e a terra, isto é, o retorno ao solo daqueles elementos que lhe são constitutivos e foram consumidos pelo homem sob forma de alimentos e vestimentas, retorno que é a eterna condição natural da fertilidade permanente do solo. Com isso, ela destrói tanto a saúde física dos trabalhadores urbanos como a vida

---

[323] Uma exposição detalhada da maquinaria aplicada na agricultura inglesa encontra-se em *Die landwirtschaftlichen Geräthe und Maschinen Englands,* do dr. W. Hamm (2. ed., 1856). Em seu esboço sobre o processo de desenvolvimento da agricultura inglesa, o sr. Hamm segue de modo demasiado acrítico o sr. Leonce de Lavergne. {Adendo à quarta edição: Obra que, naturalmente, tornou-se agora obsoleta. (F. E.)}

Maquinaria e grande indústria

espiritual dos trabalhadores rurais[324]. Mas ao mesmo tempo que destrói as condições desse metabolismo, engendradas de modo inteiramente natural--espontâneo, a produção capitalista obriga que ele seja sistematicamente restaurado em sua condição de lei reguladora da produção social e numa forma adequada ao pleno desenvolvimento humano. Na agricultura, assim como na manufatura, a transformação capitalista do processo de produção aparece a um só tempo como martirológio dos produtores, o meio de trabalho como meio de subjugação, exploração e empobrecimento do trabalhador, a combinação social dos processos de trabalho como opressão organizada de sua vitalidade, liberdade e independência individuais. A dispersão dos trabalhadores rurais por áreas cada vez maiores alquebra sua capacidade de resistência, tanto quanto a concentração em grandes centros industriais aumenta a dos trabalhadores urbanos. Assim como na indústria urbana, na agricultura moderna o incremento da força produtiva e a maior mobilização do trabalho são obtidos por meio da devastação e do esgotamento da própria força de trabalho. E todo progresso da agricultura capitalista é um progresso na arte de saquear não só o trabalhador, mas também o solo, pois cada progresso alcançado no aumento da fertilidade do solo por certo período é ao mesmo tempo um progresso no esgotamento das fontes duradouras dessa fertilidade. Quanto mais um país, como os Estados Unidos da América do Norte, tem na grande indústria o ponto de partida de seu desenvolvimento, tanto mais rápido se mostra esse processo de destruição[325].

---

[324] *"You divide the People into two hostile camps of clownish boors and emasculated dwarfs. Good heavens! a nation divided into agricultural and commercial interests calling itself sane, nay styling itself enlightened and civilized, not only in spite of, but in consequence of this monstrous and unnatural division"* ["Dividis o povo em dois campos hostis: o dos camponeses toscos e o dos anões efeminados. Ó, céus! Como pode uma nação cindida em interesses agrícolas e comerciais dizer-se sã e, mais ainda, considerar-se esclarecida e civilizada não só apesar de, mas exatamente em razão dessa separação monstruosa e antinatural"], David Urquhart, *Familiar Words*, cit., p. 119. Essa passagem mostra tanto a força quanto a fraqueza de um tipo de crítica que sabe julgar e condenar o presente, mas não compreendê-lo.

[325] Cf. Liebig, *Die Chemie in ihrer Anwendung auf Agrikultur und Phisiologie* (7. ed., 1862), e também no primeiro volume de *Einleitung in die Naturgesetze des Feldbaus*. Ter analisado o aspecto negativo da agricultura moderna de um ponto de vista científico é um dos méritos imortais de Liebig. Também seus esboços sobre a história da agricultura, embora não isentos de erros grosseiros, contêm visões lúcidas. É de se lamentar que ouse fazer afirmações gratuitas, tais como: "Pulverizando mais intensamente e arando o solo com maior frequência, a circulação do ar no interior das partes porosas da terra é ativada, provocando a ampliação e renovação da superfície do solo exposta à ação do ar, porém é fácil compreender que o aumento da produção do campo não pode ser proporcional ao trabalho nele aplicado, mas sim aumenta em proporção muito menor". "Essa lei", acrescenta Liebig, "foi enunciada pela primeira vez por J. S. Mill, em seu *Princ. of Pol. Econ.*, v. I, p. 17, do seguinte modo: '[...] *That the produce of land increases caeteris paribus in a diminishing ratio to the increase of the labourers employed* [...]

Por isso, a produção capitalista só desenvolve a técnica e a combinação do processo de produção social na medida em que solapa os mananciais de toda a riqueza: a terra e o trabalhador.

---

is the universal law of agricultural industry' ['Que o produto da terra aumenta *caeteris paribus* em proporção decrescente ao aumento de trabalhadores empregados']" (O sr. Mill, inclusive, repete a lei da escola ricardiana numa fórmula falsa, pois como na Inglaterra *"the decrease of the labourers employed"* – a diminuição dos trabalhadores empregados – sempre acompanhou o progresso da agricultura, a conclusão seria que essa lei, descoberta na e para a Inglaterra, não encontraria aplicação a não ser nesse país) "'constitui a lei geral da agricultura'; o que é bastante notável, já que Mill desconhecia as razões dessa lei", Liebig, *Die Chemie in ihrer Anwendung auf Agrikultur und Phisiologie*, cit., v. I, p. 143 e nota. Abstraindo da acepção equívoca da palavra "trabalho", que para Liebig não significa o mesmo que para a economia política, é "bastante notável" que ele faça do sr. J. S. Mill o primeiro proponente de uma teoria que James Anderson já enunciara na época de A. Smith e que foi posteriormente reiterada em vários de seus escritos até o começo do século XIX; teoria que Malthus, em geral um mestre do plágio (toda sua teoria da população é um plágio desavergonhado), anexou à sua própria obra em 1815; que foi desenvolvida por West, à mesma época e independentemente de Anderson; que Ricardo, em 1817, vinculou à teoria geral do valor e que, a partir de então, deu a volta ao mundo tendo Ricardo como seu autor; que por James Mill (o pai de J. S. Mill) vulgarizou em 1820 e que, finalmente, já convertida em lugar-comum, é repetida, entre outros, pelo sr. J. S. Mill como um dogma escolar. É incontestável que J. S. Mill deve sua autoridade – em todo caso, "notável" – quase exclusivamente a semelhantes quiproquós.

Seção V

A PRODUÇÃO DO MAIS-VALOR ABSOLUTO E RELATIVO

Capítulo 14

Mais-valor absoluto e relativo

Inicialmente, consideramos o processo de trabalho de modo abstrato (ver capítulo 5), independente de suas formas históricas, como processo entre homem e natureza. Lá, dissemos: "Se consideramos o processo inteiro do ponto de vista de seu resultado, do produto, tanto o meio como o objeto do trabalho aparecem como meios de produção, e o próprio trabalho aparece como trabalho produtivo". E na nota 7, como complemento: "Essa determinação do trabalho produtivo, tal como ela resulta do ponto de vista do processo simples de trabalho, não é de modo nenhum suficiente para ser aplicada ao processo capitalista de produção". É esse o ponto que cabe desenvolver aqui.

Enquanto o processo de trabalho permanece puramente individual, o mesmo trabalhador reúne em si todas as funções que mais tarde se apartam umas das outras. Em seu ato individual de apropriação de objetos da natureza para suas finalidades vitais, ele controla a si mesmo. Mais tarde, ele é que será controlado. O homem isolado não pode atuar sobre a natureza sem o emprego de seus próprios músculos, sob o controle de seu próprio cérebro. Assim como no sistema natural a cabeça e as mãos estão interligadas, também o processo de trabalho conecta o trabalho intelectual ao trabalho manual. Mais tarde, eles se separam até formar um antagonismo hostil. O produto, que antes era o produto direto do produtor individual, transforma-se num produto social, no produto comum de um trabalhador coletivo, isto é, de um pessoal combinado de trabalho, cujos membros se encontram a uma distância maior ou menor do manuseio do objeto de trabalho. Desse modo, a ampliação do caráter cooperativo do próprio processo de trabalho é necessariamente acompanhada da ampliação do conceito de trabalho produtivo e de seu portador, o trabalhador produtivo. Para trabalhar produtivamente, já não é mais necessário fazê-lo com suas próprias mãos; basta, agora, ser um órgão do trabalhador coletivo, executar qualquer uma de suas subfunções. A definição original do trabalho produtivo citada mais acima, derivada da própria natureza da produção material, continua válida para o trabalhador coletivo, considerado em seu conjunto. Mas já não é válida para cada um de seus membros, tomados isoladamente.

Por outro lado, o conceito de trabalho produtivo se estreita. A produção capitalista não é apenas produção de mercadoria, mas essencialmente produção de mais-valor. O trabalhador produz não para si, mas para o capital. Não basta, por isso, que ele produza em geral. Ele tem de produzir mais-valor. Só é produtivo o trabalhador que produz mais-valor para o capitalista ou serve à autovalorização do capital. Se nos for permitido escolher um exemplo fora da esfera da produção material, diremos que um mestre-escola é um trabalhador produtivo se não se limita a trabalhar a cabeça das crianças, mas exige trabalho de si mesmo até o esgotamento, a fim de enriquecer o patrão. Que este último tenha investido seu capital numa fábrica de ensino, em vez de numa fábrica de salsichas, é algo que não altera em nada a relação. Assim, o conceito de trabalhador produtivo não implica de modo nenhum apenas uma relação entre atividade e efeito útil, entre trabalhador e produto do trabalho, mas também uma relação de produção especificamente social, surgida historicamente e que cola no trabalhador o rótulo de meio direto de valorização do capital. Ser trabalhador produtivo não é, portanto, uma sorte, mas um azar. No Livro IV desta obra, que trata da história da teoria, veremos mais detalhadamente que a economia política clássica sempre fez da produção de mais-valor a característica decisiva do trabalhador produtivo. Alterando-se sua concepção da natureza do mais-valor, altera-se, por conseguinte, sua definição de trabalhador produtivo. Razão pela qual os fisiocratas declaram que somente o trabalho agrícola seria produtivo, pois só ele forneceria mais-valor. Mas, para os fisiocratas, o mais-valor existe exclusivamente na forma da renda fundiária.

A extensão da jornada de trabalho além do ponto em que o trabalhador teria produzido apenas um equivalente do valor de sua força de trabalho, acompanhada da apropriação desse mais-trabalho pelo capital – nisso consiste a produção do mais-valor absoluto. Ela forma a base geral do sistema capitalista e o ponto de partida da produção do mais-valor relativo. Nesta última, a jornada de trabalho está desde o início dividida em duas partes: trabalho necessário e mais-trabalho. Para prolongar o mais-trabalho, o trabalho necessário é reduzido por meio de métodos que permitem produzir em menos tempo o equivalente do salário. A produção do mais-valor absoluto gira apenas em torno da duração da jornada de trabalho; a produção do mais-valor relativo revoluciona inteiramente os processos técnicos do trabalho e os agrupamentos sociais.

Ela supõe, portanto, um modo de produção especificamente capitalista, que, com seus próprios métodos, meios e condições, só surge e se desenvolve naturalmente sobre a base da subsunção formal do trabalho sob o capital. O lugar da subsunção formal do trabalho sob o capital é ocupado por sua subsunção real.

Basta, aqui, uma simples alusão a formas híbridas, em que o mais-valor não se extrai do produtor por coerção direta e que tampouco apresentam a subordinação formal do produtor ao capital. Nesses casos, o capital ainda não se apoderou diretamente do processo de trabalho. Ao lado dos produtores independentes, que exercem seus trabalhos artesanais ou cultivam a terra de modo tradicional, patriarcal, surge o usurário ou o comerciante, o capital usurário ou comercial, que os suga parasitariamente. O predomínio dessa forma de exploração numa sociedade exclui o modo de produção capitalista, ao mesmo tempo que, como na Baixa Idade Média, pode servir de transição para ele. Por último, como mostra o exemplo do trabalho domiciliar moderno, certas formas híbridas são reproduzidas aqui e ali na retaguarda da grande indústria, mesmo que com uma fisionomia completamente alterada.

Se, por um lado, para a produção do mais-valor absoluto basta a subsunção meramente formal do trabalho sob o capital – por exemplo, que artesãos que antes trabalhavam para si mesmos ou como oficiais de um mestre de corporação passem a atuar como trabalhadores assalariados sob o controle direto do capitalista –, vimos, por outro, que os métodos para a produção do mais-valor relativo são, ao mesmo tempo, métodos para a produção do mais-valor absoluto. Mais ainda, a extensão desmedida da jornada de trabalho mostra-se como o produto mais genuíno da grande indústria. Em geral, tão logo se apodera de um ramo da produção – e, mais ainda, quando se apodera de todos os ramos decisivos da produção –, o modo de produção especificamente capitalista deixa de ser um simples meio para a produção do mais-valor relativo. Ele se converte, agora, na forma geral, socialmente dominante, do processo de produção. Como método particular para a produção do mais-valor relativo, ele atua: em primeiro lugar, apoderando-se de indústrias que até então estavam subordinadas apenas formalmente ao capital; ou seja, atua em sua propagação; em segundo lugar, na medida em que as mudanças nos métodos de produção revolucionam continuamente as indústrias que já se encontram em sua esfera de ação.

Visto sob certo ângulo, toda diferença entre mais-valor absoluto e mais-valor relativo parece ilusória. O mais-valor relativo é absoluto, pois condiciona uma extensão absoluta da jornada de trabalho além do tempo de trabalho necessário à existência do próprio trabalhador. O mais-valor absoluto é relativo, pois condiciona um desenvolvimento da produtividade do trabalho que possibilita limitar o tempo de trabalho necessário a uma parte da jornada de trabalho. Mas quando observamos o movimento do mais-valor, desfaz-se essa aparência de identidade. Tão logo o modo de produção capitalista esteja constituído e se tenha tornado o modo geral de produção, a diferença entre mais-valor absoluto e relativo torna-se perceptível assim que se trate de aumentar a taxa de mais-valor em geral. Pressupondo-se que a força de trabalho seja remunerada por seu valor, vemo-nos, então, diante da seguinte alternativa: por um lado, dada a força produtiva de trabalho e seu grau normal de intensidade, a taxa de mais-valor só pode ser aumentada mediante o prolongamento absoluto da jornada de trabalho; por outro lado, com uma dada limitação da jornada de trabalho, a taxa de mais-valor só pode ser aumentada por meio de uma mudança relativa da grandeza de suas partes constitutivas, do trabalho necessário e do mais-trabalho, o que, por sua vez, pressupõe, para que o salário não caia abaixo do valor da força de trabalho, uma mudança na produtividade ou intensidade do trabalho.

Se o trabalhador necessita de todo seu tempo para produzir os meios de subsistência necessários ao seu próprio sustento e o de sua descendência [*Race*], não lhe sobra tempo algum para trabalhar gratuitamente para um terceiro. Sem um certo grau de produtividade do trabalho não haverá esse tempo disponível para o trabalhador; sem esse tempo excedente, não haverá mais-trabalho e, por conseguinte, nenhum capitalista, tampouco senhor de escravos, barão feudal, numa palavra, nenhuma classe de grandes proprietários[1].

Podemos, pois, falar de uma base natural do mais-valor, mas apenas no sentido muito geral de que nenhuma barreira natural absoluta impede um indivíduo de dispensar a si mesmo do trabalho necessário a sua própria existência e jogá-lo sobre os ombros de outrem, tampouco como obstáculos naturais absolutos impedem alguém de servir-se da carne de outrem como alimento[1a]. De forma alguma cabe associar, como aconteceu ocasionalmente, concepções místicas a essa produtividade natural-espontânea do trabalho. Somente depois de a humanidade ter superado pelo trabalho suas primitivas condições de animalidade, depois, portanto, de seu próprio trabalho já estar socializado num certo grau, é que surgem as condições para que o mais-trabalho de um transforme-se em condição de existência do outro. Nos primórdios da civilização, as forças produtivas adquiridas do trabalho são exíguas, mas o são também as necessidades que se desenvolvem simultaneamente aos meios empregados para satisfazê-las. Ademais, nesses primórdios a proporção dos setores da sociedade que vivem do trabalho alheio é insignificante quando comparada à massa dos produtores diretos. Com o progresso da força produtiva social do trabalho, essa proporção aumenta tanto absoluta como relativamente[2]. A relação capitalista, de resto, nasce num terreno econômico que é o produto de um longo processo de desenvolvimento. A

---

[1] "*The very existence of the master-capitalists as a distinct class is dependent on the productiveness of industry*" ["A mera existência dos patrões tornados capitalistas como uma classe especial depende da produtividade do trabalho"], Ramsay, *An Essay on the Distribution of Wealth*, cit., p. 206. "*If each man's labour were but enough to produce his own food, there could be no property*" ["Se o trabalho de cada homem bastasse apenas para produzir seu próprio alimento, não poderia existir propriedade"], Ravenstone, *Thoughts on the Funding System and its Effects*, cit., p. 14.

[1a] Segundo cálculo recente, só nas regiões já exploradas da Terra ainda vivem pelo menos quatro milhões de canibais.

[2] "*Among the wild Indians in America, almost every thing is the labourer's, 99 parts of a hundred are to be put upon the account of Labour: In England, perhaps the labourer has not $2/3$*" ["Entre os índios selvagens da América, quase tudo pertence ao trabalhador; 99 partes de cada

produtividade preexistente do trabalho, que lhe serve de fundamento, não é uma dádiva da natureza, mas o resultado de uma história que compreende milhares de séculos.

Independentemente da forma mais ou menos desenvolvida da produção social, a produtividade do trabalho permanece vinculada a condições naturais. Todas elas podem ser reduzidas à natureza do próprio homem, como raça etc., e à natureza que o rodeia. As condições naturais externas se dividem, do ponto de vista econômico, em duas grandes classes: a riqueza natural em meios de subsistência, isto é, fertilidade do solo, águas ricas em peixe etc., e a riqueza natural em meios de trabalho, como quedas d'água, rios navegáveis, madeira, metais, carvão etc. Nos primórdios da civilização, o primeiro tipo de riqueza natural é o decisivo; uma vez alcançados níveis superiores de desenvolvimento, o segundo passa a predominar. Comparemos, por exemplo, a Inglaterra com a Índia, ou, no mundo antigo, Atenas e Corinto com os países situados na costa do mar Negro.

Quanto menor o número de necessidades naturais a serem imperiosamente satisfeitas, e quanto maiores a fertilidade natural do solo e a excelência do clima, tanto menor é o tempo de trabalho necessário para a manutenção e reprodução do produtor. E tanto maior, portanto, pode ser o excedente de seu trabalho para outros, isto é, o trabalho que excede aquele que ele realiza para si mesmo. Já observava Diodoro, a respeito dos antigos egípcios:

"É absolutamente incrível quão pouco esforço e custos lhes exige a criação de seus filhos. Preparam-lhes a comida mais simples e mais fácil de obter, dão-lhes também para comer a parte inferior do caule do papiro, desde que possam tostá-la ao fogo, e as raízes e talos de plantas pantanosas, em parte crus, em parte cozidos ou assados. A maioria das crianças anda descalça e desnuda, já que o clima é muito ameno. Por isso, uma criança não custa a seus pais, até que esteja adulta, mais que 20 dracmas. Isso explica o fato de a população ser tão numerosa no Egito, e como tantas grandes obras puderam ser ali executadas."[3]

No entanto, as grandes construções do antigo Egito se devem menos ao volume de sua população do que à grande proporção em que esta se encontrava disponível. Assim como o trabalhador individual pode fornecer uma quantidade tanto maior de mais-trabalho quanto menor seja seu tempo de trabalho necessário, assim também, quanto menor for a parte da população trabalhadora exigida para a produção dos meios de subsistência necessários, tanto maior será a parte dela disponível para outras obras.

Uma vez pressuposta a produção capitalista e uma dada duração da jornada de trabalho, a grandeza do mais-trabalho variará, mantendo-se inalteradas

---

cento são postas na conta do trabalho. Na Inglaterra, talvez o trabalhador não chegue a ter ²/₃"], *The Advantages of the East India Trade etc.*, cit., p. 72-3.

[3] Diodoro, *Historische Bibliothek*, cit., l. I, c. 80.

Karl Marx – O capital

as demais circunstâncias, de acordo com as condições naturais do trabalho, sobretudo com a fertilidade do solo. Mas disso não se segue de modo nenhum, inversamente, que o solo mais fértil seja o mais adequado ao crescimento do modo de produção capitalista. Este supõe o domínio do homem sobre a natureza. Uma natureza demasiado pródiga "conduz o homem com as mãos, como uma criança em andadeiras"*. Ela não faz do desenvolvimento do próprio homem uma necessidade natural[4]. A pátria do capital não é o clima tropical, com sua vegetação exuberante, mas a zona temperada. Não a fertilidade absoluta do solo, mas sua diferenciação, a diversidade de seus produtos naturais é que constitui o fundamento natural da divisão social do trabalho e incita o homem, pela variação das condições naturais em que ele vive, à diversificação de suas próprias necessidades, capacidades, meios de trabalho e modos de trabalhar. É a necessidade de controlar socialmente uma força natural, de poupá-la, de apropriar-se dela ou dominá-la em grande escala mediante obras feitas pela mão do homem o que desempenha o papel mais decisivo na história da indústria. Assim foi, por exemplo, com a regulação das águas no Egito[5], na Lombardia, Holanda etc. Ou na Índia, Pérsia etc.,

---

* Citação modificada do poema (e canção popular) *An die Natur*, de Friedrich Leopold, conde de Stolberg. (N. T.)

[4] *"The first [...] as it is most noble and advantageous, so doth it make the people careless, proud, and given to all excesses; whereas the second enforceth vigilancy, literature, arts and policy"* ["Como a primeira" (a riqueza natural) "é muito nobre e vantajosa, torna o povo negligente, orgulhoso e dado a todos os excessos, ao passo que a segunda, ao contrário, impõe a diligência, a cultura, a virtuosidade na arte e a sabedoria política"], *England's Treasure by Foreign Trade. Or the Balance of our Foreign Trade is the Rule of our Treasure. Written by Thomas Mun, of London, Merchant, and Now Published for the Common Good by his Son John Mun* (Londres, 1669), p. 181-2. *"Nor can I conceive a greater curse upon a body of people, than to be thrown upon a spot of land, where the productions for subsistence and food were, in great measure, spontaneous, and the climate required or admitted little care for raiment and covering [...] there may be an extreme on the other side. A soil incapable of produce by labour is quite as bad as a soil that produces plentifully without any labour"* ["Também não posso conceber maldição pior contra o conjunto de um povo do que a de ser posto num lugar em que a produção dos meios de subsistência e alimentos seja em grande parte espontânea, e o clima exija ou admita poucos cuidados com a vestimenta e a habitação [...]. Pode ocorrer, certamente, o extremo contrário. Um solo que, apesar do trabalho nele realizado, não dê nenhum fruto é tão ruim como um outro que produz em abundância sem trabalho algum"], N. Forster, *An Inquiry into the Causes of the Present High Price of Provisions* (Londres, 1767), p. 10.

[5] A necessidade de calcular os movimentos periódicos do Nilo criou a astronomia egípcia e, com ela, o domínio da casta sacerdotal como dirigente da agricultura. *"Le solstice est le moment de l'année où commence la crue du Nil, et celui que les Égyptiens ont dû observer avec le plus d'attention [...]. C'était cette année tropique qu'il leur importait de marquer pour se diriger dans leurs opérations agricoles. Ils durent donc chercher dans le ciel un signe apparent de son retour"* ["O solstício é o momento do ano em que começa a elevação do Nilo, aquilo que os egípcios tinham de observar com a máxima atenção [...]. Era esse ano

Mais-valor absoluto e relativo

onde a irrigação, mediante canais artificiais, não só leva ao solo a água indispensável, mas também, com a lama arrastada por ela, o adubo mineral das montanhas. A canalização foi o segredo do florescimento industrial da Espanha e da Sicília sob o domínio árabe[6].

A excelência das condições naturais limita-se a fornecer a possibilidade, jamais a realidade do mais-trabalho, portanto, do mais-valor ou do mais-produto. A diversidade das condições naturais do trabalho faz com que, em países diferentes, a mesma quantidade de trabalho satisfaça a diferentes massas de necessidades[7]; que, por conseguinte, sob condições de resto análogas, o tempo de trabalho necessário seja diferente. Tais condições só atuam sobre o mais-trabalho como barreira natural, isto é, determinando o ponto em que pode ter início o trabalho para outrem. Na mesma medida em que a indústria avança, essa barreira natural retrocede. Em plena sociedade europeia ocidental, na qual o trabalhador só adquire a permissão para trabalhar para sua própria subsistência quando oferece em troca o mais-trabalho, é fácil imaginar que o fornecimento de um produto excedente seja uma qualidade

---

 trópico que lhes importava fixar para se orientarem em suas operações agrícolas. Eles tinham, então, de procurar no céu um sinal aparente de seu retorno"], Cuvier, *Discours sur les révolutions du globe* (Paris, 1863), p. 141.

[6] Uma das bases materiais do poder que o estado exercia sobre os pequenos e desconexos organismos de produção da Índia era a regulação do abastecimento de água. Os dominadores maometanos da Índia compreendiam isso melhor que seus sucessores ingleses. Recordemos apenas a fome de 1866, que custou a vida de mais de 1 milhão de hindus no distrito de Orissa, presidência de Bengala.

[7] "There are no two countries, which furnish an equal number of the necessaries of life in equal plenty, and with the same quantity of labour. Men's wants increase or diminish with the severity or temperateness of the climate they live in; consequently the proportion of trade which the inhabitants of different countries are obliged to carry on through necessity, cannot be the same, nor is it practicable to ascertain the degree of variation farther than by the Degrees of Heat and Cold; from whence one may make this general conclusion, that the quantity of labour required for a certain number of people is greatest in cold climates, and least in hot ones; for in the former men not only want more clothes, but the earth more cultivating than in the latter" ["Não há dois países que forneçam igual número de meios de subsistência necessários, com a mesma abundância e com o mesmo dispêndio de trabalho. As necessidades do homem aumentam ou diminuem de acordo com o rigor ou a suavidade do clima em que vive; consequentemente, a proporção de atividade produtiva que os habitantes dos diferentes países tenham necessariamente de exercer não pode ser a mesma, tampouco se pode determinar o grau de variação a não ser pelos graus de calor e frio. Disso se pode concluir, de modo geral, que a quantidade de trabalho exigido para o sustento de certo número de pessoas é maior nos climas frios e menor nos quentes, uma vez que, nos primeiros, não só os homens precisam de mais vestimenta, mas também o solo precisa ser mais bem cultivado do que nos últimos"], *An Essay on the Governing Causes of the Natural Rate of Interest* (Londres, 1750), p. 59. O autor desse escrito anônimo, que marcou época, é J. Massie. Hume retirou daí sua teoria dos juros.

inata do trabalho humano[8]. Mas consideremos, por exemplo, o habitante das ilhas orientais do arquipélago asiático, onde o sagu cresce espontaneamente nas matas.

> "Quando os habitantes, depois de abrir um buraco na árvore, se convencem de que a medula está madura, derrubam o tronco e cortam-no em vários pedaços, raspam a medula, misturam-na com água e a filtram; desse modo, obtêm farinha de sagu, pronta para o uso. Uma árvore rende, geralmente, 300 libras, e às vezes de 500 a 600 libras. Assim, eles vão à floresta e cortam seu pão do mesmo modo que vamos ao bosque cortar nossa lenha."[9]

Suponha que um desses cortadores asiáticos de pão necessite de 12 horas de trabalho por semana para a satisfação de todas as suas necessidades. O que o favor da natureza lhe dá diretamente é muito tempo de ócio. Para que ele possa utilizar esse tempo de forma produtiva em benefício próprio é requerida toda uma série de circunstâncias históricas; para que o gaste em mais-trabalho para estranhos é necessária a coação externa. Se a produção capitalista fosse introduzida, nosso bravo homem talvez tivesse de trabalhar 6 dias por semana para se apropriar do produto de uma jornada de trabalho. O favor da natureza não explica por que ele agora trabalha 6 dias por semana, ou por que ele fornece 5 dias de mais-trabalho. Ele explica apenas por que seu tempo de trabalho necessário é restrito a 1 dia por semana. Mas em nenhum caso seu mais-produto tem origem numa qualidade oculta, inata ao trabalho humano.

Tanto as forças produtivas historicamente desenvolvidas, sociais, quanto as forças produtivas do trabalho condicionadas pela natureza aparecem como forças produtivas do capital, ao qual o trabalho é incorporado.

Ricardo jamais se interessa pela origem do mais-valor. Ele o trata como algo inerente ao modo de produção capitalista, que é, a seus olhos, a forma natural da produção social. Quando ele fala da produtividade do trabalho, não identifica nela a causa da existência do mais-valor, mas tão somente a causa que determina sua grandeza. Em contrapartida, sua escola proclamou bem alto que é a força produtiva do trabalho que gera o lucro (leia-se: mais-valor). Em todo caso, isso é um progresso em relação aos mercantilistas, para os quais o excedente do preço dos produtos acima de seus custos de produção deriva da troca, da venda acima de seu valor. Apesar disso, também a escola de Ricardo limitou-se a contornar o problema, sem solucioná-lo. Com efeito, esses economistas burgueses percebiam instintivamente, e de modo correto, que seria deveras perigoso investigar a fundo a questão candente da origem do mais-valor. Mas o

---

[8] *"Chaque travail doit* [...] *laisser un excédant"* ["Todo trabalho deve" (isso também parece fazer parte dos *droits et devoirs du citoyen* [direitos e deveres do cidadão]) "deixar um excedente"], Proudhon [*Système des contradictions économiques, ou philosophie de la misère* (Paris, 1846, v. I), p. 73].

[9] F. Schouw, *Die Erde, die Pflanze und der Mensch* (2. ed., Leipzig, 1854), p. 148.

que dizer quando, meio século depois de Ricardo, o sr. John Stuart Mill constata solenemente sua superioridade sobre os mercantilistas, repetindo erroneamente os débeis subterfúgios dos primeiros vulgarizadores de Ricardo?

Mill diz: "A causa do lucro está naquilo que o trabalho produz mais do que o necessário para seu sustento".

Até aqui, nada mais que a velha cantilena; mas Mill quer também acrescentar algo da própria lavra: "Ou, para variar a forma da sentença: a razão pela qual o capital rende um lucro é que a alimentação, as vestimentas, as matérias-primas e os meios de trabalho duram mais do que o exigido para sua produção".

Mill confunde, nesse trecho, a duração do tempo de trabalho com a duração de seus produtos. Segundo essa opinião, um padeiro, cujos produtos duram apenas 1 dia, jamais poderia extrair de seus assalariados o mesmo lucro que um construtor de máquinas, cujos produtos duram 20 anos ou mais. De fato, se os ninhos dos pássaros não durassem um tempo maior do que o necessário para sua construção, os pássaros teriam de se arranjar sem eles.

Estabelecida essa verdade básica, Mill assegura sua superioridade sobre os mercantilistas:

"Vemos, assim, que o lucro não provém do incidente das trocas, mas da força produtiva do trabalho; o lucro total de um país é sempre determinado pela força produtiva do trabalho, independentemente da existência ou não do intercâmbio. Sem a divisão das ocupações não haveria compra nem venda, mas continuaria a haver o lucro."

Aqui, pois, o intercâmbio, a compra e a venda, condições gerais da produção capitalista, não são mais que um mero incidente, e o lucro continua a existir mesmo sem compra e venda da força de trabalho!

Adiante: "se a totalidade dos trabalhadores de um país produz 20% a mais do que a soma de seus salários, os lucros serão de 20%, seja qual for o preço das mercadorias".

Isso é, por um lado, uma tautologia das mais bem-sucedidas, pois, se os trabalhadores produzem um mais-valor de 20% para seus capitalistas, é evidente que os lucros estarão para o salário total dos trabalhadores numa razão de 20:100. Por outro lado, é absolutamente falso que os lucros "serão de 20%". Eles têm de ser sempre menores, pois são calculados sobre a soma total do capital adiantado. Digamos, por exemplo, que o capitalista tenha adiantado £500, das quais £400 em meios de produção e £100 em salários. Se a taxa de mais-valor for, como suposto anteriormente, de 20%, então a taxa de lucro será de 20:500, isto é, 4%, e não 20%.

Segue uma prova reluzente de como Mill trata as diferentes formas históricas da produção social: "Pressuponho, por toda parte, o estado atual de coisas que, com poucas exceções, predomina por toda parte, isto é, o fato de que o capitalista faz todos os adiantamentos, inclusive o pagamento do trabalhador".

Karl Marx – O capital

Que estranha ilusão óptica a de ver por toda parte um estado de coisas que, até agora, só predomina na Terra como exceção! Mas sigamos em frente. Mill é bom o suficiente para admitir que "não é uma necessidade absoluta que assim o seja"*. Ao contrário.

"Se tivesse os meios necessários para sua manutenção, o trabalhador poderia aguardar o pagamento, mesmo de seu salário inteiro, até que o trabalho estivesse pronto, mas, nesse caso, ele seria, de certo modo, um capitalista, que investe capital no negócio, fornecendo parte dos fundos necessários para sua continuação."

Com a mesma razão, Mill poderia dizer que o trabalhador, que adianta para si mesmo não só os meios de subsistência, como também os meios de trabalho, seria, na realidade, seu próprio assalariado. Ou que o camponês americano seria seu próprio escravo, que trabalha para si próprio, em vez de para um senhor alheio.

Depois de ter demonstrado com tamanha clareza que a produção capitalista, ainda que não existisse, sempre existiria, Mill é agora bastante coerente para demonstrar que essa produção capitalista não existe, ainda que exista: "E mesmo no caso anterior" (quando o capitalista adianta ao assalariado a totalidade de seus meios de subsistência) "o trabalhador pode ser considerado sob o mesmo ângulo" (isto é, como um capitalista). "Pois, ao vender seu trabalho abaixo do preço de mercado" (!), "ele pode ser considerado como se adiantasse a diferença" (?) "a seu empregador etc."[9a]

Na realidade dos fatos, o trabalhador adianta gratuitamente seu trabalho ao capitalista durante uma semana etc. para, no final da semana etc., receber o preço de mercado desse trabalho; isso o converte, segundo Mill, num capitalista! Na planície, até pequenos montes de terra parecem colinas, e podemos medir a banalidade de nossa burguesia atual pelo calibre de seus "grandes espíritos".

---

* Em sua carta a N. F. Danielson, de 28 de novembro de 1878, Marx propôs a seguinte redação para esse parágrafo: "Segue uma prova evidente de como Mill trata as diferentes formas históricas de produção social. 'Pressuponho por toda parte', diz ele, 'o estado atual das coisas, que, com poucas exceções, impera em todos os lugares onde trabalhadores e capitalistas se contrapõem uns aos outros como classes, isto é, o fato de que o capitalista faz todos os adiantamentos, inclusive o pagamento do trabalhador'. O senhor Mill quer muito acreditar que não é uma necessidade absoluta que assim o seja – mesmo no sistema econômico em que trabalhadores e capitalistas se contrapõem uns aos outros como classes". (N. E. A. MEGA)

[9a] J. St. Mill, *Principles of Political Economy* (Londres, 1868), p. 252-3, passim. {As passagens citadas foram traduzidas da edição francesa d'*O capital*. (F. E.)}

Capítulo 15

Variação de grandeza do preço da força de trabalho e do mais-valor

O valor da força de trabalho é determinado pelo valor dos meios habitualmente necessários à subsistência do trabalhador médio. A massa desses meios de subsistência, embora sua forma possa variar, é dada numa certa época de determinada sociedade e, portanto, deve ser tratada como uma grandeza constante. O que varia é o valor dessa massa. Dois fatores adicionais entram na determinação do valor da força de trabalho. Por um lado, seus custos de desenvolvimento, que se alteram com o modo de produção; por outro lado, sua diferença natural, se masculina ou feminina, madura ou imatura. O emprego dessas diferentes forças de trabalho, por sua vez condicionado pelo modo de produção, provoca uma grande diferença nos custos de reprodução da família trabalhadora e no valor do trabalhador masculino adulto. Ambos os fatores, no entanto, ficam de fora da presente investigação[9b].

Suponha que: 1) as mercadorias sejam vendidas por seu valor; 2) o preço da força de trabalho suba eventualmente acima de seu valor, porém jamais caia abaixo dele.

Isso suposto, vimos que as grandezas relativas do preço da força de trabalho e do mais-valor estão condicionadas por três circunstâncias: 1) a duração da jornada de trabalho ou a grandeza extensiva do trabalho; 2) a intensidade normal do trabalho ou sua grandeza intensiva, de modo que determinada quantidade de trabalho é gasta num tempo determinado; 3) e, finalmente, a força produtiva do trabalho, de forma que, dependendo do grau de desenvolvimento das condições de produção, a mesma quantidade de trabalho fornece uma quantidade maior ou menor de produto no mesmo tempo. Evidentemente, combinações muito diferentes são possíveis, conforme um dos três fatores seja constante e os demais variáveis, ou dois fatores constantes e o terceiro variável, ou, por fim, os três igualmente variáveis. Tais combinações são ainda multiplicadas pelo fato de que, em caso de variação simultânea dos diversos fatores, a grandeza e a direção

---

[9b] Nota à terceira edição: Naturalmente, aqui também está excluído o caso tratado na p. 391-2. (F. E.)

de tal variação podem ser diferentes. A seguir, limitamo-nos a apresentar as combinações principais.

I. Grandeza da jornada de trabalho e intensidade do trabalho: constantes (dadas); força produtiva do trabalho: variável

Sob esse pressuposto, o valor da força de trabalho e o mais-valor são determinados por três leis.

Primeira lei: a jornada de trabalho de grandeza dada representa-se sempre no mesmo produto de valor, seja qual for a variação da produtividade do trabalho, a correspondente massa de produtos e, portanto, o preço da mercadoria individual.

O produto de valor de uma jornada de trabalho de 12 horas é, por exemplo, 6 xelins, ainda que a massa dos valores de uso produzidos varie com a força produtiva do trabalho e, portanto, o valor de 6 xelins se distribua entre mais ou menos mercadorias.

Segunda lei: o valor da força de trabalho e o mais-valor variam em sentido inverso. Variando a força produtiva do trabalho, seu aumento ou diminuição atuam em sentido inverso sobre o valor da força de trabalho e em sentido direto sobre o mais-valor.

O produto de valor da jornada de trabalho de 12 horas é uma grandeza constante, por exemplo, 6 xelins. Essa grandeza constante é igual ao mais--valor, somado ao valor da força de trabalho que o trabalhador substitui por um equivalente. É evidente que, das duas partes de uma grandeza constante, nenhuma pode aumentar sem que a outra diminua. O valor da força de trabalho não pode subir de 3 para 4 xelins sem que o mais-valor caia de 3 para 2 xelins, e o mais-valor não pode subir de 3 para 4 xelins sem que o valor da força de trabalho caia de 3 para 2 xelins. Sob essas circunstâncias, portanto, é impossível que haja qualquer variação na grandeza absoluta, seja do valor da força de trabalho, seja do mais-valor, sem uma variação simultânea de suas grandezas relativas ou proporcionais. É impossível que ambas aumentem ou diminuam simultaneamente.

Ademais, o valor da força de trabalho não pode diminuir, e, portanto, o mais-valor não pode aumentar, sem que aumente a força produtiva do trabalho; por exemplo, no caso anterior, o valor da força de trabalho não pode cair de 3 xelins para 2 sem que a força produtiva aumentada do trabalho permita produzir em 4 horas a mesma massa de meios de subsistência cuja produção antes exigia 6 horas. Por outro lado, o valor da força de trabalho não pode subir de 3 para 4 xelins sem que a força produtiva do trabalho caia, e que, portanto, sejam exigidas 8 horas para produzir a mesma massa de meios de subsistência que antes se produzia em 6 horas. Disso se segue que o aumento na produtividade do trabalho faz cair o valor da força de trabalho e, com

Variação de grandeza do preço da força de trabalho e do mais-valor

isso, aumenta o mais-valor, assim como, em sentido inverso, a diminuição da produtividade eleva o valor da força de trabalho e reduz o mais-valor.

Ao formular essa lei, Ricardo negligenciou uma circunstância: do fato de uma variação na grandeza do mais-valor ou do mais-trabalho condicionar uma variação inversa na grandeza do valor da força de trabalho ou do trabalho necessário não se segue de modo algum que elas variem na mesma proporção. Elas aumentam ou diminuem na mesma grandeza, mas a proporção em que cada parte do produto de valor ou da jornada de trabalho aumenta ou diminui depende da divisão original, anterior à mudança ocorrida na força produtiva do trabalho. Se o valor da força de trabalho era de 4 xelins ou o tempo de trabalho necessário de 8 horas, sendo o mais-valor de 2 xelins ou o mais-trabalho de 4 horas, e se, em decorrência do incremento da força produtiva do trabalho, o valor da força de trabalho caiu para 3 xelins ou o trabalho necessário, para 6 horas, então o mais-valor aumentou para 3 xelins, ou o mais-trabalho, para 6 horas. A mesma grandeza de 2 horas ou de 1 xelim é adicionada lá e subtraída aqui, mas a variação proporcional de grandeza é, nos dois lados, diferente. Enquanto o valor da força de trabalho passou de 4 xelins para 3, ou seja, diminuiu $1/4$ ou 25%, o mais-valor passou de 2 xelins para 3, portanto, aumentou em $1/2$, ou 50%. Segue-se, pois, que o aumento ou diminuição proporcionais do mais-valor, em consequência de uma mudança na força produtiva do trabalho, são tanto maiores ou tanto menores quanto menor ou maior tenha sido originalmente a parte da jornada de trabalho que se representa no mais-valor.

Terceira lei: o aumento ou a diminuição do mais-valor é sempre efeito, e jamais causa do aumento ou diminuição correspondentes do valor da força de trabalho[10].

Como a jornada de trabalho é uma grandeza constante e se representa numa grandeza constante de valor, de modo que a cada variação da grandeza do mais-valor corresponde uma variação inversa da grandeza do valor da força de trabalho, e como o valor da força de trabalho só pode variar mediante uma mudança na força produtiva do trabalho, segue-se, evidentemente, que toda variação da grandeza do mais-valor decorre de uma variação inversa da grandeza do valor da força de trabalho. Assim, se vimos não ser possível nenhuma variação absoluta de grandeza no valor da força de trabalho e do

---

[10] MacCulloch, entre outros, fez a esta terceira lei o adendo absurdo de que o mais-valor pode aumentar, sem queda do valor da força de trabalho, mediante a abolição dos impostos que o capitalista tinha de pagar anteriormente. A abolição de tais impostos não altera em absolutamente nada a quantidade de mais-valor que o capitalista industrial suga, em primeira instância, do trabalhador. Ela altera apenas a proporção em que o capitalista embolsa mais-valor ou tem de dividi-lo com terceiros. Não altera em nada, portanto, a proporção entre o valor da força de trabalho e o mais-valor. A exceção de MacCulloch só serve para comprovar sua incompreensão da regra, um desventura que lhe ocorre com tanta frequência na vulgarização de Ricardo quanto a J. B. Say na vulgarização de A. Smith.

mais-valor sem uma variação de suas grandezas relativas, segue-se agora que nenhuma variação de suas grandezas relativas de valor é possível sem uma variação na grandeza absoluta de valor da força de trabalho.

De acordo com a terceira lei, a variação da grandeza do mais-valor pressupõe um movimento do valor da força de trabalho causado pela variação na força produtiva do trabalho. O limite daquela variação é determinado pelo novo limite do valor da força de trabalho. É possível, no entanto, mesmo quando as circunstâncias permitem que a lei atue, a realização de movimentos intermediários. Se, por exemplo, em decorrência do aumento da força produtiva do trabalho, o valor da força de trabalho cai de 4 para 3 xelins, ou o tempo de trabalho necessário, de 8 para 6 horas, o preço da força de trabalho só poderia cair para 3 xelins e 8 *pence*, 3 xelins e 6 *pence*, 3 xelins e 2 *pence* etc., ao passo que o mais-valor só poderia aumentar para 3 xelins e 4 *pence*, 3 xelins e 6 *pence*, 3 xelins e 10 *pence* etc. O grau da queda, cujo limite mínimo são 3 xelins, depende do peso relativo que, de um lado, a pressão do capital, de outro, a resistência do trabalhador exercem no prato da balança.

O valor da força de trabalho é determinado pelo valor de certa quantidade de meios de subsistência. O que varia com a força produtiva do trabalho é o valor desses meios de subsistência, não sua massa. A própria massa, com o aumento da força produtiva do trabalho, pode crescer ao mesmo tempo e na mesma proporção para o capitalista e o trabalhador, sem qualquer variação de grandeza entre o preço da força de trabalho e o mais-valor. Se 3 xelins fosse o valor original da força de trabalho e 6 horas o tempo de trabalho necessário, e também o mais-valor fosse de 3 xelins ou o mais-trabalho somasse 6 horas, uma duplicação na força produtiva do trabalho, mantendo-se igual a divisão da jornada de trabalho, deixaria inalterados o preço da força de trabalho e o mais-valor. Mas cada um deles estaria representado no dobro de valores de uso, porém relativamente barateados. Embora, nesse caso, o preço da força de trabalho permanecesse inalterado, ele teria subido acima de seu valor. Se o preço da força de trabalho caísse, mas não até o limite mínimo de $1^1/_2$ xelim, dado pelo seu novo valor, e sim para 2 xelins e 10 *pence*, 2 xelins e 6 *pence* etc., esse preço decrescente continuaria a representar uma massa crescente de meios de subsistência. Com o aumento da força produtiva do trabalho, o preço da força de trabalho poderia cair continuamente, acompanhado de um crescimento simultâneo e contínuo da massa dos meios de subsistência do trabalhador. Relativamente, porém, isto é, comparado com o mais-valor, o valor da força de trabalho diminuiria continuamente, ampliando, assim, o abismo entre as condições de vida do trabalhador e as do capitalista[11].

---

[11] "*When an alteration takes place in the productiveness of industry, and that either more or less is produced by a given quantity of labour and capital, the proportion of wages may obviously vary, whilst the quantity, which that proportion represents, remains the same, or the quantity may vary, whilst the proportion remains the same*" ["Se na produtividade da indústria

Ricardo foi o primeiro a formular de modo rigoroso as três leis anteriormente enunciadas. Os defeitos de sua exposição são: 1) ele considera condições evidentes por si mesmas, gerais e exclusivas da produção capitalista, as condições particulares nas quais vigoram aquelas leis. Ele desconhece qualquer variação, seja da extensão da jornada de trabalho, seja da intensidade do trabalho, de modo que, para ele, a produtividade do trabalho se converte, por si mesma, no único fator variável. 2) Porém, e isso falsifica sua análise em grau muito mais elevado, ele investigou o mais-valor como tal tão pouco quanto os outros economistas, isto é, não o investigou independentemente de suas formas particulares, como lucro, renda fundiária etc. Daí que ele confunda diretamente as leis sobre a taxa do mais-valor com as leis sobre a taxa de lucro. Como já indicamos, a taxa de lucro é a proporção entre o mais-valor e o capital total adiantado, ao passo que a taxa de mais-valor é a proporção entre o mais-valor e a parte meramente variável desse capital. Suponha que um capital de £500 (C) se divide em matérias-primas, meios de trabalho etc., num total de £400 (c) e em £100 de salários (v), sendo o mais-valor = £100 (m). A taxa de mais-valor será, então, $^m/_v = {}^{£100}/_{£100} = 100\%$. Mas a taxa de lucro $^m/_c = {}^{£100}/_{£500} = 20\%$. É evidente, além disso, que a taxa de lucro pode depender de circunstâncias que não afetam em absoluto a taxa de mais-valor. Mais tarde, no Livro III desta obra, demonstrarei que a mesma taxa de mais-valor pode se expressar nas mais diversas taxas de lucro, assim como as mais diversas taxas de mais-valor, sob determinadas circunstâncias, na mesma taxa de lucro.

II. Jornada de trabalho: constante; força produtiva do trabalho: constante; intensidade do trabalho: variável

A intensidade cada vez maior do trabalho supõe um dispêndio aumentado de trabalho no mesmo espaço de tempo. A jornada de trabalho mais intensiva se incorpora em mais produtos do que a jornada menos intensiva de igual número de horas. Com uma força produtiva aumentada, a mesma jornada de trabalho fornece mais produtos. No último caso, porém, o valor do produto singular cai pelo fato de custar menos trabalho que antes; no primeiro caso, ele se mantém inalterado porque o produto custa a mesma quantidade de trabalho de antes. O número de produtos aumenta, aqui, sem que caia seu preço. Com seu número aumenta também a soma de seus preços, ao passo que, no outro caso, a mesma soma de valor se representa numa massa aumentada de produtos. Se o número de horas se mantém constante, a jornada

---

ocorre uma mudança, de modo que, mediante uma dada quantidade de trabalho e capital, produz-se mais ou menos, a proporção dos salários pode evidentemente sofrer uma variação, enquanto a quantidade que essa proporção representa permanece a mesma, ou a quantidade pode sofrer uma variação, enquanto a proporção se mantém inalterada"], J. Cazenove, *Outlines of Political Economy etc.*, p. 67.

de trabalho mais intensiva se incorpora num produto de valor mais alto; se o valor do dinheiro se mantém constante, ela se incorpora em mais dinheiro. Seu produto de valor varia com os desvios que sua intensidade apresenta em relação ao grau socialmente normal. A mesma jornada de trabalho não se representa, portanto, num produto de valor constante, como antes, mas num produto de valor variável; a jornada de trabalho mais intensiva, de 12 horas, representa-se, digamos, em 7 xelins, 8 xelins etc., em vez de 6 xelins, como era o caso da jornada de trabalho de 12 horas de intensidade usual. É claro que se o produto de valor da jornada de trabalho varia, por exemplo, de 6 para 8 xelins, ambas as partes desse produto de valor, o preço da força de trabalho e o mais-valor, podem aumentar ao mesmo tempo, seja em grau igual ou desigual. Se o produto de valor sobe de 6 para 8 xelins, o preço da força de trabalho e o mais-valor podem ambos aumentar de 3 para 4 xelins. O aumento do preço da força de trabalho não implica aqui, necessariamente, um aumento de seu preço acima de seu valor. Ao contrário, ele pode vir acompanhado de uma queda abaixo de seu valor*. Esse é o caso sempre que a elevação do preço da força de trabalho não compensa seu desgaste acelerado.

Sabemos que, com exceções transitórias, uma variação na produtividade do trabalho só provoca uma variação na grandeza do valor da força de trabalho – e, por conseguinte, na grandeza do mais-valor – se os produtos dos ramos industriais afetados entram no consumo habitual do trabalhador. Essa limitação desaparece aqui. Se a grandeza do trabalho varia extensiva ou intensivamente, à sua variação de grandeza corresponde uma variação na grandeza de seu produto de valor, independentemente da natureza do artigo no qual esse valor se representa.

Se a intensidade do trabalho aumentasse em todos os ramos industriais ao mesmo tempo e na mesma medida, o novo grau de intensidade mais elevado se converteria no grau normal, fixado socialmente no costume, e deixaria, assim, de ser contado como grandeza extensiva. Contudo mesmo os graus médios de intensidade do trabalho continuariam a ser diferentes nas diversas nações e ajustariam, portanto, a aplicação da lei do valor às diversas jornadas de trabalho nacionais. A jornada de trabalho mais intensiva de um país se representa numa expressão monetária mais alta que a da jornada menos intensiva de outro[12].

---

* Na quarta edição: "queda de seu valor" (N. E. A. MEW)

[12] *"All things being equal, the English manufacturer can turn out a considerably larger amount of work in a given time than a foreign manufacturer, so much as to counterbalance the difference of the working days, between 60 hours a week here and 72 or 80 elsewhere"* ["Se todas as demais condições permanecem iguais, o fabricante inglês pode extrair num determinado tempo uma quantidade consideravelmente maior de trabalho que um fabricante estrangeiro, suficiente para compensar a diferença entre as jornadas de trabalho, que aqui é de 60 horas semanais e, em outras partes, de 72 até 80 horas"], "Reports of Insp. of Fact. for

III. Força produtiva e intensidade do trabalho: constantes; jornada de trabalho: variável

A jornada de trabalho pode variar em dois sentidos. Ela pode ser reduzida ou prolongada.

1) A redução da jornada de trabalho sob as condições dadas, isto é, mantendo-se constantes a força produtiva e a intensidade do trabalho, deixa inalterado o valor da força de trabalho e, por conseguinte, o tempo de trabalho necessário. Ela reduz o mais-trabalho e o mais-valor. Com a grandeza absoluta deste último cai também sua grandeza relativa, isto é, sua grandeza em proporção à grandeza de valor constante da força de trabalho. Apenas reduzindo o preço desta última abaixo de seu valor poderia o capitalista escapar do prejuízo.

Todas as fraseologias tradicionais contra a redução da jornada de trabalho supõem que o fenômeno ocorra sob as circunstâncias aqui pressupostas, ao passo que, na realidade, as variações na produtividade e intensidade do trabalho ou são anteriores à redução da jornada de trabalho, ou a sucedem imediatamente[13].

2) Prolongamento da jornada de trabalho: suponha que o tempo de trabalho necessário seja de 6 horas, ou que o valor da força de trabalho seja de 3 xelins, assim como o mais-trabalho de 6 horas e o mais-valor somem 3 xelins. A jornada de trabalho será, então, de 12 horas e representar-se-á num produto de valor de 6 xelins. Se a jornada de trabalho for prolongada em 2 horas e o preço da força de trabalho se mantiver inalterado, aumentará, juntamente com a grandeza absoluta do mais-valor, sua grandeza relativa. Embora a grandeza de valor da força de trabalho permaneça inalterada em termos absolutos, ela cairá em termos relativos. Sob as condições indicadas no ponto I, a grandeza relativa de valor da força de trabalho não poderia variar sem que variasse sua grandeza absoluta. Aqui, ao contrário, a variação relativa de grandeza no valor da força de trabalho resulta de uma variação absoluta de grandeza do mais-valor.

Como o produto de valor no qual se representa a jornada de trabalho aumenta com o próprio prolongamento desta última, o preço da força de trabalho e o mais-valor podem aumentar simultaneamente, seja com um incremento igual ou desigual. Esse crescimento simultâneo é possível em dois casos: o de um prolongamento absoluto da jornada de trabalho, e o de uma intensidade crescente do trabalho, sem aquele prolongamento.

31st Oct. 1855", p. 65. Uma maior redução legal da jornada de trabalho nas fábricas continentais seria o meio mais infalível para reduzir essa diferença entre a jornada de trabalho continental e a inglesa.

13   "*There are compensating circumstances* [...] *which the working of the Ten Hours' Act has brought to light*" [Existem circunstâncias compensatórias [...] que foram esclarecidas com a aplicação da Lei das 10 Horas], "Reports of Insp. of Fact. for 31st October 1848", p. 7.

Com a jornada de trabalho prolongada, o preço da força de trabalho pode cair abaixo de seu valor, embora nominalmente se mantenha igual, ou mesmo suba. Lembremos que o valor diário da força de trabalho é calculado com base em sua duração média, ou na duração normal da vida de um trabalhador e na correspondente transformação normal – ajustada à natureza humana – de substância vital em movimento[14]. Até certo ponto, o desgaste maior da força de trabalho, inseparável do prolongamento da jornada de trabalho, pode ser compensado com uma remuneração maior. Além desse ponto, porém, o desgaste aumenta em progressão geométrica, ao mesmo tempo que se destroem todas as condições normais de reprodução e atuação da força de trabalho. O preço da força de trabalho e o grau de sua exploração deixam de ser grandezas reciprocamente comensuráveis.

IV. Variações simultâneas na duração, força produtiva e intensidade do trabalho

Aqui, evidentemente, um grande número de combinações é possível. Dois fatores quaisquer podem variar e um permanecer constante, ou podem variar os três simultaneamente. Podem variar em grau igual ou desigual, na mesma direção ou em direção contrária, de modo que suas variações se compensem umas às outras, parcial ou totalmente. Contudo, a análise de todos os casos possíveis, conforme os resultados obtidos nos pontos I, II e III, não apresenta dificuldades. Para chegar ao resultado de toda combinação possível, devemos considerar sucessivamente cada fator como variável e os outros como constantes. Não podemos, aqui, ir além de uma breve menção a dois casos importantes.

1) Força produtiva decrescente do trabalho com simultâneo prolongamento da jornada de trabalho:

Por força produtiva decrescente do trabalho entendemos, aqui, os ramos de trabalho cujos produtos determinam o valor da força de trabalho, portanto, por exemplo, a força produtiva decrescente do trabalho em virtude de uma infertilidade crescente do solo e o correspondente encarecimento dos produtos agrícolas. Suponha que a jornada de trabalho seja de 12 horas, seu produto de valor seja de 6 xelins e que metade dessa soma reponha o

---

[14] "*The amount of labour which a man had undergone in the course of 24 hours might be approximately arrived at by an examination of the chemical changes which had taken place in his body, changed forms in matter indicating the anterior exercise of dynamic force*" ["É possível calcular aproximadamente a quantidade de trabalho que um homem executou no decorrer de 24 horas examinando as mudanças químicas que ocorreram em seu corpo, pois as formas modificadas da matéria indicam a tensão anterior da força motriz"], Grove, *On the Correlation of Physical Forces*, p. 308-9.

valor da força de trabalho, e a outra metade seja seu mais-valor. Desse modo, a jornada de trabalho se decompõe em 6 horas de trabalho necessário e 6 horas de mais-trabalho. Suponha que, em virtude do encarecimento dos produtos do solo, o valor da força de trabalho aumente de 3 para 4 xelins e o tempo de trabalho necessário de 6 para 8 horas. Se a jornada de trabalho permanecer inalterada, o mais-trabalho cairá, então, de 6 para 4 horas, e o mais-valor, de 3 para 2 xelins. Se a jornada de trabalho for prolongada em 2 horas, portanto, de 12 para 14 horas, o mais-trabalho continuará sendo de 6 horas, e o mais-valor de 3 xelins, mas a grandeza deste último terá sido reduzida em comparação com o valor da força de trabalho, medido pelo trabalho necessário. Se a jornada de trabalho for prolongada em 4 horas, de 12 para 16 horas, as grandezas proporcionais do mais-valor e do valor da força de trabalho, do mais-trabalho e do trabalho necessário permanecerão inalteradas, mas a grandeza absoluta do mais-valor terá crescido de 3 para 4 xelins, e a do mais-trabalho, de 6 para 8 horas de trabalho, ou seja, terá aumentado em $1/3$ ou $33^1/_3\%$. Em caso de decréscimo da força produtiva do trabalho e concomitante prolongamento da jornada de trabalho, a grandeza absoluta do mais-valor pode permanecer inalterada, ainda que diminua sua grandeza proporcional; sua grandeza proporcional pode permanecer inalterada, ainda que sua grandeza absoluta aumente, e, a depender do grau do prolongamento, ambas podem aumentar.

No período entre 1799 e 1815, os crescentes preços dos meios de subsistência na Inglaterra provocaram um aumento nominal dos salários, apesar de os salários reais, expressos em meios de subsistência, terem diminuído. Desse fato, West e Ricardo concluíram que a diminuição da produtividade do trabalho agrícola teria acarretado uma queda da taxa de mais-valor e converteram tal suposição, válida unicamente no reino de suas fantasias, num ponto de partida para importantes análises sobre a proporção da grandeza relativa do salário, do lucro e da renda fundiária. Mas graças à intensidade aumentada do trabalho e do prolongamento forçado do tempo de trabalho, o mais-valor aumentara, então, absoluta e relativamente. Foi esse o período em que adquiriu direito de cidadania o prolongamento desmedido da jornada de trabalho[15], período

---

[15] "*Corn and Labour rarely march quite abreast; but there is an obvious limit, beyond which they cannot be separated. With regard to the unusual exertions made by the labouring classes in periods of dearness, which produce the fail of wages noticed in the evidence [...] they are most meritorious in the individuals, and certainly favour the growth of capital. But no man of humanity could wish to see them constant and unremitted. They are most admirable as a temporary relief; but if they were constantly in action, effects of a similar kind would result from them, as from the population of a country being pushed to the very extreme limits of its food*" ["Cereal e trabalho raramente coincidem plenamente; mas há um limite evidente, além do qual eles não podem ser separados um do outro. Os esforços extraordinários das classes trabalhadoras em épocas de escassez, que acarretam a baixa dos salários mencionada nos depoimentos" (a saber, perante as comissões parlamentares de in-

caracterizado especialmente pelo aumento acelerado, de um lado, do capital, de outro, do pauperismo[16].

2) Intensidade e força produtiva do trabalho crescentes e simultânea redução da jornada de trabalho:

A força produtiva aumentada do trabalho e sua intensidade crescente atuam uniformemente na mesma direção. Ambas ampliam a massa de produtos obtida em cada período de tempo. Ambas reduzem, assim, a parte da jornada de trabalho necessária para que o trabalhador produza seus meios de subsistência ou o equivalente a eles. O limite mínimo absoluto da jornada de trabalho é formado, em geral, por essa sua parte constitutiva necessária, mas que pode ser contraída. Se a jornada de trabalho inteira encolhesse até esse limite, o que é impossível sob o regime do capital, o mais-trabalho desapareceria. A supressão da forma capitalista de produção permite restringir a jornada de trabalho ao trabalho necessário. Mas este último, mantendo-se inalteradas as demais

---

quérito de 1814-1815), "são muito meritórios da parte dos indivíduos e seguramente favorecem o crescimento do capital. Mas nenhuma pessoa com sentimentos humanitários pode desejar que esses esforços sejam constantes e ininterruptos. Eles são altamente admiráveis como remédio temporário, mas se fossem realizados sempre seu efeito seria o mesmo que se obteria ao empurrar a população de um país até os limites últimos em relação à sua subsistência], Malthus, *Inquiry into the Nature and Progress of Rent* (Londres, 1815), p. 48, nota. Malthus merece aqui todas as honras por enfatizar o prolongamento da jornada de trabalho, do qual ele também se ocupa diretamente em outro lugar de seu panfleto, enquanto Ricardo e outros, diante dos fatos mais notórios, baseiam todas as suas investigações na grandeza constante da jornada de trabalho. Mas os interesses conservadores, a serviço dos quais se encontrava Malthus, impediam-no de ver que o desmesurado prolongamento da jornada de trabalho, juntamente com o extraordinário desenvolvimento da maquinaria e a exploração do trabalho feminino e infantil, tinha de tornar "supranumerária" uma grande parte da classe trabalhadora, especialmente após o fim da demanda de guerra e do monopólio inglês do mercado mundial. Naturalmente, era muito mais cômodo e mais adequado aos interesses das classes dominantes, que Malthus idolatrava de modo autenticamente clerical, explicar essa "superpopulação" a partir das leis eternas da natureza do que a partir de leis naturais, puramente históricas, da produção capitalista.

[16] "*A principal cause of the increase of capital, during the war, proceeded from the greater exertions, and perhaps the greater privations of the labouring classes, the most numerous in every society. More women and children were compelled, by necessitous circumstances, to enter upon laborious occupations; end former workmen were, from the same cause, obliged to devote e greater portion of their time to increase production*" ["Uma das causas principais do crescimento do capital durante a guerra estava nos maiores esforços, e talvez também nas maiores privações das classes trabalhadoras, que são as mais numerosas em todas as sociedades. Em virtude de sua situação calamitosa, um número maior de mulheres e crianças se viam obrigadas a aceitar ocupações laboriosas; e aqueles que já eram trabalhadores foram obrigados, pela mesma razão, a dedicar uma parte maior de seu tempo ao aumento da produção"], *Essays on Political Econ. in Which are Illustrated the Principal Causes of the Present National Distress* (Londres, 1830), p. 248.

circunstâncias, ampliaria seu espaço. Por um lado, porque as condições de vida do trabalhador tornar-se-iam mais ricas, e suas exigências vitais, maiores. Por outro, porque uma parcela do mais-trabalho atual contaria como trabalho necessário, isto é, como o trabalho que se requer para a criação de um fundo social de reserva e acumulação.

Quanto mais cresce a força produtiva do trabalho, tanto mais se pode reduzir a jornada de trabalho, e, quanto mais se reduz a jornada de trabalho, tanto mais pode crescer a intensidade do trabalho. Considerada socialmente, a produtividade do trabalho cresce também com sua economia. Esta implica não apenas que se economizem os meios de produção, mas também que se evite todo trabalho inútil. Ao mesmo tempo que o modo de produção capitalista impõe a economia em cada empresa individual, seu sistema anárquico de concorrência gera o desperdício mais desenfreado dos meios de produção e das forças de trabalho sociais, além de inúmeras funções atualmente indispensáveis, mas em si mesmas supérfluas.

Dadas a intensidade e a força produtiva do trabalho, a parte da jornada social de trabalho necessária para a produção material será tanto mais curta e, portanto, tanto mais longa a parcela de tempo disponível para a livre atividade intelectual e social dos indivíduos quanto mais equitativamente o trabalho for distribuído entre todos os membros capazes da sociedade e quanto menos uma camada social puder esquivar-se da necessidade natural do trabalho, lançando-a sobre os ombros de outra camada. O limite absoluto para a redução da jornada de trabalho é, nesse sentido, a generalização do trabalho. Na sociedade capitalista, produz-se tempo livre para uma classe transformando todo o tempo de vida das massas em tempo de trabalho.

Capítulo 16

Diferentes fórmulas para a taxa de mais-valor

Vimos que a taxa de mais-valor se representa nas fórmulas:

I.

$$\text{mais-valor}/\text{capital variável}\ m/v = \text{mais-valor}/\text{valor da força de trabalho} = \text{mais-trabalho}/\text{trabalho necessário}$$

As duas primeiras fórmulas apresentam como relação de valores o que a terceira apresenta como relação entre os tempos nos quais esses valores são produzidos. Essas fórmulas, substituíveis entre si, são conceitualmente rigorosas. Razão pela qual podemos encontrá-las, quanto a seu conteúdo, na economia política clássica, embora não conscientemente elaboradas. Nela encontramos, ao contrário, as seguintes fórmulas derivadas:

II.

$$\text{mais-trabalho}/\text{jornada de trabalho} = \text{mais-valor}/\text{valor do produto} = \text{mais-produto}/\text{produto total}$$

Aqui, a mesma proporção se expressa alternadamente sob a forma dos tempos de trabalho, dos valores nos quais eles se incorporam e dos produtos nos quais esses valores existem. Supõe-se, naturalmente, que por valor do produto se deva entender apenas o produto de valor da jornada de trabalho, excluindo-se, porém, a parte constante do valor do produto.

Em todas essas fórmulas, o grau efetivo de exploração do trabalho ou a taxa de mais-valor está expresso de modo falso. Suponhamos uma jornada de trabalho de 12 horas. Mantendo-se os demais pressupostos de nosso exemplo anterior, o grau efetivo de exploração do trabalho se apresenta, nesse caso, nas seguintes proporções:

$$\text{6 horas de mais-trabalho}/\text{6 horas de trabalho necessário} = \text{mais-valor de 3 xelins}/\text{capital variável de 3 xelins} = 100\%$$

Karl Marx – O capital

Segundo as fórmulas II, obtemos, ao contrário:

$$\text{6 horas de mais-trabalho}/\text{jornada de trabalho de 12 horas} = \text{mais-valor de 3 xelins}/\text{produto de valor de 6 xelins} = 50\%$$

Essas fórmulas derivadas exprimem, na verdade, a proporção em que a jornada de trabalho ou seu produto de valor se divide entre o capitalista e o trabalhador. Por conseguinte, se fossem válidas como expressões diretas do grau de autovalorização alcançado pelo capital, valeria esta falsa lei: o mais-trabalho ou o mais-valor jamais pode chegar a 100%[17]. Como o mais-trabalho constitui sempre uma parte alíquota da jornada de trabalho e o mais-valor sempre uma parte alíquota do produto de valor, o mais-trabalho é sempre necessariamente menor do que a jornada de trabalho ou o mais-valor é sempre menor do que o produto de valor. Mas para que se relacionassem na proporção $^{100}/_{100}$, eles teriam de ser iguais. Para que o mais-trabalho absorvesse integralmente a jornada de trabalho (trata-se, aqui, da jornada média da semana, do ano etc. de trabalho), o trabalho necessário teria de se reduzir a zero. Mas desaparecendo o trabalho necessário, desapareceria também o mais-trabalho, já que este último não é mais do que uma função do primeiro. A proporção $\text{mais-trabalho}/\text{jornada de trabalho} = \text{mais-valor}/\text{produto de valor}$ jamais pode alcançar o limite de $^{100}/_{100}$ e menos ainda se elevar a $^{100+x}/_{100}$. Mas pode, sim, alcançar a taxa do mais-valor ou o grau efetivo de exploração de trabalho. Consideremos, por exemplo, as estimativas do sr. L. de Lavergne, segundo as quais o trabalhador agrícola inglês recebe somente $^1/_4$, enquanto o capitalista (arrendatário) recebe

---

[17] Assim, por exemplo, em *Dritter Brief an v. Kirchmann von Rodbertus. Widerlegung der Ricardo'schen Theorie von der Grundrente und Begründung einer neuen Rententheorie* (Berlim, 1851). Voltarei mais adiante a esse escrito, que, apesar de sua falsa teoria sobre a renda fundiária, capta a essência da produção capitalista. {Adendo à terceira edição: Vemos, aqui, com que benevolência Marx julgava seus antecessores quando neles encontrava um progresso efetivo, uma ideia nova e correta. Nesse ínterim, a publicação das cartas de Rodbertus a Rudolf Meyer restringiu, em certa medida, o reconhecimento anterior. Nelas, podemos ler: "É necessário salvar o capital não só do trabalho, mas também de si mesmo, e isso, na realidade, é feito da melhor forma quando se concebem as atividades do empresário-capitalista como funções de economia social ou estatal, que lhe são delegadas pela propriedade do capital, e seu lucro como uma forma de ganho, pois ainda não conhecemos outra organização social. Mas também se deveriam regular os ganhos e reduzi-los quando subtraem demais do salário. Assim, o ataque de Marx contra a sociedade – pois assim eu chamaria o seu livro – deve ser repelido. [...] Em geral, o livro de Marx não é tanto uma investigação sobre o capital como uma polêmica contra a forma atual do capital, que ele confunde com o próprio conceito de capital; dessa confusão derivam precisamente seus erros". *Cartas etc. do Dr. Rodbertus-Jagetzow*, editadas pelo dr. Rud. Meyer (Berlim, 1881), t. I, p. 111, 48ª carta de Rodbertus. Em tais lugares-comuns ideológicos encalharam os primeiros impulsos, realmente audazes, das "cartas sociais" de Rodbertus. (F. E.)}

Diferentes fórmulas para a taxa de mais-valor

³/₄ do produto[18] ou de seu valor, independentemente de como o butim seja posteriormente dividido entre o capitalista e o proprietário da terra etc. Desse modo, o mais-trabalho do trabalhador rural inglês está para seu trabalho necessário na proporção de 3:1, uma taxa de exploração de 300%.

O método da escola que consiste em tomar a jornada de trabalho como grandeza constante foi consolidado pela aplicação das fórmulas II, porquanto nelas o mais-trabalho é sempre comparado com uma jornada de trabalho de grandeza dada. O mesmo ocorre quando se examina exclusivamente a divisão do produto de valor. A jornada de trabalho já objetivada num produto de valor é sempre uma jornada de trabalho de limites dados.

A representação do mais-valor e do valor da força de trabalho como frações do produto de valor – representação que deriva, de resto, do próprio modo de produção capitalista e cujo significado será investigado posteriormente – oculta o caráter específico da relação capitalista, a saber, o intercâmbio entre o capital variável e a força de trabalho viva e a correspondente exclusão do trabalhador do produto. Em seu lugar, surge a falsa aparência de uma relação associativa na qual o trabalhador e o capitalista repartem o produto entre si conforme a proporção de seus diferentes fatores constitutivos[19].

De resto, as fórmulas II podem ser sempre reconvertidas nas fórmulas I. Se temos, por exemplo, $\text{mais-trabalho de 6 horas}/\text{jornada de trabalho de 12 horas}$, então o tempo de trabalho necessário = jornada de trabalho de 12 horas menos mais-trabalho de 6 horas, o que dá o seguinte resultado: $\text{mais-trabalho de 6 horas}/\text{trabalho necessário de 6 horas} = {}^{100}/_{100}$.

A terceira fórmula, que já antecipei em outra ocasião, é:

III.

$\text{mais-valor}/\text{valor da força de trabalho} = \text{mais-trabalho}/\text{trabalho necessário} = \text{trabalho não pago}/\text{trabalho pago}$

O mal-entendido a que a fórmula $\text{trabalho não pago}/\text{trabalho pago}$ poderia conduzir – de que o capitalista pagaria o trabalho, e não a força de trabalho – desaparece pelo que foi antes exposto. $\text{trabalho não pago}/\text{trabalho pago}$ é apenas a expressão mais

---

[18] Nesse cálculo, evidentemente, está descontada a parte do produto que apenas substitui o capital constante investido. O sr. L. de Lavergne, cego admirador da Inglaterra, tende a dar uma proporção antes demasiado baixa do que demasiado alta.

[19] Como todas as formas desenvolvidas do processo de produção capitalista são formas de cooperação, nada é mais fácil, desde já, que abstrair de seu caráter especificamente antagônico e convertê-las quimericamente em formas livres de associação, como na obra do conde A. de Laborde, *De l'esprit de l'association dans tous les intérêts de la communauté* (Paris, 1818). O ianque H. Carey realiza essa proeza com o mesmo sucesso, chegando a aplicá-la, ocasionalmente, às relações do sistema escravista.

popular para $^{\text{mais-trabalho}}/_{\text{trabalho necessário}}$. O capitalista paga o valor da força de trabalho – ou seu preço, divergente de seu valor – e recebe em troca o direito de dispor da força viva de trabalho. Seu usufruto dessa força de trabalho é decomposto em dois períodos. Durante um deles, o trabalhador não produz mais que um valor, que é igual ao valor de sua força de trabalho, portanto, apenas um equivalente. Em troca do preço adiantado da força de trabalho, o capitalista recebe, pois, um produto de mesmo preço. É como se ele tivesse adquirido o produto já pronto no mercado. No período do mais-trabalho, ao contrário, o usufruto da força de trabalho gera valor para o capitalista, sem que esse valor lhe custe um substituto de valor[20]. Ele obtém gratuitamente essa realização da força de trabalho. Nesse sentido, o mais-trabalho pode ser chamado de trabalho não pago.

O capital, portanto, não é apenas o comando sobre o trabalho, como diz A. Smith. Ele é, em sua essência, o comando sobre o trabalho não pago. Todo mais-valor, qualquer que seja a forma particular em que mais tarde se cristalize, como o lucro, a renda etc., é, com relação à sua substância, a materialização [*Materiatur*] de tempo de trabalho não pago. O segredo da autovalorização do capital se resolve no fato de que este pode dispor de uma determinada quantidade de trabalho alheio não pago.

---

[20] Embora os fisiocratas não tenham conseguido decifrar o segredo do mais-valor, estava claro para eles, no entanto, que *"une richesse indépendante et disponible, qu'il [...] n'a point achetée et qu'il vend"* ["ela é uma riqueza independente e disponível que ele (seu possuidor) não comprou e que vende"], Turgot, *Réflexions sur la formation et la distribution des richesses*, p. 11.

Seção VI

O SALÁRIO

Capítulo 17

Transformação do valor (ou preço) da força de trabalho em salário

Na superfície da sociedade burguesa, o salário do trabalhador aparece como preço do trabalho, como determinada quantidade de dinheiro paga por determinada quantidade de trabalho. Fala-se, aqui, do valor do trabalho, e sua expressão monetária é denominada seu preço necessário ou natural. Por outro lado, fala-se dos preços de mercado do trabalho, isto é, de preços que oscilam acima ou abaixo de seu preço necessário.

Mas o que é o valor de uma mercadoria? A forma objetiva do trabalho social gasto em sua produção. E como medimos a grandeza de seu valor? Pela grandeza do trabalho nela contido. Como podemos determinar o valor, por exemplo, de uma jornada de trabalho de 12 horas? Pelas 12 horas de trabalho contidas numa jornada de trabalho de 12 horas, o que é uma absurda tautologia[21].

---

[21] "Mr. Ricardo, ingeniously enough, avoids a difficulty which, on a first view, threatens to encumber his doctrine – that value depends on the quantity of labour employed in production. If this principle is rigidly adhered to, it follows that the value of labour depends on the quantity of labour employed in producing it – which is evidently absurd. By a dexterous turn, therefore, Mr. Ricardo makes the value of labour depend on the quantity of labour required to produce wages; or, to give him the benefit of his own language, he maintains, that the value of labour is to be estimated by the quantity of labour required to produce wages; by which he means the quantity of labour required to produce the money or commodities given to the labourer. This is similar to saying, that the value of cloth is estimated, not by the quantity of labour bestowed on its production, but by the quantity of labour bestowed on the production of the silver, for which the cloth is exchanged" ["Ricardo é bastante engenhoso para evitar uma dificuldade que, à primeira vista, parece ameaçar sua teoria, a saber, de que o valor depende da quantidade de trabalho empregada na produção. Se nos atemos estritamente a esse princípio, dele se segue que o valor do trabalho depende da quantidade de trabalho empregada em sua produção, o que é, evidentemente, um absurdo. Por isso, Ricardo, mediante uma hábil manobra, faz com que o valor do trabalho dependa da quantidade de trabalho exigida para a produção do salário, ou, em suas próprias palavras, sustenta que o valor do trabalho deve ser estimado pela quantidade de trabalho necessária para produzir o salário, e entende, com isso, a quantidade de trabalho necessária à produção do dinheiro ou das mercadorias dados ao trabalhador. Isso é o mesmo que dizer que o valor do pano é estimado não segundo a quantidade de trabalho empregada em sua produção, mas segundo

Para ser vendido no mercado como mercadoria, o trabalho teria, ao menos, de existir antes de ser vendido. Mas se o trabalhador pudesse dar ao trabalho uma existência independente, o que ele venderia seria uma mercadoria, e não trabalho[22].

Abstraindo dessas contradições, uma troca direta de dinheiro, isto é, de trabalho objetivado por trabalho vivo, ou anularia a lei do valor, que só se desenvolve livremente com base na produção capitalista, ou anularia a própria produção capitalista, fundada precisamente no trabalho assalariado. Suponha, por exemplo, que a jornada de trabalho se represente num valor monetário de 6 xelins. Havendo troca de equivalentes, o trabalhador receberá 6 xelins pelo trabalho de 12 horas. O preço de seu trabalho será igual ao preço de seu produto. Nesse caso, ele não produzirá nenhum mais-valor para o comprador de seu trabalho, os 6 xelins não se transformarão em capital e o fundamento da produção capitalista se desvanecerá; mas é precisamente sobre esse fundamento que o trabalhador vende seu trabalho e que este é trabalho assalariado. Ou, então, ele recebe, por 12 horas de trabalho, menos de 6 xelins, isto é, menos de 12 horas de trabalho. Nesse caso, 12 horas de trabalho se trocam por 10 ou 6 horas de trabalho etc. Essa equiparação de grandezas desiguais não se limita a suprimir a determinação do valor. Tal contradição, que suprime a si mesma, não pode ser de modo algum enunciada ou formulada como lei[23].

---

a quantidade de trabalho empregada na produção da prata que é dada em troca do pano"], S. Bailey, *A Critical Dissertation on the Nature etc. of Value*, p. 50-1.

[22] "*If you call labour a commodity, it is not like a commodity which is first produced in order to exchange, and then brought to market where it must exchange with other commodities according to the respective quantities of each which there may be in the market at the time; labour is created at the moment it is brought to market; nay, it is brought to market before it is created*" ["Se chamais o trabalho de mercadoria, não é como uma mercadoria que primeiro é produzida a fim de ser trocada e depois levada ao mercado, no qual tem de ser trocada por outras mercadorias de acordo com suas respectivas quantidades então disponíveis no mercado; o trabalho é criado no momento em que é levado ao mercado; ou melhor, é levado ao mercado antes de ser criado"], *Observations on Some Verbal Disputes etc.*, p. 75-6.

[23] "*Treating Labour as a commodity, and Capital, the produce of labour, as another, then, if the values of those two commodities were regulated by equal quantities of labour, a given amount of labour would [...] exchange for that quantity of capital which had been produced by the same amount of labour; antecedent labour [...] would [...] exchange for the same amount as present labour [...]. But the value of labour, in relation to other commodities [...] is determined not by equal quantities of labour*" ["Se consideramos o trabalho como uma mercadoria, e o capital, o produto do trabalho, como outra, concluímos que, se os valores dessas duas mercadorias fossem regulados por quantidades iguais de trabalho, uma dada quantidade de trabalho [...] seria trocada pela quantidade de capital que tivesse sido produzida pela mesma quantidade de trabalho; o trabalho passado [...] seria trocado pela mesma quantidade de trabalho presente. Mas o valor do trabalho, em relação a outras mercadorias [...] não é determinado por quantidades iguais de trabalho"],

Transformação do valor (ou preço) da força de trabalho em salário

De nada adianta deduzir essa troca de mais trabalho por menos trabalho da diferença formal, que nos esclarece que, num caso, ele é trabalho objetivado, e, no outro, é trabalho vivo[24]. Isso é tanto mais absurdo pelo valor de uma mercadoria não ser determinado pela quantidade de trabalho realmente objetivado nela, mas pela quantidade de trabalho vivo necessário para sua produção. Digamos que uma mercadoria represente 6 horas de trabalho. Caso surjam invenções que permitam produzi-la em 3 horas, o valor da mercadoria já produzida também se reduzirá pela metade. Ela representa, agora, 3 horas de trabalho social necessário, em vez das 6 horas de antes. O que determina sua grandeza de valor é, portanto, a quantidade de trabalho requerido para sua produção, e não sua forma objetivada.

No mercado, o que se contrapõe diretamente ao possuidor de dinheiro não é, na realidade, o trabalho, mas o trabalhador. O que este último vende é sua força de trabalho. Mal seu trabalho tem início efetivamente e a força de trabalho já deixou de lhe pertencer, não podendo mais, portanto, ser vendida por ele. O trabalho é a substância e a medida imanente dos valores, mas ele mesmo não tem valor nenhum[25].

Na expressão "valor do trabalho", o conceito de valor não só se apagou por completo, mas converteu-se em seu contrário. É uma expressão imaginária, como valor da terra. Essas expressões imaginárias surgem, no entanto, das próprias relações de produção. São categorias para as formas em que se manifestam relações essenciais. Que em sua manifestação as coisas frequentemente se apresentem invertidas é algo conhecido em quase todas as ciências, menos na economia política.[26]

E. G. Wakefield, em sua edição de A. Smith, *Wealth of Nations* (Londres, 1835, v. I), p. 230-1, nota.

[24] "*Il a fallu convenir* [...] *que toutes les fois qu'il échangerait du travail fait contre du travail à faire, le dernier* [...] *aurait une valeur supérieure au premier* [...]" ["Seria necessário chegar a um acordo" (mais uma versão do *contrat social* [contrato social]) "de modo que ele sempre trocasse trabalho realizado por trabalho a realizar, o último" (o capitalista) "teria de receber um valor maior que o primeiro" (o trabalhador)], Sismondi, *De la richesse commerciale* (Genebra, 1803), t. I, p. 37.

[25] "*Labour, the exclusive standard of value* [...] *the creator of all wealth, no commodity*" ["O trabalho, medida exclusiva do valor [...] o criador de toda riqueza, não é uma mercadoria"], T. Hodgskin, *Popul. Polit. Econ.*, cit., p. 186.

[26] Ao contrário, explicar tais expressões como mera *licentia poetica* [licença poética] apenas revela a impotência da análise. Contra a frase de Proudhon, "*Le travail est dit valoir, non pas en tant que marchandise lui-même, mais en vue des valeurs qu'on suppose renfermées puissanciellement en lui. La valeur du travail est une expression figurée etc.* [...] *Dans le travail-marchandise, qui est d'une réalité effrayante, il ne voit qu'une ellipse grammaticale. Donc toute la société actuelle, fondée sur le travail-marchandise, est désormais fondée sur une licence poétique, sur une expression figurée. La société veut-elle 'éliminer tous les inconvénients' qui la travaillent, eh bien! qu'elle élimine les termes malsonnants, qu'elle change de langage, et pour cela elle n'à qu'a s'adresser à l'Académie pour lui demander*

Karl Marx – O capital

A economia política clássica tomou emprestada à vida cotidiana, de modo acrítico, a categoria "preço do trabalho", para, em seguida, perguntar-se: como esse preço é determinado? Ela logo reconheceu que a variação na relação entre oferta e demanda nada esclarece acerca do preço do trabalho, assim como de que qualquer outra mercadoria, além de sua variação, isto é, a oscilação dos preços de mercado abaixo ou acima de certa grandeza. Se oferta e demanda coincidem, cessa, mantendo-se iguais as demais circunstâncias, a oscilação de preço. Mas, então, oferta e demanda cessam também de explicar qualquer coisa. Quando oferta e demanda coincidem, o preço do trabalho é determinado independentemente da relação entre procura e oferta, quer dizer, é seu preço natural, que, desse modo, tornou-se o objeto que realmente se deveria analisar. Ou ela tomou um período mais longo de oscilações do preço de mercado, por exemplo, um ano, e verificou que suas altas e baixas se compensavam numa grandeza média, uma grandeza constante. Esta última tinha, naturalmente, de ser determinada de outro modo que não por suas próprias oscilações, que se compensam umas às outras. Esse preço que predomina sobre os preços acidentais obtidos pelo trabalho no mercado e os regula, o "preço necessário" (fisiocratas) ou "preço natural" do trabalho (Adam Smith), só podia ser, como no caso das outras mercadorias, seu valor expresso em dinheiro. E assim, por meio dos preços acidentais do trabalho, a economia política acreditou poder penetrar em seu valor. Como no caso das demais mercadorias, esse valor continuou a ser determinado pelos custos de produção. Mas em que consistem os custos de produção – do trabalhador, isto é, os custos para produzir ou reproduzir o próprio trabalhador? Inconscientemente, essa questão assumiu, para a economia política, o lugar da questão original, já que, no que diz respeito

---

une nouvelle édition de son dictionnaire" ["Diz-se que o trabalho é um valor, não como mercadoria propriamente dita, mas com vista aos valores que, segundo se supõe, nele estão contidos potencialmente. O valor do trabalho é uma expressão figurada etc."], observei: "No trabalho-mercadoria, que é de uma realidade espantosa, ele vê apenas uma elipse gramatical. Logo, toda a sociedade atual, fundada no trabalho-mercadoria, passa a fundar-se numa licença poética, numa expressão figurada. A sociedade pretende 'eliminar todos os inconvenientes' que a atormentam? Muito bem! Basta que ela elimine os termos inconvenientes, troque a linguagem e dirija-se à *Academia* para encomendar uma nova edição de seu dicionário!", K. Marx, *Misère de la philosophie*, cit., p. 34-5 [ed. bras.: *Miséria da filosofia*, cit., p. 63]. Mais cômodo ainda, naturalmente, é não entender por valor absolutamente nada. Desse modo, é fácil incluir nessa categoria tudo o que se queira. Como, por exemplo, em J.-B. Say. O que é *"valeur"* [valor]? Resposta: "Aquilo que uma coisa vale". E o que é *"prix"* [preço]? Resposta: "O valor de uma coisa expresso em dinheiro". E por que "o trabalho da terra [...] tem um valor? Porque se lhe atribui um preço". Portanto, valor é o que uma coisa vale, e a terra tem um "valor" porque seu valor é "expresso em dinheiro". Esse é, em todo caso, um método muito simples de se compreender o *why* [porquê] e o *wherefore* [em razão de quê] das coisas.

Transformação do valor (ou preço) da força de trabalho em salário

aos custos de produção do trabalho enquanto tais, ela girava num círculo vicioso e não progredia um passo sequer. Portanto, o que ela chama de valor do trabalho (*value of labour*) é, na verdade, o valor da força de trabalho, que existe na personalidade do trabalhador e é tão diferente de sua função, o trabalho, quanto uma máquina de suas operações. Ocupada com a diferença entre os preços de mercado do trabalho e seu assim chamado valor, com a relação entre esse valor e a taxa de lucro, e entre ele e os valores-mercadoria produzidos mediante o trabalho etc., a economia política nunca descobriu que o curso da análise não só tinha evoluído dos preços do trabalho no mercado a seu valor presumido, mas chegara a dissolver novamente esse mesmo valor do trabalho no valor da força de trabalho. A inconsciência acerca desse resultado de sua própria análise, a aceitação acrítica das categorias "valor do trabalho", "preço natural do trabalho" etc. como expressões adequadas e últimas da relação de valor considerada, enredou a economia política clássica, como veremos mais adiante, em confusões e contradições insolúveis, ao mesmo tempo que ofereceu à economia vulgar uma base segura de operações para sua superficialidade, fundada no princípio do culto das aparências.

Vejamos, em primeiro lugar, como o valor e os preços da força de trabalho se apresentam nessa forma transformada, como salário.

Sabemos que o valor diário da força de trabalho é calculado sobre a base de certa duração da vida do trabalhador, a qual corresponde a certa duração da jornada de trabalho. Suponha que a jornada de trabalho habitual seja de 12 horas e o valor diário da força de trabalho seja de 3 xelins, expressão monetária de um valor em que se representam 6 horas de trabalho. Se o trabalhador recebe 3 xelins, ele recebe o valor de sua força de trabalho mantida em funcionamento durante 12 horas. Ora, se esse valor diário da força de trabalho for expresso como valor do trabalho realizado durante uma jornada, teremos a fórmula: o trabalho de 12 horas tem um valor de 3 xelins. O valor da força de trabalho determina, assim, o valor do trabalho, ou, expresso em dinheiro, o preço necessário do trabalho. Se, ao contrário, o preço da força de trabalho diferir de seu valor, o mesmo ocorrerá com o preço do trabalho em relação ao seu assim chamado valor.

Dado que o valor do trabalho é apenas uma expressão irracional para o valor da força de trabalho, conclui-se, evidentemente, que o valor do trabalho tem de ser sempre menor que seu produto de valor, pois o capitalista sempre faz a força de trabalho funcionar por mais tempo do que o necessário para a reprodução do valor desta última. No exemplo anterior, o valor da força de trabalho mantida em funcionamento durante 12 horas é de 3 xelins, valor para cuja reprodução ela precisa de 6 horas. Seu produto de valor, em contrapartida, é de 6 xelins, pois ela funciona, na realidade, durante 12 horas, e seu produto de valor não depende de seu próprio valor, mas da duração de seu funcionamento. Chegamos, assim, ao resultado, à primeira vista absurdo, de que um trabalho que cria um valor de 6 xelins tem um valor 3 xelins[27].

Vemos, além disso: o valor de 3 xelins, em que se representa a parte paga da jornada de trabalho, isto é, o trabalho de 6 horas, aparece como valor ou preço da jornada de trabalho total de 12 horas, que contém 6 horas não pagas. A forma-salário extingue, portanto, todo vestígio da divisão da jornada de trabalho em trabalho necessário e mais-trabalho, em trabalho pago e trabalho não pago. Todo trabalho aparece como trabalho pago. Na corveia, o trabalho do servo para si mesmo e seu trabalho forçado para o senhor da terra se distinguem, de modo palpavelmente sensível, tanto no espaço como no tempo. No trabalho escravo, mesmo a parte da jornada de trabalho em que o escravo apenas repõe o valor de seus próprios meios de subsistência, em que, portanto, ele trabalha, de fato, para si mesmo, aparece como trabalho para seu senhor. Todo seu trabalho aparece como trabalho não pago[28]. No trabalho assalariado, ao contrário, mesmo o mais-trabalho ou trabalho não pago aparece como trabalho pago. No primeiro caso, a relação de propriedade oculta o trabalho do escravo para si mesmo; no segundo, a relação monetária oculta o trabalho gratuito do assalariado.

Compreende-se, assim, a importância decisiva da transformação do valor e do preço da força de trabalho na forma-salário ou em valor e preço do próprio trabalho. Sobre essa forma de manifestação, que torna invisível a relação efetiva e mostra precisamente o oposto dessa relação, repousam todas as noções jurídicas, tanto do trabalhador como do capitalista, todas as mistificações do modo de produção capitalista, todas as suas ilusões de liberdade, todas as tolices apologéticas da economia vulgar.

Se a história universal precisa de muito tempo para descobrir o segredo do salário, não há, em contrapartida, nada mais fácil de compreender do que a necessidade, as *raisons d'être* [razões de ser], dessa forma de manifestação.

---

[27] Cf. *Zur Kritik der politischen Oekonomie* [*Contribuição à crítica da economia política*], p. 40, em que anuncio que a análise do capital deve resolver o seguinte problema: "Como a produção fundada no valor de troca, determinado, por sua vez, pelo simples tempo de trabalho, conduz ao resultado de que o valor de troca do trabalho é menor do que o valor de troca de seu produto?"

[28] Durante a Guerra Civil Americana, o *Morning Star*, órgão livre-cambista de Londres, ingênuo até a estupidez, reafirmou repetidas vezes, com a maior indignação moral possível, que os negros dos *Confederate States* trabalhavam completamente de graça. Ele deveria ter tido a amabilidade de comparar os custos diários de um desses negros com, por exemplo, os de um trabalhador livre no East End de Londres. [Os *Confederate States of America* (Estados Confederados da América) foram formados em 1861, no Congresso de Montgomery, por onze estados escravistas do sul. Os rebeldes tinham como objetivo a manutenção da escravidão e sua ampliação a todo o território dos Estados Unidos da América. Em 1861, eles deram início à guerra civil (Guerra de Secessão) contra a União. Com a derrota e capitulação dos estados sulistas, em 1865, a confederação foi dissolvida e a União restabelecida. (N. E. A. MEW)]

Transformação do valor (ou preço) da força de trabalho em salário

Inicialmente, o intercâmbio entre capital e trabalho apresenta-se à percepção exatamente do mesmo modo como a compra e a venda de todas as outras mercadorias. O comprador dá certa soma de dinheiro, e o vendedor, um artigo diferente do dinheiro. Nesse fato, a consciência jurídica reconhece, quando muito, uma diferença material, expressa em fórmulas juridicamente equivalentes: *do ut des, do ut facias, facio ut des, e facio ut facias**.

Além disso, como o valor de troca e o valor de uso são, em si mesmos, grandezas incomensuráveis, as expressões "valor do trabalho" e "preço do trabalho" não parecem ser mais irracionais do que as expressões "valor do algodão" e "preço do algodão". Acrescente-se a isso o fato de que o trabalhador é pago depois de ter fornecido seu trabalho. Em sua função como meio de pagamento, o dinheiro realiza, porém *a posteriori*, o valor ou o preço do artigo fornecido, ou seja, no caso presente, o valor ou o preço do trabalho fornecido. Finalmente, o "valor de uso" que o trabalhador fornece ao capitalista não é, na realidade, sua força de trabalho, mas sua função, um determinado trabalho útil, como o trabalho do alfaiate, do sapateiro, do fiandeiro etc. Que esse mesmo trabalho, sob outro ângulo, seja o elemento geral criador de valor – elemento que o distingue das demais mercadorias –, é algo que está fora do alcance da consciência ordinária.

Se nos colocarmos do ponto de vista do trabalhador, que em troca de 12 horas de trabalho recebe, por exemplo, o produto de valor de 6 horas de trabalho, digamos, 3 xelins, veremos que, para ele, seu trabalho de 12 horas é, na verdade, o meio que lhe permite comprar os 3 xelins. O valor de sua força de trabalho pode variar, com o valor de seus meios habituais de subsistência, de 3 para 4 xelins, de 3 para 2 xelins, ou, permanecendo igual o valor de sua força de trabalho, seu preço, em decorrência da relação variável entre a oferta e a demanda, pode aumentar a 4 xelins ou diminuir a 2 xelins, mas o trabalhador fornece sempre 12 horas de trabalho, razão pela qual toda variação na grandeza do equivalente que ele recebe aparece-lhe necessariamente como variação do valor ou preço de suas 12 horas de trabalho. Inversamente, essa circunstância induziu Adam Smith, que considerava a jornada de trabalho como uma grandeza constante[29], a sustentar que o valor do trabalho é constante, embora o valor dos meios de subsistência varie e a mesma jornada de trabalho se represente, por isso, em mais ou menos dinheiro para o trabalhador.

Se, por outro lado, consideramos o capitalista, vemos que ele quer obter o máximo possível de trabalho pela menor quantidade possível de dinheiro. Do ponto de vista prático, portanto, interessa-lhe somente a diferença entre

---

* "Dou para que dês, dou para que faças, faço para que dês e faço para que faças". Fórmulas do direito romano, estabelecidas no *Digesto*, livro XIX, 5, 5. (N. T.)

[29] A. Smith alude à variação da jornada de trabalho apenas ocasionalmente, quando trata do salário por peça.

o preço da força de trabalho e o valor criado por seu funcionamento. Mas ele procura comprar todas as mercadorias o mais barato possível, acreditando encontrar a razão de seu lucro no simples logro, no ato de comprar abaixo do valor e vender acima dele. Daí que ele não compreenda que, se existisse realmente algo como o valor do trabalho, e se ele pagasse realmente esse valor, não existiria nenhum capital e seu dinheiro não se transformaria em capital.

Além disso, o movimento efetivo do salário apresenta fenômenos que parecem demonstrar que o que é pago não é a força de trabalho, mas o valor de sua função, do próprio trabalho. Podemos reduzir esses fenômenos a duas grandes classes. Primeira: variação do salário quando varia a duração da jornada de trabalho. Poder-se-ia concluir, do mesmo modo, que o que é pago não é o valor da máquina, mas o de sua operação, pois custa mais alugar uma máquina por uma semana do que por um dia. Segunda: a diferença individual entre os salários de diversos trabalhadores que executam a mesma função. Essa diferença individual encontra-se também, mas sem motivo para ilusões, no sistema escravista, no qual a própria força de trabalho é vendida franca e livremente, sem floreios. A única diferença é que a vantagem de uma força de trabalho superior à média, ou a desvantagem de uma força de trabalho inferior à média, recai, no sistema escravista, sobre o proprietário de escravos, ao passo que, no sistema do trabalho assalariado, ela recai sobre o próprio trabalhador, pois, nesse último caso, sua força de trabalho é vendida por ele mesmo e, no primeiro caso, por uma terceira pessoa.

De resto, com a forma de manifestação "valor e preço do trabalho" ou "salário", em contraste com a relação essencial que se manifesta, isto é, com o valor e o preço da força de trabalho, ocorre o mesmo que com todas as formas de manifestação e seu fundo oculto. As primeiras se reproduzem de modo imediatamente espontâneo, como formas comuns e correntes de pensamento; o segundo tem de ser primeiramente descoberto pela ciência. A economia política clássica chega muito próximo à verdadeira relação das coisas, porém sem formulá-la conscientemente. Ela não poderá fazê-lo enquanto estiver coberta com sua pele burguesa.

Capítulo 18

O salário por tempo

O próprio salário assume, por sua vez, formas muito variadas, circunstância que não se pode reconhecer por meio de compêndios econômicos, que, com seu tosco interesse pelo material, negligenciam toda diferença de forma. Mas uma exposição de todas essas formas pertence à teoria especial do trabalho assalariado, e não, portanto, a esta obra. Em contrapartida, aqui cabe desenvolver brevemente as duas formas básicas predominantes.

Como podemos recordar, a venda da força de trabalho ocorre sempre por determinados períodos de tempo. A forma transformada em que se representa diretamente o valor diário, semanal etc. da força de trabalho é, portanto, a do "salário por tempo", isto é, do salário diário etc.

De início, devemos observar que as leis que regem a variação de grandeza do preço da força de trabalho e do mais-valor, leis que foram expostas no capítulo 15, transformam-se, mediante uma simples mudança de forma, em leis do salário. Do mesmo modo, a distinção entre o valor de troca da força de trabalho e a massa dos meios de subsistência em que se converte esse valor reaparece agora como distinção entre o salário nominal e o salário real. Seria inútil repetir, com respeito à forma de manifestação, o que já expusemos acerca da forma essencial. Limitar-nos-emos, por isso, a indicar alguns poucos pontos que caracterizam o salário por tempo.

A soma de dinheiro[30] que o trabalhador recebe por seu trabalho diário, semanal etc. constitui a quantia de seu salário nominal, ou do seu salário estimado segundo o valor. Porém, é claro que, conforme a extensão da jornada de trabalho, quer dizer, conforme a quantidade de trabalho diariamente fornecida pelo trabalhador, o mesmo salário diário, semanal etc. pode representar um preço muito diferente do trabalho, isto é, quantias de dinheiro muito diferentes para a mesma quantidade de trabalho[31]. Assim, ao

---

[30] O próprio valor monetário é, aqui, sempre pressuposto como constante.
[31] *"The price of labour is the sum paid for a given quantity of labour"* ["O preço do trabalho é a soma paga por dada quantidade de trabalho"], sir Edward West, *Price of Corn and Wages of Labour* (Londres, 1826), p. 67. West é o autor de um escrito, publicado ano-

considerarmos o salário por tempo, temos de distinguir, por sua vez, entre a quantia total do salário diário, semanal etc. e o preço do trabalho. Mas como encontrar esse preço, isto é, o valor monetário de uma dada quantidade de trabalho? O preço médio do trabalho é obtido ao dividirmos o valor diário médio da força de trabalho pelo número de horas da jornada média de trabalho. Se, por exemplo, o valor diário da força de trabalho for de 3 xelins, o produto de valor de 6 horas de trabalho, e a jornada de trabalho for de 12 horas, o preço de 1 hora de trabalho será = $^{3\,\text{xelins}}/_{12}$ = 3 *pence*. O preço da hora de trabalho, assim obtido, serve de unidade de medida para o preço do trabalho.

Depreende-se daí que o salário diário, semanal etc. pode permanecer o mesmo, ainda que o preço do trabalho caia continuamente. Se, por exemplo, a jornada de trabalho usual for de 10 horas e o valor diário da força de trabalho for de 3 xelins, o preço da hora de trabalho será de $3^3/_5$ *pence*; ele cairá para 3 *pence* quando a jornada de trabalho aumentar para 12 horas, e para $2^2/_5$ *pence* quando for de 15 horas. Mesmo assim, o salário diário ou semanal permaneceriam inalterados. Por outro lado, o salário diário ou semanal podem aumentar, ainda que o preço do trabalho permaneça constante ou até mesmo caia. Se, por exemplo, a jornada de trabalho fosse de 10 horas e 3 xelins fosse o valor diário da força de trabalho, o preço de 1 hora de trabalho seria de $3^3/_5$ *pence*. Se, em virtude de crescente ocupação, e supondo-se que o preço de trabalho permaneça igual, o operário trabalhar 12 horas, seu salário diário aumentará para 3 xelins e $7^1/_5$ *pence*, sem que haja variação do preço do trabalho. O mesmo resultado poderia ser obtido aumentando-se a grandeza intensiva do trabalho, em vez de sua grandeza extensiva[32]. A elevação do valor nominal do salário diário ou semanal pode, pois, ser acompanhada de um preço constante ou decrescente do trabalho. O mesmo vale para a receita da família trabalhadora, tão logo a quantidade de trabalho fornecida pelo chefe da família seja acrescida do trabalho dos membros da

---

nimamente, que fez época na história da economia política: *Essay on the Application of Capital to Land. By a Fellow of Univ. College of Oxford* (Londres, 1815).

[32] "*The wages of labour* [...] *depend upon the price of labour and the quantity of labour performed* [...] *An increase in the wages of labour does not necessarily imply an enhancement of the price of labour. From fuller employment, and greater exertions, the wages of labour may be considerably increased, while the price of labour may continue the same*" ["O salário depende do preço do trabalho e da quantidade de trabalho realizado [...]. Uma elevação dos salários não implica necessariamente uma elevação do preço do trabalho. Com uma ocupação mais prolongada e esforços maiores, os salários podem aumentar consideravelmente, enquanto o preço do trabalho pode permanecer o mesmo"], West, *Price of Corn and Wages of Labour*, cit., p. 67, 68, 112. De resto, West despacha com fraseologias banais a questão principal: como o *price of labour* [preço do trabalho] é determinado?

O salário por tempo

família. Existem, portanto, métodos para reduzir o preço do trabalho sem a necessidade de rebaixar o valor nominal do salário diário ou semanal[33].

Conclui-se, como lei geral: estando dada a quantidade de trabalho diário, semanal etc., o salário diário ou semanal dependerá do preço do trabalho, que, por sua vez, varia com o valor da força de trabalho ou com os desvios de seu preço em relação a seu valor. Ao contrário, estando dado o preço do trabalho, o salário diário ou semanal dependerá da quantidade de trabalho diário ou semanal.

A unidade de medida do salário por tempo, o preço da hora de trabalho, é o quociente do valor diário da força de trabalho dividido pelo número de horas da jornada de trabalho habitual. Suponha que esta última seja de 12 horas e que o valor diário da força de trabalho seja de 3 xelins, isto é, o produto de valor de 6 horas de trabalho. Nessas circunstâncias, o preço da hora de trabalho será de 3 *pence* e seu produto de valor somará 6 *pence*. Ora, se o trabalhador estiver ocupado menos de 12 horas por dia (ou menos de 6 dias por semana), por exemplo, somente 6 ou 8 horas, ele receberá, mantendo-se esse preço do trabalho, um salário diário de apenas 2 ou 1$^1/_2$ xelins[34]. Como, segundo o pressuposto que adotamos, ele tem de trabalhar uma média diária de 6 horas para produzir apenas um salário correspondente ao valor de sua

---

[33] Isso foi percebido pelo representante mais fanático da burguesia industrial do século XVIII, o autor, frequentemente citado por nós, de *Essay on Trade and Commerce*, embora apresente a questão de maneira confusa: "*It is the quantity of labour and not the price of it* [...] *that is determined by the price of provisions and other necessaries: reduce the price of necessaries very low, and of course you reduce the quantity of labour in proportion* [...] *Master-manufacturers know that there are various ways of raising and falling the price of labour, besides that of altering its nominal amount* [no original: *value*]" ["É a quantidade de trabalho e não seu preço" (por preço, ele entende o salário nominal diário ou semanal) "que se determina pelo preço das provisões e outros artigos de primeira necessidade: reduzi fortemente o preço dos artigos de primeira necessidade e tereis certamente reduzido a quantidade de trabalho na mesma proporção. [...] Os patrões-manufatureiros sabem que há diferentes métodos para aumentar ou reduzir o preço do trabalho, além daquele de alterar sua quantia [no original: valor] nominal"], ibidem, p. 48 e 61. Em *Three Lectures on the Rate of Wages* (Londres, 1830), p. 15, em que N. W. Senior utiliza o escrito de West sem citá-lo, ele afirma, entre outras coisas: "*The labourer* [...] *is principally interested in the amount of wages*" ["O trabalhador está interessado principalmente na quantia do salário"]. Portanto o trabalhador está interessado principalmente no que recebe, na quantia nominal do salário, e não naquilo que ele dá, na quantidade de trabalho!

[34] O efeito desse subemprego anormal é totalmente diferente do que resulta de uma redução geral, imposta por lei, da jornada de trabalho. O primeiro não tem qualquer relação com a duração absoluta da jornada de trabalho e tanto pode ocorrer quando esta é de 15 horas como quando é de 6 horas. O preço normal do trabalho, no primeiro caso, é calculado sobre a base de que o trabalhador trabalhe uma média de 15 horas; no segundo, que ele trabalhe 6 horas por dia em média. O efeito seria, assim, o mesmo se, no primeiro caso, ele só estivesse ocupado por 7½ horas e, no segundo, apenas por 3 horas.

força de trabalho, e como, segundo esse mesmo pressuposto, de cada hora ele trabalha somente meia hora para si mesmo e outra meia hora para o capitalista, é claro que não poderá obter o produto de valor de 6 horas se estiver ocupado por menos de 12 horas. Se anteriormente vimos as consequências destruidoras do sobretrabalho, aqui descobrimos as fontes dos sofrimentos que, para o trabalhador, decorrem de seu subemprego.

Se o salário por hora é fixado de maneira que o capitalista não se vê obrigado a pagar um salário diário ou semanal, mas somente as horas de trabalho durante as quais ele decida ocupar o trabalhador, ele poderá ocupá-lo por um tempo inferior ao que serviu originalmente de base para o cálculo do salário por hora ou para a unidade de medida do preço do trabalho. Sendo essa unidade de medida determinada pela proporção $^{\text{valor diário da força de trabalho}}/_{\text{jornada de trabalho de um dado número de horas}}$, ela perde naturalmente todo sentido assim que a jornada de trabalho deixa de contar um número determinado de horas. A conexão entre o trabalho pago e o não pago é suprimida. O capitalista pode, agora, extrair do trabalhador uma determinada quantidade de mais-trabalho, sem conceder-lhe o tempo de trabalho necessário para sua autoconservação. Pode eliminar toda regularidade da ocupação e, de acordo com sua comodidade, arbítrio e interesse momentâneo, fazer com que o sobretrabalho mais monstruoso se alterne com a desocupação relativa ou total. Pode, sob o pretexto de pagar o "preço normal do trabalho", prolongar anormalmente a jornada de trabalho sem que haja qualquer compensação correspondente para o trabalhador. Isso explica a rebelião (1860) absolutamente racional dos trabalhadores londrinos, empregados no setor de construção, contra a tentativa dos capitalistas de impor-lhes esse salário por hora. A limitação legal da jornada de trabalho põe fim a esse abuso, embora não, naturalmente, ao subemprego resultante da concorrência da maquinaria, da variação na qualidade dos trabalhadores empregados e das crises parciais e gerais.

Com o salário diário ou semanal crescente, é possível que o preço do trabalho se mantenha nominalmente constante e, apesar disso, caia abaixo de seu nível normal. Isso ocorre sempre que, permanecendo constante o preço do trabalho ou da hora de trabalho, a jornada de trabalho é prolongada além de sua duração habitual. Se na fração $^{\text{valor diário da força de trabalho}}/_{\text{jornada de trabalho}}$ aumentar o denominador, o numerador aumentará ainda mais rapidamente. O valor da força de trabalho aumenta de acordo com seu desgaste, isto é, com a duração de seu funcionamento e de modo proporcionalmente mais acelerado do que o incremento da duração de seu funcionamento. Por isso, em muitos ramos industriais em que predomina o salário por tempo e inexistem limites legais para o tempo de trabalho, surgiu naturalmente o costume de só considerar normal a jornada de trabalho que se prolonga até certo ponto, por exemplo, até o término da décima hora de trabalho (*"normal working day"* [jornada de trabalho normal], *"the day's work"* [trabalho

O salário por tempo

de um dia] *"the regular hours of work"* [horário regular de trabalho]). Além desse limite, o tempo de trabalho constitui tempo extraordinário (*overtime*), e, se tomamos a hora como unidade de medida, é mais bem pago (*extra pay*), embora frequentemente numa proporção ridiculamente pequena[35]. A jornada normal de trabalho existe aqui como fração da jornada efetiva de trabalho, e esta última frequentemente ocupa mais tempo durante o ano inteiro do que a primeira[36]. O aumento do preço do trabalho, decorrente do prolongamento da jornada de trabalho além de certo limite normal, assume, em diversos ramos industriais britânicos, a forma de que o baixo preço do trabalho durante o assim chamado horário normal obriga o trabalhador, se quer obter um salário suficiente, a trabalhar um tempo extraordinário, mais bem remunerado[37]. A limitação legal da jornada de trabalho põe um fim a esse divertimento[38].

---

[35] "A taxa de pagamento do tempo extraordinário" (na manufatura de rendas) "é tão pequena, ½ *penny* etc. por hora, que contrasta penosamente com o enorme dano que inflige à saúde e à força vital dos trabalhadores. [...] Além disso, o pequeno excedente assim obtido tem frequentemente de ser gasto em meios complementares de alimentação", Child. Empl. Comm., "II Rep.", n. 117, p. XVI.

[36] Por exemplo, na estamparia de papéis de parede, antes da recente promulgação da lei fabril. "Trabalhamos sem pausas para as refeições, de modo que o trabalho diário de 10½ horas termina às 4 horas e meia da tarde, e o que resta é tempo extraordinário, que raramente acaba antes das 6 horas da tarde, de modo que, na verdade, trabalhamos o ano inteiro sob o regime de tempo extraordinário", "Mr. Smith's Evidence", em Child. Empl. Comm., "I Rep.", p. 125.

[37] Por exemplo, nas branquearias escocesas. "Em algumas partes da Escócia, essa indústria" (antes que se introduzisse a lei fabril de 1862) "era explorada segundo o sistema do tempo extraordinário, isto é, considerando-se 10 horas uma jornada normal de trabalho. Por essa jornada, o homem recebia 1 xelim e 2 *pence*. Mas a isso se acrescentava um tempo extraordinário de 3 ou 4 horas por dia, pagas a 3 *pence* por hora. Consequência desse sistema: um homem que trabalhasse apenas o tempo normal não podia ganhar mais do que 8 xelins por semana. Sem trabalhar um tempo extraordinário, o salário não lhes era suficiente", "Reports of. Insp. of. Fact. 30th April 1863", p. 10. "O pagamento adicional pelas horas extras é uma tentação à qual os trabalhadores não podem resistir", "Rep. of. Insp. of. Fact., 30th April 1848", p. 5. As oficinas de encadernação de livros na *City* londrina empregam muitas moças a partir de 14 ou 15 anos, sob contratos de aprendizagem que prescrevem um determinado horário de trabalho. Não obstante, na última semana de cada mês elas trabalham até as 10, 11, 12 da noite, ou até 1 hora da madrugada, com os trabalhadores mais velhos, em companhia nem um pouco selecionada. "Os patrões tentam-nas (*tempt*) com um salário adicional e dinheiro para uma boa ceia", que elas consomem nas tabernas vizinhas. A grande depravação assim produzida entre essas *"young immortals"* [jovens imortais] (Child. Empl. Comm., "V Rep.", n. 191, p. 44.) encontra sua compensação no fato de que também encadernam, entre outros livros, muitas bíblias e obras edificantes.

[38] Ver "Reports of Insp. of Fact., 30th April 1863", cit. Numa visão crítica plenamente correta da situação, os trabalhadores londrinos empregados na construção declararam, durante a grande greve e *lockout* [bloqueio] de 1860, que só aceitariam o salário por

É um fato geralmente conhecido que, quanto mais longa é a jornada de trabalho num ramo da indústria, mais baixo é o salário[39]. O inspetor de fábricas A. Redgrave ilustra esse fato mediante um resumo comparativo do período de duas décadas, entre 1839 e 1859, que mostra que o salário aumentou nas fábricas submetidas à Lei das 10 Horas, ao mesmo tempo que diminuiu nas fábricas nas quais se trabalha de 14 a 15 horas por dia[40].

Da lei segundo a qual "estando dado o preço do trabalho, o salário diário ou semanal depende da quantidade de trabalho fornecida", concluímos que quanto menor seja o preço do trabalho tanto maior terá de ser a quantidade de trabalho ou tanto mais longa a jornada de trabalho para que o trabalhador assegure ao menos um mísero salário médio. A exiguidade do preço do trabalho atua, aqui, como estímulo para o prolongamento do tempo de trabalho[41].

Por outro lado, porém, o prolongamento do tempo de trabalho produz, por sua vez, uma queda no preço do trabalho e, por conseguinte, no salário diário ou semanal.

A determinação do preço do trabalho segundo a fórmula $\text{valor diário da força de trabalho} / \text{jornada de trabalho de dado número de horas}$ demonstra que o mero prolongamento da jornada de trabalho, quando não há uma compensação, reduz o preço do trabalho. Mas as circunstâncias que permitem ao capitalista prolongar a jornada de trabalho de modo duradouro são as mesmas que, inicialmente, permitem-lhe e, por fim, obrigam-no a reduzir também o preço nominal do trabalho, até que diminua o preço total do número aumentado de horas e, portanto, também o salário diário ou semanal. Basta, aqui, referir duas circunstâncias. Se um homem executa o trabalho de $1^1/_2$ ou de 2 homens, a oferta de trabalho aumenta, ainda que permaneça constante a oferta de forças de trabalho que se

---

hora sob duas condições: 1) que, além do preço da hora de trabalho, fosse fixada uma jornada normal de trabalho de 9 ou, eventualmente, de 10 horas, e que o preço por hora da jornada de 10 horas fosse maior que o da jornada de 9 horas; 2) que cada hora que excedesse o limite da jornada normal fosse paga como tempo extraordinário, a um preço proporcionalmente maior.

[39] *"It is a very notable thing, too, that where long hours are the rule, small wages are also so"* ["Também é um fato muito notável que, onde o tempo de trabalho costuma ser longo, os salários sejam baixos"], "Rep. of Insp. of Fact., 31st Oct. 1863", p. 9. *"The work which obtains the scanty pittance of food is for the most part excessively prolonged"* ["O trabalho que obtém um salário de fome é, na maioria das vezes, excessivamente longo"], Public Health, "Sixth Rep. 1863", p. 15.

[40] "Reports of Insp. of Fact., 30th April 1860", p. 31-2.

[41] Na Inglaterra, os trabalhadores que fazem pregos manualmente, por exemplo, devido ao baixo preço do trabalho, têm de trabalhar 15 horas diárias para obter um salário semanal dos mais miseráveis. "São muitas, muitas horas por dia, e durante todo o tempo ele tem de trabalhar duramente para ganhar 11 *pence* ou 1 xelim, e dessa quantia é preciso descontar de 2½ a 3 *pence* para o desgaste das ferramentas, combustíveis e desperdício de ferro", Child. Empl. Comm., "III Rep.", n. 671, p. 136. Com o mesmo tempo de trabalho, as mulheres ganham um salário semanal de apenas 5 xelins (ibidem, n. 674, p. 137).

acham no mercado. A concorrência que assim se produz entre os trabalhadores permite ao capitalista comprimir o preço do trabalho, enquanto, por outro lado, o preço decrescente do trabalho lhe permite aumentar ainda mais o tempo de trabalho[42]. Rapidamente, porém, essa disposição de quantidades anormais de trabalho não pago, isto é, de quantidades que ultrapassam o nível social médio, converte-se em meio de concorrência entre os próprios capitalistas. Uma parte do preço da mercadoria é composta do preço do trabalho. No cálculo do preço da mercadoria não é preciso incluir a parte não paga do preço do trabalho. Ela pode ser presenteada ao comprador da mercadoria. Esse é o primeiro passo que impele a concorrência. O segundo passo que ela obriga a tomar consiste em excluir do preço de venda da mercadoria pelo menos uma parte do mais-valor anormal produzido pelo prolongamento da jornada de trabalho. Desse modo, constitui-se, primeiro esporadicamente e, em seguida, paulatinamente de maneira fixa, um preço de venda anormalmente baixo para a mercadoria, preço que se torna, daí em diante, a base constante de um salário miserável e de uma jornada de trabalho exorbitante, do mesmo modo como, originalmente, ele era o produto dessas circunstâncias. Limitamo-nos apenas a mencionar esse movimento, já que a análise da concorrência não tem lugar aqui. Mas deixemos, por um momento, que fale o próprio capitalista.

> "Em Birmingham, a concorrência entre os patrões é tão grande que muitos de nós somos obrigados, como empregadores, a fazer o que nos envergonharíamos de fazer em outra situação; e, não obstante, não se obtém mais dinheiro (*and yet no more money is made*), mas é apenas o público que leva vantagem com isso."[43]

Lembremo-nos dos dois tipos de padeiros londrinos, um vende o pão pelo preço integral (*the "fullpriced" backers*), o outro o vende abaixo de seu preço normal ("*the underpriced*", "*the undersellers*"). Os "*fullpriced*" denunciam seus concorrentes perante a comissão parlamentar de inquérito nos seguintes termos:

> "Eles só existem porque, primeiro, enganam o público" (falsificando a mercadoria) "e, segundo, arrancam de seus trabalhadores 18 horas de trabalho pelo salário de 12 [...]. O trabalho não pago (*the unpaid labour*) dos trabalhadores é o meio de que se servem na luta da concorrência [...]. A concorrência entre os mestres-padeiros é

---

[42] Se, por exemplo, um operário fabril se negasse a trabalhar o longo horário tradicional, "*he would very shortly be replaced by somebody who would work any length of time and thus be thrown out of employment*" [ele seria muito rapidamente substituído por alguém que trabalhasse por quaisquer períodos e, assim, ficaria desempregado], "Reports of Insp. of Fact., 31st Oct. 1848". Evidence, n. 58, p. 39. "*If* [...] *one man performs the work of two* [...] *the rate of profits will generally be raised* [...] *in consequence of the additional supply of labour having diminished its price*" [Se um homem realizar o trabalho de dois, [...] a taxa de lucro geralmente aumentará [...] em consequência do fato de a oferta adicional de trabalho ter diminuído seu preço], Senior, *Social Science Congress*, cit., p. 15.

[43] Child. Empl. Comm., "III Rep. Evidence", n. 22, p. 66.

a causa da dificuldade em suprimir o trabalho noturno. Um vendedor que vende seu pão abaixo do preço de custo, variável de acordo com o preço da farinha, escapa do prejuízo extraindo mais trabalho de seus trabalhadores. Se extraio apenas 12 horas de trabalho de meus empregados, mas meu vizinho, em contrapartida, extrai 18 ou 20 horas, ele tem necessariamente de me derrotar no preço de venda. Pudessem os trabalhadores insistir no pagamento do tempo extraordinário e rapidamente essa manobra teria um fim [...]. Grande parte dos empregados dos vendedores abaixo do preço de custo são estrangeiros, rapazes e outras pessoas forçadas a aceitar qualquer salário que possam obter."[44]

Essa jeremiada é interessante também porque mostra como no cérebro dos capitalistas se reflete apenas a aparência das relações de produção. O capitalista não sabe que também o preço normal do trabalho encerra determinada quantidade de trabalho não pago e que precisamente esse trabalho não pago é a fonte normal de seu lucro. A categoria de tempo de mais-trabalho não existe de modo algum para ele, pois esse tempo está incluído na jornada normal de trabalho que ele acredita pagar quando paga o salário diário. Mas o que existe bem para ele é, sim, o tempo extraordinário, o prolongamento da jornada de trabalho além do limite correspondente ao preço usual do trabalho. Diante de seu concorrente, que vende abaixo do preço de custo, ele defende até mesmo um pagamento extra (*extra pay*) por esse tempo excedente. Ele não sabe, uma vez mais, que nesse pagamento extra também está incluído o trabalho não pago, assim como o preço da hora usual de trabalho. Por exemplo, o preço de 1 hora da jornada de trabalho de 12 horas é 3 *pence*, o produto de valor de metade da hora de trabalho, enquanto o preço da hora extraordinária de trabalho é 4 *pence*, o produto de valor de $^2/_3$ da hora de trabalho. No primeiro caso, o capitalista se apropria gratuitamente da metade de uma hora de trabalho; no segundo, de sua terça parte.

---

[44] "Report etc., Relative to the Grievances Complained of by the Journeymen Bakers" (Londres, 1862), p. LII, e "Evidence", n. 27, 359, 479. Contudo, também os *fullpriced*, como mencionamos anteriormente e seu próprio porta-voz, Bennet, o reconhece, fazem seus trabalhadores "começar o trabalho às 11 horas da noite, ou mesmo antes, e prolongam-no com frequência até as 7 horas da noite seguinte", ibidem, p. 22.

Capítulo 19

O salário por peça

O salário por peça não é senão uma forma modificada do salário por tempo, assim como o salário por tempo, a forma modificada do valor ou preço da força de trabalho.

No salário por peça, temos a impressão, à primeira vista, de que o valor de uso vendido pelo trabalhador não é função de sua força de trabalho, trabalho vivo, mas trabalho já objetivado no produto, e de que o preço desse trabalho não é determinado, como no salário por tempo, pela fração $^{valor\ diário\ da\ força\ de\ trabalho}/_{jornada\ de\ trabalho\ de\ dado\ número\ de\ horas}$, mas pela capacidade de produção do produtor[45].

De imediato, a confiança dos que acreditam nessa aparência teria de ser fortemente abalada pelo fato de que ambas as formas do salário existem ao mesmo tempo, uma ao lado da outra, nos mesmos ramos industriais. Por exemplo:

"Os tipógrafos de Londres trabalham geralmente por peça, enquanto o salário por tempo constitui a exceção entre eles. O contrário ocorre com os tipógrafos nas províncias, onde o salário por tempo é a regra e o salário por peça, a exceção. Os

---

[45] *"The system of piece-work illustrates an epoch in the history of the working man; it is half-way between the position of the mere day-labourer, depending upon the will of the capitalist, and the cooperative artisan, who in the not distant future promises to combine the artisan and the capitalist in his own person. Piece-workers are in fact their own masters, even whilst working upon the capital of the employer"* ["O sistema de trabalho por peça ilustra uma época na história do operário; situa-se a meio caminho entre a posição do mero trabalhador jornaleiro, dependente da vontade do capitalista, e a do artesão cooperativista, que, num futuro não muito distante, promete reunir o artesão e o capitalista em sua própria pessoa. Os trabalhadores por peças são, de fato, seus próprios patrões, mesmo trabalhando com o capital do empregador"], John Watts, *Trade Societies and Strikes, Machinery and Cooperative Societies* (Manchester, 1865), p. 52-3. Cito esse pequeno escrito, pois é uma verdadeira cloaca de todas as trivialidades apologéticas há muito apodrecidas. O mesmo sr. Watts tomava parte, anteriormente, no owenismo e, em 1842, publicou outro pequeno escrito: *Facts and Fictions of Political Economy,* no qual, entre outras coisas, declara a *"property"* [propriedade] como um *"robbery"* [roubo]. Isso foi há muito tempo.

carpinteiros navais no porto de Londres são pagos por peça; nos demais portos ingleses, por tempo."[46]

Nas mesmas correarias de Londres ocorre frequentemente que, pelo mesmo trabalho, se pague salário por peça aos franceses e salário por tempo aos ingleses. Nas fábricas propriamente ditas, nas quais o salário por peça predomina de modo geral, diversas funções de trabalho são excluídas, por razões técnicas, desse tipo de medida e, por conseguinte, são pagas por tempo[47]. Fica claro, no entanto, que a diferença de forma no pagamento do salário não modifica em nada a essência deste último, ainda que uma forma possa ser mais favorável que a outra para o desenvolvimento da produção capitalista.

Suponha que a jornada normal de trabalho seja de 12 horas, das quais 6 sejam pagas e 6 não pagas, e que seu produto de valor seja de 6 xelins, de modo que o produto de 1 hora de trabalho seja, portanto, de 6 *pence*. Suponha, ainda, que a experiência demonstre que um trabalhador, trabalhando com um grau médio de intensidade e habilidade e empregando apenas o tempo de trabalho socialmente necessário na produção de um artigo, forneça 24 peças em 12 horas, sejam elas partes discretas ou mensuráveis de um produto contínuo. Assim, o valor dessas 24 peças, descontada a parte constante do capital nelas contida, é de 6 xelins, sendo 3 *pence* o valor da peça singular. O trabalhador recebe $1^1/_2$ *penny* por peça e ganha, portanto, 3 xelins em 12 horas. Assim como no caso do salário por tempo, é indiferente supor que o trabalhador trabalhe 6 horas para si mesmo e 6 para o capitalista, ou que, de cada hora, ele trabalhe metade para si mesmo e metade para o capitalista,

---

[46] T. J. Dunning, *Trade's Unions and Strikes* (Londres, 1860), p. 22.
[47] De que modo a justaposição simultânea dessas duas formas do salário favorece fraudes dos fabricantes fica evidente na seguinte passagem: "*A factory employs 400 people, the half of which work by the piece, and have a direct interest in working longer hours. The other 200 are paid by the day, work equally long with the others, and get no more money for their overtime* [...]. *The work of these 200 people for half an hour a day is equal to one person's work for 50 hours, or $^5/_6$ of one person's labour in a week, and is a positive gain to the employer*" ["Uma fábrica emprega 400 pessoas, metade das quais trabalha por peça e tem interesse direto em trabalhar por períodos mais longos. As outras 200 são pagas por dia, trabalham o mesmo tempo das outras e não recebem qualquer dinheiro adicional pelo tempo excedente [...]. O trabalho dessas 200 pessoas durante meia hora diária equivale ao trabalho de uma pessoa durante 50 horas, ou $^5/_6$ do trabalho semanal de uma pessoa e representa um ganho considerável para o empregador"], "Reports of Insp. of Fact., 31st October 1860", p. 9. "*Overworking, to a very considerable extent, still prevails; and, in most instances, with that security against detection and punishment which the law itself affords. I have in many former reports* [...] *shown* [...] *the injury to all the workpeople who are not employed on piece-work, but receive weekly wages*" ["O sobretrabalho ainda prevalece numa extensão considerável; e, na maioria dos casos, com aquela segurança que a própria lei oferece contra a detecção e punição. Mostrei, em muitos relatórios anteriores, [...] a injustiça cometida contra todos os trabalhadores que não trabalham por peça, mas recebem salários semanais"], Leonard Horner em "Reports of Insp. of Fact., 30th April 1859", p. 8-9.

aqui também é indiferente dizer que, de cada peça singular, metade está paga e metade não paga, ou que o preço de 12 peças repõe apenas o valor da força de trabalho, enquanto nas outras 12 peças se incorpora o mais-valor.

A forma do salário por peça é tão irracional quanto a do salário por tempo. Enquanto, por exemplo, duas peças de mercadoria, depois de descontado o valor dos meios de produção nelas consumidos, valem 6 *pence* como produto de 1 hora de trabalho, o trabalhador recebe por elas um preço de 3 *pence*. Na realidade, o salário por peça não expressa diretamente nenhuma relação de valor. Não se trata de medir o valor da peça pelo tempo de trabalho nela incorporado, mas, ao contrário, de medir o trabalho gasto pelo trabalhador pelo número de peças por ele produzido. No salário por tempo, o trabalho se mede por sua duração imediata; no salário por peça, pela quantidade de produtos em que o trabalho se condensa durante um tempo determinado[48]. O preço do próprio tempo de trabalho é, por fim, determinado pela equação: valor do trabalho de um dia = valor diário da força de trabalho. O salário por peça, portanto, não é mais do que uma forma modificada do salário por tempo.

Observemos mais de perto, agora, as peculiaridades que caracterizam o salário por peça.

A qualidade do trabalho é controlada, aqui, pelo próprio produto, que tem de possuir uma qualidade média para que se pague integralmente o preço de cada peça. Sob esse aspecto, o salário por peça se torna a fonte mais fértil de descontos salariais e de fraudes capitalistas.

Ele proporciona ao capitalista uma medida plenamente determinada para a intensidade do trabalho. Apenas o tempo de trabalho que se incorpora numa quantidade de mercadorias previamente determinada e fixada por experiência vale como tempo de trabalho socialmente necessário e é remunerado como tal. Por isso, nas grandes alfaiatarias de Londres, certa peça de trabalho, por exemplo, um colete etc., é chamada de uma hora, meia hora etc. a 6 *pence* por hora. A prática nos permite estabelecer a quantidade média de produto de 1 hora de trabalho. Com o surgimento de novas modas, consertos etc., instala-se um conflito entre empregador e trabalhador acerca de se determinada peça é = 1 hora etc., até que, também nesse caso, a experiência decida. Algo semelhante ocorre nas marcenarias etc. de Londres. Se o trabalhador carece da capacidade média de rendimento e, por isso, não consegue fornecer um mínimo determinado de trabalho diário, ele é dispensado[49].

---

[48] "*Le salaire peut se mesurer de deux manières; ou sur la durée du travail, ou sur son produit*" ["O salário pode ser medido de duas maneiras: pela duração do trabalho ou por seu produto"], *Abrégé élémentaire des principes de l'écon. pol.* (Paris, 1796), p. 32. O autor desse escrito anônimo é G. Garnier.

[49] "*So much weight of* [...] *cotton is delivered to him* [...] *and he has to return by a certain time, in lieu of it, a given weight of twist or yarn, of a certain degree of fineness, and he is paid so much per pound for all that he so returns. If his work is defective in quality, the penalty fails on*

Como a qualidade e a intensidade do trabalho são, aqui, controladas pela própria forma-salário, esta torna supérflua grande parte da supervisão do trabalho. Ela constitui, assim, o fundamento tanto do moderno trabalho domiciliar anteriormente exposto quanto de um sistema hierarquicamente concatenado de exploração e opressão. Este último possui duas formas básicas. O salário por peça facilita, por um lado, a interposição de parasitas entre o capitalista e o assalariado, o subarrendamento do trabalho (*subletting of labour*). O ganho dos intermediários advém exclusivamente da diferença entre o preço do trabalho pago pelo capitalista e a parte desse preço que eles deixam chegar efetivamente ao trabalhador[50]. Esse sistema é caracteristicamente chamado, na Inglaterra, de *"sweating-system"* (sistema sudorífero). Por outro lado, o salário por peça permite ao capitalista firmar com o trabalhador principal – na manufatura, com o chefe de um grupo; nas minas, com o picador de carvão etc.; na fábrica, com o trabalhador mecânico propriamente dito – um contrato de tanto por peça, a um preço pelo qual o próprio trabalhador principal se encarrega de contratar e pagar seus auxiliares. A exploração dos trabalhadores pelo capital se efetiva, aqui, mediante a exploração do trabalhador pelo trabalhador[51].

Dado o salário por peça, é natural que o interesse pessoal do trabalhador seja o de empregar sua força de trabalho o mais intensamente possível, o que facilita ao capitalista a elevação do grau normal de intensidade[51a].

---

him; *if less in quantity than the minimum fixed for a given time, he is dismissed and an abler operative procured*" ["Um determinado peso de algodão lhe é entregue" (ao fiandeiro) "e ele tem de fornecer em troca um determinado peso de trançado ou fio de um certo grau de finura, sendo remunerado de acordo com a quantidade de libras de produto produzidas. Se seu trabalho é de qualidade insuficiente, ele recebe uma punição; se a quantidade é menor que o mínimo fixado para um dado tempo, ele é dispensado e um operário mais capaz é procurado"], Ure, *The Philosophy of Manufactures*, cit., p. 316-7.

[50] "*It is when work passes through several hands, each of which is to take a share of profits, while only the last does the work, that the pay which reaches the workwoman is miserably disproportioned*" ["Quando o produto do trabalho passa por muitas mãos, cada uma das quais tendo uma participação nos lucros, enquanto apenas o último par de mãos executa o trabalho, ocorre que o pagamento que alcança a operária é miseravelmente desproporcional"], Child. Empl. Comm., "II Rep.", n. 424, p. LXX.

[51] Mesmo o apologético Watts observa a esse respeito: "*It would* [...] *be a great improvement to the system of piece-work, if all the men employed on a job were partners in the contract, each according to his abilities, instead of one man being interested in overworking his fellows for his own benefit*" ["Seria uma grande melhoria do sistema de trabalho por peça se todos os homens ocupados numa tarefa fossem parceiros no contrato, cada um de acordo com suas habilidades, em vez de um só homem estar interessado em explorar seus camaradas para seu próprio benefício"], ibidem, p. 53. Sobre as infâmias desse sistema, cf. Child. Empl. Comm., "Rep. III", n. 22, p. 66; n. 124, p. 11; p. XI, n. 13, 53, 59 etc.

[51a] Esse resultado natural-espontâneo é frequentemente formulado de modo artificial. No *engineering trade* [ramo da construção de máquinas] de Londres, por exemplo, vale o truque tradicional de "que o capitalista escolha um homem de força física e habilidade

O salário por peça

É igualmente do interesse pessoal do trabalhador prolongar a jornada de trabalho, pois assim aumenta seu salário diário ou semanal[52]. Com isso, ocorre a reação já descrita no caso do salário por tempo, abstraindo do fato de que o prolongamento da jornada de trabalho, mesmo mantendo-se constante a taxa do salário por peça, implica, por si mesmo, uma redução no preço do trabalho.

No salário por tempo prevalece, com poucas exceções, o salário igual para funções iguais, ao passo que no salário por peça o preço do tempo de trabalho é medido por determinada quantidade de produtos; mas o salário diário ou semanal, ao contrário, varia de acordo com a diversidade individual dos trabalhadores, um dos quais fornece apenas o mínimo de produto num dado tempo, o outro, a média e o terceiro, mais do que a média. No que diz respeito à receita real surgem, aqui, grandes diferenças, conforme os distintos níveis de destreza, força, energia, resistência etc. dos trabalhadores individuais[53]. Isso não altera naturalmente em nada a relação geral entre capital e trabalho assalariado. Em primeiro lugar, as diferenças individuais se compensam na totalidade da oficina, de modo que, num tempo determinado de trabalho, ela fornece o produto médio, e o salário total que nela é pago equivale ao salário

---

superiores para a posição de chefe de um grupo de trabalhadores. Trimestralmente, ou em outro prazo, paga-lhe um salário adicional sob a condição de que faça o possível para estimular seus colaboradores, que recebem apenas o salário ordinário, a trabalhar com a máxima dedicação. [...] Sem mais comentários, isso explica a reclamação dos capitalistas acerca das "barreiras impostas pelas *Trade's Unions* à atividade ou habilidade e força de trabalho superiores (*stinting the action, superior skill and working power*)". Dunning, *Trade's Unions and Strikes*, cit., p. 22-3. Como o próprio autor é trabalhador e secretário de uma *Trade's Union*, isso poderia ser considerado um exagero. Mas veja-se, por exemplo, o verbete "*Labourer*" da *highly respectable* [altamente respeitável] enciclopédia agronômica de J. C. Morton, na qual esse método é recomendado aos arrendatários como muito eficaz.

[52] "*All those who are paid by piece-work [...] profit by the transgression of the legal limits of work. This observation as to the willingness to work overtime, is especially applicable to the women employed as weavers and reelers*" ["Todos os que são pagos por peça [...] lucram com a transgressão dos limites legais do trabalho. Essa observação quanto à disposição de trabalhar horas adicionais é especialmente aplicável às mulheres empregadas como tecelãs ou dobradeiras"], "Rep. of Insp. of Fact., 30th April 1858", p. 9. "Esse sistema de salários por peça, tão vantajoso para o capitalista [...] tende diretamente a estimular o jovem oleiro a realizar mais sobretrabalho durante os 4 ou 5 anos em que é pago por peça, mas por um preço baixo. Essa é uma das grandes causas a que se deve atribuir a degeneração física dos oleiros", Child. Empl. Comm., "I Rep.", p. XIII.

[53] "*Where the work in any trade is paid for by the piece at so much per job [...] wages may very materially differ in amount [...]. But in work by the day there is generally an uniform rate [...] recognized by both employer and employed as the standard of wages for the general run of workmen in the trade*" ["Onde o trabalho, em qualquer ramo industrial, é pago por peça [...] os salários podem diferir muito substancialmente em suas quantias [...]. Mas no salário diário há geralmente uma taxa uniforme [...] reconhecida tanto pelo empregador quanto pelo trabalhador como o salário-padrão pago ao trabalhador médio de cada ramo industrial"], Dunning, *Trade's Unions and Strikes*, cit., p. 17.

médio desse ramo industrial. Em segundo lugar, a proporção entre o salário e o mais-valor se mantém inalterada, pois ao salário individual do trabalhador isolado corresponde a massa de mais-valor individualmente fornecida por ele. Mas o maior espaço de ação que o salário por peça proporciona à individualidade tende a desenvolver, por um lado, tal individualidade e, com ela, o sentimento de liberdade, a independência e o autocontrole dos trabalhadores; por outro lado, sua concorrência uns contra os outros. O salário por peça tem, assim, uma tendência a aumentar os salários individuais acima do nível médio e, ao mesmo tempo, a abaixar esse nível. Mas onde um determinado salário por peça já se encontra há muito tempo consolidado de maneira tradicional – o que cria enormes dificuldades para sua rebaixa –, os patrões também recorreram, excepcionalmente, ao procedimento de transformar forçadamente o salário por peça em salário por tempo. Contra isso se voltou, por exemplo, a grande greve dos tecelões de fitas de Coventry, em 1860[54]. O salário por peça é, por fim, um dos suportes principais do sistema de horas descrito anteriormente[55].

---

[54] "O trabalho dos oficiais artesãos se regula por dia ou por peça (*à la journée ou à la pièce*) [...]. Os patrões sabem aproximadamente a quantidade de serviço que os trabalhadores podem realizar diariamente em cada *métier* [ofício] e com frequência lhes pagam, por isso, uma quantia proporcional ao serviço que realizam; assim, esses oficiais trabalham tanto quanto podem, em seu próprio interesse, sem qualquer supervisão", Cantillon, *Essai sur la nature du commerce en général* (Amsterdã, 1756), p. 185, 202 (primeira edição de 1755). Cantillon, em quem muito se inspiraram Quesnay, *sir* James Steuart e Adam Smith, já apresenta aqui, portanto, o salário por peça como forma meramente modificada do salário por tempo. A edição francesa de Cantillon se anuncia no título como tradução da edição inglesa, mas esta última – *The Analysis of Trade, Commerce etc., by Philip Cantillon, late of City of London, Merchant* – não só é de data posterior (1759), como também demonstra, por seu conteúdo, ser uma elaboração posterior. Assim, por exemplo, na edição francesa Hume ainda não é mencionado, ao passo que, na edição inglesa, quase não figura o nome de Petty. Esta última é teoricamente mais irrelevante, porém contém muitos dados específicos sobre o comércio inglês, o comércio de *bullion* etc., que faltam no texto francês. As palavras no título da edição inglesa, segundo as quais essa obra foi "*taken chiefly from the manuscript of a very ingenious gentleman deceased, and adapted etc.*" [extraída principalmente do manuscrito de um engenhosíssimo cavalheiro falecido e adaptada etc.] parecem, portanto, ser algo mais que mera ficção, àquela época muito comum. [O autor do livro *Essai sur la nature du commerce em general* é Richard Cantillon. A edição inglesa foi reelaborada por Philip Cantillon, um parente de Richard Cantillon. (N. E. A. MEW)]

[55] "*Combien de fois n'avons-nous pas vu, dans certains ateliers, embaucher, beaucoup plus d'ouvriers que ne le demandait le travail à mettre en main? Souvent, dans la prévision d'un travail aléatoire, quelquefois même imaginaire, on admet des ouvriers: comme on les paie aux pièces, on se dit qu'on ne court aucun risque, parce que toutes les pertes de temps seront à la charge des inoccupés*" ["Quantas vezes não vimos que, em certas oficinas, empregam-se muito mais trabalhadores do que os realmente necessários para o trabalho a ser realizado? Frequentemente, na previsão de um trabalho incerto, às vezes até mesmo imaginário, trabalhadores são contratados; como são pagos por peça, dizemos não se corre nenhum risco, já que todas as perdas de tempo são postas na conta dos desocupa-

O salário por peça

Da exposição precedente resulta que o salário por peça é a forma de salário mais adequada ao modo de produção capitalista. Embora não seja em absoluto algo novo – ao lado do salário por tempo, ele figura oficialmente, entre outras coisas, nos estatutos dos trabalhadores ingleses e franceses do século XIV –, é no período manufatureiro propriamente dito que ele adquire um espaço de ação mais amplo. No período de tempestade e ímpeto [*Sturm und Drang periode*] da grande indústria, especialmente entre 1797 e 1815, ele serviu de alavanca para o prolongamento do tempo de trabalho e a diminuição do salário. Um material muito importante sobre o movimento do salário durante aquele período podemos encontrar nos Livros Azuis: "Report and Evidence from the Select Committee on Petitions Respecting the Corn Laws" (legislatura de 1813-1814) e "Reports from the Lord's Committee, on the State of the Growth, Commerce, and Consumption of Grain, and all Laws Relating Thereto" (legislatura de 1814-1815). Encontra-se aqui a prova documental da redução contínua do preço do trabalho desde o começo da guerra antijacobina*. Na tecelagem, por exemplo, o salário por peça caíra tanto que o salário diário, apesar da jornada de trabalho muito prolongada, era agora mais baixo que antes.

> "O ganho real do tecelão é muito menor que antes: sua superioridade sobre o trabalhador comum, que antes era muito grande, desapareceu quase por completo. De fato, a diferença entre os salários do trabalho qualificado e do trabalho comum é, agora, muito mais insignificante do que em qualquer período anterior."[56]

Quão pouco proveito o proletariado rural tirava da maior intensidade e extensão do trabalho resultantes do salário por peça é demonstrado na seguinte passagem, tomada de um escrito favorável aos *landlords* [proprietários fundiários] e arrendatários:

> "A maior parte das operações agrícolas é executada por pessoas contratadas por dia ou por peça. Seu salário semanal é de mais ou menos 12 xelins, e ainda que se possa pressupor que um homem trabalhando por peça, sob um estímulo maior, ganhe 1 ou mesmo 2 xelins a mais do que se fosse pago por semana, conclui-se, no entanto, ao calcular sua receita total, que sua perda de ocupação no decorrer do ano contrapesa esse ganho adicional. [...] Devemos observar, ainda, que, os salários desses homens guardam certa relação com os preços dos meios de subsistência necessários, de modo que um homem com dois filhos consegue sustentar sua família sem recorrer à assistência paroquial."[57]

---

dos"], H. Gregoir, *Les typographes devant le Tribunal Correctionnel de Bruxelles* (Bruxelas, 1865, p. 9).

* Na versão francesa, Marx atribui a William Cobbett a autoria desse termo. Diz ele: "*antijacobin war*, esse é o nome dado por William Cobbett à guerra contra a Revolução Francesa", Karl Marx, *Le Capital* (trad. Joseph Roy, inteiramente revisado pelo autor, Paris, Lachâtre, 1872), p. 397. (N. T.)

[56] *Remarks on the Commercial Policy of Great Britain* (Londres, 1815), p. 48.

[57] *A Defence of the Landowners and Farmers of Great Britain* (Londres, 1814), p. 4-5.

Malthus observou, àquela época, em relação aos fatos publicados pelo Parlamento: "Confesso que vejo com desagrado a grande difusão da prática do salário por peça. Um trabalho efetivamente duro que se estenda por 12 ou 14 horas por dia, ou por períodos ainda mais longos, é demasiado para um ser humano"[58].

Nas oficinas submetidas à lei fabril, o salário por peça torna-se regra geral, pois lá o capital só pode ampliar a jornada de trabalho no que diz respeito à sua intensidade[59].

Com a produtividade variável do trabalho, a mesma quantidade de produtos representa um tempo variável de trabalho. Portanto, varia também o salário por peça, já que este é a expressão do preço de um tempo determinado de trabalho. Em nosso exemplo anterior, em 12 horas eram produzidas 24 peças, o produto de valor das 12 horas era de 6 xelins, o valor diário da força de trabalho era de 3 xelins, o preço da hora de trabalho era 3 *pence* e o salário por peça, $1^1/_2$ *penny*. Numa peça estava incorporada $^1/_2$ hora de trabalho. Ora, se por causa de uma produtividade duplicada do trabalho a mesma jornada de trabalho fornecesse, por exemplo, 48 peças em vez de 24, o salário por peças cairia, mantendo-se inalteradas as demais circunstâncias, de $1^1/_2$ *penny* para $^3/_4$ de *penny*, pois cada peça representaria, agora, apenas $^1/_4$ em vez de $^1/_2$ hora de trabalho. $24 \times 1^1/_2$ *penny* = 3 xelins, do mesmo modo que $48 \times ^3/_4$ de *penny* = 3 xelins. Em outras palavras: o salário por peça é rebaixado na mesma proporção em que aumenta o número das peças produzidas durante o mesmo período de tempo[60] ou, portanto, em que diminui o tempo de trabalho empregado na

---

[58] Malthus, *Inquiry into the Nature etc. of Rent* (Londres, 1815), p. 49, nota.

[59] "Os trabalhadores que recebem salário por peça constituem provavelmente $^4/_5$ de todos os trabalhadores nas fábricas", "Reports of Insp. of Fact. for 30th April 1858", p. 9.

[60] "*The productive power of his spinning-machine is accurately measured, and the rate of pay for work done with it decreases with, though not as, the increase of its productive power*" ["A força produtiva de sua máquina de fiar é acuradamente medida, e a taxa do pagamento por trabalho realizado com ela decresce *com*, ainda que não *na mesma proporção que*, o aumento de sua força produtiva"], Ure, *The Philosophy of Manufactures*, cit., p. 317. O próprio Ure suprime essa última manobra apologética. Ele admite que o prolongamento da *mule*, por exemplo, faz surgir um trabalho adicional. O trabalho, portanto, não diminui na mesma proporção em que aumenta sua produtividade. Além disso: "*By this increase, the productive power of the machine will be augmented one-fifth. When this event happens, the spinner will not be paid at the same rate for work done as he was before; but as that rate will not be diminished in the ratio of one-fifth, the improvement will augment his money earnings for any given number of hours' work* [...]. *The foregoing statement requires a certain modification* [...] *the spinner has to pay something for additional juvenile aid out of his additional sixpence,* [...] *accompanied by displacing a portion of adults*" ["Graças a esse prolongamento, a força produtiva da máquina aumentará em $^1/_5$. Quando isso ocorrer, o fiandeiro não será pago à mesma taxa de antes pelo trabalho realizado; mas como essa taxa não será reduzida na razão de $^1/_5$, a melhoria aumentará seu ganho em dinheiro para qualquer número dado de horas de trabalho" – porém – "A afirmação anterior exige certa modificação [...] o fiandeiro tem de destinar certa parte de seu $^1/_2$ xelim adicional ao pagamento de auxílio juvenil adicional [...] além de deslocar

O salário por peça

mesma peça. Essa variação do salário por peça, ainda que puramente nominal, provoca lutas contantes entre o capitalista e os trabalhadores. Ou porque o capitalista aproveita o pretexto para reduzir efetivamente o preço do trabalho, ou porque o incremento da força produtiva do trabalho é acompanhado de uma maior intensidade deste último. Ou, então, porque o trabalhador leva a sério a aparência do salário por peça, como se lhe fosse pago seu produto, e não sua força de trabalho, e se rebela, portanto, contra um rebaixamento do salário, que não corresponde ao rebaixamento do preço de venda da mercadoria.

"Os trabalhadores vigiam cuidadosamente o preço da matéria-prima e dos bens fabricados e são, assim, capazes de calcular com precisão os lucros de seus patrões."[61]

O capital, com razão, descarta tal sentença* como um erro crasso acerca da natureza do trabalho assalariado[62]. Ele roga contra a pretensão de impor obstáculos ao progresso da indústria e declara rotundamente que a produtividade do trabalhador** é algo que não concerne de modo algum ao trabalhador[63].

---

    certa quantidade de adultos"], ibidem, p. 320-1, o que de modo algum constitui uma tendência de aumento do salário.
[61] H. Fawcett, *The Economic Position of the British Labourer* (Cambridge e Londres, 1865), p. 178.
* Na segunda edição: "pretensão". (N. T.)
[62] No *Standard* de Londres de 26 de outubro de 1861 lemos uma notícia sobre um processo da firma John Bright & Co., perante os *Rochdale Magistrates* [Juízes de paz] "[...] *to prosecute for intimidation the agents of the Carpet Weavers Trade Union, Bright's partners had introduced new machinery which would turn out 240 yards of carpet in the time and with the labour* [...] *previously required to produce 160 yards. The workmen had no claim whatever to share in the profits made by the investment of their employer's capital in mechanical improvements. Accordingly, Messrs. Bright proposed to lower the rate of pay from 1½ d. per yard to 1 d., leaving the earnings of the men exactly the same as before for the same labour. But there was a nominal reduction, of which the operatives, it is asserted, had not fair warning beforehand*" ["contra o Sindicato dos Tecelões de Tapetes, acusados judicialmente de intimidação. Os sócios de Bright haviam introduzido nova maquinaria, que deveria produzir 240 jardas de tapetes no tempo e com o trabalho" (!) "anteriormente necessários para produzir 160 jardas. Os trabalhadores não detinham nenhum direito de participação nos lucros realizados pelo investimento de capital de seus empregadores em melhorias mecânicas. Por essa razão, os senhores Bright propuseram reduzir o salário de 1½ *penny* por jarda a 1 *penny*, o que deixava as receitas dos trabalhadores exatamente as mesmas que antes pelo mesmo trabalho. Mas houve uma redução nominal, sobre o qual os operários, diz-se, não foram devidamente informados de antemão"].
** Nas segunda e terceira edições: "trabalho". (N. T.)
[63] "As *Trade Unions* [sindicatos], em seu afã de manter o salário, procuram participar dos lucros da maquinaria aperfeiçoada!" (*Quelle horreur!* [Que horror!]) "[...] eles exigem salários mais elevados porque o trabalho foi abreviado. [...] em outras palavras, eles se empenham em obstaculizar as melhorias industriais", *On Combination of Trades* (Londres, 1834) p. 42.

Capítulo 20

Diversidade nacional dos salários

No capítulo 15, examinamos as múltiplas combinações que podem produzir uma variação na grandeza absoluta ou relativa (isto é, comparada com o mais-valor) do valor da força de trabalho, enquanto, por outro lado, a quantidade de meios de subsistência em que se realiza o preço da força de trabalho pode percorrer um movimento diferente ou independente[64] da variação desse preço. Como já observamos, a simples tradução do valor – ou, conforme o caso, do preço – da força de trabalho na forma exotérica do salário faz com que todas aquelas leis se transformem em leis do movimento do salário. O que no interior desse movimento aparece como combinação variável pode aparecer, em países diferentes, como diversidade simultânea dos salários nacionais. Por isso, ao compararmos salários nacionais, devemos considerar todos os momentos determinantes da variação na grandeza de valor da força de trabalho: preço e volume das necessidades vitais elementares, natural e historicamente desenvolvidas, custos da educação do trabalhador, papel do trabalho feminino e infantil, produtividade do trabalho, sua grandeza extensiva e intensiva. Mesmo a comparação mais superficial exige, de imediato, reduzir a jornadas de trabalho de mesma grandeza o salário diário médio que vigora nos mesmos ofícios em diversos países. Após essa equiparação dos salários diários, é preciso que se traduza novamente o salário por tempo em salário por peça, pois apenas este último é um indicador tanto do grau de produtividade como da grandeza intensiva do trabalho.

Em cada país vigora certa intensidade média do trabalho, abaixo da qual o trabalho para a produção de uma mercadoria consome mais do que o tempo socialmente necessário e, por isso, não conta como trabalho de qualidade normal. Apenas um grau de intensidade que se eleva acima da média nacional

---

[64] "*It is not accurate to say that wages* [...] *are increased, because they purchase more of a cheaper article*" ["Não é certo dizer que os salários" (trata-se, aqui, de seu preço) "tenham aumentado porque com eles se pode comprar uma quantidade maior de um artigo mais barato"], David Buchanan, em sua edição de A. Smith, *Wealth etc.* (1814), v. I, p. 417, nota.

modifica, num dado país, a medida do valor pela mera duração do tempo de trabalho. O mesmo não ocorre no mercado mundial, cujas partes integrantes são os diversos países. A intensidade média do trabalho varia de país a país, sendo aqui maior, lá menor. Essas médias nacionais constituem, pois, uma escala, cuja unidade de medida é a unidade média do trabalho universal. Assim, comparado com o menos intensivo, o trabalho nacional mais intensivo produz, em tempo igual, mais valor, que se expressa em mais dinheiro.

Mas a lei do valor, em sua aplicação internacional, é ainda mais modificada pelo fato de, no mercado mundial, o trabalho nacional mais produtivo também contar como mais intensivo, sempre que a nação mais produtiva não se veja forçada pela concorrência a reduzir o preço de venda de sua mercadoria a seu valor.

Uma vez que a produção capitalista encontra-se desenvolvida num país, também se elevam aí, acima do nível internacional, a intensidade e a produtividade nacional do trabalho[64a]. As diferentes quantidades de mercadorias do mesmo tipo, produzidas em diferentes países no mesmo tempo de trabalho, têm, portanto, valores internacionais desiguais, que se expressam em preços diferentes, isto é, em quantias diferentes de dinheiro de acordo com os valores internacionais. O valor relativo do dinheiro será, portanto, menor no país com modo de produção capitalista mais desenvolvido do que naquele em que é menos desenvolvido. Disso concluímos, portanto, que o salário nominal, o equivalente da força do trabalho expresso em dinheiro, será também mais alto no primeiro país do que no segundo, o que não quer dizer em absoluto que isso também valha para o salário efetivo, isto é, para os meios de subsistência postos à disposição do trabalhador.

Porém, mesmo sem levar em conta essa diferença relativa do valor do dinheiro em diferentes países, encontraremos com frequência que o salário diário, semanal etc. no primeiro país é mais elevado que no segundo, ao passo que o preço relativo do trabalho, isto é, o preço do trabalho em relação tanto ao mais-valor quanto ao valor do produto, é mais alto no segundo país do que no primeiro[65].

[64a] Em outro lugar examinaremos quais as circunstâncias que, no que diz respeito à produtividade, podem modificar essa lei em certos ramos da produção.

[65] Polemizando contra Adam Smith, observa James Anderson: "*It deserves likewise to be remarked, that although the apparent price of labour is usually lower in poor countries, where the produce of the soil, and grain in general, is cheap; yet it is in fact for the most part really higher than in other countries. For it is not the wages that is given to the labourer per day that constitutes the real price of labour, although it is its apparent price. The real price is that which a certain quantity of work performed actually costs the employer; and considered in this light, labour is in almost all cases cheaper in rich countries then in those that are poorer, although the price of grain, and other provisions, is usually much lower in the last than in the first* [...]. *Labour estimated by the day, is much lower in Scotland than in England;* [...] *Labour by the piece is generally cheaper in England*" ["Devemos notar, do mesmo modo, que apesar de o preço

Diversidade nacional dos salários

J. W. Cowell, membro da Comissão Fabril de 1833, após uma meticulosa investigação da indústria de fiação, concluiu que "na Inglaterra, os salários são geralmente mais baixos para o fabricante do que no continente europeu, ainda que para o trabalhador possam ser mais altos" (Ure, p. 314).
No relatório fabril de 31 de outubro de 1866, o inspetor de fábricas inglês Alexander Redgrave demonstra, por meio de uma estatística comparativa com os Estados continentais, que, apesar do salário mais baixo e do tempo de trabalho muito mais longo, o trabalho continental é, proporcionalmente ao produto, mais caro que o inglês. Um diretor inglês (*manager*) de uma fábrica de algodão em Oldenburg declara que lá o horário de trabalho se estende das 5 e meia da manhã às 8 horas da noite, incluindo os sábados, e que os trabalhadores locais, quando trabalham sob capatazes ingleses, não produzem durante esse tempo tanto quanto os ingleses durante 10 horas, mas muito menos ainda quando trabalham sob capatazes alemães. O salário é muito inferior que na Inglaterra, em muitos casos 50%, mas o número de operários em proporção à maquinaria é muito mais alto, alcançando em diversos departamentos a proporção de 5 para 3. O sr. Redgrave dá detalhes muito precisos sobre as fábricas russas de algodão. Os dados lhe foram fornecidos por um gerente fabril inglês, até recentemente ainda ocupado naquele país. Sobre esse solo russo, tão fértil em todo tipo de infâmias, também florescem plenamente os velhos horrores que caracterizaram o período da infância das *factories* [fábricas] inglesas. Os dirigentes são naturalmente ingleses, já que o capitalista russo nativo não serve para o negócio fabril. Apesar de todo o sobretrabalho, do contínuo trabalho diurno e noturno e da mais vergonhosa sub-remuneração dos trabalhadores, o produto russo só consegue vegetar graças à proibição dos produtos estrangeiros. – Por fim, reproduzo ainda uma sinopse comparativa do sr. Redgrave sobre o número médio de fusos por fábrica e por fiandeiro em diferentes países da Europa. O próprio sr.

---

aparente do trabalho ser normalmente mais baixo em países pobres, onde os produtos do solo, e os grãos em geral, são baratos, ele é, na verdade, geralmente mais alto que em outros países. Pois não é o salário pago por dia a um trabalhador que constitui o preço real do trabalho, ainda que seja seu preço aparente. O preço real é o que determinada quantidade de trabalho realizado custa efetivamente ao empregador; e, considerado sob esse ângulo, o trabalho é, em quase todos os casos, mais barato nos países ricos do que nos mais pobres, embora o preço dos grãos e de outras provisões seja geralmente muito mais baixo nos últimos do que nos primeiros. [...] O trabalho pago por dia é muito mais baixo na Escócia do que na Inglaterra. [...] O trabalho por peça é geralmente mais barato na Inglaterra"], James Anderson, *Observations on the Means of Exciting a Spirit of National Industry etc.* (Edimburgo, 1777), p. 350-1. – Por outro lado, o baixo nível do salário produz, por sua vez, o encarecimento do trabalho. "*Labour being dearer in Ireland than it is in England* [...] *because the wages are so much lower*" ["O trabalho é mais caro na Irlanda do que na Inglaterra [...] porque os salários mais baixos na mesma proporção"], n. 2074, em Royal Commission on Railways, *Minutes*, 1867.

Redgrave observa ter reunido esses números há alguns anos e que, desde então, teria havido um aumento no tamanho das fábricas e no número de fusos por trabalhador na Inglaterra. Mas ele pressupõe um progresso proporcionalmente igual nos países continentais enumerados, de modo que os números teriam conservado seu valor comparativo.

Número médio de fusos por fábrica	
Inglaterra	12.600
Suíça	8.000
Áustria	7.000
Saxônia	4.500
Bélgica	4.000
França	1.500
Prússia	1.500

Número médio de fusos por pessoa	
França	14
Rússia	28
Prússia	37
Baviera	46
Áustria	49
Bélgica	50
Saxônia	50
Pequenos Estados alemães	55
Suíça	55
Grã-Bretanha	74

"Essa comparação" – diz o sr. Redgrave – "é ainda mais desfavorável para a Grã-Bretanha, além de outras razões, porque lá existe grande número de fábricas em que a tecelagem mecânica está combinada com a fiação, e o cálculo não desconta as pessoas que trabalham nos teares. Em contrapartida, a maioria das fábricas estrangeiras são simples fiações. Se pudéssemos comparar coisas iguais, eu poderia enumerar muitas fiações de algodão em meu distrito, em que *mules* com 2.200 fusos estão a cargo de um único homem (*minder*) e de duas mulheres, suas auxiliares; nessas *mules* são fabricadas diariamente 220 libras de fio, de 400 milhas (inglesas) de comprimento." ("Reports of Insp. of Fact., 31st Oct. 1866", p. 31-7 passim.)

Na Europa oriental e na Ásia, como é sabido, companhias inglesas encarregaram-se da construção de ferrovias e, além de trabalhadores nativos, empregaram também certo número de trabalhadores ingleses. Embora

Diversidade nacional dos salários

compelidas pela necessidade prática a levar em conta as diferenças nacionais quanto à intensidade do trabalho, isso não lhes trouxe prejuízo algum. Sua experiência ensina que, mesmo que o nível do salário corresponda em maior ou menor medida à intensidade média do trabalho, o preço relativo deste último (em proporção ao produto) move-se geralmente em sentido contrário.

Em *Ensaio sobre a taxa do salário*[66], um de seus primeiros escritos econômicos, H. Carey procura demonstrar que os diferentes salários nacionais se relacionam diretamente de acordo com os graus de produtividade das jornadas de trabalho nacionais, visando extrair dessa relação internacional a conclusão de que o salário em geral aumenta e diminui conforme a produtividade do trabalho. Nossa análise inteira da produção do mais-valor comprova o absurdo dessa conclusão, ainda que Carey tivesse demonstrado sua premissa, em vez de, como lhe é habitual, embaralhar acrítica e superficialmente o material estatístico recolhido de modo aleatório. O melhor de tudo é que ele não afirma que a coisa se comporta realmente como deveria se comportar de acordo com a teoria. A intromissão do Estado falseou, com efeito, a relação econômica natural. Por isso, temos de calcular os salários nacionais como se a parte deles que cabe ao Estado como tributo coubesse ao próprio trabalhador. Não deveria o sr. Carey continuar sua reflexão e perguntar se esses "custos estatais" não seriam também "frutos naturais" do desenvolvimento capitalista? O raciocínio é plenamente digno do homem que primeiro declarou as relações capitalistas de produção como leis eternas da Natureza e da Razão, cujo jogo livremente harmônico só seria perturbado pela intromissão estatal, para depois descobrir que a influência diabólica da Inglaterra sobre o mercado mundial – influência que aparentemente não deriva das leis naturais da produção capitalista – torna necessária a intromissão estatal, mais precisamente a proteção estatal daquelas leis da Natureza e da Razão, em outras palavras, o sistema protecionista. Além disso, descobriu que os teoremas de Ricardo etc., em que estão formuladas as antíteses e contradições sociais existentes, não são o produto ideal do movimento econômico real, mas que, ao contrário, as antíteses reais da produção capitalista na Inglaterra e em outros lugares são o resultado das teorias ricardianas etc.! Descobriu, por fim, que é o comércio, em última instância, que destrói as belezas e harmonias inatas do modo de produção capitalista. Um passo a mais e ele talvez descubra que o único defeito da produção capitalista é o próprio capital. Somente um homem tão espantosamente desprovido de senso crítico e dotado de tal erudição de *faux aloi* [falso conteúdo] mereceria, apesar de sua heresia protecionista, converter-se na fonte secreta da sabedoria harmônica de um Bastiat e de todos os outros livre-cambistas otimistas do presente.

---

[66] *Essay on the Rate of Wages: with an Examination of the Causes of the Differences in the Conditions of the Labouring Population throughout the World* (Filadélfia, 1835).

Marx, por autor desconhecido. Gravura do último quartel do séc. XIX.

Seção VII
O PROCESSO DE ACUMULAÇÃO DO CAPITAL

A transformação de uma quantia de dinheiro em meios de produção e força de trabalho é o primeiro movimento realizado pela quantidade de valor que deve funcionar como capital. Ela age no mercado, na esfera de circulação. A segunda fase do movimento, o processo de produção, é concluída assim que os meios de produção estão convertidos em mercadorias cujo valor supera o valor de suas partes constitutivas e, portanto, contém o capital originalmente adiantado acrescido de um mais-valor. Em seguida, essas mercadorias têm, por sua vez, de ser lançadas novamente na esfera da circulação. O objetivo é vendê-las, realizar seu valor em dinheiro, converter esse dinheiro novamente em capital, e assim consecutivamente. Esse ciclo, percorrendo sempre as mesmas fases sucessivas, constitui a circulação do capital.

A primeira condição da acumulação é que o capitalista tenha conseguido vender suas mercadorias e reconverter em capital a maior parte do dinheiro assim obtido. Em seguida, pressupõe-se que o capital percorra seu processo de circulação de modo normal. A análise mais detalhada desse processo pertence ao Livro II desta obra.

O capitalista que produz o mais-valor, isto é, que suga trabalho não pago diretamente dos trabalhadores e o fixa em mercadorias, é, decerto, o primeiro apropriador, porém de modo algum o último proprietário desse mais-valor. Ele tem ainda de dividi-lo com capitalistas que desempenham outras funções na totalidade da produção social, com o proprietário fundiário etc. O mais-valor se divide, assim, em diversas partes. Seus fragmentos cabem a diferentes categorias de pessoas e recebem formas distintas, independentes entre si, como o lucro, o juro, o ganho comercial, a renda fundiária etc. Tais formas modificadas do mais-valor só poderão ser tratadas no Livro III.

Aqui supomos, por um lado, que o capitalista que produz a mercadoria a vende pelo seu valor, e não nos ocupamos mais com o retorno do capitalista ao mercado, ou com as novas formas que se aderem ao capital na esfera da circulação, tampouco com as condições concretas da reprodução ocultas sob essas formas. Por outro lado, tomamos o produtor capitalista como proprietário do mais-valor inteiro ou, se assim se prefere, como representante de todos os seus coparticipantes no butim. Portanto, consideramos, de início, a acumulação abstratamente, isto é, como mero momento do processo imediato de produção.

De resto, na medida em que se realiza a acumulação, o capitalista consegue vender a mercadoria produzida e reconverter em capital o dinheiro com ela obtido. Além disso, o fracionamento do mais-valor em diversas partes não altera em nada sua natureza, nem as condições necessárias sob as quais ela se converte no elemento da acumulação. Seja qual for a proporção de mais-valor que o produtor capitalista retenha para si mesmo ou ceda a outros, ele sempre será o primeiro a se apropriar dela. O que pressupomos em nossa exposição da acumulação é, pois, aquilo que está pressuposto em seu processo efetivo. Por outro lado, o fracionamento do mais-valor e o movimento mediador da circulação obscurecem a forma básica simples do processo de acumulação. Sua análise pura, por conseguinte, requer que abstraiamos provisoriamente de todos os fenômenos que ocultam o jogo interno de seu mecanismo.

Capítulo 21

Reprodução simples

Seja qual for a forma social do processo de produção, ele tem de ser contínuo ou percorrer periodicamente, sempre de novo, os mesmos estágios. Assim como uma sociedade não pode deixar de consumir, tampouco pode deixar de produzir. Portanto, considerado do ponto de vista de uma interdependência contínua e do fluxo contínuo de sua renovação, todo processo social de produção é simultaneamente processo de reprodução.

As condições da produção são, ao mesmo tempo, as condições da reprodução. Nenhuma sociedade pode produzir continuamente, isto é, reproduzir, sem reconverter continuamente uma parte de seus produtos em meios de produção ou elementos da nova produção. Mantendo-se iguais as demais circunstâncias, essa sociedade só pode reproduzir ou conservar sua riqueza na mesma escala se substitui os meios de produção *in natura* – isto é, os meios de trabalho, matérias-primas e matérias auxiliares consumidos, por exemplo, durante um ano – por uma quantidade igual de exemplares novos, separados da massa anual de produtos e incorporados novamente ao processo de produção. Uma quantidade determinada do produto anual pertence, pois, à produção. Destinada desde o início ao consumo produtivo, tal quantidade existe, em grande parte, sob formas naturais que excluem por si mesmas o consumo individual.

Se a produção tem forma capitalista, também o tem a reprodução. Como no modo de produção capitalista o processo de trabalho aparece apenas como um meio para o processo de valorização, também a reprodução aparece tão somente como um meio de reproduzir como capital o valor adiantado, isto é, como valor que se valoriza. Por conseguinte, a máscara* econômica do capitalista só se adere a um homem pelo fato de que seu dinheiro funciona continuamente como capital. Se, por exemplo, a quantia adiantada de £100 se transforma este ano em capital e produz um mais-valor de £20, ela terá de repetir a mesma operação no ano seguinte, e assim por diante. Como incremento periódico do valor do capital, ou fruto periódico do capital em

---

* No original: *Charaktermasken*, "máscara de personagem". (N. T.)

processamento, o mais-valor assume a forma de uma renda [*Revenue*] proveniente do capital[1].

Se essa renda serve ao capitalista apenas como fundo de consumo ou é gasta com a mesma periodicidade com que é obtida, então ocorre, permanecendo iguais as demais circunstâncias, a reprodução simples. Ora, embora esta não seja mais do que a repetição do processo de produção na mesma escala, essa mera repetição ou continuidade imprime ao processo certas características novas ou, antes, dissolve as características aparentes que ele ostentava quando transcorria de maneira isolada.

O processo de produção é introduzido com a compra da força de trabalho por um tempo determinado, e essa introdução é constantemente renovada, tão logo esteja vencido o prazo de venda do trabalho, decorrido um determinado período de produção, semana, mês etc. Porém, o trabalhador só é pago depois de sua força de trabalho ter atuado e realizado tanto seu próprio valor como o mais-valor em mercadorias. Juntamente com o mais-valor – que, por enquanto, consideramos apenas como fundo de consumo do capitalista –, o trabalhador produz, portanto, o fundo de seu próprio pagamento, o capital variável, antes que este lhe retorne sob a forma de salário, e ele só permanece ocupado enquanto o reproduz continuamente. Daí a fórmula dos economistas, mencionada no capítulo 16, item II, que expressa o salário como participação no próprio produto[2]. O que reflui continuamente para o trabalhador na forma-salário é uma parte do produto continuamente reproduzido por ele mesmo. Sem dúvida, o capitalista lhe paga em dinheiro o valor das mercadorias, mas o dinheiro não é mais do que a forma transformada do produto do trabalho. Enquanto o trabalhador converte uma parte dos meios de produção em produto, uma parte de seu produto anterior se reconverte em dinheiro. É com seu trabalho da semana anterior ou do último semestre que será pago seu trabalho de hoje ou do próximo semestre. A ilusão gerada pela forma-dinheiro desaparece de imediato assim que consideramos não o capitalista e o trabalhador individuais, mas a classe capitalista e a classe trabalhadora. A classe capitalista entrega

---

[1] "Os ricos, que consomem os produtos do trabalho dos outros não podem obtê-los senão por atos de troca (compra de mercadorias). Eles parecem expostos, por isso, a um rápido esgotamento de seus fundos de reserva. [...] Mas na ordem social a riqueza adquiriu a capacidade de se reproduzir por meio do trabalho alheio. [...] A riqueza, como o trabalho e por meio do trabalho, rende um fruto anual que pode ser destruído a cada ano sem que por isso o rico se torne mais pobre. Esse fruto é a receita que provém do capital", Sismondi, *Nouv. princ. d'écon. pol.*, cit., t. I, p. 81-2.

[2] "*Wages as well as profits are to be considered each of them as really a portion of the finished product*" ["Tanto os salários como os lucros devem ser considerados realmente como uma parte do produto acabado"], Ramsay, *An Essay on the Distribution of Wealth*, cit., p. 142. "A parte do produto que cabe ao trabalhador sob a forma de salário", J. Mill, *Elements etc.* (trad. Parisot, Paris, 1823), p. 33-4.

Reprodução simples

constantemente à classe trabalhadora, sob a forma-dinheiro, títulos sobre parte do produto produzido por esta última e apropriado pela primeira. De modo igualmente constante, o trabalhador devolve esses títulos à classe capitalista e, assim, dela obtém a parte de seu próprio produto que cabe a ele próprio. A forma-mercadoria do produto e a forma-dinheiro da mercadoria disfarçam a transação.

O capital variável é, pois, apenas uma forma histórica particular de manifestação do fundo dos meios de subsistência ou fundo de trabalho de que o trabalhador necessita para sua autoconservação e reprodução, e que ele mesmo tem sempre de produzir e reproduzir em todos os sistemas de produção social. Se o fundo de trabalho só aflui constantemente para ele sob a forma de meios de pagamento por seu trabalho é porque seu próprio produto se distancia constantemente dele sob a forma do capital. Mas essa forma de manifestação do fundo de trabalho em nada altera o fato de que o capitalista adianta ao trabalhador o próprio trabalho objetivado deste último[3]. Suponha o caso de um camponês sob o sistema de corveia. Digamos que ele trabalhe com seus próprios meios de produção, em seu próprio campo, 3 dias por semana. Nos outros 3 dias da semana, ele realiza a corveia no domínio senhorial. Esse camponês reproduz continuamente seu próprio fundo de trabalho, e este jamais assume em relação a ele a forma de meios de pagamento adiantados por um terceiro para remunerar seu trabalho. Em compensação, seu trabalho forçado não pago jamais assume a forma de trabalho voluntário e pago. Se amanhã o senhor feudal se apropriasse da terra, dos animais de tração, das sementes, em suma, dos meios de produção do camponês submetido à corveia, este teria, doravante, de vender sua força de trabalho ao senhor. Permanecendo iguais as demais circunstâncias, ele trabalharia, como antes, 6 dias por semana: 3 dias para si mesmo e 3 dias para o ex-senhor feudal, agora convertido em senhor salarial. Tal como antes, ele continuaria a consumir os meios de produção como meios de produção e a transferir seu valor ao produto. Tal como antes, determinada parte do produto continuaria a ingressar na reprodução, mas, assim como a corveia assume a forma de trabalho assalariado, também o fundo de trabalho – que, tal como antes, continua a ser produzido e reproduzido pelo servo – assume a forma de um capital que o senhor feudal adianta ao servo. O economista burguês, cujo cérebro limitado não consegue distinguir entre a forma de manifestação e o que nela se manifesta, cerra os olhos para

---

[3] "*When capital is employed in advancing to the workman his wages, it adds nothing to the funds for the maintenance of labour*" ["Quando o capital é empregado para adiantar o salário ao trabalhador, ele não adiciona nada ao fundo para a manutenção do trabalho"], Cazenove, em nota a sua edição de Malthus, *Definitions in Polit. Econ.* (Londres, 1853), p. 22.

o fato de que ainda hoje o fundo de trabalho só excepcionalmente aparece sobre o globo terrestre na forma de capital[4].

Sem dúvida, o capital variável só perde o significado de um valor adiantado a partir do fundo próprio do capitalista[4a] quando consideramos o processo capitalista de produção no fluxo constante de sua renovação. Mas esse processo tem de ter começado em algum lugar e em algum momento. Do ponto de vista que desenvolvemos até aqui, portanto, é provável que o capitalista se tenha convertido em possuidor de dinheiro em virtude de uma acumulação originária, independente de trabalho alheio não pago, e que, por isso, tenha podido se apresentar no mercado como comprador de força de trabalho. No entanto, a mera continuidade do processo capitalista de produção, ou a reprodução simples, opera também outras mudanças notáveis, que afetam não só o capital variável, mas também o capital total.

Se o mais-valor produzido de maneira periódica, por exemplo, anualmente, com um capital de £1.000 for de £200 e se esse mais-valor for consumido anualmente, é claro que, depois de 5 anos de repetição desse mesmo processo, a quantia do mais-valor consumido será igual a 5 × 200, ou igual ao valor do capital originalmente adiantado de £1.000. Se o mais-valor fosse consumido apenas parcialmente, por exemplo, apenas pela metade, o resultado seria o mesmo após 10 anos de repetição do processo de produção, já que 10 × 100 = 1.000. Em linhas gerais: o valor do capital adiantado, dividido pelo mais-valor anualmente consumido, resulta no número de anos ou de períodos de reprodução ao término dos quais o capital originalmente adiantado foi consumido pelo capitalista e, portanto, desapareceu. A representação do capitalista de que ele consome o produto do trabalho alheio não pago, o mais-valor, e conserva o capital original é algo que não pode alterar absolutamente em nada a realidade das coisas. Transcorrido certo número de anos, o valor do capital que ele possui é igual à quantia de mais-valor apropriada sem equivalente durante esses mesmos anos, e a quantia de valor consumido por ele é igual ao valor do capital original. Ele conserva, decerto, um capital nas mãos, cuja grandeza não se alterou, e do qual uma parte – edifícios, máquinas etc. – já existia quando ele pôs em marcha seu negócio. Porém se trata, aqui, do valor do capital, e não de

---

[4] "Nem sequer numa quarta parte da Terra os capitalistas adiantam aos trabalhadores seus meios de subsistência", Richard Jones, *Textbook of Lectures on the Polit. Economy of Nations*, cit., p. 36

[4a] "*Though the manufacturer*" [...] "*has his wages advanced to him by his master, he in reality costs him no expense, the value of these wages being generally reserved, together with a profit, in the improved value of the subject upon which his labour is bestowed*" ["Embora o *manufacturer*" (*i.e.*, trabalhador manufatureiro) "tenha seu salário adiantado por seu patrão, ele não custa nada a este último, pois o valor do salário, juntamente com um lucro, é geralmente reservado" [em Adam Smith: restaurado (N. E. A. MEW)] "no valor incrementado do objeto ao qual seu trabalho é aplicado"], A. Smith, *Wealth of Nations*, cit., livro II, c. III, p. 355.

seus componentes materiais. Se alguém consome todos os seus bens contraindo dívidas que se igualam ao valor desses bens, então a totalidade desses bens representa apenas a soma total de suas dívidas. Do mesmo modo, quando o capitalista consumiu o equivalente de seu capital adiantado, o valor desse capital representa tão somente a soma total do mais-valor do qual ele se apropriou gratuitamente. Nem um átomo de valor de seu antigo capital continua a existir.

Abstraindo-se inteiramente de toda acumulação, a mera continuidade do processo de produção, ou a reprodução simples, após um período mais ou menos longo, converte necessariamente todo capital em capital acumulado ou mais-valor capitalizado. Ainda que, no momento em que entrou no processo de produção, esse capital fosse propriedade adquirida mediante o trabalho pessoal daquele que o aplica, mais cedo ou mais tarde ele se converteria em valor apropriado sem equivalente, em materialização, seja em forma-dinheiro ou outra, de trabalho alheio não pago.

No capítulo 4, vimos que, para transformar dinheiro em capital, não bastava a existência da produção de valor e da circulação de mercadorias*. Primeiramente, era necessário que se confrontassem, nos respectivos papéis de comprador e vendedor de mercadoria, de um lado, o possuidor de valor ou dinheiro, de outro, o possuidor da substância criadora de valor; aqui, o possuidor de meios de produção e de subsistência, lá, o possuidor de nada mais que a força de trabalho. A separação entre o produto do trabalho e o próprio trabalho, entre as condições objetivas e a força subjetiva de trabalho, era, portanto, a base efetivamente dada, o ponto de partida do processo capitalista de produção.

Mas o que inicialmente era apenas ponto de partida é produzido sempre de novo por meio da mera continuidade do processo, da reprodução simples, perpetuando-se como resultado próprio da produção capitalista. Por um lado, o processo de produção transforma continuamente a riqueza material em capital, em meio de valorização e de fruição para o capitalista. Por outro, o trabalhador sai do processo sempre como nele entrou: como fonte pessoal de riqueza, porém despojado de todos os meios para tornar essa riqueza efetiva para si. Como antes de entrar no processo seu próprio trabalho já está alienado dele [*ihm selbst entfremdet*], apropriado pelo capitalista e incorporado ao capital, esse trabalho se objetiva continuamente, no decorrer do processo, em produto alheio. Sendo processo de produção e, ao mesmo tempo, processo de consumo da força de trabalho pelo capitalista, o produto do trabalhador transforma-se continuamente não só em mercadoria, mas em capital, em valor que suga a força criadora de valor, em meios de subsistência que compram pessoas, em meios de produção que se utilizam dos produtores[5]. Por conseguinte, o próprio trabalhador produz constante-

---

*   Na terceira edição: "da produção e da circulação de mercadorias". (N. T.)
[5]   "Essa é uma propriedade particularmente notável do trabalho produtivo. O que se consome produtivamente é capital e torna-se capital por meio do consumo", J. Mill,

mente a riqueza objetiva como capital, como poder que lhe é estranho, que o domina e explora, e o capitalista produz de forma igualmente contínua a força de trabalho como fonte subjetiva de riqueza, separada de seus próprios meios de objetivação e efetivação, abstrata, existente na mera corporeidade do trabalhador; numa palavra, produz o trabalhador como assalariado[6]. Essa constante reprodução ou perpetuação do trabalhador é a *sine qua non* da produção capitalista.

O consumo do trabalhador tem uma dupla natureza. Na própria produção, ele consome, por meio de seu trabalho, meios de produção, transformando-os em produtos de valor maior que o do capital adiantado. Esse é seu consumo produtivo. Ao mesmo tempo, ele é consumo de sua força de trabalho pelo capitalista que a comprou. Por outro lado, o trabalhador gasta em meios de subsistência o dinheiro pago na compra da força de trabalho: esse é seu consumo individual. O consumo produtivo e o consumo individual do trabalhador diferem, portanto, inteiramente. No primeiro, o trabalhador atua como força motriz do capital e pertence ao capitalista; no segundo, ele pertence a si mesmo e executa funções vitais à margem do processo de produção. O resultado de um é a vida do capitalista, o do outro é a vida do próprio trabalhador.

No exame da "jornada de trabalho" etc., tivemos a oportunidade de mostrar que o trabalhador é frequentemente forçado a converter seu consumo individual em mero incidente do processo de produção. Nesse caso, ele se abastece de meios de subsistência para manter sua força de trabalho em funcionamento, do mesmo modo como se abastece de carvão e água a máquina a vapor e de óleo a roda. Seus meios de consumo são, então, simples meios de um meio de produção, e seu consumo individual é consumo imediatamente produtivo. Isso se mostra, no entanto, como um abuso não essencial ao processo de produção capitalista[7]. A questão assume outro aspecto assim que passamos a considerar não o capitalista individual e o trabalhador individual, mas a classe capitalista e a classe trabalhadora, não o processo

---

Elements etc., cit., p. 242. J. Mill, contudo, não seguiu o rastro dessa "propriedade particularmente notável".

[6] "*It is true indeed that the first introducing a manufacture employs many poor, but they cease not to be so, and the continuance of it makes many*" ["De fato, é verdade que a primeira introdução de uma manufatura emprega muitos pobres, mas eles não deixam de sê-lo, e a continuação da manufatura engendra um grande número deles"], *Reasons for a Limited Exportation of Wool* (Londres, 1677), p. 19. "*The farmer now absurdly asserts, that he keeps the poor. They are indeed kept in misery*" ["O fazendeiro afirma agora, de maneira absurda, que ele mantém os pobres. São, de fato, mantidos na miséria"], *Reasons for the Late Increase of Poor Rates: or a Comparative View of the Prices of Labour and Provisions* (Londres, 1777), p. 31.

[7] Rossi não declamaria tão enfaticamente sobre esse ponto se tivesse penetrado efetivamente no segredo do *"productive consumption"* [consumo produtivo].

Reprodução simples

isolado de produção da mercadoria, mas o processo de produção capitalista em seu fluxo e em sua escala social. Quando o capitalista converte parte de seu capital em força de trabalho, ele valoriza, com isso, seu capital total e mata dois coelhos de uma cajadada. Ele lucra não apenas com o que recebe do trabalhador, mas também com o que lhe dá. O capital que foi alienado em troca da força de trabalho é convertido em meios de subsistência, cujo consumo serve para reproduzir os músculos, os nervos, os ossos, o cérebro dos trabalhadores existentes e para produzir novos trabalhadores. Dentro dos limites do absolutamente necessário, portanto, o consumo individual da classe trabalhadora é a reconversão dos meios de subsistência, alienados pelo capital em troca da força de trabalho, em nova força de trabalho a ser explorada pelo capital. Tal consumo é produção e reprodução do meio de produção mais indispensável ao capitalista: o próprio trabalhador. O consumo individual do trabalhador continua a ser, assim, um momento da produção e reprodução do capital, quer se efetue dentro, quer fora da oficina, da fábrica etc., e quer se efetue dentro, quer fora do processo de trabalho, exatamente como ocorre com a limpeza da máquina, seja ela realizada durante o processo de trabalho ou em determinadas pausas deste último. O fato de o trabalhador realizar seu consumo individual por amor a si mesmo, e não ao capitalista, não altera em nada a questão. Do mesmo modo, o consumo do animal de carga não deixa de ser um elemento necessário do processo de produção pelo fato de o próprio animal se satisfazer com o que come. A manutenção e reprodução constantes da classe trabalhadora continuam a ser uma condição constante para a reprodução do capital. O capitalista pode abandonar confiadamente o preenchimento dessa condição ao impulso de autoconservação e procriação dos trabalhadores. Ele apenas se preocupa em limitar ao máximo o consumo individual dos trabalhadores, mantendo-o nos limites do necessário, e está muito longe daquela rusticidade sul-americana que obriga o trabalhador a ingerir alimentos mais nutritivos, em vez de outros menos nutritivos[8].

É por isso que o capitalista e seu ideólogo, o economista político, entendem como produtiva apenas a parte do consumo individual do trabalhador exigida para a perpetuação da classe trabalhadora, isto é, aquela parte que, de fato, tem de ser consumida para que o capital consuma a força de trabalho; tudo o que, além dessa parte, o trabalhador possa consumir para seu próprio prazer

---

[8] "Os trabalhadores nas minas da América do Sul, cuja ocupação diária (talvez a mais pesada do mundo) consiste em carregar sobre os ombros, de uma profundidade de 450 pés até a superfície, uma carga de minério de 100 a 200 libras-peso, vivem apenas de pão e feijão; eles prefeririam receber apenas o pão como alimento, mas seus senhores, tendo descoberto que com pão eles não conseguiriam trabalhar com tanta força, tratam--nos como cavalos e os forçam a comer feijão; ocorre que o feijão é comparativamente muito mais rico em fosfato de cálcio que o pão", Liebig, *Die Chemie in ihrer Anwendung auf Agrikultur und Phisiologie*, cit., parte I, p. 194, nota.

Karl Marx – O capital

é consumo improdutivo[9]. Se a acumulação do capital provocasse um aumento do salário e, portanto, um incremento dos meios de consumo do trabalhador sem ser acompanhada de um maior consumo de força de trabalho pelo capital, o capital adicional teria sido consumido improdutivamente[10]. De fato: o consumo individual do trabalhador é improdutivo para ele mesmo, posto que apenas reproduz o indivíduo necessitado, e é produtivo para o capitalista e para o Estado, pois é produção da força produtora de riqueza alheia[11].

Do ponto de vista social, a classe trabalhadora, mesmo à margem do processo imediato de trabalho, é um acessório do capital tanto quanto o é o instrumento morto de trabalho. Mesmo seu consumo individual, dentro de certos limites, não é mais do que um momento do processo de reprodução do capital. Mas o processo cuida para que esses instrumentos autoconscientes de produção não se evadam, e o faz removendo constantemente o produto desses instrumentos do polo que ocupam para o polo oposto, o polo do capital. Por um lado, o consumo individual cuida de sua própria conservação e reprodução; por outro lado, mediante a destruição dos meios de subsistência, ele cuida de seu constante ressurgimento no mercado de trabalho. O escravo romano estava preso por grilhões a seu proprietário; o assalariado o está por fios invisíveis. Sua aparência de independência é mantida pela mudança constante dos patrões individuais e pela *fictio juris* do contrato.

Antigamente, quando lhe parecia necessário, o capital afirmava seu direito de propriedade sobre o trabalhador livre por meio da coação legal. Foi assim, por exemplo, que, na Inglaterra, a emigração de operadores de máquinas ficou proibida, sob punição severa, até 1815.

A reprodução da classe trabalhadora exige, ao mesmo tempo, a transmissão e a acumulação da destreza de uma geração a outra[12]. Em que medida o capitalista conta com a existência de tal classe trabalhadora hábil entre as condições de produção que lhe pertencem e vê nela, de fato, a existência real de seu capital variável é algo que se revela tão logo uma crise ameaça provocar a perda daquela classe. É sabido que, em consequência da Guerra Civil

---

[9] James Mill, *Elements etc.*, cit., p. 238s.
[10] "Se o preço do trabalho subisse tanto que, apesar do acréscimo de capital, não se pudesse empregar mais trabalho, então eu diria que esse incremento de capital é consumido improdutivamente", Ricardo, *The Princ. of Pol. Econ.*, cit., p. 163.
[11] "O único consumo produtivo propriamente dito é o consumo ou a destruição de riqueza" (ele se refere ao consumo dos meios de produção) "por capitalistas com vistas à reprodução [...]. O trabalhador [...] é um consumidor produtivo para a pessoa que o emprega e para o Estado, mas não o é, em sentido estrito, para si mesmo", Malthus, *Definitions etc.*, cit., p. 30.
[12] "A única coisa da qual se pode dizer que está armazenada e preparada de antemão é a destreza do trabalhador [...]. Essa importantíssima operação, a acumulação e o armazenamento de trabalho hábil, é consumada, no que diz respeito à grande massa dos trabalhadores, sem nenhum tipo de capital", Hodgskin, *Labour Defended etc.*, cit., p. 12-3.

Reprodução simples

Americana e da crise do algodão que a seguiu, a maioria dos trabalhadores algodoeiros em Lancashire foi posta na rua. Do âmago da própria classe trabalhadora, como de outras camadas da sociedade, elevou-se o clamor por um subsídio estatal ou por contribuições voluntárias que possibilitassem a emigração dos "supérfluos" para as colônias inglesas ou para os Estados Unidos. Naquela época, o *Times* (24 de março de 1863) publicou uma carta de Edmund Potter, ex-presidente da Câmara de Comércio de Manchester. Sua carta foi chamada, na Câmara dos Comuns, e com razão, de "manifesto dos fabricantes"[13]. Reproduzimos, aqui, algumas passagens características, em que se declara, sem circunlóquios, o título de propriedade do capital sobre a força de trabalho.

> "Aos trabalhadores algodoeiros poderíamos dizer que sua oferta é demasiado grande [...] talvez ela devesse ser reduzida em $^1/_3$, e então surgiria uma saudável demanda para os $^2/_3$ restantes. [...] A opinião pública pressiona pela emigração. [...] O patrão" (isto é, o fabricante de algodão) "não pode ver com bons olhos que seu contingente de trabalhadores se evada; ele pode pensar que isso é tão injusto quanto equivocado. [...] Mas se a emigração é subvencionada com fundos públicos, o patrão tem direito de exigir que o escutem, e talvez de protestar."

O mesmo Potter continua a explicar o quão útil é a indústria algodoeira; como "não resta dúvida de que ela drenou a população da Irlanda e dos distritos agrícolas ingleses"; o quão gigantesco é seu tamanho; como ela, em 1860, representou $^5/_{13}$ de todo o comércio inglês de exportação; como, dentro de poucos anos, ela voltará a ampliar-se por meio da ampliação do mercado, particularmente o indiano, e da imposição de uma suficiente "oferta de algodão a 6 *pence* por libra-peso". Ele prossegue:

> "O tempo a – um, dois, talvez três anos – produzirá a quantidade necessária [...]. Gostaria, então, de perguntar se essa indústria não merece ser preservada, se não é válido o esforço de manter em ordem sua maquinaria" (quer dizer, as máquinas vivas de trabalho) "e se não é uma loucura extrema pensar em abandoná-la! Creio que sim. Concedo que os trabalhadores não são propriedade (*I allow that the workers are not a property*), que não são propriedade de Lancashire e seus patrões; mas eles são a força de ambos, a força espiritual e instruída que não se pode substituir numa geração; em contrapartida, a outra maquinaria com que trabalham (*the mere machinery which they work*) poderia, em grande parte, ser vantajosamente substituída e aperfeiçoada em 12 meses[14]. Encorajai ou permiti (!) a emigração da

---

[13] "*That letter* [...] *might be looked upon as the manifesto of the manufacturers*" ["Essa carta pode ser considerada o manifesto dos fabricantes"], Ferrand, *Motion* sobre a *cotton Famine* [Moção sobre a carestia do algodão], sessão da House of Commons de 27 de abril de 1863.

[14] Recordemos que, em circunstâncias ordinárias, quando se trata de rebaixar o salário, o mesmo capital se expressa em outro tom. Então, "os patrões" declaram em uníssono: "Os trabalhadores fabris deviam manter a salutar recordação de que seu trabalho é, de fato, um tipo muito inferior de trabalho qualificado, que não há nenhum outro mais fácil

força de trabalho, e o que será, então, do capitalista? (*Encourage or allow the working power to emigrate, and what of the capitalist?*)"

Esse grito atormentado lembra o marechal-da-corte Kalb*.

"[...] Retirai a nata dos trabalhadores e o capital fixo será desvalorizado em alto grau e o capital circulante não se exporá à luta com uma oferta reduzida de um tipo inferior de trabalho [...]. Dizem-nos que os próprios trabalhadores desejam emigrar. É muito natural que o desejem [...]. Reduzi, comprimi o negócio do algodão mediante a retirada de suas forças de trabalho (*by taking away its working power*), reduzindo seu gasto com salários, digamos, em $^1/_3$ ou 5 milhões, que será então da classe imediatamente acima deles, a dos pequenos merceeiros? Que será da renda fundiária, do aluguel dos *cottages*? [...] Que será do pequeno arrendatário, do proprietário de casas melhores e do proprietário fundiário? E agora dizei se existe um plano para todas as classes do país que possa ser mais suicida do que este, que consiste em debilitar a nação por meio da exportação de seu melhores trabalhadores fabris e em desvalorizar uma parte de seu capital e de sua riqueza mais produtivos? Aconselho a tomada de um empréstimo de 5 a 6 milhões, distribuído em 2 ou 3 anos, administrado por comissários especiais, agregado à assistência aos pobres nos distritos algodoeiros e sujeito a regulações legais especiais, incluindo certo trabalho forçado a fim de manter elevados os valores morais dos recebedores de esmolas [...]. Pode haver algo pior para os proprietários fundiários ou patrões (*can anything be worse for landowners or masters*) do que renunciar a seus melhores trabalhadores, desmoralizando-os e desmotivando os demais com uma emigração ampla e esvaziante, um esvaziamento do valor e do capital de uma província inteira?"

Potter, o porta-voz seleto dos fabricantes de algodão, distingue dois tipos de "maquinaria", ambas pertencentes ao capitalista e das quais uma se encontra na fábrica, outra se aloja à noite e aos domingos fora das fábricas, nos *cottages*. Uma está morta, a outra viva. A maquinaria morta não só se deteriora e desvaloriza a cada dia, mas uma grande parte de sua massa existente se

---

de se assimilar e que, levando-se em conta sua qualidade, seja mais bem remunerado; que nenhum outro trabalho pode ser ensinado ao menos experiente com uma breve instrução, em tempo tão curto e com tamanha abundância. A maquinaria do patrão" (que, como acabamos de ouvir, pode ser vantajosamente substituída e aperfeiçoada em 12 meses) "desempenha, na verdade, um papel muito mais importante no negócio da produção do que o trabalho e a destreza do trabalhador" (que, agora, não podem ser substituídos nem em 30 anos), "trabalho que pode ser ensinado em 6 meses e que qualquer camponês pode aprender". [Ver nota 188, p. 495. (N. T.)]

* O marechal-da-corte von Kalb é um personagem do drama *Kabale und Liebe* [Intriga e amor], de Schiller. Convidado a participar numa intriga palaciana por von Walter, presidente da corte de um príncipe alemão, von Kalb inicialmente se nega, mas seu poderoso interlocutor o ameaça com sua própria renúncia, a qual acarretaria automaticamente a queda do marechal-da-corte. Von Kalb protesta, com grande espanto: "E eu? [...] Vós sois um homem estudado! Mas eu, *mon Dieu!* O que será de mim se Sua Alteza me demitir?". (N. E. A. MEW)

Reprodução simples

torna constantemente obsoleta em virtude do contínuo progresso técnico*, a tal ponto que se pode vantajosamente substituí-la, em poucos meses, por maquinaria mais moderna. A maquinaria viva, ao contrário, aperfeiçoa-se na mesma proporção de sua duração, à medida que acumula em si a habilidade de sucessivas gerações. Ao magnata fabril, o *Times* respondeu, entre outras coisas:

> "O sr. E. Potter deixou-se impressionar a tal ponto pela importância extraordinária e absoluta dos patrões algodoeiros que, para conservar essa classe e perpetuar seu ramo de negócios, quer encarcerar meio milhão de indivíduos da classe trabalhadora, contra sua vontade, numa grande *workhouse* moral. Merece essa indústria ser conservada? – pergunta o sr. Potter. Certamente, por todos os meios honrados, respondemos. Vale a pena conservar em ordem a maquinaria? – volta a perguntar o sr. Potter. Nesse momento, ficamos perplexos. Por maquinaria, o sr. Potter entende a maquinaria humana, pois assegura que não pretende tratá-la como propriedade absoluta. Temos de confessar que não consideramos que 'valha a pena' ou mesmo que seja possível conservar em ordem a maquinaria humana, isto é, armazená-la e lubrificá-la até que necessitemos dela. A maquinaria humana tem a propriedade de se enferrujar quando permanece inativa, por muito que possamos lubrificá-la ou esfregá-la. Além disso, a maquinaria humana, como percebemos com um simples golpe de vista, por si só é capaz de aumentar a pressão do vapor e estourar ou de virar nossas grandes cidades de pernas para o ar. É possível, como diz o sr. Potter, que se necessite de um tempo maior para a reprodução dos trabalhadores; mas com operários de máquinas e dinheiro à mão encontraremos sempre homens aplicados, fortes e industriosos o suficiente para, com eles, fabricar mais patrões de fábrica do que jamais poderíamos necessitar. [...] O sr. Potter discorre sobre uma reanimação da indústria dentro de um, dois ou três anos e exige de nós que não fomentemos ou permitamos a emigração da força de trabalho! Afirma que é natural que os trabalhadores queiram emigrar, mas acha que, a despeito desse desejo, a nação tem de manter esse meio milhão de trabalhadores, juntamente com as 700 mil pessoas que deles dependem, confinados nos distritos algodoeiros e, como consequência necessária, reprimir pela força seu descontentamento e alimentá-los com esmolas, tudo isso em nome da possibilidade de que um dia os patrões algodoeiros voltem a necessitar deles [...]. É chegada a hora de que a grande opinião pública dessas ilhas faça algo para salvar 'essa força de trabalho' daqueles que querem tratá-la como tratam o carvão, o ferro e o algodão (*to save this 'working power' from those who would deal with it as they deal with iron, coal and cotton*)."[15]

O artigo do *Times* não passava de um *jeu d'esprit* [jogo de espírito]. A "grande opinião pública", na realidade, compartilhava da opinião do sr. Potter, de que os trabalhadores fabris eram acessórios móveis das fábricas.

---

* Na segunda edição: "tecnológico". (N. T.)
[15] *Times*, 24 mar. 1863.

Impediu-se sua emigração[16]. Confinaram-se os trabalhadores na "*workhouse* moral" dos distritos algodoeiros, onde continuam a ser "a força (*the strength*) dos patrões algodoeiros de Lancashire".

Em seu próprio desenrolar, portanto, o processo capitalista de produção reproduz a cisão entre força de trabalho e condições de trabalho. Com isso, ele reproduz e eterniza as condições de exploração do trabalhador. Ele força continuamente o trabalhador a vender sua força de trabalho para viver e capacita continuamente o capitalista a comprá-la para se enriquecer[17]. Já não é mais o acaso que contrapõe o capitalista e o trabalhador no mercado, como comprador e vendedor. É o beco sem saída [*Zwickmühle*] característico do próprio processo que faz com que o trabalhador tenha de retornar constantemente ao mercado como vendedor de sua força de trabalho e converte seu próprio produto no meio de compra nas mãos do primeiro. Na realidade, o trabalhador pertence ao capital ainda antes de vender-se ao capitalista. Sua servidão econômica[18] é a um só tempo mediada e escondida pela renovação

---

[16] O Parlamento não votou nem um *farthing* [¼ de *penny*] para a emigração, mas apenas leis que permitiam aos municípios manter os trabalhadores entre a vida e a morte, ou explorá-los sem lhes pagar o salário normal. Ao contrário, 3 anos depois, quando irrompeu a peste do gado, o Parlamento quebrou as regras parlamentares e votou, num átimo, milhões para a indenização dos milionários senhores fundiários, cujos arrendatários, independentemente disso, já haviam escapado do prejuízo aumentando o preço da carne. O mugido bestial dos proprietários fundiários por ocasião da abertura do Parlamento em 1866 comprovou que ninguém precisa ser hindu para adorar a vaca Sabala, nem Júpiter para transformar a si mesmo num boi.

[17] "*L'ouvrier demandait de la subsistance pour vivre, le chef demandait du travail pour gagner*" ["O trabalhador exigia meios de subsistência para viver; o patrão exigia trabalho para lucrar"], Sismondi, *Nouv. princ. d'écon. pol.*, cit., p. 91.

[18] Uma forma camponesa grosseira dessa servidão existe no condado de Durham. Esse é um dos poucos condados em que as condições não garantem ao arrendatário um título incontestável de propriedade sobre os jornaleiros agrícolas. A indústria de mineração deixa a estes últimos uma alternativa. Por isso, aqui o arrendatário, contrariando a regra geral, só aceita em arrendamento terras onde se encontram *cottages* para os trabalhadores. O aluguel do casebre constitui parte do salário. Esses casebres se chamam *hind's houses* [casas de trabalhadores rurais]. Eles são alugados aos trabalhadores sob certas obrigações feudais, sob um contrato chamado "*bondage*" (servidão), que, por exemplo, obriga o trabalhador, durante o tempo em que esteja ocupado em outro lugar, a colocar em seu lugar sua filha etc. O próprio trabalhador chama-se *bondsman* [servo]. Essa relação também mostra o consumo individual do trabalhador como consumo para o capital ou consumo produtivo – sob um aspecto inteiramente novo: "É curioso observar como até o excremento desse *bondsman* se conta entre as retribuições que ele paga ao patrão calculista. [...] O arrendatário não autoriza em toda a vizinhança outra latrina que não a sua própria e não tolera a esse respeito qualquer diminuição de seu direito de suserano", Public Health, "VII. Rep. 1864", p. 188.

Reprodução simples

periódica de sua venda de si mesmo, pela mudança de seus patrões individuais e pela oscilação do preço de mercado do trabalho[19].

Assim, o processo capitalista de produção, considerado em seu conjunto ou como processo de reprodução, produz não apenas mercadorias, não apenas mais-valor, mas produz e reproduz a própria relação capitalista: de um lado, o capitalista, do outro, o trabalhador assalariado[20].

---

[19] Lembremos que, no trabalho das crianças etc., desaparece até mesmo a formalidade da venda de si mesmo.

[20] "O capital pressupõe o trabalho assalariado; o trabalho assalariado pressupõe o capital. Ambos se condicionam reciprocamente, ambos se produzem reciprocamente. Um trabalhador numa fábrica de algodão produz apenas tecidos de algodão? Não, ele produz capital. Ele produz valores que servem novamente para comandar seu trabalho e, por meio dele, criar novos valores", Karl Marx, "*Lohnarbeit und Kapital*" [Trabalho assalariado e capital], em: *N[eue] Rh[einische] Z[eitung]* [Nova Gazeta Renana], n. 266, 7 abr. 1849. Os artigos publicados com esse título na *N.Rh.Z.* são fragmentos das conferências que proferi sobre o tema em 1847, na Associação dos Trabalhadores Alemães em Bruxelas e cuja impressão foi interrompida pela Revolução de Fevereiro. [A Associação dos Trabalhadores Alemães em Bruxelas, à qual pertenciam Marx e Engels, voltava-se à realização de atividades culturais e de agitação política entre os trabalhadores alemães radicados na Bélgica. Foi fundada em agosto de 1847 e dissolvida pela polícia no início de 1848. A Revolução de Fevereiro, deflagrada a 24 de fevereiro de 1848, derrubou o rei Luís Filipe e estabeleceu a Segunda República francesa. (N. T.)]

Capítulo 22

Transformação de mais-valor em capital

1. O processo de produção capitalista em escala ampliada. Conversão das leis de propriedade que regem a produção de mercadorias em leis da apropriação capitalista

Anteriormente, tivemos de examinar como o mais-valor surge do capital; agora veremos como o capital surge do mais-valor. A aplicação de mais-valor como capital ou a reconversão de mais-valor em capital se chama acumulação de capital[21]. Vejamos, primeiro, esse processo do ponto de vista do capitalista individual. Suponha que um fiandeiro, por exemplo, tenha desembolsado um capital de £10 mil, sendo ⁴/₅ dessa soma gasta em algodão, máquinas etc., e o último ¹/₅, em salário. Suponha, ainda, que ele produza anualmente 240 mil libras de fio no valor de £12 mil. A uma taxa de mais-valor de 100%, o mais-valor está incorporado no mais-produto ou produto líquido de 40 mil libras de fio, ¹/₆ do produto bruto, no valor de £2 mil, que será realizado na venda. Uma quantia de valor de £2 mil é uma quantia de valor de £2 mil. Pelo cheiro e pela aparência não se pode saber se esse dinheiro é mais-valor. O caráter de um valor como mais-valor mostra como ele chegou a seu possuidor, porém não altera em nada a natureza do valor ou do dinheiro.

Portanto, para transformar em capital a quantia recém-adicionada de £2 mil, o fiandeiro, mantendo-se inalteradas as demais circunstâncias, adiantará ⁴/₅ dessa quantia na compra de algodão etc. e ¹/₅ na aquisição de novos trabalhadores fiandeiros, que encontrarão no mercado os meios de subsistência cujo valor o capitalista lhes adiantou. Com isso, o novo capital de £2 mil passa a operar na fiação e proporciona, por sua parte, um mais-valor de £400.

O valor do capital foi originalmente adiantado na forma de dinheiro; já o mais-valor, ao contrário, existe desde o início como valor de uma parte deter-

---

[21] "*Accumulation of Capital: the employment of a portion of revenue as capital*" ["Acumulação do capital: a utilização de uma parte da renda como capital"], Malthus, *Definitions etc.*, cit., p. 11. "*Conversion of revenue into Capital*" ["Transformação de renda em capital"], Malthus, *Princ. of Pol. Econ.* (2. ed., Londres, 1836), p. 320.

minada do produto bruto. Se este é vendido, convertido em dinheiro, o valor do capital readquire sua forma primitiva, mas o mais-valor transforma seu modo originário de existência. A partir desse momento, porém, tanto o valor do capital como o mais-valor são quantias de dinheiro, e sua reconversão em capital se efetua exatamente do mesmo modo. O capitalista aplica tanto um como o outro na aquisição de mercadorias que o capacitem a recomeçar a fabricação de seu artigo e, desta vez, numa escala ampliada. Mas, para adquirir essas mercadorias, é preciso que ele as encontre prontas no mercado.

Seus próprios fios só circulam porque ele leva ao mercado seu produto anual, tal como o fazem todos os demais capitalistas com suas mercadorias. Entretanto, antes de chegarem ao mercado, essas mercadorias já integravam o fundo de produção anual, isto é, a massa total dos objetos de toda sorte em que se transforma, ao longo do ano, a massa total dos capitais individuais ou o capital social total, do qual cada capitalista singular possui apenas uma parte alíquota. As transações no mercado não fazem mais do que efetivar a transferência dos componentes singulares da produção anual, fazendo-os trocar de mãos, mas não podem incrementar a produção anual total nem modificar a natureza dos objetos produzidos. O uso que se faz do produto anual total, portanto, depende de sua própria composição, mas de modo algum da circulação.

A produção anual tem de começar por fornecer todos os objetos (valores de uso) com os quais se devem repor os componentes materiais do capital consumidos no decorrer do ano. Deduzidos esses objetos, resta o produto líquido ou o mais-produto, no qual está contido o mais-valor. E de que é formado esse mais-produto? De coisas destinadas a satisfazer às necessidades e caprichos da classe capitalista e que integram, assim, seu fundo de consumo? Se isso fosse tudo, o mais-valor seria gasto até a última migalha e não haveria mais do que a mera reprodução simples.

Para acumular, é necessário transformar uma parte do mais-produto em capital. Sem fazer milagres, só podemos transformar em capital aquilo que é utilizável no processo de trabalho, isto é, os meios de produção e, além deles, aquilo com que o trabalhador pode sustentar-se, isto é, os meios de subsistência. Por conseguinte, é preciso empregar uma parte do mais-trabalho anual na fabricação de meios de produção e de subsistência adicionais, numa quantidade acima daquela requerida para a reposição do capital adiantado. Numa palavra: o mais-valor só pode ser convertido em capital porque o mais-produto, do qual ele é o valor, já traz em si os componentes materiais de um novo capital[21a].

[21a] Abstraímos, aqui, do comércio de exportação, por meio do qual uma nação pode converter artigos de luxo em meios de produção ou de subsistência e vice-versa. Para conceber o objeto da investigação em sua pureza, livre de circunstâncias acessórias perturbadoras, temos de considerar, aqui, o mundo comercial como uma nação e

Transformação de mais-valor em capital

Ora, para fazer com que esses componentes funcionem efetivamente como capital, a classe capitalista necessita de uma quantidade adicional de trabalho. Se a exploração dos trabalhadores já ocupados não aumenta extensiva ou intensivamente, é necessário empregar forças de trabalho adicionais. O mecanismo da produção capitalista já cuidou desse problema, reproduzindo a classe trabalhadora como classe dependente do salário, isto é, como classe cujo salário habitual basta não somente para garantir sua conservação, mas também sua multiplicação. Para realizar a transformação do mais-valor em capital, este precisa apenas incorporar essas forças de trabalho suplementares e de diversas faixas etárias que a classe trabalhadora lhe fornece anualmente aos meios de produção adicionais já contidos na produção anual. Concretamente considerada, a acumulação não é mais do que a reprodução do capital em escala progressiva. O ciclo da reprodução simples se modifica e se transforma, segundo a expressão de Sismondi, perfazendo uma espiral[21b].

Voltemos, agora, ao nosso exemplo. É a velha história: Abraão gerou Isaque, Isaque gerou Jacó etc. O capital original de £10 mil gera um mais-valor de £2 mil, que é capitalizado. O novo capital de £2 mil gera um mais-valor de £400; este, igualmente capitalizado, ou seja, transformado num segundo capital adicional, gera um novo mais-valor de £80, e assim por diante.

Abstraímos, aqui, da parte do mais-valor consumida pelo capitalista. No momento, tampouco é relevante se os capitais adicionais se incorporam ao capital original ou dele se separam para se valorizarem de modo independente; se quem os explora é o mesmo capitalista que os acumulou, ou se este os transfere a outrem. Só não podemos esquecer que, ao lado dos capitais recém-formados, o capital original continua a se reproduzir e produzir mais-valor, e que o mesmo se aplica a todo capital acumulado em relação ao capital adicional por ele gerado.

O capital original se formou pelo desembolso de £10 mil. De onde o possuidor as obteve? De seu próprio trabalho e do de seus antepassados!, respondem-nos em uníssono os porta-vozes da economia política[21c], e essa suposição parece ser, de fato, a única de acordo com as leis da produção de mercadorias.

---

pressupor que a produção capitalista se consolidou em toda parte e apoderou-se de todos os ramos industriais.

[21b] A análise da acumulação de Sismondi tem a grande falha de que ele se contenta demasiadamente com a frase "conversão da renda em capital", sem aprofundar as condições materiais dessa operação. [Simonde de Sismondi, *Nouveaux principes d'économie politique*, cit., v. 1, p. 119 (N. E. A. MEW)].

[21c] "*Le travail primitif auquel son capital a dû sa naissance*" ["O trabalho primitivo, ao qual seu capital deveu seu nascimento"], Sismondi, *Nouveaux principes d'économie politique*, cit., t. I, p. 109.

Totalmente diverso é o que ocorre com o capital adicional de £2 mil. Conhecemos com plena exatidão seu processo de surgimento. Trata-se de mais-valor capitalizado. Desde sua origem, ele não contém um só átomo de valor que não derive de trabalho alheio não pago. Os meios de produção, aos quais se incorpora a força de trabalho adicional, assim como os meios de subsistência com os quais ele se mantém, não são mais do que componentes do mais-produto, do tributo anualmente arrancado da classe trabalhadora pela classe capitalista. Quando esta última, com uma parte do tributo, compra força de trabalho adicional da primeira – ainda que lhe pague seu preço integral, de tal modo que seja trocado equivalente por equivalente –, ela continua a agir segundo o velho procedimento do conquistador que compra as mercadorias dos vencidos com o dinheiro que roubou destes últimos.

Quando o capital adicional ocupa seu próprio produtor, este tem não só de continuar a valorizar o capital original, como, além disso, comprar de volta o produto de seu trabalho anterior com mais trabalho do que o empregado em sua fabricação. Numa dada transação entre a classe capitalista e a classe trabalhadora, é irrelevante o fato de que se empreguem trabalhadores adicionais com o trabalho não pago dos trabalhadores ocupados até o presente. Pode ocorrer, também, de o capitalista transformar o capital adicional numa máquina que ponha na rua o produtor do capital adicional, substituindo-o por algumas crianças. Em todos os casos, foi a classe trabalhadora que criou, com seu mais-trabalho realizado neste ano, o capital que no próximo ano ocupará trabalho adicional[22]. Isso é o que se denomina gerar capital por meio de capital.

O pressuposto da acumulação do primeiro capital adicional de £2 mil foi uma quantia de valor de £10 mil, adiantada pelo capitalista e pertencente a ele por força de seu "trabalho original". O pressuposto do segundo capital adicional de £400, ao contrário, não é senão a acumulação precedente do primeiro, das £2 mil, cujo mais-valor capitalizado constitui precisamente esse segundo capital adicional. A propriedade do trabalho pretérito não pago se manifesta agora como a única condição para a apropriação atual de trabalho vivo não pago, em escala cada vez maior. Quanto mais o capitalista tiver acumulado, mais ele poderá acumular.

Na medida em que o mais-valor de que se compõe o capital adicional n. 1 resultou da compra da força de trabalho por uma parte do capital original, compra que obedeceu às leis da troca de mercadorias e que, do ponto de vista jurídico, pressupõe apenas, da parte do trabalhador, a livre disposição sobre suas próprias capacidades, e da parte do possuidor de dinheiro ou de mercadorias, a livre disposição sobre os valores que lhe pertencem; na medida em que o capital adicional n. 2 etc. não é mais do que o resultado

---

[22] *"Labour creates capital before capital employs labour"* ["O trabalho cria o capital antes que o capital empregue o trabalho"], E. G. Wakefield, *England and America* (Londres, 1833), v. II, p. 110.

do capital adicional n. 1 e, portanto, a consequência daquela primeira relação; na medida em que cada transação isolada obedece continuamente à lei da troca de mercadorias, segundo a qual o capitalista sempre compra a força de trabalho e o trabalhador sempre a vende – e, supomos aqui, por seu valor real –, é evidente que a lei da apropriação ou lei da propriedade privada, fundada na produção e na circulação de mercadorias, transforma-se, obedecendo a sua dialética própria, interna e inevitável, em seu direto oposto. A troca de equivalentes, que aparecia como a operação original, torceu-se ao ponto de que agora a troca se efetiva apenas na aparência, pois, em primeiro lugar, a própria parte do capital trocada por força de trabalho não é mais do que uma parte do produto do trabalho alheio, apropriado sem equivalente; em segundo lugar, seu produtor, o trabalhador, não só tem de repô-la, como tem de fazê-lo com um novo excedente. A relação de troca entre o capitalista e o trabalhador se converte, assim, em mera aparência pertencente ao processo de circulação, numa mera forma, estranha ao próprio conteúdo e que apenas o mistifica. A contínua compra e venda da força de trabalho é a forma. O conteúdo está no fato de que o capitalista troca continuamente uma parte do trabalho alheio já objetivado, do qual ele não cessa de se apropriar sem equivalente, por uma quantidade maior de trabalho vivo alheio. Originalmente, o direito de propriedade apareceu diante de nós como fundado no próprio trabalho. No mínimo esse suposto tinha de ser admitido, porquanto apenas possuidores de mercadorias com iguais direitos se confrontavam uns com os outros, mas o meio de apropriação da mercadoria alheia era apenas a alienação [*Veräußerung*] de sua mercadoria própria, e esta só se podia produzir mediante o trabalho. Agora, ao contrário, a propriedade aparece do lado do capitalista, como direito a apropriar-se de trabalho alheio não pago ou de seu produto; do lado do trabalhador, como impossibilidade de apropriar-se de seu próprio produto. A cisão entre propriedade e trabalho torna-se consequência necessária de uma lei que, aparentemente, tinha origem na identidade de ambos[23].

Portanto, por mais que o modo capitalista de apropriação pareça violar as leis originais da produção de mercadorias, ele não se origina em absoluto da violação, mas, ao contrário, da observância dessas leis. Um breve olhar retrospectivo à sequência das fases do movimento, cujo ponto de chegada é a acumulação capitalista, bastará para esclarecer novamente essa questão.

Vimos, primeiramente, que a transformação original de uma quantia de valor em capital se efetuava inteiramente de acordo com as leis da

---

[23] A propriedade do capitalista sobre o produto do trabalho alheio "é a consequência rigorosa da lei da apropriação, cujo princípio fundamental era, pelo contrário, o título de propriedade exclusivo de cada trabalhador sobre o produto de seu próprio trabalho", Cherbuliez, *Richesse ou pauvreté*, cit., p. 58, em que, no entanto, essa conversão dialética não é corretamente desenvolvida.

troca. Uma das partes contratantes vende sua força de trabalho, a outra a compra. A primeira recebe o valor de sua mercadoria, cujo valor de uso – o trabalho – é, desse modo, alienado à segunda. Esta, por sua vez, emprega o trabalho que agora lhe pertence na transformação dos meios de produção que já lhe pertenciam e, com isso, obtém um novo produto, que, por direito, também lhe pertence.

O valor desse produto inclui, primeiro, o valor dos meios de produção consumidos em sua produção. O trabalho útil não pode consumir esses meios de produção sem transferir seu valor ao novo produto; mas, para que este seja vendável, é preciso que a força de trabalho possa fornecer trabalho útil naquele ramo industrial em que ela deve ser empregada.

O valor do novo produto inclui, além disso, o equivalente do valor da força de trabalho e um mais-valor. E isso precisamente porque a força de trabalho vendida por um determinado período de tempo, dia, semana etc. possui um valor menor do que o valor que seu uso cria durante esse tempo. Mas o trabalhador obteve como pagamento o valor de troca de sua força de trabalho e, assim, alienou [*veräussert*] seu valor de uso – como é o caso em toda compra e venda.

O fato de que essa mercadoria particular, a força de trabalho, tenha o valor de uso peculiar de fornecer trabalho e, portanto, de criar valor, não pode alterar em nada a lei geral da produção de mercadorias. Portanto, se a quantia de valor adiantada em salário não ressurge no produto pura e simplesmente, mas sim aumentada de um mais-valor, isso não resulta de que se tenha ludibriado o vendedor, pois este recebeu efetivamente o valor de sua mercadoria, mas do consumo dessa mercadoria pelo comprador.

A lei da troca só exige igualdade entre os valores de troca das mercadorias que são alienadas reciprocamente. Ela exige até mesmo, desde o início, a desigualdade de seus valores de uso, e não guarda nenhuma relação com seu consumo, que só começa depois de o negócio estar concluído.

A transformação original do dinheiro em capital consuma-se, portanto, na mais rigorosa harmonia com as leis econômicas da produção de mercadorias e com o direito de propriedade delas derivado. Mas, apesar disso, ela tem por resultado:

1) que o produto pertence ao capitalista, e não ao trabalhador;

2) que o valor desse produto, além do valor do capital adiantado, inclui um mais-valor, o qual, embora tenha custado trabalho ao trabalhador e nada ao capitalista, torna-se propriedade legítima deste último;

3) que o trabalhador conservou consigo sua força de trabalho e pode vendê-la de novo, sempre que encontrar um comprador.

A reprodução simples não é mais do que repetição periódica dessa primeira operação; volta-se, sempre de novo, a transformar dinheiro em capital. A lei não é, pois, violada; ao contrário, ela apenas obtém a oportunidade de atuar duradouramente.

Transformação de mais-valor em capital

"*Plusieurs échanges successifs n'ont fait du dernier que le représentant du premier*"* (Sismondi, cit., p. 70).

E, no entanto, vimos que a reprodução simples é suficiente para conferir a essa primeira operação – apreendida como processo isolado – um caráter totalmente diferente.

"*Parmi ceux qui se partagent le revenu national, les uns* [...] *y acquièrent chaque année un nouveau droit par un noveau travail, les autres* [...] *y ont acquis antérieurement un droit permanent par un travail primitif*"** (Sismondi, cit., p. 110-1).

O reino do trabalho, como é sabido, não é o único onde a primogenitura opera milagres.

Tampouco importa se a reprodução simples cede lugar à reprodução em escala ampliada, à acumulação. Na primeira, o capitalista dissipa o mais-valor inteiro; na segunda, ele dá provas de sua virtude burguesa consumindo apenas uma parte e transformando o resto em dinheiro.

O mais-valor é sua propriedade, não tendo jamais pertencido a outrem. Se o adianta para a produção, o que ele faz é um adiantamento de seus próprios fundos, exatamente como fez no dia em que pôs os pés no mercado pela primeira vez. Que agora esse fundo tenha origem no trabalho não pago de seus trabalhadores é algo que não altera absolutamente em nada a questão. Se o trabalhador *B* é ocupado com o mais-valor produzido pelo trabalhador *A*, temos de considerar, primeiro, que *A* forneceu esse mais-valor sem que se rebaixasse nem um centavo do preço justo de sua mercadoria, e, segundo, que esse negócio não diz respeito de modo algum a *B*. O que *B* exige e tem direito de exigir é que o capitalista lhe pague o valor de sua força de trabalho.

"*Tous deux gagnaient encore; l'ouvrier parce qu'on lui avançait les fruits de son travail*" (o certo seria: *du travail gratuit d'autres ouvriers*) "*avant qu'il fût fait*" (o certo seria: *avant que le sien ait porté de fruit*); "*le maître, parce que le travail de cet ouvrier valait plus que le salaire*" (o certo seria: *produisait plus de valeur que celle de son salaire*)*** (Sismondi, cit., p. 135).

Certamente, o quadro é inteiramente diferente quando consideramos a produção capitalista no fluxo ininterrupto de sua renovação e, em vez do capitalista individual e o trabalhador individual, consideramos a totalidade, a classe capitalista e, diante dela, a classe trabalhadora. Com isso, porém,

---

*   "Várias trocas sucessivas fazem do último apenas o representante do primeiro." (N. T.)
** "Entre aqueles que repartem entre si a renda nacional, uns" (os trabalhadores) "adquirem a cada ano um novo direito a ela, graças a seu novo trabalho; os outros" (os capitalistas) "já adquiriram anteriormente um direito permanente sobre ela por meio de um trabalho originário." (N. T.)
*** "Todos os dois ainda ganhavam; o trabalhador porque se lhe adiantavam os frutos de seu trabalho" (o certo seria: do trabalho gratuito de outros trabalhadores) "antes que ele estivesse feito" (o certo seria: antes que o seu trabalho tivesse dado frutos); "o patrão porque o trabalho desse trabalhador valia mais que o salário" (o certo seria: produzia mais valor do que o de seu salário). (N. T.)

introduziríamos um padrão de medida totalmente estranho à produção de mercadorias.

Na produção de mercadorias confrontam-se, independentes um do outro, apenas o vendedor e o comprador. Suas relações recíprocas chegam ao fim quando do vencimento do contrato concluído entre eles. Se o negócio se repete, é em consequência de um novo contrato, que não guarda nenhuma relação com o anterior e no qual somente o acaso reúne novamente o mesmo comprador e o mesmo vendedor.

Portanto, se a produção de mercadorias ou qualquer outro processo a ela pertencente devem ser julgados segundo suas próprias leis econômicas, será necessário considerar cada ato de troca por si mesmo, à margem de qualquer conexão com o ato de troca que o precedeu e com o que o sucede. E como as compras e as vendas são efetuadas apenas entre indivíduos singulares, é inadmissível que nelas busquemos relações entre classes sociais inteiras.

Por mais longa que seja a sequência das reproduções periódicas e das acumulações precedentes percorridas pelo capital atualmente em funcionamento, este conserva sempre sua virgindade original. Enquanto em cada ato de troca – tomado isoladamente – são conservadas as leis da troca, o modo de apropriação pode sofrer um revolucionamento total sem que o direito de propriedade adequado à produção de mercadorias se veja afetado de alguma forma. Esse mesmo direito segue em vigor tanto no início, quando o produto pertencia ao produtor, e este, trocando equivalente por equivalente, só podia enriquecer mediante seu próprio trabalho, como também no período capitalista, quando a riqueza social se torna, em proporção cada vez maior, a propriedade daqueles em condições de se apropriar sempre de novo do trabalho não pago de outrem.

Esse resultado se torna inevitável assim que o próprio trabalhador vende livremente a força de trabalho como mercadoria. Mas é também somente a partir de então que a produção de mercadorias se generaliza, tornando-se a forma típica da produção; somente a partir de então cada produto passa a ser produzido, desde o início, para a venda, e toda a riqueza produzida percorre os canais da circulação. É apenas quando o trabalho assalariado constitui sua base que a produção de mercadorias se impõe a toda a sociedade; mas é também somente então que ela desdobra todas as suas potências ocultas. Dizer que a interferência do trabalho assalariado falseia a produção de mercadorias equivale a dizer que a produção de mercadorias, se deseja preservar intacta sua autenticidade, não se deve desenvolver. Na mesma medida em que, de acordo com suas próprias leis imanentes, ela se desenvolve até se converter em produção capitalista, as leis de propriedade que regulam a produção de mercadorias se convertem em leis da apropriação capitalista[24].

---

[24] Admira-nos, por isso, a astúcia de Proudhon, que quer abolir a propriedade capitalista contrapondo-lhe – as leis eternas de propriedade da produção de mercadorias!

Transformação de mais-valor em capital

Vimos que, mesmo na reprodução simples, todo o capital adiantado, independentemente de como tenha sido obtido, transforma-se em capital acumulado ou mais-valor capitalizado. No fluxo da produção, porém, todo capital originalmente adiantado se torna, em geral, uma grandeza evanescente (*magnitudo evanescens*, em sentido matemático) em comparação com o capital acumulado diretamente, isto é, com o mais-valor ou o mais-produto reconvertido em capital, funcione ele agora nas mãos de quem o acumulou ou em mãos alheias. Razão pela qual a economia política geralmente apresenta o capital como "riqueza acumulada" (mais-valor ou renda transformada) "que se emprega de novo na produção de mais-valor"[25] ou o capitalista como "possuidor do mais-produto"[26]. O mesmo ponto de vista se revela, apenas sob outra forma, na expressão: todo capital existente é juro acumulado ou capitalizado, pois o juro não é mais do que uma fração do mais-valor[27].

2. Concepção errônea, por parte da economia política, da reprodução em escala ampliada

Antes de passarmos à análise de algumas determinações mais detalhadas da acumulação ou da reconversão do mais-valor em capital, é preciso remover um equívoco criado pela economia clássica.

Assim como as mercadorias que o capitalista compra com uma parte do mais-valor para seu próprio consumo não lhe servem como meios de produção e valorização, tampouco o trabalho que ele compra para a satisfação de suas necessidades naturais e sociais é trabalho produtivo. Por meio da compra dessas mercadorias e desse trabalho, em vez de transformar o mais-valor em capital, ele o consome ou gasta como renda. Diante da mentalidade da velha aristocracia, que, como diz Hegel acertadamente, "consiste no consumo do existente"* e que também se expande sobretudo

---

[25] "*Capital, viz., accumulated wealth employed with a view to profit*" ["Capital, isto é, riqueza acumulada empregada para se obter lucro"], Malthus, *Princ. of Pol. Econ.*, cit., p. 262. "*Capital [...] consists of wealth saved from revenue, and used with a view to profit*" ["O capital [...] consiste em riqueza economizada da renda e usada para se obter lucro"], R. Jones, *Textbook of Lectures on the Political Economy of Nations*, cit., p. 16.

[26] "*The possessors of surplus produce or capital*" ["Os possuidores do mais-produto ou capital"], *The Source and Remedy of the National Difficulties. A Letter to Lord John Russell* (Londres, 1821), p. 4.

[27] "*Capital, with compound interest on every portion of capital saved, is so all engrossing, that all the wealth in the world from which income is derived, has long ago become the interest on capital*" ["O capital, com os juros compostos que recaem sobre cada parte do capital poupado, açambarca tudo a tal ponto que toda a riqueza do mundo da qual alguma renda é obtida já se converteu há muito tempo em juros de capital"], *Economist* (Londres), 19 jul. 1851.

* G. W. F. Hegel, *Grundlinien der Philosophie des Rechts, oder Naturrecht und Staatswissenschaft im Grundrisse* [*Linhas fundamentais da filosofia do direito: ou direito natural e ciência do Estado em compêndio*] (Berlim, 1840), §203, adendo. (N. E. A. MEW)

no luxo dos serviços pessoais, era de importância decisiva para a economia burguesa anunciar a acumulação do capital como o primeiro dever cívico e pregar infatigavelmente que não se pode acumular quando se devora toda a renda, em vez de despender boa parte dela na contratação de trabalhadores produtivos adicionais, que rendem mais do que custam. Por outro lado, ela tinha de polemizar contra o preconceito popular que confunde a produção capitalista com o entesouramento[28] e, por isso, imagina que a riqueza acumulada seja a riqueza subtraída à destruição, isto é, a riqueza que conserva sua forma natural preexistente, subtrai-se do consumo e salva-se da circulação. Aferrolhar o dinheiro para que ele não circule seria exatamente o oposto de sua valorização como capital, e acumular mercadorias para entesourá-las, pura sandice[28a]. A acumulação de mercadorias em grandes quantidades resulta do estancamento da circulação ou da superprodução[29]. Certamente, na imaginação popular se apresenta, de um lado, a imagem dos bens acumulados no fundo de consumo dos ricos, bens que se consomem lentamente, e, de outro lado, a formação de reservas, fenômeno que ocorre em todos os modos de produção e do qual nos ocuparemos brevemente na análise do processo de circulação.

A economia clássica está certa, portanto, quando acentua como momento característico do processo de acumulação o consumo do mais-produto por trabalhadores produtivos, em vez de por improdutivos. Mas aqui começa também o seu erro. Foi A. Smith quem criou a moda de representar a acumulação meramente como consumo do mais-produto por trabalhadores produtivos ou a capitalização do mais-valor como a mera conversão deste último em força de trabalho. Ouçamos, por exemplo, o que diz Ricardo:

---

[28] *"No political economist of the present day can by saving mean mere hoarding: and beyond this contracted and insufficient proceeding, no use of the term in reference to the national wealth can well be imagined, but that which must arise from a different application of what is saved, founded upon a real distinction between the different kinds of labour maintained by it"* ["Nenhum economista político dos dias de hoje pode entender pelo termo poupar o mero entesouramento: e além desse procedimento estreito e insuficiente" [em Malthus: ineficiente], "não podemos imaginar nenhum outro uso desse termo, em relação à riqueza nacional, que não aquele que deve surgir de uma aplicação diferente daquilo que é poupado e que se baseia numa distinção real entre os diferentes tipos de trabalho mantidos por essa poupança"], Malthus, *Princ. of Pol. Econ.*, cit., p. 38-9.

[28a] Por exemplo, em Balzac, que estudou tão profundamente todos os matizes da avareza, o velho usurário Gobseck mostra sua infantilidade quando começa a formar um tesouro acumulando mercadorias.

[29] *"Accumulation of stocks* [...] *non-exchange* [...] *overproduction"* ["Acumulação de capitais [...] ausência de troca [...] superprodução"], T. Corbet, *An Inquiry into the Causes and Models of the Wealth of Individuals; or the Principles of Trade and Speculation Explained*, cit., p. 104.

Transformação de mais-valor em capital

"Devemos compreender que todos os produtos de um país são consumidos; mas faz uma enorme diferença se são consumidos por aqueles que reproduzem outro valor, ou por aqueles que não o reproduzem. Quando dizemos que a renda é poupada e agregada ao capital, queremos dizer que a parte da renda da qual se diz ter sido agregada ao capital é consumida por trabalhadores produtivos, e não por improdutivos. Não existe erro maior que o de supor que o capital é aumentado pelo não consumo."[30]

Não existe erro maior que o de A. Smith, repetido por Ricardo e todos os economistas posteriores, de que "a parte da renda que se considera ter sido agregada ao capital é consumida por trabalhadores produtivos". Segundo essa noção, todo o mais-valor que se transformasse em capital converter-se-ia em capital variável. Em vez disso, porém, ele se reparte, como o valor original adiantado, em capital constante e capital variável, em meios de produção e força de trabalho. A força de trabalho é a forma em que o capital variável existe no interior do processo de produção. Nesse processo, ela própria é consumida pelo capitalista. Por meio de sua função – o trabalho –, ela consome meios de produção. Ao mesmo tempo, o dinheiro pago na aquisição da força de trabalho converte-se em meios de subsistência, que são consumidos não pelo "trabalho produtivo", mas pelo "trabalhador produtivo". Por meio de uma análise fundamentalmente equivocada, A. Smith chega ao resultado absurdo de que, mesmo que todo capital individual se divida em parte constante e parte variável, o capital social é composto unicamente de capital variável, ou seja, é gasto exclusivamente no pagamento de salários. Um fabricante de panos, por exemplo, transforma £2 mil em capital. Uma parte do dinheiro ele aplica na aquisição de tecelões, a outra parte em fios de lã, maquinaria etc. Mas as pessoas das quais ele compra os fios e a maquinaria usam parte do dinheiro obtido para pagar o trabalho etc., até que todas as £2 mil sejam gastas no pagamento de salários, ou seja, até que o produto representado pelas £2 mil tenha sido inteiramente consumido por trabalhadores produtivos. Como vemos, todo o peso desse argumento reside na palavra "etc.", que nos remete de Pôncio até Pilatos. Na verdade, A. Smith interrompe a investigação precisamente no ponto onde começa sua dificuldade[31].

Enquanto consideramos apenas o fundo da produção total anual, o processo de reprodução anual é facilmente compreensível. Mas todos os componentes da produção anual têm de ser levados ao mercado, e aí tem início a dificuldade.

---

[30] Ricardo, *The Princ. of Pol. Econ.*, cit., p. 163, nota.
[31] Apesar de sua "lógica", o sr. J. S. Mill não descobre jamais a falha dessa análise errônea de seus predecessores, a qual, mesmo dentro do horizonte burguês, clama por uma retificação, do ponto de vista puramente profissional. Por toda parte ele registra, com dogmatismo de discípulo, a confusão mental de seus mestres. Também nesta passagem: *"The capital itself in the long run becomes entirely wages, and when replaced by the sale of produce becomes wages again"* ["Em longo prazo, o próprio capital torna-se inteiramente salário e, quando é reposto pela venda do produto, torna-se novamente salário"].

Karl Marx – O capital

Os movimentos dos capitais singulares e das rendas pessoais se entrecruzam, entremesclam, perdem-se numa troca geral de posições, na circulação da riqueza social, que confunde a visão e coloca à investigação problemas muito complexos para resolver. Na terceira seção do Livro II, procederei à análise das conexões efetivas. – O grande mérito dos fisiocratas é o de terem realizado, em seu *Tableau économique**, a primeira tentativa de elaborar um quadro da produção anual na configuração sob a qual ela emerge da circulação[32].

De resto, é evidente que a economia política, no interesse da classe capitalista, não deixou de explorar a tese de A. Smith, segundo a qual a classe da trabalhadora consome toda a parte do produto líquido transformada em capital.

3. Divisão do mais-valor em capital e renda. A teoria da abstinência

No capítulo anterior, consideramos o mais-valor, ou o mais-produto, tão somente como fundo de consumo individual do capitalista; neste capítulo, até aqui, o consideramos apenas como fundo de acumulação. Mas ele não é um ou outro exclusivamente, mas ambos ao mesmo tempo. Uma parte do mais-valor é consumida pelo capitalista como renda[33], outra parte é aplicada como capital ou é acumulada.

---

* Em 1758, em seu escrito *Tableau économique*, o fisiocrata Quesnay realizou pela primeira vez a tentativa de uma exposição sistemática da reprodução e circulação do capital social total. Marx utilizou a seguinte edição: F. Quesnay, *Analyse du tableau économique* (1766), em E. Daire (ed.), *Physiocrates*... (Paris, 1846), primeira parte. Marx tratou detalhadamente do *Tableau économique* nas *Teorias do mais-valor*, parte 1, c. 6, no c. 10, por ele redigido, da segunda parte do *Anti-Dühring*, de Engels, e n'*O capital*, Livro II, c. 19. (N. E. A. MEW)

[32] Em muitos aspectos de sua exposição do processo de reprodução e, consequentemente, também da acumulação, A. Smith não só não fez progresso algum em relação a seus predecessores, especialmente os fisiocratas, como retrocedeu em pontos decisivos. Juntamente com aquela sua ilusão que mencionamos no texto encontra-se o dogma, verdadeiramente fabuloso e por ele legado à economia política, de que o preço das mercadorias é composto de salário, lucro (juro) e renda da terra, ou seja, unicamente de salário e mais-valor. Partindo dessa base, Storch ao menos admite, ingenuamente: "*Il est impossible de résoudre le prix nécessaire dans ses éléments les plus simples*" ["É impossível decompor o preço necessário em seus elementos mais simples"], Storch, *Cours d'écon. polit.*, cit., t. II, p. 141, nota. Uma bela ciência econômica essa, que declara ser impossível decompor o preço das mercadorias em seus elementos mais simples! Uma discussão detalhada sobre tal questão encontra-se na terceira seção do Livro II e na sétima seção do Livro III.

[33] O leitor notará que a palavra renda [*revenue*] é usada em duplo sentido: primeiro, para designar o mais-valor como fruto que brota periodicamente do capital; segundo, para designar a parte desse fruto que o capitalista consome periodicamente ou que é agregada a seu fundo de consumo. Se mantenho esse duplo sentido é porque ele se harmoniza com a terminologia dos economistas ingleses e franceses.

Transformação de mais-valor em capital

Dada uma massa de mais-valor, uma dessas partes será tanto maior quanto menor for a outra. Mantendo-se inalteradas as demais circunstâncias, a proporção em que se realiza essa divisão é que determina a grandeza da acumulação. Mas quem opera essa divisão é o proprietário do mais-valor, o capitalista. Ela é, portanto, um ato de sua vontade. Acerca da parte do tributo que ele recolhe e acumula, dizemos que é poupada, porque ele não a consome, isto é, porque exerce sua função de capitalista, a saber, a função de se enriquecer.

Apenas como capital personificado o capitalista tem um valor histórico e dispõe daquele direito histórico à existência de que, como diz o espirituoso Lichnovski, nenhuma data não dispõe*. Somente nesse caso sua própria necessidade transitória está incluída na necessidade transitória do modo de produção capitalista. Ainda assim, porém, sua força motriz não é o valor de uso e a fruição, mas o valor de troca e seu incremento. Como fanático da valorização do valor, o capitalista força inescrupulosamente a humanidade à produção pela produção e, consequentemente, a um desenvolvimento das forças produtivas sociais e à criação de condições materiais de produção que constituem as únicas bases reais possíveis de uma forma superior de sociedade, cujo princípio fundamental seja o pleno e livre desenvolvimento de cada indivíduo. O capitalista só é respeitável como personificação do capital. Como tal, ele partilha com o entesourador o impulso absoluto de enriquecimento. Mas o que neste aparece como mania individual, no capitalista é efeito do mecanismo social, no qual ele não é mais que uma engrenagem. Além disso, o desenvolvimento da produção capitalista converte em necessidade o aumento progressivo do capital investido numa empresa industrial, e a concorrência impõe a cada capitalista individual, como leis coercitivas externas, as leis imanentes do modo de produção capitalista. Obriga-o a ampliar continuamente seu capital a fim de conservá-lo, e ele não pode ampliá-lo senão por meio da acumulação progressiva.

Por conseguinte, na medida em que suas ações são apenas uma função do capital que nele está dotado de vontade e consciência, seu próprio consumo privado apresenta-se a ele como um roubo contra a acumulação de seu capital, assim como na contabilidade italiana os gastos privados figuram na coluna daquilo que o capitalista "deve" ao capital. A acumulação é a conquista do

---

* A 31 de agosto de 1848, na Assembleia Nacional de Frankfurt, o latifundiário silesiano Lichnovski pronunciou-se – num alemão que provocou risos nos ouvintes – contra o direito histórico da Polônia à existência autônoma, direito de que, disse, "nenhuma data não dispõe". Segundo Lichnovski, uma data anterior de ocupação do território polonês sempre "poderia reivindicar" um "direito maior", como era o caso dos alemães. Esse discurso foi comentado à época por Marx e Engels, na *Nova Gazeta Renana*, numa série de artigos intitulada "Die Polendebatte in Frankfurt" [O debate sobre a Polônia em Frankfurt] (N. E. A. MEW).

mundo da riqueza social. Juntamente com a massa de material humano explorado, ela amplia o domínio direto e indireto do capitalista[34].

Mas o pecado original age em toda parte. Com o desenvolvimento do modo de produção capitalista e o aumento da acumulação e da riqueza, o capitalista deixa de ser mera encarnação do capital. Ele sente uma "comoção humana"* por seu próprio Adão** e se civiliza ao ponto de ridicularizar a paixão pela ascese como preconceito do entesourador arcaico. Enquanto o capitalista clássico estigmatizava o consumo individual como pecado contra

---

[34] Na forma arcaica, ainda que constantemente renovada, do capitalista, ou seja, no usurário, Lutero ilustra muito corretamente o afã de poder como elemento do impulso de enriquecimento. "Pela razão, os pagãos puderam deduzir que um usurário é um ladrão e assassino elevado à quarta potência. Mas nós cristãos o honramos a tal ponto que quase o adoramos por seu dinheiro [...]. Quem suga, rouba ou subtrai o alimento de outrem comete um assassinato tão grande (no que lhe diz respeito) como aquele que o deixa morrer de fome ou o arruína por completo. Mas é isso que faz um usurário, sentado com toda a segurança em sua cadeira quando deveria estar dependurado numa forca e ser devorado por tantos corvos quantos fossem os florins que ele furtou, se fosse possível que houvesse carne suficiente para que tantos corvos pudessem despedaçá-la e reparti-la entre si. Enquanto isso, enforcam-se os pequenos ladrões [...]. Pequenos ladrões vão para o cadafalso, ladrões grandes se pavoneiam cobertos de ouro e seda. [...] De maneira, portanto, que não há sobre a Terra maior inimigo do homem (depois do Diabo) do que um avarento e usurário, pois ele quer ser Deus sobre todos os homens. Turcos, guerreiros e tiranos são também homens maus, mas se veem obrigados a deixar as pessoas viverem e a confessar que são maus e inimigos. E eventualmente podem, e inclusive devem, apiedar-se de algumas delas. Mas um usurário e avarento desejaria que todo mundo morresse de fome e sede, de tristeza e miséria, no que dependesse dele, pois assim teria tudo para si, e que todos recebessem dele como de um Deus e se tornassem eternamente seus servos. Vestir mantos, portar correntes de ouro, anéis, limpar o focinho e fazer-se reverenciar como homens virtuosos e piedosos [...]. A usura é um monstro grande e descomunal, qual um lobisomem que tudo devasta, mais do que qualquer Caco, Gerião ou Anteu. E, no entanto, enfeita-se e se faz de mansa, para que ninguém possa ver onde foram parar os bois que ela faz andar para trás até sua cova. Mas Hércules há de ouvir os bramidos dos bois e dos prisioneiros e buscará Caco entre as rochas e escolhos e libertará os bois do maligno. Pois Caco é o nome de um vilão, um usurário hipócrita que furta, rouba, devora tudo. Finge não ter feito nada e pretende que ninguém o descubra, porque os bois puxados para trás para seu antro deixam rastros e pegadas como se ele os tivesse soltado. Portanto, o usurário também quer enganar o mundo, como se ele fosse útil e desse bois ao mundo, quando na verdade os toma só para si e os devora. [...]. E, do mesmo modo como os assaltantes de estrada, os assassinos e bandidos são submetidos ao suplício da roda e decapitados, com muito mais razão deveriam todos os usurários ser supliciados e mortos [...] banidos, amaldiçoados e decapitados", Martinho Lutero, *An die Pfarrherrn, wider den Wucher zu predigen*, cit.

* Schiller, *Die Bürgschaft*. (N. E. A. MEW)

** Isto é, "ele mesmo". Na versão francesa, a expressão aparece seguida de "sua carne". (N. T.)

Transformação de mais-valor em capital

sua função e como uma "abstinência" da acumulação, o capitalista moderno está em condições de conceber a acumulação como "renúncia" ao seu impulso de fruição. "Vivem-lhe duas almas, ah!, no seio,/ Querem trilhar em tudo opostas sendas."*

Nos primórdios da história do modo de produção capitalista, e todo neófito capitalista percorre individualmente esse estágio histórico, o impulso de enriquecimento e a avareza predominam como paixões absolutas. Entretanto, o progresso da produção capitalista não cria apenas um mundo de desfrutes. Ele abre, com a especulação e o sistema de crédito, milhares de fontes de enriquecimento repentino. A certa altura do desenvolvimento, o "desventurado" capitalista deve praticar, até mesmo como uma necessidade do negócio, um determinado grau convencional de esbanjamento, que é, ao mesmo tempo, ostentação de riqueza e, por isso, meio de crédito. O luxo entra nos custos de representação do capital. Além disso, o capitalista não enriquece como o fazia o entesourador, em proporção ao seu trabalho e não-consumo [*Nichtkonsum*] pessoais, mas quando suga força de trabalho alheia e obriga o trabalhador a renunciar a todos os desfrutes da vida. Por isso, embora o esbanjamento do capitalista não tenha jamais o caráter de *bona fide* [boa-fé] do esbanjamento do pródigo senhor feudal, nele subjazendo, antes, a mais sórdida avareza e o cálculo mais angustioso, sua prodigalidade aumenta, contudo, a par de sua acumulação, sem que uma tenha de prejudicar a outra. Com isso, ao mesmo tempo se desenvolve, no coração do capitalista, um conflito fáustico entre os impulsos da acumulação e do desfrute.

"A indústria de Manchester", lê-se numa obra publicada em 1795, pelo dr. Aikin, "pode ser dividida em quatro períodos. No primeiro, os fabricantes se viam obrigados a trabalhar duro por seu sustento." Enriqueciam-se especialmente furtando os pais que lhes confiavam seus filhos como *apprentices* (aprendizes) e tinham de pagar altas somas por isso, enquanto os aprendizes morriam de fome. Por outro lado, a média de lucros era baixa e a acumulação exigia grande economia. Eles viviam como entesouradores e não consumiam nem mesmo os juros de seu capital.

> "No segundo período, eles começaram a adquirir pequenas fortunas, mas continuavam a trabalhar tão duramente como antes", pois a exploração direta do trabalho custa trabalho, como o sabe todo capataz de escravos, "e seguiam, como antes, o mesmo estilo de vida frugal [...]. No terceiro período teve início o luxo e o negócio foi ampliado mediante o envio de cavaleiros" (*commis voyageurs* [caixeiros--viajantes] montados) "que recebiam ordens em todas as cidades mercantis do reino. É provável que, antes de 1690, existissem muito poucos capitais de £3 mil a £4 mil adquiridos na indústria, ou mesmo nenhum. Porém, nessa época, ou talvez um pouco mais tarde, os industriais já haviam acumulado dinheiro e começaram

---

* J. W. Goethe, *Fausto*, cit., p. 64. (N. T.)

a construir casas de pedra, em vez das de madeira e argamassa [...]. Ainda nos primeiros decênios do século XVIII, um fabricante de Manchester que oferecesse um *pint* de vinho estrangeiro a seus hóspedes expunha-se aos comentários e murmúrios de todos os seus vizinhos."

Antes do surgimento da maquinaria, o consumo dos fabricantes nas tabernas, onde se reuniam com seus confrades, jamais ultrapassava, numa noite, 6 *pence* por um copo de ponche e 1 *penny* por um rolo de tabaco. Apenas em 1758, e esse fato fez época, viu-se "uma pessoa efetivamente engajada nos negócios que possuía sua própria carruagem!" "O quarto período", o último terço do século XVIII, "foi de grande luxo e esbanjamento, fundados na ampliação dos negócios"[35]. Que diria o bom dr. Aikin se ressuscitasse na Manchester de hoje!

Acumulai, acumulai! Eis Moisés e os profetas!* "A indústria provê o material que a poupança acumula."[36] Portanto, poupai, poupai, isto é, reconvertei em capital a maior parte possível do mais-valor ou do mais-produto! A acumulação pela acumulação, a produção pela produção: nessa fórmula, a economia clássica expressou a vocação histórica do período burguês. Em nenhum instante ela se enganou sobre as dores de parto da riqueza[37], mas de que adianta lamentar-se diante da necessidade histórica? Se para a economia clássica o proletário não era mais que uma máquina para a produção de mais-valor, também o capitalista, para ela, era apenas uma máquina para a transformação desse mais-valor em mais-capital. Ela leva rigorosamente a sério a função histórica do capitalista. Para livrar seu peito do terrível conflito entre os impulsos de desfrute e de enriquecimento, Malthus defendeu, no começo dos anos 1820, uma divisão do trabalho que atribuía ao capitalista efetivamente engajado na produção o negócio da acumulação, e aos outros participantes do mais-valor, a aristocracia rural, os sinecuristas estatais e eclesiásticos etc., o negócio do esbanjamento. É da maior importância, diz ele, "que se conservem separadas a paixão pelo gasto e a paixão pela acumulação" (*the passion for expenditure and the passion for accumulation*)[38]. Os senhores capitalistas, há muito convertidos em usufruidores e homens do mundo, protestaram. O quê! – exclamou um de seus porta-vozes, um ricardiano – o sr.

---

[35] Dr. Aikin, *Description of the Country from 30 to 40 miles round Manchester* (Londres, 1795), p. 181-2s., 188.

* A expressão tem aqui o sentido de: "Isto é o fundamental! É isto que importa!". (N. T.)

[36] A. Smith, *Wealth of Nations*, cit., livro II, c. III, p. 367.

[37] O próprio J. B. Say diz: "As poupanças dos ricos se fazem à custa dos pobres", J. B. Say, *Traité d'économie politique*, cit., v. 1, p. 130-1. "O proletariado romano vivia quase exclusivamente à custa da sociedade [...]. Poder-se-ia dizer que a sociedade moderna vive à custa dos proletários, da parte que ela desconta da remuneração de seu trabalho", Sismondi, *Études*, cit., t. I, p. 24.

[38] Malthus, *Princ. of Pol. Econ.*, cit., p. 319-20.

Transformação de mais-valor em capital

Malthus defende rendas elevadas da terra, pesados impostos etc., e isso para que os industriais sejam continuamente pressionados pelos consumidores improdutivos! Certamente, o *schibboleth** é produção, produção em escala cada vez mais ampliada, mas

> "a produção, mediante esse processo, é mais obstruída do que fomentada. Tampouco é inteiramente justo (*nor is it quite fair*) manter na ociosidade certo número de pessoas apenas para pressionar outras, de cujo caráter cabe inferir (*who are likely, from their characters*) que, se fosse possível obrigá-las a funcionar, elas o fariam com êxito."[39]

Do mesmo modo como lhe parece injusto aguilhoar o capitalista industrial para que acumule, tirando-lhe a carne da sopa, também lhe parece necessário limitar o trabalhador ao menor salário possível, a fim de que ele "se conserve laborioso". Tampouco oculta, em nenhum momento, que a apropriação de trabalho não pago é o segredo da produção de mais-valor.

> "Uma demanda ampliada da parte dos trabalhadores não significa mais do que sua disposição para tomar menos de seu próprio produto para si mesmos e deixar uma parte maior para seus patrões; e quando se diz que isso, ao reduzir o consumo" (da parte dos trabalhadores), "gera uma *glut*" (saturação do mercado, superprodução), "podemos apenas responder que *glut* é sinônimo de lucro elevado."[40]

A erudita controvérsia sobre como o capitalista industrial e o ocioso proprietário fundiário etc. deveriam repartir o botim extraído do trabalhador do modo mais proveitoso para a acumulação emudeceu diante da Revolução de Julho**. Pouco tempo depois, em Lyon, o proletariado urbano fez soar o alarme, e o proletariado rural na Inglaterra ateou fogo nas fazendas. Desse lado do canal, grassava o owenismo; do outro lado, o saint-simonismo e o fourierismo. Soara a hora da economia vulgar. Exatamente um ano antes de ter descoberto, em Manchester, que o lucro do capital (incluído o juro) é produto da "última hora" não paga da jornada de trabalho – a "décima segunda" hora –, Nassau W. Senior anunciou ao mundo outra descoberta. "Eu", asseverou solenemente, "substituo a palavra capital, considerado instrumento de produção, pela palavra abstinência (abstenção)."[41] Eis aí uma

---

* *Schibboleth* (ou *shibboleth*) é um termo de origem bíblica (cf. Juízes 12,1-15) que designa uma forma de senha linguística, um modo de falar (ou de pronunciar, ou o uso de uma expressão particular). Uma pessoa cujo modo de falar viola um *schibboleth* é identificada como não pertencente ao grupo e, consequentemente, é dele excluída. Na presente passagem, o termo tem o sentido de "palavra de ordem". (N. T.)

[39] *An Inquiry into those Principles Respecting the Nature of Demand etc.*, cit., p. 67.

[40] Ibidem, p. 59.

** A revolução de 27-29 de julho de 1830, que derrubou Carlos X e pôs no trono da França Luís Filipe de Orleans, o rei burguês. (N. T.)

[41] Senior, *Principes fondamentaux de l'écon. pol.* (trad. Arrivabene, Paris, 1836), p. 309. Aos partidários da velha escola clássica, essa afirmação passou um pouco da medida. "O

insuperável demonstração das "descobertas" da economia vulgar! O que ela faz é substituir uma categoria econômica por uma frase própria de sicofantas. *Voilá tout* [Isso é tudo]. "Quando o selvagem faz arcos", ensina Senior, "ele exerce uma indústria, mas não pratica a abstinência". Isso nos explica como e por que, em condições sociais anteriores, instrumentos de trabalho foram fabricados "sem a abstinência" do capitalista. "Quanto mais a sociedade progride, tanto mais abstinência ela exige"[42], especialmente daqueles que exercem a indústria de se apropriar da indústria alheia e de seu produto. Todas as condições do processo de trabalho se transformam doravante em outras tantas práticas de abstinência exercidas pelo capitalista. Que o trigo seja não apenas comido, mas também semeado, é a abstinência exercida pelo capitalista! Que ao vinho seja dado o tempo necessário para sua fermentação, é abstinência exercida pelo capitalista[43]! O capitalista rouba a seu próprio Adão quando "empresta" (!) "ao trabalhador os instrumentos de produção", ou melhor, quando os valoriza como capital mediante a incorporação de força

---

sr. Senior substitui a expressão trabalho e capital pela expressão trabalho e abstinência [...]. Abstinência é uma simples negação. Não é a abstinência, mas o uso do capital produtivamente empregado que constitui a fonte do lucro", John Cazenove, *Outlines of Polit. Economy*, cit., p. 130, nota. O sr. John S. Mill, ao contrário, reproduz, por um lado, a teoria do lucro de Ricardo e, por outro, filia-se à *"remuneration of abstinence"* [remuneração da abstinência] de Senior. Na mesma medida em que Mill é alheio à "contradição" hegeliana, fonte de toda dialética, tanto mais ele se encontra em seu elemento ao tratar de contradições triviais. Adendo à segunda edição: Ao economista vulgar jamais passou pela cabeça a simples reflexão de que todo ato humano pode ser concebido como "abstinência" do ato contrário. Comer é abster-se de jejuar, andar é abster-se de estar parado, trabalhar é abster-se de folgar, folgar é abster-se de trabalhar etc. Esses senhores fariam bem em meditar uma vez sobre esta sentença de Espinosa: *Determinatio est negatio*. [A fórmula *"determinatio est negatio"* (determinação é negação) encontra-se numa carta de Espinosa, de 2 de junho de 1674, a uma pessoa inominada (cf. correspondência de Baruch Espinosa, carta 50). A fórmula *"omnis determinatio est negatio"* [toda determinação é negação], por sua vez, difundiu-se por meio das obras de Hegel (cf. *Enciclopédia das ciências filosóficas*, parte I, §91, adendo; *A ciência da lógica*, livro I, primeira seção, c. II, b; *Lições sobre a história da filosofia*, parte I, primeira seção, c. I, parágrafo sobre Parmênides). (N. E. A. MEW)]

[42] Senior, *Principes fondamentaux de l'écon. pol.*, cit., p. 342-3.
[43] "No one [...] will sow his wheat, f.i., and allow it to remain a twelvemonth in the ground, or leave his wine in a cellar for years, instead of consuming these things or their equivalent at once – unless he expects to acquire additional value etc." ["Ninguém [...] semeará, por exemplo, seu trigo e o deixará ficar um ano inteiro embaixo da terra, ou armazenará seu vinho por anos numa adega, em vez de consumir imediatamente essas coisas ou seus equivalentes [...] a não ser que espere obter um valor adicional etc."], A. Potter (ed.), Scrope, *Polit. Econom.* (Nova York, 1841), p. 133. [Cita-se aqui o livro de Potter, *Political Economy: its Objects, Uses and Principles* (Nova York, 1841). Como se lê na introdução dessa obra, grande parte dela é, no essencial, uma reimpressão dos primeiros dez capítulos da obra de Scrope, *Principles of Political Economy*, publicada na Inglaterra em 1833. Potter introduziu no texto algumas variantes. (N. E. A. MEW)]

de trabalho, em vez de se alimentar de máquinas a vapor, algodão, ferrovias, adubo, cavalos de tração etc., ou, como imagina infantilmente o economista vulgar, de dilapidar "seu valor" em luxo e outros meios de consumo[44]. Como a classe capitalista poderia fazer isso é um segredo que até aqui foi obstinadamente guardado pela economia vulgar. Basta dizer que o mundo vive unicamente da automortificação do capitalista, esse moderno penitente de Vishnu*. Não apenas a acumulação, mas a simples "conservação de um capital exige um esforço constante para resistir à tentação de consumi-lo"[45]. O humanitarismo mais elementar clama, portanto, que libertemos o capitalista do martírio e da tentação, do mesmo modo como há pouco tempo a abolição da escravatura libertou o senhor de escravos da Geórgia do doloroso dilema: dissipar alegremente em champanha todo o mais-produto arrancado a chicotadas de seus escravos negros ou reconvertê-lo, ainda que parcialmente, em mais negros e mais terras?

Nas formações socioeconômicas mais diversas deparamo-nos não só com a reprodução simples, mas, ainda que em grau diferente, com a reprodução em escala ampliada. Produz-se progressivamente mais e se consome mais, de modo que também uma quantidade maior de produto é transformada em meios de produção. Porém, esse processo não se apresenta como acumulação de capital e, consequentemente, tampouco como função do capitalista, uma vez que os meios de produção do trabalhador – e, por conseguinte, tampouco seu produto e seus meios de subsistência – ainda não se confrontam com ele sob a forma de capital[46]. Richard Jones, falecido há alguns anos, sucessor

---

[44] "*La privation que s'impose le capitaliste, en prêtant*" [...] "*ses instruments de production au travailleur au lieu d'en consacrer la valeur à son propre usage, en la transformant en objets d'utilité ou d'agrément*" ["A privação que o capitalista se impõe, quando empresta" (esse eufemismo é usado, conforme a mais consagrada mania da economia vulgar, para identificar o trabalhador assalariado, explorado pelo capitalista industrial, com o próprio capitalista industrial, que obtém dinheiro do capitalista prestamista) "seus meios de produção ao trabalhador, em vez de consagrar o valor a seu próprio uso, transformando-o em objetos úteis ou agradáveis"], G. de Molinari, *Études économiques*, cit., p. 36.

* Deus hindu. Oposto a Brahma, o criador, e Shiva, o destruidor, Vishnu é o princípio conservador da *trimurti*, ou trindade hindu. Seu culto inclui diferentes tipos de autoflagelo. (N. T.)

[45] "*La conservation d'un capital exige* [...] *un effort* [...] *constant pour résister à la tentation de le consommer*", J. G. Courcelle-Seneuil, *Traité théorique et pratique des entreprises industrielles*, cit., p. 20.

[46] "*The particular classes of income which yield the most abundantly to the progress of national capital, change at different stages of their progress, and are therefore entirely different in nations occupying different positions in that progress* [...]. *Profits* [...] *unimportant source of accumulation, compared with wages and rents, in the earlier stages of society* [...]. *When a considerable advance in the powers of national industry has actually taken place, profits rise into comparative importance as a source of accumulation*" ["As classes particulares de renda que contribuem do modo mais abundante possível para o progresso do capital nacio-

de Malthus na cátedra de economia política no Colégio da Companhia das Índias Orientais, em Haileybury, trata dessa questão com muita propriedade, partindo de dois grandes fatos. Como a parte mais numerosa do povo indiano é composta de camponeses autônomos, seu produto, seus meios de trabalho e de subsistência jamais existem "sob a forma (*in the shape*) de um fundo poupado da renda alheia (*saved from Revenue*) e que percorreu, portanto, um processo prévio de acumulação (*a previous process of acumulation*)"[47]. Por outro lado, nas províncias onde a dominação inglesa dissolveu em menor grau o velho sistema, os trabalhadores não agrícolas são ocupados diretamente pelos grandes proprietários, para os quais reflui, como tributo ou renda fundiária, uma parcela do mais-produto rural. Os grandes proprietários consomem *in natura* uma parte desse produto, recebem a outra parte transformada pelos trabalhadores em meios de luxo e outros artigos de consumo, e o que resta constitui o salário dos trabalhadores, que são proprietários de seus meios de trabalho. A produção e a reprodução em escala ampliada seguem aqui seu curso, sem qualquer ingerência daquele santo milagroso, o cavaleiro da triste figura, o capitalista "abstinente".

4. Circunstâncias que, independentemente da divisão proporcional do mais-valor em capital e renda, determinam o volume da acumulação: grau de exploração da força de trabalho; força produtiva do trabalho; diferença crescente entre capital aplicado e capital consumido; grandeza do capital adiantado

Pressupondo-se como dada a proporção em que o mais-valor se cinde em capital e renda, é evidente que a grandeza do capital acumulado há de reger-se pela grandeza absoluta do mais-valor. Suponha que 80% sejam capitalizados e 20% consumidos; o capital acumulado será, então, de £2.400 ou de £1.200 conforme o mais-valor total tenha sido de £3.000 ou £1.500. Por conseguinte, todas as circunstâncias que determinam a massa do mais-valor contribuem para determinar a grandeza da acumulação. Resumiremos aqui, uma vez

---

nal variam segundo os diferentes estágios de seu progresso e são, assim, inteiramente diversas em nações que ocupam diferentes posições nesse progresso [...]. Lucros [...] fonte de acumulação sem importância, comparados aos salários e rendas, nos estágios anteriores da sociedade [...]. Quando ocorre um considerável avanço nos poderes da indústria nacional, os lucros assumem uma comparativa importância como fonte de acumulação"], Richard Jones, *Textbook etc.*, cit., p. 16, 21.

[47] Ibidem, p. 36s. {Adendo à quarta edição: Trata-se provavelmente de um lapso, pois essa passagem não foi encontrada. (F. E.)} [A citação de Marx é, na verdade, uma adaptação bastante livre das ideias centrais expostas nas páginas 36-7 da obra de Richard Jones. Cf. MEGA II/10, cit., p. 1.058-9. (N. T.)]

Transformação de mais-valor em capital

mais, essas circunstâncias, mas somente na medida em que nos ofereçam novos pontos de vista em relação à acumulação.

Recordar-se-á que a taxa de mais-valor depende, em primeira instância, do grau de exploração da força de trabalho. A economia política confere tanta dignidade a esse papel que chega ocasionalmente a identificar a aceleração da acumulação que resulta do aumento da força produtiva do trabalho com sua aceleração derivada do aumento da exploração do trabalhador[48]. Nas seções dedicadas à produção de mais-valor, partimos sempre do pressuposto de que o salário era pelo menos igual ao valor da força de trabalho. Mas a redução forçada do salário abaixo desse valor desempenha um papel importante demais no movimento prático para que não nos dediquemos a ela por um momento. De fato, ela transforma, dentro de certos limites, o fundo necessário de consumo do trabalhador num fundo de acumulação de capital.

"Os salários" – diz J. S. Mill – "não têm força produtiva; eles são o preço de uma força produtiva; os salários não contribuem, ao lado do próprio trabalho, para a produção de mercadorias, tampouco para o preço da própria maquinaria. Se fosse possível obter o trabalho sem comprá-lo, os salários seriam supérfluos."[49]

Mas se os trabalhadores pudessem viver de ar, tampouco seria possível comprá-los por preço algum. Sua gratuidade [*Nichtkosten*] é, portanto, um limite em sentido matemático, sempre inalcançável, ainda que sempre aproximável. É uma tendência constante do capital reduzir os trabalhadores a esse nível niilista. Um escritor do século XVIII, que costumo citar com frequência, o autor do *Essay on Trade and Commerce*, não faz mais do que trair o segredo mais íntimo da alma do capital inglês, quando declara que a missão vital histórica da Inglaterra é rebaixar o salário inglês ao nível do francês e do holandês[50]. Ingenuamente, ele diz, entre outras coisas:

---

[48] "Ricardo afirma: 'Em diferentes estágios da sociedade, a acumulação do capital ou dos meios de trabalho'" (isto é, dos meios de explorá-lo) "'é mais ou menos rápida e depende, necessariamente, em todos os casos, das forças produtivas do trabalho. Em geral, as forças produtivas do trabalho são maiores onde existe abundância de terra fértil'. Se nessa frase entende-se por 'forças produtivas do trabalho' a pequenez dessa parte alíquota de cada produto que cabe àqueles cujo trabalho manual o produz, a frase é tautológica, pois a parte restante é o fundo a partir do qual se pode acumular capital, se seu proprietário o quiser (*if the owner pleases*). Mas isso não costuma ocorrer onde a terra é mais fértil", *Observation on Certain Verbal Disputes etc.*, p. 74.

[49] John Stuart Mill, *Essays on Some Unsettled Questions of Polit. Economy* (Londres, 1844), p. 90-1.

[50] *An Essay on Trade and Commerce*, cit., p. 44. De modo análogo, o *Times*, de dezembro de 1866 e janeiro de 1867, publicou os arroubos sentimentais dos proprietários ingleses de minas, nos quais era descrita a favorável situação dos mineiros belgas, que não exigiam nem recebiam mais do que o estritamente necessário para viver para seus *"masters"*. Os trabalhadores belgas suportam muita coisa, mas daí a figurarem no *Times* como

"Mas se nossos pobres" (termo técnico para trabalhadores) "querem viver de modo luxuoso [...], é evidente que seu trabalho tem de ser caro [...]. Basta considerar a horripilante massa de superfluidades (*heap of superfluities*) que nossos trabalhadores manufatureiros consomem, como aguardente, gim, chá, açúcar, frutas importadas, cerveja forte, lenços estampados, rapé e tabaco etc."[51]

Ele cita o escrito de um fabricante de Northamptonshire, que, mirando o céu, lamenta: "Na França, o trabalho é ⅓ mais barato que na Inglaterra, pois os franceses pobres trabalham duramente e economizam na alimentação e no vestuário; sua dieta é composta principalmente de pão, frutas, verduras, raízes e peixe salgado, pois comem carne muito raramente e, estando caro o trigo, muito pouco pão"[52]. "E ainda é preciso acrescentar", prossegue o ensaísta, "que sua bebida consiste em água ou licores fracos, de modo que, na realidade, gastam muito pouco dinheiro. [...] Tal estado de coisas é certamente difícil de implantar, mas não é inalcançável, como o demonstra cabalmente sua existência tanto na França como na Holanda"[53].

Duas décadas mais tarde, um impostor americano, o ianque baronizado Benjamin Thompson (conde Rumford), seguiu a mesma linha filantrópica com grande complacência perante Deus e os homens. Seus *Essays* são um livro de culinária com receitas de toda espécie, que oferecem sucedâneos aos caros alimentos habituais do trabalhador. Uma receita particularmente bem-sucedida desse estranho "filósofo" é a seguinte:

"Com 5 libras de cevada, 5 libras de milho, 3 *pence* de arenque, 1 *penny* de sal, 1 *penny* de vinagre, 2 *pence* de pimenta e ervas – totalizando 20¾ *pence* –, prepara-se uma sopa para 64 pessoas; considerando-se o preço médio do cereal, o custo pode ser abatido a ¼ de *penny*" (menos de 3 *Pfennig*) "por cabeça."[54]

---

trabalhadores modelos! No início de fevereiro de 1867, a resposta ao jornal inglês veio da greve dos mineiros belgas (em Marchienne), reprimida a pólvora e chumbo.

[51] Ibidem, p. 44, 46.

[52] O fabricante de Northamptonshire comete uma *pia fraus* [fraude piedosa], desculpável considerando-se o arrebatamento de seu coração. Ele afirma comparar a vida dos trabalhadores manufatureiros ingleses e franceses, mas o que descreve nas frases aqui citadas é, como ele mesmo confessa mais adiante em seu estado de confusão, a condição dos trabalhadores agrícolas franceses!

[53] John Stuart Mill, *Essays on Some Unsettled Questions of Polit. Economy*, cit., p. 70-1. Nota à terceira edição: Hoje, graças à concorrência que desde então se instaurou no mercado mundial, demos muitos passos à frente. "Se a China" – declara o parlamentar Stapleton a seus eleitores – "se tornasse um grande país industrial, não vejo como a população trabalhadora da Europa poderia enfrentar esse desafio sem decair ao nível de seus concorrentes", *Times*, 3 set. 1873. – Não mais salários continentais, mas salários chineses! Esse é, agora, o objetivo perseguido pelo capital inglês.

[54] Benjamin Thompson, *Essays, Political, Economical, and Philosophical etc.* (Londres, 1796--1802), v. 1, p. 294. Em seu *The State of the Poor, or an History of the Labouring Classes in England etc.*, sir F. M. Eden recomenda encarecidamente a sopa para mendigos, criada por Rumford, aos diretores das *workhouses* e, em tom de censura, adverte os

Transformação de mais-valor em capital

Com o progresso da produção capitalista, a falsificação de mercadorias tornou supérfluos os ideais de Thompson[55].

No final do século XVIII e nas primeiras décadas do século XIX, os arrendatários e senhores rurais ingleses impuseram o salário mínimo absoluto, pagando aos jornaleiros agrícolas menos que o mínimo sob a forma de salário e o resto como assistência paroquial. Vejamos um exemplo da bufonaria encenada pelos *Dogberries* ingleses na fixação "legal" da taxa salarial:

"Quando os *squires* [proprietários rurais] fixaram os salários para Speenhamland, em 1795, eles já haviam almoçado, mas evidentemente pensaram que os trabalhadores não necessitavam disso [...]. Decidiram que o salário semanal fosse de 3 xelins por pessoa enquanto o pão de 8 libras e 11 onças custasse 1 xelim, e que a remuneração devia aumentar regularmente até que esse pão custasse 1 xelim e 5 *pence*. Assim que ultrapassasse esse preço, o salário devia diminuir proporcionalmente até que o preço do pão chegasse a 2 xelins; desse modo, a alimentação do trabalhador seria $^1/_5$ menor que antes."[56]

Perante a comissão de inquérito da *House of Lords* [Câmara dos Lordes], em 1814, perguntou-se a um certo A. Bennett, grande arrendatário, magistrado, administrador de uma *workhouse* e regulador de salários:

"Existe alguma relação entre o valor do trabalho diário e a assistência paroquial aos trabalhadores?" Resposta: "Sim. A receita semanal de cada família é complementada acima de seu salário nominal até o pão de 1 galão (8 libras e 11 onças) e 3 *pence* por cabeça [...]. Suponha que o pão de 1 galão seja suficiente para manter todas as pessoas da família durante a semana; e que os 3 *pence* sejam para vestuário; no caso de a paróquia preferir fornecer ela mesma as roupas, descontam-se os 3 *pence*. Essa prática impera não só em todo o oeste de Wiltshire, mas, creio eu,

---

trabalhadores ingleses que "entre os escoceses há muitas famílias que, em vez de se alimentar com trigo, centeio e carne, vivem por meses, e muito confortavelmente (*and that very confortably too*), apenas com flocos de aveia e farinha de cevada misturados com água e sal", *The State of the Poor, or an History of the Labouring Classes in England etc.*, v. I, livro II, c. II, p. 503. "Advertências" semelhantes encontramos no século XIX. Lê-se, por exemplo: "Os trabalhadores agrícolas ingleses não aceitam nenhuma mistura de cereais de tipos inferiores. Na Escócia, onde a educação é melhor, esse preconceito provavelmente inexiste", Charles H. Parry, *The Question of the Necessity of the Existing Cornlaws Considered* (Londres, 1816), p. 69. No entanto, o mesmo Parry reclama que o trabalhador inglês teria decaído muito agora (1815) em comparação com a época de Eden (1797).

[55] Os relatórios da última comissão parlamentar de inquérito sobre a falsificação de alimentos mostram que mesmo a falsificação de medicamentos constitui, na Inglaterra, a regra, e não a exceção. Por exemplo, o exame de 34 amostras de ópio, adquiridas em outras tantas farmácias londrinas, demonstrou que 31 estavam adulteradas com cascas de papoula, farinha de trigo, pasta de borracha, argila, areia etc. Muitas não continham um só átomo de morfina.

[56] G. L. Newnham (*barrister at law*), *A Review of the Evidence Before the Committees of the Two Houses of Parliament on the Corn Laws* (Londres, 1815), p. 20, nota.

em todo o país."[57] "Assim" – exclama um escritor burguês daquela época – "os arrendatários degradaram, por anos, uma classe respeitável de seus conterrâneos, forçando-os a buscar refúgio na *workhouse* [...]. O arrendatário aumentou seus próprios ganhos vedando aos trabalhadores a acumulação do fundo de consumo mais indispensável."[58]

O chamado trabalho domiciliar (ver capítulo 13, 8d [p. 537-41]), por exemplo, demonstrou qual é o papel que hoje desempenha, na formação do mais-valor e, portanto, do fundo de acumulação do capital, o roubo direto perpetrado contra o fundo de consumo necessário do trabalhador. Apresentaremos novos fatos sobre esse ponto no decorrer desta seção.

Embora em todos os ramos industriais a parte do capital constante constituída de meios de trabalho tenha de bastar para empregar certo número de trabalhadores, número que é determinado pelo tamanho do investimento, de modo algum é necessário que essa parte cresça sempre na mesma proporção que a quantidade de trabalho ocupada. Suponha que, numa fábrica, 100 trabalhadores forneçam, trabalhando 8 horas, 800 horas de trabalho. Se o capitalista quer aumentar essa soma em 50%, ele pode empregar mais 50 trabalhadores, mas então terá de adiantar um novo capital, não só para salários, mas também para meios de trabalho. No entanto, ele pode fazer com que os 100 trabalhadores antigos trabalhem 12 horas em vez de 8; nesse caso, os meios de trabalho existentes serão suficientes, ocorrendo apenas sua depreciação mais rápida. Desse modo, o trabalho adicional, produzido por uma maior distensão da força de trabalho, pode aumentar o mais-produto e o mais-valor, a substância da acumulação, sem um aumento proporcional da parte constante do capital.

Na indústria extrativa, nas minas, por exemplo, as matérias-primas não formam parte do adiantamento de capital. O objeto de trabalho não é, aqui, produzido por um trabalho anterior, mas presenteado gratuitamente pela natureza. É o caso de minérios metálicos, minerais, carvão mineral, pedras etc. O capital constante se compõe, aqui, quase exclusivamente de meios de trabalho que podem suportar muito facilmente uma quantidade de trabalho aumentada (turnos diários e noturnos de trabalhadores, por exemplo). Porém, mantendo-se constantes as demais circunstâncias, a massa e o valor do produto aumentarão na razão direta do trabalho empregado. Como no primeiro dia da produção, convergem aqui o homem e a natureza, isto é, os formadores [*Bildner*] originais do produto e, portanto, também os

---

[57] Ibidem, p. 19-20.
[58] C. H. Parry, *The Question of the Necessity of the Existing Cornlaws Considered*, cit., p. 77, 69. Os *landlords* [senhores rurais], por sua vez, não só se "indenizaram" pela guerra antijacobina que conduziram em nome da Inglaterra, como também enriqueceram enormemente. "Em 18 anos, suas rendas duplicaram, triplicaram, quadruplicaram e, em casos excepcionais, sextuplicaram", ibidem, p. 100-1.

Transformação de mais-valor em capital

formadores dos elementos materiais do capital. Graças à elasticidade da força de trabalho, a área de acumulação se ampliou sem o aumento prévio do capital constante.

Na agricultura, é impossível ampliar a terra cultivada sem um adiantamento de sementes e adubos adicionais. Mas uma vez realizado esse adiantamento, o cultivo puramente mecânico do solo exerce um efeito prodigioso sobre a quantidade do produto. Desse modo, um maior volume de trabalho, executado pelo mesmo número de trabalhadores, eleva a fertilidade sem exigir um novo adiantamento de meios de trabalho. Uma vez mais, é a ação direta do homem sobre a natureza que se converte, sem interferência de novo capital, em fonte direta de uma maior acumulação.

Por fim, na indústria propriamente dita, todo gasto adicional de trabalho pressupõe o correspondente gasto adicional de matérias-primas, mas não necessariamente de meios de trabalho. E como a indústria extrativa e a agricultura fornecem à indústria fabril suas próprias matérias-primas e a de seus meios de trabalho, esta se beneficia também do acréscimo de produtos que aquelas realizaram sem nenhum acréscimo de capital.

Resultado geral: o capital, ao incorporar os dois formadores originais da riqueza, a força de trabalho e a terra, adquire uma força expansiva que lhe permite estender os elementos de sua acumulação além dos limites aparentemente fixados por sua própria grandeza, limites estabelecidos pelo valor e pela massa dos meios de produção já produzidos, nos quais o capital tem sua existência.

Outro fator importante na acumulação do capital é o grau de produtividade do trabalho social.

Com a força produtiva do trabalho cresce a massa de produtos na qual se representa um valor determinado e, portanto, também um mais-valor de dada grandeza. Se a taxa de mais-valor se mantém constante, ou mesmo decrescente, sempre que ela diminui mais lentamente do que aumenta a força produtiva do trabalho, cresce a massa do mais-produto. Assim, mantendo-se inalterada a divisão do mais-produto em renda e capital adicional, o consumo do capitalista pode aumentar sem que diminua o fundo de acumulação. A grandeza proporcional desse fundo pode inclusive crescer à custa do fundo de consumo, enquanto o barateamento das mercadorias põe à disposição do capitalista uma quantidade igual ou maior de meios de satisfação do que antes. Porém, a produtividade crescente do trabalho acompanha, como vimos, o barateamento do trabalhador e, portanto, uma taxa crescente de mais-valor, mesmo quando o salário real aumenta. Este nunca aumenta na mesma proporção da produtividade do trabalho. Portanto, o mesmo valor de capital variável põe em movimento mais força de trabalho e, por conseguinte, também mais trabalho. O mesmo valor de capital constante se representa em mais meios de produção, isto é, mais meios de trabalho, material de trabalho e matérias auxiliares, fornecendo, assim, tanto mais formadores de produto como mais formadores de valor, ou absorvedores de trabalho. Se o valor do capital adicional se mantém constante, ou mesmo decrescente, ocorre, pois, uma acumulação acelerada. Não apenas se amplia materialmente a escala da reprodução, mas a produção do mais-valor cresce mais rapidamente que o valor do capital adicional.

O desenvolvimento da força produtiva do trabalho reage também sobre o capital original ou capital que já se encontra no processo de produção. Uma parcela do capital constante em funcionamento é composta de meios de trabalho, como maquinaria etc., que apenas em períodos mais longos são consumidos e, assim, reproduzidos ou substituídos por novos exemplares do mesmo tipo. A cada ano, no entanto, uma parte desses meios de trabalho perece ou atinge a meta final de sua função produtiva. Consequentemente, essa parte encontra-se anualmente na fase de sua reprodução periódica ou de sua reposição por novos exemplares do mesmo tipo. Se nos lugares de nascimento desses meios de trabalho a força produtiva do trabalho foi ampliada e continua a se ampliar com o fluxo ininterrupto da ciência e da técnica, as máquinas, ferramentas, aparelhos etc. velhos são substituídos por outros mais eficazes e, considerando o volume de seu rendimento, mais baratos. O capital antigo é reproduzido de uma forma mais produtiva, abstraindo das contínuas alterações de detalhes nos meios de trabalho existentes. A outra parte do capital constante, composta de matéria-prima e matérias auxiliares, é reproduzida continuamente no decorrer do ano, e a parte procedente da agricultura se reproduz, em sua maior parte, anualmente. Portanto, toda introdução de métodos etc. aperfeiçoados exerce, aqui, um efeito quase simultâneo sobre o capital adicional e o capital já em funcionamento. Cada progresso da química multiplica não só o número das matérias úteis e as aplicações úteis dos materiais já conhecidos, e assim amplia, com o crescimento do capital, as esferas de aplicação deste último, mas ensina, ao mesmo tempo, a lançar de volta ao ciclo do processo de reprodução os excrementos dos processos de produção e de consumo, criando, dessa forma, sem gasto prévio de capital, nova matéria para o capital. Tal como no caso de uma exploração aumentada das riquezas naturais mediante o simples aumento na distensão da força de trabalho, a ciência e a técnica constituem uma potência de ampliação do capital em funcionamento, independente da grandeza determinada que esse capital alcançou. Essa potência reage, ao mesmo tempo, sobre a parte do capital original que ingressou em seu estágio de renovação. Em sua nova forma, o capital incorpora gratuitamente o progresso social realizado por detrás de sua forma antiga. Por certo, esse desenvolvimento da força produtiva é, ao mesmo tempo, acompanhado de uma depreciação parcial dos capitais em funcionamento. Na medida em que essa depreciação se torna mais aguda em razão da concorrência, o peso principal recai sobre o trabalhador, com cuja exploração aumentada o capitalista procura se ressarcir.

Transformação de mais-valor em capital

O trabalho transfere ao produto o valor dos meios de produção por ele consumidos. Por outro lado, o valor e a massa dos meios de produção postos em movimento por dada quantidade de trabalho crescem na proporção em que o trabalho se torna mais produtivo. Portanto, ainda que a mesma quantidade de trabalho agregue sempre a seus produtos a mesma soma de valor novo, o valor do antigo capital – simultaneamente transferido aos produtos por aquela quantidade de trabalho – aumenta com a produtividade crescente do trabalho.

Se um fiandeiro inglês e um chinês, por exemplo, trabalhassem o mesmo número de horas com a mesma intensidade, ambos produziriam, numa semana, valores iguais. Apesar dessa igualdade, há uma enorme diferença entre o valor do produto semanal do inglês, que trabalha com uma poderosa máquina automática, e o do chinês, que dispõe apenas de uma roda de fiar. No mesmo intervalo de tempo em que o chinês fia 1 libra de algodão, o inglês fia várias centenas de libras. Uma soma de valores anteriores várias centenas de vezes maior incha o valor do produto do fiandeiro inglês, produto no qual tais valores são conservados sob uma nova forma útil e podem, assim, funcionar novamente como capital. "Em 1782", informa-nos F. Engels, "toda a produção de lã (tosquia) dos três anos precedentes continuava" (na Inglaterra) "em estado bruto por falta de operários, e assim permaneceria se as novas invenções mecânicas não houvessem tornado possível a sua fiação"[59]. É claro que, o trabalho objetivado sob a forma de maquinaria não colheu diretamente da terra nenhum homem, mas permitiu a um reduzido número de trabalhadores, mediante o acréscimo de relativamente pouco trabalho vivo, não apenas consumir de maneira produtiva a lã e agregar-lhe valor novo, mas também conservar, sob a forma de fios etc., seu valor antigo. Com isso, ele forneceu, ao mesmo tempo, um meio e um estímulo para a reprodução ampliada da lã. Conservar valor velho enquanto cria valor novo é um dom natural do trabalho vivo. Com o aumento da eficiência, do volume e do valor de seus meios de produção, ou seja, com a acumulação que acompanha o desenvolvimento de sua força produtiva, o trabalho conserva e perpetua, sob formas sempre novas, um valor de capital em crescimento constante[60]. Essa força natural do

---

[59] Friedrich Engels, *Die Lage der arbeitenden Klasse in England*, cit., p. 20 [ed. bras.: *A situação da classe trabalhadora na Inglaterra*, cit., p. 52].

[60] Em virtude de sua análise deficiente do processo de trabalho e de valorização, a economia clássica jamais compreendeu adequadamente esse importante momento da reprodução, como se pode ver, por exemplo, em Ricardo. Ele diz, por exemplo: qualquer que seja a variação da força produtiva, "1 milhão de pessoas produz nas fábricas sempre o mesmo valor". Isso é correto quando estão dados a extensão e o grau de intensidade de seu trabalho. Mas não impede, e Ricardo o desconsidera em algumas de suas conclusões, que 1 milhão de pessoas, executando trabalhos com diferentes forças produtivas, transforme em produto massas muito distintas de meios

Karl Marx – O capital

trabalho aparece como força de autoconservação do capital no qual ela está incorporada, exatamente do mesmo modo que suas forças produtivas sociais aparecem como propriedades desse capital e a apropriação constante do mais-trabalho pelo capitalista aparece como autovalorização contínua do capital. Todas as forças do trabalho se projetam como forças do capital, assim como todas as formas de valor se projetam como formas de dinheiro.

---

de produção e, por conseguinte, conserve em seu produto massas de valor muito diverso, que diferem em grande medida dos valores dos produtos fornecidos por esses trabalhadores. Com esse exemplo, Ricardo, digamos de passagem, procura em vão explicar a J. B. Say a diferença entre valor de uso (que ele aqui denomina *wealth*, riqueza material) e valor de troca. Say responde: "*Quant à la difficulté qu'élève Mr. Ricardo en disant que, per des procedés mieux entendus, un million de personnes peuvent produire deux fois, trois fois autant de richesses, sans produire plus de valeurs, cette difficulté n'est pas une lorsque l'on considère, ainsi qu'on le doit, la production comme un échange dans lequel on donne les services productifs de son travail, de sa terre, et de ses capitaux, pour obtenir des produits. C'est par le moyen de ces services productifs que nous acquérons tous les produits qui sont au monde.* [...] *Or* [...] *nous sommes d'autant plus riches, nos services productifs ont d'autant plus de valeur, qu'ils obtiennent dans l'échange appelé production, une plus grande quantité de choses utiles*" ["Quanto à dificuldade levantada por Ricardo quando diz que 1 milhão de pessoas poderia, com melhores métodos, produzir o dobro ou o triplo de riquezas sem criar mais valor, essa dificuldade desaparece quando se considera, como é devido, que a produção é um intercâmbio no qual se dão os serviços produtivos de seu trabalho, de sua terra e seu capital para obter produtos. Mediante esses serviços produtivos adquirimos todos os produtos que existem no mundo. [...] Portanto [...] somos tanto mais ricos, e nossos serviços produtivos têm tanto mais valor quanto maior é a quantidade de coisas úteis que obtêm no intercâmbio denominado produção"], J. B. Say, *Lettres à Malthus* (Paris, 1820), p. 168-9. A *difficulté* [dificuldade] – ela existe para ele, não para Ricardo – que Say precisa explicar é a seguinte: por que o valor dos valores de uso não aumenta quando sua quantidade aumenta em decorrência da elevação da força produtiva do trabalho? Resposta: a dificuldade é resolvida atribuindo-se ao valor de uso, gentilmente, o nome de valor de troca. O valor de troca é uma coisa que *one way or another* [de uma maneira ou de outra] está vinculada com o intercâmbio. Chamemos a produção, portanto, de "troca" de trabalho e de meios de produção por produto e é evidente que obteremos tanto mais valor de troca quanto mais valor de uso fornecer a produção. Em outras palavras: quanto mais valores de uso – por exemplo: meias – uma jornada de trabalho fornece ao fabricante de meias, tanto mais rico ele é em meias. De repente, no entanto, ocorre a Say que "com a maior quantidade" de meias seu "preço" (que não tem, naturalmente, nada a ver com o valor de troca) cai "[...] *parce que la concurrence les* [...] *oblige à donner les produits pour ce qu'ils leur coûtent*" ["porque a concorrência os força" (os produtores) "a entregar os produtos por seu preço de custo"]. Mas de onde então vem o lucro, se o capitalista vende as mercadorias pelo seu preço de custo? Mas *never mind* [isso não importa]. Say explica que, em consequência da produtividade aumentada, cada um recebe agora, pelo mesmo equivalente, dois pares de meias em vez de um etc. O resultado a que chega é precisamente a tese de Ricardo, que ele pretendia refutar. Depois desse imponente

Transformação de mais-valor em capital

Com o aumento do capital, aumenta a diferença entre o capital empregado e o consumido. Em outras palavras: aumentam as massas de valor e de material dos meios de trabalho, como edifícios, maquinaria, tubos de drenagem, animais de trabalho, aparelhos de todo tipo, que, por períodos maiores ou menores, em processos de produção constantemente repetidos, funcionam em todo seu volume ou servem para obter determinados efeitos úteis, desgastando-se apenas gradativamente e, portanto, perdendo seu valor por frações, ou seja, transferindo-o também ao produto apenas de modo fracionado. Na mesma proporção em que esses meios de trabalho servem como formadores de produtos sem lhes agregar valor, isto é, na mesma proporção em que são empregados em sua totalidade, porém consumidos apenas parcialmente, eles prestam, como indicamos anteriormente, o mesmo serviço gratuito das forças naturais, como a água, o vapor, o ar, a eletricidade etc. Esse serviço gratuito do trabalho passado, quando capturado e animado pelo trabalho vivo, acumula-se à medida que se amplia a escala da acumulação.

Como o trabalho passado se disfarça sempre em capital, isto é, como o passivo do trabalho de *A, B, C* etc. torna-se o ativo do não trabalhador *X*, burgueses e economistas políticos se desmancham em louvores aos méritos do trabalho passado, que, segundo o gênio escocês MacCulloch, deve inclusive receber um soldo (juros, lucro etc.)[61]. O peso sempre crescente do trabalho passado, que coopera no processo vivo de trabalho sob a forma de meios de produção, é atribuído, assim, à sua figura de capital, isto é, à figura

---

esforço mental, Say apostrofa Malthus, triunfantemente, com as palavras: "*Telle est, monsieur, la doctrine bien liée sans laquelle il est impossible, je le déclare, d'expliquer les plus grandes difficultés de l'économie politique et notamment, comment il se peut qu'une nation soit plus riche lorsque ses produits diminuent de valeur, quoique la richesse soit de la valeur*" ["Eis aí, meu senhor, a doutrina bem fundamentada sem a qual é impossível, afirmo, explicar as maiores dificuldades da economia política, em especial aquela de como uma nação pode se tornar mais rica quando seus produtos diminuem de valor, embora a riqueza represente valor"], ibidem, p. 170. Um economista inglês, referindo-se a proezas similares nas *Lettres* de Say, observa o seguinte: "Essas maneiras afetadas de tagarelar (*those affected ways of talking*) constituem em conjunto aquilo a que o sr. Say gosta de chamar sua doutrina, a qual ele recomenda calorosamente a Malthus que ensine em Hertford, tal como já ocorre *dans plusieurs parties de l'Europe* [em várias partes da Europa]. Diz Say: '*Si vous trouvez une physionomie de paradoxe à toutes ces propositions, voyez les choses qu'elles expriment, et j'ose croire qu'elles vous paraîtront fort simples et fort raisonnables*' ['Se encontrardes uma aparência de paradoxo em todas essas afirmações, observai as coisas que elas exprimem, e ouso crer que elas vos parecerão muito simples e razoáveis']. Sem dúvida, em consequência desse processo elas aparecerão como qualquer coisa, menos originais ou importantes", *An Inquiry into those Principles Respecting the Nature of Demand etc.*, p. 110.

[61] McCulloch obteve a patente de seu "*wages of past labour*" [salário de trabalho passado] muito antes que Senior patenteasse o "*wages of abstinence*" [salário da abstinência].

que foi alienada do próprio trabalhador e consiste em trabalho passado e não pago deste último. Os agentes práticos da produção capitalista e seus tagarelas ideológicos são tão incapazes de conceber o meio de produção separadamente da máscara social antagônica que hoje adere em seu rosto quanto um escravista o é de conceber o próprio trabalhador separadamente de seu caráter de escravo.

Dado o grau de exploração da força de trabalho, a massa de mais-valor é determinada pelo número de trabalhadores simultaneamente explorados, número que corresponde, ainda que em proporção variável, à grandeza do capital. Portanto, quanto mais cresça o capital por meio de acumulações sucessivas, tanto mais crescerá também a soma de valor que se cinde em fundo de consumo e fundo de acumulação. O capitalista pode, assim, viver mais prodigamente e, ao mesmo tempo, "abster-se" mais. E, por último, todas as molas da produção atuam tanto mais energicamente quanto mais se amplia sua escala com o aumento da massa do capital adiantado.

5. O assim chamado fundo de trabalho

No decorrer desta investigação, pudemos verificar que o capital não é uma grandeza fixa, mas uma parte elástica da riqueza social, parte esta que flutua constantemente com a divisão do mais-valor em renda e capital adicional. Verificamos, além disso, que, mesmo com uma dada grandeza do capital em funcionamento, a força de trabalho, a ciência e a terra (e por terra entendemos, do ponto de vista econômico, todos os objetos de trabalho fornecidos pela natureza sem a intervenção humana) nele incorporadas constituem potências elásticas do capital, potências que, dentro de certos limites, deixam a ele uma margem de ação independente de sua própria grandeza. Abstraímos, então, de todas as circunstâncias do processo de circulação que propiciam graus muito diversos de eficácia à mesma quantidade de capital. E como tomamos como pressuposto os limites da produção capitalista, ou seja, uma figura puramente natural-espontânea do processo social de produção, abstraímos de qualquer modo mais racional de se combinar os meios de produção e as forças de trabalho existentes, o qual seria realizável de modo direto e planejado. À economia clássica sempre aprouve conceber o capital social como uma grandeza fixa e dotada de um grau fixo de eficiência. Mas o preconceito só foi fixado em dogma pelo arquifilisteu Jeremy Bentham, esse oráculo insipidamente pedante e fanfarrão do senso comum burguês do século XIX[62]. Bentham está para os filósofos como Martin Tupper para os poetas. Ambos só podiam ter sido

---

[62] Cf., entre outros, J. Bentham, *Théorie des peines et des récompenses* (trad. E. Dumont, 3. ed., Paris, 1826), t. II, livro IV, c. II.

Transformação de mais-valor em capital

fabricados na Inglaterra[63]. O dogma de Bentham torna inteiramente incompreensíveis os fenômenos mais banais do processo de produção, como suas expansões e contrações súbitas, e inclusive a acumulação[64]. O dogma foi abusado para fins apologéticos, tanto pelo próprio Bentham como por Malthus, James Mill, MacCulloch etc., especialmente para representar como grandeza fixa uma parte do capital, a parte variável ou conversível em força de trabalho. A existência material do capital variável, isto é, a massa de meios de subsistência que ele representa para o trabalhador, ou o chamado fundo de trabalho, foi imaginativamente convertida numa parte especial da riqueza social, cingida por barreiras naturais infranqueáveis. Para pôr em movimento a parcela da riqueza social que há de funcionar como capital constante, ou, dito materialmente, como meios de produção, requer-se uma massa determinada de trabalho vivo. Esta é dada tecnologicamente. Mas não é dado nem o número de trabalhadores requerido para

---

[63] Jeremy Bentham é um fenômeno puramente inglês. Mesmo sem excetuar nosso filósofo Christian Wolf, em nenhuma época e em nenhum país o lugar-comum mais simplório se difundiu com tanta convicção. O princípio da utilidade não é uma invenção de Bentham. Este se limitou a reproduzir, sem espírito, o que Helvetius e outros franceses do século XVIII haviam dito espirituosamente. Se, por exemplo, queremos saber o que é útil a um cachorro, temos de investigar a natureza canina. É impossível construir essa natureza a partir do "princípio da utilidade". Aplicado ao homem, isso significa que, se quiséssemos julgar segundo o princípio da utilidade todas as ações, movimentos, relações etc. do homem, teríamos de nos ocupar primeiramente da natureza humana em geral e, em seguida, da natureza humana historicamente modificada em cada época. Bentham não tem tempo para essas inutilidades. Com a mais ingênua aridez, ele parte do suposto de que o filisteu moderno, e especialmente o inglês, é o homem normal. O que é útil para esse homem exemplar e seu mundo é útil em si e para si. De acordo com esse padrão, Bentham julga, então, o passado, o presente e o futuro. Por exemplo, a religião cristã é "útil" porque repudia religiosamente os mesmos delitos que o código penal condena juridicamente. A crítica da arte é nociva porque perturba o deleite que as pessoas honestas encontram em Martin Tupper etc. E foi com todo esse lixo que nosso bom homem, cuja divisa é *nulla dies sine linea*, encheu montanhas de livros. Tivesse eu a coragem de meu amigo H. Heine, chamaria o sr. Jeremy de gênio na arte da estupidez burguesa. [*Nulla dies sine linea* (nenhum dia sem uma linha): frase atribuída ao pintor Apeles (IV a. C.), que colocara para si a obrigação de trabalhar todos os dias em suas pinturas. (N. T.)]

[64] "Os economistas políticos se inclinam demasiadamente a considerar determinada quantidade de capital e determinado número de trabalhadores instrumentos de produção dotados de força uniforme e que operam com certa intensidade uniforme. [...] Os que afirmam que as mercadorias são os únicos agentes da produção demonstram que esta não pode ser ampliada de modo nenhum, pois, para realizar tal ampliação, seria previamente necessário aumentar a quantidade de meios de subsistência, matérias-primas e ferramentas, e isso, de fato, significa que nenhum incremento da produção pode ter lugar sem um incremento precedente ou, em outras palavras, que todo incremento é impossível", S. Bailey (org.), *Money and its Vicissitudes*, cit., p. 58, 70. Bailey critica o dogma principalmente do ponto de vista do processo de circulação.

movimentar essa massa de trabalho, pois tal número varia com o grau de exploração da força de trabalho individual, nem o preço dessa força de trabalho, mas tão somente seu limite mínimo, que, além de tudo, é bastante elástico. O dogma repousa sobre os seguintes fatos: em primeiro lugar, o trabalhador não deve ter voz na partilha da riqueza social em meios de fruição para os não trabalhadores, de um lado, e em meios de produção, de outro; em segundo lugar, apenas em casos excepcionalmente favoráveis o trabalhador pode ampliar o chamado "fundo de trabalho" às expensas da "renda" dos ricos[65].

A absurda tautologia a que se chega ao imaginar que os limites capitalistas do fundo de trabalho constituem sua barreira natural social mostra-nos, entre outros, o professor Fawcett: "O capital circulante[66] de um país", diz ele, "é seu fundo de trabalho. Por isso, para calcular o salário médio em dinheiro que cada trabalhador recebe, basta simplesmente dividir esse capital pelo número de membros da população trabalhadora"[67].

Isso significa, portanto, que primeiro somamos os salários individuais efetivamente pagos e, em seguida, dizemos que essa adição constitui a soma de valor do "fundo de trabalho", dádiva de Deus e da natureza. Por fim, dividimos a soma assim obtida pelo número de trabalhadores, a fim de descobrir novamente quanto pode caber, em média, a cada trabalhador individual. Um método muitíssimo astucioso. Mas isso não impede o sr. Fawcett de dizer, no mesmo fôlego:

"A riqueza total acumulada anualmente na Inglaterra é dividida em duas partes. A primeira é aplicada internamente para a manutenção de nossa própria indústria. A segunda é exportada. [...] A parte aplicada em nossa indústria não constitui uma porção significativa da riqueza acumulada anualmente neste país."[68]

---

[65] Diz J. S. Mill em seus *Principles of Polit. Economy*, cit. [livro II, c. I, §3]: "O produto do trabalho é hoje repartido na razão inversa do trabalho: a maior parte se destina àqueles que nunca trabalham, a parte seguinte àqueles cujo trabalho é quase apenas nominal, e assim, em escala decrescente, a remuneração vai encolhendo à medida que o trabalho se torna mais duro e mais desagradável, até chegar ao trabalho fisicamente mais cansativo e extenuante, que nem sequer pode contar com a certeza de obter a satisfação das necessidades vitais". Para evitar mal-entendidos, observo que, se cabe censurar homens como J. S. Mill etc. pela contradição entre seus velhos dogmas econômicos e suas tendências modernas, seria absolutamente injusto confundi-los com a tropa dos apologistas da economia vulgar.

[66] H. Fawcett, professor de economia política em Cambridge: *The Economic Position of the British Labourer* (Londres, 1865), p. 120.

[67] Recordo ao leitor que fui o primeiro a empregar as categorias de capital variável e capital constante. Desde A. Smith, a economia política mistura confusamente as determinações contidas nessas categorias com as diferenças formais, derivadas do processo de circulação entre o capital fixo e o capital circulante. Mais detalhes sobre isso serão expostos no Livro II, seção II.

[68] H. Fawcett, *The Economic Position of the British Labourer*, cit., p. 123-2.

Transformação de mais-valor em capital

Assim, a maior parte do mais-produto, que cresce anualmente e é subtraído ao trabalhador inglês sem lhe dar em troca um equivalente, não é capitalizada na Inglaterra, mas no estrangeiro. Mas com o capital adicional assim exportado, exporta-se também uma parte do "fundo de trabalho" inventado por Deus e Bentham[69].

---

[69] Poder-se-ia dizer que a Inglaterra exporta anualmente não apenas capital, mas também trabalhadores, sob a forma da emigração. No texto, porém, não se faz qualquer referência ao pecúlio dos emigrantes, que, em grande parte, não são trabalhadores. Os filhos dos arrendatários representam uma grande porção deles. A proporção entre o capital adicional inglês anualmente enviado ao exterior para ganhar juros e a acumulação anual é incomparavelmente maior do que a proporção entre a emigração anual e o aumento anual da população. [Na Roma Antiga, pecúlio era a parte do patrimônio que o *pater familias* podia legar a um filho ou a um escravo. A posse do pecúlio não abolia a dependência do escravo em relação a seu amo, e juridicamente o proprietário do pecúlio continuava a ser o *pater familias*. Por exemplo, se era permitido ao escravo – de posse do pecúlio – realizar transações com terceiros, isso só se podia realizar numa medida que não permitisse a ele o ganho de uma soma de dinheiro suficiente para a compra de sua liberdade. Transações especialmente lucrativas e outras medidas que podiam acarretar um aumento significativo do pecúlio eram habitualmente realizadas pelo próprio *pater familias*. (N. E. A. MEW)]

Capítulo 23

A lei geral da acumulação capitalista

1. Demanda crescente de força de trabalho com a acumulação, conservando-se igual a composição do capital

Neste capítulo, examinamos a influência que o aumento do capital exerce sobre o destino da classe trabalhadora. O fator mais importante nessa investigação é a composição do capital e as alterações que ela sofre durante o processo de acumulação.

A composição do capital deve ser considerada em dois sentidos. Sob o aspecto do valor, ela se determina pela proporção em que o capital se reparte em capital constante ou valor dos meios de produção e capital variável ou valor da força de trabalho, a soma total dos salários. Sob o aspecto da matéria, isto é, do modo como esta funciona no processo de produção, todo capital se divide em meios de produção e força viva de trabalho; essa composição é determinada pela proporção entre a massa dos meios de produção empregados e a quantidade de trabalho exigida para seu emprego. Chamo a primeira de composição de valor e a segunda, de composição técnica do capital. Entre ambas existe uma estreita correlação. Para expressá-la, chamo a composição de valor do capital, porquanto é determinada pela composição técnica do capital e reflete suas modificações, de composição orgânica do capital. Onde se fala simplesmente de composição do capital, entenda-se sempre sua composição orgânica.

Os diversos capitais individuais que se aplicam num determinado ramo da produção têm composições mais ou menos distintas entre si. A média de suas composições individuais nos dá a composição do capital total desse ramo da produção. Por fim, a média total das composições médias de todos os ramos da produção nos dá a composição do capital social de um país, e é essencialmente apenas a esta última que nos referiremos nas páginas seguintes.

O crescimento do capital implica o crescimento de seu componente variável, ou seja, daquele componente que se converte em força de trabalho. Uma parte do mais-valor transformado em capital adicional tem de se reconverter sempre em capital variável ou fundo adicional de trabalho. Supondo-se que, permanecendo iguais as demais circunstâncias, a composição do capital se mantenha inalterada, ou seja, que para pôr em movimento determinada massa de meios de produção ou de capital constante seja necessária sempre a mesma massa de força de trabalho, é evidente que a demanda de trabalho e o fundo de subsistência dos trabalhadores crescerão proporcionalmente ao capital, e tanto mais rapidamente quanto mais rapidamente cresça este último. Como o capital produz anualmente um mais-valor, do qual uma parte é anualmente adicionada ao capital original; como esse incremento mesmo aumenta a cada ano com o volume crescente do capital já em funcionamento; e como, por fim, sob o acicate particular do impulso de enriquecimento, como a abertura de novos mercados, de novas esferas para a aplicação de capital em decorrência de necessidades sociais recém-desenvolvidas etc., a escala da acumulação pode ser subitamente ampliada por uma mudança na divisão do mais-valor ou do mais-produto em capital e renda, as necessidades da acumulação do capital podem sobrepujar o crescimento da força de trabalho ou do número de trabalhadores, e a demanda de trabalhadores pode sobrepujar sua oferta, acarretando, com isso, o aumento dos salários. É isso que, enfim, tem de ocorrer, permanecendo inalterado o pressuposto anterior. Como a cada ano mais trabalhadores estão empregados do que no ano precedente, cedo ou tarde há de se chegar ao ponto em que as necessidades da acumulação comecem a ultrapassar a oferta habitual de trabalho, ocasionando o aumento do salário. Na Inglaterra, ressoaram queixas sobre essa situação durante todo o século XV e a primeira metade do século XVIII. Mas as circunstâncias mais ou menos favoráveis em que os assalariados se mantêm e se multiplicam em nada alteram o caráter fundamental da produção capitalista. Assim como a reprodução simples reproduz continuamente a própria relação capitalista – capitalistas de um lado, assalariados de outro –, a reprodução em escala ampliada, ou seja, a acumulação, reproduz a relação capitalista em escala ampliada – de um lado, mais capitalistas, ou capitalistas maiores; de outro, mais assalariados. A reprodução da força de trabalho, que tem incessantemente de se incorporar ao capital como meio de valorização, que não pode desligar-se dele e cuja submissão ao capital só é velada pela mudança dos capitalistas individuais aos quais se vende, constitui, na realidade, um momento da reprodução do próprio capital. Acumulação do capital é, portanto, multiplicação do proletariado[70].

---

[70] Karl Marx, cit. "*A égalité d'oppression des masses, plus un pays a de prolétaires et plus il est riche*" ["Havendo igualdade de opressão das massas, quanto mais proletários tiver um país, mais rico ele será"], Colins, *L'économie politique, source des révolutions et des utopies prétendues socialistes* (Paris, 1857), t. III, p. 331. Por "proletário" deve-se entender, do ponto de vista econômico, apenas o assalariado que produz e valoriza "capital" e é posto na rua assim que se torna supérfluo para as necessidades de valorização do "*Monsieur Capital*", como Pecqueur denomina esse personagem. "O enfermiço proletário da selva

A lei geral da acumulação capitalista

A economia clássica compreendeu tão bem essa tese que A. Smith, Ricardo etc., como mencionamos anteriormente, chegaram a identificar falsamente a acumulação com o consumo por trabalhadores produtivos de toda aquela parte do mais-produto capitalizada ou com sua transformação em assalariados suplementares. Dizia John Bellers já em 1696:

> "Se alguém dispusesse de 100 mil acres de terra e de igual número de libras em dinheiro e em gado, o que seria esse homem rico sem o trabalhador, senão ele mesmo um trabalhador? E porque os trabalhadores tornam os homens ricos, segue-se que quanto mais trabalhadores houver, tanto mais ricos haverá. [...] O trabalho dos pobres é a mina dos ricos."[71]

E Bernard de Mandeville, no começo do século XVIII:

> "Onde quer que a propriedade esteja suficientemente protegida, seria mais fácil viver sem dinheiro do que sem pobres, pois [do contrário] quem faria o trabalho? [...] Assim como se deve cuidar para que os trabalhadores* não morram de fome, também não se lhes deve dar nada que valha a pena ser poupado. Se aqui e ali alguém da classe mais baixa, mediante um esforço incomum e apertando o cinto, consegue elevar-se acima das condições em que se criou, ninguém deve impedi-lo: sim, não se pode negar que o plano mais sábio para cada pessoa privada, para cada família na sociedade, é ser frugal; mas é do interesse de todas as nações ricas que a maior parte dos pobres jamais esteja inativa e, no entanto, gaste continuamente o que ganha. [...] Os que ganham a vida com seu trabalho diário [...] não têm nada que os estimule a serem serviçais senão suas necessidades, que é prudente mitigar, mas insensato curar. A única coisa que pode tornar diligente o homem trabalhador é um salário moderado. Um pequeno demais o torna, a depender de seu temperamento, desanimado ou desesperançado; um grande demais o torna insolente e preguiçoso. [...] Do que expusemos até aqui segue que, numa nação livre, em que escravos não sejam permitidos, a riqueza mais segura está numa multidão de pobres laboriosos. Além de constituírem uma inesgotável fonte de homens para a marinha e o exército, sem eles não haveria qualquer satisfação e nenhum produto de nenhum país seria valorizável. Para fazer feliz a sociedade" (que, naturalmente, é formada de não trabalhadores) "e satisfazer ao povo mesmo nas circunstâncias mais adversas, é necessário que a grande maioria permaneça tão ignorante quanto pobre. O conhecimento expande e multiplica nossos desejos,

---

virgem" é uma gentil quimera de Roscher. O selvático é proprietário da selva e a trata com tanta naturalidade quanto o orangotango, isto é, como propriedade sua. Ele não é, portanto, um proletário. Esse só seria o caso se fosse a selva que o explorasse, e não o contrário. Quanto a seu estado de saúde, ele resistiria não só a uma comparação com a do proletário moderno, mas também com o de sifilíticos e escrofulosos homens "honrados". Mas é provável que o sr. Wilhelm Roscher entenda por selva virgem as pastagens de sua Lüneburg natal.

[71] *"As the Labourers make men rich, so the more Labourers, there will be the more rich men* [...] *the Labour of the Poor being the Mines of the Rich"*, John Bellers, *Proposals for Raising a Colledge of Industry*, cit., p. 2.

* No original inglês: "os pobres". (N. T.)

e quanto menos um homem deseja, tanto mais facilmente se podem satisfazer suas necessidades."[72]

O que Mandeville, homem honesto e cérebro lúcido, ainda não compreende é que o próprio mecanismo do processo de acumulação aumenta, juntamente com o capital, a massa dos "pobres laboriosos", isto é, dos assalariados, que convertem sua força de trabalho em crescente força de valorização do capital crescente e, justamente por isso, têm de perpetuar sua relação de dependência para com seu próprio produto, personificado no capitalista. Sobre essa relação de dependência, observa *sir* F. M. Eden, em seu *A situação dos pobres, ou História da classe trabalhadora na Inglaterra*:

> "Nossa zona exige trabalho para a satisfação das necessidades e, por isso, é necessário que ao menos uma parte da sociedade trabalhe sem trégua. [...] Há alguns que não trabalham e, no entanto, têm à sua disposição os produtos do esforço. Mas isso tais proprietários têm a agradecer somente à civilização e à ordem; eles não passam de criaturas das instituições burguesas[73]. Pois estas reconheceram que também é possível que nos apropriemos dos frutos do trabalho de outro modo que por meio do trabalho. Pessoas dotadas de fortuna independente [...] devem sua fortuna quase inteiramente ao trabalho de outrem, e não à sua própria habilidade, que de modo algum é superior à dos outros; o que distingue os ricos dos pobres não é a propriedade de terras e o dinheiro, mas o comando sobre o trabalho (*the command of labour*) [...]. Ao pobre convém não uma situação abjeta ou servil, mas um estado de dependência tranquila e liberal (*a state of easy and liberal dependence*), e aos proprietários convêm ter influência e autoridade suficiente sobre aqueles que trabalham para eles [...]. Tal estado de dependência, como o sabe todo aquele que conhece a natureza humana, é necessário para o conforto do próprio trabalhador."[74]*

---

[72] B. de Mandeville, *The Fable of the Bees* (5 ed., Londres, 1728), Observações, p. 212-3, 328. – "Vida moderada e trabalho constante são, para o pobre, o caminho para a felicidade material" (que ele entende como a jornada de trabalho mais longa possível e o mínimo possível de meios de subsistência) "e a riqueza do Estado" (ou seja, de proprietários rurais, capitalistas e seus dignitários e agentes políticos), *An Essay on Trade and Commerce* (Londres, 1770), p. 54.

[73] Eden deveria ter perguntado: e as "as instituições burguesas", são criaturas de quem? Sob o ângulo da ilusão jurídica, ele não enxerga a lei como produto das relações materiais de produção, mas, ao contrário, as relações de produção como produto da lei. Linguet demoliu numa frase o ilusório *Esprit des Lois*, de Montesquieu: "*L'esprit des lois, c'est la propriété*". [S.-N.-H. Linguet, *Théorie des loix civiles, ou principes fondamentaux de la société* (Londres, 1767), v. 1, p. 236. (N. E. A. MEW)]

[74] Eden, *The State of the Poor, or an History of the Labouring Classes in England* etc., cit., v. I, c. I, p. 1-2 e prefácio, p. XX.

* No original inglês, lê-se: "*The natural produce of our soil is certainly not fully adequate to our subsistence; we can neither be clothed, lodged nor fed but in consequence of some previous labour. A portion at least of the societ must be indefatigably employed. [...] There are others who, though they 'neither toil nor spin', can yet command the produce of industry, but who owe their exemption from labour solely to civilizaton and order [...]. They are peculiarly the*

A lei geral da acumulação capitalista

Sir F. M. Eden, diga-se de passagem, é o único discípulo de Adam Smith que, no século XVIII, realizou algo significativo[75].

---

creatures of civil institutions, which have recognised that individuals may acquire property by various other means besides the exertion of labour. [...] *Persons of independent fortune* [...] *owe their superior advantages by no means to any superior abilities of their own, but almost entirely* [...] *to the industry of others. It is not the possession of land, or of money, but the command of labour which distinguishes the opulent from the labouring part of the community.* [...] *This (scheme approved by Eden) would give the people of property sufficient (but by no means too much) influence and authority over those who* [...] *work for them; and it would place such labourers, not in an abject or servile condition, but in such a state of easy and liberal dependence as all who know human nature, and its history, will allow to be necessary for their own comfort"*. (N. T.)

[75] O leitor que se recorda de Malthus, cujo *Essay on Population* apareceu em 1798, não deve esquecer também de que esse texto, em sua primeira versão, não passa de um plágio colegial, superficial e clericalmente declamatório de Defoe, *sir* James Steuart, Townsend, Franklin, Wallace etc. e não contém uma única frase original. A grande sensação que tal panfleto provocou decorreu apenas de interesses partidários. A Revolução Francesa encontrara apaixonados defensores no Império Britânico; o "princípio da população", lentamente elaborado durante o século XVIII e, em seguida, em meio a uma grande crise social, anunciado ao som de tambores e trombetas como o antídoto infalível contra as doutrinas de Condorcet e outros, foi saudado jubilosamente pela oligarquia inglesa como o grande exterminador de todas as veleidades de progresso da humanidade. Malthus, surpreso com seu próprio êxito, dedicou-se então a embutir no velho esquema material compilado superficialmente e a adicionar material novo, que ele, porém, não descobriu, apenas anexou. Observemos, de passagem, que, embora fosse clérigo da Igreja Anglicana, Malthus fizera o voto monástico do celibato. Essa é, com efeito, uma das condições de *fellowship* [filiação, pertencimento] na universidade protestante de Cambridge. *"Socios collegiorum maritos esse non permittimus, sed statim postquam quis uxorem duxerit, socius collegii desinat esse"* ["Que os membros do colégio sejam casados é algo que não permitimos; assim que alguém toma uma mulher, deixa de ser membro do colégio"], *Reports of Cambridge University Commission*, p. 172. Essa circunstância distingue Malthus vantajosamente dos outros padres protestantes, que se liberaram do mandamento católico do celibato sacerdotal e reivindicaram como sua missão especificamente bíblica o "crescei e multiplicai-vos", e isso em tal medida que passaram a contribuir, por toda parte e numa medida realmente indecorosa, para o aumento populacional, ao mesmo tempo que pregavam aos trabalhadores o "princípio da população". É característico que o pecado original, em seu disfarce econômico, o pomo de Adão, o *"urgent appetite"* [apetite urgente], *"the checks which tend to blunt the shafts of Cupid"* [as resistências que tendem a tornar inofensivas as setas de Cupido], como diz alegremente o reverendo Townsend, que esse ponto tão delicado tenha sido e continue a ser monopolizado pelos senhores da teologia ou, antes, da igreja protestante. Excetuando-se o monge veneziano Ortes, escritor original e espirituoso, a maioria dos expositores da doutrina da população são clérigos protestantes. Bruckner, por exemplo, com sua *Théorie du système animal* (Leyden, 1767), que apresenta uma exposição exaustiva de toda a teoria moderna da população, aproveitando ideias sobre o mesmo tema provenientes da querela passageira entre Quesnay e seu discípulo Mirabeau *père* [pai] e, posteriormente, o reverendo Wallace, o reverendo Townsend, o reverendo Malthus e seu discípulo, o arquirreverendo T. Chalmers, para não falar de escribas clericais menores *in this line* [desse tipo]. Originalmente, a economia

Karl Marx – O capital

Sob as condições de acumulação até aqui supostas como as mais favoráveis aos trabalhadores, a relação de subordinação destes ao capital aparece sob formas toleráveis ou, como diz Eden, "tranquilas e liberais". Ao invés de se tornar mais intensa com o crescimento do capital, essa relação de dependência torna-se apenas mais extensa, quer dizer, a esfera de exploração e dominação do capital não faz mais do que ampliar-se juntamente com as próprias dimensões desse capital e com o número de seus súditos. Do próprio mais-produto

---

política foi exercida por filósofos como Hobbes, Locke, Hume, por homens de negócios e estadistas, como Thomas Morus, Temple, Sully, de Witt, North, Law, Vanderlint, Cantillon, Franklin e, especialmente no plano teórico e com o maior dos êxitos, por médicos como Petty, Barbon, Mandeville, Quesnay. Ainda em meados do século XVIII, o reverendo sr. Tucker, economista importante para sua época, desculpava-se por se ocupar com Mamon. Mais tarde, mais precisamente com o "princípio da população", soou a hora dos clérigos protestantes. Como que pressentindo essa influência daninha, Petty, que considerava a população a base da riqueza e, como Adam Smith, era um anticlerical declarado, afirma: "A religião floresce melhor onde os sacerdotes são mais mortificados, assim como o direito onde os advogados passam fome". Por isso, Petty aconselha aos clérigos protestantes, já que não querem seguir o apóstolo Paulo e "mortificar-se" pelo celibato, que pelo menos "não gerem mais clérigos (*not to breed more Churchmen*) do que as prebendas (*benefices*) existentes possam absorver; ou seja, havendo 12 mil prebendas na Inglaterra e no País de Gales, seria insensato gerar 24 mil ministros (*it will not be safe to breed 24.000 ministers*), pois os 12 mil sem ocupação haverão sempre de procurar um meio de vida, e como poderiam fazê-lo mais facilmente do que dirigindo-se ao povo e persuadindo-o de que os 12 mil prebendados envenenam as almas e fazem-nas morrer de fome, desviando-as do caminho do céu?", Petty, *A Treatise of Taxes and Contributions*, cit., p. 57. A posição de Adam Smith em relação ao clero protestante de sua época é caracterizada pelo seguinte. Em *A Letter to A. Smith. L. L. D. On the Life, Death and Philosophy of his Friend David Hume. By One the People Called Christians* (4. ed., Oxford, 1784), o dr. Horne, bispo anglicano de Norwish, prega um sermão a A. Smith pelo fato de este, numa carta aberta ao sr. Straham, "ter embalsamado" o seu "amigo David" (isto é, Hume), relatando ao público como "Hume, em seu leito de morte, divertia-se lendo Luciano e jogando whist [uíste]" e tivera até mesmo a petulância de escrever. "Sempre considerei Hume, tanto durante sua vida como depois de sua morte, tão próximo do ideal de um homem perfeitamente sábio e virtuoso quanto o permite a fragilidade da natureza humana". O bispo exclama, em sua indignação: "É justo de sua parte, meu senhor, descrever-nos como perfeitamente sábios e virtuosos o caráter e a trajetória de vida de um homem que foi possuído por uma incurável antipatia contra tudo o que se chama *religião* e que consagrava todo o seu ser à tarefa de extirpar até mesmo seu nome da memória dos homens?", ibidem, p. 8. "Mas não vos deixeis desalentar, ó amantes da verdade, pois breve é a vida do ateísmo", ibidem, p. 17. Adam Smith "incorre na atroz perversidade (*the atrocious wickedness*) de propagar o ateísmo pelo país" (com seu *Theory of Moral Sentiments*). "Conhecemos vossos sortilégios, sr. Doutor! Vossa intenção é boa, mas desta vez podeis tirar o cavalo da chuva! Quereis nos convencer, com o exemplo do sr. David Hume, de que o ateísmo é a única bebida reconfortante (*cordial*) para um ânimo abatido e o único antídoto contra o medo à morte [...]. Ride de Babilônia em ruínas e congratulai o empedernido e ímpio faraó!", ibidem., p. 21-2. Um cérebro ortodoxo, entre os que frequentavam os cursos de A. Smith, escreve logo após a morte deste: "A amizade de Smith por Hume o impedia

crescente desses súditos, crescentemente transformado em capital adicional, reflui para eles uma parcela maior sob a forma de meios de pagamento, de modo que podem ampliar o âmbito de seus desfrutes, guarnecer melhor seu fundo de consumo de vestuário, mobília etc. e formar um pequeno fundo de reserva em dinheiro. Mas assim como a melhoria de vestuário, alimentação, tratamento e um pecúlio maior não suprimem a relação de dependência e a exploração do escravo, tampouco suprimem as do assalariado. O aumento do preço do trabalho, que decorre da acumulação do capital, significa apenas que, na realidade, o tamanho e o peso dos grilhões de ouro que o trabalhador forjou para si mesmo permitem torná-las menos constringentes. Nas controvérsias sobre essa questão, deixou-se geralmente de ver o principal, a saber, a *differentia specifica* [diferença específica] da produção capitalista. A força de trabalho é comprada, aqui, não para satisfazer, mediante seu serviço ou produto, às necessidades pessoais do comprador. O objetivo perseguido por este último é a valorização de seu capital, a produção de mercadorias que contenham mais trabalho do que o que ele paga, ou seja, que contenham uma parcela de valor que nada custa ao comprador e que, ainda assim, realiza-se mediante a venda de mercadorias. A produção de mais-valor, ou criação de excedente, é a lei absoluta desse modo de produção. A força de trabalho só é vendável na medida em que conserva os meios de produção como capital, reproduz seu próprio valor como capital e fornece uma fonte de capital adicional em trabalho não pago[76]. Portanto, as condições de sua venda, sejam elas favoráveis ao trabalhador em maior ou menor medida, incluem a necessidade de sua contínua revenda e a constante reprodução ampliada da riqueza como capital. O salário, como vimos, condiciona sempre, por sua natureza, o fornecimento de determinada quantidade de trabalho não pago por parte do trabalhador. Abstraindo totalmente da elevação do salário, acompanhada de uma baixa do preço do trabalho etc., o aumento dos salários denota, no melhor dos casos,

---

de ser cristão [...]. Ele acreditava literalmente em Hume. Se este lhe tivesse dito que a Lua é um queijo verde, ele teria acreditado. Ele acreditou, por isso, quando Hume lhe disse que não existiam nem Deus nem os milagres [...]. Em seus princípios políticos, ele se aproximava do republicanismo", James Anderson, *The Bee* (Edimburgo, 1791-1793), v. III, p. 165-6. O reverendo T. Chalmers suspeita que A. Smith, por pura malícia, teria inventado a categoria dos "trabalhadores improdutivos" exclusivamente para os ministros protestantes, apesar do abençoado trabalho que estes realizam nas vinhas do Senhor. [A palavra Mamon aparece na Bíblia como descrição – e, muitas vezes, personificação – da riqueza material e da cobiça. Por exemplo: "Não podeis servir a Deus e a Mamon" (Mateus, 6:24). (N. T.)]

[76] Nota à segunda edição: "No entanto, o limite para o emprego de trabalhadores fabris e agrícolas é o mesmo, a saber, a possibilidade de o proprietário obter um lucro do produto do trabalho desses trabalhadores. Se a taxa do salário sobe tanto que o lucro do patrão cai abaixo do lucro médio, ele deixa de ocupá-los ou só os ocupa sob a condição de que aceitem uma redução salarial", John Wade, *History of the Middle and Working Classes*, cit., p. 240.

apenas a diminuição quantitativa do trabalho não pago que o trabalhador tem de executar. Tal diminuição jamais pode alcançar o ponto em que ameace o próprio sistema. Sem levar em conta os conflitos violentos em torno da taxa do salário – e Adam Smith já demonstrou que em tal conflito, de modo geral, o patrão sempre permanece patrão –, uma elevação do preço do trabalho derivada da acumulação do capital pressupõe a seguinte alternativa.

Ou o preço do trabalho continua a subir porque seu aumento não perturba o progresso da acumulação; e nisso não há nada de surpreendente, pois, como diz A. Smith, "mesmo se os lucros diminuem, os capitais continuam a aumentar, e até crescem com mais rapidez do que antes. [...] Um grande capital, ainda que os lucros sejam menores, cresce geralmente mais rapidamente do que um capital pequeno cujo lucro seja grande" (ibidem, p. 189). É evidente, nesse caso, que uma redução do trabalho não pago não prejudica de modo nenhum a ampliação do domínio exercido pelo capital. – Ou então, e este é o outro termo da alternativa, a acumulação se afrouxa graças ao preço crescente do trabalho, que embota o acicate do lucro. A acumulação decresce, porém, ao decrescer desaparece a causa de seu decréscimo, a saber, a desproporção entre capital e força de trabalho explorável. O próprio mecanismo do processo de produção capitalista remove, assim, os empecilhos que ele cria transitoriamente. O preço do trabalho cai novamente para um nível compatível com as necessidades de valorização do capital, seja esse nível inferior, superior ou igual ao que se considerava normal antes do advento do aumento salarial. Vemos que, no primeiro caso, não é a diminuição no crescimento absoluto ou proporcional da força de trabalho ou da população operária que torna excessivo o capital, mas, por outro lado, é o aumento do capital que torna insuficiente a força de trabalho explorável. No segundo caso, não é o aumento no crescimento absoluto ou proporcional da força de trabalho ou da população trabalhadora que torna insuficiente o capital, mas, ao contrário, é a diminuição do capital que torna excessiva a força de trabalho explorável ou, antes, seu preço. São esses movimentos absolutos na acumulação do capital que se refletem como movimentos relativos na massa da força de trabalho explorável e, por isso, parecem obedecer ao movimento próprio desta última. Para empregar uma expressão matemática: a grandeza da acumulação é a variável independente, a grandeza do salário a variável dependente, e não o contrário. Assim, por exemplo, na fase de crise do ciclo industrial, a baixa geral dos preços das mercadorias se expressa como aumento do valor relativo do dinheiro, ao passo que, na fase de prosperidade, a alta geral dos preços das mercadorias se expressa como queda do valor relativo do dinheiro. A partir desse fato a assim chamada Escola Monetária* conclui que, com preços

---

* *Currency School*, grupo de economistas que, nas décadas de 1840 e 1850, defendiam a tese de que o excesso de emissão de papel-moeda era uma das principais causas da

A lei geral da acumulação capitalista

altos, circula dinheiro de menos e, com preços baixos, dinheiro demais*. Sua ignorância e total desconhecimento dos fatos[77] encontram um paralelo à altura nos economistas que interpretam esses fenômenos da acumulação dizendo que, num caso, há assalariados demais e, noutro, de menos.

A lei da produção capitalista, que subjaz à pretensa "lei natural da população", resulta simplesmente nisto: a relação entre capital, acumulação e taxa salarial não é nada mais que a relação entre o trabalho não pago, transformado em capital, e o trabalho adicional, requerido para pôr em movimento o capital adicional. Não se trata, portanto, de modo nenhum de uma relação de duas grandezas entre si independentes – de um lado, a grandeza do capital e, de outro, o tamanho da população trabalhadora –, mas antes, em última instância, da relação entre os trabalhos não pago e pago da mesma população trabalhadora. Se a quantidade de trabalho não pago fornecida pela classe trabalhadora e acumulada pela classe capitalista cresce com rapidez suficiente de modo a permitir sua transformação em capital com apenas um acréscimo extraordinário de trabalho pago, o salário aumenta e, mantendo-se constante as demais circunstâncias, o trabalho não pago diminui proporcionalmente. Mas tão logo essa redução atinja o ponto em que o mais-trabalho, que alimenta o capital, já não é mais oferecido na quantidade normal, ocorre uma reação: uma parte menor da renda é capitalizada, a acumulação desacelera e o movimento ascensional do salário recebe um contragolpe. O aumento do preço do trabalho é confinado, portanto, dentro dos limites que não só deixam intactos os fundamentos do sistema capitalista, mas asseguram sua reprodução em escala cada vez maior. Na realidade, portanto, a lei da acumulação capitalista, mistificada numa lei da natureza, expressa apenas que a natureza dessa acumulação exclui toda a diminuição no grau de exploração do trabalho ou toda elevação do preço do trabalho que possa ameaçar seriamente a reprodução constante da relação capitalista, sua reprodução em escala sempre ampliada. E não poderia ser diferente, num modo de produção em que o trabalhador serve às necessidades de valorização de valores existentes, em vez de a riqueza objetiva servir às necessidades de desenvolvimento do trabalhador. Assim como na religião o homem é dominado pelo produto de sua própria cabeça, na produção capitalista ele o é pelo produto de suas próprias mãos[77a].

---

    inflação dos preços e que, para restringir a circulação, seus emissores deveriam manter uma reserva em ouro de valor equivalente ao das cédulas em circulação. (N. T.)

*   Na segunda edição: "com preços altos, circula dinheiro demais e, com preços baixos, dinheiro de menos". (N. E. A. MEW)

[77] Karl Marx, *Zur Kritik der politischen Ökonomie* [*Contribuição à crítica da economia política*], cit., p. 165s.

[77a] "Voltemos, no entanto, à nossa primeira investigação, que demonstra [...] que o próprio capital não é mais do que produto de trabalho humano... de modo que parece completamente incompreensível que o homem pudesse cair sob o domínio de seu próprio

2. Diminuição relativa da parte variável do capital à medida que avançam a acumulação e a concentração que a acompanha

De acordo com os próprios economistas, o que acarreta a alta dos salários não é o volume existente da riqueza social, tampouco a grandeza do capital já adquirido, mas apenas o crescimento contínuo da acumulação e a velocidade desse crescimento (A. Smith, livro I, capítulo 8). Consideramos, até aqui, apenas uma fase particular desse processo, aquela em que o crescimento adicional de capital ocorre sem que varie a composição técnica deste último. Mas o processo vai além dessa fase.

Uma vez dados os fundamentos gerais do sistema capitalista, no curso da acumulação chega-se sempre a um ponto em que o desenvolvimento da produtividade do trabalho social se converte na mais poderosa alavanca da acumulação.

> "A mesma causa que eleva os salários", diz A. Smith, " ou seja, o aumento do capital, tende a incrementar as capacidades produtivas do trabalho e permite que uma quantidade menor de trabalho produza uma quantidade maior de produtos."*

Abstraindo das condições naturais, como fertilidade do solo etc., e da destreza de produtores que trabalham independente e isoladamente, que, no entanto, evidencia-se mais qualitativa do que quantitativamente, mais na excelência do produto do que em sua massa, o grau social de produtividade do trabalho se expressa no volume relativo dos meios de produção que um trabalhador transforma em produto durante um tempo dado, com a mesma tensão da força de trabalho. A massa dos meios de produção com que ele opera aumenta com a produtividade de seu trabalho. Esses meios de produção desempenham nisso um duplo papel. O crescimento de uns é consequência, o de outros é condição da produtividade crescente do trabalho. Por exemplo, com a divisão manufatureira do trabalho e o emprego da maquinaria, mais matéria-prima é processada no mesmo espaço de tempo e, portanto, uma massa maior de matéria-prima e de matérias auxiliares ingressa no processo de trabalho. Essa é a consequência da produtividade crescente do trabalho. Por outro lado, a massa da maquinaria empregada, dos animais de trabalho, do adubo mineral, das tubulações de drenagem etc. é condição da produtividade crescente do trabalho. Também o é a massa dos meios de produção concentrados em prédios, altos-fornos, meios de

---

produto – o capital – e subordinar-se a ele; e, como é inegável que, na realidade, é isso que ocorre, impõe-se espontaneamente a pergunta: como pôde o trabalhador transformar-se de dominador do capital – como criador deste último – em escravo do capital?", Von Thünen, *Der isolirte Staat* (Rostock, 1863), segunda parte, seção II, p. 5-6. Thünen possui o mérito de ter formulado a pergunta. Sua resposta é simplesmente pueril.

* Adam Smith, *An Inquiry into the Nature and Causes of the Wealth of Nations* [*A riqueza das nações*] (Edimburgo, 1767), t. 1, p. 142. (N. E. A. MEW)

transporte etc. Seja ele condição ou consequência, o volume crescente dos meios de produção em comparação com a força de trabalho neles incorporada expressa a produtividade crescente do trabalho. O aumento desta última aparece, portanto, na diminuição da massa de trabalho proporcionalmente à massa de meios de produção que ela movimenta ou na diminuição do fator subjetivo do processo de trabalho em comparação com seus fatores objetivos.

Essa alteração na composição técnica do capital, o aumento da massa dos meios de produção, comparada à massa da força de trabalho que a põe em atividade, reflete-se na composição de valor do capital, no aumento do componente constante do valor do capital à custa de seu componente variável. Se de um dado capital, por exemplo, calculando-se percentualmente, investia-se originalmente 50% em meios de produção e 50% em força de trabalho, posteriormente, com o desenvolvimento do grau de produtividade do trabalho, investem-se 80% em meios de produção e 20% em força de trabalho etc. Essa lei do aumento crescente da parte constante do capital em relação à sua parte variável é corroborada a cada passo (como já exposto) pela análise comparativa dos preços das mercadorias, comparando-se diferentes épocas econômicas de uma única nação ou nações diferentes numa mesma época. Enquanto a grandeza relativa do elemento do preço que representa apenas o valor dos meios de produção consumidos, ou seja, a parte constante do capital, estará na razão direta, a grandeza relativa do outro elemento do preço, que representa a parte que paga o trabalho ou a parte variável do capital, estará na razão inversa do progresso da acumulação.

No entanto, a diminuição da parte variável do capital em relação à parte constante, ou a composição modificada do valor do capital, indica, apenas aproximadamente, a mudança na composição de seus componentes materiais. Se hoje, por exemplo, $7/8$ do valor do capital investido na fiação é constante e $1/8$ variável, ao passo que, no começo do século XVIII, essa proporção era de $1/2$ constante e $1/2$ variável, isso significa que, ao contrário, a massa de matéria-prima, meios de trabalho etc. hoje consumida por uma determinada quantidade de trabalho é muitas centenas de vezes maior do que no começo do século XVIII. A razão disso é simplesmente que, com a crescente produtividade do trabalho, não só aumenta o volume dos meios de produção por ele utilizados, mas o valor deles diminui em comparação com seu volume. Seu valor aumenta, portanto, de modo absoluto, mas não proporcionalmente a seu volume. O aumento da diferença entre capital constante e capital variável é, por conseguinte, muito menor do que o da diferença entre a massa dos meios de produção e a massa da força de trabalho em que são convertidos, respectivamente, o capital constante e o variável. A primeira diferença aumenta com a última, mas em grau menor.

Além disso, ainda que o progresso da acumulação diminua a grandeza relativa da parte variável do capital, ele não exclui de modo algum, com isso, o aumento de sua grandeza absoluta. Suponha que o valor de um capital se decomponha, inicialmente, em 50% de capital constante e 50% de variável, e, posteriormente, em 80% de capital constante e 20% de variável. Se, nesse ínterim, o capital original, digamos £6 mil, aumentou para £18 mil, seu componente variável também terá aumentado ¹/₅. De suas £3 mil anteriores ela chega, agora, a £3.600. Mas se antes teria bastado um crescimento de 20% de capital para aumentar a demanda de trabalho em 20%, agora isso requer a triplicação do capital original.

Na seção IV mostramos como o desenvolvimento da força produtiva social do trabalho pressupõe a cooperação em larga escala, e como apenas partindo desse pressuposto se podem organizar a divisão e a combinação do trabalho, poupar meios de produção mediante sua concentração massiva, criar materialmente meios de trabalho utilizáveis apenas coletivamente, como o sistema de maquinaria etc., pôr a serviço da produção forças colossais da natureza e consumar a transformação do processo de produção na aplicação tecnológica da ciência. Sobre o fundamento da produção de mercadorias, na qual os meios de produção são propriedade privada de indivíduos e o trabalhador manual, por conseguinte, ou produz mercadorias de maneira isolada e autônoma, ou vende sua força de trabalho como mercadoria porque lhe faltam os meios para produzir por sua própria conta, aquele pressuposto só se realiza mediante o aumento dos capitais individuais ou na medida em que os meios sociais de produção e subsistência se transformam em propriedade privada de capitalistas. O solo da produção de mercadorias só tolera a produção em larga escala na forma capitalista. Certa acumulação de capital nas mãos de produtores individuais de mercadorias constitui, por isso, o pressuposto do modo específico de produção capitalista, razão pela qual tivemos de pressupô-la na passagem do artesanato para a produção capitalista. Podemos chamá-la de acumulação primitiva, pois, em vez de resultado, ela é o fundamento histórico da produção especificamente capitalista. De que modo ela surge é algo que ainda não precisamos examinar aqui. Basta dizer que ela constitui o ponto de partida. Devemos assinalar, no entanto, que todos os métodos para aumentar a força produtiva social do trabalho surgidos sobre esse fundamento são, ao mesmo tempo, métodos para aumentar a produção de mais-valor ou mais-produto, que, por sua vez, forma o elemento constitutivo da acumulação. Portanto, tais métodos servem, ao mesmo tempo, para produzir capital mediante capital ou para sua acumulação acelerada. A contínua reconversão de mais-valor em capital apresenta-se como grandeza crescente do capital que entra no processo de produção. Este se torna, por sua vez, o fundamento de uma escala ampliada da produção, dos métodos nela empregados para o aumento da força produtiva do trabalho e a aceleração da produção de mais-valor. Se, portanto, certo grau da acumulação do capital aparece como condição do modo de produção especificamente capitalista, este último provoca, em reação, uma acumulação acelerada do capital. Com a acumulação do capital desenvolve-se, assim, o modo de produção especificamente capitalista e, com ele, a acumulação do ca-

A lei geral da acumulação capitalista

pital. Esses dois fatores econômicos provocam, de acordo com a conjugação dos estímulos que eles exercem um sobre o outro, a mudança na composição técnica do capital, o que faz com que a seu componente variável se torne cada vez menor em comparação ao componente constante.

Cada capital individual é uma concentração maior ou menor de meios de produção e dotada de comando correspondente sobre um exército maior ou menor de trabalhadores. Cada acumulação se torna meio de uma nova acumulação. Juntamente com a massa multiplicada da riqueza que funciona como capital, ela amplia sua concentração nas mãos de capitalistas individuais e, portanto, a base da produção em larga escala e dos métodos de produção especificamente capitalistas. O crescimento do capital social se consuma no crescimento de muitos capitais individuais. Pressupondo-se inalteradas as demais circunstâncias, crescem os capitais individuais e, com eles, a concentração dos meios de produção na proporção em que constituem partes alíquotas do capital social total. Ao mesmo tempo, partes dos capitais originais se descolam e passam a funcionar como novos capitais independentes. Nisso desempenha um grande papel, com outros fatores, a divisão do patrimônio das famílias capitalistas. Portanto, com a acumulação do capital aumenta, em maior ou menor proporção, o número dos capitalistas. Dois pontos caracterizam esse tipo de concentração, que repousa diretamente sobre a acumulação ou, antes, é idêntica a ela. Primeiro: a concentração crescente dos meios sociais de produção nas mãos de capitalistas individuais é, mantendo-se inalteradas as demais circunstâncias, limitada pelo grau de crescimento da riqueza social. Segundo: a parte do capital social localizada em cada esfera particular da produção está repartida entre muitos capitalistas, que se confrontam como produtores de mercadorias autônomos e mutuamente concorrentes. Portanto, a acumulação e a concentração que a acompanha estão não apenas fragmentadas em muitos pontos, mas o crescimento dos capitais em funcionamento é atravessado pela formação de novos capitais e pela cisão de capitais antigos, de maneira que, se a acumulação se apresenta, por um lado, como concentração crescente dos meios de produção e do comando sobre o trabalho, ela aparece, por outro lado, como repulsão mútua entre muitos capitais individuais.

Essa fragmentação do capital social total em muitos capitais individuais ou a repulsão mútua entre seus fragmentos é contraposta por sua atração. Essa já não é a concentração simples, idêntica à acumulação, de meios de produção e de comando sobre o trabalho. É concentração de capitais já constituídos, supressão [*Aufhebung*] de sua independência individual, expropriação de capitalista por capitalista, conversão de muitos capitais menores em poucos capitais maiores. Esse processo se distingue do primeiro pelo fato de pressupor apenas a repartição alterada dos capitais já existentes e em funcionamento, sem que, portanto, seu terreno de ação esteja limitado pelo crescimento absoluto da riqueza social ou pelos limites absolutos da acumulação. Se aqui o capital cresce nas mãos de um homem até atingir grandes massas, é porque acolá ele se perde nas mãos de muitos outros homens. Trata-se da centralização propriamente dita, que se distingue da acumulação e da concentração.

As leis dessa centralização dos capitais ou da atração do capital pelo capital não podem ser desenvolvidas aqui. Bastará uma breve indicação dos fatos. A luta concorrencial é travada por meio do barateamento das mercadorias. O baixo preço das mercadorias depende, *caeteris paribus*, da produtividade do trabalho, mas esta, por sua vez, depende da escala da produção. Os capitais maiores derrotam, portanto, os menores. Recordemos, ademais, que com o desenvolvimento do modo de produção capitalista cresce o volume mínimo de capital individual requerido para conduzir um negócio sob condições normais. Os capitais menores buscam, por isso, as esferas da produção das quais a grande indústria se apoderou apenas esporádica ou incompletamente. A concorrência aflora ali na proporção direta da quantidade e na proporção inversa do tamanho dos capitais rivais. Ela termina sempre com a ruína de muitos capitalistas menores, cujos capitais em parte passam às mãos do vencedor, em parte se perdem. Abstraindo desse fato, podemos dizer que, com a produção capitalista, constitui-se uma potência inteiramente nova: o sistema de crédito, que em seus primórdios insinua-se sorrateiramente como modesto auxílio da acumulação e, por meio de fios invisíveis, conduz às mãos de capitalistas individuais e associados recursos monetários que se encontram dispersos pela superfície da sociedade em massas maiores ou menores, mas logo se converte numa arma nova e temível na luta concorrencial e, por fim, num gigantesco mecanismo social para a centralização dos capitais.

Na mesma medida em que se desenvolvem a produção e a acumulação capitalistas, desenvolvem-se também a concorrência e o crédito, as duas alavancas mais poderosas da centralização. Paralelamente, o progresso da acumulação aumenta o material centralizável, isto é, os capitais individuais, ao mesmo tempo que a ampliação da produção capitalista cria aqui a necessidade social, acolá os meios técnicos daqueles poderosos empreendimentos industriais cuja realização está vinculada a uma centralização prévia do capital. Hoje, portanto, a força de atração mútua dos capitais individuais e a tendência à centralização são mais fortes do que qualquer época anterior. Mas mesmo que a expansão relativa e a energia do movimento centralizador sejam determinadas até certo ponto pelo volume já alcançado pela riqueza capitalista e pela superioridade do mecanismo econômico, de modo nenhum o progresso da centralização depende do crescimento positivo do volume do capital social. E é especialmente isso que distingue a centralização da concentração, que não é mais do que outra expressão para a reprodução em escala ampliada. A centralização é possível por meio da mera alteração na distribuição de capitais já existentes, da simples modificação do agrupamento quantitativo dos componentes do capital social. Se aqui o capital pode crescer nas mãos de um homem até

A lei geral da acumulação capitalista

formar massas grandiosas é porque acolá ele é retirado das mãos de muitos outros homens. Num dado ramo de negócios, a centralização teria alcançado seu limite último quando todos os capitais aí aplicados fossem fundidos num único capital individual[77b]. Numa dada sociedade, esse limite seria alcançado no instante em que o capital social total estivesse reunido nas mãos, seja de um único capitalista, seja de uma única sociedade de capitalistas.

A centralização complementa a obra da acumulação, colocando os capitalistas industriais em condições de ampliar a escala de suas operações. Se esse último resultado é uma consequência da acumulação ou da centralização; se a centralização se dá pelo caminho violento da anexação – quando certos capitais se convertem em centros de gravitação tão dominantes para outros que rompem a coesão individual destes últimos e atraem para si seus fragmentos isolados –; ou se a fusão ocorre a partir de uma multidão de capitais já formados ou em vias de formação, mediante o simples procedimento da formação de sociedades por ações –; o efeito econômico permanece o mesmo. A extensão aumentada de estabelecimentos industriais constitui por toda parte o ponto de partida para uma organização mais abrangente do trabalho coletivo, para um desenvolvimento mais amplo de suas forças motrizes materiais, isto é, para a transformação progressiva de processos de produção isolados e fixados pelo costume em processos de produção socialmente combinados e cientificamente ordenados.

Mas é evidente que a acumulação, o aumento gradual do capital por meio da reprodução que passa da forma circular para a espiral, é um procedimento extremamente lento se comparado com a centralização, que só precisa alterar o agrupamento quantitativo dos componentes do capital social. O mundo ainda careceria de ferrovias se tivesse de ter esperado até que a acumulação possibilitasse a alguns capitais individuais a construção de uma estrada de ferro. Mas a centralização, por meio das sociedades por ações, concluiu essas construções num piscar de olhos. E enquanto reforça e acelera desse modo os efeitos da acumulação, a centralização amplia e acelera, ao mesmo tempo, as revoluções na composição técnica do capital, que aumentam a parte constante deste último à custa de sua parte variável, reduzindo, com isso, a demanda relativa de trabalho.

As massas de capital fundidas entre si da noite para o dia por obra da centralização se reproduzem e multiplicam como as outras, só que mais rapidamente, convertendo-se, com isso, em novas e poderosas alavancas da acumulação social. Por isso, quando se fala do progresso da acumulação social, nisso se incluem – hoje – tacitamente os efeitos da centralização.

[77b] Nota à quarta edição: Os mais recentes *"trusts"* ingleses e americanos já apontam para esse objetivo, procurando unificar numa grande sociedade por ações, dotada de um monopólio efetivo, ao menos todas as grandes empresas ativas num ramo de negócios. (F. E.)

Os capitais adicionais formados no decorrer da acumulação normal (ver capítulo 22, item 1) servem preferencialmente como veículos para a exploração de novos inventos e descobertas, ou aperfeiçoamentos industriais em geral. Com o tempo, porém, também o velho capital chega ao momento em que se renova da cabeça aos pés, troca de pele e renasce na configuração técnica aperfeiçoada, em que uma massa menor de trabalho basta para pôr em movimento uma massa maior de maquinaria e matérias-primas. Evidentemente, o decréscimo absoluto da demanda de trabalho, que decorre necessariamente daí, torna-se tanto maior quanto mais já estejam acumulados, graças ao movimento centralizador, os capitais submetidos a esse processo de renovação.

Por um lado, o capital adicional formado no decorrer da acumulação atrai, proporcionalmente a seu volume, cada vez menos trabalhadores. Por outro lado, o velho capital, reproduzido periodicamente numa nova composição, repele cada vez mais trabalhadores que ele anteriormente ocupava.

3. Produção progressiva de uma superpopulação relativa ou exército industrial de reserva

A acumulação de capital, que originalmente aparecia tão somente como sua ampliação quantitativa, realiza-se, como vimos, numa contínua alteração qualitativa de sua composição, num acréscimo constante de seu componente constante à custa de seu componente variável[77c].

O modo de produção especificamente capitalista, o desenvolvimento a ele correspondente da força produtiva do trabalho e a alteração que esse desenvolvimento ocasiona na composição orgânica do capital não se limitam a acompanhar o ritmo do progresso da acumulação ou o crescimento da riqueza social. Avançam com rapidez incomparavelmente maior, porque a acumulação simples ou a ampliação absoluta do capital total é acompanhada pela centralização de seus elementos individuais, e a revolução técnica do capital adicional é acompanhada pela revolução técnica do capital original. Com o avanço da acumulação modifica-se, portanto, a proporção entre as partes constante e variável do capital; se originalmente era de 1:1, agora ela passa a 2:1, 3:1, 4:1, 5:1, 7:1 etc., de modo que, à medida que cresce o capital, em vez de $1/2$ de seu valor total, convertem-se em força de trabalho, progressivamente, apenas $1/3$, $1/4$, $1/5$, $1/6$, $1/8$ etc., ao passo que se convertem em meios de produção $2/3$, $3/4$, $4/5$, $5/6$, $7/8$ etc. Como a demanda de trabalho não é deter-

---

[77c] Nota à terceira edição: No exemplar reservado por Marx para seu uso pessoal há, neste ponto, a seguinte anotação à margem: "Observar aqui, para desenvolvimento posterior: se a ampliação é apenas quantitativa, os lucros de um capital maior ou menor no mesmo ramo de atividade estarão em proporção às grandezas dos capitais adiantados. Se a ampliação quantitativa tem efeitos qualitativos, aumenta, ao mesmo tempo, a taxa de lucro do capital maior". (F. E.)

minada pelo volume do capital total, mas por seu componente variável, ela decresce progressivamente com o crescimento do capital total, em vez de, como pressupomos anteriormente, crescer na mesma proporção dele. Essa demanda diminui em relação à grandeza do capital total e em progressão acelerada com o crescimento dessa grandeza. Ao aumentar o capital global, também aumenta, na verdade, seu componente variável, ou seja, a força de trabalho nele incorporada, porém em proporção cada vez menor. Os períodos em que a acumulação atua como mera ampliação da produção sobre uma base técnica dada tornam-se mais curtos. Para absorver um número adicional de trabalhadores de uma dada grandeza, ou mesmo devido à da metamorfose constante que o capital antigo sofre a fim de manter ocupados os trabalhadores já em funcionamento, requer-se, antes de mais nada, uma acumulação acelerada do capital total em progressão crescente. Essa acumulação e centralização crescentes, por sua vez, convertem-se numa fonte de novas variações na composição do capital ou promovem a diminuição novamente acelerada de seu componente variável em comparação com o componente constante. Por outro lado, essa diminuição relativa de seu componente variável, acelerada pelo crescimento do capital total, e numa proporção maior que o próprio crescimento deste último, aparece, inversamente, como um aumento absoluto da população trabalhadora, aumento que é sempre mais rápido do que o do capital variável ou dos meios que este possui para ocupar aquela. A acumulação capitalista produz constantemente, e na proporção de sua energia e seu volume, uma população trabalhadora adicional relativamente excedente, isto é, excessiva para as necessidades médias de valorização do capital e, portanto, supérflua.

Se consideramos o capital social total, ora o movimento de sua acumulação provoca uma variação periódica, ora seus elementos se distribuem simultaneamente entre as diferentes esferas da produção. Em algumas dessas esferas ocorre, em decorrência da mera concentração*, uma variação na composição do capital sem crescimento de sua grandeza absoluta; em outras, o crescimento absoluto do capital está vinculado ao decréscimo absoluto de seu componente variável ou da força de trabalho por ele absorvida; em outras, ora o capital continua a crescer sobre sua base técnica dada e atrai força de trabalho suplementar em proporção ao seu próprio crescimento, ora ocorre uma mudança orgânica e seu componente variável se contrai; em todas as esferas, o crescimento da parte variável do capital e, portanto, do número de trabalhadores ocupados, vincula-se sempre a violentas flutuações e à produção transitória de uma superpopulação, quer esta adote agora a forma mais notória da repulsão de trabalhadores já ocupados anteriormente, quer a forma menos evidente, mas não menos eficaz, de uma absorção mais dificul-

---

* Na terceira edição: "centralização". (N. T.)

tosa da população trabalhadora suplementar mediante os canais habituais[78]. Juntamente com a grandeza do capital social já em funcionamento e com o grau de seu crescimento, com a ampliação da escala de produção e da massa dos trabalhadores postos em movimento, com o desenvolvimento da força produtiva de seu trabalho, com o fluxo mais amplo e mais pleno de todos os mananciais da riqueza, amplia-se também a escala em que uma maior atração dos trabalhadores pelo capital está vinculada a uma maior repulsão desses mesmos trabalhadores, aumenta a velocidade das mudanças na composição orgânica do capital e em sua forma técnica, e dilata-se o âmbito das esferas da produção que são atingidas por essas mudanças, ora simultânea, ora alternadamente. Assim, com a acumulação do capital produzida por ela mesma, a população trabalhadora produz, em volume crescente, os meios que a tornam relativamente supranumerária[79]. Essa lei de população é peculiar ao modo de

---

[78] O censo para Inglaterra e País de Gales mostra, entre outras coisas: pessoas ocupadas na agricultura (inclusive proprietários, arrendatários, jardineiros, pastores etc.): 1851: 2.011.447; 1861: 1.924.110, redução de 87.337. Manufatura de *worsted*: 1851: 102.714 pessoas; 1861: 79.242; fábricas de seda – 1851: 111.940; 1861: 101.670; estamparias de chita – 1851: 12.098; 1861: 12.556 – cujo pequeno aumento, apesar da enorme ampliação da atividade, implica grande diminuição proporcional do número de trabalhadores ocupados; fabricação de chapéus – 1851: 15.957; 1861: 13.814; fabricação de chapéus de palha e bonés – 1851: 20.393; 1861: 18.176; produção de malte – 1851: 10.566; 1861: 10.677; fabricação de velas – 1851: 4.949; 1861: 4.686. Essa redução se deve, entre outras coisas, ao aumento da iluminação a gás. Fabricação de pentes – 1851: 2.038; 1861: 1.478; serrarias – 1851: 30.552; 1861: 31.647, pequeno aumento em virtude do avanço das máquinas de serrar; fabricação de pregos – 1851: 26.940; 1861: 26.130, redução em virtude da concorrência das máquinas; trabalhadores em minas de zinco e cobre – 1851: 31.360; 1861: 32.041. Em contrapartida: fiações e tecelagens de algodão – 1851: 371.777; 1861: 456.646; minas de carvão – 1851: 183.389; 1861: 246.613. "Desde 1851, o aumento de trabalhadores é geralmente maior naqueles ramos em que a maquinaria não foi até agora empregada com sucesso", *Census of England and Wales for 1861* (Londres, 1863), v. III, p. 35-9.

[79] A lei da diminuição progressiva da grandeza relativa do capital variável, bem como seus efeitos sobre a situação da classe assalariada, foi mais pressentida do que compreendida por alguns economistas eminentes da escola clássica. O maior mérito cabe, aqui, a John Barton, ainda que, como todos os outros, ele confunda o capital constante com o capital fixo e o variável com o circulante. Diz ele: "*The demand for labour depends on the increase of circulating and not of fixed capital. Were it true that the proportion between these two sorts of capital is the same at all times, and in all circumstances, then, indeed, it follows that the number of labourers employed is in proportion to the wealth of the state. But such a proposition has not the semblance of probability. As arts are cultivated, and civilisation is extended, fixed capital bears a larger and larger proportion to circulating capital. The amount of fixed capital employed in the production of a piece of British muslin is at less a hundred, probably a thousand times greater than that employed in a similar piece of Indian muslin. And the proportion of circulating capital is a hundred or thousand times less [...] the whole of the annual savings [...], added to the fixed capital [...], would have no effect in increasing the demand for labour*" ["A demanda de trabalho depende do aumento do capital circulante, e não do capital fixo. Se a relação entre esses dois tipos de capital fosse realmente a mesma em todas as épocas e

produção capitalista, tal como, de fato, cada modo de produção particular na história tem suas leis de população particulares, historicamente válidas. Uma lei abstrata de população só é válida para as planta e os animais e, ainda assim, apenas enquanto o ser humano não interfere historicamente nesses domínios.

Mas se uma população trabalhadora excedente é um produto necessário da acumulação ou do desenvolvimento da riqueza com base capitalista, essa superpopulação se converte, em contrapartida, em alavanca da acumulação capitalista, e até mesmo numa condição de existência do modo de produção capitalista. Ela constitui um exército industrial de reserva disponível, que pertence ao capital de maneira tão absoluta como se ele o tivesse criado por sua própria conta. Ela fornece a suas necessidades variáveis de valorização o material humano sempre pronto para ser explorado, independentemente dos limites do verdadeiro aumento populacional. Com a acumulação e o consequente desenvolvimento da força produtiva do trabalho aumenta a súbita força de expansão do capital, e

---

em todas as circunstâncias, então o número de trabalhadores ocupados seria, de fato, proporcional à riqueza do Estado. Mas tal afirmação parece improvável. À medida que as ciências naturais [*arts*] são cultivadas e a civilização se expande, o capital fixo cresce cada vez mais em relação ao capital circulante. A quantidade de capital fixo empregado na produção de um pedaço de musselina britânica é no mínimo 100 vezes maior, mas provavelmente 1.000 vezes maior do que a quantidade utilizada na confecção de uma peça semelhante de musselina indiana. E a parcela de capital circulante é 100 ou 1.000 vezes menor. [...] se a totalidade das poupanças anuais fosse adicionada ao capital fixo, isso não ocasionaria aumento algum na demanda de trabalho"], John Barton, *Observations on the Circumstances which Influence the Condition of the Labouring Classes of Society* (Londres, 1817), p. 16-7. "*The same cause which may increase the net revenue of the country may at the same time render the population redundant, and deteriorate the condition of the labourer*" [A mesma causa que pode aumentar a renda líquida do país pode, ao mesmo tempo, tornar a população excedente e deteriorar a condição do trabalhador], Ricardo, *The Princ. of Pol. Econ.*, cit., p. 469. "[...] the demand [...] will be in a diminishing ratio" ["A demanda" (de trabalho) "diminuirá proporcionalmente ao aumento do capital"], ibidem, p. 480, nota. "*The amount of capital devoted to the maintenance of labour may vary, independently of any changes in the whole amount of capital [...]. Great fluctuations in the amount of employment, and great suffering may [...] become more frequent as capital itself becomes more plentiful*" ["A soma de capital destinada à manutenção do trabalho pode variar, independentemente de quaisquer modificações na soma total do capital [...]. Grandes flutuações na taxa de emprego e um grande sofrimento tornam-se mais frequentes à medida que o próprio capital se torna mais abundante"], Richard Jones, *An Introductory Lecture on Political Economy* (Londres, 1833), p. 12. "*Demand [...] will rise [...] not in proportion to the accumulation of the general capital [...]. Every augmentation, therefore, to the national stock destined for reproduction, comes, in the progress of society, to have less and less influence upon the condition of the labourer*" ["A demanda" (de trabalho) "aumentará [...] não em proporção à acumulação do capital total. [...] Portanto, à medida do progresso da sociedade, todo aumento do estoque nacional destinado à reprodução terá uma influência cada vez menor sobre a situação do trabalhador"], Ramsay, *An Essay on the Distribution of Wealth*, cit., p. 90-1.

não só porque aumentam a elasticidade do capital em funcionamento e a riqueza absoluta, da qual o capital não constitui mais do que uma parte elástica, não só porque o crédito, sob todo tipo de estímulos particulares, e num abrir e fechar de olhos, põe à disposição da produção, como capital adicional, uma parte extraordinária dessa riqueza, mas porque as condições técnicas do próprio processo de produção, a maquinaria, os meios de transporte etc. possibilitam, em escala ampliada, a transformação mais rápida de mais-produto em meios de produção suplementares. A massa da riqueza social, superabundante e transformável em capital adicional graças ao progresso da acumulação, precipita freneticamente sobre os velhos ramos da produção, cujo mercado se amplia repentinamente, ou em ramos recém-abertos, como o das ferrovias etc., cuja necessidade decorre do desenvolvimento dos ramos passados. Em todos esses casos, é preciso que grandes massas humanas estejam disponíveis para serem subitamente alocadas nos pontos decisivos, sem que, com isso, ocorra uma quebra na escala de produção alcançada em outras esferas. A superpopulação provê essas massas. O curso vital característico da indústria moderna, a forma de um ciclo decenal interrompido por oscilações menores de períodos de vitalidade média, produção a todo vapor, crise e estagnação, repousa sobre a formação constante, sobre a maior ou menor absorção e sobre a reconstituição do exército industrial de reserva ou superpopulação. Por sua vez, as oscilações do ciclo industrial conduzem ao recrutamento da superpopulação e, com isso, convertem-se num dos mais enérgicos agentes de sua reprodução.

Esse currículo peculiar da indústria moderna, que não se encontra em nenhuma época anterior da humanidade, era também impossível na infância da produção capitalista. A composição do capital só se modificava gradualmente, e à sua acumulação correspondia, no geral, um crescimento proporcional da demanda de trabalho. Tal crescimento, tão lento quanto o progresso da acumulação do capital – se comparado com o da época moderna –, chocava-se com barreiras naturais da população trabalhadora explorável, as quais só podiam ser removidas pelos meios violentos que mencionaremos mais tarde. A expansão súbita e intermitente da escala de produção é o pressuposto de sua contração repentina; esta última, por sua vez, provoca uma nova expansão, a qual é impossível na ausência de material humano disponível, isto é, se o número dos trabalhadores não aumenta independentemente do crescimento absoluto da população. Ela é criada pelo simples processo que "libera" constantemente parte dos trabalhadores, por métodos que reduzem o número de trabalhadores ocupados em relação à produção aumentada. Toda a forma de movimento da indústria moderna deriva, portanto, da transformação constante de uma parte da população trabalhadora em mão de obra desempregada ou semiempregada. A superficialidade da economia política se mostra, entre outras coisas, no fato de ela converter a expansão e a contração do crédito, que é o mero sintoma dos períodos de mudança do ciclo industrial, em causa destes últimos. Tão logo iniciam esse movimento de expansão e contração alternadas, ocorre com a produção exatamente o mesmo que com os corpos celestes, os quais, uma vez lançados em determinado movimento, repetem-no sempre. Os efeitos, por sua vez, convertem-se em causas, e as variações de todo o processo, que reproduz continuamente suas próprias condições, assumem a forma da periodicidade*. Uma vez consolidada essa forma, até mesmo a economia política compreende que produzir uma população excedente relativa, isto é, excedente em relação à necessidade média de valorização do capital, é uma condição vital da indústria moderna.

"Suponha" – diz H. Merivale, ex-professor de economia política em Oxford e, posteriormente, funcionário do Ministério das Colônias da Inglaterra – "que, por ocasião de algumas dessas crises, a nação realizasse um grande esforço para se livrar, mediante a emigração, de algumas centenas de milhares de trabalhadores supérfluos; qual seria a consequência? Que, com o primeiro ressurgimento da demanda de trabalho, haveria uma escassez. Por célere que seja a reprodução dos homens, ela precisa, em todo caso, do intervalo de uma geração para repor a perda de trabalhadores adultos. Ora, os lucros de nossos fabricantes dependem principalmente do poder de explorar o momento favorável de demanda mais intensa e, com isso, ressarcir-se dos períodos de paralisia. Esse poder só lhes é assegurado pelo comando sobre a maquinaria e o trabalho manual. Eles têm de encontrar mão de obra disponível, estar em condições de redobrar ou reduzir a intensidade de suas operações, de acordo com a situação do mercado; do contrário,

---

* Na edição francesa autorizada, encontra-se nesta passagem a seguinte inserção: "*Mais c'est seulement de l'époque où l'industrie mécanique, ayant jeté des racines assez profondes, exerça une influence prépondérante sur toute la production nationale; où, grâce à elle, le commerce étranger commença à primer le commerce intérieur; où le marché universel s'annexa successivement de vastes terrains au Nouveau Monde, en Asie et en Australie; où enfin les nations industrielles entrant en lice furent devenues assez nombreuses, c'est de cette époque seulement que datent les cycles renaissants dont les phases successives embrassent des années et qui aboutissent toujours à une crise générale, fin d'un cycle et point de départ d'un autre. Jusqu'ici la durée périodique de ces cycles est de dix ou onze ans, mais il n'y a aucune raison pour considérer ce chiffre comme constant. Au contraire, on doit inférer des lois de la production capitaliste, telles que nous venons de les développer, qu'il est variable et que la période des cycles se raccourcira graduellement*" [Mas é somente a partir do momento em que a indústria mecanizada, tendo lançado raízes tão profundas, exerceu uma influência preponderante sobre toda a produção nacional; ou que, por meio dela, o comércio exterior começou a sobrepujar o comércio interno; ou que o mercado universal se apoderou sucessivamente de vastos territórios no Novo Mundo, na Ásia e na Austrália; ou que, por fim, as nações industrializadas, entrando na briga, tornaram-se bastante numerosas – é somente dessa época que datam aqueles os ciclos sempre recorrentes, cujas fases sucessivas se estendem por anos e que desembocam sempre numa crise geral, marcando o fim de um ciclo e o ponto de partida de outro. Até aqui, a duração periódica desses ciclos foi de dez ou onze anos, mas não há nenhuma razão para considerar essa cifra como constante. Ao contrário, a partir das leis da produção capitalista, tais como as que acabamos de desenvolver, devemos inferir que essa duração é variável e que o período dos ciclos se encurtará gradualmente]. (N. E. A. MEW)

será absolutamente impossível manter a superioridade na encarniçada corrida da concorrência, sobre a qual repousa a riqueza de seu país."[80]

Até mesmo Malthus reconhece na superpopulação – que ele, a seu modo tacanho, entende como consequência de um excessivo crescimento absoluto da população trabalhadora, e não da conversão desta última em população relativamente supranumerária – uma necessidade da indústria moderna.
Diz ele:

"Hábitos prudenciais com relação ao casamento, se observados em grau exagerado pela classe trabalhadora de um país que dependa principalmente da manufatura e do comércio, poderia prejudicar esse país [...]. Conforme a natureza da população, um acréscimo de trabalhadores não pode ser fornecido ao mercado, em decorrência de uma demanda particular, antes de decorridos 16 ou 18 anos, e a conversão de renda em capital por meio da poupança pode ocorrer muito mais rapidamente; um país está sempre exposto à possibilidade de que seu fundo de trabalho cresça mais rápido do que a população."[81]

Depois de ter assim explicado a produção constante de uma superpopulação relativa de trabalhadores como uma necessidade da acumulação capitalista, a economia política, desempenhando o adequado papel de uma velha solteirona, põe na boca do *beau ideal* [belo ideal] de seu capitalista as seguintes palavras, dirigidas aos "supérfluos" postos na rua por sua própria criação de capital adicional: "Nós, fabricantes, fazemos por vós o que podemos, multiplicando o capital de que necessitais para subsistir; e a vós cabei fazer o restante, ajustando vosso número aos meios de subsistência"[82].

À produção capitalista não basta de modo algum a quantidade de força de trabalho disponível fornecida pelo crescimento natural da população. Ela necessita, para assegurar sua liberdade de ação, de um exército industrial de reserva independente dessa barreira natural.

Até aqui foi pressuposto que o acréscimo ou decréscimo do capital variável corresponde exatamente ao acréscimo ou decréscimo do número de trabalhadores ocupados.

---

[80] H. Merivale, *Lectures on Colonization and Colonies* (Londres, 1841-1842), v. I, p. 146.
[81] "*Prudential habits with regard to marriage, carried to a considerable extent among the labouring class of a country mainly depending upon manufactures and commerce, might injure it [...] From the nature of a population, an increase of labourers cannot be brought into market, in consequence of a particular demand, till after the lapse of 16 or 18 years, and the conversion of revenue into capital, by saving, may take place much more rapidly; a country is always liable to an increase in the quantity of the funds for the maintenance of labour faster than the increase of population*", Malthus, *Princ. of Pol. Econ*, cit., p. 215, 319-20. Nessa obra, Malthus finalmente descobre, pela mediação de Sismondi, a bela tríade da produção capitalista: superprodução--superpopulação-sobreconsumo, *three very delicate monsters, indeed* [três monstros muito delicados, de fato]! Cf. F. Engels, "Umrisse zu einer Kritik der Nationalökonomie" [Esboço de uma crítica da economia política], cit., p. 107s.
[82] Harriet Martineau, *The Manchester Strike* (1832), p. 101.

Exercendo o comando de um número igual ou até decrescente de trabalhadores, o capital variável cresce, no entanto, se o trabalhador individual fornece mais trabalho e, com isso, aumenta seu salário, ainda que o preço do trabalho se mantenha igual ou caia, só que num ritmo mais lento do que o do aumento da massa de trabalho. O crescimento do capital variável torna-se, então, o índice de mais trabalho, mas não de mais trabalhadores ocupados. Todo capitalista tem interesse absoluto em extrair uma determinada quantidade de trabalho de um número menor de trabalhadores, em vez de extraí-lo por um preço igual ou até mesmo mais barato de um número maior de trabalhadores. No último caso, o dispêndio de capital constante aumenta na proporção da massa de trabalho posta em movimento; no primeiro caso, ele aumenta muito mais lentamente. Quanto maior a escala da produção, tanto mais decisivo é esse motivo. Seu peso aumenta com a acumulação do capital.

Vimos que o desenvolvimento do modo de produção capitalista e da força produtiva do trabalho – simultaneamente causa e efeito da acumulação – capacita o capitalista a movimentar, com o mesmo dispêndio de capital variável, mais trabalho mediante uma maior exploração extensiva ou intensiva das forças de trabalho individuais. Vimos, além disso, que ele, com capital do mesmo valor, compra mais forças de trabalho ao substituir progressivamente trabalhadores mais qualificados por menos qualificados, maduros por imaturos, masculinos por femininos ou adultos por adolescentes ou infantis.

Por um lado, portanto, com o avanço da acumulação, um capital variável maior põe mais trabalho em movimento, sem recrutar mais trabalhadores; por outro, um capital variável do mesmo tamanho põe mais trabalho em movimento com a mesma massa de força de trabalho e, por fim, mais forças de trabalho inferiores mediante a substituição de forças de trabalho superiores.

A produção de uma superpopulação relativa ou a liberação de trabalhadores avança com rapidez ainda maior do que a – já acelerada com o progresso da acumulação – revolução técnica do processo de produção e a correspondente redução proporcional da parte variável do capital em relação à parte constante. Se os meios de produção, crescendo em volume e eficiência, tornam-se meios de ocupação dos trabalhadores em menor grau, essa mesma relação é novamente modificada pelo fato de que, à medida que cresce a força produtiva do trabalho, o capital eleva mais rapidamente sua oferta de trabalho do que sua demanda de trabalhadores. O sobretrabalho da parte ocupada da classe trabalhadora engrossa as fileiras de sua reserva, ao mesmo tempo que, inversamente, esta última exerce, mediante sua concorrência, uma pressão aumentada sobre a primeira, forçando-a ao sobretrabalho e à submissão aos ditames do capital. A condenação de uma parte da classe trabalhadora à ociosidade forçada em razão do sobretrabalho da outra parte, e vice-versa, torna-se um meio de enriquecimento do capitalista individual[83], ao mesmo tempo que acelera a produção do exército industrial de reserva num grau correspondente ao progresso da acumulação social. A importância desse fator na formação da superpopulação relativa o demonstra, por exemplo, o caso da Inglaterra. Seus meios técnicos para "economizar" trabalho são colossais, no entanto, se amanhã o trabalho fosse reduzido, de modo geral, a uma medida racional, e fosse graduado de acordo com as diferentes camadas da classe trabalhadora, conforme a idade e o sexo, a população trabalhadora existente seria absolutamente insuficiente para conduzir adiante a produção nacional em sua escala atual. A grande maioria dos trabalhadores atualmente "improdutivos" teria de ser transformada em "produtivos".

Grosso modo, os movimentos gerais do salário são regulados exclusivamente pela expansão e contração do exército industrial de reserva, que se regem, por sua vez, pela alternância periódica do ciclo industrial. Não se determinam, portanto, pelo movimento do número absoluto da população trabalhadora, mas pela proporção variável em que a classe trabalhadora se

---

[83] Mesmo durante a escassez de algodão de 1863, podemos encontrar num panfleto dos fiadores de algodão de Blackburn uma violenta denúncia do sobretrabalho, que, por força da lei fabril, atingia, naturalmente, apenas trabalhadores masculinos adultos. "*The adult operatives at this mill have been asked to work from 12 to 13 hours per day, while there are hundreds who are compelled to be idle who would willingly work partial time, in order to maintain their families and save their brethren from a premature grave through being overworked*" ["Os operários adultos dessa fábrica foram solicitados a trabalhar de 12 a 13 horas diárias, ao mesmo tempo que há centenas deles forçados à ociosidade, mas que trabalhariam de bom grado durante uma parte do tempo a fim de sustentar sua família e poupar seus irmãos trabalhadores de uma morte prematura em consequência do sobretrabalho"]. "Gostaríamos" – é dito mais adiante – "de perguntar se essa prática de trabalhar horas excedentes possibilita o estabelecimento de relações de algum modo suportáveis entre patrões e 'servos'. As vítimas do sobretrabalho sentem a injustiça tanto quanto aqueles por ele condenados à ociosidade forçada (*condemned to forced idleness*). Neste distrito, o trabalho a realizar é suficiente para ocupar parcialmente a todos, bastando que seja distribuído com equidade. Reivindicamos apenas um direito quando pleiteamos dos patrões que nos permitam trabalhar, de modo geral, apenas em períodos curtos, ao menos enquanto perdurar o atual estado de coisas, em vez de fazer uma parte dos operários trabalhar em excesso enquanto a outra, por falta de trabalho, é forçada a existir na dependência da caridade alheia", *Reports of Insp. of Fact.*, 31st Oct. 1863, p. 8. – O autor do *Essay on Trade and Commerce*, com seu habitual e infalível instinto burguês, entende o efeito de uma superpopulação relativa sobre os trabalhadores ocupados. "Outra causa da ociosidade (*idleness*) nesse reino é a falta de um número suficiente de trabalhadores. Quando, em virtude de qualquer demanda extraordinária de produtos manufaturados, a massa de trabalho se torna insuficiente, os trabalhadores sentem sua própria importância e querem fazer com que os patrões também a sintam; é espantoso, mas o caráter dessa gente é tão depravado que, em tais casos, formaram-se grupos de trabalhadores com a finalidade de, folgando um dia inteiro, pressionar o patrão", *Essay etc.*, cit., p. 27-8. O que essa gente queria era, na verdade, um aumento de salários.

A lei geral da acumulação capitalista

divide em exército ativo e exército de reserva, pelo aumento ou redução do tamanho relativo da superpopulação, pelo grau em que ela é ora absorvida, ora liberada. De fato, para a indústria moderna, com seu ciclo decenal e suas fases periódicas, que, além disso, no transcurso da acumulação, são atravessadas por oscilações irregulares que se sucedem cada vez mais rapidamente, seria uma bela lei a que regulasse a demanda e a oferta de trabalho não pela expansão e contração do capital – ou seja, por suas necessidades ocasionais de valorização, de modo que o mercado pareça estar relativamente vazio quando o capital se amplia, e novamente supersaturado quando se contrai –, mas, ao contrário, fizesse a dinâmica do capital depender do movimento absoluto do tamanho da população. Este é, porém, o dogma econômico. De acordo com ele, o salário aumenta em consequência da acumulação do capital. O incremento do salário estimula um aumento mais rápido da população trabalhadora, aumento que prossegue até que o mercado de trabalho esteja supersaturado, ou seja, até que o capital se torne insuficiente em relação à oferta de trabalho. O salário diminui, e então temos o reverso da medalha. A baixa salarial dizima pouco a pouco a população trabalhadora, de modo que, em relação a ela, o capital se torna novamente superabundante, ou, como outros o explicam, a baixa salarial e a correspondente exploração redobrada do trabalhador aceleram, por sua vez, a acumulação, ao mesmo tempo que o salário baixo põe em xeque o crescimento da classe trabalhadora. Reconstitui-se, assim, a relação em que a oferta de trabalho é mais baixa do que a demanda de trabalho, o que provoca o aumento do salário, e assim por diante. Belo método de movimento este, para a produção capitalista desenvolvida! Mas muito antes que o aumento salarial pudesse motivar qualquer crescimento positivo da população efetivamente apta para o trabalho já estaria vencido o prazo em que a campanha industrial teria de ser conduzida e a batalha travada e decidida.

Entre 1849 e 1859, simultaneamente à queda dos preços dos cereais, ocorreu nos distritos agrícolas ingleses um aumento salarial que, na prática, foi apenas nominal. Em Wiltshire, por exemplo, o salário semanal aumentou de 7 para 8 xelins, em Dorsetshire de 7 ou 8 para 9 xelins etc. Isso foi uma consequência da evasão extraordinária da superpopulação agrícola, causada pela demanda bélica* e pela expansão massiva das construções de ferrovias, fábricas, minas etc. Quanto menor o salário, tanto maior será a expressão percentual de qualquer elevação dele, por mais insignificante que seja. Se o salário semanal é, por exemplo, de 20 xelins e sobe para 22, ele se eleva

---

* Na edição francesa: "ocasionada pelo recrutamento de soldados para a guerra da Crimeia". Além desse conflito (1853-1856), no período mencionado por Marx, os ingleses travaram guerras contra a China (1856-1858, 1859-1860) e contra a Pérsia (1856-1857). Ademais, em 1849 a Inglaterra completou a conquista da Índia e entre os anos 1857 e 1859 empregou suas tropas na repressão da insurreição popular indiana. (N. E. A. MEW)

em 10%; se, no entanto, é de apenas 7 xelins e sobe para 9, ele se eleva em 28⁴/₇%, o que parece bastante considerável. Seja como for, os arrendatários gritaram de indignação, e até o *Economist*[84] de Londres tagarelou com absoluta seriedade sobre *"a general and substantial advance"* [um avanço geral e substancial] com relação a esses salários de fome. O que fizeram, então, os arrendatários? Esperaram até que os trabalhadores rurais, graças a essas remunerações esplêndidas, tivessem se multiplicado tanto que seu salário teria novamente de cair, tal como costuma ocorrer no cérebro do economista dogmático? Eles introduziram mais maquinaria e, num piscar de olhos, os trabalhadores voltaram a ser "supranumerários" numa proporção suficiente até mesmo para os arrendatários. Agora havia "mais capital" investido na agricultura do que antes, e de forma mais produtiva. Com isso, a demanda de trabalho caiu não apenas de modo relativo, mas absoluto.

Essa ficção econômica confunde as leis que regem o movimento geral do salário – ou a relação entre a classe trabalhadora, isto é, a força de trabalho em seu conjunto, e o capital total da sociedade – com as leis que distribuem a população trabalhadora entre as esferas particulares da produção. Se, por exemplo, em decorrência de uma conjuntura favorável, a acumulação é especialmente intensa numa determinada esfera da produção, fazendo com que os lucros sejam aí maiores do que os lucros médios e atraindo para ela o capital adicional, então ocorre, naturalmente, um aumento da demanda de trabalho e do salário. O salário mais alto atrai uma parte maior da população trabalhadora para a esfera favorecida, até que ela esteja saturada de força de trabalho e o salário caia novamente para o nível médio anterior ou, caso o afluxo tenha sido grande demais, para um nível abaixo dele. Nesse caso, a imigração de trabalhadores para o ramo de atividades em questão não apenas é interrompida, como dá até mesmo lugar à sua emigração. Aqui, o economista político crê vislumbrar "onde e como", com o incremento do salário, ocorre um incremento absoluto de trabalhadores e, com o incremento absoluto de trabalhadores, uma redução do salário, mas na verdade ele só enxerga a oscilação local do mercado de trabalho de uma esfera específica da produção, nada mais do que fenômenos da distribuição da população trabalhadora nas diferentes esferas de investimento do capital, conforme suas necessidades mutáveis.

Nos períodos de estagnação e prosperidade média, o exército industrial de reserva pressiona o exército ativo de trabalhadores; nos períodos de superprodução e paroxismo, ele barra suas pretensões. A superpopulação relativa é, assim, o pano de fundo sobre o qual se move a lei da oferta e da demanda de trabalho. Ela reduz o campo de ação dessa lei a limites absolutamente condizentes com a avidez de exploração e a mania de dominação próprias do capital. É oportuno, aqui, retornarmos a uma das proezas da apologética

---

[84] *Economist*, 21 jan. 1860.

econômica. Recordemos que, quando a introdução de maquinaria nova ou a ampliação de maquinaria antiga faz com que uma parcela do capital variável seja transformada em capital constante, o apologista econômico interpreta essa operação – que "vincula" capital e, por isso mesmo, "libera" trabalhadores – de modo invertido, como se ela liberasse capital para o trabalhador. Apenas agora podemos apreciar plenamente a impudência do apologista. O que é "liberado" são não apenas os trabalhadores diretamente substituídos pela máquina, mas também sua equipe de reserva e, com a expansão habitual do negócio sobre sua velha base, o contingente adicional regularmente absorvido. Eles estão, agora, "liberados", e todo novo capital que deseje entrar em funcionamento pode dispor deles. Atraia ele esses trabalhadores ou outros, o efeito sobre a demanda geral de trabalho será nulo sempre que esse capital for suficiente para livrar o mercado da mesma quantidade de trabalhadores que nele foi lançado pelas máquinas. Se um número menor é empregado, aumenta a quantidade dos supranumerários; se emprega um número maior, a demanda geral de trabalho aumenta apenas na medida em que os ocupados excedem os "liberados". Em todo caso, o impulso que, não fossem essas as circunstâncias, os capitais adicionais em busca de aplicação teriam dado à demanda geral de trabalho, neutraliza-se na medida em que os trabalhadores postos na rua pelas máquinas são suficientes. Isso significa, portanto, que o mecanismo da produção capitalista vela para que o aumento absoluto de capital não seja acompanhado de um aumento correspondente da demanda geral de trabalho. E a isso o apologista chama de uma compensação pela miséria, sofrimentos e possível morte dos trabalhadores deslocados durante o período de transição, que os expulsa para as fileiras do exército industrial de reserva! A demanda de trabalho não é idêntica ao crescimento do capital, e a oferta de trabalho não é idêntica ao crescimento da classe trabalhadora, como se fossem duas potências independentes a se influenciar mutuamente. *Les dés sont pipés* [os dados estão viciados]. O capital age sobre os dois lados ao mesmo tempo. Se, por um lado, sua acumulação aumenta a demanda de trabalho, por outro, sua "liberação" aumenta a oferta de trabalhadores, ao mesmo tempo que a pressão dos desocupados obriga os ocupados a pôr mais trabalho em movimento, fazendo com que, até certo ponto, a oferta de trabalho seja independente da oferta de trabalhadores. O movimento da lei da demanda e oferta de trabalho completa, sobre essa base, o despotismo do capital. Tão logo os trabalhadores desvendam, portanto, o mistério de como é possível que, na mesma medida em que trabalham mais, produzem mais riqueza alheia, de como a força produtiva de seu trabalho pode aumentar ao mesmo tempo que sua função como meio de valorização do capital se torna cada vez mais precária para eles; tão logo descobrem que o grau de intensidade da concorrência entre eles mesmos depende inteiramente da pressão exercida pela superpopulação relativa; tão logo, portanto, procuram organizar, mediante *trade's unions* etc., uma cooperação planificada entre empregados e os desempregados com o objetivo de eliminar ou amenizar as consequências ruinosas que aquela lei natural da produção capitalista acarreta para sua classe, o capital e seu sicofanta, o economista político, clamam contra a violação da "eterna" e, por assim dizer, "sagrada" lei da oferta e demanda. Toda solidariedade entre os ocupados e os desocupados perturba, com efeito, a ação "livre" daquela lei. Por outro lado, assim que, nas colônias, por exemplo, surgem circunstâncias adversas que impedem a criação do exército industrial de reserva e, com ele, a dependência absoluta da classe trabalhadora em relação à classe capitalista, o capital, juntamente com seu Sancho Pança dos lugares-comuns, rebela-se contra a lei "sagrada" da oferta e demanda e tenta dominá-la por meios coercitivos.

4. Diferentes formas de existência da superpopulação relativa. A lei geral da acumulação capitalista

A superpopulação relativa existe em todos os matizes possíveis. Todo trabalhador a integra durante o tempo em que está parcial ou inteiramente desocupado. Sem levarmos em conta as grandes formas, periodicamente recorrentes, que a mudança de fases do ciclo industrial lhe imprime, fazendo com que ela apareça ora de maneira aguda nas crises, ora de maneira crônica nos períodos de negócios fracos, a superpopulação relativa possui continuamente três formas: flutuante, latente e estagnada.

Nos centros da indústria moderna – fábricas, manufaturas, fundições e minas etc. – os trabalhadores são ora repelidos, ora atraídos novamente em maior volume, de modo que, em linhas gerais, o número de trabalhadores ocupados aumenta, ainda que sempre em proporção decrescente em relação à escala da produção. A superpopulação existe, aqui, sob a forma flutuante. Tanto nas fábricas propriamente ditas como em todas as grandes oficinas em que a maquinaria constitui um fator, ou onde, ao menos, é aplicada a moderna divisão do trabalho, requer-se uma grande massa de trabalhadores masculinos que ainda se encontrem em idade juvenil. Uma vez atingido esse ponto, resta apenas um número muito reduzido que ainda pode ser empregado no mesmo ramo de atividade, ao passo que a maioria é regularmente dispensada. Essa maioria constitui um elemento da superpopulação flutuante, que cresce com o tamanho da indústria. Uma parte dela emigra e, na realidade, não faz mais do que seguir os passos do capital emigrante. Uma das consequências é que a população feminina cresce mais rapidamente que a masculina, *teste* [testemunha-o] a Inglaterra. Que o aumento natural da massa trabalhadora não satisfaça plenamente às necessidades de acumulação do capital e, no entanto, ao mesmo tempo as ultrapasse, é uma contradição de seu próprio movimento. Ele necessita de massas maiores de trabalhadores em idade juvenil e de massas menores de trabalhadores masculinos adultos. A contradição não é mais flagrante do que a outra: a de

A lei geral da acumulação capitalista

que haja reclamações quanto à falta de mão de obra ao mesmo tempo que muitos milhares estão na rua porque a divisão do trabalho os acorrenta a um determinado ramo da indústria[85]. Além disso, o consumo da força de trabalho pelo capital é tão rápido que, na maioria das vezes, o trabalhador de idade mediana já está mais ou menos acabado. Ou engrossa as fileiras dos supranumerários, ou é empurrado de um escalão mais alto para um mais baixo. É justamente entre os trabalhadores da grande indústria que nos deparamos com a duração mais curta de vida.

> "Dr. Lee, funcionário de saúde pública de Manchester, comprovou que nessa cidade a duração média de vida na classe abastada é de 38 anos, ao passo que na classe operária é de apenas 17 anos. Em Liverpool, é de 35 anos para a primeira e 15 para a segunda. Disso se conclui, portanto, que a classe privilegiada tem uma expectativa de vida (*have a lease of life*) mais de duas vezes maior do que a de seus concidadãos menos favorecidos."[85a]

Nessas circunstâncias, o crescimento absoluto dessa fração do proletariado requer uma forma que aumente o número de seus elementos, ainda que estes se desgastem rapidamente. É necessária, portanto, uma rápida renovação das gerações de trabalhadores. (Essa mesma lei não vale para as demais classes da população.) Tal necessidade é satisfeita por meio de casamentos precoces, consequência necessária das condições em que vivem os trabalhadores da grande indústria, e graças ao abono que a exploração dos filhos dos trabalhadores agrega à sua produção.

Assim que a produção capitalista se apodera da agricultura, ou de acordo com o grau em que se tenha apoderado dela, a demanda de população trabalhadora rural decresce em termos absolutos na mesma proporção em que aumenta a acumulação do capital em funcionamento nessa esfera, e isso sem que a repulsão desses trabalhadores seja complementada por uma maior atração, como ocorre na indústria não agrícola. Uma parte da população rural se encontra, por isso, continuamente em vias de se transferir para o proletariado urbano ou manufatureiro, e à espreita de circunstâncias favoráveis a essa metamorfose. (Manufatureiro, aqui, no sentido de toda a indústria

---

[85] Em Londres, enquanto no último semestre de 1866 entre 80 mil e 90 mil trabalhadores perdiam o emprego, o relatório fabril sobre o mesmo semestre informava: "*It does not appear absolutely true to say that demand will always produce supply just at the moment when it is needed. It has not done so with labour, for much machinery has been idle last year for want of hands*" ["Não parece absolutamente verdadeiro dizer que a demanda sempre gerará a oferta exatamente no momento em que isso for necessário. Não foi isso o que ocorreu com o trabalho, pois ano passado muita maquinaria teve de ficar ociosa por falta de mão de obra"], "Reports of Insp. of Fact. for 31st Oct. 1866", p. 81.

[85a] Discurso inaugural da Conferência Sanitária, Birmingham, em 14 de janeiro de 1875, proferido por J. Chamberlain, então prefeito da cidade, atualmente [1883] ministro do Comércio.

não agrícola.)[86] Essa fonte da superpopulação relativa flui, portanto, continuamente, mas seu fluxo constante para as cidades pressupõe a existência, no próprio campo, de uma contínua superpopulação latente, cujo volume só se torna visível a partir do momento em que os canais de escoamento se abrem, excepcionalmente, em toda sua amplitude. O trabalhador rural é, por isso, reduzido ao salário mínimo e está sempre com um pé no lodaçal do pauperismo.

A terceira categoria da superpopulação relativa, a estagnada, forma uma parte do exército ativo de trabalhadores, mas com ocupação totalmente irregular. Desse modo, ela proporciona ao capital um depósito inesgotável de força de trabalho disponível. Sua condição de vida cai abaixo do nível médio normal da classe trabalhadora, e é precisamente isso que a torna uma base ampla para certos ramos de exploração do capital. Suas características são o máximo de tempo de trabalho e o mínimo de salário. Já nos deparamos com sua configuração principal sob a rubrica do trabalho domiciliar. Ela recruta continuamente trabalhadores entre os supranumerários da grande indústria e da agricultura e especialmente também de ramos industriais decadentes, em que a produção artesanal é superada pela manufatura, e esta última pela indústria mecanizada. Seu volume se amplia à medida que avança, com o volume e a energia da acumulação, a "transformação dos trabalhadores em supranumerários". Mas ela constitui, ao mesmo tempo, um elemento da classe trabalhadora que se reproduz e perpetua a si mesmo e participa no crescimento total dessa classe numa proporção maior do que os demais elementos. De fato, não só a massa dos nascimentos e óbitos, mas também a grandeza absoluta das famílias está na razão inversa do nível do salário e, portanto, à massa dos meios de subsistência de que dispõem as diversas categorias de trabalhadores. Essa lei da sociedade capitalista soaria absurda entre selvagens, ou mesmo entre colonos civilizados. Ela remete à reprodução em massa de espécies animais individualmente fracas e avidamente perseguidas[87].

---

[86] No censo de 1861 para Inglaterra e País de Gales, "781 cidades" figuram "com 10.960.988 habitantes, ao passo que os vilarejos e paróquias rurais contam com apenas 9.105.226 [...]. Em 1851, figuravam no censo 580 cidades, cuja população era aproximadamente igual à dos distritos rurais circunvizinhos. Mas enquanto nestes últimos a população só aumentou meio milhão durante os 10 anos seguintes, nas 580 cidades o aumento foi de 1.554.067. O aumento populacional nas paróquias rurais foi de 6,5%, ao passo que nas cidades foi de 17,3%. A diferença na taxa de crescimento se deve à migração do campo para a cidade. Três quartos do crescimento total da população dizem respeito às cidades", *Census etc.*, v. III, p. 11-2.

[87] "*Poverty* [...] *seems* [...] *favourable to generation*" ["A pobreza parece favorecer a reprodução"], A. Smith, *An inquiry into the Nature and Causes of the Wealth of Nations*, cit., livro 1, c. 8, p. 195. (N. E. A. MEW)]. Segundo o galante e engenhoso abade Galiani, trata-se até mesmo de uma disposição divina particularmente sábia: "*Iddio fa che gli*

A lei geral da acumulação capitalista

O sedimento mais baixo da superpopulação relativa habita, por fim, a esfera do pauperismo. Abstraindo dos vagabundos, delinquentes, prostitutas, em suma, do lumpemproletariado propriamente dito, essa camada social é formada por três categorias. Em primeiro lugar, os aptos ao trabalho. Basta observar superficialmente as estatísticas do pauperismo inglês para constatar que sua massa engrossa a cada crise e diminui a cada retomada dos negócios. Em segundo lugar, os órfãos e os filhos de indigentes. Estes são candidatos ao exército industrial de reserva e, em épocas de grande prosperidade, como, por exemplo, em 1860, são rápida e massivamente alistados no exército ativo de trabalhadores. Em terceiro lugar, os degradados, maltrapilhos, incapacitados para o trabalho. Trata-se especialmente de indivíduos que sucumbem por sua imobilidade, causada pela divisão do trabalho, daqueles que ultrapassam a idade normal de um trabalhador e, finalmente, das vítimas da indústria – aleijados, doentes, viúvas etc. –, cujo número aumenta com a maquinaria perigosa, a mineração, as fábricas químicas etc. O pauperismo constitui o asilo para inválidos do exército trabalhador ativo e o peso morto do exército industrial de reserva. Sua produção está incluída na produção da superpopulação relativa, sua necessidade na necessidade dela, e juntos eles formam uma condição de existência da produção capitalista e do desenvolvimento da riqueza. O pauperismo pertence aos *faux frais* [custos mortos] da produção capitalista, gastos cuja maior parte, no entanto, o capital sabe transferir de si mesmo para os ombros da classe trabalhadora e da pequena classe média.

Quanto maiores forem a riqueza social, o capital em funcionamento, o volume e o vigor de seu crescimento e, portanto, também a grandeza absoluta do proletariado e a força produtiva de seu trabalho, tanto maior será o exército industrial de reserva. A força de trabalho disponível se desenvolve pelas mesmas causas que a força expansiva do capital. A grandeza proporcional do exército industrial de reserva acompanha, pois, o aumento das potências da riqueza. Mas quanto maior for esse exército de reserva em relação ao exército ativo de trabalhadores, tanto maior será a massa da superpopulação consolidada, cuja miséria está na razão inversa do martírio de seu trabalho. Por fim, quanto maior forem as camadas lazarentas da classe trabalhadora e o exército industrial de reserva, tanto maior será o pauperismo oficial. *Essa é a lei geral,*

---

uomini che esercitano mestieri di prima utilità nascono abbondantemente" ["Deus faz com que os homens que exercem os ofícios de primeira utilidade nasçam abundantemente"], Galiani, *Della moneta,* cit., p. 78. "*Misery, up to the extreme point of famine and pestilence, instead of checking, tends to increase population*" ["A miséria, levada ao ponto extremo da fome e da pestilência, tende a aumentar a população, em vez de detê-la"], S. Laing, *National Distress* (1844), p. 69. Depois de ilustrar isso estatisticamente, Laing prossegue: "*If the people were all in easy circumstances, the world would soon be depopulated*" ["Se todas as pessoas vivessem em circunstâncias cômodas, o mundo estaria logo despovoado"].

absoluta, da acumulação capitalista. Como todas as outras leis, ela é modificada, em sua aplicação, por múltiplas circunstâncias, cuja análise não cabe realizar aqui.

É compreensível a insensatez da sabedoria econômica, que prega aos trabalhadores que ajustem seu número às necessidades de valorização do capital. O mecanismo da produção e acumulação capitalistas ajusta constantemente esse número a essas necessidades de valorização. A primeira palavra desse ajuste é a criação de uma superpopulação relativa, ou exército industrial de reserva; a última palavra, a miséria de camadas cada vez maiores do exército ativo de trabalhadores e o peso morto do pauperismo.

A lei segundo a qual uma massa cada vez maior de meios de produção, graças ao progresso da produtividade do trabalho social, pode ser posta em movimento com um dispêndio progressivamente decrescente de força humana, é expressa no terreno capitalista – onde não é o trabalhador quem emprega os meios de trabalho, mas estes o trabalhador – da seguinte maneira: quanto maior a força produtiva do trabalho, tanto maior a pressão dos trabalhadores sobre seus meios de ocupação, e tanto mais precária, portanto, a condição de existência do assalariado, que consiste na venda da própria força com vistas ao aumento da riqueza alheia ou à autovalorização do capital. Em sentido capitalista, portanto, o crescimento dos meios de produção e da produtividade do trabalho num ritmo mais acelerado do que o da população produtiva se expressa invertidamente no fato de que a população trabalhadora sempre cresce mais rapidamente do que a necessidade de valorização do capital.

Na seção IV, ao analisarmos a produção do mais-valor relativo, vimos que, no interior do sistema capitalista, todos os métodos para aumentar a força produtiva social do trabalho aplicam-se à custa do trabalhador individual; todos os meios para o desenvolvimento da produção se convertem em meios de dominação e exploração do produtor, mutilam o trabalhador, fazendo dele um ser parcial, degradam-no à condição de um apêndice da máquina, aniquilam o conteúdo de seu trabalho ao transformá-lo num suplício, alienam ao trabalhador as potências espirituais do processo de trabalho na mesma medida em que a tal processo se incorpora a ciência como potência autônoma, desfiguram as condições nas quais ele trabalha, submetem-no, durante o processo de trabalho, ao despotismo mais mesquinho e odioso, transformam seu tempo de vida em tempo de trabalho, arrastam sua mulher e seu filho sob a roda do carro de Jagrená* do capital. Mas todos os métodos de produção do mais-valor são, ao mesmo tempo, métodos de acumulação, e toda expansão da acumulação se torna, em contrapartida, um meio para o desenvolvimento desses métodos. Segue-se, portanto, que à medida que o capital é acumulado, a situação do trabalhador, seja sua remuneração alta ou

---

*   Ver nota * na p. 352. (N. T.)

A lei geral da acumulação capitalista

baixa, tem de piorar. Por último, a lei que mantém a superpopulação relativa ou o exército industrial de reserva em constante equilíbrio com o volume e o vigor da acumulação prende o trabalhador ao capital mais firmemente do que as correntes de Hefesto prendiam Prometeu ao rochedo. Ela ocasiona uma acumulação de miséria correspondente à acumulação de capital. Portanto, a acumulação de riqueza num polo é, ao mesmo tempo, a acumulação de miséria, o suplício do trabalho, a escravidão, a ignorância, a brutalização e a degradação moral no polo oposto, isto é, do lado da classe que produz seu próprio produto como capital.

Esse caráter antagônico da acumulação capitalista[88] foi expresso de diferentes formas pelos economistas políticos, embora eles o confundam com fenômenos em parte análogos, sem dúvida, porém essencialmente diferentes, que ocorrem nos modos de produção pré-capitalistas.

O monge veneziano Ortes, um dos grandes escritores econômicos do século XVIII, concebe o antagonismo da produção capitalista como uma lei natural e universal da riqueza social.

> "O bem e o mal econômicos numa nação sempre se mantêm em equilíbrio (*il bene ed il male economico in una nazione sempre all'istessa misura*), a abundância dos bens para uns é sempre igual à falta desses bens para outros (*la copia dei beni in alcuni sempre eguale alla mancanza di essi in altri*). A grande riqueza de alguns é sempre acompanhada da absoluta privação do necessário para muitos outros. A riqueza de uma nação corresponde à sua população e sua miséria corresponde à sua riqueza. A laboriosidade de uns exige a ociosidade de outros. Os pobres e os ociosos são um fruto necessário dos ricos e ativos" etc.[89]

---

[88] "*De jour en jour il devient donc plus clair que les rapports de production dans lesquels se meut la bourgeoisie n'ont pas un caractère un, un caractère simple, mais un caractère de duplicité; que dans les mêmes rapports dans lesquels se produit la richesse, la misère se produit aussi; que dans les mêmes rapports dans lesquels il y a développement des forces productives, il y a une force productive de répression; que ces rapports ne produisent la richesse bourgeoise, c'est à dire la richesse de la classe bourgeoise, qu'en anéantissant continuellement la richesse des membres intégrants de cette classe et en produisant un prolétariat toujours croissant*" ["Dia após dia, torna-se mais claro que as relações de produção nas quais a burguesia se move não têm um caráter uno, simples, mas um caráter de duplicidade; que, nas mesmas relações em que se produz a riqueza, também se produz a miséria; que, nas mesmas relações em que há desenvolvimento das forças produtivas, há uma força produtora de repressão; que essas relações só produzem a *riqueza burguesa*, isto é, a riqueza da classe burguesa, destruindo continuamente a riqueza dos membros integrantes dessa classe e produzindo um proletariado sempre crescente."], Karl Marx, *Misère de la philosophie*, cit., p. 116 [ed. bras.: *Miséria da filosofia*, cit., p. 111].

[89] G. Ortes, *Della economia nazionale, libri sei*, 1774, em Custodi (ed.), t. XXI, parte moderna, p. 6, 9, 22, 25s. Diz Ortes: "*In luoco di progettar sistemi inutili per la felicità de' popoli, mi limiterò a investigare la ragione della loro infelicità*" ["Em vez de construir sistemas inúteis para a felicidade dos povos, limitar-me-ei a investigar a razão de sua infelicidade"], ibidem, p. 32.

Cerca de 10 anos depois de Ortes, o ministro anglicano Townsend glorificava de modo absolutamente grosseiro a pobreza como condição necessária da riqueza.

"A coação legal para trabalhar está acompanhada de muitos transtornos, violência e gritaria [...], ao mesmo tempo que a fome não só constitui uma pressão mais pacífica, silenciosa e incessante, como também é o motivo mais natural para a indústria e o trabalho, provocando os esforços mais intensos."

O que importa, pois, é tornar a fome permanente entre os membros da classe trabalhadora, e para isso serve, segundo Townsend, o princípio populacional, particularmente ativo entre os pobres.

"Parece ser uma lei natural que os pobres, até certo ponto, sejam imprevidentes (*improvident*)" (quer dizer, tão imprevidentes que vêm ao mundo sem uma colher de ouro na boca), "de modo que sempre haja alguns (*that there may always be some*) para o desempenho das funções mais servis, sórdidas e abjetas da comunidade. Com isso, aumenta-se em muito o fundo de felicidade humana (*the fund of human happiness*), os mais delicados (*the more delicate*) se veem livres da labuta mais árdua e podem cultivar, sem ser molestados, uma vocação mais elevada etc. [...] A Lei dos Pobres tende a destruir a harmonia e a beleza, a simetria e a ordem desse sistema, estabelecido no mundo por Deus e pela natureza."[90]

Se o monge veneziano encontrava no fado que perpetua a miséria a razão de ser da caridade cristã, do celibato, dos conventos e das fundações pias, já o prebendado protestante vê nisso um pretexto para condenar as leis que concediam ao pobre o direito a uma minguada assistência pública.

"O progresso da riqueza social" – diz Storch – "gera aquela classe útil da sociedade [...] que exerce as ocupações mais fastidiosas, abjetas e repugnantes, numa palavra, a classe que carrega sobre os ombros tudo aquilo que a vida tem de desagradável e servil, e que, precisamente por meio disso, proporciona às demais

---

[90] *A Dissertation on the Poor Laws. By a Wellwisher of Mankind (The Rev. Mr. J. Townsend), 1786* (republicado em Londres, 1817), p. 15, 39, 41. Esse "delicado" cura, de cuja obra recém-citada, bem como de sua *Journey Through Spain*, Malthus costuma copiar páginas inteiras, tomou a maior parte de sua doutrina de *sir* J. Steuart, autor que ele, no entanto, deforma. Por exemplo, quando Steuart diz "Aqui, na escravatura, aplicava-se um método violento para fazer os seres humanos trabalhar" (para os não trabalhadores). "[...] Os homens eram, outrora, forçados ao trabalho" (isto é, ao trabalho gratuito para outrem) "porque eram escravos de outrem; agora, eles são forçados ao trabalho" (isto é, ao trabalho gratuito para os não trabalhadores) "porque são escravos de suas próprias necessidades", ele não conclui disso, como o faz o gordo prebendado, que os assalariados devam ser mantidos à míngua. O que ele quer, pelo contrário, é aumentar suas necessidades e fazer do número crescente destas últimas um aguilhão que impulsione os assalariados a trabalhar para "os mais delicados". [James Steuart, *An Inquiry into the Principles of Political Economy*, (Dublin, 1770), v. 1, p. 39-40. (N. E. A. MEW)]

classes o tempo, a serenidade de espírito e a convencional" (*c'est bon!* [isto é bom!]) "dignidade de caráter etc."[91]

Storch se pergunta qual é, então, a vantagem dessa civilização capitalista, com sua miséria e sua degradação das massas, em comparação com a barbárie? Ele só encontra uma resposta – a segurança!

> "Mediante o progresso da indústria e da ciência", diz Sismondi, "cada trabalhador pode produzir diariamente muito mais do que precisa para seu próprio consumo. Porém, ao mesmo tempo que seu trabalho produz a riqueza, esta o tornaria muito pouco apto para o trabalho caso ele mesmo estivesse destinado a consumi-la."

Segundo Sismondi,

> "os homens" (isto é, os não trabalhadores) "provavelmente renunciariam a todo aperfeiçoamento das artes, assim como a todos os desfrutes que a indústria nos proporciona caso tivessem de obtê-los por meio de um trabalho constante, como o do trabalhador [...]. Os esforços estão hoje dissociados de sua recompensa; não é o mesmo homem que primeiro trabalha, e depois descansa: pelo contrário, justamente porque um trabalha é que o outro tem de descansar [...]. A multiplicação indefinida das forças produtivas do trabalho não pode, pois, ter outro resultado que não o aumento do luxo e dos desfrutes dos ricos ociosos."[92]

Por fim, Destutt de Tracy, esse fleumático doutrinador burguês, expressa brutalmente: "As nações pobres são aquelas em que o povo vive confortavelmente, e as nações ricas são aquelas em que ele é ordinariamente pobre"[93].

5. Ilustração da lei geral da acumulação capitalista

a) Inglaterra de 1846 a 1866

Nenhum período da sociedade moderna é tão propício ao estudo da acumulação capitalista quanto o dos últimos 20 anos. É como se ela tivesse encontrado a sacola de Fortunato*. De todos os países, porém, é novamente a Inglaterra que oferece o exemplo clássico, e isso porque ela ocupa o primeiro lugar no mercado mundial, porque somente aqui o modo de produção capitalista se desenvolveu em sua plenitude e, finalmente, porque o estabelecimento do reino milenar do livre-câmbio, a partir de 1846, privou a economia vulgar de seu último refúgio. Na seção IV, já descrevemos suficientemente o progresso titânico da produção, que na segunda metade desse período de 20 anos supera com folga o progresso obtido na primeira.

---

[91] Storch, *Cours d'écon. polit.*, cit., t. III, p. 223.
[92] Sismondi, *Nouveaux principes d'économie politique*, cit., t. 1, p. 79, 80, 85.
[93] Destutt de Tracy, *Traité de la volonté et de ses effets*, cit., p. 231. "*Les nations pauvres, c'est là où le peuple est à son aise; et les nations riches, c'est là où il est ordinairement pauvre.*"
* Ver nota * na p. 529. (N. T.)

Embora o crescimento absoluto da população inglesa no último meio século tenha sido muito grande, o aumento relativo ou a taxa de crescimento não cessou de cair, como o mostra a seguinte tabela, tomada do censo oficial:

Crescimento percentual anual da população da Inglaterra e do País de Gales, em números decimais

1811-1821	1,533%
1821-1831	1,446%
1831-1841	1,326%
1841-1851	1,216%
1851-1861	1,141%

Examinemos agora, por outro lado, o crescimento da riqueza. O ponto de referência mais seguro nos é oferecido, aqui, pelo movimento dos lucros, das rendas das terras etc., sujeitos ao imposto de renda. Na Inglaterra, o aumento dos lucros tributáveis (sem incluir os arrendatários e algumas outras rubricas) foi, entre 1853 e 1864, de 50,47% (ou 4,58% na média anual)[94]; o aumento da população, no mesmo período, foi de cerca de 12%. O aumento das rendas tributáveis da terra (inclusive casas, ferrovias, minas, pesqueiras etc.) foi, entre 1853 e 1864, de 38%, ou seja, de $3^5/_{12}$% por ano, e foi provocado principalmente pelas seguintes rubricas:

	Excedente do rendimento anual de 1864, em relação a 1853[95]	Aumento anual
Casas	38,60%	3,50%
Pedreiras	84,76%	7,70%
Minas	68,85%	6,26%
Fundições	39,92%	3,63%
Pesqueiras	57,37%	5,21%
Usinas de gás	126,02%	11,45%
Ferrovias	83,29%	7,57%

Comparando os quadriênios entre 1853 a 1864, vemos que o grau de aumento dos rendimentos cresce continuamente. Para os rendimentos provenientes dos lucros, por exemplo, ele é anualmente de 1,73% entre 1853 e 1857, 2,74% entre 1857 e 1861 e 9,30% entre 1861 e 1864. A soma global dos rendimentos sujeitos ao imposto de renda no Reino Unido foi, em

---
[94] "Tenth Report of the Commissioners of H. M's Inland Revenue", Londres, 1866, p. 38.
[95] Idem.

A lei geral da acumulação capitalista

1856: £307.068.898, em 1859: £328.127.416, em 1862: £351.745.241, em 1863: £359.142.897, em 1864: £362.462.279, em 1865: £385.530.020[96].

A acumulação do capital veio acompanhada de sua concentração e centralização. Embora inexistisse qualquer estatística agrícola oficial para a Inglaterra (mas existia para a Irlanda), ela foi fornecida voluntariamente por 10 condados. Esses números mostraram que, de 1851 a 1861, os arrendamentos abaixo de 100 acres diminuíram de 31.583 para 26.567, ou seja, 5.016 deles foram fundidos com arrendamentos maiores[97]. De 1815 a 1825, nenhuma fortuna mobiliária acima de £1 milhão caiu na malha do imposto sobre heranças; já entre 1825 e 1855, no entanto, houve 8 ocorrências, e entre 1855 e junho de 1859, isto é, em 4 anos e meio, 4 ocorrências[98]. A centralização pode ser mais bem percebida, no entanto, com uma breve análise do imposto de renda para a rubrica D (lucros, excluindo arrendatários etc.) nos anos de 1864 e 1865. Cabe observar, de antemão, que rendimentos oriundos dessa fonte pagam *income tax* [imposto de renda] a partir de £60. Na Inglaterra, País de Gales e Escócia, esses rendimentos tributáveis atingiam, em 1864: £95.844.222 e, em 1865: £105.435.787[99], sendo o número dos tributados, em 1864, de 308.416 pessoas numa população total de 23.891.009 e, em 1865, de 332.431 pessoas numa população total de 24.127.003. A tabela a seguir mostra a repartição dos rendimentos nesses dois anos:

	Ano terminando em 5 de abril de 1864		Ano terminando em 5 de abril de 1865	
	Rendimento por lucro	Pessoas	Rendimento por lucro	Pessoas
Rendimento total	£95.844.222	308.416	£105.435.787	332.431
do qual:	£57.028.290	22.334	£64.554.297	24.075
do qual:	£36.415.225	3.619	£42.535.576	4.021
do qual:	£22.809.781	822	£27.555.313	973
do qual:	£8.744.762	91	£11.077.238	107

---

[96] Esses números são suficientes para a comparação, mas, considerados de modo absoluto, são falsos, já que é possível que a cada ano sejam "encobertos" rendimentos no valor de £100 milhões. Em cada um de seus relatórios, os Commissioners of Inland Revenue [fiscais da receita interna] repetem suas queixas de fraudes sistemáticas cometidas principalmente por comerciantes e industriais. Afirma-se, por exemplo: "Uma sociedade por ações declarou lucros tributáveis de £6 mil, mas o fiscal os avaliou em £88 mil, e foi sobre essa soma que, por fim, o imposto foi pago. Outra companhia declarou £190 mil e foi obrigada a admitir que o montante real era de £250 mil", ibidem, p. 42.

[97] *Census etc.*, cit., p. 29. A afirmação de John Bright, de que 150 proprietários fundiários possuem metade do solo inglês e 12 deles possuem metade do solo escocês, não foi refutada.

[98] "Fourth Report etc. of Inland Revenue" (Londres, 1860), p. 17.

[99] Trata-se, aqui, de rendimentos líquidos, portanto, depois das deduções estabelecidas por lei.

Karl Marx – O capital

No Reino Unido, foram produzidas, em 1855, 61.453.079 toneladas de carvão, no valor de £16.113.267; em 1864: 92.787.873 toneladas, no valor de £23.197.968; em 1855: 3.218.154 toneladas de ferro gusa, no valor de £8.045.385; em 1864: 4.767.951 toneladas, no valor de £11.919.877. Em 1854, a extensão das ferrovias em funcionamento no Reino Unido atingia 8.054 milhas, com capital realizado de £286.068.794; em 1864, a extensão chegava a 12.789 milhas, com capital realizado de £425.719.613. Em 1854, o total das exportações e importações do Reino Unido atingia £268.210.145; em 1865: 489.923.285. A seguinte tabela mostra o movimento da exportação:

1847	£58.842.377
1849	£63.596.052
1856	£115.826.948
1860	£135.842.817
1865	£165.862.402
1866	£188.917.563 [100]

Com base nesses poucos dados, compreende-se o brado triunfal do diretor do Registro Civil britânico: "por mais rápido que a população tenha crescido, ela não acompanhou o ritmo do progresso da indústria e da riqueza"[101].

Voltemo-nos agora para os agentes imediatos dessa indústria, ou seja, os produtores dessa riqueza: a classe operária.

> "Uma das características mais melancólicas da situação social do país" – diz Gladstone – "é que a diminuição da capacidade de consumo do povo e o aumento das privações e da miséria da classe trabalhadora é acompanhada, ao mesmo tempo, de uma acumulação constante de riqueza nas classes superiores e de um crescimento constante de capital."[102]

Assim falou esse untuoso ministro, na Câmara dos Comuns, a 13 de fevereiro de 1843. A 16 de abril de 1863, 20 anos mais tarde, ele proferiu as seguintes palavras, no discurso em que apresentava seu orçamento:

---

[100] Neste momento (março de 1867), o mercado indiano e o chinês estão novamente saturados pelas consignações dos fabricantes britânicos de algodão. Em 1866, começou-se a aplicar um desconto salarial de 5% entre os trabalhadores algodoeiros, e, em 1867, uma operação similar provocou uma greve de 20 mil homens em Preston. {Esse foi o preâmbulo da crise que se desencadeou em seguida. (F. E.)}

[101] *Census etc.*, cit., p. 11.

[102] Gladstone, na Câmara dos Comuns, 13 de fevereiro de 1843: "*It is one of the most melancholy features in the social state of this country that we see, beyond the possibility of denial, that while there is at this moment a decrease in the consuming powers of the people, an increase of the pressure of privations and distress; there is at the same time a constant accumulation of wealth in the upper classes, an increase in the luxuriousness of their habits, and of their means of enjoyment*", Times, 14 fev. 1843, *Hansard*, 13 fev.

A lei geral da acumulação capitalista

"De 1842 a 1852, o rendimento tributável deste país aumentou em 6% [...]. Nos oito anos entre 1853 e 1861, se partirmos da base de 1853, ele aumentou em cerca de 20%. O fato é tão assombroso que chega a ser quase inacreditável [...]. Esse aumento inebriante de riqueza e poder [...] está inteiramente restrito às classes possuidoras [...], mas tem necessariamente de ser vantajoso, de forma indireta, para a população trabalhadora, uma vez que barateia os artigos de consumo geral; enquanto os ricos se tornaram mais ricos, os pobres, em todo caso, tornaram-se menos pobres. Que os extremos da pobreza tenham se modificado* é algo que não me atrevo a afirmar."[103]

Que anticlímax coxo! Se a classe trabalhadora continua "pobre", mas agora é "menos pobre" na proporção em que produz um "aumento inebriante de riqueza e poder" para a classe proprietária, isso quer dizer que, em termos relativos, ela continua tão pobre como antes. Se os extremos da pobreza não diminuíram, eles aumentaram, já que aumentaram os extremos da riqueza. No que diz respeito ao barateamento dos meios de subsistência, a estatística oficial, como os dados do *London Orpham Asylum* [Orfanato de Londres], mostra que, nos 3 anos entre 1860 e 1862, houve um encarecimento médio de 20% em comparação com o período entre 1851 e 1853. Nos 3 anos seguintes, entre 1863 e 1865, houve um encarecimento progressivo da carne, da manteiga, do leite, do açúcar, do sal, do carvão e de outros meios de subsistência[104]. O discurso seguinte de Gladstone sobre o orçamento, pronunciado a 7 de abril de 1864, é um ditirambo pindárico sobre o progresso do lucro e da felicidade do povo, moderada pela "pobreza". Ele fala de massas "às raias do pauperismo", de ramos industriais "em que o salário não subiu", e, finalmente, resume a felicidade da classe trabalhadora com as seguintes palavras: "Em nove de cada dez casos, a vida humana não é mais do que uma luta pela existência"[105].

---

* Nas edições anteriores: "diminuído". (N. E. A. MEW)

[103] *"From 1842 to 1852 the taxable income of the country increased by 6 per cent [...]. In the 8 years from 1853 to 1861, it had increased from the basis taken in 1853, 20 per cent! The fact is so astonishing as to be almost incredible [...] this intoxicating augmentation of wealth and power [...] entirely confined to classes of property [...] must be of indirect benefit to the labouring population, because it cheapens the commodities of general consumption – while the rich have been growing richer, the poor have been growing less poor! At any rate, whether the extremes of poverty are less, I do not presume to say"*, Gladstone, em *House of Commons*, 16 abr. 1863, *Morning Star*, 17 abr.

[104] Ver os dados oficiais no Livro Azul: *Miscellaneous Statistics of the Un. Kingdom, Part VI* (Londres, 1866), p. 260-73 passim. Em vez da estatística dos orfanatos etc., também poderiam servir como argumento probatório as declamações dos jornais ministeriais a favor do aumento das dotações dos infantes da família real. Nelas, jamais é esquecido o encarecimento dos meios de subsistência.

[105] *"Think of those who are on the border of that region [...] wages [...] in others not increased [...] human life is but, in nine cases out of ten, a struggle for existence"*, Gladstone, *House of Commons*, 7 abr. 1864. Na versão do *Hansard*, consta: *"Again; and yet more at large, what is human life*

Karl Marx – O capital

O prof. Fawcett, isento das precauções oficiais que agrilhoavam a Gladstone, declara redondamente:

"Não nego, naturalmente, que o salário monetário tenha se elevado com esse aumento do capital" (nos últimos decênios), "mas essa vantagem aparente é novamente perdida em larga escala, pois muitas necessidades vitais encarecem constantemente" (ele crê que isso seja devido à queda no valor dos metais nobres). "[...] Enquanto os ricos se tornam rapidamente mais ricos (*the rich grow rapidly richer*), não se percebe nenhum aumento no conforto das classes trabalhadoras [...]. Os trabalhadores se tornam quase escravos dos comerciantes, dos quais são devedores."[106]

Nas seções sobre a jornada de trabalho e a maquinaria foram desvendadas as circunstâncias sob as quais a classe trabalhadora britânica criou um "aumento inebriante de riqueza e poder" para as classes possuidoras. Naquele momento, no entanto, nosso interesse principal era o trabalhador no exercício de sua função social. Para o pleno esclarecimento das leis da acumulação, é preciso atentar também para sua situação fora da oficina, para suas condições de alimentação e moradia. Os limites deste livro nos obrigam a tratar, aqui, sobretudo da parte mais mal remunerada do proletariado industrial e dos trabalhadores agrícolas, isto é, da maioria da classe trabalhadora.

Antes, porém, uma palavra sobre o pauperismo oficial, ou seja, a parcela da classe trabalhadora que perdeu sua condição de existência – a venda da força de trabalho – e que vegeta graças a esmolas públicas. A lista oficial de indigentes somava na Inglaterra[107], em 1855: 851.369 pessoas; em 1856: 877.767; em 1865: 971.433. Em decorrência da crise do algodão, esse número cresceu, nos anos de 1863 e 1864, para 1.079.382 e 1.014.978. A crise de 1866, que atingiu Londres com a maior severidade, fez com que nesse centro do mercado mundial, com uma população maior do que a do reino da Escócia, o acréscimo de indigentes fosse, em 1866, de 19,5% em comparação com 1865, e de 24,4% em relação a 1864, observando-se nos primeiros meses de 1867 um acréscimo ainda maior em comparação com 1866. Na análise da estatística dos indigentes, devem-se ressaltar dois pontos. Por um lado, o movimento

---

but, in the majority of cases, a struggle for existence". As sucessivas e gritantes contradições nos discursos de Gladstone sobre o orçamento de 1863 e 1864 são caracterizadas por um escritor inglês mediante a seguinte citação de Boileau: "*Voilà l'homme en effet. Il va du blanc au noir./ Il condamne au matin ses sentiments du soir./ Importun à tout autre, à soi même incommode,/ Il change à tous moments d'esprit comme de mode*" ["Eis, aqui, o homem que vai do branco ao preto/ Condenando ao acordar o que ao dormir sentia./ Importuna a todos, a si mesmo não poupa,/ Muda de espírito como quem muda de roupa"], Boileau, citado por H. Roy, *The Theory of Exchanges etc.* (Londres, 1764), p. 135.

[106] H. Fawcett, *The Economic Position of the British Labourer*, cit., p. 67, 82. No que tange à crescente dependência dos trabalhadores em relação ao comerciante, ela deriva das crescentes flutuações e interrupções de sua ocupação.

[107] Inglaterra inclui sempre o País de Gales; Grã-Bretanha inclui Inglaterra, País de Gales e Escócia; Reino Unido inclui esses três países e mais a Irlanda.

de alta e baixa da massa de indigentes reflete as variações periódicas do ciclo industrial. Por outro, a estatística oficial engana cada vez mais sobre o verdadeiro volume do pauperismo, à medida que, com a acumulação do capital, desenvolve-se a luta de classes e, por conseguinte, a consciência de si [*Selbstgefühl*] dos trabalhadores. Por exemplo, a barbárie no tratamento dado ao indigente, que motivou protestos tão ruidosos da imprensa inglesa (*Times*, *Pall Mall Gazette* etc.) nos últimos dois anos, vem de longa data. Em 1844, F. Engels constatou exatamente os mesmos horrores e exatamente as mesmas vociferações, passageiras e hipócritas, típicas da "literatura sensacionista"*. Mas o terrível aumento das mortes por inanição ("*deaths by starvation*") em Londres, durante o último decênio, é a prova incontestável do horror dos trabalhadores ante a escravidão da *workhouse*[108], essa penitenciária da miséria.

b) As camadas mal remuneradas da classe trabalhadora industrial britânica

Voltemo-nos agora para as camadas mal remuneradas da classe trabalhadora industrial. Durante a crise do algodão, em 1862, o dr. Smith recebeu do Privy Council a incumbência de realizar uma investigação sobre as condições nutricionais dos macilentos trabalhadores algodoeiros de Lancashire e Cheshire. Longos anos de observação o haviam levado a concluir que, "para evitar doenças causadas pela inanição (*starvation diseases*)", a alimentação diária de uma mulher média deveria conter pelo menos 3.900 grãos** de carbono e 180 grãos de nitrogênio, e a de um homem médio pelo menos 4.300 grãos de carbono e 200 grãos de nitrogênio; para as mulheres, aproximadamente a quantidade de nutrientes contida em 2 libras de pão de trigo de boa qualidade; para os homens, $1/9$ a mais; para a média semanal de homens e mulheres adultos, ao menos 28.600 grãos de carbono e 1.330 grãos de nitrogênio. Seu cálculo foi confirmado na prática, causando surpresa pela coincidência com a quantidade exígua de alimento a que a situação calamitosa tinha reduzido o consumo dos trabalhadores algodoeiros. Em dezembro de 1862, eles ingeriam semanalmente 29.211 grãos de carbono e 1.295 de nitrogênio.

Em 1863, o Privy Council ordenou uma investigação sobre a situação de penúria da parte mais malnutrida da classe trabalhadora inglesa. O dr.

---

* Referência à obra de Engels, *A situação da classe trabalhadora na Inglaterra*, cit. (N. E. A. MEW)
[108] O progresso havido desde os tempos de A. Smith pode ser medido pelo fato de ele ainda usar ocasionalmente a palavra *workhouse* como sinônimo de *manufactory* [manufatura]. Por exemplo, no começo de seu capítulo sobre a divisão do trabalho: "[...] aqueles empregados em ramos diferentes de trabalho podem ser frequentemente reunidos na mesma *workhouse*". [Adam Smith, *An Inquiry into the Nature and Causes of the Wealth of Nations*, cit., p. 6.]
** Um grão equivale a 49,8 mg. (N. T.)

Simon, médico funcionário do Privy Council, designou para essa tarefa o supramencionado dr. Smith. Sua investigação abrange, por um lado, os trabalhadores agrícolas; por outro, os tecelões de seda, costureiras, luveiros em couro, tecelões de meias, tecelões de luvas e sapateiros. As últimas categorias, excetuando os tecelões de meias, são exclusivamente urbanas. Como norma da investigação estabeleceu-se selecionar, em cada categoria, as famílias mais saudáveis e em condições relativamente melhores.

O resultado geral foi que

"somente numa das classes de trabalhadores urbanos investigadas a ingestão média de nitrogênio superou um pouco a medida mínima absoluta, abaixo da qual ocorrem doenças por causa da fome; que em duas classes havia carência, e numa delas uma enorme deficiência de nutrientes contendo nitrogênio e carbono; que, das famílias de trabalhadores agrícolas investigadas, mais de $1/5$ obtinha menos da quantidade indispensável de nutrientes contendo carbono, e mais de $1/3$ obtinha menos do que a quantidade indispensável de nutrientes contendo nitrogênio; e que em três condados (Berkshire, Oxfordshire e Somersetshire) prevalecia, em média, uma carência de um mínimo de nutrientes contendo nitrogênio."[109]

Entre os trabalhadores agrícolas, os mais malnutridos eram os da Inglaterra, a região mais rica do Reino Unido[110]. A subnutrição entre os trabalhadores agrícolas atingia principalmente mulheres e crianças, pois "o homem precisa comer para efetuar seu trabalho". Deficiência ainda maior grassava entre as categorias de trabalhadores urbanos investigadas. "Estão tão malnutridos que tem de ocorrer muitos casos de atroz privação" (nisso consiste a "renúncia" do capitalismo!, ou seja, a renúncia ao pagamento dos meios de subsistência indispensáveis para a mera vegetação de sua mão de obra!) "prejudicial à saúde"[111].

A tabela a seguir compara a situação nutricional das categorias de trabalhadores puramente citadinos supramencionados com a medida mínima adotada pelo dr. Smith e com a alimentação dos trabalhadores algodoeiros durante a época de sua maior penúria:

Ambos os sexos	Média semanal de carbono (grãos)	Média semanal de nitrogênio (grãos)
Cinco ramos da indústria urbana	28.876	1.192
Trabalhadores fabris desempregados de Lancashire	29.211	1.295
Quantidade mínima proposta para os trabalhadores de Lancashire (para uma quantidade igual de homens e mulheres)	28.600	1.330[112]

---

[109] Public Health, "Sixth Report etc. for 1863" (Londres, 1864), p. 13.
[110] Ibidem, p. 17.
[111] Ibidem, p. 3.
[112] Ibidem, apêndice, p. 232.

A lei geral da acumulação capitalista

Aproximadamente metade, isto é, ⁶⁰/₁₂₅ das categorias de trabalhadores industriais investigadas não consumia absolutamente cerveja, 28% não consumia leite. A média semanal dos alimentos líquidos nas famílias variava de 7 onças entre as costureiras até 24³/₄ onças entre os tecelões de meias. A maioria dos trabalhadores que jamais consumiam leite era formada pelas costureiras de Londres. A quantidade de pão consumida semanalmente variava de 7³/₄ libras entre as costureiras até 11¹/₄ libras entre os sapateiros, num total de 9,9 libras semanais por adulto. O açúcar (melaço etc.) variava de 4 onças semanais entre os luveiros em couro até 11 onças entre os tecelões de meias; a média semanal para todas as categorias era de 8 onças por adulto. A média semanal de manteiga (gordura etc.) por adulto era de 5 onças. A média semanal de carne (toucinho etc.) por adulto oscilava de 7¹/₄ onças entre os tecelões de seda até 18¹/₄ onças entre os luveiros em couro; a média total para todas as categorias era de 13,6 onças. O custo semanal da alimentação por adulto apresentava os seguintes números médios gerais: tecelões de seda, 2 xelins e 2¹/₂ *pence*; costureiras, 2 xelins e 7 *pence*; luveiros em couro, 2 xelins e 9¹/₂ *pence*; sapateiros, 2 xelins e 7³/₄ *pence*; tecelões de meias, 2 xelins e 6¹/₄ *pence*. Entre os tecelões de seda de Macclesfield, a média semanal era de apenas de 1 xelim e 8¹/₂ *pence*. As categorias mais malnutridas eram as costureiras, os tecelões de seda e os luveiros em couro[113].

Em seu relatório geral sobre a saúde pública, diz o dr. Simon a respeito dessa situação alimentar:

"Todo aquele que esteja familiarizado com a assistência médica a indigentes ou a pacientes de hospitais, sejam eles internados ou pacientes externos, confirmará que são inúmeros os casos em que a deficiência nutricional causa ou agrava doenças [...]. No entanto, aqui se acrescenta, do ponto de vista sanitário, outra circunstância decisiva [...]. É preciso lembrar que a privação de alimentos só é tolerada com a maior relutância, e que, em regra geral, uma dieta muito pobre só se apresenta quando precedida por outras privações. Muito antes que a insuficiência nutricional gravite no plano sanitário, muito antes que o fisiólogo pense em contar os grãos de nitrogênio e carbono entre os quais oscilam a vida ou a morte por inanição, o lar já terá sido privado de todo conforto material. O vestuário e o aquecimento escassearão ainda mais do que a comida. Nenhuma proteção suficiente contra o rigor do inverno; redução do espaço da habitação a um grau que gera doenças ou as agrava; ausência quase absoluta de utensílios domésticos ou de móveis; a própria limpeza ter-se-á tornado cara ou difícil. E se, por um sentimento de dignidade pessoal, ainda se tenta mantê-la, cada uma dessas tentativas representará novos suplícios de fome. O lar será onde o teto for mais barato: em bairros onde a polícia sanitária colhe os menores frutos, onde o saneamento básico é mais deplorável, a circulação é menor, a imundície pública é maior, o suprimento de água é o menor ou o pior; em cidades onde há maior escassez de luz e de ar. Tais são os perigos, do ponto de vista sanitário, a que a

---

[113] Ibidem, p. 232-3.

pobreza inevitavelmente está exposta, quando essa pobreza inclui a deficiência nutricional. Se a soma desses males constitui um perigo de terrível magnitude para a vida, a mera carência nutricional já é em si algo espantoso [...]. São reflexões penosas estas, especialmente quando se recorda que a pobreza que as motiva não é a merecida pobreza da indolência. É a pobreza dos trabalhadores. Sim, no que diz respeito aos trabalhadores urbanos, o trabalho mediante o qual se compra o escasso bocado de alimento é, na maioria das vezes, prolongado além de toda medida. E, no entanto, apenas em sentido muito restrito se pode dizer que esse trabalho é suficiente para o autossustento do trabalhador [...]. Em escala muito ampla, esse autossustento nominal não pode ser mais do que um atalho mais ou menos longo em direção ao pauperismo."[114]

O nexo interno entre o tormento da fome que atinge as camadas operárias mais laboriosas e o consumo perdulário, grosseiro ou refinado, dos ricos, baseado na acumulação capitalista, só se desvela com o conhecimento das leis econômicas. O mesmo não ocorre com as condições habitacionais. Qualquer observador imparcial pode perceber que, quanto mais massiva a concentração dos meios de produção, tanto maior é a consequente aglomeração de trabalhadores no mesmo espaço; que, portanto, quanto mais rápida a acumulação capitalista, tanto mais miseráveis são para os trabalhadores as condições habitacionais. É evidente que as "melhorias" (*improvements*) das cidades, que acompanham o progresso da riqueza e são realizadas mediante a demolição de bairros mal construídos, a construção de palácios para bancos, grandes casas comerciais etc., a ampliação de avenidas para o tráfego comercial e carruagens de luxo, a introdução de linhas de bondes urbanos etc., expulsam os pobres para refúgios cada vez piores e mais superlotados. Por outro lado, qualquer um sabe que o alto preço das moradias está na razão inversa de sua qualidade e que as minas da miséria são exploradas por especuladores imobiliários com lucros maiores e custos menores do que jamais o foram as de Potosí. O caráter antagônico da acumulação capitalista, e, por conseguinte, das relações capitalistas de propriedade em geral[115] torna-se aqui tão palpável que mesmo nos relatórios oficiais ingleses sobre esse assunto abundam invectivas bastante heterodoxas contra a "propriedade e seus direitos". Esse mal acompanhou de tal modo o desenvolvimento da indústria, a acumulação do capital, o crescimento e "embelezamento" das cidades, que o mero temor de doenças infecciosas, cujo contágio não poupa as "pessoas respeitáveis", gerou, de 1847 a 1864, a promulgação de não menos que 10 leis parlamentares de política sanitária, e em algumas

---

[114] Ibidem, p. 14-5.
[115] "Em nenhuma parte os direitos das pessoas foram sacrificados tão aberta e descaradamente como no caso das condições habitacionais da classe trabalhadora. Toda grande cidade é um local de sacrifícios humanos, um altar sobre o qual milhares são anualmente imolados ao Moloch da avareza", S. Laing, *National Distress*, cit., p. 150.

cidades, como Liverpool, Glasgow etc., a aterrorizada burguesia foi levada a intervir na situação por meio de sua municipalidade. Não obstante, o dr. Simon, em seu relatório de 1865, exclama: "Para falar de modo geral, as condições insalubres não estão sob controle na Inglaterra". Em 1864, por ordem do Privy Council, realizou-se uma pesquisa sobre as condições de moradia entre os trabalhadores rurais e, em 1865, sobre as das classes mais pobres nas cidades. Os trabalhos magistrais do dr. Julian Hunter se encontram no sétimo e oitavo relatórios sobre *"public health"*. Dos trabalhadores rurais tratarei mais tarde. Quanto às condições habitacionais urbanas, anteciparei uma observação geral do dr. Simon:

> "Embora meu ponto de vista oficial" – diz ele – "seja exclusivamente médico, o sentimento humanitário mais comum não me permite ignorar o outro lado desse mal. Em seu mais alto grau, ele provoca quase necessariamente uma tal negação de toda delicadeza, uma confusão tão sórdida de corpos e funções corporais, uma exposição tal de nudez sexual, que mais do que humana é bestial. Estar sujeito a essas influências é uma degradação que se torna mais profunda quanto mais perdura sua obra. Para as crianças nascidas sob essa maldição, ele é um batismo na infâmia (*baptism into infamy*). E, mais do que tudo, é inútil esperar que pessoas em tais circunstâncias se esforcem, em outros aspectos, por ascender àquela atmosfera da civilização que tem sua essência na pureza física e moral."[116]

O primeiro lugar em habitações superlotadas, ou mesmo absolutamente inadequadas como moradia humana, é ocupado por Londres.

> "Dois pontos" – diz o dr. Hunter – "estão claros: o primeiro é que em Londres existem cerca de 20 grandes colônias, cada uma composta de cerca de 10 mil pessoas, cuja condição miserável, que resulta quase inteiramente de suas más condições de moradia, ultrapassa tudo que já se tenha sido visto em qualquer outro lugar da Inglaterra; o segundo é que a superlotação e decadência das casas que formam essas colônias são muito piores que há 20 anos."[117] "Não é exagerado dizer que, em certas partes de Londres e Newcastle, a vida é um inferno."[118]

Também a parcela mais bem situada da classe trabalhadora londrina, juntamente com pequenos comerciantes e outros elementos da pequena classe média, cai cada vez mais sob a maldição dessas condições habitacionais indignas, à medida que se realizam "melhorias" e, com eles, a demolição de ruas e casas antigas; à medida que aumentam as fábricas e o afluxo humano

---

[116] Public Health, "Eighth Report..." (Londres, 1866), p. 14, nota.
[117] Ibidem, p. 89. Acerca das crianças nessas colônias, diz o dr. Hunter: "Não sabemos como as crianças eram criadas antes do advento dessa era de densa aglomeração dos pobres, e seria um profeta audaz aquele que quisesse prever que conduta seria de se esperar de crianças que, sob circunstâncias sem paralelo neste país, são atualmente educadas para sua prática futura como 'classes perigosas', passando metade das noites com pessoas de todas as idades, bêbadas, obscenas e belicosas", ibidem, p. 56.
[118] Ibidem, p. 62.

para a metrópole e, por fim, à medida que aumentam os aluguéis com a renda fundiária urbana.

> "Os aluguéis se tornaram tão exorbitantes que poucos trabalhadores têm condições de pagar mais do que um quarto."[119]

Em Londres, não há praticamente nenhuma propriedade imobiliária que não esteja sobrecarregada por um sem-número de *middlemen* [intermediários]. O preço do solo em Londres é sempre altíssimo em comparação com o rendimento anual que ele gera, pois todo comprador especula com a possibilidade de, mais cedo ou mais tarde, desfazer-se da propriedade por um *jury price* (taxa fixada por juramentados, em caso de expropriação), ou de obter um aumento extraordinário de valor graças à proximidade de algum grande empreendimento. Consequência disso é um comércio regular baseado na compra de contratos de locação prestes a expirar.

> "Dos *gentlemen* que se dedicam a esse negócio só se pode esperar que atuem como atuam: arrancando tudo o que podem dos inquilinos e deixando a casa nas piores condições possíveis para seus sucessores."[120]

Os aluguéis são semanais, e os senhorios não correm nenhum risco. Em decorrência da construção de estradas de ferro dentro da cidade, "avistou-se recentemente, na zona leste de Londres, certo número de famílias, expulsas de suas antigas moradias, a vagar num sábado à noite, carregando nas costas seus poucos bens terrenos, sem outro paradeiro além da *workhouse*"[121].

As *workhouses* já estão superlotadas e as "melhorias" já aprovadas pelo Parlamento estão apenas no começo de sua execução. Se os trabalhadores são expulsos pela demolição de suas velhas casas, eles não abandonam sua paróquia ou, no melhor dos casos, instalam-se em seus limites ou na paróquia mais próxima.

> "Eles procuram, naturalmente, residir o mais próximo possível de seus locais de trabalho. A consequência é que, em vez de dois quartos, a família pode alugar apenas um. Mesmo com aluguel mais alto, a nova moradia é pior do que aquela, já ruim, da qual foram desalojados. Metade dos trabalhadores do *Strand* tem agora de viajar duas milhas até o local de trabalho."

Esse *Strand*, cuja rua principal causa aos estrangeiros uma impressão imponente da riqueza de Londres, pode servir de exemplo do empacotamento humano nessa cidade. Numa das paróquias londrinas, o vigilante sanitário contou 581 pessoas por acre, embora nessa área estivesse incluída a metade do Tâmisa. É evidente que toda medida sanitária que, como tem ocorrido até o presente em Londres, expulsa os trabalhadores de um bairro pela demolição

---

[119] "Report of the Officer of Health of St. Martin's in the Fields", 1865.
[120] Public Health, "Eighth Report" (Londres, 1866), p. 91.
[121] Ibidem, p. 88.

de casas inabitáveis, serve apenas para amontoá-los ainda mais densamente em outro bairro.

"Ou todo esse procedimento tem de ser necessariamente suspenso por se tratar de um absurdo" – diz o dr. Hunter – ou "a simpatia" (!) "pública tem de acordar para o que agora podemos chamar, sem exagero, de um dever nacional, a saber, o de arranjar teto para aqueles que, por falta de capital, não podem arranjá-lo por si mesmos, mas que, mediante pagamento periódico, podem recompensar os locadores."[122]

Admiremos a justiça capitalista! O proprietário fundiário, o dono de casas, o homem de negócios, quando expropriados em razão de *"improvements"*, como ferrovias, abertura de ruas etc., recebem não apenas indenização total, mas, por sua "renúncia" forçada, tem de ser consolados, por Deus e pela Justiça, com um lucro considerável. O trabalhador é jogado na rua com sua mulher, filhos e haveres, e caso acorra em massa para bairros onde a municipalidade zela pela decência, é perseguido pela polícia sanitária!

Com exceção de Londres, no início do século XIX nenhuma cidade na Inglaterra tinha mais de 100 mil habitantes. Apenas cinco cidades tinham mais de 50 mil. Hoje existem 28 cidades com mais de 50 mil habitantes.

"O resultado dessa mudança foi não apenas um enorme acréscimo da população urbana, mas a transformação das antigas cidadezinhas densamente povoadas em centros cercados de construções por todos os lados, sem nenhum acesso livre de ar. Como já não são agradáveis para os ricos, estes as abandonam por subúrbios mais aprazíveis. Os sucessores desses ricos ocupam as casas maiores, à razão de uma família para cada aposento, e frequentemente com sublocatários. Desse modo, uma população é comprimida em casas que não lhe estavam destinadas e para cuja finalidade são totalmente inadequadas, num ambiente verdadeiramente degradante para os adultos e ruinoso para as crianças."[123]

Quanto mais rapidamente se acumula o capital numa cidade industrial ou comercial, tanto mais rápido é o afluxo do material humano explorável e tanto mais miseráveis são as moradias improvisadas dos trabalhadores. Newcastle-upon-Tyne, como centro de um distrito carbonífero e de mineração cuja produção é cada vez maior, ocupa, depois de Londres, o segundo lugar no inferno da moradia. Não menos de 34 mil pessoas vivem lá em moradias de um só cômodo. Por serem absolutamente prejudiciais à comunidade, a polícia recentemente ordenou a demolição de um grande número de casas em Newcastle e Gateshead. O avanço da construção de novas casas é muito lento, mas o dos negócios é muito rápido, razão pela qual, em 1865, a cidade estava mais superlotada do que nunca. Praticamente não havia um único

---

[122] Ibidem, p. 89.
[123] Ibidem, p. 56.

quarto para alugar. O dr. Embleton, do hospital de Newcastle para o tratamento de febres, afirma:

> "Não há dúvidas de que a causa da continuação e propagação do tifo reside no amontoamento de seres humanos e na falta de higiene em suas habitações. As casas em que os trabalhadores frequentemente vivem situam-se em becos e pátios estreitos. Quanto a luz, ar, espaço e limpeza, tais casas são verdadeiros modelos de insuficiência e insalubridade, uma vergonha para qualquer país civilizado. Nelas, durante a noite, homens, mulheres e crianças deitam amontoados. Quanto aos homens, o turno da noite sucede ao turno do dia em fluxo ininterrupto, de maneira que as camas quase não têm tempo de esfriar. As casas são mal supridas de água e, pior ainda, de latrinas; são imundas, mal ventiladas, pestilentas."[124]

O aluguel semanal dessas bibocas varia de 8 *pence* a 3 xelins.

"Newcastle-upon-Tyne", diz o dr. Hunter, "oferece o exemplo de uma das mais belas linhagens de nossos compatriotas, submergida numa degradação quase selvagem devido a circunstâncias externas de moradia e de rua."[125]

Em razão do fluxo e refluxo de capital e trabalho, as condições habitacionais de uma cidade industrial podem ser hoje suportáveis e amanhã tornar-se abjetas. Ou pode ocorrer que os conselheiros municipais se mobilizem, finalmente, para eliminar as irregularidades mais graves. Mas eis que amanhã migra para ela um enxame de gafanhotos de irlandeses maltrapilhos ou de trabalhadores agrícolas ingleses degradados. Eles são enfiados em porões e celeiros, ou a casa do trabalhador, antes respeitável, é transformada num alojamento que muda tão rapidamente de inquilinos como as casernas durante a Guerra dos Trinta Anos – por exemplo, Bradford, onde o filisteu estava ocupado precisamente com a reforma urbana. Além disso, em 1861 havia lá ainda 1.751 casas desocupadas. Mas eis que chega a época dos bons negócios, recentemente cacarejada com tanta graça pelo sr. Forster, esse terno liberal e amigo dos negros. Com os bons negócios, também chega, naturalmente, a inundação provocada pelas ondas do sempre agitado "exército de reserva" ou "superpopulação relativa". As repugnantes moradias em porões e quartinhos, registradas na lista[126] que

---

[124] Ibidem, p. 149.
[125] Ibidem, p. 50.
[126] Lista fornecida pelo agente de uma companhia de seguros, de Bradford:

Casas		
Vulcan Street, n. 122	1 quarto	16 pessoas
Lumley Street, n. 13	1 quarto	11 pessoas
Bower Street, n. 41	1 quarto	11 pessoas
Portland Street, n. 112	1 quarto	10 pessoas
Hardy Street, n. 17	1 quarto	10 pessoas
North Street, n. 18	1 quarto	16 pessoas

o dr. Hunter obteve do agente de uma companhia de seguros, eram habitadas, na maioria das vezes, por trabalhadores bem pagos. Estes declararam que pagariam de bom grado por moradias melhores, se elas estivessem disponíveis. Enquanto isso, degradavam-se e adoeciam um após o outro, ao mesmo tempo que o terno liberal Forster, M. P. [membro da Câmara dos Comuns], jorrava lágrimas sobre as bênçãos do livre-câmbio e os lucros obtidos pelas eminentes cabeças de Bradford, dedicadas à fabricação de *worsted* [estame]. No relatório de 5 de setembro de 1865, dr. Bell, um dos médicos dos indigentes de Bradford, explica a terrível mortalidade dos doentes de febre a partir de suas condições habitacionais.

"Num porão de 1.500 pés cúbicos moram 10 pessoas [...]. As ruas Vincent, Green Air Place e The Leys abrigam 223 casas com 1.450 habitantes, 435 camas e 36 latrinas [...]. As camas, e por esse termo entendo qualquer amontoado de trapos sujos ou um punhado de gravetos, abrigam cada uma, em média, de 3,3 pessoas, e muitas delas de 4 a 6. Muitos dormem sem cama, sobre o solo nu, com suas roupas; homens e mulheres jovens, casados e solteiros, todos promiscuamente misturados. Será preciso acrescentar que essas habitações são, em geral, covas malcheirosas, escuras, úmidas, sujas, absolutamente inadequadas para a habitação humana? São esses os focos de onde se irradiam a doença e a morte, que também colhem suas vítimas entre as pessoas bem situadas (*of good circumstances*) que permitiram que esses carbúnculos pestilentos se espalhassem em nosso meio."[127]

Casas		
North Street, n. 17	1 quarto	13 pessoas
Wymer Street, n. 19	1 quarto	8 adultos
Jowett Street, n. 56	1 quarto	12 pessoas
George Street, n. 150	1 quarto	3 famílias
Rifle Court, Marygate, n. 11	1 quarto	11 pessoas
Marshall Street, n. 28	1 quarto	10 pessoas
Marshall Street, n. 49	3 peças	3 famílias
George Street, n. 128	1 peça	18 pessoas
George Street, n. 130	1 quarto	16 pessoas
Edward Street, n. 4	1 quarto	17 pessoas
York Street, n. 34	1 quarto	2 famílias
Salt Pie Street	2 quartos	26 pessoas
Porões		
Regent Square	1 porão	8 pessoas
Acre Street	1 porão	7 pessoas
Robert's Court, n. 33	1 porão	7 pessoas
Back Pratt Street (local utilizado como oficina de caldeiraria)	1 porão	7 pessoas
Ebenezer Street, n. 27	1 porão	6 pessoas

(Ibidem, p. 111.)

[127] Public Health, "Eighth Report", cit., p. 114.

Depois de Londres, Bristol ocupa o terceiro lugar em miséria habitacional. "Aqui, numa das cidades mais ricas da Europa, a maior abundância ao lado da mais pura pobreza (*blank poverty*) e miséria habitacional"[128].

c) A população nômade

Voltamo-nos agora para uma camada da população de origem rural e cuja ocupação é em grande parte industrial. Ela constitui a infantaria ligeira do capital, que, segundo suas próprias necessidades, ora a manobra para este lado, ora para aquele. Quando não está em marcha, ela "acampa". O trabalho nômade é empregado em diversas operações de construção e drenagem, na fabricação de tijolos, queima de cal, construção de ferrovias etc. Coluna ambulante da pestilência, ela importa para os lugares em cujos arredores instala seu acampamento: varíola, tifo, cólera, escarlatina etc.[129] Em empreendimentos com aplicação considerável de capital, como construção de ferrovias etc., o próprio empresário costuma fornecer a seu exército choças de madeira ou materiais semelhantes, vilarejos improvisados sem nenhuma instalação sanitária, à margem do controle das autoridades locais e muito lucrativas para o sr. contratista, que explora duplamente os trabalhadores: como soldados da indústria e como inquilinos. Conforme a choça de madeira contenha 1, 2 ou 3 buracos, seu ocupante, terraplenador etc., tem de pagar 2, 3 ou 4 xelins semanalmente[130]. Basta um exemplo. Em setembro de 1864, relata o dr. Simon, o ministro do Interior, *sir* George Grey recebeu do presidente do Nuisance Removal Comittee [Comitê para a Eliminação das Moléstias] da paróquia de Sevenoaks a seguinte denúncia:

> "A varíola era completamente desconhecida nesta paróquia até cerca de 12 meses atrás. Pouco antes dessa época, iniciaram-se aqui os trabalhos de construção de uma ferrovia de Lewisham a Tunbridge. Além de as principais obras terem sido executadas na vizinhança imediata dessa cidade, aqui também se instalou o depósito principal de toda a obra. Desse modo, um grande número de pessoas foi aqui empregado. Sendo impossível acomodar todos em *cottages*, o contratante, sr. Jay, mandou erguer cabanas em diversos pontos ao longo da linha do trem, para abrigo dos trabalhadores. Essas cabanas careciam de ventilação e esgoto, além de estarem necessariamente superlotadas, pois cada inquilino tinha de acolher outros moradores, por mais numerosa que fosse sua própria família e ainda que cada cabana tivesse somente dois quartos. Conforme o relatório médico que recebemos, a consequência era que, durante a noite, essa pobre gente tinha de suportar todos os tormentos da asfixia para evitar os vapores pestilentos da água suja e parada e das latrinas situadas logo abaixo das janelas. Finalmente, foram encaminhadas reclamações a nosso comitê por um médico que teve a oportu-

---

[128] Ibidem, p. 50.
[129] Public Health, "Seventh Report" (Londres, 1865), p. 18.
[130] Ibidem, p. 165.

A lei geral da acumulação capitalista

nidade de visitar essas cabanas. Ele falava da situação dessas assim chamadas moradias usando as expressões mais severas e temia consequências muito sérias, caso algumas medidas sanitárias não fossem adotadas. Há cerca de um ano, *p.p.** Jay se comprometeu a construir uma casa, para a qual seus empregados pudessem ser imediatamente removidos no caso da irrupção de doenças contagiosas. Ele reiterou essa promessa ao final de julho último, mas nunca deu um único passo para seu cumprimento, embora desde essa data tenham ocorrido diversos casos de varíola, resultando em duas mortes. Em 9 de setembro, o médico Kelson relatou-me outros casos de varíola nas mesmas cabanas e descreveu sua situação como terrível. Para sua (do ministro) informação, devo acrescentar que nossa paróquia possui uma casa isolada, a assim chamada casa da peste, onde são tratados os paroquianos que sofrem de doenças contagiosas. Desde alguns meses, essa casa se encontra continuamente superlotada de pacientes. Numa família, cinco crianças morreram de varíola e febre. De 1º de abril a 1º de setembro deste ano, houve não menos que 10 mortes por varíola, quatro delas nas já referidas cabanas, os focos da peste. É impossível determinar o número de casos de enfermidade, já que as famílias atingidas mantêm-nos tão secretos quanto possível."[131]

Os trabalhadores nas minas de carvão e outras minas pertencem às categorias mais bem pagas do proletariado britânico. A que preço eles compram seu salário já foi mostrado numa passagem anterior[132]. Lancemos aqui um rápido olhar sobre suas condições habitacionais. Em regra, o explorador da mina, seja seu proprietário ou arrendatário, constrói uma série de cottages para seus operários. Estes recebem "gratuitamente" tanto o casebre como o carvão para a calefação, que constituem uma parte do salário pago *in natura*. Os que não podem ser alojados dessa maneira recebem £4 anuais a título de compensação. Os distritos mineiros atraem rapidamente uma grande população, composta da própria população mineira e de artesãos, comerciantes etc. agrupados ao redor dela. Como em todo lugar onde a população é densa, a renda fundiária é, aqui, alta. Por isso o empresário de minas procura erguer ao redor da boca da mina, no espaço mais estreito possível, tantos casebres quantos forem necessários para amontoar seus operários e suas famílias. Quando novas minas são abertas nos arredores ou velhas minas são reativa-

---

* *Praemissis praemittendis* [antepondo os títulos que lhe caibam]. (N. T.)
[131] Public Health, "Seventh Report", p. 18, nota. O agente de beneficência de Chapel-en-le-Frith-Union relata ao *Registrar General* [diretor do Registro Civil]: "Em Doveholes realizou-se uma série de pequenas escavações numa grande colina de cinzas de cal. Essas cavernas servem de habitação para os trabalhadores empregados na terraplenagem e na construção de ferrovias. As cavernas são estreitas, úmidas, sem esgoto e sem latrinas. Carecem de todos os meios de ventilação, com exceção de um buraco no teto, que serve simultaneamente como chaminé. A varíola grassa e já ocasionou várias mortes" (entre os trogloditas), ibidem, nota 2.
[132] As particularidades apresentadas nas páginas 508s. deste livro referem-se principalmente aos trabalhadores das minas de carvão. Quanto às condições, ainda piores, nas minas de metais, cf. o consciencioso relatório da *Royal Commission* de 1864.

das, aumenta a superlotação. Na construção dos casebres vigora apenas um critério: a "renúncia" do capitalista a todo dispêndio de dinheiro que não seja absolutamente inevitável.

> "As moradias dos mineiros e de outros trabalhadores vinculados às minas de Northumberland e Durham", diz o dr. Julian Hunter, "talvez sejam, em média, o pior e mais caro que a Inglaterra oferece em larga escala nesse gênero, excetuando, porém, distritos semelhantes em Monmouthshire. A péssima qualidade consiste no número elevado de pessoas por habitação, nas pequenas dimensões do terreno, sobre o qual são erguidas uma grande quantidade de casas, na falta de água e na ausência de latrinas, no método frequentemente empregado de construir uma casa sobre a outra ou de dividi-las em *flats*" (de modo que os diferentes casebres constituam andares sobrepostos uns aos outros) [...] "O empresário trata toda a colônia como se ela apenas acampasse, não residisse."[133] "Seguindo as instruções" – diz o dr. Stevens – "visitei a maioria das grandes aldeias mineiras da Durham Union [...]. Com pouquíssimas exceções, de todas elas se pode dizer que todo meio para assegurar a saúde dos moradores foi negligenciado [...]. Todos os mineiros de carvão estão vinculados" (*"bound"*, expressão que, como *bondage* [servidão], vem da época da servidão da gleba) "por doze meses ao arrendatário (*lessee*) ou proprietário da mina. Caso os mineiros deem vazão a seu descontentamento ou, de algum modo, irritem o capataz (*viewer*), este insere uma marca ou um memorando ao lado de seus nomes no livro de supervisão e os dispensa no novo recrutamento anual [...]. Parece-me que nenhum tipo de *truck system* [sistema de pagamento com bônus] pode ser pior do que o que impera nesses distritos densamente povoados. O trabalhador se vê obrigado a receber, como parte de seu salário, uma casa cercada de emanações pestilenciais. Não pode ajudar a si mesmo. Para todos os efeitos, ele é um servo (*he is to all intents and purposes a serf*). Parece duvidoso que alguém possa ajudá-lo, além de seu proprietário, mas este último leva em conta, antes de tudo, seu balanço, e o resultado é praticamente infalível. O trabalhador também recebe do proprietário seu suprimento de água. Seja ela boa ou má, fornecida ou não, ele tem de pagar por ela ou, mais precisamente, tolerar que seja descontada de seu salário."[134]

Quando em conflito com a "opinião pública", ou mesmo com a polícia sanitária, o capital não se envergonha em absoluto de "justificar" as condições, em parte perigosas, em parte degradantes, que inflige à função e ao lar do trabalhador, afirmando serem elas necessárias para que ele possa explorá-lo mais lucrativamente. Assim o faz quando renuncia a instalar equipamentos de proteção contra a maquinaria perigosa nas fábricas, meios de ventilação e segurança nas minas etc. E assim o faz, no caso presente, com a moradia dos mineiros.

> "Como desculpa" – diz em seu relatório oficial o dr. Simon, funcionário médico do Privy Council – "para a indigna acomodação doméstica alega-se que as minas

---

[133] Public Health, "Seventh Report", cit., p. 180, 182.
[134] Ibidem, p. 515, 517.

são habitualmente exploradas por arrendamento, que a duração do contrato de arrendamento (que nas minas de carvão é geralmente de 21 anos) é demasiado curta para que ao arrendatário da mina valha a pena fornecer boas habitações para seus operários, bem como para os demais trabalhadores etc. que o empreendimento atrai; que ainda que ele tivesse a intenção de agir liberalmente nessa matéria, ela seria frustrada pelo proprietário fundiário. Este, com efeito, tenderia a exigir imediatamente uma renda adicional exorbitante em troca do privilégio de construir sobre a superfície do solo uma aldeia decente e confortável para abrigar os trabalhadores da propriedade subterrânea. Esse preço proibitivo, se não é proibição de fato, atemoriza do mesmo modo outros que estariam dispostos a construir [...]. Não pretendo continuar a examinar o valor dessa desculpa, tampouco investigar sobre quem recairia, em última instância, a despesa adicional para construir habitações decentes, se sobre o proprietário fundiário, o arrendatário da mina, o trabalhador ou o público [...]. Mas em vista de fatos tão vergonhosos como os revelados nos relatórios anexos" (dos doutores Hunter, Stevens etc.), "é preciso que seja aplicado um remédio [...]. Títulos de propriedade da terra são usados, desse modo, para perpetrar uma grande injustiça pública. Em sua qualidade de proprietário da mina, o senhor da terra convida uma colônia industrial para trabalhar em seu domínio e, em seguida, em sua qualidade de proprietário da superfície da terra, impossibilita aos trabalhadores por ele reunidos de encontrar habitações adequadas, indispensáveis a suas vidas. O arrendatário da mina" (o explorador capitalista) "não tem qualquer interesse, do ponto de vista pecuniário, em resistir a essa divisão do negócio, pois ele sabe bem que, ainda que as pretensões do proprietário sejam exorbitantes, as consequências não recairão sobre ele; sabe também que seus trabalhadores, sobre os quais elas recaem, não são suficientemente educados para conhecer seus direitos sanitários, e que nem a mais obscena moradia nem a mais podre água de beber jamais serão motivo para provocar uma greve."[135]

d) Efeitos das crises sobre a parcela mais bem remunerada da classe trabalhadora

Antes de passar aos trabalhadores agrícolas propriamente ditos, é preciso mostrar, mediante um exemplo, como as crises afetam até mesmo a parcela mais bem remunerada da classe trabalhadora, sua aristocracia. Lembremos que o ano de 1857 trouxe consigo uma das grandes crises com que invariavelmente se encerra o ciclo industrial. O prazo seguinte expirou em 1866. Antecipada já nos distritos fabris propriamente ditos pela escassez de algodão, que deslocou muito capital das esferas habituais de investimento para as grandes sedes centrais do mercado monetário, a crise assumiu nessa ocasião um caráter predominantemente financeiro. Sua irrupção, em maio de 1866, foi assinalada pela falência de um gigantesco banco londrino, seguida imediatamente pela derrocada de inúmeras sociedades pratican-

---
[135] Ibidem, p. 16.

tes de fraudes financeiras. Um dos grandes ramos de negócios londrinos afetado pela catástrofe foi o da construção de navios de ferro. Durante o período das fraudes financeiras, os magnatas desse negócio haviam não só produzido em demasia, mas, além disso, assumido enormes contratos de fornecimento, especulando que a fonte de crédito continuaria a jorrar com a mesma abundância de antes. Deu-se, recentemente, uma terrível reação, que ainda no momento atual, final de março de 1867, continua a afetar outras indústrias londrinas[136]. Para caracterizar a situação dos trabalhadores, reproduzimos a seguir uma passagem extraída de um detalhado relatório de um correspondente do *Morning Star*, que, no começo de 1867, visitou os principais centros da calamidade.

> "No leste de Londres, nos distritos de Poplar, Millwall, Greenwich, Deptford, Limehouse e Canning Town encontram-se ao menos 15 mil trabalhadores com suas famílias numa situação de extrema miséria, entre eles mais de 3 mil mecânicos qualificados. Seus fundos de reserva estão esgotados após 6 a 8 meses de desemprego [...]. Tive de me esforçar muito para chegar ao portão da *workhouse* (de Poplar), pois uma multidão faminta o cercava [...]. Esperavam bônus para o pão, mas ainda não chegara a hora da distribuição. O pátio forma um grande quadrado, com uma meia-água ao largo dos muros. Densos montes de neve cobriam o piso no meio do pátio. Havia ali certos espaços pequenos, fechados com cercas de vime como currais de ovelhas, onde os homens trabalhavam quando o tempo estava bom. No dia de minha visita, os currais estavam tão cheios de neve que ninguém podia permanecer neles. Os homens, no entanto, protegidos pela meia-água, ocupavam-se com macadamizar paralelepípedos. Cada homem se sentava sobre uma grande pedra e batia com um pesado martelo contra o granito, coberto de gelo, até quebrar 5 *bushels*. Então ele havia cumprido seu trabalho diário e recebia 3 *pence*" (2 *Silbergroschen*, 6 *Pfennige*) "e um bônus para o pão. Em outra parte do pátio havia um raquítico casebre de madeira. Ao abrir a porta, encontramo-lo repleto de homens, apinhados ombro a ombro para aquecerem uns aos outros. Destrançavam maroma e disputavam entre si qual deles podia trabalhar mais tempo com um mínimo de comida, pois resistência era o *point d'honneur* [ponto de honra]. Apenas nessa *workhouse* recebiam sustento

---

[136] "Morte em massa, por inanição, dos pobres de Londres! (*Wholesale starvation of the London Poor!*) [...] Durante os últimos dias, as paredes de Londres foram cobertas com grandes cartazes, nos quais figurava este estranho anúncio: 'Bois gordos, homens famélicos! Os bois gordos deixaram seus palácios de cristal para cevar os ricos em suas mansões luxuosas, enquanto os homens famélicos degeneram e morrem em seus covis miseráveis'. Os cartazes com essas palavras ominosas são constantemente renovados. Assim que uma porção deles é arrancada ou recoberta, logo reaparece um novo lote no mesmo ou em outro local igualmente público [...]. Isso lembra os *omina* [maus augúrios] que prepararam o povo francês para os eventos de 1789 [...]. Neste momento, enquanto trabalhadores ingleses morrem de fome e frio com suas mulheres e filhos, quantias milionárias de dinheiro inglês, produto do trabalho inglês, são aplicadas em empréstimos russos, espanhóis, italianos e de outros países", *Reynolds' Newspaper*, 20 jan. 1867.

A lei geral da acumulação capitalista

7 mil homens, dentre eles várias centenas que 6 ou 8 meses atrás ganhavam os maiores salários pagos a trabalhadores qualificados neste país. Seu número seria o dobro se não houvesse tantos que, mesmo depois de terem esgotado todas as suas economias, ainda assim se recusavam a recorrer à paróquia enquanto dispunham de algo para empenhar [...]. Deixando a *workhouse*, dei uma volta pelas ruas, a maioria delas margeada por casas de um andar, tão numerosas em Poplar. Meu guia era um membro da Comissão para os Desempregados [...]. A primeira casa em que entramos era de um metalúrgico desempregado há 27 semanas. Encontrei o homem com toda a família num quarto dos fundos, sentados. O quarto não estava inteiramente desprovido de mobília, e havia fogo na lareira. Isso era necessário para proteger do congelamento os pés descalços das crianças, pois era um dia terrivelmente frio. Num prato* em frente ao fogo havia uma quantidade de estopa que a mulher e as crianças desfiavam em troca do pão da *workhouse***. O homem trabalhava num dos pátios anteriormente descritos em troca de um bônus para o pão*** e 3 *pence* ao dia. Ele acabara de retornar à casa para almoçar, muito faminto, como nos relatou com um sorriso amargo, e seu almoço consistia em algumas fatias de pão com banha e uma xícara de chá sem leite [...]. A próxima porta em que batemos foi aberta por uma mulher de meia-idade, que, sem pronunciar uma só palavra, conduziu-nos a um pequeno quarto dos fundos, onde se sentava toda a sua família, em silêncio, com os olhos fixos num fogo mirrado, prestes a se extinguir. Era tal a desolação, o desespero em torno dessas pessoas e seu quartinho que espero jamais voltar a ver uma cena como aquela. 'Não ganharam nada, meu senhor' – disse a mulher, apontando para seus filhos – 'por 26 semanas, e todo nosso dinheiro se foi, todo o dinheiro que eu e o pai economizamos nas épocas mais favoráveis, na ilusão de garantir o sustento quando os negócios piorassem. Veja' – gritou ela, quase fora de si, buscando uma caderneta bancária com todas as anotações regulares do dinheiro depositado e retirado, de maneira que podíamos comprovar como seu pequeno patrimônio começara com o primeiro depósito de 5 xelins, aumentara pouco a pouco até chegar a £20 e depois voltara a minguar, passando de libras a xelins, até que o último registro convertia a caderneta em algo tão sem valor quanto um pedaço de papel em branco. Essa família recebia uma escassa refeição diária da *workhouse* [...]. Nossa visita seguinte foi à esposa de um irlandês, ex-operário nos estaleiros navais. Encontramo-la doente por falta de alimentação, deitada com suas roupas sobre um colchão, mal coberta por um pedaço de tapete, pois toda a roupa de cama fora penhorada. As crianças miseráveis a cuidavam, embora parecessem necessitar eles de cuidados maternos. Dezenove semanas de inatividade forçada haviam-na reduzido a esse estado, e enquanto nos contava a história do amargo passado, lamentava-se como se tivesse perdido toda esperança num futuro melhor [...]. Ao sairmos dessa casa, alcançou-nos um jovem que corria atrás de nós e pediu-nos que fôssemos à sua casa para vermos se alguma coisa podia ser feita por ele. Uma jovem esposa, duas belas crianças,

---
*   Em inglês: "numa bandeja". (N. E. A. MEGA)
** Em inglês: "da paróquia". (N. E. A. MEGA)
*** Em inglês: "por certa ração de comida". (N. E. A. MEGA)

um punhado de recibos de penhor e um quarto totalmente vazio era tudo o que tinha para mostrar."

Sobre os sofrimentos que se seguiram à crise de 1866, oferecemos aqui o seguinte extrato, retirado de um jornal *tory*. Não se pode esquecer que a parte leste de Londres, da qual aqui se trata, é a sede não só dos construtores de navios de ferro mencionados no texto, mas também de um assim chamado "trabalho domiciliar", invariavelmente remunerado abaixo do mínimo.

"Um espetáculo aterrador se deu ontem numa parte da metrópole. Embora os milhares de desempregados da parte leste da cidade não tenham desfilado em massa com suas bandeiras negras, a torrente humana foi assaz imponente. Recordemos o que sofre essa população. Ela morre de fome. Esse é o fato simples e terrível. Há 40 mil deles [...]. Em nossa presença, num bairro desta metrópole maravilhosa, imediatamente ao lado da mais enorme acumulação de riqueza que o mundo já viu, há 40 mil pessoas desamparadas, morrendo de fome! Esses milhares irrompem agora em outros bairros; esses homens, que estiveram sempre meio mortos de fome, gritam sua aflição em nossos ouvidos, clamam aos céus, falam-nos de seus lares tomados pela miséria, que lhes é impossível encontrar trabalho e inútil mendigar. Os contribuintes locais, obrigados a pagar o imposto de beneficência, vêm-se eles mesmos arrastados para a beira do pauperismo pelos encargos paroquiais." (*Standard*, 5 abr. 1867)

Como entre os capitalistas ingleses está na moda descrever a Bélgica como o paraíso do trabalhador, pois diz-se que lá "a liberdade do trabalho" ou, o que é o mesmo, "a liberdade do capital" não seria violada nem pelo despotismo das *trade unions* nem por leis fabris, digamos aqui algumas palavras sobre a "felicidade" do trabalhador belga. Seguramente, ninguém estava mais profundamente iniciado nos mistérios dessa felicidade do que o falecido sr. Ducpétiaux, inspetor-geral das prisões e instituições de beneficência belgas e membro da Comissão Central de Estatística Belga. Tomemos sua obra: *Budgets économiques des classes ouvrières en Belgique* (Bruxelas, 1855). Nela encontramos, entre outras coisas, uma família trabalhadora normal belga, cujas despesas e ganhos são calculados segundo dados muito precisos e cujas condições nutricionais são então comparadas com as dos soldados, dos marinheiros e dos presidiários. A família "é constituída por pai, mãe e quatro filhos". Dessas seis pessoas, "quatro podem ser ocupadas de modo útil o ano inteiro", pressupondo-se "que entre elas não haja doentes nem incapacitados para o trabalho", nem "despesas para finalidades religiosas, morais e intelectuais, excetuando um gasto muito módico com assentos na igreja", nem "aportes a cadernetas de poupança ou de aposentadoria", nem "gastos com luxo ou outras despesas supérfluas". Contudo, ao pai e ao primogênito lhes é permitido fumar tabaco e ir à taberna aos domingos, para o que se lhes destinam nada menos que 86 cêntimos semanais.

A lei geral da acumulação capitalista

"Da combinação total dos salários pagos aos trabalhadores dos diversos ramos da indústria, infere-se [...] que a média mais alta de salário diário é: 1,56 franco para os homens, 89 cêntimos para as mulheres, 56 cêntimos para os rapazes e 55 cêntimos para as moças. Calculados sobre essa base, os rendimentos da família chegariam, no máximo, a 1.068 francos anuais [...]. No orçamento doméstico considerado típico incluímos todas as fontes de receita possíveis. Mas, ao atribuirmos um salário à mãe, privamos a administração doméstica de seu comando; quem cuida da casa, quem cuida das crianças pequenas? Quem deve cozinhar, lavar, remendar a roupa? Esse dilema se apresenta cotidianamente aos trabalhadores."

O orçamento da família é o seguinte:

o pai	300 dias de trabalho a	1,56 franco	468,00 francos
a mãe		0,89 "	267,00 "
o rapaz		0,56 "	168,00 "
a moça		0,55 "	165,00 "
		Total	1.068,00 "

A despesa anual da família e seu déficit seriam, caso o trabalhador tivesse a mesma alimentação:

do marinheiro	1.828 francos	Déficit de	760 francos
do soldado	1.473 "	"	405 "
do presidiário	1.172 "	"	44 "

"Vemos que poucas famílias de trabalhadores podem obter a alimentação, nem dizemos do marinheiro ou do soldado, mas mesmo do presidiário. Em média, cada preso na Bélgica custou diariamente, de 1847 a 1849, 63 cêntimos, o que dá, em relação aos custos diários de manutenção do trabalhador, uma diferença de 13 cêntimos. Os custos de administração e vigilância se compensam, em contrapartida, pelo fato de que o presidiário não paga aluguel [...]. Mas como é possível, então, que um grande número, e, poderíamos dizer, a grande maioria dos trabalhadores, viva em condições ainda mais econômicas? Só podem fazê-lo recorrendo a expedientes cujo segredo apenas o trabalhador conhece: reduzindo sua ração diária, comendo pão de centeio em vez de pão de trigo, comendo pouca carne ou até mesmo nenhuma, fazendo o mesmo com a manteiga e os condimentos, amontoando a família em uma ou duas peças, onde moças e rapazes dormem juntos, frequentemente sobre o mesmo colchão de palha, economizando no vestuário, na roupa de baixo, nos meios de limpeza, renunciando aos lazeres dominicais, em suma, dispondo-se às mais dolorosas privações. Uma vez alcançado esse limite extremo, o aumento mais ínfimo nos preços dos meios de subsistência, um desemprego, uma doença multiplicam a miséria do trabalhador e o arruínam por completo. As dívidas se acumulam, o crédito é recusado, as roupas, os móveis mais necessários são recolhidos pela casa de penhores e, por fim, a família solicita sua inscrição na lista dos indigentes"[137].

De fato, nesse "paraíso dos capitalistas", a menor variação nos preços dos meios de subsistência mais necessários é seguida por uma variação no número de óbitos e delitos! (Ver *Manifesto dos Maatschappij: De Vlamingen Vooruit!*, Bruxelas, 1860, p. 12.) A Bélgica inteira conta com 930 mil famílias, das quais, segundo a estatística oficial: 90 mil famílias ricas (eleitoras) = 450 mil pessoas; 390 mil famílias de classe média baixa, em cidades e vilarejos, grande parte das quais sendo continuamente rebaixada ao proletariado = 1,950 milhão de pessoas. Por fim, 450 mil famílias de trabalhadores = 2,250 milhões de pessoas, entre as quais as famílias modelares desfrutam da felicidade descrita por Ducpétiaux. Das 450 mil famílias trabalhadoras, mais de 200 mil estão na lista dos indigentes!

e) O proletariado agrícola britânico

Em nenhuma outra parte o caráter antagônico da produção e da acumulação capitalista se manifesta mais brutalmente do que no progresso da agricultura inglesa (pecuária incluída) e no retrocesso do trabalhador agrícola inglês. Antes de examinar a situação atual deste último, lancemos um breve olhar retrospectivo. A agricultura moderna data, na Inglaterra, de meados do século XVIII, embora o revolucionamento das relações de propriedade fundiária, que constitui a base e o ponto de partida da modificação do modo de produção, seja muito anterior.

Se tomamos os dados de Arthur Young, observador rigoroso, ainda que pensador superficial, referentes ao trabalhador agrícola de 1771, veremos que este desempenha um papel muito miserável se comparado com seu antecessor do final do século XIV, "quando o trabalhador podia viver na abundância e acumular riqueza"[138], para não falar do século XV, "a idade de ouro do trabalhador inglês na cidade e no campo". Não precisamos, porém, recuar tão longe no tempo. Num escrito muito substancioso, de 1777, lê-se:

"O grande arrendatário* se elevou quase ao nível do *gentleman*, enquanto o pobre trabalhador rural** foi rebaixado quase ao chão. Sua situação desafortunada se

---

[137] Ducpétiaux, *Budgets écnomiques des classes ouvrières en Bélgique*, Bruxelas, 1855, p. 151, 154-6.

[138] James E. T. Rogers (professor de economia política na Universidade de Oxford), *A History of Agriculture and Prices in England* (Oxford, 1866), v. I, p. 690. Nos dois primeiros tomos até agora publicados, essa obra, cuidadosamente elaborada, abarca unicamente o período de 1259 a 1400. O segundo volume contém apenas material estatístico. É a primeira *History of Prices* autêntica que possuímos sobre esse período.

* No original inglês: fazendeiros (*"farmers"*). (N. T.)

** No original inglês: trabalhador. (N. T.)

A lei geral da acumulação capitalista

mostra claramente por uma análise comparativa entre suas condições atuais e as de 40 anos atrás [...]. Proprietário fundiário e arrendatário atuam em conjunto na opressão do trabalhador."[139]

Em seguida, demonstra-se em detalhes que, no campo, o salário real caiu, de 1737 a 1777, cerca de $1/4$ ou 25%.

"A política moderna", diz na mesma época o dr. Richard Price, "favorece as classes superiores da população, e a consequência será que mais cedo ou mais tarde o reino todo será composto unicamente de cavalheiros e mendigos, ou de senhores e escravos."[140]

Não obstante, a situação do trabalhador rural inglês entre 1770 e 1780, tanto no que diz respeito a suas condições alimentares e habitacionais quanto a sua dignidade pessoal, suas diversões etc., constitui um ideal nunca mais alcançado posteriormente. Expresso em *pints* de trigo, seu salário médio chegava, de 1770 a 1771, a 90 *pints*; no tempo de Eden (1797), apenas 65, mas, em 1808, 60[141].

Já nos referimos anteriormente à situação do trabalhador rural no final da guerra antijacobina, durante a qual se enriqueceram tão extraordinariamente os aristocratas fundiários, arrendatários, fabricantes, comerciantes, banqueiros, especuladores da Bolsa, provedores do exército etc. O salário nominal aumentou, em parte por causa da depreciação dos bilhetes bancários, em parte por conta do aumento, independente dessa depreciação, sofrido pelos preços dos gêneros de primeira necessidade. Todavia, a variação real dos salários pode ser comprovada de maneira muito simples, sem necessidade de recorrer a detalhes que não cabem ser tratados aqui. A Lei dos Pobres e sua administração eram as mesmas em 1795 e 1814. Recorde-se de como essa lei era aplicada no campo: sob a forma de esmolas, a paróquia completava a diferença entre o salário nominal e a soma nominal necessária à manuten-

---

[139] *Reasons for the late Increase of the Poor-Rates: or, a Comparative View of the Price of Labour and Provisions* (Londres, 1777), p. 5, 11.

[140] Dr. Richard Price, *Observations on Reversionary Payments*, por W. Morgan (6. ed., Londres, 1803), v. II, p. 158-9. Diz Price, à p. 159: "*The nominal price of day-labour is at present no more than about four times, or at most five times higher than it was in the year 1514. But the price of corn is Seven times, and of flesh-meat and raiment about fifteen times higher. [...] So far, therefore, has the price of labour been even from advancing in proportion to the increase in the expences of living, that it does not appear that it bears now half the proportion to those expences that it did bear*" ["O preço nominal da jornada de trabalho não é, atualmente, mais do que 4 ou, no máximo, 5 vezes maior do que em 1514. Mas o preço do cereal é umas 7 vezes maior, e o da carne e do vestuário cerca de 15 vezes. [...] O preço do trabalho, por conseguinte, ficou tão atrás do aumento do custo de vida que, em relação a esse custo, seu montante parece não chegar nem à metade do que era antes"].

[141] Barton, *Observations on the Circumstances which Influence the Condition of the Labouring Classes of Society*, cit., p. 26. Para o final do século XVIII, cf. Eden, *The State of the Poor, or an History of the Labouring Classes in England etc.*, cit.

ção da mera vida vegetativa do trabalhador. A relação entre o salário pago pelo arrendatário e o déficit salarial coberto pela paróquia nos mostra duas coisas: primeiro, a queda do salário abaixo de seu mínimo; segundo, a que ponto o trabalhador rural era um composto de assalariado e indigente, ou o grau em que fora transformado em servo de sua paróquia. Escolhamos um condado que representa a situação média de todos os demais. Em 1795, o salário semanal médio em Northamptonshire chegava a 7 xelins e 6 *pence*; o gasto total por ano de uma família de 6 pessoas era de £36, 12 xelins e 5 *pence*; sua receita total era de £29 e 18 xelins e o déficit coberto pela paróquia era de £6, 14 xelins e 5 *pence*. No mesmo condado, em 1814, o salário semanal era de 12 xelins e 2 *pence*, o gasto total anual de uma família de 5 pessoas alcançava £54, 18 xelins e 4 *pence*; sua receita total era de £36 e 2 xelins e o déficit coberto pela paróquia era de £18, 6 xelins e 4 *pence*[142]; em 1795, o déficit não chegava a ¹/₄ do salário; em 1814, ele era mais da metade. Nessas circunstâncias, é evidente que em 1814 houvessem desaparecido as parcas comodidades que Eden ainda encontrara no *cottage* do trabalhador rural[143]. De todos os animais mantidos pelo arrendatário, o trabalhador, o *instrumentum vocale* [instrumento falante], tornou-se a partir de então o mais extenuado, o pior alimentado e o que recebe o tratamento mais brutal.

O mesmo estado de coisas se prolongou tranquilamente, até que "em 1830, as revoltas de Swing* nos revelaram" (isto é, às classes dominantes), "à luz dos montes de palha incendiados, que a miséria e o sombrio descontentamento sedicioso ardiam de modo igualmente incontrolável tanto sob a superfície da Inglaterra agrícola quanto da industrial"[144].

Naquela ocasião, na Câmara Baixa, Sadler batizou os trabalhadores rurais de "escravos brancos" (*white slaves*), e um bispo repetiu esse epíteto na Câmara Alta. O mais importante economista político daquele período, E. G. Wakefield, observa: "O trabalhador rural do sul da Inglaterra não é escravo nem homem livre: é indigente"[145].

A época imediatamente anterior à revogação das leis dos cereais lançou nova luz sobre a situação dos trabalhadores rurais. Por um lado, interessava aos agitadores burgueses demonstrar quão pouco essas leis protecionistas protegiam o verdadeiro produtor de cereal. Por outro lado, a burguesia industrial espumava de raiva ante as denúncias que os aristocratas rurais

---

[142] Parry, *The Question of the Necessity of the Existing Cornlaws Considered*, cit., p. 80.
[143] Ibidem, p. 213.
* Movimento de trabalhadores rurais ingleses, nos anos 1830-1833, contra o emprego de maquinaria e por aumento de salários. Os trabalhadores incendiavam os celeiros, os tornos mecânicos etc. e enviavam aos fazendeiros e proprietários fundiários cartas intimidatórias assinadas por um fictício "Capitão Swing". (N. E. A. MEW)
[144] S. Laing, *National Distress*, cit., p. 62.
[145] *England and America* (Londres, 1833), v. 1, p. 47.

A lei geral da acumulação capitalista

faziam das condições fabris em face da simpatia que esses ociosos degenerados, frios e refinados afetavam pelos sofrimentos do trabalhador urbano e diante de seu "zelo diplomático" pela lei fabril. Um velho ditado inglês diz que quando dois ladrões se engalfinham, algo de bom sempre ocorre. E, de fato, a rumorosa e apaixonada peleja entre as duas facções da classe dominante para saber qual das duas explorava mais desavergonhadamente o trabalhador tornou-se, de um lado e de outro, a parteira da verdade. O conde de Shaftesbury, cognome *lord* Ashley, era o paladino da campanha filantrópica dos aristocratas rurais contra as fábricas. Isso explica sua conversão, em 1844 e 1845, num dos temas prediletos das revelações que o *Morning Chronicle* fazia sobre as condições de vida dos trabalhadores agrícolas. Esse jornal, à época o mais importante órgão liberal, enviou aos distritos rurais comissários próprios, que não se contentavam com descrições gerais e dados estatísticos, mas publicavam os nomes tanto das famílias operárias examinadas quanto de seus proprietários fundiários. A lista seguinte apresenta os salários pagos em três vilarejos, na vizinhança de Blandford, Wimbourne e Poole. Os vilarejos são propriedades do sr. G. Bankes e do conde de Shaftesbury. Notar-se-á que esse papa da *low church**, esse líder dos pietistas ingleses, embolsa novamente, a título de aluguel imobiliário, uma parte considerável dos salários de cão dos trabalhadores, do mesmo modo que o referido Bankes.

Crianças	Número de membros da família	Salário semanal dos homens		Salário semanal das crianças		Ganho semanal da família		Aluguel semanal		Salário semanal total, deduzido o aluguel		Salário semanal *per capita*	
a	b	c		d		e		f		g		h	
		Primeiro vilarejo											
		xelins	pence	xelins	pence	xelins	pence	xelins	pence	xelins	pence	xelins	pence
2	4	8	–	–	8	–	2	–	6	–	1	6
3	5	8	–	–	8	–	1	6	6	6	1	3½
2	4	8	–	–	8	–	1	–	7	–	1	9

---

* Low Church (Igreja Baixa) ou Low Church Party, setor da Igreja anglicana que defende a redução do papel do clero, e sobretudo do episcopado. Do ponto de vista litúrgico e dogmático, a Low Church se aproxima mais das igrejas protestantes do que do catolicismo romano, sendo, nesse sentido, o exato oposto da High Church (ver nota *, na p. 80). A Low Church enfatiza as atividades filantrópicas e a propaganda da moral cristã. Graças a sua atividade filantrópica e de pregação moral, o conde de Shaftesbury (*lord* Ashley) conquistara uma significativa influência nos círculos da Low Church, razão pela qual Marx o chama ironicamente de "papa" dessa igreja. (N. E. A. MEW)

Crianças	Número de membros da família	Salário semanal dos homens		Salário semanal das crianças		Ganho semanal da família		Aluguel semanal		Salário semanal total, deduzido o aluguel		Salário semanal per capita	
a	b	c		d		e		f		g		h	
		xelins	xelins	pence	xelins	pence	xelins	pence	xelins	pence	xelins	pence
	Primeiro vilarejo
2	4	8	–	–	8	–	1	–	7	–	1	9
6	8	7	1	6	10	6	2	–	8	6	1	3/4
3	5	7	2	–	7	–	1	4	5	8	1	1½
	Segundo vilarejo
6	8	7	1	6	10	–	1	6	8	6	1	3/4
6	8	7	1	6	7	–	1	3½	5	8½	–	8½
8	10	7	–	–	7	–	1	3½	5	8½	–	7
4	6	7	–	–	7	–	1	6½	5	5½	–	11
3	5	7	–	–	7	–	1	6½	5	5½	1	1
	Terceiro vilarejo
4	6	7	–	–	7	–	1	–	6	–	1	–
3	5	7	2	–	11	6	–	10	10	8	2	1½
0	2	5	2	6	5	–	1	–	4	–	2	–

[146]

A revogação das leis dos cereais deu enorme impulso à agricultura inglesa. Drenagem em larga escala[147], novo sistema de alimentação do gado nos currais e de cultivo de forragens artificiais, introdução de adubadoras mecânicas, novo tratamento do solo argiloso, maior uso de adubos minerais, aplicação da máquina a vapor e todo tipo de nova maquinaria de trabalho etc. e o cultivo mais intensivo em geral caracterizam essa época. O presidente da Sociedade Real de Agricultura, sr. Pusey, afirma que, graças à maquinaria recém-introduzida, os custos (relativos) da produção foram reduzidos quase à metade. Por outro lado, o rendimento positivo do solo aumentou rapidamente. Uma maior aplicação de capital por acre e, portanto, uma concentração acelerada dos arrendamentos, era a condição fundamental do novo método[148].

---

[146] *Economist*, Londres, 29 mar. 1845, p. 290.
[147] Para essa finalidade, a aristocracia fundiária adiantou fundos para si mesma, naturalmente por meio do Parlamento, do Tesouro do Estado, a juros muito baixos, que os arrendatários tinham de lhe restituir em dobro.
[148] A diminuição de arrendatários médios evidencia-se especialmente nas seguintes rubricas do censo: "filho, neto, irmãos, sobrinho, filha, neta, irmã, sobrinha do arrendatário", em suma, os membros da própria família do arrendatário ocupados por ele.

A lei geral da acumulação capitalista

Ao mesmo tempo, de 1846 a 1856 a área cultivada se ampliou em 464.119 acres, para não falar das grandes áreas dos condados do leste, que, como num passe de mágica, foram transformadas de viveiros de coelhos e pobres pastagens em férteis campos de cereais. Já sabemos que, ao mesmo tempo, diminuiu o número total de pessoas ocupadas na agricultura. No que diz respeito aos lavradores propriamente ditos, de ambos os sexos e de todas as idades, seu número caiu de 1.241.269 em 1851 para 1.163.217 em 1861[149]. Se o diretor do Registro Civil inglês observa, com razão, que "o aumento de arrendatários e trabalhadores agrícolas desde 1801 não guarda relação alguma com o aumento do produto agrícola"[150], essa desproporção vale ainda muito mais para o último período, em que o decréscimo positivo da população trabalhadora rural acompanha a ampliação da área cultivada, o cultivo mais intensivo, uma acumulação inédita do capital incorporado ao solo e destinado a seu cultivo, aumentos na produção do solo sem paralelo na história da agronomia inglesa, uma abundância nos registros de rendas dos proprietários fundiários e uma riqueza crescente dos arrendatários capitalistas. Se somamos isso tudo à expansão rápida e ininterrupta do mercado urbano, que serve de escoamento da produção, e ao domínio do livre-câmbio, então o trabalhador rural estava finalmente, *post tot discrimina rerum* [depois de tantas dificuldades], em condições que *secundum artem* [segundo as regras do ofício] deveriam deixá-lo louco de felicidade.

Ao contrário, o prof. Rogers chegou ao resultado de que o trabalhador rural inglês de nossos dias, para não falar de seu antecessor da segunda metade do século XIV e do século XV, mas comparando-o apenas com seus predecessores do período de 1770 a 1780, teve sua situação muito piorada, que ele "se converteu novamente em servo", e precisamente num servo malnutrido e mal acomodado[151]. Em seu memorável relatório sobre as condições de moradia dos trabalhadores rurais, diz o dr. Julian Hunter:

"Os custos de manutenção do *hind*" (como era chamado o trabalhador agrícola à época da servidão) "se fixam no mais baixo montante com o qual ele possa

---

Essas rubricas somavam, em 1851, 216.851 pessoas; em 1861, apenas 176.151. De 1851 a 1871, os arrendamentos com menos de 20 acres diminuíram, na Inglaterra, em mais de 900; os de 50 a 75 acres diminuíram de 8.253 para 6.370, e fenômeno semelhante ocorreu em todos os outros arrendamentos com superfície inferior a 100 acres. Em contrapartida, no mesmo período de 20 anos aumentou o número de arrendamentos; os de 300 a 500 acres aumentaram de 7.771 para 8.410, os com mais de 500 acres, de 2.755 para 3.914 e os com mais de 1.000 acres, de 492 para 582.

[149] O número de pastores de ovelhas aumentou de 12.517 para 25.559.
[150] *Census etc.*, cit., p. 36.
[151] Rogers, *A History of Agriculture and Prices in England*, cit., p. 693. "*The peasant has again become a serf*", cit., p. 10. O sr. Rogers pertence à escola liberal, é amigo pessoal de Cobden e Bright e, portanto, nenhum *laudator temporis acti*. [*Laudator temporis acti* (panegirista das épocas passadas): Horácio, *Ars poetica*, verso 173. (N. E. A. MEW)]

viver [...]. Seu salário e moradia não são calculados sobre o lucro que se vai extrair dele. Ele é um zero nos cálculos do arrendatário¹⁵² [...]. Seus meios de subsistência são sempre tratados como uma quantidade fixa."¹⁵³ "No que diz respeito a qualquer redução ulterior de seu rendimento, ele pode dizer: *nihil habeo, nihil curo* [nada tenho, nada me preocupa]. Não abriga temores quanto ao futuro, porque nada tem, a não ser o absolutamente indispensável para sua existência. Atingiu o ponto de congelamento do qual partem os cálculos do arrendatário. Venha o que vier, não lhe caberá nenhuma parte na ventura ou desventura."¹⁵⁴

Em 1863, realizou-se um inquérito oficial sobre as condições de manutenção e de ocupação dos criminosos condenados à deportação e ao trabalho forçado. Os resultados estão registrados em dois volumosos Livros Azuis.

"Uma minuciosa comparação" – diz-se ali, entre outras coisas – "da dieta dos criminosos em prisões da Inglaterra e dos indigentes em *workhouses* com a dos trabalhadores rurais livres desse mesmo país [...] não deixa dúvidas de que os primeiros estão muito melhor alimentados do que qualquer uma das duas outras classes"¹⁵⁵, ao passo que "a quantidade de trabalho exigido de um condenado a trabalhos forçados equivale a cerca da metade do executado por um trabalhador agrícola comum."¹⁵⁶

A seguir, alguns poucos testemunhos característicos: John Smith, diretor da prisão de Edimburgo, declara:

"N. 5056: 'A dieta nas prisões inglesas é muito melhor do que a do trabalhador rural comum'. N. 5057: 'É um fato que os trabalhadores agrícolas comuns da Escócia raramente obtêm alguma carne'. N. 3047: 'O senhor sabe de algum motivo que obrigue a alimentar os delinquentes muito melhor (*much better*) do que os trabalhadores agrícolas comuns? – Certamente não'. N. 3048: 'O senhor considera adequado que se continue a fazer experimentos para aproximar a dieta de prisioneiros condenados a trabalho forçado à dieta de trabalhadores rurais livres?'"¹⁵⁷ "O trabalhador rural" – lê-se – "poderia dizer: eu trabalho duro e não tenho o suficiente para comer. Quando estava na prisão, não trabalhava tão duramente e tinha comida em abundância, e por isso para mim é melhor estar na prisão do que em liberdade."¹⁵⁸

---

¹⁵² Public Health, "Seventh Report" (Londres, 1865), p. 242. "*The cost of the hind is fixed at the lowest possible amount on which he can live [...] the supplies of wages or shelter are not calculated on the profitto be derived from him. He is a zero in farming calculations*". Não é nada incomum, portanto, que o locador aumente o aluguel a ser pago por um trabalhador tão logo fique sabendo que ele ganha algo mais, ou que o arrendatário reduza o salário do trabalhador "porque a mulher deste último encontrou uma ocupação".
¹⁵³ Ibidem, p. 135.
¹⁵⁴ Ibidem, p. 134.
¹⁵⁵ "Report of the Commissioners... Relating to Transportation and Penal Servitude" (Londres, 1863), n. 50, p. 42.
¹⁵⁶ Ibidem, p. 77, "Memorandum by the Lord Chief Justice".
¹⁵⁷ Ibidem, v. II, "Evidence".
¹⁵⁸ Ibidem, v. I, Apêndice, p. 280.

A lei geral da acumulação capitalista

A partir das tabelas anexadas ao primeiro volume do relatório, organizou-se o seguinte quadro comparativo.

Importe nutricional semanal[158a]

	Ingredientes com nitrogênio	Ingredientes sem nitrogênio	Ingredientes minerais	Total
	Onças	Onças	Onças	Onças
Criminosos na prisão de Portland	28,95	150,06	4,68	183,69
Marinheiro da Marinha Real	29,63	152,91	4,52	187,06
Soldado	25,55	114,49	3,94	143,98
Construtor de carruagens (trabalhador)	24,53	162,06	4,23	190,82
Tipógrafo	21,24	100,83	3,12	125,19
Trabalhador rural	17,73	118,06	3,29	139,08

O leitor já conhece o resultado geral a que chegou a comissão médica que em 1863 investigou as condições nutricionais das classes populares mais mal alimentadas. Ele se recordará de que a dieta de uma grande parcela das famílias de trabalhadores rurais encontra-se abaixo do mínimo necessário "à prevenção de doenças ocasionadas pela fome". Esse é o caso, principalmente, em todos os distritos puramente agrícolas de Cornwall, Devon Somerset, Wilts, Stafford, Oxford, Berks e Herts.

"A alimentação que o trabalhador rural obtém" – diz o dr. Smith – "é maior do que a indicada pela quantidade média, pois ele mesmo recebe uma parte de meios de subsistência muito maior do que a dos demais membros da família, parte esta indispensável para seu trabalho e que nos distritos mais pobres consiste quase inteiramente de carne e bacon. A quantidade de alimentos que cabe à mulher, assim como às crianças em sua fase de crescimento, é, em muitos casos, e em quase todos os condados, deficiente, principalmente em nitrogênio."[159]

Os criados e as criadas que moram com os arrendatários são alimentados em abundância. Seu número caiu de 288.277 em 1851 para 204.962 em 1861.

"O trabalho das mulheres nos campos" – diz o dr. Smith – "sejam quais forem os inconvenientes que sempre o acompanham, é, sob as atuais circunstâncias, de grande vantagem para a família, pois lhes proporciona os meios para providenciar calçados, roupas e pagar o aluguel, e, assim, permite que ela se alimente melhor."[160]

[158a] Ibidem, p. 274-5.
[159] Public Health, "Sixth Report", 1863, p. 238, 249, 261-2.
[160] Ibidem, p. 262.

Um dos resultados mais notáveis dessa investigação foi que o trabalhador agrícola da Inglaterra é muito pior alimentado do que o das outras partes do Reino Unido ("*is considerably the worst fed*"), como mostra a tabela seguinte:

Consumo semanal de carbono e nitrogênio do trabalhador rural médio

	Carbono (grãos)	Nitrogênio (grãos)
Inglaterra	40.673	1.594
País de Gales	48.354	2.031
Escócia	48.980	2.348
Irlanda	43.366	2.434[161]

---

[161] Ibidem, p. 17. O trabalhador agrícola inglês obtém apenas ¹/₄ do leite e ¹/₅ do pão que recebe o irlandês. No início deste século, Arthur Young já chamara a atenção, em seu *Tour through Ireland*, para a melhor situação nutricional do segundo em relação ao primeiro. A razão disso é simplesmente que o pobre arrendatário irlandês é incomparavelmente mais humano que seu rico colega inglês. No que diz respeito a Gales, os dados do texto não se aplicam à sua região sudoeste. "Todos os médicos locais coincidem em afirmar que o aumento da taxa de mortalidade por tuberculose, escrofulose etc. se intensifica com a deterioração da condição física da população, e todos atribuem tal deterioração à pobreza. A manutenção diária do trabalhador rural é ali calculada em 5 *pence* e, em muitos casos, o arrendatário" (ele próprio miserável) "ainda paga menos que isso. Um pedaço de carne salgada, desidratada até ficar dura como o mogno e muito pouco digna do difícil processo de digestão, ou de toucinho, serve para preparar uma grande quantidade de caldo, de farinha e alho-poró, ou de mingau de aveia, e dia após dia esse é o almoço do trabalhador rural [...]. O progresso da indústria teve para ele a consequência de substituir, nesse clima rigoroso e úmido, o grosso pano fiado em casa por gêneros baratos de algodão, e as bebidas mais fortes por um chá 'nominal' [...]. Depois de longas horas de exposição ao vento e à chuva, o trabalhador agrícola retorna ao seu *cottage*, para sentar-se ao pé de uma fogueira de turfa ou de bolas compostas de argila e restos de carvão e respirar nuvens de monóxido de carbono e ácido sulfúrico. As paredes da choupana consistem de barro e pedras, o chão é da mesma terra batida que lá estava antes de sua construção, o telhado é uma massa de palha solta, amontoada. Toda fresta é tapada para conservar o calor, e numa atmosfera de fedor diabólico, com um chão de barro sob si, frequentemente com suas únicas roupas a secar em seu corpo, o trabalhador janta com sua mulher e filhos. Certas parteiras, forçadas a passar uma parte da noite nesses casebres, descreveram como seus pés afundavam no barro do chão e como elas eram forçadas – que trabalho leve! – a fazer um buraco na parede a fim de obter um pouco de ar para respirar. Várias testemunhas de diversas camadas sociais afirmam que o camponês subnutrido (*underfed*) está exposto todas as noites a essas e outras influências insalubres, e não são poucas as provas, em verdade, do resultado disso: um povo debilitado e escrofuloso [...]. Os informes dos funcionários paroquiais de Caermarthenshire e Cardiganshire mostram cabalmente o mesmo estado de coisas. A isso se acrescenta uma praga ainda maior: a propagação do idiotismo. E, além disso, as condições climáticas. Os fortes ventos do sudoeste sopram em todo o país durante 8 ou 9 meses do ano, seguidos por chuvas

A lei geral da acumulação capitalista

"Cada página do relatório do dr. Hunter" – diz o dr. Simon em seu relatório sanitário oficial – "fornece testemunho da quantidade insuficiente e da qualidade miserável das moradias de nosso trabalhador rural. E há muitos anos sua situação tem piorado progressivamente nesse sentido. Agora tornou-se muito mais difícil para ele encontrar uma habitação e, quando a encontra, ela corresponde muito menos a suas necessidades do que, talvez, era o caso há séculos atrás. Especialmente nos últimos vinte ou trinta anos, o mal se intensificou com grande rapidez, e as condições habitacionais do homem do campo são, hoje, deploráveis no mais alto grau. Exceto quando aqueles que se enriquecem com seu trabalho consideram valer a pena tratá-lo com uma espécie de compassiva indulgência, o trabalhador rural se encontra totalmente desamparado nesse ponto. Se ele encontra moradia na terra que cultiva, se ela é adequada a seres humanos ou a porcos, se dispõe ou não de um pequeno jardim, que tanto alivia a pressão da pobreza, tudo isso não depende de preferência ou capacidade de pagar um aluguel razoável, mas do uso que outros queiram fazer de seu 'direito de fazer o que quiser com sua propriedade'. Por maior que seja um arrendamento, nenhuma lei estabelece que nele deve haver determinado número de moradias para trabalhadores, e muito menos que elas tenham de ser decentes; do mesmo modo, a lei não reserva ao trabalhador o mínimo direito ao solo, para o qual seu trabalho é tão necessário como a chuva e o sol [...]. Uma circunstância notória lança ainda um grave peso na balança contra ele [...], a influência da Lei dos Pobres, com suas disposições sobre domicílio e encargos de beneficência[162]. Sob sua influência, cada paróquia tem um interesse pecuniário em restringir a um mínimo o número de trabalhadores rurais nela residentes; pois, infelizmente, o trabalho agrícola, em vez de garantir uma independência segura e permanente ao homem laborioso e a sua família, conduz apenas, na maior parte do casos e por um percurso mais longo ou mais breve, ao pauperismo. Um pauperismo que, durante todo o caminho, está tão próximo que toda doença ou falta transitória de ocupação obrigam a recorrer imediatamente à assistência paroquial, razão pela qual todo assentamento de uma população agrícola numa paróquia significa, evidentemente, um aumento em seus encargos

---

torrenciais que se descarregam principalmente sobre as ladeiras ocidentais das colinas. As árvores são escassas, salvo em lugares protegidos, pois, onde carecem de abrigo, o vento as deforma. Os casebres se encolhem sob qualquer elevação montanhosa, frequentemente também num barranco ou pedreira, e só as ovelhas menores e o gado bovino nativo conseguem viver nas pastagens [...]. Os jovens migram para os distritos mineiros de Glamorgan e Monmouth, situados no leste [...]. Caermarthenshire é a incubadora da população mineira e asilo de inválidos [...]. A população mantém seu número a duras penas. É o que ocorre, por exemplo, em Cardiganshire":

	1851	1861
Sexo masculino	45.155	44.446
Sexo feminino	52.459	52.955
	97.614	97.401

Relatório do dr. Hunter em Public Health, "Seventh Report", 1864, cit., p. 498-502 passim.
[162] Em 1865, essa lei foi levemente melhorada. A experiência não tardará a ensinar que tais trapaças não ajudam em nada.

de beneficência [...]. Aos grandes proprietários fundiários[163] basta decidir que, em suas propriedades, não devem ser construídas moradias para trabalhadores, e assim eles se livram imediatamente de metade de sua responsabilidade em relação aos pobres. Em que medida a constituição e a lei inglesas têm como objetivo sancionar essa espécie de propriedade irrestrita do solo, graças à qual um *landlord* 'que faz o que quer com o que é seu' pode tratar os agricultores como forasteiros e expulsá-los de sua propriedade, é uma questão que escapa aos limites de minha investigação [...]. Esse poder de desalojar não existe só na teoria. Ele se exerce na prática, na mais ampla escala. Ele é uma das circunstâncias que regem as condições habitacionais do trabalhador rural [...]. A extensão do mal pode ser julgada pelo último censo, segundo o qual durante os últimos 10 anos, apesar da maior demanda local por moradia, a demolição de casas progrediu em 821 diferentes distritos da Inglaterra, de modo que, sem levar em conta as pessoas forçadas a se tornar não residentes" (isto é, não residentes nas paróquias em que trabalham), "em 1861, comparado com 1851, uma população $5^1/_3$% maior foi comprimida num espaço $4^1/_2$% menor [...]. Quando o processo de despovoamento tiver alcançado sua meta" – diz o dr. Hunter – "o resultado será um vilarejo de cenografia (*show-village*) onde os *cottages* terão sido reduzidos a uns poucos e onde ninguém terá permissão para viver, a não ser pastores de ovelhas, jardineiros ou guardas florestais, servidores regulares que recebem de seus magnânimos senhores o bom tratamento habitualmente dispensado a essas classes[164]. Mas a terra exige cultivo, e não se pode esquecer que os trabalhadores nela ocupados não são inquilinos do proprietário fundiário, mas procedem de um vilarejo aberto, situado talvez a três milhas de distância, onde uma numerosa classe de pequenos proprietários de casas os abrigaram, após a destruição de seus *cottages* nos vilarejos fechados. Quando as coisas tendem a esse resultado, os *cottages* costumam testemunhar, com sua aparência miserável, o destino a que estão condenados. Podemos encontrá-los em seus vários estágios de decadência natural. Enquanto o teto não vem abaixo, permite-se ao trabalhador pagar aluguel, e ele fica geralmente muito contente em poder fazê-lo, mesmo tendo de pagar o mesmo preço de uma boa moradia. Mas não se realiza nenhum conserto, nenhuma melhoria, exceto os que possam ser providenciados pelo inquilino sem tostão. E por fim, quando se torna totalmente inabitável, tem-se apenas um *cottage* destruído a mais e um imposto de beneficência a menos. Enquanto os grandes proprietários se li-

---

[163] Para entender o seguinte: *close villages* (vilarejos fechados) são denominados aqueles vilarejos cujos proprietários fundiários são um ou dois *landlords*; *open villages* (vilarejos abertos), aqueles cujo solo pertence a muitos proprietários menores. É neles que os especuladores imobiliários podem erguer *cottages* e alojamentos.

[164] Tal vilarejo cenográfico parece muito bonito, mas é tão irreal quanto aqueles vistos por Catarina II em sua viagem à Crimeia. Nos últimos tempos, até mesmo os pastores de ovelhas costumam ser banidos desses *show-villages*. Em Market Harborough, por exemplo, existe uma criação de ovelhas com cerca de 500 acres, que requer apenas o trabalho de um homem. Para abreviar as longas caminhadas sobre essas vastas planícies, as belas pastagens de Leicester e Northampton, o pastor costumava ocupar um *cottage* na fazenda. Agora se dá a ele um 13º xelim para o alojamento, que ele tem de buscar bem longe, no vilarejo aberto.

A lei geral da acumulação capitalista

vram dessa maneira do imposto de beneficência, despovoando as terras por eles controladas, o povoamento ou o vilarejo aberto mais próximo recebe os trabalhadores expulsos; o mais próximo, digo eu, mas esse 'mais próximo' pode muito bem estar a três ou quatro milhas da fazenda onde o trabalhador tem de se esfalfar dia após dia. Assim, à sua labuta diária é adicionada, como se fosse pouca coisa, a necessidade de marchar de seis a oito milhas diárias para poder ganhar seu pão de cada dia. Todo o trabalho agrícola executado por sua mulher e filhos se efetua sob as mesmas circunstâncias agravantes. E esse não é todo o mal que a distância lhe causa. No vilarejo aberto, especuladores imobiliários compram retalhos de terreno, que eles semeiam tão densamente quanto possível com as mais baratas espeluncas que se possam conceber. E nessas habitações miseráveis, que mesmo quando dão para o campo aberto compartilham das características mais monstruosas das piores moradias urbanas, amontoam-se os trabalhadores agrícolas da Inglaterra[165]. [...] Por outro lado, não se deve imaginar que o trabalhador alojado na mesma terra que cultiva encontra uma moradia que faça jus à sua vida de produtiva industriosidade. Mesmo nas propriedades rurais mais principescas seu *cottage* costuma ser da mais lamentável espécie. Há *landlords* que acreditam que um estábulo é bom o suficiente para seus trabalhadores e respectivas famílias e que, mesmo assim, não desdenham extrair de seu aluguel todo o dinheiro possível[166]. Ainda que se trate de uma cabana em ruínas, com apenas um dormitório,

---

[165] "As casas dos trabalhadores" (nos vilarejos abertos, que, naturalmente, estão sempre superlotados) "costumam ser construídas em fileiras, com a parede traseira situada no limite externo do pedaço de chão que o especulador imobiliário chama de seu. Elas são, por isso, desprovidas de aberturas para luz e ventilação, exceto na parte dianteira", Reports by dr. Hunter..." cit., p. 135. "Muito frequentemente o taberneiro ou merceeiro do vilarejo é, ao mesmo tempo, o locador das casas. Nesse caso, o trabalhador rural encontra nele um segundo patrão, ao lado do arrendatário. Ele tem de ser, ao mesmo tempo, seu freguês. Com 10 xelins por semana, menos um aluguel anual de £4 [...], ele é obrigado a comprar, pelos preços impostos pelo merceeiro, seu *modicum* [modesta porção] de chá, açúcar, farinha, sabão, velas e cerveja", ibidem, p. 132. Esses vilarejos abertos constituem, na realidade, as colônias penais do proletariado agrícola inglês. Muitos dos *cottages* são simples hospedarias, pelas quais passa toda a corja de vagabundos das redondezas. O camponês e sua família, que, em que pese viverem nas mais sujas condições, haviam geralmente preservado de modo prodigioso sua integridade e pureza de caráter, agora se veem totalmente entregues ao diabo. Naturalmente, entre os Shylocks aristocráticos a moda é encolher farisaicamente os ombros diante dos especuladores imobiliários, dos pequenos proprietários e dos vilarejos abertos. Eles sabem muito bem que seus "vilarejos fechados e cenográficos" são incubadoras das "localidades abertas" e que sem elas não poderiam existir. "Sem os pequenos proprietários das localidades abertas, a maior parte dos trabalhadores rurais teria de dormir sob as árvores das propriedades em que trabalham", ibidem, p. 135. O sistema dos vilarejos "abertos" e "fechados" predomina em todas as *midlands* [condados centrais] e na parte oriental da Inglaterra.

[166] "O locador da casa" (arrendatário ou *landlord*) "se enriquece direta ou indiretamente mediante o trabalho de um homem a quem paga 10 xelins por semana, e então arranca desse pobre diabo a quantia de £4 ou £5 de aluguel anual por casas que no mercado livre não valeriam £20, mas que mantém seu preço artificial graças ao poder do proprie-

sem fogão, sem latrina, sem janelas que possam ser abertas sem água corrente exceto a da fossa, sem jardim, o trabalhador está desamparado contra a injustiça. E nossas leis de polícia sanitária (*The Nuissances Removal Acts*) são letra morta. Sua aplicação é confiada justamente aos proprietários que alugam esses buracos [...]. É necessário que não nos deixemos ofuscar por cenas mais resplandecentes, porém excepcionais, deixando de atentar para a preponderância acachapante de fatos que constituem uma mácula vergonhosa para a civilização inglesa. Terrível deve ser, com efeito, o estado de coisas, quando, apesar da notória monstruosidade das habitações atuais, observadores competentes chegam à conclusão unânime de que mesmo a indignidade geral das moradias é um mal infinitamente menos premente do que sua mera escassez numérica. Há anos a superlotação das moradias dos trabalhadores rurais tem sido um objeto de profunda preocupação não só para aqueles que se importam com a saúde, mas para todos que valorizam uma vida decente e moral. Pois repetidas vezes, com expressões tão uniformes que parecem estereotipadas, os autores dos relatórios sobre a propagação de doenças epidêmicas nos distritos rurais denunciam a superlotação habitacional como causa que frustra por inteiro toda tentativa de conter uma epidemia já iniciada. E repetidas vezes foi demonstrado que, apesar das muitas influências saudáveis da vida rural, a aglomeração, que tanto acelera a propagação de doenças contagiosas, favorece também o surgimento de doenças não contagiosas. E as pessoas que denunciaram essa situação não silenciaram sobre outro mal. Mesmo quando seu tema original se limitava ao cuidado com a saúde, elas foram praticamente obrigadas a se ocupar de outros aspectos do problema. Ao mostrar o quão frequentemente adultos de ambos os sexos, casados e solteiros, são amontoados (*huddled*) em dormitórios estreitos, seus relatórios tinham necessariamente de gerar a convicção de que, nas circunstâncias descritas, o sentimento de pudor e a decência se degradam do modo mais grosseiro, provocando quase necessariamente a ruína de toda moralidade[167] [...]. Por exemplo, no apêndice de meu último relatório, o dr. Ord, em seu informe

---

tário fundiário de dizer: 'Ou você aluga minha casa ou vai procurar um emprego em outro lugar, sem receber um atestado de trabalho de minha parte' [...]. Se um homem deseja melhorar obtendo trabalho numa ferrovia como colocador de trilhos, ou numa pedreira, o mesmo poder não tarda a lhe dizer: 'Ou você trabalha para mim por esse baixo salário ou te dou um prazo de uma semana para que deixe a casa; leve seu porco contigo, se o tem, e vê o que consegue obter em troca das batatas que crescem em seu jardim'. Se, no entanto, parecer-lhe mais conveniente a seus interesses, o proprietário" (ou, dependendo do caso, o arrendatário) "pode preferir aumentar o aluguel, como penalidade pelo abandono do serviço", ibidem, p. 132.

[167] "Recém-casados não constituem uma influência edificante para irmãos e irmãs adultos no mesmo dormitório; e, embora exemplos não possam ser registrados, dispomos de dados suficientes para justificar a observação de que um grande sofrimento, e às vezes a morte, é o fado que se abate sobre a mulher que toma parte no crime de incesto", ibidem, p. 137. Um policial dos distritos rurais, que por muitos anos trabalhou como detetive nos piores bairros de Londres, fala das moças de seu vilarejo: "Durante toda minha vida de policial nas piores partes de Londres, jamais vi semelhante grosseira imoralidade em tão tenra idade, tamanha insolência e impudicícia [...]. Vivem como porcos, rapazes e moças, mães e pais, todos dormindo juntos no mesmo quarto", Child. Empl. Comm., "Sixth Report", cit., apêndice, p. 77, n. 155.

A lei geral da acumulação capitalista

sobre a epidemia de febre em Wing, em Buckinghamshire, menciona como chegou a esse lugar um jovem de Wingrave, com febre. Nos primeiros dias de sua enfermidade, ele dormiu num quarto com nove outras pessoas. Em duas semanas, várias dessas pessoas foram afetadas, e no curso de poucas semanas, cinco das nove apresentaram febre, e uma delas morreu! Ao mesmo tempo, o dr. Harvey, do hospital de Saint George, que, por motivo de sua prática privada, visitara Wing durante o período da epidemia, fez-me um relato no mesmo sentido: 'Uma jovem mulher, com sintoma de febre, dormia à noite no mesmo quarto que seu pai, sua mãe, seu filho bastardo, seus 2 jovens irmãos e suas 2 irmãs, cada uma com um filho bastardo, totalizando 10 pessoas. Poucas semanas antes, 13 crianças dormiam na mesma peça'."[168]

O dr. Hunter investigou 5.375 *cottages* de trabalhadores rurais, não apenas nos distritos puramente agrícolas, mas em todos os condados da Inglaterra. Desses 5.375, 2.195 tinham um único quarto de dormir (que frequentemente também servia de sala de estar), 2.930 apenas dois, e 250 mais de dois. Oferecemos, a seguir, um breve florilégio, correspondente a uma dúzia de condados.

1. Bedfordshire

Wrestlingworth: dormitórios de cerca de 12 pés de comprimento e 10 de largura, embora muitos sejam menores. O pequeno casebre de um só piso costuma ser dividido com tapumes em dois quartos de dormir; é comum colocar uma cama numa cozinha de 5 pés e 6 polegadas de altura. O aluguel é de £3. Os locatários têm de construir suas próprias latrinas; o proprietário da casa não fornece mais do que uma fossa. Sempre que alguém constrói uma latrina, esta é utilizada por toda a vizinhança. Uma casa, denominada Richardson, era de uma beleza inigualável. Suas paredes de argamassa se arqueavam como um vestido feminino em genuflexão. Uma água-mestra era convexa, a outra côncava, e sobre a última havia, de modo infeliz, uma chaminé, um cano torto, feito de argila e madeira e semelhante a uma tromba de elefante. Um varapau servia de escora para evitar a queda da chaminé. A porta e a janela tinham forma romboide. De 17 casas visitadas, apenas 4 dispunham de mais de 1 quarto de dormir, e todas as 4 estavam superlotadas. Os *cots* [*cottages* de um piso] com 1 único quarto de dormir abrigavam 3 adultos e 3 crianças, 1 casal com 6 filhos etc.

Dunton: aluguéis elevados, entre £4 a £5, sendo 10 xelins o salário semanal dos homens. Esperam obter o dinheiro para o aluguel com o entrançado de palha, efetuado pela família. Quanto mais elevado o aluguel, tanto maior o número de pessoas que tem de se reunir para pagá-lo. Seis adultos e quatro crianças num único dormitório pagam um aluguel de £3 e 10 xelins. A casa

---
[168] Public Health, "Seventh Report, 1864", p. 9-14 passim.

mais barata em Dunton, com medidas externas de 15 pés de comprimento por 10 de largura, estava alugada por £3. Apenas uma das 14 casas investigadas tinha 2 dormitórios. Pouco antes do vilarejo, havia uma casa cujos moradores estercaram suas paredes externas; umas 9 polegadas da parte inferior da porta havia desaparecido, carcomida num simples processo de putrefação; à noite, o buraco é engenhosamente tapado com alguns tijolos recobertos com uma esteira. Metade de uma janela, incluindo vidro e moldura, já havia percorrido o caminho de toda carne*. Aqui, privados de móveis, amontoavam-se três adultos e cinco crianças. Dunton não é pior que o resto da Biggleswade Union.

2. Berkshire

Beenham: em junho de 1864, um homem, sua mulher e quatro filhos viviam num *cot* (*cottage* de um piso). Uma filha, que trabalhava como serviçal, voltou para casa com escarlatina. Morreu. Uma criança adoeceu e morreu. A mãe e um filho sofriam de tifo, quando o dr. Hunter foi chamado. O pai e uma das crianças dormiam fora da casa, mas a dificuldade de assegurar o isolamento ficou aqui evidente, pois a roupa da casa atingida pela febre se amontoava, à espera de ser lavada, no apinhado mercado do miserável vilarejo. O aluguel da casa de H.: 1 xelim por semana; 1 dormitório para um casal e seis crianças. Uma casa alugada a 8 *pence* (semanais): 14 pés e 6 polegadas de comprimento, 7 pés de largura, cozinha de 6 pés de altura; o dormitório sem janela, sem lareira, sem porta nem abertura que não uma única para o corredor, e nenhum jardim. Nela um homem vivera, há pouco, com duas filhas adultas e um filho em crescimento; pai e filho dormiam na cama, as moças no corredor. Enquanto a família aí viveu, cada uma teve um filho, mas uma foi para a *workhouse* para o parto e depois voltou para casa.

3. Buckinghamshire

Trinta *cottages* – sobre mil acres de terreno – abrigam de 130 a 140 pessoas. A paróquia de Brandenham abrange mil acres; em 1851, ela tinha 36 casas e uma população de 84 pessoas do sexo masculino e 54 do sexo feminino. Essa desigualdade entre os sexos foi sanada em 1861, quando havia 98 homens e 87 mulheres, o que corresponde a um aumento, em 10 anos, de 14 homens e 33 mulheres. Entrementes, o número de casas havia diminuído em uma unidade.

Winslow: grande parte do vilarejo foi recém-construída, em bom estilo; a demanda de casas parece ser importante, já que *cots* muito miseráveis são alugados por 1 xelim e por 1 xelim e 3 *pence* por semana.

---

* Isto é, já se haviam deteriorado (Gênesis, 6:12-13). (N. T.)

Water Eaton: aqui os proprietários, em vista do crescimento populacional, demoliram cerca de 20% das casas existentes. Um pobre trabalhador, que tinha de andar umas 4 milhas até seu local de trabalho, respondeu à pergunta se não encontraria um *cot* mais perto: "Não, eles vão evitar a todo custo alojar um homem com uma família grande como a minha".

Tinker's End, em Winslow: um dormitório habitado por 4 adultos e 5 crianças, com 11 pés de comprimento, 9 pés de largura, 6 pés e 5 polegadas de altura no ponto mais elevado; outro, com 11 pés e 7 polegadas de comprimento, 9 pés de largura, 5 pés e 10 polegadas de altura, abrigava 6 pessoas. Cada uma dessas famílias tinha menos espaço do que o necessário para um condenado às galés. Nenhuma casa dispunha de mais de um dormitório e nenhuma tinha porta dos fundos. Água, muito raramente. O aluguel semanal era de 1 xelim e 4 *pence* até 2 xelins. Em 16 das casas examinadas, apenas um único homem ganhava 10 xelins por semana. No caso anteriormente mencionado, o volume de ar de que cada pessoa dispunha era equivalente ao que ela teria se passasse a noite encerrada numa caixa de 4 pés cúbicos. Já os velhos casebres certamente oferecem uma boa quantidade de ventilação natural.

4. *Cambridgeshire*

Gamblingay pertence a diversos proprietários e contém os mais miseráveis *cots* que podem ser encontrados em qualquer lugar. Muito entrançado de palha. Uma lassidão mortal, uma resignação desalentada à imundície imperam em Gamblingay. A negligência no centro do vilarejo se converte em tortura em seus extremos norte e sul, onde as casas caem aos pedaços, apodrecidas. Os donos das terras, ausentes, sangram com avidez a miserável aldeola. Os aluguéis são muito altos; de oito a nove pessoas vivem comprimidas num quarto onde só caberia uma pessoa; em dois casos, seis adultos, cada um com uma ou duas crianças, compartilham um pequeno dormitório.

5. *Essex*

Nesse condado, em muitas paróquias, correm paralelas a redução do número de pessoas e de *cottages*. Em não menos de 22 paróquias, no entanto, a demolição de casas não conteve o crescimento populacional, ou, em outras palavras, não provocou a expulsão que, sob o nome de "migração para as cidades", ocorre por toda parte. Em Fingringhoe, uma paróquia de 3.443 acres, havia, em 1851, 145 casas; em 1861, apenas 110, mas o povo se recusou a deixar o lugar e logrou aumentar seu número, mesmo encontrando-se sob tal tratamento. Em Ramsden Crays, em 1851, havia 252 pessoas em 61 casas, mas, em 1861, 262 pessoas se espremiam em 49 casas. Em Basildon viviam, em 1851, sobre uma área de 1.827 acres, 157 pessoas em 35 casas; ao final do decênio, havia 180 pessoas em 27 casas. Nas paróquias de Fingringhoe, South Fambridge, Widford, Basildon e Ramsden Crays viviam, em 1851, sobre uma área de 8.449 acres, 1.392 pessoas em 316 casas; em 1861, sobre a mesma área, havia 1.473 pessoas em 249 casas.

6. *Herefordshire*

Esse pequeno condado sofreu mais com o "espírito de desalojamento" do que qualquer outro na Inglaterra. Em Madley, os *cottages* superlotados, a maioria com dois dormitórios, pertencem, em grande parte, aos arrendatários. Estes não encontram dificuldade em alugá-los por £3 ou £4 por ano e pagam um salário semanal de 9 xelins!

7. *Huntingdonshire*

Em 1851, Hartford tinha 87 casas; pouco depois, 19 *cottages* foram destruídos nessa pequena paróquia de 1.720 acres; população em 1831: 452 pessoas; em 1851: 382; e, em 1861: 341. Foram investigados 14 *cots* de 1 dormitório. Num deles, 1 casal com 3 filhos adultos, 1 filha adulta, 4 crianças, num total de 10 pessoas; em outro, 3 adultos, 6 crianças. Um desses quartos, onde dormiam 8 pessoas, tinha 12 pés e 10 polegadas de comprimento, 12 pés e 2 polegadas de largura, 6 pés e 9 polegadas de altura; a altura média, sem descontar as saliências, era de 130 pés cúbicos por cabeça. Nos 14 dormitórios, 34 adultos e 33 crianças. Esses *cottages* eram raramente providos de hortas, mas muitos dos moradores podiam arrendar um pequeno lote de terra, a 10 ou 12 xelins por *rood* (¹/₄ de acre). Esses *allotments* [loteamentos] ficam longe das casas, desprovidas de latrinas. A família tem de optar entre ir até seu lote para lá depositar seus excrementos ou, digamos com a devida vênia, tem de encher com eles a gaveta de um armário. Assim que está cheia, retiram-na e despejam seu conteúdo onde ele é necessário. No Japão, o ciclo das condições de vida transcorre com mais asseio.

8. *Lincolnshire*

Langtoft: um homem vive aqui na casa de Wright, com a mulher, a sogra e cinco filhos: a casa tem cozinha frontal, copa, dormitório sobre a cozinha frontal; a cozinha frontal e o dormitório medem 12 pés e 2 polegadas de comprimento, 9 pés e 5 polegadas de largura: a área inteira tem 21 pés e 3 polegadas de comprimento, 9 pés e 5 polegadas de largura. O dormitório é uma água-furtada. As paredes convergem no teto, no formato de um pão de açúcar, e uma janela de alçapão se abre na fachada. Por que ele morava ali? Horta? Extraordinariamente minúscula. Aluguel? Alto, 1 xelim e 3 *pence* por semana. Perto de seu trabalho? Não, 6 milhas distante, de modo que ele tinha de andar 12 milhas diárias, entre ida e volta. Ele morava ali porque era um *cot* alugável e porque queria ter um *cot* só para si, em qualquer lugar, a qualquer preço, em qualquer estado de conservação. Segue a estatística de 12 casas em Langtoft, com 12 dormitórios, 38 adultos e 36 crianças:

12 casas em Langtoft

Casas	Dormitórios	Adultos	Crianças	Número de pessoas	Casas	Dormitórios	Adultos	Crianças	Número de pessoas
1	1	3	5	8	1	1	3	3	6
1	1	4	3	7	1	1	3	2	5
1	1	4	4	8	1	1	2	0	2
1	1	5	4	9	1	1	2	3	5
1	1	2	2	4	1	1	3	3	6
1	1	5	3	8	1	1	2	4	6

9. Kent

Kennington, tristemente superlotada em 1859, ano em que surgiu a difteria e o médico da paróquia efetuou uma investigação oficial sobre a situação das classes populares mais pobres. Verificou-se que, nessa localidade, onde era necessário muito trabalho, diversos *cots* haviam sido destruídos e nenhum novo construído. Num distrito havia quatro casas, chamadas de *birdcages* (gaiolas de pássaros), cada uma dispondo de 4 cômodos com as seguintes dimensões em pés e polegadas:

```
Cozinha................9,5 × 8,11 × 6,6
Copa....................8,6 × 4,6  × 6,6
Dormitório..........8,5 × 5,10 × 6,3
Dormitório..........8,3 × 8,4  × 6,3
```

10. Northamptonshire

Brixworth, Pitsford e Floore: nesses vilarejos, durante o inverno, de 20 a 30 homens vagabundeiam pelas ruas por falta de trabalho. Os arrendatários nem sempre cultivam suficientemente as terras apropriadas ao plantio de cereais e tubérculos, e o *landlord* considerou conveniente fundir todos os seus arrendamentos em 2 ou 3. Daí decorre a falta de ocupação. Enquanto de um lado do fosso o campo clama por trabalho, do outro lado os trabalhadores ludibriados lançam-lhe olhares ansiosos. Febrilmente sobrecarregados de trabalho no verão e meio mortos de fome no inverno, não é de admirar que, em seu próprio dialeto, digam que *the parson and gentlefolks seem frit to death at them* [o cura e os nobres parecem ter conjurado para acossá-los até a morte].

Em Floore, há exemplos de casais com 4, 5, 6 crianças num dormitório dos mais exíguos; idem, 3 adultos com 5 crianças; idem, 1 casal com o avô e 6 crianças com escarlatina etc.; em 2 casas com 2 dormitórios, 2 famílias formadas por 8 e 9 adultos, respectivamente.

11. Wiltshire

Stratton: 31 casas visitadas, 8 com apenas um dormitório. Em Penhill, na mesma paróquia: um *cot*, alugado por 1 xelim e 3 *pence* por semana e onde viviam 4 adultos e 4 crianças, não tinha, exceto as paredes, nada de bom, desde o assoalho de pedras grosseiramente lavradas até o teto de palha podre.

12. Worcestershire

Nesta localidade, a demolição de casas não foi tão intensa; todavia, de 1851 a 1861, o número de moradores por casa aumentou de 4,2 para 4,6.

Badsey: neste vilarejo há muitos *cots* e pequenas hortas. Alguns arrendatários declaram que os *cots* são *"a great nuisance here, because they bring the poor"* (um grande inconveniente aqui, porque atraem os pobres). Sobre a afirmação de um *gentleman*, segundo o qual "os pobres nem por isso estão em melhor situação; se 500 *cots* são construídos, eles são vendidos como pãezinhos; quantos mais se os constroem, tantos mais são necessários" – na sua opinião, são as casas que produzem os moradores, que, de acordo com uma lei natural, exercem uma pressão sobre "os meios de habitação" –, observa o dr. Hunter:

> "Ora, esses pobres precisam vir de alguma parte, e como em Badsey não há nada que exerça uma atração especial, como donativos de caridade, é necessário que haja uma repulsão de algum outro lugar ainda mais desagradável a impeli-los para cá. Se cada um pudesse encontrar um *cot* e uma parcela de terra perto de seu local de trabalho, certamente ninguém preferiria viver em Badsey, onde por um punhado de chão paga-se duas vezes mais do que o arrendatário paga pelo seu."

A constante emigração para as cidades, a constante transformação dos trabalhadores rurais em "supranumerários" por meio da concentração de arrendamentos, a transformação de lavouras em pastagens, a maquinaria etc. e o constante desalojamento da população rural pela destruição dos *cottages* andam de mãos dadas. Quanto mais despovoado o distrito, tanto maiores sua "superpopulação relativa" e a pressão que esta última exerce sobre os meios de ocupação, tanto maior o excedente absoluto da população rural em relação a seus meios habitacionais e tanto maiores, portanto, a superpopulação local e o amontoamento mais pestilencial de seres humanos nos vilarejos. O condensamento do aglomerado humano em pequenos vilarejos e povoados esparsos

A lei geral da acumulação capitalista

corresponde ao violento esvaziamento populacional da área rural. A ininterrupta transformação dos trabalhadores rurais em "supranumerários", apesar de seu número decrescente e da massa crescente de seu produto, é o berço de seu pauperismo. Seu pauperismo eventual é um dos motivos que se invocam para seu desalojamento e a fonte principal de sua matéria habitacional, que quebra sua última capacidade de resistência e os converte em meros escravos dos senhores fundiários[169] e dos arrendatários, de modo que o mínimo de salário se consolida, para eles, como uma lei natural. Por outro lado, o campo, em que pese sua "superpopulação relativa", está, ao mesmo tempo, subpovoado. Isso se mostra não só localmente, naqueles pontos onde o fluxo humano para cidades, minas, construções de ferrovias etc. avança com demasiada rapidez, mas também em toda parte, tanto na época da colheita quanto na primavera e no verão, durante os inúmeros momentos em que a agricultura inglesa, deveras cuidadosa e intensiva, necessita de mão de obra adicional. Os trabalhadores agrícolas são sempre em número excedente para as necessidades médias e sempre em número insuficiente para as necessidades excepcionais ou temporárias da lavoura[170]. Por isso, nos documentos oficiais encontram-se queixas

---

[169] *"The heaven-born employment of the hind gives dignity even to his position. He is not a Slave, but a soldier of peace, and deserves his place in married man's quarters, to be provided by the landlord, who bas claimed a power of enforced labour similar to that the country demands of a military soldier. He no more receives market-price for his work than does a soldier. Like the soldier he is caught young, ignorant, knowing only his own trade and his own locality. Early marriage and the operation of the various laws of settlement affect the one as enlistment and the Mutiny Act affect the other"* ["O emprego do trabalhador rural, tendo origem divina, confere dignidade a sua posição. Ele não é um escravo, mas um soldado da paz e merece ter um lugar numa moradia adequada a um homem casado, a ser providenciada pelo proprietário fundiário, que reclamou para si o poder de forçá-lo a trabalhar, similar ao poder de que a nação dispõe sobre o soldado. Assim como o soldado, ele tampouco recebe o preço de mercado por seu trabalho. Como o soldado, ele é recrutado quando jovem, ignorante, conhecendo apenas sua própria profissão e sua própria localidade. O casamento prematuro e a manipulação das várias leis sobre o domicílio afetam o trabalhador rural do mesmo modo como o recrutamento e o código penal afetam o soldado"], dr. Hunter, em Public Health, "Seventh Report", cit., p. 132. Ocasionalmente, algum senhor de terras de coração excepcionalmente mole se deixa comover diante do deserto por ele criado. "É melancólico estar sozinho em seu país", disse o conde de Leicester quando felicitado pelo término da construção de Holkham. "Olho a meu redor e não vejo nenhuma casa exceto a minha. Sou o gigante da torre gigante e devorei todos os meus vizinhos."

[170] Um movimento semelhante se produziu nas últimas décadas na França, à medida que nesse país a produção capitalista se apodera da agricultura e desloca a população rural "supranumerária" para as cidades. Também aqui a existência dos "supranumerários" se deve à piora verificada nas condições habitacionais e demais condições. Sobre o peculiar *"prolétariat foncier"* [proletariado rural], incubado pelo sistema de parcelamento da terra, vejam-se, entre outras, a obra de Colins anteriormente citada e Karl Marx, *Der achtzehnte Brumaire des Louis Bonaparte* (2. ed., Hamburgo, 1869), p. 88 [ed. bras.: *O 18 de brumário de Luís Bonaparte*, São Paulo, Boitempo, 2011, p. 142-9].

contraditórias, procedentes das mesmas localidades, acerca da falta de trabalho e excesso de trabalho ao mesmo tempo. A falta temporária ou localizada de mão de obra não suscita nenhum aumento de salário, mas pressiona mulheres e crianças ao trabalho na lavoura e o recrutamento de trabalhadores de faixas etárias cada vez mais baixas. Tão logo a exploração de mulheres e crianças ganha maior espaço, ela se torna, por sua vez, um novo meio de transformar trabalhadores rurais masculinos em supranumerários e de manter o baixo nível de seus salários. Na parte oriental da Inglaterra viceja um belo fruto desse *cercle vicieux* [círculo vicioso]: o assim chamado *gang-system* (sistema de turmas ou bandos), ao qual dedicaremos aqui algumas considerações[171].

O sistema de turmas funciona quase exclusivamente em Lincolnshire, Huntingdonshire, Cambridgeshire, Norfolk, Suffolk e Nottinghamshire, e esporadicamente nos condados vizinhos de Northampton, Bedford e Rutland. Tomemos aqui, como exemplo, Lincolnshire. Grande parte desse condado é formado por terras novas, antigos pântanos ou, como em outros dos condados orientais a que aludimos, por terras recém-conquistadas ao mar. A máquina a vapor operou milagres quanto à drenagem. O que antes era pântano e solo arenoso agora exibe um abundante mar de trigo e as mais elevadas rendas fundiárias. O mesmo se aplica às terras de aluvião conquistadas artificialmente, como na ilha de Axholme e nas demais paróquias às margens do Trent. À medida que foram surgindo novos arrendamentos, não só não foram construídos novos *cottages*, mas muitos dos antigos foram demolidos; a oferta de trabalho era obtida nos vilarejos abertos, distantes várias milhas e situados à margem das estradas rurais que serpenteiam pelas encostas das colinas. Tais vilarejos eram o único abrigo que a população encontrava contra as demoradas enchentes de inverno. Nos arrendamentos de 400 a 1.000 acres, os trabalhadores (aqui chamados de *confined labourers* [trabalhadores confinados]) servem exclusivamente para o trabalho agrícola pesado e permanente, efetuado com cavalos. Para cada 100 acres (1 acre = 40,49 ares ou 1,584 *Morgen* prussianos), há em média apenas um *cottage*. Um arrendatário de *fenland* [terra conquistada aos pântanos], por exemplo, declara à Comissão de Inquérito:

"Meu arrendamento cobre 320 acres, todos de terras para o plantio de cereais. Nele não há nenhum *cottage*. Um trabalhador mora atualmente em minha casa.

Em 1846, a população urbana na França estava em 24,42% e a rural, em 75,58%; em 1861, a população urbana era de 28,86% e a rural, de 71,14%. Nos últimos 5 anos, o decréscimo da porcentagem rural da população foi ainda maior. Já em 1846 cantava Pierre Dupont em seu *Ouvriers*: *"Mal vêtus, logés dans des trous,/ Sous les combles, dans les décombres,/ Nous vivons avec les hiboux/ Et les larrons, amis des ombres"* ["Mal vestidos, alojados em buracos,/ Sob os tetos, entre os escombros/ Vivemos com as corujas/ E os ladrões, amigos das sombras"].

[171] O sexto e conclusivo relatório da Child. Empl. Comm., publicado no final de março de 1867, trata apenas do sistema de turmas agrícola.

A lei geral da acumulação capitalista

Tenho quatro homens, que trabalham com os cavalos e residem nos arredores. O trabalho leve, para o qual são necessários muitos braços, é realizado por turmas."[172]

O solo exige muitas tarefas leves, como a capina, a roçadura, certas operações de adubação, remoção de pedras etc. Esses trabalhos são feitos pelas turmas ou bandos organizados, que residem nos vilarejos abertos.

Formam a turma entre 10 e 40 ou 50 pessoas: mulheres, adolescentes de ambos os sexos (de 13 a 18 anos), embora os rapazes geralmente sejam excluídos quando chegam aos 13 anos, e, por fim, crianças de ambos os sexos (entre 6 e 13 anos). À frente de todos está o *gangmaster* (chefe de turma), sempre um trabalhador agrícola comum, geralmente um assim chamado mau sujeito, pervertido, inconstante, bêbado, mas dotado de certo espírito empreendedor e *savoir-faire*. Ele recruta a turma que trabalha sob suas ordens, não sob as do arrendatário. Com este último ele estabelece um acordo baseado, na maioria das vezes, no pagamento por peça, e seu ganho, que em média não se eleva muito acima do de um trabalhador rural comum[173], depende quase inteiramente de sua habilidade em fazer com que sua turma ponha em movimento, no menor tempo, a maior quantidade possível de trabalho. Os arrendatários descobriram que as mulheres só trabalham ordenadamente sob ditadura masculina, mas que mulheres e crianças, uma vez em movimento, como já o sabia Fourier, gastam sua energia vital de modo verdadeiramente impetuoso, ao passo que o trabalhador masculino adulto é tão malandro que a economiza o máximo que pode. O chefe de turma se transfere de uma fazenda a outra e, assim, ocupa seu bando de 6 a 8 meses por ano. Ser seu cliente é, por isso, muito mais rentável e seguro para as famílias trabalhadoras do que ser cliente do arrendatário individual, que só ocasionalmente ocupa crianças. Essa circunstância reforça sua influência nas localidades abertas a tal ponto que, na maioria das vezes, é apenas por seu intermédio que crianças podem ser contratadas. A exploração individual destas últimas, separadas da turma, constitui seu negócio acessório.

Os "pontos fracos" do sistema são o sobretrabalho das crianças e dos jovens, as enormes marchas que fazem diariamente para ir e vir de fazendas situadas a 5, 6 e às vezes 7 milhas de distância e, por fim, a desmoralização da "turma". Embora o chefe de turma, que em algumas regiões é denominado *"the driver"* (o feitor), esteja munido de uma longa vara, ele só a emprega muito raramente e queixas quanto a tratamento brutal são exceção. Trata-se de um imperador democrático, ou de uma espécie de flautista de Hamelin*.

---

[172] Child. Empl. Comm., "VI. Report, Evidence", p. 37, n. 173.
[173] No entanto, alguns chefes de turma lograram converter-se em arrendatários de 500 acres ou proprietários de fileiras inteiras de casas.
* Conto folclórico alemão, coligido pelos irmãos Grimm, que narra como um caçador de ratos, após ter seu pagamento negado pelos habitantes de uma pequena cidade, enfeitiça todas as crianças do lugar com o toque de sua flauta e as tranca para sempre numa caverna. (N. T.)

Necessita, pois, da popularidade entre seus súditos e os seduz por meio da vida boêmia, que floresce sob seus auspícios. Uma licenciosidade crua, um descomedimento alegre e a audácia mais obscena dão asas à turma. Na maioria das vezes, o chefe de turma efetua os pagamentos numa taberna e mais tarde volta para casa, cambaleando, sustentado à direita e à esquerda por robustas mulheres e seguido por um cortejo de crianças e adolescentes, que alvoroçam e entoam cantigas zombeteiras e obscenas. No caminho de volta, impera aquilo que Fourier chama de *fanerogamia**. É comum que mocinhas de 13 a 14 anos engravidem de seus companheiros de mesma idade. Os vilarejos abertos, que fornecem o contingente da turma, convertem-se em Sodomas e Gomorras[174] e geram duas vezes mais nascimentos ilegítimos do que o resto do reino. Já indicamos anteriormente como as moças criadas nessa escola procedem, quando casadas, no terreno da moralidade. Seus filhos, se o ópio não os liquida, são recrutas natos da turma.

A turma, na forma clássica que descrevemos anteriormente, chama-se turma pública, comum ou ambulante (*public, comon or tramping gang*). Há também, com efeito, turmas privadas (*private gangs*). Estas são formadas como a turma comum, mas são menos numerosas e, em vez de trabalharem sob as ordens do chefe de turma, fazem-no sob o comando de um velho criado rural, que o arrendatário não sabe como utilizar melhor. Aqui, o espírito boêmio desaparece, mas, conforme todos os testemunhos, o pagamento e o tratamento das crianças pioram.

O sistema de turmas, que nos últimos anos se tem ampliado de maneira constante[175], não existe, evidentemente, para agradar ao chefe de turma. Existe para enriquecer os grandes arrendatários[176], ou, dependendo do caso, os senhores fundiários[177]. Para o arrendatário, não há método mais engenhoso

---

* O termo "fanerogamia" (do grego "*fanerós*" [visível, evidente] e "*gamos*" [união sexual]), que na botânica refere-se aos vegetais cujos órgãos reprodutivos são bem evidentes, é empregado por Fourier para designar uma forma de poliandria praticada no interior da falange. Fourier a compara com o comportamento sexual de várias tribos em Java e no Taiti. Cf. Charles Fourier, *Le nouveau monde industriel et sociétaire* (Paris, 1829), parte V, suplemento ao capítulo 36, e parte 6, resumo. (N. T.)

[174] "O sistema de turmas levou metade das moças de Ludford à perdição", Child. Empl. Comm., "VI. Report, Evidence", cit., apêndice, p. 6, n. 32.

[175] "O sistema cresceu muito nos últimos anos. Em alguns lugares, ele foi introduzido há pouco; em outros, onde é mais antigo, mais crianças, e de menor idade, são alistadas na turma", ibidem, p. 79, n. 174.

[176] "Os pequenos arrendatários não utilizam o sistema de turma." "Ele não é utilizado em terras pobres, mas em terras que dão uma renda entre £2 a £2 e 10 xelins por acre", ibidem, p. 17, 14.

[177] Um desses senhores delicia-se tanto com suas rendas que chegou a declarar indignado, diante da Comissão de Inquérito, que toda a gritaria se devia unicamente ao nome do sistema. Se em vez de "turma" ele fosse batizado de "associação juvenil cooperativa--agrícola-industrial para o autossustento", então estaria *all right* [tudo bem].

A lei geral da acumulação capitalista

que o permita manter seus trabalhadores muito abaixo do nível normal e, não obstante, ter sempre disponível, para todo trabalho extra, a mão de obra necessária, assim como para extrair o máximo de trabalho[178] com o mínimo de dinheiro e tornar "supranumerário" o trabalhador masculino adulto. A partir da discussão anterior, compreende-se que, por um lado, admita-se a maior ou menor desocupação do homem do campo, e, por outro, declare-se como "necessário" o sistema de turmas, em razão da falta de mão de obra masculina e de seu êxodo para as cidades[179]. O campo livre de ervas daninhas e a danação humana de Lincolnshire etc. são o polo e o contrapolo da produção capitalista[180].

---

[178] "O trabalho em turma é mais barato do que outro trabalho e, por esse motivo, ele é empregado", diz um ex-chefe de turma, Child. Empl. Comm., "VI. Report, Evidence", cit., p. 17, n. 14."O sistema de turma é, decididamente, o mais barato para o arrendatário, assim como o mais nocivo para as crianças", diz um arrendatário, ibidem, p. 16, n. 3.

[179] "Não há dúvida de que muito do trabalho agora executado por crianças em turmas era, antes, realizado por homens e mulheres. Onde se empregam mais mulheres e crianças, há agora mais homens desempregados (*more men are out of work*) do que antes", ibidem, p. 43, n. 202. Por outro lado, entre outras passagens, lemos que "em muitos distritos agrícolas, especialmente naqueles produtores de cereais, a questão do trabalho (*labour question*) torna-se atualmente tão séria em decorrência da emigração e da facilidade que as ferrovias oferecem para o traslado às grandes cidades, que eu" (este "eu" refere-se ao agente rural de um grande patrão) "considero os serviços das crianças como absolutamente indispensáveis", ibidem, p. 80, n. 180. Nos distritos agrícolas ingleses, diferentemente do resto do mundo civilizado, *the labour question* (a questão do trabalho) significa, efetivamente, *the landlord's and farmers' question* (a questão do proprietário fundiário e do arrendatário): como perpetuar, apesar do êxodo cada vez maior da população agrícola, uma suficiente "superpopulação relativa" no campo e, com ela, o "mínimo de salário" para o trabalhador rural?

[180] O "Public Health Report", anteriormente citado por mim, no qual, ao se analisar a mortalidade infantil, alude-se de passagem ao sistema de turmas, permaneceu ignorado pela imprensa e, consequentemente, pelo público inglês. Em contrapartida, o último relatório da Child. Empl. Comm. forneceu um *sensational* e muito bem-vindo alimento para a imprensa. Enquanto a imprensa liberal perguntava como era possível que os elegantes *gentleman e ladies* e os prebendados da Igreja estatal, que pululam por toda parte em Lincolnshire e enviam suas próprias "missões para o aperfeiçoamento moral dos selvagens dos mares do Sul", pudessem permitir que tal sistema se implementasse, debaixo de seus olhos, em suas propriedades, a imprensa mais refinada limitou-se a tecer considerações exclusivamente sobre a crua degradação da gente do campo, capaz de vender seus próprios filhos para uma tal escravidão! Sob as circunstâncias execráveis a que "os mais delicados" condenam a viver o camponês, seria compreensível até mesmo que este devorasse seus próprios filhos. O que é realmente admirável é a integridade de caráter que, em grande parte, esse camponês logra conservar. Os informantes oficiais comprovam que os pais, mesmo nos distritos em que ele prevalece, detestam o sistema de turmas. "Nos testemunhos colhidos por nós, encontram-se provas abundantes de que, em muitos casos, os pais agradeceriam a promulgação de alguma lei compulsória que os capacitasse a resistir às tentações e pressões a que costumam estar sujeitos. Ora são pressionados pelo funcionário paroquial, ora pelo empregador, que ameaça demiti-los ou enviar seus filhos para o trabalho, em vez de

f) Irlanda

Para concluir esta seção, temos de nos voltar brevemente à Irlanda. Primeiro, vejamos os fatos que aqui nos interessam.

A população da Irlanda aumentara, em 1841, a 8.222.664 pessoas; em 1851, reduziu-se a 6.623.985; em 1861, 5.850.309 e, em 1866, $5^1/_2$ milhões, isto é, aproximadamente a seu nível de 1801. O decréscimo começou com o ano da fome de 1846, de maneira que, em menos de 20 anos, a Irlanda perdeu mais de $^5/_{16}$ de sua população[181]. O número total da emigração de maio de 1851 a julho de 1865 foi de 1.591.487 pessoas, sendo que a emigração durante os últimos 5 anos, 1861-1865 foi de mais de meio milhão. O número de casas habitadas diminuiu, de 1851 a 1861, em 52.990. De 1851 a 1861, o número de arrendamentos de 15 a 30 acres aumentou em 61 mil, e o de arrendamentos acima de 30 acres em 109 mil, enquanto o número total de arrendamentos diminuiu em 120 mil, uma queda que se deve, portanto, exclusivamente à aniquilação de arrendamentos de menos de 15 acres, ou seja, à sua concentração.

Naturalmente, a decréscimo populacional se fez acompanhar, em linhas gerais, de um decréscimo da massa de produtos. Para nosso propósito, basta considerar os 5 anos de 1861 a 1865, durante os quais mais de meio milhão de pessoas emigraram e a número absoluto de habitantes caiu em mais de $^1/_8$ de milhão (ver tabela A).

Tabela A: Animais de criação

Ano	Equinos			Bovinos		
	Total	Diminuição	Aumento	Total	Diminuição	Aumento
1860	619.811			3.606.374		
1861	614.232	5.579		3.471.688	134.686	
1862	602.894	11.338		3.254.890	216.798	
1863	579.978	22.916		3.144.231	110.659	
1864	562.158	17.820		3.262.294		118.063
1865	547.867	14.291		3.493.414		231.120

à escola [...]. Todo o tempo e a força perdidos, todo o sofrimento que produz no camponês e em sua família uma fadiga extraordinária e inútil, todos os casos em que os pais imputam a ruína moral de seu filho à superlotação dos *cottages* ou às influências danosas do sistema de turmas provocam no peito dos pobres trabalhadores sentimentos facilmente compreensíveis e que é desnecessário detalhar. Eles têm consciência de que muitos de seus tormentos físicos e mentais lhes são infligidos por circunstâncias pelas quais não são de modo algum responsáveis, circunstâncias a que jamais teriam dado sua concordância se tivessem podido recusá-la e contra as quais são impotentes para lutar", ibidem, p. XX, n. 82, p. XXIII, n. 96.

[181] População da Irlanda: 1801: 5.319.867 pessoas; 1811: 6.084.996; 1821: 6.869.544; 1831: 7.828.347; 1841: 8.222.664.

A lei geral da acumulação capitalista

Ano	Ovinos			Suínos		
	Total	Diminuição	Aumento	Total	Diminuição	Aumento
1860	3.542.080			1.271.072		
1861	3.556.050		13.970	1.102.042	169.030	
1862	3.456.132	99.918		1.154.324		52.282
1863	3.308.204	147.928		1.067.458	86.866	
1864	3.366.941		58.737	1.058.480	8.978	
1865	3.688.742		321.801	1.299.893		241.413

Da tabela anterior, resulta:

Equinos	Bovinos	Ovinos	Suínos
Diminuição absoluta	Diminuição absoluta	Aumento absoluto	Aumento absoluto
71.944	112.960	146.662	28.821[182]

Passemos agora à agricultura, que fornece os meios de subsistência para animais e seres humanos. Na tabela seguinte calcula-se o acréscimo ou decréscimo registrado a cada ano em relação ao ano imediatamente anterior. A coluna dos cereais abrange trigo, aveia, cevada, centeio, feijão e ervilha; a das hortaliças compreende batata, *turnips* [nabos], acelga, beterraba, repolho, cenoura, *parsnips* [chirivias], ervilhaca etc.

Tabela B: Aumento ou diminuição da terra usada para o cultivo e como pastagens (em acres)

Ano	Cereal Diminuição	Hortaliça Diminuição	Hortaliça Aumento	Pastagens e feno Diminuição	Pastagens e feno Aumento	Linho Diminuição	Linho Aumento	Área total usada para lavoura e criação Diminuição	Área total usada para lavoura e criação Aumento
1861	15.701	36.974		47.969			19.271	81.373	
1862	72.734	74.785			6.623		2.055	138.841	
1863	144.719	19.358			7.724		63.922	92.431	
1864	122.437	2.317			47.486	87.761			10.493
1865	72.450		25.421		68.970	50.159		28.218	
1861-1865	428.041	108.013			82.834		122.850	339.370	

---

[182] Se recuássemos mais, o resultado seria ainda mais desfavorável. Assim, por exemplo, em 1865, os ovinos são 3.688.742, mas em 1856 eram 3.694.294; os suínos, em 1865, são 1.299.893, mas em 1858 eram 1.409.883.

Em 1865, sob a rubrica "pastagens" foram agregados mais 127.470 acres, principalmente porque a área sob a rubrica "terra desértica, não utilizada e *bog* (turfeiras)" diminui 101.543 acres. Comparando o ano de 1865 com 1864, temos uma redução de 246.667 *quarters* de cereais, dos quais 48.999 correspondem ao trigo, 166.605 à aveia, 29.892 à cevada etc.; o decréscimo na produção de batatas, embora a área de seu cultivo tenha crescido em 1865, foi de 446.398 toneladas etc. (ver tabela C).

Tabela C: Aumento ou diminuição na área de solo cultivado, de produto por acre e do produto total. Ano de 1865, comparado com 1864[183]

Produto	Acres de terra cultiva 1864	Acres de terra cultiva 1865	Aumento ou diminuição 1865 +	Aumento ou diminuição 1865 −	Produto por acre 1864 (Quintais)	Produto por acre 1865 (Quintais)	Aumento ou diminuição 1865 + (Quintais)	Aumento ou diminuição 1865 − (Quintais)	Produto total 1864 (Quarters)	Produto total 1865 (Quarters)	Aumento ou diminuição 1865 + (Quarters)	Aumento ou diminuição 1865 − (Quarters)
Trigo	276.483	266.989	−	9.494	13,3	13	−	0,3	875.782	826.783	−	48.999
Aveia	1.814.886	1.745.228	−	69.658	12,1	12,3	0,2	−	7.826.332	7.659.272	−	166.605
Cevada	172.700	177.102	4.402	−	15,9	14,9	−	1	761.909	732.017	−	29.892
Bere*	8.894	10.091	1.197	−	16,4	14,8	−	1,6	15.160	13.989	−	1.171
Centeio					8,5	10,4	1,9	−	12.680	18.364	5.684	727

---

[183] Os seguintes dados foram compilados do material apresentado em *Agricultural Statistics, Ireland. General Abstracts*, Dublin, para o ano de 1860 e seguintes, e em *Agricultural Statistics, Ireland. Tables showing the Esmitated Average Produce etc.* (Dublin, 1866). É sabido que essa estatística tem caráter oficial e é apresentada anualmente ao Parlamento. Adendo à segunda edição: As estatísticas oficiais registram, para o ano de 1872, uma redução na área cultivada, em comparação com a de 1871, de 134.915 acres. Verifica-se um "aumento" no cultivo de *turnips*, acelgas e similares; ocorre uma "diminuição" na área cultivada de trigo (16.000 acres), aveia (14.000 acres), cevada e centeio (4.000 acres), batata (66.632 acres), linho (34.667 acres) e 30.000 acres a menos de pradarias, pastagens, plantações de chirivia e colza. O cultivo de trigo mostra, nos últimos cinco anos, o seguinte decréscimo (em acres): 1868, 285.000; 1869, 280.000; 1870, 259.000; 1871, 244.000; 1872, 228.000. Em 1872, foi registrado, em números arredondados, um aumento de 2.600 equinos, 80.000 bovinos, 68.600 ovinos e uma diminuição de 236.000 suínos.

* Variedade de cevada comum na Escócia. (N. T.)

A lei geral da acumulação capitalista

Produto	Acres de terra cultiva		Aumento ou diminuição 1865		Produto por acre		Aumento ou diminuição 1865		Produto total		Aumento ou diminuição 1865	
	1864	1865	+	−	1864	1865	+	−	1864	1865	+	−
					Toneladas	Toneladas	Toneladas	Toneladas	Toneladas	Toneladas	Toneladas	Toneladas
Batata	1.039.724	1.066.260	26.536	−	4,1	3,6	−	0,5	4.312.388	3.865.990	−	446.398
Turnips	337.355	334.212	−	3.143	10,3	9,9	−	0,4	3.467.659	3.301.683	−	165.976
Acelga	14.073	14.389	316	−	10,5	13,3	2,8	−	147.284	191.937	44.653	−
Repolho	31.821	33.622	1.801	−	9,3	10,4	1,1	−	297.375	350.252	52.877	−
Linho	301.693	251.433	−	50.260	34,2*	25,2*	−	9,0*	64.506	39.561	−	24.945
Feno	1.609.569	1.678.493	68.924	−	1,6	1,8	0,2	−	2.607.153	3.068.707	461.554	−

* Pedras de 14 libras. (N. E. A. MEW)

Do movimento da população e da produção agrícola da Irlanda, passemos ao movimento no bolso de seus *landlords*, grandes arrendatários e capitalistas industriais. Tal movimento se reflete nas altas e baixas do imposto de renda. Para compreender a tabela seguinte, observe-se que a rubrica D (lucros, com exceção dos lucros dos arrendatários) também inclui os assim chamados lucros "profissionais", isto é, os rendimentos de advogados, médicos etc., mas as rubricas C e E, que não incluímos em separado em nossa tabela, abrangem os rendimentos de funcionários, oficiais militares, sinecuristas do Estado, credores do Estado etc.

Tabela D: Rendimentos sujeitos ao imposto de renda (em libras esterlinas)[184]

	1860	1861	1862	1863	1864	1865
Rubrica A Renda fundiária	12.893.829	13.003.554	13.308.938	13.494.091	13.470.700	13.801.616
Rubrica B Lucro do arrendatário	2.765.387	2.773.644	2.937.899	2.938.923	2.930.874	2.946.072

---

[184] "Tenth Report of the Commissioners of Inland Revenue" (Londres, 1866).

Karl Marx – O capital

	1860	1861	1862	1863	1864	1865
Rubrica D Lucros industriais etc.	4.891.652	4.836.203	4.858.800	4.846.497	4.546.147	4.850.199
Todas as rubricas, de A a E	22.962.885	22.998.394	23.597.574	23.658.631	23.236.298	23.930.340

Na rubrica D, o aumento anual médio, de 1853 a 1864, foi de apenas 0,93, enquanto no mesmo período, na Grã-Bretanha, ele foi de 4,58. A tabela seguinte mostra a distribuição dos lucros (excluindo os lucros dos arrendatários) nos anos de 1864 e 1865:

Tabela E: Rubrica D. Rendimentos por lucros (acima de £60) na Irlanda[185]

	Libras esterlinas	Repartido entre pessoas	Libras esterlinas	Repartido entre pessoas
Total dos rendimentos anuais	4.368.610	17.467	4.669.979	18.081
Rendimento anual entre £60 e £100	238.726	5.015	222.575	4.703
Do total de rendimentos anuais	1.979.066	11.321	2.028.571	12.184
Resto dos rendimentos anuais	2.150.818	1.131	2.418.833	1.194
Dos quais:	1.073.906	1.010	1.097.927	1.044
	1.076.912	121	1.320.906	150
	430.535	95	584.458	122
	646.377	26	736.448	28
	262.819	3	274.528	3

A Inglaterra, um país de produção capitalista desenvolvida e preponderantemente industrial, ter-se-ia extinguido caso tivesse sofrido uma hemorragia populacional como a irlandesa. Atualmente, porém, a Irlanda

---

[185] Em virtude de certas deduções prescritas pela lei, o rendimento total anual registrado sob a rubrica D difere, aqui, daquele indicado na tabela precedente.

não é mais do que um distrito agrícola da Inglaterra, da qual é separada por um largo fosso de água à qual fornece cereais, lã, gado e recrutas industriais e militares.

O despovoamento fez com que muitas terras deixassem de ser cultivadas, reduziu muito o produto agrícola[186] e, apesar da ampliação da área para a criação de gado, ocasionou uma diminuição absoluta em alguns de seus ramos e, em outros, um progresso que mal merece ser citado, interrompido por retrocessos constantes. Não obstante, com a queda da massa populacional, subiram continuamente a renda da terra e os lucros dos arrendatários, embora estes não de maneira tão constante quanto aquela. A razão é facilmente compreensível. Por um lado, com a fusão dos arrendamentos e a transformação de lavouras em pastagens, uma parte maior do produto total se converteu em mais-produto. O mais-produto cresceu, embora o produto total, do qual ele é uma fração, tenha diminuído. Por outro lado, o valor monetário desse mais-produto cresceu ainda mais rapidamente do que sua massa, por causa do aumento que nos últimos vinte anos, e principalmente na última década, sofreram no mercado inglês os preços da carne, da lã etc.

Os meios de produção dispersos, que servem aos próprios produtores como meios de ocupação e subsistência, sem que se valorizem mediante a incorporação de trabalho alheio, é tão pouco capital quanto o produto consumido por seu próprio produtor é mercadoria. Ainda que com a massa populacional também tenha diminuído a massa dos meios de produção empregados na agricultura, a massa de capital nela empregada aumentou, já que uma parte dos meios de produção antes dispersos foi transformada em capital.

O capital total que na Irlanda é investido fora da agricultura, na indústria e no comércio, acumulou-se lentamente durante as últimas duas décadas e sofreu grandes e constantes flutuações. Em contrapartida, a concentração de seus componentes individuais desenvolveu-se com grande rapidez. Finalmente, por pequeno que tenha sido, de qualquer modo, seu crescimento em termos absolutos, quando considerado em termos relativos, isto é, em proporção à massa populacional decrescente, vemos que esse capital aumentou.

Aqui se desenrola, sob nossos olhos e em larga escala, um processo tal como a economia ortodoxa não o poderia desejar mais formoso para manter em pé seu dogma, segundo o qual a miséria deriva da superpopulação absoluta e o equilíbrio é restabelecido mediante o despovoamento. Esse é

---

[186] Ainda que o produto também diminua proporcionalmente por acre, não se pode esquecer que já faz um século e meio que a Inglaterra tem exportado indiretamente o solo da Irlanda, sem proporcionar a seus lavradores sequer os meios para repor seus componentes.

um experimento de importância muito maior do que a da peste de meados do século XIV, tão glorificada pelos malthusianos. Uma observação de passagem: se querer aplicar às relações de produção e às correspondentes condições populacionais do século XIX o padrão do século XIV já era de uma ingenuidade escolar, essa ingenuidade negligenciava, além do mais, que se aquela peste e a dizimação por ela acarretada foram seguidas pela libertação e enriquecimento da população rural deste lado do Canal da Mancha, do outro lado, na França, elas provocaram uma maior servidão e uma miséria aumentada[186a].

Em 1846, a fome liquidou, na Irlanda, mais de um milhão de pessoas, mas só pobres-diabos. Não acarretou o menor prejuízo à riqueza do país. O êxodo ocorrido nas duas décadas seguintes, e que ainda continua a aumentar, não dizimou, como foi o caso na Guerra dos Trinta Anos, junto com os homens, seus meios de produção. O gênio irlandês inventou um método totalmente novo para transportar, como por obra de encantamento, um povo pobre a uma distância de milhares de milhas do cenário de sua miséria. A cada ano, os emigrantes assentados nos Estados Unidos enviam dinheiro para casa, meios que possibilitam a viagem dos que ficaram para trás. Cada tropa que emigra este ano atrai outra tropa, que emigrará no ano seguinte. Em vez de custar algo à Irlanda, a emigração constitui, assim, um dos ramos mais rentáveis de seus negócios de exportação. Ela é, por fim, um processo sistemático, que não se limita a furar um buraco transitório na massa populacional, mas que dela extrai anualmente um número maior de pessoas do que aquele reposto pelos nascimentos, de modo que o nível populacional absoluto cai a cada ano[186b].

Quais foram as consequências, para os trabalhadores irlandeses que permaneceram em seu país, de terem sido liberados da superpopulação? Que a superpopulação relativa é hoje tão grande quanto antes de 1846, que o salário se mantém no mesmo nível baixo, que o trabalho é hoje mais extenuante que antes, que a miséria no campo conduz a uma nova crise. As causas são simples. A revolução na agricultura se deu no mesmo ritmo da emigração. A produção da superpopulação relativa ultrapassou o despovoamento absoluto. Um olhar à tabela B mostra como os efeitos da transformação de lavouras em pastagens tendem a ser mais agudos na Irlanda do que na Inglaterra. Nesta, a criação de gado provoca um aumento no cultivo de verduras e, naquela,

---

[186a] Por ser a Irlanda considerada a terra prometida do "princípio da população", T. Sadler, antes do surgimento de sua obra sobre a população, publicou seu famoso livro *Ireland, its Evils and their Remedies* (2. ed., Londres, 1829), no qual, mediante a comparação de dados estatísticos de diversas províncias, e em cada província dos diversos condados, demonstra que na Irlanda a miséria não impera, como pretende Malthus, na razão direta do número de habitantes, mas na razão inversa.

[186b] No período de 1851 a 1874, o número total de emigrantes chegou a 2.325.922.

uma redução. Enquanto grandes extensões de terras anteriormente cultivadas são mantidas em alqueive ou transformadas em pastagens permanentes, grande parte da terra baldia e das turfeiras, antes não utilizadas, serve para a expansão da pecuária. Os pequenos e médios arrendatários – incluo aí todos os que não cultivam mais de 100 acres – continuam a ser aproximadamente $^8/_{10}$ do total[186c]. Eles são progressivamente oprimidos, num grau muito maior do que antes, pela concorrência da agricultura praticada de modo capitalista, e por isso não cessam de fornecer novos recrutas à classe dos trabalhadores assalariados. A única grande indústria da Irlanda, a fabricação de linho, requer relativamente poucos homens adultos e, em geral, ocupa, em que pese sua expansão desde o encarecimento do algodão, entre 1861 e 1866, apenas uma parte proporcionalmente insignificante da população. Como toda grande indústria, a do linho, por meio de oscilações contínuas, não cessa de produzir uma superpopulação relativa em sua própria esfera, mesmo com o crescimento absoluto da massa humana por ela absorvida. A miséria da população rural constitui o alicerce de gigantescas fábricas de camisas etc., cujo exército de trabalhadores se encontra, em sua maior parte, disperso pelo campo. Aqui voltamos a nos deparar com o sistema, descrito anteriormente, do trabalho domiciliar, que tem na sub-remuneração e no sobretrabalho seus meios de "produção de supranumerários". Por fim, embora os efeitos do despovoamento não tenham sido tão destrutivos como seria o caso num país de produção capitalista desenvolvida, ele não transcorreu sem repercussões constantes sobre o mercado interno. O vazio deixado pela emigração tem como efeito o estreitamento não só da demanda local de trabalho, mas também dos rendimentos dos pequenos comerciantes, artesãos e pequenos industriais em geral. Isso explica o retrocesso nos rendimentos entre £60 e £100 apresentado na tabela E.

[186c] Nota à segunda edição: Uma tabela apresentada na obra de Murphy, *Ireland, Industrial, Political and Social*, mostra que, em 1870, 94,6% de todos os arrendamentos tinham menos de 100 acres, e 5,4% mais de 100 acres. [Nas terceira e quarta edições, o texto imediatamente anterior à chamada desta nota dizia: "Os arrendatários pequenos e médios – inclusive todos os que não cultivam mais de 100 acres – continuam a possuir aproximadamente $^8/_{10}$ do solo irlandês". Na nota, porém, constava: "Uma tabela apresentada na obra de Murphy, *Ireland, Industrial, Political and Social*, mostra que, em 1870, os arrendamentos de até 100 acres ocupam 94,6% do solo, e os de mais de 100 acres ocupam 5,4%". Esses dados, se verdadeiros, conduziriam a um resultado absurdo, pois os arrendamentos de mais de 100 acres abarcariam proporcionalmente menos terra do que os arrendamentos de menos de 100 acres. Nas erratas da segunda edição, Marx indica a necessidade de se corrigir a redação tanto do corpo do texto quanto da nota, porém os editores, por inadvertência, corrigiram apenas o corpo do texto, esquecendo-se da nota. A presente edição reproduz, portanto, o texto corrigido segundo as orientações de Marx. (N. T.)]

Uma exposição clara da situação dos diaristas rurais na Irlanda encontra-se nos relatórios dos inspetores da administração irlandesa de beneficência (1870)[186d]. Funcionários de um governo que só se mantém por força das baionetas e pelo estado de sítio – ora declarado, ora dissimulado – precisam observar as precauções de linguagem que seus colegas ingleses desprezam; apesar disso, não permitem que seu governo acalente ilusões. Segundo eles, o nível salarial no campo, que continua muito baixo, elevou-se, nos últimos 20 anos, entre 50 a 60%, e é agora, em média, de 6 a 9 xelins por semana. Por trás dessa aparente alta se esconde, porém, uma queda real do salário, pois ela nem sequer compensa o aumento dos preços dos meios de subsistência, como o demonstra o seguinte extrato dos cálculos oficiais de uma *workhouse* irlandesa:

Média semanal dos custos de manutenção por pessoa

Período	Alimentação	Vestuário	Soma
29 set. 1848 a 29 set. 1849	1 xelim e 3^{1}/$_{4}$ pence	0,3 xelim	1 xelim e 6^{1}/$_{4}$ pence
29 set. 1868 a 29 set. 1869	2 xelins e 7^{1}/$_{4}$ pence	0,6 xelim	3 xelins e 1^{1}/$_{4}$ pence

O preço dos meios de subsistência é, portanto, quase o dobro de vinte anos atrás, e o do vestuário é exatamente o dobro.

Mas mesmo se desconsiderarmos essa desproporção, a mera comparação das taxas salariais expressas em dinheiro ainda não nos permitiria chegar a um resultado correto. Antes do surto de fome, a maior parte dos salários rurais era paga *in natura*, e em dinheiro só a menor parte; atualmente, a regra geral é o pagamento em dinheiro. Já a partir disso se segue que, qualquer que fosse o movimento do salário real, sua taxa monetária haveria de subir.

> "Antes do surto de fome, o diarista agrícola possuía uma pequena parcela de terra onde cultivava batatas e criava porcos e aves. Hoje ele não só tem de comprar todos seus meios de subsistência, como também perdeu os rendimentos que obtinha com a venda de porcos, aves e ovos."[187]

De fato, antigamente os trabalhadores agrícolas se confundiam com os pequenos arrendatários e, em sua maior parte, formavam apenas a retaguarda dos arrendamentos médios e grandes, nos quais encontravam ocupação. Somente a partir da catástrofe de 1846 é que começaram a constituir uma fração da classe dos assalariados puros, um estamento particular, vinculado a seus patrões unicamente por relações monetárias.

[186d] "Reports from the Poor Law Inspectors on the Wages of Agricultural Labourers in Ireland", Dublin, 1870. Cf. também *Agricultural Labourers (Ireland) Return etc.*, 8 mar. 1861.

[187] "Reports from the Poor Law Inspectors on the Wages of Agricultural Labourers in Ireland", cit., p. 29, 1.

A lei geral da acumulação capitalista

Sabemos qual eram suas condições habitacionais em 1846. Desde então, ela piorou ainda mais. Parte dos diaristas agrícolas, cujo número diminui, no entanto, dia após dia, ainda vive nas terras dos arrendatários, em cabanas superlotadas, cujos horrores superam de longe o pior que nos apresentam os distritos rurais ingleses nesse gênero. E isso vale de modo geral, com exceção de algumas faixas de terra em Ulster; no sul, nos condados de Cork, Limerick, Kikenny etc.; no leste, em Wicklow, Wexford etc.; no centro, no King's e no Queen's County*, em Dublin etc.; no norte, em Down, Antrim, Tyrone etc.; no oeste, em Sligo, Roscommon, Mayo, Galway etc. "É uma vergonha" – exclama um dos inspetores – "para a religião e a civilização deste país. "Para tornar mais toleráveis aos trabalhadores diaristas as condições habitacionais de suas covas, confisca-se sistematicamente o pedacinho de terra que, desde tempos imemoriais, era sua parte integrante.

> "A consciência dessa espécie de banimento, que lhes é imposto pelos proprietários fundiários e seus administradores, provocou nos trabalhadores diaristas rurais sentimentos correspondentes de antagonismo e ódio contra aqueles que os tratam como uma raça sem direitos."[187a]

O primeiro ato da revolução agrária, realizado na maior escala possível e como obedecendo a um comando recebido do alto, foi o de varrer os casebres localizados nos campos de trabalho. Desse modo, muitos trabalhadores foram obrigados a procurar abrigo nos vilarejos e nas cidades. Como se fossem velhos trastes, eles foram ali jogados, em sótãos, buracos, porões e nos covis dos piores bairros. Milhares de famílias irlandesas, que, conforme o testemunho até mesmo de ingleses, presos a preconceitos nacionais, distinguiam-se por sua rara dedicação ao lar, por sua jovialidade despreocupada e pela pureza de suas virtudes domésticas, encontraram-se, assim, repentinamente transplantadas para as incubadoras do vício. Os homens têm, agora, de procurar trabalho com os arrendatários vizinhos e só são contratados por dia, portanto, na forma salarial mais precária; além disso, "agora eles têm de percorrer longas distâncias para ir ao arrendamento e voltar, frequentemente encharcados como ratos e sujeitos a outras inclemências, que costumam provocar fraqueza, doenças e, com isso, privações"[187b].

> "As cidades tinham de receber, ano após ano, o que se considerava como o excedente de trabalhadores nos distritos rurais"[187c], e depois há ainda quem se

---

* Antigas denominações (anteriores à República Irlandesa) dos atuais condados irlandeses de Offaly e Laoighis (ou Leix). (N. T.)
[187a] "Reports from the Poor Law Inspectors on the Wages of Agricultural Labourers in Ireland", cit., p. 12.
[187b] Ibidem, p. 25.
[187c] Ibidem, p. 27.

admire de que "nas cidades e vilarejos haja um excesso, e no campo uma escassez de trabalhadores!"[187d] A verdade é que essa escassez só é sentida "na época de trabalhos agrícolas urgentes, na primavera e no outono, ao passo que durante o resto do ano muitos braços ficam ociosos"[187e]; que, "depois da colheita, de outubro até a primavera, não há quase ocupação para eles"[187f], e que também durante o tempo em que estão ocupados "costumam perder dias inteiros e estão sujeitos a todo tipo de interrupções no trabalho."[187g]

Essas consequências da revolução agrícola, isto é, da transformação de lavouras em pastagens, da utilização da maquinaria, de uma economia mais severa de trabalho etc., são aguçadas ainda mais por esses proprietários fundiários modelares, que, em vez de consumir suas rendas no estrangeiro, são condescendentes ao ponto de viver na Irlanda, em seus domínios. Para que a lei da oferta e da demanda se mantenha plenamente impoluta, agora esses cavalheiros satisfazem

> "quase toda a sua necessidade de trabalho com seus pequenos arrendatários, que, desse modo, veem-se obrigados a trabalhar para seus proprietários fundiários por um salário geralmente inferior ao do trabalhador diarista comum e, além disso, sem qualquer consideração para com os desconfortos e prejuízos decorrentes de terem de negligenciar seus próprios campos nas épocas críticas da semeadura ou da colheita."[187h]

A insegurança e a irregularidade da ocupação, a frequente repetição e a longa duração das paralisações do trabalho, em suma, todos esses sintomas de uma superpopulação relativa figuram nos relatórios dos inspetores da administração de beneficência como outras tantas queixas do proletariado agrícola irlandês. Recorde-se de que encontramos fenômenos semelhantes quando tratamos do proletariado agrícola inglês. Mas a diferença é que na Inglaterra, país industrial, a indústria recruta sua reserva no campo, enquanto na Irlanda, país agrário, a agricultura recruta sua reserva nas cidades, nos refúgio dos trabalhadores agrícolas expulsos do campo. Lá, os supranumerários da agricultura se transformam em trabalhadores fabris; aqui, aqueles que foram expulsos para as cidades, ao mesmo tempo que exercem pressão sobre o salário urbano, continuam a ser trabalhadores rurais e são constantemente rechaçados de volta ao campo em busca de trabalho.

Os informantes oficiais resumem assim a situação dos diaristas rurais:

> "Embora vivam na mais extrema frugalidade, seu salário mal chega para garantir alimentação e moradia a eles e a suas famílias; para o vestuário, eles necessitam de

---

[187d] Ibidem, p. 26.
[187e] Ibidem, p. 1.
[187f] Ibidem, p. 32.
[187g] Ibidem, p. 25.
[187h] Ibidem, p. 30.

receitas adicionais [...]. A atmosfera de suas moradias, somada a outras privações, torna essa classe especialmente suscetível ao tifo e à tuberculose."[187i]

Por isso, não é de admirar que, conforme o testemunho unânime dos informantes, as fileiras dessa classe estejam impregnadas de um descontentamento sombrio, que desejem retornar ao passado, que abominem o presente, desesperem do futuro, "entreguem-se a influências perversas de demagogos" e tenham apenas uma ideia fixa: emigrar para a América. Esta é a terra encantada em que a grande panaceia malthusiana, o despovoamento, transformou a verdejante Erin*!

Para atestar o conforto em que vivem os trabalhadores manufatureiros da Irlanda, basta um exemplo:

"Em minha recente inspeção ao norte da Irlanda" – diz o inspetor de fábrica inglês Robert Baker – "surpreendeu-me o esforço de um operário qualificado irlandês para dar educação a seus filhos apesar de sua escassez de meios. Reproduzo literalmente seu depoimento, em suas próprias palavras. Que se trata de um trabalhador qualificado é algo que se pode pelo simples fato de que ele é empregado na confecção de artigos destinados ao mercado de Manchester. Johnson: 'Sou um *beetler* [acabador] e trabalho das 6 horas da manhã às 11 da noite, de segunda a sexta-feira; aos sábados, trabalhamos até as 6 horas da tarde, e temos 3 horas para refeições e descanso. Tenho cinco filhos. Por esse trabalho, ganho 10 xelins e 6 *pence* por semana; minha mulher também trabalha e ganha 5 xelins por semana. A filha mais velha, de 12 anos, cuida da casa. Ela é nossa cozinheira e única ajudante. É ela quem prepara os irmãos menores para ir à escola. Minha mulher se levanta comigo e saímos juntos. Uma menina que passa diante de nossa casa nos desperta às 5 e meia da manhã. Não comemos nada antes de ir para o trabalho. A menina de 12 anos cuida dos menores durante todo o dia. Tomamos o café da manhã às 8 horas, e para isso vamos para casa. Temos chá uma vez por semana; nos outros dias, temos um mingau (*stirabout*), às vezes de farinha de aveia, às vezes de farinha de milho, dependendo do que conseguimos arranjar. No inverno, adicionamos um pouco de açúcar e água à nossa farinha de milho. No verão, colhemos algumas batatas, por nós mesmos plantadas num pedacinho de terra, e quando elas acabam voltamos ao mingau. E assim prosseguimos, dia após dia, aos domingos e dias úteis, o ano todo. À noite, quando termino o serviço do dia, estou sempre muito cansado. Um pedaço de carne vemos excepcionalmente, mas é muito raro. Três de nossos filhos vão à escola, e para isso pagamos semanalmente 1 *pence* por cabeça. Nosso aluguel é de 9 *pence* por semana, e a turfa e o fogo não custam menos que 1 xelim e 6 *pence* por quinzena'."[188]

Eis os salários irlandeses, eis a vida irlandesa!**

[187i] Ibidem, p. 21, 13.
* Antigo nome da Irlanda. (N. T.)
[188] "Reports of Insp. of Fact. for 31st Oct. 1866", p. 96.
** Nota à segunda edição, suprimida nas terceira e quarta edições: "Sobre o movimento do salário do trabalhador agrícola irlandês, cf. *Agricultural Labourers (Ireland) Return*

Karl Marx – O capital

De fato, a miséria da Irlanda está novamente na ordem do dia na Inglaterra. No final de 1866 e início de 1867, *lord* Dufferin, um dos magnatas rurais irlandeses, anunciou no *Times* a solução que se devia dar ao problema: "Que gesto tão humano da parte deste grande senhor!"*

Na tabela E, vimos que, durante o ano de 1864, de um lucro total de £4.368.610, três extratores de mais-valor embolsaram apenas £262.819; em contrapartida, os mesmos três virtuoses da "renúncia" embolsaram, em 1865, £274.528 do lucro total de £4.669.979; em 1864, 26 extratores de mais-valor, £646.377; em 1865, 28 extratores de mais-valor, £736.448; em 1864, 121 extratores de mais-valor, £1.076.912; em 1864, 1.131 extratores de mais-valor, £2.150.818, quase a metade do lucro total anual, e em 1865, 1.194 extratores de mais-valor, £2.418.833, mais da metade do lucro total anual. Mas a parte do leão, que um número ínfimo de magnatas rurais devora do produto nacional anual na Inglaterra, Escócia e Irlanda, é tão monstruosa que a sabedoria política inglesa achou conveniente não fornecer, sobre a distribuição da renda da terra, os mesmos materiais estatísticos fornecidos no caso da distribuição do lucro. *Lord* Dufferin é um desses magnatas rurais. Sustentar que os registros de rendas fundiárias e de lucros possam jamais ser "supranumerários", ou que sua pletora esteja de algum modo vinculada à pletora da miséria popular, é, naturalmente, uma concepção tão "desrespeitosa" quanto "malsã" (*unsound*). Ele se atém aos fatos, e o fato é que, à medida que diminui o tamanho da população da Irlanda, aumentam os registros de terra neste país; que o despovoamento "faz bem" ao proprietário fundiário, logo, também ao solo, logo, também ao povo, que não é mais do que um acessório do solo. Ele declara, pois, que a Irlanda continua superpovoada e que a corrente emigratória ainda flui com demasiado vagar. Para ser plenamente feliz, a Irlanda ainda teria de liberar ao menos $1/3$ de milhão de trabalhadores. Não se presuma que esse *lord*, além de tudo poeta, seja um médico da escola de Sangrado**, aquele que mal verificava que seus pacientes não haviam apresentado melhora e logo prescrevia uma sangria, e mais uma, e assim por diante, até que o paciente perdesse, junto com o sangue, também a doença. *Lord* Dufferin pede uma nova sangria de apenas $1/3$ de milhão, em vez de uma de cerca de 2 milhões, sem a qual, é verdade, o Milênio não se poderá estabelecer em Erin. A prova é fácil de fornecer.

---

to an Order of the Honourable the House of Commons Dated 8. March 1861 (Londres, 1862), e também *Reports from the Poor Law Inspectors on the Wages of Agricultural Labourers in Ireland* (Dublin, 1870).

* Paráfrase da fala de Mefistófeles, no *Fausto* de Goethe: "É, de um grande Senhor, louvável proceder/ Mostrar-se tão humano até para com o demônio", J. W. Goethe, *Fausto*, cit., p. 39. (N. T.)

** Um dos amos do protagonista da novela picaresca de Lesage, *L'histoire de Gil Blas de Santillane* (1715). Cf. Lesage, *Gil Blas de Santillana* (São Paulo, Ensaio, 1991), c. 11s. (N. T.)

A lei geral da acumulação capitalista

Número e extensão dos arrendamentos na Irlanda, em 1864

1 Arrendamentos de até 1 acre		2 Arrendamentos entre 1 e 5 acres		3 Arrendamentos entre 5 e 15 acres		4 Arrendamentos entre 15 e 30 acres	
Número	Acres	Número	Acres	Número	Acres	Número	Acres
40.653	25.394	82.037	288.916	176.368	1.836.310	136.578	3.051.343
5 Arrendamentos entre 30 e 50 acres		6 Arrendamentos entre 50 e 100 acres		7 Arrendamentos com mais de 100 acres		8 Área total[188a]	
Número	Acres	Número	Acres	Número	Acres	Acres	
71.961	2.906.274	54.247	3.983.880	31.927	8.277.807	20.319.924	

De 1851 a 1861, a centralização* eliminou principalmente arrendamentos das três primeiras categorias, entre 1 e 15 acres. São elas que, antes de tudo, têm de desaparecer. Isso perfaz 307.058 arrendatários "supranumerários"; calculando família com base na baixa média de quatro indivíduos, temos um total 1.228.232 pessoas. Partindo do extravagante pressuposto de que ¹/₄ dessas pessoas pudessem ser reabsorvidas após a realização da revolução agrícola, ainda restariam 921.174 pessoas por emigrar. As categorias 4, 5 e 6, entre 15 e 100 acres, são, como há muito tempo se sabe na Inglaterra, pequenas demais para o cultivo capitalista de cereais e, para a criação de ovinos, podem ser consideradas quase insignificantes. De acordo com os mesmos pressupostos de antes, teremos, pois, outras 788.761 pessoas destinadas à emigração. No total, 1.709.532 pessoas. E *comme l'appétit vient en mangeant***, os olhos do registro de renda fundiária logo descobrirão que a Irlanda, com 3,5 milhões de habitantes, continuará sempre miserável porque superpovoada, e que, portanto, seu despovoamento tem de ir muito além para que o país realize sua verdadeira vocação, de ser pastagem de ovelhas e gado para a Inglaterra[188b].

[188a] A área total inclui também "turfeiras e terras desocupadas".

* Na segunda edição: "concentração". (N. T.)

** "*L'appétit vient en mangeant* [...] *la soif s'en va en beuvant*" ["O apetite vem ao comer [...] a sede se vai ao beber"], Rabelais, "Gargantua", I, 5. (N. T.)

[188b] No Livro III [na segunda edição constava: "No Livro II"] desta obra, na seção sobre a propriedade fundiária, demonstrarei mais detalhadamente como a epidemia da fome e as circunstâncias por ela originadas foram planejadamente exploradas pelos proprietários fundiários individuais, assim como pela legislação inglesa, a fim de impor violentamente a revolução agrícola e reduzir a população da Irlanda a uma média conveniente aos senhores rurais. Lá também voltarei a tratar da situação dos pequenos arrendatários e dos trabalhadores rurais. Limito-me, aqui, a uma citação. Em sua obra póstuma *Journals, Conversations and Essays relating to Ireland* (Londres, 1868), v. II, p. 282), Nassau W. Senior afirma, entre outras coisas: "Muito corretamente observou o dr. G.: temos nossa Lei dos Pobres, que é um excelente instrumento para dar a vitória aos senhores rurais; outro é

Esse lucrativo método, como tudo o que é bom neste mundo, tem seus inconvenientes. A acumulação da renda fundiária na Irlanda ocorre no mesmo ritmo da acumulação de irlandeses na América. O irlandês, deslocado por vacas e ovelhas, reaparece como feniano* do outro lado do oceano. E, perante a antiga Rainha do Mar, levanta-se, cada vez mais ameaçadora, a jovem e gigantesca república.

Acerba fata Romanos agunt
Scelusque fraternae necis.**

---

a emigração. Nenhum amigo da Irlanda pode desejar que a guerra" (entre os senhores rurais e os pequenos arrendatários celtas) "se prolongue – e muito menos que se conclua com a vitória dos arrendatários [...] Quanto mais rápido" (esta guerra) "terminar, quanto mais rápido a Irlanda se tornar um país de pastagens (*grazing country*), com a população relativamente pequena que um país de pastagens requer, tanto melhor para todas as classes". As leis inglesas dos cereais, de 1815, asseguraram à Irlanda o monopólio da livre exportação de cereais para a Grã-Bretanha. Desse modo, favoreceram artificialmente o cultivo de cereais. Esse monopólio acabou subitamente em 1846, com a abolição das leis dos cereais. Abstraindo as demais circunstâncias, só esse evento bastou para dar um forte impulso à transformação das terras irlandesas de lavoura em pastagens, à concentração das fazendas arrendadas e à expulsão dos pequenos camponeses. Subitamente, depois de um período – de 1815 a 1846 – de celebração da fecundidade do solo irlandês, então proclamado como destinado pela própria natureza ao cultivo de cereais, os agrônomos, economistas e políticos ingleses parecem ter descoberto que o solo irlandês serve unicamente para produzir forragens! O sr. Léonce de Lavergne apressou-se em repetir isso do outro lado do canal. É próprio de um homem "sério" à la Lavergne deixar-se levar por tais puerilidades.

* Assim eram chamados os pertencentes à ala revolucionária do movimento irlandês pela independência. Derivado de " feni" ("antigos habitantes da Irlanda"), o termo "feniano" foi adotado pela Irmandade Republicana Irlandesa, fundada nos Estados Unidos em 1857. O programa e a atividade dos fenianos expressavam o protesto das massas populares da Irlanda contra a colonização inglesa. Os fenianos exigiam, entre outras coisas, a independência nacional para seu país, a instauração de uma república democrática e a transformação dos camponeses vassalos em proprietários da terra que cultivavam, e procuraram implementar seu programa político por meio de um levante armado. Sua tática conspiratória não obteve resultado e o movimento se dissolveu nos anos 1870. (N. T.)

** "Acerbo destino atormenta os romanos/ E o crime de fratricídio" (Horácio, *Épodas*, VII). (N. T.)

Capítulo 24

A assim chamada acumulação primitiva

1. O segredo da acumulação primitiva

Vimos como o dinheiro é transformado em capital, como por meio do capital é produzido mais-valor e do mais-valor se obtém mais capital. Porém, a acumulação do capital pressupõe o mais-valor, o mais-valor, a produção capitalista, e esta, por sua vez, a existência de massas relativamente grandes de capital e de força de trabalho nas mãos de produtores de mercadorias. Todo esse movimento parece, portanto, girar num círculo vicioso, do qual só podemos escapar supondo uma acumulação "primitiva" (*"previous accumulation"*, em Adam Smith), prévia à acumulação capitalista, uma acumulação que não é resultado do modo de produção capitalista, mas seu ponto de partida.

Essa acumulação primitiva desempenha na economia política aproximadamente o mesmo papel do pecado original na teologia. Adão mordeu a maçã e, com isso, o pecado se abateu sobre o gênero humano. Sua origem nos é explicada com uma anedota do passado. Numa época muito remota, havia, por um lado, uma elite laboriosa, inteligente e sobretudo parcimoniosa, e, por outro, uma súcia de vadios a dissipar tudo o que tinham e ainda mais. De fato, a legenda do pecado original teológico nos conta como o homem foi condenado a comer seu pão com o suor de seu rosto; mas é a história do pecado original econômico que nos revela como pode haver gente que não tem nenhuma necessidade disso. Seja como for. Deu-se, assim, que os primeiros acumularam riquezas e os últimos acabaram sem ter nada para vender, a não ser sua própria pele. E desse pecado original datam a pobreza da grande massa, que ainda hoje, apesar de todo seu trabalho, continua a não possuir nada para vender a não ser a si mesma, e a riqueza dos poucos, que cresce continuamente, embora há muito tenham deixado de trabalhar. São trivialidades como essas que, por exemplo, o sr. Thiers, com a solenidade de um estadista, continua a ruminar aos franceses, outrora tão sagazes, como apologia da *proprieté**. Mas tão logo entra

---

* Cf. Louis-Adolphe Thiers, *De la proprieté* (Paris, 1848), p. 36, 42 e 151. (N. E. A. MEGA)

em jogo a questão da propriedade, torna-se dever sagrado sustentar o ponto de vista da cartilha infantil como o único válido para todas as faixas etárias e graus de desenvolvimento. Na história real, como se sabe, o papel principal é desempenhado pela conquista, a subjugação, o assassínio para roubar, em suma, a violência. Já na economia política, tão branda, imperou sempre o idílio. Direito e "trabalho" foram, desde tempos imemoriais, os únicos meios de enriquecimento, excetuando-se sempre, é claro, "este ano". Na realidade, os métodos da acumulação primitiva podem ser qualquer coisa, menos idílicos.

Num primeiro momento, dinheiro e mercadoria são tão pouco capital quanto os meios de produção e de subsistência. Eles precisam ser transformados em capital. Mas essa transformação só pode operar-se em determinadas circunstâncias, que contribuem para a mesma finalidade: é preciso que duas espécies bem diferentes de possuidores de mercadorias se defrontem e estabeleçam contato; de um lado, possuidores de dinheiro, meios de produção e meios de subsistência, que buscam valorizar a quantia de valor de que dispõem por meio da compra de força de trabalho alheia; de outro, trabalhadores livres, vendedores da própria força de trabalho e, por conseguinte, vendedores de trabalho. Trabalhadores livres no duplo sentido de que nem integram diretamente os meios de produção, como os escravos, servos etc., nem lhes pertencem os meios de produção, como no caso, por exemplo, do camponês que trabalha por sua própria conta etc., mas estão, antes, livres e desvinculados desses meios de produção. Com essa polarização do mercado estão dadas as condições fundamentais da produção capitalista. A relação capitalista pressupõe a separação entre os trabalhadores e a propriedade das condições da realização do trabalho. Tão logo a produção capitalista esteja de pé, ela não apenas conserva essa separação, mas a reproduz em escala cada vez maior. O processo que cria a relação capitalista não pode ser senão o processo de separação entre o trabalhador e a propriedade das condições de realização de seu trabalho, processo que, por um lado, transforma em capital os meios sociais de subsistência e de produção e, por outro, converte os produtores diretos em trabalhadores assalariados. A assim chamada acumulação primitiva não é, por conseguinte, mais do que o processo histórico de separação entre produtor e meio de produção. Ela aparece como "primitiva" porque constitui a pré-história do capital e do modo de produção que lhe corresponde.

A estrutura econômica da sociedade capitalista surgiu da estrutura econômica da sociedade feudal. A dissolução desta última liberou os elementos daquela.

O produtor direto, o trabalhador, só pôde dispor de sua pessoa depois que deixou de estar acorrentado à gleba e de ser servo ou vassalo de outra pessoa. Para converter-se em livre vendedor de força de trabalho, que leva

A assim chamada acumulação primitiva

sua mercadoria a qualquer lugar onde haja mercado para ela, ele tinha, além disso, de emancipar-se do jugo das corporações, de seus regulamentos relativos a aprendizes e oficiais e das prescrições restritivas do trabalho. Com isso, o movimento histórico que transforma os produtores em trabalhadores assalariados aparece, por um lado, como a libertação desses trabalhadores da servidão e da coação corporativa, e esse é único aspecto que existe para nossos historiadores burgueses. Por outro lado, no entanto, esses recém-libertados só se convertem em vendedores de si mesmos depois de lhes terem sido roubados todos os seus meios de produção, assim como todas as garantias de sua existência que as velhas instituições feudais lhes ofereciam. E a história dessa expropriação está gravada nos anais da humanidade com traços de sangue e fogo.

Os capitalistas industriais, esses novos potentados, tiveram, por sua vez, de deslocar não apenas os mestres-artesãos corporativos, mas também os senhores feudais, que detinham as fontes de riquezas. Sob esse aspecto, sua ascensão se apresenta como o fruto de uma luta vitoriosa contra o poder feudal e seus privilégios revoltantes, assim como contra as corporações e os entraves que estas colocavam ao livre desenvolvimento da produção e à livre exploração do homem pelo homem. Mas se os cavaleiros da indústria desalojaram os cavaleiros da espada, isso só foi possível porque os primeiros exploraram acontecimentos nos quais eles não tinham a menor culpa. Sua ascensão se deu por meios tão vis quanto os que outrora permitiram ao liberto romano converter-se em senhor de seu *patronus* [patrono].

O ponto de partida do desenvolvimento que deu origem tanto ao trabalhador assalariado como ao capitalista foi a subjugação do trabalhador. O estágio seguinte consistiu numa mudança de forma dessa subjugação, na transformação da exploração feudal em exploração capitalista. Para compreendermos sua marcha, não precisamos remontar a um passado tão remoto. Embora os primórdios da produção capitalista já se nos apresentem esporadicamente, nos séculos XIV e XV, em algumas cidades do Mediterrâneo, a era capitalista só tem início no século XVI. Nos lugares onde ela surge, a supressão da servidão já está há muito consumada, e o aspecto mais brilhante da Idade Média, a existência de cidades soberanas, há muito já empalideceu.

Na história da acumulação primitiva, o que faz época são todos os revolucionamentos que servem de alavanca à classe capitalista em formação, mas, acima de tudo, os momentos em que grandes massas humanas são despojadas súbita e violentamente de seus meios de subsistência e lançadas no mercado de trabalho como proletários absolutamente livres. A expropriação da terra que antes pertencia ao produtor rural, ao camponês, constitui a base de todo o processo. Sua história assume tonalidades distintas nos diversos países e percorre as várias fases em sucessão diversa e em diferentes épocas históricas. Apenas na Inglaterra, e por isso tomamos esse país como exemplo, tal expropriação se apresenta em sua forma clássica*[189].

2. Expropriação da terra pertencente à população rural

Na Inglaterra, a servidão havia praticamente desaparecido na segunda metade do século XIV. A maioria da população[190] consistia naquela época, e mais ainda no século XV, em camponeses livres, economicamente autônomos, qualquer que fosse o rótulo feudal a encobrir sua propriedade. Nos domínios senhoriais maiores, o arrendatário livre tomara o lugar do *bailiff* (bailio), ele mesmo servo em outras épocas. Os assalariados agrícolas consistiam, em parte, em camponeses que empregavam seu tempo

---

* Na edição francesa, no lugar das três últimas frases, lê-se: "Essa expropriação só se realizou de maneira radical na Inglaterra: por isso, esse país desempenhará o papel principal em nosso esboço. Mas todos os outros países da Europa ocidental percorreram o mesmo caminho, ainda que, segundo o meio, ele mude de coloração local, ou se restrinja a um círculo mais estreito, ou apresente um caráter menos pronunciado, ou siga uma ordem de sucessão diferente", Karl Marx, *Le Capital*, cit., p. 315. (N. T.)

[189] A Itália, onde a produção capitalista se desenvolveu mais cedo, foi também o primeiro país a manifestar a dissolução das relações de servidão. O servo se emancipa, aqui, antes de ter garantido para si, por prescrição, qualquer direito à terra. Assim, sua emancipação o transforma imediatamente num proletário absolutamente livre, que, no entanto, já encontra seus novos senhores nas cidades, em sua maior parte originárias da época romana. Quando, no final do século XV, a revolução do mercado mundial acabou com a supremacia comercial do norte da Itália, surgiu um movimento em sentido contrário. Os trabalhadores urbanos foram massivamente expulsos para o campo e lá deram um impulso inédito à pequena agricultura, exercida sob a forma da horticultura. [*Revolução do mercado mundial*: Marx refere-se aqui às consequências econômicas das grandes descobertas geográficas do fim do século XV. A descoberta do caminho marítimo para a Índia, das ilhas das Índias Ocidentais e do continente americano provocou uma enorme expansão no comércio mundial. As cidades comerciais do norte da Itália (Gênova, Veneza, entre outras) perderam sua predominância. Em contrapartida, o papel principal no comércio mundial passou a ser exercido por Portugal, Holanda, Espanha e Inglaterra, países favorecidos por sua localização geográfica, com acesso direto ao Oceano Atlântico. (N. E. A. MEW)]

[190] "Os pequenos proprietários, que cultivavam suas próprias terras com as próprias mãos e desfrutavam de um modesto bem-estar [...] constituíam então uma parte muito mais importante da nação do que em nossos dias [...]. Não menos que 160 mil proprietários, que, com suas famílias, deviam constituir mais de ¹/₇ da população total, viviam do cultivo de suas pequenas parcelas *freehold*" (*freehold* significa propriedade plenamente livre). "O rendimento médio desses pequenos proprietários fundiários [...] é avaliado entre £60 e £70. Calculou-se que o número daqueles que cultivavam sua própria terra era maior que o dos arrendatários que trabalhavam terras alheias", Macaulay, *Hist. of England* (10. ed., Londres, 1854), v. I, p. 333-4. Ainda no último terço do século XVII, ⁴/₅ da população inglesa era formada de agricultores (ibidem, p. 413). – Cito Macaulay porque, como falsificador sistemático da história, ele "poda" tais fatos o máximo que consegue.

A assim chamada acumulação primitiva

livre trabalhando para os grandes proprietários, em parte, numa classe de trabalhadores assalariados propriamente ditos, classe essa independente e pouco numerosa, tanto em termos relativos como absolutos. Ao mesmo tempo, também estes últimos eram, de fato, camponeses economicamente autônomos, pois, além de seu salário, recebiam terras de 4 ou mais acres para o cultivo, além de *cottages*. Ademais, junto com os camponeses propriamente ditos, desfrutavam das terras comunais, sobre as quais pastava seu gado e que lhes forneciam também combustíveis, como lenha, turfa etc.[191] Em todos os países da Europa, a produção feudal se caracteriza pela partilha do solo entre o maior número possível de vassalos. O poder de um senhor feudal, como o de todo soberano, não se baseava na extensão de seu registro de rendas, mas no número de seus súditos, e este dependia da quantidade de camponeses economicamente autônomos[192]. Isso explica por que o solo inglês, que depois da conquista normanda se dividiu em gigantescos baronatos, um único dos quais costumava incluir 900 dos antigos senhorios anglo-saxônicos, era entremeado de pequenas propriedades camponesas, apenas aqui e ali interrompidas por domínios senhoriais maiores. Tais condições, somadas ao florescimento simultâneo das cidades, que caracteriza o século XV, permitiam aquela riqueza popular que o chanceler Fortescue descreve com tanta eloquência em seu *Laudibus Legum Angliae*, mas excluíam a riqueza capitalista.

O prelúdio da revolução que criou as bases do modo de produção capitalista ocorreu no último terço do século XV e nas primeiras décadas do século XVI. Uma massa de proletários absolutamente livres foi lançada no mercado de trabalho pela dissolução dos séquitos feudais, que, como observou corretamente *sir* James Steuart, "por toda parte lotavam inutilmente casas e castelos"*. Embora o poder real, ele mesmo um produto do desenvolvimento burguês, em sua ânsia pela conquista da soberania absoluta tenha acelerado

---

[191] Não se deve esquecer jamais que o próprio servo era não apenas proprietário, ainda que sujeito a tributos, da parcela de terra pertencente a sua casa, como também coproprietário das terras comunais. "*Le paysan y* [...] *est serf*" ["Lá" (na Silésia) "o camponês é servo"]. Não obstante, esses *serfs* [servos] possuíam bens comunais. "*On n'a pas pu encore engager les Silésiens au partage des communes, tandis que dans la nouvelle Marche, il n'y a guère de village où ce partage ne soit exécuté avec le plus grand succès*" ["Até agora não se conseguiu induzir os silesianos à partilha das terras comunais, enquanto no Novo Margraviato [*Neumark*] não há praticamente nenhuma aldeia em que essa partilha não se tenha efetuado com enorme êxito"], Mirabeau, *De la Monarchie Prussienne* (Londres, 1788), t. II, p. 125-6.

[192] O Japão, com sua organização puramente feudal da propriedade fundiária e sua desenvolvida economia de pequena agricultura, fornece um quadro muito mais fiel da Idade Média europeia que todos os nossos livros de História, ditados em sua maior parte por preconceitos burgueses. É realmente muito cômodo ser "liberal" à custa da Idade Média.

* James Steuart, *An Inquiry into the Principles of Political Economy*, cit., p. 52. (N. E. A. MEW)

violentamente a dissolução desses séquitos, ele não foi, de modo algum, a causa exclusiva dessa dissolução. Ao contrário, foi o grande senhor feudal que, na mais tenaz oposição à Coroa e ao Parlamento, criou um proletariado incomparavelmente maior tanto ao expulsar brutalmente os camponeses das terras onde viviam e sobre as quais possuíam os mesmos títulos jurídicos feudais que ele quanto ao usurpar-lhes as terras comunais. O impulso imediato para essas ações foi dado, na Inglaterra, particularmente pelo florescimento da manufatura flamenga de lã e o consequente aumento dos preços da lã. A velha nobreza feudal fora aniquilada pelas grandes guerras feudais; a nova nobreza era uma filha de sua época, para a qual o dinheiro era o poder de todos os poderes. Sua divisa era, por isso, transformar as terras de lavoura em pastagens de ovelhas. Em sua *Description of England. Prefixed to Holinshed's Chronicles*, Harrison descreve como a expropriação dos pequenos camponeses significa a ruína do campo. *"What care our great incroachers!"* (Mas o que isso importa a nossos grandes usurpadores?) As habitações dos camponeses e os *cottages* dos trabalhadores foram violentamente demolidos ou abandonados à ruína.

> "Se consultamos" – diz Harrison – "os inventários mais antigos de cada domínio senhorial, vemos que inúmeras casas e pequenas propriedades camponesas desapareceram, que o campo alimenta muito menos gente, que muitas cidades estão arruinadas, embora algumas novas floresçam [...]. Eu teria algo a contar sobre cidades e aldeias que foram destruídas para ceder lugar a pastagens de ovelhas e onde só restaram as casas dos antigos senhores."

As queixas dessas velhas crônicas são invariavelmente exageradas, mas ilustram exatamente a impressão que a revolução nas condições de produção provocou nos homens daquela época. Uma comparação dos escritos do chanceler Fortescue com os de Thomas More evidencia o abismo entre os séculos XV e XVI. De sua idade de ouro, como diz Thornton corretamente, a classe trabalhadora inglesa decaiu, sem qualquer fase de transição, à idade de ferro.

A legislação se aterrorizou com esse revolucionamento. Ela ainda não havia alcançado aquele ápice civilizacional em que a *"wealth of the nation"*, isto é, a formação do capital e a exploração e empobrecimento inescrupulosos das massas populares são considerados a última Thule de toda a sabedoria de Estado. Em sua história de Henrique VII, diz Bacon:

> "Naquele tempo" (1489) "aumentaram as queixas sobre a transformação de terras de lavoura em pastagens" (para criação de ovelhas etc.), "fáceis de vigiar com poucos pastores; e as propriedades arrendadas temporária, vitalícia ou anualmente (dos quais vivia grande parte dos *yeomen**) foram transformados em domínios

---

* *Yeomen, yeomanry*, assim se chamava um extrato de pequenos camponeses ingleses, não sujeitos a prestações feudais, que desapareceram aproximadamente em meados do século XVIII, dando lugar aos pequenos proprietários fundiários. Arqueiros

senhoriais. Isso provocou uma decadência do povo e, em decorrência, uma decadência das cidades, igrejas, dízimos [...]. Na cura desse mal, foi admirável, naquela época, a sabedoria do rei e do Parlamento [...]. Adotaram medidas contra essa usurpação que despovoava os domínios comunais (*depopulating inclosures*) e o despovoador regime de pastagens (*depopulating pasture*) que o acompanhava."

Uma lei de Henrique VII, de 1489, c. 19*, proibiu a destruição de toda casa camponesa que tivesse pelo menos 20 acres de terra. Numa lei 25**, de Henrique VIII, confirma-se a disposição legal anterior. Diz-se, entre outras coisas, que

"muitos arrendamentos e grandes rebanhos de gado, especialmente de ovelhas, concentram-se em poucas mãos, provocando um aumento considerável das rendas fundiárias e, ao mesmo tempo, uma grande diminuição das lavouras (*tillage*) e a demolição de igrejas e casas, de maneira que enormes massas populares se veem impossibilitadas de sustentar a si mesmas e a suas famílias."

A lei ordena, por isso, a reconstrução das propriedades rurais arruinadas, determina a proporção entre campos de cereais e pastagens etc. Um decreto de 1533 se queixa de que um número considerável de proprietários possuíam 24 mil ovelhas e restringe seu número a 2 mil[193]. As queixas populares e a legislação, que desde Henrique VII, e durante 150 anos, condenou a expropriação dos pequenos arrendatários e camponeses, foram igualmente infrutíferas. O segredo de seu fracasso nos é revelado por Bacon, sem que ele se aperceba disso.

"A lei de Henrique VII" – diz ele em seus *Essays, Civil and Moral* (seção 29) – "foi profunda e admirável por ter estabelecido explorações agrícolas e casas rurais de determinado padrão, isto é, por ter garantido aos lavradores uma parcela de terra que os capacitava a trazer ao mundo súditos dotados de uma riqueza suficiente e de condição não servil, conservando o arado nas mãos de proprietários e não de trabalhadores mercenários (*to keep the plough in the hand of the owners and not hirelings*)."[193a]

---

habilidosos, os *yeomen* formavam o núcleo do exército inglês antes da introdução das armas de fogo. Marx escreveu que, durante a revolução inglesa do século XVII, os *yeomen* constituíam a principal força militar de Oliver Cromwell. Na versão francesa d'*O capital*, Marx identifica a *yeomanry* com o "*proud peasantry* [orgulhoso campesinato] de Shakespeare", numa provável referência às palavras de Ricardo III em seu exército: "*Fight, gentlemen of England, fight, bold yeomen!*" ["À luta, cavalheiros da Inglaterra! À luta, bravos *yeomen*!"], Shakespeare, *A tragédia do rei Ricardo III*, ato V, cena 3. (N. T.)

* A 19ª lei promulgada naquele ano. (N. E. A. MEW)
** Uma lei promulgada no 25º ano do reinado de Henrique VIII. (N. E. A. MEW)
[193] Em sua *Utopia*, Thomas More fala de um estranho país, onde "as ovelhas devoram os homens" (trad. Robinson, Arber, Londres, 1869, p. 41).
[193a] Nota à segunda edição: Bacon expõe a conexão entre um camponês livre e bem acomodado e uma boa infantaria. "Era extremamente importante para o poder e a solidez do reino que as fazendas fossem de um tamanho suficiente para manter um corpo

O que o sistema capitalista exigia, ao contrário, era uma posição servil das massas populares, a transformação destas em trabalhadores mercenários e a de seus meios de trabalho em capital. Durante esse período de transição, a legislação procurou também conservar os 4 acres de terra contíguos ao *cottage* do assalariado agrícola e proibiu-lhe abrigar subinquilinos em seu *cottage*. Ainda em 1627, sob Carlos I, Roger Crocker de Fontmill foi condenado por ter construído, no solar de Fontmill, um *cottage* desprovido dos 4 acres de terra como anexo permanente; ainda em 1638, sob Carlos I, nomeou-se uma comissão real para a implementação das velhas leis, especialmente a que estabelece os 4 acres de terra; também Cromwell proibiu a construção de qualquer casa, num raio de 4 milhas ao redor de Londres, que não estivesse dotada de 4 acres de terra. Ainda na primeira metade do século XVIII havia queixas quando o *cottage* do trabalhador agrícola não dispunha, como complemento, de 1 ou 2 acres de terra. Hoje, tal trabalhador está feliz quando sua casa é dotada de uma pequena horta ou quando pode arrendar, longe dela, umas poucas varas de terra.

"Os proprietários fundiários e os arrendatários" – diz o dr. Hunter – "agem, nesse caso, de comum acordo. Uns poucos acres no *cottage* tornariam os trabalhadores demasiado independentes."[194]

Um novo e terrível impulso ao processo de expropriação violenta das massas populares foi dado, no século XVI, pela Reforma e, em consequência

---

de homens capazes, libertos da miséria, e vincular grande parte das terras do reino mediante sua posse pela *yeomanry* ou por pessoas médias, de uma condição intermediária entre os *gentlemen* e os inquilinos de casebres (*cottagers*), ou camponeses. Pois a opinião geral entre homens de melhor julgamento em questões de guerra [...] é que a principal força de um exército consiste em sua infantaria, ou tropas a pé. E para formar uma boa infantaria são necessários homens educados não de modo servil ou indigente, mas de algum modo livre e abastado. Portanto, se um Estado se distingue na maior parte dos casos por seus nobres e *gentlemen*, ao passo que os camponeses e lavradores se mantêm reduzidos a mera mão de obra ou a servos dos primeiros, ou mesmo a inquilinos de casebres, que não são mais do que mendigos albergados, esse Estado poderá dispor de uma boa cavalaria, mas jamais terá tropas de infantaria boas e estáveis [...]. E isso pode ser visto na França, na Itália e em outras regiões do estrangeiro, onde, com efeito, tem-se apenas a nobreza ou o camponês miserável [...] a tal ponto que esses países são forçados a empregar tropas de mercenários suíços etc. para formar seus batalhões de infantaria. De onde resulta também que essas nações tenham muita população e poucos soldados", *The Reign of Henry VII... Verbatim Reprint from Kennet's* [*Compleat History of*] *England*, ed. 1719 (Londres, 1870, p. 308). [Marx traduz "*cottagers*" por "*Häusler*" ("inquilino aldeão"). O *cottager* (em latim medieval: *casalinus* ou *inquilinus*) dispunha geralmente de um casebre e de uma horta muito pequena. (N. T.)]

[194] Dr. Hunter, em Public Health, "Seventh Report", cit., p. 134. – "A quantidade de terra fixada" (pelas antigas leis) "seria hoje considerada grande demais para trabalhadores e capaz de transformá-los em pequenos fazendeiros", George Roberts, *The Social History of the People of the Southern Counties of England in Past Centuries* (Londres, 1856), p. 184.

A assim chamada acumulação primitiva

dela, pelo roubo colossal dos bens da Igreja. Na época da Reforma, a Igreja católica era a proprietária feudal de grande parte do solo inglês. A supressão dos monastérios etc. lançou seus moradores no proletariado. Os próprios bens eclesiásticos foram, em grande parte, presenteados aos rapaces favoritos do rei ou vendidos por um preço irrisório a especuladores, sejam arrendatários ou habitantes urbanos, que expulsaram em massa os antigos vassalos hereditários e açambarcaram suas propriedades. A propriedade, garantida por lei aos camponeses empobrecidos, de uma parte dos dízimos da Igreja foi tacitamente confiscada[195]. *Pauper ubique jacet**, exclamou a rainha Elizabeth após um giro pela Inglaterra. No 43º ano de seu reinado não havia mais como impedir o reconhecimento oficial do pauperismo, mediante a introdução dos impostos de beneficência.

"Os autores dessa lei se envergonharam de enunciar suas razões e, por isso, violando toda tradição, lançaram-na ao mundo sem nenhum *preamble* (exposição de motivos)."[196]

A lei 16 Carolus I, 4** estabeleceu a perpetuidade desse imposto, e, na realidade, somente em 1834 ela recebeu uma nova forma, mais rígida[197]. Esses

---

[195] *"The right of the poor to share in the tithe, is established by the tenour of ancient statutes"* ["O direito dos pobres a participar nos dízimos da Igreja é estabelecido pelos antigos estatutos"], Tuckett, *A History of the Past and Present State of the Labouring Population*, cit., v. II, p. 804-5.
* "O pobre está por toda parte subjugado." A citação da rainha Elizabeth I refere-se ao verso de Ovídio, em *Fastos*, I, 218: "Hoje em dia nada importa, a não ser o dinheiro; a riqueza gera honras, amizades; o pobre está por toda parte subjugado". (N. T.)
[196] William Cobbett, *A History of the Protestant Reformation*, §471.
** A quarta lei promulgada no 16º ano do reinado de Carlos I. (N. E. A. MEW)
[197] O "espírito" protestante pode ser reconhecido, entre outras coisas, no fato seguinte. No sul da Inglaterra, vários proprietários fundiários e arrendatários abastados congregaram suas inteligências e formularam dez perguntas acerca da correta interpretação da Lei de Beneficência da rainha Elizabeth, submetendo-as em seguida a um célebre jurista daquele tempo, Sergeant Snigge [Os *sergeants*, ou *sergeants-at-law* ("serventes da lei"), diferentemente dos humildes *sergeants* militares, integravam um corpo superior de juristas, abolido em 1880. (N. T.)] (mais tarde juiz sob Jaime I), para que este desse um parecer. "Questão 9 – Alguns dos arrendatários mais ricos da paróquia imaginaram um modo engenhoso pelo qual todos os inconvenientes da aplicação dessa lei podem ser evitados. Eles propuseram a construção de uma prisão na paróquia. A todo pobre que se negasse a ser ali encarcerado seria negado o auxílio. Seria então anunciado à vizinhança que aqueles que estivessem dispostos a arrendar os pobres dessa paróquia deveriam apresentar ofertas lacradas, num determinado prazo, pelo preço mais baixo pelo qual ele os retiraria de nosso estabelecimento. Os autores desse plano supõem que nos condados vizinhos haja pessoas avessas ao trabalho e desprovidas de fortuna ou crédito para obter um arrendamento ou um barco [Marx traduz literalmente a expressão inglesa *"to take a farm or ship"*. Nesse contexto, porém, *"ship"* não significa "barco", mas "empresa", "negócio". (N. T.)] de modo a viver sem trabalhar (*so as to live without labour*). Tais pessoas podem ser levadas a fazer propostas muito vantajosas à paróquia. Se um ou outro pobre morresse sob a tutela do contratante, a culpa recairia sobre este último,

efeitos imediatos da Reforma não foram os mais perduráveis. A propriedade da Igreja constituía o baluarte religioso das antigas relações de propriedade da terra. Com a ruína daquela, estas não podiam se manter[198].

Ainda nas últimas décadas do século XVII, a *yeomanry*, uma classe de camponeses independentes, era mais numerosa que a classe dos arrendatários. Ela constituíra a força principal de Cromwell e, como reconhece o próprio Macaulay, era superior aos sórdidos fidalgos bêbados e seus lacaios, os curas rurais, obrigados a desposar a "criada favorita" do senhor. Os assalariados rurais ainda eram coproprietários da propriedade comunal. Em torno de 1750, a *yeomanry* havia desaparecido[199] e, nas últimas décadas do

---

pois a paróquia teria cumprido seu dever para com esses mesmos pobres. Nosso receio, porém, é de que a atual lei não admita qualquer medida prudencial (*prudential measure*) desse tipo; mas podeis estar certo de que os demais *freeholders* [arrendatários] deste condado e dos condados vizinhos se somarão a nós para incitar seus representantes na Câmara dos Comuns a propor uma lei que permita a reclusão e o trabalho forçado dos pobres, de modo que seja vedado qualquer auxílio a toda pessoa que recuse seu próprio encarceramento. Isso, esperamos, impedirá que pessoas em estado de indigência requeiram ajuda (*will prevent persons is distress from wanting relief*)", R. Blakey, *The History of Political Literature from the Earliest Times* (Londres, 1855), v. II, p. 84-5. – Na Escócia, a abolição da servidão ocorreu séculos depois de sua abolição na Inglaterra. Ainda em 1698, Fletcher, de Saltoun, declarou no Parlamento escocês: "O número de mendigos, na Escócia, é estimado em não menos que 200 mil. O único remédio que eu, um republicano por princípio, posso sugerir é restaurar o antigo regime de servidão e tornar escravos todos os que sejam incapazes de prover sua própria subsistência". Do mesmo modo, Eden, *The State of the Poor, or an History of the Labouring Classes in England etc.*, cit., livro I, c. 1, p. 60-1 – "Da liberdade dos camponeses [no original de Eden, consta: "Da decadência da *villeinage*..."] data o pauperismo [...]. As manufaturas e o comércio são os verdadeiros pais dos pobres de nosso país". Eden, como aquele republicano escocês por princípio, equivoca-se apenas em que não foi a abolição da servidão, mas a abolição da propriedade do camponês sobre a terra que o converteu em proletário ou, mais precisamente, em *pauper*. – Na França, onde a expropriação ocorreu de outro modo, as leis de beneficência inglesas tiveram suas correspondentes na ordenança de Moulins, de 1566, e no édito de 1656. [*Villeinage* era o sistema de servidão em que o *villain* pagava com trabalho gratuito (*villain service*) a permissão que lhe era concedida de cultivar para si mesmo uma parcela de terra. (N. E. A. MEW)]

[198] O sr. Rogers, embora fosse então professor de economia política na Universidade de Oxford, sede da ortodoxia protestante, chama a atenção, em seu prefácio à *History of Agriculture*, para a pauperização da massa do povo pela Reforma.

[199] *A Letter to Sir T. C. Bunbury, Baronet: on the High Price of Provisions, by a Suffolk Gentleman* (Ipswich, 1795), p. 4. Até mesmo o fanático defensor do sistema de grandes arrendamentos, o autor [J. Arbuthnot] de *Inquiry into the Connection of Large Farms etc.* (Londres, 1773), p. 139, diz: "*I most lament the loss of our yeomanry, that set of men, who really kept up the independence of this nation; and sorry I am to see their lands now in the hands of monopolizing lords, tenanted out to small farmers, who hold their leases on such conditions as to be little better than vassals ready to attend a summons on every mischievous occasion*" ["O que mais deploro é a perda de nossa *yeomanry*, esse conjunto de homens que, na realidade, sustentava a independência desta nação, e lamento ver agora suas terras nas mãos de *lords* monopolizadores, sendo arrendadas a pequenos fazendeiros,

século XVIII, o último resquício de propriedade comunal dos lavradores. Abstraímos aqui as forças motrizes puramente econômicas da revolução agrícola. O que procuramos são os meios violentos por ela empregados.

Sob a restauração dos Stuarts, os proprietários fundiários instituíram legalmente uma usurpação, que em todo o continente também foi realizada sem formalidades legais. Eles aboliram o regime feudal da propriedade da terra, isto é, liberaram esta última de seus encargos estatais, "indenizaram" o Estado por meio de impostos sobre os camponeses e o restante da massa do povo, reivindicaram a moderna propriedade privada de bens, sobre os quais só possuíam títulos feudais, e, por fim, outorgaram essas leis de assentamento (*laws of settlement*), que, *mutatis mutandis*, tiveram sobre os lavradores ingleses os mesmos efeitos que o édito do tártaro Boris Godunov sobre os camponeses russos*.

A "*Glorious Revolution*" (Revolução Gloriosa)** conduziu ao poder, com Guilherme III de Orange[200], os extratores de mais-valor, tanto proprietários fundiários como capitalistas. Estes inauguraram a nova era praticando em escala colossal o roubo de domínios estatais que, até então, era realizado apenas em proporções modestas. Tais terras foram presenteadas, vendidas a preços irrisórios ou, por meio de usurpação direta, anexadas a domínios privados[201]. Tudo isso ocorreu sem a mínima observância da etiqueta legal. O patrimônio do Estado, apropriado desse modo fraudulento, somado

---

que obtêm seus arrendamentos sob tais condições que são pouco mais que vassalos prontos a serem convocados em qualquer situação adversa"].

* Em 1597, sob o domínio de Fiódor Ivanovitch (1584-1598), mas sendo Bóris Godunov o governante de fato da Rússia, foi promulgado um édito de acordo com o qual os camponeses fugitivos seriam procurados por 5 anos e, depois de recapturados, seriam devolvidos a seus antigos senhores. (N. E. A. MEW)

** Assim é chamado golpe de Estado que, em 1689, derrubou o rei James II e o substituiu por Guilherme III de Orange, consolidando, assim, a monarquia constitucional. (N. T.)

[200] Sobre a moral privada desse herói burguês, veja-se, entre outras coisas: "*The large grant of lands in Ireland to Lady Orkney, in 1695, is a public instance of the king's affection, and the lady's influence* [...]. *Lady Orkney's endearing offices, are supposed to have been – foeda labiorum ministeria*" [A grande concessão de terras a *lady* Orkney, na Irlanda, em 1695, é um exemplo público da afeição do rei e da influência da referida *lady* [...]. Os inestimáveis serviços de *lady* Orkney consistiram supostamente em – *foeda labiorum ministeria* [obscenos serviços labiais], em *Sloane Manuscript Collection*, conservada no Museu Britânico, n. 4.224. O manuscrito é intitulado: *The Charakter and Behaviour of King William, Sunderland etc. as Represented in Original Letters to the Duke of Shrewsbury from Somers, Halifax, Oxford, Secretary Vermon etc.* Repleto de curiosidades.

[201] "A alienação ilegal dos bens da Coroa, em parte por venda, em parte por doação, constitui um capítulo escandaloso da história inglesa [...] uma fraude gigantesca contra a nação (*gigantic fraud on the nation*)", F. W. Newman, *Lectures on Political Economy* (Londres, 1851), p. 129-30. {Pode-se ver detalhadamente como os atuais latifundiários tomaram posse de suas terras em [N. H. Evans] *Our Old Nobility. By Noblesse Oblige* (Londres, 1879). (F. E.)}

ao roubo das terras da Igreja – quando estas já não haviam sido tomadas durante a revolução republicana –, constituem a base dos atuais domínios principescos da oligarquia inglesa[202]. Os capitalistas burgueses favoreceram a operação, entre outros motivos, para transformar o solo em artigo puramente comercial, ampliar a superfície da grande exploração agrícola, aumentar a oferta de proletários absolutamente livres, provenientes do campo etc. Além disso, a nova aristocracia fundiária era aliada natural da nova bancocracia, das altas finanças recém-saídas do ovo e dos grandes manufatureiros, que então se apoiavam sobre tarifas protecionistas. A burguesia inglesa atuava em defesa de seus interesses tão acertadamente quanto os burgueses suecos, que, ao contrário, em aliança com seu baluarte econômico, o campesinato, apoiaram os reis na retomada violenta das terras da Coroa em mãos da oligarquia (desde 1604, mais tarde nos reinados de Carlos X e Carlos XI).

A propriedade comunal – absolutamente distinta da propriedade estatal anteriormente considerada – era uma antiga instituição germânica, que subsistiu sob o manto do feudalismo. Vimos como a violenta usurpação dessa propriedade comunal, em geral acompanhada da transformação das terras de lavoura em pastagens, tem início no final do século XV e prossegue durante o século XVI. Nessa época, porém, o processo se efetua por meio de atos individuais de violência, contra os quais a legislação lutou, em vão, durante 150 anos. O progresso alcançado no século XVIII está em que a própria lei se torna, agora, o veículo do roubo das terras do povo, embora os grandes arrendatários também empreguem paralelamente seus pequenos e independentes métodos privados[203]. A forma parlamentar do roubo é a das "*Bills for Inclosures of Commons*" (leis para o cercamento da terra comunal), decretos de expropriação do povo, isto é, decretos mediante os quais os proprietários fundiários presenteiam a si mesmos, como propriedade privada, com as terras do povo. *Sir* Francis Morton Eden refuta sua própria argumentação espirituosa de advogado, na qual procura apresentar a propriedade comunal como propriedade privada dos latifundiários que assumiram o lugar dos senhores feudais, quando exige "uma lei parlamentar geral para o cercamento das terras comunais", admitindo, com isso, ser necessário um golpe de Estado parlamentar para transformar essas terras em propriedade privada, e, por

---

[202] Leia-se, por exemplo, o panfleto de E. Burke sobre a casa ducal de Bedford, cujo rebento é *lord* John Russell *"the tomtit of liberalism"* [o rouxinol do liberalismo].

[203] "Os arrendatários proíbem os inquilinos de casebres de manter qualquer ser vivo além deles mesmos, sob o pretexto de que a posse de gado ou aves os levaria a furtar ração dos celeiros. Dizem também: mantende os *cottagers* na pobreza e os conservareis laboriosos. A realidade, porém, é que assim os arrendatários usurpam integralmente os direitos sobre as terras comunais", *A Political Enquiry into the Consequences of Enclosing Waste Lands* (Londres, 1785), p. 75.

A assim chamada acumulação primitiva

outro lado, quando reivindica ao poder legislativo uma "indenização" para os pobres expropriados[204].

Enquanto o lugar dos *yeomen* independentes foi ocupado por *tenants-at--will*, arrendatários menores sujeitos a ser desalojados com um aviso prévio de um ano, isto é, um bando servil e dependente do arbítrio do *landlord*, o roubo sistemático da propriedade comunal, ao lado do roubo dos domínios estatais, ajudou especialmente a inchar aqueles grandes arrendamentos, que, no século XVIII, eram chamados de fazendas de capital[205] ou arrendamentos de mercador[206], e a "liberar" a população rural para a indústria, como proletariado.

No entanto, o século XVIII ainda não compreendia, na mesma medida que a compreendeu o século XIX, a identidade entre riqueza nacional e pobreza do povo. Disso resulta a mais encarniçada polêmica na literatura econômica da época em torno do *inclosure of commons* [Cercamento de terras comuns]. Da grande quantidade de material de que disponho, apresento aqui algumas poucas passagens, pois assim será possível obter uma ideia viva das circunstâncias.

"Em muitas paróquias de Hertfordshire" – escreve uma pena indignada – "24 arrendamentos, cada um deles com uma média de 50 a 150 acres, foram fundidos em 3 arrendamentos."[207] "Em Northamptonshire e Lincolnshire tem predominado o cercamento das terras comunais, e a maior parte dos novos senhorios surgidos dos cercamentos foi convertida em pastagens; em razão disso, hoje muitos senhorios não têm 50 acres sob o arado, onde antes eram arados 1.500 acres [...]. Ruínas de antigas habitações, celeiros, currais etc." são os únicos vestígios dos antigos habitantes. "Em alguns lugares, 100 casas e famílias foram reduzidas [...] a 8 ou 10 [...]. Na maioria das paróquias em que o cercamento se deu há apenas 15 ou 20 anos, o número de proprietários fundiários é muito pequeno em comparação com o daqueles que cultivavam a terra no regime de campos abertos. Não é nada incomum ver 4 ou 5 ricos pecuaristas usurparem senhorios recém-cercados, que antes encontravam-se em mãos de 20 a 30 arrendatários e outros tantos pequenos proprietários e camponeses. Estes últimos e suas famílias foram expulsos de suas propriedades juntamente com muitas outras famílias, que eram por eles ocupadas e mantidas."[208]

---

[204] Eden, *The State of the Poor, or an History of the Labouring Classes in England etc.*, cit., prefácio, p. XVII, XIX.

[205] "*Capital farms*", *Two Letters on the Flour Trade and the Dearness of Corn. By a Person in Business* (Londres, 1767), p. 19-20.

[206] "*Merchant-farms*", *An Inquiry into the Present High Prices of Provision* (Londres, 1767), p. 111, nota. Esse belo escrito, publicado anonimamente, é de autoria do reverendo Nathaniel Forster.

[207] Thomas Wright, *A Short Address to the Public on the Monopoly of Large Farms* (1779), p. 2-3.

[208] Rev. Addington, *Enquiry into the Reasons for or against Enclosing Open Fields* (Londres, 1772), p. 37-43 passim.

O que o *landlord* vizinho anexava, sob o pretexto do cercamento, não era apenas terra alqueivada, mas eram frequentemente terras cultivadas comunalmente ou mediante um determinado pagamento à comunidade.

"Refiro-me aqui ao cercamento de campos abertos e terras já cultivadas. Mesmo os autores que defendem os *inclosures* admitem que estes últimos aumentam o monopólio dos grandes arrendamentos, elevam os preços dos meios de subsistência e provocam despovoamento [...] e mesmo o cercamento de terras desertas, como o praticam agora, despoja os pobres de uma parte de seus meios de subsistência e incha arrendamentos que já são grandes demais."[209] "Quando" – diz o dr. Price – "a terra cai em mãos de alguns poucos grandes arrendatários, os pequenos arrendatários" (anteriormente caracterizados por ele como "uma multidão de pequenos proprietários e arrendatários, que se mantêm a si mesmos e a suas famílias com o produto das terras cultivadas por eles mesmos e com as ovelhas, aves, porcos etc. que criam nas terras comunais, tendo assim pouca necessidade de comprar meios de subsistência") "se transformam em pessoas que têm de obter sua subsistência trabalhando para outrem e que são forçadas a ir ao mercado para obter tudo de que precisam [...]. É possível que mais trabalho seja realizado, porque há mais compulsão para isso [...]. Cidades e manufaturas crescerão, porque mais pessoas em busca de trabalho serão impelidas para elas. Essa é a forma como a concentração dos arrendamentos naturalmente opera e o modo como efetivamente tem operado, neste reino, há muitos anos."[210]

Assim ele resume o efeito global dos *inclosures*:

"Em termos gerais, a situação das classes inferiores do povo tem piorado em quase todos os sentidos; os pequenos proprietários fundiários e arrendatários foram rebaixados à condição de jornaleiros e trabalhadores mercenários, ao mesmo tempo que se tornou cada vez mais difícil ganhar a vida nessa condição."[211]

---

[209] Dr. R. Price, *Observations on Reversionary Payments*, cit., v. II, p. 155-6. Ler Forster, Addington, Kent. Price e James Anderson e comparar com a miserável tagarelice, própria de um sicofanta, que MacCulloch apresenta em seu catálogo *The Literature of Political Economy* (Londres, 1845).

[210] Dr. R. Price, *Observations on Reversionary Payments*, cit., p. 147-8.

[211] Ibidem, p. 159-60. Recordemos o que ocorria na Roma Antiga. "Os ricos se haviam apoderado da maior parte das terras indivisas. Confiando nas circunstâncias da época, supunham que ninguém lhes tomaria essas terras e, por isso, adquiriam os lotes dos pobres situados nas cercanias, em parte com o consentimento destes, em parte pela violência, de modo que agora lavravam domínios imensamente vastos em vez de campos isolados. Utilizavam escravos para a agricultura e para a pecuária, pois os homens livres se haviam retirado do trabalho para o serviço militar. A posse de escravos também lhes proporcionava grandes lucros, uma vez que estes, liberados do serviço militar, podiam multiplicar-se sem perigo e faziam uma porção de filhos. Desse modo, os poderosos se apoderaram de toda a riqueza, e em toda a região pululavam escravos. Os ítalos, ao contrário, tornavam-se cada vez menos numerosos, consumidos pela pobreza, tributos e serviço militar. Em épocas de paz, porém, estavam condenados à mais completa inatividade, porque os ricos estavam de posse do solo e empregavam escravos na lavoura, em vez de trabalhadores livres", Apiano, *Guerras civis romanas*, 1, 7. Essa passagem se

A assim chamada acumulação primitiva

Com efeito, a usurpação da terra comunal e a conseguinte revolução da agricultura surtem efeitos tão agudos sobre os trabalhadores agrícolas que, segundo o próprio Eden, entre 1765 e 1780 o salário desses trabalhadores começou a cair abaixo do mínimo e a ser complementado pela assistência oficial aos pobres. Seu salário, diz ele, "já não bastava para satisfazer as necessidades vitais mais elementares".

Ouçamos ainda por um instante um defensor dos *enclosures* e adversário do dr. Price.

> "Não é correto concluir que haja despovoamento pelo fato de não se ver mais gente desperdiçando seu trabalho em campo aberto [...]. Se, após a conversão dos pequenos camponeses em gente que tem de trabalhar para outrem, mais trabalho é posto em movimento, isso constitui, de fato, uma vantagem que a nação" (à qual os convertidos naturalmente não pertencem) "deve desejar [...]. O produto será maior se seu trabalho combinado for empregado num só arrendamento: desse modo, formar-se-á produto excedente para as manufaturas e, por meio deste, as manufaturas, uma das minas de ouro desta nação, se multiplicarão em proporção à quantidade de cereais produzida."[212]

A imperturbabilidade estoica com que o economista político encara as violações mais inescrupulosas do "sagrado direito de propriedade" e os atos de violência mais grosseiros contra as pessoas, sempre que estes sejam necessários para produzir as bases do modo de produção capitalista, demonstra-nos, entre outros, o "filantrópico" *sir* F. M. Eden, que, além de tudo, apresenta certa tendência *tory*. Toda a série de pilhagens, horrores e opressão que acompanha a expropriação violenta do povo, do último terço do século XV até o fim do século XVIII, induz Eden apenas a esta "confortável" reflexão final:

> "Era necessário estabelecer a proporção correta (*due*) entre as terras de lavoura e de pastagens. Ainda durante o século XIV, e na maior parte do século XV, para cada acre de pastagens havia 2, 3 e até mesmo 4 acres de lavoura. Em meados do século XVI, essa proporção transformou-se em 2 acres de pastagens para

---

refere à época anterior à lei licínia. O serviço militar, que tanto acelerou a ruína dos plebeus romanos, foi também um dos meios principais empregados por Carlos Magno para promover, como numa incubadora, a metamorfose dos camponeses alemães livres em servos da gleba [*Hörige*] e servos semilivres [*Leibeigener*]. [Referência à lei agrícola dos tribunos romanos Licínio e Sexto, que entrou em vigor no ano de 367 a.C. em razão da luta dos plebeus contra os patrícios. Segundo a lei, um cidadão romano não poderia tomar da propriedade estatal da terra mais de 500 *jugera* (cerca de 125 hectares) para sua posse. Após o ano de 367, as exigências dos plebeus foram satisfeitas com terras conquistadas em guerras. (N. T.)]

[212] [J. Arbuthnot,] *An Inquiry into the Connection between the Present Prices of Provisions etc.*, p. 124, 129. Semelhante, mas com uma tendência contrária: "Os trabalhadores são expulsos de seus *cottages* e forçados a procurar emprego nas cidades [...]; desse modo, porém, obtém-se um excedente maior, e assim o capital é aumentado" R. B. Seeley, *The Perils of the Nation* (2. ed., Londres, 1843), p. XIV.

2 acres de lavoura; mais tarde, 2 acres de pastagens para 1 acre de lavoura, até que, por fim, alcançou-se a proporção correta de 3 acres de pastagens para 1 acre de lavoura."

No século XIX, naturalmente, perdeu-se até mesmo a lembrança do nexo entre o lavrador e a propriedade comunal. Para não falar de tempos posteriores, que *farthing* de indenização recebeu alguma vez a população rural pelos 3.511.770 acres de terras comunais que lhes foram roubados entre 1810 e 1831 e que os *landlords* presentearam aos *landlords* mediante o parlamento?

O último grande processo de expropriação que privou os lavradores da terra foi a assim chamada *clearing of estates* (clareamento das propriedades rurais, o que significa, na verdade, varrê-las de seres humanos). Todos os métodos ingleses até agora observados culminaram no "clareamento". Como vimos na parte anterior, ao descrevermos a situação moderna, agora, quando já não há camponeses independentes a serem varridos, passou-se ao "clareamento" dos *cottages*, de modo que os trabalhadores agrícolas já não encontram o espaço necessário para suas moradias, nem mesmo sobre o solo cultivado por eles. Mas o real significado de *clearing of estates* só se pode aprender na terra prometida da moderna literatura de romance, na alta Escócia. Lá, o processo se distingue por seu caráter sistemático, pela magnitude da escala em que foi executado com um só golpe (na Irlanda, os senhores fundiários o implementaram ao ponto de varrer várias aldeias ao mesmo tempo; na alta Escócia, trata-se de áreas do tamanho de ducados alemães) e, finalmente, pela forma particular da propriedade fundiária subtraída.

Os celtas da alta Escócia formavam clãs, sendo cada um deles o proprietário do solo em que se assentava. O representante do clã, seu chefe ou "grande homem", era apenas o proprietário titular desse solo, do mesmo modo como a rainha da Inglaterra é a proprietária titular do solo nacional inteiro. Quando o governo inglês logrou reprimir as guerras intestinas desses "grandes homens" e suas contínuas incursões nas planícies da baixa Escócia, os chefes dos clãs não abandonaram de modo nenhum seu velho ofício de bandoleiros; apenas modificaram a forma. Por conta própria, transformaram seu direito titular de propriedade em direito de propriedade privada, e, como os membros do clã impusessem resistência, decidiram expulsá-los por meios violentos.

"Com o mesmo direito, um rei da Inglaterra poderia ser autorizado a lançar seus súditos ao mar", diz o prof. Newman[213]. Essa revolução, que teve início na Escócia depois do último levante do pretendente*, pode ser

---

[213] "*A king of England might as well claim to drive his subjects into the sea*", F. W. Newman, Lectures on Political Economy, cit., p. 132.
* Com sua revolta de 1745-1746, os partidários dos Stuarts esperavam forçar a subida ao trono do chamado jovem pretendente, Charles Edward. Ao mesmo tempo, o levante refletia o protesto das massas populares da Escócia e da Inglaterra contra sua exploração

A assim chamada acumulação primitiva

acompanhada em suas primeiras fases, nas obras de *sir* James Steuart[214] e James Anderson[215]. No século XVIII, proibiu-se também a emigração dos gaélicos expulsos de suas terras, a fim de impeli-los violentamente para Glasgow e outras cidades fabris[216]. Como exemplo dos métodos dominantes no século XIX[217], bastam aqui os "clareamentos" realizados por ordem da duquesa de Sutherland. Essa pessoa, instruída em matérias econômicas,

---

pelos senhores de terra e contra a expulsão massiva dos pequenos lavradores. O esmagamento da sublevação teve por consequência a completa aniquilação do sistema de clãs escocês. A expulsão dos camponeses de suas terras prosseguiu ainda mais intensamente do que antes. (N. E. A. MEW)

[214] Steuart diz: "A renda" (ele transfere equivocadamente essa categoria econômica ao tributo que os *taksmen* pagam ao chefe do clã) "é absolutamente insignificante quando comparada com a extensão das terras arrendadas, mas, no que concerne ao número de pessoas que um arrendamento mantém, verificar-se-á que um pedaço de terra nas Terras Altas da Escócia alimenta dez vezes mais pessoas do que terra do mesmo valor em províncias mais ricas", *An Inquiry into the Principles of Political Economy*, cit., v. I, c. XVI, p. 104. [Os *taksmen* (de "*tak*", parcela de terra que conferiam a cada membro do clã) formavam, dentro do clã escocês, uma categoria imediatamente subordinada ao chefe, a quem pagavam um pequeno tributo. Quando a propriedade coletiva do clã se converteu em propriedade privada do chefe, os *taksmen* se tornaram arrendatários capitalistas. Marx fornece um relato do papel dos *taksmen* no sistema de clãs em seu artigo "Wahlen – Trübe Finanzlage – Die Herzogin von Sutherland und die Sklaverei" (cf. MEW, v. 8, p. 499-505). (N. T.)]

[215] James Anderson, *Observations on the Means of Exciting a Spirit of National Industry etc.* (Edimburgo, 1777).

[216] Em 1860, os camponeses violentamente expropriados foram deportados para o Canadá, com falsas promessas. Alguns fugiram para as montanhas e ilhas vizinhas. Foram perseguidos pela polícia, entraram em choque com ela e escaparam.

[217] "Nas Terras Altas", diz Buchanan, o comentador de Adam Smith, em 1814, "o antigo regime de propriedade é diariamente subvertido pela força [...]. O *landlord*, sem consideração pelos arrendatários hereditários" (também esta é uma categoria aplicada erroneamente), "oferece a terra ao melhor ofertante, e se este for um melhorador (*improver*), introduzirá imediatamente um novo sistema de cultivo. O solo, antes coberto de pequenos camponeses, estava povoado em proporção a seu produto; sob o novo sistema de cultivo melhorado e de rendas maiores, obtém-se a maior quantidade possível de produtos com o menor custo possível, e para isso se prescinde da mão de obra agora tornada inútil [...]. Os camponeses expulsos de suas terras buscam seu sustento nas cidades fabris" etc., David Buchanan, *Observations on... A. Smith's Wealth of Nations* (Edimburgo, 1814), v. IV, p. 144. "Os grandes senhores da Escócia expropriaram famílias como quem extirpa ervas daninhas, fizeram com aldeias inteiras e sua população o mesmo que os índios, ao vingar-se, fazem com as covas dos animais selvagens [...]. O ser humano é imolado em troca de uma pele de ovelha ou uma pata de carneiro, ou menos ainda [...]. Quando da invasão das províncias do norte da China, propôs-se ao Conselho dos Mongóis exterminar os habitantes e converter sua terra em pastagens. Essa proposta foi posta em prática por muitos *landlords* escoceses, em seu próprio país e contra seus próprios conterrâneos", George Ensor, *An Inquiry Concerning the Population of Nations* (Londres, 1818), p. 215-6.

decidiu, logo ao assumir o governo, aplicar um remédio econômico radical, transformando em pastagens de ovelhas o condado inteiro, cuja população já fora reduzida a 15 mil em consequência de processos de tipo semelhante. De 1814 até 1820, esses 15 mil habitantes, aproximadamente 3 mil famílias, foram sistematicamente expulsos e exterminados. Todos os seus vilarejos foram destruídos e incendiados; todos os seus campos transformados em pastagens. Soldados britânicos foram incumbidos da execução dessa tarefa e entraram em choque com os nativos. Uma anciã morreu queimada na cabana que ela se recusara a abandonar. Desse modo, a duquesa se apropriou de 794 mil acres de terras que desde tempos imemoriais pertenciam ao clã. Aos nativos expulsos ela designou cerca de 6 mil acres de terras, 2 acres por família, na orla marítima. Até então, esses 6 mil acres haviam permanecido ermos, e seus proprietários não haviam obtido renda nenhuma com eles. Movida por seu nobre sentimento, a duquesa chegou ao ponto de arrendar o acre de terra por 2 xelins e 6 *pence* às pessoas do clã que por séculos haviam vertido seu sangue pela família Sutherland. Toda a terra roubada ao clã foi dividida em 29 grandes arrendamentos, destinados à criação de ovelhas; cada arrendamento era habitado por uma só família, em sua maioria servos ingleses de arrendatários. No ano de 1825, os 15 mil gaélicos já haviam sido substituídos por 131 mil ovelhas. A parte dos aborígines jogada na orla marítima procurou viver da pesca. Tornaram-se anfíbios, vivendo, como diz um escritor inglês*, metade sobre a terra, metade na água e, no fim das contas, apenas metade em ambas[218].

Mas os bravos gaélicos deviam pagar ainda mais caro por sua idolatria romântica de montanheses pelos "grandes homens" do clã. O cheiro de peixe subiu ao nariz dos grandes homens. Estes farejaram algo lucrativo nesse assunto e arrendaram a orla marítima aos grandes comerciantes de peixes de Londres. Os gaélicos foram expulsos pela segunda vez[219].

---

* Henry Roy. (N. E. A. MEGA)

[218] Quando a atual duquesa de Sutherland recebeu em Londres, com grande pompa, a autora de *Uncle Tom's Cabin* [*A Cabana do Pai Tomás*], Harriet Beecher Stowe, a fim de exibir sua simpatia pelos escravos negros da república americana – o que ela, tal como seus confrades aristocratas, absteve-se sabiamente de fazer durante a guerra civil, quando cada "nobre" coração inglês pulsava pelos escravocratas –, expus, na *New York Tribune*, a situação dos escravos da família Sutherland. Carey, em *The Slave Trade* (Filadélfia, 1853), p. 202-3, aproveitou algumas passagens desse texto. Meu artigo foi reproduzido num periódico escocês e desencadeou uma bela polêmica entre este último e os sicofantas dos Sutherland.

[219] Algo interessante sobre esse comércio de peixe encontramos em *Portfolio, New Series*, do sr. David Urquhart. – Em seu escrito póstumo, já citado anteriormente, Nassau W. Senior qualifica "o procedimento em Sutherlandshire como um dos clareamentos (*clearings*) mais benéficos que encontram registro na memória humana", *Principes fondamentaux de l'écon. pol.*, cit., p. 282.

Por último, no entanto, uma parte das pastagens para ovelhas foi reconvertida em reserva de caça. Na Inglaterra, como é sabido, não há florestas propriamente ditas. Os animais que vagam pelos parques dos grandes são inquestionavelmente gado doméstico, gordo como os *aldermen* [conselheiros municipais] londrinos. A Escócia é, assim, o último asilo da "nobre paixão".

"Nas Terras Altas" – diz Somers em 1848 – "as áreas florestais se ampliaram muito. Aqui, temos, de um lado de Gaick, a nova floresta de Glenfeshie, e lá, do outro lado, a nova floresta de Ardverikie. Na mesma linha, temos o Bleak-Mount, um imenso deserto, recém-inaugurado. De leste a oeste, das vizinhanças de Aberdeen até os penhascos de Oban, há uma linha contínua de florestas, ao passo que, em outras regiões das Terras Altas, encontram-se as novas florestas de Loch Archaig, Glengarry, Glenmoriston etc. [...]. A transformação de sua terra em pastagens de ovelhas [...] impeliu os gaélicos para terras estéreis. Agora, o veado começa a substituir a ovelha e lança os gaélicos numa miséria ainda mais massacrante [...]. As florestas de caça[219a] e o povo não podem existir um ao lado do outro. Um ou outro tem inevitavelmente de ceder espaço. Se no próximo quarto de século deixarmos que as florestas de caça continuem a crescer em número e tamanho, como ocorreu no último quarto de século, logo não se encontrará mais nenhum gaélico em sua terra natal. Esse movimento entre os proprietários das Terras Altas se deve, por um lado, à moda, aos pruridos aristocráticos, à paixão pela caça etc.; por outro lado, porém, eles praticam o comércio da caça exclusivamente com um olho no lucro. Pois é fato que uma parte das terras montanhosas, convertida em reserva de caça, é em muitos casos incomparavelmente mais lucrativa do que se convertida em pastagens de ovelhas [...]. O aficionado que procura uma reserva de caça só limita sua oferta pelo tamanho de sua bolsa [...]. Nas Terras Altas, foram impostos sofrimentos não menos cruéis do que aqueles impostos à Inglaterra pela política dos reis normandos. Aos veados foi dado mais espaço, enquanto os seres humanos foram acossados num círculo cada vez mais estreito [...] Roubou-se do povo uma liberdade atrás da outra [...]. E a opressão ainda cresce diariamente. Clareamento e expulsão do povo são seguidos pelos proprietários como princípios inexoráveis, como uma necessidade agrícola, do mesmo modo como são varridos as árvores e os arbustos nas florestas da América e da Austrália, e a operação segue sua marcha tranquila, adequada aos negócios."[220]

[219a] As *deer forests* [florestas de caça] da Escócia não contêm uma única árvore. Retiram-se as ovelhas e introduzem-se veados nas montanhas desnudas, e a isso se chama uma *"deer forest"*. Nem mesmo silvicultura, portanto!

[220] Robert Somers, *Letters from the Highlands; or, the Famine of 1847* (Londres, 1848), p. 12-28 passim. Essas cartas foram originalmente publicadas no *Times*. Os economistas ingleses, naturalmente, atribuíram a fome dos gaélicos em 1847 à sua... superpopulação. Eles certamente "exerceram pressão" sobre seus meios alimentares. – O *"clearing of estates"*, ou, como se chama na Alemanha, a *Bauernlegen* [expulsão dos camponeses], teve lugar neste país especialmente depois da Guerra dos Trinta Anos e ainda em 1790 provocou revoltas camponesas no Eleitorado da Saxônia. Prevaleceu especialmente no leste da Alemanha. Na maioria das províncias prussianas, Frederico II assegurou pela primeira vez o direito de propriedade dos camponeses. Após a conquista da Silésia, ele forçou os

O roubo dos bens da Igreja, a alienação fraudulenta dos domínios estatais, o furto da propriedade comunal, a transformação usurpatória, realizada com inescrupuloso terrorismo, da propriedade feudal e clânica em propriedade privada moderna, foram outros tantos métodos idílicos da acumulação primitiva. Tais métodos conquistaram o campo para a agricultura capitalista, incorporaram o solo ao capital e criaram para a indústria urbana a oferta necessária de um proletariado inteiramente livre.

---

proprietários fundiários à reconstrução das cabanas, celeiros etc., e a prover os domínios camponeses de gado e instrumentos de trabalho. O rei necessitava de soldados para seu exército e de contribuintes para o tesouro público. De resto, a seguinte passagem de Mirabeau nos permite vislumbrar que prazerosa vida levavam os camponeses sob a desordem financeira de Frederico II e sua mistura governamental de despotismo, burocracia e feudalismo: "*La lin fait donc une des grandes richesses du cultivateur dans le Nord de l'Allemagne. Malheureusement pour l'espèce humaine, ce n'est qu'une ressource contre la misère, et non un moyen de bien-être. Les impôts directs, les corvées, les servitudes de tout genre, écrasent le cultivateur allemand, qui paie encore des impôts indirects dans tout ce qu'il achète* [...] *et pour comble de ruine, il n'ose pas vendre ses productions où et comme il le veut; il n'ose pas acheter ce dont il a besoin aux marchands qui pourraient le lui livrer au meilleur prix. Toutes cas causes le ruinent insensiblement, et il se trouverait hors d'état de payer les impôts directs à l'échéance sans la filerie; elle lui offre une ressource, en occupant utilement sa femme, ces enfants, ses servants, ses valets, et lui-même: mais quelle pénible vie, même aidée de ce secours! En été, il travaille comme un forçat au labourage et à la récolte; il se couche à 9 heures et se lève à deux, pour suffire aux travaux; en hiver il devrait réparer ses forces par un plus grand repos; mais il manquera de grains pour le pain et les semailles, s'il se défait des denrées qu'il faudrait vendre pour payer les impôts. Il faut donc filer pour suppléer à ce vide* [...] *il faut y apporter la plus grande assiduité. Aussi le paysan se couche-t-il en hiver à minuit, une heure, et se lève à cinq ou six; ou bien il se couche à neuf, et se lève à deux, et cela tous les jours de sa vie si ce n'est le dimanche. Cet excès de veille et de travail usent la nature humaine, et de là vient qu'hommes et femmes vieillissent beaucoup plutôt dans les campagnes que dans les villes*" ["O linho constitui, com efeito, uma das grandes riquezas do agricultor do norte da Alemanha. Infelizmente para a espécie humana, ele é apenas um paliativo contra a miséria, e não um meio de prover o bem-estar. Os impostos diretos, as corveias, as servidões de todo tipo esmagam o agricultor alemão, que, além disso, paga impostos indiretos sobre tudo o que compra [...] e para o cúmulo de sua desgraça, ele não se atreve a vender seus produtos onde e como quer, e não se atreve a comprar o que necessita dos mercadores que poderiam oferecer-lhe os melhores preços. Todas essas causas o arruínam de modo insensível, e sem a fiação ele não teria condições de pagar os impostos diretos no prazo determinado; essa atividade lhe oferece um recurso, ocupando utilmente sua mulher, filhos, servos, criados e ele mesmo; mas que vida penosa, mesmo com esse auxílio! No verão, ele trabalha como um condenado, na aradura e na colheita, deita-se às 9 horas da noite e se levanta às 2, para terminar seu trabalho; no inverno, ele teria de recompor suas forças mediante um repouso maior; mas faltar-lhe-iam grãos para o pão e a semeadura se ele se desfizesse dos produtos que tem de vender para pagar os impostos. É preciso fiar, portanto, para preencher esse vazio [...] e é preciso fazê-lo com a maior assiduidade. Também o camponês, no inverno, deita-se à meia-noite, ou à 1 hora da manhã, e se levanta às 5 ou 6 da manhã, ou então se deita às 9 horas da noite e se levanta às 2, e isso todos

3. Legislação sanguinária contra os expropriados desde o final do século XV. Leis para a compressão dos salários

Expulsos pela dissolução dos séquitos feudais e pela expropriação violenta e intermitente de suas terras, esse proletariado inteiramente livre não podia ser absorvido pela manufatura emergente com a mesma rapidez com que fora trazido ao mundo. Por outro lado, os que foram repentinamente arrancados de seu modo de vida costumeiro tampouco conseguiam se ajustar à disciplina da nova situação. Converteram-se massivamente em mendigos, assaltantes,

---

dias de sua vida, excluindo os domingos. Esse excesso de vigília e de trabalho desgasta a natureza humana, e daí decorre que homens e mulheres envelheçam muito mais prematuramente no campo do que na cidade], Mirabeau, *De la Monarchie Prussienne*, cit., t. III, p. 212s. Adendo à segunda edição: Em abril de 1866, dezoito anos depois da publicação do escrito de Robert Somers anteriormente citado, o professor Leone Levi proferiu uma conferência perante a Society of Arts sobre a transformação das pastagens para ovelhas em florestas de caça, na qual descreveu o avanço da desertificação nas Terras Altas escocesas. Diz ele, entre outras coisas: "O despovoamento e a transformação em simples pastagens para ovelhas ofereciam o meio mais cômodo para um rendimento sem gastos [...]. Nas Terras Altas era comum que uma pastagem para ovelha fosse transformada numa *deer forest*. As ovelhas são expulsas por animais selvagens do mesmo modo como antes os seres humanos haviam sido expulsos para ceder lugar a ovelhas [...]. É possível caminhar desde as fazendas do conde de Dalhouise, em Forfarshire, até John o'Groats, sem abandonar jamais a área florestal [...]. Em muitas" (dessas florestas) "se aclimataram a raposa, o gato selvagem, a marta, a doninha, o mangusto e a lebre alpina, ao mesmo tempo que o coelho, o esquilo e o rato abriram caminho até a região. Enormes faixas de terra, que figuram na estatística da Escócia como prados de excepcional fertilidade e extensão, estão agora excluídas de todo cultivo e melhoria, e destinadas unicamente aos prazeres cinegéticos de umas poucas pessoas e durante apenas um curto período do ano".
O *Economist* de Londres, na edição de 2 de junho de 1866, diz: "Na última semana, um periódico escocês informa, entre outras novidades [...] 'Um dos melhores arrendamentos destinados à criação de ovelhas em Sutherlandshire, pela qual se ofereceu há pouco tempo, ao expirar o contrato de arrendamento vigente, uma renda anual de £1.200, será transformado em *deer forest*! Os instintos feudais renascem [...] como no tempo em que os conquistadores normandos [...] destruíram 36 aldeias para criar a *New Forest* [...]. Dois milhões de acres, que abrangem algumas das terras mais férteis da Escócia, são transformados em desertos. O pasto natural de Glen Tilt era considerado um dos mais nutritivos do condado de Perth; a *deer forest* de Ben Aulder era o melhor solo forrageiro no amplo distrito de Badenoch; uma parte da Black Mount Forest era a pradaria escocesa mais favorável às ovelhas de cara preta. Podemos ter uma ideia da extensão do solo convertido em terras desertas para a prática da caça quando consideramos que ele abarca uma superfície muito maior que a de todo o condado de Perth. A perda de fontes de produção que essa desolação forçada significa para o país pode ser calculada se considerarmos que a Ben Aulder Forest poderia alimentar 15 mil ovelhas e que ela não representa mais do que $1/30$ da área total ocupada pelas reservas de caça da Escócia [...]. Toda essa área destinada à caça é absolutamente improdutiva [...]. Ela poderia igualmente ter sido afundada nas águas do mar do Norte. O braço forte da lei deveria dar um fim nesses descampados ou desertos improvisados".

Karl Marx – O capital

vagabundos, em parte por predisposição, mas na maioria dos casos por força das circunstâncias. Isso explica o surgimento, em toda a Europa ocidental, no final do século XV e ao longo do século XVI, de uma legislação sanguinária contra a vagabundagem. Os pais da atual classe trabalhadora foram inicialmente castigados por sua metamorfose, que lhes fora imposta, em vagabundos e *paupers*. A legislação os tratava como delinquentes "voluntários" e supunha depender de sua boa vontade que eles continuassem a trabalhar sob as velhas condições, já inexistentes.

Na Inglaterra, essa legislação teve início no reinado de Henrique VII.

Henrique VIII, 1530: mendigos velhos e incapacitados para o trabalho recebem uma licença para mendigar. Em contrapartida, açoitamento e encarceramento para os vagabundos mais vigorosos. Estes devem ser amarrados a um carro e açoitados até sangrarem; em seguida, devem prestar juramento de retornarem à sua terra natal ou ao lugar onde tenham residido durante os últimos três anos e de "se porem a trabalhar" (*to put himself to labour*). Que ironia cruel! Na lei 27 Henrique VIII*, reitera-se o estatuto anterior, porém diversas emendas o tornam mais severo. Em caso de uma segunda prisão por vagabundagem, o indivíduo deverá ser novamente açoitado e ter a metade da orelha cortada; na terceira reincidência, porém, o réu deve ser executado como grave criminoso e inimigo da comunidade.

Eduardo VI: um estatuto do primeiro ano de seu reinado, 1547, estabelece que quem se recusar a trabalhar deverá ser condenado a se tornar escravo daquele que o denunciou como vadio. O amo deve alimentar seu escravo com pão e água, caldos fracos e os restos de carne que lhe pareçam convenientes. Ele tem o direito de forçá-lo a qualquer trabalho, mesmo o mais repugnante, por meio de açoites e agrilhoamento. O escravo que fugir e permanecer ausente por 14 dias será condenado à escravidão perpétua e deverá ser marcado a ferro na testa ou na face com a letra S; se fugir pela terceira vez, será executado por alta traição. Seu dono pode vendê-lo, legá-lo a herdeiros ou alugá-lo como escravo, tal como qualquer outro bem móvel ou gado doméstico. Os escravos que tentarem qualquer ação contra os senhores também deverão ser executados. Os juízes de paz, assim que informados, deverão perseguir os velhacos. Quando se descobrir que um vagabundo esteve vadiando por 3 dias, ele deverá ser conduzido à sua terra natal, marcado com um ferro em brasa no peito com a letra V e acorrentado para trabalhar nas estradas ou ser utilizado em outras tarefas. Se o vagabundo informar um lugar de nascimento falso, seu castigo será o de se tornar escravo vitalício dessa localidade, de seus habitantes ou da corporação, além de ser marcado a ferro com um S. Todas as pessoas têm o direito de tomar os filhos dos vagabundos e mantê-los como aprendizes: os

---

* O número que antecede o nome do monarca indica o ano de reinado em que a lei em questão foi promulgada. Neste caso, portanto, trata-se da lei promulgada no 27º ano de reinado de Henrique VIII. (N. T.)

rapazes até os 24 anos, as moças até os 20. Se fugirem, eles deverão, até atingir essa idade, ser escravos dos mestres, que poderão acorrentá-los, açoitá-los etc., como bem o quiserem. Todo amo tem permissão para pôr um anel de ferro no pescoço, nos braços ou nas pernas de seu escravo, para poder reconhecê-lo melhor e estar mais seguro de sua posse[221]. A última parte desse estatuto prevê que certos pobres devem ser empregados pela localidade ou pelos indivíduos que lhes deem de comer e de beber e queiram encontrar trabalho para eles. Esse tipo de escravos paroquiais subsistiu na Inglaterra até o avançar do século XIX, sob o nome de *roundsmen* (circulantes).

Elizabeth, 1572: mendigos sem licença e com mais de 14 anos de idade devem ser severamente açoitados e ter a orelha esquerda marcada a ferro, caso ninguém queira tomá-los a serviço por 2 anos; em caso de reincidência, se com mais de 18 anos de idade, devem ser executados, caso ninguém queira tomá-los a serviço por 2 anos; na segunda* reincidência, serão executados sem misericórdia, como traidores do Estado. Estatutos similares: 18 Elizabeth, c. 13** e os do ano 1597[221a].

---

[221] O autor do *Essay on Trade etc.* (1770) observa: "Durante o reinado de Eduardo VI, os ingleses parecem ter-se dedicado realmente, e com toda a seriedade, ao fomento das manufaturas e a dar ocupação aos pobres. Isso podemos depreender de um notável estatuto, segundo o qual todos os vagabundos devem ser marcados a ferro", p. 5.

* No original: "na terceira". (N. T.)

** O número que sucede a abreviação "c." ("chapter") indica o número da Act (lei) promulgada no ano indicado. (N. T.)

[221a] Thomas More diz, em sua *Utopia* [p. 41-2]: "E é assim que um glutão voraz e insaciável, verdadeira peste de sua terra natal, pode apossar-se e cercar com uma paliçada ou uma cerca milhares de acres de terras, ou, por meio de violência e fraude, acossar de tal modo seus proprietários que estes se veem obrigados a vender a propriedade inteira. Por um meio ou por outro, por bem ou por mal, eles são obrigados a partir – pobres almas, simples e miseráveis! Homens, mulheres, esposos, esposas, crianças sem pais, viúvas, mães lamurientas com suas crianças de peito e toda a família, escassa de meios mas numerosa, pois a agricultura precisa de muitos braços. Arrastam-se, digo eu, para longe de seus lugares conhecidos e habituais, sem encontrar onde repousar; a venda de todos os seus utensílios domésticos, embora de pouco valor, em outras circunstâncias lhes teria proporcionado um certo ganho; mas, por terem sido expulsos de modo repentino, eles tiveram de vendê-los a preços irrisórios. E tendo vagabundeado até consumir o último tostão, que outra coisa restaria a fazer, além de roubar, e então, ó Deus!, serem enforcados com todas as formalidades da lei ou passar a esmolar? Mas também desse modo acabam jogados na prisão, como vagabundos, porque vagueiam de um lado para o outro e não trabalham; eles, a quem ninguém dá trabalho, por mais ardentemente que se ofereçam". Desses pobres fugitivos, dos quais Thomas More diz que eram obrigados a roubar, "foram executados 72 mil pequenos e grandes ladrões, durante o reinado de Henrique VIII", Holinshed, *Description of England*, v. I, p. 186. Na época de Elizabeth, "os vagabundos eram enforcados em série; ainda assim, não passava um ano sem que trezentos ou quatrocentos deles fossem levados à forca, num lugar ou noutro", Strype, *Annals of the Reformation and Establishment of Religion, and other Various Ocurrences in the Church of England during Queen Elisabeth's Happy Reign* (2. ed., 1725), v. II.

Jaime I: alguém que vagueie e mendigue será declarado um desocupado e vagabundo. Os juízes de paz, nas *Petty Sessions**, têm autorização para mandar açoitá-los em público e encarcerá-los, na primeira ocorrência, por 6 meses, e na segunda, por 2 anos. Durante seu tempo na prisão, serão açoitados tanto e tantas vezes quanto os juízes de paz considerarem conveniente... Os vagabundos incorrigíveis e perigosos devem ser marcados a ferro no ombro esquerdo com a letra R** e condenados a trabalho forçado, e se forem apanhados de novo mendigando devem ser executados sem perdão. Essas disposições legais, vigentes até o começo do século XVIII, só foram revogadas por 12 Ana c. 23.

Leis semelhantes foram promulgadas na França, onde, em meados do século XVII, estabeleceu-se um reino de vagabundos (*royaume des truands*), em Paris. Ainda nos primeiros anos de reinado de Luís XVI (ordenança de 13 de julho de 1777) dispôs-se que todo homem de constituição saudável, entre 16 e 60 anos, caso desprovido de meios de existência e do exercício de uma profissão, devia ser mandado às galés. De modo semelhante, o estatuto de Carlos V para os Países Baixos, de outubro de 1537, o primeiro édito dos Estados e Cidades da Holanda, de 19 de março de 1614, e o *plakaat**** das Províncias Unidas de 25 de julho de 1649 etc.

Assim, a população rural, depois de ter sua terra violentamente expropriada, sendo dela expulsa e entregue à vagabundagem, viu-se obrigada a se submeter, por meio de leis grotescas e terroristas, e por força de açoites, ferros em brasa e torturas, a uma disciplina necessária ao sistema de trabalho assalariado.

Não basta que as condições de trabalho apareçam num polo como capital e no outro como pessoas que não têm nada para vender, a não ser sua força de trabalho. Tampouco basta obrigá-las a se venderem voluntariamente. No evolver da produção capitalista desenvolve-se uma classe de trabalhadores que, por educação, tradição e hábito, reconhece as exigências desse modo de produção como leis naturais e evidentes por si mesmas. A organização do processo capitalista de produção desenvolvido quebra toda a resistência; a constante geração de uma superpopulação relativa mantém a lei da oferta e da demanda de trabalho, e, portanto, o salário, nos trilhos convenientes às necessidades de valorização do capital; a coerção muda exercida pelas relações econômicas sela o domínio do capitalista sobre o trabalhador. A violência extraeconômica,

---

Em Somersetshire, segundo o mesmo Strype, num único ano foram executadas 40 pessoas, 35 foram marcadas a ferro, 37 foram chicoteadas e 183 foram soltas como "malfeitoras incorrigíveis". Porém, diz esse autor, "esse grande número de acusados não inclui sequer ⅕ dos delitos penais, graças à negligência dos juízes de paz e à compaixão estúpida do povo". E acrescenta: "Os outros condados ingleses não estavam numa condição melhor que Somersetshire, e muitos até mesmo numa condição pior".

* Na Inglaterra, sessões judiciais de menor importância. (N. E. A. MEW)
** Inicial de *"rogue"*: vagabundo. (N. T.)
*** Em holandês: "ato de abjuração". (N. T.)

A assim chamada acumulação primitiva

direta, continua, é claro, a ser empregada, mas apenas excepcionalmente. Para o curso usual das coisas, é possível confiar o trabalhador às "leis naturais da produção", isto é, à dependência em que ele mesmo se encontra em relação ao capital, dependência que tem origem nas próprias condições de produção e que por elas é garantida e perpetuada. Diferente era a situação durante a gênese histórica da produção capitalista. A burguesia emergente requer e usa a força do Estado para "regular" o salário, isto é, para comprimi-lo dentro dos limites favoráveis à produção de mais-valor, a fim de prolongar a jornada de trabalho e manter o próprio trabalhador num grau normal de dependência. Esse é um momento essencial da assim chamada acumulação primitiva.

A classe dos assalariados, surgida na segunda metade do século XIV, constituía nessa época, e também no século seguinte, apenas uma parte muito pequena da população, cuja posição era fortemente protegida, no campo, pela economia camponesa independente e, na cidade, pela organização corporativa. No campo e na cidade, mestres e trabalhadores estavam socialmente próximos. A subordinação do trabalho ao capital era apenas formal, isto é, o próprio modo de produção não possuía ainda um caráter especificamente capitalista. O elemento variável do capital preponderava consideravelmente sobre o constante. Por isso, a demanda de trabalho assalariado crescia rapidamente com cada acumulação do capital, enquanto a oferta de trabalho assalariado a seguia apenas lentamente. Grande parte do produto nacional, mais tarde convertida em fundo de acumulação do capital, ainda integrava, nessa época, o fundo de consumo do trabalhador.

A legislação sobre o trabalho assalariado, desde sua origem cunhada para a exploração do trabalhador e, à medida de seu desenvolvimento, sempre hostil a ele[222], foi iniciada na Inglaterra, em 1349, pelo *Statute of Labourers* [Estatuto dos trabalhadores] de Eduardo III. A ele corresponde, na França, a ordenança de 1350, promulgada em nome do rei João. As legislações inglesa e francesa seguem um curso paralelo e são idênticas quanto ao conteúdo. Na medida em que os estatutos dos trabalhadores procuram impor o prolongamento da jornada de trabalho, não voltarei a eles, pois esse ponto já foi examinado anteriormente (capítulo 8, item 5).

O *Statute of Labourers* foi promulgado em razão das reclamações insistentes da Câmara dos Comuns.

> "Antes" – diz ingenuamente um *tory* – "os pobres exigiam salários tão altos que ameaçavam a indústria e a riqueza. Hoje, seu salário é tão baixo que igualmente

---

[222] *"Whenever the legislature attempts to regulate the differences between masters and their workmen, its counsellors are always the masters." "L'esprit des lois, c'est la propriété"* ["Sempre que a legislação tenta regular as diferenças entre os patrões e seus operários, seus conselheiros são sempre os patrões" – diz Adam Smith. "O espírito das leis é a propriedade" – diz Linguet.]

ameaça a indústria e a riqueza, mas de outra maneira, e talvez com muito maior perigo do que então."[223]

Uma tarifa legal de salários foi estabelecida para a cidade e para o campo, para o trabalho por peça e por dia. Os trabalhadores rurais deviam ser contratados por ano, e os da cidade, "no mercado aberto". Proibia-se, sob pena de prisão, pagar salários mais altos do que o determinado por lei, mas quem recebia um salário mais alto era punido mais severamente do que quem o pagava. Assim, as seções 18 e 19 do Estatuto dos Aprendizes da rainha Elizabeth impunham 10 dias de prisão para quem pagasse um salário mais alto, e 21 dias para quem o recebesse. Um estatuto de 1360 tornava mais rigorosas as penas e, inclusive, autorizava o patrão a empregar a coação física para extorquir trabalho pela tarifa legal de salário. Todas as combinações, convênios, juramentos etc. pelos quais pedreiros e carpinteiros se vinculavam entre si, eram declarados nulos e sem valor. Desde o século XIV até 1825, ano da revogação das leis anticoalizão, considerava-se crime grave toda coalizão de trabalhadores. O espírito do estatuto trabalhista de 1349 e de seus descendentes se revela muito claramente no fato de que o Estado impõe um salário máximo, mas de modo algum um mínimo.

No século XVI, como se sabe, a situação dos trabalhadores piorou consideravelmente. O salário em dinheiro subiu, mas não na proporção da depreciação do dinheiro e ao consequente aumento dos preços das mercadorias. Na realidade, portanto, o salário caiu. Todavia, permaneceram em vigor as leis voltadas a seu rebaixamento, acompanhadas dos cortes de orelhas e das marcações a ferro daqueles "que ninguém quis tomar a seu serviço". O estatuto dos aprendizes 5 Elizabeth c. 3 autorizou os juízes de paz a fixar certos salários e a modificá-los de acordo com as estações do ano e os preços das mercadorias. Jaime I estendeu essa regulação do trabalho aos tecelões, fiandeiros e a todas as categorias possíveis de trabalhadores[224], e Jorge II estendeu as leis anticoalizão a todas as manufaturas.

---

[223] J. B. Byles, *Sophisms of Free Trade. By a Barrister* (Londres, 1850), p. 206. E acrescenta, com malícia: "Estivemos sempre à disposição para intervir pelo empregador. Não podemos fazer nada pelo empregado?"

[224] De uma cláusula do estatuto Jaime I, 2, c. 6, depreende-se que certos fabricantes de pano se arrogavam, como juízes de paz, o direito de ditar oficialmente a tarifa salarial em suas próprias oficinas. – Na Alemanha, principalmente depois da Guerra dos Trinta Anos, foi frequente a promulgação de estatutos para manter baixos os salários. "Era algo muito prejudicial para os proprietários fundiários, nas terras despovoadas, a falta de criados e trabalhadores. Proibiu-se a todos os aldeões alugarem quartos a homens e mulheres solteiros, e todos os inquilinos desse tipo deviam ser denunciados às autoridades e encarcerados, caso não quisessem se tornar serviçais, mesmo quando se mantivessem graças a outra atividade, como semear para os camponeses por um salário diário, ou até mesmo negociar com dinheiro e cereais (*Kaiserliche Privilegien und Sanctiones für Schlesien*, I, 125). Por todo um século, aparecem repetidamente, nas ordenações dos soberanos, amargas queixas contra a canalha maligna e petulante, que não aceita se submeter às

No período manufatureiro propriamente dito, o modo de produção capitalista estava suficientemente fortalecido para tornar a regulação legal do salário tão inaplicável como supérflua, mas se preferiu conservar, para o caso de necessidade, as armas do velho arsenal. A lei 8 Jorge II ainda proibia que os oficiais de alfaiataria recebessem, em Londres e arredores, salários acima de 2 xelins e 7^1/$_2$ *pence* por dia, salvo em casos de luto público; a lei 13 Jorge III c. 68 transferiu aos juízes de paz a regulamentação dos salários dos tecelões de seda; em 1796, foram necessárias duas sentenças dos tribunais superiores para decidir se os mandatos dos juízes de paz sobre salários também valiam para os trabalhadores não agrícolas; em 1799, uma lei do Parlamento confirmou que o salário dos mineiros da Escócia devia ser regulado por uma lei da época da rainha Elizabeth e por duas leis escocesas, de 1661 e 1671. O quanto as condições se haviam alterado nesse ínterim o demonstra um fato inaudito, ocorrido na Câmara Baixa inglesa. Aqui, onde há mais de 400 anos se haviam fabricado leis fixando o máximo que o salário não deveria, em nenhum caso, ultrapassar, Whitbread propôs que se fixasse um salário mínimo legal para os jornaleiros agrícolas. Pitt opôs-se, porém admitiu que "a situação dos pobres era cruel (*cruel*)". Por fim, em 1813, as leis de regulação dos salários foram revogadas. Elas eram uma ridícula anomalia, desde que o capitalista passara a regular a fábrica por meio de sua legislação privada, deixando que o imposto de beneficência complementasse o salário do trabalhador rural até o mínimo indispensável. As disposições do Estatuto do Trabalho sobre contratos entre patrões e assalariados, prazos para demissões e questões análogas, que permitem apenas uma ação civil contra o patrão por quebra contratual, mas uma ação criminal contra o trabalhador que cometer essa mesma infração, permanecem em pleno vigor até o momento atual.

As cruéis leis anticoalizões caíram em 1825, diante da atitude ameaçadora do proletariado. Apesar disso, caíram apenas parcialmente. Alguns belos resíduos dos velhos estatutos desapareceram somente em 1859. Finalmente, a lei parlamentar de 29 de junho de 1871 pretendeu eliminar os últimos vestígios dessa legislação classista, reconhecendo legalmente as *trades' unions*. Mas uma lei parlamentar da mesma data (*An act to amend the criminal law relating to violence, threats and molestation**) restaurou, de fato, a situação anterior sob nova forma. Por meio dessa escamoteação parlamentar, os meios

---

duras condições e não se satisfaz com o salário legal; é proibido ao proprietário individual pagar mais que o estabelecido pela taxa em vigor na província. E, no entanto, depois da guerra as condições de trabalho são às vezes ainda melhores do que seriam cem anos mais tarde; em 1652, na Silésia, os criados ainda recebiam carne duas vezes por semana, ao passo que em nosso século há distritos silesianos onde eles só recebem carne três vezes por ano. Também o salário diário era, depois da guerra, mais alto do que seria nos séculos seguintes (G. Freytag).

* Uma lei para emendar a lei penal em relação a violência, ameaças e molestamento. (N. T.)

a que os trabalhadores podem recorrer numa greve ou *lock-out* (greve dos fabricantes coligados, realizada mediante o fechamento simultâneo de suas fábricas) são subtraídos ao direito comum e submetidos a uma legislação penal de exceção, cuja interpretação cabe aos próprios fabricantes, em sua condição de juízes de paz. Dois anos antes, a mesma Câmara dos Comuns e o mesmo sr. Gladstone, com a proverbial honradez que os distinguem, haviam apresentado um projeto de lei que abolia todas as leis penais de exceção contra a classe trabalhadora. Porém, jamais se permitiu que tal projeto chegasse a uma segunda leitura, e assim a questão foi protelada até que o "grande partido liberal", por meio de uma aliança com os *tories*, ganhou finalmente a coragem de se voltar resolutamente contra o mesmo proletariado que o conduzira ao poder. Não satisfeito com essa traição, o "grande partido liberal" autorizou os juízes ingleses, sempre a abanar o rabo a serviço das classes dominantes, a desenterrar as proscritas leis sobre "conspirações" e a aplicá-las às coalizões de trabalhadores. Como vemos, o parlamento inglês só renunciou às leis contra as greves e *trades' unions* contra sua vontade e sob a pressão das massas, depois de ele mesmo ter assumido, por cinco séculos e com desavergonhado egoísmo, a posição de uma permanente *trades' union* dos capitalistas contra os trabalhadores.

Já no início da tormenta revolucionária, a burguesia francesa ousou despojar novamente os trabalhadores de seu recém-conquistado direito de associação. O decreto de 14 de junho de 1791 declarou toda coalizão de trabalhadores como um "atentado à liberdade e à Declaração dos Direitos Humanos", punível com uma multa de 500 libras e privação, por um ano, dos direitos de cidadania ativa[225]. Essa lei, que por meio da polícia estatal impõe à luta concorrencial entre capital e trabalho obstáculos convenientes ao capital, sobreviveu a revoluções e mudanças dinásticas. Mesmo o regime

---

[225] O artigo I dessa lei diz: "*L'anéantissement de toutes expèces de corporations du même état et profession étant l'une des bases fondamentales de la constitution française, il est défendu de les rétablir de fait sous quelque prétexte et sous quelque forme que ce soit*" [...] "*des citoyens attachés aux mêmes professions, arts et métiers prenaient des délibérations, faisaient entre eux des conventions tendantes à refuser de concert ou à n'accorder qu'à un prix déterminé le secours de leur industrie ou de leurs travaux, les dites délibérations et conventions* [...] *seront déclarées inconstitutionnelles, attentatoires à la liberté et à la déclaration des droits de l'homme etc.*" ["Sendo uma das bases fundamentais da constituição francesa a supressão de todos os tipos de corporações do mesmo estamento (*état*) e profissão, é proibido restabelecê-las de fato, sob qualquer pretexto ou em qualquer forma. O artigo IV reza que, no caso de cidadãos pertencentes às mesmas profissões, artes ou ofícios tomarem deliberações ou realizarem convenções com o objetivo de recusar um acordo ou de não consentirem no socorro de sua indústria ou de seus trabalhos a não ser por um preço determinado, tais consultas e acordos [...] serão declarados inconstitucionais e como atentados à liberdade e à declaração dos direitos do homem etc., ou seja, como crimes de Estado, exatamente como nos velhos estatutos dos trabalhadores"], *Révolutions de Paris* (Paris, 1791), t. III, p. 523.

do Terror* a manteve intocada. Apenas muito recentemente ela foi riscada do *Code Pénal* [código penal]. Nada mais característico que o pretexto deste golpe de Estado burguês. "Ainda que seja desejável" – diz Le Chapelier – "que o salário ultrapasse seu nível atual, para que, desse modo, aquele que o receba escape dessa dependência absoluta condicionada pela privação dos meios de primeira necessidade, que é quase a dependência da escravidão", os trabalhadores não devem ser autorizados, contudo, a pôr-se de acordo sobre seus interesses, a agir em comum e, por meio disso, a mitigar sua "dependência absoluta, que é quase a dependência da escravidão", porque assim feririam a "a liberdade de seus *ci-devant maîtres* [antigos amos], dos atuais empresários" (a liberdade de manter os trabalhadores na escravidão!), e porque uma coalizão contra o despotismo dos antigos mestres das corporações – adivinhe – equivaleria a restaurar as corporações abolidas pela constituição francesa![226]

4. Gênese dos arrendatários capitalistas

Depois de termos analisado a violenta criação do proletariado inteiramente livre, a disciplina sanguinária que os transforma em assalariados, a sórdida ação do Estado, que, por meios policiais, eleva o grau de exploração do trabalho e, com ele, a acumulação do capital, perguntamo-nos: de onde se originam os capitalistas? Pois a expropriação da população rural, diretamente, cria apenas grandes proprietários fundiários. No que diz respeito à gênese do arrendatário, poderíamos, por assim dizer, tocá-la com a mão, pois se trata de um processo lento, que se arrasta por muitos séculos. Os próprios servos, e ao lado deles também pequenos proprietários livres, encontravam-se submetidos a relações de propriedade muito diferentes, razão pela qual também foram emancipados sob condições econômicas muito diferentes.

Na Inglaterra, a primeira forma de arrendatário é a do *bailiff*, ele mesmo um servo da gleba. Sua posição é análoga a do *villicus*** da Roma Antiga, porém com um raio de ação mais estreito. Durante a segunda metade do século XIV, ele é substituído por um arrendatário, a quem o *landlord* provê sementes, gado e instrumentos agrícolas. Sua situação não é muito distinta da do camponês. Ele apenas explora mais trabalho assalariado. Não tarda em se converter em *metayer* [meeiro], meio arrendatário. Ele investe uma parte do capital agrícola, o *landlord* a outra. Ambos repartem entre si o produto global em proporção determinada por contrato. Essa forma desaparece rapidamente na Inglaterra

---

* Ditadura jacobina, de junho de 1793 a junho de 1794. (N. E. A. MEW)
[226] Buchez et Roux, *Histoire parlementaire*, t. X, p. 193-5 passim.
** Na Roma Antiga, o *villicus* (de *villa*, pequena fazenda rural), embora também ele servo, desempenhava o papel de capataz dos demais escravos e de administrador da fazenda. As funções do *bailiff* medieval se assemelhavam muito às do *villicus*, de quem, ademais, costumava conservar o nome. (N. T.)

e dá lugar ao arrendatário propriamente dito, que valoriza seu capital próprio por meio do emprego de trabalhadores assalariados e paga ao *landlord*, como renda da terra, uma parte do mais-produto, em dinheiro ou *in natura*.

No século XV, enquanto o camponês independente e o servo agrícola – que trabalha ao mesmo tempo como assalariado e para si mesmo – se enriquecem com seu próprio trabalho, a situação do arrendatário e seu campo de produção continuam medíocres. A revolução agrícola, que ocorre no último terço do século XV e se estende por quase todo o século XVI (com exceção, porém, de suas últimas décadas), enriqueceu o arrendatário com a mesma rapidez com que empobreceu a população rural[227]. A usurpação das pastagens comunais etc. permite-lhe aumentar, quase sem custos, o número de suas cabeças de gado, ao mesmo tempo que o gado lhe fornece uma maior quantidade de adubo para o cultivo do solo.

No século XVI, a isso se soma mais um elemento de importância decisiva. Naquela época, os contratos de arrendamento eram longos, frequentemente por 99 anos. A contínua queda no valor dos metais nobres e, por conseguinte, do dinheiro, rendeu frutos de ouro ao arrendatário. Ela reduziu, abstraindo as demais circunstâncias anteriormente expostas, o nível do salário. Uma fração deste último foi incorporada ao lucro do arrendatário. O constante aumento dos preços do cereal, da lã, da carne, em suma, de todos os produtos agrícolas, inchou o capital monetário do arrendatário sem o concurso deste último, enquanto a renda da terra, que ele tinha de pagar, estava contratualmente fixada em valores monetários ultrapassados[228]. Desse modo, ele se enriquecia, a um só tempo, à

---

[227] "Arrendatários", diz Harrison em sua *Description of England,* "para os quais antes era difícil pagar £4 de renda, agora pagam £40, £50, £100 e ainda acreditam ter feito um mau negócio se, no término de seu contrato de arrendamento, não acumularam de 6 a 7 anos de rendas".

[228] Sobre a influência da depreciação do dinheiro, no século XVI, sobre as diversas classes da sociedade, cf. *A Compendious or Briefe Examination of Certayne Ordinary Complaints of Diverse of our Countrymen in these our Days. By W. S., Gentleman* (Londres, 1581). A forma de diálogo desse escrito contribuiu para que durante muito tempo sua autoria fosse atribuída a Shakespeare, e ainda em 1751 ele voltou a ser publicado sob seu nome. Seu autor é William Stafford. Numa passagem, o cavaleiro (*knight*) raciocina da seguinte maneira: *"Knight: 'You, my neighbour, the husbandman, you Maister Mercer, and you Goodman Copper, with other artificers, may save yourselves metely well. For as much as all things are deerer than they were, so much do you arise in the pryce of your wares and occupations that yee sell agayne. But we have nothing to sell where by we might advance ye pryce there of, to countervaile those things that we must buy agayne"* [...] *"I pray you, what be those sorts that ye meane. And, first, of those that yee thinke should have no base hereby?'* – *Doktor: 'I meane all these that live by buying and selling, for, as they buy deare, they sell thereafter'.* – *Knight: 'What is the next sorte that yee say would win by it?'* – *Doktor: 'Marry, all such as have takings or fearmes in their owne manurance"* (d.h. cultivation) *"at the old rent, for where they pay after the olde rate, they sell after the newe – that is, they paye for their lande good cheape, and sell all things growing thereof deare...'* – *Knight: 'What sorte is that which, ye sayde should have greater losse*

A assim chamada acumulação primitiva

custa de seus trabalhadores assalariados e de seu *landlord*. Não é de admirar, pois, que a Inglaterra, no fim do século XVI, possuísse uma classe de "arrendatários capitalistas", consideravelmente ricos para os padrões da época[229].

---

hereby, than these men had profit?' – Doktor: *'It is all noblemen, gentlemen, and all other that live either by a stinted rent or stypend, or do not manure" (cultivate) "the ground, or doe occupy no buying and selling'"* ["Knight: 'Vós, meu vizinho, o lavrador, vós, senhor comerciante, e vós, compadre *copper* [caldereiro], bem como os demais artesãos, podeis vos arranjar muito bem. Pois na mesma medida em que todas as coisas se tornam mais caras do que eram, aumentais os preços de vossas mercadorias e serviços, que vendeis novamente. Mas não temos nada para vender cujo preço pudéssemos aumentar para contrapesar tudo aquilo que temos de comprar de novo'. Em outra passagem, pergunta o Knight ao doutor: 'Dizei-me, vos rogo, quem são essas pessoas que mencionais. E, primeiramente, quem dentre elas não terá com isto, segundo vossa opinião, algum prejuízo?' – Doutor: 'Refiro-me a todos aqueles que vivem da compra e venda, pois por caro que comprem, em seguida o vendem'. – Knight: 'Qual é o próximo grupo que, a vosso parecer, ganhará com isso?' – Doutor: 'Ora, todos que têm arrendamentos ou fazendas para sua própria *manurance* (isto é, cultivo) e pagam a renda antiga, pois se pagam segundo as taxas antigas, vendem segundo as novas; ou seja, pagam muito pouco por sua terra e vendem caro tudo que sobre ela cresce [...]' – Knight: 'E qual o grupo que, em vossa opinião, terá nisso um prejuízo maior do que o lucro dos outros?' – Doutor: 'O de todos os nobres, *gentlemen* e todos os outros que vivem de uma renda ou estipêndio fixos, ou que não *manure* (cultivam) eles mesmos o solo, ou não se dedicam a comprar e vender'"].

[229] Na França, o *régisseur*, administrador e coletor dos tributos ao senhor feudal na Alta Idade Média, não tarda a se converter num *homme d'affaires* [homem de negócios], que, mediante extorsão, fraude etc., ascende maliciosamente à posição de capitalista. Esses *régisseurs* eram, às vezes, eles mesmos senhores proeminentes. Por exemplo: *"C'est li compte que messire Jacques de Thoraisse, chevalier chastelain sor Besançon rent es seigneur tenant les comptes à Dijon pour monseigneur le duc et comte de Bourgoigne, des rentes appartenant à la dite chastellenie, depuis XXVe jour de décembre MCCCLIX jusqu'au XXVIIIe jour de décembre MCCCLX"* ["Esta é a conta que o sr. Jacques de Thoraisse, cavaleiro castelão de Besançon, presta ao senhor que, em Dijon, leva as contas para o senhor duque e conde de Borgonha, sobre as rendas pertencentes à dita castelania, desde o XXV dia de dezembro de MCCCLIX até o XXVIII dia de dezembro de MCCCLX"], Alexis Monteil, *Histoire des matériaux manuscrits* etc., p. 234-5. Aqui já se evidencia como, em todas as esferas da vida social, a parte do leão cabe ao intermediário. Na área econômica, por exemplo, quem fica com a nata dos negócios são os financistas, operadores da Bolsa, negociantes e pequenos comerciantes; nos pleitos civis, o advogado depena as partes; na política, o representante vale mais que os eleitores, o ministro mais que o soberano; na religião, Deus é empurrado para o segundo plano pelo "mediador", e este, por sua vez, é deixado para trás pelos padres, que são, por sua vez, os intermediários imprescindíveis entre o bom pastor e suas ovelhas. Na França, como na Inglaterra, os grandes domínios feudais se dividiam numa infinidade de pequenas explorações, mas sob condições incomparavelmente menos favoráveis para a população rural. No século XIV, surgiram os arrendamentos, chamados de *fermes* ou *terriers*. Seu número cresceu continuamente, chegando a bem mais de 100 mil. Pagavam, em dinheiro ou *in natura*, uma renda da terra que oscilava entre $1/12$ e $1/5$ do produto. Os *terriers* eram feudos, subfeudos etc. (*fiefs, arrière-fiefs*), de acordo com o valor e a extensão dos domínios, sendo que alguns continham apenas poucos *arpents* [o equivalente a 10 mil m^2]. Todos esses *terriers* possuíam algum grau de jurisdição sobre os moradores da área;

5. Efeito retroativo da revolução agrícola sobre a indústria. Criação do mercado interno para o capital industrial

A intermitente e sempre renovada expropriação e expulsão da população rural forneceu à indústria urbana, como vimos, massas cada vez maiores de proletários, totalmente estranhos às relações corporativas, uma sábia circunstância que faz o velho Adam Anderson (não confundir com James Anderson), em sua história do comércio, crer numa intervenção direta da Providência. Temos de nos deter, ainda por um momento, no exame desse elemento da acumulação primitiva. À rarefação da população rural independente, que cultivava suas próprias terras, correspondeu um condensamento do proletariado industrial, do mesmo modo como, segundo Geoffroy Saint-Hilaire, o condensamento da matéria cósmica em um ponto se explica por sua rarefação em outro[230]. Em que pese o número reduzido de seus cultivadores, o solo continuava a render tanta produção quanto antes, ou ainda mais, porque a revolução nas relações de propriedade fundiária era acompanhada de métodos aperfeiçoados de cultivo, de uma maior cooperação, da concentração dos meios de produção etc., e porque não só os assalariados agrícolas foram obrigados a trabalhar com maior intensidade[231], mas também o campo de produção sobre o qual trabalhavam para si mesmos se contraiu cada vez mais. Com a liberação de parte da população rural, liberam-se também seus meios alimentares anteriores. Estes se transformam, agora, em elemento material do capital variável. O camponês deixado ao léu tem de adquirir de seu novo senhor, o capitalista industrial, e sob a forma de salário, o valor desses meios alimentares. O que ocorre com os meios de subsistência também ocorre com as matérias-primas agrícolas locais da indústria. Elas se convertem em elemento do capital constante.

Suponha, por exemplo, que uma parte dos camponeses da Vestfália, que no tempo de Frederico II fiavam linho, ainda que não de seda, fosse violentamente expropriada e expulsa da terra, enquanto a parte restante fosse transformada em jornaleiros de grandes arrendatários. Ao mesmo tempo, ergueram-se grandes fiações e tecelagens de linho, nas quais os "liberados" passaram a trabalhar, agora por salários. O linho tem exatamente o mesmo aspecto de antes. Não se modificou nem uma única de suas fibras, mas uma nova alma social instalou-se em seu corpo. Ele constitui, agora, uma parte do capital constante dos patrões manufatureiros. Antes, ele era repartido entre inúmeros pequenos produtores,

---

havia quatro graus. Compreende-se a pressão sofrida pela população rural sob todos esses pequenos tiranos. Monteil diz que, nessa época, havia na França 160 mil tribunais, onde hoje bastam 4 mil (incluindo juízes de paz).

[230] Em seu *Notions de philosophie naturelle* (Paris, 1838).
[231] Um ponto que é ressaltado por sir James Steuart. James Steuart, *An Inquiry into the Principles of Political Economy*, cit., v. 1, livro 1, c. 16.

que, com suas famílias, o cultivavam e fiavam em pequenas porções; agora, ele se concentra nas mãos de um capitalista, que coloca outros para fiar e tecer para ele. Anteriormente, o trabalho extra gasto na fiação do linho resultava em receita complementar para inúmeras famílias camponesas ou, à época de Frederico II, em impostos *pour le roi de Prusse* [para o rei da Prússia]. Ele se realiza, agora, no lucro de poucos capitalistas. Os fusos e teares, antes esparsos pelo interior, agora se concentram em algumas grandes casernas de trabalho, do mesmo modo que os trabalhadores e a matéria-prima. E fusos, teares e matéria-prima, que antes constituíam meios de existência independentes para fiandeiros e tecelões, de agora em diante se transformam em meios de comandá-los[232] e de deles extrair trabalho não pago. Quando se observa as grandes manufaturas, bem como os grandes arrendamentos, não se percebe que são constituídos de muitos pequenos centros de produção, nem que se formaram pela expropriação de muitos pequenos produtores independentes. No entanto, um olhar imparcial não se deixa enganar. À época de Mirabeau, o leão da revolução, as grandes manufaturas ainda eram chamadas de *manufactures réunies*, oficinas reunidas, assim como falamos de lavouras reunidas.

> "Veem-se apenas" – diz Mirabeau – "as grandes manufaturas, onde centenas de seres humanos trabalham sob as ordens de um diretor e que são habitualmente chamadas de manufaturas reunidas (*manufactures réunies*). Já aquelas onde há um número muito grande de operários trabalhando de modo disperso, e cada um por sua própria conta, quase não merecem atenção. São colocadas em segundo plano. Trata-se de um erro grave, pois só estas últimas constituem um componente realmente importante da riqueza do povo [...]. A fábrica reunida (*fabrique réunie*) enriquece prodigiosamente um ou dois empresários, mas os trabalhadores são apenas jornaleiros melhor ou pior remunerados e não têm qualquer participação no bem-estar do empresário. Na fábrica separada (*fabrique séparée*), ao contrário, ninguém fica rico, mas uma porção de trabalhadores se encontra em situação confortável [...]. O número de trabalhadores aplicados e parcimoniosos crescerá, pois eles mesmos reconhecem que uma vida baseada na prudência e na atividade é um meio de melhorar substancialmente sua situação, em vez de obter um pequeno aumento salarial que nunca poderá significar algo importante para o futuro e cujo único resultado será, no máximo, que os homens vivam um pouco melhor, mas sempre com uma mão na frente e outra atrás. As manufaturas individuais e separadas, geralmente vinculadas à pequena agricultura, são as únicas livres."[233]

---

[232] "*Je permettrai*" [...] "*que vous ayez l'honneur de me servir, à condition que vous me donnez le peu qui vous reste pour la peine que je prends de vous commander*" ["Permitirei", diz o capitalista, "que tenhais a honra de me servir, sob a condição de que me deis o pouco que vos resta pelo incômodo que me causa comandar-vos"], J.-J. Rousseau, *Discours sur l'économie politique* (Genebra, 1760), p. 70.

[233] Mirabeau, cit., p. 20-109 passim. Que Mirabeau também considere as oficinas dispersas como mais econômicas e produtivas que as "reunidas" e veja nestas últimas apenas plantas artificiais de invernáculo, cultivadas pelos governos, é algo que se explica pela situação em que àquela época se encontrava grande parte das manufaturas continentais.

Karl Marx – O capital

A expropriação e expulsão de uma parte da população rural não só libera trabalhadores para o capital industrial, e com eles seus meios de subsistência e seu material de trabalho, mas cria também o mercado interno.

De fato, os acontecimentos que transformam os pequenos camponeses em assalariados, e seus meios de subsistência e de trabalho em elementos materiais do capital, criam para este último, ao mesmo tempo, seu mercado interno. Anteriormente, a família camponesa produzia e processava os meios de subsistência e matérias-primas que ela mesma, em sua maior parte, consumia. Essas matérias-primas e meios de subsistência converteram-se agora em mercadorias; o grande arrendatário as vende e encontra seu mercado nas manufaturas. Fios, panos, tecidos grosseiros de lã, coisas cujas matérias-primas se encontravam no âmbito de toda família camponesa e que eram fiadas e tecidas por ela para seu consumo próprio, transformam-se, agora, em artigos de manufatura, cujos mercados são formados precisamente pelos distritos rurais. A numerosa clientela dispersa, até então condicionada por uma grande quantidade de pequenos produtores, trabalhando por conta própria, concentra-se agora num grande mercado, abastecido pelo capital industrial[234].

Desse modo, a expropriação dos camponeses que antes cultivavam suas próprias terras e agora são apartados de seus meios de produção acompanha a destruição da indústria rural subsidiária, o processo de cisão entre manufatura e agricultura. E apenas a destruição da indústria doméstica rural pode dar ao mercado interno de um país a amplitude e a sólida consistência de que o modo de produção capitalista necessita.

No entanto, o período manufatureiro propriamente dito não provocou uma transformação radical. Recordemos que a manufatura só se apodera muito fragmentariamente da produção nacional e tem sempre como sua ampla base de sustentação o artesanato urbano e a indústria subsidiária doméstica e rural. Toda vez que a manufatura destrói essa indústria doméstica em uma de suas formas, em ramos particulares de negócio e em determinados pontos, ela provoca seu ressurgimento em outros, pois tem necessidade dela, até

---

[234] *"Twenty pounds of wool converted unobtrusively into the yearly clothing of a labourer's family by its own industry in the intervals of other work – this makes no show; but bring it to market, send it to the factory, thence to the broker, thence to the dealer, and you will have great commercial operations, and nominal capital engaged to the amount of twenty times its value [...]. The working class is thus emerced to support a wretched factory population, a parasitical shopkeeping class, and a fictitious commercial, monetary and financial system"* ["Vinte libras de lã, tranquilamente transformadas na vestimenta anual de uma família de trabalhadores – por seus próprios esforços, nos intervalos entre seus outros trabalhos –, não é algo que impressione; mas leveis a lã ao mercado, a envieis à fábrica, depois ao intermediário, depois ao negociante e tereis grandes operações comerciais e capital nominal empregado num montante de vinte vezes o seu valor [...]. A classe trabalhadora é assim explorada para sustentar uma miserável população fabril, uma classe parasitária de lojistas e um sistema comercial, monetário e financeiro fictício], David Urquhart, *Familiar Words*, cit., p. 120.

certo grau, para o processamento da matéria-prima. Ela produz, assim, uma nova classe de pequenos lavradores, que cultivam o solo como atividade subsidiária e exercem como negócio principal o trabalho industrial para a venda dos produtos à manufatura, diretamente ou por meio do comerciante. Essa é uma causa, embora não a principal, de um fenômeno que, inicialmente, desconcerta o investigador da história inglesa. A partir do último terço do século XV, tal pesquisador encontra reclamações contínuas, interrompidas apenas durante certos intervalos, sobre o avanço da economia capitalista no campo e a aniquilação progressiva do campesinato. Por outro lado, volta sempre a reencontrar este campesinato, ainda que em menor número e em situação cada vez pior[235]. A causa principal é a seguinte: a Inglaterra é predominantemente, ora cultivadora de trigo, ora criadora de gado, em períodos alternados, e com essas atividades varia o tamanho da empresa camponesa. Somente a grande indústria proporciona, com as máquinas, o fundamento constante da agricultura capitalista, expropria radicalmente a imensa maioria da população rural e consuma a cisão entre a agricultura e a indústria doméstica rural, cujas raízes – a fiação e a tecelagem – ela extirpa[236]. Portanto, é só ela que conquista para o capital industrial todo o mercado interno[237].

---

[235] A exceção constitui, aqui, a época de Cromwell. Enquanto durou a república, a massa do povo inglês se ergueu, em todas as suas camadas, da degradação em que havia afundado sob os Tudors.

[236] Tuckett sabe que a grande indústria da lã é derivada das manufaturas propriamente ditas e da destruição da manufatura rural ou doméstica, acarretada pela introdução da maquinaria. Tuckett, *A History of the Past and Present State of the Labouring Population*, cit., v. I, p. 139-44. "O arado e o jugo foram invenções dos deuses e ocupação de heróis: são de origem menos nobre o tear, o fuso e a roca? Separai a roca do arado, o fuso do jugo, e tereis fábricas e albergues de pobres, crédito e pânico, duas nações inimigas, a agrícola e a comercial", David Urquhart, *Familiar Words*, cit., p. 122. Mas então chega Carey e acusa a Inglaterra, certamente não sem razão, de tentar converter os demais países em meros povos agrícolas, tendo a Inglaterra como fabricante. Ele diz que, desse modo, a Turquia teria sido arruinada, porque "aos proprietários e cultivadores do solo jamais foi permitido" (pela Inglaterra) "que fortalecessem a si mesmos por essa aliança natural entre o arado e o tear, o martelo e a grade", *The Slave Trade*, p. 125. Segundo ele, o próprio Urquhart é um dos agentes principais da ruína da Turquia, onde teria feito propaganda do livre-câmbio a serviço de interesses ingleses. O melhor de tudo é que Carey – grande servo dos russos, diga-se de passagem – quer deter esse processo de cisão por meio do sistema protecionista, que o acelera.

[237] Economistas filantrópicos ingleses, como Mill, Rogers, Goldwin, Smith, Fawcett etc., e fabricantes liberais, como John Bright e consortes, perguntam aos aristocratas rurais ingleses, tal como Deus perguntara a Caim sobre seu irmão Abel: onde foram parar nossos milhares de *freeholders* [pequenos proprietários livres]? Mas de onde viestes vós? Da destruição daqueles *freeholders*. Por que não seguis adiante e perguntais onde foram parar os tecelões, fiandeiros e artesãos independentes?

6. Gênese do capitalista industrial

A gênese do capitalista industrial[238] não se deu de modo tão gradativo como a do arrendatário. Sem dúvida, muitos pequenos mestres corporativos, e mais ainda pequenos artesãos independentes, ou também trabalhadores assalariados, transformaram-se em pequenos capitalistas e, por meio da exploração paulatina do trabalho assalariado e da correspondente acumulação, em capitalistas *sans phrase* [sem floreios]. Durante a infância da produção capitalista, as coisas se deram, muitas vezes, como na infância do sistema urbano medieval, quando a questão de saber qual dos servos fugidos devia se tornar mestre ou criado era geralmente decidida com base na data mais ou menos recente de sua fuga. Entretanto, a marcha de lesma desse método não correspondia em absoluto às necessidades comerciais do novo mercado mundial, que fora criado pelas grandes descobertas do fim do século XV. Mas a Idade Média havia legado duas formas distintas do capital, que amadureceram nas mais diversas formações socioeconômicas e, antes da era do modo de produção capitalista, já valiam como capital *quand même* [em geral]: o capital usurário e o capital comercial.

> "Hoje em dia, toda a riqueza da sociedade passa primeiro pelas mãos do capitalista [...] ele paga a renda ao proprietário da terra, o salário ao trabalhador, ao coletor de imposto e dízimo aquilo que estes reclamam e guarda para si mesmo uma parte grande – que na realidade é a maior e, além disso, aumenta a cada dia – do produto anual do trabalho. O capitalista pode agora ser considerado o primeiro proprietário de toda a riqueza social, ainda que nenhuma lei lhe tenha concedido o direito a essa propriedade [...]. Essa mudança na propriedade foi realizada pela cobrança de juros sobre o capital [...] e não é menos estranho que os legisladores de toda a Europa tenham procurado deter esse processo mediante leis contra a usura [...]. O poder do capitalista sobre a riqueza inteira do país é uma revolução completa no direito de propriedade, e por meio de que lei ou série de leis ela foi realizada?"[239]

O autor deveria ter dito que revoluções não se fazem por meio de leis.

O regime feudal no campo e a constituição corporativa nas cidades impediram o capital monetário, constituído pela usura e pelo comércio, de se converter em capital industrial[240]. Essas barreiras caíram com a dissolução dos séquitos feudais e com a expropriação e a parcial expulsão da população rural. A nova manufatura se instalou nos portos marítimos exportadores ou

---

[238] Industrial, aqui, em oposição a agrícola. Em sentido "categórico", o arrendatário é um capitalista industrial tanto quanto o fabricante.

[239] *The Natural and Artificial Right of Property Contrasted* (Londres, 1832), p. 98-9. Autor desse escrito anônimo: T. Hodgskin.

[240] Ainda em 1794, os pequenos fabricantes de pano de Leeds enviaram uma delegação ao Parlamento, solicitando-lhe uma lei que proibisse qualquer comerciante de tornar-se fabricante. (Dr. Aikin, *Description of the Country from 30 to 40 miles round Manchester*, cit.)

A assim chamada acumulação primitiva

em pontos do campo não sujeitos ao controle do velho regime urbano e de sua constituição corporativa. Na Inglaterra se assistiu, por isso, a uma amarga luta das *corporate towns** contra essas novas incubadoras industriais.

A descoberta das terras auríferas e argentíferas na América, o extermínio, a escravização e o soterramento da população nativa nas minas, o começo da conquista e saqueio das Índias Orientais, a transformação da África numa reserva para a caça comercial de peles-negras caracterizam a aurora da era da produção capitalista. Esses processos idílicos constituem momentos fundamentais da acumulação primitiva. A eles se segue imediatamente a guerra comercial entre as nações europeias, tendo o globo terrestre como palco. Ela é inaugurada pelo levante dos Países Baixos contra a dominação espanhola, assume proporções gigantescas na guerra antijacobina inglesa e prossegue ainda hoje nas guerras do ópio contra a China etc.

Os diferentes momentos da acumulação primitiva repartem-se, agora, numa sequência mais ou menos cronológica, principalmente entre Espanha, Portugal, Holanda, França e Inglaterra. Na Inglaterra, no fim do século XVII, esses momentos foram combinados de modo sistêmico, dando origem ao sistema colonial, ao sistema da dívida pública, ao moderno sistema tributário e ao sistema protecionista. Tais métodos, como, por exemplo, o sistema colonial, baseiam-se, em parte, na violência mais brutal. Todos eles, porém, lançaram mão do poder do Estado, da violência concentrada e organizada da sociedade, para impulsionar artificialmente o processo de transformação do modo de produção feudal em capitalista e abreviar a transição de um para o outro. A violência é a parteira de toda sociedade velha que está prenhe de uma sociedade nova. Ela mesma é uma potência econômica.

Sobre o sistema colonial cristão, afirma W. Howitt, um homem que faz do cristianismo uma especialidade:

> "As barbaridades e as iníquas crueldades perpetradas pelas assim chamadas raças cristãs, em todas as regiões do mundo e contra todos os povos que conseguiram subjugar, não encontram paralelo em nenhuma era da história universal e em nenhuma raça, por mais selvagem e inculta, por mais desapiedada e inescrupulosa que fosse."[241]

---

* Cidades que, por privilégio real, obtinham a autonomia em relação ao condado circunvizinho, isto é, o direito a eleger suas próprias autoridades, constituindo-se, assim, elas mesmas em condados (*county of itself, county of a town, county corporate*). (N. T.)

[241] William Howitt, *Colonization and Christianity. A Popular History of the Treatment of the Natives by the Europeans in all their Colonies* (Londres, 1838), p. 9. Sobre o tratamento dado aos escravos, uma boa compilação encontra-se em Charles Comte, *Traité de la législation* (3. ed., Bruxelas, 1837). É preciso estudar essa questão em detalhe, para ver o que o burguês faz de si mesmo e do trabalhador lá onde tem plena liberdade para moldar o mundo segundo sua própria imagem.

A história da economia colonial holandesa – e a Holanda foi a nação capitalista modelar do século XVII – "apresenta-nos um quadro insuperável de traição, suborno, massacre e infâmia"[242]. Nada é mais característico que seu sistema de roubo de pessoas, aplicado nas ilhas Celebes para obter escravos para Java. Os ladrões de pessoas eram treinados para esse objetivo. O ladrão, o intérprete e o vendedor eram os principais agentes nesse negócio, e os príncipes nativos eram os principais vendedores. Os jovens sequestrados eram mantidos escondidos nas prisões secretas das ilhas Celebes até que estivessem maduros para serem enviados aos navios de escravos. Um relatório oficial diz: "Esta cidade de Macassar, por exemplo, está repleta de prisões secretas, uma mais abominável que a outra, abarrotadas de miseráveis, vítimas da cobiça e da tirania, acorrentados, arrancados violentamente de suas famílias".

Para se apoderar de Málaca, os holandeses subornaram o governador português. Este, em 1641, deixou-os entrar na cidade. Os invasores apressaram-se à casa do governador e o assassinaram, a fim de se "absterem" de pagar-lhe as £21.875 prometidas como suborno. Onde pisavam, seguiam-nos a devastação e o despovoamento. Banjuwangi, uma província de Java, contava, em 1750, com mais de 80 mil habitantes; em 1811, apenas 8 mil. Eis o *doux commerce* [doce comércio]!

É sabido que a Companhia Inglesa das Índias Orientais obteve, além do domínio político nas Índias Orientais, o monopólio do comércio de chá, bem como do comércio chinês em geral e do transporte de produtos para a Europa. Mas a navegação costeira na Índia e entre as ilhas, assim como o comércio no interior da Índia, tornaram-se monopólio dos altos funcionários da Companhia. Os monopólios de sal, ópio, bétel e outras mercadorias eram minas inesgotáveis de riqueza. Os próprios funcionários fixavam os preços e espoliavam à vontade o infeliz indiano. O governador-geral participava nesse comércio privado. Seus favoritos obtinham contratos em condições mediante as quais, mais astutos que os alquimistas, criavam ouro do nada. Grandes fortunas brotavam de um dia para o outro, como cogumelos; a acumulação primitiva realizava-se sem o adiantamento de 1 único xelim. O processo judicial de Warren Hastings está pleno de tais exemplos. Eis um caso. A certo Sullivan é atribuído um contrato de fornecimento de ópio, e isso no momento de sua partida – em missão oficial – para uma região da Índia totalmente afastada dos distritos de ópio. Sullivan vende seu contrato por £40.000 a certo Binn. Este, por sua vez, vende-o, no mesmo dia, por £60.000, e o último comprador e executor do contrato declara que, depois disso tudo, ainda obteve um lucro enorme. Segundo uma lista apresentada ao Parlamen-

---

[242] Thomas Stamford Raffles (*late Lieut. Gov. of that island*), *The History of Java* (Londres, 1817), v. II, p. CXC, CXCI.

A assim chamada acumulação primitiva

to, de 1757 a 1766 a Companhia e seus funcionários deixaram-se presentear pelos indianos com £6 milhões! Entre 1769 e 1770, os ingleses provocaram um surto de fome por meio da compra de todo arroz e pela recusa de revendê-lo, a não ser por preços fabulosos[243].

O tratamento dispensado aos nativos era, naturalmente, o mais terrível nas plantações destinadas exclusivamente à exportação, como nas Índias Ocidentais e nos países ricos e densamente povoados, entregues à matança e ao saqueio, como o México e as Índias Orientais. Tampouco nas colônias propriamente ditas se desmentia o caráter cristão da acumulação primitiva. Esses austeros e virtuosos protestantes, os puritanos da Nova Inglaterra, estabeleceram em 1703, por decisão de sua *assembly* [assembleia], um prêmio de £40 para cada escalpo indígena e cada pele-vermelha capturado; em 1720, um prêmio de £100 para cada escalpo; em 1744, depois de Massachusetts-Bay ter declarado certa tribo como rebelde, os seguintes preços: £100 da nova moeda para o escalpo masculino, a partir de 12 anos de idade; £105 para prisioneiros masculinos, £50 para mulheres e crianças capturadas, £50 para escalpos de mulheres e crianças! Algumas décadas mais tarde, o sistema colonial vingou-se nos descendentes – que nesse ínterim haviam se tornado rebeldes – dos piedosos *pilgrim fathers* [pais pelegrinos]*. Com incentivo e pagamento inglês, foram mortos a golpes de *tomahawk***. O Parlamento britânico declarou os cães de caça*** e o escalpelamento como "meios que Deus e a Natureza puseram em suas mãos".

O sistema colonial amadureceu o comércio e a navegação como plantas num hibernáculo. As "sociedades *Monopolia*"**** (Lutero) foram alavancas poderosas da concentração de capital. Às manufaturas em ascensão, as colônias garantiam um mercado de escoamento e uma acumulação potenciada pelo monopólio do mercado. Os tesouros espoliados fora da Europa diretamente mediante o saqueio, a escravização e o latrocínio refluíam à metrópole e lá se transformavam em capital. A Holanda, primeiro país a desenvolver plenamente o sistema colonial, encontrava-se já em 1648 no ápice de sua grandeza comercial. Encontrava-se "de posse quase exclusiva do comércio com as Índias Orientais e do tráfico entre o sudoeste e o nordeste europeu. Sua pesca, frotas e manufaturas sobrepujavam as de qualquer outro país.

---

[243] Somente na província de Orissa, em 1866, mais de 1 milhão de indianos morreu de inanição. Não obstante, procurou-se enriquecer o erário indiano com os preços pelos quais se forneciam alimentos aos famintos.
* Assim é chamado o grupo de colonos ingleses que se estabeleceu em Plymouth, Massachusetts, em 1620. (N. T.)
** Pequenos machados usados pelos índios americanos. (N. T.)
*** No original: *Bluthunde*, "sabujos". (N. T.)
**** Sociedades que detinham o monopólio legal para a exploração de certos ramos de indústria e comércio (N. T.)

Karl Marx – O capital

Os capitais da República eram talvez mais consideráveis que os de todo o resto da Europa somados"*.

Gülich se esquece de acrescentar: em 1648, a massa do povo holandês já estava mais sobrecarregada de trabalho, mais empobrecida e brutalmente oprimida do que as massas populares do resto da Europa somadas.

Hoje em dia, a supremacia industrial traz consigo a supremacia comercial. No período manufatureiro propriamente dito, ao contrário, é a supremacia comercial que gera o predomínio industrial. Daí o papel preponderante que o sistema colonial desempenhava nessa época. Ele era o "deus estranho" que se colocou sobre o altar, ao lado dos velhos ídolos da Europa, e que, um belo dia, lançou-os por terra com um só golpe. Tal sistema proclamou a produção de mais-valor como finalidade última e única da humanidade.

O sistema de crédito público, isto é, das dívidas públicas, cujas origens encontramos em Gênova e Veneza já na Idade Média, tomou conta de toda a Europa durante o período manufatureiro. O sistema colonial, com seu comércio marítimo e suas guerras comerciais, serviu-lhe de incubadora. Assim, ele se consolidou primeiramente na Holanda. A dívida pública, isto é, a alienação [*Veräusserung*] do Estado – seja ele despótico, constitucional ou republicano – imprime sua marca sobre a era capitalista. A única parte da assim chamada riqueza nacional que realmente integra a posse coletiva dos povos modernos é... sua dívida pública[243a]. Daí que seja inteiramente coerente a doutrina moderna segundo a qual um povo se torna tanto mais rico quanto mais se endivida. O crédito público se converte no credo do capital. E ao surgir o endividamento do Estado, o pecado contra o Espírito Santo, para o qual não há perdão, cede seu lugar para a falta de fé na dívida pública.

A dívida pública torna-se uma das alavancas mais poderosas da acumulação primitiva. Como com um toque de varinha mágica, ela infunde força criadora no dinheiro improdutivo e o transforma, assim, em capital, sem que, para isso, tenha necessidade de se expor aos esforços e riscos inseparáveis da aplicação industrial e mesmo usurária. Na realidade, os credores do Estado não dão nada, pois a soma emprestada se converte em títulos da dívida, facilmente transferíveis, que, em suas mãos, continuam a funcionar como se fossem a mesma soma de dinheiro vivo. Porém, ainda sem levarmos em conta a classe de rentistas ociosos assim criada e a riqueza improvisada dos financistas que desempenham o papel de intermediários entre o governo e a

---

* Gustav von Gülich, *Geschichtliche Darstellung des Handels, der Gewerbe und des Ackerbaus der bedeutendsten handeltreibenden Staaten unsrer Zeit* (Jena, 1830), t. I, p. 371. (N. E. A. MEW)
[243a] William Cobbett observa que, na Inglaterra, todas as instituições públicas são denominadas "reais", mas que, a título de compensação, existe a dívida "nacional" (*national debt*).

A assim chamada acumulação primitiva

nação, e abstraindo também a classe dos coletores de impostos, comerciantes e fabricantes privados, aos quais uma boa parcela de cada empréstimo estatal serve como um capital caído do céu, a dívida pública impulsionou as sociedades por ações, o comércio com papéis negociáveis de todo tipo, a agiotagem, numa palavra: o jogo da Bolsa e a moderna bancocracia.

Desde seu nascimento, os grandes bancos, condecorados com títulos nacionais, não eram mais do que sociedades de especuladores privados, que se colocavam sob a guarda dos governos e, graças aos privilégios recebidos, estavam em condições de emprestar-lhes dinheiro. Por isso, a acumulação da dívida pública não tem indicador mais infalível do que a alta sucessiva das ações desses bancos, cujo desenvolvimento pleno data da fundação do Banco da Inglaterra (l694). Esse banco começou emprestando seu dinheiro ao governo a um juro de 8%, ao mesmo tempo que o Parlamento o autorizava a cunhar dinheiro com o mesmo capital, voltando a emprestá-lo ao público sob a forma de notas bancárias. Com essas notas, ele podia descontar letras, conceder empréstimos sobre mercadorias e adquirir metais preciosos. Não demorou muito para que esse dinheiro de crédito, fabricado pelo próprio banco, se convertesse na moeda com a qual o Banco da Inglaterra tomava empréstimos ao Estado e, por conta deste último, pagava os juros da dívida pública. Não lhe bastava dar com uma mão para receber mais com a outra: o banco, enquanto recebia, continuava como credor perpétuo da nação até o último tostão adiantado. E assim ele se tornou, pouco a pouco, o receptáculo imprescindível dos tesouros metálicos do país e o centro de gravitação de todo o crédito comercial. À mesma época em que na Inglaterra deixou-se de queimar bruxas, começou-se a enforcar falsificadores de notas bancárias. Nos escritos dessa época, por exemplo, nos de Bolingbroke, pode-se apreciar claramente o efeito que produziu nos contemporâneos o aparecimento súbito dessa malta de bancocratas, financistas, rentistas, corretores, *stockjobbers* [bolsistas] e leões da Bolsa[243b].

Com as dívidas públicas surgiu um sistema internacional de crédito, que frequentemente encobria uma das fontes da acumulação primitiva neste ou naquele povo. Desse modo, as perversidades do sistema veneziano de rapina constituíam um desses fundamentos ocultos da riqueza de capitais da Holanda, à qual a decadente Veneza emprestou grandes somas em dinheiro. O mesmo se deu entre a Holanda e a Inglaterra. Já no começo do século XVIII, as manufaturas holandesas estavam amplamente ultrapassadas, e o país deixara de ser a nação comercial e industrial dominante. Um de seus negócios principais, entre 1701 e 1776, foi o empréstimo de enormes somas de capital,

---

[243b] "*Si les Tartares inondaient l'Europe aujourd'hui, il faudrait bien des affaires pour leur faire entendre ce que c'est qu'un financier parmi nous*" ["Se os tártaros inundassem hoje a Europa, seria muito custoso fazê-los entender o que vem a ser, entre nós, um financista"], Montesquieu, *Esprit des lois* (Londres, 1769), t. IV, p. 33.

especialmente à sua poderosa concorrente, a Inglaterra. Algo semelhante ocorre hoje entre Inglaterra e Estados Unidos. Uma grande parte dos capitais que atualmente ingressam nos Estados Unidos, sem certidão de nascimento, é sangue de crianças que acabou de ser capitalizado na Inglaterra.

Como a dívida pública se respalda nas receitas estatais, que têm de cobrir os juros e demais pagamentos anuais etc., o moderno sistema tributário se converteu num complemento necessário do sistema de empréstimos públicos. Os empréstimos capacitam o governo a cobrir os gastos extraordinários sem que o contribuinte o perceba de imediato, mas exigem, em contrapartida, um aumento de impostos. Por outro lado, o aumento de impostos, causado pela acumulação de dívidas contraídas sucessivamente, obriga o governo a recorrer sempre a novos empréstimos para cobrir os novos gastos extraordinários. O regime fiscal moderno, cujo eixo é formado pelos impostos sobre os meios de subsistência mais imprescindíveis (portanto, pelo encarecimento desses meios), traz em si, portanto, o germe da progressão automática. A sobrecarga tributária não é, pois, um incidente, mas, antes, um princípio. Razão pela qual na Holanda, onde esse sistema foi primeiramente aplicado, o grande patriota de Witt o celebrou em suas máximas como o melhor sistema para fazer do trabalhador assalariado uma pessoa submissa, frugal, aplicada e... sobrecarregada de trabalho. A influência destrutiva que esse sistema exerce sobre a situação dos trabalhadores assalariados importa-nos aqui, no entanto, menos que a violenta expropriação do camponês, do artesão, em suma, de todos os componentes da pequena classe média. Sobre isso não há divergência, nem mesmo entre os economistas burgueses. Sua eficácia expropriadora é ainda reforçada pelo sistema protecionista, uma de suas partes integrantes.

O grande papel que a dívida pública e o sistema fiscal desempenham na capitalização da riqueza e na expropriação das massas levou um bom número de escritores, como Cobbett, Doubleday e outros, a procurar erroneamente naquela a causa principal da miséria dos povos modernos.

O sistema protecionista foi um meio artificial de fabricar fabricantes, de expropriar trabalhadores independentes, de capitalizar os meios de produção e de subsistência nacionais, de abreviar violentamente a transição do modo de produção antigo para o moderno. A patente desse invento foi ferozmente disputada pelos Estados europeus, que, a serviço dos extratores de mais-valor, perseguiram esse objetivo não só saqueando seu próprio povo, tanto direta, por meio de tarifas protecionistas, quanto indiretamente, por meio de prêmios de exportação etc., mas também extirpando violentamente toda a indústria dos países que lhes eram contíguos e deles dependiam, como ocorreu, por exemplo, com a manufatura irlandesa de lã por obra da Inglaterra. No continente europeu, que seguia o modelo de Colbert, o processo foi simplificado ainda mais, e parte do capital original do industrial passou a fluir diretamente do tesouro do Estado.

A assim chamada acumulação primitiva

"Por que", exclama Mirabeau, "procurar tão longe a causa do fulgor manufatureiro da Saxônia antes da Guerra dos Sete Anos? 180 milhões de dívidas públicas!"[244]

Sistema colonial, dívidas públicas, impostos escorchantes, protecionismo, guerras comerciais etc., esses rebentos do período manufatureiro propriamente dito cresceram gigantescamente durante a infância da grande indústria. O nascimento desta última é celebrado pelo grande rapto herodiano dos inocentes. Como a marinha real, as fábricas recrutam por meio da coerção. *Sir* F. M. Eden, tão impassível diante dos horrores da expropriação da população rural, que se viu despojada de suas terras desde o último terço do século XV até a época desse autor, isto é, o final do século XVIII, e que tão vaidosamente se regozija com esse processo, por ele considerado "necessário" para "estabelecer" a agricultura capitalista e "a proporção devida entre lavoura e pastagem", não dá provas, no entanto, da mesma compreensão econômica no que diz respeito à necessidade do roubo de crianças e da escravidão infantil para a transformação da empresa manufatureira em empresa fabril e o estabelecimento da devida proporção entre capital e força de trabalho. Diz ele:

> "Talvez mereça a atenção do público a questão de se uma manufatura, que, para ser operada de modo eficaz, tem de saquear *cottages* e *workhouses* em busca de crianças pobres, que serão divididas em turmas, esfalfadas durante a maior parte da noite e terão seu descanso roubado; uma manufatura que, além disso, amontoa uma multidão de pessoas de ambos os sexos, de diferentes idades e inclinações, de tal modo que a contaminação do exemplo tem necessariamente de levar à depravação e à licenciosidade, se tal manufatura pode aumentar a soma da felicidade nacional e individual."[245]

"Em Derbyshire, Nottinghamshire e especialmente em Lancashire" – diz Fielden – "a maquinaria recém-inventada foi empregada em grandes fábricas, instaladas junto a correntezas capazes de girar a roda-d'água. Nesses lugares, afastados das cidades, requeriam-se subitamente milhares de braços, e principalmente Lancashire, até então comparativamente pouco povoado e infértil, agora necessitava, antes de mais nada, de uma população. O que mais se requisitava eram dedos pequenos e ágeis. Logo surgiu o costume de buscar aprendizes" (!) "nas diferentes *workhouses* paroquiais de Londres, Birmingham e outros lugares. E assim muitos, muitos milhares dessas pequenas criaturas desamparadas, entre os 7 e os 13 ou 14 anos, foram despachadas para o norte. Era habitual que o patrão" (isto é, o ladrão de crianças) "vestisse, alimentasse e alojasse seus aprendizes numa casa de aprendizes, próxima à fábrica. Capatazes eram designados para vigiar o trabalho.

---

[244] "*Pourquoi aller chercher si loin la cause de l'éclat manufacturier de la Saxe avant la guerre? Cent quatre-vingt millions de dettes faites par les souverains!*", Mirabeau, *De la monarchie prussienne*, cit., t. VI, p. 101.

[245] Eden, *The State of the Poor, or an History of the Labouring Classes in England etc.*, cit., livro II, c. I, p. 421.

O interesse desses feitores de escravos era sobrecarregar as crianças de trabalho, pois a remuneração dos primeiros era proporcional à quantidade de produto que se conseguia extrair da criança. A consequência natural foi a crueldade [...]. Em muitos distritos fabris, especialmente de Lancashire, essas criaturas inocentes e desvalidas, consignadas aos senhores de fábricas, foram submetidas às torturas mais pungentes. Foram acossadas até a morte por excesso de trabalho [...] foram açoitadas, acorrentadas e torturadas com os maiores requintes de crueldade; em muitos casos, foram esfomeadas até restar-lhes só pele e ossos, enquanto o chicote as mantinha no trabalho. Sim, em alguns casos, foram levadas ao suicídio! [...] Os belos e românticos vales de Derbyshire, Nottinghamshire e Lancashire, ocultos ao olhar do público, converteram-se em lúgubres ermos de tortura e, com frequência, de assassinato! [...] Os lucros dos fabricantes eram enormes. Mas isso só aguçava mais sua voracidade de lobisomem. Implementaram o trabalho noturno, isto é, depois de terem esgotado um grupo de operários pelo trabalho diurno, já dispunham de outro grupo pronto para o trabalho noturno; o grupo diurno ocupava as camas que o grupo noturno acabara de deixar, e vice-versa. Em Lancashire, dizia a tradição popular que as camas nunca esfriavam.[246]

Com o desenvolvimento da produção capitalista durante o período manufatureiro, a opinião pública europeia perdeu o que ainda lhe restava de pudor e consciência. As nações se jactavam cinicamente de toda infâmia que constituísse um meio para a acumulação de capital. Leia-se, por exemplo,

---

[246] John Fielden, *The Curse of the Factory System*, cit., p. 5-6. Sobre as infâmias do sistema fabril em suas origens, cf. dr. Aikin, *Description of the Country from 30 to 40 miles round Manchester*, cit., 1795, p. 219, e Gisborne, *Enquiry into the Duties of Men* (1795), v. II. Uma vez que a máquina a vapor transplantou as fábricas antes construídas no campo, próximas às quedas-d'águas, para o centro das cidades, o extrator de mais-valor, sempre "disposto à renúncia", encontrou à mão o material infantil, sem a necessidade das remessas forçadas de escravos das *workhouses*. – Quando *sir* R. Peel (pai do "ministro da plausibilidade") apresentou em 1815 sua *bill* em proteção das crianças, F. Horner (luminar do *Bullion Committe* e amigo íntimo de Ricardo) declarou na Câmara Baixa: "É notório que, entre os efeitos da falência de um fabricante, está o de que um bando, se me permitem essa expressão, de crianças de fábrica foi anunciado e arrematado, em leilão público, como parte da propriedade. Há dois anos" (em 1813) "apresentou-se ao King's Bench um caso terrível. Tratava-se de certo número de rapazes. Uma paróquia de Londres os havia consignado a um fabricante, que, por sua vez, os transferiu a outrem. Finalmente, eles foram descobertos por alguns filantropos, em estado de absoluta inanição (*absolute famine*). Outro caso, ainda mais atroz, chegou a meu conhecimento como membro da comissão parlamentar de inquérito. Há não muitos anos, num convênio entre uma paróquia londrina e um fabricante de Lancashire, estipulou-se que o comprador, para cada vinte crianças sadias teria de aceitar uma idiota". [Na revista *Nova Gazeta Renana* (maio-out. 1850), Marx escreve: "Desde 1845, Peel foi tratado como traidor pelo partido *tory*. O poder de Peel sobre a Câmara Baixa repousa sobre a *plausibilidade de sua eloquência*. Quando lemos seus mais famosos discursos, vemos que eles consistem num volumoso amontoado de lugares-comuns, entre os quais são habilmente inseridos alguns dados estatísticos". *King's Bench* (ou *Queen's Bench*): suprema corte de justiça no Reino Unido. (N. T.)]

os ingênuos anais comerciais do ínclito A. Anderson. Neles é trombeteado como triunfo da sabedoria política inglesa o fato de que, na paz de Utrecht, a Inglaterra arrancara aos espanhóis, pelo Tratado de Asiento*, o privilégio de explorar também entre a África e a América espanhola o tráfico de negros, que até então ela só explorava entre a África e as Índias Ocidentais inglesas. A Inglaterra obteve o direito de guarnecer a América espanhola, até 1743, com 4.800 negros por ano. Isso proporcionava, ao mesmo tempo, uma cobertura oficial para o contrabando britânico. Liverpool teve um crescimento considerável graças ao tráfico de escravos. Esse foi seu método de acumulação primitiva, e até hoje a "respeitabilidade" de Liverpool é o Píndaro do tráfico de escravos, que – cf. o escrito citado do dr. Aikin, de 1795 – "eleva até a paixão o espírito de empreendimento comercial, forma navegantes afamados e rende quantias enormes de dinheiro"**. Em 1730, Liverpool empregava 15 navios no tráfico de escravos; em 1751, 53; em 1760, 74; em 1770, 96; e, em 1792, 132.

Ao mesmo tempo que introduzia a escravidão infantil na Inglaterra, a indústria do algodão dava o impulso para a transformação da economia escravista dos Estados Unidos, antes mais ou menos patriarcal, num sistema comercial de exploração. Em geral, a escravidão disfarçada dos assalariados na Europa necessitava, como pedestal, da escravidão *sans phrase* do Novo Mundo[247].

Tantae molis erat [tanto esforço se fazia necessário]*** para trazer à luz as "eternas leis naturais" do modo de produção capitalista, para consumar o processo de cisão entre trabalhadores e condições de trabalho, transformando, num dos polos, os meios sociais de produção e subsistência em capital, e, no polo oposto, a massa do povo em trabalhadores assalariados, em "pobres laboriosos" livres, esse produto artificial da história moderna[248]. Se o dinheiro,

---

* Denominação dos acordos pelos quais a Espanha concedia a Estados estrangeiros e pessoas privadas o direito de fornecer escravos negros africanos para seus assentamentos americanos, do século XVI até o século XVIII. (N. E. A. MEW)

** O trecho citado diz o seguinte: "[...] *has coincided with that spirit of bold adventure wich has characterised the trade of Liverpool and rapidly carried it to its present state of prosperity; has occasioned vast employment for shipping and sailors, and greatly augmented the demand for the manufactures of the country*" ["[O tratado] coincidiu com esse espírito de audaz aventura que caracterizou o comércio de Liverpool e o levou rapidamente a seu estado atual de prosperidade; ocasionou um vasto emprego de barcos e marinheiros, e aumentou em grande medida a demanda pelas manufaturas do país"]. (N. T.)

[247] Em 1790, as Índias Ocidentais inglesas contavam com 10 escravos para 1 homem livre, nas francesas, 14 para 1, nas holandesas, 23 para 1. Henry Brougham, *An Inquiry into the Colonial Policy of the European Powers* (Edimburgo, 1803), v. II, p. 74.

*** Virgílio, Eneida, I, 33, onde se lê: "*Tantal moeis erat komanenn condre gentem*" ["Tanto esforço para fundar o povo romano"]. (N. E. A. MEW)

[248] A expressão "*labouring poor*" [pobres laboriosos] é encontrada nas leis inglesas desde o momento que a classe dos assalariados se torna digna de atenção. Os "*labouring poor*" encontram-se em oposição, por um lado, aos "*idle poor*" [pobres ociosos], mendigos etc.; por outro, aos trabalhadores que ainda não se tornaram

segundo Augier, "vem ao mundo com manchas naturais de sangue numa de suas faces"[249], o capital nasce escorrendo sangue e lama por todos os poros, da cabeça aos pés[250].

7. Tendência histórica da acumulação capitalista

No que resulta a acumulação primitiva do capital, isto é, sua gênese histórica? Quando não é transformação direta de escravos e servos em trabalhadores assalariados, ou seja, mera mudança de forma, ela não significa mais que a expropriação dos produtores diretos, isto é, a dissolução da propriedade privada fundada no próprio trabalho.

A propriedade privada, como antítese da propriedade social, coletiva, só existe onde os meios e as condições externas do trabalho pertencem a pessoas privadas. Mas, conforme essas pessoas sejam os trabalhadores ou os não trabalhadores, a propriedade privada assume também outro caráter. Os

---

galinhas depenadas, mas permanecem proprietários de seus meios de trabalho. Da lei, a expressão *"labouring poor"* passou à economia política, desde Culpeper, J. Child etc., até A. Smith e Eden. A partir disso, pode-se julgar a *bonne foi* [boa fé] do *"execrable political cantmonger"* [execrável traficante de hipocrisia política] Edmund Burke, quando declara a expressão *"labouring poor"* como uma *"execrable political cant"* [execrável hipocrisia política]. Esse sicofanta, que a soldo da oligarquia inglesa desempenhou o papel de romântico contra a Revolução Francesa, exatamente como antes, nos primeiros momentos das agitações na América, atuara como liberal, a soldo das colônias norte-americanas, contra a oligarquia inglesa, não era senão um burguês ordinário: "As leis do comércio são as leis da natureza e, por conseguinte, as leis de Deus", E. Burke, *Thoughts and Details on Scarcity, Originally Presented to the Rt. Hon. W. Pitt in the Month of November 1795*, cit., p. 31-2. Não é de admirar que ele, fiel às leis de Deus e da natureza, tenha sempre vendido a si mesmo a quem pagasse melhor! Nos escritos do reverendo Tucker – apesar de pároco e *tory*, Tucker era, quanto ao mais, um homem correto e competente economista político – encontramos uma boa caracterização desse Edmund Burke durante seu período liberal. Diante da infame falta de caráter que hoje em dia impera e da crença mais devota nas "leis do comércio", é um dever estigmatizar repetidamente os Burkes, que se distinguem de seus sucessores por uma única coisa: talento!

[249] Marie Augier, *Du crédit public* (Paris, 1842), p. 265.
[250] "O Capital", diz o *Quarterly Reviewer*, "foge do tumulto e da contenda, e é tímido por natureza. Isso é muito certo, porém não é toda a verdade. O capital abomina a ausência do lucro, ou ao lucro muito pequeno, assim como a natureza o vácuo. Com um lucro adequado, o capital torna-se audaz. Com 10%, ele está seguro, e é possível aplicá-lo em qualquer parte; com 20%, torna-se impulsivo; com 50%, positivamente temerário; com 100%, pisoteará todas as leis humanas; com 300%, não há crime que não arrisque, mesmo sob o perigo da forca. Se tumulto e contenda trouxerem lucro, ele encorajará a ambos. A prova disso é o contrabando e o tráfico de escravos", T. J. Dunning, *Trade's Unions and Strikes*, cit., p. 35-6.

infinitos matizes que ela exibe à primeira vista refletem apenas os estágios intermediários que existem entre esses dois extremos.

A propriedade privada do trabalhador sobre seus meios de produção é o fundamento da pequena empresa, e esta última é uma condição necessária para o desenvolvimento da produção social e da livre individualidade do próprio trabalhador. É verdade que esse modo de produção existe também no interior da escravidão, da servidão e de outras relações de dependência, mas ele só floresce, só libera toda a sua energia, só conquista a forma clássica adequada onde o trabalhador é livre proprietário privado de suas condições de trabalho, manejadas por ele mesmo: o camponês, da terra que cultiva; o artesão, dos instrumentos que manuseia como um virtuoso.

Esse modo de produção pressupõe o parcelamento do solo e dos demais meios de produção. Assim como a concentração destes últimos, ele também exclui a cooperação, a divisão do trabalho no interior dos mesmos processos de produção, a dominação e a regulação sociais da natureza, o livre desenvolvimento das forças produtivas sociais. Ele só é compatível com os estreitos limites, naturais-espontâneos, da produção e da sociedade. Querer eternizá-lo significaria, como diz Pecqueur com razão, "decretar a mediocridade geral"*. Ao atingir certo nível de desenvolvimento, ele engendra os meios materiais de sua própria destruição. A partir desse momento, agitam-se no seio da sociedade forças e paixões que se sentem travadas por esse modo de produção. Ele tem de ser destruído, e é destruído. Sua destruição, a transformação dos meios de produção individuais e dispersos em meios de produção socialmente concentrados e, por conseguinte, a transformação da propriedade nanica de muitos em propriedade gigantesca de poucos, portanto, a expropriação que despoja grande massa da população de sua própria terra e de seus próprios meios de subsistência e instrumentos de trabalho, essa terrível e dificultosa expropriação das massas populares, tudo isso constitui a pré-história do capital. Esta compreende uma série de métodos violentos, dos quais passamos em revista somente aqueles que marcaram época como métodos da acumulação primitiva do capital. A expropriação dos produtores diretos é consumada com o mais implacável vandalismo e sob o impulso das paixões mais infames, abjetas e mesquinhamente execráveis. A propriedade privada constituída por meio do trabalho próprio, fundada, por assim dizer, na fusão do indivíduo trabalhador isolado, independente, com suas condições de trabalho, cede lugar à propriedade privada capitalista, que repousa na exploração de trabalho alheio, mas formalmente livre[251].

---

* Constantin Pecqueur, *Théorie nouvelle d'économie sociale et politique* (Paris, 1842), p. 435. (N. E. A. MEW)
[251] "*Nous sommes* [...] *dans une condition tout-à-fait nouvelle de la société* [...] *nous tendons à séparer* [...] *toute espèce de propriété d'avec toute espèce de travail*" ["Encontramo-nos

Karl Marx – O capital

Tão logo esse processo de transformação tenha decomposto suficientemente, em profundidade e extensão, a velha sociedade; tão logo os trabalhadores se tenham convertido em proletários, e suas condições de trabalho em capital; tão logo o modo de produção capitalista tenha condições de caminhar com suas próprias pernas, a socialização ulterior do trabalho e a transformação ulterior da terra e de outros meios de produção em meios de produção socialmente explorados – e, por conseguinte, em meios de produção coletivos –, assim como a expropriação ulterior dos proprietários privados assumem uma nova forma. Quem será expropriado, agora, não é mais o trabalhador que trabalha para si próprio, mas o capitalista que explora muitos trabalhadores.

Essa expropriação se consuma por meio do jogo das leis imanentes da própria produção capitalista, por meio da centralização dos capitais. Cada capitalista liquida muitos outros. Paralelamente a essa centralização, ou à expropriação de muitos capitalistas por poucos, desenvolve-se a forma cooperativa do processo de trabalho em escala cada vez maior, a aplicação técnica consciente da ciência, a exploração planejada da terra, a transformação dos meios de trabalho em meios de trabalho que só podem ser utilizados coletivamente, a economia de todos os meios de produção graças a seu uso como meios de produção do trabalho social e combinado, o entrelaçamento de todos os povos na rede do mercado mundial e, com isso, o caráter internacional do regime capitalista. Com a diminuição constante do número de magnatas do capital, que usurpam e monopolizam todas as vantagens desse processo de transformação, aumenta a massa de miséria, opressão, servidão, degeneração, exploração, mas também a revolta da classe trabalhadora, que, cada vez mais numerosa, é instruída, unida e organizada pelo próprio mecanismo do processo de produção capitalista. O monopólio do capital se converte num entrave para o modo de produção que floresceu com ele e sob ele. A centralização dos meios de produção e a socialização do trabalho atingem um grau em que se tornam incompatíveis com seu invólucro capitalista. Arrebenta-se o entrave. Soa a hora derradeira da propriedade privada capitalista, e os expropriadores são expropriados.

O modo de apropriação capitalista, que deriva do modo de produção capitalista, ou seja, a propriedade privada capitalista, é a primeira negação da propriedade privada individual, fundada no trabalho próprio. Todavia, a produção capitalista produz, com a mesma necessidade de um processo natural, sua própria negação. É a negação da negação. Ela não restabelece a propriedade privada, mas a propriedade individual sobre a base daquilo que foi conquistado na era capitalista, isto é, sobre a base da cooperação e da posse comum da terra e dos meios de produção produzidos pelo próprio trabalho.

[...] numa condição totalmente nova da sociedade [...] tendemos a separar [...] toda espécie de propriedade de toda espécie de trabalho"], Sismondi, *Nouveaux principes de l'économie politique*, cit., t. II, p. 434.

A assim chamada acumulação primitiva

Naturalmente, o processo pelo qual a propriedade privada fragmentária, baseada no trabalho dos indivíduos, transforma-se em propriedade capitalista, é incomparavelmente mais prolongado, duro e dificultoso que o processo de transformação da propriedade capitalista – já fundada, de fato, na organização social da produção – em propriedade social. No primeiro, tratava-se da expropriação da massa do povo por poucos usurpadores; no segundo, trata-se da expropriação de poucos usurpadores pela massa do povo[252].

---

[252] "O progresso da indústria, de que a burguesia é agente passivo e involuntário, substitui o isolamento dos operários, resultante da competição, por sua união revolucionária resultante da associação. Assim, o desenvolvimento da grande indústria retira dos pés da burguesia a própria base sobre a qual ela assentou o seu regime de produção e de apropriação dos produtos. A burguesia produz, sobretudo, seus próprios coveiros. Seu declínio e a vitória do proletariado são igualmente inevitáveis [...]. De todas as classes que hoje em dia se opõem à burguesia, só o proletariado é uma classe verdadeiramente revolucionária. As outras classes degeneram e perecem com o desenvolvimento da grande indústria; o proletariado, pelo contrário, é seu produto mais autêntico. [...] As camadas médias – pequenos comerciantes, pequenos fabricantes, artesãos, camponeses – combatem a burguesia porque esta compromete sua existência como camadas médias [...] são reacionárias, pois pretendem fazer girar para trás a roda da História", K. Marx e F. Engels, *Manifesto Comunista*, cit., p. 51, 49).

Capítulo 25

A teoria moderna da colonização[253]

A economia política tem como princípio a confusão entre dois tipos muito diferentes de propriedade privada, das quais uma se baseia no próprio trabalho do produtor e a outra, na exploração do trabalho alheio. Ela esquece que a última não só constitui a antítese direta da primeira, como cresce unicamente sobre seu túmulo.

Na Europa ocidental, a pátria da economia política, o processo da acumulação primitiva está consumado em maior ou menor medida. Aqui, ou o regime capitalista submeteu diretamente toda a produção nacional ou, onde as condições ainda não estão desenvolvidas, controla, ao menos indiretamente, as camadas sociais que, decadentes, pertencentes ao modo de produção antiquado, continuam a existir ao seu lado. O economista político aplica a esse mundo já pronto do capital as concepções de direito e propriedade vigentes no mundo pré-capitalista, e o faz com um zelo tanto mais ansioso e com unção tanto maior quanto mais fatos desmascaram suas ideologias.

O mesmo não ocorre nas colônias. Nelas, o regime capitalista choca-se por toda parte contra o obstáculo do produtor, que, como possuidor de suas próprias condições de trabalho, enriquece a si mesmo por seu trabalho, e não ao capitalista. A contradição desses dois sistemas econômicos diametralmente opostos se efetiva aqui, de maneira prática, na luta entre eles. Onde o capitalista é respaldado pelo poder da metrópole, ele procura eliminar à força o modo de produção e apropriação fundado no trabalho próprio. O mesmo interesse que, na metrópole, leva o sicofanta do capital, o economista político, a tratar teoricamente o modo de produção capitalista com base em seu oposto, leva-o aqui *to make a clean breast of it* [a falar sinceramente] e a proclamar em alto e bom som a antítese entre os dois modos de produção. Para tanto, ele demonstra como o desenvolvimento da força produtiva social

---

[253] Trata-se, aqui, de verdadeiras colônias, de terras virgens colonizadas por imigrantes livres. Os Estados Unidos continuam a ser, do ponto de vista econômico, uma colônia da Europa. De resto, também entram nessa categoria aquelas antigas plantações, cuja situação foi completamente alterada pela abolição da escravatura.

do trabalho, a cooperação, a divisão do trabalho, a aplicação da maquinaria em larga escala etc. são impossíveis sem a expropriação dos trabalhadores e a correspondente metamorfose de seus meios de produção em capital. No interesse da assim chamada riqueza nacional, ele sai em busca de meios artificiais que engendrem a pobreza do povo e, assim, sua armadura apologética se dilacera, pedaço por pedaço, como lenha podre.

O grande mérito de E. G. Wakefield não é o de ter descoberto algo novo sobre as colônias[254], mas o de ter descoberto, nas colônias, a verdade sobre as relações capitalistas da metrópole. Assim como o sistema protecionista, em seus primórdios[255], visava à fabricação de capitalistas na metrópole, a teoria da colonização de Wakefield – que a Inglaterra procurou, durante certo tempo, aplicar legalmente – visa à fabricação de trabalhadores assalariados nas colônias. A isso Wakefield denomina *"systematic colonization"* (colonização sistemática).

Inicialmente, Wakefield descobriu nas colônias que a propriedade de dinheiro, meios de subsistência, máquinas e outros meios de produção não confere a ninguém a condição de capitalista se lhe falta o complemento: o trabalhador assalariado, o outro homem, forçado a vender a si mesmo voluntariamente. Ele descobriu que o capital não é uma coisa, mas uma relação social entre pessoas, intermediada por coisas[256]. O sr. Peel, lastima ele, levou consigo, da Inglaterra para o rio Swan, na Nova Holanda*, meios de subsistência e de produção num total de £50 mil. Ele foi tão cauteloso que também levou consigo 3 mil pessoas da classe trabalhadora: homens, mulheres e crianças. Quando chegaram ao lugar de destino, "o sr. Peel ficou sem nenhum criado para fazer sua cama ou buscar-lhe água do rio"[257]. Desditoso sr. Peel, que previu tudo, menos a exportação das relações inglesas de produção para o rio Swan**!

Para a compreensão dos descobrimentos seguintes de Wakefield, fazem-se necessárias duas observações prévias. Sabemos que os meios de produção e

---

[254] As poucas ideias lúcidas de Wakefield sobre a essência das colônias foram antecipadas plenamente por Mirabeau *père* [pai], o fisiocrata, e, muito antes ainda, por economistas ingleses.

[255] Mais tarde, esse sistema se torna uma necessidade temporária na luta da concorrência internacional, porém, qualquer que seja seu motivo, as consequências seguem as mesmas.

[256] "Um negro é um negro. Somente sob determinadas condições ele se torna escravo. Uma máquina de fiar algodão é uma máquina de fiar algodão. Apenas sob determinadas condições ela se torna capital. Arrancada dessas condições, ela é tão pouco capital quanto o ouro é, em si mesmo, dinheiro, ou o açúcar é o preço do açúcar [...]. O capital é uma relação social de produção. É uma relação histórica de produção", Karl Marx, "Lohnarbeit und Kapital" [Trabalho assalariado e capital] em *Nova Gazeta Renana*, n. 266, 7 abr. 1849.

* Isto é, a Austrália. (N. T.)

[257] E. G. Wakefield, *England and America*, v. II, p. 33.

** Rio que corta o oeste da Austrália e desemboca no oceano Índico. (N. T.)

A teoria moderna da colonização

de subsistência, como propriedades do produtor direto, não são capital. Eles só se tornam capital em condições sob as quais servem simultaneamente como meios de exploração e de dominação do trabalhador. Na cabeça do economista político, porém, essa alma capitalista dos meios de produção e subsistência está tão intimamente unida a sua substância material que ele os batiza, em todas as circunstâncias, como capital, mesmo quando eles são exatamente o contrário. Assim ocorre com Wakefield. Além disso, a fragmentação dos meios de produção, como propriedade individual de muitos trabalhadores independentes uns dos outros e que trabalham por própria conta, é por ele denominada repartição igual do capital. Com o economista político se passa o mesmo que com o jurista feudal. Também este último colava seus rótulos jurídicos feudais nas relações puramente monetárias.

> "Se o capital" – diz Wakefield – "estivesse repartido em porções iguais entre todos os membros da sociedade, ninguém se interessaria em acumular uma quantidade maior de capital do que aquela que pudesse empregar com suas próprias mãos. Esse é caso, até certo ponto, nas novas colônias americanas, onde a paixão pela propriedade fundiária impede a existência de uma classe de trabalhadores assalariados."[258]

Portanto, enquanto o trabalhador pode acumular para si mesmo – o que ele pode fazer na medida em que permanece como proprietário de seus meios de produção –, a acumulação capitalista e o modo capitalista de produção são impossíveis. Falta a classe dos trabalhadores assalariados, imprescindíveis para esse fim. Como, então, produziu-se na velha Europa a expropriação do trabalhador, a subtração de suas condições de trabalho e, por conseguinte, o capital e o trabalho assalariado? Resposta: por meio de um *contrat social* [contrato social] de tipo totalmente original.

> "A humanidade [...] adotou um método simples para promover a acumulação do capital", que naturalmente lhe parecia, desde os tempos de Adão, o fim último e único de sua existência; "ela se dividiu em proprietários de capital e proprietários de trabalho [...] essa divisão foi o resultado de consentimento e combinação voluntários."[259]

Numa palavra: a massa da humanidade expropriou a si mesma para a glória da "acumulação do capital". Ora, dever-se-ia acreditar que o instinto desse fanatismo autoabstinente teria de se manifestar livremente, sobretudo nas colônias, pois apenas nelas existem homens e circunstâncias capazes de trasladar um *contrat social* do reino dos sonhos para o mundo da realidade. Mas para que, então, a "colonização sistemática" em oposição à colonização natural-espontânea? Porém: "Nos Estados setentrionais da União norte--americana é duvidoso que um décimo da população pertença à categoria

---

[258] E. G. Wakefield, *England and America*, cit., v. I, p. 17.
[259] Ibidem, cit., p. 18.

dos trabalhadores assalariados [...]. Na Inglaterra [...] a grande massa do povo é composta de trabalhadores assalariados"[260].

Sim, o impulso de autoexpropriação da humanidade trabalhadora para a glória do capital existe tão pouco que a escravidão, mesmo segundo Wakefield, é o único fundamento natural-espontâneo da riqueza colonial. Sua colonização sistemática é um mero *pis aller* [paliativo], já que ele tem de se haver com homens livres, não com escravos.

> "Os primeiros colonos espanhóis em Santo Domingo não obtiveram trabalhadores da Espanha. Mas, sem trabalhadores" (isto é, sem escravidão) "o capital teria sucumbido ou, pelo menos, ter-se-ia contraído, reduzindo-se às pequenas quantidades que qualquer indivíduo pode empregar com suas próprias mãos. Isso ocorreu, efetivamente, na última colônia fundada pelos ingleses, onde um grande capital em sementes, gado e instrumentos pereceu por falta de trabalhadores assalariados e onde nenhum colono possui capital numa quantidade maior do que aquela que ele pode empregar com suas próprias mãos."[261]

Vimos que a expropriação da massa do povo, que é despojada de sua terra, constitui a base do modo de produção capitalista. A essência de uma colônia livre consiste, por outro lado, em que a maior parte do solo continua a ser propriedade do povo e que cada povoador pode transformar uma parte desse solo em sua propriedade privada e em meio individual de produção, sem impedir, com isso, que os colonos posteriores realizem essa mesma operação[262]. Esse é o segredo tanto do florescimento das colônias quanto do câncer que as arruína: sua resistência à radicação do capital.

> "Onde a terra é muito barata e todos os homens são livres, onde qualquer um pode à vontade obter para si mesmo um pedaço de terra, não só o trabalho é muito caro no que concerne à participação do trabalhador em seu próprio produto, mas é difícil conseguir trabalho combinado, seja pelo preço que for."[263]

Como nas colônias ainda não existe a separação entre o trabalhador e suas condições de trabalho, entre ele e sua raiz, a terra, ou existe apenas esporadicamente ou dotada de um campo de ação muito restrito, e como também não existe a cisão entre a agricultura e a indústria, nem a destruição da indústria doméstica rural, pergunta-se: de onde, então, haveria de surgir o mercado interno para o capital?

> "Nenhuma parte da população da América é exclusivamente agrícola, com exceção dos escravos e seus donos, que combinam o capital e o trabalho para realizar

---

[260] Ibidem, p. 42-4.
[261] Ibidem, v. II, p. 5.
[262] "A terra, para se tornar um elemento da colonização, tem não apenas de ser inculta, mas propriedade pública, que pode ser transformada em propriedade privada", ibidem, v. II, p. 125.
[263] Ibidem, v. I, p. 247.

A teoria moderna da colonização

grandes obras. Os americanos livres, que cultivam o solo por si mesmos, exercem ao mesmo tempo muitas outras ocupações. É comum que eles mesmos fabriquem os móveis e as ferramentas que utilizam. Eles constroem, com frequência, suas próprias casas e levam o produto de sua própria indústria ao mercado, por mais distante que seja. São fiandeiros e tecelões, fabricam sabão e velas, sapatos e roupas para seu próprio uso. Na América, a agricultura constitui muitas vezes a atividade subsidiária de um ferreiro, um moleiro ou um merceeiro."[264]

Entre essa gente tão estranha, onde sobra espaço para o "campo de abstinência" do capitalista?

A grande beleza da produção capitalista consiste em que ela não só reproduz constantemente o assalariado como assalariado, mas, em relação à acumulação do capital, produz sempre uma superpopulação relativa de assalariados. Desse modo, a lei da oferta e demanda de trabalho é mantida em seus devidos trilhos, a oscilação dos salários é confinada em limites adequados à exploração capitalista e, por fim, é assegurada a dependência social, tão indispensável, do trabalhador em relação ao capitalista, uma relação de dependência absoluta que o economista político, em sua casa, na metrópole, pode disfarçar, com um mentiroso tartamudeio, numa relação contratual livre entre comprador e vendedor, entre dois possuidores de mercadorias igualmente independentes: o possuidor da mercadoria capital e o da mercadoria trabalho. Mas nas colônias essa bela fantasia se faz em pedaços. A população absoluta cresce, aqui, muito mais rapidamente que na metrópole, pois muitos trabalhadores chegam ao mundo já maduros, e, ainda assim, o mercado de trabalho está sempre subabastecido. A lei da oferta e demanda de trabalho desmorona. Por um lado, o velho mundo introduz constantemente capital ávido por exploração, necessitado de abstinência; por outro lado, a reprodução regular dos assalariados como assalariados se choca com os obstáculos mais rudes e, em parte, insuperáveis. E isso sem falar da produção de assalariados supranumerários em relação à acumulação do capital! O assalariado de hoje se torna, amanhã, um camponês ou artesão independente, que trabalha por conta própria. Ele desaparece do mercado de trabalho, mas... não retorna à *workhouse*. Essa constante transformação dos assalariados em produtores independentes, que trabalham para si mesmos em vez de trabalhar para o capital, e enriquecem a si mesmos em vez de enriquecer o senhor capitalista, repercute, por sua vez, de uma forma completamente prejudicial sobre as condições do mercado de trabalho. Não só o grau de exploração do assalariado permanece indecorosamente baixo. Este último ainda perde, junto com a relação de dependência, o sentimento de dependência em relação ao capitalista abstinente. Daí surgem todos os males que nosso E. G. Wakefield descreve de modo tão corajoso, eloquente e pungente.

---

[264] Ibidem, p. 21-2.

Karl Marx – O capital

A oferta de trabalho assalariado, reclama Wakefield, não é nem constante, nem regular, nem suficiente. Ela "é sempre não só pequena demais, mas incerta"[265].

"Embora o produto a ser dividido entre o trabalhador e o capitalista seja grande, o trabalhador se apropria de uma parte tão grande que ele logo se converte em capitalista [...]. Em contrapartida, são poucos os que, mesmo chegando a uma idade excepcionalmente avançada, podem acumular grandes riquezas."[266]

Os trabalhadores simplesmente não permitem que o capitalista se abstenha de pagar-lhes a maior parte de seu trabalho. De nada serve ao capitalista ser muito astuto e importar, com seu próprio capital, seus próprios assalariados da Europa.

"Eles logo deixam de ser assalariados e se transformam em camponeses independentes, ou até mesmo em concorrentes de seus antigos patrões no próprio mercado de trabalho."[267]

Imaginem que horror! O honrado capitalista importou da Europa, com seu próprio bom dinheiro, seus próprios concorrentes em pessoa! Isso é o fim do mundo! Não admira que Wakefield lamente que entre os assalariados das colônias inexistam relações e sentimento de dependência.

"Em virtude dos altos salários" – diz seu discípulo Merivale – "existe nas colônias a busca apaixonada por trabalho mais barato e mais submisso, por uma classe para a qual o capitalista possa ditar as condições, em vez de ter de aceitar aquelas que essa classe lhe impõe [...]. Nos países de antiga civilização, o trabalhador, apesar de livre, depende do capitalista por uma lei da natureza; nas colônias, essa dependência tem de ser criada por meios artificiais."[268]

---

[265] Ibidem, v. II, p. 116.
[266] Ibidem, v. I, p. 131.
[267] Ibidem, v. II, p. 5.
[268] Merivale, *Lectures on Colonization and Colonies*, cit., v. II, p. 235-314 passim. Mesmo Molinari, o brando economista vulgar e livre-cambista, afirma: "[...] *Dans les colonies où l'esclavage a été aboli sans que le travail forcé se trouvait remplacé par une quantité équivalente de travail libre, on a vu s'opérer la contrepartie du fait qui se réalise tous les jours sous nos yeux. On a vu les simples travailleurs exploiter à leur tour les entrepreneurs d'industrie, exiger d'eux des salaires hors de toute proportion avec la part légitime qui leur revenait dans le produit. Les planteurs, ne pouvant obtenir de leurs sucres un prix suffisant pour couvrir la hausse de salaire, ont été obligés de fournir l'excedant, d'abord sur leurs profits, ensuite sur leurs capitaux mêmes. Une foule de planteurs ont été ruinés de la sorte, d'autres ont fermé leurs ateliers pour échapper à une ruine imminente* [...]. *Sans doute, il vaut mieux voir périr des accumulations de capitaux, que des générations d'hommes*" [...] "*mais ne vaudrait-il pas mieux que ni les uns ni les autres périssent?*" ["Nas colônias em que se aboliu a escravatura sem substituir o trabalho por uma quantidade correspondente de trabalho livre, deu-se o contrário daquilo que, entre nós, ocorre diariamente diante de nossos olhos. Deu-se que os trabalhadores simples, por seu lado, exploram os empresários industriais, exigindo-lhes salários totalmente desproporcionais à parte legítima que lhes caberia do produto. Como os plantadores não estão em condições de obter por seu

A teoria moderna da colonização

Ora, qual é, segundo Wakefield, a consequência dessa situação calamitosa nas colônias? Um "sistema bárbaro de dispersão" dos produtores e do patrimônio nacional[269]. A fragmentação dos meios de produção entre um sem-número de proprietários que trabalham por conta própria elimina, com a centralização do capital, toda a base do trabalho combinado. Todo empreendimento de grande fôlego que se prolongue por vários anos e exija um investimento de capital fixo tropeça em obstáculos à sua execução. Na Europa, o capital não hesita um só instante, pois a classe trabalhadora constitui seu acessório vivo, sempre superabundante, sempre disponível. Mas nos países coloniais! Wakefield relata uma anedota extremamente dolorosa. Trata-se de uma conversa que ele travou com alguns capitalistas do Canadá e do estado de Nova York, onde, além do mais, as ondas imigratórias frequentemente estancam e deixam um sedimento de trabalhadores "supranumerários".

> "Nosso capital" – suspira um dos personagens do melodrama – "já estava pronto para muitas operações, que requerem um prazo considerável para serem consumadas; mas como podíamos efetuar tais operações com trabalhadores que, bem o sabíamos, logo nos dariam as costas? Se tivéssemos a certeza de que poderíamos reter o trabalho desses imigrantes, tê-lo-íamos engajado imediatamente, com prazer e por um alto preço. E tê-lo-íamos engajado mesmo estando certos de que, ao fim, eles nos deixariam, se tivéssemos a certeza de um novo suprimento, de acordo com a nossa necessidade."[270]

Depois de contrastar ostensivamente a agricultura capitalista inglesa e seu trabalho "combinado" com a dispersa economia camponesa americana, Wakefield deixa escapar também o reverso da medalha. A massa do povo americano é descrita como próspera, independente, empreendedora e relativamente culta, ao passo que

---

açúcar um preço suficiente para cobrir a alta dos salários, viram-se obrigados a cobrir a soma excedente, primeiramente, com seus lucros, e, em seguida, com seus próprios capitais. Uma multidão de plantadores se arruinaram, enquanto outros fecharam seus estabelecimentos para fugir da ruína iminente [...]. Sem dúvida, é melhor ver perecer acumulações de capital do que gerações inteiras de seres humanos" (que generoso da parte do sr. Molinari!); "mas não seria melhor se nem uns nem outros perecessem?", Molinari, *Études économiques*, cit., p. 51-2. Sr. Molinari, sr. Molinari! Que será então dos dez mandamentos, de Moisés e dos profetas, da lei da oferta e da demanda, se na Europa o *entrepreneur* [empresário] puder impor ao trabalhador, e, nas Índias Ocidentais, o trabalhador ao "*entrepreneur*", a redução de sua *part légitime* [parte legítima]! E qual é, diga-nos por favor, essa "*part légitime*" que na Europa, conforme o senhor admite, o capitalista deixa diariamente de pagar? Do outro lado do oceano, nas colônias, onde os trabalhadores são tão "simplórios" que "exploram" os capitalistas, o Sr. Molinari sente a forte tentação de pôr em correto funcionamento, por meio da polícia, a lei da oferta e da demanda, que, em outras partes, funciona automaticamente.

[269] E. G. Wakefield, *England and América*, cit., v. II, p. 52.
[270] Ibidem, p. 191-2.

"o trabalhador agrícola inglês é um farrapo miserável (*miserable wretch*), um *pauper* [...]. Em que país, exceto a América do Norte e algumas colônias novas, os salários pagos ao trabalho livre empregado no campo superam, numa proporção digna de menção, o valor dos meios de subsistência indispensáveis ao trabalhador? [...] Sem dúvida, na Inglaterra os cavalos de lavoura, por serem uma propriedade valiosa, são muito mais bem alimentados do que o lavrador."[271]

Mas *never mind*: uma vez mais, a riqueza nacional é idêntica, por sua própria natureza, à miséria do povo.

Como curar, então, o câncer anticapitalista das colônias? Se se quisesse transformar de um só golpe toda a terra que hoje é propriedade do povo em propriedade privada, destruir-se-ia a raiz da doença, mas também... a colônia. A proeza está em matar dois coelhos de uma só cajadada. O governo deve conferir à terra virgem, por decreto, um preço artificial, independente da lei da oferta e da demanda, que obrigue o imigrante a trabalhar como assalariado por um período maior, antes que este possa ganhar dinheiro suficiente para comprar sua terra[272] e transformar-se num camponês independente. O fundo resultante da venda das terras a um preço relativamente proibitivo para o assalariado, isto é, esse fundo de dinheiro extorquido do salário mediante a violação da sagrada lei da oferta e da demanda, deve ser usado pelo governo, por outro lado, para importar – numa quantidade proporcional ao crescimento do próprio fundo – pobres-diabos da Europa para as colônias e, assim, manter o mercado de trabalho assalariado sempre abastecido para o senhor capitalista. Nessas circunstâncias, *tout sera pour le mieux dans le meilleur des mondes possibles**. Esse é o grande segredo da "colonização sistemática".

"Segundo esse plano" – exclama Wakefield, triunfante – "a oferta de trabalho tem de ser constante e regular; em primeiro lugar, porque, como nenhum trabalhador é capaz de conseguir terra para si antes de ter trabalhado por dinheiro, todos os trabalhadores imigrantes, pelo fato de trabalharem combinadamente por salário,

---

[271] Ibidem, v. I, p. 47, 246.
[272] "*C'est, ajoutez-vous, grâce à l'appropriation du sol et des capitaux que l'homme, qui n'a que ses bras, trouve de l'occupation, et se fait un revenu* [...] *c'est au contraire, grâce à l'appropriation individuelle du sol qu'il se trouve des homme n'ayant que leurs bras* [...]. *Quand vous mettez un homme dans le vide, vous vous emparez de l'atmosphère. Ainsi faites-vous, quand vous vous emparez du sol* [...]. *C'est le mettre dans le vide de richesses, pour ne le laisser vivre qu'à votre volonté*" ["Acrescentais que é graças à apropriação do sol e dos capitais que o homem que possui apenas seus braços encontra ocupação e proporciona uma renda para si [...] inversamente, é graças à apropriação individual do solo que existem homens que não têm mais do que seus braços [...]. Quando colocais uma pessoa no vácuo, a privais do ar. Assim agis também quando vos apossais do solo [...]. É o equivalente a colocá-la no vácuo de riquezas, para que ela não possa viver a não ser conforme vossa vontade"], Colins, *L'économie politique, source des révolutions et des utopies prétendues socialistes*, cit., t. III, p. 267-71 passim.

* Ver nota *, na p. 271.

produziriam para seus patrões capital para o emprego de mais trabalho; em segundo lugar, porque todo aquele que abandonasse o trabalho assalariado e se tornasse proprietário de terra asseguraria, precisamente por meio da compra da terra, a existência de um fundo para o traslado de novo trabalho para as colônias."[273]

Naturalmente, o preço da terra imposto pelo Estado tem de ser "suficiente" (*sufficient price*), isto é, tão alto "que impeça os trabalhadores de se tornarem camponeses independentes até que outros cheguem para preencher seu lugar no mercado de trabalho assalariado"[274]. Esse "preço suficiente da terra" não é mais do que um circunlóquio eufemístico para descrever o resgate que o trabalhador paga ao capitalista para que este lhe permita retirar-se do mercado de trabalho assalariado e estabelecer-se no campo. Primeiro, ele tem de criar "capital" para o senhor capitalista, para que este possa explorar mais trabalhadores e pôr no mercado de trabalho um "substituto, que o governo, à custa do trabalhador que se retira, manda buscar para o senhor capitalista do outro lado do oceano.

É altamente característico que o governo inglês tenha aplicado durante muitos anos esse método de "acumulação primitiva", expressamente prescrito pelo sr. Wakefield para seu uso em países coloniais. O fiasco foi naturalmente tão vexaminoso quanto o da lei bancária de Peel*. O fluxo emigratório apenas se desviou das colônias inglesas para os Estados Unidos. Nesse intervalo de tempo, o progresso da produção capitalista na Europa, somado à crescente pressão do governo, tornou supérflua a receita de Wakefield. Por um lado, o enorme e contínuo afluxo de pessoas que a cada ano se dirigem à América deixa sedimentos estagnados no leste dos Estados Unidos, porquanto a onda emigratória da Europa lança mais pessoas no mercado de trabalho do que o pode absorver a onda emigratória para o oeste. Por outro lado, a Guerra Civil Americana teve como consequência uma enorme dívida pública e, com ela, uma sobrecarga tributária, o surgimento da mais ordinária das aristocracias

---

[273] E. G. Wakefield, *England and América*, cit., v. II, p. 192.
[274] Ibidem, p. 45.
* Em 1844, para superar as dificuldades na conversão de notas bancárias em ouro, o governo inglês decidiu, por iniciativa do ministro Robert Peel, criar uma lei para a reforma do Banco da Inglaterra. Essa lei previa a divisão do banco em dois departamentos completamente independentes, com fundos separados; o *Banking Department*, que realizava operações puramente bancárias, e o *Issue Department*, responsável pela emissão de notas bancárias. Tais notas deviam possuir sólida cobertura na forma de uma reserva especial de ouro, que teria de estar sempre à disposição. A emissão de notas bancárias não cobertas por ouro ficava limitada a £14 milhões. Porém, de fato a quantidade de notas bancárias em circulação dependia, ao contrário da lei bancária de 1844, não do fundo de cobertura, mas da demanda na esfera de circulação. Durante as crises econômicas, em que a falta de dinheiro tornou-se particularmente grande, o governo inglês suspendeu temporariamente a lei de 1844 e elevou quantidade de notas bancárias não cobertas por ouro. (N. E. A. MEW)

financeiras, a doação de uma parte imensa das terras públicas a sociedades de especuladores dedicadas à exploração de ferrovias, minas etc. – em suma, a mais rápida centralização do capital. A grande República deixou, assim, de ser a terra prometida dos trabalhadores emigrantes. A produção capitalista avança ali a passos de gigante, mesmo que o rebaixamento dos salários e a dependência do assalariado ainda estejam longe de alcançar os níveis normais na Europa. O inescrupuloso malbarateamento do solo virgem das colônias da Austrália[275] pelo governo inglês, doado a aristocratas e capitalistas, fato denunciado pelo próprio Wakefield com tanta veemência, juntamente com o afluxo de pessoas atraídas pelos *gold-diggings* [jazidas de ouro] e a concorrência que a importação de mercadorias inglesas significa mesmo para o menor dos artesãos, tudo isso produziu uma suficiente "superpopulação relativa de trabalhadores", de modo que quase todo navio-correio traz a má notícia do abarrotamento do mercado de trabalho australiano – "*glut of the Australian labour-market*" –, o que também explica por que em certos lugares da Austrália a prostituição floresce tão exuberantemente quanto no Haymarket londrino.

Porém, não nos concerne aqui a situação das colônias. O que nos interessa é apenas o segredo que a economia política do Velho Mundo descobre no Novo Mundo e proclama bem alto, a saber, o de que o modo capitalista de produção e acumulação – e, portanto, a propriedade privada capitalista – exige o aniquilamento da propriedade privada fundada no trabalho próprio, isto é, a expropriação do trabalhador.

---

[275] A Austrália, tão logo se tornou seu próprio legislador, promulgou, como é natural, leis favoráveis aos colonos, mas o desperdício inglês das terras, já consumado, pelo governo inglês, continua a interditar-lhes o caminho. "*The first and main object at which the new Land Act of 1862 aims, is to give increased facilities for the settlement of the people*" ["O primeiro e mais importante objetivo da nova lei agrária de 1862 consiste em criar maiores facilidades para o assentamento do povo"], *The Land Law of Victoria, by the Hon. G. Duffy, Minister of Public Lands* (Londres, 1862), p. 3.

APÊNDICE

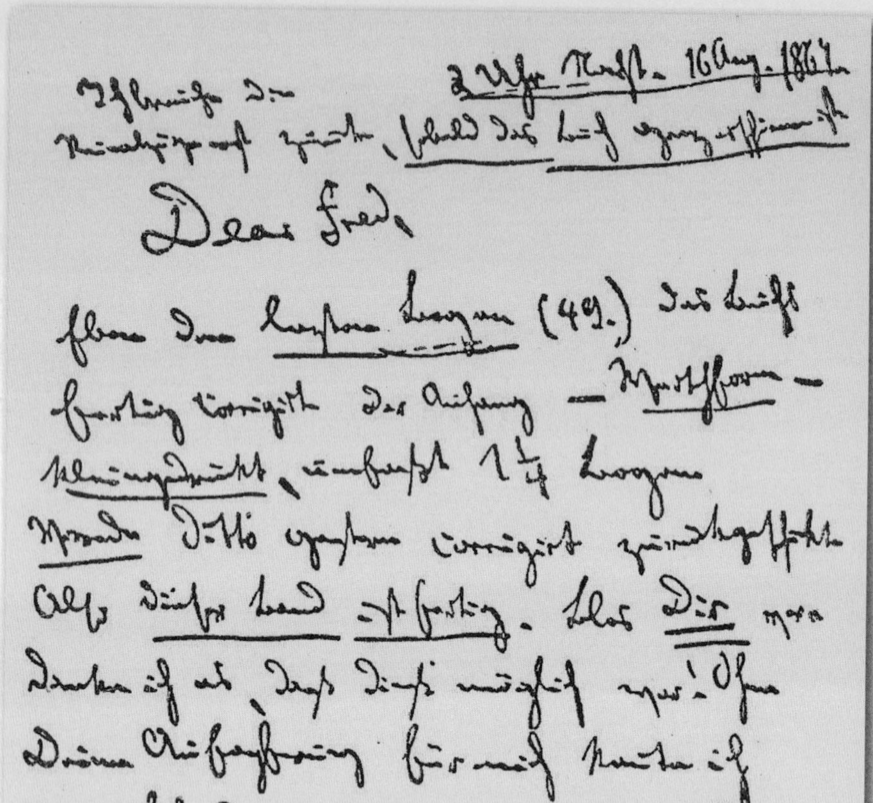

2 Uhr Nachts. 16 Aug. 1867.

Ich schicke Dir die Reinabzüge auch zurück, sobald das Buch ganz erschienen ist.

Dear Fred,

Eben den letzten Bogen (49.) des Buchs fertig corrigirt. Der Anhang – Werthform – kleingedruckt, umfaßt 1¼ Bogen.

Vorrede ditto gestern corrigirt zurückgeschickt. Also dieser Band ist fertig. Blos Dir verdanke ich es, daß dieß möglich war! Ohne Deine Aufopferung für mich konnte ich unmöglich die ungeheuren Arbeiten zu den 3 Bänden machen. I embrace you, full of thanks!

Beiliegend 2 Bogen Reinabzug.

Die 15 £ mit besten Dank erhalten.

Salut, mein lieber, theurer Freund!

Dein K. Marx.

*Carta de Karl Marx a Friedrich Engels**

2 horas da manhã, 16 de agosto de 1867

Dear Fred,

Acabei de corrigir a última folha (49ª) do livro. O apêndice – *Forma de valor* –, *impresso em fonte reduzida*, abrange 1¼ folhas. Ontem foi enviado o prefácio, corrigido. *Assim, este volume está pronto.* Apenas a ti devo agradecer que isso tenha sido possível! Sem teu sacrifício por mim, eu jamais teria conseguido realizar o gigantesco trabalho desses três volumes. *I embrace you, full of thanks!***
Anexadas, 2 folhas das provas de impressão.
As £15 foram recebidas com a máxima gratidão.

Salut, meu caro, precioso amigo!

Teu
K. Marx

Só precisarei das provas de impressão de volta *quando o livro já estiver publicado.*

---

* Marx-Engels-Werke (MEW), v. 31, Berlim, Dietz Verlag, 4. ed., 1989, p. 323. (N. T.)
** Um forte abraço, pleno de gratidão! (N. T.)

Chère citoyenne,

Une maladie de nerfs qui m'attaque périodiquement depuis les derniers dix ans, m'a empêché de répondre plus tôt à votre lettre du 16ème février. Je regrette de ne pas pouvoir vous donner un exposé succinct et destiné à la publicité de la question que vous m'avez fait l'honneur de me proposer. Il y a des mois que j'ai déjà promis un travail sur le même sujet au Comité de St. Pétersbourg. Cependant j'espère que quelques lignes suffiront de ne vous laisser aucun doute sur le malentendu à l'égard de ma soi-disant théorie.

En analysant la genèse de la production capitaliste, je dis :

« Au fond du système capitaliste il y a donc la séparation radicale du producteur
« d'avec les moyens de production … la base de toute cette évolution c'est l'ex-
« propriation des cultivateurs. Elle ne s'est encore accomplie d'une manière
« radicale qu'en Angleterre. … Mais tous les autres pays de l'Europe occidentale
« parcourent le même mouvement » (« Le Capital » édit. franç. p. 315)

La « fatalité historique » de ce mouvement est donc expressément restreinte aux pays de l'Europe occidentale. Le pourquoi de cette restriction est indiqué dans ce passage du ch. XXXII :

« la propriété privée, fondée sur le travail personnel … va être supplantée par
« la propriété privée capitaliste, fondée sur l'exploitation du travail d'autrui,
« sur le salariat. » (l.c. p. 340)

Dans ce mouvement occidental il s'agit donc de la transformation d'une forme de propriété privée en une autre forme de propriété privée. Chez les paysans russes on aurait au contraire à transformer leur propriété commune en propriété privée.

L'analyse donnée dans le « Capital » n'offre donc de raisons ni pour ni contre la vitalité de la commune rurale, mais l'étude spéciale que j'en ai faite, et dont j'ai cherché les matériaux dans les sources originales, m'a convaincu que cette commune est le point d'appui de la régénération sociale en Russie ; mais afin qu'elle puisse fonctionner comme tel, il faudrait d'abord éliminer les influences délétères qui l'assaillent de tous les côtés et ensuite lui assurer les conditions normales d'un développement spontané.

J'ai l'honneur, chère citoyenne,
d'être votre tout dévoué
Karl Marx

Carta de Karl Marx a Vera Ivanovna Zasulitch*

8 de março de 1881

41, Maitland Park Road, Londres NW

Cara cidadã,

Uma doença nervosa que me acomete periodicamente há dez anos impossibilitou-me de responder mais cedo à vossa carta de 16 de fevereiro**. Lamento não poder oferecer-vos uma explanação sucinta, destinada ao público, da indagação da qual me concedeis a honra de ser o destinatário. Há meses prometi um escrito sobre o mesmo assunto ao Comitê de São Petersburgo***. Espero, no entanto, que algumas linhas sejam suficientes para livrar-vos de qualquer dúvida sobre o mal-entendido acerca de minha assim chamada teoria.

Ao analisar a gênese da produção capitalista, afirmo:

"Na base do sistema capitalista reside, portanto, a separação radical entre o produtor e seus meios de produção [...] a base de toda essa evolução é a *expro-*

---

* Traduzido do original francês "Lettre à Vera Ivanovna Zassoulitch résidant à Genève. Londres, le 8 mars 1881", em MEGA, I/25 (Berlim, Dietz, 1985), p. 241-2. (N. T.)

** Em 16 de fevereiro de 1881, Vera Zasulitch, em nome de seus camaradas – que mais tarde fariam parte do grupo Osvobojdenie Truda [Emancipação do Trabalho] –, escreveu a Marx, pedindo-lhe que expressasse seu juízo sobre as perspectivas do desenvolvimento histórico da Rússia e, em especial, sobre o destino das comunas aldeãs.
Em sua carta, Vera Zasulitch relata que *O capital* goza de grande popularidade na Rússia, influenciando consideravelmente as discussões dos revolucionários sobre a questão agrária no país e sobre as comunas aldeãs. Escreve ela, ainda: "Sabeis melhor do que ninguém o quão extraordinariamente urgente é essa questão na Rússia [...] sobretudo para nosso partido socialista [...]. Nos últimos tempos, ouvimos com frequência que a comuna aldeã é uma forma arcaica, que a história [...] condenou à desaparição. Aqueles que assim profetizam se autointitulam 'marxistas' [...]. Compreendeis portanto, cidadão, o quanto nos interessa vosso parecer sobre essa questão e o grande favor que a nós prestaríeis se expusésseis vossas perspectivas sobre o destino possível de nossas comunas aldeãs e sobre a necessidade histórica de que todas as nações do mundo percorram todas as fases da produção capitalista".
Na preparação de uma resposta a essa carta de Vera Zasulitch, Marx escreveu três esboços que apresentam, em seu conjunto, um resumo geral da questão das comunas aldeãs russas e da forma coletiva de produção agrícola. [Cf. Karl Marx, "Lettre à Vera Ivanovna Zassoulitch – Ier projet, IIème projet, IIIème projet, IVème projet et lettre à Vera Ivanovna Zassoulitch", em MEGA, I/25, cit., p. 217-42. (N. E. A. MEW)

*** Comitê executivo da organização clandestina Narodnaia Volia [Vontade Popular]. Os *narodniks*, como se chamavam seus membros, eram socialistas utópicos que visavam a derrubada do regime czarista por métodos terroristas. (N. E. A. MEW)

priação dos agricultores [*cultivateurs*]. Ela só se realizou de um modo radical na Inglaterra [...]. Mas todos os outros países da Europa ocidental percorrem o mesmo processo [*mouvement*]."*

Portanto, a "fatalidade histórica" desse processo está *expressamente* restrita aos *países da Europa ocidental*. A razão dessa restrição é indicada na seguinte passagem do capítulo 32:

> "A *propriedade privada* fundada no trabalho pessoal [...] é suplantada pela propriedade privada capitalista, fundada na exploração do trabalho de outrem, sobre o trabalho assalariado".**

Nesse processo ocidental, o que ocorre é a *transformação de uma forma de propriedade privada numa outra forma de propriedade privada*. Já no caso dos camponeses russos, ao contrário, seria preciso *transformar sua propriedade comunal* [*proprieté commune*] *em propriedade privada*.

Desse modo, a análise apresentada n'*O capital* não oferece razões nem a favor, nem contra a vitalidade da comuna rural, mas o estudo especial que fiz dessa questão, sobre a qual busquei os materiais em suas fontes originais, convenceu-me de que essa comuna é a alavanca [*point d'appui*] da regeneração social da Rússia; mas, para que ela possa funcionar como tal, seria necessário, primeiramente, eliminar as influências deletérias que a assaltam de todos os lados e, então, assegurar-lhe as condições normais de um desenvolvimento espontâneo***.

Tenho a honra, cara cidadã, de ser vosso fiel devoto.

Karl Marx

---

* Marx, *Le capital*, cit., p. 341. (N. T.)
** Ibidem, p. 340. (N. T.)
*** No primeiro esboço da carta, Marx escreve: "Para salvar a comuna russa, é necessária uma revolução russa. [...] Se a revolução se fizer em tempo oportuno, concentrando todas as suas forças em assegurar o livre desenvolvimento da comuna rural, ela se tornará em breve o elemento regenerador da sociedade russa e a marca de sua superioridade sobre os países subjugados pelo regime capitalista", Karl Marx, "Lettre à Vera Ivanovna Zassoulitch – Ier projet, IIème projet, IIIème projet, IVème projet et lettre à Vera Ivanovna Zassoulitch", em MEGA, I/25, cit., p. 230. (N. T.)

POSFÁCIO À TERCEIRA EDIÇÃO
A importância do Livro I: o fetichismo como teoria geral das relações de produção na economia capitalista
Leda Paulani

Um prólogo necessário

Esta é uma versão modificada e um tanto estendida de um texto que publiquei há quase quarenta anos. Elaborado como trabalho final da disciplina Teoria do Valor, ministrada pelo professor Frederico Mazzucchelli na pós-graduação em economia do Instituto de Pesquisas Econômicas da Universidade de São Paulo (IPE-USP), no primeiro semestre de 1984, ele caiu nas graças de um colega de curso da Universidade Federal do Rio Grande do Sul (UFRGS), o professor Pedro C. Dutra Fonseca, que insistiu em que eu o submetesse à revista de lá (*Análise Econômica*) para possível publicação. Concordei com a sugestão e fiz a submissão. O trabalho foi aceito, tornando-se assim minha primeira publicação acadêmica[1].

Quando a Boitempo me solicitou um texto para compor a edição comemorativa dos dez anos de publicação pela editora do Livro 1 de *O capital*, lembrei-me dele e achei que poderia funcionar. O texto procura mostrar – contrariando algumas leituras, que veem aí apenas um delírio filosófico do grande pensador, sem consequências para a continuidade de sua exposição – como é crucial, para toda a arquitetura da obra, a última seção do primeiro capítulo do citado Livro 1, que trata do fetichismo.

Mas, como o texto foi escrito há tanto tempo, era prudente reler para conferir se eu própria já não havia mudado muito de posição em relação à interpretação ali esboçada. A iniciativa também se impunha porque, se o que sei hoje é só uma pequena fração do necessário e do possível quando a referência é Karl Marx, quatro décadas atrás eu sabia evidentemente muito menos. A leitura, no entanto, não me desapontou inteiramente, de modo que sugeri à nossa editora Ivana Jinkings que o referido texto, repaginado, fosse utilizado como base daquilo que os leitores agora têm em mãos.

---

[1] Uma versão reduzida deste artigo, com o título "Fetichismo: teoria geral das relações de produção na economia mercantil-capitalista", saiu em novembro de 1984, no número 4 do volume 2 da revista *Análise Econômica*.

Leda Paulani

O texto dialoga principalmente com as interpretações economicistas de *O capital*, muito frequentes entre meus colegas de profissão, os quais, por via de regra, não conferem à discussão sobre o fetiche da mercadoria a importância que ela de fato tem. Além de ajustes menores, ele ganha ao final um complemento de análise, que eu não tinha condições de fazer à época, e que me foi possível mais tarde, graças aos achados do filósofo brasileiro Ruy Fausto, cujo *Marx: lógica & política I* havia sido publicado em 1983, mas com o qual eu ainda não tivera contato quando escrevi o texto original.

Penso que estudar Marx, sobretudo *O capital*, sempre nos ajuda a entender um pouco mais o mundo que nos cerca, visto que ele escreveu esses três grossos volumes para falar do capitalismo e fazer sua crítica, e no capitalismo ainda nos encontramos. Embalada no ritmo da irrupção das categorias que Marx vai desvendando, a reflexão que ele faz sobre o fetichismo, logo no início deste Livro I, vai se ratificando e se desdobrando, seja explicitamente, seja nas entrelinhas, ao longo de toda a obra. Não compreender corretamente o sentido e a importância da análise do fetichismo e como ela está presente na totalidade de *O capital* é fazer uma leitura insuficiente, ou pior, equivocada, do que Marx está querendo mostrar.

Fetichismo: teoria geral das relações de produção na economia capitalista

Dentre as inúmeras publicações dedicadas à interpretação da obra de Marx, sobretudo de sua fase materialista, destaca-se, pela ênfase que coloca na questão do método, *Gênese e estrutura de* O capital *de Karl Marx*, de Roman Rosdolsky[2]. Publicado postumamente, em 1968, o livro teve grande impacto pela forma inédita de alinhavar o Marx de *Para a crítica da economia política* e de *O capital* aos *Grundrisse*, conseguindo assim reconstituir o método criado e utilizado por Marx[3]. Em seu capítulo 9, Rosdolsky apresenta uma pergunta extremamente pertinente sobre a lógica das ideias desenvolvidas por Marx em *O capital*. A resposta a essa questão, além de envolver uma compreensão clara do método utilizado por Marx, parece revelar a importância vital assumida pelo fetichismo na busca das relações mais gerais que dominam a economia capitalista. Eis a questão:

---

[2] Roman Rosdolsky, *Gênese e estrutura de* O capital *de Karl Marx* (trad. César Benjamin, Rio de Janeiro, Eduerj/Contraponto, 2001).

[3] No pós-Segunda Guerra, em 1948, o ucraniano Rosdolsky, tendo conseguido sobreviver aos campos de concentração nazistas, foi para os Estados Unidos, onde deparou, em uma biblioteca, com um dos raros exemplares dos Grundrisse que haviam chegado ao Ocidente. O livro, editado originalmente por Moscou, em 1939, logo antes da guerra, constituía, portanto, um material praticamente inexplorado de pesquisa. Rosdolsky dedicou vinte anos a seu estudo, mas não chegou a ver editado seu resultado final, pois faleceu em 1967.

A importância do Livro I

A categoria capital não pode ser concebida sem as categorias mercadoria, valor e dinheiro; mas essas categorias mais gerais só podem se desenvolver completamente com base no capital e no modo capitalista de produção. Como se pode resolver essa "contradição"? Qual das duas interpretações da sequência é correta?[4]

Assim, em última instância, o que se questiona é a validade da lei do valor, ou até que ponto se pode explicar a economia capitalista plenamente desenvolvida por intermédio das categorias e relações mais gerais e mais abstratas aparentemente "deduzidas" de uma economia mercantil simples. A resolução desse "impasse" insere-se, como já se adiantou, na esfera metodológica da questão.

Apesar da existência de importantes leituras em contrário (ver Althusser)[5], parece inegável que Marx carrega para as páginas de *O capital* uma herança hegeliana considerável. Tal como Hegel, Marx busca na realidade o universal, ainda que esse universal seja, para ele, pressuposto objetivo do pensamento e não o resultado desse mesmo pensamento. Nesse sentido, as próprias palavras de Marx esclarecem mais do que possa fazê-lo qualquer comentário. Em *Para a crítica da economia política,* ele coloca frontalmente sua posição a esse respeito:

> O concreto é concreto porque é a síntese de muitas determinações, isto é, unidade do diverso. Por isso o concreto aparece no pensamento como processo da síntese, como resultado, não como ponto de partida, ainda que seja o ponto de partida efetivo e, portanto, o ponto de partida também da intuição e da representação. No primeiro método a representação plena volatiliza-se em determinações abstratas, no segundo as determinações abstratas conduzem à reprodução do concreto por meio do pensamento. Por isso é que Hegel caiu na ilusão de conceber o real como resultado do pensamento que se sintetiza em si, se aprofunda em si, e se move por si mesmo; enquanto que o método que consiste em elevar-se do abstrato ao concreto *não é senão a maneira de*

---

[4] Roman Rosdolsky, *Gênese e estrutura de* O capital *de Karl Marx*, cit., p. 151.
[5] Em *Ler* O capital, diz Althusser: "Se pudemos estabelecer, com provas suficientes para o afirmar, que o discurso de Marx é em seu princípio estranho ao discurso de Hegel; que sua *dialética* [...] é inteiramente diferente da dialética hegeliana, não teremos ido muito longe. Não teremos ido ver onde Marx adquiriu esse método de análise que ele dá como preexistente. Não nos propomos a questão de saber se Marx, em vez de o tomar emprestado, não terá propriamente inventado esse método de análise que supunha ter apenas aplicado, como inventou integralmente essa dialética que em várias passagens, conhecidas e muitíssimo ruminadas por intérpretes apressados, ele nos declara ter ido buscar em Hegel. *E se essa análise e essa dialética são, como pensamos, uma só e mesma coisa,* não basta, para explicar sua produção original, assinalar que ela só foi possível ao preço de uma ruptura com Hegel"; Louis Althusser, "De 'O capital' à filosofia de Marx", em Louis Althusser, Jacques Rancière e Pierre Macherey, *Ler* O capital, v. 1 (trad. Nathanael C. Caixeiro, Rio de Janeiro, Zahar, 1979), p. 53; itálicos do autor.

proceder do pensamento para se apropriar do concreto, para reproduzi-lo como concreto pensado. Mas esse não é *de modo nenhum* o processo da gênese do próprio concreto.[6]

Parece cristalino, portanto, que o método de Marx é um método lógico-ontológico de busca e apreensão das determinações mais gerais e mais abstratas da economia capitalista, as quais jamais podem existir e ter pleno desenvolvimento senão dentro de um todo vivo, concreto e multiplamente determinado, ainda que, no processo de exposição, possam tomar a forma de deduções de um concreto mais simples e anterior[7].

É desse modo, portanto, que o valor só tem sentido enquanto valor que se valoriza, ou seja, dentro do circuito dinheiro-mercadoria-mais dinheiro ou D-M--D', de modo que a lei do valor não existe em estado puro; que a mercadoria só assume a condição de categoria dominante na economia quando a própria força de trabalho se transforma em mercadoria (ou seja, já na presença do capital) etc.

Assim, não existem em *O capital* duas concepções diferentes, uma para a economia mercantil simples e outra para a capitalista, e Marx também não desenvolveu suas ideias sobre a última tomando por base as leis que havia deduzido para a primeira. O que existe, como afirma Rosdolsky, é um único e mesmo modo de ser, o modo de produção capitalista, cujo método de conhecimento desenvolvido por Marx consistiu em elevar-se do abstrato ao concreto e desvendar as leis internas de seu funcionamento[8]. Mas ele não esqueceu, como fez a economia política original, que seu ponto de partida prévio e efetivo foi a organização material, já bastante capitalista, da sociedade europeia de sua época. Ele conseguiu assim enxergar, por detrás daquela aparência caótica, o funcionamento pleno das categorias que desvendou, mas sem cair na armadilha de julgá-las naturais e eternas.

E qual é a relação do fetichismo com tudo isso? O fetichismo, segundo Marx, tem a ver com o fato de os produtos do trabalho humano, tão logo assumem a forma de mercadoria, aparecerem aos olhos dos homens como dotados de propriedades

---

[6] Karl Marx, "Para a crítica da economia política", em *Marx* (São Paulo, Abril Cultural, coleção Os Pensadores, 1974), p. 122; itálicos do autor.

[7] Como veremos ao final do presente texto, na realidade esse concreto mais simples supostamente existente nos três primeiros capítulos do Livro I constitui não um sistema real e prévio ao capitalismo (ainda que possa ser visto como momento deste último), mas a aparência desse modo de produção.

[8] Sobre o mesmo tema, e referindo-se a algumas leituras de pesquisadores franceses, diz Luiz Gonzaga Belluzzo: "A economia mercantil é investigada como uma dimensão do capitalismo. Não há em Marx, como pretende André Orléan, uma passagem da economia de troca direta para uma economia mercantil monetária. Muito ao contrário, nos *Grundrisse* e em *O capital*, Marx executa os trabalhos da dialética negativa: a negação da troca direta; a negação do intercâmbio generalizado de mercadorias na ausência da mercantilização da força de trabalho; a negação do processo de valorização na ausência das forças produtivas capitalistas; *O capital e suas metamorfoses* (São Paulo, Ed. Unesp, 2013), p. 8.

que lhes são naturais, mas que consistem, na realidade, em determinações socialmente constituídas. Assim, eles parecem possuir valor por sua própria natureza, não por terem sido produzidos numa economia organizada pelo mercado e pela troca. Em outras palavras, essas propriedades sociais não pertencem à natureza das coisas enquanto tal, mas derivam das características sociais do próprio trabalho humano quando a troca é o mecanismo por excelência de reprodução material da sociedade, derivando também, em consequência, da relação entre cada trabalho individual e o trabalho total na economia capitalista.

Uma das consequências dessa inversão que a generalização da forma mercadoria produz é que as relações de produção entre os homens se dão *por meio* das coisas. Segundo as palavras de Marx no capítulo 1 de *O capital*:

> É apenas uma relação social determinada entre os próprios homens que aqui assume, para eles, a forma fantasmagórica de uma relação entre coisas. [...] A isso eu chamo de fetichismo, que se cola aos produtos do trabalho tão logo eles são produzidos como mercadorias e que, por isso, é inseparável da produção de mercadorias.[9]

Assim, como sublinha o próprio Marx, na sociedade em que domina a forma mercadoria (e é só no capitalismo que essa forma de fato domina), as coisas (produtos do trabalho) plasmam relações sociais, o que significa que o fetichismo é inerente ao modo de ser do sistema. É fácil perceber isso já na análise da forma simples do valor. Se dizemos que x de A = y de B, por exemplo, 5 pãezinhos = 1 litro de leite, estamos dizendo que determinada mercadoria, tal qual ela é, expressa valor, pois o valor de A (dos pãezinhos) está expresso no valor de uso de B (do litro de leite), ou seja, o litro de leite, enquanto litro de leite, serve de material para a expressão do valor dos pãezinhos. Por isso, segundo Marx, a mercadoria colocada do lado direito da equação está na *forma equivalente*, em que parece portar valor por sua própria natureza, enquanto a mercadoria que está do lado esquerdo está na *forma relativa*, pois precisa se relacionar com outra para "dizer" seu valor[10]. Só que o litro de leite, como mero litro de leite, é apenas um valor de uso. É só do ponto de vista interno da relação, ou seja, é só dentro dessa relação de troca – ou de qualquer outra relação de troca em que funcione como equivalente – que o litro de leite porta valor.

No entanto, esse valor do litro de leite parece natural e eterno porque, julgam as pessoas, as propriedades das coisas não se originam de suas relações com outras coisas, são-lhes inatas. Justifica-se, pois, plenamente o fetichismo que adere à forma mercadoria, bem como à sua sequência valor, dinheiro, capital. É essa aparência

---

[9] Karl Marx, *O capital: crítica da economia política*, Livro I: *O processo de produção do capital* (trad. Rubens Enderle, São Paulo, Boitempo, 2013), p. 147-8.
[10] Não por acaso, o dinheiro vai aparecer do lado direito da equação de troca.

de determinante natural dos produtos do trabalho que a forma valor detém que leva de embrulho até mesmo os analistas mais argutos (como Smith e Ricardo), os quais, assim, em vez de seu caráter historicamente determinado, vão ter então a tendência de ver no sistema apenas o resultado de dadas características naturais dos produtos do trabalho humano.

Uma consequência direta desse quiproquó, como o chama Marx, é a "reificação das relações de produção", e sua contraparte, a "personificação das coisas", já que, no modo de produção capitalista, as pessoas mantêm relações de produção diretas unicamente enquanto proprietárias de coisas. Diz Marx: "A estes últimos [os produtores], as relações sociais entre seus trabalhos privados aparecem como aquilo que elas são, isto é, não como relações diretamente sociais entre pessoas em seus próprios trabalhos, mas como relações reificadas entre pessoas e relações sociais entre coisas"[11]. Sobre o último elo dessa inversão, esclarece Isaak I. Rubin, autor de um livro clássico sobre a teoria do valor de Marx:

> A presença de uma coisa com uma determinada forma social nas mãos de uma dada pessoa a induz a manter determinadas relações de produção e lhe infunde seu caráter social específico. A "reificação das relações de produção entre as pessoas" é agora complementada pela "personificação das coisas".[12]

E o que faz a economia vulgar criticada por Marx? A economia vulgar estuda a forma pronta das coisas, sua aparência. Segundo Rubin, a economia vulgar apreende apenas o que ocorre na superfície da vida econômica e, nesse sentido, não se dá conta do processo de "reificação das relações de produção entre as pessoas", restringindo-se a ver o movimento "natural" entre agentes econômicos que são proprietários de fatores de produção. Dessa forma, sem perceberem que este último processo é o processo de "personificação das coisas" e que, portanto, só tem razão de ser se for entendido como resultado do primeiro processo (a "reificação das relações de produção"), tornam-se esses economistas as maiores vítimas do fetichismo, pois passam a considerar a característica social das coisas como características naturais dessas coisas.

Cabe aqui um parêntese, antes de continuarmos a análise. Essa pausa se torna necessária para lembrar a distinção feita pelo próprio Marx, não por acaso na seção mesma sobre o fetiche da mercadoria, entre a economia política clássica (Smith, Ricardo, Stuart Mill), que ele prezava, ainda que lhe apontasse os erros, e a economia vulgar, pela qual, ao contrário, tinha enorme desprezo. Para ele, o primeiro grupo abarcava toda teoria econômica desde William Petty (teórico fisiocrata),

---

[11] Ibidem, p. 148.
[12] Isaak I. Rubin, *Teoria marxista do valor* (trad. José Bonifácio de S. Amaral Filho, São Paulo, Brasiliense, 1980), p. 37.

"que investiga a estrutura interna das relações burguesas de produção", enquanto o segundo grupo "se move apenas no interior do contexto aparente" a fim de "fornecer justificativas para os fenômenos mais brutais" e servir "às necessidades da burguesia"[13]. Em poucas palavras, se a primeira podia ser considerada científica, a segunda não passava de apologia barata. Traduzindo para os paradigmas hoje vigentes, diríamos que a teoria neoclássica, com sua teoria do valor-utilidade, sua concepção simplória de moeda e dinheiro, seu modelo de concorrência perfeita e seus axiomas em torno das virtudes do mercado e de sua capacidade de produzir "situações ótimas" é a que mais se aproxima do modelo de economia vulgar que é alvo da crítica ferina de Marx.

Essa distinção é importante para o objeto que aqui nos interessa, porque, apesar dela, a economia clássica, para Marx, também foi vítima das artimanhas da forma mercadoria, isto é, de seu fetiche. Marx reconhece que seus melhores representantes analisaram, ainda que incompletamente, o valor e a grandeza do valor, ou seja, foram (ou tentaram ir) além das aparências, investigando as estruturas internas das relações burguesas e revelando o conteúdo que se esconde sob essas formas, mas nunca se perguntaram por que esses conteúdos assumem aquelas formas[14]. Em outras palavras, o fato de os produtos do trabalho assumirem a forma valor[15] é visto como uma necessidade natural tão evidente quanto o próprio trabalho produtivo, de modo que esta é tomada como forma natural da produção social em geral (não é por acaso, por exemplo, que Smith vai falar numa "propensão natural à troca").

Contudo, isso só acontece porque esses economistas acham-se limitados pelo horizonte da economia capitalista, ainda que disso não se apercebam. Ao percorrerem esse caminho, ou seja, ao considerarem as características sociais das coisas características próprias das coisas, eles tendem a enxergar o sistema capitalista – ainda que tenham ajudado a desvendar o que está por trás dele (foi da economia política clássica que Marx partiu) – como eterno, pois é "natural" aos produtos do trabalho possuírem valor. Consequentemente, deixam de perceber o caráter específico desse modo de produção e assim fecha-se o circuito.

---

[13] Karl Marx, *O capital*, Livro I, cit., p. 156.
[14] Ibidem, p. 154-5.
[15] Para efeito de melhor compreensão dos termos utilizados, vale esclarecer que "assumir a forma de valor" significa aqui a necessidade que os produtos do trabalho têm, no modo de produção capitalista, de se transformarem em mercadorias. Rigorosamente, o valor é o fundamento da troca, o trabalho abstrato é sua substância e a forma desse valor é o valor de troca. Em outras palavras, o valor de troca é a forma necessária de existência do valor; ele só existe dentro de uma relação de troca, como, por exemplo, 5 pãezinhos = 1 litro de leite, 5 pãezinhos = 30,9 miligramas de ouro, ou 1 litro de leite = 10 reais. Assim, quando utilizamos "forma valor" ou "forma de valor" o sentido é idêntico ao de mercadoria. Já quando utilizamos "forma do valor", estamos falando de valor de troca.

É no capital, portanto, que Marx vai encontrar o universal buscado por Hegel, só que o capital não é o "Espírito Absoluto", porque ele é específico, historicamente determinado, e, além disso, o capital realiza o concreto "pelo avesso", pois sempre é aquilo que não parece e nunca parece o que realmente é. Essa fantástica capacidade fetichista do capital tem sua origem na mercadoria, a determinação mais abstrata e, no entanto, também a mais geral do modo capitalista de produção. À medida que se evolui da categoria mercadoria em direção à categoria capital, vai ocorrendo um crescente acobertamento das relações sociais subjacentes ao processo, que se tornam então cada vez mais opacas e invisíveis.

A aparência de determinação natural que a forma valor tem, ou seja, o fetiche da mercadoria, é também o que explica por que as duas sequências evolutivas às quais se refere Rosdolsky devem ser consideradas simultaneamente corretas. O tema está diretamente associado à questão da relação entre a seção I e a seção II do Livro I de *O capital*, cabendo lembrar que a primeira seção é composta pelos três primeiros capítulos do livro, que tratam respectivamente da mercadoria, do processo de troca e do dinheiro, enquanto a seção II é composta por um único capítulo, dedicado à transformação do dinheiro em capital.

Na apresentação de Marx, a força de trabalho transformada em mercadoria é, como se sabe, o elemento que converte a sociedade mercantil simples (em que a forma mercadoria já organiza a esfera material da sociedade, mas ainda sem a presença do trabalho assalariado) em capitalista, pois viabiliza a extração de mais-valor e, nessa medida, a valorização do valor que constitui logicamente o sujeito capital (capital, diz Marx, na primeira definição do termo que aparece no capítulo 4, é um movimento: o movimento de valorização do valor)[16].

Não é à toa, portanto, que várias questões emergiram ao longo do tempo, sobretudo na cabeça dos economistas, quanto à relação existente entre as duas seções iniciais do Livro I e, principalmente, quanto à natureza da primeira seção. À primeira vista, não se trata aí de capitalismo, pois não há como ser entabulado o movimento de valorização do valor. Ocorre que Marx afirma, no primeiro parágrafo do Livro I, que vai começar sua investigação pela mercadoria, porque ela é a forma elementar da riqueza tal como esta aparece no modo de produção capitalista, ou

---

[16] "O valor originalmente adiantado não se limita, assim, a conservar-se na circulação, mas nela modifica sua grandeza de valor, acrescenta a essa grandeza um mais-valor, ou se valoriza. E esse movimento o transforma em capital"; Karl Marx, *O capital*, Livro I, cit., p. 227. "Na verdade, porém, o valor se torna, aqui, o sujeito de um processo em que ele, por debaixo de sua constante variação de forma, aparecendo ora como dinheiro, ora como mercadoria, altera sua própria grandeza e, como mais-valor, repele [*abstösst*] a si mesmo como valor originário, valoriza a si mesmo. Pois o movimento em que ele adiciona mais-valor é seu próprio movimento; sua valorização é, portanto, autovalorização. Por ser valor, ele recebeu a qualidade oculta de adicionar valor. Ele pare filhotes, ou, pelo menos, põe ovos de ouro"; ibidem, p. 230.

seja, ele está falando de capitalismo desde a primeira linha. Não há como escapar do resultado: na primeira seção, Marx está e não está falando de capitalismo e essa resposta se mostra correta. Parece uma contradição do pensador, mas trata-se de uma contradição de seu objeto (o modo de produção capitalista) que ele abraça, em vez de se enroscar nela.

Como indiquei acima, o capital sempre é aquilo que não parece e nunca parece o que realmente é. A solução do *imbróglio*, portanto, passa pelo termo "aparece" (*erscheint*) da primeira frase de *O capital*. A produção capitalista aparece como circulação simples, ou, em outros termos, o circuito D-M-D' (dinheiro-mercadoria--mais dinheiro) aparece como o circuito M-D-M (mercadoria-dinheiro-mercadoria). Na esfera da circulação, prevalecem as leis do intercâmbio simples de mercadorias, a saber, valor se troca por valor igual, o valor de uso é a finalidade do processo e a apropriação de mercadorias se dá pelo trabalho próprio. Quando a força de trabalho, responsável pela substância do valor, se transforma ela própria em mercadoria, todas essas leis são negadas[17]: o valor não se troca mais por valor igual (a existência da mercadoria força de trabalho nega isso), o valor de uso não é mais a finalidade do processo, antes o próprio valor (e sua valorização), e a apropriação não se dá mais pelo trabalho próprio, mas pela apropriação, sem pagamento, de tempo de trabalho alheio.

No circuito D-M-D', como se sabe, não há apenas circulação, uma vez que esta é interrompida pela produção no ato da primeira troca (compra de meios de produção e de força de trabalho), que justamente transforma o capital monetário em capital produtivo. A circulação, por sua vez, só entra novamente em cena no ato da venda, ou seja, depois que a mercadoria, engordada pelo valor excedente, precisa realizar seu valor e seu mais-valor. Mas essa produção capitalista, ou essa "circulação do capital", se quisermos, precisa aparecer como circulação simples (ou circulação mercantil simples, como a chamam os economistas), ou seja, como um movimento em que aquelas leis são respeitadas. A aparência precisa pôr essas leis (que embasam todo o discurso livre-cambista, liberal, ou do capital como elemento civilizatório) para que sua negação possa se efetivar. Nesse movimento, o capital nunca aparece como capital, mas ora como mercadoria, ora como dinheiro.

Entender a esfera da circulação simples como a aparência do modo de produção capitalista é a única leitura que confere sentido aos enunciados de Marx na seção sobre o fetiche da mercadoria, no capítulo 1 do Livro I. Tal interpretação tem sua elaboração mais bem-acabada na obra do filósofo brasileiro Ruy Fausto. Sobre o

---

[17] Rigorosamente, a última dessas leis só é de fato negada quando do encadeamento das voltas do capital, na seção sétima do Livro I. Os elementos para essa negação, porém, já estão postos com a mera existência da mercadoria força de trabalho. Ver a esse respeito Ruy Fausto, *Marx: lógica & política I* (São Paulo, Brasiliense, 1983), p. 190-5.

objeto da seção I, ele afirma: "deve-se dizer, portanto, que o objeto da seção I é e não é o capitalismo, ela se refere e não se refere ao capitalismo, eis a resposta"[18]. E de modo mais desenvolvido:

> O sistema *aparece* como um sistema que obedece às leis gerais da produção simples, isto é, ele aparece como se sua finalidade fosse não a valorização do valor, mas a satisfação das necessidades. Por outro lado, e em consequência, a apropriação das mercadorias aparece não como resultado da expropriação do trabalho de *outrem*, mas direta ou indiretamente como resultado e consequência do trabalho *próprio*.[19]

Como indicamos anteriormente, a aparência de determinação natural que a forma de valor tem, ou seja, o fetiche da mercadoria, é também o que explica por que as duas sequências evolutivas às quais se refere Rosdolsky devem ser consideradas simultaneamente corretas. Essa interpretação da seção I como aparência do que Marx desvenda a partir da seção II do Livro I de *O capital* nos auxilia muitíssimo a entender por quê. Relembramos que, segundo afirma Rosdolsky, a categoria capital não pode ser concebida sem as categorias mercadoria, valor e dinheiro, mas, ao mesmo tempo, tais categorias só podem desenvolver-se completamente com base no capital. Rosdolsky pergunta então como se pode resolver essa contradição e qual das duas interpretações da sequência evolutiva seria a correta.

De fato, categorialmente, o capital é uma consequência lógica do predomínio da forma valor, do predomínio, portanto, da mercadoria, e da consequente autonomização de sua forma equivalente que o dinheiro corporifica. Ocorre, porém, que é só com a posição do capital (ou seja, com a transformação da força de trabalho em mercadoria) que esse predomínio ganha efetividade, pois é apenas quando a forma mercadoria envolve a própria substância do valor (o tempo de trabalho) que ela está plenamente posta. Da mesma maneira, o dinheiro só vai ganhar todas as determinações que o constituem como dinheiro (deixando de ser apenas moeda, tal como no circuito M-D-M)[20], quando se põe como elemento constitutivo do movimento do capital. Ocorre que o capital não se mostra como capital; ele se mostra ora como mercadoria, ora como dinheiro (M-D-M), tornando invisíveis suas determinações essenciais. Marx escolheu começar pela aparência do sistema para

---

[18] Ruy Fausto, *Marx: lógica & política I*, cit., p. 183.

[19] Ibidem, p. 184; itálicos do autor. É verdade que essa aparência, como identifica Fausto (ibidem, p. 183), possui um fundamento, visto que Marx se interroga sobre os fundamentos do intercâmbio de mercadorias. Mas esses são os fundamentos dessa *aparência* do sistema, que não deixam de existir, mas intervertem-se quando se considera o capitalismo plenamente constituído. Segundo o mesmo Fausto, esse todo homogêneo formado por fundamento e aparência "constitui a produção simples de mercadorias, momento da produção capitalista" (ibidem, p. 184).

[20] Sobre a contradição entre moeda e dinheiro, ver Leda M. Paulani, "Money", em Matt Vidal et al. (orgs.), *The Oxford Handbook of Karl Marx* (Nova York, Oxford University Press, 2019).

mostrar, na sequência, como a posição efetiva dessas categorias só ocorre de fato no modo de produção capitalista e a partir do modo de produção capitalista. Que essa aparência se mantenha como tal, a despeito da negação que sofre quando sua posição se torna plena, é resultado da fantástica capacidade fetichista do capital, das categorias que ele pressupõe (valor, mercadoria, dinheiro) e das categorias postas por seu próprio desenvolvimento (capital portador de juros, capital fictício).

Concluindo, o fetichismo não pode ser tratado como uma entidade separada da teoria econômica de Marx, como um capítulo à parte em sua obra. Contrariamente, ele só tem razão de ser se for entendido como uma *teoria geral das relações de produção na economia capitalista*. E, no entanto, informa Rubin, tanto adversários quanto defensores do marxismo tratam o fetiche como algo pouco relacionado internamente ao corpo teórico da análise de Marx. A explicação para esse engodo geral está na ruidosa e sedutora esfera da circulação, ou, em outras palavras, no fetiche de suas categorias. Assim, pensando-se em termos de uma graduação, o fetiche do capital é muito maior que o do dinheiro, que, por sua vez, seria muito maior que o do valor. Por outro lado, faz sentido também dizer que o fetiche do capital portador de juros é ainda maior que o do próprio capital[21].

Parece evidente mais uma vez, e fechando a questão, que Marx não "descobriu" o fetiche analisando formas de valor de economias mercantis simples, transportando-as posteriormente para a já complexa sociedade capitalista de sua época. Parece mais razoável crer que ele dissecou dialeticamente as categorias que a realidade concreta escondia (e que constituíram seu ponto de partida efetivo) e que, nesse processo, chegou às determinações mais gerais e mais abstratas que lhe permitiram reproduzir o concreto como concreto pensado. Esse concreto pensado por Marx está guarnecido de leis internas de funcionamento que ele dissecou no decorrer do processo, e o fetiche, ao que parece, é a mais geral de todas as leis. E é por ser essa a mais geral das leis que Marx só conseguiu explicar o capitalismo invertendo o caminho que vinha sendo perseguido historicamente pela ciência econômica que nascia.

Leda Paulani *é professora titular (sênior) do Departamento de Economia da FEA-USP e pesquisadora do CNPq.*

---

[21] Sobre o dinheiro, por exemplo, Marx diz o seguinte no capítulo 1: "Porém, é justamente essa forma acabada – a forma-dinheiro – do mundo das mercadorias que vela materialmente [*sachlich*], em vez de revelar, o caráter social dos trabalhos privados e, com isso, as relações sociais entre os produtores privados"; Karl Marx, *O capital*, Livro I, cit., p. 150; e mais à frente, no Livro III, vai dizer que é no capital portador de juros – categoria desdobrada do capital onde o mesmo se coloca como mercadoria e fecha o sistema – "que a relação capitalista assume sua forma mais exterior e mais fetichista" e que "aqui se completam a forma fetichista do capital e a ideia do fetichismo do capital"; Karl Marx, *O capital: crítica da economia política*, Livro III: *O processo global da produção capitalista* (trad. Rubens Enderle, São Paulo, Boitempo, 2017), p. 443-4.

ÍNDICE DE NOMES LITERÁRIOS, BÍBLICOS E MITOLÓGICOS

Abel. Personagem do Antigo Testamento; filho de Adão. 819

Abraão. Personagem do Antigo Testamento; patriarca dos hebreus. 657

Adão. Personagem do Antigo Testamento. 177, 668, 672, 693, 785, 837

Anteu. Gigante da mitologia grega antiga, filho de Poseidon e Gaia; enquanto estava próximo à mãe (a Terra), ninguém podia vencê-lo; Hércules arrancou-o da terra e o estrangulou. 668

Busíris. Segundo a mitologia grega, um cruel rei egípcio, que mandava matar todos os estrangeiros que pisavam em seu território; Isócrates o apresenta como exemplo de virtude. 441

Caco. Na mitologia grega, um gigante que cuspia fogo e vivia numa caverna do monte Aventino. Filho de Hefesto, Caco foi morto por Hércules depois de ter-lhe roubado o gado. 668

Caim. Personagem do Antigo Testamento, filho de Adão. 819

Cupido. O deus romano do amor. 693

Dédalo. Na mitologia grega, arquiteto que construiu o labirinto de Creta. Pai de Ícaro. 480

Dogberry. Em *Muito barulho por nada*, de Shakespeare, um oficial de polícia cuja comicidade reside em seu uso constante de paronímias. 158, 497

Dom Quixote. Personagem de *Dom Quixote de la Mancha*, de Miguel de Cervantes. 157

Eckart. Personagem das sagas germânicas, onde representa um desinteressado e fiel ajudante. Geralmente referido como "o fiel Eckart" (*getreue Eckart*). 348

Fausto. Personagem da tragédia homônima de J. W. Goethe. 161

Fortunato. Personagem de um livro popular alemão do século XVI. Fortunato possui uma sacola de dinheiro que nunca se esgota e um chapéu que o leva para onde ele deseja. 529, 723

Gerião. Na mitologia grega, um dos gigantes. Seu mito está ligado ao de Hércules, a quem coube, num dos seus trabalhos, roubar-lhe os bois, e por quem acaba morto a flechadas. 668

Gobseck. Personagem agiota e avarento da *Comédia humana*, de Balzac. 664

Hefesto. Deus grego do fogo e da fundição. 481, 721

Hércules. Herói da mitologia grega, filho de Zeus e da mortal Alcmena. Depois de ter matado a sua própria família, Hércules, numa tentativa de penitência, tornou-se servo do rei de Micenas, aceitando cumprir tarefas (os "doze trabalhos") impossíveis para qualquer mortal. 496, 668

Isaque. Personagem do Antigo Testamento. Filho de Abraão. 657

Jacó. Personagem do Antigo Testamento. Filho de Isaque. 657

Jeová. Denominação de Deus no Antigo Testamento. 435

Jesus. 332

Júpiter. Deus supremo da mitologia romana. 438, 652

Kalb ("Marechal de corte von Kalb"). Personagem do drama *Kabale und Liebe* ("Intriga e amor"), de Schiller. 650

Moisés. Personagem do Antigo Testamento, patriarca dos hebreus. 448, 670, 841

Maritornes. Personagem de *Dom Quixote de la Mancha*, de Miguel de Cervantes. 160

Medusa. Na mitologia grega, monstro que transformava em pedra todos aqueles que a olhavam. 79

Mistress Quickly. Personagem de quatro peças de Shakespeare. Mistress Quickly é uma taberneira que nega ser prostituta. Marx emprega o nome em tradução alemã: *"Wittib Hurtig"*. 125

Moloch. Deus assírio e fenício da natureza, ao qual os amonitas sacrificavam seus recém-nascidos, jogando-os em uma fogueira. Mais tarde, o nome passou a significar qualquer poder cruel e irresistível, que sacrifica um número incontável de vítimas. 732

Paulo. Personagem do Novo Testamento, apóstolo. 694

Pedro. Personagem do Novo Testamento, apóstolo. 178

Perseu. Personagem da mitologia grega, filho de Zeus. 79

Pluto. Deus grego da riqueza e do reino dos mortos. 206

Prometeu. Personagem da mitologia grega; por ter roubado o fogo de Zeus para dar aos homens, foi acorrentado a um rochedo e condenado a suplícios eternos. Na modernidade, simboliza a afirmação iluminista das capacidades infinitas do homem, contra a superstição religiosa. 721

Robinson Crusoé. Personagem de um romance homônimo de Daniel Defoe. 151-3, 361

Sabala. Na mitologia indiana, deusa que aparece aos homens sob a forma de uma vaca. 652

Sancho Pança. Personagem de *Dom Quixote de la Mancha*, de Miguel de Cervantes. 716

Sangrado. Personagem do romance *Gil Blas de Santillane*, de Lesage; médico. 782

Seacoal. Personagem de *Muito barulho por nada*, de Shakespeare; guarda noturno. 158

Sexta-Feira. Personagem do romance *Robinson Crusoé*, de Daniel Defoe. 361

São Jorge. Santo e mártir cristão, representado como um cavaleiro que, sobre um cavalo branco, mata com sua lança um dragão. 109

Shylock. Personagem de *O mercador de Veneza*, de Shakespeare; agiota impiedoso, judeu. 757

Índice de nomes literários, bíblicos e mitológicos

Bill Sikes. Personagem do romance *Oliver* Twist, de Charles Dickens; assassino. 514

Sísifo. Personagem da mitologia grega; rei de Corinto, que, por sua traição aos deuses, foi condenado ao suplício eterno de empurrar morro acima um enorme bloco de pedra, que sempre acaba por rolar novamente para baixo. 206, 494

Thor. Na mitologia germânica, deus do trovão; seu martelo retornava a sua mão a cada vez que era lançado. 459

Ulisses. Herói principal da *Odisseia,* poema épico de Homero. 327

Vishnu. Um dos principais deuses do hinduísmo. 673

Cofre projetado por Jean Fallon, imitando uma edição em capa dura d'*O capital*.

BIBLIOGRAFIA

Os escritos citados por Marx e Engels, quando foi possível localizá-los, são aqui listados de acordo com as edições provavelmente utilizadas pelos autores. Em alguns casos, especialmente em referências de fontes e obras literárias gerais, nenhuma edição determinada é referida. Leis e documentos apenas são elencados quando expressamente citados na obra. Algumas fontes não puderam ser identificadas.

I. Obras e artigos (inclusive autores anônimos)

ADDINGTON, Stephen. *The Advantages of the East-India Trade to England*. Londres, 1720.

_____. *An Inquiry into the Reasons for and against Inclosing Open-Fields*. 2 ed. Coventry, Londres, 1772.

AIKIN, J[ohn]. *A Description of the Country from Thirty to Forty Miles Round Manchester*. Londres, 1795.

ALIGHIERI, Dante. *A divina comédia*.

[ANDERSON, Adam.] *An Historical and Chronological Deduction of the Origin of Commerce, from the Earliest Accounts to the Present Time. Containing an History of the Great Commercial Interests of the British Empire. With an appendix*. Londres, 1764. v. 1-2.

ANDERSON, James. *Observations on the Means of Exciting a Spirit of National Industry, Chiefly Intended to Promote the Agriculture, Commerce, Manufactures, and Fisheries of Scotland. In a Series of Letters to a Friend. Written in the Year 1775*. Edimburgo, 1777.

_____. *The Bee, or Literary Weekly Intelligence*. Edimburgo, 1791. v. 3.

APIANO (Appian von Alexandria). *Römische Geschichte*. Trad. Ferdinand L. J. Dillenius. Stuttgart, 1830. 7 v.

[ARBUTHNOT, John.] *An Inquiry into the Connection between the Present Price of Provisions, and the Size of Farms. With Remarks on Population as Affected Thereby. To Which are Added, Proposals for Preventing Future Scarcity. By a Farmer*. Londres, 1773.

ARISTOTELES. *De republica libri VIII* [Política]. In: *Opera ex recensione Immanuelis Bekkeri*. t. 10, Oxonii, 1837.

_____. *Ethica Nicomachea* [Ética a Nicômaco]. In: *Opera ex recensione Immanuelis Bekkeri*. t. 9. Oxonii, 1837.

ASHLEY, [Anthony]. *Ten Hours' Factory Bill. The Speech in the House of Commons, on Friday, 15 Mar., 1844*. Londres, 1844.

ATENEU. *Deipnosophistarum libri quindecim. t.2... emendav, ac supplev... illustrav. commmisque indicibus instrux. [Deipnosofistas].* Johannes Schweighaeuser, Argentorati, 1802.

AUGIER, Marie. *Du crédit public et de son histoire depuis les temps anciens jusqu'a nos jours.* Paris, 1842.

BABBAGE, Charles. *On the Economy of Machinery and Manufactures.* Londres, 1832.

BACON, Francis. *The Essays of Counsels Civil and Moral.* [Londres, 1625.]

_____. *The Reign of Henry VII. Verbatim Reprint from Kennet's England, ed. 1719.* Londres, 1870.

[BAILEY, Samuel.] *A Critical Dissertation on the Nature, Measures, and Causes of Value; Chiefly in Reference to the Writings of Mr. Ricardo and Bis Followers. By the Author of Essays on the Formation and Publication of Opinions.* Londres, 1825.

BARBON, Nicholas. *A Discourse Concerning Coining the New Money Lighter. In Answer to Mr. Lock's Considerations about Raising the Value of Money.* Londres, 1696.

BARTON, John. *Observations on the Circumstances Which Influence the Condition of the Labouring Classes of Society.* Londres, 1817.

BAYNES, [John.] *The Cotton Trade. Two Lectures on the above Subject, Delivered Before the Members of the Blackburn Literary, Scientific and Mechanics' Institution.* Londres, Blackburn, 1857.

BECCARIA, Cesare. "*Elementi di economia pubblica*". In: *Scrittori classici italiani di economia politica.* t. 11. Milão, Parte Moderna, 1804.

BECKMANN, Johann. *Beyträge zur Geschichte der Erfindungen.* Leipzig, 1786. v. 1.

BEECHER-STOWE, Harriet. *Uncle Tom's Cabin.*

BELLERS, John. *Proposals for Raising a Colledge of Industry of All Useful Trades and Husbandry, with Profit for the Rich, a Plentiful Living for the Poor, and Good Education for Youth.* Londres, 1696.

_____. *Essays about the Poor, Manufactures, Trade, Plantations, and Immorality.* Londres, 1699.

BENTHAM, Jérémie. *Théorie des peines et des récompenses, ouvrage extrait des manuscrits de M. Jérémie Bentham. Par Et[ienne] Dumont.* 3. ed., t. 2. Paris, 1826.

BERKELEY, George. *The Querist, Containing Several Queries, Proposed to the Consideration of the Public.* Londres, 1750.

DIE BIBEL, oder die ganze Heilige Schrift des alten und neuen Testaments. Nach der deutschen Übers. Martin Luthers.

BIDAUT, J. N. *Du monopole qui s'établit dans les arts industriels et le commerce, au moyen des grands appareils de fabrication. 2e livraison. Du monopole de la fabrication et de la vente.* Paris, 1828.

BIEW, Franz. *Die Philosophie des Aristoteles, in ihrem inneren Zusammenhange, mit besonderer Berücksichtigung des philosophischen Sprachgebrauchs, aus dessen Schriften entwickelt.* Berlim, 1842. "*Die besonderen Wissenschaften*". v. 2.

BLAKEY, Robert. *The History of Political Literature from the Earliest Times.* Londres, 1855. v. 2.

BLANQUI, [Jérome-Adolphe]. *Cours d'économie industrielle. Recueilli et annoté par Ad[olphe, Gustave] Blaise.* Paris, 1838-1839.

_____. *Des classes ouvrières en France, pendant l'année 1848.* Paris, 1849. p. 1-2.

BLOCK, Maurice. *Les théoriciens du socialisme en Allemagne. Extrait du Journal des Économistes (numéros de juillet et d'août 1872).* Paris, 1872.

BOILEAU, Etienne. *Règlemens sur les arts et métiers de Paris, rédigés au XIII siècle, et connus sous le nom du livre des métiers... Avec des notes et une introd, par G.-B. Depping.* Paris, 1837.

BOILEAU-DESPRÉAUX, Nicolas. *Satire VIII.*

BOISGUILLEBERT, [Pierre Le Pesant.] "*Le détail de la France*". In: *Économistes financiers du XVIIIe siècle. Précédés de notices historiques sur chaque auteur, et accompagnés de commentaires et de notes explicatives, par Eugène Daire.* Paris, 1843.

Bibliografia

_____. *Dissertation sur la nature des richesses, de l'argent et des tributs où l'on découvre la fausse idée qui règne dans le monde à l'égard de ces trois articles*. In: *Économistes financiers du XVIIIe siècle. Précédés de notices historiques sur chaque auteur, et accompagnés de commentaires et de notes explicatives, par Eugène Daire*. Paris, 1843.

BOXHORN, Marcus Zuerius. *Marci Zuerii Boxhornii institutionum politicarum liber primus*. In: *Marci Zuerii Boxhornii: Varii tractatus politici*. Amsterdã, 1663.

[BRENTANO, Lujo.] Wie Karl Marx citirt. In: *Concordia. Zeitschrift für die Arbeiterfrage*. Berlim, n. 10, 7 mar. 1872.

_____. (Anônimo) Wie Karl Marx sich vertheidigt. In: *Concordia. Zeitschrift f'r die Arbeitfrage*. Berlim, n. 27, 4 jul. 1872, n. 28, 11 jul. 1872.

BROADHURST, J. *Political Economy*. Londres, 1842.

BROUGHAM, Henry. *An Inquiry into the Colonial Policy of the European Powers*. Edimburgo, 1803. 2 v.

[BRUCKNER, John.] *Théorie du système animal*. Leiden, 1767.

BUCHANAN, David. *Observations on the Subjects Treated of in Dr. Smith's Inquiry into the Nature and Causes of the Wealth of Nations*. Edimburgo, 1814.

_____. *Inquiry into the Taxation and Commercial Policy of Great Britain; with Observations on the Principles of Currency, and of Exchangeable Value*. Edimburgo, 1844.

BUCHEZ, P[hilippe]-J[oseph]-B[enjamin]; ROUX[-LAVERGNE], P[ierre]-C[élestin]. *Histoire parlementaire de la révolution française, ou journal des assemblées nationales, depuis 1789 jusqu'en 1815*. t. 10. Paris, 1834.

BURKE, Edmund. *A Letter from the Right Honourable Edmund Burke to a Noble Lord, on the Attacks Made upon Him and His Pension, in the House of Lords, by the Duke of Bedford and the Earl of Lauderdale, Early in the Present Season of Parliament*. Londres, 1796.

BURKE, Edmund. *Thoughts and Details on Scarity, Originally Presented to the Right Hon. William Pitt, in the month of November, 1795*. Londres, 1800.

BUTLER, Samuel. *Hudibras*.

[BYLES, John Barnard.] *Sophisms of Free-trade and Popular Political Economy examined. By a Barrister*. 7. ed, with corr. and add. Londres, 1850.

CAIRNES, J[ohn] E[lliot]. *The Slave Power: Its Character, Career and Probable Designs: Being an Attempt to Explain the Real Issues Involved in the American Contest*. Londres, 1862.

CAMPBELL, George. *Modern India: A Sketch of the System of Civil Government. To Which is Prefixed, some Account of the Natives and Native Institutions*. Londres, 1852.

CANTILLON, Philip. *The Analysis of Trade, Commerce, Coin, Bullion, Banks and Foreign Exchanges. Wherein the True Principles of This Useful Knowledge Are Fully but Briefly Laid Down and Explained, to Give a Clear Idea of Their Happy Consequences to Society, When Well Regulated*. Taken Chiefly from a Manuscript of a Very Ingenious Gentleman Deceases, and Adapted to the Present Situation of Our Trade and Commerce. Londres, 1759.

[CANTILLON, Richard.] *Essai sur la nature du commerce en général*. In: *Discours politiques*. t. 3. Amsterdã, 1756.

CAREY, H[enry] C[harles]. *Essay on the Rate of Wages: With an Examination of the Causes of the Diferences in the Condition of the Labouring Population Throughout the World*. Filadélfia/Londres, 1835.

_____. *The Slave Trade, Domestic and Foreign: Why It Exists, and How It May Be Extinguished*. Filadélfia, 1853.

CARLYLE, Thomas. "*Ilias (Americana) in Nuce*". In: Masson, David (ed.). *Macmillan's Magazine*, Londres/Cambridge, ago. 1863.

[CAZENOVE, John.] *Outlines of Political Economy; Being a Plain and Short View of the Laws Relating to the Production, Distribution, and Consumption of Wealth.* Londres, 1832.

CHALMERS, Thomas. *On Political Economy in Connexion with the Moral State and Moral Prospects of Society.* 2 ed. Glasgow, 1832.

CHAMBERLAIN, Joseph. [Discurso inaugural da conferência de saúde pública, Birmingham, 14 de janeiro de 1875]. In: *The Manchester Guardian,* 15 jan. 1875.

_____. *The Character and Behaviour of King William, Sunderland, Somers etc. as Represented in Original Letters to the Duke of Shrewsbury, from Somers, Halifax, Oxford, Secretary Vernon etc.* [Manuscrito da Sloane Manuscript Collection do Museu Britânico, n. 4224.]

CHERBULIEZ, A[ntoine]. *Richesse ou pauvreté. Exposition des causes et des effets de la distribution actuelle des richesses sociales.* Paris, 1841.

[CHILD, Josiah.] *A Discourse Concerning Trade, and that in Particular of the East-Indies.* [Londres, 1689.]

[CLEMENT, Simon.] A Discourse of the General Notions of Money, Trade and Exchanges, as They Stand in Relation Each to Other. By a Merchant. Londres, 1695.

COBBETT, William. *A History of the Protestant "Reformation", in England and Ireland. Showing How that Event Has Impoverished and Degraded the Main Body of the People in Those Countries. In a Series of Letters, Addressed to All Sensible and Just Englishmen.* Londres, 1824.

CODE PÉNAL, ou code de délits et des peines. Colônia, 1810.

COLINS, [Jean-Guillaume-César-Alexandre-Hippolyte]. *L'economie politique. Source des révolutions et des utopies prétendues socialistes.* t. 3. Paris, 1857.

COLUMBUS, Christoph. [Carta da Jamaica.] Ver Navarrete, M[artin]. F[ernandez de]. *Die Reisen des Christof Columbus...*

COMTE, Charles. *Traité de législation ou exposition des lois générales, suivant lesquelles les peuples prosent, dépérissent, ou restent stationnaires.* 3 ed. revue et corr. Bruxelas, 1837.

CONDILLAC, [Etienne-Bonnot de]. "*Le commerce et le gouvernement*". In: *Mélanges d'économie politique.* t. 1, Précédés de notices historiques sur chaque auteur, et accompagnés de commentaires et de notes explicatives, par Eugène Daire et Gustave de Molinari. Paris, 1847.

CONSIDERATIONS on Taking Off the Botinty on Corn Exported: In Some Letters to a Friend. To Which Is Added, a Postscript, Shewing That the Price of Corn Is No Rule to Judge of the Value of Land. [Londres, 1753.]

CORBET, Thomas. *An Inquiry into the Causes and Modes of the Wealth of Individuals; or the Principles of Trade and Speculation Explained.* Londres, 1841. 2 partes.

CORBON, [Claude]-A[nthime]. *De l'enseignement professionnel.* 2 ed. Paris, 1860.

COURCELLE-SENEUIL, J[ean]-G[ustave]. *Traité théorique et pratique des entreprises industrielles, commerciales et agricoles ou manuel des affaires.* 2. ed. revue et augm. Paris, 1857.

THE CURRENCY Theorie Reviewed, in a Letter to the Scottish People on the Menaced Interference by Governrnent with the Existing System of Banking in Scotland. By a Banker in England. Edimburgo, 1845.

CUVIER, [George]. *Discours sur les révolutions du globe avec des notes et un appendice d'apree les travaux récents de MM. de Humboldt. Flourens, Lyell, Lindley, etc.* Réd. par Hoefer. Paris, 1863.

DARWIN, Charles. *Über die Entstehung der Arten im Thier- und Pflanzen-Reich durch natürliche Züchtung, oder Erhaltung der vervollkommneten Rassen im Kampfe um's Dasein.* Nach der 3. engl. Ausg. ... aus dem Engl. übers. und mit Anmerkungen vers. von H. G. Bronn. 2. verb. und sehr verm. Aufl. Stuttgart, 1863.

DAUMER, Georg Friedrich. *Die Geheimnisse des christlichen Alterthums.* Hamburgo, 1847. v. 1-2.

DE COUS, Salomon. *Ver Heron de Alexandria. Buch von Lufft- und Wasserkünsten... A Defence of the Land-Owners and Farmers of Great Britain, and an Exposition of the Heavy Parliament and Parochial Taxation under Which They Labour; Combined with a General View of the Internal and External Policy of the Country*: in Familiar Letters from an Agricultural Gentleman in Yorkshire to a friend in Parliament. Londres, 1814.

[DEFOE, Daniel.] *An Essay upon Publick Credit...* [3 ed.] Londres, 1710.

DE QUINCEY, Thomas. *The Logic of Political Economy*. Edimburgo/Londres, 1844.

DE ROBERTY, [Jewgeni Walentinowitsch.] Marx. Das Kapital. Kritik der politischen Ökonomie. Hamburgo, 1867. v. 1. In: *La Philosophie Positive*, n. 3, Paris, nov.-dez. 1868.

DESCARTES, René. *Discours de la méthode pour bien conduire sa raison, et chercher la vérité dans les sciences*. Paris, 1668.

DESTUIT DE TRACY, [Antoine-Louis-Claude]. *Traité d'économie politique*. Paris, 1823.

_____. *Élemens d'ideologie. IVe et Ve parties. Traité de la volonté et de ses effets*. Paris, 1826.

DICKENS, Charles. *Oliver Twist*.

DIDEROT, Denis. *O salão de 1767*.

DIETZGEN, Joseph. "*Das Kapital. Kritik der politischen Oekonomie von Karl Marx*". Hamburgo, 1867. In: *Demokratisches Wochenblatt*. Leipzig, 1, 22, 29 ago. e 5 set. 1868.

A DISCOURSE of the Necessity of Encouraging Mechanick Industry. Londres, 1690.

DRYDEN, [John]. The Cock and the Fox: or, the Tale of the Nun's Priest. In: *Fables Ancient and Modern; Transl. into Verses from Homer, Ovid etc. by [John] Dryden*. Londres, 1713.

DUCPÉTIAUX, Ed[ouard]. *Budgets économiques des classes ouvrières en Belgique. Subsistances, salaires, population*. Bruxelas, 1855.

DUFFY, [Charles] Gavan. *Guide to the Land Law of Victoria*. Londres, 1862.

DUNNING, T[homas] J[oseph]. *Trades' Unions and Strikes: Their Philosophy and Intention*. Londres, 1860.

DUPONT, Pierre. *Le chant des ouvriers*.

DEUPONT DE NEMOURS, [Pierre-Samuel]. "*Maximes du docteur Quesnay, ou résumé de ses pirincipes d'économie sociale*". In: *Physiocrates. Quesnay, Dupont de Nemours, Mercier de la Rivière, Baudeau, Le Trosne, avec une introd. sur la doctrine des physiocrates, des commentaires et des notices historiques, par Eugène Daire*. Primeira parte. Paris, 1846.

EDEN, Frederic Morton. *The State of the Poor: or, an History of the Labouring Classes in England, from the Conquest to the Present Period; ... with a Large Appendix*. Londres, 1797. v. 1-3.

ENCYLOPÉDIE des sciences médicales; ou traité général, méthodique et complet des diverses branches de l'art de guérir. 7e div. Auteurs classiques. Paris, 1841.

ENGELS, Friedrich. "*Umrisse zu einer Kritik der Nationaloekonomie*". In: *Deutsch-Französische Jahrbücher*. Hrsg. von Arnold Ruge und Karl Marx. n. 1-2. Paris, 1844.

_____. *Die Lage der arbeitenden Klasse in England. Nach eigner Anschauung und authentischen Quellen*. Leipzig, 1845. [Ed. bras.: *A situação da classe trabalhadora na Inglaterra*: segundo as observações do autor e fontes autênticas. São Paulo, Boitempo, 2008.]

_____. Die englische Zehnstundenbill. In: *Neue Rheinische Zeitung. Politische ökonomische Revue*, red. von Karl Marx. Londres/Hamburgo/Nova York, caderno 4, abr. 1850.

ENSOR, George. *An Inquiry Concerning the Population of Nations: Containing a Refutation of Mr. Malthus's Essay on Population*. Londres, 1818.

ESPINOSA, Bento de. *Cartas*.

_____. *Ética*.

AN ESSAY on Credit and the Bankrupt Act. Londres, 1707.

AN ESSAY on the Political Economy of Nations: or, a View of the Intercourse of Countries, as Influencing Their Wealth. Londres, 1821.

AN ESSAY on Trage and Commerce: Containing Observations on Taxes, as They Are Supposed to Affect the Price of Labour in our Manufactories: Together with Some Interesting Reflections on the Importance of Our Trade to America... By the Author of "Considerations on Taxes". Londres, 1770.

ESSAYS on Political Economy: in Which Are Illustrated the Principal Causes of the Present National Distress; with Appropriate Remedies. Londres, 1830.

[EVANS, N. H.] Our Old Nobility. By Noblesse Oblige. 2 ed, Londres, 1879.

FAULHABER, Johann. Mechanische Verbesserung einer Alten Roszmühlen, welche vor diesem der Königliche Ingenieur Augustinus Ramellus an tag geben... Ulm, 1625.

FAWCETT, Henry. The Economic Position of the British Labourer. Cambridge/Londres, 1865.

FERGUSON, Adam. An Essay on the History of Civil Society. Edimburgo, 1767.

FERRIER, Francois-Louis-Auguste. Du gouvernement considéré dans ses rapports avec le commerce. Paris, 1805.

FIELDEN, John. The Curse of the Factory System; or, a Short Account of the Origin of Factory Cruelties. Londres, 1836.

[FLEETWOOD, William.] Chronicon preciosum: or, an Account of English Money, the Price of Corn, and Other Commodities, for the Last 600 Years. Londres, 1707.

_____. Chronicon preciosum: or, an Account of English Gold and Silver Money; the Price of Corn and Other Commodities, for Six Hundred Years Last Past. Londres, 1745.

FONTERET, A[ntoine], L[ouis]. Hygine physique et morale de l'ouvrier dans les grandes villes en général et dans la ville de Lyon en particulier. Paris, 1888.

[FORBONNAIS, Francois-Veron de.] Élémens du commerce. Nova edição, segunda parte. Leiden, 1766.

[FORSTER, Nathaniel.] An Inquiry into the Causes of the Present High Price of Provisions. 2 partes. Londres, 1767.

FORT, John. De laudibus legum Angliae. [Londres, 1537.]

FOURIER, Ch[arles]. Le nouveau monde industriell et sociétaire, ou invention du procédé d'industrie ayante et naturelle distribuée en sigries passionnées. Paris, 1829.

_____. La faune industirie morcelée, répugnante, mensonègre et l'antidote, l'industrie naturelle, combinée, attrayante, véridique, donnant quadruple produit. Paris, 1835-1836.

FRANKLIN, Benjamin. A Modest Inquiry into the Nature and Necessity of a Paper Currency. In: Sparks, Jared (org.). The Works of Benjamin Franklin. 1836. v. 2.

_____. Positions to be Examined, Cojice National Wealth. Ebendort.

FREYTAG, Gustav. Neue Bilder aus dem Leben des deutschen Volkes. Leipzig, 1862.

FULLARTON, John. On the Regulation of Currencies, Being an Examination of the Principles, on Which It Is Proposed to Restrict, Within Certain Fixed Limits, the Future Isaues on Credit of the Bank of England, and of the Other Banking establishments Throughbout the Country. 2 ed. with cor. and add. Londres, 1845.

GALIANI, Fernando. Della moneta. In: Scrittori classici italiani di economia politica. t 3-4. Milão, Parte Moderna, 1803.

GANILH, Ch[arles]. La théorie de l'économie politique. t. 1-2, Paris, 1815.

_____. Des systèmes d'économie politique, de la valeur comparative de leurs doctrines, et de celle qui paraît la plus favorable aux progrès de la richesse. 2. ed., t. 1-2. Paris, 1821.

[GARNIER, Germain.] Abrégé élémentaire des principes de l'économie politique. Paris, 1796.

GASKELL, P[eter]. The Manufacturing Population of England, Its Moral, Social, and Physical Conditions, and the Changes Which Have Arisen from the Use of Steam Machinery; with an Examination of Infant Labour. Londres, 1833.

Bibliografia

GENOVESI, Antonio. "*Lezioni di economia civile*". In: *Scrittori classici italiani di economia politica.* t. 7-9. Milão, Parte Moderna, 1803.

GEOFFROY SAINT-HILAIRE, [Etienne]. *Notions synthétiques, historiques et physiologiques de philosophie naturelle.* Paris, 1838.

GISBORNE, Thomas. *An Inquiry into the Duties of Men in the Higher and Middle Classes of Society in Great Britain.* 2 ed. Londres, 1795. v. 2.

GOETHE, Johann Wolfgang von. *An Suleika.*

_____. *Fausto.* Primeira parte.

[GRAY, John.] *The Essential Principles of the Wealth of Nations, Illustrated, in Opposition to Some False Doctrines of Dr. Adam Smith, and Others.* Londres, 1797.

[GREG, Robert Hyde.] *The Factory Question, Considered in Relation to Its Effects on the Health and Morals of Those Employed in Factories. And the "Ten Hours Bill", in Relation to Its Effects upon the Manufactures of England, and Those of Foreign Countries.* Londres, 1837.

GREGOIR, Henri. *Les typographes devant le Tribunal correctionnel de Bruxelles.* Bruxelas, 1865.

GROM, W[illiam] R[obert]. *The Correlation of Physical Forces. Followed by a Discourse on Continuity.* 5. ed. Londres, 1867.

GÜLICH, Gustav von. *Geschichtliche Darstellung des Handels, der Gewerbe und des Ackerbaus der bedeutendsten handeltreibenden Staaten unsrer Zeit.* Jena, 1830. v. 1-2.

HALLER, Ludwig von. *Restauration der Staats-Wissenschaft oder Theorie des natürlich geselligen Zustands; der Chimäre des künstlich-bürgerlichen entgegengesetzt.* v. 1-4. Winterthur, 1816-1820.

HAMM, Wilhelm. *Die landwirthschaftlichen Geräthe und Maschinen Englands. Ein Handbuch der landwirthschaftlichen Mechanik und Maschinenkunde, mit einer Schilderung der britischen Agricultur. 2., gänzl. umgearb. u. bedeutend verm. Auß.* Braunschweig, 1856.

HANNSEN, Georg. *Die Aufhebung der Leibeigenschaft und die Umgestaltung der gutsherrlich--bäuerlichen Verhältnisse überhaupt in den Herzogthümern Schleswig und Holstein.* St. Petersburg. 1861.

HARRIES, James. Dialogue concerning happiness. In: H. James. *Three treatises.* 3 ed. rev. amp. Londres, 1772.

HARRIS, James, Conde de Malmesbury. *Diaries and Correapondence of James Harris, First Earl Of Malmesbury; Containing an Account of His Missions to the Courts of Madrid, Frederick the Great, Catherine the Second, and the Hague; and Bis Special Missions to Berlim, Brunswick, and the French Republic.* Ed. by bis grandson, the Third Earl. Londres, 1844. v. 1-4.

HARRISON, William. The description of England. In: *The First and Second Volumes of Chronic. les... First collect. and publ. by Raphael Holinshed, William Harrison, and Others.* [Londres, 1587.]

HASALL, A[rthur] H[ill]. *Adulterations Detected or Plain Instructions for the Divery of Frauds in Food and Medicine.* 2. ed., Londres, 1861.

HEGEL, Georg Wilhelm Friedrich. *Wissenschaft der Logik.* Leopold von Hennig (ed.). In: *Werke. Vollst. Ausg. durch einen Verein von Freunden des Verewigten.* v. 3-5, Berlim, 1833-1834.

_____. *Encyclopädie der philosophischen Wissenschaften im Grundrisse. 1. Th. Die Logik.* Hrsg. von Leopold von Hennig. In: *Werke. Vollst. Ausg. durch einen Verein von Freunden des Verewigten.* Berlim, 1840. v. 6.

_____. *Grundlinien der Philosophie des Rechts, oder Naturrecht und Staatswissenschaft im Grundrisse.* Eduard Gans (ed.). In: *Werke. Vollst. Ausg. durch einen Verein von Freunden des Verewigten.* 2 ed. v. 8. Berlim, 1840.

HEINE, Heinrich. *Zeitgedicht.*

Heron de Alexandria. *Buch von Lufft- und Wasser-Künsten, welche von Friderich Commandino von Urbin aus dem Griegischen in das Lateinische übersetzt... Und mit einem Anhang von* allerhand Mühl-, Wasser, und Grotten-Wercken aus Salomon de Cous... auch anderen berühmt- und erfahrnen Autoribus zusammengetragen... Frankfurt, 1688.

HOBBES, Thomas. Leviathan, or the Matter, from, and Power of a Commonwealth, Ecclesiastical and Civil. In: *The English Works of Thomas Hobbes; Now First Collect. and Ed. by William Molesworth.* Londres, 1839. v. 3.

[HODGSKIN, Thomas.] *Labour Defended Against the Claims of Capital; or, the Unproductiveness of Capital Proved. With Reference to the Present Combinations Amongst Journeymen. By a Labourer.* Londres, 1825.

_____. *Popular Political Economy. Four Lectures Delivered at the London, Mechanics' Institution.* Londres, 1827.

_____. (Anônimo.) *The Natural and Artificial Right of Property Contrasted.* Londres, 1832.

HOMERO. *Ilíada.*

_____. *Odisseia.*

HOPKINS, Thomas. *On Rent of Land, and Its Influence on Subsistence and Population: the Observations on the Operating Causes of the Condition of the Labouring Classes in Various Countries.* Londres, 1828.

HORÁCIO. *A arte poética.*

_____. *Épodos.*

_____. *Sátiras.*

[HORNE, George.] *A Letter to Adam Smith on the Life, Death, and Philosophy of His Friend David Hume. By One of the People Called Christians.* 4. ed. Oxford, 1784.

HORNER, Leonard. *Letter to Mr. Senior.* Ver Senior. N. William. *Letters on the Factory Act...*

_____. *Suggestions for Amending the Factory Acts to Enable the Inspectors to Prevent Illegal Working, Now become Very Prevalent.* In: *Factories Regulation Acts. Ordered, by the House of Commons, to Be Printed.* 9 ago. 1859.

HOUGHTON, John. *Husbandry and Trade Improved: Being a Collection of Many Valuible Materials Relating to Corn, Cattle, Coals, Hops, Wool etc.* Londres, 1727-1728. v. 1-4.

HOWITT, William. *Colonization and Christianity: a Popular History of the Treatment of the Natives by the Europeans in all Their Colonies.* Londres, 1838.

HUME, David. *Essays and Treatises on Several Subjects.* Londres, 1770. 4 v.

HUTTON, Charles. *A Course of Mathematics.* 12 ed. Londres, 1841-1843. 2 v.

HUXLEY, Thomas H[enry]. *Lessons in Elementary Physiology.* Londres, 1866.

THE INDUSTRY *of Nations, Part II. A Survey of the Existing State of Arts, Machines, and Manufactures.* Londres, 1855.

AN INQUIRY *into those Principles, Respecting the Nature of Demand and the Necessity of Conption, Lately Advocated by Mr. Malthus, from Which It Is Concluded, that Taxation and the Maintenance of Unproductive Consumers Can Be Conducive to the Progress of Wealth.* Londres, 1821.

ISÓCRATES. Busiris. In: *Isocratis Orationes et epistolae. Recognovit J.C. Baiter. Graece et Latine.* Paris, 1846.

JACOB, William. *A Letter to Samuel Whitbread, Being a Sequel to Considerations on the Protection Required by British Agriculture.* Londres, 1815.

_____. *An Historical Inquiry into the Production and Consumption of the Precious Metals.* Londres, 1831. 2 v.

JONES, Richard. *An Essay on the Distribution of Wealth, and on the Sources of Taxation.* Londres, 1831.

_____. *An Introductory Lecture on Political Economy, Delivered at King's College.* Londres, 27 fev.

_____. *Text-Book of Lectures on the Political Economy of Nations*. Hertford, 1852.

JUVENAL: *Sátiras*.

KAUFMANN, I. I. [Resenha d'*O Capital*.] In: *Vestnik Evropy* [Correio Europeu], n. 5, maio 1872, p. 427-36.

KOPP, Hermann. Entwicklung der Chemie. In: *Geschichte der Wissenschaften in Deutschland. Neuere Zeit*. Munique, 1873. v. 10, seção 3.

LABORDE, Alexandre [Louis-Joseph] de. *De l'esprit d'association dans tous les intérêts de la communauté, ou essai sur le complément du bien-être et de la richesse en France par le complément des institutions*. Paris, 1818.

LAING, Samuel. *National Distress; Its Causes and Remedies*. Londres, 1844.

LANCELLOTTI, Secondo. *L'Hoggidi overo gl'ingegni non inferiori a'passati*. Parte 2. Veneza, 1658.

LASSALLE, Ferdinand. *Die Philosophie Herakleitos des Dunklen von Ephesos. Nach einer neuen Sammlung seiner Bruchstücke und der Zeugnisse der Alten dargestellt*. Berlim, 1858. v. 1.

_____. *Herr Bastiat-Schulze von Delitzsch, der ökonomische Julian, oder: Capital und Arbeit*. Berlim, 1864.

LAW, Jean. Considérations sur le numéraire et le commerce. In: *Économistes financiers du XVIIIe siècle. Précédés de notices historiques sur chaque auteur, et accompagnés de commentaires et de notes explicatives, par Eugene Daire*. Paris, 1843.

LE TROSNE, [Guillaume-Franois]. *De l'intérêt social par rapport à la valeut, à la circulation, à l'industrie et au commerce intérieur et extérieur*. In: *Physiates. Quesnay, Dupont de Nemours, Mercier de la Rivière, Baudeau, Le Trosne, avec une introd. sur la doctrine des physiocrates, des commentaires et des notices historiques, par Eugene Daire*. Segunda parte. Paris, 1846.

A LETTER to Sir T. C. Bunbury on the Poor Rates, and the High Price of Provisions, with some Proposals for Reducing Both. By a Suffolk Gentleman. Ipswich, 1795.

LEVI, Leone. On Deer Forests and Highlands Agriculture in Relation to the Supply of Food. In: *Journal of the Society of Arts*. Londres, 23 mar. 1866.

LIEBIG, Justus von. *Über Theorie ud Praxis in der Landwirthschaft*. Braunschweig, 1856.

_____. *Die Chemie in ihrer Anwendung auf Agricultur und Physiologie*. 7 ed., Braunschweig, 1862. t. 1.

[LINGUET, Simon-Nicolas-Henri.] *Théorie des loix civiles, ou principes fondamentaux de la société*. Londres, 1767. t. 1-2.

LÍVIO, Tito. *Ab urbe condita*.

LOCKE, John. Some Considerations of the Consequences of the Lowering of Interest, and Raising the Value of Money (1691). In: *The Works*. 8 ed., Londres, 1777. v. 2.

LUCRÉCIO. *De rerum natura* [Sobre a natureza das coisas].

LUTERO, Martinho. *An die Pfarrherrn wider den Wucher zu predigen. Vermanung*. Wittemberg, 1540.

MACAULAY, Thomas Babington. *The History of England from the Accession of James the Second*. 10 ed., Londres, 1854. v. 1.

MACCULLOCH, J[ohn] Ramsay. *The Principles of Political Economy*: with a Sketch of the Rise and Progress of the Science. 2 ed., Londres, 1830.

_____. *A Dictionary, Practical, Theoretical, and Historical, of Commerce and Commercial Navigation*. Londres, 1847.

_____. *The Literature of Political Economy*: a Classified Catalogue of Select Publications in the Different Departments of That Science, with Historical, Critical, and Biographical Notices. Londres, 1845.

MACLAREN, James. *A Sketch of the History of the Currency*: Comprising a Brief Review of the Opinions of the most Eminent Writers on the Subject. Londres, 1858.

MACLEOD, Henry, Dunning. *The Theory and Practice of Banking*: with the Elemeritary Principles of Currency; Prices, Credit; and Exchanges. Londres, 1855. v. 1.

MALTHUS, T[homas] R[obert]. (Anônimo.) *An Essay on the Principle of Population, as It Affects the Future Improvement, of Society, with Remarks on the Speculations of Mr. Codwin, M. Condorcet, and Other Writers*. Londres, 1798.

_____. *Definitions in Political Economy, Preceded by an Inquiry into the Rules Which Ought to Guide Political Economists in the Definition and Use of Their Terms, with Remarks on the Deviation from These rules in Their Writings*. A new ed., with a Preface, Notes, and Supplementary Remarks by John Cazenove. Londres, 1853.

_____. *An Inquiry into the Nature and Progress of Rent, and the Principles by Which It Is Regulated*. Londres, 1815.

_____. *Principles of Political Economy Considered with a View to Their Practical Application*, 2 ed., with Considerable Add. from the Author's own Manuscript and an Original Memoir. Londres, 1836.

[MANDEVILLE, Bernard de.] *The Fable of the Bees; or, Private Vices, Publick Benefits*. Londres, 1714.

_____. *The fable of the bees; or, private vices, publick benefits*. 5. ed., Londres, 1728.

MARTINEAU, Harriet. *Illustration of political economy*. Londres, 1832. v. 3, n. 7. "*A Manchester strike. A tale*".

MARX, Karl. *Misère de la philosophie. Réponse à la philosophie de la misère de M. Proudhon*. Paris/Bruxelas, 1847. [Ed. bras.: *Miséria da filosofia*: resposta à *Filosofia da miséria* do sr. Proudhon. Trad. José Paulo Netto, São Paulo, Boitempo, 2017.]

_____. (Anônimo.) Lohnarbeit und Kapital. In: *Neue Rheinische Zeitung. Organ der Demokratie*. Colônia, 5-8 e 11 abr. 1849.

_____. Elections – Financial clouds – The Duchess of Sutherland and slavery. In: *New-York Daily Tribune*, 9 fev. 1853.

_____. *Zur Kritik der Politischen Öekonomie. 1. Heft*. Berlim, 1859.

_____. (Anônimo.) *Address and Provisional Rules of the Working Men's International Association, Established September 28, 1864, at a Public Meeting Held at St. Martin's Hall, Long Acre London*. Londres, 1864.

_____. *Das Kapital. Kritik der politischen Öekonomie. Bd. 1. Buch 1: Der Produktionsprocess des Kapitals*. Hamburgo, 1867.

_____. *Der Achtzehnte Brumaire des Louis Bonaparte*. 2. ed., Hamburgo, 1869. [Ed. bras.: *O 18 de brumário de Luis Bonaparte*. São Paulo, Boitempo, 2011.)

_____. An die Redaktion des "Volksstaat". In: *Der Volksstaat*. Leipzig, 1 jun. 1872.

_____. An die Redaktion des "Volksstaat". In: *Der Volksstaat*. Leipzig, 7 ago. 1872.

_____. *Das Kapital. Kritik der politischen Oekonomie. Bd. 1. Buch 1: Der Produktionsprocess des Kapitals*. 2. verb. Aufl. Hamburgo, 1872c.

_____. *Le Capital*. Paris, [1872-75].

_____. *Das Kapital. Kritik der politischen Öekonomie. Bd. 1. Buch 1: Der Produktionsprocess des Kapitals*. 3. verm. Aufl. Hamburgo, 1883.

_____. *Das Kapital. Kritik der politischen Öekonomie. Bd. 2. Buch 2: Der Circulationsprocess des Kapitals*. Hrsg. von Friedrich Engels. Hamburgo, 1885.

_____. *Capital*: a Critical Analysis of Capitalist Production. Londres, 1887. v. 1.

[MARX, Karl; ENGELS, Friedrich.] *"Latter-Day Pamphlets, edited by Thomas Carlyle"*. Londres, 1850. In: *Neue Rheinische Zeitung. Politisch-ökonomische Revue, red. von Karl Marx*. Londres/Hamburgo/Nova York, n. 4, abr. 1850.

_____. *Manifest der Kommunistischen Partei*. Londres, 1848. [Ed. bras.: *Manifesto Comunista*. 1. ed. rev. São Paulo, Boitempo, 2010.]

[MASSIE, Joseph.] *An Essay on the Governing Causes of the Natural Rate of Interest; Wherein the Sentiments of Sir William Petty and Mr. Locke, on That Head, are Considered*. Londres, 1750.

MAURER, Georg Ludwig von. *Einleitung zur Geschichte der Mark-, Hof-, Dorf- und Stadt-Verfassung und der öffentlichen Gewalt*. Munique, 1854.

_____. *Geschichte der Fronhaie, der Bauernhöfe und der Hofverfassung in Deutschland*. Erlangen, 1863. v. 4.

MAYER, Sigmund. *Die sociale Frage in Wien. Studie eines "Arbeitgebers". Dem Niederösterreichischen Gewerbeverein gewidmet*. Viena, 1871.

MEITZEN, August. *Der Boden und die landwirthschaftlichen Verhältnisse des Preußischen Staates nach dem Gebietsumfange vor 1866*. v. 1-4. Berlim, 1868-1871.

MERCIER DE LA RIVIÈRE, [Paul-Pierre.] *L'ordre naturel et essentiel des sociétés politiques*. In: *Physiocrates. Quesnay, Dupont de Nemours, Mercier de la Rivière, Baudeau, Le Trosne, avec une introd. sur la doctrine des physiocrates, des commentaires et des inotices historiques, par Eugène Daire*. Segunda parte. Paris, 1846.

MERIVALE, Herman. *Lectures on Colonization and Colonies. Delivered before the University of Oxford in 1839, 1840, and 1841*. Londres, 1841-1842. v. 1-2.

[MILL, James.] *Elements of Political Economy*. Londres, 1821.

_____. *Élémens d'économie politique. Trad. de l'anglais par Parisot*. Paris, 1823.

_____. *Colony*. In: *Supplement to the Encyclopaedia Britannica*. 1831.

MILL, John Stuart. *A System of Logic, Ratiocinative and Inductive, Being a Connected View of the Principles of Evidence, and the Methods of Scientific Investigation*. Londres, 1843. 2 v.

_____. *Essays on Some Unsettled Questions of Political Economy*. Londres, 1844.

_____. *Principles of Political Economy with Some of Their Applications to Social Philosophy*. Londres, 1848. 2 v.

_____. *Principles of Political Economy with Some of Their Applications to Social Philosophy*. Londres, People's. ed., 1868.

MIRABEAU, [Gabriel-Victor-Honord Riqueti]. *De la monarchie prussienne, sous Frédéric le Grand; avec un appendice. Contenant des recherches sur la situation acutelle des principales contrées de l'Allemagne*. Londres, 1788. t. 2, 3, 6.

MOLINARI, Gustave de. *Études économiques*. Paris, 1846.

MOMMSEN, Theodor. *Römische Geschichte*. 2 ed. Berlim, 1856-1857. v. 1-3.

MONEY and Its Vicissitudes in Value; as They Affect National Industry and Pecuniary Contracts: with a Postscript on Joint-Stock Banks. Londres, 1837.

MONTEIL, Amans-Alexis. *Traité de matériaux manuscrits de divers genres d'histoire*. Paris, 1835. t. 1.

MONTESQUIEU, Charles-Luis de. *De l'esprit des loix*. In: *Œuvres*. Londres, 1767-1769. t. 2-4.

MORE, Thomas. *Utopia. Originally Printed in Latin, 1516*. Londres, 1869.

MORION, John C[halmers]. *A Cyclopedia of Agriculture, Practical and Scientific; in Which the Theory, the Art, and the Business of Farming, are Thoroughly and Practically Treated. By Upwards of Fifty of the Most Eminent Practical and Scientific Men of the Day*. John C[halmers] Morton (ed.). Glasgow/Edimburgo/Londres, 1855. v. 2.

_____. *On the Forces Used in Agriculture*. In: *Journal of the Society of Arts*. Londres, 9 dez. 1859.

MÜLLER, Adam H[einrich]. *Die Elemente der Staatskunst. Öffentliche Vorlesungen, vor Sr. Durchlaucht dem Prinzen Bernhard von Sachsen-Weimar und einer Versammlung von Staatsmännern und Diplomaten, im Winter von 1808 auf 1809, zu Dresden, gehalten.* t. 2. Berlim, 1809.

MUN, Thomas. *England's Treasure by Forraign Trade. Or, the Ballance of Our Forraign Trade is the Rule of Our Treasure.* Londres, 1669.

MURPHY, John Nicholas. *Ireland Industrial, Political, and Social.* Londres, 1870.

MURRAY, Hugh; James Wilson. *Historical and Descriptive Account of British India, from the Most Remote Period to the Present Time.* Edimburgo, 1832. v. 2.

NAVARRETE, M[artin] F[ernandez de]. *Die Reisen des Christof Columbus 1492-1504. Nach seinen eigenen Briefen und Berichten veröffentlicht 1536 von Bischof Las Casaz seinem Freunde und Fernando Columbus seinem Sohne. Aufgefunden 1791 und veröffentlicht 1826.* Leipzig, [1890].

NEWMAN, Francis William. *Lectures on Political Economy.* Londres, 1851.

NEWMAN, Samuel P[hilips]. *Elements of Political Economy.* Andover/Nova York, 1835.

NEWNHAM, G. L. *A Review of the Evidence Before the Committees of the Two Houses of Parliament, on the Corn Laws.* Londres, 1815.

NIEBUHR, B[athold] G[eorg]. *Römische Geschichte.* Berlim, 1853.

[NORTH, Sir Dudley.] *Discourses upon Trade; Principally Directed to the Cases of the inter Coynage, Clipping, Increase of Money.* Londres, 1691.

OBSERVATIOM on Certain Verbal Disputes in Political Economy, Partily Relating to Value, and to Demand and Supply. Londres, 1821.

OLMSTED, Frederick Law. *A Journey in the Seaboard Slave States, with Remarks on Their Economy.* Nova York, 1856.

ON COMBINATIONS of Trades. Nova edição. Londres, 1834.

OPDYKE, George. *A Treatise on Political Economy.* Nova York, 1851.

ORTES, Giammaria. Della economia nazionale. Ub. 6. In: *Scrittori classici itaiiani di economia politica.* Parte moderna. Milão, 1804. t. 21.

OTWAY, J. H. Judgment of J. H. Otway, Chairman of County Seasions. Belfast, Hilary Sessions, 1860. In: *Reports of the Inspectors of Factories... For the Half Year Ending 30th April 1860.* Londres, 1860.

OVÍDIO. *Artis Amatoriae* [A arte de amar].

_____. *Fasti* [Fastos].

OWEN, Robert. *Observations on the Effect of the Manufacturing System*: with Hints for the Improvement of Those Parts of it Which are Most Injurious to Health and Morals. 2 ed. Londres, 1817.

PAGNINI, Gio[vanni] Francesco. "*Saggio sopra il giusto pregio delle cose, la giusta valuta della moneta e sopra il commercio dei romani*". In. *Scrittori classici italiani di economia politica.* Milão, Parte Moderna, 1803. t. 2.

[PAPILLON, Thomas.] *The East-India-Trade a Most Profitable Trade to the Kingdom. And best Secured and Improved in a Company and a Joint-Stock.* Londres, 1677.

PARRY, Charles Henry. *The Question of the Necessity of the Existing Corn Laws, Considered in Their Relation to the Agricultural Labourer, the tenantry, the Landholder, and the Country.* Londres, 1816.

[PARRY, William Edward.] *Journal of a Voyage for the Discovery of a North-West Passage from the Atlantic to the Pacific, Performed in the Years 1819-20, in His Majesty's Ships Hecla and Griper, Under the Orders of William Edward Parry.* 2. ed., Londres, 1821.

PECQUEUR, C[onstantin]. *Théorie nouvelle d'économie sociale et politique, ou études pour l'organisation des sociétés.* Paris, 1842.

PETTY, William. (Anônimo.) *A Treatise of Taxes and Contributions.* Londres, 1667.

Bibliografia

_____. *The Political Anatomy of Ireland... To which is Added Verbum Sapienti...* Londres, 1691.

_____. *Quantulumcunque Concerning Money. 1682. To the Lord Marqueas of Halyfax.* Londres, 1695.

[PINTO, Isaac.] Traité de la Circulation et du Crédit. Amsterdã, 1771.

PLATÃO. *"De republica"* [A República]. In: *Opera quae feruntur omnia. Recognoverunt Georgius Baiterus, Caspar Otellius, Aug[ustus] Guilielmus Winckelmannus.* Turim, 1840. v. 13.

A POLITICAL Enquiry into the Consequences of Enclosing Waste Land, and the Causes of the Present High Price of Butchers Meat. Being the Sentiments of a Society of Farmers In-shire. [Londres,] 1785.

POSTLETHWAYT, Malachy. *Great-Britain's Commercial Interest Explained and Improved*: in a Series of Dissertations on the Most Important Branches of Her Trade and Lauded Interest. 2 ed. Londres, 1759. 2 v.

_____. *The Universal Dictionary of Trade and Commerce*: with Large Add. and Improvements, Adapting the Same to the Present State of British Affaires in America, since the Last Treaty of Peace Made in the Year 1763. 4. ed. Londres, 1774. v. 1.

POTTEX, A[lonzo]. *Political Economy: Its Objects, Uses, and Principles: Considered with Reference to the Condition of the American People.* Nova York, 1841.

PRICE, Richard. *Observations on Reversionary Payments, on Schemes for Providing Annuities for Widows, and for Persons in Old Age; on the Method of Calculating the Values of Assurances on Lives; and on the National Debt.* 6. ed. Londres, 1803. v. 2.

A PRIZE Essay on the Comparative Merits of Competition and Cooperation. Londres, 1834.

PROUDHON, P[ierre]-J[oseph]. *Système des contradictions économiques, ou philosophie de la misère.* t. 1. Paris, 1846.

PUBLIC Economy Concentrated, or, a Connected View of Currency, Culture, and Manufactures. Carlisle, 1833.

QUESNAY, [Francois]. Analyse du tableau économique. In: *Physiocrates. Quesnay, Dupont de Nemours, Mercier de la Rivière, Baudeau, Le Trosne, avec une introd. sur la doctrine des physiocrates, des commentaires et des notices historiques, par Eugène Daire.* Primeira parte. Paris, 1846.

_____. Dialogues sur le commerce et sur les travaux des artisans. In: *Physiocrates. Quesnay, Dupont de Nemours, Mercier de la Rivière, Baudeau, Le Trosne, avec une introd. sur la doctrine des physiocrates, des commentaires et des notices historiques, par Eugène Daire.* Primeira parte. Paris, 1846.

_____.Tableau économique. Remarques sur les variations de la distribution des revenus annuels d'une nation. Versalhes, 1758.

QUÉTELET, A[dolphe-Lambert-Jacques]. *Sur l'homme et le développement de ses faculté. ou essai de physique sociale.* t. 1-2, Paris, 1835.

RAFFLES, Thomas Stanford. *The History of Java. With a Map and Plates.* Londres, 1817. 2 v.

RAMAZZINI, Bernardino. *De morbis artificum diatriba.* Módena, 1700.

_____. *Essai sur les maladies des artisans, trad. du latin.* Paris, 1777.

RAMSAY, George. *An Essay on the distribution of wealth.* Edimburgo, 1836.

RAVENSTONE, Piercy. *Thoughts on the Funding System and Its Effects.* Londres, 1824.

READ, George. *The History of Baking.* Londres, 1848.

REASONS for the Late Increase of the Poor-Rates: or, a Comparative View of the Price of Labour and Provisions. Humbly Addressed to the Consideration of the Legislature. Londres, 1777.

REASONS for a Limeted Exportation of Wooll. [Londres,] 1677.

REGNAULT, Elias. *Histoire politique et sociale des principautés Danubiennes.* Paris, 1855.

REICH, Edward. *Über die Entartung des Menschen. Ihre Ursachen und Verhütung.* Erlangen, 1868.

REMARKS on the Commercial Policy of Great Britain, Principally as It Relates to the Corn Trade. Londres, 1815.

RICARDO, David. *The High Price of Bullion: a Proof of the* Depreciation of Bank Notes. 4. ed. Londres, 1811.

_____. *On the Principles of Political Economy and Taxation.* 3 ed. Londres, 1821.

_____. *On Protection to Agriculture.* 4. ed., Londres, 1822.

RICHARDSON, [Benjamin]. Work and Overwork. In: *The Social Science Review.* Londres, 18 jul. 1863.

ROBERTS, George. *The Social History of the People of the Southern Counties of England in Past Centuries; Illustrated in Regard to Their Habits, Municipal By-Laws, Civil Progress, etc., from the Researches.* Londres, 1856.

RODBERTUS-JAGETZOW, [Johann Karl]. *Briefe und Socialpolitische Aufsätze.* Rudolph Meyer (ed.). [Berlim, 1882.] v. 1.

_____. *Sociale Briefe an von Kirchmann, Dritter Brief: Widerlegung der Ricardo'schen Lehre von der Grundrente und Begründung einer neuen Rententheorie.* Berlim, 1851.

ROGERS, James E. Thorold. Rohatzsch, R. H. *Die Krankheiten, welche veiedenen Ständen, Altern und Geschlechtern eigenthümlich sind.* Ulm, 1840. 6 v.

_____. *A History of Agriculture and Prices in England from the year after the Oxford Parliament (1259) to the Commencement of the Kontinental War (1793).* Oxford, 1866. v. 1-2.

ROSCHER, Wilhelm. *Die Grundlagen der Nationalökonomie. Ein Handund Lesebuch für Geschäftsmänner und Studierende.* 3., verm. und verb. Aufl. Stuttgart/Augsburg, 1858.

ROSSI, P[ellegrino Luigi Edoardo, Conde]. *Cours d'économie politique.* Bruxelas, 1843.

ROUARD DE CARD, Pierre-Marie. *De la falsification des substances sacramentelles.* Paris, 1856.

ROUSSEAU, Jean-Jacques. *Discours sur l'économie politique.* Nova edição. Genebra, 1760.

[ROY, Henry.] *The Theory of the Exchanges. The Bank Charter Act of 1844.* Londres, 1864.

SAY, Jean-Baptiste. *Lettres à M. Malthus, sur différens sujete d'économie politique, notamment aur les causes de la stagnation générale du commerce.* Paris, 1820.

_____. *Traité d'économie politique, ou simple exposition de la manière dont se forment, se distribuent et se consomment les richesses.* 3 ed. t. 1-2. Paris, 1817.

_____. *Traité d'économie politique, ou simple exposition de la manite dont se forment, se buent et se consomment les richesses.* 5 ed. t. 1. Paris, 1826.

SCHILLER, Friedrich von. *Die Bürgschaft.*

_____. *Kabale und Liebe* [Intriga e amor].

_____. *Das Lied von der Glocke* [A canção do sino].

SCHORLEMMER, C[arl]. *The Rise and Development of Organic Chemistry.* Londres, 1879.

SCHOUW, Joakim Frederik. *Die Erde, die Pflanzen und der Mensch. Naturschilderungen. Aus dem Dän. unter Mitwirkung des Verf. von H. Zeise...* 2. ed. Leipzig, 1854.

SCHULZ, Wilhelm. *Die Bewegung der Production. Eine geschichtlichstatistische Abhandlung zur Grundlegung einer neuen Wissenschaft des Staats und der Gesellschaft.* Zurique/Wintherthur, 1843.

[SEELEY, Robert Benton.] *The Perils of the Nation. An Appeal to the Legislature, the Clergy, and the Higher and Middle Classes.* 2 ed. Londres, 1843.

SENIOR, Nassau William. *An Outline of the Science of Political Economy.* Londres, 1836a.

_____. *Principes fondamentaux de l'économie politique, tirés de lecons édites et inédites de Mr. Senior.* Par Jean Arrivabene. Paris, 1836b.

Bibliografia

_____. *Journals, Conversations and Essays Relating to Ireland.* Londres, 1868. v. 2.

_____. *Letters on the Factory Act, as It Affects the Cotton Manufacture... To Which Are Appended, a Letter to Mr. Senior from Leonard Horner, and Minutes of a Konversation between Mr. Edmund Ashworth, Mr. Thompson and Mr. Senior.* Londres, 1837.

SENIOR, Nassau Wiliam. *Three Lectures on the Rate of Wagen, Delivered Before the University of Oxford, in Eastern Term, 1830. With a Preface on the Cawes and Remedies of the Present Disturbances.* Londres, 1830.

SEXTO Empírico. *Adversus mathematicos* [Contra os matemáticos].

SHAKESPEARE, William. *O mercador de Veneza.*

_____. *Henrique IV.*

_____. *Sonhos de uma noite de verão.*

_____. *Timão de Atenas.*

_____. *A tragédia do rei Ricardo III.*

_____. *Muito barulho por nada.*

SÍCULO, Diodoro (Diodor von Sizilien). *Historische Bibliothek.* Trad. Julius Friedrich Wurm. Stuttgart, 1828-1840. Livro 1 e 3. v. 1-19.

[SIEBER], Nicolai I. *Teoríia tsénnosti i kapitala D. Ricardo v sviazi s pózdñeishimi dopolñéñiiami i raziasñéñiiami.* Kiev, 1871.

[SISMONDI], J[ean]-C[harles]-L[éonard] Simonde [de]. *De la richesse commerciale, ou principes d'économie politique, appliqués a la législation du commerce.* t. 1, Genebra, 1803.

_____. *Nouveaux principes d'économie politique, ou de la richesse dans ses rapports avec la population.* Paris, 1819. t. 1-2.

_____. *Nouveaux principes d'économie politique, ou de la richesse dans sesm raports avec la population.* 2. ed. Paris, 1827. t. 1-2.

_____. *Études sur l'économie politique.* Bruxelas, 1837. t. 1.

SKARBEK, Frédéric. *Théorie des richesses sociales. Suivie dune bibliographie de l'économie politique.* 2. ed. Paris, 1839. t. 1.

SMITH, Adam. *The Theory of Moral Sentiments.* Londres, 1759.

_____. *An Inquiry into the Nature and Causes of the Wealth of Nations.* Londres, 1776. 2 v.

_____. *An Inquiry into the Nature and Causes of the Wealth of Nations. With Notes, and an Add. vol. by David Buchanan.* Edimburgo, 1814. v. 1.

_____. *An Inquiry into the Nature and Causes of the Wealth of Nations. With a Commentary, by the Author of "England and America"* [Edward Gibbon Wakefield]. Londres, 1835-1839. 6 v.

_____. *Recherches sur la nature et les causes de la richesse des nations.* Trad. nouv. avec des notes et observations, par Germain Garnier. Paris, 1802. t. 5.

SOMERS, Robert. *Letters from the Highlands, or: the Famine of 1847.* Londres, 1848.

SOME *thoughts on the Interest of Money in General, and Particulary in the Publick Funds.* Londres, s.d.

SÓFOCLES. *Antígona.*

THE SOURCE *and Remedy of the National Difficulties, Deduced from Principles of Political Economy, in a Letter to Lord John Russell.* Londres, 1821.

S[TAFFORD], W[illiam]. *A Compendious or Briefe Examination of Certayne Ordinary Complaints, of Divers of our Country Men in These Out Days.* Londres, 1581.

STEUART, James. *An Inquiry into the Principles of Political Œconomy.* Londres, 1767. v. 1.

_____. *An Inquiry into the Principles of Political Œconomy. Being an Essay on the Science of Domestic Policy in Free Nations.* Dublin, 1770. v. 1.

_____. *Recherche des principes de l'économie politique, ou essai sur la science de la police intérieure des nations libres.* Paris, 1789. t. 1.

_____. An Inquiry into the Principles of Political Economy. In: *The Works, Political, Metaphisical, and Chronological... Now First Collect. by General Sir James Steuart, His Son, from His Father's corr. copies, to Which Are Subjoined Anecdotes of the Author.* Londres, 1805. v. 1.

STEWART, Dugald. Lectures on Political Economy. In: *The collected works. Sir* William Hamilton (ed.). Edimburgo, 1855. v. 8.

STOLBERG, Christian, Condce de. *Gedichte. Aus dem Griech. übers.* Hamburgo, 1782.

STORCH, Henri. *Cours d'économie politique, ou exposition des principes qui déterminent la prospérité des nations.* São Petersburgo, 1815. t. 1-3.

_____. *Cours d'économie politique, ou exposition des principes qui déterminent la prospérité des nations. Avec des notes explicatives et critiques par J[ean]-B[aptiste] Say.* Paris, 1823. t. 1.

STRANGE, William. *The Seven Sources of Health.* Londres, 1864.

STRYPE, Johm. *Annals of the Reformation and Establishment of Religion, and other Various Occurrences in the Church of England. During Queen Elizabeth's Happy Reign.* 2. ed. [Londres], 1725. v. 2.

THIERS, A[dolphe]. *De la propriété.* Paris, 1848.

[THOMPSON, Sir] Benjamin, [Conde de] Rumford. *Essays, Political, Economical, and Philosophical.* Londres, 1796-1802. v. 1-3.

THOMPSON, *Sir* Benjamin, Count of Rumford Sadler, Michael Thomas. *Ireland; Its Evils, and Their Remedies: Being a Refutation of the Errors of the Egration Committee and Others, Touching that Country. To Which is Prefied, a Synopsis of an Original Treatise about to Be Published on the Law of Population; Developing the Real Principle on Which It Is Universally Regulated.* 2 ed. Londres, 1829.

_____. *Law of Population.* Londres, 1830. v. 1-2.

THOMPSON, William. *An Inquiry into the Principles of the Distribution of Wealth Most Conducive to Human Happiness; Applied to the Newly Proposed System of Voluntary Equality of Wealth.* Londres, 1824.

THORNTON, William Thomas. *Over-population and Its Remedy; or, an Inquiry into the Extent and Causes of the Distress Prevailing among the Labouring Classes of the Britiah Islands, and into the Means of Remedying It.* Londres, 1846.

TUCÍDIDES. *História da guerra do Peloponeso.*

[THÜNEN, Johann Heinrich von.] *Der isolirte Staat in Beziehung auf Landwirthschaft und Nationalökonomie.* t. 2, Rostock, 1863. 2 t.

TOOKE, Thomas, and William Newmarch. *A History of Prices, and of the State of the Circulation, During the Nine Years 1848-1856.* Londres, 1857.

TORRENS, R[obert]. *An Essay on the External Corn Trade.* Londres, 1815.

_____. *An Essay on the Production of Wealth; with an Appendix, in Which the Principles of Political Economy are Applied to the Actual Circumstances of this Country.* Londres, 1821.

_____. *On Wages and Combination.* Londres, 1834.

[TOWNSEND, Joseph.] *A Dissertation on the Poor Laws. By a Wellwisher to Mankind.* Londres, 1786. Republicado em Londres, 1817.

_____. *Journey through Spain.* Londres, 1791.

TCHERNICHEVSKI, Nikolai G. Ocherki politicheskoi ékonomii (po Mill). In: Sochinenia, Basileia/Genebra, 1870, v. 4.

TUCKETT, J[ohn] D[ebell]. *A History of the Past and Present State of the Labouring Population, Including the Progress of Agriculture, Manufactures, and Commerce.* Londres, 1846. 2 v.

TURGOT, [Anne-Robert-Jacues, de l'Aulne]. *"Réflexions sur la formation et la distribution des richesses"*. In: *Œuvres. Nouv. éd... par Eugène Daire*. Paris, 1844. t. 1.

TWO LETTERS on the Flour Trade, Dearness of Corn... By a Person in Business. Londres, [1767].

URE, Andrew. *The Philosophy of Manufactures: or, an Exposition of the Scientific, Moral and Commercial Economy of the Factory System of Great Britain*. Londres, 1835.

_____. *Philosophie des manufactures ou économie industrielle de la fabrication du coton, de la laine, du lin et la soie. Trad. sous les yeux de l'auteur*. Paris, 1836. t. 2.

URQUHART, David. *Familiar Words as Affecting England and the English*. Londres, 1855.

VANDERLINT, Jacob. *Money Answers All Things*: or, an Essay to Make Money Sufficiently Plentiful Amongst all Ranks of People. Londres, 1734.

VIRGÍLIO. *Eneida*.

VERRI, Pietro. *"Meditazioni sulla economia politica"*. In: *Scrittori classici italiani di economia politica*. Milão, Parte Moderna, 1804. t. 15.

VISSERING, S[imon]. *Handboek van praktische staatshuishoudkunde*. Amsterdã, 1860-1862. v. 1-3.

VOLTAIRE, Francois-Marie Arouet de. *Cândido, ou o otimismo*.

WADE, John. *History of the Middle and Working Classes...* 3 ed., Londres, 1835.

[WAKEFIELD, Edward Gibbon.] *England and America. A Comparison of the Social and Political State of Both Nations*. Londres, 1833. v. 1-2.

_____. *A View of the Art of Colonization, with Present Reference to the British Empire; in Letters between a Statesman and a Colonist*. Londres, 1849.

WARD, John. *The Borough of Stoke-upon-Trent, in the Commencement of the Reign of Her Most Gracious Majesty Queen Victoria*. Londres, 1843.

WATSON, John Forbes. [Paper read before the Society of Arts.] In: *Journal of the Society of Arts*. Londres, 17 abr. 1860.

WATTS, John. *The Facts and Fictions of Political Economists:* Being a Review of the Principles of the Science, Separating the True from the False. Manchester, 1842.

_____. *Trade Societies and Strikes:* Their Good and Evil Influences on the Members of Trades Unions, and on Society at Targe. Machinery; Its Influences on Work and Wages, and co. Operative Societies, Productive and Distributive, Past, Present, and Future. Manchester, [1865].

WAYLAND, Francis. *The Elements of Political Economy*. Boston, 1843.

[WEST, Eddward]. *Essay on the Application of Capital to Land, with Observations Shewing the Impolicy of any Great Restriction of the Importation of Corn, and that the Bounty of 1688 Did not Lower the Price of It. By a Fellow of University College, Oxford*. Londres, 1815.

_____. *Price of Corn and Wages of Labour, with Observations upon Dr. Smith's, Mr. Ricardo's, and Mr. Malthus's Doctrines upon Those Subjects; and an Attempt at an Exposition of the Causes of the Fluctuation of the Price of Corn During the Last Thirty Years*. Londres, 1826.

WILKS, Mark. *Historical Sketches of the South of India, in an Attempt to Trace the History of Mysoor; from the Hindoo Government of that State, to the Extinction of the Mohammedan Dynasty in 1799*. Londres, 1810. v. 1.

WITT, Johan de. *Aanwysing der heilsame politike gronden en maximen van de Republike van Holland en West-Friesland*. Leyden, 1669.

WRIGHT, Thomas. *A Short Address to the Public on the Monopoly of Large Farms*. Londres, 1779.

XENOFONTE. *Ciropédia*.

YOUNG, Arthur. *Political Arithmetic. Containing Observations on the Present State of Great Britain; and the Principies of Her Policy in the Encouragement of Agriculture*. Londres, 1774.

_____. *A Tour in Ireland*: with General Observations on the Present State of that Kingdom... 2. ed. Londres, 1780. 2 v.

II. Relatórios parlamentares e outras publicações oficiais

An Act for Regulating the Hours of Labour for Children, Young Persons, and Women Employed in Workshops, 21st August 1867. In: *The Statutes of the United Kingdom of Great Britain and Ireland.* Londres, 1867.

An Act to Limit the Hours of Labour, and to Prevent the Employment of Children in Factories under Ten Years of Age. Approved March 18, 1851. In: *Acts of the Seventy-Fifth Legislature of the State of Nova Jersey.* Trenton, 1851.

Agricultural Labourers (Ireland). Return to an Order of the Honourable the House of Commons. 8 mar. 1861.

Agricultural Statistics, Ireland. General Abstracts Showing the Acreage under the Several Crops, and the Number of Live Stock, in Each County and Province, for the Year 1860. Also the Emigration from Irish Ports from 1st January to 1st September, 1860. Presented to Both Houses of Parliament by Command of Her Majesty. Dublin, 1860.

Agricultural Statistics, Ireland. Tables Showing the Estimated Average Produce of the Crope for the Year 1866; and the Emigration from the Irish Ports. From 1st January to 31st December, 1866; Also the Number of Mills for Scutching Flax in Each County and Province. Presented to Both Houses of Parliament by command of Her Majesty. Dublin, 1867.

Arbeiten der Kaiserlich Russischen Gesandtschaft zu Peking über China, sein Volk, seine Religion, seine Institutionen, socialen Verhältnisse, etc. Aus dem Russ. nach dem in St. Petersburg 1852- -57 veröffentlichten Original von Dr. Carl Abel und F. A. Mecklenburg. Berlim, 1858. v. 1.

Cambridge University Kommission. Report of Her Majesty's Commissioners Appointed to Inquire into the State, Discipline, Studies, and Revenues of the University and Colleges of Cambridge: together with the evidence, and an appendix. Presented to both Houses of Parliament by command of Her Majesty. Londres, 1852.

The Case of our Enghsh wool. As also the Presentment of the Grand Jury of the County of Sommerset Thereon. Humbly offered to the High Court of Parliament. Londres, 1685.

Census of England and Wales for the year 1861. Londres, 1863.

Children's employment Kommission. 1862.

_____. First Report of the Commissioners. With Appendix. Presented to both Houses of Parliament by command of Her Majesty. Londres, 1863.

_____. Second Report... Londres, 1864.

_____. Third Report... Londres, 1864.

_____. Fourth Report... Londres, 1865.

_____. Fifth Report... Londres, 1866.

_____. Sixth Report... Londres, 1867.

Compte rendu dela deuxième session du congrès international de statistique réuni a Paris les 10, 12, 13, 14 et 15 Septembre 1855. Publié par les ordres de S.E.M. Rouher. Paris, 1856.

Corn, Grain, and Meal. Return to an Order of the Honourable the House of Commons, Dated 18 February 1867.

Correspondence with Her Majesty's Missions Abroad, Regarding Industrial Questions and Trades Unions. Londres, 1867.

East India (Bullion). Return to an Address of the Honourable the House of Commons. 8 fev. 1864.

Factories inquiry Kommission First Report of the Central Board of His Majesty 18 Commissioners. Ordered, by the House of Commons, to Be Printed. 28 June 1833.

Factories Regulation acts. Ordered, by the House of Commons, to Be Printed. 9 Aug. 1859.

Factories. Return to an Address of the Honourable the House of Commons. 15 Apr. 1856. Ordered, by the House of Commons, to Be Printed. 4 Feb. 1857.

Factories. Return to an Address of the Honourable the House of Commons. 24 Apr. 1861. Ordered, by the House of Commons, to Be Printed. 11 Feb. 1862.

Factories. Return to an address of the Honourable the House of Commons. 5 Dec. 1867. Ordered, by the House of Commons, to Be Printed. 22 July 1868.

First Report from the Select Committee on Adulteration of Food, etc.; with the Minutes of Evidence, and Appendix. Ordered, by the House of Commons, to be printed. 27 July 1855.

Fourth Report of the Commissioners of Her Majestys Inland Revenue on the Inland Revenue. Presented to Both Houses of Parliament by Command of Her Majesty. Londres, 1860.

General Laws of the Commonwealth of Massachusetts, Passed Subsequently to the Revised Statutes. Boston, 1854. v. 1.

Hansard's Parliamentary Debates: 3rd Series, Commencing with the Acceasion of William IV. Comprising the Period from the Second Day of February, to the Twenty-seventh Day of February, 1843. Londres, 1843. v. 66.

_____. *Comprising the period from the twenty-seventh day of March, to the twenty-eighth day of May, 1863.* Londres, 1863. v. 170.

_____. *Comprising the period from the fifteenth day of March, to the third day of May, 1864.* Londres, 1864. v. 174.

Jahresbericht der Handelskammer für Essen, Werden und Kettwig pro 1862. Essen, 1863.

Manifest der Maatschappij-De Vlamingen Vooruit! Gerigt tot alle de voorstanders van de eerlijke en regtzinnige uitvoering der Belgische Grondwet, gestemd door het Nationaal Congres van 1830. Bruxelas, 1860.

The Master Spinners and Manufacturers' Defence Fund. Report of the Committee Appointed for the Receipt and Apportionment of this Fund, to the Central Astion of Master Spinners and Manufacturers. Manchester, 1854.

Miscellaneous Statistics of the United Kingdom (Part VI). Presented to Both Houses of Parliament by Command of Her Majesty. Londres, 1866.

The National Association for the Promotion of Social Science. Report of Proceedings at the Seventh Annual Congress, held in Edinburgh, October 1863. Edimburgo, Londres, 1863.

Public Health. Reports.

_____. Third Report of the Medical Officer of the Privy Council. 1860. Ordered, by the House of Commons, to Be Printed, *15 Apr. 1861.*

_____. Fourth Report,... with Appendix. 1861. Ordered, by the House of Commons, to Be Printed. 11 Apr. *1862.*

_____. Sixth Report... With Appendix. 1863. Presented Pursuant to Act of Parliament. Londres, 1864.

_____. Seventh Report... with Appendix. 1864. Presented Pursuant to Act of Parliament. Londres, 1865.

_____. Eighth Report... with Appendix. 1865. Presented Pursuant to Act of Parliament. Londres, 1866.

Report Addressed to Her Majesty's Principal Secretary of State for the Home Department, Relative to the Grievances Complained of by the Journeymen Bakers; with Appendix of Evidence. Presented to Both Houses of Parliament by Command of Her Majesty. Londres, 1862.

Report from the Committee on the "Bill to Regulate the Labour of Children in the Mills and Factories of the United Kingdom": with the Minutes of Evidence. Ordered, by the House of Commons, to Be Printed. 8 Aug. 1832.

Report from the Secret Committee of the House of Lords Appointed to Inquire into the Causes of the Distress which has for Some Time Prevailed Among the Commercial Classes, and How Far

It Has Been Affected By the Laws for Regulating the Issue of Bank Notes Payable on Demand. Together with the Minutes of Evidence, and an Appendix. Ordered, by the House of Commons, to Be Printed. 28 July 1848. (Reprinted 1857.)

Report from the Select Committee on Bank Acts; Together with the Proceedings of the Committee, Minutes of Evidence, Appendix and Index. Ordered, by the House of Commons, to Be Printed, 30 July 1857.

Report from the Select Committee on the Bank Acts; Together with the Proceedings of the Committee, Minutes of Evidence, Appendix and Index. Ordered, by the House of Commons, to Be printed. 1 July 1858.

Report from the select committee on mines; together with the proceedings of the committee, minutes of evidence, and appendix. Ordered, by the House of Commons, to be printed. 23 July 1866.

Report from the Select Committee on Petitions Relating to the Corn Laws of This Kingdom: Together with the Minutes of Evidence, and an Appendix of Accounts. Ordered, by the House of Commons, to Be Printed. 26 July 1814.

Report of the Commissioners Appointed to Inquire into the Operation of the Acts (16 & 17 Vict. c. 99. and 20 & 21 Vict. c. 3.) Relating to Transportation and Penal Servitude. v. 1. Report and appendix. v. 2. Minutes of Evidence Presented to Both Houses of Parlimnent by Command of Her Majesty. Londres, 1863.

Report of the Commissioners Appointed to Inquire into the Condition of All Mines in Great Britain to Which the Provisions of the Act 23 & 24 Vict. Cap. 151. Do not Apply. With Reference to the Health and Safety of Persons Employed in Such Mines, with Appendices. Presented to Both Houses of Parliament by Command of Her Majesty. Londres, 1864.

Report of the Committee on the Baking Trade in Ireland for 1861.

Report of the Officer of Health of St. Martin's-in-the-Fields, 1865.

Report of the Social Science Congress at Edinburgh. Octob. 1863 ver The National Association for The Promotion of Social Science...

Reports by Her Majesty's Secretaries of Embassy and Legation, on the Manufactures, Commerce etc., of the Countries, in which they reside. Londres, 1863, n. 6.

Reports from Poor law Inspectors on the Wages of Agricultural Labourers in Ireland. Presented to Both Houses of Parliament by Command of Her Majesty. Dublin, 1870.

Reports of the inspectors of Factories to Her Majesty's Principal Secretary of State for the Home Department.

_____. For the Half year Ending the 31st December 1841: also, the Joint Report of the Inspectors of Factories for the Same Period. (Presented by command of Her Majesty.) Ordered, by the House of Commons, to be printed, 16 February 1842.

_____. For the Quarter Ending 30th September, 1844; and from 1st October, 1844, to 30th April, 1845. Presented to Both Houses of Parliament by command of Her Majesty. Londres, 1845.

_____. For the Half Year Ending 31st October 1846... Londres, 1847.

_____. For the Half Year Ending 30th April 1848... Londres, 1848.

_____. For the Half Year Ending 31st October 1848... Londres, 1849.

_____. For the Half Year Ending 30th April 1849... Londres, 1849.

_____. For the Half Year Ending 31st October 1849... Londres, 1850.

_____. For the Half Year Ending 30th April 1850... Londres, 1850.

_____. For the Half Year Ending 31st October 1850... Londres, 1851.

_____. For the Half Year Ending 30th April 1852... Londres, 1852.

_____. For the Half Year Ending 30th April 1853... Londres, 1853.

_____. For the Half Year Ending 31st October 1853... Londres, 1854.

Bibliografia

_____. For the Half Year Ending 30th April 1855... Londres, 1855.
_____. For the Half Year Ending 31st October 1855... Londres, 1856.
_____. For the Half Year Ending 31st October 1856... Londres, 1857.
_____. For the Half Year Ending 30th April 1857... Londres, 1857.
_____. For the Half Year Ending 31st October 1857... Londres, 1857.
_____. For the Half Year Ending 30th April 1858... Londres, 1858.
_____. For the Half Year Ending 31st October 1858... Londres, 1859.
_____. For the Half Year Ending 30th April 1859... Londres, 1859.
_____. For the Half Year Ending 31st October 1859... Londres, 1860.
_____. For the Half Year Ending 30th April 1860... Londres, 1860.
_____. For the Half Year Ending 31st October 1860... Londres, 1860.
_____. For the Half Year Ending 30th April 1861... Londres, 1861.
_____. For the Half Year Ending 31st October 1861... Londres, 1862.
_____. For the Half Year Ending 31st October 1862... Londres, 1863.
_____. For the Half Year Ending 30th April 1863... Londres, 1863.
_____. For the Half Year Ending 31st October 1863... Londres, 1864.
_____. For the Half Year Ending 30th April 1864... Londres, 1864.
_____. For the Half Year Ending 31st October 1864... Londres, 1865.
_____. For the Half Year Ending 31st October 1865... Londres, 1866.
_____. For the Half Year Ending 31st October 1866... Londres, 1867.

Reports Respecting Grain, and the Corn Laws: Viz: First and Second Reports from the Lords Committees, Appointed to Enquire into the State of the Growth, Commerce, and Consumption of Grain, and All Laws relating Thereto,... Ordered, by the House of Commons, to be presented 23 November 1814.

The Revised Statutes of the State of Rhode Island and Providence Plantations: to Which Are Prefixed, the Constitutions of the United States and of the State Providence, 1857.

Royal Commission on Railways. Report of the Commissioners. Presented to Both Houses of Parliament by Command of Her Majesty. Londres, 1867.

Second Report Addressed to Her Maiesty's Principal Secretary of State for the Home Department, Relative to the Grievances Complained of by the Journeyman Bakers. Presented to Both Houses of Parliament by Command of Her Majesty. Londres, 1863.

Statistical Abstract for the United Kingdom in Each of the Last Fifteen Years, from 1846 to 1860. Londres, 1861. n. 8.

Statistical Abstract for the United Kingdom in Each of the Last Fifteen Years, from 1851 to 1865. Londres, 1866. n. 13

Tenth Report of the Commissioners Appointed to Inquire into the Organization and Rules of Trades Unions and Other Asiations: Together with Minutes of Evidence. Presented to Both Houses of Parliament by command of Her Majesty, 28th July 1868. Londres, 1868.

Tenth Report of the Commissioners of Her Majesty's Inland Revenue on the Inland Revenue. Presented to Both Houses of Parliament by Command of Her Majesty. Londres, 1866.

Twenty-Second Annual Report of the Registrar-general of Births, Deaths, and Marriages in England. Presented to Both Houses of Parliament by command of Her Majesty. Londres, 1861.

Karl Marx – O capital

III. Periódicos

The Bengal Hurkaru. Calcutá, 22 jul. 1861.
Bury Gaardian, 12. maio 1860.
Concordia. Zeitschrift für die Arbeiterfrage. Berlim.
_____. 7 mar. 1872.
_____. 4 jul. 1872.
_____. 1 jul. 1872.
The Daily Telegraph. Londres, 17 jan. 1860.
Demokratisches Wochenblatt. Organ der deutschen Volkspartei. Leipzig.
_____. 1 ago. 1868.
_____. 22 ago. 1868.
_____. 29 ago. 1868.
_____. 5 ago. 1868.
Deutsch-Französische Jahrbücher. Hrsg. von Arnold Ruge und Karl Marx. 1. und 2. Lfg. Paris, 1844.
The Econst. Weekly Commercial Times, Bankers' Gazette, and Railway Monitor: a Political, Literary, and General Newspaper. Londres.
_____. 29 mar. 1845.
_____. 15 abr. 1848.
_____. 19 jul. 1851.
_____. 21 jan. 1860.
_____. 2 jun. 1866.
The Evening Standard. Londres, 1 nov. 1886.
The Glasgow Daily Mail, 25 abr. 1849.
Journal des Économistes. Paris, jul.-ago. 1872.
Journal of the Society of Arts, and of the Institutions in Union. Londres.
_____. 9 dez. 1859.
_____. 17 abr. 1860.
_____. 23 mar. 1866.
_____. 5 jan. 1872.
Macmillan's Magazine. Ed. by David Masson. Londres/Cambridge, ago. 1863.
The Manchester Guardian, 15 jan. 1875.
The Morning Advertiser. Londres, 17 abr. 1863.
The Morning Chronicle. Londres, 1844-1845.
The Morning Star. Londres.
_____. 17 abr. 1863.
_____. 23 jun. 1863.
_____. 7 jan. 1867.
Neue Rheinische Zeitung. Organ der Demokratie. Köln. 7 abr. 1849.
Neue Rheinische Zeitung. Politisch-ökonomische Revue. H. 4. Londres/Hamburgo/Nova York. 1850.
New-York Daily Tribune, 9 fev. 1853.
The Observer. Londres, 24 abr. 1864.

The Pall Mall Gazette. Londres.

La Philosophie Positive. Revue ditigée par E. Littré & G. Wyroubog. Paris, n. 3, nov.-dez. 1868. (Siehe auch Anm. 9.)

The Portfolio. Diplomatic review. (New series.) Londres.

Révolutions de Paris, 11-18 jun. 1791.

Reynolds's Newspaper. A Weekly Journal of Politics, History, Literature, and General Intelligence. Londres.

_____. 2 jan. 1866.

_____. 4 fev. 1866.

_____. 20 jan. 1867.

Sankt-Petersburgskie Vedomosti, 8-20 abr. 1872.

The Saturday Review of Politics, Literature, Science and Art. Londres, 18 jan. 1868.

The Social Science Review. Londres, 18 jul. 1863.

The Spectator. Londres, 26 maio 1866.

The Standard. Londres.

_____. 26 out. 1861.

_____. 15 ago. 1863.

_____. 5 abr. 1867.

The Times. Londres.

_____. 14 fev. 1843.

_____. 5 nov. 1861.

_____. 26 nov. 1862.

_____. 24 mar. 1863.

_____. 17 abr. 1863.

_____. 2 jul. 1863.

_____. 26 fev. 1864.

_____. 26 jan. 1867.

_____. 3 set. 1873.

_____. 29 nov. 1883.

To-Day. Londres.

_____. fev. 1884.

_____. mar. 1884.

Der Volksstaat. Organ der social-demokratischen Arbeiterpartei und der Internationalen Gewerksgenossenschaften. Leipzig.

_____. jun. 1872.

_____. 7 ago. 1872.

The Westminster Review. Londres.

Vestnik Evropy [Correio europeu]. São Petersburgo, 1872, n. 5.

The Workman's Advocate. Londres. 13 jan. 1866.

GLOSSÁRIO DA TRADUÇÃO

Abstraktionskraft – força da abstração
Äquivalentform – forma de equivalente
aussaugen, Aussaugung – sugar, sucção; absorver, absorção; extrair, extração
Bestimmtheit – determinidade
Charaktermasken – máscaras
dinglich – material, materialmente, reificado(a)
entäußert, Entäußerung – externalizado(a), externalização
entfremden – alienar, estranhar
(sich) erscheinen, Erscheinung – aparecer, manifestar-se; manifestação
Erscheinungsform – forma de manifestação
Gallerte – massa amorfa
Gebrauchswert – valor de uso
Geldform – forma-dinheiro
GeldKapital – capital monetário
Geldnamen – denominações monetárias
Geldware – mercadoria-dinheiro
Kapitalwert – valor-capital
Kreditgeld – dinheiro creditício
Lebensmittel – meio(s) de subsistência
Leiblichkeit – corporeidade
Materiatur – materialidade
Mehrarbeit – mais-trabalho
Mehrprodukt – mais-produto
Mehrwert – mais-valor
Naturmacht – potência natural
naturwüchsig – natural-espontâneo(a)
ökonomische Charaktermasken – máscaras econômicas

Phantasie – imaginação
Preisform – forma-preço
Produktenwert – valor do produto
Rechengeld – moeda de conta
sachlich – material, materialmente, reificado(a)
Staatsschulden – dívidas públicas
Surplusarbeit – trabalho excedente
Surplusprodukt – produto excedente
Tauschwert – valor de troca
Träger – suporte(s), portador(es/as)
Trieb – impulso
Überarbeit – sobretrabalho
Überproduktion – superprodução
verausgaben, Verausgabung – despender, dispêndio; gastar, gasto
veräußert, Veräußerung, veräußerlich – alienado(a), alienação, alienável
vorstellen, Vorstellung – representar, representação
Warendinge – coisas-mercadorias
Warenform – forma-mercadoria
Warenkörper – corpo(s)-mercadoria(s)
Wertding – coisa de valor
Wertform – forma de valor
Wertgestalt – figura de valor
Wertprodukt – produto-valor
Wertsein – valor
Zusatzarbeit – trabalho adicional

TABELA DE EQUIVALÊNCIAS DE PESOS, MEDIDAS E MOEDAS

Pesos

Tonelada (*ton*) = 20 quintais (*hundredweights*) .... 1.016,05 kg

Quintal (*hundredweight*) (*cwt.*) = 112 libras .... 50,802 kg

Quarter (*qrtr., qrs.*) = 28 libras .... 12,700 kg

Pedra (*stone*) = 14 libras .... 6,350 kg

Libra (*pound*) = 16 onças .... 453,592 g

Onça (*ounce*) .... 28,349 g

Peso troy (para pedras e metais preciosos e medicamentos)

Libra troy (*troy pound*) = 12 onças .... 372,242 g

Onça troy (*troy ounce*) .... 31,103 g

Grão (*grain*) .... 0,065 g

Medidas de comprimento

Milha britânica (*British mile*) = 5280 pés .... 1609,329 m

Jarda = 3 pés .... 91,439 cm

Pé (*foot*) = 12 polegadas .... 30,480 cm

Polegada (*inch*) .... 2,540 cm

Braça (*Elle*) (prussiana) .... 66,690 cm

Medidas de superfície

Acre = 4 *roods* .... 4046,7 m^2

Rood .... 1.011,7 m^2

Vara (*Rute*) .... 14,21 m^2

Are .... 100 m^2

Jugerum (plural: *jugera*) .... 2.523 m^2

Karl Marx – O capital

Medidas de volume

Alqueire (*bushel*) = 8 galões .... 36,349 litros
Galão (*gallon*) = 8 *pints* .... 4,544 litros
Pint .... 0,568 litro

Moedas[1]

Libra esterlina (£) = 20 xelins .... 20,43 marcos alemães
Xelim (*shilling*) = 12 *pence* .... 1,02 marco alemão
Penny (plural: *pence*) = 4 *farthing* .... 8,51 *Pfennig*
Farthing = $1/4$ *penny* .... 2,12 *Pfennig*
Guiné (*guinea*) = 21 xelins .... 21,45 marcos alemães
Sovereign (moeda de ouro inglesa) = 1 £ .... 20,43 marcos
Franco = 100 cêntimos .... 80 *Pfennig*
Cêntimo (moeda francesa) .... 0,8 *Pfennig*
Libras (*livres*) (moeda francesa de prata) = 1 franco .... 80 *Pfennig*
Cent (moeda americana) .... cerca de 4,2 *Pfennig*
Dracma (moeda de prata da Grécia antiga)
Ducado (moeda de ouro na Europa, originalmente na Itália) ... cerca de 9 marcos alemães
Maravedi (moeda espanhola) .... cerca de 6 *Pfennig*
Rei (Reis) (moeda portuguesa) .... cerca de 0,45 *Pfennig*

---

[1] Os valores em marcos alemães e *Pfennig* (centavos de marco) referem-se ao ano de 1871 (1 marco = $1/2.790$ kg de ouro).

CRONOLOGIA RESUMIDA DE MARX E ENGELS

	Karl Marx	Friedrich Engels	Fatos históricos
1818	Em Trier (capital da província alemã do Reno), nasce Karl Marx (5 de maio), o segundo de oito filhos de Heinrich Marx e de Enriqueta Pressburg. Trier na época era influenciada pelo liberalismo revolucionário francês e pela reação ao Antigo Regime, vinda da Prússia.		Simón Bolívar declara a Venezuela independente da Espanha.
1820		Nasce Friedrich Engels (28 de novembro), primeiro dos oito filhos de Friedrich Engels e Elizabeth Franziska Mauritia van Haar, em Barmen, Alemanha. Cresce no seio de uma família de industriais religiosa e conservadora.	George IV se torna rei da Inglaterra, pondo fim à Regência. Insurreição constitucionalista em Portugal.
1824	O pai de Marx, nascido Hirschel, advogado e conselheiro de Justiça, é obrigado a abandonar o judaísmo por motivos profissionais e políticos (os judeus estavam proibidos de ocupar cargos públicos na Renânia). Marx entra para o Ginásio de Trier (outubro).		Simón Bolívar se torna chefe do Executivo do Peru.
1830	Inicia seus estudos no Liceu Friedrich Wilhelm, em Trier.		Estouram revoluções em diversos países europeus. A população de Paris insurge-se contra a promulgação de leis que dissolvem a Câmara e suprimem a liberdade de imprensa. Luís Filipe assume o poder.
1831			Morre Hegel.

Karl Marx – O capital

	Karl Marx	Friedrich Engels	Fatos históricos
1834		Engels ingressa, em outubro, no Ginásio de Elberfeld.	A escravidão é abolida no Império Britânico. Insurreição operária em Lyon.
1835	Escreve *Reflexões de um jovem perante a escolha de sua profissão*. Presta exame final de bacharelado em Trier (24 de setembro). Inscreve-se na Universidade de Bonn.		Revolução Farroupilha, no Brasil. O Congresso alemão faz moção contra o movimento de escritores Jovem Alemanha.
1836	Estuda Direito na Universidade de Bonn. Participa do Clube de Poetas e de associações de estudantes. No verão, fica noivo em segredo de Jenny von Westphalen, sua vizinha em Trier. Em razão da oposição entre as famílias, casar-se-iam apenas sete anos depois. Matricula-se na Universidade de Berlim.	Na juventude, fica impressionado com a miséria em que vivem os trabalhadores das fábricas de sua família. Escreve *Poema*.	Fracassa o golpe de Luís Napoleão em Estrasburgo. Criação da Liga dos Justos.
1837	Transfere-se para a Universidade de Berlim e estuda com mestres como Gans e Savigny. Escreve *Canções selvagens* e *Transformações*. Em carta ao pai, descreve sua relação contraditória com o hegelianismo, doutrina predominante na época.	Por insistência do pai, Engels deixa o ginásio e começa a trabalhar nos negócios da família. Escreve *História de um pirata*.	A rainha Vitória assume o trono na Inglaterra.
1838	Entra para o Clube dos Doutores, encabeçado por Bruno Bauer. Perde o interesse pelo Direito e entrega-se com paixão ao estudo da Filosofia, o que lhe compromete a saúde. Morre seu pai.	Estuda comércio em Bremen. Começa a escrever ensaios literários e sociopolíticos, poemas e panfletos filosóficos em periódicos como o *Hamburg Journal* e o *Telegraph für Deutschland*, entre eles o poema "O beduíno" (setembro), sobre o espírito da liberdade.	Richard Cobden funda a Anti-Corn-Law-League, na Inglaterra. Proclamação da Carta do Povo, que originou o cartismo.
1839		Escreve o primeiro trabalho de envergadura, *Briefe aus dem Wupperthal* [Cartas de Wuppertal], sobre a vida operária em Barmen e na vizinha Elberfeld (*Telegraph für Deutschland*, primavera). Outros viriam, como *Literatura popular alemã*, *Karl Beck* e *Memorabilia de Immermann*. Estuda a filosofia de Hegel.	Feuerbach publica Zur Kritik der Hegelschen Philosophie [Crítica da filosofia hegeliana]. Primeira proibição do trabalho de menores na Prússia. Auguste Blanqui lidera o frustrado levante de maio, na França.
1840	K. F. Koeppen dedica a Marx o seu estudo *Friedrich der Grosse und seine Widersacher* [Frederico, o Grande, e seus adversários].	Engels publica *Réquiem para o Aldeszeitung alemão* (abril), *Vida literária moderna*, no *Mitternachtzeitung* (março-maio) e *Cidade natal de Siegfried* (dezembro).	Proudhon publica *O que é a propriedade?* [*Qu'est-ce que la propriété?*].

Cronologia resumida de Marx e Engels

	Karl Marx	Friedrich Engels	Fatos históricos
1841	Com uma tese sobre as diferenças entre as filosofias de Demócrito e Epicuro, Marx recebe em Iena o título de doutor em Filosofia (15 de abril). Volta a Trier. Bruno Bauer, acusado de ateísmo, é expulso da cátedra de Teologia da Universidade de Bonn, com isso Marx perde a oportunidade de atuar como docente nessa universidade.	Publica *Ernst Moritz Arndt*. Seu pai o obriga a deixar a escola de comércio para dirigir os negócios da família. Engels prosseguiria sozinho seus estudos de filosofia, religião, literatura e política. Presta o serviço militar em Berlim por um ano. Frequenta a Universidade de Berlim como ouvinte e conhece os jovens hegelianos. Critica intensamente o conservadorismo na figura de Schelling, com os escritos *Schelling em Hegel*, *Schelling e a revelação* e *Schelling, filósofo em Cristo*.	Feuerbach traz a público *A essência do cristianismo* [*Das Wesen des Christentums*]. Primeira lei trabalhista na França.
1842	Elabora seus primeiros trabalhos como publicista. Começa a colaborar com o jornal *Rheinische Zeitung* [Gazeta Renana], publicação da burguesia em Colônia, do qual mais tarde seria redator. Conhece Engels, que na ocasião visitava o jornal.	Em Manchester, assume a fiação do pai, a Ermen & Engels. Conhece Mary Burns, jovem trabalhadora irlandesa, que viveria com ele até a morte. Mary e a irmã Lizzie mostram a Engels as dificuldades da vida operária, e ele inicia estudos sobre os efeitos do capitalismo no operariado inglês. Publica artigos no *Rheinische Zeitung*, entre eles "Crítica às leis de imprensa prussianas" e "Centralização e liberdade".	Eugène Sue publica *Os mistérios de Paris*. Feuerbach publica *Vorläufige Thesen zur Reform der Philosophie* [Teses provisórias para uma reforma da filosofia]. O Ashley's Act proíbe o trabalho de menores e mulheres em minas na Inglaterra.
1843	Sob o regime prussiano, é fechado o *Rheinische Zeitung*. Marx casa-se com Jenny von Westphalen. Recusa convite do governo prussiano para ser redator no diário oficial. Passa a lua de mel em Kreuznach, onde se dedica ao estudo de diversos autores, com destaque para Hegel. Redige os manuscritos que viriam a ser conhecidos como *Crítica da filosofia do direito de Hegel* [*Zur Kritik der Hegelschen Rechtsphilosophie*]. Em outubro vai a Paris, onde Moses Hess e George Herwegh o apresentam às sociedades secretas socialistas e comunistas e às associações operárias alemãs. Conclui *Sobre a questão judaica* [*Zur Judenfrage*]. Substitui Arnold Ruge na direção dos *Deutsch-Französische Jahrbücher* [Anais Franco-Alemães]. Em dezembro inicia grande amizade com Heinrich Heine e conclui sua "Crítica da filosofia do direito de Hegel – Introdução" [*Zur Kritik der Hegelschen Rechtsphilosophie – Einleitung*]	Engels escreve, com Edgar Bauer, o poema satírico "Como a Bíblia escapa milagrosamente a um atentado impudente ou O triunfo da fé", contra o obscurantismo religioso. O jornal *Schweuzerisher Republicaner* publica suas "Cartas de Londres". Em Bradford, conhece o poeta G. Weerth. Começa a escrever para a imprensa cartista. Mantém contato com a Liga dos Justos. Ao longo desse período, suas cartas à irmã favorita, Marie, revelam seu amor pela natureza e por música, livros, pintura, viagens, esporte, vinho, cerveja e tabaco.	Feuerbach publica *Grundsätze der Philosophie der Zukunft* [Princípios da filosofia do futuro].

Karl Marx – O capital

	Karl Marx	Friedrich Engels	Fatos históricos
1844	Em colaboração com Arnold Ruge, elabora e publica o primeiro e único volume dos *Deutsch-Französische Jahrbücher*, no qual participa com dois artigos: "A questão judaica" e "Introdução a uma crítica da filosofia do direito de Hegel". Escreve os *Manuscritos econômico-filosóficos* [*Ökonomisch-philosophische Manuskripte*]. Colabora com o *Vorwärts!* [Avante!], órgão de imprensa dos operários alemães na emigração. Conhece a Liga dos Justos, fundada por Weitling. Amigo de Heine, Leroux, Blanc, Proudhon e Bakunin, inicia em Paris estreita amizade com Engels. Nasce Jenny, primeira filha de Marx. Rompe com Ruge e desliga-se dos *Deutsch-Französische Jahrbücher*. O governo decreta a prisão de Marx, Ruge, Heine e Bernays pela colaboração nos *Deutsch-Französische Jahrbücher*. Encontra Engels em Paris e em dez dias planejam seu primeiro trabalho juntos, *A sagrada família* [*Die heilige Familie*]. Marx publica no *Vorwärts!* artigo sobre a greve na Silésia.	Em fevereiro, Engels publica "Esboço de uma crítica da economia política" ["Umrisse zu einer Kritik der Nationalökonomie"], texto que influenciou profundamente Marx. Segue à frente dos negócios do pai, escreve para os *Deutsch-Französische Jahrbücher* e colabora com o jornal *Vorwärts!*. Deixa Manchester. Em Paris, torna-se amigo de Marx, com quem desenvolve atividades militantes, o que os leva a criar laços cada vez mais profundos com as organizações de trabalhadores de Paris e Bruxelas. Vai para Barmen.	O Graham's Factory Act regula o horário de trabalho para menores e mulheres na Inglaterra. Fundado o primeiro sindicato operário na Alemanha. Insurreição de operários têxteis na Silésia e na Boêmia.
1845	Por causa do artigo sobre a greve na Silésia, a pedido do governo prussiano Marx é expulso da França, juntamente com Bakunin, Bürgers e Bornstedt. Muda-se para Bruxelas e, em colaboração com Engels, escreve e publica em Frankfurt *A sagrada família*. Ambos começam a escrever *A ideologia alemã* [*Die deutsche Ideologie*] e Marx elabora "As teses sobre Feuerbach" [*Thesen über Feuerbach*]. Em setembro nasce Laura, segunda filha de Marx e Jenny. Em dezembro, ele renuncia à nacionalidade prussiana.	As observações de Engels sobre a classe trabalhadora de Manchester, feitas anos antes, formam a base de uma de suas obras principais, *A situação da classe trabalhadora na Inglaterra* [*Die Lage der arbeitenden Klasse in England*] (publicada primeiramente em alemão; a edição seria traduzida para o inglês 40 anos mais tarde). Em Barmen organiza debates sobre as ideias comunistas junto com Hess e profere os *Discursos de Elberfeld*. Em abril sai de Barmen e encontra Marx em Bruxelas. Juntos, estudam economia e fazem uma breve visita a Manchester (julho e agosto), onde percorrem alguns jornais locais, como o *Manchester Guardian* e o *Volunteer Journal for Lancashire and Cheshire*. Lançada *A situação da classe trabalhadora na Inglaterra*, em Leipzig. Começa sua vida em comum com Mary Burns.	Criada a organização internacionalista Democratas Fraternais, em Londres. Richard M. Hoe registra a patente da primeira prensa rotativa moderna.
1846	Marx e Engels organizam em Bruxelas o primeiro Comitê de Correspondência da Liga dos Justos,	Seguindo instruções do Comitê de Bruxelas, Engels estabelece estreitos contatos com socialistas e	Os Estados Unidos declaram guerra ao México. Rebelião

Cronologia resumida de Marx e Engels

	Karl Marx	Friedrich Engels	Fatos históricos
	uma rede de correspondentes comunistas em diversos países, a qual Proudhon se nega a integrar. Em carta a Annenkov, Marx critica o recém-publicado *Sistema das contradições econômicas ou Filosofia da miséria* [*Système des contradictions économiques ou Philosophie de la misère*], de Proudhon. Redige com Engels a *Zirkular gegen Kriege* [Circular contra Kriege], crítica a um alemão emigrado dono de um periódico socialista em Nova York. Por falta de editor, Marx e Engels desistem de publicar *A ideologia alemã* (a obra só seria publicada em 1932, na União Soviética). Em dezembro nasce Edgar, o terceiro filho de Marx.	comunistas franceses. No outono, ele se desloca para Paris com a incumbência de estabelecer novos comitês de correspondência. Participa de um encontro de trabalhadores alemães em Paris, propagando ideias comunistas e discorrendo sobre a utopia de Proudhon e o socialismo real de Karl Grün.	polonesa em Cracóvia. Crise alimentar na Europa. Abolidas, na Inglaterra, as "leis dos cereais".
1847	Filia-se à Liga dos Justos, em seguida nomeada Liga dos Comunistas. Realiza-se o primeiro congresso da associação em Londres (junho), ocasião em que se encomenda a Marx e Engels um manifesto dos comunistas. Eles participam do congresso de trabalhadores alemães em Bruxelas e, juntos, fundam a Associação Operária Alemã de Bruxelas. Marx é eleito vice-presidente da Associação Democrática. Conclui e publica a edição francesa de *Miséria da filosofia* [*Misère de la philosophie*] (Bruxelas, julho).	Engels viaja a Londres e participa com Marx do I Congresso da Liga dos Justos. Publica *Princípios do comunismo* [*Grundsätze des Kommunismus*], uma "versão preliminar" do *Manifesto Comunista* [*Manifest der Kommunistischen Partei*]. Em Bruxelas, junto com Marx, participa da reunião da Associação Democrática, voltando em seguida a Paris para mais uma série de encontros. Depois de atividades em Londres, volta a Bruxelas e escreve, com Marx, o *Manifesto Comunista*.	A Polônia torna-se província russa. Guerra civil na Suíça. Realiza-se em Londres, o II Congresso da Liga dos Comunistas (novembro).
1848	Marx discursa sobre o livre-cambismo numa das reuniões da Associação Democrática. Com Engels publica, em Londres (fevereiro), o *Manifesto Comunista*. O governo revolucionário francês, por meio de Ferdinand Flocon, convida Marx a morar em Paris depois que o governo belga o expulsa de Bruxelas. Redige com Engels "Reivindicações do Partido Comunista da Alemanha" [*Forderungen der Kommunistischen Partei in Deutschland*] e organiza o regresso dos membros alemães da Liga dos Comunistas à pátria. Com sua família e com Engels, muda-se em fins de maio para Colônia, onde ambos fundam o jornal *Neue Rheinische Zeitung* [Nova Gazeta Renana], cuja primeira edição é	Expulso da França por suas atividades políticas, chega a Bruxelas no fim de janeiro. Juntamente com Marx, toma parte na insurreição alemã, de cuja derrota falaria quatro anos depois em *Revolução e contrarrevolução na Alemanha* [*Revolution und Konterevolution in Deutschland*]. Engels exerce o cargo de editor do *Neue Rheinische Zeitung*, recém-criado por ele e Marx. Participa, em setembro, do Comitê de Segurança Pública criado para rechaçar a contrarrevolução, durante grande ato popular promovido pelo *Neue Rheinische Zeitung*. O periódico sofre suspensões, mas prossegue ativo. Procurado pela polícia, tenta se exilar na Bélgica, onde é preso e	Definida, na Inglaterra, a jornada de dez horas para menores e mulheres na indústria têxtil. Criada a Associação Operária, em Berlim. Fim da escravidão na Áustria. Abolição da escravidão nas colônias francesas. Barricadas em Paris: eclode a revolução; o rei Luís Filipe abdica e a República é proclamada. A revolução se alastra pela Europa. Em junho, Blanqui lidera novas insurreições

Karl Marx – O capital

	Karl Marx	Friedrich Engels	Fatos históricos
	publicada em 1º de junho com o subtítulo *Organ der Demokratie*. Marx começa a dirigir a Associação Operária de Colônia e acusa a burguesia alemã de traição. Proclama o terrorismo revolucionário como único meio de amenizar "as dores de parto" da nova sociedade. Conclama ao boicote fiscal e à resistência armada.	depois expulso. Muda-se para a Suíça.	operárias em Paris, brutalmente reprimidas pelo general Cavaignac. Decretado estado de sítio em Colônia em reação a protestos populares. O movimento revolucionário reflui.
1849	Marx e Engels são absolvidos em processo por participação nos distúrbios de Colônia (ataques a autoridades publicados no *Neue Rheinische Zeitung*). Ambos defendem a liberdade de imprensa na Alemanha. Marx é convidado a deixar o país, mas ainda publicaria *Trabalho assalariado e capital* [*Lohnarbeit und Kapital*]. O periódico, em difícil situação, é extinto (maio). Marx, em condição financeira precária (vende os próprios móveis para pagar as dívidas), tenta voltar a Paris, mas, impedido de ficar, é obrigado a deixar a cidade em 24 horas. Graças a uma campanha de arrecadação de fundos promovida por Ferdinand Lassalle na Alemanha, Marx se estabelece com a família em Londres, onde nasce Guido, seu quarto filho (novembro).	Em janeiro, Engels retorna a Colônia. Em maio, toma parte militarmente na resistência à reação. À frente de um batalhão de operários, entra em Elberfeld, motivo pelo qual sofre sanções legais por parte das autoridades prussianas, enquanto Marx é convidado a deixar o país. Publicado o último número do *Neue Rheinische Zeitung*. Marx e Engels vão para o sudoeste da Alemanha, onde Engels envolve-se no levante de Baden-Palatinado, antes de seguir para Londres.	Proudhon publica *Les confessions d'un révolutionnaire*. A Hungria proclama sua independência da Áustria. Após período de refluxo, reorganiza-se no fim do ano, em Londres, o Comitê Central da Liga dos Comunistas, com a participação de Marx e Engels.
1850	Ainda em dificuldades financeiras, organiza a ajuda aos emigrados alemães. A Liga dos Comunistas reorganiza as sessões locais e é fundada a Sociedade Universal dos Comunistas Revolucionários, cuja liderança logo se fraciona. Edita em Londres a *Neue Rheinische Zeitung* [Nova Gazeta Renana], revista de economia política, bem como *Lutas de classe na França* [*Die Klassenkämpfe in Frankreich*]. Morre o filho Guido.	Publica *A guerra dos camponeses na Alemanha* [*Der deutsche Bauernkrieg*]. Em novembro, retorna a Manchester, onde viverá por vinte anos, e às suas atividades na Ermen & Engels; o êxito nos negócios possibilita ajudas financeiras a Marx.	Abolição do sufrágio universal na França.
1851	Continua em dificuldades, mas, graças ao êxito dos negócios de Engels em Manchester, conta com ajuda financeira. Dedica-se intensamente aos estudos de economia na biblioteca do Museu Britânico. Aceita o convite de trabalho do *New York Daily Tribune*, mas é Engels quem envia os primeiros textos, intitulados	Engels, juntamente com Marx, começa a colaborar com o Movimento Cartista [Chartist Movement]. Estuda língua, história e literatura eslava e russa.	Na França, golpe de Estado de Luís Bonaparte. Realização da primeira exposição universal, em Londres.

Cronologia resumida de Marx e Engels

	Karl Marx	Friedrich Engels	Fatos históricos
	"Contrarrevolução na Alemanha", publicados sob a assinatura de Marx. Hermann Becker publica em Colônia o primeiro e único tomo dos *Ensaios escolhidos de Marx*. Nasce Francisca (28 de março), quinta de seus filhos.		
1852	Envia ao periódico *Die Revolution*, de Nova York, uma série de artigos sobre *O 18 de brumário de Luís Bonaparte* [*Der achtzehnte Brumaire des Louis Bonaparte*]. Sua proposta de dissolução da Liga dos Comunistas é acolhida. A difícil situação financeira é amenizada com o trabalho para o *New York Daily Tribune*. Morre a filha Francisca, nascida um ano antes.	Publica *Revolução e contrarrevolução na Alemanha* [*Revolution und Konterevolution in Deutschland*]. Com Marx, elabora o panfleto *O grande homem do exílio* [*Die grossen Männer des Exils*] e uma obra, hoje desaparecida, chamada *Os grandes homens oficiais da Emigração*; nela, atacam os dirigentes burgueses da emigração em Londres e defendem os revolucionários de 1848-9. Expõem, em cartas e artigos conjuntos, os planos do governo, da polícia e do judiciário prussianos, textos que teriam grande repercussão.	Luís Bonaparte é proclamado imperador da França, com o título de Napoleão Bonaparte III.
1853	Marx escreve, tanto para o *New York Daily Tribune* quanto para o *People's Paper*, inúmeros artigos sobre temas da época. Sua precária saúde o impede de voltar aos estudos econômicos interrompidos no ano anterior, o que faria somente em 1857. Retoma a correspondência com Lassalle.	Escreve artigos para o *New York Daily Tribune*. Estuda o persa e a história dos países orientais. Publica, com Marx, artigos sobre a Guerra da Crimeia.	A Prússia proíbe o trabalho para menores de 12 anos.
1854	Continua colaborando com o *New York Daily Tribune*, dessa vez com artigos sobre a revolução espanhola.		
1855	Começa a escrever para o *Neue Oder Zeitung*, de Breslau, e segue como colaborador do *New York Daily Tribune*. Em 16 de janeiro nasce Eleanor, sua sexta filha, e em 6 de abril morre Edgar, o terceiro.	Escreve uma série de artigos para o periódico *Putman*.	Morte de Nicolau I, na Rússia, e ascensão do tsar Alexandre II.
1856	Ganha a vida redigindo artigos para jornais. Discursa sobre o progresso técnico e a revolução proletária em uma festa do *People's Paper*. Estuda a história e a civilização dos povos eslavos. A esposa Jenny recebe uma herança da mãe, o que permite que a família mude para um apartamento mais confortável.	Acompanhado da mulher, Mary Burns, Engels visita a terra natal dela, a Irlanda.	Morrem Max Stirner e Heinrich Heine. Guerra franco-inglesa contra a China.
1857	Retoma os estudos sobre economia política, por considerar iminente nova crise econômica europeia.	Adoece gravemente em maio. Analisa a situação no Oriente Médio, estuda a questão eslava e	O divórcio, sem necessidade de aprovação

Karl Marx – O capital

Karl Marx	Friedrich Engels	Fatos históricos
Fica no Museu Britânico das nove da manhã às sete da noite e trabalha madrugada adentro. Só descansa quando adoece e aos domingos, nos passeios com a família em Hampstead. O médico o proíbe de trabalhar à noite. Começa a redigir os manuscritos que viriam a ser conhecidos como *Grundrisse der Kritik der Politischen Ökonomie* [Esboços de uma crítica da economia política], e que servirão de base à obra *Para a crítica da economia política* [*Zur Kritik der Politischen Ökonomie*]. Escreve a célebre *Introdução de 1857*. Continua a colaborar no *New York Daily Tribune*. Escreve artigos sobre Jean-Baptiste Bernadotte, Simón Bolívar, Gebhard Blücher e outros na *New American Encyclopaedia* [Nova Enciclopédia Americana]. Atravessa um novo período de dificuldades financeiras e tem um novo filho, natimorto.	aprofunda suas reflexões sobre temas militares. Sua contribuição para a *New American Encyclopaedia* [Nova Enciclopédia Americana], versando sobre as guerras, faz de Engels um continuador de Von Clausewitz e um precursor de Lenin e Mao Tsé-Tung. Continua trocando cartas com Marx, discorrendo sobre a crise na Europa e nos Estados Unidos.	parlamentar, se torna legal na Inglaterra.
1858 – O *New York Daily Tribune* deixa de publicar alguns de seus artigos. Marx dedica-se à leitura de *Ciência da lógica* [*Wissenschaft der Logik*] de Hegel. Agravam-se os problemas de saúde e a penúria.	Engels dedica-se ao estudo das ciências naturais.	Morre Robert Owen.
1859 – Publica em Berlim *Para a crítica da economia política*. A obra só não fora publicada antes porque não havia dinheiro para postar o original. Marx comentaria: "Seguramente é a primeira vez que alguém escreve sobre o dinheiro com tanta falta dele". O livro, muito esperado, foi um fracasso. Nem seus companheiros mais entusiastas, como Liebknecht e Lassalle, o compreenderam. Escreve mais artigos no *New York Daily Tribune*. Começa a colaborar com o periódico londrino *Das Volk*, contra o grupo de Edgar Bauer. Marx polemiza com Karl Vogt (a quem acusa de ser subsidiado pelo bonapartismo), Blind e Freiligrath.	Faz uma análise, junto com Marx, da teoria revolucionária e suas táticas, publicada em coluna do *Das Volk*. Escreve o artigo "Po und Rhein" [Pó e Reno], em que analisa o bonapartismo e as lutas liberais na Alemanha e na Itália. Enquanto isso, estuda gótico e inglês arcaico. Em dezembro, lê o recém-publicado *A origem das espécies* [*The Origin of Species*], de Darwin.	A França declara guerra à Áustria.
1860 – Vogt começa uma série de calúnias contra Marx, e as querelas chegam aos tribunais de Berlim e Londres. Marx escreve *Herr Vogt* [Senhor Vogt].	Engels vai a Barmen para o sepultamento de seu pai (20 de março). Publica a brochura *Savoia, Nice e o Reno* [*Savoyen, Nizza und der Rhein*], polemizando com	Giuseppe Garibaldi toma Palermo e Nápoles.

Cronologia resumida de Marx e Engels

Karl Marx	Friedrich Engels	Fatos históricos
	Lassalle. Continua escrevendo para vários periódicos, entre eles o *Allgemeine Militar Zeitung*. Contribui com artigos sobre o conflito de secessão nos Estados Unidos no *New York Daily Tribune* e no jornal liberal *Die Presse*.	
1861 Enfermo e depauperado, Marx vai à Holanda, onde o tio Lion Philiph concorda em adiantar-lhe uma quantia, por conta da herança de sua mãe. Volta a Berlim e projeta com Lassalle um novo periódico. Reencontra velhos amigos e visita a mãe em Trier. Não consegue recuperar a nacionalidade prussiana. Regressa a Londres e participa de uma ação em favor da libertação de Blanqui. Retoma seus trabalhos científicos e a colaboração com o *New York Daily Tribune* e o *Die Presse* de Viena.		Guerra civil norte-americana. Abolição da servidão na Rússia.
1862 Trabalha o ano inteiro em sua obra científica e encontra-se várias vezes com Lassalle para discutirem seus projetos. Em suas cartas a Engels, desenvolve uma crítica à teoria ricardiana sobre a renda da terra. O *New York Daily Tribune*, justificando-se com a situação econômica interna norte-americana, dispensa os serviços de Marx, o que reduz ainda mais seus rendimentos. Viaja à Holanda e a Trier, e novas solicitações ao tio e à mãe são negadas. De volta a Londres, tenta um cargo de escrevente da ferrovia, mas é reprovado por causa da caligrafia.		Nos Estados Unidos, Lincoln decreta a abolição da escravatura. O escritor Victor Hugo publica *Les misérables* [Os miseráveis].
1863 Marx continua seus estudos no Museu Britânico e se dedica também à matemática. Começa a redação definitiva de *O capital* [*Das Kapital*] e participa de ações pela independência da Polônia. Morre sua mãe (novembro), deixando-lhe algum dinheiro como herança.	Morre, em Manchester, Mary Burns, companheira de Engels (6 de janeiro). Ele permaneceria morando com a cunhada Lizzie. Esboça, mas não conclui, um texto sobre rebeliões camponesas.	
1864 Malgrado a saúde, continua a trabalhar em sua obra científica. É convidado a substituir Lassalle (morto em duelo) na Associação Geral dos Operários Alemães. O cargo, entretanto, é ocupado por Becker. Apresenta o projeto e o estatuto de uma Associação	Engels participa da fundação da Associação Internacional dos Trabalhadores, depois conhecida como a Primeira Internacional. Torna-se coproprietário da Ermen & Engels. No segundo semestre, contribui, com Marx, para o *Sozial-Demokrat*, periódico da	Dühring traz a público seu *Kapital und Arbeit* [Capital e trabalho]. Fundação, na Inglaterra, da Associação Internacional dos Trabalhadores.

Karl Marx – O capital

	Karl Marx	Friedrich Engels	Fatos históricos
	Internacional dos Trabalhadores, durante encontro internacional no Saint Martin's Hall de Londres. Marx elabora o Manifesto de Inauguração da Associação Internacional dos Trabalhadores.	social-democracia alemã que populariza as ideias da Internacional na Alemanha.	Reconhecido o direito a férias na França. Morre Wilhelm Wolff, amigo íntimo de Marx, a quem é dedicado *O capital*.
1865	Conclui a primeira redação de *O capital* e participa do Conselho Central da Internacional (setembro), em Londres. Marx escreve *Salário, preço e lucro* [*Lohn, Preis und Profit*]. Publica no *Sozial-Demokrat* uma biografia de Proudhon, morto recentemente. Conhece o socialista francês Paul Lafargue, seu futuro genro.	Recebe Marx em Manchester. Ambos rompem com Schweitzer, diretor do *Sozial-Demokrat*, por sua orientação lassalliana. Suas conversas sobre o movimento da classe trabalhadora na Alemanha resultam em artigo para a imprensa. Engels publica *A questão militar na Prússia e o Partido Operário Alemão* [*Die preussische Militärfrage und die deutsche Arbeiterpartei*].	Assassinato de Lincoln. Proudhon publica *De la capacité politique des classes ouvrières* [A capacidade política das classes operárias]. Morre Proudhon.
1866	Apesar dos intermináveis problemas financeiros e de saúde, Marx conclui a redação do primeiro livro de *O capital*. Prepara a pauta do primeiro Congresso da Internacional e as teses do Conselho Central. Pronuncia discurso sobre a situação na Polônia.	Escreve a Marx sobre os trabalhadores emigrados da Alemanha e pede a intervenção do Conselho Geral da Internacional.	Na Bélgica, é reconhecido o direito de associação e a férias. Fome na Rússia.
1867	O editor Otto Meissner publica, em Hamburgo, o primeiro volume de *O capital*. Os problemas de Marx o impedem de prosseguir no projeto. Redige instruções para Wilhelm Liebknecht, recém-ingressado na Dieta prussiana como representante social-democrata.	Engels estreita relações com os revolucionários alemães, especialmente Liebknecht e Bebel. Envia carta de congratulações a Marx pela publicação do primeiro volume de *O capital*. Estuda as novas descobertas da química e escreve artigos e matérias sobre *O capital*, com fins de divulgação.	
1868	Piora o estado de saúde de Marx, e Engels continua ajudando-o financeiramente. Marx elabora estudos sobre as formas primitivas de propriedade comunal, em especial sobre o *mir* russo. Corresponde-se com o russo Danielson e lê Dühring. Bakunin se declara discípulo de Marx e funda a Aliança Internacional da Social-Democracia. Casamento da filha Laura com Lafargue.	Engels elabora uma sinopse do primeiro volume de *O capital*.	Em Bruxelas, acontece o Congresso da Associação Internacional dos Trabalhadores (setembro).
1869	Liebknecht e Bebel fundam o Partido Operário Social-Democrata alemão, de linha marxista. Marx, fugindo das polícias da Europa continental, passa a viver em Londres, com a família, na mais absoluta miséria. Continua os trabalhos para o segundo livro de *O capital*.	Em Manchester, dissolve a empresa Ermen & Engels, que havia assumido após a morte do pai. Com um soldo anual de 350 libras, auxilia Marx e sua família; com ele, mantém intensa correspondência. Começa a contribuir com o *Volksstaat*, o órgão de imprensa do	Fundação do Partido Social-Democrata alemão. Congresso da Primeira Internacional na Basileia, Suíça.

Cronologia resumida de Marx e Engels

	Karl Marx	Friedrich Engels	Fatos históricos
	Vai a Paris sob nome falso, onde permanece algum tempo na casa de Laura e Lafargue. Mais tarde, acompanhado da filha Jenny, visita Kugelmann em Hannover. Estuda russo e a história da Irlanda. Corresponde-se com De Paepe sobre o proudhonismo e concede uma entrevista ao sindicalista Haman sobre a importância da organização dos trabalhadores.	Partido Social-Democrata alemão. Escreve uma pequena biografia de Marx, publicada no *Die Zukunft* (julho). Lançada a primeira edição russa do *Manifesto Comunista*. Em setembro, acompanhado de Lizzie, Marx e Eleanor, visita a Irlanda.	
1870	Continua interessado na situação russa e em seu movimento revolucionário. Em Genebra instala-se uma seção russa da Internacional, na qual se acentua a oposição entre Bakunin e Marx, que redige e distribui uma circular confidencial sobre as atividades dos bakunistas e sua aliança. Redige o primeiro comunicado da Internacional sobre a guerra franco-prussiana e exerce, a partir do Conselho Central, uma grande atividade em favor da República francesa. Por meio de Serrailler, envia instruções para os membros da Internacional presos em Paris. A filha Jenny colabora com Marx em artigos para *A Marselhesa* sobre a repressão dos irlandeses por policiais britânicos.	Engels escreve *História da Irlanda* [*Die Geschichte Irlands*]. Começa a colaborar com o periódico inglês *Pall Mall Gazette*, discorrendo sobre a guerra franco-prussiana. Deixa Manchester em setembro, acompanhado de Lizzie, e instala-se em Londres para promover a causa comunista. Lá continua escrevendo para o *Pall Mall Gazette*, dessa vez sobre o desenvolvimento das oposições. É eleito por unanimidade para o Conselho Geral da Primeira Internacional. O contato com o mundo do trabalho permitiu a Engels analisar, em profundidade, as formas de desenvolvimento do modo de produção capitalista. Suas conclusões seriam utilizadas por Marx em *O capital*.	Na França são presos membros da Internacional Comunista. Nasce Vladimir Lenin.
1871	Atua na Internacional em prol da Comuna de Paris. Instrui Frankel e Varlin e redige o folheto *Der Bürgerkrieg in Frankreich* [*A guerra civil na França*]. É violentamente atacado pela imprensa conservadora. Em setembro, durante a Internacional em Londres, é reeleito secretário da seção russa. Revisa o primeiro volume de *O capital* para a segunda edição alemã.	Prossegue suas atividades no Conselho Geral e atua junto à Comuna de Paris, que instaura um governo operário na capital francesa entre 26 de março e 28 de maio. Participa com Marx da Conferência de Londres da Internacional.	A Comuna de Paris, instaurada após revolução vitoriosa do proletariado, é brutalmente reprimida pelo governo francês. Legalização das trade unions na Inglaterra.
1872	Acerta a primeira edição francesa de *O capital* e recebe exemplares da primeira edição russa, lançada em 27 de março. Participa dos preparativos do V Congresso da Internacional em Haia, quando se decide a transferência do Conselho Geral da organização para Nova York. Jenny, a filha mais velha, casa-se com o socialista Charles Longuet.	Redige com Marx uma circular confidencial sobre supostos conflitos internos da Internacional, envolvendo bakunistas na Suíça, intitulado *As pretensas cisões na Internacional* [*Die angeblichen Spaltungen in der Internationale*]. Ambos intervêm contra o lassalianismo na social-democracia alemã e escrevem um prefácio para a nova edição alemã do *Manifesto Comunista*. Engels participa do Congresso da Associação Internacional dos Trabalhadores.	Morrem Ludwig Feuerbach e Bruno Bauer. Bakunin é expulso da Internacional no Congresso de Haia.

Karl Marx – O capital

	Karl Marx	Friedrich Engels	Fatos históricos
1873	Impressa a segunda edição de *O capital* em Hamburgo. Marx envia exemplares a Darwin e Spencer. Por ordens de seu médico, é proibido de realizar qualquer tipo de trabalho.	Com Marx, escreve para periódicos italianos uma série de artigos sobre as teorias anarquistas e o movimento das classes trabalhadoras.	Morre Napoleão III. As tropas alemãs se retiram da França.
1874	Negada a Marx a cidadania inglesa, "por não ter sido fiel ao rei". Com a filha Eleanor, viaja a Karlsbad para tratar da saúde numa estação de águas.	Prepara a terceira edição de *A guerra dos camponeses alemães*.	Na França, são nomeados inspetores de fábricas e é proibido o trabalho em minas para mulheres e menores.
1875	Continua seus estudos sobre a Rússia. Redige observações ao Programa de Gotha, da social-democracia alemã.	Por iniciativa de Engels, é publicada *Crítica do Programa de Gotha* [*Kritik des Gothaer Programms*], de Marx.	Morre Moses Hess.
1876	Continua o estudo sobre as formas primitivas de propriedade na Rússia. Volta com Eleanor a Karlsbad para tratamento.	Elabora escritos contra Dühring, discorrendo sobre a teoria marxista, publicados inicialmente no *Vorwärts!* e transformados em livro posteriormente.	Fundado o Partido Socialista do Povo na Rússia. Crise na Primeira Internacional. Morre Bakunin.
1877	Marx participa de campanha na imprensa contra a política de Gladstone em relação à Rússia e trabalha no segundo volume de *O capital*. Acometido novamente de insônias e transtornos nervosos, viaja com a esposa e a filha Eleanor para descansar em Neuenahr e na Floresta Negra.	Conta com a colaboração de Marx na redação final do *Anti-Dühring* [*Herrn Eugen Dühring's Umwälzung der Wissenschaft*]. O amigo colabora com o capítulo 10 da parte 2 ("Da história crítica"), discorrendo sobre a economia política.	A Rússia declara guerra à Turquia.
1878	Paralelamente ao segundo volume de *O capital*, Marx trabalha na investigação sobre a comuna rural russa, complementada com estudos de geologia. Dedica-se também à *Questão do Oriente* e participa de campanha contra Bismarck e Lothar Bücher.	Publica o *Anti-Dühring* e, atendendo a pedido de Wolhelm Bracke feito um ano antes, publica pequena biografia de Marx, intitulada *Karl Marx*. Morre Lizzie.	Otto von Bismarck proíbe o funcionamento do Partido Socialista na Prússia. Primeira grande onda de greves operárias na Rússia.
1879	Marx trabalha nos volumes II e III de *O capital*.		
1880	Elabora um projeto de pesquisa a ser executado pelo Partido Operário francês. Torna-se amigo de Hyndman. Ataca o oportunismo do periódico *Sozial-Demokrat* alemão, dirigido por Liebknecht. Escreve as *Randglossen zu Adolph Wagners Lehrbuch der politischen Ökonomie* [Glosas marginais ao 'Tratado de economia política' de Adolfo Wagner]. Bebel, Bernstein e Singer visitam Marx em Londres.	Engels lança uma edição especial de três capítulos do *Anti-Dühring*, sob o título *Socialismo utópico e científico* [*Die Entwicklung des Socialismus Von der Utopie zur Wissenschaft*]. Marx escreve o prefácio do livro. Engels estabelece relações com Kautsky e conhece Bernstein.	Morre Arnold Ruge.

Cronologia resumida de Marx e Engels

	Karl Marx	Friedrich Engels	Fatos históricos
1881	Prossegue os contatos com os grupos revolucionários russos e mantém correspondência com Zasulitch, Danielson e Nieuwenhuis. Recebe a visita de Kautsky. Jenny, sua esposa, adoece. O casal vai a Argenteuil visitar a filha Jenny e Longuet. Morre Jenny Marx.	Enquanto prossegue em suas atividades políticas, estuda a história da Alemanha e prepara *Labor Standard*, um diário dos sindicatos ingleses. Escreve um obituário pela morte de Jenny Marx (8 de dezembro).	Fundada a Federation of Labour Unions nos Estados Unidos. Assassinato do tsar Alexandre II.
1882	Continua as leituras sobre os problemas agrários da Rússia. Acometido de pleurisia, visita a filha Jenny em Argenteuil. Por prescrição médica, viaja pelo Mediterrâneo e pela Suíça. Lê sobre física e matemática.	Redige com Marx um novo prefácio para a edição russa do *Manifesto Comunista*.	Os ingleses bombardeiam Alexandria e ocupam Egito e Sudão.
1883	A filha Jenny morre em Paris (janeiro). Deprimido e muito enfermo, com problemas respiratórios, Marx morre em Londres, em 14 de março. É sepultado no Cemitério de Highgate.	Começa a esboçar *A dialética da natureza* [*Dialektik der Natur*], publicada postumamente em 1927. Escreve outro obituário, dessa vez para a filha de Marx, Jenny. No sepultamento de Marx, profere o que ficaria conhecido como *Discurso diante da sepultura de Marx* [*Das Begräbnis von Karl Marx*]. Após a morte do amigo, publica uma edição inglesa do primeiro volume de *O capital*; imediatamente depois, prefacia a terceira edição alemã da obra, e já começa a preparar o segundo volume.	Implantação dos seguros sociais na Alemanha. Fundação de um partido marxista na Rússia e da Sociedade Fabiana, que mais tarde daria origem ao Partido Trabalhista na Inglaterra. Crise econômica na França; forte queda na Bolsa.
1884		Publica *A origem da família, da propriedade privada e do Estado* [*Der Ursprung der Familie, des Privateigentum und des Staates*].	Fundação da Sociedade Fabiana de Londres.
1885		Editado por Engels, é publicado o segundo volume de *O capital*.	
1887		Karl Kautsky conclui o artigo "O socialismo jurídico", resposta de Engels a um livro do jurista Anton Menger, e o publica sem assinatura na *Neue Zeit*.	
1889			Funda-se em Paris a II Internacional.
1894		Também editado por Engels, é publicado o terceiro volume de *O capital*. O mundo acadêmico ignorou a obra por muito tempo, embora os principais grupos políticos logo tenham começado a estudá-la. Engels publica os textos *Contribuição à história do*	O oficial francês de origem judaica Alfred Dreyfus, acusado de traição, é preso. Protestos antissemitas multiplicam-se nas principais cidades francesas.

Karl Marx – O capital

Karl Marx	Friedrich Engels	Fatos históricos
	cristianismo primitivo [*Zur Geschischte des Urchristentums*] e *A questão camponesa na França e na Alemanha* [*Die Bauernfrage in Frankreich und Deutschland*].	
1895	Redige uma nova introdução para *As lutas de classes na França*. Após longo tratamento médico, Engels morre em Londres (5 de agosto). Suas cinzas são lançadas ao mar em Eastbourne. Dedicou-se até o fim da vida a completar e traduzir a obra de Marx, ofuscando a si próprio e a sua obra em favor do que ele considerava a causa mais importante.	Os sindicatos franceses fundam a Confederação Geral do Trabalho. Os irmãos Lumière fazem a primeira projeção pública do cinematógrafo.

COLEÇÃO MARX-ENGELS

A Boitempo, ao editar a Coleção Marx-Engels, desenvolve um trabalho monumental de recuperação da obra de Karl Marx e Friedrich Engels. Com novas traduções, feitas diretamente do idioma original pelos mais experientes profissionais, oferece ao leitor e pesquisador obras com a melhor qualidade já produzida no Brasil. Sempre acompanhados de um aparato editorial único, seus livros são hoje uma referência para todos os interessados na obra marxiana.

O 18 de brumário de Luís Bonaparte
Karl Marx
Tradução de **Nélio Schneider**
Prólogo de **Herbert Marcuse**
Orelha de **Ruy Braga**

Anti-Dühring: a revolução da ciência segundo o senhor Eugen Dühring
Friedrich Engels
Tradução de **Nélio Schneider**
Apresentação de **José Paulo Netto**
Orelha de **Camila Moreno**

O capital: crítica da economia política
Livro I: O processo de produção do capital
Karl Marx
Tradução de **Rubens Enderle**
Textos complementares de **Jacob Gorender, Louis Althusser, José Arthur Gianotti, e Leda Paulani**
Orelha de **Francisco de Oliveira**

O capital: crítica da economia política
Livro II: O processo de circulação do capital
Karl Marx
Edição de **Friedrich Engels**
Seleção de textos extras e tradução de **Rubens Enderle**
Prefácio de **Michael Heinrich**
Orelha de **Ricardo Antunes**

O capital: crítica da economia política
Livro III: O processo global da produção capitalista
Karl Marx
Edição de **Friedrich Engels**
Tradução de **Rubens Enderle**
Apresentação de **Marcelo Dias Carcanholo e Rosa Luxemburgo**
Orelha de **Sara Granemann**

Capítulo VI (inédito)
Karl Marx
Inclui a *Enquete operária*
Tradução de **Ronaldo Vielmi Fortes**
Organização e apresentação de **Ricardo Antunes e Murillo van der Laan**
Orelha de **Leda Paulani**

Crítica da filosofia do direito de Hegel
Karl Marx
Tradução de **Rubens Enderle e Leonardo de Deus**
Prefácio de **Alysson Leandro Mascaro**

Crítica do Programa de Gotha
Karl Marx
Tradução de **Rubens Enderle**
Prefácio de **Michael Löwy**
Orelha de **Virgínia Fontes**

Os despossuídos: debates sobre a lei referente ao furto de madeira
Karl Marx
Tradução de **Mariana Echalar e Nélio Schneider**
Prefácio de **Daniel Bensaïd**
Orelha de **Ricardo Prestes Pazello**

Dialética da natureza
Friedrich Engels
Tradução de **Nélio Schneider**
Apresentação de **Ricardo Musse**
Orelha de **Laura Luedy**

Diferença entre a filosofia da natureza de Demócrito e a de Epicuro
Karl Marx
Tradução de **Nélio Schneider**
Apresentação de **Ana Selva Albinati**
Orelha de **Rodnei Nascimento**

Esboço para uma crítica da economia política
Friedrich Engels
Tradução de **Nélio Schneider** com a colaboração de **Ronaldo Vielmi Fortes, José Paulo Netto e Maria Filomena Viegas**
Organização e apresentação de **José Paulo Netto**
Orelha de **Felipe Cotrim**

Escritos ficcionais
Karl Marx
Tradução de **Claudio Cardinali, Flávio Aguiar e Tércio Redondo**
Orelha de **Carlos Eduardo Ornelas Berriel**

Grundrisse: manuscritos econômicos de 1857-1858 –
Esboços da crítica da economia política
Karl Marx
Tradução de **Mario Duayer e Nélio Schneider, com Alice Helga Werner e Rudiger Hoffman**
Apresentação de **Mario Duayer**
Orelha de **Jorge Grespan**

A guerra civil dos Estados Unidos
Karl Marx e Friedrich Engels
Seleção e organização de **Murillo van der Laan**
Tradução de **Luiz Felipe Osório e Murillo van der Laan**
Prefácio de **Marcelo Badaró Mattos**
Orelha de **Cristiane L. Sabino de Souza**

A guerra civil na França
Karl Marx
Tradução de **Rubens Enderle**
Apresentação de **Antonio Rago Filho**
Orelha de **Lincoln Secco**

A ideologia alemã
Karl Marx e Friedrich Engels
Tradução de **Rubens Enderle, Nélio Schneider** e
Luciano Martorano
Apresentação de **Emir Sader**
Orelha de **Leandro Konder**

Lutas de classes na Alemanha
Karl Marx e Friedrich Engels
Tradução de **Nélio Schneider**
Prefácio de **Michael Löwy**
Orelha de **Ivo Tonet**

As lutas de classes na França de 1848 a 1850
Karl Marx
Tradução de **Nélio Schneider**
Prefácio de **Friedrich Engels**
Orelha de **Caio Navarro de Toledo**

Lutas de classes na Rússia
Textos de **Karl Marx e Friedrich Engels**
Organização e introdução de **Michael Löwy**
Tradução de **Nélio Schneider**
Orelha de **Milton Pinheiro**

Manifesto Comunista
Karl Marx e Friedrich Engels
Tradução de **Ivana Jinkings e Álvaro Pina**
Introdução de **Osvaldo Coggiola**
Orelha de **Michael Löwy**

Manuscritos econômico-filosóficos
Karl Marx
Tradução e apresentação de **Jesus Ranieri**
Orelha de **Michael Löwy**

Miséria da filosofia: resposta à Filosofia da Miséria, do sr. Proudhon
Karl Marx
Tradução de **José Paulo Netto**
Orelha de **João Antônio de Paula**

A origem da família, da propriedade privada e do Estado
Friedrich Engels
Tradução de **Nélio Schneider**
Prefácio de **Alysson Leandro Mascaro**
Posfácio de **Marília Moschkovich**
Orelha de **Clara Araújo**

Resumo de O capital
Friedrich Engels
Tradução de **Nélio Schneider** e **Leila Escorsim Netto** (cartas)
Apresentação de **Lincoln Secco**
Orelha de **Janaína de Faria**

*A sagrada família: ou A crítica da Crítica crítica
contra Bruno Bauer e consortes*
Karl Marx e **Friedrich Engels**
Tradução de **Marcelo Backes**
Orelha de **Leandro Konder**

A situação da classe trabalhadora na Inglaterra
Friedrich Engels
Tradução de **B. A. Schumann**
Apresentação de **José Paulo Netto**
Orelha de **Ricardo Antunes**

Sobre a questão da moradia
Friedrich Engels
Tradução de **Nélio Schneider**
Orelha de **Guilherme Boulos**

Sobre a questão judaica
Karl Marx
Inclui as cartas de Marx a Ruge publicadas nos *Anais Franco-Alemães*
Tradução de **Nélio Schneider** e **Wanda Caldeira Brant**
Apresentação e posfácio de **Daniel Bensaïd**
Orelha de **Arlene Clemesha**

Sobre o suicídio
Karl Marx
Tradução de **Rubens Enderle** e **Francisco Fontanella**
Prefácio de **Michael Löwy**
Orelha de **Rubens Enderle**

O socialismo jurídico
Friedrich Engels
Tradução de **Livia Cotrim** e **Márcio Bilharinho Naves**
Prefácio de **Márcio Naves**
Orelha de **Alysson Mascaro**

Últimos escritos econômicos: anotações de 1879-1882
Karl Marx
Tradução de **Hyury Pinheiro**
Apresentação e organização de **Sávio Cavalcante** e **Hyury Pinheiro**
Revisão técnica de **Olavo Antunes de Aguiar Ximenes** e **Luis Felipe Osório**
Orelha de **Edmilson Costa**

A primeira edição deste livro foi publicada em 2013, 150 anos após Karl Marx ter dado início à sua redação definitiva d'*O capital* e 130 anos após sua morte (em 14 de março de 1883). Esta terceira edição comemorativa dos dez anos da publicação da obra máxima de Marx pela Boitempo foi composta em Palatino LT 10/12 e Optima 7/9,5 e reimpressa em papel Pólen Natural 70 g/m² pela Lis Gráfica, em outubro de 2024, com tiragem de 3 mil exemplares brochura e 500 exemplares capa dura.